JN280296

THE TAISHUKAN
CONTEMPORARY DICTIONARY OF
ENGLISH CONSTRUCTIONS

[最新]
英語構文事典

中島平三 編

大修館書店

まえがき

　英文法の研究はここ半世紀の間に，生成文法理論の隆盛と相俟って，飛躍的に発展を遂げてきた。個別言語の文法研究としては，質量ともに，過去に類を見ることのないほどの発展を遂げたと言うことができよう。従来の英文法研究でよく論じられてきたテーマについて新たな知見を付け加えてきたばかりではなく，これまであまり気付かれなかったテーマや事実を発掘することにも大きな成果を収めてきた。いわば深さと幅の両方向に亘って質的発展を遂げてきている。

　質的発展の背後には，論文や著作の膨大な量的増大がある。初期の論文では引用文献の数は限られており，それら全てを入手し全てに目を通すことが可能であったが，昨今の論文では，引用文献が莫大な数に上り，それら全てを入手することも，いわんや全てに目を通すことなど不可能に近い。論文の量的増大は，未整理のままに放置しておくと，情報の洪水になり兼ねない。初心者にとっては，どこから研究を始めたらよいのか分からない。専門家にとっても，あまりにも膨大な数に上るので，記憶から薄れていく。洪水状態を避けるには，水路を整備し，治水する必要がある。だがこれまで国の内外を問わず，英文法研究の成果を一定の方法で整理し，体系化するという試みがほとんどなされてこなかった。

　本書は，こうした状況下で，約半世紀の間に収められた英文法研究の成果を，各構文にまつわるテーマごとに整理しようとするものである。初心者から専門家に至るまであらゆるレベルの研究者を対象にして，英語の構文研究の基礎と発展の手掛かりを提供することを目指した事典である。

　本書の編纂を思い立ったのは，毎年学部学生に行っている卒業論文指導の中からである。年々学生が自らテーマを見つけ出すのが難しくなってきている。その原因の１つが，英文法研究の発展に伴う情報の過多にあることは言うまでもない。学生がテーマを自ら見つけ出せないと，時間との関係で，勢い教師がテーマを与えてしまうことになる。これでは自発性を育成すべき卒業論文作成の意義が半減してしまう。本書の目的の１つは，卒業論文として英語学を専攻する学生諸君に，テーマ探しの手助けをしよう

とするものである。

　本書のもう 1 つの目的は，研究者がある特定のテーマについて研究する際の基礎固めを支援しようとするものである。あるテーマを研究するにはそれに関する基本文献を押さえておき，研究の変遷や展開を概観しておくことが必要である。だが論文の数が膨大になるにつれ，一人の力では関係論文を系統的に押さえておくことも，変遷を鳥瞰することも困難になってきている。本書では，各構文のテーマごとに基本的な主要文献の解題や相互関係を示すと同時に，発展に必要な文献も紹介してある。

　さらに，英文法研究の最先端からいくぶん距離をおいている方たちに，各テーマの研究の現状や興味ある知見をなるべく平明に提示しようと心掛けている。構文の具体的用法や事実をなるべく多く記述し，それぞれの例文に出典を記してある。英文法を研究するためのハンドブックであると同時に，英文法の事実を知るための情報源としても役立つことを願っている。

　本書では，英語の主要構文 56 種を取り上げてある。構文をいわば事典の大項目として，それぞれの大項目について中項目として 3〜4 つ程度のテーマを取り上げ，それぞれの中項目について小項目として 3〜5 本程度の主要論文を取り上げて解題を行っている。中項目を見れば各構文に関してどのような問題が研究テーマとなっているかが分かり，また小項目を見ればそれぞれのテーマに関してどのような主要論文があり，それぞれの論文がどのような主張・分析を行っているかが理解される。なるべく事実に即して議論を展開しているので，例文から構文の具体的用法を知ることもできる。発展のためにさらに参照すべき論文を further readings として，また本書で扱われていないが興味あるテーマを 関連テーマ として紹介してある。

　執筆は，わが国の英語学研究者を代表する 33 名の精鋭にお願いした。論文の要点を簡潔に紹介することは勿論のことであるが，同時に執筆者の視点から，問題点や意義付け，論文相互の関係付けなどが浮かび上がってきている。

　編纂に当たって，高見健一，大庭幸男，菊地朗各氏の協力を得ることができた。3 名の協力者には，執筆者からの原稿を分担して読んで戴き，専門的な内容，提示の仕方，文章の難易，参考文献など細部に至るまで丁寧

まえがき

な助言を戴いた。また大庭氏には索引の抽出および調整，菊地氏には参考文献の一部の校閲をそれぞれお願いした。さらに高見氏には全ての参考文献および全てのゲラの校閲という大変ご苦労の多い仕事を快くお引き受け戴いた。協力者の英知と献身的な支援がなければ，本書の刊行は実現しなかったことであろう。本書の刊行を熱心に奨めて下さったのは大修館書店編集部の米山順一氏，骨の折れる編集作業を丁寧に進めて下さったのは佐藤純子さんである。記して心より御礼を申し上げる。

中島平三

［編　者］

中島　平三

［編集協力者］

大庭　幸男
菊地　　朗
高見　健一

［執筆者］

天野政千代	菊地　　朗	中島　平三
有村　兼彬	澤田　治美	中村　　捷
有元　將剛	杉岡　洋子	長谷川　宏
池内　正幸	鈴木　　猛	平田　一郎
伊藤たかね	鈴木　英一	福田　　稔
岩倉　国浩	鈴木　右文	松本マスミ
大庭　幸男	瀬田　幸人	松山　哲也
奥野　忠徳	高見　健一	丸田　忠雄
加賀　信広	田子内健介	水野　佳三
影山　太郎	谷　　光生	吉村あき子
金子　義明	千葉　修司	鷲尾　龍一

目　次

まえがき　*iii*
執筆者一覧　*vi*

1　受動態（passive voice）……………………………鷲尾龍一　*3*
【テーマ1】受動文の統語的性質　4／【テーマ2】擬似受動をめぐる諸問題　10／【テーマ3】BE受動文以外の受動表現　17

2　中間態（middle voice）……………………………鷲尾龍一　*22*
【テーマ1】中間構文に対する制約　23／【テーマ2】中間構文の派生　28／【テーマ3】他言語との比較　31

3　tough構文（*tough* construction）……………………………金子義明　*35*
【テーマ1】tough構文と形式主語構文の関係　35／【テーマ2】tough構文の不定詞内の目的語欠如現象　40／【テーマ3】tough構文の統語構造　46

4　二重目的語構文（double object construction）……………松本マスミ　*52*
【テーマ1】動詞句の構造　52／【テーマ2】与格構文との関係　56／【テーマ3】格付与　61／【テーマ4】使役主語　64

5　同族目的語（cognate object）……………………………松本マスミ　*68*
【テーマ1】動詞と目的語の関係　68／【テーマ2】COへの格付与　74／【テーマ3】同族目的語の事象構造における位置づけ　76

6　存在構文（*there* construction）……………………鈴木英一・中島平三　*82*
【テーマ1】2つの主語　82／【テーマ2】主語NPに課せられた条件　85／【テーマ3】動詞などに課せられた条件　88／【テーマ4】提示のthere構文　91

vii

7　場所句倒置 (locative inversion) ……………………奥野忠徳　*94*

【テーマ１】場所句倒置構文に現れる文頭の要素の性質　94／【テーマ２】場所句倒置構文と非対格仮説　103／【テーマ３】場所句倒置構文の意味論　106

8　否定倒置 (negative inversion) ……………………奥野忠徳　*110*

【テーマ１】否定倒置構文の意味論　110／【テーマ２】否定倒置構文の統語構造　112

9　主語・補語倒置 (preposing around BE) ……………奥野忠徳　*119*

【テーマ１】主語・補語倒置構文の構造　119／【テーマ２】主語・補語倒置構文の意味論　122

10　命令文 (imperative) ……………………………………鈴木右文　*125*

【テーマ１】命令文の主語の資格　125／【テーマ２】否定命令の don't be の構造　129／【テーマ３】命令文の述部に課せられる条件　135

11　感嘆文 (exclamatory) ……………………………………水野佳三　*140*

【テーマ１】感嘆文と疑問文の相違　140／【テーマ２】名詞句の外置による感嘆文　145／【テーマ３】倒置感嘆文　149

12　疑問文 (interrogative) …………………………………大庭幸男　*151*

【テーマ１】yes-no 疑問文の派生の方法　151／【テーマ２】主語・助動詞倒置と wh 疑問文の統語的分布　157／【テーマ３】wh 疑問文における wh 句の移動方法　163

13　多重 wh 疑問文 (multiple question) ………………大庭幸男　*168*

【テーマ１】優位効果　168／【テーマ２】優位効果の消失　176／【テーマ３】wh 疑問副詞を伴う場合　179／【テーマ４】多重 wh 疑問文と島の条件　181

14　付加疑問文 (tag question) ……………………………大庭幸男　*185*

【テーマ１】統語的特徴　185／【テーマ２】イントネーションと意味　188／【テーマ３】付加疑問文の派生について　190

目次

15　否定文 (negative sentence) ……………………吉村あき子　194
【テーマ1】否定文と否定文脈　194／【テーマ2】NPIとNPI認可表現の構造的関係　200／【テーマ3】NPIを認可するコンテクスト　207

16　強調構文・分裂文 (cleft sentence) ……………………平田一郎　212
【テーマ1】分裂文の焦点要素　212／【テーマ2】関係詞節との相違　216／【テーマ3】分裂文の派生　219

17　擬似分裂文 (pseudo-cleft sentence) ……………………平田一郎　223
【テーマ1】擬似分裂文と分裂文の相違　223／【テーマ2】擬似分裂文と自由関係節構文の比較　227

18　繰り上げ構文 (raising construction) ……………………天野政千代　234
【テーマ1】主語位置への繰り上げ　235／【テーマ2】目的語位置への繰り上げ　238／【テーマ3】繰り上げの位置　243／【テーマ4】不定詞補文主語の格標示　246

19　話題化 (topicalization) ……………………福田　稔　251
【テーマ1】話題化の機能　251／【テーマ2】話題化の派生　253／【テーマ3】話題化と節構造　257／【テーマ4】話題化と照応関係　262

20　転位構文 (left and right dislocation) ……………………福田　稔　264
【テーマ1】転位構文の機能　265／【テーマ2】転位構文の派生　268／【テーマ3】転位構文の構造　271

21　小節 (small clause) ……………………中島平三　273
【テーマ1】目的語と補語の関係　273／【テーマ2】小節の範疇　279／【テーマ3】主文動詞と補文述部の共起関係　285／【テーマ4】小節の意味　287

22　that節 (that clause) ……………………中島平三　291
【テーマ1】主張と前提　292／【テーマ2】thatの省略　298／【テーマ3】that節の範疇　305／【テーマ4】文主語構文と仮主語構文　312

23　間接疑問文（indirect question）・・・・・・・・・・・・・・・・・・・・・・中島平三　*316*
　【テーマ1】間接疑問文を取る主文動詞　316／【テーマ2】補文の選択　318／【テーマ3】whether 節と if 節の分布　322

24　関係節（relative clause）・・・・・・・・・・・・・・・・・・・・・・・・・・・・・・有村兼彬　*327*
　【テーマ1】副詞的 that 関係節　327／【テーマ2】叙述名詞を先行詞とする関係節　331／【テーマ3】自由関係節　336

25　比較構文（comparative construction）・・・・・・・・・・・・・・・・長谷川宏　*346*
　【テーマ1】比較構文の構造と派生　346／【テーマ2】部分比較構文と比較部分削除　350／【テーマ3】句比較構文の分析　354

26　副詞節（adverbial clause）・・・・・・・・・・・・・・・・・・・・・・・・・・・鈴木　猛　*361*
　【テーマ1】副詞節の統語的特徴　361／【テーマ2】副詞節における主語の省略　368／【テーマ3】ロバの文　374

27　譲歩節（concessive clause）・・・・・・・・・・・・・・・・・・・・・・・・・鈴木　猛　*379*
　【テーマ1】though 移動　379／【テーマ2】as/that 移動　385

28　挿入節（parenthetical clause）・・・・・・・・・・・・・・・・・池内正幸・谷　光生　*389*
　【テーマ1】挿入節の意味的・統語的特徴　389／【テーマ2】挿入節の断定性　393／【テーマ3】挿入節の派生　396

29　仮定法（subjunctive mood）・・・・・・・・・・・・・・・・・・・・・・・・・千葉修司　*401*
　【テーマ1】仮定法の基本的特徴　402／【テーマ2】仮定法の「伝播」　404／【テーマ3】仮定法現在　407

30　等位構造（coordinate structure）・・・・・・・・・・・・・・・・・・・・有元將剛　*418*
　【テーマ1】等位構造の統語構造と文法範疇　418／【テーマ2】等位構造と意味　425／【テーマ3】等位からの取り出し　431

31 外置構文 (extraposition from NP) ……………田子内健介 *436*
【テーマ1】外置構文の構造とその文法的記述 436／【テーマ2】外置に課せられる制約 442／【テーマ3】外置の談話語用論的機能 450

32 重名詞句転移 (heavy NP shift) ……………田子内健介 *454*
【テーマ1】重名詞句転移文の構造と派生 454／【テーマ2】重名詞句転移に対する制約 459／【テーマ3】重名詞句転移の機能 463

33 二次述語 (secondary predicate) ……………長谷川宏 *468*
【テーマ1】SVOC（小節）構文との類似点と相違点 469／【テーマ2】二次述語とその主語との関係 471／【テーマ3】二次述語間に見られる統語上の差と二次述語の認可条件 473

34 寄生空所 (parasitic gap) ……………菊地 朗 *483*
【テーマ1】寄生空所構文の特徴 483／【テーマ2】寄生空所構文の分析 487／【テーマ3】類似構文との相違 493

35 省略文 (ellipsis) ……………菊地 朗 *497*
【テーマ1】省略現象の種類とその統語的分析 498／【テーマ2】同一性 504／【テーマ3】先行詞内包型削除 510

36 不定詞節 (infinitival clause) ……………岩倉国浩 *515*
【テーマ1】不定詞節の特性と文法範疇 515／【テーマ2】不定詞節の主語 522

37 動名詞節 (gerundive clause) ……………岩倉国浩 *528*
【テーマ1】動名詞節の特性と範疇 528／【テーマ2】動名詞節の主語 534／【テーマ3】前置詞＋動名詞節構文 538

38 分詞構文 (participial construction) ……………菊地 朗 *542*
【テーマ1】分詞構文の構造 542／【テーマ2】with 構文 548／【テーマ3】分詞構文の意味解釈 551

39 属格化 (genitivization) ……………………池内正幸・谷 光生 *556*
【テーマ1】's'属格の意味と機能 557／【テーマ2】's'属格と'of'属格の交替 560／【テーマ3】属格表現の統語論 563／【テーマ4】属格表現の認知的分析 569

40 能格動詞・非対格動詞・非能格動詞
 (ergative verb/unaccusative verb/unergative verb) ………影山太郎 *573*
【テーマ1】2種類の自動詞：非能格動詞と非対格動詞 573／【テーマ2】非対格動詞の特徴 577／【テーマ3】能格動詞の基本は自動詞か他動詞か 584

41 知覚動詞 (perceptual verb) ……………………………伊藤たかね *591*
【テーマ1】see/hear と look/listen 591／【テーマ2】補部のタイプと意味 593／【テーマ3】補部の統語構造 598

42 使役動詞 (causative verb) ………………………………伊藤たかね *604*
【テーマ1】迂言的使役と語彙的使役 604／【テーマ2】迂言的使役構文に現れる動詞の意味 606／【テーマ3】迂言的使役構文の統語構造 613

43 叙実動詞 (factive verb) ……………………………………影山太郎 *617*
【テーマ1】叙実動詞の特徴 617／【テーマ2】叙実補文の意味と伝達機能 621／【テーマ3】叙実補文の統語構造 624

44 心理動詞 (psych-verb) ……………………………………丸田忠雄 *627*
【テーマ1】frighten 類と fear 類 628／【テーマ2】照応形束縛 632／【テーマ3】心理動詞の派生名詞について 636／【テーマ4】心理動詞の相特性 640／【テーマ5】T/SM 制限 643

45 場所格交替動詞 (locative alternation verb) ……………丸田忠雄 *647*
【テーマ1】3種類の場所格交替 648／【テーマ2】spray/load 交替 652／【テーマ3】with 句について 659

46　句動詞（phrasal verb）……………………………杉岡洋子　*662*
　　【テーマ1】句動詞の構成要素と意味的・統語的特徴　663／【テーマ2】不変化詞と目的語の基本語順　665／【テーマ3】句動詞を含む動詞句の構造　669／【テーマ4】句動詞のアスペクト特性と他の言語における現れ方　674

47　成句（idiom）……………………………………………瀬田幸人　*677*
　　【テーマ1】成句の概念と定義　678／【テーマ2】成句の種類　681／【テーマ3】成句の特徴　686

48　助動詞・法助動詞（auxiliary/modal）…………澤田治美　*693*
　　【テーマ1】助動詞の統語論　693／【テーマ2】法助動詞の意味体系　702／【テーマ3】法助動詞の意味と文脈　707

49　準助動詞（semi-auxiliary）……………………………澤田治美　*710*
　　【テーマ1】準助動詞の文法的特性とは何か　711／【テーマ2】have (got) to と must の意味の比較　715／【テーマ3】have (got) to の統語論　718

50　相（aspect）………………………………………………有元將剛　*721*
　　【テーマ1】相の統語構造と文法範疇　721／【テーマ2】相と移動　727／【テーマ3】相と削除　731

51　副詞（adverb）……………………………………………松山哲也　*737*
　　【テーマ1】副詞の分類　738／【テーマ2】副詞の生起位置に伴う諸問題　745／【テーマ3】副詞の生起順序に対する制約　749

52　代名詞・再帰代名詞（pronoun/reflexive）…………高見健一　*753*
　　【テーマ1】代名詞・再帰代名詞の認可条件　753／【テーマ2】束縛原理にとって問題となる例の扱い　759／【テーマ3】束縛代名詞の認可条件　765

53　数量詞の作用域（quantifier scope）………………加賀信広　*771*
　　【テーマ1】集合読みと個別読み　771／【テーマ2】数量詞の相対作用域と読みの優位性　775

54　数量詞遊離（quantifier floating）……………………………加賀信広　*784*
　【テーマ1】遊離数量詞の特性　785／【テーマ2】遊離数量詞の派生　789

55　句・節の構造（structure of phrase/clause）………………高見健一　*797*
　【テーマ1】名詞句の構造　798／【テーマ2】他の句の構造　806／【テーマ3】節の構造　808

56　統語操作の制約（constraints on syntactic operations）…中村　捷　*817*
　【テーマ1】移動の経路に課せられる制約　818／【テーマ2】移動先に課せられる制限　833／【テーマ3】移動の元位置に課せられる制約　838

参考文献　*845*
索引　*908*

[最新] 英語構文事典

The Taishukan Contemporary Dictionary of English Constructions

1. 受動態 (passive voice)

　受動文を5文型の観点から分類してもあまり意味がない。例えば(1)～(3)にあえて文型を設定してみても，SV, SVO, SVC という異なる文型が見えてくるだけであり，「受動文」という概念を単一の文型によって規定することはできないからである。

　　(1) Jill is loved by Jack.　　　　　　　(Jespersen, 1924 : 164)
　　(2) She was offered a watch.　　　　　(Jespersen, 1927 : 303)
　　(3) He was elected president.　　　　　(Curme, 1931 : 124)

受動文の研究においてより重要なのは，対応する能動文との関係である。(1)～(3)に共通するのは，(ⅰ)能動文の目的語が主語として実現され，(ⅱ)能動文の主語は，原則として省略可能な付加部（英語では by ⌢ NP）として現れる，(ⅲ)動詞は「受動態」と呼ばれる特定の形式（英語では be +過去分詞）で現れるなどの点であるが，このような性質を備えた受動文が現代言語学において中心的な取り扱いを受けるのは，(ⅰ)～(ⅲ)が他の多くの言語にも当てはまる普遍性の高い性質であるからにほかならない。受動文において(ⅰ)～(ⅲ)のような変化が生じる仕組みを考察することにより，言語の普遍性に対する理解が深まるのではないかと期待される。【テーマ1】

　一方，限られた言語でのみ許される受動文も存在する。前置詞の目的語を主語とする次のような受動文はその典型的な例である。

　　(4) a. John was *talked about*.　(Hornstein & Weinberg, 1981 : 65)
　　　　b. John was *taken advantage of*.　　　　　　　　(*ibid*.)

「擬似受動」(pseudopassive)と呼ばれるこの種の文は，フランス語やドイツ語など多くの言語においては不可能であるが，現代英語ではかなり頻繁に用いられる重要な表現形式となっている。【テーマ2】

　受動表現は単一の形式に限定されるわけではない。英語にも GET 受動と呼ばれる John got arrested のような形式が存在し，BE 受動と一定の役割分担を行っている。【テーマ3】

【テーマ1】受動文の統語的性質
【概説】

能動文と受動文の関係を Jespersen (1924) は次のような式によって書き表わしている（ただし C は「転換主語」(converted subject) を意味する Jespersen の記号であり，5文型の C とは異なる）。

(5)　　S　　V^a　　O　　　S　　V^p　　　C
　　　Jack　loves　Jill　＝　Jill　is loved　by Jack.

(Jespersen, 1924 : 164)

つまり能動の O は受動の S に対応し，能動の S は転換主語になる，という一般化であるが，現代言語学においては，このような対応関係の設定よりも，その背後にある文法的な原理の解明の方に関心が向けられている。生成文法における代表的な考え方によれば，能動の O が受動の S に対応するのは，O の位置を占めていた名詞句を S の位置まで移動する規則が存在するからであり，Wasow (1977) はこのように考える根拠を明快に論じている。Chomsky (1981) は，なぜそのような移動が生じるのかという，さらに深い問題を設定し，普遍文法に基づく真の説明を試みている。

◆**受動文と移動変形**——Wasow (1977) "Transformations and the Lexicon."

英語の受動文に現れる過去分詞については，これを形容詞とみる立場と動詞（あるいは動詞的な範疇）とみる立場がある。形容詞説においては，例えば John was killed は(6)のように分析され，(7)のような単純な形容詞文と同等の扱いを受ける（Freidin (1975)参照）。

(6) John was [$_A$[$_V$ kill]-ed].
(7) John was [$_A$ happy].

これに対して Wasow (1977) は，過去分詞が形容詞として機能する受動文は存在するが，それとは別の種類の受動文も英語には存在し，後者は移動変形によって主語を派生するという点において前者とは異なると主張する。形容詞的受動文（A 受動文）の例としては次のような文が挙げられている。

(8) Your family was very frightened.　　(Wasow, 1977 : 340)

(9) Ed {was/seemed} worried by her illness.

(Huddleston, 1984 : 443)

(10) This island was uninhabited (by humans).　(Wasow, 1977 : 339)

WasowがこれらをA受動とみなすのは次のような理由による。(8)のfrightenedは程度副詞veryと共起しているが，veryが修飾できるのは形容詞に限られる（*John very frightens them/John is very angry）。(9)のworriedは，be動詞だけでなく他の連結詞的動詞（seem, remain, look,…）とも共起する。これも形容詞の特徴として知られている（John seems happy）。(10)のuninhabitedはinhabitedに接頭辞un-が付いた形であるが，この種のun-が付くのも形容詞だけである（*Humans uninhabited the island/John is unhappy）。

(8)～(10)の過去分詞はまた，名詞の前に生じるという形容詞の性質も備えている（a frightened child, a worried look, an uninhabited island）。

以上のような形容詞としての過去分詞は，辞書において語彙規則（例：[$_V$ frighten]→[$_A$ [$_V$ frighten]-ed]）によって派生されると考えられるが，これに伴い意味構造も変化する（例：x FRIGHTEN y → y FRIGHTEN-ED）と仮定すれば，A受動の主語がもともとの動詞の直接目的語に対応するという事実を捉えつつ，統語的にはA受動を単純な形容詞文と同等に扱うことができる。

これに対して，統語的派生に移動変形（NP移動）が関与していると考えざるを得ない受動文も存在する。例えば(11)の統語的な主語は存在文に現れるthereであるが，believeという動詞自体にはthereを認可する性質はない（*There is believed/*People believe there）。

(11) There is believed to be a monster in Lock Ness.　(*ibid.* : 342)

にもかかわらず(11)の主語位置にthereが生じているのは，この場合believeの補文が存在文であるためであり，thereはこの存在文の中で認可されている（There is a monster in Lock Ness）。したがって(11)は，次の(12)に示したような形で派生されたと考えられるが，これは主文が受動文であるために生じた，受動化に伴うNP移動である。

(12) [　] is believed [*there* to be a monster in Lock Ness].

次の(13)など，補文で認可される要素が主文の主語として現れる受動文

は，すべて同じように派生される。

(13) John is known [__ to be a communist].　　　　(*ibid.*: 345)

Wasow (1977) が動詞的受動文（V 受動文）と呼ぶこのような受動文は，受動化された動詞の直後にある名詞句であれば，その動詞と直接の文法関係を結んでいない名詞句でも機械的に移動されるという，変形規則に特有の性質を備えている。これに対し A 受動文の主語は，形容詞化された動詞の直接目的語にしか対応せず，(13)のように文境界を越えた長距離の依存関係は成立しない。したがって，(13)の known を unknown に換えてA 受動にすると次のように不適格となる。

(14) *John is unknown [__ to be a communist].　　　　(*ibid.*: 345)

Wasow によれば，(11)/(13)のような長距離受動だけでなく，二重目的語構文における間接目的語の受動化(15a)，イディオムの一部としてのみ生じる名詞句の受動化(15b)，叙述語を伴う受動文(15c)などは，すべて V 受動でしかあり得ない。これは(16)のような A 受動が許されないという事実からも裏づけられる。

(15) a. Bill was told __ the story.　　　　(*ibid.*: 344)
　　　b. Advantage is easily taken __ of John.　　　　(*ibid.*: 345)
　　　c. John is considered __ a fool.　　　　(*ibid.*: 341)
(16) a. *Bill was untold the story.　　　　(*ibid.*: 344)
　　　b. *Advantage sounds easily taken of John.　　　　(*ibid.*: 345)
　　　c. ??John seems considered a fool.　　　　(*ibid.*: 346)

英語には 2 種類の受動文が存在するという Wasow (1977) の主張が正しければ，The door was closed (*ibid.*: 350)のような例は，次の 2 つの方法で派生することができる。

(17) a. The door was [$_A$ closed].　　(形容詞的受動)
　　　b. The door was [$_V$ closed] __.　　(動詞的受動)

Wasow によれば The door was closed という文は状態とも動作とも解釈できるが，これらはそれぞれ(17a)と(17b)の派生に対応すると考える根拠があり，2 種類の受動文の存在は意味の面からも裏づけられるという。

◆**受動形態素の性質**——Chomsky (1981) *Lectures on Government and Binding*.

1. 受動態

　Chomsky (1981, 以下 *LGB*) で提案されている理論においては，受動構文という単一の概念は存在せず，いくつかの独立したプロセスが一定の仕方で収束したものが，伝統的にこの名称で呼ばれているにすぎないと考えられている。このように考える理由の1つは，典型的な受動文が備えている3つの性質（(ⅰ)目的語の主語への昇格，(ⅱ)主語の付加部（*by* NP）への降格，(ⅲ)受動形態素の存在）は常に一緒になって現れるわけではなく，それぞれが独立して生じ得るという観察である。例えば(18a)の受動名詞句は，(18b)の構造から NP 移動によって派生される。したがってこれは，目的語の昇格だけを含み，動作主句も受動形態素も含まない。

　(18) a. Rome's destruction　　　　　　　　　　　　(*LGB* : 104)
　　　 b. [$_{NP}$ e] destruction [$_{NP}$ Rome]

これに対して the destruction of Rome by the barbarians (*ibid*.)のような例は，動作主句だけを含み目的語の昇格も受動形態素も含まない。最後に，受動形態素が含まれているにもかかわらず目的語の移動がないという可能性は，英語では確認しにくいが，ドイツ語やトルコ語など多くの言語において「非人称受動」(impersonal passive) という形で観察される。例えばドイツ語では，英語の(19b)に対応する(19a)のような受動文が許される。

　(19) a. Es wird (von den Kindern) getanzt.
　　　 b. *It is danced (by the children).

分析にもよるが，英語でも It is believed that John is honest のような例は，少なくとも表面的には非人称受動の性質を備えている。

　以上のような観察は，従来「受動化」と呼ばれていた現象が単一の現象ではあり得ないということを示すものである。

　LGB では，動詞が受動形態素を伴うと，その動詞の項構造と格付与に関して次のような変化が生じると考えられている。

　(20) a. 外項は抑制され，主語と連結されなくなる（外項の抑制）
　　　 b. 目的語に対格が付与されなくなる（対格の吸収）

動詞が要求する項の中で，主語と連結されるものは「外項」，目的語と連結されるものは「内項」と呼ばれる。最も典型的な場合，これらはそれぞれ「動作主」(agent)，「被動者」(patient) という意味役割（θ 役割）に

対応する。能動文が受動化されると項の数が一つ減少し，減少した項は常に能動文の主語に対応しているという一般化を，受動動詞の基本的な性質として捉えたのが(20a)である。この性質により受動文の主語の位置は，θ役割を付与されない「非θ位置」であることになるが，意味を直接的に反映する深層構造においては，非θ位置は空でなければならない。したがって，例えば(17b)の深層構造は次のような形になる。

　(21) [$_{NP}$] was [$_{VP}$ closed [$_{NP}$ the door]]

しかし主語の位置を空のままにしておくことはできないので，この位置は統語的な派生のどこかで埋めなければならないが，非θ位置に生じ得るのは，他の場所でθ役割を付与された要素か，そもそもθ役割を必要としない虚辞的な要素（形式主語の it や存在文の there など）に限られる。主語の位置に虚辞を挿入すると次の構造が派生される。

　(22) *[$_{NP}$ it/there] was [$_{VP}$ closed [$_{NP}$ the door]]

この場合，θ位置である目的語の位置に the door が生じ，非θ位置である主語の位置には虚辞が生じているので，この構造には意味的な違反は含まれていない。格についても，主格は適切に付与されている（it/there は主格を受ける位置にある）。問題は対格である。(20b)によれば，受動動詞は対格付与の能力を失う。したがって(22)の目的語は格を受けることができず，「格フィルター」（音形を持つ名詞句は格を担わなければならないという原則）に違反する。事情は(21)でも同じであるが，この場合，目的語が主語の位置に移動すればすべての条件が満たされる。LGB によれば，これが受動文における NP 移動の本質であり，前節で触れた V 受動文はすべて同じように派生される。なお，抑制された外項は不定の解釈を受けるが，BY 句がある場合には，それと結びつけられて解釈される (Marantz (1984)参照)。

　以上の分析によれば，自動詞が受動形態素を伴うことも可能となり，(19a)のような非人称受動の存在は理論的に予測されることになる。ただし英語では(19a)が許されないので，ここには諸言語を区別する何らかのパラメーターが関与していると考えられる。

further readings　　LGB を含め，現代言語学が受動文を問題にするのは，主に言語の普遍性との関わりにおいてであり，同じ理論的枠組みにお

いてさまざまな言語が分析され，それに伴い理論自体も発展を遂げている。受動文の研究は，複数の言語を射程に入れることによって，より意義深いものとなる。GB 理論に基づく諸言語の比較研究としては Marantz (1984) や M. Baker (1988) が必読であり，この分野で優れた成果を上げている関係文法については Perlmutter ed. (1983), Perlmutter & Rosen ed. (1984) などの論文集を見ておく必要がある。Postal (1986) も必読書ではあるが，初心者には難しい。印欧諸語を扱った研究には Jaeggli (1982), Hoekstra (1984), Koster (1987), Roberts (1987), Fagan (1992) などがあり，印欧諸語とアジア諸語の比較研究には Washio (1993, 1995) などがある。いわゆる包合語（モホーク語など）については M. Baker (1996) を見なければならないが，これも初心者には難しい。非人称受動については Comrie (1977) がすでに古典となっている。近年の理論的研究で中心的な位置を占めている非対格仮説は，そもそも非人称受動に関して自動詞が 2 つのグループに分かれるという Perlmutter (1978) や Perlmutter & Postal ed. (1984) の観察が出発点となっている。その後，非対格仮説への例外となるリトアニア語やトルコ語などの言語をどう扱うかという問題が関心を集め，M. Baker (1988) や Baker, Johnson & Roberts (1989) において GB 理論的な観点から説明が試みられている。

英語については，be 動詞の統語的性質（助動詞か本動詞か）をめぐって従来より議論がある。Chomsky (1965) などでは助動詞説がとられているが，K. Hasegawa (1968), Ross (1969a), 中右 (1994) などは本動詞説を唱えている。

関連テーマ　程度副詞 very や連結詞的動詞 seem などとの共起可能性は，A 受動と V 受動を区別する根拠にはならないとの主張がある (Freidin (1975)参照)。明らかに形容詞的であってもこれらと共起しないケースがあるので (*The lizard was very dead/*The theory seems unpublished (Freidin (1975 : 398))，この種の現象は意味的に説明すべきであり，統語範疇の問題ではないという議論である。この議論はどのように評価すべきであろうか。

日本語にも「太郎が花子にぶたれた」などの受動文が存在する。これは (20) のような性質を日本語の受動形態素「ラレ」に仮定することにより，

英語と同様に分析することができる。しかし日本語には「太郎が花子に髪を切られた」「太郎は子供に泣かれた」など,「間接受動」(indirect passive) と呼ばれる形式もあり,少なくとも表面的には,これは *LGB* のモデルではうまく説明できない。(20)は普遍的妥当性を欠くのであろうか,あるいは日本語が例外的なのであろうか。Marantz (1984), N. Hasegawa (1988), Washio (1989-1990), Terada (1990), Hoshi (1994) などで試みられているさまざまな分析を参考に,この点をさらに検討してみるのも興味深いテーマである。

【テーマ2】擬似受動をめぐる諸問題
【概説】

　擬似受動（上記(4)参照）は次のような問題を提起する。①受動形態素が動詞に付加されているにもかかわらず,擬似受動においては前置詞の目的語が主語として現れる。これはどのような仕組みによって可能となるのであろうか。②次の例が示すように,擬似受動は一定の制限を受ける。
　(23) *Many hours were argued for.
　　　　　　　　　　　　　　　　(van Riemsdijk & Williams, 1986 : 174)
こうした制限はどのような一般化を反映しているのであろうか。③擬似受動を許す言語は稀であり,一定の性質を備えた言語だけがこれを許すと考えられる。擬似受動が可能な言語と不可能な言語は,どのような性質によって区別されているのであろうか。④英語の歴史における擬似受動の成立過程についても考える必要がある。

◆**再分析**── Hornstein & Weinberg (1981) "Case Theory and Preposition Stranding."

　上記①の問題は,GB 理論の文脈では次のように述べ直すことができる。受動文においては,動詞が受動形態素を伴うことにより対格付与の能力を失うため,その目的語は格フィルターを満たすために別の位置（典型的には主格が付与される主語の位置）へ移動する。ところが擬似受動文においては,受動形の動詞とは独立に前置詞句 [$_{PP}$ P　NP] が存在しているため,NP は P から斜格を付与されると考えられる。したがってこの NP は,そもそも格を求めて移動する必要がなく,仮に(4)のように移動

してしまうと，1つのNPが2つの格を担うという一般には許されない事態が発生する。Hornstein & Weinberg（以下 H & W）(1981) が提案している「再分析」(reanalysis) という規則は，動詞句内部の要素を単一の複合動詞として自由に再分析する操作であり，例えば次のような形で適用される。

(24) a. [$_{VP}$ [$_V$ talk][$_{PP}$ [$_P$ about][$_{NP}$ John]]]→[$_{VP}$ [$_V$ talk about][$_{NP}$ John]]

b. [$_{VP}$ [$_V$ take][$_{NP}$ advantage][$_{PP}$ [$_P$ of][$_{NP}$ John]]]→[$_{VP}$ [$_V$ take advantage of][$_{NP}$ John]]

再分析の結果，[$_V$ talk about]，[$_V$ take advantage of] は他動詞と同じ資格を得ることになり，目的語に対格を付与する能力を獲得する。したがって，(4)のように複合動詞自体が受動化されると，通常の受動文と同じ効果が生じ，目的語の [$_{NP}$ John] は主語の位置へ移動する。(23)などが不適格なのは，時間や場所を表わす PP は VP の外にあり再分析の適用を受けないからであるとされる（ただしこれには Bresnan (1982) などが反論している）。

　H & W によれば再分析は VP 内部で自由に適用されるので，次のような擬似受動が作り出されてしまう可能性もある。

(25) a. *John was [$_V$ talked to Harry about]＿. (H & W, 1981 : 65)

b. *The table was [$_V$ put the mouse on]＿. (*ibid*.)

したがって，(4)と(25)を区別する独立の理由を発見しない限り，再分析に基づく説明は実質的な内容を欠くことになるが，H & W によれば，再分析された単語の連鎖が「まとまった意味」を表わす場合に限って擬似受動は適格となる。talk to や take advantage of は意味的にまとまりをなすが talk to Harry about や put the mouse on はそうではない，という説明である。この場合「まとまった意味」とは何かという新たな問題が生じるが，これは未だに未解決の問題として残されている。H & W (*ibid*.: 65)は「構成要素の意味から複合動詞全体の意味が得られない」という性質によって，take advantage of と talk to Harry about を区別し，この意味における非合成性を「まとまった意味」の定義として挙げているが，単純な V＋PP の多くはこのような定義では説明できない。例えば sleep on the bed，sleep under the bed などにおける V＋P の意味は完全に合成

的であると思われるが，The bed was slept on/under などが適格であるという Baltin & Postal (1996 : 129) などの判断が正しければ，非合成性という概念によって可能な擬似受動のクラスを特定するのは難しい。H & W (1981 : 65) はまた，V＋NP＋P という連鎖がまとまった意味を表わすためには，NP が「非指示的」でなければならないと述べている。take advantage of や keep tabs on における advantage や tabs が特定の指示対象を持たないのに対し，put the mouse on の the mouse は指示的名詞句であるため，これを含む連鎖は「まとまった意味」とは認定されないという考え方であるが，Bolinger (1975) などに見られるデータに鑑み，この仮説も再検討してみる価値がある。

◆ V＋NP＋P 型の擬似受動——Bolinger (1975) "On the Passive in English."

　V＋NP＋P という形式の擬似受動が許されるのは，この連鎖が 1 つのまとまりとして語彙化（lexicalize）されている場合に限られるという考え方がある。すでに見た take advantage of と put the mouse on の対立は，こうした考え方とも合致するものであるが，Bolinger (1975) は豊富なデータを基に，この語彙化（イディオム化）の仮説に反駁している。英語の擬似受動は，Bolinger (1975) によれば，動詞の表わす行為によって主語が「真に影響を受けた」(genuinely affected) という認識が成立している場合にのみ適格となるが，この被動性条件を満たしている限り，擬似受動は次のようにイディオム的な連鎖を遙かに越えた領域においても可能となる。

　(26) He has been burned, *stuck pins in*, beheaded...

　　　　　　　　　　　　　　　　　　　　　　　(Bolinger, 1975 : 59)

もっともこの種の表現は，語彙の選択や適切な文脈など，かなり微妙なバランスの上に成り立つことが多く，例えば単独では不自然な(27)のような例も，(28)のような会話の文脈に入れれば問題なく許容されるという。

　(27) *His ticket has been *paid too much for*.　　　　(*ibid.* : 62)

　(28) A: He paid too much for his coat.

　　　　B: Well, lots of things are *paid too much for* nowadays. (*ibid.*)

これは先行文脈に pay too much for という連鎖が一度登場しているため，

二度目に受動形で出てきても理解しやすいという事情による。つまり，特定の単語の組み合わせが先行文脈で言及されることにより，その組み合わせを予測する可能性が極端に高まるわけである。この予測可能性という要因は，動詞と目的語の呼応関係にも関わるものであり，Bolinger (1975) によれば次のような例文の適格性判断にも微妙な影響を与えている。

(29) He has been {told/?written/*published} lies about. (*ibid.*)

文脈の役割については次のような観察もある。*Were you aimed a gun at? (ibid.*: 63)などの擬似受動は単独では容認されないが，同じ連鎖を含む(30)は可能と判断される。

(30) How does it feel to be *aimed a gun at*? (*ibid.*)

ただし(30)は，聞き手がすでに銃を向けられたことがあるという了解が成り立っている場合にのみ使える表現であり，この種の前提が読み取れる構文は，次の不定詞節のように擬似受動の許容度を上げる効果があるという。

(31) To be *eaten potato chips in* isn't the best thing for a bed.(*ibid.*)

Bolinger (1975) で論じられている現象は，生成文法における理論的な研究に対しても重要な問題を提起する。前項で触れた H & W との関連で言えば，(26)以下に挙げた擬似受動の例は，H & W の枠組みではすべて再分析されているはずであり，これらに含まれる V + NP + P の連鎖はさらに，NP が非指示的であるという条件を満たしているはずである。しかし(26)(30)(31)のような例を考慮に入れるなら，H & W の主張には検討の余地が充分に残されていると言わざるを得ない。

◆言語間の差異──Kayne (1981) "On Certain Differences between French and English."

擬似受動を許す言語と許さない言語は，どのような性質によって区別されるのであろうか。この問題を考える際の出発点として，擬似受動は限られた言語（一部のゲルマン系言語）にのみ見られる現象である，という前提を立てるのが一般的である。すでに触れた H & W の理論では，まず再分析を許す言語と許さない言語（例えば英語と仏語：(32)参照）を区別し，その上で再分析を特殊な現象とみなすことにより，擬似受動が稀な現象であるという事実を説明する。

(32) a. John was *voted against* by almost everyone.

(Kayne, 1981 : 349)

b. *Jean a été *vote contre* par presque tous.　　　(*ibid*.)

この方向で研究を進めようとするなら，さらに次のような問題を設定することができる。例えばフランス語には，連続する2つの動詞を単一の動詞に再分析する操作があると考えられているが，再分析によって [v V+V] を派生できるフランス語が，なぜ [v V+P] は許容しないのであろうか。Kayne (1981) の仮説によれば，フランス語（および他の多くの言語）においては，前置詞は目的語に内在格（斜格）を付与するが，動詞は構造格（対格）を付与する。英語も OE の段階では同様の区別を付けていたが，英語はその後，対格と斜格の区別を失ったため，前置詞も動詞と同じように構造格を付与するようになった。斜格の喪失と擬似受動の発達との間には従来より関連が認められているが，Kayne はこれを，再分析が生じるための条件という観点で捉えようとしている。すなわち，2つの語彙範疇の再分析は，両者が同じ仕方で格を付与する場合に限られる，という条件である。これによれば，フランス語で [v V+P] が不可能なのは動詞と前置詞の格付与の仕方が異なるためであり，同じ語彙範疇同士の再分析である [v V+V] は当然可能となる。これに対し，前置詞が動詞と同じように構造格を付与するようになった英語では，[v V+P] という再分析にも可能性が拓かれたことになる。これにより擬似受動の発達は，英語の歴史においていずれにしても認めなければならない「斜格の喪失」に還元されることになるが，興味深いのは，前置詞に関する英仏語の違いが，同じように前置詞要素である補文標識にも見られるという観察である。次の対立が示すように，英語の補文標識 for は文境界を越えて構造的に格を付与するが，フランス語の補文標識 de にはそのような能力はなく，補文主語は格フィルターに違反する。

(33) It would be a pity [s′ *for* [s something to happen to him]].

(*ibid*. : 355)

(34) *Ce serait dommage [s′ *de* [s quelque chose lui arriver]].

(*ibid*.)

この分析が正しければ，擬似受動に関する英仏語の違いは，より一般的な前置詞の格付与に関する違いを反映しているにすぎないことになる。

1. 受動態

◆**擬似受動の成立**―― Lightfoot (1979) "Rule Classes and Syntactic Change."

英語の歴史において擬似受動が成立した時期および原因については諸説あるが，Lightfoot による一連の研究は（分析の妥当性は別にしても）その後の研究に多大な影響を与えているので，ここでその要点を簡単に紹介する。Lightfoot (1979) は A 受動と V 受動の区別（→◆受動文と移動変形）を認めた上で，OE や ME には A 受動しか存在しなかったと主張する。すなわち，長距離受動(13)，間接目的語の受動化(15a)，イディオムの受動化(15b)，叙述語を伴う受動文(15c)などの V 受動は，すべて 15〜16 世紀に成立したものであり，それ以前には存在しなかったとの主張であるが，Lightfoot (1979) によれば，実は擬似受動についても同じことが言える。したがって，擬似受動が可能になった原因が何であれ，それは上に列挙した他のさまざまなタイプの受動文をも可能にするようなものであるはずであり，英語の受動文に関する通時的な分析は当然これらに統一的な説明を与えなければならない。そのような説明をするために Lightfoot (1979) が提案したのが，NP 移動という変形に基づく受動文の成立である。すでに触れたように，V 受動に共通するのは NP 移動 ((12)参照）であるから，15 世紀から 16 世紀にかけて英語はこの変形を獲得したと仮定すれば，上で述べた意味での統一的な説明が可能となる。

Lightfoot (1979) の説に対しては，しかし，さまざまな反論が出されている。例えば Lieber (1979) は，(ⅰ)叙述語を伴う受動文は OE にも見られる，(ⅱ)間接目的語の受動化も OE から可能であった，(ⅲ)advantage is taken of...のタイプは 14 世紀から見られるが，盛んに使われるようになったのは（Lightfoot (1979) の予測する時期ではなく）18 世紀から 19 世紀である，(ⅳ)擬似受動も 13〜14 世紀から見られる，などの点を実例によって示すことにより，Lightfoot (1979) が一括して扱った現象が実は同じ時期に発生したものではないと主張している。Lieber (1979) の議論は明快であるが，引用しているデータ自体の分析が甘いために，結論の妥当性に疑問も出されている。例えば Russom (1982) は，(ⅱ)に関わる Lieber の用例をすべて検討し，いずれも Lieber の説を支持する証拠にはならないと指摘している。

further readings　擬似受動および前置詞残留を扱った研究は数多くあるが，生成文法においては Chomsky（1955, 1965, 1977b, 1981）が繰り返しこの問題を取り上げている。van Riemsdijk（1978）は前置詞残留に関して言語比較を試みた理論的研究であり，英語の擬似受動の詳細な記述的研究である Couper-Kuhlen（1979）や Davison（1980）と共に，この分野での古典的研究となっている。Takami（1992）は従来の諸説に詳細な検討を加え，「特徴づけ」という概念に基づく代案を提示した機能主義的研究の集大成であり，高見（1997）と共に必読の文献である。擬似受動の理論的な意義を，変形文法に対する批判の文脈で論じた研究には Bresnan（1982）などがあり，句構造文法に対する批判の文脈で論じた研究には Washio（1985）などがある。再分析は Koster（1987）や Baltin & Postal（1996）などで批判されている。歴史変化に関しては Jespersen（1909-1949）や Allen（1977）も必読であるが，最終的には Visser（1963-1973）を見なければならない。

関連テーマ　自動詞の受動化（非人称受動）が許されるドイツ語などの言語では，sleep, cry, laugh, work などの非能格動詞は受動化の対象となるが，arrive, exist, grow, melt などの非対格動詞は受動化することができない。Perlmutter & Postal（1984）は次のような例を挙げ，同じ一般化が英語の擬似受動にも当てはまると主張している。

　（ i ）a. *The bridge was existed under by trolls.

　　　　　　　　　　　　　　　　　　　　(Perlmutter & Postal, 1984 : 101)

　　　　b. *The hill was grown on by grass.　　　　　　　　(*ibid*.)

これを非対格仮説と関連づけるのは確かに興味深い可能性であるが，この現象を別の観点から説明することは可能であろうか。

　擬似受動を特徴づける前置詞の残留は wh 構文にも見られるが，残留の可能性に関しては受動文の方が遙かに厳しく制限されている。例えば非文(25)に対応する Who did John talk to Harry about? は適格である。このような違いは何を意味するのであろうか。また，H & W などにおいて擬似受動の成立条件とされている再分析は，wh 構文にも適用されるのであろうか。

　Kayne（1981）は，英仏語の補文標識（for/de）に対応する抽象的な補文標識（ϕ_E/ϕ_F）を設定することにより，擬似受動に関する英仏語の対立

と次のような対立を同じ原理で説明している（(33)(34)参照）。

(ⅱ) a. I believe [s'φE[sJohn to be happy]]. (Kayne, 1981：359)
　　 b. *Je crois [s'φF[sJean être heureux]]. (*ibid.*)

一方，GB 理論における標準的な分析では，believe 類の動詞は補文標識を伴わないとされる。この標準的な分析において，(32)(33)(34)(ⅱ)に統一的な説明を与えることは可能であろうか。

【テーマ 3】BE 受動文以外の受動表現
【概説】

伝統的な記述（Curme (1931：446) 参照）によれば，BE 受動と GET 受動は行為を表わすか状態を表わすかに関して異なる。例えば(35)は，ペンキが塗ってあるという状態を表わす場合と，ペンキを塗るという行為を表わす場合があり，この区別に関して潜在的に曖昧となる（行為の読みは Our house is painted every year (*ibid.*) のような例において顕在化する）。

(35) Our house is painted. (Curme, 1931：446)

これに対し GET 受動はもっぱら行為を表わす形式であり，これを用いることにより，BE 受動に内在する曖昧性を回避することができると Curme (1931) は述べている。BE 受動と GET 受動の関係は生成文法においてもさまざまな観点から論じられてきたが，K. Hasegawa (1968) に代表される初期の研究においては，もっぱら形式的な考察が中心であった。その後 R. Lakoff (1971) などにおいて意味の問題が取り上げられ，GET 受動の形式と意味をめぐる研究は Haegeman (1985) などを経て現在まで続いている。

◆ GET 受動文の意味── Hatcher (1949) "To Get/Be Invited."

BE 受動と GET 受動に関する Curme (1931) の説に対しては，Hatcher (1949) に次のような反論が見られる。Curme (1931) の分析を(36)に当てはめてみると，(36a)は状態とも行為とも解釈できるため，この曖昧性を回避するために(36b)が使われるということになる。

(36) a. He was run over.
　　 b. He got run over. (Hatcher, 1949：435)

ところが(36a)は状態を表わした文ではなく，単に「彼が車に轢かれた」と述べている行為受動としか解釈できない。この場合，GET受動によって行為性がさらに強調されるということはないので，両者の違いを「状態」「行為」などの概念だけで捉えることはできない。Hatcherによれば，(36b)を(36a)から区別しているのは，車に轢かれるという出来事に見舞われた主語の方にも，不注意であったなど，何らかの「責任」(responsibility)が付与されているという点であり，これはHe got run over *in cold blood* (*ibid.*: 437)のような表現が不可能であることからも裏づけられるという。この in cold blood（冷酷に）という表現は，出来事を引き起こした行為者の責任を際立たせるものであるが，これは主語の側にも何らかの責任があるというGET受動の意味と矛盾するという観察である。

◆BE受動とGET受動の相違点——R. Lakoff (1971) "Passive Resistance."

記述されている出来事が誰の意思で引き起こされたのか，という観点からBE受動とGET受動を比較してみると，次のような違いが観察される。例えば(37a)と(37b)は，「故意に」という副詞が何を修飾するかに関して異なる（Givón (1993: 67), R. Lakoff (1971: 156)）。

(37) a. John was shot by Mary deliberately.　　　(Givón, 1993: 67)
　　 b. John got shot by Mary deliberately.　　　　　　　　(*ibid.*)

(37a)はメアリが故意にジョンを撃ったと解釈されるのが普通であるが，(37b)は自分が撃たれるという状況をジョンが意図的に作り出したと解釈される。「故意に」という副詞は動作主の行為を修飾するものであるから，(37b)では撃たれたジョンの方が動作主としての扱いを受けていることになる。R. Lakoff (1971: 153)によれば，主語の動作主性に関してBE受動とGET受動が異なるのは，両者の深層構造が次のように異なるためである（(38a)はR. Lakoffの構造とは若干異なるが，分析の精神は踏襲している）。

(38) a. [　　] be [Mary shot John]
　　 b. [John] get [Mary shot John]

つまりbeは意味上の主語を取らず，BE受動における表面上の主語は，意味的には行為の対象でしかない。これに対しGET受動の主語は get 自

体が要求する項であり，この主語は get の意味的性質を反映して動作主性を帯びる。(38b)は基本的に K. Hasegawa (1968) を踏襲した分析であるが，R. Lakoff は，同じ分析を BE 受動にまで拡張すべきであるという K. Hasegawa の提案については，以上のような理由から受け入れられないとしている。

(38)の分析は次のような予測につながる。すなわち，BE 受動の主語の位置は意味的に空であるから，補文動詞の目的語として可能な名詞句ならどのようなものでも生じ得るが，GET 受動の主語は，補文動詞との意味的整合性に加え，get が要求する「動作主性」とも矛盾しないような名詞句でなければならない。したがって，例えばイディオムの一部としてのみ生じる名詞句は，BE 受動の主語の位置には生じても GET 受動の主語にはならないと予測される。R. Lakoff (1971) は次のような対立を指摘し，これが正しい予測であると述べている。

(39) Advantage {was/*got} taken of Bill by Harry.

(R. Lakoff, 1971 : 152)

◆ **GET 受動と非対格性**── Haegeman (1985) "The *Get*-Passive and Burzio's Generalization."

GET 受動と呼ばれる文が，実は受動以外の意味も担うことはよく知られている。R. Lakoff (1971 : 157) によれば，例えば John got his dishes washed という文には 3 通りの解釈があり，それぞれ(ⅰ)誰かが勝手にジョンの皿を洗った，(ⅱ)ジョンが自分の意志で皿を洗った，(ⅲ)ジョンが誰かに皿を洗わせた，などの言い換えが可能である。このような多義性が get という動詞自体の多義性を反映していると考えるのは自然であり，次のような単純な例が示すように，少なくとも上記(ⅰ)や(ⅱ)に平行する解釈は get 自体に内在しているように見える。

(40) a. John got a present from his mother. (R. Lakoff, 1971 : 157)
　　　b. John got a present for his mother. (*ibid*.)

(40a)のジョンは行為の「受け手」として上記(ⅰ)に近い解釈を受けるが，(40b)では，ジョンは意志的行為者として(ⅱ)に近い解釈を受ける。

同様の視点から，Haegeman (1985) も get のさまざまな用法を関係づけようと試みているが，Haegeman が特に問題にしているのは，(41)の

ような例における他動詞的構造(41a)と自動詞的構造(41b)の交替である。

(41) a. George got his girlfriend invited.　　(Haegeman, 1985 : 69)
　　　b. His girlfriend got invited.　　　　　　　　　(*ibid*.)

Haegeman はこれを基本的には(42)と同じ現象とみなし，さらにこれらを(43)のような使役交替の一種と分析している。

(42) a. John got his feet wet. ⟵⟶ b. His feet got wet.　　(*ibid*. : 68)
(43) a. The enemy sank the boat. ⟵⟶ b. The boat sank.　(*ibid*. : 66)

現代英語には，語彙的使役動詞と自動詞（非対格動詞）が交替する sink のような動詞が多数存在する。一般的な分析によれば，このような場合，他動詞構文に生じる sink (x SINK y) が基本であり，自動詞構文は，外項の抑制 (x SINK y → φ SINK y) に伴い動詞が格付与能力を失うため，意味上の目的語が主語の位置へ移動して生じると考えられている。Haegeman (1985) によれば，(41)や(42)に見られるのも同じ種類の交替であり，例えば(41a)は次の(44a)→(44b)のような形で派生される。

(44) a. [$_{NP}$ George][$_{VP}$ got [$_{SC}$ [$_{NP}$] invited [$_{NP}$ his girlfriend]]].
　　　b. [$_{NP}$ George][$_{VP}$ got [$_{SC}$ [$_{NP}$ his girlfriend]$_i$ invited [$_{NP}$]$_i$]].

get は補部として「小節」(small clause=SC) を取る動詞と分析され，その意味構造は〈Agent, Result〉のようなものであると Haegeman は考えている。このような他動詞としての get は，外項を取る動詞が一般にそうであるように格付与能力を持つため，(44b)の his girlfriend は get から対格を受ける。一方，この意味構造が外項の抑制 (x GET y → φ GET y) を受けると，(43b)の sink と同様に get は格付与能力を失うと考えられる。したがって，get の外項が抑制された次の(45)において，his girlfriend は(45c)の位置まで移動してはじめて（主文の時制要素から）主格を受けることができる。

(45) a. [$_{NP}$][$_{VP}$ got [$_{SC}$ [$_{NP}$] invited [$_{NP}$ his girlfriend]]].
　　　b. [$_{NP}$][$_{VP}$ got [$_{SC}$ [$_{NP}$ his girlfriend]$_i$ invited [$_{NP}$]$_i$]].
　　　c. [$_{NP}$ his girlfriend]$_i$ [$_{VP}$ got [$_{SC}$ [$_{NP}$]$_i$ invited [$_{NP}$]$_i$]].

この(45b)から(45c)への派生は，要するに非対格構文における NP 移動であり，さらに言えば(45)の派生全体が，GB 理論において一般的に仮定されている BE 受動の派生と本質的に同じものである。しかしこれは，GET 受動の主語はあくまでも get が要求すると考える K. Hasegawa

(1968) や R. Lakoff (1971) の分析とは矛盾する。したがって(39)のような現象は，Haegeman (1985) にとっては問題として残されることになる。

further readings　Huddleston (1984) は Jespersen (1909-1949) / Curme (1931) の路線で GET 受動の意味を論じている。Hatcher (1949) らの観察をさらに発展させている研究には Chappell (1980)，Givón (1993)，Tobin (1993) などがある。GET 受動と日本語の受動文との関連については R. Lakoff (1971:154) に若干の言及があり，Washio (1989-90) などに具体的な分析がある。Givón & Yang (1994) は GET 受動の成立に通時的な考察を加えている。

関連テーマ　BE 受動と比べて GET 受動は比較的新しい形式であると言われるが，この形式はどのような変化を経て，いつ頃確立したのであろうか。研究の出発点としては Givón & Yang (1994) などが参考になる。

　GET 構文と類似の多義性を示す構文に HAVE 構文がある。すでに触れたように John got his dishes washed には3通りの解釈があるが，I had a book stolen (Chomsky (1965:21)) にも部分的に重複する3通りの解釈がある。これら2つの構文に見られる多義性は互いにどのような関係にあり，どのような理由で生じるのであろうか。また，両者に共通する意味の1つは「本を盗まれる，皿を洗われる」など日本語の間接受動が表わす意味と重なるが，この面での日英比較も興味深いテーマである。益岡 (1979)，池上 (1981)，Oehrle & Nishio (1981)，鷲尾・三原 (1997) などの先行研究がある。

2. 中間態 (middle voice)

(1) The book reads easily.

この種の例は能動態の動詞に基づくSV型の構文と分析できるが，SとVの意味的関係はむしろ受動的であり，The book can be read easilyのような受動構文と一定の平行性を示す。そのためJespersen (1927) は(1)を「能動受動」と呼び，Sweet (1898) は「受動的動詞」という用語を導入したが，最近では中間構文 (middle construction) という名称を用いることが多い。

中間構文はまた，The vase broke (yesterday) のような能格構文とも似ている面があるが，両者にはさまざまな相違点もある。まず，(ⅰ)能格構文が出来事を記述するのに対し，中間構文は主語の性質を記述する総称的な表現である。(ⅱ)中間構文は現在時制で現れることが多いが，能格構文は時制の制約を受けない。(ⅲ)中間構文が一般に副詞表現を必要とするのに対し，能格構文にはそのような制限はない。(ⅳ)能格構文が自発的な出来事を記述するのに対し，中間構文は必ず動作主を含意する（(1)は本の読み手を想定しなければ意味をなさない）。この点では，中間構文は受動構文に近い性質を備えていることになるが，動作主句（by⌢NP）が決して表面には現れないという点では，中間構文と能格構文がグループを成す。

中間構文はさまざまな制約を受ける。まず，この構文は動詞に関して選択的であり，例えばunderstandを用いた次のような文は許されない。

(2) *This poem *understands* easily.

(Fellbaum & Zribi-Hertz, 1989:11)

このような制限の本質を捉えるには，中間構文を許す動詞と許さない動詞を区別する記述レベルでの一般化を確立する必要がある。【テーマ1】

中間構文においては，動詞の意味上の目的語が主語として実現され

> る。これはどのような仕組みによって可能となるのであろうか。【テーマ2】
>
> 英語の中間構文にあたる表現はフランス語やドイツ語などにも見られるが，これらの言語では，英語では不可能な表現が中間構文として成立する。比較文法論的な考察も重要である。【テーマ3】

【テーマ1】中間構文に対する制約
【概説】

伝統文法においても観察されているように (Jespersen (1927))，総称的解釈・現在時制・副詞表現などの条件をすべて満たしてもなお，中間構文としては不適格となる場合がある。*His words believe (easily) などがその例であるが，これを一般的な制約によって捉えようという試みの1つに被動性条件 (Affectedness Condition: AC) と呼ばれる制約がある。

AC は本来，いわゆる受動名詞句に関する(3)のような対立を説明するために提案されたものであり，名詞化された動詞の表わす行為が目的語に影響を与えるかどうかが，名詞句内における目的語の前置可能性を決定しているとの一般化を捉えたものである (Anderson (1979: 43-46))。

(3) a. the city's destruction by the enemy (Hale & Keyser, 1987a: 4)
　　 b. *physics' knowledge by the students　　　　　(*ibid.*)

その後 AC は Roberts (1987) らによって(4)のような中間構文にも援用され，名詞化構文において目的語の前置を許さない動詞類と中間構文を許さない動詞類は基本的に一致するとの一般化が仮定されるに至った。

(4) *Physics knows easily.　　　　　(Hale & Keyser, 1987a: 4)

know と同様に中間構文を許さない acquire, avoid, enjoy, kiss, learn, memorize, pursue, remember, see, slap, touch, understand なども，AC を満たさない動詞として挙げられることが多い。先行研究には次のような例が見られる。

(5) *German *learns* easily.　　　　　(Fagan, 1992: 258)
(6) *The formula *memorizes* easily.　　　　　(Zubizarreta, 1987: 143)
(7) *French *acquires* easily.　　　　　(Keyser & Roeper, 1984: 383)
(8) *The traffic jam *avoids* easily.　　　　　(Tenny, 1992: 9)

(9) *This wire *touches* easily.　　　　　　(Pinker, 1989 : 106)

これに対し break, bribe, cut, kill, launder, split, transcribe, wax などの動詞は，状態変化や位置変化を含意するなど一般に AC を満たすと考えられており，それゆえ中間構文の形成が可能であるとされる。

(10) This fabric launders nicely.　　　　　　(Fagan, 1992 : 65)
(11) This wood splits easily.　　　　　　　　(*ibid.*)
(12) This glass breaks easily.　　　　　　　(Pinker, 1989 : 106)
(13) This bread cuts easily.　　　　　　　　(*ibid.*)
(14) Chickens kill easily.　　　　　　　(Keyser & Roeper, 1984 : 384)
(15) Bureaucrats bribe easily.　　　　　　　(*ibid.*)

AC の妥当性についてはさまざまな議論がある。(3)の受動名詞句をめぐる議論においては，destroy と know の対立が影響性の有無に関する典型例とみなされているが，実は destroy 自体は中間構文を許さないと言われている。

(16) *Cities destroy easily.　　　　　　　　(Levin, 1993 : 239)

したがって destroy という動詞は，AC を満たすにもかかわらず中間構文を許さないという性質を備えていることになるが，これを表面的に解釈すれば，中間構文の適格性を支配する原理として，AC は少なくとも「十分条件」ではないと結論せざるを得なくなる。それでは，AC を「必要条件」として保持する可能性はどうであろうか。これが可能であるためには，適格な中間構文は必ず AC を満たしているという一般化が成立しなければならないが，現象面だけを見る限りこの一般化も成り立たない。AC を満たさないと考えられる read や photograph などが中間構文を許すという事実があるからである。

(17) a. This book reads easily.　　　　　　(Fagan, 1992 : 65)
　　 b. She photographs well.　　　　　　　(*ibid.*)

buy と sell が示す次のような対立も AC にとっては問題となる。

(18) a. *This book buys well.　　　　　　　(*ibid.*)
　　 b. This book sells well.　　　　　　　(*ibid.*)

この対立を AC によって説明しようとするなら，売り買いの対象となるのが同じ物であっても，それが売られる場合には影響を受けないが買われる場合には影響を受けると言わざるを得ないであろうが，影響性に関して

buy と sell が異なるとは考えにくいので（Fagan によればいずれの場合にも影響性はない），(18b) の適格性が AC への反例とみなされる。

このように AC には，(10)～(15) に代表される多くの例を許容しつつ (5)～(9) などの例を適切に排除できるという利点がある一方で，過剰生成・過少生成の両面で明らかな反例がある。こうした問題点を踏まえた上で研究を進める際には，どのような方向を目指すべきであろうか。

◆アスペクト──Fagan (1992) *The Syntax and Semantics of Middle Constructions.*

影響性という概念は，動詞が決定する θ 役割（Agent, Patient などの意味役割）の中から特定の種類のものだけを選び出すための道具立てであり，AC の背後にあるのは，中間構文の形成は目的語が担う意味役割の種類によって左右されるという考え方である。このような考え方に対し，中間構文の適格性は基本的には動詞のアスペクトによって決定されるという主張がある。Vendler (1967) の動詞分類に基づく Fagan (1992) によれば，中間構文の形成が可能なのは行為動詞（activity verb）か完成動詞（accomplishment verb）であり，達成動詞（achievement verb）と状態動詞（stative verb）は中間構文を許さないという一般化が成り立つ。

 (19) The car drives easily.（行為） (Fiengo, 1980 : 50)
 (20) These toys assemble easily.（完成） (Fellbaum, 1986 : 18)
 (21) *FBI agents recognize on the spot.（達成） (*ibid.* : 23)
 (22) *The answer knows easily.（状態）

             (Keyser & Roeper, 1984 : 383)

これらの動詞類を設定するさまざまな基準については Dowty (1979) が詳細に論じているが，中間構文が可能なクラスと認定されている行為動詞と完成動詞は，例えば進行形を許すという点で他の 2 つの動詞類から区別される。

 (23) a. He is driving the car.（行為）
   b. He is assembling the toys.（完成）
   c. *He is recognizing them.（達成）
   d. *He is knowing the answer.（状態）

行為性を欠く状態動詞は，よく知られているように進行形にならない。達

成動詞についても，これは基本的に「瞬間」を問題とする動詞であるので，持続し得る行為を前提とする進行形とは相性が悪い。

　read のような動詞(17a)は完成動詞でも行為動詞でもあり得る。しかし Fagan (1992) の分析では，「完成・行為」はいずれにしても中間構文が可能なクラスであり，AC にとっては問題であった read 類の動詞に対し Fagan のアプローチは自然な説明を与えることができる。また，状態動詞の目的語は影響を受けないという一般化が成り立つので，AC によって排除される動詞の多くはアスペクト説でも正しく排除される。

　Fagan (1992) のアスペクト説にとっては，能格構文に現れる break や explode などの動詞が潜在的な問題となり得る。これらの動詞はアスペクトのテストに関しては達成動詞と同じように振る舞うため，次のような例は(21)と同じ理由で不適格になるという予測をするからである。

 (24) a. Glass breaks easily.　　　　　　　　(Tenny, 1987 : 100)
　　　b. Bombs explode easily.　　　　　　　　　　　　(*ibid.*)

これに対して Fagan (1992 : 257) は，(24)は中間構文ではなく，能格構文が総称的に使われているにすぎないとの立場をとっている。

◆「責任」── van Oosten (1986) *The Nature of Subjects, Topics and Agents.*

　AC では説明できなかった buy と sell の対立(18)は，実はアスペクト説においても容易には説明できない。これらのアスペクト的性質がどのようなものであれ，buy と sell が属するアスペクト類が異なるとは考えにくいからである。Fagan (1992) は buy と sell が共に進行形で現れることから，これらは本来中間構文が可能なクラスに属していると認定した上で，中間構文に関する両者の違いにはアスペクトとは別の次元の「責任」(responsibility) という概念が関わっていると主張する。この概念を軸に中間構文を分析している van Oosten (1986) によれば，動詞が表わす行為の成立が目的語の性質に依存している場合──つまり意味上の主語 x ではなく目的語 y の方に主要な「責任」がある場合── y を文法上の主語とする中間構文が可能となる。例えば「食べる」という行為は主語の性質に依存した行為であるため(25)のような中間構文は作りにくく，この点において digest などの動詞と対立するが，物を口に入れるという行為を

動機づける原因が目的語の方にある(26)のような場合には eat も中間構文を許容する。

(25) This applesauce will {*eat/digest} rapidly.

(van Oosten, 1986 : 98)

(26) Keep these pills away from the baby. They're powerful, but they eat like they were candy. (*ibid.*)

van Oosten (1986) によれば buy と sell にも同様の違いがあり，「買う」という行為が主語の性質に依存した行為であるのに対し「売る」という行為は目的語の性質からも影響を受ける。この違いは，次の(27a)(27b)に対する答えとして，目的語の性質を述べた(28)が適切であるのは後者（sell）の場合だけであるという観察によっても裏づけられる。

(27) a. How did Alex manage to buy the Jaguar? (*ibid.* : 100)
b. How did Marie manage to sell the car? (*ibid.*)

(28) It's a great car, a real bargain. (*ibid.*)

したがって中間構文に関する buy と sell の対立は，この分析では eat と digest の対立と同じ性質のものとみなされることになる。

> **further readings**　Ackema & Schoorlemmer (1994) は，AC の効果を独立の原理から導き出すことにより，AC への反例となる現象も自動的に説明できると主張している。Tenny (1987) は AC をアスペクト的概念によって捉え直しており，Zubizarreta (1987) は影響を受ける目的語と受けない目的語を動詞の意味構造の違いによって区別している。動詞の意味と中間構文の可能性に関しては Dixon (1991) の記述も参考になる。

> **関連テーマ**　AC を保持するには，反例となる現象に独立の説明を与えなければならないが，これがどこまで可能であるのかは検討してみる価値がある。例えば destroy を含む(16)は，行為の対象が影響を受けているにもかかわらず中間構文が許されないケースであったが，これは destroy だけに見られる個別的な性質ではなく，demolish や ruin など破壊・根絶・抹消といった意味を表わす動詞にも共通する性質である。したがって，これらの動詞に共通する何らかの意味的性質が中間構文とは馴染まないという可能性は当然追求されてよい。その際，build, construct, knit など「破壊」とは対極にある「創造」を表わす動詞が，やはり中間構文を許さ

ないという事実も考慮すべきかもしれない。

このような語彙意味論的な分析が有効に働かない現象もある。例えば??This dress fastens（Fagan（1992：188））は単独では不自然と判断されるが、適切な文脈を仮定すれば適格になる（*ibid.*：189）。中間構文においてしばしば観察されるこうした現象は、ACや動詞の意味分析によっては説明しにくいが、高見（1997：第6章）で提案されている機能主義的な分析には自然な形で取り込まれている。中間構文の分析における語彙意味論と機能主義の適切な役割分担については、さらに研究してみる価値がある。

【テーマ2】中間構文の派生
【概説】

意味的には動詞の目的語であるはずの名詞句が主語として実現されることから、中間構文の派生にはNP移動が関与していると考える立場がある。これによれば(29)はおよそ(30)のように派生されることになり、中間構文において意味上の目的語が主語として表示されるのは受動文の場合と同じ仕組みによることになる。

(29) The wall paints easily.
(30) a. [$_{NP}$　] paint [$_{NP}$ the wall] easily.（D構造）
　　 b. [$_{NP}$ the wall]$_i$ paint [$_{NP}$　]$_i$ easily.（S構造）

一方、中間構文の主語はD構造においても主語であり、統語上の主語が意味上の目的語と解釈されるのは、外項xの抑制（x PAINT y →(x) PAINT y）に伴い内項yが主語と連結された結果にすぎないという(31)のような立場もある。

(31) [$_{NP}$ the wall] paint easily.（D構造, S構造）

これら2つの分析のいずれが妥当であるかは、単に技術的な問題に留まらない重要な理論的意義を持つ。すなわち、(30)の分析が正しければ、中間構文は非対格性を有するはずであるが、(31)が正しければ非能格性を備えていることになり、いずれにしても中間構文は非対格仮説の問題と密接に関わるからである。

◆**統語的派生**──Keyser & Roeper (1984) "On the Middle and Ergative

Constructions in English."

Keyser & Roeper（以下 K & R）(1984) は次のような議論に基づいて(30)の派生を支持している。

①まず，fast-sinking（← [$_{VP}$ sink fast]）などの動詞由来複合語は，動詞句において動詞の直後に生じている構成素だけが編入の対象になるという考え方がある。第一姉妹の原理と呼ばれるこの考え方によれば，[$_{VP}$ make boat fast] のような動詞句から得られる複合語として boat-making は可能であるが*fast-making は不可能であるという正しい予測が成り立つ。これを(29)の中間構文に当てはめてみると，仮に(31)が正しければ副詞 easily は第一姉妹の条件を満たすことになるが，(30)の分析では直接目的語が第一姉妹となり，副詞は編入の対象にはならない。事実は wall-painting/*easily-painting であり，K & R によれば，これは(30)の妥当性を裏づける証拠となる。

②動詞が away と共起して連続的な出来事を表わす「繰り返しの away」と呼ばれる用法がある。The ships are sinking away (K & R (1984：393)) などがその例であるが，これは動詞が自動詞の場合にのみ許される。K & R は中間構文がこの away の用法を許さない（*The room paints away easily（*ibid.*：392））ことから，中間構文においても統語レベルでの他動性は保持されている（すなわち(30)が正しい）と主張している。

③第三の議論として K & R は，接頭辞 out- が自動詞と結合して他動詞を作るとされる John outran Bill（*ibid.*：393）のような現象を取り上げ，中間構文に基づく*Bureaucrats outbribe managers easily（*ibid.*：395）などの不適格性を説明するには，他動性を保持した(30)を仮定する必要があると述べている。

④最後に K & R は，統語規則が前置詞の残留を許す（He was laughed at）のに対し語彙規則は前置詞を削除する（laugh at →*laughatable/laughable）という一般化を仮定した上で，中間構文においては，前置詞の削除は許されないが残留は不可能ではない（*Jokes laugh easily/?John laughs at easily）との観察に基づき，中間構文には統語規則（NP 移動）が関与していると結論づけている。

◆**語彙的派生**── Fagan (1988) "The English Middle."

Fagan (1988) は，Keyser & Roeper (1984) による①〜④の議論は，どれも NP 移動に対する決定的な証拠にはならないと主張する。

①′Fagan はまず，K & R が問題にした *easily-painting などはそもそも複合語ではないとの立場をとる。Allen (1978) によれば，この種の複合語の第一要素は名詞（*eagle*-eyed）か形容詞（*nice*-looking）に限られ，副詞は編入の対象にはならないので，*easily-painting が複合語として生成される可能性は排除される。この場合，painting を動名詞の形容詞用法とみなし easily を通常の副詞とみる可能性は残るが，この用法は出来事を表わす動詞にのみ許されたものであり，出来事性を欠く中間構文とは馴染まないとの説明を Fagan (1988 : 188-189) は与えている。

②′Fagan (1988 : 190) によれば，状態動詞は一般に「繰り返しの away」とは共起しない（*He feels away for him/*That matters away）。したがって，K & R が問題にした *The room paints away easily などの不適格性は，中間構文が状態表現であることからの帰結として説明できるため，中間構文の他動性を示す証拠にはならない。

③′同様に，接頭辞 out- による他動詞化もすべての自動詞に適用できるわけではない。*God outexists matter and energy（Roberts (1985 : 413)）/*His advice outmattered ours（Fagan (1988 : 191)）のような例が示すように，これも状態動詞には適用できない操作であり，状態表現である中間構文が out- の接辞化を許さないのは当然である。

④′前置詞の削除と残留に基づく K & R の議論についても Fagan (1988) は次のように反論している。まず，中間構文が前置詞削除を許さないのは事実かもしれないが，同じ語彙規則でも削除が許される場合と許されない場合があるので，これは語彙規則と統語規則を区別する基準にはならないと述べている。さらに，中間構文における前置詞残留は不可能ではないという K & R の記述は事実に反すると述べ，Fagan の調べた限りでは ?John laughs at easily などを許容する話者はいなかったと報告している。

NP 移動による統語的派生への代案として Fagan (1988) は次のような語彙規則を提案している。

(32) a. Assign *arb* to the external θ-role.

b. Externalize the direct θ-role.　　　　　(Fagan, 1988：198)

(32a)は動詞の外項に総称的解釈 *arb* （＝arbitrary interpretation）を与える規則であるが，これは同時にその外項が統語構造に投射されないという効果をもたらす。(32b)は動詞の直接的 θ 役割（直接目的語が担う意味役割）を「外項化」することにより，これを主語と連結する規則である。

> **further readings**　NP 移動を仮定する分析には Carrier & Randall (1992)，Stroik (1992a)，Nakamura (1997) などがある。Banchero (1978)，Ackema & Schoorlemmer (1994) などでは語彙的派生が提唱されている。この点をめぐる比較的最近の論争としては，Stroik (1992a)，Zribi-Hertz (1993)，Stroik (1995a)，Ackema & Schoorlemmer (1995) の間で交された一連のやりとりがある。また，θ 役割と呼ばれる意味役割には実は 2 種類あるという立場から，中間構文における移動の問題を扱った興味深い研究に Kawasaki (1999) がある。

> **関連テーマ**　統語的派生と語彙的派生の対立は，中間構文の非対格性に関わる対立でもある。したがって，非対格性を認定する独立の基準があれば，それを中間構文に適用し，いずれの分析が妥当であるかを推定することも可能である。Ackema & Schoorlemmer (1994) はオランダ語の助動詞選択などに基づき，中間構文は非能格構文であると結論づけている。

　他の構文との関連では，tough 構文や目的語省略構文と中間構文との関係も考える必要がある。これについては Massam (1992) などが参考になる。Carrier & Randall (1992)，Goldberg (1995) などで論じられている結果構文との関連も興味深い。すでに触れた受動構文や能格構文との関係についても考えるべき問題は多い。例えば Hale & Keyser (1987a) は中間構文を能格構文と同一視する可能性について論じているが，この提案と本項の冒頭に挙げた(ⅰ)〜(ⅱ)とは両立し得るのであろうか。

【テーマ3】他言語との比較
【概説】
　英語の中間構文を構成するさまざまな性質は，総体として見ればかなり混沌としており，これらを単一の原理によって一挙に説明するのは難し

い。このような場合，他言語との比較を通じて普遍的な性質と英語に固有の性質を峻別できれば，現象を説明するための適切な道具立てを発見できる可能性が高まる。例えば *This poem *understands* easily（=(2)）などは，結局のところ何が原因で不適格となっているのであろうか。英語に基づく考察からも知見は得られるが，(2)に対応する Ce poème se comprend facilement (Fellbaum & Zribi-Hertz (1989 : 11)) がフランス語では適格であるという事実を知れば，また別の知見も得られる。同様に，英語を見ている限り問題にすらならない自動詞に基づく中間構文も，ドイツ語のような言語では可能であるため(41)，この種の構文がなぜ英語では許されないのかという理論上の問題も生じてくる。中間構文に関する比較文法論的な研究は，例えば受動構文と比べれば数も少なく，今後に残された課題も多いが，それだけにこれからの研究者が実質的な貢献をする余地が充分に残されている。

◆**英仏比較**── Fellbaum & Zribi-Hertz (1989) *The Middle Construction in French and English.*

フランス語の中間構文は再帰代名詞を伴うという点において英語とは異なる。

(33) Greek translates easily.　　(Fellbaum & Zribi-Hertz, 1989 : 10)
(34) Le grec se traduit facilement.　　　　　　　(*ibid.*)
　　 the Greek SELF translates easily

このような外形的な違いに加え，フランス語の中間構文は英語では許されない種類の副詞表現とかなり自由に共起する。

(35) Greek translates {*with a dictionary/*better in the morning}.
　　　　　　　　　　　　　　　　　　　　　　　　　　(*ibid.*)
(36) Le grec se traduit {avec un dictionnaire/mieux le matin}.
　　　　　　　　　　　　　　　　　　　　　　　　　　(*ibid.*)

中間構文を許容する動詞の範囲もフランス語の方が圧倒的に広い。

(37) a. *This type of bridge builds easily.　　(*ibid.* : 11)
　　 b. Ce genre de pont se construit facilement.　　(*ibid.* : 10)
(38) a. *The Eiffel Tower sees easily from my window.　(*ibid.* : 11)
　　 b. La Tour Eiffel se voit facilement de ma fenêtre.　(*ibid.* : 10)

(39) a. *This kind of crime does not forgive easily. (*ibid*.: 11)
　　　b. Ce genre de crime ne se pardonne pas facilement. (*ibid*.: 10)
(40) a. *This obstacle avoids easily. (*ibid*.: 11)
　　　b. Cet obstacle s'évite facilement. (*ibid*.: 10)

英仏語の中間構文はまた，意味解釈においても異なることが知られている。例えば英語中間構文(33)はギリシャ語という言語の性質に関する一般的な記述としてしか解釈できず，ギリシャ語で書かれた特定のテキストが今日は簡単に翻訳できるなどという出来事の解釈は許さないが，フランス語ではいずれの解釈も可能である。この事実はフランス語の中間構文が受動構文に近い性質を備えていることを示すものであるが，そのような観点からすると(34)/(37b)〜(40b)がフランス語で許されるのも肯ける（英語でも(35)/(37a)〜(40a)は受動文にすれば適格になる）。Fellbaum & Zribi-Hertz (1989) は英仏語に見られるさまざまな違いを，フランス語の中間構文は通時的にも共時的にも受動構文と関連が深く，英語の中間構文は能格構文と関連が深いという違いに還元できると主張している。

◆**英独比較**──Fagan (1992) *The Syntax and Semantics of Middle Constructions*.

ドイツ語の中間構文はフランス語と同様に再帰代名詞を伴うが，出来事の解釈を許さないという点でフランス語とは異なり，その意味特性はむしろ英語に近い。しかしドイツ語は，次のように自動詞からも中間構文を形成できるという点において英語とは異なる。

(41) a. Es　　lebt sich gut als Sekretärin in Bonn.(Fagan, 1988 : 44)
　　　　 it/there lives SELF well as　secretary　　in Bonn
　　　b. Es　　tanzt sich gut auf glattem Parkett. (*ibid*.: 189)
　　　　 it/there dances SELF well on　smooth　parquet

この場合，表面的な主語の位置は非人称の代名詞（es）によって埋められるため，これらは「非人称」の中間構文と呼ばれる。この種の構文に関する独英語の違いは，比較文法論的にも興味深い問題であるが，(41)のような構文自体の性質を理解するには，これをさまざまな観点から分析する必要がある。例えば非人称の中間構文は一般に2つの副詞要素を必要とし，(41b)は gut（well）だけでも auf glattem Parkett（on smooth parquet）

33

だけでも不適格であるが，これが何を意味するのかも考えてみる価値がある。

> further readings　　フランス語の中間構文については山田（1997）に詳しい記述がある。ドイツ語については大矢（1997）に若干の言及がある。中間構文をめぐる議論にはオランダ語もしばしば登場するが，これについては Hoekstra & Roberts (1993)，Ackema & Schoorlemmer (1994) などが参考になる。中間構文の日英比較を行う際には，何を日本語の中間構文とするかという，比較対象自体の設定から始める必要がある。この点も含め，日本語および日英語の比較については高見（1997：第6章）およびそこで引用されている文献を参照。他の言語については Klaiman (1991)，Kemmer (1993) などに有益な情報がある。

> 関連テーマ　　仏独語の中間構文は再帰代名詞を伴うという点で英語とは異なる。再帰代名詞の有無は中間構文の性質にどのような影響を与えるのであろうか。この問題を考える際にはオランダ語なども考慮に入れる必要がある（オランダ語の中間構文は再帰代名詞を伴わない構文であるが，非人称でも現れるという点ではドイツ語と同様である）。

オランダ語にはまた，主語が付加部に対応する Deze tafel eet prettig (this table eats pleasantly)（Ackema & Schoorlemmer (1994：82)）のような中間構文が存在する。これがどのような仕組みによって可能となるのか，これを許す言語と許さない言語はどのような点において異なるのか，などの点も重要な研究テーマとなる。

非人称の中間構文に関して対立する英独語はまた，非人称受動に関しても対立する（→第1章「受動態」参照）。これらは関連した現象なのであろうか。

3. tough 構文 (*tough* construction)

　(1) John is easy to please.

　上記のような文は，学校文法ではSVCの文型に副詞的to不定詞を伴うものと分類される。この構文に生ずる述語には，tough, hard, easy等の難易関係を表すものや，fun, annoying, pleasantなど快・不快を表すものがあり，生成文法では代表例のtoughにちなんでtough構文と呼ばれる。この構文の特徴は，主文の主語がto不定詞の意味上の目的語となっている点である。例えば(1)では，主文の主語Johnがpleaseの意味上の目的語であり，(1)は(2)と実質的に同じ意味関係を表している。

　(2) It is easy to please John.

　tough構文(1)と形式主語構文(2)の関係に関しては，両者は同義であり，(1)と(2)は同一の構造に由来すると分析する立場と，同義ではなく両者は別々の構造から導かれるとする立場がある。【テーマ1】

　上述のように，tough構文では主文の主語がto不定詞の意味上の目的語となっている。そうすると，他動詞の後ろの位置に本来の目的語が生じていないのはなぜか，という問題が生ずる。【テーマ2】

　さらに，tough構文でtough述語と共に生ずるto不定詞やfor句はどのような統語特性を持つのだろうか。例えば，(3)のfor usはto不定詞の主語なのだろうか。あるいは，主文の要素なのだろうか。

　(3) John is difficult for us to please.

さらに，to pleaseは節なのだろうか，動詞句なのだろうか。【テーマ3】

【テーマ1】tough 構文と形式主語構文の関係
【概説】

　学校文法では，(1)のような文は「SVC＋（副詞的）to不定詞」と分類するのが一般的である。

(1) John is easy to please.

この構文の特徴は，主文の主語が，to 不定詞の意味上の目的語となっている点である。この現象は伝統文法でも観察されており，Poutsma (1926: 364, 458)，Jespersen (1927: 216-219, 1940: 271-274)，Kruisinga (1932: 151)，Curme (1931: 191, 256)，Quirk *et al.* (1985: 1229) 等に言及が見られる。

この特徴の結果，(1)のような構文は，(2)のような形式主語構文と実質的に同じ意味関係を表している。

(2) It is easy to please John.

生成文法では(1)の構文を tough 構文と呼び，対応する形式主語構文との関係が常に問題となってきた。Chomsky (1964)，Postal (1971) をはじめとして，tough 構文とそれと対応する形式主語構文を同義であるとし，両者は共通の構造に基づくと分析するのが主流となっている。それに対し，2つの構文の同義性を否定し，tough 構文と形式主語構文はそれぞれ異なる構造に由来すると主張する分析もある。後者の立場の分析には，Williams (1983b)，C. Jones (1991) 等がある。

◆(1)と(2)は同義──Chomsky (1964) *Current Issues in Linguistic Theory*.

Chomsky (1964)，Postal (1971) 等をはじめとして，初期生成文法では，(1)の tough 構文と(2)の形式主語構文を共通の構造に基づくと分析する立場が主流となっているが，その分析の根拠は，両者の表す意味内容が同義と感じられる点である。これは，(4)と(5)の同義性を，両者に共通の構造を仮定して説明するのと同じ考え方である。

(4) John seems to be honest.

(5) It seems that John is honest.

(4)のような構文は「繰り上げ構文（raising construction）」（→第 18 章参照）と呼ばれ，主文の主語 John は，形式主語構文(5)と同様に，元来，to 不定詞節の主語であり，それが主文の主語に繰り上げられたと分析される。

(6) Δ seems [John to be honest] → John seems [to be honest]

3. tough構文

(1)と(2)も同義であるならば，その同義性を捉えなければならない。そのため，(1)のようなtough構文の主文の主語は，(2)のような形式主語構文の場合と同様に，元来to不定詞内の目的語であり，それが表面上は主文の主語となったと分析される。

(7) Δ is easy [to please John] → John is easy [to please]

このように分析すると，(1)と(2)の同義性は，両者が共通の構造に基づくことの帰結として捉えることができる。

この分析は，tough構文の主文の述語（tough述語）は，繰り上げ構文の主文の述語（繰り上げ述語）と同様の特性を持つと主張することを意味する。繰り上げ述語は，主文の主語が持つ意味特性の決定に関与せず，主文主語の意味特性はto不定詞節の述語によって決定される。例えば，(4)で，Johnは意志を持つ存在（人間）と解釈されるが，それはseemsによって決定されるのではなく，不定詞の述語be honestによって決定される。生成文法では，述語が，目的語や主語の意味特性（意味役割 (semantic role) あるいは主題役割 (thematic role) と呼ぶ）を決定することを，「主題標示する」という。この意味で，繰り上げ述語は，主語を主題標示しない。述語によって主題役割を標示されない位置を非θ(non-theta)位置と呼ぶ。繰り上げ構文の主文の主語位置は非θ位置である。

非θ位置の特徴の1つは，繰り上げ述語の例(5)に見られるように，形式主語のitが生起可能な点である。tough構文を繰り上げ構文と同様に扱うならば，tough構文の主文主語位置も非θ位置となるので，形式主語のitが生起可能なはずである。したがって，(2)のような形式主語構文の存在は，tough述語が主語を主題標示しないとする分析では，重要な根拠と考えられている。

(2) It is easy to please John.

◆**(1)と(2)は同義ではない**── C. Jones (1991) *Purpose Clauses: Syntax, Thematics, and Semantics of English Purpose Constructions.*

上記の主流派の分析に対し，C. Jones (1991), Lasnik & Fiengo (1974), Culicover (1997)等は，tough述語は，繰り上げ述語と異なり，主文主語に対して独立した主題役割を標示すると主張する。

まず，繰り上げ述語は文主語構文を許容しないが，tough 述語は許容する。

(8) a. *To read this book seems. (C. Jones, 1991 : 153)
　　b. To read this book is hard. (*ibid.*)

これは，tough 述語の主題標示特性が繰り上げ述語と異なっていることを示唆している。

次に，繰り上げ構文のto 不定詞は義務的であり省略できないが，tough 構文のto 不定詞は省略可能である。

(9) a. *Mary seems. (Culicover, 1997 : 206)
　　b. *John seems to be tall, and Sam also seems.
　　　　　　　　　　　　　　　　　(Jacobson, 1992 : 281)
(10) a. The test was easy. (C. Jones, 1991 : 155)
　　 b. That book is hard. (*ibid.*)
　　 c. Mary is tough. (Culicover, 1997 : 206)
　　 d. This rock is impossible for me to move, and that one is equally impossible. (Jacobson, 1992 : 282)

繰り上げ述語は主語を主題標示しないので，主語の主題役割を標示するto 不定詞を省略することはできない。これに対して，(10)が文法的であることは，tough 述語がto 不定詞とは独立して主語を主題標示することを示している。

また，繰り上げ構文では，形式主語（虚辞（expletive））の it や there を繰り上げることが可能であるが(11a)(11b)，それらを主文の主語にした tough 構文は存在しない(12a)(12b)（(12b)は(2)のような形式主語構文ではなくtough 構文であることに注意）。

(11) a. *There* seems to have been a lot of interest in that problem.
　　　　　　　　　　　　　　　　　(Culicover, 1997 : 101)
　　　(Cf. It seems that *there* was a lot of interest in that problem.)
　　 b. *It* seems to be obvious that John will win. (*ibid.*)
　　　(Cf. It seems that *it* is obvious that John will win.)
(12) a. **There* is hard for me to imagine ever being enough snow in New England. (Jacobson, 1992 : 287)
　　　(Cf. It's hard for me to imagine *there* ever being enough snow

3. tough 構文

in New England.)
b. **It*'s hard for me to imagine ever being obvious that there's a level of LF. (*ibid.*)
(Cf. It's hard for me to imagine *it* ever being obvious that there's a level of LF.)

(13) ?*John* is hard for me to imagine ever being nice. (*ibid.*)
(Cf. It's hard for me to imagine *John* ever being nice.)

(13)が示すように，tough 構文の主文の主語が，to 不定詞内の imagine に後続する名詞句に対応することは可能である。したがって，(12a)(12b)の非文法性の原因は，虚辞の it や there が tough 構文の主文の主語となっている点にある。これは，tough 述語が，繰り上げ述語と異なり主語を主題標示するため，意味を持たない虚辞を主語として許さないことを示唆している。

以上を考慮すると，tough 述語は，繰り上げ述語と異なり，主語を主題標示するように思われる。これが正しいなら，tough 構文と形式主語構文の意味が同じではないことを意味する。

(14) a. John is easy to please. (=(1))
b. It is easy to please John. (=(2))
c. To please John is easy.

(14a)では，主文主語の John が easy に主題標示されている。つまり，「John は，喜ばせるのがたやすい（という特性を持っている）」と述べている。一方，(14b)で easy の真の主語となっているのは to please John であり，「John を喜ばせるのはたやすい」と述べている。これは，文主語構文(14c)の意味と同じである。

さらに，Ross (1967 : 230) は，下記の3つの文の意味が異なることを観察している。

(15) a. It is easy to play sonatas on this violin.
（このバイオリンでソナタを弾くのはやさしい）
b. Sonatas are easy to play on this violin.
（ソナタは簡単なので，このバイオリンで弾ける）
c. This violin is easy to play sonatas on.
（このバイオリンは簡単なので，ソナタが弾ける）

もし，tough 述語が主語を主題標示せず，tough 構文は対応する形式主語構文と同じ構造に由来し，形式主語構文と同義であるなら，(15a)〜(15c)の意味は同じはずである。したがって，Ross の観察は，tough 述語が主語を主題標示することを示唆している。

> further readings　tough 構文とそれに対応する形式主語構文を同義とし，同一の基底構造から導き出そうとする分析に Postal (1971)，Berman (1973, 1974)，J. McCawley (1998²) などがある。一方，両者の同義性を否定する分析に，Lasnik & Fiengo (1974)，Oehrle (1979)，Kaneko (1994, 1996)，Culicover (1997) 等がある。生成文法以外の理論による分析については，Ikeya ed. (1996) を参照。

> 関連テーマ　tough 構文とそれに対応する形式主語構文を同義と扱い，同一の基底構造から導き出す分析では，例えば(1)の tough 構文と(2)の形式主語構文に生ずる easy は同一の形容詞 easy として統一的に扱うことが可能である。一方，2つの構文の同義性を否定する分析に対しては，(1)に生ずる easy と(2)に生ずる easy の2種類の easy を認めなければならなくなるとする批判がある（Jackendoff (1975)）。この批判は正しいであろうか。関連する議論としては，Kaneko (1996) を参照。

【テーマ2】tough 構文の不定詞内の目的語欠如現象
【概説】

　tough 構文では，不定詞句内の動詞（あるいは前置詞）の目的語に該当する名詞句が欠如しており，主文の主語が意味上の目的語に対応している（欠如している目的語の位置を ϕ で表す）。

　(16) John is easy [to please ϕ].
　(17) This knife is very difficult [to cut meat with ϕ].

(Chomsky, 1964 : 34)

この目的語の欠如現象は義務的であり，目的語が表面的に現れたり(18b)，不定詞が目的語をとらない自動詞であってはならない(18c)。

　(18) a. Harry is hard to handle ϕ skillfully.　(Stuurman, 1990 : 124)
　　　 b. *Harry is hard to handle the horse skillfully.　　　(*ibid*.)
　　　 c. *Bob is hard to arrive.　　　　　　　　　　　　　(*ibid* : 128)

別の観点から言えば，(18b)(18c)の非文法性は，tough 構文の主文の主語は to 不定詞の意味上の「主語」とは解釈できないことを示している。

この現象は，伝統文法でも，Poutsma (1926 : 364, 458)，Jespersen (1927 : 216-219, 1940 : 271-274)，Kruisinga (1932 : 151)，Curme (1931 : 191, 256) 等で観察されている。Jespersen (1940) は，目的語を欠き，目的語の意味解釈が前方の名詞句に遡って決定される不定詞を遡及不定詞 (retroactive infinitive) と呼び，tough 構文の不定詞もその一種として扱っている。特に，Jespersen (1940 : 271-274) では，主文の主語が意味上の目的語となっている点で共通性を有する受動 (passive) 文との比較検討がなされている。

生成文法では，目的語の欠如現象をいかに説明するかをめぐって，いくつかの分析が提案されている。1つは，名詞句移動により to 不定詞の目的語位置から主文の主語位置に名詞句を移動させる分析であり，Postal (1971) に代表される。第二の分析として，Lasnik & Fiengo (1974) は，不定詞内の目的語を削除する分析を提案している。第三の分析は，Chomsky (1977a) が提案したもので，to 不定詞内で，wh 移動に似た移動が目的語に適用される分析である。

◆NP 移動分析── Postal (1971) *Cross-over Phenomena.*

Postal (1971) は，tough 構文とそれに対応する形式主語構文が同義であるという前提に立ち，tough 構文の to 不定詞の目的語を主文の主語に繰り上げる分析を提案している。

(19) a. Jack was difficult for Tony to hit.　　　(Postal, 1971 : 28)
　　 b. It was difficult for Tony to hit Jack.　　　(*ibid* : 27)

Postal の分析によれば，(19a)(19b)は以下の構文を共通の基底構造としている (it は形式主語)。

(20) [(it) [$_s$ for Tony to hit Jack]] was difficult

この構造から，for Tony to hit Jack が文末に外置 (extrapose) されると，(19b)の形式主語構文が派生される。さらに，to 不定詞の目的語が主文の主語位置に繰り上げられ，形式主語 it と置き換わると，tough 構文 (19a)が派生される。

(21) (it) was difficult for Tony to hit Jack

　主語位置への移動は，繰り上げ構文でも見られる現象であり，tough 構文での目的語繰り上げも，繰り上げ現象の一例として扱うことができる。さらに，受動文も，目的語位置から主語位置への名詞句移動現象であり，伝統文法以来指摘されてきた tough 構文と受動文との類似性も捉えることができる（t は移動の痕跡を表す）。

(22) John was pleased t

　この分析によれば，tough 構文の to 不定詞の目的語が表面上現れない現象は，目的語が主文の主語位置に移動するためであると説明することができる。ただし，to 不定詞句から移動するのが目的語でなければならず，(18b)(18c) のように to 不定詞の主語が繰り上げられない理由は別に説明する必要がある。

◆**目的語削除分析**──Lasnik & Fiengo (1974) "Complement Object Deletion."

　名詞句移動分析に対し，Lasnik & Fiengo (1974) は，tough 構文の to 不定詞の目的語は，移動ではなく，削除されたものであると主張している。その主張の主な根拠は，①tough 構文では tough 述語が主文の主語を主題標示すると考えられることと，②目的語移動分析では，名詞句移動が関与しない構文（下記(25a)～(25c)参照）との共通性が捉えられないということである。

　tough 構文で，tough 述語が主語を主題標示していると考えるべきいくつかの根拠についてはすでに述べたが（【テーマ1】(11)～(15)の議論を参照），さらに Lasnik & Fiengo は，次のような現象を指摘している。

(23) ?*Headway* is easy to *make* on problems like these.

(Lasnik & Fiengo, 1974 : 540)

(24) a. *Tabs were easy to *keep* on Mary.　　　　(*ibid* : 541)

　　b. *Advantage was easy to *take* of Bill.　　　　(*ibid*.)

　　c. *Attention is difficult to *pay* to boring lectures.　　(*ibid*.)

(23)の headway はイディオム make headway（前進する）の一部を成す

名詞句である。このような名詞句は，イディオムでは名詞句本来の意味を持たず，単独では主題標示されないので，通例，主題標示される位置には生じない。したがって，(23)のような例はtough構文の主文の主語位置を非θ位置と考える根拠の1つとされた。しかし，Lasnik & Fiengoによれば，(23)のような文は例外であり，大部分のイディオム表現の名詞句は，tough構文の主文主語となることはできない。これは，tough構文の主文の主語位置がθ位置であることを示唆している。移動の移動先は非θ位置に限られるので，tough構文の主文の主語を，to不定詞の目的語が繰り上げられたものと考えるのは妥当ではない。

次に，Lasnik & Fiengoは，以下のような構文が，tough構文と同様にto不定詞内の目的語欠如現象を示すことに着目した。

(25) a. Mary is pretty to look at ϕ. (pretty構文)

(Lasnik & Fiengo, 1974 : 535)

b. The mattress is too thin to sleep on ϕ. (too-to構文)

(*ibid.* : 536)

c. The football is soft enough to kick ϕ. (enough-to構文)

(*ibid.*)

これらの構文では，名詞句移動が関与しているとは考えられない。表面上tough構文に類似したpretty構文(25a)は，形式主語構文を許さないので，主文の主語位置が非θ位置である可能性はない。

(26) *It is pretty to look at Mary. (*ibid.*)

また(25b)(25c)の場合，tooとenoughがないと，目的語を欠いたto不定詞を伴うことができない。

(27) a. *The mattress is thin to sleep on. (*ibid.*)

b. *The football is soft to kick. (*ibid.*)

(25b)(25c)の目的語欠如現象はtooとenoughに起因する現象であるので，主文の述語の主題標示特性によるものと考えることはできない。

したがって，pretty構文，too-to構文，enough-to構文では，to不定詞の目的語が主文の主語位置に繰り上げられたとは考えられない。

このように，tough構文，pretty構文，too-to構文，enough-to構文に見られる目的語欠如現象を，名詞句移動分析によって統一的に捉えるのは困難である。これらを統一的に扱うためには，to不定詞の目的語は，移

動ではなく，削除されたと考えるべきであると Lasnik & Fiengo は主張する。

◆wh 移動分析――Chomsky (1977a) "On *Wh*-Movement."

Chomsky (1977a) も，tough 構文と too-to 構文等との共通性に着目し，さらに，これらの構文が wh 移動構文との共通性を示すことを指摘する。

例えば，wh 移動は，(28a)のように同一節の中で行われるだけでなく，(28b)のように，多重に埋め込まれた従属節の中からも行われる。しかし，(28c)のように名詞句に埋め込まれた節の中からは行われない。(28c)のような現象は，複合名詞句制約（Complex NP Constraint）現象と呼ばれる。

(28) a. I wonder [who John saw *t*].　　　　(Chomsky, 1977a : 97)
　　 b. I wonder [who John believed [that Mary would claim [that Bill would visit *t*]]].　　　　(*ibid.*)
　　 c. *I wonder [who John believed [NP the claim [that Bill would visit *t*]]].　　　　(*ibid.*)

tough 構文でも，(29b)が示すように，主文の主語は，多重に埋め込まれた従属節内の意味上の目的語になれる。しかし，(29c)が示すように名詞句に埋め込まれた節の目的語に対応することはできない。

(29) a. John is easy (for us) to please *t*.　　　　(*ibid.* : 103)
　　 b. John is easy (for us) to convince Bill to tell Mary that Tom should meet *t*.　　　　(*ibid.* : 104)
　　 c. *John is easy (for us) to convince Bill of [NP the need [for him to meet *t*]].　　　　(*ibid.*)

Chomsky は，tough 構文を含むいくつかの構文と wh 構文の共通性を捉えるため，それらの構文でも wh 移動が関与していると主張した。例えば tough 構文では，to 不定詞内で wh 移動が行われていると分析される（*ibid.* : 103）。

(30) John is easy [who [to please *t*]]
　　　　　　　　　　↑_____|

to 不定詞内で移動した wh 要素 who は義務的に削除され，表面上は(29

a)の文が派生される。

　後に，この分析は，疑問詞の移動ではなく，wh要素に似ているが音形を持たない要素（これを空演算子（null operator＝Op）と呼ぶ）の移動として捉え直され，名詞句移動分析と並ぶ主要な分析となった。

　(30) John is easy [Op [to please t]]

この分析では，(30)の派生が示すように，tough構文の主文の主語ははじめから主文の主語として生成される。その点では，Lasnik & Fiengo (1974)，Williams (1983b) 等の分析と同じである。しかし，Chomsky (1981 : 312) は，tough述語は主語を主題標示しないという立場を守るため，tough構文は，再分析（reanalysis）を受け，形容詞とto不定詞が複合形容詞（complex adjective）構造を形成する分析を示唆した。

　(31) John is [$_{AP}$[$_A$ easy to please] t]

再分析を受けた構造では，easy-to-pleaseが1つの語となるため，空演算子Opは統語的には見えなくなる。したがって，痕跡tはあたかもJohnの痕跡のように解釈されるので，結果的に，Postal等の名詞句移動による分析と同じ帰結が得られ，tough述語が主文主語を主題標示しない立場が保持される。

further readings　名詞句移動による分析としては，Ross (1967)，Berman (1973, 1974)，J. McCawley (1998[2]) などがある。wh移動（空演算子移動）による分析としては，Browning (1987)，Clark (1990)，Contreras (1993) 等がある。Chomskyのtough再分析に対する批判としては，Levine (1984a, 1984b)，Kaneko (1996) がある。tough構文における再分析に関してはNanni (1978) を参照。その他，tough構文の派生に関する議論としては，Nakamura (1991b)，Brody (1993) がある。

関連テーマ　Chomsky等のwh移動（空演算子移動）分析を受け入れるとしても，tough構文は(28)のようなwh移動の例といくつかの点で相違する点が見られる。そのような相違はどのようなものであり，どのような要因が関わっているであろうか。Chomsky (1977a, 1981)，Browning (1987)，Culicover (1997) 等を参照。

【テーマ3】tough 構文の統語構造
【概説】

tough 述語は以下のような構文に生ずる。

(32) a. John is easy to tease. (Nanni, 1978：2)
　　　b. John is easy for Bill to tease. (*ibid.*：3)
(33) a. It is easy to tease John. (*ibid.*)
　　　b. It is easy for Bill to tease John. (*ibid.*)

(32a)(32b)は tough 構文，(33a)(33b)は形式主語構文である。どちらの構文でも，for　NP 表現は随意的である。上記の例だけを見ていると，tough 構文と形式主語構文の構造は，主文の主語と to 不定詞内の目的語の相違点を除けば，同一の構造をしているように見える。しかし，2つの構文は，for NP と to 不定詞に関して，いくつかの点で異なる振る舞いをする。最も大きな相違点は，tough 構文の for NP 表現は to 不定詞の主語ではなく，主文に属する前置詞句 PP であるのに対して，形式主語構文の for NP は，to 不定詞の主語と，主文に属する PP の2通りの可能性がある点である。

(34) John is easy [for Bill] [to tease].
(35) a. It is easy [for Bill to tease John].
　　　b. It is easy [for Bill] [to tease John].

(34)は，「John は，Bill には，からかいやすい」という意味になる。(35a)の for Bill は to 不定詞の主語であり，「Bill が John をからかうことはたやすい」という意味である。一方，(35b)の for　Bill は主文に属する PP であり，「Bill には，John をからかうことがたやすい」という意味である。

形式主語構文の to 不定詞に主語 for NP が生起可能であることは，その to 不定詞が節であることを示している。さらに，形式主語構文には that 節が生ずることもある。

(36) It is tough that John will win. (Culicover, 1997：206)

したがって，形式主語構文の to 不定詞が節であることは意見が一致している。一方，tough 構文の to 不定詞は，主語の for NP を許さないので，節を成さない可能性もある。したがって，節を成すとする標準的分析に加えて，tough 述語と to 不定詞が複合形容詞を成すとする分析（Nanni

3. tough 構文

(1978), Chomsky(1981)), VP であるとする分析 (Lasnik & Fiengo (1974), C. Jones(1991)) がある。

◆tough 構文の for NP は不定詞の主語ではない── Nanni (1978) *The Easy Class of Adjectives in English*.

tough 構文の for NP が to 不定詞の主語でなく主文要素であり, 形式主語構文の for NP が主文要素と to 不定詞の主語の 2 通りの可能性を持つと考えるべき根拠として, Nanni (1978) 等は以下のような現象を挙げている。

まず, tough 述語は, to 不定詞がなくとも for NP と共起できる。

(37) a. The part was easy for Brand.　　　(Nanni, 1978 : 22)
　　 b. The puzzle was difficult for me.　　　(*ibid*.)

これは, tough 述語が前置詞句の for NP と共起することを示している。

また, tough 構文の for NP は, wh 移動を受けたり, 文頭, 文末に移動することが可能である。

(38) a. For whom is the rock easy to move?　(Jacobson, 1992 : 275)
　　 b. For Bill, the rock is easy to move.　　(*ibid*.)
　　 c. The rock is easy to move for Bill.　　(*ibid*.)

対照的に, 不定詞の主語はこれらの移動を受けることができない。

(39) a. It is unlikely for John to win.　　　(*ibid*.)
　　 b. *For whom is it unlikely to win?　　(*ibid*.)
　　 c. *For Bill, it's unlikely to win.　　　(*ibid*.)
　　 d. *It's unlikely to win for Bill.　　　(*ibid*.)

次に, 形式主語構文の for NP が不定詞の主語であり得ることは, 次のような例で示される。

(40) a. *The room was hard for there to be so many people in.
　　　　　　　　　　　　　　　　　　　　　　　(Nanni, 1978 : 92)
　　 b. *The office was hard for the boss for the secretary to leave early.　　　　　　　　　　　　　　　　　　　(*ibid*.)

(41) a. It was hard for there to be so many people in the room.
　　　　　　　　　　　　　　　　　　　　　　　(*ibid*. : 91)
　　 b. It was tough for the boss for the secretary to leave early.

(*ibid.* : 92)

tough構文である(40)では，for NPが主文のPPであるので，主語としてのみ生起する虚辞thereを許さない(40a)。また，主文のPPに加えて不定詞主語のfor NPが生起することもできない(40b)。

一方，形式主語構文の(41)では，for NPが不定詞主語であり得るので，虚辞thereが生ずることができる(41a)。また，主文の要素のfor NPに加えて，to不定詞の主語としてのfor NPが同時に生ずることができる(41b)。

◆tough構文のto不定詞は節——Chomsky (1977a) "On *Wh*-Movement."
【テーマ2】の最後で述べたように，Chomsky (1977a)は，tough構文のto不定詞内でwh移動が適用されるとする分析を提案した。この提案は空演算子Opの移動によって捉え直され，有力な分析の1つとなった。

(42) John is easy for Bill [Op$_i$ [to please t_i]]

通例wh句は，主語と述部からなる中核的な節（従来のS，最近の用語ではIP）の中から，節が平叙節，疑問節等々のいずれであるのかを決定する補文標識 (complementizer) を伴う節（従来のS′，最近の用語ではCP）の先頭に移動される。

(43) I wonder [$_{CP}$ what [$_{IP}$ John bought t]]

したがって，wh移動の一般的分析に従うと，tough構文のto不定詞も節の構造を持つと分析される。

(44) John is easy for Bill [$_{CP}$ Op$_i$ [$_{IP}$ to please t_i]]

内側の節IPを見ると，生成文法では，節は義務的に主語を伴うと考えられてきた。この考え方によれば，主語が表面的に現れない場合には，音形を持たない名詞句が主語の位置に存在する（これをPROと呼ぶ）と分析される。したがって，tough構文のto不定詞節にも主語としてPROが生じていると分析される。

(45) John is easy for Bill [$_{CP}$ Op$_i$ [$_{IP}$ PRO to please t_i]]

この構造で，PROは主文の (for) Billを指すと解釈される（BillがPROをコントロール (control) するという）。また，不定詞節のOpは主文の主語Johnを指すと決定され，to不定詞はJohnについて叙述して

いると解釈される。このような解釈の仕組みに関しては，Chomsky (1977a) の他に，Clark (1990), Kaneko (1996) を参照。

◆tough 述語は to 不定詞と複合形容詞となる——Nanni (1978) *The Easy Class of Adjectives in English.*

Nanni (1978) は，tough 構文に for NP が生じない場合，tough 形容詞は後続する to 不定詞と複合形容詞形成規則の適用を受けて，複合形容詞を形成することがあると分析している。

(46) [_A easy] to [_V please]→[_A [_A easy]-to-[_V please]]

このような複合形容詞形成規則を提案する根拠として，Nanni は easy to please のような表現が，名詞の前に限定修飾要素として生ずることができる事実を挙げている。

(47) an *easy to take* laxative, a *tough to please* boss, an *easy to sew* pattern　　　　　　　　　　　　　　　　(Nanni, 1978 : 9)

一般に，形容詞が補部を従えて形容詞句を形成する場合，名詞の前に限定修飾要素として生ずることはできない。

(48) *a *concerned about her students* teacher, *a *suspicious of his wife* man　　　　　　　　　　　　　　　　(*ibid.* : 10)

(47)の斜体の部分が複合形容詞となっているとすれば，形容詞句ではないので，(48)との相違が捉えられる。

ただし，複合形容詞形成を受けるのは，(46)や(47)のような最も単純な場合のみであり，以下のような複雑な場合は不可能である。

(49) *an *easy to persuade Bill to buy* coat, *a *hard to convince John to marry* girl　　　　　　　　　　　　　(*ibid.* : 9)

【テーマ2】で述べたように，Chomsky (1981) も，tough 構文は再分析を受けて複合形容詞を形成すると示唆した。

(50) John is easy [Op [PRO to please *t*]]
　　　　　　　　　↓
(51) John is [_AP [_A easy-to-please] *t*]

さらに Chomsky (1982) は，tough 構文は再分析を受けた後，再分析適用前の構造(50)と適用後の構造(51)を両方持つと主張した。その根拠として，tough 構文が「寄生空所 (parasitic gap)」(→第34章参照) を許

容する事実を挙げている。

 (52) The book is hard [Op$_i$ to buy t [without reading e]]

(52)で e で示される空所は，寄生空所と呼ばれ，wh 句や Op のような演算子とその痕跡が存在する場合にのみ，その痕跡に寄生するかのように生ずる。寄生空所が許されるためには，演算子・痕跡構造を残さなければならないので，tough 構文は，再分析適用の前と後の構造を同時に持つと主張された。

◆tough 構文の to 不定詞は動詞句── C. Jones (1991) *Purpose Clauses: Syntax, Thematics, and Semantics of English Purpose Constructions.*
 上述のように，tough 構文の to 不定詞と形式主語構文の to 不定詞はさまざまな点で異なる振る舞いをする。C. Jones (1991) は，このような相違を，形式主語構文の to 不定詞が節（S′＝CP）であるのに対して，tough 構文の to 不定詞が動詞句 VP であることの帰結であると主張する。

 (53) John is easy [$_{VP}$ to please]
 (54) It is easy [$_{CP}$ to please John]

この分析によれば，tough 構文の to 不定詞は節ではないので，主語をとらない。したがって，tough 構文の to 不定詞が for NP 主語を許さないことも自動的に説明される。

 C. Jones は，tough 構文の to 不定詞を動詞句と分析する根拠として，完了の have や頻度を表す副詞 often が生じにくい事実を挙げている。

 (55) ?*Moby Dick* will be easy [to have read (before I make it to
    college)].   (C. Jones, 1991 : 147)
 (56) a. ?Fennel is easy [to often use in pizza]   (*ibid.* : 148)
   b. ?Fennel is easy [to use often in pizza]   (*ibid.*)

C. Jones の主張の強さは，これらのテストが動詞句と節を区別するテストとしてどれだけ妥当かによって左右される。

 <u>further readings</u> tough 構文の to 不定詞を節とする分析には，標準的分析の他に Nakamura (1991), Kaneko (1996) がある。Chomsky の二重構造分析に対する批判としては，Levine (1984a, 1984b), Kaneko (1996) がある。VP 分析には，Lasnik & Fiengo (1974) がある。tough

3. tough 構文

構文の tough 述語，for NP，to 不定詞の構成素関係については，Oehrle (1979) を参照。

関連テーマ　以下の構文は，いずれも S+be+Adj+to 不定詞の構文であり，表面上は類似している。

(ⅰ) John is eager to please.

(ⅱ) Mary is pretty to look at.

(ⅲ) John was clever to punish the dog.　　(Stowell, 1991 : 106)

これらの構文は，tough 構文とどのような点で類似し，どのような点で相違しているのであろうか。Chomsky (1964)，Berman (1974)，Jones (1991)，Stowell (1991) 等を参照。

また，次の worth 構文も，目的語の欠如現象を示す。

(ⅳ) a. It is worth considering this issue further.　　(Safir, 1991 : 100)
　　 b. This issue is worth considering further.　　(*ibid.*)
　　 c. *This issue is worth considering it further.　　(*ibid.*)

この構文と tough 構文には統一的説明が可能であろうか。Clark (1990)，Safir (1991) を参照。

4. 二重目的語構文 (double object construction)

> (1) John sent Mary a letter.
>
> 上記のような文は二重目的語構文と呼ばれ，学校文法の5文型ではSVOOの文型として分類されている。この文型を取る動詞の多くは，授与動詞と呼ばれている。
>
> 2つのOのうち，普通，間接目的語（indirect object : IO）が直接目的語（direct object : DO）の前にくる。このIO, DOと動詞は，どのようなまとまりを成しているのだろうか。【テーマ1】
>
> (1)は(2)の与格構文（dative construction）に書き替えることができる。
>
> (2) John sent a letter to Mary.
>
> (1)と(2)では，DOの生じる位置が異なっているが，両者の動詞句の構造の関係をどのように捉えればよいだろうか。【テーマ2】
>
> また格の付与に関して，(1)と(2)のDOに対して同じように動詞から与えられているのだろうか。(1)のIOについてはどうだろうか。【テーマ3】
>
> (1)には(2)にない意味解釈がある。この意味解釈は，(1)のどのような構造から得ることができるのであろうか。【テーマ4】

【テーマ1】動詞句の構造
【概説】

学校文法では(1)のような文をSVOOと分析するのが一般的である。言い換えると，2つのOが独立した別個の構成素であるとみなしている。

伝統文法では，IOがDOより前に来るという特徴に加え，動詞の影響の受け方の違い（DOの方が直接的）(Onions (1904), Quirk *et al.* (1985))，人物と物の違い（IOが人物，DOが物）(Poutsma (1926))などによって区別される。一方，Jespersen (1927) は，IOを省略できるがDOを省略することはできないという理由などから，DOの方が動詞にと

ってより不可欠で，動詞との結びつきがより緊密であると主張している。

生成文法では動詞句内の構成素の結びつき方について，概して3つの立場がある。Larson (1988) は，Vと隣接するIOが1つのまとまりを作り，さらにDOと結びついて，動詞句全体を作り上げるという立場をとる。Aoun & Li (1989) は，もとはVとDOが1つのまとまりであったと主張する。Hornstein (1995) は，DOとIOが1つのまとまりを成すとする。

◆VとIOで1つのまとまり――Larson (1988) "On the Double Object Construction."

Larson (1988) は，IOがDOをc統御（構成素統御，2つの接点間の重要な関係の1つ）するというBarss & Lasnik（以下B & L）(1986) の主張に従い，二重のVP構造の導入によりDO構文を説明する。

B & L (1986) は，IOとDOの間に非対称的な関係が存在する証拠として，次のような例を挙げている。

(3) a. I showed John/him himself (in the mirror). (B & L, 1986 : 347)
  b. *I showed himself John (in the mirror). (ibid.)
(4) a. I showed every friend of mine his photograph. (ibid. : 348)
  b. I showed its trainer every lion. (ibid.)
(5) a. Which worker$_i$ did you deny his$_i$ paycheck? (ibid.)
  b. *Which paycheck$_i$ did he deny it$_i$s owner? (ibid.)
(6) a. Who did you give which book? (ibid. : 349)
  b. *Which book did you give who? (ibid.)
(7) a. I gave each man the other's watch. (ibid.)
  b. *I gave the other's trainer each lion. (ibid.)
(8) a. I gave no one anything. (ibid. : 350)
  b. *I gave anyone nothing. (ibid.)

いずれの対においても，IOがDOをc統御している（概ね，構造的により上位にある）ことを示している。例えば(3)において再帰代名詞が適格であるためには，その先行詞が再帰代名詞をc統御していなければならないが，(3a)が適格文であるということはIOのJohn/himがDOのhimselfをc統御している（より上位になる）ことを，逆に(3b)が不適格文で

あることはIOがDOをc統御していないことをそれぞれ示している。同様のことが(4)の数量詞とそれに束縛されている代名詞の関係，(5)の疑問詞と代名詞の関係，(6)の2つの疑問詞間の関係，(7)のeachとthe otherの関係，(8)の否定辞noと否定対極表現anyの関係についてもいえる。

　このDOとIOの構造的な上下関係を踏まえて，Larson (1988 : 353) は次のような二重目的語構文の動詞句を提案する。IO (Mary) は元来Vと一緒になってまとまりを成しており，それが上方へと移動していく。

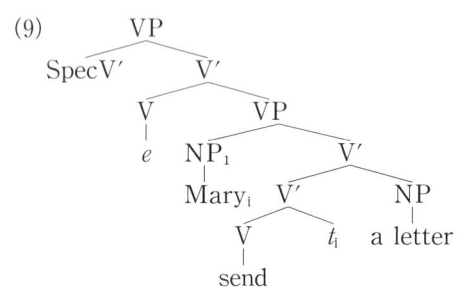

(9)
```
           VP
        ／￣￣＼
    SpecV'    V'
         ／￣￣＼
        V      VP
        │   ／￣￣＼
        e  NP₁    V'
            │  ／￣￣＼
          Maryᵢ V'    NP
              ／＼    │
             V  tᵢ  a letter
             │
           send
```

NP₁の所にあったDO (a letter) がVPの付加部に降格し，空きになったNP₁の所へIO (Mary) が移動していく。その結果IOがDOを非対称的にc統御している。語順を整えるには，動詞sendがeの所へ繰り上がっていく必要がある。

　なおLarsonの分析に対しては，階層的なc統御関係でなく線的関係 (IOとDOの語順) により十分説明できるというJackendoff (1990a) による反論や，空の動詞を認めてよいのかというSpeas (1990) による批判などがある。

◆DOとIOで1つのまとまり──Hornstein (1995) *Logical Form: From GB to Minimalism*.

　Hornstein (1995 : 177-180) は，DOとIOが小節 (small cluase) を成すというKayne (1984) の立場を継承し，DOとIOはより大きなNPを作ると主張する。

　まず，Kayne (1984) は二重目的語構文に関して，次のような構造を提案している。

4. 二重目的語構文

(10) 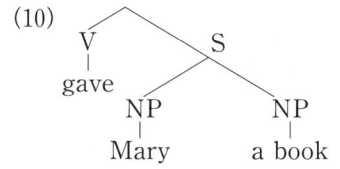
```
      V――――S
      |   / \
    gave NP  NP
         |   |
       Mary a book
```
(Kayne, 1984 : 134)

Mary と a book の間には "Mary has a book" という所有関係があることが指摘されてきた（Green (1974)，Oehrle (1976)）が，Mary と a book が小節を成していると考えることにより，その関係がうまく説明される。

Hornstein (1995 : 178) は，二重目的語構文が次のような構造を持つとする。

(11) $[...[_{IP}...[_{AgrO} [_{NP} NP_1 [NP_2]]_i [V+AgrO [_{VP} ... V\ t_i]]]]]$

NP_1 が IO，NP_2 が DO である。NP_1 は NP_2 に付加し，その後 V+AgrO に付加する。その結果，NP_1 は NP_2 を c 統御しており，IO が DO を非対称的に c 統御すると主張することになる。また，NP_1 と NP_2 が結びついてさらに大きな NP を形成しているので，NP_1 と NP_2 が所有関係にあるという事実がうまく反映されている。

◆空の V と DO で 1 つのまとまり────Aoun & Li (1989) "Scope and Constituency."

Aoun & Li（以下 A & L）(1989) は Hornstein (1995) と同様に，Kayne の小節分析をとり，また IO と DO の非対称的 c 統御の関係については Larson (1988) の分析を取り入れている。

(12) 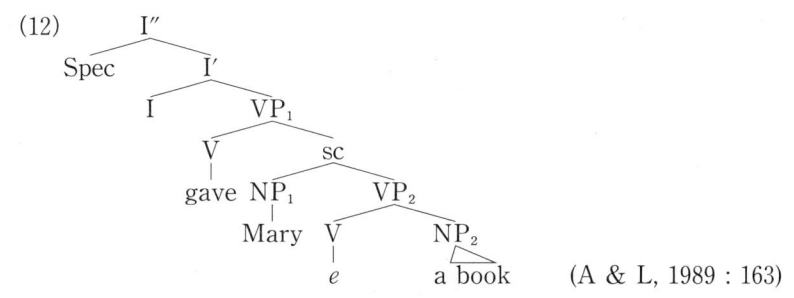
```
          I″
         / \
       Spec  I′
            / \
           I   VP₁
              / \
             V   sc
           gave / \
              NP₁  VP₂
               |  / \
             Mary V  NP₂
                  |   |
                  e  a book
```
(A & L, 1989 : 163)

IO (Mary) と DO (a book) の所有関係は，空の動詞 e を含む小節 (sc) によって表されている。また(12)は，DO が空の動詞の項であるという点を除いては，Larson が提案した(9)の構造と類似している。

受動文におけるDOとIOの振る舞いの相違についても，(12)により説明できる。IOは受動文の主語になるが，DOは主語になれない。

(13) a. Mary was given a book.　　　　　　　　(*ibid.* : 165)
　　 b. ⁇A book was given Mary.　　　　　　　　(*ibid.*)

動詞giveが受動形givenになると，直後の名詞句に格を付与することができない。(13b)ではMaryがもとの位置に留まっているので，格が得られず非文となる。

なお，Oba (1993) も空の動詞 *e* とDOが結びつくと主張するが，両者はV'を形成し，さらにV'とIOでVPを形成するという立場をとる。

further readings　Baker (1997) は，空の前置詞と結びついたIOがさらにVと結びついてV'を作るという構造を提案している。K. Johnson (1991) は，不変化詞が必ずIOとDOの間に現れるという特徴から，[IO, DO] は小節（この場合はDP）であると論じている。Dikken (1995) も小節分析をとる。VとDOが結びつくという立場をとる他の論文に，Fujita (1996) の分離動詞句（split VP，2つのVPの間にAgrPがある）を用いた研究がある。Takano (1998) は，VとDOがVPを形成し，それを補部とする軽動詞（動詞に類似する機能範疇）vの指定部にIOが現れるという立場をとる。Speas (1990) もVとDOが結びつくという立場をとっている。三項枝分かれ構造の立場に，Oehrle (1976), Emonds (1976), などがある。Pesetsky (1995) は，二項枝分かれ構造と三項枝分かれ構造の2種類の構造を提案している。

関連テーマ　DOがthat節または疑問詞節である場合も同じような分析が可能だろうか。また，不変化詞や二次述語を伴う二重目的語構文の場合はどうだろうか。5文型のSVOCのOCをDO, IOと比較するとどのような類似性や相違点が見られるだろうか。SVOCのV, O, Cはどのような結びつきをしているのだろうか。

【テーマ2】与格構文との関係
【概説】
　学校文法の文型においては，(1)の二重目的語構文はSVOO，(2)の与格構文はSVOA（Adjunct（付加詞）またはAdverb（副詞））として分

析され，両者は異なる文型として扱われている。その一方で，(1)と(2)はパラフレーズ関係にあるとして，意味的な類似性が認められている。

伝統文法において，Jespersen (1927) は DO と IO を区別する重要な特徴は，後者の方が前置詞句に置き換えられることだという。Curme (1931) は，IO が DO の後にあるとき，対格と間違われないように与格を表す to をつけなければならないと論じている。

生成文法では，Fillmore (1965) が与格移動規則によって(1)と(2)を関係づけるという方法を提案したが，その方法は Larson (1988)，M. Baker (1997) などにより受け継がれている。一方 A & L (1989) や Takano (1998) は，与格構文が二重目的語構文と類似した構造から派生するという立場をとる。また Speas (1990) のように，与格構文と二重目的語構文は基底から別の構造であると主張する立場もある。

◆**二重目的語構文は与格構文から派生**——M. Baker (1997) *Thematic Roles and Syntactic Structure.*

Larson (1988) は，二重目的語構文では最初 V と IO が1つのまとまりを作るという立場をとっていた【テーマ1】。これは，二重目的語構文が基底では [V IO DO] という与格構文と同じ語順を持つと主張することに他ならない。

M. Baker (1997) は，二重目的語構文には与格移動（IO を DO の手前へ移動する操作）が起こっていると主張している。(1)(2)の間には(14a)(14b)に見られるほどの意味的な相違が見られない。よって(14)の2つの文はそれぞれ別の構造から派生したものであるのに対して，(1)(2)は共通の構造から派生されたものである。

(14) a. I loaded the hay onto the truck.　　　(L & R, 1986 : 632)
　　　b. I loaded the truck with the hay.　　　　　　　　　(*ibid.*)

また二重目的語構文においても，IO は元来前置詞の目的語である。(15)では，二次述語が(15b)の与格構文において前置詞の目的語 Mary と関係することができないと同様に，(15d)の二重目的語構文においても間接目的語 Mary と関係することができない。

(15) a. I gave *the meat* to Mary *raw*.　　　(M. Baker, 1997 : 90)
　　　b. *I gave the meat *to Mary hungry*.　　　　　　　(*ibid.*)

  c. I gave *Mary* the meat *raw*.   (*ibid.*)
  d. *I gave *Mary* the meat *hungry*.   (*ibid.*)
IO（Mary）は二重目的語構文(15c)(15b)の基底構造においても，与格構文(15a)(15b)と同様に（目に見えない）前置詞の目的語であり，それがDO（the meat）の手前に移動していくことにより二重目的語の語順［V IO DO］が派生される。二重目的語構文は基本的に与格構文と同じ構造から派生されると考えるのである。

◆**与格構文は二重目的語構文から派生**——Takano (1998) "Object Shift and Scrambling."
 A ＆ L (1989) は，与格構文が二重目的語構文の基底と類似した構造（［V IO DO］の語順）から派生すると主張する。IO が付加詞の位置に降格されると，［V DO [$_{PP}$ P IO]］という語順になるという。
 Takano (1998) は，日本語の二重補語構造における議論から出発して，英語の与格構文は最初［PP V DO］の語順から，V と DO が PP の手前へ移動されることにより［V DO PP］の語順となるという立場をとる。
 Takano (1998 : 824) による英語の DO 構文及び与格構文の動詞句構造は次の通りである。いずれも，基底では DO が give と結びついて V' を形成しており，その後 DO と動詞が移動している。
 (16) a. [$_{VP1}$ give$_i$ [$_{VP2}$ Mary [$_{V'2}$ t_i a book]]] (Takano, 1998 : 824)
   b. [$_{VP1}$ give$_i$ [$_α$ a book$_j$ [$_{VP2}$ to Mary [$_{V'2}$ t_i t_j]]]]   (*ibid.*)
Burzio (1986), Kitagawa (1994), Pesetsky (1995), Fujita (1996) の研究でも取り上げられている(17)と(18)における文法性の差は，基底で to 前置詞句の方が構造的に上にあると仮定することにより，説明可能となる。

 (17) ?I gave/showed each other's babies to the mothers.
            (Takano, 1998 : 823)
 (18) *I gave/showed each other's mothers the babies. (*ibid.*)
(17)(18)の文法性の違いは，【テーマ１】でみた Larson (1988) による二重目的語構文の構造(9)では説明ができない。なぜなら，(9)では基底で DO が IO を c 統御できるため，(18)が誤って文法的と予想されてしまう

からである。

(16)の構造を仮定すると，(17)は基底で to 前置詞句 (to the mothers) が DO (each other's babies) を c 統御しているので，束縛条件 A を満たしている（(3)(7)参照）。一方(18)が非文法的なのは，基底でも IO (each other's mothers) が DO (the babies) の手前にあるため，IO が DO により c 統御されず束縛条件 A に反するからである。

◆二重目的語構文と与格構文は別の構造から派生──Speas (1990) *Phrase Structure in Natural Language.*

Oehrle (1976) は，(1)(2)を変形で結びつけるのを否定し，与格移動規則を認めない語彙的な立場（それぞれが独自の基底構造から生じるとする立場）をとる。その証拠の1つとして，(19)(20)の解釈の違いがある。

(19) Nixon gave Mailer a book.　　　　　　(Oehrle, 1976：19)

(20) Nixon gave a book to Mailer.

二重目的語構文(19)には，①「本の所有権が Nixon から Mailer に移った。」②「Nixon が Mailer に本を渡した。」③「Mailer は Nixon のおかげで本が書けた。」という3つの解釈がある。①と②では主語 Nixon は意志をもつ動作主（Agent）であるが，③では意志を持たない使役者（Causer）として解釈されている。一方，与格構文(20)には③の主語を使役者とする読みがない。よって，(19)(20)の解釈は完全に同じとはいえないため，両者が基底で同じ構造を持つとはいえない（この③の読みについては，【テーマ4】で詳しく考察する）。

また，与格構文が to や for だけでなく他のさまざまな前置詞を取ることや，与格構文だけしかできない動詞や DO 構文しかできない動詞があることも，語彙的な立場をとる証拠だとされている。

Speas (1990) は Oehrle (1976) 等の立場を継承し，(1)(2)はもともと動詞の語彙的意味構造が異なると主張し，Levin & Rappaport Hovav (1988) の語彙概念構造（語彙の意味構造）と Larson (1988) の提案の中心部分を組み合わせて，give が取る2つの構文に独自の語彙概念構造と統語構造を提案する。Levin & Rappaport Hovav (1988) によると(14a)の load と(14b)の load は異なる意味構造を持つ別の動詞である。前者は場所の移動を表す動詞であり，後者は状態の変化を表す動詞である。

(14) a. I loaded the hay onto the truck.
　　 b. I loaded the truck with the hay.

Speas は(1)と(2)の関係も，(14a)と(14b)の関係と同じだという。すなわち(21a)と(21b)の give は異なる意味構造をもつ別の動詞だというのである（M. Baker (1997) 参照）。

(21) a. John gave Mary a book.
　　 b. John gave a book to Mary.

(21a)と(21b)では，名詞句や前置詞句が担う θ 役割（動詞が名詞句や前置詞句に与える意味役割）が異なる。例えば，(21b)で a book が担う「主題」（場所や状態の変化を受けるもの）という θ 役割を，(21a)では Mary が担っている。さらに Speas (1990 : 88) は，与格構文では前置詞句が V と結びつき，二重目的語構文では DO が V と結びつくと主張し，両者に異なる統語構造を与えている。以上をまとめると，Speas は，語彙レベルにおける与格移動を提案しているといえる。

further readings　与格構文から二重目的語構文が派生するという立場に，Fillmore (1968)，Jackendoff (1972)，Emonds (1976)，Dikken (1995) などがある。Dryer (1987)，Kiparsky (1987) は二重目的語構文から与格構文が派生するという立場をとる。Oba (1993) は，A & L (1989) と同様に二重目的語構文の IO が降格されて与格構文が派生されるとする。Fujita (1996) は二重目的語構文と与格構文を移動により説明するが，2つの構文の基底構造は異なるという立場をとる。語彙的立場として，Jackendoff (1990a)，Dowty (1991)，Collins & Thráinsson (1996) がある。Levin (1993) は，与格交替を起こす動詞を分類している。与格構文と二重目的語構文の習得を比較した研究に，Pinker (1989)，Gropen et al. (1989)，Snyder & Stromswold (1997) などがある。

関連テーマ　donate などのラテン語起源の動詞は，与格構文のみを作ることが知られている。一方，spare のように二重目的語構文のみを作る動詞もある。これらの制約は，単に語彙的なものと済ませておいてよいのだろうか。統語的な説明ができないだろうか。また，動詞が2つの前置詞句を取る場合の交替と二重目的語構文と与格構文の交替は，どのような関

係にあるのだろうか。Forやその他の前置詞を取る場合と，to前置詞句との場合を比較すると，どのようなことがわかるだろうか。また，子どもは二重目的語構文と与格構文のどちらを先に身につけるのだろうか。

【テーマ3】格付与
【概説】

　DOとIOは，古英語の時代にはそれぞれ対格（accusative）と与格（dative）として語尾の変化により区別されていた。IOが与格，(2)の文が与格構文と呼ばれるのはその名残である。

　伝統文法において，Sonnenschein（1916）は格を意味的な範疇として捉えている。Onions（1904：99）は，与格が前置詞toとforの意味を持つと論じている。Curme（1931：96-97）は，DOを対格（の目的語），IOを与格（の目的語）と呼ぶ。動詞の後には与格，その後には対格がくるが，英語の語順ではこちらの方がより普通の語順であるという。Jespersen（1924）は，格は統語的な範疇であるとし，形態上の違いが認められない主格・対格・与格を1つにまとめようとする。

　生成文法では，名詞句は格を持つか何らかの形で認可されなければならない。その際，語順と階層関係が関わってくる。二重目的語構文の場合，DOとそれに格を与える動詞との間にIOが介在するため，どのようにしてDOに格を与えるかが問題となる。

　Larson（1988）は，DOは内在格（inherent Case，θ役割と結びついて与えられる語彙的な格）を担い，IOは構造格（structural case，S構造の構造に基づいて与えられる格）を担うという立場をとる。Oba（1993）は，どちらも構造格という立場をとる。Takano（1998）も共に対格を担うという立場をとるが，名詞句の格は軽動詞によって照合されると主張する。

◆DOとIOは別の格——Larson（1988）"On the Double Object Construction."

　Larson（1988）は，二重目的語構文では一種の受動化が起こっていると主張する（以下の説明では(9)を参照）。VP内の受動化により，まず動詞が，IOに格を付与する能力を失う。その結果，IOは格を受けるため二

重のVPのうち下のVPの主語位置，すなわち指定部に移動する。さらに，下のVPの動詞が上のVPの空動詞のところに移動して，IOに構造格（屈折要素（Infl）に統率されたときにVが与える格）を与える。

DOへの格付与に関しては，Vと名詞句からなる内側のV'がVとして再分析され，それがDOを統率することによって内在格を与えている（Larson (1988 : 359)）。この内在格は，Vが語彙的な特性として最も高い位置にある目的語に与える格である。ただし，内在格の場合も隣接・統率という構造的な条件は変わらない。

M. Baker (1997) は，本来IOに与えられるべき格が失われるメカニズムを前置詞編入を用いて説明する。基底でIOと結びついていた前置詞がVに組み込まれることにより，IOが格を前置詞から受けることができなくなるという。

◆**DOとIOは同じ格**──Oba (1993) "On the Double Object Construction."

二重目的語構文は基底から［V IO DO］の語順であるという立場（A & L (1989), Oba (1993)）では，動詞が2つあると仮定することにより，それぞれの動詞がDOとIOに構造格を付与するという説明ができる。Oba (1993 : 108) では，(22)のような二重目的語構文の構造が提案されている。

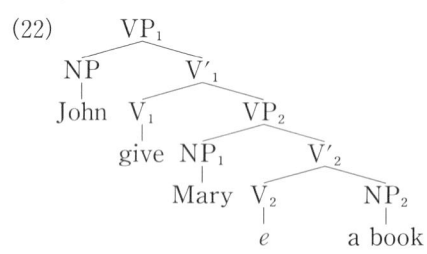

(22)
```
            VP₁
           /   \
         NP    V'₁
         |    /   \
       John V₁    VP₂
            |    /   \
          give NP₁   V'₂
               |    /   \
             Mary V₂   NP₂
                  |     |
                  e   a book
```

(22)では，IOとDOの間に所有関係haveを意味する空動詞V₂があり，［V₁ IO V₂ DO］という語順が成立している。V₁ (give) がIO (Mary) に格を付与し，V₂ (e) がDO (a book) に格を付与する。

また，(13a)が文法的であるという事実も，givenだけに受動化が適用されると仮定することにより説明できる。

(13) a. Mary was given a book.

受動化によりgivenがMaryに格を与えることができなくなるため，Maryは文頭に移動して格を付与される。一方，空動詞 e の方は受動化を受けないので，a book は引き続き e から構造格を付与されている。

◆**軽動詞が格を照合**── Takano (1998) "Object Shift and Scrambling."

Takano (1998) は，二重目的語は動詞の項（動詞の主題役割を担う要素）で，共に対格を担うという立場をとる。

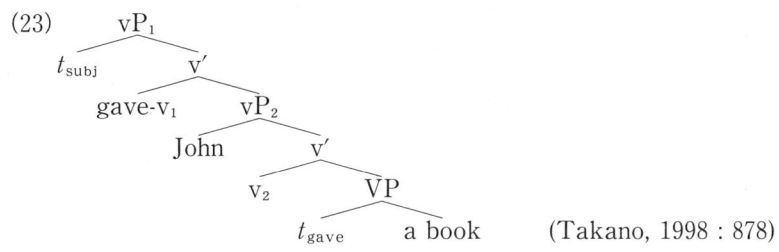

(23)
```
        vP₁
       /  \
   t_subj  v'
          /  \
      gave-v₁  vP₂
              /  \
            John  v'
                 /  \
                v₂   VP
                    /  \
                t_gave  a book
```
(Takano, 1998 : 878)

v_1は使役関係を表す軽動詞，v_2は所有関係を表す軽動詞である。v_1はgaveと結びついて，IO（John）の対格を照合する。一方，v_2は a book の対格を照合する。この格照合のメカニズムは，名詞句が格（素性）を有し，それを照合させるために移動するという考えに基づいている。

受動文(13a)は，IOがDOの手前にあるためにTense（時制要素）まで移動できるので，文法的となる。逆に，DOがIOを越えて移動できないため，(13b)は非文となる。

(13) b. ??A book was given Mary.

further readings IOが構造格DOが内在格を担うという立場として，Chomsky (1981)，Fujita (1996) がある。Hornstein (1995)，天野 (1998) は，IOとDOが同一のVによる構造格を担うという立場をとる。Dikken (1995) は，DOとIOがそれぞれ別の動詞から格を与えられると主張する。アイスランド語を中心にIOの手前の位置へのDOの移動について論じた研究にCollins & Thráinsson (1996) がある。Tenny (1994) は，IOは与格を受けるという立場をとる。

関連テーマ DOとIOが共に代名詞の時，二重目的語構文よりも与格構文が好まれる。また，受動態は，アメリカ英語とイギリス英語で異なる振る舞いをみせる。この2点を，格を用いて説明することが可能だろう

か。また，内在格は他にどのような名詞句に与えられるのであろうか。

【テーマ4】使役主語
【概説】

　【テーマ2】でみたように，主語が意志を持たない使役者の読みは，二重目的語構文では成立するが，与格構文では成立しない。(19)の主語Nixonは動作主（Agent）と使役者（Causer）の両方の読みを持つが，(20)のNixonは動作主の読みしか持たない。

　(19) Nixon gave Mailer a book.
　(20) Nixon gave a book to Mailer.

　Pesetsky (1995) は，基底で使役者が一番下に現れる構造を提案し，使役者と結びつく使役述語の移動の有無により(19)(20)の読みの違いを説明する。分離動詞句説をとるFujita (1996) は，基底で使役者がDOやIOよりも高い位置に生じるという構造を提案し，DOの格付与から(19)(20)の読みの違いを説明する。

◆**使役主語は一番下**── Pesetsky (1995) *Zero Syntax : Experiencers and Cascades.*

　Pesetsky (1995) は，空の前置詞Gと使役述語CAUSにより二重目的語構文構文の使役主語解釈を説明し，使役者は，最初は一番下の位置に現れると主張する。

　まず，Gの存在については次のように説明される。IOの前に空の前置詞があると主張したM. Baker (1997)（【テーマ2】参照）に対し，PesetskyはDOの前に空の前置詞Gをたてる。IOがDOを束縛できるが逆はできないというB & L (1986) によるデータ（【テーマ1】の(3)(7)）は，Gを仮定する裏付けとなる。なぜなら，Gを仮定することにより，IO [G DO] という階層関係ができるため，IOがDOを非対称的にc統御することが可能になるからである。

　Pesetskyによる使役主語の場合の二重目的語構文における動詞句の構造（瀑布構造 (cascade structure)）は次の通りである。

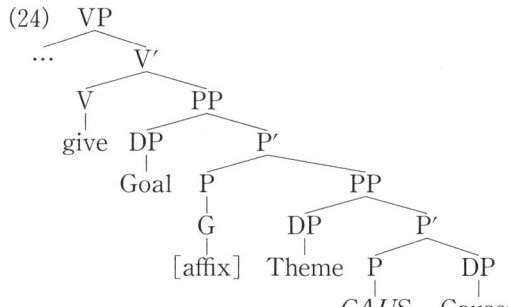

```
(24)      VP
       ⋮    V′
          V      PP
          │
        give  DP      P′
              │
             Goal   P      PP
                    │
                    G    DP      P′
                    │    │
                 [affix] Theme  P      DP
                                │
                              CAUS   Causer    (Pesetsky, 1995 : 242)
```

(24)を仮定することにより，(19)(20)における解釈の違いは次のように説明できる。まず(19)で使役主語の読みが可能なのは，使役述語 CAUS が V (give) の位置まで移動できるからである。G も CAUS も接辞素性 [+affix] を有しているため，CAUS は G に付加しさらに V に付加する。それに連動して Causer も主語の位置まで移動できるため，(19)の文は使役主語の解釈が可能となる。

一方，与格構文の場合，G の代わりに to がある以外はほぼ(24)と同じ構造であるが，to が [+affix] ではないため，CAUS は to のところに移動することができず，結局 V まで移動することもできない。そのため，使役主語の与格構文は排除されてしまい，(20)の主語は動作主の読みしかないのである。

◆**使役主語は動詞句の主語**――Fujita (1996) "Double Objects, Causatives, and Derivational Economy."

Fujita (1996) は，上の動詞句 VP$_1$ と下の動詞句 VP$_2$ の間に AgroP が介在し，動作主は VP$_1$ の指定部，使役者は VP$_2$ の指定部に生じるという分離動詞句（split VP）説をとる。Fujita による使役主語の二重目的語構文及び与格構文の構造は次のページの(25)(26)のとおりである。

(25)と(26)で DO (Theme) と IO (Goal) の階層関係が異なるのは，(25)において IO が DO を所有する読みが強いという意味解釈の違いが反映されているためである。

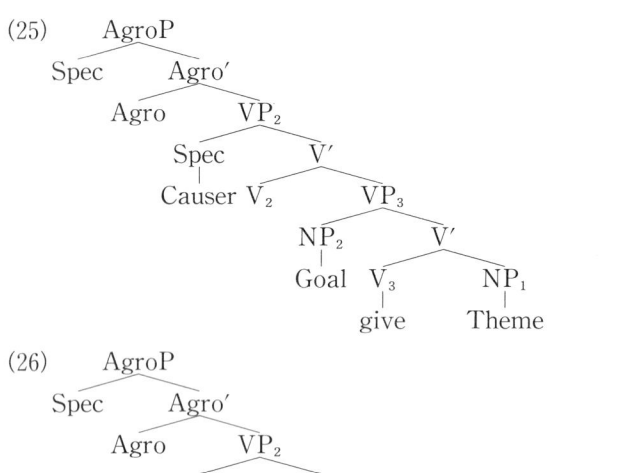

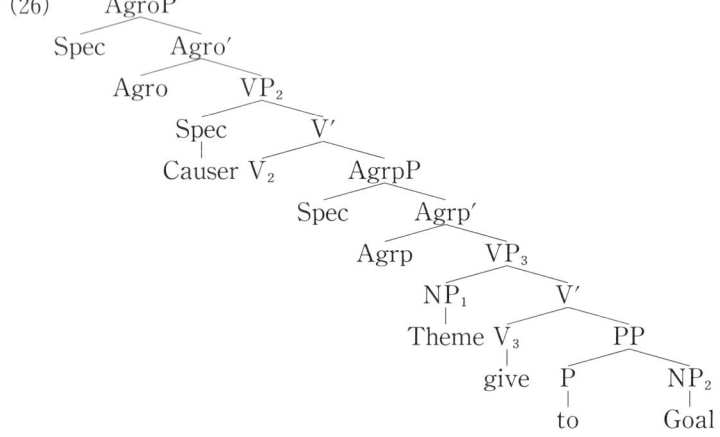

(25)
```
        AgroP
       /    \
    Spec    Agro'
           /    \
        Agro    VP₂
               /   \
            Spec    V'
             |     /  \
          Causer V₂   VP₃
                     /   \
                   NP₂    V'
                    |    /  \
                  Goal  V₃   NP₁
                        |     |
                      give  Theme
```

(26)
```
        AgroP
       /    \
    Spec    Agro'
           /    \
        Agro    VP₂
               /   \
            Spec    V'
             |     /   \
          Causer V₂   AgrpP
                      /    \
                   Spec    Agrp'
                          /    \
                       Agrp    VP₃
                              /   \
                            NP₁    V'
                             |    /  \
                          Theme V₃   PP
                                 |   / \
                               give P   NP₂
                                    |    |
                                    to  Goal
```

(25)では，DO (Theme) が V から内在格を付与されているため移動する必要がない。一方，(26)では DO が AgroP の指定部に移動できないために構造格を受けることができず，その結果(26)は排除されてしまう。ゆえに，(19)は使役主語の読みができるが，(20)ではそれができないのである。

【テーマ2】でみた束縛条件 A の問題も，(25)(26)の構造を仮定することにより説明が可能となる。

(17) ? I gave/showed each other's babies to the mothers.

(18) *I gave/showed each other's mothers the babies.

(18)において，Theme (the babies) は内在格を付与されているため基底の位置に留まるので，Goal (each other's mothers) に含まれる each other を束縛することができないため，束縛条件 A に反することになる。一方，(17)では，基底で Goal (the mothers) が Theme (each other's babies) よりも構造的に下の位置に生じるが、その後構造格を受けるために AgrpP の指定部に移動する。その結果、Goal が Theme の痕跡を c 統御することになり、束縛条件 A が満たされる。

> **further readings**　Pesetsky (1995) の G に対し、Keyser & Roeper (1992) は、与格接語 (dative clitic) を用いて語形成の観点から二重目的語構文を含むさまざまな構文について論じている。分離動詞句節の立場をとる二重目的語構文の研究に、Koizumi (1993) と Collins & Thráinsson (1996) がある。Koizumi (1993) は、二重目的語構文に関して、出来事の終点読みと関係のある機能範疇 ΩP が AgroP の上に存在し、IO は ΩP の指定部の位置に移動するという立場をとる。Collins & Thráinsson (1996) は TP と AgrP が 2 つの VP の間に存在するという分離動詞句説を提案する。束縛条件 A を含む後方照応の問題は、Takano (1998) でも取り上げられている。使役主語に関しては、【テーマ 2】の文献も参考にされたい。

> **関連テーマ**　Pesetsky (1995) や Fujita (1996) の二重目的語構文の研究は、annoy のような心理動詞における後方照応の問題が出発点となっている。授与動詞と心理動詞の間には、どのような関連性があるのだろうか。また、二重目的語を取る動詞は、中間構文にすることができない場合があるが、中間構文や能格文は、分離動詞句説により、どのように説明できるであろうか。さらに、授与動詞の名詞化を二重目的語構文と与格構文について比較するとどのような類似性あるいは相違が認められるだろうか。

5. 同族目的語 (cognate object)

> (1) John lives *a happy life*.
>
> (1)の斜体部は同族目的語 (cognate object) と呼ばれている。(1)の文では，(2)から明らかなように，SV 文型を取る自動詞が O (目的語) として，動詞と「同族の」名詞形を伴っている。
>
> (2) John lives *happily*.
>
> 同族目的語は他動詞の目的語と同じものとして扱うべきであろうか。それとも，(2)の happily のような副詞的要素として扱うべきであろうか。【テーマ1】
>
> 同族目的語を他動詞の目的語と捉える場合と副詞的要素として捉える場合とでは，格付与に関してそれぞれどのような問題が考えられるであろうか。【テーマ2】
>
> 同族目的語は一般に「結果の目的語」であるとされている。動詞と同族目的語の意味構造はそれぞれどのようなものであろうか。またそれらは統語構造にどのように反映されているのであろうか。【テーマ3】

【テーマ1】動詞と目的語の関係
【概説】

学校文法では，(1)のような文を，本来自動詞である動詞が目的語を取る例として説明している。

(1) John lives *a happy life*.

Sweet (1900:91) は，(1)の動詞は自動詞であるという立場をとっている。一方，Poutsma (1926:76) は自動詞から転換された他動詞としている。また，Jespersen (1927:234)，Visser (1963:413) は，自動詞と他動詞の両方があるという立場をとっている。

Sweet (1900) をはじめとする伝統文法のころから，(1)の斜体部は動詞と同系という意味で，同族目的語 (cognate object : CO) と呼ばれてい

る。生成文法では，M. Jones (1988) が格と θ 役割との問題として CO を取り上げている。M. Jones は，CO が付加詞（adjunct）であり，それゆえ，V は自動詞であると考えている。また，Moltmann (1989) は，V は自動詞で，CO は事象項（event argument）を取る述語であるという立場をとる。一方，Massam (1990) は CO を他動詞の目的語と区別しながらも，V の項（argument）であるとする。さらに，Macfarland (1995) は，CO が完全な目的語であると主張する。

◆CO は付加詞である────M. Jones (1988) "Cognate Objects and the Case-Filter."

M. Jones (1988) は，(3)(4)(5) のような「純粋な」CO 構文を(6) のような他動詞構文と区別する立場をとる。

(3) Jones died *a gruesome death*.　　　　　(M. Jones, 1988 : 89)

(4) Harry lived *an uneventful life*.　　　　　(*ibid*.)

(5) Bill sighed *a weary sigh*.　　　　　(*ibid*.)

(6) Sam danced *a merry dance*.　　　　　(*ibid*.: 91)

(6) のタイプの動詞（M. Jones は他に dream を挙げている）は，CO 以外の目的語も取ることができる。

(7) Sam danced a jig/ a piece from Swan Lake/ something involving lots of pirouettes.　　　　　(*ibid*.: 89)

また，(3)(4)(5) の動詞は純粋な CO を受動文の主語とすることが不可能であるのに対し(8)(9)(10)，(6) は受動態にすることができる(11)。

(8) *A gruesome death was died by John.　　　　　(*ibid*.: 91)

(9) *An uneventful life was lived by Harry.　　　　　(*ibid*.)

(10) *A weary sigh was sighed by Bill.　　　　　(*ibid*.)

(11) A merry dance was danced by Sam.　　　　　(*ibid*.)

以上の点を踏まえて，M. Jones (1988 : 93) は，(3) の斜体部の CO を(12) の斜体部の様態の副詞と同様に付加詞，すなわち，副詞的要素として扱う立場をとる。そして，CO が VP の中心的役割を担っており，LF（論理形式，意味解釈のレベル）で CO と形容詞との修飾関係が VP 全体に V と副詞の関係として引き継がれると主張する。

(12) John died *gruesomely*.　　　　　(*ibid*.: 93)

伝統文法で頻繁にCOの例として用いられたdream a dreamをCO構文ではないとするM. Jonesの研究は,それ以降のCO研究に大きな影響を与えている。しかしM. Jonesでは,COを付加詞とする根拠が十分には議論されていない。またM. Jones (1988:93) は,(3)と(12)の違いを意味というよりはむしろ文体上の違いであるとする。一方,Jespersen (1927:235) のように,to fight the good fight と to fight well の意味は異なるとし,(3)と(12)の間にはM. Jonesが考えているよりも大きな隔たりがあると考える立場もある。

◆COは付加詞であり述語である——Moltmann (1989) "Nominal and Clausal Event Predicates."

Moltmann (1989) によると,COは付加詞であり,Davidson (1967) の事象意味論でいうところの,事象項 (event argument) を取る述語として分析される。

COを付加詞とする証拠として,M. Jones (1988) でも見たように,COが受動文の主語にならないということの他に,COが随意的要素であることが挙げられる。CO構文で用いられる動詞は,COあるいは他の目的語を伴わない自動詞としても用いられる。

(13) John died. (Moltmann, 1989:301)

(14) John screamed. (*ibid.*)

さらにドイツ語の完了形において,CO構文の助動詞は,目的語を取る場合に用いられるhaveではなく,自動詞と用いられるbeであり,この事実も付加詞説を支持する証拠である。

(15) Hans *ist*/*hat einen qualvollen Tod gestorben. (*ibid.*)
　　　'John is a painful death died.'

次に,COが述語——それも叙述名詞形 (predicate nominal) ——であるとする根拠の1つは,不定性効果 (indefiniteness effect) である。項名詞句を飽和させる(意味的に完全なものにする)theやevery等は叙述名詞形と共に用いることはできない (Higginbotham (1987))。COも限定的な決定詞を伴うことができないため,叙述名詞形だと考えられる。

(16) *John screamed *this* scream/*every* scream we heard today.
　　　　　　　　　　　　　　　　　　　　　　(Moltmann, 1989:301)

また，(17)(18)のように斜体部を話題化できないのも，COを述語であると仮定すると説明が可能になる。

　(17) *A painful death, John died t. (*ibid.*)
　(18) *A shrill scream, John screamed t. (*ibid.*)

Moltmannによると，VとCOの関係は主語と述語の関係である。主語が述語をc統御しなければならないというWilliams (1980)の主張に従うと，主語であるVが話題化された述語であるCOをc統御していないという理由で，(17)(18)は排除されるのである (Moltmann (1989 : 302))。ただ，Vを「主語」とするのは，かなり無理があるように思われる。また，限定的な決定詞がCOと共起する例や話題化が可能な例が，次に見るMassam (1990)やMacfarland (1995)で挙げられている。さらに，Macfarland (1995)では，受動文が可能な例も挙げられている。

◆COは自動詞から派生したCO動詞の項である ── Massam (1990) "Cognate Objects as Thematic Objects."

　Massam (1990)によると，COは被動者 (patient，変化や作用を受ける意味役割) の主題役割を受ける直接目的語であり，それゆえ動詞の項であると主張している。

　Massam (1990 : 163) は，純粋なCO構文とCO以外の目的語を取るTO (transitivizing object，他動詞化を促す目的語) 構文とを区別する点ではM. Jones (1988)の立場を認めるが，COとTOを取る動詞が共に非能格動詞から語彙的に派生した動詞であり，COもTOと同じように動詞からθ役割を受けるとする。

　さらに，COは目的格を必要とする統語的な目的語であり，指示的な項 (referential argument) である (Massam (1990 : 165-166)) (格についての詳しい議論は，【テーマ２】を参照されたい)。

　また受動文，話題化，不定性効果を用いた付加詞説の議論に対して反論を展開している。まず，COが受動文の主語になれないのは，COが付加詞だからではなく，COが束縛変項 (bound variable) であるためである (Massam (1990 : 180-181))。一般に目的語が束縛変項を含む場合，受動文の主語となることができない。

　(19) a. *Her thanks were smiled by Rilla.

b. **Grateful thanks* were smiled by Rilla.　　(Massam, 1990 : 180)

(19)は，斜体部に必ず束縛される要素が含まれているため排除される。CO構文の動詞が(20)の語彙概念構造（語彙の意味構造，詳しくは【テーマ3】参照）を持つとすると，被動者で統語構造ではCOとして現れるyが [x verb] に束縛されている。そのため，COは受動文の主語になれないのである。

(20) [x CAUSE [y_i BECOME EXIST]] BY [x verb]_i
　　　(＝John caused the event [John laugh] to exist by means of [John laugh])　　　　　　　　　　　　　　　　　　　(*ibid*.: 172)

次に，COが新情報であるような修飾要素（(21)では big cheery）を含むのであれば，話題化も可能となる（Massam (1990 : 181)）。ただし，(21)では定名詞句が使われており，斜体部は旧情報と考えられるかもしれない。

(21) *The big cheery smile*, Fran smiled; it was Esie who smiled the insipid smirky smile.　　　　　　　　　　　　　(*ibid*.: 181)

さらに，不定性効果もCOが付加詞であるというより，COが事象を記述する名詞句であるためにかかる制約であると考えられる（Massam (1990 : 186)）。

◆COはTOと同様に項である──Macfarland (1995) *Cognate Objects and the Argument/ Adjunct Distinction in English.*

Macfarland (1995) は，COがMassam (1990) のいうTOと同じ振る舞いをする結果の目的語であると主張する。

統語的に，項はVPの内部，付加詞は外部に現れる。Reinhart (1983) によると，though 移動やVP前置が可能なのはVP内の要素，すなわち項だけである。(22)(23)は，斜体部のCOがVP内に含まれることを示している。

(22) *Smile a happy smile* though Chris did, (everyone could see that her happiness was forced).　　　　(Macfarland, 1995 : 103)

(23) I wanted Chris to smile a happy smile that day, and *smile a happy smile* she did that way.　　　　　　　　(*ibid*.: 104)

また，do so がV'の代用形であるとするJackendoff (1977) の議論か

ら判断すると，(24a)が文法的で(24b)が非文法的なのは CO が V′内にある，すなわち項であるためである。

(24) a. Chris smiled a happy smile, and Mary did so, too.
b. *Chris smiled a happy smile, and Mary did so a sarcastic smile. (*ibid*.: 105)

ただ，もし CO が付加詞であるという立場をとっても，V′に付加した形の付加詞だとすると (24a) (24b) は説明できるため，その場合，CO が付加詞であることと VP の外にあるということが同時に成り立たなくなってしまう。

さらに，長距離 wh 移動を許すのは項だけという Rizzi (1990)，Cinque (1990) の立場に従うと，CO を含む wh 句の長距離移動が可能なのは，CO が項であるためだと考えられる (Macfarland, 1995: 105-106)。

(25) [*What kind of smile*]$_i$ did Chris wonder [whether Lee smiled t_i]? (Macfarland, 1995: 106)

また，形容詞的受動態形成において動詞の直接内項だけを外項化できるという Levin & Rappaport Hovav (1986) の提案に従うと，(26)のように CO が形容詞的受動態 unlived により修飾されるという事実は，CO が動詞の直接内項であることを示している。

(26) With *an unlived life* of her own she felt reality breaking into the illusion with which her husband was content.
(Macfarland, 1995: 109)

最後に，付加詞説に対する反例の 1 つとして，M. Jones (1988) 等の主張に反して，CO が受動文の主語になれる場合がある。

(27) *Life* here had been lived on a scale and in a style she knew nothing about. (Macfarland, 1995: 112)

further readings 付加詞分析を支持する立場として岩倉 (1976)，Zubizarreta (1987) などがある。岩倉 (1976) は，CO と様態の副詞が否定に関して同じ振る舞いをすると主張している。一方，項分析をとる立場として Tenny (1994) などがある。また，Pereltsvaig (1998) は項と副詞の 2 種類の CO があるという立場をとる。

関連テーマ 全ての CO を付加詞あるいは項と分析する以外の方法，

例えば擬似項（イディオムの中の名詞（take advantage of の advantage）のように完全に独立した項とはいえない要素）と考える可能性はないだろうか。また，どちらの説を支持するかにより，重点が置かれるデータの文法性にかなりの差が見受けられるが，これらを包括的に説明する統一的な概念がないだろうか。例えば，Chomsky (1981) や Rizzi (1991) に従うと，項を指示的表現として捉えることができるが，指示性の概念を用いて話題化や受動文における文法性のずれを説明することができないだろうか。

【テーマ2】CO への格付与
【概説】

CO 構文で用いられる動詞は本来自動詞として使われる場合がほとんどであり，そのため CO を取る際に，動詞がどのような形で格を与えるかというのが1つの問題になる。伝統文法による CO の研究のうち，Curme (1931 : 98) は，CO を cognate accusative と呼び，対格が与えられることを示唆している。

生成文法では，格の問題は【テーマ1】の問題と密接なつながりをもっている。付加詞説をとる M. Jones (1988) は，付加詞であれば NP でも格を付与されなくてもよいと格理論を修正する。項説をとる Massam (1990) は，CO に構造格が与えられるという。

◆**非構造格説**── M. Jones (1988) "Cognate Objects and the Case-Filter."

M. Jones (1988) は，CO が付加詞であるために構造格を付与されないという立場をとる。その上で，CO の格に関して2つの可能性を探る。まず，CO が内在的格素性を付与されるという可能性である。この案により，CO を主語とする受動文が排除されるという(28)(29)のような事実を，CO には D 構造では内在格（動詞や前置詞が個別的な特性として与えられる格）が，S 構造では主格が付与されるため，格の衝突（Case conflict）が起こるのが原因であると説明することができる。

(28) *A gruesome death was died by John. (M. Jones, 1988 : 91)
(29) *An uneventful life was lived by Harry. (*ibid.*)

ただし，付加詞であるCOに内在格を付与することは，内在格が項にのみ付与されるというChomsky (1981) の説とは相容れない。解決策として，内在格が項でないNPにも付与できるように修正することも考えられるかもしれないが，それでも内在格であるのに格が実際に形として現れず，また，意味的な機能がはっきりしないという問題が残る (M. Jones (1988:95-97))。

もう1つの可能性は，COに格が付与されていないとした上で，「全ての名詞句に格が付与される」という格理論自体を修正するというものである。M. Jones (1988:100) は格標示と項とを関係づける仮説として，(30)のような修正格フィルターを提案する。これは，NPだけに限らず，語彙項目の最大投射であれば，θ役割を付与されているなら格も付与されていなければならないという制約である。したがって付加詞がθ役割を与えられていないとすると，格も付与されなくてもよいことになる。

(30)　　*X
$$\begin{bmatrix} +\text{Maximal lexical projection} \\ \alpha\ \theta\text{-role} \\ -\alpha\ \text{Case} \end{bmatrix}$$
　　　　　　　　　　　　　　　　　　(M. Jones, 1988:100)

ただし，(30)は，全てのNPが格を持つような言語において項でないNPが存在しないという誤った予測をしてしまうという問題点がある。

◆**構造格説**── Massam (1990) "Cognate Objects as Thematic Objects."
Massam (1990:165-166) は，COが動詞の項であることから目的格を付与されると主張して，次の3つの根拠を挙げる。

まず，目的語の格を明示する言語の多くにおいて，COは目的語に与えられる格と同じ対格を取る。次に，COは直接目的語と共起できない。

(31) *Mordred killed the knight a gruesome kill.
　　　　　　　　　　　　　　　　　　(Massam, 1990:166)

Massam (1990:166) に従うと，(31)が排除されるのは，目的格が直接目的語に付与されてしまっているため，COが目的格を受けられないからであると説明できる。ただし，killは他動詞であり，*Mordred killed a guresome kill 自体が非文法的なので，a gruesome kill をCOと呼ぶこと自体に問題があるかもしれない。

さらに，(32)のように，COはVに隣接していなければならない。COがVに隣接していないと目的格を受け取ることができないためである。

(32) Ben sneezed (*that way) a glorious sneeze.　　　(*ibid*.)

| further readings |　構造格説を唱える研究として，項説を唱えるMacfarland (1995) がある。また，Mittwoch (1998) はヘブライ語のCOの研究が中心であるが，英語のCOに関しては，他動詞の指示的な目的語に付与されるのと同じメカニズムで対格が付与されるようだと述べている。

| 関連テーマ |　θ役割と格との関係はM. Jones (1988) により議論されているが，【テーマ１】でも触れた指示性と格付与との間に，関連性が見いだせないであろうか。また，内在格説に関してもう一度見直すことができないであろうか。　内在格を付与されるNPに不定性効果が働くことがBelletti (1988) などにより示されているが，しばしばCOにおいても不定性効果がみられるという事実は，COが内在格を付与されていることを示唆しているとは言えないであろうか。

【テーマ３】同族目的語の事象構造における位置づけ
【概説】

　伝統文法では，COを結果の目的語として捉える傾向がある。Poutsma (1926 : 27) は，Sweet (1900 : 91) と同じくCOが動詞の意味を繰り返すとしながらも，行為の効果の結果を述べるという。また，Jespersen (1949 : 234) もCOを結果の目的語の下位区分として捉えており，Visser (1963 : 413) も，COは多くの場合，結果の目的語の変異形であるとしている。また，Quirk *et al*. (1985 : 750) では，動詞により示されている事象を指示するという点でCOは結果の目的語に類似していると述べられている。

　COを結果の目的語とする立場は，生成文法や語彙意味論では事象構造 (event structure) からCOを分析する立場に引き継がれている。すなわち，事象の内部構造あるいは事象への参与者から考えて，同族目的語がどのような働きをしているかを探る接近法である。Massam (1990) は動詞が表す行為とCOが指示する事象との同一性を認めながらも，COは結果の目的語であるという立場をとる。Macfarland (1995) は，COが結果

の目的語であると主張した上で，CO 構文がアスペクト的にも自動詞構文と異なるという点を説明する。一方，Moltmann (1989) は，CO は事象述語 (event predicate) で出来事の様態を表すという立場をとる。

◆**CO は出来事を表す結果の目的語である**——Massam (1990) "Cognate Objects as Thematic Objects."

Massam (1990 : 170-173) は，(33)の自動詞構文，(34)の TO 構文（【テーマ 1】参照）と (35) の CO 構文との違いを事象構造から捉えようとしており，それぞれの動詞に(36)〜(38)の語彙概念構造（語の意味構造）を与える。

(33) Tosca sang.　　　　　　　　　　　　　(Massam, 1990 : 171)
(34) Tosca sang an aria.　　　　　　　　　　　(*ibid.*)
(35) Henleigh smiled a wicked smile.　　　　　(*ibid.*: 172)
(36) [x verb]　　　　　　　　　　　　　　　(*ibid.*: 171)
(37) [x CAUSE [y BECOME EXPRESSED]] BY [x verb]　(*ibid.*)
(38) [x CAUSE [y_i BECOME EXIST]] BY [x verb]$_i$
　　(=John caused the event [John laugh] to exist by means of [John laugh])　　　　　　　　　　　　(*ibid.*: 172)

(37)(38)は，(36)の自動詞すなわち非能格動詞を CAUSE-EXIST/EXPRESSED の述語に語彙的に従属化することにより作られたものである。(38)は，主語がある動作をすることにより，その事象が存在するようになるという読みで，y すなわち CO は結果の目的語として捉えられている。特に注目すべき点は，y が従属化された事象 [x verb] と同一指標を持つということである。CO は変化を被った被動者 (affected patient) で，事象そのものだというのである。ただ，(39)のような文も CO 構文であるとするならば，(38)に従うと bleeding=blood という誤った解釈をしてしまうという問題点がある。

(39) Mr. Spock bleeds green blood.　　　　　　(Rice, 1988 : 208)

一方(38)の分析により，CO のいくつかの特徴を説明することができる。例えば，CO の動作主は，動詞の動作主と同一指示でなければならない。

(40) Gabriel sneezed a/his/*her hefty sneeze.　(Massam, 1990 : 173)

CO が語彙的に埋め込まれた事象のコピーであるため，その事象内の変項すなわち動作主は事象全体の動作主と同一指示でなければならない。

また，(38) の分析は，CO の修飾要素の振る舞いからも支持される。CO を修飾している形容詞の作用域（形容詞が修飾できる範囲）は，(38) の被動者 y，すなわち CO と同一指標をもつ [x verb] の中の x すなわち動作主を含む事象である。そのため，(41) の様態の形容詞 (gruesome) や (42) の主語指向の形容詞 (unkind) が CO を修飾することはできるが，話者指向の形容詞 ((43) の (evident)) は動作主と被動者を含む出来事を越えた範囲が作用域となるため，CO を修飾することができない。

(41) King Alfred died a gruesome death.　　　　　(*ibid*.: 174)
(42) Henleigh smiled an unkind smile.　　　　　　(*ibid*.)
(43) *Hans smiled an evident smile.　　　　　　　(*ibid*.)

◆**CO は結果の目的語で動詞のアスペクトを変える**——Macfarland (1995) *Cognate Objects and the Argument/Adjunct Distinction in English.*

Macfarland (1995: Ch.2) は，CO が結果の目的語であるという立場をとり，Mittwoch (1993) の CO が事象項 (event argument) という提案に反論する。事象項とは Davidson (1967) による事象意味論の概念で，動詞が主語や目的語の他に第 3 の項である出来事も隠れた項として取るという考えに基づいている。

Mittwoch (1993) によると，軽動詞構文 (give a groan や have a bite のように，述部において名詞が重要な意味を担い，動詞はほとんど意味を持たない構文) と CO 構文の目的語はどちらも事象項を具現化したものだという。これに対し，Macfarland (1995) は Kearns (1988) により提案されたテストを用いて，CO 構文は軽動詞構文と違うことを示し，CO は事象項ではないことを主張する。

まず，CO は受動文の主語になれるが，軽動詞構文の名詞は主語になれない。

(44) a. *Life* here had been lived on a scale and in a style she knew nothing about.　　　　　　　　(Macfarland, 1995: 61)
　　　b. **A groan* was given by the man on the right.　　(*ibid*.)

次に，CO 構文は不定性効果を受けない。

(45) a. She and David were committed now. Not only to a dream, but to those who dreamed *the* dream. (*ibid.*: 63)
　　 b. *Who gave *the* groan just now? (Kearns, 1988 : 6)

(44a)(45a)は，Mittwoch (1993) ばかりでなく，M. Jones (1988)，Moltmann (1989) の主張に対する反例である。その他，関係節による修飾や代名詞化における容認度の違い等がテストとして用いられており，いずれも CO と軽動詞構文の名詞は振る舞いが異なることを示している。

Macfarland (1995 : 23) は，「結果の目的語」という概念を Fillmore (1968) の結果目的語 (effective object) に依存しており，そもそも何をもって CO を「結果の目的語」と主張するのかという点を説明するには至っていないが，CO 構文の動詞のアスペクト的特徴を分析することにより，CO 構文の動詞が達成動詞 (accomplishment verb) であることを示している。CO 構文は有限的な (delimited) アスペクト的特徴を持つが (Tenny (1994))，この特徴は CO を伴うことにより新しいアスペクトの素性が加わるためである (Macfarland (1995 : Ch.4))。

(46) Mary laughed (for an hour/*in an hour). (Tenny, 1994 : 39)
(47) Mary laughed a mirthless laugh (in one minute/for one minute).
(*ibid.*)

Tenny (1994 : 39) によると，(46)の自動詞構文と(47)の CO 構文との違いは，後者が有限的な読みを持つという点であり，その結果(47)で in one minute を用いることができるという。有限的な読みとは，例えば(47)の CO 構文の場合，笑うという事象がある特定の間だけ起こり，その出来事には終わりがあるという解釈を持つことである。この特徴を説明するために，Macfarland (1995 : 131-157) は，Olsen (1994) のアスペクト素性を用いた分析を適用し，CO 構文は [+dynamic, +durative, +telic] という destroy のような達成動詞 (accomplishment verb) と同じ素性を持つと主張する。

Olsen (1994 : 65-67) によると，[+dynamic] の素性を持つ動詞は変化を述べ，[+durative] の素性の場合は時間の間隔 (temporal interval) があることを述べ，[+telic] の場合は終点の存在を述べる。[+dynamic] である動詞は，do 構文，命令文，persuade の補部として用い

られ，動作主指向の副詞を伴ったり進行形を作ることができる。［+durative］を持つ動詞は，but not for any amount of time 等と用いることができない。また，［+telic］の素性を持つ動詞では，進行形が完了形を含意することができない。

Macfarland によると，CO 構文を作る動詞は本来［+dynamic］か［+dynamic, +durative］のどちらかの素性を有し，CO を伴うことによって，素性が加えられ［+dynamic, +durative, +telic］となる。例えば，自動詞 smile は［+dynamic, +durative］であるが，smile a big smile の smile は［+dynamic, +durative, +telic］である。また，自動詞 bow は［+dynamic］であるが，bow a little bow の bow は［+dynamic, +durative, +telic］である。

◆**CO は出来事の様態**── Moltmann (1989) "Nominal and Clausal Event Predicates."

Moltmann (1989 : 300-302) は，CO は動詞の事象を項として取る随意的な述語であるという提案を行っている。

Davidson (1967) によると，(48) の slowly などの副詞は，動詞の事象項を取る随意的な述語である。

(48) John ate slowly.　　　　　　　　　　　(Moltmann, 1989 : 300)

(49) $\exists e$ eat (e, John) & slowly (e) & PAST (e)　　　　(*ibid*.)

(49) は (48) の論理形式で，「ある出来事があり，それは John が食べるという出来事で，出来事はゆっくりと起こり，過去に起こった出来事である」というような意味になる。(49) では，eat, slowly, PAST がいずれも述語として捉えられており，事象項 (e) は eat の項であるが slowly の項でもある。

CO も (48) の slowly と同じような事象述語であるというのが，Moltmann (1989) の主張である。

(50) John died a painful death.　　　　　　　　(*ibid*.: 300)

(51) $\exists e$ die (e, John) & painful death (e) & PAST (e)　　(*ibid*.)

(50) は (51) のような論理形式をもち，「ある出来事があり，それはジョンが死ぬという出来事で，その出来事は痛ましい死に方で，過去に起こった出来事である。」という意味である。(51) の painful death は事象項 (e) を

項として取り，COが事象の様態を述べるという解釈を与えられている。

COとslowlyは，共に事象述語であると同時に付加詞であり，意味的にも統語的にも同じものとして考えられている。ただし，Moltmann (1989) の議論には，【テーマ1】で見たような問題点がある。

further readings　Tenny (1994) はCO構文が有限的な読みを持つことから，COを測定項 (measuring argument) であると分析し，CO構文はアスペクトの格子 (aspectual grid) に測定 (MEASURE) という直接項を加える操作により作られるという提案を行っている。

一方，Mittwoch (1998) は，少なくともヘブライ語のCOについてはMoltmann (1989) の立場が支持できるとし，英語のCOにもこの分析を拡張できる可能性があることを示唆している。

関連テーマ　どのような動詞がCO構文に用いることができるかということとCOの事象構造との関係。Keyser & Roeper (1984) は，能格構文（非対格動詞構文）との対比において，非能格動詞が同族目的語を取る例を挙げている。また，Hale & Keyser (1991) は，非能格動詞の分析との関連から同族目的語に言及している。Massam (1990) や Macfarland (1995) は，COを作ることができるのは非能格動詞であるという明確な姿勢を貫き，特に Macfarland (1995) は die までもが非能格動詞であると主張している。Levin (1993) は独自の動詞分類とCO構文の関係にふれている。Rice (1988) は，生成文法で取り上げられたデータのさまざまな例外を挙げている。

また，形容詞などの修飾要素とCOの解釈の関連を調べてもよいかもしれない。例えば，sudden がCOの事象的な解釈と結びつく一方で，beautiful は，COに結果の目的語としての解釈を引き起こしているとはいえないだろうか。

6. 存在構文 (*there* construction)

(1)のような「there+be+NP+X」からなる構文を存在文 (existential sentence) と呼ぶ。

(1) There is a man in the garden.

存在文における虚辞 there は文法上の主語，NP は意味上（または論理上）の主語といわれる。しかし文法事象によって，there も NP も主語として振る舞う。【テーマ1】

意味上の主語は，be 動詞の直後，X の手前に生じる。意味上の主語は一般的に不定 (indefinite) 名詞句に限定されるが，特定の用法では定 (definite) 名詞句でも生じ得る。【テーマ2】

存在文に生じる動詞は，一般に be 動詞または非対格動詞 (unaccusative verbs) に限られる。また X の位置に生じる要素は一時的な状態を表す語句に限られる。【テーマ3】

下記(2)の there で始まる文は，意味上の主語が(i)X の後ろに生じている，(ii)定である，さらに(iii)動詞が非対格動詞ではない，などの点で(1)の存在文とは異なる。(2)のような文は，NP の存在を表すというよりも，それを談話の中に初めて提示する働きをしているので「提示の there 構文 (presentational *there* sentence)」と呼ばれる。

(2) There flew through the window that shoe on the table.

(Milsark, 1974 : 246)

存在文と提示 there 構文とは，上記(i)～(iii)以外の点でも相違を示す。【テーマ4】

【テーマ1】2つの主語
【概説】

存在文の there と NP は，伝統的に，それぞれ文法上の主語，意味上（または論理上）の主語と呼ばれる。しかし Chomsky (1995) によると，

NPは分詞構文の主語のコントロールや照応表現の束縛などの点で，通常の主語（文法上の主語）と同じように振る舞う。一方 Bošković(1997b) は，NPが数量詞の作用域の解釈や照応表現の先行詞の解釈などに関して，通常の主語とは異なった振る舞いを示すことを明らかにしている。

◆NPが主語の位置を占める——Chomsky (1995) *The Minimalist Program*.

存在文では虚辞 there が動詞の手前に生じているので，文法上の主語と言われる。実際主語が関与する文法現象において，there が主語として振る舞う。例えば，付加疑問文の付加節に現れるのは主節の主語（の代用形）であるが，存在文に続く付加節には there が現れる(3)。yes-no 疑問文では主語と助動詞が倒装するが，存在文では there と助動詞が倒装する(4)。

(3) There's a boy on the dock, isn't there?

(Akmajian & Heny, 1975 : 166)

(4) Is there a boy on the dock? (*ibid*.)

一方 be 動詞の後ろの NP は，存在文とパラフレーズ関係にある A man is in the garden のような叙述文において主語の役割を果たすので，意味上の主語と呼ばれる。しかし NP も，ある種の文法現象に関して文法上の主語として振る舞う。例えば動詞の数の一致（number agreement）に関しては，動詞が there ではなく NP の数に一致する。

(5) a. There was a boy on the dock. (Akmajian & Heny, 1975 : 164)
　　b. There are some students in the ballroom. (*ibid*.)

Chomsky (1995) は数の一致ばかりではなく，without 句の主語のコントロールや照応表現の束縛などに関しても，NP が主語として振る舞うことを明らかにしている。without 句の主語は一般に主節の主語によってコントロールされるが(6)，存在文では NP によってコントロールされる(7)。

(6) a. Three men entered the room without ∅ identifying themselves.
　　b. *I met three men last night without ∅ identifying themselves.

(Chomsky, 1995 : 46)

(7) There arrived three men last night without ∅ identifying them-

selves. (*ibid*.)

また照応表現 one's own の先行詞となるのは主語に限られるが(8)，存在文では NP が先行詞となる(9)。

(8) a. Three men came in with their own books.
　　b. *I found with their own books three men from England.
(Chomsky, 1995 : 46)
(9) There arrived with their own books three men from England.
(*ibid*.)

Chomsky (1995) はこうした事実からして，動詞の後ろの NP は LF において虚辞 there の所へ移動する（正確には NP の形式素性が Agr に付加する）と主張する。

◆NP は主語ではない——Bošković (1997b) *The Syntax of Nonfinite Complementation*.

Chomsky (1995) の主張に対して Bošković (1997b) は，主語 NP が普通の主語のようには振る舞わない事例を示し，NP は LF においても動詞の後ろの位置を占めていると反論する。例えば，(10a)では主語 someone が likely よりも広い作用域を取るという解釈（よく庭にいる傾向があるようなある人がいる）と，狭い作用域を取るという解釈（ある人がよく庭にいる傾向がある）が可能であるが，(10b)では後者の解釈のみが許される。

(10) a. Someone is likely to be in the garden. (Bošković, 1997b : 85)
　　　b. There is likely to be someone in the garden. (*ibid*.)

もし Chomsky が主張するように someone が there の所へ移動するならば，(10b)においても(10a)におけると同様に 2 通りの解釈が可能なはずである。

(11)は再帰代名詞 himself を含む文，(12)は否定対極表現 any を含む文であるが，主語はそれらの先行詞として働くが（例文(11a)(12a)），存在文の NP は先行詞として働かない（例文(11b)(12b)）。

(11) a. Someone seems to himself to be in the garden.
(Bošković, 1997b : 85)
　　　b. *There seems to himself to be someone in the garden. (*ibid*.)

(12) a. No NBA team seems to any European team to be beatable.
   (*ibid.*)
   b. *There seems to any European team to be no NBA team beatable.   (*ibid.*)

これらの事実も，存在文の NP が LF で主語の位置に移動しているわけではないことを示している。Bošković (1997b : 104) は，意味を持たない虚辞 there の方が LF で NP に付加するという立場をとる。

| further readings |　存在文における数の一致に関しては，Givón (1993) および Bošković (1997b) に興味ある議論が見られる。また数の一致の扱いについては，本文で言及した論文以外に Lasnik (1995) などを参照。

| 関連テーマ |　存在文は多くの場合 A man is in the room のような叙述文に書き換えることができる。しかし叙述文に書き換えられない場合もある。下記(ⅰ)のように主語の後ろに場所句などが何もない場合である。

 (ⅰ) There are no six-legged cats.   (Milsark, 1974 : 173)

どのような場合に(ⅰ)のような場所句を伴わない存在文が可能であろうか。

虚辞 there は，本文で言及した現象以外にどのような点で文法上の主語として振る舞うであろうか。第 18 章「繰り上げ構文」，第 37 章「動名詞」などを参照。

【テーマ 2】主語 NP に課せられた条件
【概説】

存在文の主語 NP は不定 (indefinite) 名詞句に限られており，定名詞句は生じることができない (Milsark (1974), Safir (1985), Belletti (1988)，その他)。主語に含まれる数量詞も，some や many のように不特定の存在を表すものに限られる。不定の冠詞または数量詞を持つ名詞句は，名詞によって示される集合の任意の一部分を表している。定冠詞を持つ名詞句が存在文に現れるのは，リストに挙げられているものの中から 1 つまたはいくつかを列挙するような場合（リスト文）である (Milsark (1974))。Belletti (1988) は，存在文の主語として現れる NP は集合の一部分に当たる名詞句に限られるとしている。

◆**定性効果**── Milsark (1974) *Existential Sentences in English*, 他.

存在文のNPが生じる位置は，be動詞の直後，特にbe動詞が複数生じる時には，最初のbe動詞の直後である。この条件を「左端be条件 (Leftmost Be Condition)」と呼ぶ (Milsark (1974 : 229-232))。

(13) a. There is a new house being built next door.

(Emonds, 1976 : 106)

b. *There is being a new house next door. (*ibid*.)

存在文のNPは不定 (indefinite) 名詞句に限られる。定 (definite) 名詞句が生じると存在文全体が非文になるので，定性制約 (definiteness restriction) または定性効果 (definiteness effect) という (Milsark (1974), Safir (1985), Lumsden (1988), Belletti (1988)，その他)。

(14) a. There is a man in the room. (Safir, 1985 : 92)

b. *There is the man in the room. (*ibid*.)

NPが数量詞を伴う場合も，one, two などの数詞や，many, much, some, a lot of, a few, a little のような不特定数量を表すものに限られる(15)。all, both, each, every, most のような指示対象を特定するものは許されない(16)。

(15) a. There are two books on the table. (Milsark, 1974 : 165)

b. There were several people in the room. (*ibid*.: 27)

(16) a. *There are all dogs in the room. (*ibid*.: 195)

b. ?There are most hotels on the island. (Lumsden, 1988 : 111)

Milsark (1974) は存在文に現れ得る数量詞を弱数量詞 (weak quantifier)，生じることができない数量詞を強数量詞 (strong quantifier) と呼ぶ。強数量詞は，該当するもの全てを指し示す全称数量詞 (universal quantifier) の働きをするのに対して，弱数量詞は一部分を示す存在数量詞 (existential quantifier) の働きをする。定冠詞，不定冠詞はそれぞれ強数量詞，弱数量詞の一種である。

強数量詞と弱数量詞は，恒常的な属性を表す述語の主語になり得るかという点でも相違が見られる。一部分を指し示す弱数量詞は，恒常的な属性を示す述語の主語になることはできない。

(17) {Every man/*A man} is intelligent/has red hair.

(Lumsden, 1988 : 112)

Diesing（1992）は強数量詞と弱数量詞の相違を，NPによって表される事物の存在が前提（presupposition）となっているか否かの相違にあるとしている。さらにDiesing（1992：61）によると，強数量詞を持つNPはIPの指定部に，弱数量詞を持つNPはVPの指定部に現れている。そうだとすると，弱数量詞を持つNPのみが存在文に生じ得るのは，虚辞thereが現れる位置としてIP指定部が利用可能であるためであると考えることができるかもしれない。

◆**定冠詞を伴うNP**——Milsark (1974) *Existential Sentences in English*, Belletti (1988) "The Case of Unaccusatives."

　存在文のNPとして，定名詞句が生じる場合がある。定名詞句を含む存在文は，特殊な文脈で，しかも特定イントネーションで用いられる（Rando & Napoli (1978))。

(18) a. There's the University of Stroke.　　　　(Lumsden, 1988：110)
　　 b. There is my aunt from Worthing.　　　　　　　　　　(*ibid*.)

　例えば(18b)ならば，Do you know any strong swimmer?のような質問に対する答えとして用いられるのが自然である (Lumsden (1988：111))。定名詞句を含む存在文では一般的に，該当する事物のリスト内の一部が挙げられているという読み（list reading）になるので，(18)のような文をリスト文（list sentence）という（Milsark (1974：210))。

　鈴木（1977）は，リスト文のNPはリスト中の任意の一部分に当たるので，リストの中で不定であると仮定する。したがってリスト文も定性条件に違反していない。

　Belletti (1988) は，リスト文で言及されるNPが大きなリストの中の一部であることに注目する。不定名詞句とリスト文のNPは，定性に関して異なっていても，一部分であるという点で共通している。存在文に生じることができるNPは，定性に関わりなく，部分を表している名詞句に限られる。これを，Belletti (1988) は，NPに部分格（partitive case）という格が与えられていると仮定することによって捉えようとしている。フィンランド語などでは，非対格動詞の後ろの不定名詞句が部分格の形で現れる。そこで英語の非対格動詞も，定・不定に関わりなく一部を表す名詞句に部分格を与えるものと仮定する。

Belletti (1988) は，該当するものが 1 つだけであるという解釈（唯一的解釈, uniqueness interpretation）が与えられる名詞句にも部分格が付与されていると主張する。次例で the newspaper が今朝の朝刊を指している場合には，該当する新聞が 1 つなので部分格が付与されており，それゆえ存在文の主語として現れることができる。

(19) There is the newspaper on the table. (Belletti, 1988 : 16)

|further readings| 定性効果がどの程度厳しく求められるのかについては Lumsden (1988) を参照。強数量詞と弱数量詞の統語的振る舞いの相違については Emonds (1976 : 107) を見ること。

|関連テーマ| 鈴木 (1977) は，次のような定名詞句を主語として持つ例を挙げている。Belletti が指摘した唯一的解釈との関係で考えてみよう。

 (ⅱ) a. There was the most surprising odor in the closet today.

(鈴木, 1977 : 88-89)

　　 b. There's the main thesis in chapter nine.

　　 c. There was never the same problem in America.

(Rando & Napoli, 1978 : 306)

【テーマ 3】動詞などに課せられた条件
【概説】

存在文には，be 動詞以外に存在・出現を表す動詞が生じる。Burzio (1986), Levin & Rappaport Hovav (1995) らによると，これらは非対格動詞の一部に当たる（第 40 章「非対格動詞」参照）。Haegeman (1991) は，一般に非対格動詞と呼ばれている動詞を能格動詞と非対格動詞に分類し，存在文に生じるのは後者だけであるとする。

◆be 以外の動詞── Burzio (1986) *Italian Syntax*, Levin & Rappaport Hovav (1995) *Unaccusativity*, など。

存在文には，be 動詞以外に，arise, emerge, develop, begin, exist, occur, grow, follow のような存在・出現を表す動詞が生じる (Milsark (1974), Breivik (1983), Bresnan (1994))。これらは非対格動詞

(unaccusative verbs) の一部を成す (Burzio (1986), Belletti (1988), Levin & Rappaport Hovav (1995) など)。

(20) a. There arose a storm here.　　　　　(Belletti, 1988 : 4)
　　 b. There emerged several new facts at the meeting.
　　　　　　　　　　　　　　　　　　　　(Lumsden, 1988 : 38)
　　 c. There developed some unrest.　　　　　　(*ibid*.)

同じ非対格動詞でも sink, break, close, increase, open などは存在文に生じない。

(21) *There sunk three ships last week.　(Haegeman, 1991 : 310)

Haegeman (1991 : 312) は，sink のような自他交替のある動詞を能格動詞 (ergative verb) と呼び，arise のような出現動詞や come のような移動動詞 (および受動詞，繰り上げ動詞) を非対格動詞と呼び，両者を区別する。存在文に生じるのは後者に限られる。

存在文の述語動詞として用いられる動詞は一般に自動詞であるが，他動詞と目的語の結合が存在・出現の意味を表す場合には，存在文の述部として生じることがある (Guéron (1980), Bobaljik & Jonas (1996 : 208) など)。

(22) a. There hit the newsstand a book by Chomsky.
　　　　　　　　　　　　　　　　　　　　(Guéron, 1980 : 671)
　　 b. Suddenly there {entered/opened} the door a six-edged troll.
　　　　　　　　　　　　　　　　　　(Bobaljik & Jonas, 1996 : 208)
他動詞と目的語で1つの自動詞に相当する意味を表している。

◆**主語に続く述語**──Milsark (1974) *Existential Sentences in English*, Diesing (1992) *Indefinites*.

存在文の主語 NP の後ろに述語が生じる場合，その述語は変化し得る状態 (state) を表すものに限られる (23a)。恒常的な特性 (property) を表す述語は生じることができない (23b)。Milsark (1974 : 210-216) は，この制約を「述部制約 (Predicate Restriction)」と呼んでいる。

(23) a. There are sm men {drunk/available/late}.
　　　　　　　　　　　　　　　　　　　　(Milsark, 1974 : 214)
　　 b. *There are sm men {intelligent/skinny/tall}.　　(*ibid*.)

状態および特性を表す述語として次のようなものが挙げられる（Milsark（1974：210-211））。

(24) a. 状態の形容詞：alert, available, clothed, closed, drunk, hungry, missing, naked, open, present, sick, sober, stoned, tired, undressed, ...

b. 特性の形容詞：beautiful, boring, crazy, intelligent, smart, tall, witty, ...

Milsark（1974）は，特性を表す述語が存在文に現れない理由を，「特性を表す述語は強名詞句のみを叙述する」という趣旨の制約（*ibid*.: 16）に原因を求めている。強名詞句とは，【テーマ2】で触れた強数量詞を持つ名詞句のことである。Milsark は，(25b)のような存在文は(25a)のような叙述文から派生するという立場をとっているので，基底構造(25a)が非文であるならば派生構造(25b)も非文となる。(25a)では，述語が intelligent のように特性を表す場合，主語として a man のような弱名詞句が現れることができない。

(25) a. A man is {available/*intelligent}.

b. There is a man {available/*intelligent}.

(24)の状態の形容詞，特性の形容詞は，それぞれ Diesing（1992）の言う段階的レベル（stage-level）の形容詞，個体的レベル（individual-level）の形容詞に相当する。Diesing によると，段階的レベルの述語に対する主語は VP 指定部に，個体的レベルの述語に対する主語は IP 指定部に生じている。この仮定に従うならば，Diesing は論及していないが，存在文に現れる述語が段階的レベルのものに限られることばかりではなく，その主語が弱名詞句に限定されることも一括して説明できる。段階的レベルの述語に対する主語は VP 指定部に生じるのであるから，その主語は VP 指定部に生じ得るようなものに限られる。【テーマ2】で述べたように，強名詞句は IP 指定部を占めるのに対して弱名詞句は VP 指定部を占める。したがって段階的レベルの述語の主語としては，弱名詞句のみが現れ得る。弱名詞句は VP 指定部にあるので，虚辞 there が生じる位置として IP 指定部が利用できる。そのために，存在文に生じる主語は弱名詞句に限られ，述語は段階的レベルのものに限られるのである。

> **further readings** 存在文に現れる動詞については，さらに Bolinger (1977)，Breivik (1983)，Celce-Murcia & Larsen-Freeman (1983) などを参照。

> **関連テーマ** 非対格動詞でも停止・消滅 (disappearance) を表す動詞は存在文に生ずることができないと言われている (Kimball (1973b), Milsark (1974:252), Breivik (1983:231-232))。次の2文には共に disappear が現れているが，どのように異なるであろうか。
> 　(i) a. *There disappeared a man from in front of us.
> 　　　b. In the vortex there disappeared ship after ship.

【テーマ4】提示の there 構文
【概説】

(2)で見た There flew through the window that shoe on the table のような文は，主語 NP の定性効果，語順，動詞の種類などさまざまな点で，存在文と異なる。Milsark (1974) は，これまで見てきたような存在文を動詞内 (inside verbal) 存在文，(2)のような文を動詞外 (outside verbal) 存在文と呼んでいる。Coopmans (1989) や Rochemont & Culicover (1990) らは，談話における機能に着目して，(2)のような文を提示の (presentational) there 構文と呼んでいる。提示の there 構文は存在文とは異なった統語的振る舞いを示す。

◆**提示の there と存在の there** —— Rochemont & Culicover (1990) *English Focus Constructions and the Theory of Grammar*.

虚辞 there で始まる文には，主語 NP が動詞の直後にあるような存在文のほかに，主語 NP が場所句などよりも後方に現れている構文がある。

(26) a. There lurched into the room an old man. (Lumsden, 1988:38)
　　b. There swam towards me someone carrying a harpoon. (*ibid*.)
　　c. There walked through passport control a well-known actor.
　　　　　　　　　　　　　　　　　　　　　　　　　　　　(*ibid*.)

(26)で用いられている動詞は非対格動詞ではない。このことは，これらの動詞が存在文には生じ得ないことからも明らかである。

(27) a. *There lurched an old man into the room.

(Lumsden, 1988 : 39)

  b. *There swam someone carrying a harpoon towards me.
(*ibid*.)

  c. *There walked a well-known actor through passport control.
(*ibid*.)

　Milsark (1974) は，これまで見てきた存在文を動詞内存在文 (inside verbal existential sentence : IV存在文)，(26)のような構文を動詞外存在文 (outside verbal existential sentence : OV存在文) と呼ぶ。OV存在文とIV存在文は，主語NPの語順および動詞の種類の点ばかりではなく，定性効果に関しても相違が見られる。OV存在文では，主語NPが定であっても構わない。

(28) a. There flew through the window that shoe on the table.
(Milsark, 1974 : 248)

  b. Thereupon, there ambled into the room my neighbor's frog.
(*ibid*. : 246)

また主語NPがIV存在文でも場所句の後方に現れることがあるが，それは主語NPが「重い」場合に限られる(29)。それに対してOV存在文では，主語NPが重くなくても場所句の後方に現れる(30)。

(29) There developed at the meeting many terrible objections.
(Milsark, 1974 : 250)

(30) There stood beside the table a lamp.   (*ibid*.)

　Rochemont & Culicover (以下 R & C) (1990) は，MilsarkのOV存在文を提示のthere構文 (以降彼らにならい，presentational there insertion : PTI) と呼んでいる。PTIは，yes-no疑問文にも，wh疑問文にもならない (以下の例文で(a)はPTI，(b)は存在文)。

(31) a. *Did there walk into the room a man with a long blond hair?
(R & C, 1990 : 132)

  b. Are there students in the room?

(32) a. ??Into which room did there come a man?
(Coopmans, 1989 : 43)

  b. During which meeting did there arise a number of unsolved issues?   (R & C, 1990 : 132)

さらに PTI は，いわゆる ECM 構文の補文として生じない。

(33) a. ??John expected there to walk into the garden a man.

(Coopmans, 1989 : 44)

　　b. Bill expected there to arise a controversy.

(Lumsden, 1988 : 44)

ただし that 節には生じることができる。

(34) a. I doubt that there ran into the kitchen the big rats.

(Nakajima, 1997 : 486)

　　b. I doubt that there are rats in the kitchen.　　(*ibid*.)

PTI は否定文にも生じることができない。

(35) *There never stepped out in front of my car a pedestrian.

(Aissen, 1975 : 9)

further readings　PTI については本文で論及した論文以外に，Ross (1974)，Aissen (1975)，Bolinger (1977)，Burzio (1986)，Newmeyer (1987)，Guéron (1980)，Kuwabara (1994) などを参照。

関連テーマ　PTI における there が生じる位置に関して，R & C は IP 指定部，Coopmans (1989) は CP 指定部を仮定している。それぞれの根拠について調べてみよう。

虚辞 there で始まる構文には，存在文，PTI のほかに次のような直示的な (deictic) 用法がある (G. Lakoff (1987))。

(ⅰ) There is Harry in the kitchen.

Nakajima (1997) は 3 種類の there の統語的相違を明らかにし，さらに生じる構造上の位置が異なることを主張している。

7. 場所句倒置 (locative inversion)

> (1) a. On the bench sat an old lady.
>   b. Into the room came John.
>
> 上記のような文は，学校文法では，標準的な(2)のような文とは異なり，「特殊な」構文として扱われている。
>
> (2) a. An old lady sat on the bench.
>   b. John came into the room.
>
> (1)はどのような点で特殊なのであろうか。【テーマ1】
>
> また，(1)のような構文に生じうる動詞には何らかの制約があるようだが，それはどのような制約であろうか。【テーマ2】
>
> (1)と(2)はほとんど同じような意味内容を表しているように思われるが，意味的には微妙な相違点がある。【テーマ3】

【テーマ1】場所句倒置構文に現れる文頭の要素の性質
【概説】

学校文法では(1)のような文を，基本文型(2)から副詞的語句を文頭に出し，その後主語と動詞の倒置を行うことによって作られる特殊構文と説明される。Jespersen (1949:2) でも(1)のような文を，文頭に主語以外の要素が来る特殊な構文のうちの1つとして分類している。

生成文法において最初にこの構文の重要性を指摘したのは，Emonds (1976) である。彼は(1a)のように場所を表す句を含む文を「主語・補語倒置構文」(preposing around BE) のうちの「前置詞入れ替え構文」(PP Substitution) として分類し，(1b)のように方向を表す句を含む文を「方向副詞前置構文」(Directional Adverb Preposing) とし，(1a)と(1b)に異なる分析を与えている。しかし，ここでは，場所を表すものも方向を表すものも同一の構文とし，どちらも「場所句倒置構文」(Locative Inversion) と呼ぶことにする（動詞がbe動詞である場合については第9章「主語・補語倒置」を参照）。

文頭に移動する前置詞句について，それが主語（subject）と話題（topic）の両方の性質を持っていることが Bresnan（1994）などによって指摘されている。文頭に移動するのは前置詞句（PP）ではなく動詞句（VP）であるとする説が Rochemont & Culicover（1990）によって主張されている。また，後置されたように見える意味上の主語については，実は移動していないとする説がある。

◆**前置される前置詞句は主語と話題の性質を持つ**── Bresnan（1994）"Locative Inversion and the Architecture of Universal Grammar."

Bresnan（1994）は，場所句倒置構文において，前置される前置詞句が主語の機能を持っていることを次のような事実に基づいて主張している。まず第一に，補文の主語において可能である主語繰り上げ（subject raising）が，場所句倒置構文の前置詞句においても可能である。

(3) a. Over my windowsill seems to have crawled an entire army of ants. (Bresnan, 1994 : 96)
　　b. On that hill appears to be located a cathedral. (*ibid*.)
　　c. In these villages are likely to be found the best examples of this cuisine. (*ibid*.)

第二に，補文の主語はいわゆる that 痕跡効果（補文標識 that に続く定形節の主語の抜き出しが禁じられる現象）を示すことがよく知られている。

(4) It's this cuisine that we all believe {*that/φ} can be found in these villages. (*ibid*.: 97)

同じ効果が場所句倒置構文の前置詞句についても見られる。

(5) It's in these villages that we all believe {*that/φ} can be found the best examples of this cuisine. (*ibid*.)

第三に，等位接続構造からの抜き出しには(6)に見るような平行性に関する制約がある (*ibid*.: 98)。

(6) a. She's someone that φ loves cooking and φ hates jogging.
　　b. She's someone that cooking amuses φ and jogging bores φ.
　　c. She's someone that cooking amuses φ and I expect φ will hate.
　　d. *She's someone that cooking amuses φ and φ hates cooking.

(6a)は主語と主語，(6b)は非主語と非主語，(6c)は非主語と補文主語

の抜き出しである。しかし，(6d)のように非主語と主文主語の抜き出しは許されない。このことと全く同様なことが場所句倒置構文においても見られる。(*ibid*.: 98)

(7) a. That's the old church, in which ϕ is buried a pirate and ϕ is likely to be buried a treasure.
 b. That's the old church, in which workers are digging ϕ and a treasure is likely to be buried ϕ.
 c. That's the old graveyard, in which workers are digging ϕ and they say ϕ is buried a treasure.
 d. ?? That's the old graveyard, in which workers are digging ϕ and ϕ is likely to be buried a treasure.

場所句倒置構文の前置詞句を主語と考えれば，(7)は(6)と同様に説明することができる。

　場所句倒置構文の前置詞句は主語の機能を持っていると考えられるが，英語の主語位置（IP の Spec）には通例前置詞句が来ることができない。

(8) a. *In San Jose makes me happy.　　　　　　　(*ibid*.: 106)
 b. *I expect in San Jose to please me.　　　　　(*ibid*.)

また場所句倒置構文の前置詞句が IP の Spec にあるとすれば，次の文が容認不可能であることが説明できない。なぜなら，(9)の did や was は C 位置にあると考えられており，PP が IP の Spec にあるとすれば，(9)の文が容認可能になるからである。

(9) a. *Did [on the wall] hang a Mexican serape?　(*ibid*.: 109)
 b. *Was [among the ruins] found a skeleton?　(*ibid*.)

では前置詞句は，統語構造上どの位置を占めているのであろうか。まず1つの候補として考えられるのは CP の Spec であろう。しかし次の例からしてこれは疑わしい。

(10) a. We all witnessed how down the hill came rolling a huge baby carriage.　　　　　　　(Hoekstra & Mulder, 1990 : 32)
 b. We suddenly saw how into the pond jumped thousands of frogs.　　　　　　　　　　　　　　　　　(*ibid*.)

(10)では CP の Spec 位置を how が占めているため，前置詞句が入る場所はない。さらに次の文を見てみよう。

(11) John was afraid that into the room next might walk his wife.

(Rochemont & Culicover, 1990 : 88)

ここではCにthatが入っている。前置詞句はその右側にあるので，前置詞句がCPのSpecにあるとは考えられない。では，前置詞句はIPへ付加されているのだろうか（事実，Rochement & Culicover (1990) などは，IPに付加されていると主張している）。

この問題に関連して，Bresnan (1994) がもう1つ重要な指摘をしている。それは，場所句倒置構文の前置詞句が話題 (topic) の働きも果たしているということである。このことをBresnanは次のような例で示している。まず第一に，名詞句以外の構成素は，主語や目的語にはなれないが，話題化されると，間接的に主語や目的語の機能を果たすことができる。

(12) a. *He didn't think of [that he might be wrong].
   b. [That he might be wrong] he didn't think of t.

(Bresnan, 1994 : 106)

(12a)ではthat節は名詞句ではないので前置詞句の目的語の位置には生じないが，(12b)のように話題化されると，ofの目的語として働くことができる。これと類似したことが場所句倒置構文の前置詞についても言える。(13a)ではPPがいわゆるECM補文（不定詞付き対格補文）の主語の位置に生じないが，(12b)のように話題化されるとその主語として働くことができる。

(13) a. *I expected [on this wall] to be hung a portrait of our founder.
   b. [On this wall] I expect t to be hung a portrait of our founder.

(ibid.)

このことは，場所句倒置構文の前置詞句が話題化されている可能性を示すものである。

次に，話題化は(14a)のようにthat節の中では可能であるが，(14b)(14c)のような不定節では不可能である。

(14) a. I expect [that John, you won't like t]. (ibid.: 107)
   b. *I expect [for John, you not to like t]. (ibid.)
   c. *I anticipate [John, your not liking t]. (ibid.)

これと同じことが場所句倒置構文についても見られる。

(15) a. I expect [that on this wall will be hung a picture of Leonard Pabbs]. (*ibid.*: 108)
 b. *I expect [for on the wall to be hung a picture of Leonard Pabbs]. (*ibid.*)
 c. *I anticipated [on this wall being a picture]. (*ibid.*)

以上の証拠から，場所句倒置構文の前置詞句は主語と話題の両方の機能を併せ持っていると Bresnan (1994) は結論づけている。

◆ 前置されているのは前置詞句 (PP) ではなく，動詞句 (VP) である
── Rochemont & Culicover (1994) *English Focus Constructions and the Theory of Grammar*.

Rochemont and Culicover (以下 R & C) (1990) は，次のような文の構造を考える。

(16) Bill walked into the room {nude/smiling}.

この文の動詞句の構造は，(17)のように考えられる。

(17) [$_{VP}$ [$_{VP}$walk [into the room]] [nude]]

この構造を設定する論拠は次の通りである。まず動詞句削除 (VP Ellipsis) を考えてみよう。

(18) Bill walked into the room smiling, and then
 a. John did ϕ nude.
 b. John did ϕ.

ここで動詞句削除が文字通り動詞句 (VP) を削除すると仮定すると，構造は(17)となる。(17)の構造で注目すべき点は，[into the room] と [nude] が単一の構成素を成していないということである。このことにより，次の wh 移動での随伴 (pied-piping) (前置詞が wh 句と共に移動すること) が不可能であることも説明できる。

(19) a. Into which room did John walk nude? (R & C, 1990 : 71)
 b. *Into which room nude did John walk? (*ibid.*)

(17)の構造を正しいものとして次の文を考えてみよう。

(20) a. They said someone might walk into the room nude, and *into the room nude* walked John. (*ibid.*)

b. She had the notion that someone might be standing in front of her smiling, and when she looked up, *in front of her smiling* stood Bill. (*ibid.*)

(20)の斜体部が単一の構成素を成すことをR & C (1990) は空所化 (Gapping) を利用して証明している。一般に，空所化された文の構造 (21)において，X は単一の構成素でなければならないことが知られている。(22)が容認されないのは，斜体部が単一の構成素を成していないからである。

(21) [X φ Y] (φ は空所化された場所)

(22) *Quickly Bill went into the room, and *slowly Mary φ onto the roof. (R & C, 1990 : 80)

この制約を踏まえて(23)を見てみよう。

(23) Into the room nude walked Susan, and *out of the room smiling* φ Jack. (*ibid.*: 81)

(23)の場所句倒置構文では，斜体部の前置詞句と補語が単一の構成素を成していると考えなければならない。

(17)の構造と(23)を矛盾なく説明するためには，(17)で，動詞 (walk) がI (INFL) へ移動し，その結果残りの [into the room] と [nude] が単一の構成素 (VP) になると考えなければならない。この説明をさらに補強する証拠として，R & C (1990) は場所句倒置構文に見られる(24)(25)のような語順に関する現象を観察している。

(24) a. Into the room nude walked John. (*ibid.*: 72)
    b. *Nude, into the room, walked John. (*ibid.*)

(25) a. In front of her smiling stood Bill. (*ibid.*)
    b. *Smiling, in front of her, stood Bill. (*ibid.*)

これらも，前置詞句と補語がばらばらで移動するのではなく，動詞句のまま単一の構成素として移動すると考えれば説明がつく。

(26)のように前置詞句が複数個出現する文についても，上と同じ議論ができる。

(26) Mary walked down the stairs into the kitchen. (*ibid.*: 82)

この文のVPの構造は(27)であると考えられる。

(27) [$_{VP}$ [$_{VP}$ walked [$_{PP}$ down the stairs]] [$_{PP}$ into the kitchen]]

2つのPPが構成素を成さないことは，例えば次のように，1つのPPだけをwh移動できることからもわかる。

(28) Where did Mary walk ϕ into the kitchen?　　(R & C, 1990 : 82)

動詞walkedがIへ移動した後，2つのPPはVPという単一の構成素となるので，予測通り次のような場所句倒置構文が可能である。

(29) Down the stairs into the kitchen walked Mary.　　(*ibid*.)

外置化された関係節や目的を表す節についても同様の議論が成り立つ。外置化された関係節はVPに付加されるというR&Cの説が正しいと仮定することにしよう。

(30) An escaped convict [$_{VP}$ [$_{VP}$ ran into the storeroom this morning] [that Mary was working in].　　(*ibid*.: 83)

場所句倒置構文では前置詞句と外置化された関係節を前置することができる。

(31) [Into the storeroom this morning that Mary was working in] ran an escaped convict.　　(*ibid*.)

R&Cは，目的を表す次のような文においても，動詞句削除の証拠により，to不定詞は動詞句に付加されているとしている。

(32) The plumber [$_{VP}$ [$_{VP}$ came into the room] [to fix the sink]].

動詞cameがIへ移動した後VPが前置されるので，(33)を正しく派生できる。

(33) Into the room to fix the sink came the plumber.
　　(R & C, 1990 : 86)

以上のことから，場所句倒置構文で前置されているのはPPだけではなく，動詞の痕跡を含むVPであるとR&Cは結論づけている。

◆**場所句倒置構文は「凍結」している**——Rochemont (1978) *A Theory of Stylistic Rules in English*, Rochemont & Culicover (1990) *English Focus Constructions and the Theory of Grammar*.

Rochemont (1978) は，場所句倒置構文に対しては統語規則を適用することができず，文全体が「凍結」していると主張している。

(34) a. *Who into the room walked *t*?　　(Rochemont, 1978 : 41)
　　 b. *What down the hill rolled *t*?　　(*ibid*.)

c. *Which picture on the living room wall hangs *t*?　　(*ibid.*)

このことから Rochemont は(35)のような文法モデルを提案した。

(35) DS-----SS ┌--------LF
　　　　　　　└-- stylistic rules -------PF

このモデルでは，文体的規則は SS に作用し PF を派生する。したがって，文体規則を受けた要素が，DS → SS で適用される何らかの統語規則（例えば(34)の wh 移動）の適用対象になることはありえない。そのために，(34)のような，場所句倒置で後置された NP に対して wh 移動が適用しているような文は生成しえない。

　しかし，その後 Guéron (1980) は，(36)に見られるように，文体的規則の１つである PP 外置変形（PP Extraposition）が否定の作用域に影響を及ぼすことを指摘している。

　(36) a. *The name of any of those composers weren't called out yet.
　　　　　　　　　　　　　　　　　　　　　(Guéron, 1980 : 650)
　　　b. The name weren't called out yet of any of those composers.
　　　　　　　　　　　　　　　　　　　　　　　　　　(*ibid.*)

not や any のような論理関係を表す要素の性質は LF で表示されると考えられる。(35)のようなモデルでは，文体的規則が LF の内容に影響を与えることはないという誤った主張をすることになるため，Rochemont & Culicover (R & C) (1990) では(35)のようなモデルは破棄された。

　場所句倒置構文が凍結していることは，R & C (1990) では下接の条件（Subjacency Condition）によって説明されている。R & C によると，(34a)の wh 移動の前の構造は(37)である。

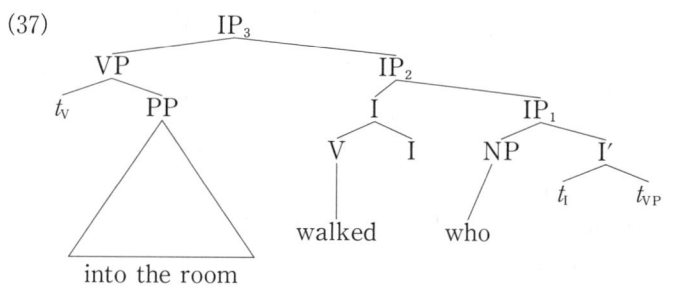

(37)　　　　　　IP₃
　　　　　┌─────┴─────┐
　　　　　VP　　　　　　IP₂
　　　┌──┴──┐　　　┌──┴──┐
　　　t_V　　PP　　　I　　　IP₁
　　　　　　　△　　┌─┴─┐　┌─┴─┐
　　　　　　　│　　V　　I　NP　　I'
　　　　　　　│　　│　　　　│　┌─┴─┐
　　　　　　　│ walked　　who t_I　t_{VP}
　　　into the room

R & C の提案している下接の条件によると，who は IP₂ の外へは出られな

い。(R & C の下接の条件では，ある要素は1回の移動で，1つの障壁とさらに最大範疇を越えることができないとされている。IP_1 は障壁であるから，who は IP_1 と IP_2 を越えることができない)。このことから(34)の全ての例が説明できる。また(38)のように，前置された VP（斜体部）をさらに移動させることもできない。

(38) **In those villages rotting* Mary said ϕ might be found the carcasses of dozens of animals. (R & C, 1990 : 104)

このように，場所句倒置構文は全体的に凍結していることがわかる。

しかし，それでは(39)はなぜ容認可能になるのであろうか。

(39) In which villages did Mary say ϕ could be found the best coffee in the world? (*ibid.*: 106)

もし(39)が場所句倒置構文であれば，(38)と同様に in which villages の抜き出しは許されないはずだからである。R & C (1990) は，(39)に見られる構文は真の場所句倒置構文ではなくて，むしろ(40)のような there 構文と同じ構文であると主張している。

(40) In which villages did Mary say there could be found the best coffee in the world? (*ibid.*)

この主張の証拠として，まず語順に関する(41)のような現象が挙げられている。

(41) In front of her there sat knitting [a woman she didn't know].

(41)に見られる there 構文では，knitting の後ろに NP が来ている。ところが，本来の場所句倒置構文では(42)からわかるように，その順序が逆である。

(42) a. *In front of her sat knitting [Mary]. (R & C, 1990 : 104)
    b. In front of her sat [Mary] knitting. (*ibid.*)

(Mary のような固有名詞は there 構文には生じないので，(42)は there 構文とは別の構文，つまり場所句倒置構文である。) 語順に関するこの観察を(39)に当てはめてみると，(43)のようになる。

(43) a. In front of whom did Mary say ϕ sat knitting [a woman she didn't know]? (*ibid.*: 106)
    b. *In front of whom did Mary say ϕ sat [a woman she didn't know] knitting? (*ibid.*)

この語順は(41)の there 構文と同じであり，場所句倒置構文とは異なる。

さらに，上で見たように，固有名詞は there 構文に生じないので，(39)の構文を there 構文の一種と考えることによって，次の文の非文法性も予測できる。

(44) a. *Into whose office did Mary say ran Bill?　　(*ibid.*: 107)
　　 b. *Behind which desk does John think sits Mary?　　(*ibid.*)

【テーマ2】場所句倒置構文と非対格仮説
【概説】

場所句倒置構文は非対格仮説（ある種の自動詞の主語が，D 構造においては，その動詞の後ろの位置，目的語の位置にあるという仮説）の1つの重要な証拠と考えられている。確かに，場所句倒置構文に頻繁に現れる come, go, appear などは典型的な「非対格動詞」（→第40章）とされているものである。もし場所句倒置構文に現れうる動詞類が非対格動詞類と一致すれば，それは非対格仮説に対する強力な証拠となるだろう。しかし，非対格動詞であっても場所句倒置構文に生じない動詞があり，逆に，非対格動詞でないにもかかわらず場所句倒置構文に生じうる動詞がある。したがって，場所句倒置構文を非対格仮説の証拠とするには問題がある。

◆場所句倒置構文に現れる動詞は非対格動詞か──Coopmans (1989) "Where Stylistic and Syntactic Processes Meet; Locative Inversions in English," 他.

Coopmans (1989) や Hoekstra & Mulder (1990) は，場所句倒置構文に現れる動詞を非対格（＝能格）動詞に限られるとしている（Ergativity Requirement）。

(45) a. Over her shoulder *appeared* the head of Genny's mother.
　　　　　　　　　　　　　　(Levin & Rappaport Hovav, 1995 : 220)
　　 b. ... out of the house *came* a tiny old lady and three or four enormous people ...　　(*ibid.*: 221)
　　 c. Above the bed *hang* two faded prints of men playing polo.
　　　　　　　　　　　　　　　　　　　　　　　　(*ibid.*: 221)
　　 d. Onto the ground had *fallen* a few leaves.　(Bresnan, 1994 : 78)

(45)の斜体部の動詞は典型的な非対格動詞とされているものである。

さらに，非対格動詞では主語がD構造（基底構造）で動詞の目的語の場所を占めているのと同様に，(46)のような受動文においても主語が動詞の目的語の位置を占めている。したがって，受動文においても場所句倒置が可能である。

(46) a. Among the guests of honor *was seated* my mother.　(*ibid*.)
　　 b. In this rainforest can *be found* the reclusive lyrebird.　(*ibid*.)
　　 c. On the table has *been placed* a tarte Tatin.　(*ibid*.)

このように，場所句倒置構文に現れるものの多くが非対格的（＝意味上の主語がD構造で目的語の位置を占めている）であることは確かであるが，非対格動詞であっても場所句倒置構文に現れることができないものがある。

(47) a. *On the top floor of the skyscraper *broke* many windows.
　　　　　　　　　　　　　(Levin & Rappaport Hovav, 1995 : 224)
　　 b. *On the streets of Chicago *melted* a lot of snow.　(*ibid*.)

状態変化を表す(47)のような動詞は非対格動詞であるが，場所句倒置構文に現れることができない。これとは逆に，非対格動詞とは考えられない行為動詞でも(48)のように場所句倒置構文を認可することがある。

(48) a. On the third floor *worked* two young women.　(*ibid*.)
　　 b. At one end, in crude bunks, *slept* Jed and Henry.　(*ibid*.)

また，何かを放出することを表す動詞（光放出，音放出，物質放出）は，Levin & Rappaport Hovavによると非対格的ではないが，場所句倒置構文を認可することがある。

(49) a. ... through the enormous round portal *gleaned* and *glistened* a beautiful valley shining under sunset gold reflected by surrounding cliffs.　(*ibid*.: 225)
　　 b. In the hall *ticked* the long-case clock that had been a wedding present from her parents.　(*ibid*.)
　　 c. Over a Bunsen burner *bubbled* a big, earthenware dish of stew.　(*ibid*.)

体の動きを表す次のような例も非対格動詞ではないにもかかわらず場所句倒置構文を認可できる。

(50) a. Black across the clouds *flapped* the cormorant, screaming as it plummeted downward and disappeared into the wood.

(ibid.: 226)

b. ... and in this lacy leafage *fluttered* a number of greybirds with black and white stripes and long tails. (*ibid.*)

このような例から，場所句倒置構文に生じる動詞が非対格動詞であるとする説は再検討を要するだろう。(どのような動詞が場所句倒置構文に生じるかについての Levin & Rappaport Hovav (1995) の説明に関しては【テーマ3】を参照。)

> further readings 　場所句倒置構文に生じる動詞が非対格であるとする説としては，Coopmans (1989) などがある。Emonds (1976) の「方向副詞倒置」(Directional Adverb Preposing) と似た振る舞いを示す「引用句倒置」(Quotative Inversion) については，Collins & Branigan (1997) がある。付加疑問と場所句倒置構文の関係については，Bowers (1976), Levine (1989) がある。

> 関連テーマ 　①Rochemont & Culicover (1990) では，動詞は INFL へ移動し，さらに IP へ付加されるとされている。
> 　(ⅰ) In front of her was sitting her mother.
> しかしそうすると，(ⅰ)の文で [was sitting] が I へ移動することになるが，もしそうなら(ⅱ)のような疑問文がなぜ存在しないのであろうか。
> 　(ⅱ) *[I Was sitting] her mother in front of her?
> この点については，Rochemont & Culicover (1990:98) は再構造規則を提案しているが，本人達自身も認めているように，この解法は一般性がなく問題である。1つの解法としては，VP と IP の間に別の機能範疇を設けることであろう。その例として，C. Collins (1997) の TrP (=transitivity phrase) や，Chomsky (1995) の vP, Bowers (1993) の PrP (=predication phrase) がある。このような機能範疇を組み込むとどのような説明ができるであろうか。
> ②Pollock (1989) や Chomsky (1991) などによれば，(ⅲ)に見られるNEG と be の相対的語順は，be を V から I へ移動させることによって説明される。

(ⅲ) a. I said that it was not added to the list.
　　b. *I said that it not was added to the list.

これに対し，叙想法（subjunctive）の文では NEG と be の語順が逆になる。

(ⅳ) a. *I propose that it be not added to the list.
　　b. I propose that it not be added to the list.

このことから，叙想法内では be 動詞であっても V から I への移動がないことがわかる。これを踏まえて(ⅴ)を見てみよう。

(ⅴ) I propose that to the standard definition of "well-formed labeled bracketing" be added (8): ...　　　　(Williams, 1978 : 32)

Rochemont & Culicover (1990) のように，前置される要素を（PP ではなく）VP と考え，V が I へ「逃げた」後，VP が前置されると考えるならば，(ⅴ)は派生できない。どのような方策があるだろうか（この問題に関する詳しい議論については Okuno (1995) を参照）。

【テーマ3】場所句倒置構文の意味論
【概説】

場所句倒置構文については多くの意味的・談話的説明がなされている。Bolinger (1977) などは，この構文は「提示的機能」（presentative function）を持つとし，そのことにより，この構文の持つ意味的・談話的制約を説明している。提示的機能を仮定することによって多くの事実が説明できる。

◆**場所句倒置構文は提示文である**── Bolinger (1977) *Meaning and Form.*

Bolinger (1977) は場所句倒置構文について詳細な意味的・談話的分析を行っている。場所句倒置構文は提示的機能（presentative function）を持つとされ，ある物を（文字通りに，もしくは，比喩的に）聞き手の眼前に提示する。後置された主語名詞句の指示物を「観客」（＝聞き手）の眼前の「舞台」に登場させる，と言うこともできよう。場所句倒置構文に関する制約の多くはこの提示的機能から帰結する。

まず次の文を見てみよう。

(51) In the first year of Kamehameha II's reign occurred an eruption of Mauna Loa, fortunately for the later condition of the soil which was depleted from overcropping. (Bolinger, 1977: 95)

ハワイ島の歴史について述べている時に(51)のように言うのは不自然である。その状況では，「マウナ・ロアの爆発が起こった」という出来事全体が聞き手にとっては新情報となるが，そのような状況で場所句倒置構文を使うには，まだ十分に「舞台」が整っていない。「舞台」を整えるためには，(52)のように，爆発や災害がすでに話題になっていなければならない。

(52) Mauna Loa erupted in 1856 but things remained more or less quiet until 1862; in that year occurred two eruptions of Kilauea, destroying several villages.　　　　　　　　　　(*ibid.*)

「1862年に何かが起こった」ということが「舞台設定」であり，その起こったものが舞台に登場すると考えることができる。

次の例も同様である。

(53) In Xanadu lived a prince of the blood.　　　(*ibid.*: 111)

この文で物語が始まることはない。なぜなら，必要な舞台設定である「ザナドゥーに誰かが住んでいる」という情報が不足しているからである。この情報を明示的に提示している(54)や，その情報が先行する談話から推測できる(55)は自然な英文となる。

(54) A: What lives in Xanadu?
　　　B: In Xanadu live all manner of crawly creatures.　(*ibid.*: 111)

(55) In Xanadu there lived a prince of the blood. Near him lived a beautiful prince whose name was Divinapreciosa.　(*ibid.*)

Levin & Rappaport Hovav (1995) は，場所句倒置構文に生じる動詞類を詳細に観察し，「情報的に軽い」(informationally light) 動詞のみが許されると結論づけている。情報的に軽い動詞の典型例が存在と出現の動詞であるが，それ以外でも，文脈上その動詞の情報量が少なければ場所句倒置構文に生じる。

(56) a. On the third floor worked two young women called Maryanne Thomson and Ava Brent, ...

　　　　　　　　　　(Levin & Rappaport Hovav, 1995: 224)

b. At one end, in crude bunks, slept Jed and Henry ...　　(*ibid.*)
　　　c. Inside swam fish from an iridescent spectrum of colors ...
(*ibid.*: 225)
場所句倒置構文は提示文であるから，その機能に合致した動詞は存在と出現の動詞であろう。Levin & Rappaport Hovav (1995) が挙げている(56)の例も，会社で「働いている」と言えば会社に「いる」ことであり，寝台で「寝ている」と言えば寝台に「いる」ということであり，中に魚が「泳いでいる」と言えば魚が中に「いる」ということに他ならない。
　Bresnan (1994) では次のような例が挙げられている。
(57) A: I'm looking for my friend Rose.
　　　B_1: # Among the guests of honor is sitting Rose.
　　　B_2: Rose is sitting among the guests of honor.
(Bresnan, 1994 : 85)
B_1 の反応が不自然なのは，直前に A が Rose を談話に登場させているのに，また同じ人間を談話に登場させているからである。それに加えて「舞台設定」も不十分である。来賓の存在は A と B の間ではまだ一度も話題になっていないし，それを推測できるような話をしているわけでもないからである。
　代名詞に関する制限も同様の説明ができる。
(58) *Rose? Among the guests of honor was sitting her/she.
(*ibid.*: 86)
前方照応代名詞はその性格上，談話にすでに登場し，少なくともその談話場面では話し手/聞き手の意識に上っている物を指すので，それを場所句倒置構文で（再）登場させるのは不自然である。
　次の文も同様の説明ができる。
(59) *On the wall never hung a picture of U.S. Grant.　　(*ibid.*: 88)
場所句倒置構文で文否定が不自然なのは，この構文が動詞の後の名詞句を談話に登場させる機能を持つにもかかわらず，文否定はそのようなものが存在しないと主張していることになり，矛盾をきたすためであると考えられる。
　このように，場所句倒置構文は，文頭に比較的古い情報を置くことによって舞台設定とし，その舞台に新しい情報を登場させる提示機能を持つと

言える。

| further readings | 場所句倒置構文を含む倒置構文一般についての意味的な分析は，Birner (1992, 1994), Dorgeloh (1997) などを参照。

| 関連テーマ | 次の文を考えてみよう。

(ⅰ) McPherson proffered the cigar and a fat hand reached forward and accepted it. The round face was expanded in a grin of anticipated pleasure, and into the wide mouth went half *the cigar*, to be masticated by strong but tobacco-stained teeth.

(Birner, 1992 : 104-105)

(ⅰ)では，場所句倒置構文の the cigar は先行する談話ですでに登場しているにもかかわらず談話に再登場している。なぜこのようなことが許されるのであろうか。

8. 否定倒置 (negative inversion)

> (1) a. Not till then did he perceive his mistake.
>   b. Never have I seen such a beautiful picture.
>
> (1)のような文について Jespersen (1909-1949) は，否定を表す副詞句の部分が話し手の意識の中でもっとも上位を占め，したがって一番最初に発話され，それに伴って語順が倒置されると考えている。学校文法でもこれらの文を強調構文の一種としている。
>
> ここで言う「否定」とはどのような否定なのであろうか【テーマ1】。
>
> また，倒置された後の文の構造はどのようになっているのであろうか【テーマ2】。

【テーマ1】否定倒置構文の意味論
【概説】
一口に「否定文」と言うが，何が否定されているのかを考えることが必要である。文全体の真理値が否定されているものを「文否定」，文より小さい構成素が否定されているものを「構成素否定」や「部分否定」と言う。否定倒置文を考える上では，この2種類の否定文を区別することが重要である。

◆否定倒置を許すのは文否定である──Klima (1964) "Negation in English," Culicover (1981) *Negative Curiosities.*

Klima (1964) は，次のような例を挙げ，否定と倒置の関係について論じている。

(2) a. Never have I seen so much rain.　　　　　　(Klima, 1964 : 300)
　　b. Nowhere do we see such things.　　　　　　　(*ibid.*)
　　c. Not in any other countries do you see such things.　(*ibid.*)
　　d. In no other countries do you see such things.　　(*ibid.*)

8. 否定倒置

  e. Not even there did it rain.   (*ibid.*)

Klima は，否定文で倒置が起きるのは文否定（sentence negation）の時だけであり，(3)のように倒置が起きていないものは文否定ではなく構成素否定（constituent negation）であるとしている。

(3) a. Not long ago it rained.   (*ibid.*)

  b. Not far away it was raining very hard.   (*ibid.*)

  c. Not infrequently it rains very hard here.   (*ibid.*)

  d. No more than three years ago, John was also doing it. (*ibid.*)

全く同一の前置詞句でも倒置が起きれば文否定であり，起きなければ構成素否定である。

(4) a. In not many years will Christmas fall on Sunday. (*ibid.*: 307)

  （クリスマスが日曜日に重なることは当分ない。）

  b. In not many years Christmas will fall on Sunday. (*ibid.*)

  （もうすぐクリスマスが日曜日に重なる。）

倒置が起きている(2)や(4a)が文否定であり，倒置が起きていない(3)や(4b)が文否定ではないことを示す統語的証拠として，否定の作用域で生じる any のような否定極性要素（negative polarity item: NPI）（第15章「否定文」参照）を使った次のような文を考えてみよう。

(5) a. Not even then was there *any* rain falling. (*ibid.*: 306)

  b. At no time will there be *any* rain even there. (*ibid.*)

(6) a. *Not long ago there was *any* rain falling. (*ibid.*)

  b. *In no time there will be *any* rain *anywhere* else. (*ibid.*)

(5)では倒置が起こっているため文否定であり，NPI の any が否定の作用域内にあるので文法的である。それに対し(6)は構成素否定であり，any が否定の作用域内にないので非文法的となる。

  Culicover (1981) は，付加疑問文を使って同様の観察をしている。一般に，付加疑問文の付加部は主節の極性と反対の極性を持つ。この一般性と(7)から，否定倒置文が文否定であることがわかる。

(7) a. With no job would John be happy, {would he/*wouldn't he}?

          (Culicover, 1981: 15)

  b. In not many years will Christmas fall on a Tuesday, {will it/

   *won't it}?   (*ibid.*: 16)

一方，倒置を伴わない否定文（構成素否定）では，付加部が否定形になる。

(8) a. With no job, John would be happy, {*would he/wouldn't he}?
　　　　　　　　　　　　　　　　　　　　　　　　　　　　(*ibid.*: 15)

　　b. In not many years, Christmas will fall on a Tuesday, {*will it/won't it}?　　　　　　　　　　　　　　　　　　　　(*ibid.*: 16)

次に挿入句としての I don't think は，文否定としか共起しないが(9)，(10)のように倒置の起こっている文に後続することができる。したがって，倒置が起こっている文は文否定とみなすことができる。

(9) a. John isn't here, I don't think.　　　　　　　　　(*ibid.*: 21)
　　　（ジョンはここにいないと思う。）

　　b. *John is here, I don't think.　　　　　　　　　　(*ibid.*: 16)

(10) In not many years will Christmas fall on a Tuesday, I don't think.　　　　　　　　　　　　　　　　　　　　　　　(*ibid.*: 22)

【テーマ2】否定倒置構文の統語構造
【概説】

否定倒置構文の統語構造を最初に詳しく論じたのは Liberman (1975) である。Liberman は，【テーマ1】で見た，文否定のみが否定倒置を許すという関係を統語構造から説明しようとした。Rochemont (1978) は，前置される要素が補部の場合と副詞的語句の場合に分け，Liberman の考えをさらに精密にした。Culicover (1991b) は否定倒置の現象を，より包括的な文構造の枠組みの中で分析している。

◆ S 節点削除による説明── Liberman (1975) "On Conditioning the Rule of Subj.-Aux Inversion."

否定倒置文はなぜ文否定の解釈を持つのだろうか。この問題に最初に明確な解答を与えたのは Liberman (1975) である。その解答は次のような仮定に依拠している。

(11) 否定辞は，それを直接支配する「文」（としての解釈を受ける要素）をその作用域とする。

(12) 主語・助動詞倒置（Subject AUX Inversion：SAI）がかかるとS節点が削除される。

(13) PP が「文」としての解釈を受けるのは，その PP が S の外にあって副詞的な機能を持つ時である。

仮定(11)は次のような例から裏付けられる。(14)では not の作用域は補文であり，これは(11)に合致している。

(14) a. That John is not happy is obvious to many of his friends.
(Liberman, 1975：82)
　　 b. For John not to win the race would surprise many oddsmakers. (*ibid*.：85)

次に(15)を考えてみよう。(15)の PP は S の外にある副詞的要素である。

(15) a. With no job, [$_s$John would be happy]. (*ibid*.：77)
　　 b. [$_s$John would be dull], with no job. (*ibid*.：85)

仮定(13)により，PP は文としての解釈を受け，したがって仮定(11)により否定辞 no は文としての解釈を受けた PP をその作用域に取ることになる。

さて，問題の否定倒置文はどのような解釈を受けるであろうか。(16)の文の構造は次のようになっている。

(16) With no job would John be happy.

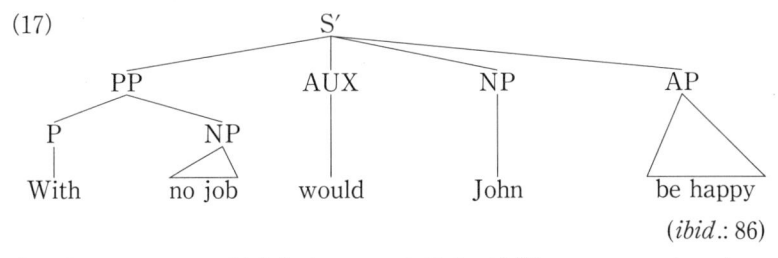

(17)
```
            S′
    ┌───┬────┬────┬────┐
    PP   AUX   NP    AP
   ┌─┴─┐
   P   NP
  With no job would John be happy
```
(*ibid*.：86)

(17)で注目すべきは，仮定(12)により S 節点が削除されているということである。S がない PP は副詞的付加詞とは解釈できず，(15a)の例とは異なり，文としての解釈を受けることができないとされる。ところが no は仮定(11)によりその作用域として文を取るので，no の作用域は，もう1つの文的な要素である S′ となる。したがって，(16)の文における否定の作用域は文全体に及び，(16)は文否定ということになる。

◆前置される要素を 2 つに分けて説明──Rochemont (1978) *A Theory of Stylistic Rules in English.*

Rochemont (1978) は，S 節点削除に基づく Liberman の提案に対する修正案を出している。Liberman にとって困るのは(18)のような文である。

(18) With no job, would John be happy?　　(Rochemont, 1978 : 64)

Liberman の分析によれば，主語・助動詞倒置（Subject AUX Inversion : SAI）は S 節点を削除するので，仮定(13)により(18)の PP は副詞的付加詞とはなれず，したがって否定の作用域は文全体に及ぶという予測をすることになるが，これは正しくない。なぜなら，(18)は「仕事がなくてジョンは幸せだろうか」という意味で，構成素否定であるからである。

Rochemont は，まず，PP が補部（complement）の場合と副詞的付加詞（adjunct）の場合を分けて考える。PP が補部の場合，PP は S の中にあり，その構造は(19)のようになる。

(19) [s'[s John would be happy [PP with no job]]]

(19)に規則が何も適用しなければ(20)が派生される。

(20) John would be happy with no job.

否定倒置文(21)は，Rochemont によると，(20)に話題化（Topicalization）が適用した結果派生される。

(21) With no job would John be happy.

その証拠として次のような点が挙げられる。話題化は，話題の対象となる要素を補文内から文頭へ移動することができるが(22)，(23)のような時制文からの抜き出しは難しい。

(22) This book, I asked Bill to persuade his students to read.

　　　　　　　　　　　　　　　　　　　　(Rochemont, 1978 : 70)

(23) *This book, I asked Bill to persuade his students that they should read.　　　　　　　　　　　　　　　　(*ibid.*)

否定倒置構文も，このような話題化と同じ振る舞いを示す。

(24) a. Few hotels was John able to convince Bill to stop at.

　　　　　　　　　　　　　　　　　　　　　　　　(*ibid.*: 71)

　　　b. *Few hotels was John able to convince Bill that he should stop at.　　　　　　　　　　　　　　　　　　(*ibid.*)

(25) a. Not many women will John promise Mary not to date. (*ibid.*)
   b. *Not many women will John promise Mary that he won't date.
(*ibid.*)

話題化をSへの付加操作（adjunction）と考えれば，(21)の構造は(26)のようになる。

(26) [S'[S[PPWith no job] [Swould John be happy]]]

(26)でPPは純粋な意味では「Sの外」ではないので，PP自体が文に相当する解釈を受けることはない。したがって，(26)は文否定と解釈される。

一方PPが副詞的付加詞の場合には，PPはSの外にあり，文(clause)に相当する解釈を受ける（Libermanの仮定(13)を参照）。

(27) [S'[SJohn would be happy] [PPwith no job]]

(27)に規則が何も適用しないと(28)が派生される。

(28) John would be happy, with no job.
  （何にも仕事がなければ（ないので/なくて）ジョンは幸せだろう。）

(29)のような文は，(28)に文付加詞前置（Sentential Adjunct Preposing, SAP）が適用することによって派生させる。

(29) With no job, John would be happy.

(29)の構造は(30)のようになる。

(30) [S'[COMP[PPWith no job]] [SJohn would be happy]]

Libermanの理論で問題になった(18)は(31)のように説明される。

(31) [S'[COMP[PPWith no job]] [Swould John be happy]]

(31)では，PPはSの外にある副詞的要素であるから文に相当する解釈を受け，[would ... happy]というS自体は(32)と同様，yes-no疑問文としての解釈を受ける。

(32) [SWould John be happy]?

◆**移動理論の枠組みによる説明**── Culicover (1991b) "Topicalization, Inversion, and Complementizers in English."

Culicover (1991b) は，英語にはC (complementizer) の他にもう1つそれに類する機能範疇 Pol (Polarity) があると主張している。英語の統語構造は(33)のようになる。(33a)は主節の構造，(33b)は従属節の構

造である。(主節にはC(P)がないことに注意。)

(33) a.
```
      PolP
     /    \
   Spec   Pol'
         /    \
        Pol    IP
```
b.
```
      CP
     /  \
   Spec  C'
        /  \
       C   PolP
          /    \
        Spec   Pol'
              /    \
             Pol    IP
```

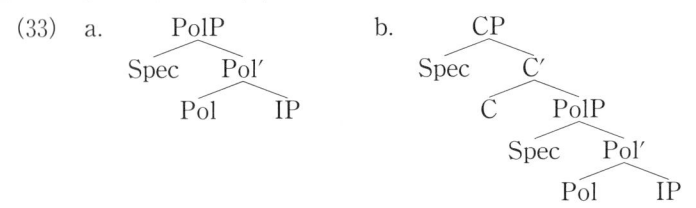

否定倒置構文の構造もこの一般形で説明される。例えば、(34)のような否定倒置構文の派生は、概略(35)のようになる。

(34) Not till then did he perceive his mistake. (=(1a))

(35) a.
```
         PolP
        /    \
      Spec   Pol'
            /    \
          Pol     IP
         [Neg]   /  \
                NP   I'
                    /  \
                   I    VP
               He did  ... [not till then]
```
b.
```
            PolP
           /    \
  [not till then]ᵢ  Pol'
                  /    \
                Pol     IP
               [Neg]   /  \
                      NP   I'
                          /  \
                         I    VP
                      he did  ... tᵢ
```
c.
```
              PolP
             /    \
   [not till then]ᵢ  Pol'
                   /    \
                Pol+Iⱼ   IP
                        /  \
                       NP   I'
                           /  \
                          I    VP
                    did  he   tⱼ  ... tᵢ
```

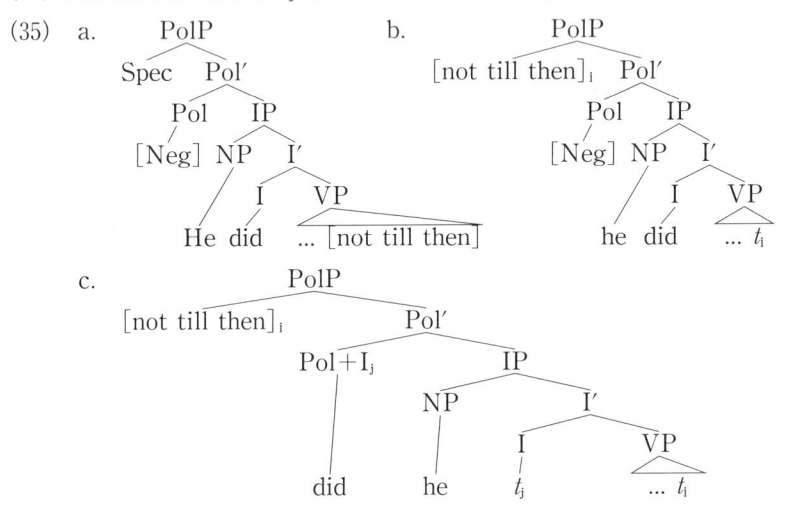

(35a)で否定句 not till then が Pol の Spec へ移動し、Pol の中の[Neg]と指定部・主要部の一致関係が成立し、(35b)となる。また、[Neg]は接辞(clitic)と仮定されており、何らかの head と合体しなければならない。このために、I が上昇し、Pol に付加する。((35b)→(35c))。そのために、否定辞の前置が起これば必ず主語・助動詞倒置(SAI)も起こる。

(36)のような that 節は(33b)の構造をしている。(33b)の構造では C の下に PolP が埋め込まれている。そのために、補文標識 that の下に否定句が生じるのである。

(36) a. Lee said that at no time would she agree to visit Robin.
 b. It is apparent that only on Fridays will the traffic be too heavy.
 c. The fact that on not a single hat was there a propeller indi-

cates how far the beanie has fallen in modern times.

(Culicover, 1991 : 4)

(37)のような文にも自然な説明を与えることができる。(37)の派生は概略(38)である。

(37) This is the man who only once did I talk to. (*ibid.*: 13)

(38) a. ... [$_{CP}$Spec C [$_{PolP}$Spec [$_{Pol}$Neg] [$_{IP}$I did talk to who only once]]]

b. ... [$_{CP}$Spec C [$_{PolP}$only once [$_{Pol}$Neg+did] [$_{IP}$I talked to who]]]

c. ... [$_{CP}$who C [$_{PolP}$only once [$_{Pol}$did] [$_{IP}$I talked to]]]

(38a)に否定辞の前置とSAIが適用し(38b)となる。これにwh移動が適用されることになるわけであるが、PolPは(Cによって選択されているために)障壁(barrier)とはならず、したがってwhoがCPのSpecへ移動できる。これを話題化(Topicalization)と比較してみよう。

(39) *This is the book which, to Robin, I gave. (Culicover, 1991 : 32)

(焦点(focus)ではなく話題(topic)を表す)話題化構文の場合は、(39)に見られるようにwh移動を阻止する。これは、話題化構文が(40)のような付加構造をしており、IP$_2$が(何によっても選択されていないため)障壁になり、これがwh移動を阻止するからである(Culicover (1991)の枠組みでは1つの障壁でも移動が阻止される)。

(40) ... [$_{CP}$Spec C [$_{IP1}$to Robin [$_{IP2}$I gave which]]]

最後に(41)を見てみよう。

(41) These are the people, none of whom had I seen. (*ibid.*: 13)

(41)の派生は概略(42)のようになる。

(42) a. ... [$_{CP}$Spec C [$_{PolP}$Spec [$_{Pol}$Neg] [$_{IP}$I had seen none of whom]]]

b. ... [$_{CP}$Spec C [$_{PolP}$ [none of whom]$_j$ [$_{Pol}$had$_i$] [$_{IP}$I t_i seen t_j]]]

c. ... [$_{CP}$[none of who]$_j$ C [$_{PolP}$ t_j' [$_{Pol}$had$_i$] [I t_i seen t_j]]]

none of whomは、まず、PolのSpecに入り、そこでPolと指定部・主要部の一致関係を成立させ、それからその上のCのSpecに入る。

| further readings | 否定倒置構文を含む否定一般についてはProgovac

(1988，1994)，否定の島（negative island），SAI などを含む否定文生成のメカニズムについては Kuno & Takami（1993a）を参照。前置される否定句の統語的位置と話題（topic）の統語的位置は同一ではないという証拠が Lyle & Gamon（1997:271-285）にある。

関連テーマ　否定倒置構文で見られる主語・助動詞倒置（SAI）自体は他の多くの構文でも見られる。

(ⅰ) *Did you* go there?

(ⅱ) *So am* I.

(ⅲ) So monotonously *did he* speak that everyone left.

(Quirk *et al*., 1972:428)

(ⅳ) *Had I* known more, I would have refused the job.　(*ibid.*:730)

(ⅴ) But because with most idioms my judgments of acceptability for determining the normal requirements fluctuate, as *do they* in cases concerning the data crucial here, ...　(Green, 1974:184)

(ⅵ) ... these phrases are interpreted into the sentence's interpretation by different correspondence rules than *are strictly categorized arguments*.　(Jackendoff, 1990b:158)

このような例を統一的に扱うにはどうすればいいだろうか（Culicover（1991b）などを参照）。

9. 主語・補語倒置 (preposing around BE)

　Emonds (1976) は，①比較級置き換え (Comparative Substitution)，②分詞前置 (Participle Preposing)，③前置詞句置き換え (PP Substitution) をまとめて，主語・補語倒置 (Preposing around BE) と呼ぶ。これらの構文を作り出す規則は，主に主文においてのみ適用する「根変形」とみなされている。
　(1) More important has been the establishment of legal services.
　　　　　　　　　　　　　　　　　　　　　(Emonds, 1976 : 35)
　(2) Speaking at today's lunch will be our local congressman.
　　　　　　　　　　　　　　　　　　　　　(*ibid*.: 36)
　(3) In each hallway is a large poster of Lincoln.　　(*ibid*.: 37)
(1)の比較級置き換えでは，more, as, most, less や equally などの比較を表す語を伴った述語形容詞句と主語が入れ替わっている。(2)の分詞前置構文では，現在分詞や過去分詞を含む述語が主語と入れ替わっている。(3)の前置詞句置き換え構文では，場所を表す前置詞句と主語が入れ替わっている。
　これらの構文では主語と述語が入れ替わっているように見えるが，本当にそうであろうか。【テーマ1】
　またこのような倒置文と，倒置されていない文は意味的にどのような違いがあるのだろうか。【テーマ2】

【テーマ1】主語・補語倒置構文の構造
【概説】
　主語・補語倒置構文の構造だけを詳しく議論している研究は少なく，場所句倒置構文 (Locative Inversion) と平行した議論が行われることが多い。場所句倒置構文において，倒置されたように見える主語は実は倒置されていないという証拠があるが，主語・補語倒置構文においてもそれと同様の議論が成り立つ。したがって，英語の倒置構文一般の枠組みの中で主

語・補語倒置構文の問題を考えることが重要である。

◆ **後置されたように見える主語は，実は倒置されていない**── Rochemont & Culicover (1990) *English Focus Constructions and the Theory of Grammar*.

Rochemont & Culicover（以下 R & C）(1990) は，(5)の主語・補語倒置構文が，(4)から主語が倒置されて派生されるのではなく，助動詞（INFL）の位置にある was が主語の前へ前置され，さらに動詞句（was sitting in front of her）がその前へ前置されて派生されると主張している。

(4) Her mother was sitting in front of her.
(5) Sitting in front of her was her mother.

この主張を裏付ける証拠として，まず提示的 there (presentational *there*) 構文を見てみよう。

(6) a. There was standing at the edge of the park *rusting* [a large old iron statue]. (R & C, 1990 : 80)
   b. *There was standing at the edge of the park [a large old iron statue] *rusting*. (*ibid.*)

提示的 there 構文(6)では，主語 NP (a large old iron statue) が斜体部の述語 (rusting) に後続しなければならない。これは，R & C によれば，提示的 there 構文では主語が後置され IP に付加されるからである。しかし，分詞前置構文では，述語と主語の語順が逆である。

(7) a. *Standing at the edge of the park was *rusting* [a large old iron statue]. (*ibid.*)
   b. Standing at the edge of the park was [a large old iron statue] *rusting*. (*ibid.*)

この事実は，主語の後置ではなく，助動詞（INFL）と VP の前置を考えれば説明がつく（(7b)は第7章「場所句倒置」の【テーマ1】の例文(42b)と平行的である点にも注意）。このことから，R & C は(5)の構造を概略(8)のようなものと考えている。

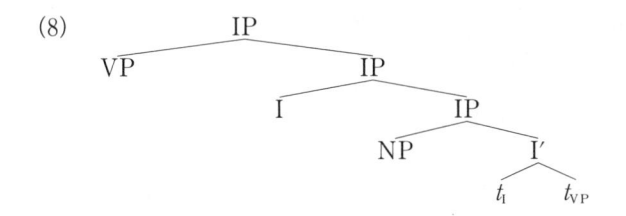

(8)
```
            IP
       ╱    ╲
     VP      IP
          ╱  ╲
         I    IP
            ╱  ╲
           NP   I'
           t_i  t_VP
```

◆**主語・補語倒置構文は「凍結」している**——Rochemont (1978) *A Theory of Stylistic Rules in English*, Rochemont & Culicover (1990) *English Focus Constructions and the Theory of Grammar*.
主語・補語倒置構文では，be の後ろの主語を wh 移動することができない。文全体が「凍結」しているのである (Rochemont (1978))。

(9) a. *Who sitting at the table was t? (Rochemont, 1978 : 41)
　　b. *Who discovered at the scene of the crime was t?　　(*ibid.*)

R & C (1990) は，(9) の凍結に関するこの事実を Move α に対する下接の条件 (Subjacency condition) で説明している。(9a) は，wh 移動と助動詞前置が起こる前は，(10) の構造を持つ。

(10) [$_{IP1}$ sitting at the table [$_{IP2}$ who was]]

who が CP の Spec へ移動することは下接の条件に違反する。なぜなら，IP$_2$ は障壁 (barrier) であり，それを直接支配する最大範疇 IP$_1$ の外へ who を移動させることはできないからである (R & C では，ある項目が 1 つの障壁を越え，続けてさらにもう 1 つの最大範疇を越えると下接の条件に違反するとされている。詳しい議論については，第 7 章「場所句倒置」を参照)。

> **further readings**　最小主義的アプローチにおける議論については，C. Collins (1997) などを参照。

> **関連テーマ**　次のような文の派生はどのように考えたらよいだろうか。

(ⅰ) Adjoining this room is the Chapel. (Sundby, 1970 : 38)
adjoin は (ⅱ) に見るように進行相を許さない点に注意せよ。

(ⅱ) *This Chapel is adjoining this room.

【テーマ２】主語・補語倒置構文の意味論
【概説】

　主語・補語倒置構文は，文末の主語を談話に登場させる機能を持つ提示文（presentational sentence）であることが知られている。主語・補語倒置構文が提示文であることは，(11a)を(11b)と言い換えてもそれほど意味内容が変わらないことからもうかがわれる（Rochemont (1978 : 30) の観察）。

　(11) a. At the foot of the stairs was his mother.
　　　 b. It was his mother that was at the foot of the stairs.

また，前方照応の代名詞が主語・補語倒置構文では許されないという事実も，主語・補語倒置構文が提示文であることの証拠になろう。

　(12) a. *At the foot of the stairs was {she/her}.
　　　　　　　　　　　　　　　　　　　　　(Rochemont, 1978 : 30)
　　　 b. *Standing in the doorway was {he/him}.　　(*ibid.*)
　　　 c. *Less fortunate was {she/her}.　　(*ibid.*)

前方照応の代名詞の指示物は先行する談話にすでに現れており，話者/聴者の意識の中にあるので，それを主語・補語倒置構文で再提示するのは不自然である。しかし，(12)の代名詞を直示的（deictic）に解釈すれば可能である。

◆主語・補語倒置構文は提示文である —— Bolinger (1977) *Meaning and Form*.

　Bolinger (1977) によると，主語・補語倒置構文は提示文であり，文末の主語の指示物を聞き手の眼前に提示する機能を持つ。「観客」の目前の「舞台」に主語を登場させると言うこともできる。したがって，次のような文は，probably が「テーブルの上に多分本があった」という話し手の推測を示しており，本の提示を表さないため不自然である。

　(13) *On the table was probably a book.　　(Bolinger, 1977 : 96)

分詞前置の例を見てみよう。

　(14) a. Waving gaily was a bright flag.　　(*ibid.*: 97)
　　　 b. ?Burning merrily was an enormous flag.　　(*ibid.*)
　(15) a. Blowing fatefully was a wind so strong that nothing could

withstand it. (*ibid.*)

  b. ?Subsiding gradually was a wind that had caused untold damage. (*ibid.*)

(14a)(15a)が自然であるのは，ある物（旗，風）の通常の状態（旗ならばたなびく，風ならば吹く）を言うことによってその物の存在が含意され（すなわち，「舞台」が設定され），そのように設定された「舞台」に旗や風が登場するという自然な談話構成になっているからである．それに対し，例えば(14b)では，「燃えている」と言っても必ずしも旗の存在は含意されず，「舞台」の設定が不十分であり，したがって容認されにくい．

 次に(16)を考えてみよう．

(16) {Marked/?Tempted} by Satan were many of the aspirants to heaven. (*ibid.*: 107)

(17) {Opposed/?Fought} by all the other parties were the Social Democrats. (*ibid.*)

(18) Forced to {kneel/?yield} were all of the palace guards. (*ibid.*)

marked, opposed, kneel には「舞台設定」に必要な「場所」の観念が入っていると Bolinger は言う．marked の場合は，マークされることによってそこにいることがわかり（見える），oppose と kneel では，「対立した状態にある」「ひざまづいた状態にある」であり，どちらも一種の場所的観念を持つとされる．それに対して，(16)～(18)の tempted, fought, yield の場合はそのような「場所」の観念が引き出されないために容認されにくい．

 次に，先行する文脈の重要性について考えてみよう．例えば，これから脳に関して講演をしようとする人が，いきなり次のように言うことはない．

(19) In the left hemisphere of the brain are centers that control the production of speech. (*ibid.*: 111)

理由は，「舞台設定」の不足である．講演の最初の言葉という文脈においては，「発話を制御する中枢の存在」ということが聞き手にとっては全くの新情報である．(19)のような文を使うためには，「左脳に関して何かが存在する」というような情報が舞台設定上必要で，そのような舞台設定が整った上で「発話制御の中枢」というものがその舞台に登場する，という

構図でなければならない。したがって，脳の側性の問題がすでに話題になっている時（例えば，右脳の機能が話題として出されている時）には(19)は容認可能である。

> further readings　アメリカ英語のテクストに基づく語用論的分析については，Birner & Ward (1992), Ward & Birner (1992), Birner (1994) などがある。認知言語学的観点からの分析は，Langacker (1993), Drubig (1988) などがある。

10. 命令文 (imperative)

　命令文（imperatives）には，通常の文には見られないような数々の特徴がある。命令文は一般に(1)に見るような形式をしており，原則として主語が現れない。
　(1) Clean this room in 10 minutes.
現れるとしても you に限定されていることが多い。主語が現れていない場合，単純に主語が存在しないと考えてよいのだろうか。また，主語が出現する場合は文法上どのような資格を持つのだろうか。【テーマ1】
　否定命令文（negative imperatives）では，(2)のように動詞が be の場合でも助動詞の do を伴う。
　(2) Don't be late for school.
平叙文（declaratives）では不可能であるこのような形がなぜ生じるのであろうか。【テーマ2】
　命令文に用いることのできる述部（predicate）には制限があり，need, tall などの述部は命令文に生じない。どのような制約が働いているのだろうか。【テーマ3】

【テーマ1】命令文の主語の資格
【概説】
　命令文に主語が現れていない場合について，Curme (1935 : 229) は単に主語の you は表さないものとし，Bolinger (1977 : 8) は，主語のない命令文では主語が削除されているとは感じられないと述べている。主語が現れる場合については，Zandvoort (1957 : 209) が主語は付け加えたものに感じられると述べている。このように伝統文法では，命令文では主語が現れないのが自然であるという観察を述べるに留まっている。
　生成文法では，観察可能な表層構造（surface structure）の背後に深層構造（deep structure）が存在するものと考えており，Lees (1964 : 33)

は，命令文ではその深層構造において主語 you が存在し，省略（ellipsis）の操作により you が削除されるものと考える。Thorne (1966:71) は，命令文の主語が現れている場合は呼びかけの形，すなわち呼格（vocative）であると論じている。Davies (1986:138-144) は，命令文の主語は呼格ではないと分析する。伝統文法でも Quirk *et al.* (1985:829) は呼格ではない主語が現れうるとしている。

◆**主語として you が隠れている**——Lees (1964) "On Passives and Imperatives in English."

表面上は you が現れていない命令文でも，深層構造では主語 you が存在するというのが Lees (1964:33) の考え方である。根拠として挙げられているのは，束縛 (binding) に関する(3)(4)のような事実である (Lees (1964:33))。

(3)（平叙文）You watched me/*myself/*you/yourself/him/*himself.
(4)（命令文）Watch me/*myself/*you/yourself/him/*himself!

目的語として再帰代名詞が現れている場合，その人称・数・性は主語のそれらと一致するのが決まりだが（(3)参照），命令文の目的語の位置に再帰代名詞として yourself (/yourselves) のみが許されるという事実(4)は，主語として you が存在すると仮定すれば，この一致の原則に基づいて説明することができる。

Katz & Postal (1964:75) も(5)のような付加疑問 (tag question) の例から，深層構造における主語 you の存在を主張している。深層構造に you が存在すると仮定すれば，tag の部分に you が生じることが容易に説明できる。

(5) Go home, will you?　　　　　　(Katz & Postal, 1964:75)

◆**命令文の主語は呼格である**——Thorne (1966) "English Imperative Sentences."

命令文の文頭には you 以外の名詞句も現れることがある（(6)(7)参照）。

(6) Boys, stop.　　　　　　(Thorne, 1966:72)
(7) You boys stop.　　　　　　(*ibid.*)

したがって，深層構造において命令文の主語が存在するとしても，you に限定することはできない。そこで Thorne (1966 : 71) は，命令文の主語は呼びかけの形である呼格（vocative）であると考える。(8)(9)では(6)(7)と同じ名詞句が文尾に生じており，確かにこれらの名詞句は純粋な主語ではなくて呼びかけの形であるように見える。

   (8) Sit down, boys. (*ibid*.: 70)

   (9) Sit down, you boys. (*ibid*.)

さらに，呼びかけに使用できない名詞句を主語とした命令文は非文である（(10)(11)参照）。

   (10) *He stop it. (*ibid*.: 73)

   (11) *A man come here. (*ibid*.: 75)

Thorne (1966 : 76) は，[+vocative] という素性（feature）を持つ名詞句のみが命令文の主語（呼格）として生じることができ，you は常にこの素性を持つと仮定する。(6)の boys も，深層構造では(7)と同様に you boys であって，[+vocative] を持つ you を含むため，命令文の主語に許されるものと考える。このように考えれば，(10)(11)が非文であるのは，you he や you a man のような形が許されず，he や a man 単独では [+vocative] を含んでいないからであると説明できる。

このように，boys が深層構造では you boys であると分析すると，(12)(13)の差も説明できる。Thorne (1966 : 73) によれば，付加疑問を得るための変形（transformation）は文頭の主語から you を削除する前に適用されるので，付加部分の主語には you が含まれる形しか許されないことになる。

   (12) *Stop it will boys? (*ibid*.: 73)

   (13) Stop it will you boys? (*ibid*.)

◆**命令文の主語は呼格とは別物である**——Davies (1986) *The English Imperative*.

Davies (1986) は，命令文の主語は呼格でないと主張する。その証拠としてまず，命令文の主語には直接呼びかけられていない者も含みうるという事実がある。例えば(14)の William は必ずしもその場に居合わせていて直接呼びかけられているような者でなくてもよい。

(14) You and William do the cooking and I'll provide the wine.

(Davies, 1986 : 140)

また主語が呼びかけであるならば，(8)(9)のように常に文尾に現れることができるはずだが，(15)のように名詞句が文頭にしか現れない場合もある。

(15) Nobody make a noise./*Make a noise, nobody.　　　(*ibid*.: 139)

さらに(16)のように，カンマが付いて文頭の3人称名詞句（John）が明らかに呼びかけである場合には，文内の3人称代名詞（his）がこれと同一人物を指すことができないのに対し，(17)のように文頭の名詞句がカンマの付かない主語である場合には同一人物を指すことができる。

(16) *John$_i$, don't forget his$_i$ room number.　　(*ibid*.: 138, 指標は筆者)
(17) Someone$_i$ lend me his$_i$ coat.　　(*ibid*., 指標は筆者)

加えて(18)(19)のような差がある。

(18) Rob, take the box, will you?　　　　　　　　(*ibid*.: 143)
(19) *Rob take the box, will you?　　　　　　　　(*ibid*.: 142)

(18)のRobはカンマが付くので呼格である。これに対し非文の(19)ではRobがカンマの付かない主語であり，このRobは呼格とは別の資格を持っているものと考えられる。Davies (1986:142) によれば，文頭の名詞句がRobのような固有名詞である場合，それが呼格であれば命令を呼びかけられた唯一の者である解釈が好まれ，それが主語であれば命令を呼びかけられた者の一部であることが好まれる。(18)(19)ではRobが命令を呼びかけられた唯一の者と考えられるので，(18)が可能であるのに対し，(19)は許容されにくいということになる。(20)のように文頭の名詞句（Rob）が命令を呼びかけられた者（RobとDave）の一部である場合には命令文が成立する。

(20) Rob take the box and Dave bring the suitcase.　　(*ibid*.: 142)

以上のように，命令文の主語は呼格ではないというのがDavies (1986) の主張である。ちなみに，Schmerling (1975b:503) も呼格とyouとが同時に現れる(21)(22)のような例を挙げ，命令文には呼格と別に主語が存在することを示している。いずれも呼格と主語とが共起しており，主語は呼格の名詞句とは別のものであると考えられる。

(21) John, you hold the room open.　　(Schmerling, 1975b : 503)

(22) You, you hold the room open. (*ibid.*)

|further readings| 命令文の主語と呼格の類似性に着目する論文には，Thorne (1966) の他に Stockwell, Schachter & Partee (1973) などがある。主語を呼格とする分析に対する反論には，Davies (1986) の他に Schmerling (1975b) などがある。また，命令文の主語が現れている場合の機能について扱ったものには，P. Downing (1969)，Huddleston (1971)，Ukaji (1978) などがある。

|関連テーマ| 命令文の主語 you は現れるときもあれば現れないときもある。この場合，どのような意味の差を生むであろうか (Davies (1986) 参照)。

命令文の主語の格はもし呼格でないのだとしたら何格であろうか。通常の主語と同様に主格であろうか，それとも他の格（例えば目的格）であろうか (Zhang (1990) 参照)。またなぜそのようになるのであろうか。

命令文に主語が現れる場合，その主語の強勢 (stress) はどうなるであろうか (Davies (1986) 参照)。

【テーマ2】否定命令の don't be の構造
【概説】

否定命令文に be が用いられるとき，必ず助動詞の do が出現する ((23) (24) 参照)。これは平叙文では見られないことである ((25) (26) 参照)。

(23) Don't/Do not be careless. (Zhang, 1990 : 50)

(24) *Be not careless. (*ibid.*)

(25) *I don't/do not be careless.

(26) I am not careless.

Jespersen (1940 : 511) は，過去の時代の英語では be not が用いられたのに対し，現代英語では don't が用いられると述べている。Zandvoort (1957 : 208) なども don't be が用いられるという事実を述べるのみである。Quirk *et al.* (1985 : 134) では，命令文における don't be は be に対して do が用いられる希な例であるとし，また don't は文頭に置かれて命令文の標示 (marker) の役割を果たしているとしている (*ibid.*: 833)。い

いずれも don't be という形式が用いられる理由についての言及はない。

　生成文法では、Lees (1964 : 34) が、命令文でも AUX 節点（AUX node）（その後の理論で言う I(nfl) node）が存在し、ここに平叙文では TENSE（時制要素）があるが、命令文ではかわりに抽象的要素 IMP があると考えている。Stockwell, Schachter & Partee (1973 : 660) の分析では、命令文では IMP の右隣に not が置かれ、動詞が be のときでも do 挿入規則によって IMP へ do が挿入されて don't be が生じることになる。だがいずれの研究もなぜ don't be の形でなければならないのか明示していない。これに対し Culicover (1976 : 150) は、命令文に動詞の時制変化形や法助動詞（modal auxiliary）などが生じないことから、命令文にはそもそも AUX 節点は存在しないと考えている。そうだとすれば、深層構造での AUX not be の語順から be が not 越しに AUX の位置へ移動して(24)のような例が生じることはなく、do 挿入規則の適用を経て don't be が生じることになる。

　澤田 (1983 : 18-30) は、Culicover (1976) のような考え方を受け継いで、命令文には AUX 節点が存在しないものとし、don't の構造上の位置は COMP（その後の理論で言う C(Complementizer)）と同様に S'節点に直接支配される位置と考え、句構造規則（phrase structure rule）として S'→ COMP/IMP S（S'→ COMP S と S'→ IMP S の 2 つの規則が折り畳まれている）を仮定し、命令文の don't は助動詞ではなく、この IMP に支配される sentence particle（文につく不変化詞）であると提案している。be が平叙文で AUX に移動する変形規則は存在して(26)が生じるが、be が IMP に移動する変形規則は存在しないものとすれば、(24)は生じ得ないということになる。

　Pollock (1989) も、命令文の do は助動詞でないと考える。平叙文の do は助動詞であり、(25)のように本動詞が be のときには用いることができないが、(23)のように命令文では do が用いられるので、命令文の do は助動詞以外の資格を持つのではないかというのである。そこで Pollock (1989 : 402) は(23)における do は本動詞であり、それ以降の部分を補文（complement clause）として取るものと分析する。

　Zhang (1990) は、澤田 (1983) のような don't を C に相当する位置に置く分析にも、Pollock (1989) のような do を主文本動詞とする分析に

も与せず,かわりにdon'tをTP(従来のSやIPに相当)に付加(adjoin)された否定辞句(negative phrase)であるとする分析を提案する。

◆ **don't be の don't は C に相当する位置にある**──澤田(1983)「英語命令文の構造的特性:特に範疇 AUX と COMP の不在を中心として」

　澤田(1983:18)は,平叙文の構造が [s COMP [s NP AUX (not) VP]] であることを前提にして,英語の命令文には AUX なる範疇は存在しないと主張する。平叙文では,深層構造における AUX not be の語順において,be が AUX の位置に移動して isn't のような形が生じるが,命令文に AUX がないとすれば,be が not 越しに AUX へ移動することはなく,(24)は生じない。命令文が AUX を欠くと考えるべき澤田(1983)の挙げる証拠をいくつか見ておく。

　まず,AUX に生じる典型的な要素である時制も法助動詞も,命令文には出現しない。(27)では現在時制が許されず,(28)では法助動詞が許されない。

　　(27) (You) be/*are quiet.　　　　　　　　　　(澤田, 1983:21)
　　(28) *Will sign the paper, please.　　　　　　　　(*ibid.*:22)

　次に,(29)における強調不変化詞(emphatic particle)の too/so は話者が主張する内容の真実性を強調しており,この不変化詞は AUX の直前の位置には現れないが((30)参照),AUX の直後の位置には生起することができる((29)参照)。これに対し,命令文ではこれらの強調不変化詞は使用できない((31)参照)。

　　(29) Tom can too/so speak Old English.　　　　(*ibid.*:25)
　　(30) *Tom too/so can speak Old English.　　　　(*ibid.*)
　　(31) *Do too/so run, please.　　　　　　　　　(*ibid.*:26)

(31)は,この強調不変化詞が AUX の直後の位置にのみ生じることができ,命令文は AUX を持たないと仮定すれば説明できる。また意味的に見ても,これらの強調不変化詞は話者の心的態度(modality)を表すので,それが生起できないということは,命令文には modality の存在場所である AUX がないということである。なお,命令文では話者の判断を示す文副詞類(sentence adverbials)が不可能で((32)参照),やはり modality

の欠如を示唆している。

(32) *Surely/*In fact/*Perhaps, leave for Tokyo tomorrow.　(*ibid.*)

このように命令文がAUX節点を欠くのであれば，beがnot越しにAUXへ移動してbe notという語順が生じることはなく，したがって(24)のような文は生じない。

では(23)のような例でのdon'tはどのように生じるか。澤田(1983：28-30)はS'→COMP/IMP　Sという句構造規則を提案し，英語命令文ではCOMPのかわりにIMPが生じ，do, don'tはIMPに支配されるsentence particleであると想定している。したがって，AUXがなくてもdoが占める位置が存在することになる。

このようにdon'tがCに相当する位置に現れるものと仮定すると，(33)のように否定命令文では主語がdon'tに後続する語順が普通であることも説明できる。

(33) a. Don't you open the door.　　　　　(Quirk *et al.*, 1985：830)
　　　b. Don't anyone open the door.　　　　　　　　　　　　(*ibid.*)

◆ **don't be の do は本動詞である**——Pollock (1989) "Verb Movement, Universal Grammar, and the Structure of IP."

Pollock (1989) は，生成文法における文の構造の捉え方に大きな影響を与えた論文であり，John did not goという平叙文に対して(34)のようなD構造 (D-structure) を与えている (Pollock, 1989：399)。

(34) [$_{TP}$ John T [$_{NegP}$ not [$_{AgrP}$ do [$_{VP}$ go]]]]

文IPは時制要素 (tense element) のTを主要部 (head) とするTPと一致要素 (agreement element) のAgrを主要部とするAgrPとに分割されており，notを主要部とする否定辞句NegPがこれらの中間に位置する。法助動詞がTに生成されるのに対し，doは主語との一致を示すのでAgrに生成され，派生が進むにつれてnot越しにTへ移動する。beやhaveの場合はVに生成されるが，やはり最終的にはTに移動して(35)のような形が生じる。

(35) John is not going.

これに対し否定命令文では，beはnotの左に現れることが許されず，助動詞doが用いられることとなる（(36)(37)参照)。

(36) *Be not silly.   (Pollock, 1989 : 401)
(37) Don't be silly.   (*ibid.*)

(35)が許されるのに対し(36)が許されないので，Pollock (1989 : 402) は，命令の力を持つ［−finite］の文では，Neg が動詞に対し Neg を越えて移動することを阻止すると考え，(35)の定形節（finite clause）では is が not を越えて T へ移動できるのに対し，(36)の命令文では be が not に阻まれて T へ移動できないと説明する。

そうなると(37)は説明できないかのように思える。定形節では do が主語との一致を示すので，do は Agr の位置に生成されるものと考えられるが，(37)では Agr 位置から do が Neg を越えて移動することができないはずである。そこで Pollock (1989 : 402-403) は，この do は助動詞ではなく，Let us go の let と同様の本動詞であり，(37)は複文構造を成すと分析する。確かにそのように考えれば，(38)のように do が主語に先行することも説明できる。

(38) Don't (you) be singing when I come back!   (*ibid.*: 401)
またこの do は(39)に見られるような，古英語（Old English）・中英語（Middle English）における使役の do（causative *do*）の名残りであるという (Pollock (1989 : 402))。

(39) Sodeynly rescous doth hym escapen.   (Mossé, 1959 : 145)
　　'Suddenly the rescue makes him escape.'
                              （現代英語訳は Pollock (1989 : 403)）

◆ **don't be の don't は TP に付加された NegP である**──Zhang (1990)
The Status of Imperatives in Theories of Grammar.
Pollock (1989) が don't be の do を使役の主文本動詞として分析しているのに対して，Zhang (1990 : 63) は 2 つの問題点を指摘している。

第一の問題は副詞の問題である。do が本動詞なのであれば直前に副詞が生起できるはずだが ((40)参照)，実際にはそのような語順は許されない ((41)参照)。

(40) He often rides his bicycle.   (Zhang, 1990 : 64)
(41) *Often don't ride your bicycle on busy streets.   (*ibid.*: 65)
もう 1 つは you 以外の主語に関しての問題である。Pollock (1989) の

説明方法に従うと，命令文の主語に見える名詞句が実は使役動詞の補文内にあり，他の使役動詞文の場合と同様に，you 以外の名詞句が自由に生じるものと予測されるが，(42)に見られるように，その予測は正しくない。

(42) *Don't her eat my cake!   (*ibid* : 64)

また Zhang (1990:66) は，Don't you be noisy の語順が don't の I から C への移動によって生じる，という分析方法に対してもいくつかの問題点を挙げて異を唱えている。そのうちの2つについては，澤田(1983)のような don't を C(omp) 位置へ生成させる分析についてもあてはまる。まず，否定命令文に話題化が適用された場合，話題 (topic) は don't の左方に置かれる。

(43) *Don't that computer (you) use while I am gone.

                                            (Zhang, 1990 : 66)

(44) That computer don't (you) use while I am gone.   (*ibid.*)

話題は普通 IP に左側付加されると考えられている。(44)では don't がそれより右方の位置に生じており，(43)ではそれより左方の位置に生じることができないのだから，don't が C の位置にあるとは考えられない。don't が C の位置にあるとすれば，(44)では話題がそれよりも左方にあることになり，(45)と同様に非文になるはずである。

(45) *That classic novel, can't you read by next week?   (*ibid.*: 75)

第二の問題は縮約に関する問題点である。C の位置にあるものは(46)のように通常主語との縮約 (contraction) が許されるのに対し (doncha = don't you)，否定命令文の don't ではそれが許されない ((47)参照)。

(46) Doncha wanna go now?   (Akmajian, 1984 : 16)

(47) */?? Doncha hit me!   (*ibid.*)

そこで Zhang (1990:81) は，don't が平叙文の NegP とは異なった ImpNegP という句を成し，その ImpNegP が TP に左側付加していると分析する。このように考えると，命令文の構造は(48)のようになる。

(48) [$_{TP}$ [$_{ImpNegP}$ don't] [$_{TP}$ NP T ([$_{NegP}$) VP ()]]]

この分析では先述の4つの問題を回避することが可能である。まず don't が本動詞として用いられてはいないので，副詞の問題と，you 以外の主語の問題はいずれも生じない。また don't が C にあるわけではないので，(44)に見られる「話題＋don't」の語順は生成することができ，縮約

の問題も生じない。

　この ImpNegP は NegP の一種で命令文に独特なものであり，生成文法で仮定されている TP と VP との間に存在しうる NegP とは区別されている。なぜなら，これら2つの NegP が(49)のような命令文では別々に必要とされるからである。

　　(49) Don't you not listen to me!　　　　　　　(Zhang, 1990 : 81)

また don't という形で主要部 Neg を成すため，(50)(51)は否定命令文として認められない。

　　(50) *Do not you eat that cake!　　　　　　　　　(*ibid.*: 80)
　　(51) *Do you not eat that cake!　　　　　　　　　　(*ibid.*)

ところで Zhang (1990) は，don't be の形について特に言及していない。しかし，Zhang (1990)の分析では，否定命令文では命令文独特の [ImpNegP don't] が用いられるので，本動詞が be の場合であっても don't be の形になるものと考えられる。

further readings　don't を C へ直接生成する分析としては Tanaka (1988) を参照。be not の語順が非文である理由に関しては Lasnik (1995) を参照。

関連テーマ　don't と do not にはどのような意味的な相違があるだろうか（高橋 (1992) 参照）。

　don't と主語との語順は，主語が you の場合には don't you の順が原則だが，主語がより複雑な（complex）ものになった場合はどうなるであろうか（Davies (1986 参照)）。

　don't で始まる否定命令文は(i)のような付加疑問文にすることができるだろうか（Arbini (1969 参照)）。

　　(i) Don't open that door, do(n't) you?

【テーマ3】命令文の述部に課せられる条件
【概説】
　平叙文には用いることができても，命令文には用いることができない述部がある。概ね，jump, run などの動作を表すものは命令文に用いることができるが，need, be intelligent などのような状態を表すものは用い

135

ることができない。

　この点に関して，Quirk *et al.*（1985：827）は，命令文の述部は動的な（dynamic）解釈が可能なものに限定されるので，be old や sound louder のような述部は使用できないとしている。また，いわゆる状態述部（stative predicate）であっても(52)(53)のように動的な解釈がなされる文脈では命令文が許されると指摘している。

　(52) Know the poem by heart by the next lesson.

(Quirk *et al.*, 1985：829)

　(53) Be glad that you escaped without injury.　　　　　(*ibid.*)

この説明方法は，以下に見られる生成文法の枠組みによる研究で提案されている扱い方に極めて近い。

　生成文法では，G. Lakoff（1966：5）が述部に使われる動詞や形容詞が STATIVE という統語的性質を持つか否かで命令文の可否が決まるとし，またこの区分が命令文以外の構文の可否にも関与していると主張する。ところが Ljung（1975：132）は，この区分は正確でなく，より適切な基準は，述部が表す内容が命令の実行者にとって実行の成否を選択できる立場にあるかどうか（controllable or not）であるとしている。

◆ 語の stative/nonstative が分かれ目である ── G. Lakoff（1966）"Stative Adjectives and Verbs in English."

　G. Lakoff（1966：1）は，(54)(55)のように命令文に用いることのできる述部と，(56)(57)のようにそうでない述部とがあることに注目している。

　(54) Slice the salami.　　　　　　　　　　　(G. Lakoff, 1966：1)

　(55) Be careful.　　　　　　　　　　　　　　　　　　(*ibid.*)

　(56) *Know the answer.　　　　　　　　　　　　　(*ibid.*：3)

　(57) *Be tall.　　　　　　　　　　　　　　　　　　(*ibid.*)

　G. Lakoff（1966：5）は，同様の区分が他の文法現象についても見られると指摘し，listen と hear のペアについて，進行形(58)(59)，do を用いた擬似分裂文（pseudocleft）(60)(61)，persuade/remind タイプの動詞の補文(62)(63)，有生主語（animate subject）を求める副詞(64)(65)，for one's sake との共起(66)(67)，instead of との共起(68)(69)，do so に

よる置換(70)(71)の場合に見られる差異を提示している。

(58) I am listening to the music. (G. Lakoff, 1966 : 6)
(59) *I am hearing the music. (*ibid.*)
(60) What I did was listen to the music. (*ibid.*: 7)
(61) *What I did was hear the music. (*ibid.*)
(62) I persuaded John to listen to the music. (*ibid.*: 8)
(63) *I persuaded John to hear the music. (*ibid.*)
(64) John listened to the music carefully. (*ibid.*: 10)
(65) *John heard the music carefully. (*ibid.*)
(66) I listened to the music for John's sake. (*ibid.*: 11)
(67) *I heard the music for John's sake. (*ibid.*)
(68) I listened to the music instead of looking at the painting.(*ibid.*)
(69) *I heard the music instead of looking at the painting. (*ibid.*)
(70) I listened to the music, although Bill told me not to do so.
(*ibid.*: 12)
(71) *I heard the music, although Bill told me not to do so. (*ibid.*)

G. Lakoff (1966 : 5) は，これらの構文や命令文に用いることができない動詞や形容詞には STATIVE という共通の統語的性質があり (stative predicates)，この性質を持たないもの (nonstative predicates) はこれらの構文や命令文に現れることができると提案している。stative であるか否かの区別は命令文以外にも広く関与しているので，正当性の高い基準であるといえる。

◆ **self-controllable か否かが分かれ目である**——Ljung (1975) "State Control."

G. Lakoff (1966 : 13) は自ら stative/nonstative という区別による説明の難点を挙げている。remain, stay, sit, stand の類の動詞が表す内容には動作が含まれないので，意味から考えれば stative だが，(72) のように進行形になるなど，統語的には nonstative の振る舞いを見せ，また(73)のように命令文にも用いることができる。

(72) John is sitting on the chair.
(73) Remain seated.

137

そこでLjung (1975 : 132) は，命令文の成否は動詞や形容詞などの語がSTATIVEという性質を持つかどうかによるのではなく，述部が全体としてCONTROL（制御可能）という性質を持つかどうかにかかっていると主張する。制御可能な述部 (controllable predicates) とは，命令を実行する者が実行の成否を選択しうるような内容を持つものである。例えば(54)(55)ではslice the salamiするかしないかやcarefulになるかどうかは命令された者の決心次第であり，これらの述部は制御可能な述部である。これに対し(56)(57)ではknow the answerであるかどうかやtallであるかどうかは命令された者の決心とは関係ない事実であり，これらの述部は制御不可能な述部 (noncontrollable predicates) である。制御可能な述部にはslice the salamiのような物理的動作を表すもののほかに制御可能な心的過程 (controllable mental process) を含むものもある。remainなどの動詞が命令文に使用されるときは，その補部が表す状態であり続けることを選択する心的過程が含まれるので，nonstativeな述部と平行的な統語的振る舞いを見せるものと考えられる。

またmeltは進行形が可能であり ((74)参照)，G. Lakoffの基準によればnonstativeなので命令文に使用することができると予測されるが，実際には用いることができない ((75)参照)。

(74) The ice was melting.　　　　　　　　　　(Ljung, 1975 : 133)
(75) *Melt!

このような動詞には他にreceive, dieなどがある。これらの類の動詞は主語にとって制御不可能な内容を含むので，たとえnonstativeであっても命令文には用いることができない。

さらに(76)(77)では，同じstativeな述語名詞 (predicate nominal) であっても，制御可能な述部内容であるかどうかによって命令文の成否が決まる (Ljung (1975 : 134))。

(76) *Be a girl!　　　　　　　　　　　　　　　(Kuno, 1970 : 352)
(77) Be a good girl.　　　　　　　　　　　　　　　　　　　(*ibid.*)

このことは，girlという名詞がSTATIVEという性質を持つということのみによって説明することはできないが，述部全体が制御可能であるかどうかという観点からは説明可能である。命令された者が自らの意思でa girlでない状態からa girlである状態になることは普通できないが（制御

不可能)，a good girl でない状態から a good girl である状態になることは制御可能なことである。

> **further readings**　Katz & Postal (1964 : 77) は，(self-)controllable という用語自体は用いていないものの，相手に自分の意思で選べないことを命令文で求めることはできないとの考え方を初めて主張した。また，本章では立ち入らなかったが，Ljung (1975) はさらに議論を進めて，controllable かどうかという区分をもっと根源的な要因に帰そうとしている。他にこうした基準を巡っての論考には，Kuno (1970), Lee (1973), Davies (1986) などがある。

> **関連テーマ**　述部に関する条件の他にも，命令文にはさまざまな制約が課せられている。例えば意味的な制約として，強調の (emphatic) do が付くことができるかどうかの基準はどのようなものだろうか (Bolinger (1974b) 参照)。
>
> 　また，受動態・進行形・完了形の命令文は普通成立しにくいが可能な場合もある。このことはどのように説明できるだろうか (Akmajian, Steele & Wasow (1979), Huntley (1984), Takezawa (1984) 参照)。

11. 感嘆文 (exclamatory)

(1)と(2)のような文は典型的な感嘆文である。だが，(3)の wh 節については，感嘆節であるか疑問節であるかについて見解が分かれる。【テーマ1】

(1) How beautiful New York is!
(2) What a beautiful city Kobe is!
(3) It's amazing what proposal they made.
   (Huddleston, 1993b : 178)

感嘆文には，(4)のように名詞句（NP）が外置された形式がある。Elliott (1971) は NP 外置と呼んでいる。【テーマ2】

(4) It's wonderful the amount of weight I've lost since I started on that diet.　　　　　　(Elliott, 1971 : 45)

もう1つ別の感嘆文の形式として，次の(5)のような主語と助動詞が倒置された形が挙げられるが，yes-no 疑問文とはさまざまな点で異なる。【テーマ3】

(5) Is this apple pie ever delicious!

【テーマ1】感嘆文と疑問文の相違
【概説】

感嘆文（exclamatory sentence）は話者の強い感情を表す文であり，伝統文法では，平叙文（declarative sentence），疑問文（interrogative sentence），命令文（imperative sentence）に並ぶ文タイプとされている。最も典型的な感嘆文は，疑問詞と同形の how あるいは what で始まるので，一見疑問文と見分けがつきにくい。

◆**感嘆文は wh 疑問文ではない**──Elliott (1974) "Toward a Grammar of Exclamations."

Elliott (1974) は感嘆文と wh 疑問文が別の構文であることを示す証拠

をいくつか挙げている。
（A）　倒置
主語と助動詞の倒置が疑問文では起こるが，感嘆文では通常起こらない。

　　(6) What lovely teeth you have, my dear!　　　(Elliott, 1974 : 233)

　　(7) *What lovely teeth do you have, my dear!　　　　　　　(*ibid.*)

（B）　Any
疑問文では any が許されるが，感嘆文では許されない。

　　(8) How does Joe save any money?　　　　　　(*ibid.*: 234)

　　(9) *How Joe saves any money!　　　　　　　　　　　(*ibid.*)

（C）　Ever
疑問文では ever が許されるが，感嘆文では許されない（【テーマ3】例文(61)を参照）。

　　(10) What did you ever do for me?　　(Elliott, 1971 : 15, 1974 : 234)

　　(11) *What you ever did for me!　　　　　　　　　　　(*ibid.*)

（D）　副詞
強調の副詞は感嘆文では現れるが，疑問文では現れない（(12)のように感嘆文が従属節の位置に現れるものを埋め込み感嘆文と呼ぶ）。

　　(12) It's amazing how {very/unbelievably/extremely} long he can stay under water.　　　　　　　　　　(Elliott, 1974 : 234)

　　(13) *I wonder how {very/unbelievably/extremely} long he can stay under water.　　　　　　　　　　　　　　(*ibid.*)

（E）　同格
感嘆文では後続の同格句/節が許されるが，疑問文では許されない。

　　(14) What a house he lives in, namely a two-room shack!
　　　　　　　　　　　　　　　　　　　　　　　（今井・中島, 1978 : 204）

　　(15) *What house does he live in, namely a two-room shack? (*ibid.*)

（F）　What a ...
what 型の感嘆文では単数可算名詞の前に不定冠詞 a(n) が現れるが，what 疑問文では現れない。

　　(16) What an attractive woman she is!　　　(Elliott, 1974 : 232)

　　(17) *What a fast car does John drive?　　　　(*ibid.*: 235)

Elliott (1974) は感嘆文の機能について，普通ではない状況や予想外の

141

状況について確言する (affirm) ことであるとしている。そのため，感嘆文を否定する (negate) ことはできない。

(18) *It isn't awful what a ghastly disease he has. (*ibid.*: 241)
(19) *It isn't a tragedy how many children drop out of school.
(*ibid.*)

◆ You won't believe who Ed has married における wh 節は疑問文である
—— Huddleston (1993b) "Remarks on the Construction *You won't believe who Ed has married.*"

Huddleston (1993b) は，埋め込み節 (embedded clause) である感嘆文と wh 疑問文を識別する方法として次の(A)～(D)の4点を挙げている。埋め込み節では wh 疑問文でも主語と助動詞の倒置は起こらないので，独立文の場合のように主語・助動詞倒置は，感嘆文と wh 疑問文を識別する方法として機能しない。

(A) 動詞を修飾する時，疑問の how は様態 (manner) の副詞であるが，感嘆の how は程度 (degree) の副詞である。

(20) How did he persuade them? (疑問/様態)

(Huddleston, 1993b : 177)

(21) How he hated! (感嘆/程度) (*ibid.*)

(B) else は疑問文には現れるが，感嘆文には現れない。

(22) How else could she have done it? (*ibid.*)
(23) *How else they would have admired her! (*ibid.*)

(C) 疑問の what は不定冠詞 a(n) と共起しないが，感嘆の what は共起し得る ((16)(17)参照)。

(D) 感嘆文は wh 語として how と what のみを許すが，疑問文は全ての wh 語を許す。

(D)の基準からして，Huddleston (1993b) は，who を含んでいる次例(24)の埋め込み節は疑問文であると主張している。

(24) You won't believe who Ed has married. (*ibid.*: 175)

Huddleston (1993b) の主張とは対照的に，Elliott (1971, 1974), Grimshaw (1979) (以下 Elliott-Grimshaw) は，(24)の埋め込み節が感嘆文であると分析する。

しかし Elliott-Grimshaw の分析だと，なぜ埋め込み感嘆文では who など様々な wh 語が許されるのに対し，独立感嘆文においては how, what しか許されないのかが説明されない。Huddleston (1993b : 178) は，主節の感嘆文を埋め込み文にした形式のみを従属節の感嘆文とし，主節の wh 疑問文を埋め込み文にしたものは wh 疑問文として分析する。もし，Elliott-Grimshaw の分析に従い，(24)における who Ed has married の部分が感嘆であるとするならば，補部として疑問節と感嘆節の両方を許す動詞 know に埋め込まれている(26)の従属節は，疑問と感嘆の両方の解釈を持つはずである。

(25) I wonder who Ed married. (Huddleston, 1993b : 178)
(26) I know who Ed married. (*ibid.*)

しかしながら実際には，(26)は曖昧ではなく，疑問の解釈しかない。Huddleston (1993b : 179) によると，(24)の補文が疑問節でありながら感嘆の意味を伝達するのは，主節 you won't believe が感嘆を表しているためである。

Elliott-Grimshaw の分析によると amazing や believe は感嘆節のみを取る述語であるとされる。しかしながら，次の(27)は感嘆の読みだけではなく，疑問の読みも可能である。

(27) It's amazing how old they were. (Huddleston, 1993b : 180)

感嘆の読みでは，「彼等」が著しく年をとっており，そのことが驚くべきことであると解釈される。一方疑問の読みの方では，驚くべきことは，How old were they? という疑問に対する答えであったと解釈される。感嘆の読みが優勢であるのは，amazing に感嘆の意味が本来的に存在するためである。Elliott-Grimshaw の分析では(27)に見られる曖昧性を予測することができない。Huddleston (1993b) の立場では，amazing という述語は極性疑問（polar question ; 答えが肯定か否定かを問う疑問）を伴うことが不可能であり（例文(28)），変項疑問（variable question ; 変項 wh 句を含む疑問）だけを伴うことが可能である（例文(3)）。

(28) *It's amazing whether it is possible. （極性疑問）
(Huddleston, 1993b : 179)

さらに Huddleston (1993b) は述語の補部選択に関して，「感嘆を補部として選択する述語の集合は変項疑問を補部として選択する述語の集合の

部分集合である」という興味深い見解を述べている。すなわち，感嘆補部を取れる述語で変項疑問を補部に取れないものはないということである。感嘆補部を取る述語の例として，知識の保持（retaining knowledge）を表す know などの動詞，知識の獲得（acquiring knowledge）を表す learn などの動詞，伝達（communication）を表す tell などの動詞，感情を表す叙実的述語（emotive factive）である amazing などが挙げられる。感嘆補部と変項疑問は共に変項を含んでいるという点で共通している。

最後に Huddleston (1993b : 183-184) は，感嘆補部を伴う述語が生じる文脈に課せられる制約について触れている。Ohlander (1986) は知識や情報の欠如を，疑問指向（question-orientation）という用語で表す。さらに疑問指向は，情報を求めることを表す能動的疑問指向（active question-orientation）(wonder, want to know などが表現する疑問) と，知識を欠いているという受動的な状態を表す受動的疑問指向（passive question-orientation）(not know などが表現する疑問) とに区別される。Huddleston (1993b) はこの Ohlander (1986) の区別を感嘆補部の適格性の判断に用いている。

(29) She'd like to know what you bought.　(Huddleston, 1993b : 184)
(30) *She'd like to know what a lot you bought.　(*ibid.*)
(31) She doesn't know what you bought.　(*ibid.*)
(32) She doesn't know what a lot you bought.　(*ibid.*)
(33) I don't know what you bought.　(*ibid.*)
(34) *I don't know what a lot you bought.　(*ibid.*)

(30)のような能動的疑問指向を表す文脈は，what a lot という明らかな感嘆の形式を排除する。(32)のような受動的疑問指向を表す文脈は，what a lot という明らかな感嘆の形式を許す。受動的疑問指向を表す文脈でも(34)のように話者の知識の欠如を表している場合は，感嘆補部は排除される。(31)(32)で補部に how much you spent を代わりに用いると疑問と感嘆の両方の解釈を許すことになる。これに対し，(29)(30)と(33)(34)で補部に how much you spent を用いても，疑問の解釈しか持たない。

| further readings | Elliott (1974) と同一の趣旨で書かれた博士論文

Elliott (1971) がある。また，述語とその補部との関係を詳しく論じたものとして Grimshaw (1979) が挙げられる。how，what で始まる感嘆文の特徴を詳しく述べたものに今井・中島 (1978:191-245) がある。

関連テーマ　埋め込み感嘆文の補部に NP が用いられた(i)のような潜在感嘆文（concealed exclamation）はどのような特徴を持つのであろうか。

(i) John couldn't believe the height of the building.
(Grimshaw, 1979:299)

潜在感嘆文と埋め込み感嘆文との関係はどのようなものであろうか。

【テーマ 2】名詞句の外置による感嘆文
【概説】

【テーマ 2】では名詞句（以降 NP）を外置（extrapose）することにより派生する感嘆文を検討する。Elliott (1971) では，この感嘆文の特徴が詳しく論じられ，Michaelis & Lambrecht (1996) では，このタイプの感嘆文と右方転位が施された構文との違いが明らかにされている。

◆ NP 外置によって派生する感嘆文の特徴——Elliott (1971) *The Grammar of Emotive and Exclamatory Sentences in English*.

Elliott (1971:40) は，次のような主語の代名詞が常に it になる例文について，NP 外置によって派生する感嘆文であると主張する。この NP 外置では，主語の代名詞 it と外置された NP の間で数の一致が要求されない（(35)参照）。

(35) It's awful the prices you have to pay for tomatoes in the winter.
(Elliott, 1971:41)

(36) It's a disgrace the way he behaves when he's drunk.　(*ibid*.:40)

Elliott (1971:Ch.2) は，このタイプの感嘆文の成立条件として次の 2 点を挙げている。

(A)　外置された NP は，関係節（relative clause）によって修飾された定冠詞付きの抽象名詞から構成されていなければならない（上例(35)(36)では，the prices, the way となっていることに注意）。その抽象名詞は関係節の中で直接目的語として機能するか（(35)では，pay の直接目的語），

ある種の副詞句の中に存在するものとして機能しなければならない（(36)では，副詞句 in the way の一部）。
(B)　このタイプの感嘆文では，主節の述語は感嘆を表す名詞，動詞，あるいは形容詞を含んでいなければならない。
(A)と(B)の条件からして次のような例文は不適格となる。

(37) *It's awful a price I paid for tomatoes last week.　　(*ibid*.: 46)
　　　　　　　　　　［不定冠詞が用いられているので不適格。］
(38) *It never ceases to amaze me the dress my neighbor wears.
　　　　　　　　　　　　　　　　　　　　　　　　　　　　(*ibid*.)
　　　　　　　　　　［具象名詞の dress が用いられているので不適格。］
(39) *It was awful the paint job that exhausted Bill.　　(*ibid*.: 47)
　　　　　　　　　　［the paint job が関係節の主語になっているので不適格。］
(40) *It's vital the amount of weight I've lost since I started on that diet.　　　　　　　　　　　　　　　　　　　　　　(*ibid*.: 45)
　　　　　　　　　　［vital は感嘆を表さないので不適格。］

◆**名詞類外置は右方転位とは異なる**──Michaelis & Lambrecht (1996) "Toward a Construction-Based Theory of Language Function: the Case of Nominal Extraposition."

Elliott (1971) が NP 外置と呼んだ構文を Michaelis & Lambrecht (1996) は名詞類外置（nominal extraposition：NE）と呼ぶ。NE は表面的に右方転位（right dislocation：RD）と類似しているが，両者は音韻論，統語論，意味論，談話・語用論的に区別される。
(A)　RD の場合は転位された NP が低位（low）で平坦な（flat）音調曲線（intonation contour）を持つ。一方 NE における外置された NP には必ずアクセントが置かれる（以下(54)まで，特に強く発音される部分が小頭字で示されている）。

(41) It's AMAZING, the difference.（RD）
　　　　　　　　　　　　　　　(Michaelis & Lambrecht, 1996: 226)
(42) It's AMAZING the DIFFERENCE.（NE）　　　　　　(*ibid*.: 215)
(B)　Elliott (1971) においても指摘されたように，NE の主語が代名詞 it に限られるのに対して，RD の主語は右方転位されている名詞句の数に

呼応して単数形または複数形の代名詞となる。RDである(45)では主語の代名詞と右方転位されている名詞句の数が一致していないために不適格である。

(43) It's AMAZING the people you SEE here. (NE)

(Michaelis & Lambrecht, 1996 : 215)

(44) They're red LEATHER, the shoes she's wearing. (RD) (*ibid.*: 222)

(45) *It's red LEATHER, the shoes she's wearing. (RD) (*ibid.*)

NEの主語itは非指示的（nonreferential）であり，(43)の述語amazingはθ役割（θ-role）を担う補部を要求するので，(43)において外置されたNPがなければ非文になる。一方RDでは，転位されたNPを取り除いたとしても適格になる。

(C)　RDでは右端のNPが述部から切り離されていても構わないが，NEでは必ず述部に隣接していなければならない。

(46) A: Did you notice the difference when you were in Germany?
　　 B: It was AMAZING, in Germany, the difference. (RD)
　　 B′: It was AMAZING, the difference, in Germany. (RD)

(*ibid.*: 223-224)

(47) A: Apparently Grandma took her MEDICATION when she was in GERMANY.　　　　　　　　　　　　　　　　　　(*ibid.*: 224)
　　 B: *It was AMAZING in Germany the DIFFERENCE. (NE)　(*ibid.*)
　　 B′: It was AMAZING the DIFFERENCE, in Germany. (NE)　(*ibid.*)

(D)　NEは主節のみに生じるが，RDは補文でも生じる。

(48) Since it was so AMAZING, that difference, he changed his mind. (RD)　　　　　　　　　　　　　　　　　　　　(*ibid.*)

(49) *Since it was so amazing the DIFFERENCE, he changed his mind. (NE)　　　　　　　　　　　　　　　　　　　　(*ibid.*)

(50) Since it was so obvious that there was a DIFFERENCE, he changed his mind. (clausal extraposition)　　　　　　　(*ibid.*)

(E)　NEである(52)(54)における外置されたNPは尺度的意味（scalar meaning）をもつ。尺度的意味とは「程度」（degree）のことを指し，よってNEは程度を表す感嘆文ということになる。(B)で見たようにNEにおいては，主語のitと外置されたNPの数が一致しなくてもよいが，

これも NE における外置された NP が（換喩的に）程度を指示するという事実から理解される。この尺度的意味は(51)(53)のような規範的な文の主語である NP には不可能な解釈である。また，RD における転位された NP も換喩的な尺度的解釈を通常は受けない。

(51) The odd people my sister knows are amazing. (*ibid*.: 230)

(52) It's AMAZING the odd people my SISTER knows. (NE)

(*ibid*.: 228)

(53) The people who are verbally abusive to fat people are unbelievable. (*ibid*.: 230)

(54) Just walking in the street [is difficult]. I mean, it's UNBELIEVABLE the people who are verbally abusive to FAT people. (NE)

[Obese interviewee, 'The Famine Within'] (*ibid*.: 229)

(51)は，私の妹が知っている人々そのものが驚くべき人々であると述べているだけだが，(52)では，そのような人々の種類や数が驚くべきものとして叙述されている。(53)では，肥満体の人々に対して口汚なく罵る人々そのものが信じがたい人々として述べられているだけだが，(54)では，そのような口汚ない人々の甚だしい数が信じられないものとして特徴づけられている。

(F) 情報構造の観点からしても，RD と NE は異なる。RD では，転位された NP の指示対象は命題に対して話題（topic）として機能し，命題はこの NP の指示対象についての情報を伝える。これに対し NE は程度を表す感嘆表現なので，外置された NP は(E)で述べた尺度的意味を持ち，その程度が文脈から予測できないため新情報となり，この NP の指示対象は命題に対して焦点として機能する。この焦点としての機能によって，NP は規範的な主語の位置ではなく，外置された位置に置かれることになり，必ずアクセントが置かれることになる。

| further readings | Michaelis & Lambrecht (1996) の内容をより正確に理解するためには，Lambrecht (1994) を読むことが望ましい。

| 関連テーマ | NP が外置された感嘆文と，節が外置された次のような構文はどのような点で異なるのであろうか。

(ⅰ) It's obvious that he lied. (Michaelis & Lambrecht 1996: 231)

【テーマ3】倒置感嘆文
【概説】
　英語の倒置形式は，疑問文としてだけでなく，感嘆文としても機能する。だが，N. McCawley（1973：370）によると，倒置感嘆文（Inverted exclamative）とyes-no疑問文は全く異なるものである。

◆**倒置感嘆文とyes-no疑問文の相違点**——N. McCawley (1973) "Boy! Is Syntax Easy!"
　Elliott（1971：102）は，英語におけるyes-no疑問文の形式は疑問としてだけではなく，感嘆表現としても用いられると主張する。

(55) Does she have beautiful legs {?/!} 　　　　(Elliott, 1971：102)

そして，yes-no疑問文と感嘆文を識別する方法として次の2つを挙げる。1つは，感嘆文の場合は下降イントネーション（falling intonation）で発音されるが，yes-no疑問文は上昇イントネーション（rising intonation）で発音される。もう1つは，Boy, Wow, My God, Man等の間投詞（interjection）が感嘆文とは共起可能であるが，yes-no疑問文とは共起できないということである。

(56) Boy, does she have beautiful legs! 　　　　　　　(*ibid.*)

　これに対しN. McCawley（1973：370）は，倒置感嘆文はyes-no疑問文とは全く異なるものとして分析されるべきであると主張する。倒置感嘆文とyes-no疑問文は少なくとも14の点で異なる振る舞いを示す。そのうちの2つはElliott（1971）によって指摘された上述の2点であり，以下では残り12の相違点のうち主たるものを挙げる。

(A)　deliciousという語彙項目は疑問文では許されないが，倒置感嘆文では用いられる（deliciousと同様の振る舞いをするdelicious以外の超肯定極性項目（superpositive polarity item）としてsuperbとabsoluteがJ. McCawley（1998：557）で挙げられている）。

(57) *Is this cookie delicious? 　　　　(N. McCawley, 1973：371)

(58) My, is this cookie delicious! 　　　　　　　　(*ibid.*)

(B)　強意詞（intensifier）はyes-no疑問文では自由に用いられるが，倒置感嘆文では許されない。

(59) Is syntax {∅/very/quite/extremely/that} easy? 　　　(*ibid.*)

(60) Is syntax {∅/*very/*quite/*extremely/*that} easy!　　　(*ibid.*)

（C）yes-no 疑問文における ever と倒置感嘆文における ever は意味が異なる。yes-no 疑問文では'at any time'を意味し，一方倒置感嘆文では'really and truly'を意味する。'at any time'を意味する ever と意味上相容れない項目も'really and truly'を意味する ever とは共起可能である。

(61) Is Harry ever tall*?/!　　　(*ibid.*: 372)

（D）比較級（comparative）と最上級（superative）は倒置感嘆文では用いることができない。

(62) Is syntax as easy as phonology?/*!　　　(*ibid.*: 373)

(63) Is syntax easier than phonology?/*!　　　(*ibid.*)

(64) Is she the prettiest girl in your class?/*!　　　(*ibid.*)

（E）倒置感嘆文における can は'able'の意味しかなく，'possible'の読みは不可能である。

(65) Boy, can he ever swim! = He is a superb swimmer.　　　(*ibid.*)

また，must, may, ought という助動詞は倒置感嘆文に現れない。

（F）同格語（appositive）は yes-no 疑問文では許されないが，倒置感嘆文では許される。

(66) Does Harry have a car, namely a Rolls Royce*?/!　　　(*ibid.*: 374)

<u>further readings</u>　J. McCawley（1998: 554-560）にも倒置感嘆文についての記述がある。否定形の倒置感嘆文については Quirk *et al.*（1985: 825）を参照のこと。また，N. McCawley（1973）における倒置感嘆文の分析方法に対して Huddleston（1993a）は異論を唱えている。

<u>関連テーマ</u>　倒置感嘆文は how, what で始まる典型的な感嘆文とどのような点で異なるのであろうか（例文(11)(12)(61)等を参照）。

12. 疑問文 (interrogative)

　疑問文は相手に何らかの応答を求めるために用いられるもので，その内容に応じて，yes-no 疑問文，選択疑問文，wh 疑問文の 3 種類に分けられる。
　生成文法では，yes-no 疑問文については，その初期から 1970 年代にかけて，平叙文や選択疑問文の深層構造に変形規則を適用して派生していたが，1980 年代以降では，主要部移動（I-to-C 移動）によって派生している。【テーマ 1】
　通常の yes-no 疑問文や wh 疑問文（主語が wh 句でないものに限る）では，主語と助動詞が倒置する。しかし，この倒置は埋め込み文では起こらないと言われている。また，wh 疑問文が埋め込み文に生じる場合，その生起は主節動詞の選択制限に依存している。【テーマ 2】
　いくつかの文に埋め込まれた wh 句に移動規則を適用して wh 疑問文を派生する場合，wh 句を連続循環的に移動させるか否かにより分析が異なる。【テーマ 3】

【テーマ 1】yes-no 疑問文の派生の方法
【概説】

　yes-no 疑問文は，質問した内容の成否，真偽などに対して yes か no かを問うものである。一般的に主語と助動詞が倒置した形式をとり，イントネーションは上昇調になる。Jespersen (1968[10]) はこの種の疑問文をネクサス疑問文（nexus-question）と呼んでいる。伝統文法では，その派生については問題にしない。
　生成文法では，yes-no 疑問文の派生について多くの提案が行われている。Culicover (1976) は平叙文を深層構造とし，それに倒置（Inversion）を適用して派生する。一方，Stockwell et al. (1973) は選択疑問文を深層構造とし，それにさまざまな変形規則を適用して派生する。

Chomsky (1995) は，IP の主要部 I を CP の主要部 C に繰り上げて派生する。

◆**平叙文から派生する**——Culicover (1976) *Syntax*.

yes-no 疑問文では，主語と助動詞が倒置する。文に義務的な要素の時制（Tense）しか存在しない時には，それが主語と倒置し，do, does, did として現われる。また，文に法助動詞，完了の have，進行形・受身形の be などの随意的な要素がある時には，それが主語と倒置する。なお，繋合詞の be 動詞は助動詞と同じように振る舞う。

(1) a. {Does, Did} John write?
　　b. {Will, Would} John write?
　　c. {Will, Would} John be writing?
　　d. {Will, Would} John have written?
　　e. {Will, Would} John have been writing?
　　f. {Has, Had} John been writing?
　　g. {Has, Had} John written?
　　h. {Is, Was} John writing?　　　　　　　(Culicover, 1976 : 63)

(1b)〜(1f)が示すように，動詞類（verbal elements）の相対的な順序には制限がある。法助動詞が存在する時には，それがいつも最初に現れ，動詞は必ず最後に現れる。また，完了の have と進行形・受身形の be が存在する時には，前者がいつも後者に先行する。Culicover (1976) は，この事実を捉えるために，(2)のような句構造規則を仮定している。

(2) a. S → NP AUX VP
　　b. AUX → TENSE (M)
　　c. VP →(*have en*) (*be ing*) V (NP)　　　　　(*ibid*.: 69)

(2)の（ ）内の要素は随意的な要素を指し，AUX, M はそれぞれ助動詞（Auxiliary），法助動詞（Modal）を表す。また，en, ing はそれぞれ have, be の接辞である。接辞は動詞要素の右隣に添加される必要があるので，そのための変形規則として接辞移動（Affix Hopping）が提案されている。

Culicover の分析では，次の(3a)は(3b)の深層構造を持つ。(3b)の Past, en, ing は接辞であるので，それらを will, be, write の右隣に添

加するために，接辞移動が適用され，表層構造(3c)が派生される。

(3) a. John would have been writing.

b. John Past-will have-en be-ing write

c. John will+Past have be+en write+ing

yes-no 疑問文では，(1)に示されるように，TENSE, M, have, be が主語に先行するので，Culicover は主語と助動詞を倒置する変形規則として倒置を提案している。

(4) 倒置 (Inversion)：

NP　AUX　X

1　　2　　3 ⇒ 2+1 ϕ 3　　　　　　　　(Culicover, 1976：69)

(4)の X は文の NP, AUX 以外の全ての要素を指す。

Culicover は，(5a)の深層構造として(3b)を仮定する。この構造に(4)の倒置が適用されると(5b)が派生され，さらに，接辞移動が適用されると(5c)が派生される。

(5) a. Would John have been writing?

b. Past-will John have-en be-ing write（倒置の適用）

c. will+Past John have be+en write+ing（接辞移動の適用）

Culicover の分析の特徴は，助動詞 do が法助動詞として深層構造に基底生成されていることである。この分析には，(6a)のような例を(5a)と同じ方法で派生できるという利点がある。

(6) a. Did John write?

b. John Past-do write（深層構造）

c. Past-do John write（倒置の適用）

d. do+Past John write（接辞移動の適用）

しかし同時に，(7)(8)のような非文法的な文が派生されるという欠点もある。(7)の did には強勢がないものとする。

(7) *John did smile.

(8) a. *John did {have left, be leaving}.

b. *Did John {have left, be leaving}?

Culicover は，この問題を解決するために，(7)では Do 削除 (*Do* Deletion) が，(8)では Do 置換 (*Do* Replacement) が適用されると提案している。前者は動詞の直前に現れる do を削除する操作 (John　Past-do

153

smile という深層構造では，do を削除し，John Past-φ smile を派生する操作) であり，(6a)のような疑問文では倒置の後で適用される。もし逆の順序で適用されるならば，John Past-do write という深層構造から Do 削除より John Past-φ write が派生され，倒置によって Past-φ John write が派生され，さらに，接辞移動によって φ+Past John write が派生される。しかし，これは，空の要素に接辞 Past が添加されているので，不適切な構造である。また，後者の Do 置換は，深層構造において，have, be が do のすぐ後に続く時，do に置換する操作 (John Past-do have left という深層構造では，do を have に置き換えて John Past have left を派生する操作) であり，疑問文では倒置の前に適用される。もし逆の順序で適用されるならば，(8b)の深層構造 John Past-do {have left, be leaving} から倒置により Past-do John {have left, be leaving} が派生されるが，have, be が do のすぐ後に続いていないので，Do 置換が適用されず，接辞移動により(8b)が誤って派生される。

◆**選択疑問文から派生する**──Stockwell *et al*. (1973) *The Major Syntactic Structures of English.*

Stockwell *et al*. (1973) は，Katz & Postal (1964) のいわゆる「変形は意味を変えない」という仮説を採用し，選択疑問文，(直接) yes-no 疑問文，間接 yes-no 疑問文を共通した深層構造から派生している。その深層構造には，CONJ [[+or],[+WH]] という節点が仮定されており，CONJ は素性 [+CONJ] をもつ 4 つの語彙項目 ([+AND],[+BUT],[+OR],[+WH OR]) のいずれかによって満たされる。もし [+WH OR] が 1 つの S に支配されるならば，選択疑問文が生成され，yes-no 疑問文はそれに更なる変形操作が適用されて派生される。もし [+WH OR] が埋め込み文に現れるならば，whether として具現化する。

彼らは(9)の深層構造として(10)を仮定し，変形規則として(11)を提案している。

(9) Does he always snore?
(10) [$_S$ CONJ [[+or], [+WH]] [$_S$ he [-PAST] always snore] [$_S$ he [-PAST] always NEG snore]]
(11) a. Conjunction Spreading

b. WH Spreading
   c. AUX-Attraction
   d. WH-Deletion
   e. Reduced Alternative Question

(11a)はCONJ[[+or], [+WH]]を下位のSに分配し, (11b)はその分配された[+WH]をさらに一番下のSに分配する規則である。(11a)(11b)が(10)の構造に適用されると, (12)が派生される。

   (12) [s [s CONJ [+or] [s [+WH] he [-PAST] always snore]]
       [s CONJ [+or] [s [+WH] he [-PAST] always NEG snore]]]

(11c)はAUXと主語を倒置させる操作である。この規則が(12)に適用されると, Does he always snore or doesn't he always snore?という選択疑問文が派生される。

(11d)は[+WH]を削除する規則である。(11c)(11d)が(12)に適用されると, (13)が派生される。ただし, (13)には, (11c)(11d)のほかに, 左端にあるSのCONJを削除する規則が適用されている。

   (13) [s [s [-Past] he always snore] [s CONJ [+or] [s [-Past] NEG
       he always snore]]]

(11e)は（重出部の）要素を削除する規則である。この規則が(13)に適用されると(14)のような文が派生される。

   (14) a. Does he always snore or doesn't he?
       b. Does he always snore or not?

(14a)では重出部のalways snoreが削除され, (14b)では重出部の[-Past]とhe always snoreが削除されている。(9)のyes-no疑問文は(13)のCONJ[+or], [-Past], NEG, he always snoreが削除されて派生される。

この分析の利点は, yes-no疑問文と選択疑問文が同じ深層構造から派生できることである。しかし, (11)のようなさまざまな規則が仮定されなければならないところに欠点がある。

◆**主要部移動（I-to-C移動）によって派生する**——Chomsky (1995) *The Minimalist Program.*

Chomsky (1995)では, 素性と照合が重要な役割を果たす。まず, 素

性には解釈可能なものと解釈不可能なものが仮定されている。yes-no 疑問文において重要な素性は，機能範疇 C の Q 素性（疑問を表す素性）である。この素性は解釈可能であるので，照合される必要はない。しかし，英語の疑問文（yes-no 疑問文と wh 句が主語でない wh 疑問文）では，主語と助動詞の倒置が起こる。この事実を捉えるために，Chomsky は英語の Q 素性は強い（strong）と仮定している。Chomsky によれば，強い素性は解釈されないので，派生の段階で，特に，Spell-Out（構造から音声情報を取り出すための規則）が適用される前に，照合によって削除されなければならない。

(15)のように，Q 素性が yes-no 疑問文の派生の段階で導入されると，この素性を照合により削除するために，主要部 I の所にある will が別の主要部 C の所へ移動すること（I-to-C 移動）により Q に付加されなければならない。

(15) Q [$_{IP}$ John will give a book to Mary]
(16) [[$_Q$ will Q] [$_{IP}$ John give a book to Mary]]

(16)では，will が Q 素性を照合すべき素性をもっているので，Q はこの素性により照合され，削除される。

この分析には，素性の強弱により言語の多様性や言語内の歴史的変化を説明できるという利点がある。例えば近代英語では動詞が文頭に来る。

(17) a. Saw you my master?
　　 b. Heard you this, Gonzalo?　　　　(Radford, 1997b : 117)

Radford (1997b) は，この事実を説明するために，近代英語の動詞は強い一致素性をもっていると仮定している。この仮定の下では，(17)の動詞が I-to-C 移動により C に繰り上がる。動詞が強い素性をもつ理由として，彼は近代英語の動詞の語形変化が豊かであったことを挙げている。

(18) a. Thou seest how diligent I am.
　　 b. She taketh most delight in music, instruments and poetry.
　　 c. Winter tames man, woman, and beast.　　　(*ibid*.: 119)

| further readings | 生成文法では，yes-no 疑問文の基底構造を平叙文とするか疑問文とするかで分析が分かれる。前者では，さらに，do 挿入規則（Do-support）を採用するかしないかで分析が分かれる。この規則を

採用する分析には Akmajian & Heny (1975) があり，この規則の代わりに深層構造で do を基底生成する分析に Culicover (1976)，C. Baker (1995²) などがある。また，後者では，基底構造の種類によって分析が3つに分類される。すなわち，基底構造に①抽象的文法形式要素 Q をもつ疑問文，②Q と [wh+either] - [or] をもつ疑問文，そして，③選択疑問文を仮定する分析である。①には C. Baker (1978)，J. McCawley (1998²) などがあり，②には Katz & Postal (1964)，Emonds (1976) などがあり，③には，Stockwell et al. (1973)，今井・中島 (1978) がある。

また，I-to-C 移動分析には，Radford (1997a, 1997b, 1988)，Pollock (1989)，Rizzi (1990)，Cowper (1992)，Chomsky & Lasnik (1993)，Chomsky (1986a, 1995, 1998) など多数ある。

関連テーマ　否定疑問文の not は，縮約される時には助動詞と共に倒置され，縮約されない時には主語の後に現れる。

(ⅰ) a. Isn't he smiling?
　　 b. Is he not smiling?
　　 c. *Is not he smiling?
　　 d. *Is he n't smiling?　　　　　　　　(Culicover, 1976 : 134)

この事実はどのように説明できるだろうか。

また，2番目，3番目の助動詞を文頭に移動させて yes-no 疑問文を作ることはできない。この事実はどのように説明できるだろうか。

(ⅱ) a. *Have you will been writing?
　　 b. *Been you have writing?
　　 c. *Been you will have writing?
　　 d. *Been the novel will have written?

【テーマ2】主語・助動詞倒置と wh 疑問文の統語的分布
【概説】

　一般的に，主語と助動詞の倒置は埋め込み文には生じないと言われている。生成文法では，Emonds (1976) が疑問文を派生する主語・助動詞倒置 (Subject-Aux Inversion) を根変形 (Root Transformation) の一種であると仮定し，この事実を説明する。この分析は，主語と助動詞の倒置

がいかなる場合にも埋め込み文には起こらないことを予測する。Goldsmith (1981) は，多くの方言では主語と助動詞の倒置が埋め込み文にも生じうる事実を挙げ，Emonds の分析はこの事実を説明できないと指摘した上で，補文標識を持つ文に限り，主語・助動詞倒置は適用されないと主張する。Chomsky (1995) は，IP の主要部 I が CP の主要部 C に繰り上がるのは根節 (Root Clause) に限られると仮定し，埋め込み文に主語と助動詞の倒置が生じないことを説明する。

wh 疑問文が埋め込み文に生じる場合，その生起は主節動詞の意味的な選択制限に依存する。一方，wh 疑問文が主節に現れる場合，wh 句が主語でない限り，助動詞が wh 句のすぐ後に続かなければならない。Rizzi (1996) は wh 基準 (*Wh*-Criterion) を仮定し，この事実を説明する。

◆**主語・助動詞倒置は根変形である**──Emonds (1976) *A Transformational Approach to English Syntax: Root, Structure-Preserving, and Local Transformations.*

Emonds (1976) は，Katz & Postal (1964) の仮説に従って，yes-no 疑問文の深層構造には wh 要素の whether（派生の仮定で削除される）が存在すると仮定している。なぜなら，yes-no 疑問文では，他の wh 疑問文と同じように，主語と助動詞が倒置するし，この wh 要素が埋め込み文に現れると whether として明示的に具現化するからである。

(19) a. Is Mary coming?

 b. Who will they support?

(20) a. John wonders whether Mary is coming.

 b. The question of whether they will support us is still undecided.

(Emonds, 1976 : 22)

Emonds は，疑問文を派生するために，(21)の主語・助動詞倒置を提案している。

(21) 主語・助動詞倒置 (subject-Auxiliary Inversion):

 COMP-NP-AUX-X ⇒ 1-3-2-4

  ただし，1 は WH かあるいは NEG 等を支配する。 (*ibid.*)

(23)の X は，COMP, NP, AUX 以外のいかなる要素でもよい。(19) は COMP が WH (whether を含む) を支配している深層構造から(21)の適

用により派生される。また，(20)はCOMPがNEGを支配している深層構造から(21)の適用により派生される。
- (24) a. Never have I had to borrow money.
    - b. Nothing did I see that I liked. (*ibid*.: 28)

Emondsは，(21)を根変形の一種であると仮定している。根変形とは，根S（S以外の節点に支配されていないS）に直接支配されている位置に要素を移動，転写，挿入する操作である。この仮定により，間接疑問文や関係節内では，主語と助動詞の倒置は起こらないことになる。
- (23) a. *We talked about how would we escape.
    - b. *She doesn't know why weren't they cooperative.
    - c. *The papers that did you burn were important. (*ibid*.: 22)

◆**補文標識のある文には主語―助動詞倒置が適用されない**―― Goldsmith (1981) "Complementizers and Root Sentences."

Goldsmith (1981) は，主語・助動詞倒置が根Sにしか適用されないというEmondsの主張を批判して，次の無標識条件を提案している。
- (24) 無補文標識条件（Non-Complementizer Condition）：
    もしあるS_1が補文標識をもつならば，そのS_1に変形規則を適用することはできない。 (Goldsmith, 1981: 542)

Goldsmithによれば，(24)は全ての根変形に適用される。

一般的に，主語と助動詞の倒置は間接疑問文では認められない。しかし，Goldsmithは，間接疑問文内でもその倒置を許す方言が数多くあるが，そのような人々でも埋め込み文に補文標識がある時には，主語と助動詞の倒置は認めないことを指摘している。
- (25) a. I asked John where did he go.
    - b. He wondered who should she talk to.
    - c. I asked had Bill left already. (*ibid*.: 546)
- (26) *I asked if had Bill left already. (*ibid*.)

Emondsの分析では，(25)と(26)の文法的差異が説明できない。しかし，(24)が仮定されると，(25)の文法性のみならず(26)（ifが補文標識であるので）の非文法性も正しく予測される，とGoldsmithは主張している。

◆ 根節のIのみがCに繰り上がる──Chomsky (1995) *The Minimalist Program.*

【テーマ1】で述べたように，Chomsky (1995) は，I-to-C 移動により主語と助動詞の倒置現象を説明している。その移動は機能範疇Cの強いQ素性による。強い素性は，派生構造に導入されると，それを照合により排除するために，併合（merge）や移動（move）などの適用を誘発する。

(27)のような基底構造には，強い素性Qがあるので，それを照合し削除するために，Q素性をもつ別の要素がQの指定部に移動するか，Qに付加されなければならない。

 (27) a. Q [you gave a book to Mary]
   b. Q [John gave which book to Mary]

その方法には，併合（代入，付加）と移動（代入，移動）がある。(27a)に併合（代入，付加）が適用されると，(28)が派生される。

 (28) a. (I wonder) [$_{CP}$ whether Q [you gave a book to Mary]]
   b. (I wonder) [$_{CP}$ [$_Q$ if Q] [you gave a book to Mary]]

(28a)では，whether がQ指定部に代入され，(28b)では，if がQに付加されている。一方，(27a)(27b)に助動詞または wh 句の移動（代入，付加）が適用されると，(29)が派生される。

 (29) a. [[$_Q$did Q] [$_{IP}$ John give a book to Mary]]
   b. (Guess) [$_{CP}$ which book Q [$_{IP}$ John give to Mary]]

(29a)では，助動詞IがQに付加され，(29b)では，which book がQの指定部に移動している。(28)(29)では，強いQ素性が whether, if, did, which book の素性（F_Q）によって照合され，削除される。

この分析では，(28)(29)以外に，(30)のような構造も派生可能であるが，それは認められない。

 (30) a. *I wonder [$_{CP}$ did [$_{IP}$ John give a book to Mary]].
   b. *I wonder [$_{CP}$ which book did [$_{IP}$ John give *t* to Mary]].

Chomsky (1995 : 386) は，(30)の非文法性を説明するために，「英語では，IがCに繰り上がるのは根節に限られ，義務的である」と述べている。

◆ wh 疑問文の統語的制限を wh 基準で説明する──Rizzi (1996) "Residual Verb Second and the *Wh*-Criterion."

wonderタイプの動詞は，埋め込み文の文頭にwh句の移動を要請する。一方believeタイプの動詞はそのような要請をしない。

(31) a. *I wonder [[you saw who]].
　　 b. I wonder [who [you saw]].
(32) a. Who believes [[Mary went where]]?
　　 b. *Who believes [where [Mary went *t*]]?　　(Rizzi, 1996 : 64)

Rizzi (1996) はこの事実を説明するために，次のwh基準を提案している。

(33) wh基準（*Wh*-Criterion）:
　　 A. wh演算子は $X^0[+\text{wh}]$ と指定部―主要部の構造をなしていなければならない。
　　 B. $X^0[+\text{wh}]$ はwh演算子と指定部―主要部の構造をなしていなければならない。　　　　　　　　　　　　　　　　　　(*ibid.*)

Rizziは，wonderが間接疑問文CPを選択するので，その主要部Cに[+wh]が標示されると仮定している。(31b)は，C[+wh]とwh演算子（who）が指定部―主要部の構造を成しているので，(33A)(33B)を満たす。しかし(31a)は，C[+wh]がwh演算子と指定部―主要部の構造を成していないので，(33B)に違反する。また，Rizziによれば，believeが平叙文CPを選択するので，その主要部Cに[−wh]が標示される。(32b)では，wh演算子（where）がC[+wh]と指定部―主要部の構造を成していないので，(35A)に違反する。

(33)のwh基準は，次のような主語・助動詞倒置の事実についても説明する。

(34) a. *[Mary has seen who]?
　　 b. *[Who [Mary has seen *t*]]?
　　 c. *[Has [Mary *t* seen who]]?
　　 d. [Who has [Mary *t* seen *t*]]?
(35) a. *I wonder [[Mary has seen who]].
　　 b. I wonder [who [Mary has seen *t*]].
　　 c. *I wonder [has [Mary *t* seen who]].
　　 d. *I wonder [who has [Mary *t* seen *t*]].

Rizziは(34)のIに［+wh］が標示されると仮定している。(34a)(34b)(34c)では，Iがwh演算子と指定部―主要部の構造を成していないので，(33B)に違反する。一方，(34d)では，IがCに移動することにより，(33A)(33B)を満たす。(35)では，埋め込み文のCに［+wh］が標示されるので，(35b)のみが(33A)(33B)を満たす。しかし，(35a)は，C［+wh］が演算子と指定部―主要部の構造を成していないので，(33B)に違反する。(35d)はI-to-C移動の適用を主節に制限する原理により排除される。また(35c)はこの原理と(33B)の違反により排除される。

> further readings　Goldsmith (1981) の提案に類似した分析にRadford (1988) がある。彼は，I-to-C 移動によってyes-no 疑問文を派生するが，「IはCがnullの場合にのみ繰り上がる」と仮定し，(i)を説明している。ただし，彼の分析では，whether, ifは共に補文標識である。
>
> (i) a. *She wondered [{whether/if} would he come back again].
>   b. She wondered [{whether/if} he would come back again].
>
> (Radford, 1988 : 415)

また，Rizzi (1996) のwh基準に類似した提案はLasnik & Saito (1992) にも見られる。

> 関連テーマ　yes-no疑問文が埋め込み文に生じる場合，whether, ifが用いられる。しかし，その成立条件は異なる。
>
> (ii) a. It all depends on whether they will support us.
>   b. *It all depends on if they will support us.
> (iii) a. He didn't say whether or not he'll be staying here.
>   b. *He didn't say if or not he'll be staying here.
>   (cf. He didn't say if he'll be staying here or not.)
>
> (Quirk et al., 1985 : 1054)

このような事実はどのように説明できるだろうか（第23章「間接疑問文」を参照）。

【テーマ3】wh 疑問文における wh 句の移動方法
【概説】

wh 疑問文では，動詞が believe, say などの橋渡し動詞 (bridge verb) であれば，wh 句は補文の中から文頭に移動できる。

(36) Who did you believe that John said that she should meet?

Jespersen (1968[10]) はこの種の疑問文を「エックス疑問文 (x-question)」と呼んでいる。学校文法や伝統文法では，(36)のような文の派生方法について議論していない。

生成文法では，その初期において，平叙文を深層構造とし，wh 句を文頭に移動させる変形規則を適用して wh 疑問文を派生していた。その後，Katz & Postal (1964) の仮説の下で，wh 疑問文を含めてすべての疑問文には抽象的文法形式 Q が想定され，wh 句はその位置に移動すると提案された。さらに，Bresnan (1976a), Chomsky (1973), Emonds (1976) は Q の代わりに普遍的な補文標識としての COMP を想定し，その位置に wh 句が移動すると仮定した。

wh 句が COMP へ移動する方法に関して，Postal (1972) が，循環節点 S に wh 移動を引き起こす要素があれば，wh 句は一度にその要素へ移動するという単一移動説を提案する。一方，Chomsky (1973) は文にいくつかの COMP があれば，wh 句は COMP の中を連続循環的に移動するという循環説を提案する。その後，wh 句の移動は COMP への移動から CP 指定部への移動に修正されたが，後者の循環説は 1990 年代半ばまで多くの文法家によって支持されてきた。しかし，Chomsky (1998) は，wh 句の連続循環的移動を phase という概念で捉え直す。

◆ **wh 句は一度に文頭に移動する**── Postal (1972) "On Some Rules that Are Not Successive Cyclic."

wh 句が埋め込み文に含まれている時，それを文頭に移動する方法には 2 つある。1 つは一度に文頭に移動する方法であり (37b)，もう1 つは連続循環的に移動し，最終的に文頭に移動する方法である (37c)。

(37) a. Who do you believe Mary thinks Joan talked to?
    b.
    c.

Postal (1972) は，次の証拠を挙げて，(37b) の移動を支持している。
(38) a. Max, whom I believe Mary thinks Joan talked to ...
b. Max, to whom I believe Mary thinks Joan talked ...
c. *Max, {who/whom} I believe to Mary thinks Joan talked ...
d. *Max, {who/whom} I believe Mary thinks to Joan talked ...
(Postal, 1972 : 213)

(38a)(38b)は，whom が移動する時，to はそれに随伴してもしなくてもよいことを示す。もし wh 句が連続循環的に移動するならば，to が中間の文頭の位置に留まることも可能である。しかし，(38c)(38d)は非文法的であるので，wh 句は連続循環的に移動しないと Postal は結論づけている。

◆ **wh 句は連続循環的に移動する**──Chomsky (1973) "Conditions on Transformations."

Chomsky (1973) は，次の厳密循環条件の帰結として，wh 句が連続循環的に移動すると主張している。

(39) 厳密循環条件 (Strict Cyclicity) :
循環節点 A に支配される領域に規則を適用する際には，他の循環節点 B によって支配された A の部分領域にのみ適用することがあってはならない。 (Chomsky, 1973 : 97)

(39)により，(40a)は，(40b)の深層構造の内なる循環節点 S と次の循環節点 S において wh 移動規則が適用されて派生される。その結果，wh 句は連続循環的に移動する。

(40) a. What did you tell me that Bill saw?
b. [$_S$ COMP you told me [$_S$ COMP Bill saw what]]
c. [$_S$ COMP you told me [$_S$ [what] Bill saw]]
d. [$_S$ [what] you told me [$_S$ COMP Bill saw]] (*ibid.*)

その後，補文標識や wh 句を含む S は S′ に修正され，wh 句は補文標識に付加されるようになった。さらに，Chomsky (1986a) では，S と S′ がそれぞれ IP と CP に修正された。

(41) a. S = I″ (IP) = [$_{IP}$ NP [$_{I'}$ [$_{VP}$ V ...]]]
b. S′ = C″ (CP) = [$_{CP}$... [$_{C'}$ C IP]] (Chomsky, 1986a : 3)

これは，Xバー理論をNP，VP，AP，PPという語彙範疇だけでなく，S，S'という機能範疇にも適用した結果である。(41)のIP，CPは，語彙範疇と同様に，主要部，補部，指定部から成る。Chomsky (1986a)以後，wh句はCP指定部へ移動することになるが，その移動が連続循環的であることには変わりはない。

◆ **Phase 理論**──Chomsky (1998) "Minimalist Inquiries: The Framework."

Chomsky (1998) は，phaseという概念を導入し，循環性や下接の条件を捉え直している。

(42) あるphaseの主要部は，そのphaseが完結した後では，不活性で更なる操作を誘発しない。　　　　　　(Chomsky, 1998：20)

(43) 主要部Hを有するphase αにおいて，Hの領域はαの外で適用される操作には接近不可能であるが，Hとその端の部分 (edge) だけがその操作に接近可能である。　　　　　　　(*ibid*.：22)

(42)の主旨は(39)の厳密循環条件と同じである。(43)は，HP＝[α [H β]]というphaseにおいて，HPの外でこのHPにある操作を適用する場合，適用を受ける要素はα（これをedgeという）と主要部Hに限られ，領域βには適用されないことを主張する。したがって，(43)に違反することなくwh疑問文を派生するには，phaseのα，つまり，指定部にwh句を移動しておかねばならない。Chomskyは，これを保証するために，(44)を提案している。

(44) phaseの主要部HはEPP素性とP素性が付与される。 (*ibid*.：23)
EPP素性は元来，節には主語が存在しなければならないことを要請する素性である。また，P素性は，HP＝[α [H β]]というphaseにおいて，αの位置にβ内にある要素 (wh句など) を引き付ける素性である。phaseを形成する範疇としてvとCが仮定されているので，(44)により，次の構造の主要部には4つのSPECが生じる。SPEC-C_2，SPEC-v_2，SPEC-C_1はCとv_2のP素性に関連し，SPEC-v_1は目的格やϕ素性に関連している。

(45) [$_{PH4}$ SPEC-C_2 ... [$_{PH3}$ SPEC-v_2 ... [$_{PH2}$ SPEC-C_1 ... [$_{PH1}$ SPEC-v_1 ... wh]]]]

(45)では，wh句がSPECを連続的に通過し，最終的にはSPEC-C$_2$に移動する。例えば，(46a)に対して，(46b)のような構造が派生される。

(46) a. What do you think that John bought?

b. [$_{CP2}$ SPEC [$_{IP}$ you [$_{VP2}$ SPEC think [$_{CP1}$ SPEC that [$_{IP}$ John [$_{VP1}$ SPEC bought what]]]]]]

(46b)では，wh句が各phaseのSPEC位置を通過して，文頭に移動する。これにより，SPEC-to-SPECの連続循環的な移動の効果が得られる。

この移動は，障壁を用いて移動を制限していたChomsky (1986a) の障壁理論を髣髴させる。Chomskyでは，語彙的にθ標示されない範疇が障壁になるので，VPは障壁になる。なぜなら，VPはIによってθ標示されるが，Iは語彙要素ではないからである。しかし，次の(47a)は完全に文法的な文であるので，whatはいかなる障壁も横切るはずはない。そこで，この問題を解決するために，VP付加操作が仮定された。なぜなら，要素がVPに付加すれば，それはVPという範疇（障壁）を横切らなくて済むからである。しかし，このVP付加操作はその場限りのものだと批判されていた。

(47) a. What did you buy?

b. [$_{CP}$ what did [$_{IP}$ you [$_{VP}$ t_2 [$_{VP}$ buy t_1]]]]

phase理論において，VP付加操作に当たるものは(44)であろう。しかし，(44)は，VP付加操作と異なり，適用範囲が広いので，上記の批判は当たらないようだ。

further readings Postal (1972) と同様，wh句の移動は連続循環的ではないと主張するものに，Ross (1967)，Bresnan (1976a) などがある。これに対して，Emonds (1976)，Riemsdijk & Williams (1986)，Cowper (1992)，Napoli (1993)，Chomsky (1981, 1986, 1995, 1998)，Chomsky & Lasnik (1993) などはwh句の移動を連続循環的であると仮定している。また，統語的なwh句の移動は存在しないと仮定しているものにBrody (1995) がある。

関連テーマ 埋め込み文からwh句の移動を許さない動詞は非橋渡し動詞 (non-bridge verb) と呼ばれるが，そのような動詞には意味的にどのようなタイプがあるだろうか。

また，一般的にヨーロッパ言語は前置詞を残して wh 句を移動させることができない。しかし，英語では，それができる場合とできない場合がある。このことはどのように説明すべきだろうか。

（ⅰ）a. *What time did John arrive at?
　　 b. Who did you write about?

(Hornstein & Weinberg, 1981 : 56)

13. 多重 wh 疑問文 (multiple question)

　多重 wh 疑問文とは，2つあるいはそれ以上の wh 疑問詞を含む疑問文をいう。
　(1) What did you buy for whom?
　(2) Who bought what when?
　この種の疑問文は特徴として「優位効果」を示す。動詞の目的語は前置詞の目的語に比べて優位であるので，(1)のように，優位な what が文頭に移動すれば文法的になるが，(3)のように優位でない whom が優位な what を飛び越えて文頭に移動すれば非文法的になる。【テーマ1】
　(3) *Whom did you buy what for?
　しかし，この優位効果は消失する場合がある。それは，wh 要素間で c 統御関係がない場合やその関係が相互的な場合のほか，次の例のように，wh 句が which N 形式であったり，疑問文に3つ以上の wh 句が含まれている場合である。【テーマ2】
　(4) What did which people buy?
　(5) What did who give to whom?
　さらに，同じ wh 疑問副詞でも，when, where が用いられると文法的になるが，why, how が用いられると非文法的になる。【テーマ3】
　(6) What did you buy {where/when/*why/*how}?
　また，多重 wh 疑問文には島の効果が見られない。【テーマ4】

【テーマ1】優位効果
【概説】
　伝統文法を代表する Jespersen (1940) は，この種の疑問文を二重疑問 (Double Question) と呼び，この疑問文がかなり古くから使用されていたことを指摘しているが，優位効果については何も説明していない。ま

た，Quirk et al. (1985) は，次のような例を挙げて，概略，「もし wh 要素の 1 つが主語であれば文頭になければならないが，そうでなければどちらの wh 要素も前置することが可能である」と述べているにすぎず，それ以上の詳しい説明はしていない。
   (7) Who said what to whom?
   (8) a. What have you hidden where?
       b. Where have you hidden what?　　　(Quirk et al., 1985 : 823)
一方，生成文法では，Chomsky (1973) が優位効果を説明するために優位条件（Superiority Condition）を提案して以来，活発な議論とさまざまな提案が現在まで行われてきている。Huang (1982) は，Chomsky (1981) の分析に従い，この条件は生成文法の一般原理である空範疇原理（Empty Category Principle）に還元できると主張している。May (1985) は，統語部門と LF 部門で生じる wh 句の経路において，交差する経路が重なってはならないという経路包含制約（Path Containment Condition）を提案し，この効果を説明している。Lasnik & Saito (1992) は，多重 wh 疑問文の解釈には併合操作（absorption）が適用されることに着目し，その操作が行われるための条件を提案している。さらに，ミニマリスト・プログラムを提唱した Chomsky (1995) は，経済性の原理を組み込んだ素性牽引規則（Attract F）で優位効果を説明している。

◆優位条件──Chomsky (1973) "Conditions on Transformations."
　Chomsky (1973) は優位効果を説明するために，(9)のような条件を提案している。
   (9) 優位条件（Superiority Condition）:
       いかなる規則も，次のような構造において X と Y を関係付けることはできない。
       ... X ... [α ... Z ...-W Y V ...]...
       ただし，この構造において，当該規則が Z と Y のいずれかに適用しうる点で曖昧であり，かつ，Z が Y より優位である。
                                             (Chomsky, 1973 : 101)
(9)の優位性の概念は，概略，「範疇 A を支配しているすべての主要範疇

が範疇Bを支配している場合に限り，AはBより優位である」というものである。(10a)の深層構造では，whoとwhatは共にwh移動規則を適用しうる要素であり，whoを支配している最大範疇Sがwhatを支配しているので，前者が後者より優位である。したがって，(9)の優位条件は(10b)の派生を許し，(10c)の派生を阻止する。

(10) a. [COMP [who bought what]]
　　b. Who bought what?
　　c. *What did who buy?

しかし，この分析は概念的な問題と経験的な問題をはらんでいる。概念的な問題はこの優位条件が移動規則に対する適用条件にすぎず，普遍文法の一般原理から引き出されるものではないことである。また，経験的な問題は次の事実に関わる。

(11) Who_i wonders $what_j$ who_k bought? (Lasnik & Saito, 1992 : 118)

Lasnik & Saito (1992) は，(11)のwho_kが$what_j$と共に埋め込み文を作用域に取るならば，この文は非文法的になるが，それがwho_iと共に主節を作用域に取るならば，この文の文法性が非常に高まると指摘している。(9)はこの事実を説明できない。なぜなら，(11)の埋め込み文では，(10c)と同様に，優位ではない目的語の$what_j$が優位な主語のwho_kを飛び越えて移動しているからである。

◆**空範疇原理分析**——Huang (1982) *Logical Relations in Chinese and the Theory of Grammar*.

Huang (1982) は，LFのwh移動を仮定すれば，(10b)(10c)のような文法的な対比は空範疇原理で説明できると主張している。

(12) 空範疇原理 (Empty Category Principle)：
　　空範疇は適正に統率されていなくてはならない。

(Huang, 1982 : 471)

(12)の適正統率は次のように定義される。

(13) 適正統率 (Proper Government)：
　　AがBを統率し，かつ，(ⅰ)Aが語彙範疇である場合か，または(ⅱ)AとBに同一指標が付与されている場合にのみ，AはBを適正統率する。　　　　　　　　　　　　　　　　*(ibid.)*

この定義に従えば，適正統率子となるのは N^0, V^0, A^0, P^0か，空範疇それ自体の先行詞である。また，統率は「α を支配している全ての最大範疇 β を支配し，その逆も成立する場合にのみ，α は β を統率する」という Aoun & Sportiche（1982-1983）の定義を採用している。

Huang は，COMP が wh 句を1つだけ支配している場合，その COMP を wh 句として同定するための操作として指標付与規則が適用されると仮定しているので，(10b)(10c)の表層構造は(14)のようになる。

(14) a. $[_{S'} [_{compi} who_i][_S t_i$ bought what$]]$
  b. *$[_{S'} [_{compj} what_j][_S$ did who buy $t_j]]$

この構造に LF の wh 移動規則が適用されると，(15)の LF 表示が派生される。

(15) a. $[_{S'} [_{compi} what_j\ who_i][_S t_i$ bought $t_j]]$
  b. $[_{S'} [_{compj} who_i\ what_j][_S t_i$ bought $t_j]]$ (Huang, 1982：554)

(15a)(15b)の t_jは動詞によって適正に統率される。また，(15a)の t_iは語彙的に統率されないが，COMP$_i$ によって統率される。その結果，(15a)の t_i, t_jは適正に統率され，空範疇原理を満たすので，(14a)は文法的となる。これに対して，(15b)の t_iは who$_i$ によって統率されない。なぜなら，最大投射である COMP が who$_i$ を支配するが，t_i を支配しないからである。また，この t_iは COMP$_j$ によっても統率されない。なぜなら，両者の指標が異なるからである。さらに，INFL は適正統率子ではないので，t_i は語彙的にも統率されない。したがって，t_iはいずれの場合にも適正に統率されないので，空範疇原理に違反する。その結果，(14b)は非文法的になる。

しかし，この分析は(11)や次の(16)を説明できない。

(16) a. Who did you tell t to read what?
  b. ?*What did you tell who to read t?

(Lasnik & Saito, 1992：119-120)

(16a)(16b)では，LF の wh 移動規則によって生じる what, who の痕跡が，(15b)の t_jと同様に，動詞によって適正に統率される。したがって，これらの痕跡は空範疇原理を満たすので，(16a)(16b)が共に文法的であると予測される。しかし，文法的な文は(16a)のみである。

◆経路分析——May (1985) *Logical Form*.

May (1985) は経路包含制約によって優位効果を説明している。

(17) 経路包含制約 (Path Containment Condition):
　　　交差する非文法項範疇 (A'-category) の経路は，(一方が他方を) 含んでいなければならず，重なってはならない。(May, 1985:118)

LF の wh 移動を仮定するならば，(18) の LF 表示として (19) が派生される。

(18) a. Who admires what?
　　 b. *What does who admire?　　　　　(May, 1985:122-123)

(19) a. $[_{S'} \ [_{NP_i} \ what_j \ who_i] \ [_S \ t_i \ [_{VP} \ admires \ t_j]]]$
　　　　Path(i) = {S, S'}
　　　　Path(j) = {VP, S, S', NP$_i$}
　　 b. $[_{S'} \ [_{NP_j} \ who_i \ what_j] \ [_S \ t_i \ [_{VP} \ bought \ t_j]]]$
　　　　Path(i) = {S, S', NP$_j$}
　　　　Path(j) = {VP, S, S'}

(19a) では，what$_j$ と who$_i$ の経路が包含関係にあるので，その表示は経路包含制約を満たし，(18a) は文法的になる。しかし，(19b) では，問題の経路が一部重なっているので，その LF 表示は経路包含制約に違反し，(18b) は非文法的になる。

しかし，経路包含制約には問題があり，次のような文の文法性を適切に説明できない。

(20) a. ?Who weren't books about what ever read to *t*?
　　　　　　　　　　　　　　　　　　　　　　(Stroik, 1992b:148)
　　 b. Who did pictures of who please *t*?

なぜなら，(20) の想定される LF 表示は，(18b) と同様に wh 句の交差する経路が一部重なるので，経路包含制約は (20a)(20b) を非文法的な文であると誤って予測するからである。

◆束縛分析——Lasnik & Saito (1992) *Move α*.

Lasnik & Saito (1992) は，優位効果を説明するために優位条件を提案している。

(21) 優位条件 (Superiority Condition):

a. もしCP指定部のwh句Xの指標をwh句Yに付与した結果，XがYを局所的に非文法項束縛（A′-binding）するならば，XはYに対して演算子分離（operator disjoint）である。（表層構造）

b. もし2つのwh句X，Yが演算子分離であるならば，併合を受けることができない。　　　　　　　(Lasnik & Saito, 1992 : 119)

(21)の局所的な非文法項束縛とは，統語的に移動したwh句と痕跡の間にその痕跡を束縛するような別の要素が介在しないことをいう。また，併合操作はHigginbotham & May (1981)の提案によるもので，[$_{S'}$ [$_{comp}$ WH$_1$, WH$_2$, ..., WH$_n$][$_S$ ...]]のようにn個からなる演算子を[$_{S'}$ [$_{comp}$ WH $(_1, _2, ..., _n)$][$_S$...]]のように1つに併合する操作である。

彼らの分析の特徴は，（ⅰ）(21a)を表層構造で適用し，（ⅱ）CP指定部のwh句とwh-in-situ（統語的に移動していないwh句）に適用される併合操作の可能性を2つのwh句の束縛関係に依存させていることである。

この優位条件は(10b)(10c)だけでなく，(11)も適切に説明できる。(11)では次のような表層構造が派生される。

(22) [$_{CP}$ who$_i$ [$_{IP}$ t_i wonders [$_{CP}$ what$_j$ [$_{IP}$ who bought t_j]]]]

(21a)に従って，(22)のwhat$_j$の指標jを埋め込み文の主語のwhoに付与するならば，前者は後者を局所的に非文法項束縛することになり，2つのwh句の間には演算子分離の関係が成り立つ。したがって，(21b)より，what$_j$とwhoは併合されないので，whoがwhat$_j$と同じ作用域をもつ解釈は生じない。これに対して，who$_i$の指標iを埋め込み文の主語のwhoに付与するならば，この2つのwh句の間には演算子分離の関係が成り立たない。なぜなら，主節主語の痕跡t_iが2つのwhoの間の局所的な非文法項束縛関係を阻止するからである。その結果，(21b)より，whoとwho$_i$は併合され，who$_i$と同じ作用域をもつと解釈される。

しかし，この分析には概念的な問題点と経験的な問題点がある。前者は，2つのwh句が局所的な非文法項束縛関係にある場合，これらの要素の間でなぜ併合操作が行われないのかが明らかでないことである。また，後者は，この条件が(20)のような例を非文法的であると誤って予測することである。(20)の表層構造において，(21a)に従いCP指定部のwhoの指標を主語の中にあるwhat，whoに付与するならば，これらのwh句の間

に局所的な非文法項束縛関係が成り立つ。その結果，(21b)よりこれらのwh句が併合されなくなり，(20)は非文法的な文として誤って排除されることになる。

◆**経済性の原理による分析**——Chomsky (1995) *The Minimalist Program.*

Chomsky (1995) は，言語 L を音声形式 (Phonetic Form (PF)) と論理形式 (Logical Form (LF)) を構築する生成手続きであると仮定している。PF と LF 表示はそれぞれ調音・知覚と概念・意図のインターフェイスで解釈されるので，これらの表示は完全解釈原理 (Full Interpretation)，つまり，表示は解釈可能な要素から構成されなければならないという原理を満たす必要がある。一方，PF，LF 表示は，その派生において，経済性の条件を満たさなければならない。その結果，派生の過程では余分なステップが排除され，派生が最適 (optimal) になる。

英語の wh 疑問文では，wh 句が文頭に移動しなければならない。それを捉えるために，Chomsky は CP の主要部 C が強い素性 Q をもつと仮定している。強い素性は解釈されないので，派生の段階で，特に，構造から音声情報を取り出すための規則 (Spell-Out) が適用される前に，wh 句の素性 F_Q との照合によって削除されなければならない。もしこの素性が削除されず LF 表示まで持ち越されると，その表示は完全解釈原理に違反し，合法的な構造が派生されなくなる。

素性の照合は，Q に遠い素性よりも近い素性によって行われる方が経済的である。例えば，派生の段階で Q [$_{IP}$ who bought what] という構造があれば，who, what は共に素性 Q の照合に対する候補者であるが，Q により近いのは who であるので，それを移動させて照合を行う方が経済的である。

Chomsky は，計算上の経済性を考慮して，who を Q に移動させるより，Q が who を引き付ける方が経済的だと主張している。この操作は素性牽引規則と呼ばれる。

(23) 素性牽引規則 (Attract F)：
　　素性 F が K の下位表示と照合関係に入りうる最も近い素性であるならば，K は F を引き付ける。　　　　　(Chomsky, 1995 : 297)

(23)の近接性の概念はc統御と最小領域によって決定されるが，2つのwh句が最小領域内になければ，c統御している方のwh句がもう1つのwh句より目標（この場合，Q）に近い，とされている。したがって，(10b)(10c)の基底構造である(24)では，素性牽引規則によってwhatよりもむしろwhoがCP指定部に引き付けられる。

(24) [$_{CP}$ Q [$_{IP}$ who bought what]]

その結果，(10b)が派生され，(10c)は派生されない。

極小理論では，優位効果は空範疇原理のような一般原理ではなく，最短距離移動という経済性の原理（最小連結条件）に基づく素性牽引規則で説明されている。しかし，この分析にも問題があり，先に示した例(11)を派生できない。なぜなら，この文は派生のある段階で，(24)のような構造を持ち，素性牽引規則はwhoをCP指定部に引き付けるからである。

further readings　この優位効果を経路（Path）という概念で説明しているものに，Nakajima (1985-1986, 1991) がある。また，CP指定部のwh句とwh-in-situに同一指標を付与し，①束縛関係でこの効果を説明したものに中村 (1991)，Stroik (1992b)，Hornstein (1995) などがあり，②語彙統率と先行詞統率を同時に満たすことを要求する通常とは異なる空範疇原理を用いて説明したものにStroik (1996) があり，③局所的な先行詞の必要性の有無によって説明したものに，Aoun & Li (1993) がある。さらに，一般化束縛条件で優位効果を説明した分析にAoun (1986)，Hornstein & Weinberg (1987) がある。

関連テーマ　次の例は統率によって定義された空範疇原理によって説明されていたが，Chomsky (1995) では統率という概念が廃棄されている。Chomsky (1995) の枠組みでは，次の(i)(ii)はどのように説明されるだろうか。

(i) a. *Who believes that who is guilty?
 b. Who believes who to be guilty?
(ii) a. *To whom does it seem who was a spy?
 b. Who seems to whom to be a spy?

【テーマ2】優位効果の消失
【概説】

　優位効果は2つのwh句が非対称的なc統御関係にある場合に生じる。したがって，優位効果が消失するのは相互にc統御関係が成り立つ場合(25)か，あるいは，全くその関係が成り立たない場合(26)に限られる。ただし，(26b)は主語からの要素摘出を禁止する主語条件に違反しているので非文法的になっている。

(25) a. [What] did you give *t* [to whom]?
　　 b. [To whom] did you give [what] *t*?　　(Huang, 1982 : 559)

(26) a. [What] did [~NP~ people [~PP~ from where]] buy *t*?
　　 b. *Where did [~NP~ people [~PP~ from *t*]] buy what?

(Fiengo *et al.*, 1987 : 83)

　それ以外で優位効果が消失するのは，wh句がwhich Nの場合と疑問文に3つ以上のwh句が存在する場合である。Pesetsky (1987b) は前者について議論し，which Nが優位効果を示さないのは，それが談話に関連したwh要素であるからだと主張している。また，May (1985) は後者について議論し，束縛経路の包含関係の有無で説明している。一方，Stroik (1996) は焦点強勢 (focal stress) を受けるwh句は演算子指標 (operator-index) をもつと仮定し，この事実を説明している。

◆**談話に結びついたwh句**── Pesetsky (1987b) "*Wh*-in-Situ: Movement and Unselective Binding."

　Pesetsky (1987b) はwho, whatなどのwh句には優位効果が生じるが，which N形式のwh句では優位効果が消失すると主張している。彼は前者を談話に結びついていないwh句（Non-D(iscourse)-linked *wh*）と呼び，後者を談話に結びついたwh句（D-linked *wh*）と呼んでいる。

(27) a. Mary asked who read what.
　　 b. *Mary asked what who read *t*.　　(Pesetsky, 1987b : 104)

(28) Mary asked which book which man read *t*.　　(*ibid.* : 106)

Pesetskyによれば，談話に結びついていないwh句は，それが移動した場合，入れ子型依存条件に従う。

(29) 入れ子型依存条件（Nested Dependency Condition）：

もし2つのwh痕跡の依存関係が重なるならば，一方が他方を含まなければならない。   (*ibid*：105)
またこの種のwh句は，統語的に移動していなければ，LFでwh移動規則の適用を受け，S′に付加される。したがって，(27a)(27b)のwh-in-situであるwhat, whoにLFのwh移動規則が適用されるならば，次のようなLF表示が派生される。

(30) a. Mary asked [$_{S'}$ what$_j$ [$_{S'}$ who$_i$ [$_S$ t_i read t_j]]]
   b. Mary asked [$_{S'}$ who$_i$ [$_{S'}$ what$_j$ [$_S$ t_i read t_j]]]

(30a)は入れ子型依存条件に違反しないが，(30b)はこれに違反する。その結果，(27b)のみが非文法的になる。

これに対して，(28)のwhich manがLFで移動するならば，(30b)と同じような構造が派生されるので，その構造は(29)より誤って排除される。そのために，談話に結びついたwhich Nタイプのwh-in-situはLFのwh移動規則の適用を受けない，とPesetskyは仮定している。

そこで問題になるのは，which Nタイプの作用域の決定方法である。Pesetskyは，C. Baker (1970b) の提案を採用し，Qとwhich Nタイプのwh句に同一指標を付与することによってその作用域が決定されると仮定している。したがって，(28)では，次のような表示が派生され，それに基づいてwhich manの作用域が決定される。

(31) Mary asked [[$_{CP}$ Q$_{i,j}$ which book$_j$] [$_{IP}$ which man$_i$ read t_i]]

◆**3つ以上のwh句を含む場合**——May (1985) *Logical Form*, Stroik (1996) *Minimalism, Scope, and VP Structure.*

優位効果が消失するもう1つの例は，(32)に見られるように，3つ以上のwh句が疑問文に含まれる場合である。

(32) a. ?What did who admire *t* when? (May, 1985：124)
   b. Where did who put what *t*? (Stroik, 1996：98)

May (1985) は束縛経路を用いてこの事実を説明している。(32a)では，whoとwhenの経路の結合が仮定されているので，これらのwh句がLFで移動するならば，次のような経路が形成される。

(33) [$_{CP}$ [$_{NPj}$ [$_{NPi}$ when$_k$ who$_i$] what$_j$]] [$_{IP}$ t_i [$_{VP}$ admire t_j t_k]]

$$\text{Path (i, k)} = \{\text{VP, S, S}', \text{NP}_j, \text{NP}_i\}$$
$$\text{Path (j)} \;\;\; = \{\text{VP, S, S}'\}$$

(33)では，交差する束縛経路が包含関係にあるので，この表示は容認可能となっている。

これに対して，Stroik (1996) は焦点強勢をもつwh句には演算子指標が付与されると提案している。その根拠として，次の例を挙げている。

(34) At the ceremony, I'm supposed to give what to whom?

この文が多重疑問文の読みを持つのは，what と whom に焦点強勢が与えられるときである。Chomsky (1981 : 196-197) に従い，焦点強勢をもつwh句に演算子指標が付与されるならば，what と whom の間に演算子と変項の関係が成り立つ。

この提案によれば，(32b)は次のような表示を持つ。ただし，演算子指標だけを示している。

(35) [$_\text{CP}$ where [$_\text{IP}$ who$_{\langle n \rangle}$ put what$_{\langle n \rangle}$ t]]　　　(Stroik, 1996 : 101)

(35)では，whoとwhatが演算子指標nを共有し，whoがwhatをc統御しているので，whoは演算子として，また，whatは変項として認可される。その結果，(32b)は文法的になる。この分析を支持するさらなる証拠として，(36)の多重疑問文の答えには(37a)のみが適切であることが挙げられている。

(36) Do you know what who said to whom?

(37) a. I know what John said to Mary.
　　　b. *I know what who said to Mary.
　　　c. *I know what John said to whom.

| further readings | 優位効果の消失を説明するために，弱交差原理 (Weak Cross Over Principle) を利用した分析に Hornstein (1995) がある。

| 関連テーマ | 主語がwh句のとき，優位効果が消失する場合がある。

 (i) a. We will discuss under what condition who will do that.
　　　b. ?John knows what who saw {yesterday/in the barn}.
　　　c. ?What who saw is not clear.　　　　　(Chiba, 1977 : 301)

このような例はどのように説明できるだろうか。

【テーマ3】wh疑問副詞を伴う場合
【概説】
　wh疑問副詞を伴う多重wh疑問文では，同じ付加詞でもwhen，whereとwhy，howでは文法性が異なる。

(38) Who remembers what we bought {where/when/*why/*how}?
(Huang, 1982 : 535)

この事実を説明するために，Huang (1982) はwhere, whenが空の前置詞の補部に生起する名詞句であるのに対して，why, howはそうではないと主張している。一方，Stroik (1992b) はwhere, whenとwhy, howの指示性の違いによってこの事実を説明している。

◆**where, whenは名詞句**──Huang (1982) *Logical Relations in Chinese and the Theory of Grammar.*

　Huang (1982) はwhen, whereは名詞句であるが，why, howはそうではないことを示す証拠として，次の事実を挙げている。

(39) a. From where did he come?
　　　b. Since when have you been here?
　　　c. *For why did he come?
　　　d. *By how did he come?　　　(Huang, 1982 : 536)

(39) は，where, whenの構造が [_PP_ P NP] であることを示す。where, whenは単独でも用いられるので，Pは語彙的に具現化されなくてもよい。

　(38)のwhere, whenでは，前置詞が空であるので，LFのwh移動規則はwhere, whenの名詞句のみに適用されるとHuangは主張している。その結果，その痕跡はP⁰によって適正に統率され，空範疇原理を満たす。一方，(38)のwhy, howは名詞句ではない。(38)が示すように，これらのwh句を含む多重wh疑問文は非文法的であるので，名詞句でない要素(付加詞)はLFで移動する場合でも下接の条件に従うとHuangは仮定している。

◆**where, whenは指示的**──Stroik (1992b) "English *Wh*-in-situ Constructions."

Stroik (1992b) は where, when が指示的であるのに対して, why, how は指示的ではないと主張し, 上記(38)のような文法的な対比を説明している。

Stroik は, LF での wh 移動を認めない代わりに, COMP 指標付与操作を仮定している。この操作は表層構造でも LF でも適用される。

(40) a. Which woman loves which man.
  b. which woman$_{(i)}$ loves which man$_{(j)}$.
  c. [which woman$_{(i), (k)}$ [$t_{(i), (k)}$ [loves which man$_{(j)}$]]].
  d. [which woman$_{(i), (k)}$ [$t_{(i), (k)}$ [loves which man$_{(j), (k)}$]]].
           (Stroik, 1992b : 145)

(40b)は(40a)の深層構造である。この構造で付与される指標 (i, j) は指示/範疇を表す。(40c)では, which woman が COMP に移動した時, COMP の指標 k が COMP 指標付与操作によってそれに付与されている。(40d)では, LF においてこの操作が which man に適用されている。

(40a)の多重 wh 疑問文は, 演算子 which woman の値と wh-in-situ の which man の値を対とする答えを要求する。ただし, which man の値は自由に選択されるのではなく, 演算子 which woman の指示的な値に依存して選択される, と Stroik は主張している。彼によれば, (40d)の which man は純粋な変項ではなく, 演算子に依存した語彙化された変項である。

この分析では, 多重 wh 疑問文の wh 句は指示的なものでなければならない。もし演算子が指示的でなければ, いかなる wh-in-situ も認可できないし, wh-in-situ が指示的でなければ, いかなる演算子によっても認可されることはない。

(41) a. *Why Mary did say what?
  b. *How did Mary say what?   (*ibid.* : 146)
(42) a. *What did John say why?
  b. *What did John say how?   (*ibid.* : 147)

(41)(42)の非文法性は, why, how が指示的ではないことで説明される。

これに対して, where, when が指示的であると仮定すれば, 次の例が文法的であることが説明できる。

(43) a. When did John go where?
  b. Where did John put what?

13. 多重 wh 疑問文

further readings 機能文法の枠組みで多重 wh 疑問文を説明した分析に Kuno & Takami (1993b) がある。when, where, why, how の統語的位置に関して VP Shell Hypothesis を用いて議論したものに Stroik (1996) がある。さらに, 日本語の「なぜ」について議論したものとして, Lasnik & Saito (1984, 1992), Fukui (1988), Watanabe (1992) などがある。

関連テーマ May (1985), Hornstein (1995) は why が構造的に CP 指定部に基底生成されると仮定している。しかし, この仮定では Who bought what why?のような例はどのように説明すればよいであろうか。

【テーマ4】多重 wh 疑問文と島の条件
【概説】

wh 句の移動は, 移動規則に課せられる条件, 例えば, 複合名詞句制約, 主語条件, 付加詞条件, wh 島の条件など, いわゆる島の条件に従う。

(44) a. *Who do you like books that criticize *t*?
　　b. *What do you think that pictures of *t* are on sale?
　　c. *What did Mary get angry because I spoke about *t*?
　　d. *What do you remember where we bought *t*?

(Stroik, 1992b : 134)

一方, 多重 wh 疑問文は同じ統語的環境にあっても文法的である。

(45) a. Who likes books that criticize who?
　　b. Who thinks that pictures of what are on sale?
　　c. Who got angry because I spoke about what?
　　d. Who remembers where we bought what?

ここで問題になるのは, wh-in-situ が LF で移動するかどうかである。Chomsky (1986a) は LF の wh 移動規則は存在するが, (44)に適用される移動条件は LF では適用されないと主張している。一方, Aoun & Li (1993) は LF の wh 移動は存在しないと主張している。

◆**LF の wh 移動は存在する**── Chomsky (1986a) *Barriers.*
Chomsky (1986a) は, 次のような例を挙げて, LF の wh 移動が存在

181

すれば，これらの文の文法性は空範疇原理によって説明できると主張している。

(46) a. Who knows how John did what?
　　 b. *Who knows what John did how?　　(Chomsky, 1986a : 49)

(46a)では，what が LF で移動するならば，その痕跡は did によって適正に統率される。同様に，(46b)の how が LF で移動すれば，how の痕跡は適正に統率されず，空範疇原理に違反してしまう（【テーマ 1】を参照）。

また，Chosmky は主語の who について議論し，この要素は統語的に移動しないが，LF では CP 指定部に移動すると主張して，LF での wh 移動を支持している。

(47) What do you wonder [$_{CP}$ who saw t]?

理由として，埋め込み文の who が LF で CP 指定部に移動すれば，その who と wonder の選択関係が捉えられること，また，CP 指定部にある wh 句と同様に，who が作用域として節を取ることが一般に言えること，さらに，who は wh-in-situ ではないので，この文が多重 wh 疑問文として解釈されないことが説明できることを彼は挙げている。

◆**LF の wh 移動は存在しない**──Aoun & Li (1993) "*Wh*-Elements in Situ: Syntax or LF?," Stroik (1996) *Minimalism, Scope, and VP Structure.*

Aoun & Li (1993) は，only と wh-in-situ との相互関係によって LF の wh 移動は存在しないと主張している。

(48) He only likes Mary.
(49) a. *Mary, he only likes t.
　　 b. *Who does only like t?　　(Aoun & Li, 1993 : 206)

(48a)では，only は動詞，目的語と結び付けられる。only が動詞と結び付けられた場合 he doesn't love her の読みが可能であり，目的語と結び付けられた場合 he doesn't like Sue の読みが可能である。しかし，(49)に見られるように，only と結びつけられている要素は移動することはできない。Tancredi (1990) は，(48)(49)の事実より，「演算子 only はそれが c 統御する領域内の語彙的な要素に関連付けられなければならない」と

いう条件を提案している。Aoun & Li は，この条件が(49)のような表層構造だけでなく，LF にも適用されると主張している。

(50) a. Someone loves every boy in the room. (ambiguous)

b. Someone only loves every boy in the room. (unambiguous)

(50a)は数量詞の作用域において曖昧である。この曖昧性は，every boy in the room が LF において IP に付加されることによって説明される。これに対して，(50b)は曖昧ではない。この非曖昧性は，only によって c 統御されている要素（every boy in the room）が LF でも繰り上げられないとすれば，説明可能となる。

only を含む多重 wh 疑問文は文法的である。これは only に c 統御されている what が LF でも移動しないと仮定すれば説明可能であると Aoun & Li は主張している。

(51) Who only likes what?　　　　　　(Aoun & Li, 1993 : 206)

また Stroik（1996）も，次のような証拠を挙げて，LF の wh 移動は存在しないと主張している。

(52) a. *Who$_i$ wouldn't his$_i$ mother do anything for t_i?

b. *His$_i$ mother wouldn't do anything for every boy$_i$.

(Stroik, 1996 : 84)

(53) a. What wouldn't his$_i$ mother do for whom$_i$?

b. Which of his$_i$ friends have refused to help whom$_i$?　(*ibid.* : 85)

(52)が示すように，統語的な移動や every boy のような数量詞句の LF 移動は弱交差条件に従う。しかし，(53)の多重 wh 疑問文はその条件に従わない。したがって，wh-in-situ は LF では移動しないと彼は主張している。

以上のように，多重 wh 疑問文と島の条件から LF の wh 移動については 2 つの立場があるが，次の例は LF の wh 移動を示唆するかもしれない。

(54) a. Who was against [proposals to find [a topic to discuss with whom]]?

b. Who was against [proposals to tell Mary to try to discuss this with whom]?　　　　　(Brody, 1995 : 56-57)

(54a)では，wh-in-situ が 2 つの島の中に含まれているのに対して，(54b)

では1つの島の中に含まれている。Brody (1995) は, この種の文の判断は微妙であるが, (54a)の方が(54b)より文法的だと判断している。wh句移動の可否は島の種類と数に関係があるので, (54)の事実はLFでwh移動規則が適用されることを示唆するだろう。

> **further readings**　LFでwh-in-situが移動する立場をとる分析として, Chomsky (1981), Huang (1982), May (1985), Lasnik & Saito (1984, 1992) などがある。これに対して, LFでwh-in-situが移動しない立場をとる分析として, Aoun & Li (1993), Stroik (1996) 以外に, Hornstein (1995), Chomsky (1995) などがある。

> **関連テーマ**　多重wh疑問文は特定性の条件 (Specificity Condition) に従う。この事実はどのように説明できるだろうか。
>
> (ⅰ) a. Who saw [pictures of who]?
>   b. *Who saw [that picture of who]?
>
> (Fiengo & Higginbotham, 1981 : 414)

14. 付加疑問文 (tag question)

　付加疑問文とは，ある陳述節（statement）の後に「助動詞＋主語」からなる付加節（tag clause）が続く疑問文をいう。
　(1) She knows you, doesn't she?　　　(Quirk *et al*., 1985 : 810)
　付加疑問文の主語や助動詞の形は陳述節との関係で決まってくる。通常，陳述節は平叙文であるが，命令文，感嘆文の場合もある。しかし，陳述節が疑問文の場合は稀である。さらに，付加疑問文では，陳述節，付加節において肯定―否定の極性が逆転する場合が一般的であるが，一致する場合もある。【テーマ 1】
　また，付加疑問文の意味はイントネーションに密接に関係する。極性不一致の付加疑問文では，付加節が上昇調である場合には，話し手は聞き手に yes-no あるいはそれに準じた応答を求めている。一方，付加節が下降調の場合には，話し手は陳述節の内容に対して強い確信をもっており，聞き手に同意やあいづちを求めている。【テーマ 2】
　さらに，付加疑問文において興味深いのは，その派生方法である。生成文法では，その初期に盛んに議論され，さまざまな統語分析が提案された。【テーマ 3】

【テーマ 1】統語的特徴
【概説】
　付加疑問文という用語は，Jespersen (1968[10]) による。このほか，例えば，Kruisinga (1909-1932)，Zandvoort (1966[4]) はこれを追加疑問文 (appended question) と呼び，H. Palmer (1939[2]) は選言疑問文 (disjunctive question) の中に含めている。
　付加疑問文は，陳述節，コンマ，付加節から構成されるが，付加節の形式は陳述節のそれにもっぱら依存している。また，陳述節と付加節には肯定―否定の極性不一致，一致が見られる。これらの点について，Culicover (1976)，Cattell (1973) などを中心に要約しておく。

(A) 形式的特徴

付加疑問文の付加節と陳述節の間には形式的に深い関係がある。まず，付加節の主語は陳述節の主語と性・数・人称が一致している代名詞でなければならない。

(2) a. John isn't smiling, is {he, *she, *John}?
　　b. You haven't read my book, have {you, *they, *we, *I}?
　　　　　　　　　　　　　　　　　　　　　　(Culicover, 1976 : 133)

また，付加節の助動詞は，陳述節に随意的な要素である助動詞（法助動詞，完了の have，進行形・受身形の be）があれば，それと同一でなければならないが，もし陳述節に義務的な時制要素しかなければ，それに対応した do, does, did のいずれかが用いられなければならない。

(3) a. Mary won't read the book, {will, *can, *shall, *would, *is, *has, *should, *must, etc. } she?　　　　　　　(*ibid.*: 132)
　　b. He likes his job, {doesn't, *don't, *didn't} he?

(B) 統語的制限

まず，ある文が 2 つ以上の文を含む場合，付加疑問文は，通常，一番上の文に関して形成される。

(4) a. John thinks the war is ending, doesn't he?
　　b. *John thinks the war is ending, isn't it?　　(Cattell, 1973 : 613)

しかし，主語が一人称で，述語が(5)のように断定を緩和させる意味を持つ動詞で，時制が現在の時には埋め込み文に付加節が続く。

(5) believe, expect, fancy, imagine, know, notice, see, suppose, appear, seem

(6) a. I suppose the war is ending, isn't it?
　　b. *I suppose the war is ending, don't I?　　(Cattell, 1973 : 613)

ところが，たとえ主語が一人称で時制が現在でも，述語が(7)のように主観的感情を表す動詞であったり，(8)のように遂行動詞である場合には，付加節は生じない。それは，話し手自身が自分の感情を聞き手に尋ねたり，自分が行う行為を聞き手に確認したりするのは語用論的に不自然であるからである。

(7) *I like to bake cakes, don't I?　　　　　(今井・中島, 1978 : 171)

(8) *I name this ship the 'Hercules', {don't I, do I}?

(Cattell, 1973 : 621)

また付加疑問文には，陳述節，付加節のいずれにおいても wh 句を含むことはできない。

(9) a. *John saw someone, who did he?
　　b. *Where are you going, are you?　　(Culicover, 1976 : 133-35)

さらに，付加節が否定辞 not を伴う場合，not が縮約形である時には助動詞と共に前置され，そうでない時には主語の後に留まる。

(10) John is smiling, {isn't he?/is he not?/*is not he?/*is he n't?}

(*ibid*.: 134)

通常，付加節は平叙文の後に続くことが多いが，(11)のように命令文，感嘆文の後に続くこともある。

(11) a. Sit down, will you?
　　b. What lovely weather, isn't it?

しかし一般的に疑問文の後には，付加節は続かないとされている。

(12) a. *Are you leaving for New York, are you?
　　b. *Did Mary like the movie, did she?　　(*ibid*.: 135)

ただしアメリカ英語，オーストラリア英語では，この種の付加疑問文が認められる。

(13) a. Did he go there, did he?
　　b. How did he go there, did he?　　(Hudson, 1975b : 29)

(C) 付加疑問文の肯定―否定の極性

付加疑問文では，(14a)(14b)のように，陳述節，付加節において肯定―否定の極性が逆転する場合が一般的である。しかし，(14c)(14d)のように，肯定―否定の極性が一致する場合もありうる。

(14) a. Mary will read the book won't she?
　　b. Mary won't read the book, will she?
　　c. Mary will read the book, will she?
　　d. (*)Mary won't read the book, won't she?

(Culicover, 1976 : 132)

(14a)～(14c)の文法的判断は問題がないが，(14d)については判断に揺れ

187

が見られる。R. Lakoff (1969), Arbini (1969), Culicover (1976) などはこれを非文法的だと見なし, Nässlin (1984), Quirk et al. (1985) はこれを論理的に可能だが実際に使用されないという。逆に, Huddleston (1970), Hudson (1975b) などはこれを文法的だと判断している。

(14)のような極性不一致・一致は, Cattell (1973) では'contrasting polarity', 'matching polarity'と呼ばれ, Huddleston (1970), Nässlin (1984) では'reversed polarity', 'constant polarity'と呼ばれている。

また, 命令文を含む付加疑問文にも肯定―否定の極性が一致しない例が観察されている。

(15) a. Open the door, won't you?
　　　b. Don't make a noise, will you?　　　(Quirk et al., 1985:813)

further readings　一般に, 陳述節が疑問文である場合, その付加疑問文は非文法的であると判断される。しかし, 次のような付加疑問文を文法的であると判断し, その理由を考察している論文に Cattell (1973), Nässlin (1984) がある。

(i) Did John drink beer, did he?　　　(Cattell, 1973:616)

関連テーマ　主語が一人称で, 時制が現在時制で, 動詞が断定を緩和させる意味の動詞の場合, 否定辞が埋め込み文・主節のいずれにあろうと付加節は肯定形になる。

(ii) a. I think/believe/suppose inflation won't stop, will it?
　　　 b. I don't think/believe/suppose inflation will stop, will it?

(今井・中島, 1978:172)

この事実はどのように説明できるだろうか。この種の動詞は(iii)のように否定辞繰り上げを許すので, それも合わせて(ii)を考察する必要があろう。

(iii) a. I think/believe/suppose inflation won't stop.
　　　 b. I don't think/believe/suppose inflation will stop.

【テーマ2】イントネーションと意味
【概説】
付加疑問文のイントネーションは, 陳述節では下降調であるが, 付加節

では上昇調になる場合と下降調になる場合がある。Quirk et al. (1985) は陳述節と付加節はそれぞれ想定（assumption）と期待（expectation）を表すが，付加節が上昇調になると中立的な期待を，下降調になると陳述節に応じた肯定・否定の期待を表すと主張している。

◆**想定と期待**──Quirk et al. (1985) *A Comprehensive Grammar of the English Language.*
　肯定－否定の極性不一致の例は，否定辞が陳述節か付加節のいずれかに含まれるので，論理的には4つの組み合わせが可能である。Quirk et al. は陳述節と付加節によって表現される想定と期待を考慮して，次のような分析をしている。S, T, "＋", "－", "`", "´" はそれぞれ陳述節と付加節，肯定と否定，下降調と上昇調を表す。
   (16) a. He likes his JÒB, DÓESn't he?
         ＋S̀－T̂: positive assumption＋neutral expectation
      b. He doesn't like his JÒB, DÓES he?
         －S̀＋T̂: negative assumption＋neutral expectation
      c. He likes his JÒB, DÒESn't he?
         ＋S̀－T̀: positive assumption＋positive expectation
      d. He doesn't like his JÒB, DÒES he?
         －S̀＋T̀: negative assumption＋negative expectation
                                          (Quirk et al., 1985: 811)
これらの文はすべて，何かを主張し，聞き手にそれに対する応答を誘っている。(16a)では話し手は「彼はその仕事が好きだと思う」と肯定的に考えているのに対して，(16b)では「彼はその仕事が好きではないと思う」と否定的に考えているが，付加節は(16a)(16b)ともに上昇調であるので，「この考えは正しいですか」と中立的な期待をもって尋ねて，聞き手に yes-no 疑問文かそれに準じる答えを求めている。

　これに対して，(16c)(16d)の付加節はともに下降調であるので，陳述節の肯定的内容，否定的内容に応じた期待を持ち，それに対する同意やあいずちを求めている。したがって，この種の付加疑問文は下降調の yes-no 形式の感嘆文（Isn't it wonderful WEATHER!）に似ている，と Quirk et al. は主張している。

また，陳述節と付加節が共に肯定の時には，付加節は典型的に上昇調になる。この種の付加疑問文では，陳述節は oh や so で始まる場合があり，話者は推論等によって一定の結論に達していることを示し，皮肉，叱責表現として用いられる。

(17) So he likes his JÒB, DÓES he? (*ibid.*)

further readings Hudson (1975b) は付加疑問文を語用論的に分析している。Nässlin (1984) は誠実性条件 (sincerity condition) を用いて付加疑問文を分析している。さらに，Cattell (1973) は話者の視点 (point of view) に基づき付加疑問文を分析している。

関連テーマ 陳述節が命令文で否定辞を含まない場合，付加節は否定辞を含んでも含まなくてもよいが，陳述節が命令文で否定辞がある場合，付加節は否定辞を含むことができない。その理由はなぜだろうか。

(ⅰ) a. Have some more, will you?
　　 b. Have some more, won't you?
　　 c. Don't have any more, will you?
　　 d. *Don't have any more, won't you? (Hudson, 1975b : 28)

【テーマ3】付加疑問文の派生について
【概説】
生成文法の初期（1960年代から1970年代にかけて）に統語的な派生の方法について盛んに議論が行われた。その派生方法は単文分析と重文分析に大別される。単文分析では，疑問文を基底構造とする分析に Culicover (1976) があり，平叙文を基底構造とする分析に Emonds (1976) がある。また，重文分析に今井・中島 (1978) がある。

◆**基底構造は疑問文**——Culicover (1976) *Syntax*.
Culicover は，陳述節に whether（これは最終的には削除される）を仮定し，付加疑問形成規則によってそれを付加節に導入する方法を提案している。

(18) 付加疑問形式規則（Tag Formation）:
whether NP AUX (not) VP
　　　　1　　　2　　3　　4　　5 ⇒ φ 2 3 φ 5, 1[2+PRO]3 4

(Culicover, 1976 : 136)

この分析の利点は，この規則が wh 疑問文や yes-no 疑問文を基底とする構造には適用されないので，次のような付加疑問文が存在しないことが説明できることである。

(19) a. *Who left early, did he?
　　　b. *Are you leaving for New York, are you?　　　(*ibid*.: 135)

さらにこの分析では，yes-no 疑問文の倒置は whether によるので，付加疑問形成規則(18)の構造記述に whether を仮定することによって，yes-no 疑問文と付加疑問文の平衡性が捉えられる。

(20) a. Isn't John smiling?　⇔　John is smiling, isn't he?
　　　b. Is John not smiling?　⇔　John is smiling, is he not?
　　　c. *Is not John smiling?　⇔　*John is smiling, is not he?
　　　d. *Is John n't smiling?　⇔　*John is smiling, is he n't?

(*ibid.*)

◆**基底構造は平叙文**── Emonds (1976) *A Transformational Approach to English Syntax: Root, Structure-Preserving, and Local Transformations.*

Emonds (1976) の分析では，付加疑問文を派生するのに2つの規則が適用される。1つは，平叙文全体をコピーし，同時に whether を付加する付加疑問文形成規則である。whether を付加するのは，付加節を疑問文にするためである。もう1つは，付加節の最初の助動詞の後に続く要素 (VP) を削除する VP 削除である。

(21) a. Mary won't buy this dress, will she?
　　　b. You were dissatisfied, were you?　　　(Emonds, 1976 : 27)

この付加疑問文形成規則は根変形であるので，付加節は根（root）に生成される。したがって，同じ根変形の主語・助動詞倒置変形が付加節に適用され，will she, were you という語順が派生される。

この分析の利点は，付加疑問文形成規則を根変形と仮定しているので，

【テーマ１】で示したように，付加疑問文が埋め込み文では生じないことが説明できることである。

(22) a. *Bill wanted to know whether Mary had come, hadn't she?
　　 b. *Bill asked if he could date someone, could he?　　　(ibid.)

◆**基底構造は重文**——今井・中島（1978）『文II』

今井・中島（1978）の特徴は，①付加節形成規則が義務的な規則であり，②付加節が上昇調と下降調とで異なった基底構造を仮定していることである。上昇調では平叙文とyes-no疑問文からなる重文を深層構造とし，また，下降調では平叙文と修辞疑問文からなる重文を深層構造としている。

まず，付加節が上昇調の場合，平叙文（S_1）とyes-no疑問文（S_2）を深層構造とするので，付加節を派生するには，後者から重出部（＝斜体部）を付加節形成規則（S_1とS_2の主語と時制（助動詞，have動詞，be動詞）が同一である場合に適用）により削除する必要がある。

(23) $[_{S0}\ [_{S1}-\text{WH he saw it}]$
　　　$[_{S2}\ [_{S3}+\text{WH he didn't see it}]\ \text{or}\ [_{S4}+\text{WH he saw it}]]]$
　　　$+\text{WH didn't he}$ *see it*?

この分析の利点は，陳述節の基本形が平叙文であるから，付加疑問文の陳述節は疑問文ではありえないことが自動的に説明できることである。また，yes-no疑問文を深層構造とし，付加節形成規則を仮定しているので，付加節に現れる助動詞と陳述節に現れる助動詞が一致していることや付加節とyes-no疑問文に現れる否定辞 not/n't の平衡性が説明できる。

次に，下降調の場合には，平叙文と修辞疑問文を深層構造とする。その根拠は，付加疑問文と修辞疑問文の意味が重なるからである。例えば，彼らの分析では(24a)に対する深層構造は(24b)である。

(24) a. You have never seen any two-horned unicorn, have you?
　　 b. [−WH you have never seen any two-horned unicorn][+WH have you seen any two-horned unicorn?]

　　　　　　　　　　　　　　　　　　　　　　　　（今井・中島, 1978：179）

(24b)では，否定平叙文の後に肯定形の修辞疑問文が続いている。この

修辞疑問文は否定平叙文に相当する内容を表す。したがって，陳述節で否定的な内容を述べ，付加節で同じ内容を繰り返し，念を押すことになる。

　この分析の問題は，彼ら自ら指摘しているように，付加節のイントネーションが下降調であるにもかかわらず，上昇調の修辞疑問文を基底構造とすることである。

further readings　付加疑問文を疑問文から派生させる単文分析にKlima (1964), Arbini (1969), Akmajian & Heny (1975) などがある。今井・中島 (1978) と類似した重文分析に Stockwell *et al.* (1973) がある。また，命令文の付加疑問文についても，単文分析 (Arbini (1969)) と重文分析 (Huddleston (1970)) がある。

関連テーマ　付加疑問文には，次のような異形が観察されている。

（ⅰ）They forgot to attend the lecture, {am I right, isn't that so, don't you think, wouldn't you say}?　　　　(Quirk *et al.*, 1985 : 814)

　この種の付加疑問文はどのように派生したらよいであろうか。

15. 否定文 (negative sentence)

　　文が肯定であるか否定であるかという性質を極性 (polarity) という。any や ever, a red cent (びた一文) などのような語句は, (1) に示したように, 否定文では容認されるが肯定文では容認されないので, 否定極性項目 (Negative Polarity Item: NPI) と呼ばれる。NPI は, (1a) のような not を伴う明示的否定文にだけでなく, (2) や (3) のような広い意味での否定文脈 (negative context) にも現れることが知られている。

(1) a. I have**n't** *ever* met *any* popular musicians at the bar.
　　b. *I have *ever* met *any* popular musicians at the bar.
(2) John **seldom** attends *any* meetings in our faculty.
(3) **If** he drinks *any* water from that well, he will get dysentery.

not, seldom, if などのように, 否定環境を与え NPI の出現を認可する要素を NPI 認可表現と呼ぶ。NPI 認可表現は, 何か共通の性質を持っていると考えられる。【テーマ 1】

　　しかし, NPI とその認可表現が共起していても, NPI が現れる場所によって容認される場合とされない場合がある。【テーマ 2】

(4) John did**n't** eat *anything*.
(5) *Anyone did**n't** eat apples.

さらに, 構造的に同じ位置に現れていても, 文脈によって認可される場合とされない場合がある。(3) と (6) を比較しよう。【テーマ 3】

(6) ***If** he drinks *any* water from that well, he will get better.

【テーマ 1】否定文と否定文脈
【概説】
　　否定という用語は, これまでさまざまな文献でいろいろな用い方がなされてきた。否定要素を伴う文の形態と意味にずれがあったり, 意味は否定でも形は肯定形であったり, 文法学者によってその扱う対象の範囲や用語

がなかなか統一されないのは，否定現象そのものの多様さと複雑さに起因している。伝統文法では，notやnoなどの否定辞（negative）を伴う文が一般的に否定文と呼ばれるが，seldomやfewなどの弱い否定を伴う文も，肯定形の付加疑問を伴ったり文頭に置かれた時に倒置が起こることなどから，否定文に含められることが多く，Jespersen (1917:§IV) はこれらを「不完全否定 (incomplete negation)」と呼んでいる。if節やtoo～to構文などは「含意否定 (implied negation)」と呼ばれる (Jespersen (1924:Ch. 23))。否定という用語によってカバーされる現象は非常に広く，ここで全てを扱うことは不可能なので，本章では否定極性の問題に焦点を当てることにする。

　生成文法における否定研究の出発点と見なせるKlima (1964) は，否定極性項目（NPI）を認可する表現（notやno, if, before, few, seldom, without, doubt他多数）には，伝統文法において否定と呼ばれたもの以外にも非常に多く存在することを示した。そして，それらには共通する意味特性があると仮定し，[affective] と名づけたが，その定義は明確になされなかった。そこでLadusaw (1979, 1980) は，[affective] とはDownward Entailing表現であるという意味論的定義を与えた。この[affective] からDownward Entailingへの移行は，研究方法論から見ても極めて重要な進展であった。さらにVan der Wouden (1997) によると，否定環境は，数学の領域で用いられている論理特性を用いて定義可能な3つの階層を成している。

◆**否定環境はDE環境**――Ladusaw (1979) *Polarity Sensitivity as Inherent Scope Relations*.

　否定極性項目（NPI）は，その認可表現の作用域（scope, 影響の及ぶ範囲）に現れる。Ladusaw (1979:112-113) は，さまざまな統語範疇にわたるNPI認可表現は，その作用域において上位集合から部分集合への推論を認可するDownward Entailing表現（以下DE表現）であることを示した。ここでいう作用域とは，関数と項の考え方に基づいて，「文の構成要素である2つの表現 α と β において，α の解釈が β の解釈に対する項の形成に用いられる場合，α は β の作用域にある」(Ladusaw (1980:12)) と定義される。例えば，文は主部と述部から成り，述部は主部の作

用域にある。また名詞句 the girl では，girl が the の作用域にあると考える。

Ladusaw は，(7)(8)のようなテストを用いて DE 表現を同定している。

(7) a. John is a *father*.　→　b. John is a *man*.　　(upward entailing)
(8) a. John isn't a *man*.　→　b. John isn't a *father*.
(downward entailing)

(記号'→'について，A → B は「A ならば B である」を表す。) father の外延（father で指示される全てのものの集合＝父親の集合）は man の外延（男性の集合）の部分集合である。man を含むある文が成立する時，man の場所に father を代入した文が必然的に成立すれば，man/father は DE 表現の作用域にある。(7)の肯定文は，father からその上位集合 man への推論が成立する upward entailing であるのに対して，否定文(8)では，not の作用域において man からその部分集合 father への推論が成立するので，not は DE 表現である。

同様に(9)(10)は，no と every が DE 表現であることを示し，(11)は some が DE ではないことを示している。

(9) a. No *man* walks.　　→　b. No *father* walks.　　(*no*: DE)
(10) a. Every *man* walks.　→　b. Every *father* walks.　(*every*: DE)
(11) a. Some *man* walks.　↛　b. Some *father* walks.
(*some*: non-DE)
(Ladusaw, 1980 : 6)

単語より大きい単位についても同様で，(12)では no man という主部が，その作用域の述部において，walk の外延（歩く人の集合）からその部分集合 walk slowly の外延（ゆっくり歩く人の集合）への推論を認可するので，no man は DE である。一方(13)(14)では，同様の推論が認可されないので，every man と some man は DE ではない。

(12) a. No man *walks*.　→　b. No man *walks slowly*.
($[_{NP}$ *no* ...]: DE)
(13) a. Every man *walks*. ↛　b. Every man *walks slowly*.
($[_{NP}$ *every* ...]: non-DE)
(14) a. Some man *walks*. ↛　b. Some man *walks slowly*.
($[_{NP}$ *some* ...]: non-DE)

15. 否定文

(Ladusaw, 1980 : 6)

以上の結果をまとめると(15)のようになる。

(15) [s [NP [*no*]　　DE　　]　DE　]
　　　[s [NP [*every*]　DE　　]　non-DE]
　　　[s [NP [*some*]　non-DE]　non-DE]

(15)に示したDE環境の場所は，(16)(17)でNPIが容認される場所と正確に一致する。(16a)(16b)は，DE表現のnoやeveryの作用域にある関係節の中にNPIのeverやanythingが現れているので容認されるのに対して，(16c)はsomeがDEではないので容認されない。(17a)は，DE表現の主部（no student＋関係節）の作用域にあたる述部に，NPIが現れているので容認されるのに対して，(17b)(17c)は，every student（＋関係節）とsome student（＋関係節）がDEではないため容認されないのである。

(16) ⎧ a. **No** student　　⎫
　　 ⎨ b. **Every** student ⎬ who had *ever* read *anything* about
　　 ⎩ c. ***Some** student ⎭　　　　　phrenology attended the lecture.

(17) ⎧ a. **No** student　　⎫
　　 ⎨ b. *** Every** student ⎬ who attended the lectures had *ever* read
　　 ⎩ c. ***Some** student ⎭　　　　*anything* about phrenology.

(Ladusaw, 1980 : 3)

Ladusaw (1979) のDE分析は，上記のような一見不可思議なNPI分布を正確に予測することができる。

そして，not, no, everyだけでなく，if, before, few, without, seldomをはじめ，ほとんどのNPI認可表現がDE特性を持っていることが示されている。したがって，「NPI認可表現とは何か」という問いに対して「それはDE表現である」と答えることができるだろう。ただ，少数ではあるが，上記DEテストがそのままでは成り立たないonlyやexactlyのようなNPI認可表現も存在するので，これらをも包括できるような，DE特性よりももう少し弱い否定特性が模索されている。

◆**否定環境の階層性**── Van der Wouden (1997) *Negative Contexts: Collocation, Polarity and Multiple Negation.*

Van der Wouden (1997) は，Ladusaw (1979) を発展させたものだと見なすことができる。NPI の現れるさまざまな否定環境は DE 特性を共通に持ってはいるが，否定の強さが均質ではない。Van der Wouden は，否定環境は強さの違う3つの階層を成し，各階層はブール代数（George Boole が論理計算の場として導入した数学の領域）で用いられている論理特性を用いて定義できる，と主張する。

　NPI 認可表現はそれ自体多様であるが，NPI にも，any や ever, yet, a red cent（びた一文），a bit（少しも），(not) half bad（なかなか良い），budge an inch（微動だにし（ない））などの他さまざまな要素が含まれる。そして DE 環境であればどの NPI でも現われるわけではない。(18)に示したように，not が作り出す環境においては，全ての NPI が現れるのに対して，(19)(20)の no one や at most N などの作用域で容認される NPI は，それよりもかなり制限される。

（斜体は NPI，太字は NPI 認可表現。）

(18) a. Chomsky was**n't** *a bit* happy about these facts.

　　 b. Chomsky did**n't** talk about these facts *yet*.

　　 c. Chomsky did**n't** talk about *any* of these facts.

(19) a. ***No one** was *a bit* happy about these facts.

　　 b. **No one** has talked about these facts *yet*.

　　 c. **No one** talked about *any* of these facts.

(20) a. ***At most three linguists** were *a bit* happy about these facts.

　　 b. ***At most three linguists** have talked about these facts *yet*.

　　 c. **At most three linguists** have talked about *any* of these facts.

(Van der Wouden, 1997 : 141)

Van der Wouden (1997) は，オランダ語のデータに基づき，否定環境をその強さによって3つの段階に分け，弱い方から downward entailing (DE), anti-additive (AA), antimorphic (AM) という論理特性によって規定する。

　すでに(8)で示したように，(18)の not は DE 表現である。(19)の no one や(20)の at most N も，(21)(22)に示すように DE 表現である。

(21) a. No one *walk*.　→　b. No one *walk slowly*.　　(*no one*: DE)

(22) a. At most 3 people *walk*.　→　b. At most 3 people *walk slowly*.

(*at most* N: DE)

このDE特性に加えて，次の(23)を満たす表現はanti-additive (AA) 特性を持つと見なされる。(24)(25)に示したように，notとno oneは(23)を満たすのでAAであるが，at most Nは，(26)に示したようにAAではない。

(23) $f(X \cup Y) = f(X) \cap f(Y)$

($\cup$ = or, $\cap$ = and, f = 関数 (notやno one, at most Nなどに相当))

(24) a. John does**n't** smoke <u>or</u> drink. =

b. John does**n't** smoke <u>and</u> John does**n't** smoke. (*not*: AA)

(25) a. **No one** sings <u>or</u> dances. =

b. **No one** sings <u>and</u> **no one** dances. (*no one*: AA)

(26) a. **At most 3 people** sing <u>or</u> dance. ≠ (←/→)

b. **At most 3 people** sing <u>and</u> **at most 3 people** dance.

(*at most* N: non-AA)

さらに，AA特性に加えて次の(27)を満たす表現はantimorphic (AM) 特性を持つと見なされる。AA特性を持つ上記のnotとno oneについて見ると，(28)(29)は，notはAMだがno oneはそうではないことを示している。

(27) $f(X \cap Y) = f(X) \cup f(Y)$

(28) a. John does**n't** (both) smoke <u>and</u> drink. =

b. John does**n't** smoke <u>or</u> John does**n't** smoke. (not: AM)

(29) a. **No one** sings <u>and</u> dances. ≠ (←/—/→)

b. **No one** sings <u>or</u> **no one** dances. (no one: non-AM)

この否定の強さの3つの階層は，上記(18)〜(20)に示されたNPIとの共起関係と見事に一致する。最も強いAM否定((18)のnot)の作用域では全てのNPIが容認され，中間の強さのAA否定((19)のno one)の作用域では容認されるNPIが(18)よりも制限され，最も弱いDE否定((20)のat most N)の作用域では(19)よりもさらに制限されるのである。Van der Wouden (1997) の貢献は，太田(1980)がすでに指摘していた否定環境の強さの違いに，独立的に動機付けられた概念によって定義を与える道を開いたことである。

> **further readings**　DE 概念は Barwise & Cooper (1981) 以降の一般量化詞理論において発展している。Heim (1984) は DE 判断に文脈の影響があることを示唆し、Hoeksema (1983) は比較構文について DE 分析の妥当性を証明している。Zwarts (1996) は否定の階層性について英語を吟味し、吉村 (1999) は英語の否定階層に貢献する別の特性の可能性を示唆している。理論への入門としては de Swart (1998) や Heim & Kratzer (1998) など。

> **関連テーマ**　否定文と肯定文はその極性の強さにおいて連続体を成している可能性がある。肯定文には現れるが否定文には現れない some などの肯定極性項目 (PPI) と上記の否定極性項目 (NPI) の分布は、どのような関係になっているのだろうか。英語や日本語なども含め他の言語についても、全く同じ否定の階層が見られるのだろうか。

【テーマ2】NPI と NPI 認可表現の構造的関係
【概説】

any や ever のような語は、学校文法では非断定形 (nonassertive form) と呼ばれる。Quirk & Greenbaum (1973 : §7.40) は、非断定形は否定の作用域（否定の意味的作用が及ぶ範囲）の中にのみ現れ、否定の作用域は「通常、否定語自体から節の終わり、または、最後の付加詞の始めのところにまで及ぶ」(池上訳 (1977 : 286)) と述べている。

初期変形生成文法の枠組みにおいて、Klima (1964) は、基底部で affective な要素 (NPI 認可表現)「と構造を成す (in construction with)」(つまり c 統御される) ところに NPI が現れる (認可される)、という趣旨の構造的な制約を提案した。c 統御は、「節点 A と節点 B のどちらも他方を支配せず、A を支配する最初の枝分かれ節点が B を支配するならば、A は B を c 統御する」(Reinhart, 1976 : 32) と定義される。

Linebarger (1980, 1987) は GB 理論と語用論の 2 本立ての認可条件を提案し、構造条件としては、LF (論理形式 (logical form) による意味表示レベル) で否定辞の直接作用域にある場合に NPI は容認される、と主張する。Progovac (1994) は、NPI とその認可表現の関係は、himself などの照応形とその先行詞との関係と平行しており、NPI の認可は束縛原理によって説明できると主張する。また、Kato & Kato (1997)

は，ミニマリストの枠組みでNPI認可のシステムを提案している。

◆**LFでのc統御による認可**——Linebarger (1987) "Negative Polarity and Grammatical Representation."

Linebarger (1987) は，NPIの分布を予測するために2つの条件を提案する。1つは直接作用域制約（Immediate Scope Constraint (ISC)）で，明示的否定辞を伴う典型的な例を扱う。他方は否定含意理論（Negative Implicatum Theory）で，直接作用域制約によって説明できない派生的な場合を扱う。ここでは構造条件にあたる前者の直接作用域制約を概観し，後者は【テーマ3】で扱う。

ある要素がNOTの作用域に現れ，その要素とNOTの間に妨げる論理要素がないなら，その要素はNOTの直接作用域にあるという。直接作用域制約とは，NPIがNOTの直接作用域にあるならば容認可能であるというもので，Linebargerは，直接作用域制約がLFで適用されると主張する。そのLFは，通常GB理論で採用されるLFと若干異なっているが，数量詞や否定辞などの論理演算子の関係が明示される意味表示レベルである。例えば文否定のJohn did not kiss Maryの場合，NOTを否定演算子とすると，S構造 [$_s$ John did not kiss Mary] からLF[$_s$ NOT[John kissed Mary]] が派生される。このLFにおいて，否定の作用域は，否定演算子NOTにc統御される [John kissed Mary] になる。NPIは，LFにおいてNPIとNOTの間に他の論理要素が介在しない場合（すなわち直接作用域にある場合）に認可される，とLinebargerは主張する。具体例を見てみよう。

(30)のようなbecause節を含みかつ主節に否定辞がある文は，普通2通りに曖昧である。1つの読みは，(31a)に見るように，否定の作用域が文全体に及ぶ「ジョージが彼女と結婚したのは，彼女がお金持ちだからではない」であり，もう一方は，(31b)に見るように，否定演算子が主節の動詞句だけを否定する「彼女がお金持ちなので，ジョージは彼女と結婚しなかった」である。(31)のLF表示において，CAUSEは2つの命題項をと取る論理演算子で，第一項は原因となる状況を記述し，第二項はその結果を表す。

(30) George didn't marry her because she was rich.

(31) a. NOT CAUSE (she was rich, George married her)
　　 b. CAUSE (she was rich, NOT [George married her])

一方(32)は，同様に because 節と否定辞が組み合わされた例であるが，NPI の budge an inch（微動だにし（ない））が主節に現れている。この場合は，(33b)に示したような，否定辞が狭い作用域を取る「押されたので，（かえって余計に意地になって）微動だにしなかった」という解釈しか持たないと Linebarger は主張する。

(32) He did**n't** *budge an inch* because he was pushed.
(33) a. *NOT CAUSE (he was pushed, he budged an inch)
　　 b. CAUSE (he was pushed, NOT [he budged an inch])
　　　　　　　　　　　　　　　　　(Linebarger, 1987 : 337-338)

NOT が広い作用域を持つ(33a)の読みが許されないのは，その LF において，NOT と NPI の budge an inch の間に論理要素 CAUSE が介在し，直接作用域制約（ISC）に違反するためである。それに対して NOT が狭い作用域を持つ(33b)では，NPI が否定演算子の直接作用域にあり ISC を満たすので，その NPI は認可される。この分析は，(34)のような but because ...が後続する not が広い作用域を取る文脈で，主節に NPI が現れると容認されない事実も説明することができる。

(34) *He did**n't** *budge an inch* because he was pushed, but because he
　　　fell.　　　　　　　　　　　　　　　　　　　(*ibid.*: 337)

このような事実は，S 構造では説明がつかないので，Linebarger は LF が認可レベルであると主張する。しかし，LF における構造制約だけでは，次のような，主語と目的語に現れる NPI の非対称性が説明できない。

(35) a. **Anybody* did**n't** come.
　　 b. Mary did**n't** see *anyone*.　　　　(Laka, 1994 : 21)

なぜなら，(35a)(35b)のどちらの LF でも，否定辞 NOT は文頭の位置を占め，主語位置も目的語位置も共に否定の作用域に入るからである。そのため Laka (1994 : 29) は，「S 構造における制約が NPI 認可に決定的な役割を果たしている」と主張している。

しかし，S 構造において，NPI がその認可表現（not など）に c 統御されていなくても容認される次のような例も報告されている。

(36) That you will marry *any* (particular) student is **not** certain.

(Ross, 1967 : 269)

(37) A doctor who knew *anything* about acupuncture was**n't** available. (Uribe-Echevarria, 1994 : 34)

◆S 構造での束縛と LF 移動による認可—— Progovac (1994) *Negative and Positive Polarity*.

Progovac (1994) は，NPI が認可される作用域を規定する概念として束縛 (binding) を採用する．その基本的な主張は，NPI は himself のような照応形と同じく束縛原理 A に従い，肯定極性項目 (PPI) は代名詞と同じく束縛原理 B に従い，極性表現の束縛子は，Infl の否定 (not) か Comp に生成される空の極性オペレータ (Op) であるというものである．束縛原理 A は，ある要素が一定の範囲内 (統率範疇という) で束縛されていることを，一方束縛原理 B は，ある要素が統率範疇内で自由である (束縛されていない) ことを，それぞれ求めた原則である．

例えば，himself のような照応表現が同節内に先行詞を必要とするのと同様に，多くの言語において NPI も同節内に否定辞を必要とする．

(38) Jane$_i$ believes [that Mary$_j$ respects herself$_{*i/j}$.] (英語の照応形)
(39) a. Marija *(**ne**) voli *ni(t)ko-ga*. (セルビア/クロアチア語の NPI)
    Mary not loves no one-ACC
    'Mary does not love anyone.'
  b. ***Ne** tvrdi-m da Marija voli *ni(t)ko-ga*.
    not claim-1SG that Mary loves no one-ACC
    'I do not claim that Mary loves anyone.' (Progovac, 1994 : 3)

一方，代名詞が同節内の要素を先行詞としないのと同様に，some のような PPI も同節内の否定の影響を受けてはならない．

(40) Mary$_i$ saw her$_{*i/j}$.
(41) # Mary did not insult someone.

$\begin{cases} \text{There is a person X such that Mary didn't insult X.} \\ \qquad\qquad\qquad\qquad\qquad\qquad\qquad\qquad\qquad\text{(wide-scope)} \\ \text{*Mary insulted no one. (narrow-scope)} \end{cases}$ (Progovac, 1994 : 4)

したがって，照応形と NPI，代名詞と PPI の間に見られる一貫した平行性は，統一的な分析がなされるべきであるとして，Progovac は，「NPI

は束縛原理 A に従い，その統率範疇において否定（あるいは他の真理関数オペレータ）に束縛されなければならないのに対し，PPI は束縛原理 B に従い，その統率範疇において否定（あるいは真理関数オペレータ）に束縛されてはならない」(Progovac (1994 : 7)) と主張する．

　英語の NPI は，(42)〜(47)に示したように，同節内の否定によっても上位節の否定によっても，疑問文や条件文，doubt のような adversative 述語や every のような全称量化詞によっても認可される．このような場合を説明するため，Progovac は，anyone のような形態的に単純な NPI が否定辞 not や極性オペレータと異なる節にある場合には，NPI が LF で IP 付加か CP の指定部を通って繰り上げられ，束縛子（ここでは not や Op）の統率範疇に入ってきて認可されるとする．

(42) Mary did **not** see *anyone*.　　　　　　(Progovac, 1994 : 55)
(43) a. Mary did **not** say [that she had seen *anyone*].　　(*ibid.*)
　　 b. Mary did **not** say [$_{CP}$ *anyone*$_i$ [$_{C'}$ that [$_{IP}$ she had seen t_i]]]
(44) a. Did Mary see *anyone*?　　　　　　　　　　　(*ibid.*)
　　 b. [$_{CP}$ **Op** Did [$_{IP}$ *anyone*$_i$ [$_{IP}$ Mary see t_i]]]
(45) a. If Mary saw anyone, she will let us know.　　(*ibid.*)
　　 b. [$_{CP}$ **Op** If [$_{IP}$ Mary saw *anyone*]], she will let us know.
(46) a. I doubt that Mary saw *anyone*.　　　　　　　(*ibid.*)
　　 b. I doubt [$_{CP}$ **Op** that [$_{IP}$ Mary saw *anyone*]]
(47) a. Every man who insulted *anyone* should apologize.　(*ibid.*: 62)
　　 b. Every man [$_{CP}$ **Op** who insulted anyone] should apologize.

(42)では，英語の NPI が束縛原理 A に従うため，(43a)では，(43b)に示したように anyone が CP 指定部に繰り上がり，上位節の否定辞の統率範疇に入って認可される．(44)では，anyone が IP に付加され，Comp の極性オペレータ（Op）によって認可される．(45)〜(47)では極性オペレータ（Op）によってそのままの位置で認可される．このように，英語の NPI は，束縛原理 A と 2 種類の LF 繰り上げ（CP 指定部への繰り上げと IP 付加）に従うと仮定することによって全てが説明されると Progovac は主張する．

◆素性に基づく認可——Kato & Kato (1997) "Negative Polarity: A

Comparative Syntax of English, Japanese, and Spanish."

Kato & Kato (1997) は，ミニマリスト（Chomsky (1995)）の精神を十分に反映し，NPI 認可に関して移動分析を退けた先駆的論考と見なすことができる。Chomsky (1995) は，人の言語能力の計算体系は併合（merge）と移動（move）という 2 つの基本的な操作から成ると仮定する。この基本操作は形式素性と相互作用し，形式素性は [+interpretable] と [−interpretable] のどちらかの範疇に含まれる。移動は [−interpretable] な素性を削除するために起こり，その結果インターフェイスレベルでは [+interpretable] な要素のみがその構造に残ることになる。したがって素性が [+interpretable] であれば，移動操作を受ける必要はないことになる。Kato & Kato (1997) は，① 否定要素（ライセンサー）と NPI は共に neg 素性を持ち，② neg 素性は [+interpretable] であると仮定する。この仮定によって，他の移動分析とは異なり，NPI は認可されるために移動する必要がなくなる。

上記のような一般的な枠組みに基づき，X を可能なライセンサー，Y を NPI とすると，Kato & Kato が提案する NPI 認可の原則は，(a) X が Y を c 統御し，(b) X が Y に最も近く，そして (c) X と Y が共に neg 素性を持っているような場合に〈X, Y〉は解釈可能である，というものである。そして，各言語において，neg 素性の分布は明示的否定辞の分布の部分集合を成す，という素性分布条件を提案する。さらに，neg 素性のような free-riding 素性（素性照合のため移動する要素と行動を共にする素性）は，移動の途中に同じ素性を持った要素が存在してはいけないという MLC（Minimal Link Condition, Chomsky (1995: 311)）に従うと仮定する。

これらの仮定の下で，英語の NPI が否定文の目的語には現れるが主語には現れないという非対称性を考えてみよう。VP 内主語仮説（主語はもともとは VP 内にあるという仮説）に基づくと，(4)(5) は (48)(49) のように表示される。(48) は問題なく上記 (a)～(c) を満たし認可されるのに対して，(49) では，neg 素性を持つ anyone が格照合のために IP 指定部に移動する際，同じ neg 素性を持つ not を通り過ぎてしまうため，派生自体が不適格となる。

(48) [IP John_i did**n't** [VP t_i eat *anything*]]   (Kato & Kato, 1997 : 8)

(49) *[IP Anyone_i did**n't** [VP t_i eat apples]]   (*ibid.*: 9)

日本語において，主語/目的語の非対称性が生じないのは，否定か否かを問わず主語はVP内にとどまり（Fukui (1986)），したがってMLC違反が生じることがないためであると説明される。

(50) a. [IP [VP John-ga *nanimo* tabe-] **na**kat-ta]

b. [IP [VP *daremo* ringo-o tabe-] **na**kat-ta]

(Kato & Kato, 1997 : 10)

また，英語やスペイン語は上位節に否定要素がある場合，補文にNPIが現れるが，日本語では現れない。さらに，英語やスペイン語では，いわゆる否定倒置によって明示的否定がCP投射内に現れるが，日本語では現れない。このことは，前述の素性分布条件の下では，英語とスペイン語ではCPにneg素性が現れるが，日本語では現れないことを意味する。ここで，上位節にある否定要素によるNPI認可はCPを介する，と仮定すると，英語ではCP内のneg素性を介してNPIが認可されるが，日本語では，不可能であることが説明される。

(51) [CP NEG [CP neg [IP … NPI …]]]   (*ibid.*: 10)

(52) Waldo did**n't** report that *anyone* had left.   (*ibid.*)

(53) *Waldo-wa *daremo* kaet-ta to hookoku-si-**na**kat-ta.   (*ibid.*)

このほか，doubtなどのadversative述語，疑問文，条件文についても比較検討し，上記の原則でその振る舞いが説明できることを示している。

> **further readings**　NPIの認可条件がどのレベルで働くかに関して，Jackendoff (1972) やLaka (1994) はS構造，Mahajan (1990) やN. Hasegawa (1991), Y. Kato (1991), 吉村 (1999) などはS構造とLFの両方に働くと主張している。移動分析をとるGB/ミニマリスト的なNPI分析としてTakahashi (1990), Tanaka (1997), Yoshimoto

(1998), Nishioka (1999) などがある。

> 関連テーマ　疑問文や条件文のように, any などの NPI と some などの肯定極性項目 (PPI) の両方が現れる場合は, どのように説明されるのだろうか。極性オペレータや CP 内の neg 素性を仮定する場合, 英語ではどのような条件が必要になるだろうか。認可レベルに関する議論は, ミニマリスト (Chomsky (1995)) にどのような理論的問題を提起するか。

【テーマ 3】NPI を認可するコンテクスト
【概説】

　NPI は, DE 特性を持つ NPI 認可表現の作用域で, 前述の構造制約を満たしても, 含意やコンテクストによって容認される場合とされない場合がある。Linebarger (1987) は, NPI を含む文が【テーマ 2】で概略した ISC を満たしていなくても容認される場合は, その NPI を含む否定の含意 (Negative Implicatum (NI)) が必ず伝達され, その含意を表す文の LF において ISC が成立することによって, もとの文の NPI が認可されると主張する。一方, 吉村 (1999：第 4 章) は, NPI を含む文 (または発話) は, その意味内容と矛盾する情報を含む文脈で処理される場合, すなわち「否定の認知構造」で処理される場合に適切に解釈され, NPI とはそのような処理の仕方を要求する表現であると主張する。

◆否定の含意による NPI 認可── Linebarger (1987) "Negative Polarity and Grammatical Representation."

　前節で ISC を概観したが, Linebarger (1987) は, それによって説明できない (54)〜(57) のような場合を扱うために, 次のような第 2 条件を提案している。すなわち, ISC を満たさないのに NPI が容認される例では, 当該の NPI を含む否定の含意 (NI) が必ず伝達される。この NI は, 明確に伝達される含意で, 後続する文脈で取り消すことはできない。NI ともとの文との間には, NI が真であれば必然的にもとの文も真になる, という関係が成り立つ。そして, その NI を表す文の LF において ISC が満たされれば, もとの文の NPI が認可されるというものである。具体例を見てみよう。

　(54) a. I did**n't** help him because I have *any* sympathy for urban

　　　　　guerillas.
　　　b. NOT CAUSE ([∃x (I have x)], I helped him)
　　　　where x＝sympathy for urban guerillas　　（'∃'は存在量化詞）
　　　c. NI: I do**n't** have *any* sympathy for urban guerillas.
　　　　　(＝I don't sympathize with them)(Linebarger, 1987 : 342-343)
(54a)のようにNPIがbecause節に現れる文は，否定辞が広い作用域を持つ「私は，都市ゲリラに同情しているから彼を助けたのではない」という解釈しか持たない。そのLF(54b)において，anyは存在量化詞∃によって表される。∃は「ある〜について…のような，そんな〜が存在する」と読み，したがって［∃x (I have x)］は，「あるxについて，私がxをもっているような，そんなxが存在する」（ここでxは都市ゲリラに対する同情）となる。このLFでは，anyを表す∃とNOTの間にCAUSEが介在しているためISCを満たさない。ところが，(54a)は(54c)「私は都市ゲリラに同情していない」のようなanyを伴うNIを明確に伝達し，(54c)「私は都市ゲリラに同情していない」が真であれば(54a)「私は都市ゲリラに同情しているから彼を助けたのではない」も必然的に真になる。このような性格を持つNI(54c)のLFはISCを満たすので，もとの文(54a)のanyが認可されるわけである。

　同様に(55a)は(55b)のNI，(56a)は(56b)のNI，P→Qの形式を持つ(57a)は，対偶NOT Q→NOT Pの形式を持つ(57b)のようなNIによって認可される，とLinebargerは説明する。

　(55) a. She **was amazed** that there was *any* food left.
　　　b. NI: She had expected that there would**n't** be *any* food left.
　　　　　　　　　　　　　　　　　　　　　　　　　(*ibid*.: 362-363)
　(56) a. We had to kick the mule hard **before** it *budged an inch*.
　　　b. NI: The mule did**n't** *budge an inch* until we kicked it.
　　　　　　　　　　　　　　　　　　　　　　　　　(*ibid*.: 378-379)
　(57) a. **If** he *gives a damn* about his cat, he'll take it to the vet.
　　　b. NI: If he doesn't take his cat to the vet, then he does**n't** *give a damn* about it.　　　　　　　　　　　　　　(*ibid*.: 380)

　逆に，(58)の例は，適切なNIがないので容認されない。(58a)のNPIが認可されるためには(58b)のようなNIが必要だが，(58b)は現実問題と

して真ではなく適切な NI ではないので(58a)が容認されないのである。一方，クロロフィルを緑のペンキに換えた(59a)は，適切な NI の(59b)によって容認される，と Linebarger は説明する。

(58) a. *Grass is**n't** green because it has *any* chlorophyl.
　　 b. Grass does**n't** have *any* chlorophyl.
(59) a. Grass is**n't** green because it has *any* green paint in it, for heaven's sake!　　　　　　　　　　　　　　　(*ibid*.: 345)
　　 b. Grass does**n't** have *any* green paint.

◆否定の認知構造による NPI 認可——吉村（1999）『否定極性現象』

　一方，吉村（1999）は，さまざまな NPI を含む文（または発話）が容認される場合，当該の文とその背景文脈との間に成立する関係には共通点があることを指摘し，NPI は，それを含む文（発話）が意味的に矛盾する情報を含む文脈（「否定の認知構造」）で処理されることを要求する表現であると主張する。

　例えば，(60)や(61)が示しているように，NPI 認可表現の作用域の中の全く同じ構造位置に NPI が現れているのに，a は容認されるが b は容認されない。この事実は，NPI の容認性には何らかの語用論的制約が働いていることを示唆している。　　（#は意味的に容認されないことを表す）

(60) a. Billy the Kid shot him **before** he *ever* got his hand on his gun.
　　 b. # He brushed his teeth **before** he *ever* went to bed.
　　　　　　　　　　　　　　　　　　　(Higashimori, 1986 : 107)
(61) a. If he *ever* drinks *any* water from that well, he will get dysentery.
　　 b. # If he *ever* takes *any* medicine, he will get better.
　　　　　　　　　　　　　　　　　　　　　　　（吉村, 1999 : 142)

　Blakemore（1987）は，関連性理論（Sperber & Wilson（1986））に基づいて，意味論には，命題内容（≒言われていること）に貢献する概念的意味を扱うものと，その命題がどのような文脈で処理されるか，という処理方法に指示を与える手続き的意味を扱うものがある，と主張する。例えば，接続詞の but は，but の後に続く文やその含意が，それと矛盾する情報を含む文脈で処理されることを要求するという手続き的意味を持つ

(Blakemore（1987：130））。したがって，(62)のBの発話に現れているbutが適切なのは，Aの発話によって生じる含意「私達は彼に相談するべきではない（We shouldn't consult him)」とBの発話によって生じる含意「私達は彼に相談するべきだ（We should consult him)」が矛盾するように処理されるためである。

(62) ［AとBは経済状況について議論をし，経済の専門家に相談するべきだという結論に達する］
　　A: John is not an economist. (→ We shouldn't consult him.)
　　B: But he is a businessman. (→ We should consult him.)

実際，butがない場合は，Bの発話を「確かに彼はビジネスマンだ」と，Aの発話の含意に同意するように解釈することも可能であるので，上記のような処理の仕方はbutが要求するものであると考えられる。

このようなbutが要求する文脈は，明示的否定文が要求する文脈と一致する。Givón（1978：109）は，否定文について「否定はそれに相当する肯定の内容がすでに議論されたか，あるいはそれに相当する肯定の内容を聴者が信じている—したがってよく知っている—と話者が思っているような文脈で用いられる」と述べ，否定が図（figure）になるためにはそれに対応する肯定が地（ground）となっている必要があることを指摘している。吉村は，この心的状態を「否定の認知構造」と呼び，NPI もbutや否定文と同様，否定の認知構造で処理されることを要求するという手続き的意味を持つと主張する。

この考え方に基づくと，(60b)が不適切であるのは，それと矛盾する「床に就いた後で歯を磨く」のような文脈が，普通我々が持っている世界の知識に存在しないので，「否定の認知構造」で処理できないためだということになる。この分析の妥当性は，文脈を変えることによってテストすることができる。実際，普通は容認されない(60b)も，(63)のようなbutによって導入できる文脈では完全に容認される。

(63) The accused's alibi depends on the preposterous claim that he brushed his teeth while in bed. But the eye-witness testimony of the butler proves that **he brushed his teeth before he *ever* went to bed**. (その被告のアリバイは，ベッドに入ってから歯を磨いたという，ありそうにない主張に基づいている。しかし執事の目撃

証言は，彼が歯を磨いたのは床に就いた後ではなく，確かにその前であったことを証明している。)

また，上記(61b)は，(64a)に示したように，but で導入できない普通の文脈では不適切だと判断されるが，(64b)のように，but によって導入される「否定の認知構造」で処理される場合には，完全に容認される。

(64) a. We hope for his recovery. (# But) **If he (# *ever*) takes (# *any*) medicine, he will get better**. (私達は彼の回復を望んでいる。(#しかし) もし彼が薬を飲んだら (#何か薬を飲むようなことがあったら)，よくなるだろう。)

b. He is seriously ill and will die sooner or later. We eagerly await his death, because his fortune will then be ours. But **if he *ever* takes *any* medicine, he will get better**. We should prevent that at all costs. (彼は重病で，遅かれ早かれ死ぬだろう。私達は彼が死ぬのを待ち焦がれている。というのは彼の財産が私達のものになるからだ。しかし，もし彼が何か薬を飲むようなことがあったら，彼はよくなってしまうだろう。何としてもそれを妨げなければならない。)

このような否定の認知構造条件は，doubt などの adversative 述語の補文節や比較構文など多様な環境に現れる NPI をも適切に分析できると吉村は主張する。

further readings　Linebarger (1980, 1987) は，C. Baker (1970a) を発展させたものである。吉村 (1999) は，Yoshimura (1992, 1994) を発展させたものである。Kadmon & Landman (1993) は，any 一語に焦点を当て，その語彙的意味から分布を説明しようとする認知意味論的な分析である。

関連テーマ　含意 NI による認可において，明確に伝達される NI を，実際に有効な NI だけにうまく制限することができるだろうか。適切な NI がないのに容認される例はないか。否定の認知構造分析について，adversative 述語などはどのように分析されるのだろうか。

16. 強調構文・分裂文 (cleft sentence)

(1) It was Mr. White that gave Joe this ticket.

上記のような文は，学校文法で強調構文と呼ばれている表現形式である。It is/was ... that ...の枠組みで1つの文を構成する要素がbe動詞とthatで挟まれた部分（以下焦点と呼ぶ）と，thatではじまる節の部分（以下非焦点節と呼ぶ）に分かれているため，英語学では分裂文（cleft sentence）と呼ばれている。この構文を考えるにあたってまず検討しなければならないのは，上記の文とこれに対応する(2)の文との関係である（以下(2)のような文を非分裂文と呼ぶ）。

(2) Mr. White gave Joe this ticket.

分裂文は，非分裂文の一部を焦点として選択し，残りを非焦点節に置くことで作られるが，その際，非分裂文のどの部分が焦点として選択されうるのかという問題が盛んに論じられてきた。【テーマ1】

また，非焦点節を導くthatは，一見したところ関係代名詞であるように思えるが，いくつかの点で関係代名詞とは違った振る舞いを示す。【テーマ2】

そして，これらを含めた分裂文の特性が，どのような派生を仮定すればより適切に捉えられるだろうか。【テーマ3】

【テーマ1】分裂文の焦点要素
【概論】

(1)のような文は学校文法では強調構文と呼ばれている。(1)の文は(2)の非分裂文の一要素（Mr. White）を強調し提示する働きを持っているからである。英語学では，上述の理由から分裂文と呼ばれている。しかし，非分裂文のどのような要素でも分裂文の焦点になるわけではない。そこで分裂文の焦点になりえるのはいかなる要素であるかという問題が大きな関心を集めてきた。この問題の解決案として，Emonds (1976) は，名詞句と前置詞句だけが分裂文の焦点になれる，という一般化を提案した。この

一般化は，基本的なデータに関しては問題なく捉えることができる。しかし，一定の制限のもとでは形容詞句，動詞句，副詞句なども焦点になることができる（Bolinger (1972a)，天野 (1976)，安井 (1978)）。Radford (1981) は焦点になれる要素に関して素性を用いた説明を行っている。

◆**名詞句と前置詞句だけが焦点になれる**——Emonds (1976) *A Transformational Approach to English Syntax.*

　Emonds (1976) は分裂文の焦点に生じる要素は，要素の語彙範疇（品詞）に基づいて決定されると主張する。典型的な分裂文では，次例のように，名詞句，及び前置詞句が焦点の位置に現れる。

(3) a. It was a tax cut that was counted on.　　（Emonds, 1976：132）
　　b. Was it John that broke the window?　　（*ibid.*）
(4) a. It was to John that she spoke.　　（*ibid.*）
　　b. It is with great pleasure that I present our speaker.　　（*ibid.*）

これに対し，形容詞句(5a)，副詞句(5b)，動詞句(5c)，不定詞句(5d)，定型節(5e)などは焦点とならない。

(5) a. *It's very unhappy that Bill is.　　（*ibid.*: 133）
　　b. *It was too carefully that she spoke.　　（*ibid.*）
　　c. *It is blow up some buildings that you should.　　（*ibid.*）
　　d. *It was to report on time that we failed.　　（*ibid.*）
　　e. *It was that guests left that John drank so much.　　（*ibid.*）

Emonds (1976) は，動詞-名詞句/前置詞句-文という単語の配列（(3)(4)参照）は，tell him that …, suggest to him that …などのように分裂文とは関係なしに，英語の文の中に生じることができるのに対し，動詞-動詞句/不定詞句/定型節-文という配列は英語の中に生じることができないことから，このような配列となる分裂文は許されないとする。しかし，この説明では，I am certain that …, I feel very strongly that …などがあるため形容詞句(5a)，副詞句(5b)がなぜ分裂文に現れないのか説明がつかない。

◆**焦点に現れるのは名詞的なものである**——安井 (1978)『新しい聞き手の文法』

Emonds (1976) のような品詞に基づく制約に対し，Bolinger (1972a)，天野 (1976) など異論を唱える者も多い。これらを総括し，さらに Emonds (1976) との接点を追求したのが安井 (1978) である。天野 (1976) は，Emonds (1976) の主張に反し，ある一定条件のもとで副詞句も焦点になれるとして以下の例を挙げている。

(6) a. It was very carefully that John did it. (天野, 1976：68)
　　b. It was intonationally that these linguistic units were separated.
　　　　　　　　　　　　　　　　　　　　　　　　　　　　(ibid.: 69)
　　c. It was recently that he had an accident. (*ibid.*)

Bolinger (1972a) は，形容詞が焦点になれる例を挙げている。

(7) Is it black that you take it, or with cream and sugar?
　　　　　　　　　　　　　　　　　　　　(Bolinger, 1972a：113)

安井 (1978：99) はこれらの例に関して，「一見したところでは，名詞句ではないように見えても，実質的な機能の上では，やはり，名詞的なものであると主張することができる」と言う。例えば，(7)の焦点 black は文字通りの形容詞の意味の black ではなく，「ミルクと砂糖を入れて」という選択肢と対比的な意味での black であり，いわば引用符付きの名詞と見なせると考える。前置詞句も，分解すれば前置詞と名詞句でできていて，その中核は名詞句なので，前置詞句は名詞句に次いで「名詞的」と見なすことが可能である。そうだとすれば，天野 (1976)，Bolinger (1972a) の例を含めて，分裂文の焦点には名詞的なものがくる，というのが安井 (1978) の考えである。

◆**焦点に現れるのは [−V] の品詞である**── Radford (1981) *Transformational Syntax*.

　安井 (1978) と似た考えを，品詞の素性による分析を用いて純粋に統語的な説明をしたのが Radford (1981) である。Radford (1981) は，分裂文の焦点に現れうるのは名詞句と前置詞句であるという Emonds (1976) の一般化を受け，これを Chomsky (1970) で提案された，素性に基づく品詞の分析を用いることで一般化した。Chomsky (1970) は動詞，名詞，形容詞，前置詞という4品詞を，動詞性 [±V]，名詞性 [±N] という2つの素性を用いて(8)のように分析した。

(8) 動詞［＋V, －N］　名詞［－V, ＋N］　形容詞［＋V, ＋N］　前置詞［－V, －N］

Emondsの一般化のように「分裂文の焦点に現れうるのは名詞句と前置詞句である」と単に述べるだけでは，なぜそれが名詞句と前置詞句で，例えば名詞句と形容詞句ではないのかという問いに答えることができない。他方，(8)によれば，名詞と前置詞は［－V］という点で共通していて，「分裂文の焦点に生じるのは［－V］の素性を持つ品詞だけである」というように，より簡潔な形で（複数の品詞に跨った）一般化を捉えることができる。安井（1978）のいう「名詞的なもの」も，Radford（1981）の提唱する［－V］も，焦点に立つ要素の名詞的性質を捉えようとしたもので，両者の分析は同じ言語的直感を反映していると考えられる。

さらにBorkin（1974）は，焦点の位置に生じる要素が指示的（referential）なものに限定されるとしている。指示的とは，具体的な対象を現実世界において特定できることを意味する。Radfordの［－V］も安井の「名詞的なもの」も，指示的になりうる範疇であるが，Borkinの提案によれば，そのような範疇の中でも指示的でない表現は焦点の位置に現れないことになる。Emonds（1976）は述語的名詞（predicate nominal）は，名詞という品詞であるにもかかわらず焦点の位置には生じないことを観察しているが（*It's a composer that John is），述語的名詞は典型的な非指示的名詞なので，Borkinの提案はこの点からも支持される。

> **further readings**　Emonds（1976）の述語的名詞は焦点の位置には生じないとする主張にDeclerck（1984a）が反論している。またHeggie（1993）は，that節であっても，叙実的（factive）動詞（resent, regretなど，補文に述べられる内容が事実であるような動詞）のthat節は焦点に現れると指摘している。

> **関連テーマ**　焦点には上で見たような品詞による制約の他に，どのような制約が課せられているだろうか。例えば，2つの名詞句，2つの前置詞句，名詞句と前置詞句の組み合わせなどは焦点に立てるだろうか。

【テーマ2】関係詞節との相違
【概論】

　分裂文の非焦点節は一見関係詞節のように見える。それは、非焦点節の先頭に現れる要素が、通常の関係代名詞のようにwh句とthatとの言い換えが可能であることからも明らかである。しかし、実際には非焦点節と通常の関係詞節にはさまざまな違いがある。Jespersen (1927) は、非焦点節の先行詞は、（普通の関係詞節とは違い）非焦点節の左に現れている名詞ではなく、文頭のitであると主張する。また、Quirk *et al.* (1985) は、（先行詞が何であるかは別としても）非焦点節と関係詞節にはさまざまな違いがあることを指摘する。これらの議論とは別にChomsky (1977a) は、非焦点節と関係詞節は、共にwh移動が関わっている点で共通性があると指摘する。

◆**非焦点節の先行詞はitである**── Jespersen (1927) *A Modern English Grammar on Historical Principles.*

　普通の関係詞節では、その関係詞節の直前にある名詞が、先行詞（すなわち、関係詞節によって修飾される語句）である。

　(9) The policeman knows the person whom you saw in the park.
したがって(9)の文では、「あなたが公園で見た」のは「その人」であって「警察官」ではない。これに対し、Jespersen (1927) は、分裂文の非焦点節は、直前の名詞ではなく、itを先行詞とすると主張する。その根拠の第一はパラフレーズ関係である。すなわち、語順を問題としないなら、(10)のような分裂文は、itを適切な名詞に置き換え、非焦点節でそれを修飾した(11)のような文へと書き換えが可能である。

　(10) It was the Colonel I was looking for.　　(Jespersen, 1927 : 88)
　(11) The Colonel was the man I was looking for.　　(*ibid.*: 89)
第二に、普通の関係詞節の場合、固有名詞のように指示内容がはっきりと限定されているものは先行詞となれない。

　(12) *Fred Schwartz who was playing the harp when you came in has just been hired at Stanford.　　(J. McCawley, 1988[2] : 419)
しかし、分裂文の場合、指示内容がはっきりと限定されているものも焦点の位置に現れる。これも非焦点節が修飾しているのが文頭のitであると

考えれば説明が付く。

(13) It was the battle of Waterloo that decided the fate of Europe.

(Jespersen, 1927 : 89)

◆**非焦点節と関係詞節のさらなる相違**——Quirk *et al.* (1985) *A Comprehensive Grammar of the English Language.*

非焦点節と関係詞節の違いは，多くの学者によってたびたび指摘されてきたが，Quirk *et al.* (1985) はそれらの主なものを簡潔に紹介している。例えば，関係詞節では「前置詞＋wh句」という形が可能であるが，分裂文の非焦点節の場合，この形は許されない。

(14) She is the girl to whom I sent many letters.
(15) It was the dog to which I gave the water.

(Quirk *et al.*, 1985 : 1387)

Quirk *et al.* (1985) によれば，(15)は「(目の前に犬がいて)その犬は私が水をやった犬だ」という関係詞節構文の読みはできるが，「私が水をやったのはその犬にだ」という分裂文の読みはないと言う。

また，主格の関係代名詞は通例省略できないが，非焦点節を導く語は，主格であっても省略することができる。

(16) *They are the people live next door.
(17) It was the President himself spoke to me.   (*ibid.*)

さらに，関係詞節は，下記(18)の because he was ill のような副詞節を先行詞とすることはできないのに対して，分裂文ではこれが可能である。

(18) It was because he was ill that we decided to return.   (*ibid.*)

Quirk *et al.* (1985) は理論的な説明は特にしていないが，これらの事実は分裂文を扱う上で，必ず説明されなければならない点である。

◆**分裂文も関係詞節構文も wh 移動が関与している**——Chomsky (1977a) "On *Wh*-Movement."

これまで，分裂文と関係詞節構文との相違を中心に見てきたが，両者の間に共通点も多い。Chomsky (1977a) は両構文は，共に wh 移動と呼ばれる移動操作が関与している点で共通していると指摘する。wh 移動とは，典型的には(19a)のような疑問文中の疑問詞 whom を，(19b)のよう

なwhomがもともとあったと考えられる位置から文頭の位置へと移動する操作のことである。

(19) a. Whom does she hate?
     b. She hates whom.

wh移動は，どんな要素にも適用できるわけではなく，同格節や間接疑問文の中からは，wh移動によって要素を取り出すことができない。

(20) a. *Which book did John hear [a rumor that you had read t]?
                                                    (Chomsky, 1986a : 35)
     b. *What did you wonder [to whom John gave t]?   (*ibid.*: 36)

(20a)では同格節の中の要素が，(20b)では間接疑問文の中の要素が，それぞれwh移動を受け，非文法的となっている。関係詞節構文を作る際にも同様の制約があることが観察される。

(21) a. *This is the book which you accept [the claim that they should read t].
     b. *This is the book which you wonder [where you can buy t]?

(21a)では同格節の中の要素が，(21b)では間接疑問文の中の要素が関係代名詞化されてwh移動を受け，(20)の各文と同じく，非文法的となっている。そして次例が示すように，分裂文にも同じ制約が働いている。

(22) a. *It is this book that I accept [the argument that John should read t].   (Chomsky, 1977a : 95)
     b. *It is this book that I wonder [who read t].   (*ibid.*)

したがって，wh移動という操作が関与しているという点で，関係詞節構文と分裂文を（wh疑問文のようなwh移動が関与している他の構文とともに）統一的に扱える。

> further readings 分裂文の非焦点節と関係詞節との上記以外の違いについては，J. McCawley (1998[2]) を参照。

> 関連テーマ Jespersen (1927), Quirk *et al.* (1985) らが指摘する，分裂文と関係詞節構文の相違と，Chomsky (1977a) の指摘する両者の類似点は，相反する指摘なのだろうか。それとも両者を取り込む形で理論を構築することができるだろうか。

【テーマ3】分裂文の派生
【概論】
　【テーマ2】で，Jespersen (1927) が「分裂文の非焦点節の先行詞は it である」と主張したことを見た。この主張は，生成文法においても分裂文の派生を考える上で受け継がれている。Akmajian (1970a) は，分裂文が，擬似分裂文から派生されると主張する。Akmajian (1970a) の分析を発展的に受け継いだ Emonds (1976) は，Akmajian (1970a) での問題点を「焦点移動」という新たな移動操作を仮定することで克服する。これらの研究に対し，Gundel (1977) は，分裂文は「擬似分裂文の右方転位構文」から作られる，という独自の主張をしている。しかし，Gundel (1977) の分析でさえ，it と非焦点節を何らかの方法で関係づけるという基本的な方策は，Jespersen (1927) の流れを汲んだものといえる。

◆**分裂文は擬似分裂文から派生される**── Akmajian (1970a) "On Deriving Cleft Sentences from Pseudo-Cleft Sentences."
　Akmajian (1970a) は，分裂文(23a)は，擬似分裂文(23b)から派生されると考える。
　(23) a. It was a car that John bought.
　　　 b. What John bought was a car.
Akmajian (1970a) は，(23)の各文は，どちらももともと(24)の構造を持つと仮定する。
　(24) [it [John bought something]] was a car.
(24)の something と it が what として現れると，(23b)の擬似分裂文が派生され，(24)に「分裂外置」と呼ばれる操作がかかると(23a)の分裂文が派生される。この分析を支持する事実として，主語と動詞の一致関係がある。分裂文は，(25)のように焦点の人称にかかわらず常に三人称一致を示す点で変則的な主語と動詞の一致を見せる。
　(25) a. It's me who is responsible.　　　　(Akmajian, 1970a : 150)
　　　 b. It's you who is responsible.　　　　　　　　　　　(*ibid.*)
　　　 c. It's him who is responsible.　　　　　　　　　　　(*ibid.*)
(25)に対応する(26)の擬似分裂文も全く同じ一致のパターンを示す。
　(26) a. The one who is responsible is me.　　　　　　(*ibid.*: 151)

219

b. The one who is responsible is you.　　　　　(*ibid.*)
　　c. The one who is responsible is him.　　　　　(*ibid.*)
ここで，擬似分裂文から分裂文を派生させる Akmajian (1970a) の仮説をとれば，両者を統一的に扱うことができる。

◆**焦点移動を用いた分裂文の派生**──Emonds (1976) *A Transformational Approach to English Syntax.*

分裂文の焦点になれるのは（例外を無視するとすれば）名詞句と前置詞句である。名詞句が焦点になる場合は，Akmajian (1970a) の分析で事実を説明することができる。しかし，前置詞句が焦点となる(27)のような例の場合，Akmajian (1970a) の説明では問題が残る。

　(27) It is with great pride that I accept this nomination.
　　　　　　　　　　　　　　　　　　　(Gundel, 1977 : 548)
というのは，(27)に対応する擬似分裂文がないからである。

　(28) *How I accept this nomination is with great pride.　(*ibid.*)
Emonds (1976) は，分裂文を擬似分裂文から派生させるという Akmajian (1970a) の提案を基本的には受け入れ，なおかつこの問題点を解決しようとした。Emonds (1976) は，擬似分裂文の be 動詞の後ろに現れる焦点要素はもとは非焦点節内にあったという分析をする。これによれば(27)は，元来(29a)の構造をしていたことになる。

　(29) a. [it [I accept this nomination [with great pride]]] is
　　　b. [it [I accept this nomination]] is [with great pride]
(29a)に Emonds (1976 : 141) が「焦点移動」と呼ぶ操作が働き，(29b)が作られる。さらに Akmajian (1970a) の提案した「分裂外置」が行われ，(27)の文が得られる。

◆**分裂文は右方転位構文である**──Gundel (1977) "Where Do Cleft Sentences Come from?"

分裂文が擬似分裂文の wh 節を文末に移動して作られるとする Akmajian (1970a), Emonds (1976) の考えを基本的には受け入れながら，分裂文の文頭に現れる it の扱いに関し異論を唱えた論文に Gundel (1977) がある。Gundel (1977) は，分裂文は，(30)のようないわゆる右方転位

(right dislocation) 構文から作られると主張した。

 (30) a. It's a great place, San Francisco. (Gundel, 1977 : 551)
   b. I like him a lot, your uncle. (*ibid.*)

この構文では，文の中心的な話題を it/him で先に述べておいて，後に文末でその具体的な内容を明らかにする，という形が取られている。Gundel (1977) は，擬似分裂文にもこの右方転位は可能であると指摘する。

 (31) a. It was San Francisco, (the place) where we spent our vacation.
              (Gundel, 1977 : 552)
   b. It was an explosion, what Bill heard. (*ibid.*)

①これら右方転位の文と分裂文は交換可能であること (Gundel (1977 : 553))，②(31a)のような文は ( ) 内の句がなければ表面上分裂文と区別が付かないこと (Gundel (1977 : 552))，③(32)のように右方転位構文，分裂文のどちらの構文も be 動詞の後ろの名詞の数には関係なく主語として it を取ること (Gundel (1977 : 555))，など両構文は多くの特徴を共有していて，分裂文を右方転位構文と結びつける考え方はそれなりの説得力がある。

 (32) a. It's apples that I have enough of. (*ibid.*: 555)
   b. It's/*They're apples, what I have enough of. (*ibid.*)

Gundel (1977) のこうした主張は，分裂文を擬似分裂文の wh 節を文末に移動することで派生させるという点で，Akmajian (1970a), Emonds (1976) の流れを汲んだものである。ただ，彼らと違い，Gundel (1977) は文頭の it を，文末の右方転位された語句を指す（内容のある）代名詞と考える。Gundel (1977) の分析の問題点は，(31b)のように what 節が右方転位された場合で，(31b)から分裂文を作るには，what を that に換え，右方転位された文と主文との間の休止（表記上コンマで示された発音上の間）を削除する，という（やや強引な）操作を仮定せねばならないことである。

| further readings | Pinkham & Hankamer (1975) はいわゆる擬似分裂文に，純然たる擬似分裂文と自由関係節構文があるように，分裂文も 2 種類の構文に分けることができ，それぞれが互いに別の派生を持つ，と主張する。Kuno (1977) はこれに反論し，分裂文はやはり 1 種類であると

している。分裂文と擬似分裂文とを関係づける方向とは別に，Chomsky (1977a) は，分裂文と話題化（topicalization）との共通点を捉える方向の分析を提示している。

> 関連テーマ　分裂文は生成文法でも比較的初期の段階に盛んに研究された。しかし，拡大標準理論，統率束縛理論など後の枠組みではほとんど研究されていない。とりわけ，Chomsky (1977a) での wh 移動の提案を勘案して，これまでに提案されてきた分裂文の派生を検証する作業が必要であろう。

17. 擬似分裂文 (pseudo-cleft sentence)

> (1) What we need is books.
>
> 　上記の文は，第16章「強調構文・分裂文」で検討した分裂文とほぼ同様の意味を持ち，概ね同様の使われ方をする。しかし表面上は表現形式が分裂文とは異なっていることから，擬似分裂文（pseudo-cleft sentence）と呼ばれている。その呼び名からも分かる通り，擬似分裂文は分裂文との関係が中心的な研究テーマの1つとなる。擬似分裂文は分裂文といかなる違いがあるのか。【テーマ1】
>
> 　(2)のような自由関係節構文は，外見上擬似分裂文と同じ形式を持っている。
>
> (2) What lay on the table was no possession of mine.
>
> しかし両者には意味的にも，統語的にも微妙な相違が存在する。これはどのように説明されるのか。【テーマ2】

【テーマ1】擬似分裂文と分裂文の相違
【概説】

　分裂文と擬似分裂文は，非分裂文（分裂文，擬似分裂文のもととなる普通の文）の中の1つの要素を焦点として取り出し，残りの要素と対比させて際立たせる働きを持つ構文である。Akmajian (1970a) は，両者は「同義的で交換可能な」ものとし，両構文を統語的に関係づけた。しかし，両者の間で微妙な統語的，意味的違いがあるのも事実である。統語的には，焦点になる要素に違いが見られる。例えば，動詞句は，擬似分裂文の焦点になるのに，分裂文の焦点にはなれない。

　(3) What he did was fasten down the carpet.　　（安井(編), 1987 : 496)

　(4) *It was fasten down the carpet that he did.　　　　　(*ibid.*)

これに対し，前置詞句は擬似分裂文の焦点にはならないが，分裂文の焦点にはなる。

　(5) *Where I gave the cat was to Matt.　　　　　　　　(*ibid.*)

(6) It was to Matt that I gave the cat.　　　　　　　　　　(*ibid.*)

　また，Prince (1978) 以来，両構文が談話上では異なった使われ方をするとの見方が一般的である。とりわけ，両構文の非焦点節（分裂文のthat 節と擬似分裂文の what 節）が前後の文脈の中でどのような情報を伝えるかという点が議論の中心の1つとなってきた。Prince (1978) は，分裂文の非焦点節が，（話し手と聞き手それぞれが発話時点で意識に上らせている）既知の情報に加え，未知の情報も伝えうるのに対し，擬似分裂文の非焦点節には既知の情報しか現れることがなく，両構文の情報構造は異なると分析する。これに対し Declerk (1984b, 1988) は擬似分裂文の非焦点節にも未知の情報が盛り込まれることがあって，両構文の情報構造は基本的に同じであると主張する。P. Collins (1991) は「再現可能性」という考え方を使い，擬似分裂文の非焦点節に，一見したところ，未知の情報が盛り込まれているように見える例を説明する。そして，Declerck (1984b, 1988) の主張に反し，やはり擬似分裂文の非焦点節に未知の情報がくることはないと論じる。

◆分裂文と擬似分裂文は交換可能ではない —— Prince (1978) "A Comparison of *Wh*-Clefts and *It*-Clefts in Discourse."

　Prince (1978) は，それまで一般に同義的で互いに交換可能であると考えられてきた分裂文と擬似分裂文が，談話の中で実際に使われる場合，必ずしも交換可能でないことを示し，両構文の違いを非焦点節の情報構造上の機能の差として説明しようとした。擬似分裂文の非焦点節が「聞き手が発話の時点で想起していると話し手が見なしうる」情報を伝えるのに対し，分裂文の非焦点節は，「聞き手が知っているか，文脈から推定できる（必ずしも聞き手が発話時点で想起していなくともよい）」情報か，あるいは「（聞き手は知らないにしろ）話し手が一般によく知られていることだと見なしている」情報を伝えるとする。例えば，(7) の擬似分裂文は，ある言語学の論文の書き出しである。

(7) What we have set as our goal is the grammatical capacity of children—a part of their linguistic competence.

　　　　　　　　　　　　　　　　　　　　　　　(Prince, 1978 : 888)

書き出しの文では，先行する文脈が存在しないため，未知の情報がくるの

が普通である。しかし，言語学の論文の読者であれば，論文を読み始める際に，その著者が一定の目標を設定して論文を書いていると想定する。したがって，擬似分裂文(7)の非焦点節 what we have set as our goal は，書き出しの文であっても，それが表す情報は，読者（聞き手）が想起している情報であると，著者（話し手）は見なすことができる。これに対し，分裂文(8)を見てみよう。

(8) I've been bit once already by a German shepherd. It was really scary. IT WAS AN OUTSIDE METER THE WOMAN HAD. I read the gas meter and was walking back out ...　　(*ibid*.: 894)

この文の非焦点節 THE WOMAN HAD が表す情報（この世の中には女性というものが存在し，そして，その女性が何かを所有していた）を，この文を耳にする時点で聞き手が想起していたとは極めて考えにくい。(8)の分裂文の非焦点節は，恐らく聞き手は発話時に想起している内容ではないであろうけれども，聞き手が一般的な（知られた）知識と見なしうる情報を表している。同じような文脈の中で分裂文(8)の代わりに擬似分裂文(8)′を使うと，明瞭に非文とはならないとしても，談話の首尾一貫性を欠く（less coherent）ことになる。

(8)′ What the woman had was an outside meter.

(8)′が首尾一貫性を欠く発話と判断されるのは，擬似分裂文の非焦点節は「聞き手が発話の時点で想起していると話し手が見なしうる情報を伝えなければならない」とする談話上の制約に違反しているからである。Prince (1978) の分析で最も重要なのは，「発話の時点で非焦点節の伝える内容を聞き手が想起している必要があるのか，ないのか」という観点である。分裂文の非焦点節はその必要がなく，擬似分裂文の非焦点節は必要がある。

◆**擬似分裂文の非焦点節も新情報を与えうる**——Declerck (1984b) "The Pragmatics of *It*-Clefts and *WH*-Clefts."

Prince (1978) は，擬似分裂文の非焦点節の情報は，聞き手が発話時に想起している内容である必要があり，分裂文の非焦点節はそのような必要はないとした。この点で分裂文と擬似分裂文は情報構造上の差がある。これに対し Declerck (1984b) は，擬似分裂文の非焦点節にも聞き手が発話時に想起しているとは考えられないような内容が盛り込まれることがある

ことを指摘し，分裂文と擬似分裂文では基本的に意味の差はないと主張した。

擬似分裂文の非焦点節が聞き手が発話時に想起している事柄でなければならないとする根拠の1つは，擬似分裂文が普通会話のはじめにくることはできないという事実であった。(##は，それに続く文が談話のはじめであることを表している。)

(9) a. ##*Hi! What my name is is Ellen.   (Prince, 1978 : 888)
    b. ##*Hi! What I've heard about is your work.   (*ibid.*)

これに対し，Declerck (1984b) は，擬似分裂文も会話のはじめに使うことができるとして，次の例文を挙げる。

(10) My dear, friends, what we have always wanted to know, but what the government has never wanted to tell us, is what exactly happens at secret conferences like the one you have been reading about in the papers this week. There is one man, however, who has been present at such conferences himself and who is willing to break silence. His name is Robert Fox, and he is the man that we have invited as guest speaker for tonight.

(Declerck, 1984b : 257)

Declerck (1984b) は，この他，発話時に非焦点節の内容が聞き手に想起されているとは考えられない分裂文として Prince (1978) が挙げたいくつかの例文は，容易に擬似分裂文に置き換えられること，また，そのような状況でむしろ擬似分裂文の方が据わりがいい例などを挙げ，擬似分裂文の非焦点節も（分裂文同様）発話時に聞き手が想起しているとは考えられないような内容を表しうるとする。そして分裂文と擬似分裂文とで情報構造が基本的には同じであると結論する。

◆擬似分裂文の非焦点節は「再現可能」な情報である —— P. Collins (1991) *Cleft and Pseudo-Cleft Constructions in English.*

Collins (1991) も，分裂文の情報構造については Prince (1978)，Declerck (1984b) らの分析を踏襲する。しかし，擬似分裂文に関しては，Prince (1978) 同様 (Declerck (1984b) に反論し)，非焦点節に聞き手が発話時に想起している内容しか現れないとしている。Prince (1978) と

違う点は，これを再現可能性（recoverability）という概念で説明することである。

Declerck (1984b : 259) は，擬似分裂文の非焦点節に聞き手が発話時点で想起しているとは考えられない内容がある例文として(11)を挙げた。

(11) A. I hear you've got a job at Johnson's. A nice place that is. I suppose you're happy now?

　　 B. Well, I don't know. *What I'd really like to do is run a business of my own.* But I can't do that, because I've no money to start one.

P. Collins (1991) は，この例に関して，この分裂文の非焦点節の「自分には本当にやってみたいことがある」という意味内容はほぼ文脈から再現可能であるとしている。(11)の発話者のAがBに新しく得た仕事について近況を尋ねているということは，尋ねた人であるAが，少なくともBにやりたいことがある，ということを想定していることを含意している。つまり，What I'd really like to do は，直接には先行する会話に出てくる意味内容ではないが，会話のやりとりから再現可能（recoverable）であり，ある意味では既知の情報であると考えられる。こうして P. Collins (1991) は，擬似分裂文の非焦点節がやはり「既知」の内容だけを表すと主張する。

|further readings| P. Collins (1991) の擬似分裂文の扱いに対し，Declerck (1994) が反論している。M. Kato (1998) は，これら一連の擬似分裂文の非焦点節を巡る情報構造の問題に対し，関連性の理論から興味深い分析を行っている。

|関連テーマ| 分裂文と擬似分裂文とで焦点になる要素が異なることを見たが，これは統語的な問題であるのか，あるいは意味的な問題であるのか。そしてどちらであるにせよ，どのような説明が可能であろうか。

【テーマ2】擬似分裂文と自由関係節構文の比較
【概説】
学校文法では，(1)のような擬似分裂文は，「先行詞を含む関係代名詞が主語となった be 動詞の文」と説明されるのが通例である。というのも，

(1)の文は，先行詞と関係代名詞を使った(12)へと書き換えることが可能だからである

(12) The things which are needed are books.

しかし，「先行詞を含む関係代名詞が主語となった be 動詞の文」は2つの種類に分けられ，英語学で擬似分裂文と呼ぶのは，通常このうちの一方だけである。もう一方は擬似分裂文と区別して自由関係節構文と呼ばれる。両者の区別は基本的には意味的な問題である。典型的な擬似分裂文は，

(13) What I want is this.

の文に見られるように，what 節である集合（この世の中のすべてのものの中から「自分がほしいと思っているものの集合」）を提示して，be 動詞の後ろの焦点でその具体的なものを確定するという形を取る。これに対し，典型的な自由関係節構文は(14)のような文である。

(14) What I want is expensive.

(14)の what 節は「私が欲しいもの」の集合のメンバーとなる具体的な事物を指し，be 動詞のあとの expensive はその事物の特徴を述べている。(14)はおおよそ「私が欲しいと思っているものは高価なものだ」という意味で，(13)の意味する「私のほしいものは何かと言えば，それはこれだ」とは違う意味構造をしていることがわかる。このような（かなり微妙といってよい）擬似分裂文と自由関係節構文を区別する理由は，両者の統語的振る舞いに大きな差が見られ，とりわけ擬似分裂文は一般的な規則からははずれた特性を示すからである。Higgins (1973a) は，このような両者の違いを詳細に記述している。以下では，これらの違いの説明方法として，Higgins (1973a), Culicover (1977), Bošković (1997a) の説明を見ていくことにする。

◆擬似分裂文と自由関係節構文にはさまざまな差異がある ── Higgins (1973a) *The Pseudo-Cleft Construction in English.*

Higgins (1973a) は擬似分裂文と自由関係節構文との差をかなり詳細に記述し，その後のこれらの構文の研究に大きな影響を与えた。ここでは後に取り上げる文法現象を中心に Higgins (1973a) の観察を紹介する。

Higgins (1973a : 302-305) は，自由関係節構文の what 節はさまざま

な移動操作の対象になるのに対し，擬似分裂文の what 節は対象にならないという。そのような移動操作の１つに「主語への繰り上げ」がある。(15a)のような不定詞を用いた構文は，主語 John が従属節にある(15b)と基本的な意味が同じである。したがって，(15a)のような文の主語 John も，(15c)のように不定形の従属節にはじめは生成されると考えられている。主語への繰り上げとは，(15c)のような不定詞節の主語を(15a)のように，主節の主語の位置へと繰り上げる移動操作のことである。

(15) a. John is certain to win.
    b. It is certain that John will win.
    c. is certain [John to win].

ここで，擬似分裂文では主語への繰り上げが許されない。

(16) [What John was] was certain to be respectable.

Higgins (1973a : 304-305) は，(16)のような例文に関して，自由関係節構文の解釈（John の人となりは，間違いなく尊重されたであろう）は許されるのに対し，擬似分裂文の解釈（John はどんな人であったかといえば，それは間違いなく尊敬できる人であった）は許されないという観察をしている。

次に，再帰代名詞と先行詞との間に課せられた一般的な制約と擬似分裂文との関連を見る。再帰代名詞は，通常その先行詞を同じ節の中に持っていなければならない。

(17) a. John hates himself.
    b. *John thinks that Mary hates himself.

(17b)では，himself の先行詞 John が，同一節内に生じていないことから非文となっている。また，先行詞は主語，直接目的語などその節の直接の要素でなければならず，(18)のように主語に埋め込まれた名詞句であってはならない。

(18) *[Tom's mother] admires himself.

(18)では先行詞は主語そのものではなく，主語を修飾する所有格名詞句となっているため，再帰代名詞との適切な関係が結ばれない。これらの条件を仮に同一節内条件，直接主語条件とそれぞれ呼ぶこととする。これらの条件に違反しないようにするためには，再帰代名詞のかわりに代名詞が用いられなければならない。

Higgins (1973a : 8) は自由関係節構文ではこうした条件が守られるのに対して，擬似分裂文では守られないという。Hankamer (1974) の議論に従ってこれを示してみる。まず(19)のように be important to の後ろには，what 節内部の John を指すものとして，代名詞も再帰代名詞もくることができる。この場合，(19a)は同一節内条件，直接主語条件に違反していないのに対して，(19b)はその2つに違反している。そして，(19a)は自由関係節構文の読みしかなく，(19b)には擬似分裂文の読みしかない。

(19) a. What John is is important to him.　　　(Higgins, 1973a : 8)
　　 b. What John is is important to himself.　　　　　　　(*ibid*.)

この事実は先に見た，繰り上げとの関連で明確になる。上で，自由関係節構文の what 節だけが繰り上げの対象となることを見た。be certain to と同じく，埋め込み文の主語が主節へと繰り上がると考えられている appear to とこれらの文との関係を見てみると，

(20) a. What he is appears to be important to him.
　　　　　　　　　　　　　　　　　　　(Hankamer, 1974 : 226)
　　 b. *What he is appears to be important to himself.　　(*ibid*.)

のように，代名詞を使った(20a)だけが文法的となる。このことから，(19a)は自由関係節構文で，再帰代名詞の現れる(19b)は擬似分裂文であることがわかる。そして，擬似分裂文(19b)では再帰代名詞に課せられた一般的な条件が明らかに破られている。

　また，自由関係節構文の焦点の一部を疑問文で尋ねることができるのに対し(21a)，擬似分裂文の焦点の一部はそれができない(21b)。

(21) a. What did they say that what she was looking at appeared to be [a picture of *t*]?　　　(Higgins, 1973a : 308)
　　 b. *Who did they say that what Mary was going to do was [give the dog to *t*]?　　　　　　　　　　(*ibid*.)

◆**焦点は非焦点節内に所属する**── Bošković (1997a) "Psuedoclefts."
　上で見たように，擬似分裂文では再帰代名詞と先行詞との間の同一節内条件，直接主語条件に違反することが可能である。擬似分裂文の理論的研究の多くがこの事実の説明に費やされてきた。理論の枠組みによって説明

方法は多種多様であるが，ほとんどの説明に共通しているのは，擬似分裂文の場合，派生のどこかの段階で，焦点が非焦点節内に所属すると仮定することである。この仮定を採用しているのは，Akmajian (1970b)，Chomsky (1970), Grosu (1973b), Bošković (1997a) などで，ここでは Bošković (1997a) の分析を見ておく。

Bošković (1997a) は，擬似分裂文の非焦点節に現れる what が，ある種の照応形 (anaphor) であると考える（照応形とは，それ自体では指示対象を持たず，前後の文脈の中で指示対象が決まる要素を言い，They saw each other の each other などが典型的な照応形である）。そして，照応形である what は派生のどこかの段階（LF と呼ばれる段階）で先行詞で置き換えられなければならない（すなわち指示対象が指定されなければならない）とする。例えば，

(22) What John is is important to himself.

では，派生のある段階で，主語節の中での what の元の位置がその先行詞（指示内容）である焦点 important to himself に置き換えられて，

(23) [What John is [important to himself]] is

のような形ができる（この後さらに what は important to himself に置き換えられる）。ここで himself は John と同じ節に属しかつ John はこの節の主語なので，同一節内条件，直接主語条件をともに満たすことができる。これに対し，自由関係節構文の what は，明確な指示物を持つ名詞句であり，照応形ではないので，焦点に置き換えられることはない。したがって，同一節内条件と直接主語条件から，再帰代名詞が生ずることは許されず，代名詞しか生じえない。

◆**焦点は非焦点節の同格要素が移動されたものである**——Culicover (1977) "Some Observations Concerning Pseudo-Clefts."

Culicover (1977) は，擬似分裂文の焦点は非焦点節と同格の要素として生成され，それが焦点の位置に移動されると考えた。例えば，(24a) の文は (24b) がそのもとの形として仮定されることになる。

(24) a. What John bought was a skunk.
　　　b. [What John bought] [a skunk] was

一方，自由関係節構文では，このような移動は仮定せず，be 動詞の後ろ

の要素は，その位置に直接生成されると仮定される。Culicoverは，擬似分裂文の分析とは独立した理由から，一度移動された要素の中から，さらに何かを移動させることはできないという一般的な制約を仮定する。例えば英語の「重名詞句移動（Heavy NP Shift）」という移動操作を考えてみよう。これは比較的長い(25a)の名詞句 an expensive book about horned frogs を文末へと移動し，(25b)の文を作る規則である。

(25) a. John sent [an expensive book about horned frogs] to Horace.
　　　b. John sent to Horace [an expensive book about horned frogs].

一度右へと移動された(25b)の名詞句の一部を wh 移動する（wh 疑問文でその内容を尋ねる）ことはできない。これは，上記の制約によって説明されると Culicover は主張する。

(26) *What kind of frogs did John send to Horace [an expensive book about *t*]?　　　(Wexler & Culicover, 1980 : 278)

この重名詞句移動の場合と同じように，擬似分裂文においても，(27b)の焦点 a story about Nixon は what 節の同格となる(27a)の位置から移動によってこの位置に来た要素であるので，(27c)のようにさらにその内部から wh 移動をすると上記の制約に違反し，非文法的となると Culicover (1977) は説明する。

(27) a. [What John bought] [a story about Nixon] was
　　　b. [What John bought] was [a story about Nixon].
　　　c. *Who was [what John bought] [a story about *t*]?
　　　　　　　　　　　　　　　　　　　(Culicover, 1977 : 349)

これとは対照的に，自由関係節構文の焦点は，移動ではなく be 動詞の右にそのまま生成されると仮定するので，移動に対するこのような「島の効果」は示さない(21a)。

◆焦点の非焦点節内所属説では説明できない文——Higgins (1973a) *The Pseudo-Cleft Construction in English.*

擬似分裂文の再帰代名詞の振る舞いに関する，「焦点の非焦点節内所属」説による説明に対し，Higgins 自身は異議を唱えている。その主な根拠の1つは，次のような文でも先行詞の直接主語条件に違反できるという事実である。

(28) a. John's favorite possession is a book about himself.
　　b. John's biggest worry is that photograph of himself which was taken last year.　　　　　　　　　　　　(Akmajian, 1970b : 49)

(28)の各文では，himself の先行詞 John は，主語名詞を所有格として修飾していて，himself の所属する文の直接の主語ではない。にもかかわらずこれらは文法的である。擬似分裂文(19b)などと異なり，(28)の各文は，主語の中に be 動詞の右に現れている焦点名詞句を迎え入れることのできる場所はない（言い換えれば，これらの文の中には what のような照応形がそもそも存在しない）。したがって，仮に焦点の非焦点節内所属説が擬似分裂文に関する再帰代名詞の振る舞いは説明できたとしても，(28)のような「普通の」文の説明はできないことになり，明らかに焦点の非焦点節内所属説は大切な一般化を見落としている。Higgins (1973a : 153-166) はこのような事実に基づき，be 動詞の働き一般から再帰代名詞の解釈を引き出す試みをしている。

further readings　擬似分裂文と自由関係節構文との間の主要な差異は，ほとんどが Higgins (1973a) で明らかにされている。Kaisse (1983) では，両者の縮約形（'s）の可否に関する差が報告されている。

関連テーマ　擬似分裂文の焦点にはどのようなものがくることができるのか。そして，制限があるとしたら，それはどのように説明されるだろうか。また，分裂文と擬似分裂文とでは，実際の使われ方にどのような違いがあるのだろうか。

18. 繰り上げ構文 (raising construction)

(1) Mitchell seems to be a cretin.
(2) I believe him to be a genius.

この2つの文のうちで，(1)は学校文法では第3文型のSVCに分類され，(2)は第5文型のSVOCに分類され，それぞれ次の文と意味的類似性を持つことを1つの特徴として挙げることができる。

(3) It seems that Mitchell is a cretin.
(4) I believe that he is a genius.

(1)と(2)の両方において，不定詞節はC（補語）として扱われ，(1)ではS（主語）が不定詞節の意味上の主語であり，(2)ではO（目的語）が不定詞節の意味上の主語である。Zeitlin (1908) や Jespersen (1940) 等の伝統文法では，(2)は不定詞付き対格 (accusative with infinitive) の1つとして扱われ，やはり対格Oが不定詞節の意味上の主語となる。これは(1)のMitchellと(2)のhimがもともとは不定詞節の主語位置にあり，そこから繰り上げ (raise) られたという生成文法の主張とも深く関連してくる。こうした「繰り上げ構文」では，不定詞補文 (infinitival complement) の主語が(1)のように主節の主語位置か，(2)のように目的語と思われる位置に移動する。

(1)の主語位置への繰り上げについては，生成文法理論に基づいた多くの研究でその妥当性が広く認められている。【テーマ1】

目的語位置への繰り上げに関しては生成文法の中でも賛否両論があり，これについては，その存在を支持する論拠と否定する論拠の両方を認識しておく必要がある。【テーマ2】

もしも目的語位置への繰り上げが存在するとすると，その位置は通常の意味での目的語位置なのか，それとも特殊な位置なのかが問題になり，この位置の特徴づけが重要である。【テーマ3】

(2)の繰り上げ構文で，特に注目されているのが不定詞補文主語の格標示 (Case-marking) であり，これが意味的には不定詞の主語で

ありながら，目的格（対格）であるという事実をいかに説明すべきかが焦点となる。その目的格が主文動詞に帰因するとすると，それは節境界を越えているという意味で例外的格標示（Exceptional Case-Marking: ECM）となり，(2)がECM構文と呼ばれるゆえんでもある。【テーマ4】

【テーマ1】主語位置への繰り上げ
【概説】

学校文法でも生成文法でも(1)は(3)とほぼ同義として扱われ，生成文法では，Mitchellを埋め込み補文の主語位置から主文の主語位置に移動する規則が存在するとされている。移動規則は通常は意味の変化を伴わないとされているため，(1)と(3)の同義性は繰り上げ規則の存在を立証する最も良い証拠の1つと考えられてきた。しかし，1980年代になって統率・束縛理論が登場すると，移動の存在理由というものが従来よりも先鋭化した形で問われるようになり，なぜ言語にこの種の繰り上げが存在するのかが議論の焦点となっている。

◆it 置換とその問題点──── Rosenbaum (1967) *The Grammar of English Predicate Complement Constructions.*

主語位置への繰り上げ構文では主文の述語がある特定のクラスに限られており，動詞ではseem, appear, happen, 形容詞ではcertain, (un)likely, sure等がある。Rosenbaum (1967)は，繰り上げ構文をit置換（*it* replacement）という変形規則によって派生する。この規則は主文の主語位置にある虚辞的itをthat補文の主語で置き換える繰り上げ規則であるが，この変形自体は次のような理由でその後廃止されるに至った。第1に，虚辞的とはいえ，音声形式と指標（index）を持つitを消去するのは，望ましくない。第2に，時制（tense）を伴う補文を不定詞補文に変換してしまうのは，変形操作として強力すぎ，定式化が困難である。第3に，時制補文から要素を抜き出すのは，時制文条件（Tensed-S condition）等の変形に対する一般的条件に違反する。

◆α 移動の一例として――― Chomsky (1981) *Lectures on Government and Binding*.

it 置換に関する問題を回避するばかりでなく，繰り上げというものを一般的な変形理論の中に位置づけて論じたのが，Chomsky (1981) である。それによると，繰り上げは α 移動（Move α）という一般的原理の一例にすぎず，繰り上げという移動規則が単独に存在するのではない。同様のことが受動化についても言える。繰り上げも受動化も α 移動の一例にすぎない。そうした仮定の下に，主語位置への繰り上げは次のように捉えられる。

(5) a. John seems [*t* to be a nice fellow].　　　(Chomsky, 1981 : 69)
　　b. John is likely [*t* to be a nice fellow].　　　(*ibid.*)
(6) a. NP seems [John to be a nice fellow].　　　(*ibid.* : 70)
　　b. NP is likely [John to be a nice fellow].　　　(*ibid.*)
(7) a. it seems [that John is a nice fellow].　　　(*ibid.*)
　　b. it is likely [that John is a nice fellow].　　　(*ibid.*)

Chomsky は繰り上げ述語の項構造（argument structure）というものに注目し，繰り上げ述語を補文には意味的役割を付与するが，主語位置にはいかなる意味的役割も付与しない 1 項述語として分析する。この意味的役割とは，例えば主題（theme），動作主（agent），着点（goal）といった意味範疇で，主題役割（thematic role）や θ 役割（θ-role）とも呼ばれ，ある述語が主語や目的語などにどのような θ 役割を付与するかはその項構造で指定されている。繰り上げ述語が主語位置に θ 役割を付与しない証拠には，(7)のように主語位置に虚辞的な it が生じることができる，ということが挙げられる。(6)の主文主語の位置に NP と記されているのは，そこに虚辞的な it が挿入されずに空（empty）になっているという意味である。補文主語の繰り上げはこの空の主語位置への移動であり，元の位置には *t* と表記される痕跡（trace）が残る。なお，補文の時制は ［＋Tense］ でも ［－Tense］ でもよく，(7)が ［＋Tense］ の場合であり，(6)が ［－Tense］ の場合である。繰り上げは(6)の場合に起こり，(7)の時制補文の中から起こることはない。

◆α 移動を定義する基本原理――― Chomsky (1981) *Lectures on Govern-*

ment and Binding.

(5)の繰り上げにおいて重要な役割を果たしている主な原理としては，次に挙げる投射原理（projection principle），格フィルター（Case filter），θ規準（θ-criterion）の3つがある。

(8) 投射原理
　　語彙特性（lexical property）はすべての統語表示（D構造，S構造，論理形式（LF））において表示されなくてはならない。
　　　　　　　　　　　　　　　　　　　　　(Chomsky, 1981 : 38ff. 参照)

(9) 格フィルター
　　もしNPが音声内容（phonetic content）を持ち，かついかなる格も持たないなら，*NP。　　　　　　　　　　　　　　　　(*ibid.* : 49)

(10) θ規準
　　それぞれ項は1つかつ1つのみのθ役割を持ち，それぞれのθ役割は1つかつ1つのみの項に付与される。　　　　　　　(*ibid.* : 36)

投射原理(8)でいう語彙特性とは述語の項構造であり，繰り上げ述語は1項述語で主語位置にθ役割を付与しないので，そこには項が生じることができずD構造では空のままになる。その位置にD構造で項が生じてしまうと，それにはいかなるθ役割も付与されないので，その段階でθ規準(10)の違反が生じてしまう。したがって(6)が正しいD構造になるが，これもこのままでは補文主語のJohnに格が付与されないために，格フィルター(9)の違反が生じる。不定詞補文の中には時制がないのでJohnに主格を付与することができないし，主文の繰り上げ述語は自動詞や形容詞であるから格付与能力を持たず，それによる格付与も期待できない。したがって，Johnは補文主語の位置にとどまることができず，格付与を受けるために空になっている主文の主語位置に移動する。Johnは補文主語としてすでにD構造でθ役割を1つ（この場合は「主題」）付与されており，移動された位置でもう1つのθ役割を付与されるならば，θ規準の違反になる。しかし，繰り上げ述語はその主語位置にθ役割を付与しないので，JohnがS構造で新たにθ役割を付与されることはなく，θ規準の違反が起こらない。

　以上の仮定が正しいならば，繰り上げはθ役割を付与される位置からされない位置への移動であると同時に，格を付与されない位置からされ

位置への移動ということになる。

> **further readings** it 置換をより一般的視点から論じた文献としては，Kiparsky & Kiparsky (1970) がある。it 置換と密接な関連があるのが，主語として生成された節を右側に移動する外置であり，これについては，Ross (1967), Emonds (1976), Baltin (1978) を参照。

> **関連テーマ** 受動化でも名詞句（目的語）が主語位置に繰り上がるが，それと繰り上げ構文との類似性と相違点は何か。

【テーマ 2】目的語位置への繰り上げ
【概説】

　主文の目的語位置への繰り上げが実際に存在するかどうかに関しては激しい論争がくりひろげられているが，そうした論争が生じるそもそもの理由は，この繰り上げがなされても表面的な線形語順が変わらず，統語構造における不定詞補文主語の統語的位置だけが変化するという空虚移動 (vacuous movement) になるからである。これに対して，主語位置への繰り上げでは補文主語が移動したことを顕在的に見ることができ，空虚移動にはならない。したがって，繰り上げが実際に存在することを証明するためには，補文主語と言われている要素が基底構造では補文主語であったことを示すと同時に，派生構造では実際に主文の目的語位置に繰り上がっていることも示さなくてはならない。

◆繰り上げ肯定論—— Postal (1974) *On Raising : One Rule of English Grammar and its Theoretical Implications.*

　目的語位置への繰り上げを支持する証拠として，まず最初に注目されたのが Rosenbaum (1967) が指摘した受動化に関する次のような事実である。

(11) a. I believe John to have convinced Bill.　(Rosenbaum, 1967 : 61)
　　 b. I believe Bill to have been convinced by John.　　　(*ibid*.)
(12) a. I compelled the doctor to examine John.　　　(*ibid* : 59)
　　 b. I compelled John to be examined by the doctor.　(*ibid*. : 60)

この 2 組の例において，(11)では受動化が不定詞補文に適用されても基本

的な意味に変わりがなく，この対は真理値同義（truth value synonymy）である。どちらでも，説得したのは John で，されたのは Bill であり，論理的意味の違いがなく，主文主語 I はその出来事全体を真と信じている。このことは，believe の直後に現れる名詞句が基底構造では主文に属する要素ではなく，補文に属する要素であることを意味している。他方，(12)の対では真理値が同じではなく，(12a)では強制される人が the doctor であるのに対して，(12b)では John であるから，両者の論理的意味が異なっている。このことは，(12)では compel の直後に現れる名詞句が基底構造から主文動詞の目的語であることを意味している。したがって，believe は繰り上げ述語であるが，compel は繰り上げ述語ではない。

　繰り上げ述語の直後に現れる名詞句がもともとは補文主語であることを示すもう 1 つの証拠として Rosenbaum が言及したのは，存在構文の主語位置に現れる there の分布である。

　(13) Everybody believes there to be three chairs in the room.

(ibid.: 64)

この導入の there（introductory *there*）は主語位置にのみ現れることが知られており，(13)の文法性は派生の少なくともある段階では there が補文主語位置にあったことを意味している。

　不定詞補文主語が実際に繰り上げられているのであれば，主文主語と不定詞補文主語とは派生構造では同一の節に属する節仲間（clause mate）であることになり，この節仲間関係と繰り上げとの関連性を具体的に検証したのが Postal (1974) である。彼は受動化（passivization），再帰代名詞化（reflexivization），相互指示標示（reciprocal marking）の 3 つを繰り上げの伝統的論拠と呼び，これらは関与する 2 つの名詞句が同一節内（clause-internal）にあることを条件として起こると考えている。

　(14) a. Jack believed Joan to be famous.　　　　(Postal, 1974 : 40)
　　　b. *(For) Joan to be (have been) famous was believed by Jack.
(*ibid.*)
　　　c. Joan was believed to have been famous by Jack.　　(*ibid.*)
　(15) a. *Jack_i believed (that) himself_i was immortal.　(*ibid.* : 42)
　　　b. Jack_i believed himself_i to be immortal.　　　　(*ibid.*)
　(16) a. *They believed (that) each other were honest.　(*ibid.*)

b. They believed each other to be honest. 　　　　　(*ibid*.)

受動化が単一の節内に限られた現象であるとすると，(14b)の非文法性は(For) Joan が不定詞節の主語ではなく主節に繰り上げられていると考えれば説明がつくし，そこから(14c)の文法性も説明がつく。また，再帰代名詞化にも節内部条件が課されるとすると，不定詞補文主語の繰り上げを仮定すれば，(15b)の文法性は容易に説明することができるし，繰り上げが起こり得ない(15a)は非文法的になる。相互指示標示には再帰代名詞化と同様の制限が課されるとすると，(16b)の文法性と(16a)の非文法性も容易に説明される。

　伝統的証拠と呼ばれた(14)〜(16)以外にも，Postal (1974) は不定詞補文主語の繰り上げを支持する証拠を数多く挙げており，その1つが数量詞の作用域 (quantifier scope) に関する事実である。

(17) a. I believe that someone insulted Arthur. 　　　(*ibid*.: 222)
　　 b. I believe someone to have insulted Arthur. 　　　(*ibid*.)
(18) a. I believe that there is someone who insulted Arthur. 　(*ibid*.)
　　 b. There is someone who I believe insulted Arthur. 　　(*ibid*.)

普通の非対照的ストレス音調 (noncontrastive stress-intonation) で読んだ場合に，(17b)には存在数量詞 some の作用域に関して曖昧性があるのに対して，(17a)にはその曖昧性がない。(17b)には，存在数量詞の作用域が補文内に限られる(18a)に対応する狭い作用域 (narrow scope) の読みと，(18b)に対応する主文動詞を含む広い作用域 (wide scope) の読みとがある。これは，(17b)では someone が補文主語位置から主文の目的語位置に繰り上げられているとすれば，自然に説明される。一方，繰り上げが適用されることがない(17a)には，存在数量詞が狭い作用域を取る読みしかない。

　Postal が挙げた証拠のなかで，もう1つその後しばしば言及されてきたのは，副詞が修飾する領域に関する事実であり，基本的な考え方は存在数量詞の作用域の場合と同じである。

(19) a. Jane proved that Bob, unfortunately, was a werewolf.
　　　　　　　　　　　　　　　　　　　　　　(*ibid*.: 146)
　　 b. Jane proved Bob, unfortunately, to be a werewolf. 　(*ibid*.)
(20) a. I have found that Bob recently has been morose. 　(*ibid*.)

b. I have found Bob recently to be morose. 　　　　　　(*ibid*.)
　(21) a. I can prove that Bob easily outweighed Martha's goat. (*ibid*.)
　　　b. I can prove Bob easily to have outweighed Martha's goat.
　　　　　　　　　　　　　　　　　　　　　　　　　　　(*ibid*.)

(19a)(20a)(21a)のように，副詞が that 補文の中に含まれる時は，主文を修飾する解釈がなく，その補文を修飾する解釈しかない。他方，(19b)(20b)(21b)のように，副詞が不定詞補文の後ろに現れた場合は，主文を修飾することができる。これも，不定詞補文主語が主文に繰り上げられ，副詞も主文の位置に生成されているとすれば，容易に説明できる事実である。

◆**繰り上げ否定論**──Chomsky (1973) "Conditions on Transformations."

　Chomsky (1973) は目的語位置への繰り上げを否定し，補文主語は基底構造から派生構造に至るまで一貫して元の位置にとどまったままであると主張している。その主張を支える基盤となったのは，変形規則の定式化に関する理論と節境界 (clause boundary) に関する理論である。

　それによると，変形規則はある一定の要素分解 (factorization) がなされる終端記号列 (terminal string) には原則的に適用可能で，ある1つの節内に適用が限定されなくてはならない，というものでは必ずしもない。例えば，受動化は(22)のように要素分解される(23)のすべての終端記号列に適用でき，特に(23e)では節境界が無視されている。

　(22) (Z, NP, V_x, NP, Y)　　　　　　　　　　(Chomsky, 1973 : 233)
　(23) a. Perhaps-John-read-the-book-intelligently　　(*ibid*.)
　　　b. John-received-the book　　　　　　　　　　(*ibid*.)
　　　c. John-regards-Bill-as friend　　　　　　　　　(*ibid*.)
　　　d. John-painted-the wall-gray　　　　　　　　　(*ibid*.)
　　　e. John-expect-the food-to be good to eat　　　(*ibid*.)

そうすると，(23e)から次の(24)の文法的な受動文が派生される事実は the food の主文目的語位置への繰り上げを支持する証拠とはならず，(22)の要素分解に従って受動化が適用されたに過ぎない。

　(24) The food is expected to be good to eat by John. 　(*ibid*.)

同様のことが，Postal（1974）が節内部条件に従うと主張した再帰代名詞化，相互指示標示，存在数量詞の作用域にも当てはまるとすると，繰り上げを支持する証拠とされたほとんどの事実が実際は証拠ではなくなる可能性がある。

しかし，Chomsky（1973）も，いかなる節境界も統語的あるいは意味的操作によって無視されると言うのではなく，時制や主語（あるいはその両方）を持つ補文の境界は基本的には無視できないと主張している。それは，いわば節境界の「強さ」に関する条件であり，時制や主語を持つ補文はそうしたものを持たない不定詞補文よりも強い節境界によって主文から仕切られていることになる。そうした一般化を捉えた条件は，時制文条件（Tensed-S condition）および指定主語条件（Specified Subject Condition）として定式化され，Chomsky（1981）では束縛条件（binding condition）の中に組み込まれている。次の例において，(25a)に対して(25b)が非文法的であるのは，後者が時制文条件に違反しているからであり，(26a)に対して(26b)が非文法的であるのは，後者が指定主語条件に違反しているからである。

(25) a. The candidates expected each other to win.

(Chomsky, 1973 : 238)

　　b. *The candidates expected that each other would win. (*ibid*.)

(26) a. The candidates expected to defeat each other. (*ibid*.)

　　b. *The men expected the soldier to shoot each other. (*ibid*.)

以上のような仮説に従うならば，目的語位置への繰り上げが存在しないかのように見えてくるのは事実である。

further readings　Bresnan（1976c）は，Postal（1974：Ch.4）が目的語位置への繰り上げを支持するために挙げた証拠に詳細に反論している。また，この繰り上げとの関連では，believe 型，want 型，persuade 型など不定詞付き対格構文を取る個々の動詞の特性を知る必要があり，Bresnan（1972）が参考になる。

関連テーマ　目的語位置への繰り上げが起こるのは，主文動詞が believe 型の動詞である場合であるが，want 型の場合も繰り上げがあると言えるであろうか。

【テーマ3】繰り上げの位置
【概説】

　Rosenbaum (1967) が it 置換を提案した当時は，主語位置への繰り上げと同様に目的語位置への繰り上げも，主文動詞の直後に生成された虚辞的な it を補文主語で置き換える形式のものであった。その意味では補文主語が繰り上げられる位置がはっきりしていたと言ってよいであろう。しかし，1980年代に入って統率・束縛理論の登場以降，項が現れる統語的位置が(8)の投射原理によって保証されなくてはならなくなると，その虚辞が現れる位置をいかにして生成するのか，という問題が生じてきた。think, believe, prove, find など目的語位置への繰り上げを許す動詞は二項動詞であるから，その項構造には外項 (external argument) と内項 (internal argument) の2つしかない。したがって，その項構造から投射される統語表示に許されるのは，外項としての主語の位置と内項としての補文の位置だけであり，不定詞補文主語が繰り上げられる位置の保証がないことになる。それは，問題の位置に虚辞の it を挿入しようが，空 (empty) のままにしておこうが同じことである。

◆格枠から投射される統語的位置── Authier (1991) "V-Governed Expletives, Case Theory, and the Projection Principle."

　Authier (1991) によると，統語的位置は述語の項構造からのみ投射されてくるのではなく，格枠 (Case-frame) から D 構造に投射されてくる。その位置は空のままでもよいし，次のように虚辞的な it が挿入されてもよい。

(27) They never mentioned *it* to the candidate [that the job was poorly paid]. 　　　　　　　　　(Authier, 1991 : 723)

(28) a. We demand *it* of our employees [that they wear a tie].

　　　　　　　　　　　　　　　　　　　　　　　(*ibid.*)

　　 b. I dislike *it* [for him to be so cruel].　　　(*ibid.*)

　　 c. John resented *it* [that Mary was leaving].　　(*ibid.*)

　　 d. I hate *it* [when she does that to me].　　(*ibid.*)

　　 e. I can't believe *it* [how nice everybody's been to me].　(*ibid.*)

虚辞的 it は動詞の格枠に存在する目的格（対格）から投射された位置に

243

あり，繰り上げ構文ではそこに it が挿入されずに補文主語が繰り上げられる。

補文主語の繰り上げが実際に存在する証拠として，Authier も副詞の分布を挙げており，次の(29)に対して(30)が文法的である事実は繰り上げと格フィルターによって説明される。

(29) a. *I proved conclusively him to be a liar.　(Authier, 1991 : 729)
　　 b. *I believe irrefutably him to be a liar.　　　　　　　(*ibid.*)
　　 c. *I suspect strongly him to be a liar.　　　　　　　　(*ibid.*)
(30) a. ?I proved him$_i$ conclusively [t_i to be a liar].　　　(*ibid.*)
　　 b. I believe him$_i$ irrefutably [t_i to be a liar].　　　　(*ibid.*)
　　 c. I suspect him$_i$ strongly [t_i to be a liar].　　　　　(*ibid.*)

Authier によると，主文動詞と補文主語との間に副詞が介在している(29)の例は格標示に対する隣接性条件（adjacency condition）の違反になるが，(30)のように補文主語が副詞よりも前に出るとほとんど文法的になる。この事実は，不定詞補文主語が主文の目的語位置へ移動したとすると，説明することができる。(30)には隣接性条件の違反はないし，補文主語の移動先となる主文の目的語位置は主文動詞が標示する格から投射された位置である。その位置と主文動詞とは姉妹関係にあるため，格標示も問題なくなされる。

そうすると，次の(31a)の ECM 構文の正しい派生構造は(31b)ということになり，不定詞補文の主語 herself は元の位置に痕跡を残して繰り上げられるが，問題は主文動詞，herself，不定詞補文の 3 者がいかなる統語的関係にあるのかである。

(31) a. Linda believes herself to be popular.　　　　　　　(*ibid.*)
　　 b. Linda believes herself$_i$ [t_i to be popular].　　　　(*ibid.*)

その 3 者がすべて姉妹関係にあるとすると，V' がそれらをすべて直接支配する(32)の三項枝分かれ（ternary branching）構造になる。しかし，Kayne (1984) に従って，Authier は句構造は厳密に二項枝分かれ仮説（binary branching hypothesis）をとっているため，(32)の構造は許されず，CP を動詞の姉妹として生成することができない。

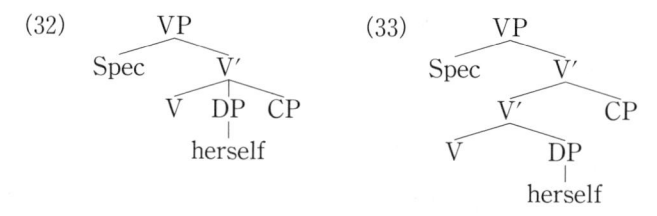

```
(32)         VP              (33)         VP
         Spec    V'                   Spec    V'
              V  DP  CP                    V'     CP
                 |                       V   DP
              herself                        |
                                          herself
```

そこで、AuthierはCPをV'に付加し、ECM構文の派生構造は(33)のようになる、と主張している。この構造では、CPは内項でありながらも、V'付加され、V'によってその位置でθ標示されなくてはならない。したがって、もともと基底構造からV'に付加された項を、付加詞からどのようにして識別するのかという問題が出てくるし、指定辞の位置にも補部の位置にもない項にθ標示がそもそも可能なのかどうか、という問題も出てくる。またTanaka (1992) でも指摘されている通り、(33)がECM構文の正しい構造であるならば、不定詞補文主語は繰り上げられるのではなく、むしろ主節の目的語位置へ繰り下げられることになる。それは、Chomsky (1973) 以来、一般に自然言語には繰り上げ移動は存在するが、繰り下げ移動は存在しないという一般化にも違反している。こうした問題が生じるのは、三項枝分かれ句構造をあまりにも厳しく排除するために、項であるにもかかわらずCPをV'付加にした結果である。

◆**より高い位置への繰り上げ**── Lasnik & Saito (1991) "On the Subject of Infinitives."

Lasnik & Saito (1991) によると、不定詞補文主語は通常の意味での目的語位置に繰り上げられるのではなく、統語的階層構造のもっと高い位置に繰り上げられる。彼らが注目したのは、相互代名詞 each other の解釈や、否定極性項目（negative polarity item）の1つである any の分布である。

(34) a. ?The DA proved [the defendants to be guilty] during each other's trials.　　　　　　(Lasnik & Saito, 1991 : 328)
 b. ?The DA accused the defendants during each other's trials.
　　　　　　　　　　　　　　　　　　　　(*ibid.*)
 c. ?*The DA accused that the defendants were guilty during each other's trials.　　　　　　　　　　　　(*ibid.*)

一般に，相互代名詞 each other が正しく解釈されるためには，先行詞によって c 統御（c-command）されなくてはならず，しかもこの代名詞の先行詞は複数形でなくてはならない。(34a)の繰り上げ構文で注目すべきは，相互代名詞を含む前置詞句が主文を修飾する副詞類であるにもかかわらず，the defendants が each other の先行詞になり得ているという事実である。しかも，(34a)の文法性は(34b)の普通の他動詞構文と同じであり，どちらの例でも，the defendants は each other を c 統御できるかなり高い統語的位置になくてはならない，と考えられる。そのことは，(34a)の不定詞補文主語が少なくとも主文のどこかの位置にまで繰り上げられることを意味しており，Lasnik & Saito は別の証拠からこの繰り上げは S 構造までに起こらなくてはならない，と主張している。一方，時制補文を伴っていて繰り上げが起こる可能性がない(34c)の文法性は，前者2つの例に比べるとはるかに低い。この対比は(34a)における繰り上げを指示する証拠となる。

　具体的に不定詞補文主語が主文のどの位置まで繰り上げられるのかとなると，非常に大きな問題が出てくるが，これは不定詞補文主語の格標示と密接な関連がある。

further readings　Authier (1991) の結論を修正した主張が Tanaka (1992) や Amano (1995) でなされている。

関連テーマ　目的語の位置に虚辞の it を取る動詞と，目的語の位置への繰り上げを許す動詞との関連は必ずしも明確ではないので，これは興味深いテーマである。

【テーマ4】不定詞補文主語の格標示
【概説】

　意味的には不定詞の主語でありながら目的格を取るのであるから，不定詞補文主語の格標示はさまざまな問題を含んでいる。格標示のし方には，大まかには2通りの方法があり，1つは統率（government）に基づく格標示であり，もう1つは指定辞・主要部関係（spec-head relation）に基づく格標示である。前者は主文動詞が不定詞補文主語を c 統御することによって統率するならば格標示するというものであり，これは補文主語が元

の位置にとどまっていたとしても成立し，例外的格標示として知られている。後者は動詞と目的語の一致に関わる機能範疇（functional category）である AGRo に基づくもので，論理形式（logical form, LF）で補文主語が SPEC-AGRoP に繰り上がって，主節動詞が AGRo に繰り上がって指定辞・主要部関係が成立した段階で格標示がなされる。

◆**例外的格標示**——Chomsky (1981) *Lectures on Government and Binding*.

　Chomsky（1981）等では，次の(35a)では補文主語 John は補文内の時制を伴う will から主格標示を受けるのに対して，(35b)の John は believe によって節境界を越えて統率され，例外的格標示を受けるとされている。

　(35) a. I believe [that John won].　　　　　(Chomsky, 1981 : 96)
　　　 b. I believe [him to be incompetent].　　　　(*ibid*. : 66)

例外的格標示によって付与される格は，それを付与する動詞と θ 関係のない名詞句にも付与される構造格（structural Case）の一種である。(35b)の John は believe から θ 役割を付与されず，believe から θ 役割を付与されるのは，John to be incompetent という不定詞節全体である。理論的意味あいはともかく，(35b)のような ECM 構文はフランス語をはじめとするヨーロッパの近隣言語にも例がなく，英語でも(35a)のように時制文を使った表現が好まれる，という意味では例外的と言える面がある。しかし，前述のように，不定詞補文主語は主文に繰り上がっている可能性が強いので，このような例外的格標示が実際に起こっているかどうかは疑問である。

　Authier（1991）が言うように，不定詞補文主語は動詞の格枠から投射される主文の位置に繰り上げられ，そこで格標示を受ける可能性もある。しかしその場合は，Lasnik & Saito（1991）が指摘した(34)のような事実をいかにして説明するのか，という問題が出てくる。次の(36)に示すように，例えば(34a)の副詞的前置詞句 during each other's trials は主文の VP に付加されている可能性が高いので，補文主語が目的語位置に繰り上げられても，まだその前置詞句よりも低い位置にあり，each other を c 統御することができない。

(36)
```
          VP
       ┌──┴──┐
       VP    PP
     ┌──┴─┐   │
   Spec   V'  during each other's trials
        ┌─┼─┐
        V DP IP
        │  │
      poved the defendants
```

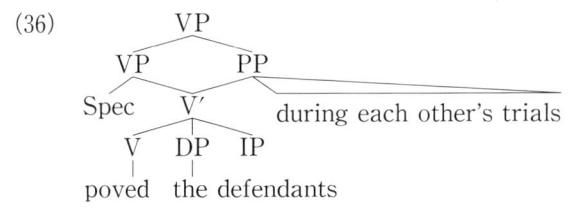

同様の問題は(34)の他動詞構文にもあり，主節動詞と補文主語の統率関係のみに依存する格標示には解決すべき問題が多い。

◆**指定辞・主要部関係による格標示**——Chomsky (1989) "Some Notes on Economy of Derivation and Representation."

格標示に対する最終的な答えを Lasnik & Saito (1991) は避けているが，Chomsky (1989) の素性照合理論 (feature checking theory) に従って1つの方向性を示唆している。素性照合理論によると，動詞や名詞には一致 (agreement) や格が素性として語彙部門ですでに付加されており，そうした素性は派生の後の段階で機能的主要部 (functional head) によって照合されなくてはならない。それは，具体的には次の構造においてなされる。

(37) 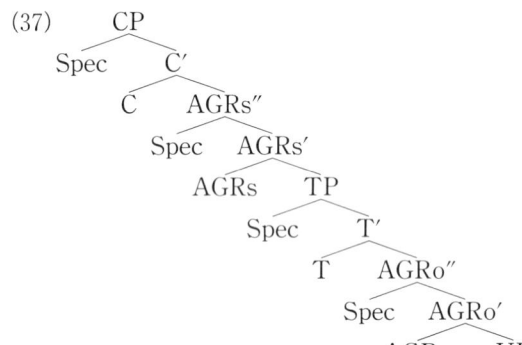
```
          CP
        ┌──┴─┐
      Spec   C'
           ┌──┴──┐
           C    AGRs''
              ┌───┴──┐
            Spec   AGRs'
                 ┌──┴──┐
               AGRs    TP
                     ┌──┴─┐
                   Spec   T'
                        ┌─┴──┐
                        T   AGRo''
                          ┌──┴──┐
                        Spec  AGRo'
                            ┌──┴──┐
                          AGRo    VP
```
(Chomsky, 1992 : 10)

ここで重要なのは，AGRs, AGRo, T という3つの機能範疇であり，それぞれ（動詞と）主語の一致 (subject agreement), （動詞と）目的語の一致 (object agreement), および時制 (tense) を意味する。英語でも動詞と主語の一致は珍しくはないが，問題は動詞と目的語の一致であり，これは英語には存在しない。しかし，例えばフランス語のような英語と近い関係にある言語でも，動詞と目的語の一致が形態的に現れることからし

て，Chomskyはそれは普遍的にどの言語にも存在し，英語ではそれが論理形式（LF）と呼ばれる統語表示のレベルでしか起こらない，と主張している。LFは，統語表示が人間の信念や外界の知識と接するインターフェイス（interface）であり，そのレベルで起こる統語移動は隠在的（covert）で，そこで起こる統語操作は目には見えないが，意味解釈のためにも必要である。それ以前の派生段階で起こる操作は顕在的（overt）であり，操作の結果が明示的に見える。

　Chomsky (1994) はそうした方向性をさらに明確にしている。それによると，主語の一致素性の照合も，目的語の一致素性の照合も指定辞・主要部関係（spec-head relation）と呼ばれる関係において起こる。前者は顕在的統語論で時制 T が AGRs に移動して主語がそのすぐ左上の Spec に生じる時に起こり，後者は隠在的統語論で動詞 V が AGRo に移動して目的語がそのすぐ左上の Spec に移動したときに起こる。指定辞・主要部関係において起こるのは一致素性の照合に限られず，前者では主語の格素性である主格が照合され，後者では目的語の格素性である目的格が照合される。したがって，一致素性と格素性とは，主語であるか目的語であるかに関わりなく，どちらも平行的に指定辞・主要部関係において照合される。

　以上を踏まえて不定詞補文主語が主文のどの位置に繰り上げられるのかを見るならば，通常の他動詞構文の目的語と同様に，AGRo の Spec 位置（Spec-AGRoP と表記）がもう１つの候補として考えられる。この位置ならば，(34a) と (34b) のどちらの例でも，the defendants は during each other's trials を c 統御することができ，each other の意味解釈も問題なくなされる。しかし，ここに大きな問題が１つあり，それは，Lasnik & Saito (1991) は補文主語の繰り上げが顕在的統語論で起こるとしているのに対して，Chomsky (1989) は Spec-AGRo への移動は隠在的統語論で起こると考えている点である。もし仮に目的語や不定詞補文主語の Spec-AGRoP への移動が顕在的統語論で起こるとするならば，SVO という英語の正しい語順を得るためには，主節の動詞は時制 T，またはさらに上位の主要部 AGRs までも顕在的に繰り上がる，と考えなくてはならない。それにはかなり無理もあるが，Chomsky (1995 : Ch.4) は Lasnik & Saito が指摘した事実の重要性を認め，それを説明できる理論を模索し

ている。しかし，それもやはり LF における移動による説明であり，目的語にせよ補文主語にせよ LF において繰り上げ移動を受けるのは，一致素性や格素性といった素性であって要素自体は元の位置にとどまっている。これも 1 つの考え方に過ぎずいろいろ問題はあるが，重要な点は，不定詞補文主語がいずれかの統語表示のレベルで何らかの形で主文に繰り上がるという方向で，共通理解が生まれつつあることであろう。

|further readings| Pesetsky（1995）が wager クラスと呼んだ動詞と目的語位置への繰り上げの関係について，格照合理論の立場からさらに包括的に論じた文献としては，Bošković（1997 b : Ch.3）がある。

|関連テーマ| say や wager クラスのように通常は ECM 構文を取らない動詞でも，不定詞補文主語が受動化や wh 移動によって移動されると，文法性がかなり高くなる。それには，どのような基本的事実があり，どのような説明が可能か。

19. 話題化 (topicalization)

> (1) Beans I don't like.
> (2) I don't like beans.
>
> (1)の構文は(2)の目的語を前置することによって派生される。この統語操作が話題化である。口語だけでなく，会話調の文章でも見受けられる (Quirk *et al*. (1985:1377))。一般には NP の前置のことを指すが，他の句の前置も含める場合がある。文頭という目立つ位置に要素を移す操作である話題化は，どのような機能的な役割があるのだろうか。【テーマ1】
>
> また，話題化構文はどのような過程を通して派生されるのだろうか。移動によるのか，それとも基底生成によるのかという問題がある。【テーマ2】
>
> さらに，話題化によって前置された要素は，文構造のどの位置を占めるのであろうか。【テーマ3】
>
> 話題化により基底となる構文とは語順が異なる構造が生じる。したがって，照応関係のように語順に関わる文法現象とどのように関わるのかが問題となる。【テーマ4】

【テーマ1】話題化の機能
【概説】

話題化の機能に関する研究のほとんどが話題（topic），あるいは主題（theme）という概念を取り入れた分析である。したがって，左方転位（left dislocation）と比較した研究が多く見受けられる。Halliday (1967:213) や Quirk *et al*. (1985:1377) は話題化された要素を有標の主題（marked theme）と呼んでいる。生成文法の発展の中で，Rodman (1974) と Gundel (1974) の研究が発端となり機能面の研究も盛んとなった。両者の論文はその後の研究でも頻繁に参照されている。

◆確立した話題──Rodman (1974) "On Left Dislocation."

　Rodman (1974:440) は，話題化によって前置できるのは，談話ですでに確立した話題 (topic) であると主張している。(3)の会話では John がすでに話題として確立しているので，応答文で話題化することができる。一方，(4)では Bill は話題として確立していないので話題化することはできない。

　　(3) "What can you tell me about John?"
　　　　"John Mary kissed." 　　　　　　　　　　(Rodman, 1974:440)
　　(4) "What can you tell me about John?"
　　　　"Nothing. *But Bill Mary kissed." 　　　　　　　　(*ibid.*)

形式的には話題化と左方転位は似ているが，左方転位は話題を確立させる機能を持つという点で異なる（第20章「転位構文」を参照）。

◆焦点と話題化──Gundel (1974) *Role of Topic and Comment in Linguistic Theory*.

　Gundel (1974) は，(5)のような話題の話題化 (topic topicalization) と，(6)のような強勢（大文字で表記）を持つ NP が前置された焦点の話題化 (focus topicalization) を区別している。

　　(5) John he CALLED. 　　　　　　　　　　(Gundel, 1974:134)
　　(6) JOHN he called. 　　　　　　　　　　　　　　(*ibid.*)

(5)と(6)はそれぞれ(7)と(8)の応答文として用いられる。

　　(7) What about John? 　　　　　　　　　　　　　　(*ibid.*)
　　(8) Who did he call? 　　　　　　　　　　　　　　(*ibid.*)

(6)には「彼が誰かに電話をした」という前提があるが，(5)にはそのような前提はない。(5)と(6)はそれぞれ(9)と(10)のように言い換えができる。

　　(9) (As for) John$_1$, he CALLED him$_1$. 　　　　　　(*ibid.*:135)
　　(10) It was John that he called. 　　　　　　　　　　(*ibid.*)

統語的には，等位接続詞でつながれた文での話題化(11)，anyway などの副詞との共起(12)，特定不定名詞の話題化(13)などの点において違いがある。

　　(11) a. Olga ate the duck but the cabbage she didn't EAT.

  b. *Olga ate the duck but the CABBAGE she didn't eat.

(*ibid.* : 136)

(12) a. Jim I'm going to invite ANYWAY.
  b. ??JIM I'm going to invite anyway.   (*ibid.*)

(13) a. *A certain monkey I SAW.
  b. A certain MONKEY I saw.   (*ibid.* : 137)

further readings Chafe (1976), Davison (1984), Gundel (1985), Takizawa (1987), Ward (1986), Ward & Prince (1991), Prince (1981, 1998) の研究がある。従属節内の話題化については Emonds (1976) と Hooper & Thompson (1973) を参照のこと。

関連テーマ 名詞・冠詞の種類と話題化の関連性はあるだろうか。

 Rodman (1974) と Gundel (1974) はどのような点で違うだろうか。

 話題化構文と左方転位構文には音調的な共通点・相違点があるだろうか。

 話題化は日本語のかき混ぜ（scrambling）と形式的には似ているが，機能的にはどのような共通点・相違点があるだろうか。例えば，かき混ぜにも2種類あることを Ueyama (1994) は考察している。また，日本語の「は」を用いた話題化との共通点・相違点はあるだろうか。

【テーマ2】話題化の派生
【概説】

 Ross (1967) は話題化を変形規則によって派生させるという提案をした。一方 Higgins (1973b : 152, fn. 5) は COMP 代入を提案し，Chomsky (1977a) は抽象的な wh 移動による説明を行った。その後，話題化は wh 移動と似た規則であるという立場が主流になる。Baltin (1982) は Chomsky (1977a) の不備を解決した。Lasnik & Saito (1992) は Chomsky (1977a) と Baltin (1982) の提案の融合を図り，移動規則に関する一般理論の構築をする過程で話題化の分析に貢献した。極小理論では素性照合が移動を駆動するという前提があるので，Ross (1967) の話題化は随意的な操作であるという分析が，義務的な操作であるという分析に変わりつつある。

◆変形規則──Ross (1967) *Constraints on Variables in Syntax.*

Ross（1967）は話題化を変形規則として(14)のように定式化している。#はチョムスキー付加（Chomsky adjunction）を表す。後に Emonds (1970, 1976) はこの規則を根変形（root transformation）に含めた。Ross (1967) によると，話題化は随意的な付加操作（adjunction）という規則である。

(14)　　　X － NP － Y　　OPT
　　　　　1　 2　 3　　⟹
　　　　　2 # [1　0　3]　　　　　　　　　　　　(Ross, 1967 : 115)

Ross（1967 : 235-236）は，話題化は切り取り変形（chopping transformation）であるので島の制約（island constraint）に従うと述べる。

(15) 複合名詞句制約（complex NP constraint）
　　**The book John rejected [the claim that he had asked Tom to take_back to the library].　　　　　(Gundel, 1974 : 146)

(16) 文主語制約（sentential subject constraint）
　　**The book [that John had asked Tom to take_back to the library] is clear.　　　　　　　　　　(*ibid.*)

(17) 等位構造制約（coordinate structure constraint）
　　**The book [Mary will ask Tom to take the magazine] and [I'm going to ask him to take_].　　　(*ibid.*)

(18) 左枝分かれ条件（left branch condition）
　　**The book I'm going to ask Tom to take [_and the magazine] back to the library.　　　　　　(*ibid.*)

左方向の並べ替えは上方制限付き規則（upward bounded rule）ではない。したがって，島の制約に違反しない限り，上の節へ NP を話題化できる。

(19) *Beans* [s I don't think [s you'll be able to convince me [s Harry has ever tasted_in his life]]].　　　(Ross, 1967 : 168)

◆基底生成と wh 移動──Chomsky (1977a) "On *Wh*-Movement."

Chomsky (1977a) は抽象的な wh 句の移動を仮定し，移動の存在を示す島の制約違反を説明している。Chomsky (1977a) は(20)の句構造規則

を提案し，左方転位と同様に話題化される要素は TOP 位置に生成されると提案している．

(20) R1: S″ → TOP S′
　　 R2: S′ → COMP S　　　　　　　　(Chomsky, 1977a : 91)

(21)は(22)の構造を持つ．wh 移動で動いた what は COMP に移動した後に消去（delete）される．(15)から(18)に示した島の制約違反を引き起こしたのは，話題化された NP ではなくて，wh 句の移動ということになる．

(21) This book, I asked Bill to get his students to read.　　(*ibid.*)
(22) [$_{S''}$ [$_{TOP}$ *this book*] [$_{S'}$ [$_{COMP}$ *what*] [I asked Bill to get his students to read t]]].　　(*ibid.*)

話題化は付加操作であるという Ross (1967) の提案と異なり，この分析は代入操作であるという立場をとる．後に Chomsky (1981) はこの wh 句を空演算子（empty operator）と見なす．

もしこの仮説が正しいとすると，1 つの COMP に複数の wh 句を移動させることはできないので，話題化と wh 移動は共起できないはずである．(23)が示すように，この予想は正しい．

(23) *This book, to whom should we give?　　(*ibid.* : 94)

◆**循環移動**——Lasnik & Saito (1992) *Move α*.

話題化は上方制限付き規則ではないので，上記(19)が示すように長距離移動が可能である．Lasnik & Saito (1992) は，Chomsky (1977a) とは異なり，埋め込み文での話題化は NP 自体の移動であり，IP 付加構造を形成すると仮定した．この前提のもとで，長距離話題化の派生が wh 移動と似ていることを論じている．例えば，(24)の派生には(25)と(26)の 2 つの可能性がある．

(24) John said that [this book]$_1$, he thought you would like t_1
　　　　　　　　　　　　　　　　　　　(Lasnik & Saito, 1992 : 92)
(25) John said that [$_{IP}$ this book$_1$ [$_{IP}$ he thought [$_{CP}$ [$_{IP}$

　　[$_{IP}$ you would like t_1]]]]]　　　　　　　　　　(*ibid.*)

(26) ... [$_{IP}$ this book$_1$ [$_{IP}$ he thought [$_{CP}$ [$_{IP}$ you would like t_1]]]]

          2   1

                   (*ibid.*)

(25)では，移動2が2つのIPを越えるので下接の条件（subjacency）に違反する。そこで，(26)に示したように，長距離wh移動と同じく長距離話題化もCPの指定部に立ち寄る循環移動（successive cyclic movement）をするとLasnik & Saito (1992)は提案している。これによって，下接の条件違反を避けることができるようになる。

◆**最短連鎖条件**——Fukui & Saito (1998) "Order in Phrase Structure and Movement."

Lasnik & Saito (1992)が考察したように，話題化によってできた構造を飛び越して話題化すると，下接の条件違反を引き起こす。

(27) a. ??That book$_i$, to John$_j$, Mary handed t_i t_j.
  b. ??To John$_j$, that book$_i$, Mary handed t_i t_j.

             (Fukui & Saito, 1998 : 444)

(28) ??To Mary$_j$, Bill thinks that that book$_i$, John handed t_i t_j. (*ibid.*)

Fukui & Saito (1998)はこの事実をChomsky & Lasnik (1993)で提案された最短連鎖条件（Minimal Link Condition）を用いて説明している。最短連鎖条件は全ての可能な着地点（landing site）に立ち寄って移動が行われることを要求する。(27)(28)では話題化によって文頭に移動する際，すでに文頭に話題化された要素を飛び越す，つまり，可能な着地点を飛び越すために最短連鎖条件の違反が生じ，その結果，容認可能性が落ちている。

◆**素性照合**——Fukui (1993) "Parameters and Optionality."

Fukui (1993 : 409)は，話題化が，CPの主要部にある［＋focus］という素性の照合のために生じる義務的な移動であると提案した。話題化されたNPはCPの指定部へ移動し，指定部・主要部の一致（spec-head agreement）によって［＋focus］の素性照合を行う。Fukui (1993)の提案は，話題化は随意的な付加操作であるというRoss (1967)の提案の明確な否定となった。

> further readings   Egashira (1997) と Fukui & Saito (1998) は極小理論の枠組みで話題化を扱っている。Fukui (1993) のかき混ぜに関する分析に対して Miyagawa (1997) は反論している。Bošković & Takahashi (1998) や Tonoike (1997) は，日本語のかき混ぜにおいても基底生成を提案している。ドイツ語の話題化については Müller & Sternefeld (1993) を参照のこと。

> 関連テーマ   主語を話題化することはできるだろうか。また，wh 句を話題化することはできるだろうか。できないとすれば，なぜだろうか。

話題化を駆動する素性を [+topic]，あるいは，[+focus] とする分析があるが，これらの素性は同じものと見なすことができるだろうか。

NP 以外の句も話題化されるという立場もあるが（例えば，Baltin (1982:16, fn.9)），NP の話題化と同じ統語的な振る舞いを示すのだろうか。

【テーマ3】話題化と節構造
【概説】

Ross (1967) は話題化によって付加構造ができると提案した。これに対して，Higgins (1973b:152, fn. 5) は話題化された要素は COMP にあると提案する。さらに，Chomsky (1977a) は話題化された要素は COMP よりも上にある TOP 位置に基底生成されると提案しているが，Baltin (1982) は再び付加構造を提案する。Chomsky (1977a) と Baltin (1982) の分析は Lasnik & Saito (1992) によって融合された。その後，極小理論に移る中で，Culicover (1991b) の PolP や Watanabe (1993 b) の循環 CP が生まれ，節構造のより詳しい分析が行われている。

◆S (=IP) 付加──Ross (1967) *Constraints on Variables in Syntax*.

Ross (1967) が提案した(14)によると，話題化によって S (=IP) 付加構造が形成される。この分析は，一旦は Higgins (1973b) や Chomsky (1977a) に否定されるが，後に Baltin (1982) や Lasnik & Saito (1992) で採用される。

◆TOP 位置──Chomsky (1977a) "On *Wh*-Movement."

Chomsky (1977a) は(20)の句構造規則を仮定し，話題となる要素がTOP位置に基底生成されると提案した（Higgins (1973) は COMP 位置と提案）。この分析では話題化と wh 移動が共起しないという事実を捉えることができる（上記(24)を参照）。

◆S（＝IP）付加と境界節点——Baltin (1982) "A Landing Site Theory of Movement Rules."

Chomsky (1977a) は左方転位される NP も TOP 位置に生成するので，話題化が可能である場合には，左方転位も可能であると予測する。しかし，Baltin (1982) は，関係詞節の中で話題化を可能とするが，左方転位は不可と判断する話者がいることを考察している。

(29) He's a man to whom liberty, we could never grant ___ ___.

(Baltin, 1982 : 17)

(30) *He's a man to whom liberty, we could never grant it ___.

(*ibid*.)

この問題を解決するために，Baltin (1982) は，左方転位される NP は，Chomsky (1977a) が提案しているように，S″の TOP 位置に生成されるが，話題化は S への付加であると提案している。さらに，話者によっては S を境界節点としない場合があるが，S″は普遍的に境界節点であると仮定する。すると，(29)の関係詞節化は S を越えるだけなので下接の条件違反は生じない。一方，(30)では左方転位された NP が S″の TOP にあるので，S″を越えて関係詞節化が行われる。したがって，下接の条件違反が生じる。

◆折衷案——Lasnik & Saito (1992) *Move α*.

Lasnik & Saito (1992 : 76-80) は，Chomsky (1977a) の句構造を修正し，S″を Topic Phrase (TP)，S′を CP とした。さらに，TP は主節にしか現れないと言う。主節では，TP の TOP 位置に基底生成される場合と IP 付加される場合の 2 つの可能性があるが，埋め込み文では TOP 位置がないので，埋め込み文での話題化は必然的に IP 付加となる。(31)では，埋め込み文で話題化が生じており，IP 付加構造を形成している。一方，(32)では，左方転位される NP は TOP 位置に基底生成されなけれ

ばならないが，埋め込み文には TP がないため，左方転位は不可能となる。

(31) That this solution, I proposed last year is widely known.

(Lasnik & Saito, 1992:77)

(32) *That this solution, I proposed it last year is widely known.

(*ibid.*)

また，(33)では，John は TOP 位置に生成され，Mary は IP へ付加されている。一方，(34)では左方転位が2回適用されているが，利用できる TOP 位置は1つしかないので，このような派生は不可能となる。

(33) John, Mary, he likes t. (*ibid.*:78)

(34) *John, Mary, he likes her. (*ibid.*:79)

さらに，Lasnik & Saito (1992) は，付加構造が障壁になるという仮定のもと，話題化によって島ができることを指摘した。

(35) *Who do you think this book t likes t? (*ibid.*:96)

(36) $[_{CP}$ who$_1$ $[_{IP}$ do you think $[_{CP}$ t_1' $[_{IP}$ this book$_2$ $[_{IP}$ t_1 likes $t_2]]]]]$

(*ibid.*)

(36)に示したように，this book の話題化によってできた IP 付加構造のために，中間痕跡 t_1' が t_1 を先行詞統率できない。したがって，空範疇原理 (ECP) の違反となり，(35)は非文となる。主節での話題化も同様である。

(37) *John, this book, t likes t. (*ibid.*:96)

(38) $[_{IP}$ John$_1$ $[_{IP}$ this book$_2$ $[_{IP}$ t_1 likes $t_2]]]$ (*ibid.*)

(39) $[_{TP}$ John$_1$ $[_{CP}$ WH$_1$ $[_{IP}$ this book$_2$ $[_{IP}$ t_1 likes $t_2]]]]$ (*ibid.*)

◆ PolP —— Culicover (1991b) "Topicalization, Inversion and Complementizers in English."

Culicover (1991b) は次の節構造を仮定し，CP と IP の間に Polarity Phrase (PolP) があると提案した。

(40) $[_{CP}$ Spec C $[_{PolP}$ Spec Pol $[_{IP}$ ...$]]]$ (Culicover, 1991b:1)

Culicover (1991b) は，Gundel (1974) の焦点の話題化を焦点音調話題化 (focus intonation topicalization) と呼んでいる。(41)が示すように，話題化された要素に強勢があり（大文字で表記），音調の区切り

(break) はない。この場合，PolP の主要部が [Focus] という素性を担い，その指定部への移動が生じた(42)の構造を持つ．

　(41) To ROBIN I gave a book. 　　　　　　　　　　(*ibid*.: 31)
　(42) [$_{PolP}$ [Spec XP$_i$] Focus [$_{IP}$ ... t_i ...]]　　　(*ibid*.)

一方，Gundel (1974) の話題の話題化のことをコンマ音調話題化 (comma intonation topicalization) と呼んでいる．(43)が示すように，話題化された要素と後続する文は異なる音調を持ち，その間には音声的な区切りがある．この場合は，IP付加構造が形成され，(44)の構造を持つ．

　(43) To Robin, I gave a book.　　　　　　　　　　　(*ibid*.)
　(44) [$_{PolP}$ Spec Pol [$_{IP}$ XP$_i$ [$_{IP}$ ... t_i ...]]]　　　(*ibid*.)

Culicover (1991b) は PolP は C によって選択されているので移動の障壁にはならないが (Cinque (1990))，IP付加構造は移動の障壁になる (Lasnik & Saito (1992)) と仮定している．すると(42)の構造では，IP内の要素が PolP を飛び越して移動することは可能だが，(44)の構造では不可能になるはずである．次の例の対比はこの予測が正しいことを示している．

　(45) {Which books/what} did Lee say that on the TABLE she had put?　　　　　　　　　　　　　　　　　　　　　　(*ibid*.: 32)
　(46) *Which books did Lee say that, on the table, she had put?
　　　　　　　　　　　　　　　　　　　　　　　　　(*ibid*.)

◆循環 CP —— Watanabe (1993b) *Agr-Based Case Theory and Its Interaction with the A-Bar System*.

Watanabe (1993b: Appendix to Ch. 2) は Larson (1988) の循環VP構造 (recursive VP structure) を CP構造に応用し，話題化に関わるさまざまな事実を説明した．例えば，話題化によって(47)の構造が形成される．

　(47) John said [$_{CP}$ that [$_{CP}$ this book [$_{AgrsP}$ Mary should have read]]]
　　　　　　　　　　　　　　　　　　　　　(Watanabe, 1993b: 121)

Watanabe (1993b) は，叙実的述語 (factive predicate) の補文での話題化が不可能であることを指摘する (Hooper & Thompson (1973: 479) を参照)．

　(48) *John regretted that *Gone with the Wind*, we went to see.

(*ibid*.:126)

まず，叙実的述語の補文では空演算子の移動があるという Melvold (1991) の提案を採用し，それを CP 循環構造に応用している。具体的には，(49)の構造を仮定した。すでに下の CP 指定部には空演算子があるので，その位置へ話題化移動することはできない。よって，(48)は非文となる。

(49) John regrets [$_{CP}$ that [$_{CP}$ Op [$_{AgrsP}$ he fired Mary]]] (*ibid*.:131)

これに対して，上の CP 指定部は空いているので着地点の候補となる。しかし，叙実的述語の補文は最上位の CP 指定部が空でなければならないという条件がある。したがって，上位の CP の指定部に Mary を話題化移動した(50)の構造はこの叙実的述語の条件に違反し，非文となる。

(50) *John regrets [$_{CP}$ Mary that [$_{CP}$ Op [$_{AgrsP}$ he fired t]]] (*ibid*.)

Watanabe (1993b:132-134) によると，Larson (1988) の VP 循環構造が V の移動で派生されるのと同様に，CP 循環構造は補文標識 that の移動によって派生される。

(51) [$_{CP}$ that$_i$ [$_{CP}$ Op [$_{C'}$ t_i [$_{AgrsP}$ (*ibid*.:133)

しかし，このような派生の仕方は，移動した補文標識そのものが投射して CP を形成する構造構築であり，また Chomsky (1995:321) が排除しようとしている自己付加（self attachment）でもある。

further readings　Authier (1992) と M. Koizumi (1995) も CP 構造を精密化させながら話題化を分析している。Bošković (1997b) は補文内での話題化を分析している。Nakajima (1992, 1996) は Culicover (1991b) の提案を発展させて節構造と補文標識の詳細な分析をしている。Rizzi (1998) は話題や焦点という概念を統語構造に取り入れている。話題化された要素の位置に関しては Kuwabara (1990) も参照のこと。

関連テーマ　補文標識の有無は話題化に影響を与えるだろうか。与える場合はどのような説明が可能だろうか。話題や焦点といった機能的な概念を統語範疇として節構造に取り込むことは自由に許されるだろうか。何らかの規準はあるだろうか。

【テーマ 4】話題化と照応関係
【概説】

　話題化は語順を変える操作であるために，照応関係（→第 52 章「代名詞・再帰代名詞」）のような語順が要因となる文法現象に影響を与える可能性がある。生成文法の標準理論では，変形規則の順序付けが研究課題の 1 つであったので，Postal (1971) は話題化（Postal は Y 移動と呼んだ）と再帰代名詞化（reflexivization）と代名詞化（pronominalization）の順序付けを規定することで，話題化の照応関係に対する影響を捉えようとした。後に，理論が発展し，解釈規則によって照応関係を説明するという枠組みのもと，Reinhart (1976, 1983) は c 統御という概念を用いて，話題化や左方転位が関わる照応関係を説明した。GB 理論から，極小理論への発達に併い，論理形式（Logical Form）において束縛理論（binding theory）で照応関係を説明する必要が生じている。

◆**変形規則の順序付け**── Postal (1971) *Cross-Over Phenomena.*
　Postal (1971 : 145) は変形規則の適用を，再帰代名詞化→話題化→代名詞化と順序付ける。下記(52)では，話題化が適用する前段階で，Tony という NP が for の目的語位置にある。それに再帰代名詞化が適用して，himself に変形する。その後，話題化で himself は文頭へ前置される。
　(52) Himself$_i$, Tony$_i$ always buys things for.　　(Postal, 1971 : 145)
　一方，(53)では，insulted の目的語 Tony が話題化で文頭へ前置された後に，代名詞化が適用される。しかし，この代名詞化は逆行代名詞化となるが，これが可能となる条件が揃っていないために非文となる。
　(53) *Him$_i$, Tony$_i$ said Harry insulted.　　　　　　　　　　(*ibid.*)

◆**c 統御**── Reinhart (1983) *Anaphora and Semantic Interpretation.*
　Reinhart (1983) は Reinhart (1976) を修正・発展させた著書で，c 統御という概念を用いて，代名詞が名詞句を c 統御するとき同一指示にならない，という条件を提案している。代名詞が名詞句を c 統御しない場合は同一指示関係の成立は自由である。話題化された要素は COMP にあり，左方転位された要素は S′ より上にある E という節点（Chomsky (1977a) の S″ に相当）に支配される位置にあると仮定している。

(54)で，him と John に同一指示関係が成立しないのは，him が話題化によって COMP にあり，John を c 統御するからである（(53)も同様）。

(54) *Him, John* keeps a snake near.　　　　(Reinhart, 1983 : 83)

しかし，似たような(55)では，同一指示関係が成立する。him が John を c 統御しないからである。

(55) Near *him, John* keeps a snake.　　　　(*ibid.*)

(56)と(57)の対立を説明するために，Reinhart (1983) は S と S′は同じ種類の範疇なので，主語はさらに上の COMP まで c 統御できるが，S と E は異なる範疇なので，主語は E が支配する要素を c 統御できないと仮定する。

(56) **Sonya, she* denies that Hirschel admires.　　　　(*ibid.*)

(57) *Sonya, she* denies that Hirschel admires *her*.　　　　(*ibid.*)

(56)の話題化された Sonya は she に c 統御されるので，同一指示関係が成立しない。一方，(57)の左方転位された Sonya は she に c 統御されないので，同一指示関係が成立する。

further readings　Chomsky (1981, 1986b) は Reinhart (1976, 1983) の c 統御条件を束縛理論の条件 C として取り入れた。

関連テーマ　(56)と(57)の違いを説明するために，主語 she が c 統御する範囲に違いがあると仮定したが，これは本当に必要だろうか。強い交差（strong cross-over）という現象を参考にしてみよう。

極小理論では束縛理論は論理形式で適用する可能性が追求されている。この枠組みでも話題化構文や左方転位構文におけるさまざまな照応関係はうまく説明できるだろうか。

20. 転位構文 (left and right dislocation)

(1) *Your friend John*, I saw *him* last night.
(2) *He*'s a complete idiot, *that brother of yours*.

転位構文は口語詞の会話に見受けられる構文で，(1)のような左方転位構文と(2)のような右方転位構文がある。(1)では，対応する(3)の文中のNPが文頭に前置され，元の位置に代名詞が残されている。このような文法操作を左方転位という。

(3) I saw *your friend John* last night.

一方，(2)では，対応する(4)の文中のNPが文末に後置され，元の位置に代名詞が残されている。このような文法操作を右方転位という。

(4) *That brother of yours* is a complete idiot.

伝統文法では外置文（extraposition）に含められていたが（Jespersen (1927:357, 1933:93-95)），Ross (1967)が生成文法研究の中で取り上げ，独立した構文として名称を与えた。Quirk *et al.* (1985:1310)は転位構文を同格表現（apposition）の一種と見なし，左方転位を先取り同定（anticipated identification），右方転位を後延ばし同定（postponed identification）と呼んでいる。

この構文では，移動したNPの元の位置に代名詞が残るという特異性がある。この特異性により，この構文にはどのような働きが生じるのだろうか。【テーマ1】

また，転位構文は変形操作によって派生されるのだろうか，それとも，基底生成なのだろうか。【テーマ2】

転位構文の派生がいずれにせよ，転位されたNPの統語的な位置を明確にすることも必要となる。【テーマ3】

【テーマ1】転位構文の機能
【概説】

　左方転位の機能研究のほとんどが話題（topic）や主題（theme）という概念を取り入れた分析である。したがって，話題化（topicalization）と比較した研究が多い。Quirk *et al.*（1985 : 1416-7）は，左方転位された要素は有標の主題（marked theme）として扱い，左方転位で現れる代名詞を代理代名詞（proxy pronoun）と呼ぶ。一方，Prince（1998）は再述代名詞（resumptive pronoun）として機能する場合があることを指摘している。Halliday（1967 : 239）は特に主語が右方転位された例を考察し，代用（substitution）の一種に含め，右方転位された要素を遅延主題（delayed theme）と呼ぶ。Quirk *et al.*（1985 : 1417）は右方転位を増補付加表現（amplificatory tag）の一種として扱う。Jespersen（1927 : 357）は右方転位の機能を補足説明（after-thought）としている。これは，Halliday（1967 : 240）の「言うべきことを先に言って，後で何についてか念を押す」という代用の機能と相通じる。したがって，右方転位された要素は旧情報を持つとも考えられる（Quirk *et al.*（1985 : 1310））。生成文法では Ross（1967）の統語研究をきっかけとして，Rodman（1974）と Gundel（1974）が統語・機能の両面を分析し，後の研究の出発点となった。

◆話題確立——Rodman（1974）"On Left Dislocation."
　Rodman（1974 : 440）は，左方転位構文は談話において新たな話題を確立させる（topic establishing），あるいは，主題化する（thematizing）機能を持つと主張している。(5)の会話では，応答文で Bill を新たな話題として導入するために左方転位構文が用いられている。
　(5) "What can you tell me about John?"
　　　"Nothing. But *Bill,* Mary kissed *him*."　　　(Rodman, 1974 : 440)
これに対して，(6)の会話では，John はすでに話題として確立しているので，左方転位構文を用いることができない。
　(6) "What can you tell me about John?"
　　　"**John,* Mary kissed *him*."　　　　　　　　　　　　　　(*ibid.*)
また，下記(7)が示すように，受動化（passivization）によって非主題

化 (dethematize) された基底構造での主語 (つまり, by の目的語) を, さらに左方転位によって文頭に置く (主題化する) と不自然になる。この不自然さは, 受動化と左方転位は主題化に関して正反対の操作であることから生じる。

(7) ?*John*, Mary was bitten by *him*.　　　　　　　　(*ibid.*: 453)

右方転位構文に関して, Rodman (1974: 458-460) は左方転位構文と異なる次の3つの機能を指摘している。第一の機能は, 聞き手に対する補足説明としての機能である。例えば, (8)を発話する際, 多くの人たちが嘘をついているので, he が誰を指しているのか聞き手に明確に伝わらないと発話の途中で気づき, 文末に Ed Reinecke を補うのである。

(8) *He* told a number of lies to the Grand Jury, *Ed Reinecke*.
　　　　　　　　　　　　　　　　　　　　　　　(*ibid.*: 459)

第二の機能は, 元位置の代名詞に強勢 (大文字で表記) を置くことで, 文末に置かれた長い NP を強調したり, 対比させるという機能である。

(9) I told *HER* to leave instantly, *the woman that did an obscene imitation of me on the Merv Griffith show*.　　　　(*ibid.*)

第三の機能は, 例えば(10)の補文主語のように, 元位置にあると不自然に感じられるような長過ぎる NP を文末に置いて, 不自然さを取り去る働きである。

(10) Do you know what else *the girl who did an imitation of me on Merv Griffith* did?　　　　　　　　　　　　　　　(*ibid.*)

(11) Do you know what else *she* did, *the girl who did an imitation of me on Merv Griffith*?　　　　　　　　　　(*ibid.*: 460)

◆話題と評言——Gundel (1974) *Role of Topic and Comment in Linguistic Theory*.

Gundel (1974) の研究は Rodman (1974) と同時期に独立して行われ, 転位構文に関するさまざまな言語事実の発掘に貢献している。Gundel (1974) は左方転位構文の文頭に置かれた NP は話題 (topic) として機能し, それに続く文はそれについての評言 (comment) として機能すると主張している。例えば, (12)の左方転位構文は(13)のように言い換えることができる。

(12) a. *This room*, *it* really depresses me.
　　b. *Women*, I'll never be able to figure *them* out.

(Gundel, 1974 : 46)

(13) a. About *this room*, *it* really depresses me.
　　b. As for *women*, I'll never be able to figure *them* out.

(*ibid.* : 52)

したがって，「左方転位された NP について，後続する文が何かを述べる」というこの構文の基本的な意味構造は，話題と評言という概念から導かれる。

◆再述代名詞── Prince (1998) "On the Limits of Syntax, with Reference to Left-Dislocation and Topicalization."

Prince (1998 : 291-296) は，左方転位構文に現れる代名詞は再述代名詞として機能する場合があることを指摘している。例えば，関係詞節からの抜き出しは下接の条件（subjacency）の違反を生じる。しかし下記 (14) のように，代名詞 it を痕跡位置に挿入すると，あたかも移動が生じていないかのようになり，下接の条件違反を避けることができる。

(14) *My first book*, I paid half of each trick to [the person who gave *it* to me]. (Prince, 1998 : 295)

この場合，一見，左方転位構文とされる構文は実は話題化（topicalization）（と代名詞の挿入）によって派生されたように見える。

further readings 　2つの転位構文のうち左方転位構文を扱っている論文が圧倒的に多い。Gundel や Prince の研究に加えて，Reinhart (1981b) や Geluykens (1992) の研究もある。右方転位についても Geluykens (1987) は Simon Dik の機能文法の枠組みで分析している。Ward (1986) は既存の提案を再検討し，さまざまな前置（preposing）の分析をしている。転位化できない名詞の種類についても，Rodman (1974) と Gundel (1974) を参照のこと。また，従属節内での転位化の可能性については Gundel (1974) も考察しているが，Hooper & Thompson (1973) は述語の種類との関係を例示した。

関連テーマ 　転位構文の音調パターンに着目して，機能的な研究がで

きないだろうか。

右方転位構文と後置文との共通点・相違点はないだろうか。

Prince（1998）の再述代名詞の説明は，下接の条件は移動ではなく表示に課せられる条件であるという前提が必要となるであろう。移動理論との整合性はあるだろうか。また，この提案は右方転位にも応用できるであろうか。

【テーマ2】転位構文の派生
【概説】

Ross（1967）の研究をきっかけに，転位構文の派生について議論が活発化した。Rodman（1974）によって，左方転位は変形操作で派生するという立場から基底生成であるという立場へと移り，これが主流となっている。右方転位についても，変形操作で派生するという立場がある一方，基底生成とする立場もある。最近では，Kayne（1994）の興味深い提案がある。

◆**変形規則**——Ross (1967) *Constraints on Variables in Syntax*.

Ross（1967）は，左方転位は(15)，右方転位は(16)の随意的な変形規則で派生されると提案した。#はチョムスキー付加（Chomsky adjunction）を表す（Ross（1967）は(16)に随意変形を示すOPTという印を入れていない）。

(15)　　X　-　　NP　　-　Y　　OPT
　　　　1　　　2　　　　3　　$\Longrightarrow$
　　　2 #[1　$\begin{bmatrix} 2 \\ +\text{Pro} \end{bmatrix}$　3]

(Ross, 1967 : 232)

(16)　　X　-　$\begin{bmatrix} \text{NP} \\ -\text{Pro} \end{bmatrix}$　-　Y
　　　　1　　　2　　　　3　　OPT
　　　　　　　　　　　　　　$\Longrightarrow$
　　　　[1　$\begin{bmatrix} 2 \\ +\text{Pro} \end{bmatrix}$　3] # 2

(*ibid.* : 236)

Ross（1967 : Ch. 6）によると，左方転位は転写変形（copying transformation）なので島の制約に従わない。また，左方向の並べ替え（reordering) なので上方制限付き規則 (upward bounded rule) でもない。よって，代名詞を含む節より上の節へ NP を左方転位することができる。

(17) 複合名詞句制約 (complex NP constraint)
My father, [the man he works with in Boston] is going to tell the police that that traffic expert has set that traffic light on the corner of Murk Street far too slow. (*ibid.*: 233)

(18) 文主語制約 (sentential subject constraint)
My father, [that he's lived here all his life] is well-known to the cops. (*ibid.*: 235)

(19) 等位構造制約 (coordinate structure constraint)
My father, I hardly ever see [him and my mother] when they're not glaring at each other. (*ibid.*)

(20) 左方枝分かれ条件 (left branch condition)
My wife, somebody stole [her handbag] last night. (*ibid.*)

一方，右方転位は転写変形であるが，上方制限付き規則なので，代名詞を含む節より上の節へ NP を転位することができない。したがって，節境界を越える(21)と(22)は非文となり，(23)と(24)は文法的である。

(21) *[The boy who hates him] is insane, Charley.
(Postal, 1971: 137, fn. 19)

(22) ?*[That they spoke to the janitor about that robbery yesterday] is terrible, the cops. (Ross, 1967: 237)

(23) I saw [Mary and him] downtown yesterday, your friend from Keokuk. (*ibid.*: 238)

(24) I noticed [his car] in the driveway last night, your friend from Keokuk. (*ibid.*)

◆As for 縮約── Postal (1971) *Cross-Over Phenomena*.

Postal (1971: 136) は(25)の左方転位構文は(26)の文頭の前置詞表現が縮約されて派生すると提案した。

(25) Charley$_i$, he$_i$'s out of his mind. (Postal, 1971: 135)
(26) As for Charley$_i$, he$_i$'s out of his mind. (*ibid.*: 136)

実際には，(26)も左方転位構文として扱う者もいるが（下記(31)を参

照),区別すべきという意見もある(Lasnik & Saito (1992 : 193, n. 6))。

◆基底生成と変形規則——Rodman (1974) "On Left Dislocation."
　Ross (1967, 1973a : 133, fn. 7) に対して,Rodman (1974) は,左方転位構文は基底生成されるが,右方転位構文は変形規則によって派生されると提案した。その根拠の1つは(27)の文法性である。Emonds (1970) は根変形は同一のS内で一度しか適応できないと提案している。左方転位とwh疑問前置が根変形に属するとすれば共起できないはずであるが,実際には可能である。

(27) Those petunias, {what did Joanne do with them}?
　　　　　　　　　　 {when did Joanne plant them}
　　　　　　　　　　　　　　　　　　　　　(Rodman, 1974 : 446)

　これに対して,左方転位構文は基底生成されると仮定すれば,(27)ではwh疑問前置しか生じていないので,Emondsの条件に違反することなく,(27)が文法的であることは問題にはならないことになる。左方転位構文を基底生成するというRodman (1974) の主張は,その後の研究でも受け継がれている。
　右方転位が変形規則によって派生される根拠として,Rodman (1974) は外置化と同様に右方転位も上方制限付き規則であることを挙げている。

◆VP削除——Kayne (1994) *The Antisymmetry of Syntax*.
　Kayne (1994) は,左方転位構文は基底生成されるが,(28)の右方転位構文は(29)にVP削除 (VP deletion) のような規則が適用されて派生されると提案している。

(28) He's real smart, John.　　　　　　　　　(Kayne, 1994 : 78)
(29) He's real smart, John is.　　　　　　　　　(*ibid.*)

further readings　Gundel (1974 : Chs. 3-4) もRodman (1974) と同様の議論をしている。転位構文の統語研究はヨーロッパの言語での研究が盛んである。Anagnostopoulou, van Riemsdijk & Zwarts (1997), Cecchetto (1999), Cinque (1990), Rizzi (1998), Zwart (1998) などがある。As forの生起に関する議論はRodman (1974 : 450) を,VP削除と

同様の分析については久野 (1978:79) や Quirk *et al.* (1985:1417) を参照のこと。

関連テーマ　転位構文の派生は極小理論ではどのように分析すべきだろうか。また，基底生成の場合，転位された NP と元の位置にある代名詞が同一指示であることはどのように保証されるのだろうか。

【テーマ3】転位構文の構造
【概説】
　左方転位された NP は S（＝IP）に付加されているという Ross (1967) の分析と，Chomsky (1977a) に始まる，それより上に位置するという2つの分析がある。右方転位された NP も S（＝IP）に付加されているという分析が主流であったが，Kayne (1994) は新たな提案をしている。

◆付加構造──Ross (1967) *Constraints on Variables in Syntax*.
　(15)と(16)の規則から分かるように，転位された NP は S（＝IP）に付加される。後に Emonds (1970, 1976) はこれらの規則を根変形 (root transformation) に含めている。

◆TOP 位置──Chomsky (1977a) "On *Wh*-Movement."
　Chomsky (1977a) は(30)の句構造規則を仮定し，話題となる要素が TOP 位置に生成されると提案している。
　(30) R1: S″→ TOP S′
　　　 R2: S′→ COMP S　　　　　　　　　(Chomsky, 1977a: 91)
　例えば，(31)の As for this book は TOP 位置に生成される。
　(31) As for this book, I think you should read it.　　(*ibid.*)
　wh 移動で動いた wh 句は COMP に移動するので，左方転位と wh 移動は共起できるはずである。(27)と(32)が示すように，この予測は正しい。
　(32) (As for) *John,* who do you think saw *him*?　　(*ibid.*: 94)

◆付加と補部──Kayne (1994) *The Antisymmetry of Syntax*.
　Kayne (1994) は，普遍的な基本構造は指定部-主要部-補部の語順で，指定部は付加であると提案した。(33)の左方転位構文は(34)の構造を持

つ。左方転位された NP は X の投射に付加され，空の主要部 X^0 の指定部となっている。

(33) John, he's real smart. (Kayne, 1994 : 78)

(34) [John [X^0 [he's real smart]]] (*ibid.*)

(28)の右方転位構文は(35)の構造を持つ。右方転位された NP が X の投射の補部にあり，主節が指定部にあるという構造になる。

(35) [he's real smart [X^0 [John ...]]] (*ibid.*)

> **further readings** Lasnik & Saito (1992 : 76-80) は，Chomsky (1986a) で提案されている句構造に従い，Chomsky (1977a) の S″ を TP (＝Topic Phrase) として修正した。TP は主節にしか現れないという特徴がある。Rizzi (1998 : 286-287) も参照のこと。

> **関連テーマ** 転位化された NP が生じる位置は，他の NP が生じる位置とどのような点で異なるだろうか。例えば，抽象的な格，主題役割に着目してみよう。

転位構文が出現する統語環境を調べて，節構造の構成をより詳しく分析できないだろうか。

Kayne (1994) の構造分析は他の統語操作との相互作用をどのように予測するだろうか。

21. 小節 (small clause)

(1) John considers *Mary a genius*.

上記のような文は，学校文法の5文型によるとSVOCの文型として分類される。C（補語）の位置にはさまざまな種類の要素が生じるので，生産性の高い構文である。

O（目的語）とCとの関係は，一般的に主語と述部の関係になる。SVOCの文が次のような複文に書き換えられることからも明らかである。

(2) John considers that Mary is a genius.

(3) John considers Mary to be a genius.

そこで(1)のOとCは1つの節を作っているものと考えることができる。動詞などを欠いた「小さな」節なので，小節（small clause）と呼ばれる。だが節というまとまりを成さずに，OとCが別個の独立した構成素であると見ることもできる。【テーマ1】

もしOとCが小節を成しているとすると，その文法範疇は普通の節（例えばthat節）と同じ範疇であるのかという問題が生じる。【テーマ2】

Cの位置にどのような種類の要素でも生じ得るわけではなく，主文動詞によってCの種類に制限がある。例えば主文動詞がholdの場合には，(1)のconsiderの場合とは異なり，Cの位置に名詞句が生じない。【テーマ3】

上例(1)〜(3)の意味は基本的に同じであるが，微妙な点でニュアンスや意味，用法上の相違がある。【テーマ4】

【テーマ1】目的語と補語の関係
【概説】
学校文法では(1)のような文をSVOCと分析するのが一般的である。こうした分析は，ちょうどSVOOの2つのO（間接目的語と直接目的語）

が独立した別個の構成素であると見なすのと同様に，OとCが有意なまとまりを成しておらずそれぞれが独立した別個の構成素であると見なすことを意味する。伝統文法では Sweet (1891:96), Onions (1904:123), Sonnenschein (1916:123), Quirk et al. (1972, 1985) らは，この立場をとっている。だが Jespersen (1927:7-8) は，Vに続く2つの要素（OとC）が一緒になって1つの目的語（目的節）を成しており，その目的節の中で普通の節に見られるネクサス関係（主語と述語の関係）が成立していると主張している。Curme (1931:120) は別々の構成素と分析しながらも，一緒になって論理的に節を構成するという立場をとる。

生成文法では，(1)の斜体部を広く小節（small clause）と呼ぶ。小節という呼称は元来 Williams (1975) が，動名詞や分詞構文などのように補文標識や文副詞などの出現を許さない「やや小さめ」の節を指すのに用いた用語である。今日広く用いられているような意味での小節という用語を用い始めたのは Stowell (1981:258) である。この呼称が示唆するように Stowell (1981) は，(1)のOとCとが一緒になって小節というまとまりを成していると考える。

Williams (1983a) は Stowell の小節分析の不備を指摘し，OとCとは独立した構成素であると主張する。

Contreras (1995) はCのところに生じる要素の範疇により，小節を構成する場合としない場合があることを論じている。ただし小節を構成しない場合でも，Williams (1983a) のようにCが独立していると見るのではなく，主文動詞と一緒になって「複合動詞」を形成すると主張する。

◆OとCで小節を構成──Stowell (1981) *Origins of Phrase Structure*.

Stowell (1981:Ch.4) は，伝統的な句構造規則（句範疇ごとにそれを構成する要素の種類及び配列を示す規則）が完全に不要であることを論証しようとする議論の中で，主語という概念は文や名詞句だけに当てはまるのではなくあらゆる範疇において成り立つ──それゆえ，主語は文や名詞句に関する句構造規則だけに関わるのではなく，句範疇全般に対して一般化することができる──ことを主張する。下記(4)～(7)の [ ] の部分はそれぞれ NP（名詞句），AP（形容詞句），PP（前置詞句），VP（動詞句）という句範疇を成しており，[ ] 内の斜体部は主語の働き，残りの

部分は述部の働きをしている。主語という概念は節においてばかりではなく，あらゆる句範疇において成り立つのである。

(4) John considers [$_{NP}$ *himself* the best candidate].
(Stowell, 1983 : 307)
(5) I consider [$_{AP}$ *John* very stupid]. (Stowell, 1981 : 257)
(6) I expect [$_{PP}$ *the sailor* off my ship]]. (*ibid.*)
(7) I feared [$_{VP}$ *John* killed by the enemy]. (*ibid.*)

主語と述部という関係が成り立っているので一種の「節」であるものの，補文標識や定形動詞などを欠いている点で小さな節，すなわち「小節」と呼ぶのが適当である。小節というまとまりを成しているのであれば，5文型におけるOとCが主語と述部の関係にあることは自動的に説明される。

Stowell (1981 : 258) は，(4)〜(7)における [ ] の部分が1つのまとまりを成していると考えるべき理由として次のような点を挙げる。まずexpect, consider, fear などの動詞は，その補部として命題（Proposition）というθ役割（文中における意味的役割）を果たしている構成素を1つ取る動詞である（上例(2)を参照）。こうした動詞の語彙的特性は，語彙的特性が派生のいかなるレベルにおいても一貫して保持されていることを求めている投射原理（Projection Principle）に基づき，(4)〜(7)においても保持されているはずであるから，動詞の後ろの部分（OとCの部分）は命題というθ役割を果たす1つのまとまりを成しているものと考えられる。

さらに，主語の位置に現れるのは一般に1まとまりの構成素に限られるが，小節も主語の位置に現れることができる。

(8) [Workers angry about the pay] is just the situation that the ad campaign was designed to avoid. (Stowell, 1983 : 299)

また5文型のようにOとCが独立した別々の構成素であると分析するならば両者の間に副詞などが介入し得るはずであるが，実際には介入を許さない。小節として1まとまりになっているからである。

(9) *I consider [the manor myself very stupid]. (*ibid.* : 300)
(10) *I want [him very much off my ship]. (*ibid.*)

◆OとCは構成素を成さず──Williams (1983a) "Against Small Clauses."

Williams (1983a) は，(1)の斜体部が主語・述部の関係になるのは，小節というまとまりを成しているからではなく，主述理論（predication theory）により主語と述部の関係にあるとマークされる（何らかの印が付けられている）からであるという立場をとる（したがってこの立場では，(1)の斜体部があたかも1つのまとまりを成しているような「小節」という呼び方は適切ではないが，5文型のOとCの部分を生成文法の慣例に従い，便宜的に小節と呼んでいく）。主語と述部の関係は必ずしも構造的に1まとまりを成していなくても成立する。下記(11)では John（斜体部）と下線部の間ばかりではなく，John と波線部の間でも主語・述部の関係が成り立っている。斜体部と波線部は明らかに構造的に構成素を形成していない。

(11) *John* arrived dead.　　　　　　　　(Williams, 1983a : 301)

したがって主語・述部の関係は構造的には定義することができず，主述理論でもって主語と述部になる部分をマークしておかなければならない。(1)でも5文型のOとCの部分が主述関係として解釈されるのは，主述理論によりそれぞれが主語と述部とマークされているからである。

Williams (1983a) によると，Stowell (1981) の小節分析からすると次のような問題点が生じる。小節分析では，主語と述部で1つの句範疇（最大投射）を構成し，主語はその最大投射の指定部の位置を占めている。指定部は1つの最大投射において1つだけであるから，小節には主語が1つだけしか現れないはずである。ところが述部が名詞の場合，小節の主語とは別に名詞の主語が所有格形として現れ得る。

(12) John considers [Bill [Bob's friend]].　(Williams, 1983a : 297)

また wh 移動（*wh*-movement）で移動できる要素は一般に最大投射に限られるが，小節の述部の部分も，主語の部分も移動することができる。

(13) What does John consider [Bill [*t*]]?　　　　　　　(*ibid.*)
　　 Who does John consider [[*t*] stupid]?

これらの例はいずれも主語と述部で1つの最大投射を構成しているのではなく，述部の部分が1つの最大投射を成しており，主語の部分が別の最大投射を形成していることを示している。つまり5文型分析のように，動詞

の後ろに2つの独立した構成素が生じているのである。

さらに Stowell (1981 : 262) の分析からすると，(14)のような文は小節補文の主語が繰り上げられて生じたものである。この点で(15)が不定詞補文の主語が繰り上げられて生じたのと同じである。

(14) Someone seems [$_{AP}$ *e* sick]. (Williams, 1983a : 293)
(15) Someone seems [$_{IP}$ *e* to be sick]. (*ibid.*)

ところが Williams (1983a : 293) によると，この分析が正しいとするならば(14)(15)どちらにおいても someone が補文の *e* の位置にあるような解釈（「誰かが病気である気配だ」）が可能なはずであるが，実際には(15)においてのみ可能である。つまり(14)では補部が小節を成しているのではなく，それだけで独立した構成素（AP）を成しているのである。同様に(1)のような文でも斜体部が小節を成しているのではなく，NP と AP とが独立した構成素を成しているのである。

◆**いわゆる小節には2種類あり**——Contreras (1995) "Small Clauses and Complex Predicates."

Contreras (1995) は，小節の述部が AP，VP の場合と，NP，PP の場合とでは構造が異なると論じる。前者の場合には Stowell (1981, 1983) が主張するようにOとCの部分で1つの最大投射を構成するが，後者の場合には主文動詞と述語（NP または PP）とで「複合動詞」を形成し，Oはその外側にある。まず AP，VP の場合と NP，PP の場合とで構造を区別する根拠として，両者の間で照応形の成否に関して相違が見られる点が挙げられる。小節の述部が AP または VP の場合には，その一部として主語と同一指示関係にある再帰代名詞が生起できないが，NP または PP の場合には可能である。

(16) *We consider [Mary proud of ourselves].(Contreras, 1995 : 136)
(17) *We saw [Mary embarrass ourselves]. (*ibid.*)
(18) They consider [John each other's friend]. (*ibid.*)
(19) They want [the wind away from each other]. (*ibid.*)

また再帰代名詞（または相互代名詞）を含む小節の述部が前置された場合，述部が AP または VP であるならば再帰代名詞（相互代名詞）は主文主語と同一指示関係になれないが，NP または PP であるならば同一指示

関係になることができる。
- (20) *[How proud of each other], they consider John.　(*ibid.*: 137)
- (21) *[Criticize himself], John thinks his wife will not.　(*ibid.*)
- (22) [How much criticism of himself], John thinks his wife will tolerate.　(*ibid.*)
- (23) [How far from each other's boat], do they want John.　(*ibid.*)

こうした2グループ間の相違は，Contreras (1995) によると，構造の相違に原因している。ここでは(16)〜(19)の相違について見てみる。(16)(17)のように小節の述部がAP，VPの場合には，[　]の部分が最大投射を成しており，その中に主語が含まれているので，Chomsky (1986a, 1986b) のいう「完全機能複合 (CFC)」（主語や目的語など全ての文法機能を含む複合体）を構成している。再帰代名詞または相互代名詞はCFCの内部で束縛されていなければならないのだが，(16)(17)ではCFC ([　]) 内で束縛されていないので非文となる。

一方(18)(19)のように小節の述部がNP，PPの場合には，下記(24)のように主文動詞（=consider）と小節の述部（=each other's friend）とで複合動詞を形成しており，O (=John) はその複合動詞の目的語の働きをしている。

(24) They [$_{VP}$ John [$_V$ consider each other's friend]]

Johnは主語ではないのでVPでもってCFCを形成しておらず，文全体でもってCFCを形成する。したがって相互代名詞は，CFCの内部（=文全体）で主文主語（=they）によって正しく束縛されている（(24)を整合されたS構造にするには動詞considerを目的語Johnの手前に移動することが必要である）。

なおRapoport (1995) も小節の述部がNPの場合には，(24)のように主文動詞と小節の述部でもって複合動詞を構成していると見るべきであることを主張している。さらにPPに関する彼女の扱い方 (*ibid.*: 168) に従うならば，PPについても主文動詞と一緒になって複合動詞を形成していることになり，Contreras (1995) の分析と同じ結果になるものと思われる。

> further readings 　小節分析を積極的に支持する論文としてSafir

(1983), Hayashi (1991) などがある。一方主述理論で扱うことを弁護する立場に Williams (1980), Napoli (1989), Schein (1995) などがある。

|関連テーマ|　5文型 SVOC の O は主述理論分析ならば目的語であるが，小節分析に従うならば主語になる。どのような点で目的語らしく振る舞い，どのような点で主語らしく振る舞うのであろうか。

5文型の SVOO も動詞の後ろに2つの要素が現れる。その1番目の要素（間接目的語），2番目の要素（直接目的語）はそれぞれ小節の1番目の要素（小節分析における主語），2番目の要素（述部）と類似性が見られるであろうか。SVOO についても小節分析をすることができるであろうか。Kayne (1984:Ch.7) を参照せよ。さらに Kayne (1985) は look the information up のような目的語と不変化詞も小節を構成しているとしている。同様の分析が den Dikken (1995) でも見られる。

【テーマ2】小節の範疇
【概説】
小節を構成する2つの句（小節の主語と述語）が1つの構成素（まとまり）を形成しているとすると，その構成素の範疇は何であろうか。小節の部分は，多くの場合いわゆる ECM 構文（NP＋to 不定詞）で書き換えることができる。

(25) a. I consider [$_\alpha$ John very stupid].

b. I consider [$_\beta$ John to be very stupid].

(25b)の ECM（＝β）は広く IP と見なされているので，(25a)の小節（＝α）も IP と見ることができるかもしれない。しかし Stowell (1981) は(25a)の α が，述部の最大投射（(25a)では AP）であると主張している。Nakajima (1991c), Y. Suzuki (1991) らは IP よりも小さな節らしい範疇（AgrP）と見なしている。一方 Starke (1995) によると Phil regarded *the fondue as too liquid* の斜体部は CP であり，小節全般（さらには節全般）も CP であるという一般化を試みている。

◆**小節は述語の最大投射**── Stowell (1981) *Origins of Phrase Structure.*
上記(25a)の小節（＝α）が(25b)の ECM（＝β）と同じ範疇であるな

らば，ECM の述部として生じる範疇は小節の述部としても生じるはずである。しかし実際には両者の間には可能な述部の範疇に関して相違が見られる（(　) 内は述部の範疇）。

(26) a. I consider [John to be off my ship]. (PP)
　　 b. *I consider [John off my ship]. (PP)　　　(Stowell, 1981 : 259)
(27) a. He is expected [t to be very angry]. (AP)
　　 b. *He is expected [t very angry]. (AP)　　　(Stowell, 1983 : 303)

小節の述部として上例で用いられている PP（前置詞句），AP（形容詞句）のほかに，NP（名詞句），VP（動詞句）等が生じ得る。それらのうちどれが実際に生じるかは主文動詞によって異なる。主文動詞には小節の述部の範疇に関して下位範疇化制限（subcategorization restriction）が課せられているのである。

(28) a. I consider [John very stupid]. (AP)
　　 b. I consider [John Bill's best friend]. (NP)
　　　　　　　　　　　　　　　　　　　　(Stowell, 1981 : 291fn)
　　 c. *I consider [John off my ship]. (PP)　　　(*ibid*. : 259)
　　 d. I consider [your daughters all grown up]. (VP)
　　　　　　　　　　　　　　　　　　　　(大庭, 1998 : 256)
(29) a. *I expect [that sailor very stupid]. (AP)　(Stowell, 1981, 259)
　　 b. *I expect [John the best candidate]. (NP)
　　 c. I expect [that sailor off my ship]. (PP)　 (*ibid*. : 257)
　　 d. I expect [this mess cleared up immediately]. (VP)
　　　　　　　　　　　　　　　　　　　　(小西（編）, 1980 : 520)
(30) a. They all felt [the plan unwise]. (AP)
　　 b. We have never felt [ourselves their masters]. (NP)
　　　　　　　　　　　　　　　　　　　　(*ibid*. : 552)
　　 c. *I felt [myself off the land]. (PP)
　　 d. I felt [something crawling up my arm]. (VP)　　(*ibid*.)

下位範疇化制限は一般に主要部とその補部との間で成立する。仮に小節が IP のような範疇であるとするならば，(28)〜(30) の主文動詞は補部として IP を選択しており，その内部の範疇に関して下位範疇化制限が課せられていることになり，一般的な下位範疇化制限の関係ではないことにな

る。そこで Stowell (1981, 1983) は，小節はその述語を中心にしてできた最大投射であると仮定する。(4)〜(6)の小節の範疇は（　）の中に記した範疇ということになる。小節の述部の範疇に関する下位範疇化制限は，主文動詞の補部（すなわち小節）の範疇に関する下位範疇化制限として捉え直すことができる。

　小節の範疇が AP, NP, PP, VP などの最大投射であるとなると，これらの最大投射にはいずれにも主語が現れることになる。主語という概念は汎範疇的に（cross-categorially）に成り立つわけである。

◆**小節は AgrP** —— Y. Suzuki (1991) "Small Clauses as AgrP", Nakajima (1991c) "Reduced Clauses and Argumenthood of AgrP."

　Y. Suzuki (1991) と Nakajima (1991c) は別々の根拠に基づき，小節は AgrP から構成されるという結論に辿り着いている（両論文とも同じ論集に収録）。Pollock (1989) によると節の構造は外側から，CP-TP(=IP)-AgrP-VP という範疇の組合せから構成されており，AgrP は TP(=IP) よりも小さく，しかも節らしい働きをする構成素である。主語と述語の間の性・数・人称などの一致が確立される範疇である。

　Y. Suzuki (1991) は，小節は ECM 構文と次のような点で異なるとしている。ECM 構文ではその主語として現れている数量詞の作用域が主文に及ぶという解釈（(31a)では，「[ジョンが病気と考えているような] 誰かがいる」）と，補文に限られるという解釈（「[病気である] 誰かがいるとジョンが考えている」）という2通りの解釈が成り立つが，小節では前者の解釈だけが可能である。

(31) a. John considers [someone to be sick].

　　 b. John considers [someone sick].　　　　(Y. Suzuki, 1991 : 29)

ECM 構文では主語として PRO が生じるが，小節では現れない。

(32) a. John wants [PRO to be dead].

　　 b. *John wants [PRO dead].　　　　　　　　(*ibid.* : 32)

　Y. Suzuki (1991) は，ECM 構文は TP から，小節は AgrP から構成されており，どちらの構文においても主語は AgrP の指定部の位置を占めていると仮定する。

(33) a. ECM 構文：V [$_{TP}$ [$_{AgrP}$ subject

b. 小節：V [_AgrP subject [_XP

　(31)の数量詞の作用域を決定するには数量詞を QR（Quantifier Raising）により主文または補文の範疇に付加する必要がある。付加の結果，数量詞によって c 統御されている範囲内がその作用域となる（May (1985)）。付加が許されるのは非項（nonargument）に限られる（Chomsky (1986a)）。(31a)では補文の AgrP も主文全体も非項なのでどちらに付加することも可能であり，それゆえ2通りの解釈が成立する。一方(31b)では補文の AgrP が主文動詞によって選択される項なので付加が許されない。数量詞は主文全体にのみ付加することができ，それゆえ1通りの解釈のみしか成立しない。(32)で PRO が生じる位置は，統御されていない位置に限られる（Chomsky (1981)）。ECM の主語の位置は(33a)から明らかなように，主文動詞から TP，AgrP によって遮られており統御されていない。一方小節の主語の位置は(33b)から明らかなように，AgrP を挟んで主文動詞によって統御されている。そのために小節の主語の位置には PRO が生起できない。

　Nakajima (1991c) は小節と ECM 構文の相違として次のような経験的な事実を挙げている。ECM 構文では主語からの外置（Extraposition from subject）が可能だが，小節からは許されない。

　(34) a. ?I found [[people ＿] to be fascination [who had tons of money] when I was still a child.
　　　b. ?*I found [[people ＿] fascination [who had tons of money] when I was still a child.　　　　　　(Nakajima, 1991c : 40)

ECM 構文には文副詞が生じるが，小節には生じることができない。

　(35) a. John considers [Mary probably to be scared of snakes]—certainly, she is scared of snakes.
　　　b. *John considers [Mary probably scared of snakes]—certainly, she is scared of snakes.　　　　　　　　　　(*ibid.*)

　(34)の主語からの外置は TP(＝IP)において適用され，また(35)の文副詞は TP(＝IP)に生起する。いずれも TP に関係した現象であり，TP から構成されている ECM 構文では観察されるが，TP を欠いている小節では見られない。

　Cardinaletti & Guasti (1995) はフランス語の小節について，主語と述

語との間に性・数に関する一致が見られること，主語がそれと関係した数量詞より手前に生じること，主語が否定要素よりも手前に生じることなどから，小節には Stowell（1981）の主張に反して機能範疇が含まれており，その機能範疇が AgrP であると論じている。Y. Suzuki（1991）や Nakajima（1991c）の議論は小節が TP（=IP）よりも小さな構成素であることを，一方 Cardinaletti & Guasti（1995）は小節が述語の最大投射よりも大きい構成素であることを論じている。TP よりも小さく述語の最大投射（(33b)の XP）よりも大きい範疇として，両者の間に AgrP が存在する。

◆**小節は完全節と同じ**——Starke（1995）"On the Format for Small Clauses."

Starke（1995）は次のような小節に注目する。

(36) a. He finds you very brave.
　　b. Phil regarded the fondue as too liquid.
　　c. He takes you for a fool.　　　　　(Starke, 1995 : 240)

小節の主語と述部の間には(36b)のように as や，(36c)のように for が生じることがある。そこで(36a)においても同類のゼロの要素 *e* が生じていると仮定することができる。as や for は前置詞と同様に前置詞残留を許すので，前置詞の一種と見なせる。

(37) a. Who do you consider him as ＿?
　　b. Who do you take me for ＿?　　　　　(*ibid.* : 243)

だが普通の前置詞とは異なり，NP ばかりではなく AP の手前にも生じることができる（(36b)参照）。Starke（1995）は前置詞には，通常の前置詞（「語彙的前置詞」と呼ぶ）とさまざまな範疇の手前に生じる前置詞（「機能的前置詞」と呼ぶ）があるとして，(36)の *e*, as, for は機能的前置詞であると仮定する。さらにこれらの前置詞は不定詞節を導く for と同様に補文標識の働きをしていると主張する。小節の主語と述部はこれらの補文標識に導かれた節（=CP）である。主語は元来占めている主語の位置（補文標識の後ろ）から補文標識の手前（Strake（1995 : Sec. 6）は CP の上に AgrP を仮定する）へ移動する。主語がもともと補文標識の後ろにあったことは，それと関係している数量詞が補文標識の後ろに現れる

ことからもうかがえる（数量詞の現れている位置が被移動要素の移動元を示していることについては Pollock (1989) を参照)。

(38) The rat considers the kinds as *all* hopeless cases.

(Starke, 1995：242)

小節では be 動詞の繋辞文と同様に，主語と述部が，数の点 (consider him {a doctor/*doctors}) や性の点 (consider him {an actor/*an actress}) で一致する。したがって小節の主語と述部の間にも空の繋辞 (BE と表記) が介在しているものと仮定できる。(36)の小節の構造は次のようになる。

(39) a. ... find [$_{CP}$ *e* [$_{IP}$ you BE very brave]]
　　 b. ... regard [$_{CP}$ as [$_{IP}$ the fondue BE too liquid]]
　　 c. ... take [$_{CP}$ for [$_{IP}$ you BE a fool]]

小節は CP から構成されており，完全節 (full clause) の構造と同じである。小節に限らず全ての節が CP から構成されているとするならば，節の構造を構文ごとに範疇を変える必要がなくなる (Pesetsky (1991), Coopmans & Stevenson (1991) は ECM も CP から構成されていると主張している)。つまり句や節の構造を個別の構文から完全に独立して定義することが可能になる。

小節では定形節などとは異なり，主語が補文標識の手前に移動したり，繋辞が音形として現れないのは，C や I が不活発 (inert) である点に帰せられる。

further readings　Rothstein (1995) は，小節が主語と述部から構成されており，機能範疇を含まないという点では Stowell (1981) と同じ立場をとるが，小節の範疇が述語の最大投射の範疇であるという立場はとらない。SC という独自の範疇を与えている。Hornstein & Lightfoot (1987) および Lasnik & Saito (1992) では，機能範疇 Infl の最大投射 IP として分析する。Chung & McCloskey (1987) は，S (=IP)であるが Infl を欠いている構造を仮定する。大庭 (1998) は空動詞を主要部とする VP を提案。

関連テーマ　小節も ECM も時制を持たない非定形節である。同じく非定形節の一種である動名詞の中にも，主語が対格形になるもの (Acc-ing) と所有格形になるもの (Poss-ing) の2種類がある。2種類の不定詞・非定形節と2種類の動名詞・非定形節の対応を調べてみよう。Nakajima (1991c) を参照。動名詞の研究では Reuland (1983)，Abney (1987)，K. Johnson (1988) などがこのテーマに参考になる。

【テーマ3】主文動詞と補文述部の共起関係
【概説】

　小節の述部としてどのような範疇が生起できるかは，主文動詞の種類によって異なる（【テーマ2】の例文(28)～(30)を参照）。この事実を説明するのに Stowell (1981) は，【テーマ2】で見た通り小節を述部の最大投射として分析し，主文動詞とその補部の間の下位範疇化制限として捉えることを提案した。だが Kitagawa (1985) は，範疇に基づく述部の指定が不適切であることを指摘し，代わりに意味概念で定義する必要性を主張する。Endo (1991) は，小節の述部を主文動詞の所に繰り上げ，動詞の意味的制限として捉えることを提案する。

◆下位範疇化制限は意味的な制限——Kitagawa (1985) "Small but Clause."

　Stowell (1981) によれば，expect に続く小節の述部として PP は生じることができるが，AP はできない。

　(40) a. I expect that sailor off my ship (by midnight).
　　　 b. *I expect him honest.

ところが Kitagawa (1985) は，PP でも consider の小節に現れることができないものもあれば，逆に AP でも現れることができるものもあることを指摘する。

　(41) a. *I expect that island off the route.
　　　 b. I expect that man dead by tomorrow.　(Kitagawa, 1985 : 212)

文法的な(40a)(41b)では共通して「状態変化 (change of state)」を表しており，非文法的な(40b)(41a)では「状態 (state of affairs)」を表している。そこで Kitagawa (1985) は，expect に続く小節には「状態変化」という意味選択 (s-selection) の制限が課せられており，小節の述部の選択は主文動詞に課せられた意味選択に関する制限であると結論する。

同様に consider に続く小節には，「状態」という意味選択に関する制限が課せられている。文法範疇が AP であれ PP であれ「状態」を表す述部は consider の小節に生じることができるが(42)，それ以外の内容の述部は生じることができない(43)。

(42) a. John considers Mary smart. (AP)

　　b. Unfortunately, our pilot considers that island off the route. (PP) 　　　　　　　　　　　　　　　　　　　　　　　(*ibid.*)

(43) a. *The doctor considers that patient dead by tomorrow. (AP) 　　　　　　　　　　　　　　　　　　　　　　　(*ibid.*)

　　b. *I consider that sailor off my ship by midnight. (PP) 　　　　　　　　　　　　　　　　　　　　　　　(*ibid.* : 211)

◆述部の繰り上げ——Endo (1991) "The Syntax and Semantics of Small Clauses."

Endo (1991) は基本的に Kitagawa (1985) の意味選択の考え方を受け継ぎながら，小節の述語が主文動詞の所に繰り上げられることによりその意味選択が局所的な (local) 関係となるという分析を提案する。

expect や consider に続く補文述語に課せられている意味選択は，主文動詞とその補部という局所的な関係ではなく，主文動詞と補部内部の述語という非局所的な関係であり，一般的な選択関係ではない。そこで Endo (1991) は，LF において小節の述語が主文動詞の所へ繰り上がることを提案する。

(44) I consider + smart [Mary *t*]

主文動詞と補文述語が隣り合い，局所的な選択関係になる。繰り上げられた補文述語が consider に課せられている「状態」(Endo (1991) は「段階的特性」と修正) を満たしていれば，意味選択が満たされている。

小節の述部と主文動詞が一緒になって複合動詞を構成しているという考え方は，Chomsky (1986a : 91) などでも主張されている。だが Chomsky (1986a) が「主文動詞＋補文述語」から成る複合動詞を提案した動機は，主文動詞と補文述語の間の選択制限を捉えるためではなく，小節の主語に対する選択制限を捉えるためである。consider に続く小節に「命題」

という意味選択が課せられていると仮定したとしても，(45)のような小節の主語が虚辞 there であるような文を排除することができない。補文主語に対する選択制限を捉えるには，主文動詞と補文述語が一緒になって複合動詞を作り，その複合動詞が補文主語に対して何らかの選択制限を課していると見なす必要がある。

(45) *We consider [there a man in the room]. (Chomsky, 1986a : 92)

補文の主語および述語に対する選択制限を局所的に捉えるためには，何らかの方法で補文述語を主文動詞の所に繰り上げることが必要である。こうした繰り上げは，【テーマ1】で紹介した Contreras (1995) でも採用されている。

|関連テーマ| ECM に関しては補文主語が主文の目的語の位置へ繰り上がっていると見る向きもあるが (Postal (1974), Lasnik & Saito (1992) など)，小節の主語に関しても主文の中へ繰り上がっていると考えられる証拠もある (Aoun & Sportiche (1983))。もし繰り上がっているとすると，小節の主語および述語に対する選択制限はどのように捉えられる可能性が生じてくるだろうか。

【テーマ4】小節の意味
【概説】
次の3文はよく似た意味を表しているが，微妙な点で相違が見られる。
(45) a. I found that she is Mexican.
　　b. I found her to be Mexican.
　　c. I found her Mexican.

Borkin (1974, 1984) は客観性・主観性の違いとして捉える。Dixon (1991)，Langacker (1991)，Wierzbicka (1988) など認知言語学の領域でもさまざまな意味概念を用いて説明が試みられている。

◆**客観性・主観性**── Borkin (1974, 1984) *Problems in Form and Function.*

Borkin (1974, 1984) によると that 節が最も客観的で，ECM 構文はやや主観的で，小節が最も主観的である。調査によって事実が判明するよう

な文脈では，この順番で適切である。

(46) a. When I looked in the files, I found that she was Mexican.
(Borkin, 1974, 1984 : 56)
b. ?When I looked in the files, I found her to be Mexican. (*ibid.*)
c. *When I looked in the files, I found her Mexican. (*ibid.* : 76)

that 節が中立的な叙述 (neutral description) をするのに対して，ECM 構文と小節は共に補文主語を特徴づける。特に小節の方がより強く補文主語を特徴づける。特徴づけをする述部は一時的な特性よりも，持続的な特性に関する内容の方がふさわしい。そのために(47b)の小節の述語として knowledgeable (精通している) の方が briefed (要点が教えられている) よりも適切である。

(47) a. John considers her to be {knowledgeable/briefed well} enough to handle the situation.
b. John considers her {knowledgeable/(?) briefed well} enough to handle the situation.　　　(以上 Borkin, 1974, 1984 : 80)

補文の内容が中立的な叙述である場合，ECM 構文や小節になりにくいが，その傾向は小節において一層明らかである。次の文脈では補文が中立的叙述の内容を表しており，それゆえ下へ行くほど適切さに欠ける。

(48) I am going to present a problem to you, but first let me set up some assumption.
a. Let assume that Mary is eager to join the Air Force.
b. (?) Let assume Mary to be eager to join the Air Force.
c. ?Let assume Mary eager to join the Air Force.　　(*ibid.* : 82)

◆認知言語学における扱い——Langacker (1991) *Foundations of Cognitive Grammar*, 他.

Dixon (1991 : Sec. 7.2) は動詞のタイプごとに小節の可能性を意味的に記述している。例えば判断動詞はその動詞と典型的に一緒に生じる述語 (proclaim ならば king など地位，declare ならば winner のように資格) の場合に小節を許す。find や prove の場合には，ECM よりも小節の方が客観的な判断となる (この点は Borkin (1984) と異なる)。思考動詞 (think, consider, imagine など) では直接的な主張の場合に小節とな

る。

　Langacker (1991 : 450 ff) によると補文の概念化と主文主語の人物との関係が，that 節では間接的であるのに対して，ECM 構文や小節では直接的である。Borkin (1984) の客観的・主観的の対比に類似している。さらに補文の述部で述べられている内容が，ECM 構文では持続的であるが，小節では瞬間的である。それゆえ，小節では直接的な知覚による経験として解釈される。

　Wierzbicka (1988, Ch. 1, Sec. 3) は ECM 構文と小節の相違を，前者に含まれる to の意味に帰している。to には期待，必然性，不可避性などの意味が含まれているので，主文主語の願望や意図を表すような未来指向の場合には専ら to を含む ECM 構文が用いられ，to を欠いた小節は用いられない。例えば want, expect などは常に未来指向なので to を持った ECM に限られるが(49)，consider などは現在について言及することもできるので to を欠いた小節も可能である(50)。

(49) a. I want him *(to be) president.
　　　b. I expect him *(to be) intelligent.
(50) I consider him (to be) intelligent.

次例(51)では，ECM ならば意図や期待が強調され，小節ならば事実が強調される。

(51) They appointed him (to be) president.

使役動詞や知覚動詞が to 無し不定詞を伴うのも，これらの動詞には未来指向性がないためであると説明される。

　だが実際には expect でも小節が可能な場合があり(29)，使役動詞や知覚動詞でも受動態の場合には to 不定詞を伴う，などといった問題点も残る。

further readings　小節に関する論文集として，Nakajima & Tonoike ed. (1991), Cardinaletti & Guasti (1995) がある。前者に収められている Nakajima (1991c) では，小節をめぐるさまざまなテーマが指摘されている。

関連テーマ　知覚動詞，使役動詞に続く NP＋原形不定詞も一般に小節として分析されるが，主節の述部が形容詞や名詞句の場合と統語的振る舞

い，意味などの異同について比較してみよう。Mittwoch (1990) は使役動詞，知覚動詞に続く原形不定詞の意味を，ECM 構文の意味との比較で詳しく論じている。統語的振る舞いに関しては有元 (1989) を参照。また知覚動詞に続く原形不定詞と動名詞についても比較してみよう。この点に関しては Akmajian (1977) が参考になる。

22. that 節 (*that* clause)

(1) The newspaper reported *that the president was assassinated*.
上記のような複文では，従属節（斜体部）として that 節が現れている。that 節は主節（主文）動詞の補部の位置に生じているので補文 (complement sentence) と呼ぶ。補文を導入する that を補文標識 (complementizer) と呼ぶ。

複文構造では一般的に話者の断定 (assertion) が主文に置かれるが，(1)のような複文では that 節に置かれることがある。だが主文動詞によっては，断定が常に主文に置かれており，that 節の真実性が前提 (presupposition) となっている場合がある。【テーマ1】

補文標識の that は，（特に口語体で）随時省略される。だが主文動詞の種類，that 節の現れる位置などによっては，省略が許されない場合がある。【テーマ2】

that 節は，補文標識を中心とした最大投射 (Complementizer Phrase : CP) として分析される。that 節が一様に CP と分析できるのか，また that の「省略」されている節も CP として分析できるのか，文法範疇に関して吟味を要する。【テーマ3】

that 節は主語の位置に生じることがあるが，主語の位置に虚辞 it を置いて文末に外置される (extrapose) こともある。

(2) That the president was assassinated was reported in the newspaper.
(3) It was reported in the newspaper that the president was assassinated.

(2)のような文主語 (sentential subject) 構文と(3)のような外置構文との関連性をどのように捉えるのであろうか。【テーマ4】

【テーマ1】主張と前提
【概説】

　上記(1)に現れている that 節は，伝統文法では，その役割，意味，文法機能に基づいて，名詞節（noun clause）または実詞節（substantive clause；Curme（1931：154）），内容節（content-clause；Jespersen（1927：23））または従属陳述（subordinate statement；Poutsma（1929^2：609）），目的節（object clause；Poutsma（1929^2：609））などさまざまな名称で呼ばれる。生成文法では，主文動詞（または形容詞）の補部として生じるので，補文と呼ぶのが一般的である。

　複文構造では，主文で述べられている内容を話者が主張していると解釈されるのが普通である。だが(1)のような文では，(4)に示したように，話者の主張が主文ではなく，補文にあると解釈することもできる。すなわち，主文では単に挿入的に情報源を示しているに過ぎず，話者の主張したいことは補文の内容の方である。

　(4) The president was assassinated, as the newspaper reported.

(1)と同じ型の複文でも，主文動詞の種類によっては，(4)のような解釈が成り立たない場合がある。(5)では，that 節の内容は既定事実であり，話者が主張しているわけではない。既定事実である内容を前提（presupposition）という。前提となっている部分は，(5b)のように主文が否定されてもその影響を受けずに，依然として事実である。

　(5) a. Mary regrets that the president was assassinated.
　　　 b. Mary does not regret that the president was assassinated.

(5)のように that 節が前提となる主文動詞を叙実動詞（factive verb）（→第43章参照），(1)のように that 節が話者の主張となる主文動詞を非叙実動詞（non-factive verb）と呼ぶ。

◆the fact 同格節―― Kiparsky & Kiparsky (1971) "The Fact."

　叙実動詞・非叙実動詞の区分に最初に注目したのは Kiparsky & Kiparsky (1971) である。両者の間にはいくつかの統語的相違が見られる。例えば，①叙実動詞に続く that 節は「the fact 同格節」でパラフレーズできる（(6)参照），②叙実動詞に続く that 節は動名詞にすることができる（(7)参照），③非叙実動詞に続く that 節は不定詞付き対格構文（accusative with infinitive) にすることができる（(8)参照)。

(6) a. I want to make clear the fact that I don't intend to participate.
b. *I assert the fact that I don't intend to participate.
(7) a. I regret having agreed to the proposal.
b. *I believed having agreed to the proposal.
(8) a. *I resent Mary to have been the one who did it.
b. I believe Mary to have been the one who did it.

(以上 Kiparsky & Kiparsky, 1971: 347-348)

Kiparsky & Kiparsky (1971) は，叙実動詞の基底構造（基となる構造）では，that 節が(6a)のように「the fact＋that 節」から成る同格節であると主張する。一方非叙実動詞の基底構造は，単純な that 節から成り立っている。同格節で述べられている内容は既定事実（前提）であるので，それから派生した叙実動詞の補文も当然既定事実となる。同格節は全体でNP（名詞句）であるので，同じくNPである動名詞と交替できる（上記(7)）。(8)のような対格名詞句（Mary）が補文主語の位置から主文目的語の位置へ繰り上がっていると仮定するならば，同格節内の主語が (the fact を飛び越して) 主文の中へ繰り上がることができないので，同格節を基底構造として持つ叙実動詞の補文からは不定詞付き対格構文が生じない(8)。叙実動詞と非叙実動詞との間に見られる意味的・統語的相違を，両者の基底構造の相違から説明しようと試みるのである。さらに第43章「叙実動詞」を参照。

◆**意味概念としての断定/前提**── Hooper & Thompson (1973) "On the Applicability of Root Transformations."

Hooper & Thompson (1973) は，叙実/非叙実動詞の分類をさらに精密化し，5つの類に分ける。非叙実動詞の補文では常に断定が述べられるわけではなく，逆に叙実動詞の補文では必ずしも断定が述べられないわけでもないからである。叙実/非叙実と断定/非断定の組合せから4つの類，さらに非叙実・断定の類を2つに分ける。

A類［非叙実・断定］: say, report, exclaim, be true, be certain, be obvious...
B類［非叙実・断定］: suppose, believe, think, it seems, it hap-

pens, it appears...

C類〔非叙実・非断定〕：deny, doubt, be likely, be possible, be probable...

D類〔叙実・非断定〕：resent, regret, bother, be sorry, be odd, be strange...

E類〔叙実・断定〕：realize, learn, find out, discover, know, recognize...

「非断定」である that 節の部分は前提（presupposition）になっている。Kiparsky & Kiparsky (1971) の考察は A，B，D 類のみを扱っており，C，E 類の存在が看過されていた。A 類と B 類の相違は，特に主語が 1 人称単数で動詞が現在形の場合，B 類動詞の意味量が極めて希薄であるのに対して，A 類動詞では補文が断定されている際にも主文の部分が独自に断定されている。J. Hooper (1975) は，A 類を強断定（strong assertive），B 類を弱断定（weak assertive）と呼んでいる。C 類の補文は断定にも前提にもなっていない。E 類は Karttunen (1971a) の半叙実動詞（semi-factive verb）に該当する。半叙実動詞（E 類）は叙実動詞（D 類）とは異なり，仮定文や疑問文では that 節の部分が既定事実とはならない。下記(9a)では that 節が既定事実となっているが，(9b)ではそうなっていない。

(9) a. If I regret later that I have not told the truth, I will confess it to everyone.

b. If I realize later that I have not told the truth, I will confess it to everyone. (Hooper & Thompson, 1973 : 480)

5 つの類は，Emonds (1970) が主張する根変形の適用可能性に関して相違を示す。根変形と呼ばれる一連の規則（話題化，動詞句前置，否定要素前置，前置詞句置換など）は，Emonds (1970) によると独立文（根に相当する文）においてのみ適用する規則であるが，実際にはある種の that 節においても適用が可能である。根変形は Hooper & Thompson (1973) によると，A～E 類のうち断定的な動詞（A，B，E 類）の補文において適用可能である。

(10) a. I exclaimed that never in my life had I seen such a crowd.

b. I think that never in my life had I seen such a crowd.

c. *It's probable that seldom did he drive that car.
　　d. *He was surprised that never in my life had I seen a hippopotamus.
　　e. I found out that never before had he had to borrow money.
　　　　　　　　　　　　　　(Hooper & Thompson, 1973 : 474-480)
上述の根変形はいずれも特定の要素（(10)ならば否定要素）を強調する働きをする。話者の判断に基づいてある要素を強調することは，話者の断定が述べられる節では可能であるが，既定事実となっている節では不可能である。そのために，強調を生み出すルート変形は断定的な補文においてのみ適用可能である。

　根変形の中でも付加疑問形成は，特定の要素を強調する働きではない。A類とB類の補文はこの種の根変形の適用可能性に関して相違を示す。
　(11) a. *I say that Hannah is the best wrestler, isn't she?
　　　b. I guess that it's a waste of time to read so many comic books, isn't it?
A類動詞は上で触れたように，主節が独自の断定を持ち得るので，補文が完全に独立文に成りきっておらず，それゆえ独立文においてのみ見られる付加疑問形成などは適用することができない。

　このようにHooper & Thompson (1973) は，根変形に特有な意味機能を見つけ出し，その意味機能と矛盾しない環境（すなわち，断定が述べられる環境）においてのみ根変形の適用が可能であることを明らかにしている。根変形の適用可能性が断定の成否に基づいて異なるのであるから，補文が叙実/非叙実とは別に断定/非断定の区別が必要である。しかも非叙実動詞であっても断定が成り立たず（C類），逆に叙実動詞であっても断定が成り立つ（E類）ので，Kiparsky & Kiparsky (1971) のように，叙実/非叙実の区別を叙実動詞の節頭に the fact を仮定することによって区別するわけにはいかない。

◆**情報モダリティと評価モダリティ**── Ransom (1986) *Complementation: Its Meanings and Forms*.
　Kiprasky & Kiparsky (1971) も Hooper & Thompson (1973) も，補文の意味の一部（断定，前提，事実など）が主文動詞から決まってくる

とする点では一致している。ところが(12a)と(12b)では主文動詞が同じであるにもかかわらず，(12a)では補文が前提となっているのに対して(12b)では断定の対象になっている。

(12) a. I like (it) that Alice plays chess.
 b. I like for Alice to play chess.　　　　　(Ransom, 1986 : 18)

　Ransom (1986) は，補文の意味は命題内容（propositional content）と命題モダリティ（propositional modality）から成り立っており，命題モダリティは情報モダリティ（information modality）と評価モダリティ（evaluation modality）から成っていると主張する。(12a)と(12b)は「Alice がチェスをする」という命題内容は同じであるが，話者の命題内容の「捉え方」，すなわち命題モダリティの点で異なる。前提や断定などを含めた命題モダリティの決定は主文動詞に負うところが大きいが，必ずしも主文動詞から自動的に決まるわけではないので，補文の意味の一部として指定しておく。

　情報モダリティは話者の命題内容の捉え方——情報を知識として捉えているかあるいは行為として捉えているか——を表している。命題を真の知識として捉えている場合は真実（truth），将来真となり得る知識として捉えている場合には未来真実（future truth），生起する事態として捉えている場合は事態（occurrence），行為の自発的遂行として捉えている場合は行為（action）という。事態と行為を表す動詞は非状態動詞（nonstative verb）に限られ，特に行為を表す動詞は制御可能（controllable）なものに限られる。真実と未来真実を表す動詞は状態動詞（stative verb）でも非状態動詞でも構わないが，未来真実を表す動詞は変化可能（changeable）な内容のものに限られる。Kiparsky & Kiparsky (1971) や Hooper & Thompson (1973) は，この分類に従うと，もっぱら真実または未来真実だけに関心を向けていたが，Ransom (1986) は事態や行為にまで考察の対象を広げたのである。次例の that 節は順に，情報モダリティとして真実，未来真実，事態，行為を表している。

(13) a. I know that Jo {received an award/is a female}.
 b. Bill expects that Diane will {receive the award/*be a female}.
 c. It took place that Bo {received the awards/sneezed/*was a female}.

d. Sue desires that Rose shall {receive an award/*sneeze/*be a female}.

　評価モダリティは，補文内容に代わる代案の成否を話者の観点から評価するものである。(14)の4文は上述の情報モダリティに関しては異なるが，補文内容に代わる代案が成り立たない（すなわち，補文が真であることが常に含意されている）点では一致しているので，真偽値が既決 (predetermined) であるという。

(14) a. I regret that Rod left. 　　　　　　　(Ransom, 1986 : 72)
　　 b. I foresaw that Rod'd leave. 　　　　　　　　　(*ibid*)
　　 c. It developed that they left. 　　　　　　　(*ibid*. : 138)
　　 d. I managed to leave. 　　　　　　　　　　(*ibid*. : 72)

　次の4文では話者（または主文主語）が，補文の内容が真であることを期待しているものの，補文内容が真である（すなわち，それに代わる代案が成り立たない）わけではない。補文が真であることが期待されているので，話者（または主文主語）の視点から真偽値が決定されている (determined) という。

(15) a. I believe that he locked it.
　　 b. I expect that he'll lock it.
　　 c. I tend to lock it.
　　 d. I commanded him to lock it. 　　　　　(以上 *ibid*. : 74)

　次の4文では補文の内容が真であることを話者（または主文主語）が期待しているわけではなく，成り立ち得る1つの可能性が提示されている。補文の真偽値が定まっていないので，未定 (undetermined) であるという。

(16) a. I hope that he locked up.
　　 b. I preferred that the money be returned.
　　 c. I like for him to lock up.
　　 d. I allowed him to lock up. 　　　　　　(以上 *ibid*. : 76)

　評価モダリティは，主文と不定詞補文の間の含意関係に関する Karttunen (1971a, 1971b) の分析を定形節および不定詞節の両方に拡張し，しかも含意される代案の可能性の高低に応じて既定，決定，未定，（さらに間接 yes-no 疑問文については不定 (indeterminate)）と細分化したものであ

る。

　Ransom（1986）の情報モダリティと評価モダリティに基づくクラス分けでは，特定のクラスと統語的振る舞い（例えば Hooper & Thompson（1973）が指摘した根変形の適用可能性）との間に対応関係が成立しているわけではない。述語の分類――それが意味概念によるものであれ統語構造によるものであれ――に意義があるのは，その分類に基づいてさまざまな意味的・統語的現象が統一的に記述，説明できるようになる場合である。Ransom（1986）のモダリティに基づく分類が，補文を伴う述語の単なるタクソノミーに過ぎないのか，意味的・統語的現象を記述，説明する上で有効であるのか，今後の検討が必要である。

　further readings　J. Hooper（1975）は，Hooper & Thompson（1973）の5つのクラスのうち，非叙実と叙実のそれぞれについて断定と非断定に分け，非叙実の断定をさらに強断定と弱断定に整理している。

　関連テーマ　断定・非断定の区別は補文における規則の適用可能性とは別に，補文に生起する要素に関しても相違が見られる。例えば，Nakajima（1982）は文副詞の生起可能性が異なることを指摘している。生起可能性が異なる要素として，文副詞以外の要素についても検討してみよう。同様のことが叙実/非叙実の区別についても当てはまるであろうか。

【テーマ2】that の省略
【概説】

　that 節を導く that は，辞書や伝統文法書などによると，口語体やくだけた文体では自由に省略できる。例えば Quirk *et al.*（1985：1049-1050）によると形式的な用法を除いてしばしば省略され，特に補文が短い場合や複雑でない場合には that が無い方が一般的である。ただし次の場合には that の保持が義務的になるとしている。（ⅰ）主語の位置にある，（ⅱ）副詞の所属が主節か従節かに関して曖昧さが生じる，（ⅲ）等位接続されている2番目の節である，（ⅳ）文頭へ前置されている，（ⅴ）主節と that 節との間に長い語句が介在している。

◆**諸条件の列挙**――Bolinger（1972b）*That's That*.

22. that 節

　動詞や形容詞の補部にある that 節では原則的に that を省略できるが，常時省略が可能であるわけではない。Bolinger (1972b) は that の保持が望まれるさまざまな条件を列挙している。以下の(A)〜(G)では普通，that が省略できない。

(A) 主文動詞が馴染みの薄い動詞の場合。

　(17)では主文動詞が共に発話動詞であるが，使用頻度の相違が省略可能性の相違をもたらす。(18)では共に名詞に続く同格節であるが，(18a)では主文動詞と名詞（come to the conclusion）で1つの動詞（＝conclude）の役割を果たしており馴染み深い表現である。

(17) a. He claimed it was no good.
　　　b. *She gushed she simply loved it.　　　(Bolinger, 1972b : 18)
(18) a. They came to the conclusion they had to act.
　　　b. *They stressed the conclusion they had to act.　　(*ibid.* : 20)

(B) 文処理の上で曖昧さが生じる場合。

　例えば ask は不定詞付き対格構文（V＋目的語＋不定詞節）を取るが，demand は取らない。that 節内が原形不定詞の場合，ask に続く that 節の that が省略されると不定詞付き対格構文と混同しやすいが，demand の後ろではそうした混同が生じない。前者では文処理の上で曖昧さが生じるので that の省略が許されないが，後者ではそうした曖昧さが生じないので省略が許される。

(19) a. *I asked you be there.
　　　b. I demanded you be there.　　　　　　　　　　(*ibid.* : 24)

(C) 音韻的に，that 節が1つのまとまりであることが不明確になる場合。

　逆に1つのまとまりであることが，発音の上で明確化される場合には省略が可能である。次の(20)では発音の区切りが that 節の直前にあり，音韻的に節のまとまりが明確化されている。

(20) What I heard was, he turned them down.　　(*ibid.* : 34)

(D) 主文動詞と that 節の間に長い要素が介在する場合。

(21) a. They maintain they were not responsible.
　　　b. *They maintain, you want me to believe, they were not responsible.　　　　　　　　　　　　　　　　　(*ibid.* : 38)

(E) 主文と補文で意味的に衝突が生じる場合。

例えば主文述語が肯定を表す述語でありながら補文が否定の内容の場合には that が省略できない。

(22) a. It's right they should have the money.
　　 b. *It's wrong they should have the money.　　　　　(*ibid.* : 39)

(F) 主文動詞が単に態度や感情を表しているのではなく，補文に対する積極的な働きを表す場合。

(23a) では諾否に関して，(23b) では情報の把握に関して積極的な姿勢を表している。

(23) a. *He objected I had been so slow in replying.
　　 b. *He was never able to grasp his powers were not equal to the task.　　　　　(*ibid.* : 44)

(G) 補文の内容が初めて提示される場合。

一般に初出の内容に態度や評価を表明するのは不自然である。例えば Time is short では既出であることを示す要素（「照応的要素」）が何も含まれていないので，初出の内容である。この文に話者や主語の態度や評価を表す主文を付け加えるのは不自然である（下記(24a)）。The time is short や Time is so short のように何らかの照応的要素が現れていれば既出の内容であり，この文に態度を表す主文を付け加えるのは不自然ではない（下記(24b)）。補文標識の that は指示詞と同様に一種の照応要素であり，初出の内容をあたかも既出の内容であるかのように転化する（下記(24c)）。

(24) a. ?I'm sorry time is short.
　　 b. I'm sorry the time is short./I'm sorry time is so short.
　　 c. I'm sorry that time is short.　　　　　(*ibid.* : 57)

◆意味概念「優勢（dominance）」── Erteschik (1973) *On the Nature of Island Constraints*.

Erteschik (1973) は that の省略を許す補文の種類が，要素の取り出しを許す補文の種類と極めて類似していることを指摘している。要素の取り出しの可能性について「意味的に優勢な（dominant）節または句のみから取り出しが可能である」と定めているので，that の省略も基本的に意味的に優勢な補文において可能であることになる。意味的に優勢であると

22. that 節

いうのは，前提になっておらず，また先行文脈で言及されていることがないような，文中の他の部分よりも際立っている箇所のことを指す。主張と密接に関係しているが，優勢の場合には文中の他の部分との相対的な勢力関係であるので，複文構造では必ず主文または補文のいずれかが優勢になる。優勢な部分については It's a lie のように評言を加えることができる。下記(25a)では補文が優勢であるが，(25b)では補文が優勢になれない。

(25) a. Bill thinks that they're gonna win. It is a lie ―― they're not.
　　　b. John rejoices that they came to the party. *It is a lie ―― they didn't.　　　　　　　　　　　　　　　　(Erteschik, 1973 : 12)

発話動詞の中には，基本的に say の意味を表しているもの (tell, report, announce など) と，発話様態を表しているもの (mumble (ぶつぶつ言う), scream (金切り声で叫ぶ), snarl (がみがみ言う), quip (皮肉を言う) など) がある。主文動詞が発話様態動詞の場合には，主文が優勢であり，それゆえ補文からの取り出しも，that の省略も阻まれる。

(26) a. *What did he mumble that John did ___?
　　　b. *He mumbled John did it.

同様に主節の述語が否定内容を表す場合には主文が優勢であり，それゆえ補文からの取り出しも，that の省略も阻まれる。

(27) a. ?What is it unlikely that he enjoys doing ___?
　　　　　　　　　　　　　　　　　　　　　　　(Erteschik, 1973 : 96)
　　　b. *It is unlikely he did it.　　　　　　　　　　　(*ibid.* : 102)

主文動詞が叙実動詞の場合，補文は大方優勢から外れるので要素の取り出しも that の省略も阻まれる。

(28) a. *What does he grieve that his son stole ___?
　　　b. *He grieves his son stole the money.

しかしながら叙実動詞の中には補文が優勢となる場合があり，そのような補文からは取り出しが許されるが，that の省略は許されない。

(29) Bill said: "I regret that children cannot be accommodated." It is a lie ―― they can; special beds have been set up for them.
　　　　　　　　　　　　　　　　　　　　　　　(Erteschik, 1973 : 92)

(30) a. What did he regret that you did ___?
　　　b. *He regretted you did it.　　　　　　　　　　　(*ibid.* : 102)

301

Erteschik（1973：156-158）によると，文主語からの取り出しが阻まれる（Ross（1967）「文主語条件」）のは，文主語が優勢から外れるためである。そうだとすると文主語の that 節から that が省略できないという事実も，優勢との関係で説明することができる。
　(31) *(That) she knew all along is likely.
　複合名詞句の中から取り出しができないという事実（Ross（1967）「複合名詞句制約」）も，Erteschik（1973：146-147）によると，複合名詞句内の that 節が優勢から外れるためである。複合名詞句を構成する同格節の that は省略できないが，この事実も優勢との関係で説明することができる。
　(32) She discussed the claim {that/*ϕ} he had done it.
　Erteschik（1973）の優勢という概念に基づく説明は，Bolinger（1972b）が列挙した条件(A)～(G)のうち意味的な条件の多くをカバーしている。(A)の「馴染みが薄い動詞」というのは意味的に複雑な動詞のことであり，意味的に複雑な動詞はそれ自体が優勢になる（Erteschik（1973：87））。したがって馴染みの薄い動詞に続く補文は優勢から外れる。(B)で見た「主文と補文との間に副詞が介在している場合」には，主文の部分が優勢になる傾向がある（Erteschik（1973：103））。同様に(E)の「主文が否定されている場合」にも主文が優勢になる（Erteschik（1973：95））。さらに(F)の「主文動詞が積極的な働きを表す場合」にも，主文が優勢と解釈される。優勢から外れている補文において that の保持が義務的であるということは，優勢である主文の部分とそれから外れる部分との区切りを明確に合図する役割を that が果たしていると見ることができる。逆に優勢である補文において that が省略されるということは，that を取り除くことによって，構造的に従属的な位置にある補文が優勢さの点では主節に対して従属していないことを示しているものと見ることができる。

◆**空範疇としてのゼロ補文標識**── Stowell (1981) *Origins of Phrase Structure.*
　動詞や形容詞の補部における that 省略の可能性は微妙に揺れ動く。その可能性を Erteschik（1973）のように優勢という意味概念で説明しようとするならば，その意味概念が確定的なものではなくある程度の揺れを許

すものであると考えることができよう。だが that 省略が確実に許されない構造上の環境がある。Stowell (1981) はそうした事実を適正統率 (proper government) という概念で説明する。

　that 省略が許されない構造上の環境として、Stowell (1981) は、(a) 主語の位置、(b) 話題化の位置、(c) 派生名詞の同格節、(d) 発話様態動詞の補部を挙げている。

(33) a. *[e The teacher was lying] was hardly obvious.

(Stowell, 1981 : 396)

　　b. *[e The teacher was lying] Ben already knew.　(ibid. : 397)
　　c. *I distrust the claim [e Bill had left the party].　(ibid. : 398)
　　d. *Bill muttered [e Denny was playing too much poker].

(ibid.)

「省略」された that (以下、ゼロ that) を空範疇 (empty category) の一種と見ると、ゼロ that は空範疇原理 (Empty Category Principle : ECP) の規制を受ける。ECP は空範疇の生起を認可する原理であり、空範疇が適正統率されていることを求めたものである。適正統率は、Stowell (1981 : 381) によると、次のように定められる。

(34) 次の場合 α は β を適正統率する。
　　(i) α が β を統率し、
　　(ii) α が語彙範疇 (V, N, A, P) であり、
　　(iii) α が β と同一指標関係にある。

(iii) の「α が β と同一指標関係にある」というのは、例えば α が β に θ 役割を付与する場合などが含まれる。最大投射 β が適正統率されているならば、その主要部も適正統率されているものと見なす。

　(33a) の主語の位置は非語彙範疇の Tense によって統率されており、(34ii) を満たしていない。(33b) の話題化された位置はどの要素にも統率されておらず、(34i) を満たしていない。(33c) の同格節には手前の N が θ 役割を付与しないと考えるので (Stowell (1981 : 198))、(34iii) を満たしていない。また (33d) の発話様態動詞も補文に θ 役割を付与しないので (Stowell (1981 : 398 ff))、(34iii) を満たしていない。(33) に例示した 4 つの環境ではいずれも補文が適正統率されていない位置に現れており、それゆえ補文 CP の主要部 C に生じているゼロ that (e) も適正統率してお

らず ECP に違反している。

一方動詞 V や形容詞 A の補文は (34) の (ⅰ)〜(ⅲ) の条件を全て満たしており，適正統率されている。したがって補文 CP の主要部 C の所に空範疇のゼロ that が生じたとしても ECP に違反しない。

Jespersen (1927:36) や Quirk *et al.* (1985:1052) が指摘するように，等位構造の 2 番目の節において that の保持が義務的であるとするならば，その理由も ECP に帰することができる。2 番目の節を統率する等位接続詞は非語彙範疇であり (34ii) を満たしていないので，その節及び主要部 C を適正統率していない。だが下記のような 2 番目の節から that が省略されている文を可能とする話者もいる。

(35) a. I believe [that he's right] and [you're wrong].
　　 b. I hope [that you can come] and [Harry can too].

(Doherty, 1997:208)

このようにゼロ that が起こり得る環境と起こり得ない環境を，空範疇一般に関する原則 (ECP) によって説明することができる。ただし Stowell (1981) の分析には次のような問題がある。V の補文は彼が主張する格拒否原則 (Case Resistance Principle) からして補部の位置から A′ 位置へ移動しており，この点では (33b) の話題化されている補文と同じである。A′ 位置が適正統率されていないのであれば，V の補部にある (ように見える) 補文も実は適正統率されていないはずである。

| further readings | Pesetsky (1991:Ch. 10) はゼロ that は一種の接辞 (affix) であり，必ず主文動詞の所へ移動しなければならないとしている。適正統率されている位置ではこうした移動が可能であり，適正統率されていない位置では不可能なので，ECP による説明とほぼ同じような結果が得られる。ただしゼロ that がどの主要部に移動可能で，どの主要部に移動不可能であるのかを明確にしなければならない。Nakajima (1996) は that 節が完全節であるのに対してゼロ that 節は縮小節であると主張し (【テーマ 3】参照)，縮小節はそれを補部として取る主要部によって照合されると仮定する。そのためにゼロ that 節 (および同じく縮小節である if 疑問節) は that 節 (および同じく完全節である whether 疑問節) に比べて分布が限定されている (→第 23 章「間接疑問文」【テーマ

3】参照)。Pesetsky (1998) は最適性理論の立場から that の省略を扱っている。

|関連テーマ| 主文動詞 desire, dislike, want などに続く不定詞節の補文標識 for も環境によって出現が随意的であったり,義務的であったりする。for の義務的な環境(例えば,主語の位置,副詞句などが介在している位置,名詞の補部など)が that の義務的な環境と部分的に似ている。義務的な for と that の分布を調べて,その理由を考えてみよう。

【テーマ3】that 節の範疇
【概説】

that 節は補文標識を中心としてできる一種の句(最大投射),CP として分析するのが一般的である。that が「省略」されている節については,単に CP の主要部にある that が削除されているに過ぎず,CP から構成されていると見る立場と that の有無によって範疇が異なるとする立場とがある。

◆空補文標識を持つ CP —— Pesetsky (1991) "Zero Syntax."

Pesetsky (1991: Ch. 10) は,that 無し補文では that が削除されているのではなく,that の代わりに空補文標識 (null complementizer) が含まれているとする。補文標識が含まれているとするので,that 無し節も that 節と同様に CP から構成されている。空補文標識は接辞 (affix) の一種なので,必ずすぐ上の動詞の語幹に編入 (incorporate) されなければならない。

that 無し節に空補文標識が含まれていると仮定することにより,次のような事実が説明できる。空補文標識の動詞への編入は主要部移動 (C-to-V movement) の一種である。主要部移動は,主要部移動制約 (Head Movement Constraint: HMC) に従い,c 統御する至近の主要部へ移動しなければならない。空補文標識 *e* を含む CP が(36a)のように目的語の位置にある場合には,主文動詞 V への移動が c 統御する至近の主要部への移動となり,HMC に従っている。(36b)のように主語の位置にある場合には c 統御していない主文動詞 V の所へ移動しなければならず,HMC に違反する。そのために主語位置には空補文標識を持つ CP (つまり that

無し節）が生起できないのである。

(36) a. The Ancients believed [[$_c e$] the world was round].
　　 b. *[[$_c e$] the world is round] was known to the Ancients.
　　　　　　　　　　　　　　　　　　　　　　(Pesetsky, 1991 : 152)

(37)のように派生名詞の後ろには that 無しの同格節が続くことができない。(37)の派生名詞を作るには，まず空補文標識が動詞の語幹（confirm）に編入し，その後で名詞化接辞（-tion）が付加することになる。

(37) *Sue's confirmation [[$_c e$] the world is round]　　(*ibid.* : 153)

語の派生に関して次のような一般化が成り立つ（Pesetsky, 1995 : 75）。

(38) Myers の一般化：ゼロ形態素が付いている語にはさらに派生形態素を付けることができない。

(38)の一般化は，例えば中間動詞に対する派生名詞が存在しないという事実を説明する。The book translates easily は他動詞 translate に中間動詞化するゼロ形態素が付加した結果生じたものと考えられるが，その中間動詞に派生名詞形態素が付加することはできない（*the book's easy translation）。(38)の一般化からして，(37)では空補文標識が動詞語幹に編入しているので，その後ろに名詞化接辞（-tion）を付加することが許されない。

Pesetsky (1991) の分析には次のような問題が残る。that 無し節は動詞以外に形容詞の補部にも生じる。

(39) The Ancients were aware [[$_c e$] the world was round].

空補文標識は動詞ばかりではなく形容詞の語幹にも編入されると見なさなければならない。また同格節で that 無し節が許されないのは名詞が派生名詞の場合に限られたことではない。(40)に含まれている名詞は派生名詞ではないので，(40)の非文法性を(38)の一般化で説明することはできない。(40)を排除するには空補文標識が名詞には編入できないと仮定しなければならないだろうが，そうするとなぜ動詞，形容詞には編入できて，名詞にはできないのかという問題が残る。

(40) a. the hypothesis (*that) the earth is flat
　　 b. the news (*that) John was assassinated

22. that 節

◆**that 無し節は IP** —— Doherty (1997) "Clauses without Complementizers: Finite IP-Complementation in English."

Doherty (1997) は，that 節が CP であるのに対して that 無し節は IP であるとしている。Grimshaw (1997)，Bošković (1997b)，Radford (1997a) なども，同様の主張を展開している。必要性のない最大投射をわざわざ投射する必要がないという概念上の理由のほかに，Doherty (1997) は次のような根拠を挙げている。that 節と that 無し節は，その内部において話題化が適用できるか否か(41)，文副詞が節頭に生じるか否か(42)という点で相違が見られる。

(41) a. I hope that *this book* you will read.　　(Doherty, 1997 : 200)
　　 b. *I hope *this book* you will read.　　　　　(*ibid.* : 201)
(42) a. She prayed that *next Wednesday* the check would arrive.
　　　　　　　　　　　　　　　　　　　　　　　　(*ibid.* : 202)
　　 b. *She prayed *next Wednesday* the check would arrive.
　　　　　　　　　　　　　　　　　　　　　　　　(*ibid.* : 203)

(41)の話題化された要素も，(42)の文副詞も，補文の IP（主語＋述部）に付加したものである。付加 (adjunction) という操作は一般に，次のような条件に従う。

(43) 付加条件：語彙的主要部によって意味的に選択（s-select）されている句への付加は非文法的である。　　　(*ibid.* : 201)

(41a)(42a)では that 節（CP）が主文動詞によって意味的に選択（ほぼ θ 付与に相当）されている。したがって CP に付加が行われると(43)に違反するが（下記(44)を参照），その内側にある IP は非語彙的主要部である C によって選択されているので，それに付加しても(43)の条件に違反しない（上記(41a)(42a)と比較せよ）。

(44) a. *I hope *this book* that you will read.　　(*ibid.* : 200)
　　 b. *She prayed *next Wednesday* that the check would arrive.
　　　　　　　　　　　　　　　　　　　　　　　　(*ibid.* : 202)

一方(41b)(42b)の that 無し節が CP ではなく IP であるとするならば，その IP が主文動詞によって意味的に選択されている。したがって IP に付加すると(43)の条件に違反する。(41b)(42b)の非文法性を付加条件(43)で説明するには，that 無し節が CP に包まれていない裸の IP である（す

なわち IP が主文動詞に選択されている）と見なければならない。

that 節が CP, that 無し節が IP であるとなると, that 節と that 無し節を等位接続することができないことになる。一般に等位接続できるのは同じ範疇に限られるからである。だが実際には(45)に見るように, that 節と that 無し節を等位接続することができる。等位接続の条件は範疇の同一性ではなく, 意味タイプの同一性であると考えられる（下記(46)参照）。そうだとすれば, that 節と that 無し節は同じ意味タイプ（共に「命題」を表す）に属するので, 等位接続の条件を満たしている。

(45) I hope [$_{IP}$ he is right] and [$_{CP}$ that you are wrong]. (*ibid.* : 209)
(46) She walked [$_{Adv}$ slowly] and [$_{PP}$ with great care]. (*ibid.* : 215)
また【テーマ２】で見たように, that 節は主語の位置に生じることができるが that 無し節は生じることができない。これは CP が名詞的な投射であるのに対して IP は動詞的な投射であり, 主語の位置に生起できるのは名詞的投射に限定されるためであると考えられる（Doherty (1997 : 215))。

Doherty (1997) の主張の根拠は(43)に基づく(41b)(42b)の非文法性の説明にある。(43)の条件は十分に妥当であるのか（つまり, 意味的に選択されている最大投射には付加が常時許されないのか）, (41b)(42b)の非文法性は(43)以外に説明の方法がないのか, などを吟味する必要がある。また that 無し節が主語位置に生じることができない理由を主語位置には動詞的投射が生起できないという仮定に求めるのであれば, that 無し節が生じることができない他の環境（話題化の位置, 同格節の位置, 外置された位置など）にも動詞的投射が生起できないと仮定しなければならない。また that 節は名詞的投射, that 無し節は動詞的投射という仮説についても検討を要する。

◆**that 節は完全節, that 無し節は縮小節**── Nakajima (1996) "Complementizer Selection."

Nakajima (1996) は, ゼロ that は that が削除されたものではなくもともと音形を持たない補文標識（ゼロ that）であり, それが占めている位置は that が占める位置とは異なっており, それゆえ that 節と that 無し節とは異なる範疇である, という主張を展開している。ゼロ that が空

22. that 節

補文標識であるという点では Pesetsky (1991) と同じであり，that 節と that 無し節とは異なる範疇であるという点では Doherty (1997) と共通するところがある。

that がゼロ that に交替できる環境を整理すると次のようになる。(a) 動詞の補部および(b)形容詞の補部では交替が可能であるが，(c) 名詞の補部，(d)前置詞の補部，(e)主語の位置，(f)話題化の位置，(g)外置の位置では交替が許されない。

(47) a. I think {that/ϕ} he's awake.
　　 b. I am aware {that/ϕ} he's awake.
　　 c. We must show the proof {that/*ϕ} he's correct.
　　 d. He is similar to her in {that/*ϕ} he's left-handed.
　　 e. {That/*ϕ} he's awake is certain.
　　 f. {That/*ϕ} he's awake, I don't know.
　　 g. I am sure, because I have been at home, {that/*ϕ} he's awake.
　　　　　　　　　　　　　　　　　　　(以上 Nakajima, 1996：151)

注目すべきことは，that がゼロ that に交替できる環境及びできない環境が，間接疑問文を導く whether が if に交替できる環境及びできない環境に一致している点である（詳しくは，第 23 章「間接疑問文」を参照）。こうした平行関係を捉えるには平叙節と疑問節の補文標識を同様に扱うことが必要であるが，ゼロ that に対応する if が空補文標識ではないので，ゼロ that および if を上述した Stowell (1981) のように空範疇として扱うことも，Pesetsky (1991) のようにゼロ形態素の接辞として扱うこともできない。

Nakajima (1996) は節の構造として，CP と IP の間にもう１つ最大投射 TopP を設定する。that および whether は CP の主要部 C の所に，ゼロ that および if は TopP の主要部 Top の所にある。つまり，that 節と whether 節は CP から，ゼロ that 節と if 節は TopP から構成されている。

(48) that 節/whether 節   (49) ゼロ that 節/if 節

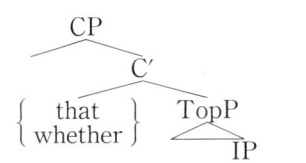

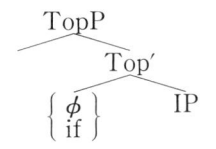

```
        CP                           TopP
         |                            |
         C'                           Top'
        / \                          / \
   {that  } TopP                  {φ }   IP
   {whether}  |                   {if}
              IP
```

　(48)の TopP は空所となっているので，前置規則によって前置された要素の納まる余地がある。一方(49)では TopP がゼロ that (ϕ) や if によってふさがっているので，前置規則によって前置された要素を受け入れる余地がない。そのために that 節，whether 節では話題化や否定倒置 (Negative Inversion) などによる前置が可能であるが，ゼロ that 節，if 節ではこれらの規則が適用できない。

(50) a. John believes {that/*e} Bill, Mary doesn't like.
　　　　　　　　　　　　　　　　　　　　　　(Nakajima, 1996, 147)
　　　b. ?John wonders {whether/*if} Bill, Mary likes.
(51) a. Lee believes {that/*e} at no time at all would Robin volunteer.
　　　　　　　　　　　　　　　　　　　　　　(*ibid.*: 150)
　　　b. Lee wonders {?whether/*if} at no time at all would Robin volunteer.　　　　　　　　　　　　　　　　　　(*ibid.*: 149)

なお(51a)では主語の手前に否定句と助動詞が前置されているので，前置された要素が単純に IP に付加しているとは考えられない。したがってゼロ that 節において否定倒置が適用できないという事実は，Doherty (1997) のような付加条件に基づく説明法では扱えない。

　(48)(49)から明らかなように that 節と whether 節は CP まで投射している完全節 (full clause) であるが，ゼロ that 節と if 節は TopP までしか投射していない縮小節 (reduced clause) である。完全節は補文に付与される θ 役割 (Proposition；命題) から予測される規範的な構造具現化 (Canonical Structural Realization：CSR) であるのに対して，縮小節は特殊な構造的具現化である。特殊な構造的具現化については，主文の主要部によって適切に選択されているかチェックを受ける必要がある。縮小節の場合には，その主要部の補文標識がすぐ上の主要部の所へ移動し，補文標識の性質がそれを選択する主要部の性質と同じであるかチェックを受ける。

that 節と whether 節は分裂文の焦点の位置に生じるが，ゼロ that 節と if 節は生じることができない。

(52) It is {that/*e} I was planning to leave that I asserted.
(53) It is {whehter/*if} you were planning to leave that I asked you.
(Nakajima, 1996 : 150)

分裂文の焦点の位置に生じるのは NP と PP（[−V] という性質を持つ範疇）に限られる。ゼロ that 節と if 節が分裂文の焦点に生じることができないことからすると，これらの縮小節を構成している TopP は [+V] という性質を持っていることになる。[+V] という性質をしている主要部をチェックするすぐ上の主要部も，当然 [+V] という性質の範疇（すなわち V か A）でなければならない。そのために縮小節が補部に生じる場合，それを選択する主要部は V または A に限られるのである（(47a)〜(47d) 参照）。また縮小節の主要部 Top の移動は一種の主要部移動であるから，主要部移動制約（HMC）の規制を受ける。つまり，c 統御している至近の主要部の所に移動していかなければならない。主語や，話題化，外置の位置はいずれも，移動先の主要部によって c 統御されている位置ではない。したがってこれらの位置から Top が移動していこうとすると HMC に違反することになる。そのために補部以外の位置には縮小節が生じないのである。

> further readings 　従属接続詞の before や after などを前置詞 P と分析するのは Jackendoff（1977）などに見られるが，Emonds（1985）は補文標識 that も P であり，that 節は PP であると主張する。that が before などと同様に従属接続詞であること，補文標識 for が前置詞であること，that 節の分布が通常の PP の分布と同じであることなどが根拠として挙げられる。ゼロ that 節についても，ゼロ前置詞を持つ PP と分析される。

> 関連テーマ 　補文標識の that および for を持つ節は共に CP と分析するのが一般的であるが，両者の間には例えば内部で話題化が可能か，副詞的要素が節頭に生じるかなどの点で相違が見られる。こうした相違は，異なるグループの主文動詞に続く that 節の間にも見られる。こうした相違は節の「大きさ」及び範疇の種類の相違という点から説明できるであろうか。Nakajima（1982, 1996），Culicover（1991b）などを参照。

【テーマ4】文主語構文と仮主語構文
【概説】
下記(54a)のような文を文主語構文，(54b)のような文を仮主語構文と呼ぶ。

(54) a. That he is ill is certain.
b. It is certain that he is ill.

Rosenbaum (1967)，Ross (1967) など初期生成文法では，(54a)のような文主語構文が基底構造であり，それに外置規則（Extraposition）が適用されて文主語が文末へ移動されると(54b)のような仮主語構文が派生されると考えられていた。Emonds (1970)，Jackendoff (1977) らは逆に，(54b)のような文が基底構造であり，それに内置規則（Intraposition）が適用されて補文が主語の所に移動されると(54a)のような文主語構文が派生されるという見解を提案する。最近の生成文法では，(54a)(54b)の that 節はそれぞれもともと主語の位置，文末の位置に生成されていると見るのが一般的である。そうだとすると(54b)における it と that 節の関係付けが問題となる。

◆ **2種類の仮主語構文**── Napoli (1988) "Subjects and External Arguments; Clauses and Non-Clauses."

(54b)の型をした仮主語構文には，主語位置が θ 役割を持っているもの（thematic）と，θ 役割を欠いているもの（athematic）がある。θ 役割を持つ場合には PRO のコントローラー（→第36章「不定詞節」参照）になることができるが，θ 役割を欠く場合には PRO のコントローラーになれない。

(55) a. It's likely enough that John did it [PRO to convince me we ought to question him].
b. *It seems enough that John dies [PRO to upset me].

(Napoli, 1988 : 328-329)

また主語位置が θ 役割を持つ場合には補文が主語の位置に生じる（つまり文主語構文になる）ことができるが，θ 役割を欠く場合には文主語構文になることができない。

(56) a. [That he will leave] is likely.

b. *[That Ralph already skimmed the milk] seemed.

(ibid. : 326)

　Napoli (1988) は非能格 (unergative)/非対格 (unaccusative) という用語を用いていないが，主語位置が θ 役割を持つ述語は非能格，θ 役割を欠く述語は非対格に相当する（→第40章「非対格動詞」参照）。非能格述語では，主語が元来主語位置にあるので，文主語ももともと主語位置にある。つまり (56a) のような文主語構文が基の構造であり，それに外置規則が適用されると仮主語構文が派生する。一方，非対格述語の主語（正確には非対格述語の場合「内項」）は元来補部の位置にあり，それが必要に応じて主語位置へと移動していく。内項が文の場合には主語位置へ移動する必要がないので，補部の位置に留まっている。英語では主語の存在が義務的なので，主語の位置には虚辞の it が挿入される。

◆**文主語と仮主語の関係付け**── Bošković (1997b) *The Syntax of Nonfinite Complementation.*

　Chomsky (1981, 1986a) では，仮主語構文の it 及び that 節が表面上と同じ位置を占めていると仮定する。両者の関連性を捉えるのに，Chomsky (1981) では両者に同一の上付き指標 (superscript) が与えられている。また Chomsky (1986a) では，it と補文との間に大連鎖 (CHAIN) が形成されると考えられている。大連鎖というのは，移動された要素とその痕跡との間の関連性を捉えるのに提案された連鎖 (chain) という概念を拡大したものである。移動された要素とその痕跡との関係は，仮主語構文の虚辞 it と「意味上の主語」（補文）の関係，および存在文における虚辞 there と「意味上の主語」（動詞の後ろの NP）の関係によく似ているので，これらの関係をまとめて大連鎖という概念で捉えようとするのである。また Chomsky (1995 : Ch. 2) では LF において虚辞 there が（特別な意味を持っていないので）意味上の主語 (NP) によって置換される（つまり NP が there の所へ移動し，置換する）という案を出しているが，この案を仮主語構文にも拡張することができるかもしれない。そうすれば there と NP の関係および it と補文の関係は，移動された要素とその痕跡の関係と完全に同じになり，移動の連鎖 (chain) に統一化できる。

　だが McCloskey (1991) は，it と補文の間に連鎖または大連鎖が形成

されると見なすことには困難があるとしている。2つの文主語が等位接続される際，それらの文主語が別個の出来事を表している場合には複数扱いされるが (57a)，単一の出来事を表している場合には単数扱いされる (57b)。

(57) a. [That the president will be elected] and [that he will be preached] are equally likely at this point.

(McCloskey, 1991:564)

b. [That UNO will be elected] and [that sanctions will be lifted] {is/??are} now likely. (*ibid.*:565)

ところがどちらの場合でも，仮主語構文では常に動詞が単数形になる。

(58) a. It {seems/*seem} equally likely at this point [that the president will be elected] and [that he will be preached]. (*ibid*)

b. It {is/*are} now likely [that UNO will be elected] and [that sanctions will be lifted].

文主語が it の所へ移動するかまたは it と大連鎖を形成するのであれば，(58a)では(57a)におけると同様に動詞が複数形になるはずである。

Bošković (1997b:Ch. 4) はしかしながら，主語が虚辞で，意味上の主語が等位接続されている場合には，動詞は意味上の主語の第一被接続項の数に一致することを指摘している。

(59) There {is/*are} a man and five women in the garden.

(Bošković, 1997b:91)

主語が(58)のように虚辞 it の場合にも，動詞は意味上の主語の第一被接続項（すなわち1番目の that 節）の数に一致するので，単数形になると説明される。虚辞主語構文における数の一致がこうした方法で決まるのであれば，文主語が it の所へ移動するかまたは it と大連鎖を形成すると仮定しても何ら支障がない。こうした上で Bošković (1997b) は，虚辞 it と that 節の関連性を LF における移動により捉えようとする。虚辞 it が一種の接辞なので that 節の所へ移動するという立場をとっている。

| further readings | 虚辞 it は that 節，for 節，疑問節などと関係しているのが一般的であるが，Bolinger (1977:Ch. 4) は条件節や時の副詞節と関係しているさまざまな例を挙げている。虚辞 it は一般的に θ 役割が与

えられない位置に生じるが，Postal & Pullum (1988) は θ 役割が与えられる位置にも生じることを論じている。Authier (1991) は虚辞 it の分布を θ 付与ではなく，格付与との関係で説明を試みる。

| 関連テーマ | 文主語構文と仮主語構文は，内部に生起できる要素の点，適用可能な規則の点，意味の点（例えば断定になっているか前提になっているか）などで相違があるだろうか。文主語構文の実際の用例を集め，どのような文脈で用いられているか調べてみよう。

23. 間接疑問文 (indirect question)

> (1)(2)のように補文の位置に現れている wh 疑問文と選択疑問文を，まとめて間接疑問文と呼ぶ。
> (1) John asked *when the plane would arrive.*
> (2) Sue wondered *whether Mary bought an apple.*
> 間接疑問文を補文として取ることができる主文動詞は，意味的に限定されている。【テーマ1】
> (1)のような間接疑問文は(3)のように名詞句で表現することができる。間接疑問文に相当する名詞句を潜伏疑問（concealed question）という。【テーマ2】
> (3) John asked the plane's arrival time.
> (2)の選択間接疑問文を導く補文標識 whether は if と交替することができるが，その交替は無条件に許されるわけではない。【テーマ3】

【テーマ1】間接疑問文を取る主文動詞
【概説】

伝統文法では(4a)の引用疑問文の箇所を従属節として書き換えた文を間接疑問文という。主文動詞は自ずから ask, wonder, inquiry など，「質問」という発話の力（illocutionary force）を持つ動詞に限られる。

(4) a. John said, "when will she leave?"
　　b. John asked when she would leave.

だが発話の力が「質問」ではない動詞の中にも，wh 疑問節や選択疑問節を伴えるものがある。C. Baker (1968) は意味的に4つのグループに分類し，Karttunen (1977) はさらに細かく9つのグループに分類している。Ransom (1986) は，疑問節の答えに対する主語の態度に基づき committed/uncommitted という区分を導入している。

◆意味的分類——C. Baker (1968) *Indirect Questions in English*, Karttunen (1977) "Syntax and Semantics of Questions."

C. Baker (1968) は疑問節を伴える動詞を，意味的に 4 つのグループに分類している。

(5) a. KNOW 述語：discover, figure out, see, show, realize, guess, learn, teach, forget, remember, tell, disclose, understand, explain, ask, wonder
　　b. DECIDE 述語：decide, decree, make up one's mind, specify, prescribe, settle on
　　c. MATTER 述語：matter, make a difference, be of some concern to
　　d. DEPEND 述語：depend, be determined by, be related to

Karttunen (1977) は次のような意味的な分類を提案している。本来的に「質問」という発話の力を持っているのは (6g) の動詞だけである。

(6) a. 知識の保持：know, be aware, recall, remember, forget
　　b. 知識の獲得：learn, notice, find out, discover
　　c. 伝達：tell, show, indicate, inform, disclose
　　d. 決定：decide, determine, specify, agree on, control
　　e. 推測：guess, predict, bet on, estimate
　　f. 意見：be certain about, have an idea about
　　g. 質問：ask, wonder, investigate, inquire
　　h. 関連：matter, be relevant, care, be significant
　　i. 依拠：depend on, be relevant to, have an influence on

◆committed/uncommitted の区分——Ransom (1986) *Complementation: Its Meanings and Forms*.

Ransom (1986) は間接疑問文を伴う主文動詞を committed と uncommitted に分類する。前者では（肯定形の場合），主語が wh 句に対する答えまたは yes-no の答えを知っている。(6) の (a)(b)(c)(d)(e)(f) などに属する動詞がこれに当たる。後者では，主語が wh 句に対する答えまたは yes-no の答えを知らない。(6) の (g)(h)(i) などの動詞がこれに当たる。uncommitted の動詞は肯定形・否定形を問わず間接 yes-no 疑問文

を取ることができるが，committed の動詞が間接 yes-no 疑問文を取ることができるのは通常否定形の場合に限られる。

　補文を伴う動詞は，補文が平叙節であるか疑問節であるかによって大きく分類（下位範疇化）される。平叙節と疑問節を表すのに，Chomsky (1973) は，それぞれの節頭に素性 [－WH]，[＋WH] を与える。(6)のうち(g)の動詞はもっぱら [＋WH] を持つ補文を伴うが，それ以外の動詞は平叙節と疑問節の両方を取れるので [±WH] を持つ補文を伴う。

　 futher readings 　間接疑問文には定形節のほかに不定詞節がある。Kono (1985) は両者の間の統語的相違を指摘している。

　 関連テーマ 　疑問文の種類には本節で触れた wh 疑問文，yes-no 疑問文のほかに，選択肢が用意されている選択疑問文がある。間接選択疑問文を許す動詞の種類に関して，間接疑問文は wh 疑問文と yes-no 疑問文のどちらの方に類似しているであろうか。

【テーマ2】補文の選択
【概説】

　Bresnan (1970) は，間接疑問文を導く wh 句と平叙節を導く補文標識 that の分布の類似性や相互排他関係などに注目して，wh 句の生じる位置は that の位置と同じ――節頭の Comp の中――であり，補文を伴う主文動詞は，補文の Comp が that, for, wh のいずれであるかによって下位範疇化されるという見解を提案する。それ以降，Comp の所に素性 [±WH] を与えて，[＋WH] の補文（間接疑問文）を取るか [－WH] の補文（平叙節）を取るかに基づいて主文動詞の種類を下位範疇化するのが一般的である（Chomsky (1973, 1977a) など）。

　だが Grimshaw (1979) は下位範疇化に加えて意味タイプに言及する必要性があることを指摘している。Pesetsky (1982, 1991) は意味タイプが与えられれば下位範疇化は不要であることを明らかにしている。

◆疑問節の選択は意味的特性――Grimshaw (1979) "Complement Selection and the Lexicon."

　Grimshaw (1979) は，間接疑問文と間接感嘆文は共に wh 句に導かれ

ているにもかかわらず，間接疑問文を伴う動詞（ask，wonder など）と，間接感嘆文を伴う動詞（amazing, be surprised at など）が別であることに着目する。

(7) a. Fred will ask whether he is a fool.

  b. *John will ask what a fool he is.

(8) a. It's amazing what a fool he is.

  b. *It's amazing whether he is a fool. (以上 Grimshaw, 1979 : 281)

間接疑問文と間接感嘆文は共に wh 句が節頭に移動して派生されるのであるから，どちらも Comp の位置に素性 [＋WH] を持っているはずである。したがって [±WH] に基づいて，補文が間接疑問文，間接感嘆文のいずれを伴うかを統語的に下位範疇化するわけにはいかない。

間接疑問文と間接感嘆文では，wh 句の意味が明確に異なる。疑問文では wh 句によって表される値が未定であるのに対して，感嘆文では wh 句によって表される値が決定している（つまり，程度が極限まで高い）。疑問節の意味タイプを Q，感嘆節の意味タイプを E と表記する。主文動詞が間接疑問文を取るか間接感嘆文を取るかは，(素性 [±WH] によって) 統語的に指定したのでは十分でなく，Q や E などの意味タイプに言及する必要がある。

Grimshaw (1979) はさらに，間接疑問節は名詞句によって置換することができるという C. Baker (1968 : Ch.4) の観察に注目する。(9b)のような名詞句は(9a)の間接疑問文として解釈することができる。疑問節の働きをしている名詞句を隠された疑問——潜伏疑問 (concealed question) という。

(9) a. John asked what height the building is.

  b. John asked the height of the building. (Grimshaw, 1979 : 299)

同様に，間接感嘆文も潜伏感嘆 (concealed exclamation) に置換できる (Elliot (1971))。

(10) a. You'd be surprised at what big cars he buys.

  b. You'd be surprised at the big cars he buys.

意味タイプ Q を選択する述語は，統語範疇のいかん（節であるか名詞句であるか）に関わりなく，Q に属する表現（疑問節および潜伏疑問）を選択し，一方意味タイプ E を選択する述語は，E に属する表現（感嘆節

および潜伏感嘆）を選択する。だが補文の選択として統語範疇による下位範疇化が全く役割を果たしていないわけではない。意味タイプ Q を選択する述語の中には，疑問節を伴うことはできるが潜伏疑問を伴うことができないものがある。

(11) a. I wonder what answer he gave.
　　　b. *I wonder the answer he gave.　　　(Grimshaw, 1979 : 302)

同様に，意味タイプ E を選択する述語の中には，感嘆節を伴うことはできるが潜伏感嘆を伴うことができないものがある。

(12) a. I don't care what height the plants grow to.
　　　b. *I don't care the height the plants grow to.　　　(*ibid.*)

したがって適切な補部の選択を保障するには，意味タイプの選択と統語範疇の選択（下位範疇化）の両方について指定する必要がある。ただし Q や E を選択する述語は，統語範疇として節および名詞句，または節のみを選択することはあるが，名詞句のみを選択するということはない（*ibid.* : 305, fn.33）。

◆意味選択だけで十分── Pesetsky (1982) *Paths and Categories*, Pesetsky (1991) "Zero Syntax."

Grimshaw (1981) は，言語習得装置（Language Acquisition Device）の仕組みにより，ある意味・認知概念（意味タイプ）は特定の統語範疇として典型的に具現化するという考え方を提案している。これを規範的構造具現化（Canonical Structural Realization : CSR）という。例えば意味タイプ Q や E の CSR は，共に節である。言語習得過程にある子供は，CSR の範疇についてはそれに関するデータに遭遇しなくても自動的に獲得するが，CSR 以外の範疇についてはそれに関するデータを経験した場合に限りレキシコンに追加される。動詞 ask が補部として名詞句（潜伏疑問）を取るのは，子供が潜伏疑問の例に遭遇するからである。Grimshaw (1979) で指摘したように Q を選択する動詞ならばいずれも節を取り，動詞によっては節と名詞句を取るが，節を取らずに名詞句だけを取るということがないのは，このためである。

Pesetsky (1982 : Ch. 5)（Pesetsky (1991 : Ch. 8) でもほぼ同じ議論を再録）は，適切な補部の選択を保障するのに，範疇の選択（範疇選択, c-selection) に関する情報は不要であり，意味タイプの選択（意味選択，s-selection），CSR，およびどの道必要な格に関する情報だけで十分であるとしている。例えば ask と wonder は共に Q を意味選択し，意味タイプ Q の CSR は節と名詞句の両方である。ask が節と名詞句の両方を範疇選択するのに対して wonder が節のみしか範疇選択しないのは，前者が補部に格（目的格）を付与するのに対して後者は格を付与しないという相違に由来している。格付与の相違は，例えば受け身文の可否の違いに見られる。補部に格（目的格）を付与する動詞に限り，受け身文が可能である。ask は補部に格を付与するのに対して，wonder は格を付与しない。

(13) a. It was asked when Mary would be there.

b. *It was wondered when John went.　　(Pesetsky, 1982 : 194)

名詞句（潜伏疑問）が後続するためにはその名詞句に格が与えられなければならない。したがって格付与する ask は潜伏疑問を取ることができるが，格付与しない wonder はそれを取ることができない。

(14) a. John asked the time.

b. *John wondered the time.　　　　　　　　(*ibid.* : 192)

wonder や形容詞（(15b) の uncertain など）は格を付与しないが，その後ろに格を付与する前置詞が後続すれば，これらの述語の後ろにも潜伏疑問が続く。

(15) a. Bill wondered about John's whereabouts.

b. John is uncertain about the time.

Chomsky（1986a : 86ff）は Pesetsky（1982, 1991）の主張を受け入れ，レキシコンにおける補部に関する情報として範疇選択（下位範疇化）は不要であり，意味選択だけで十分であるという立場をとっている。

further readings　範疇選択と意味選択の関係に関して，Ito（1991）は両方が必要であることを主張する。Chomsky（1977a）は，wh 疑問文，関係節，話題化文，比較構文などが基本的な点で類似しているので，いずれの構文にも間接疑問文と同様に，wh 句及びその移動先となる [+WH] を持った Comp があると仮定した。Grimshaw（1979）の間接感嘆文の議論もこの仮定を前提にしている。Browning（1987）も，移動対象となる要素として wh 句の代わりに空演算子（null operator）を設けてい

321

るが，基本的に Chomsky（1977a）の立場を踏襲している。ところが Postal（1998）は，いわゆる長距離依存関係を含んだ構文の間に本質的な相違があることを指摘し，3つのグループに分けることを提案している。

関連テーマ　潜伏疑問，潜伏感嘆のほかに，潜伏平叙，潜伏命令があるとすればどのような名詞句が該当するだろうか。またそれらに関しても Pesetsky（1982, 1991）における CSR の議論が成り立つだろうか。

【テーマ 3】whether 節と if 節の分布
【概説】

選択疑問文（yes-no question）は補文標識 whether または if によって導入される。だが if が許されないような環境がいくつかある。Stuurman（1991）は whether と if の分布を ECP（空範疇原理）に基づいて説明することを試みる。Nakajima（1996）は whether 節と if 節の内部構成が異なっており，if 節は補文標識の選択に関する照合（checking）を受けるために，その分布が whether の分布に比べて限定されていると論じる。

◆ECP による説明──Stuurman（1991）"*If* and *Whether*: Questions and Conditions."

Stuurman（1991）は，if 節，whether 節は共に，疑問と条件を表す働きをしており，どちらの節の場合も，X バー理論における X^0 の補部として生じると疑問を表し，X′の姉妹として生じると条件を表すとしている。whether と if は素性構成において若干の相違がある。whether と if は共に前置詞の一種として分析されるが（Emonds（1985）），whether が疑問詞である（それゆえ［＋WH］という素性を持つ）のに対して，if はその点に関しては中立的（それゆえ［0 WH］という素性を持つ）である。［0 WH］はある条件の下で［＋WH］に変更される。

whether は PP の指定部（Stuurman（1991）では Emonds（1985）に従い節が CP ではなく，PP として分析されている点に注意）を占めており，PP の主要部 P が空になっている。この空の主要部 P が ECP（空範疇原理）の規制を受ける。ECP は空の要素（空範疇）が適正統率されていることを求めたものである。概ね語彙的主要部（V, N, A, P）と姉妹関係である場合に適正統率されている。whether 節（＝PP）は空の P

を含んでいるので，語彙的主要部によって適正統率されていなければならない。実際，語彙的主要部の補部として生じる。

(16) a. Bill asked whether Mary had been seeing John.

(Stuurman, 1991 : 26)

　　b. the question whether I have the right to do it　　(*ibid*. : 28)

　　c. We argued about whether Mary had been seeing John.

(*ibid*. : 26)

一方 if 節は適正統率されることを拒む。したがって，(16b)(16c)の whether を if に置換することはできない。しかし(16a)の whether を if に交替することはできる。

(17) a. Bill asked if Mary had been seeing John.　　(*ibid*.)

　　b. *the question if I have the right to do it　　(*ibid*. : 28)

　　c. *We argued about if Mary had been seeing John.　(*ibid*. : 26)

これは if の持つ素性 [0 WH] が疑問を表す動詞に適正統率されている場合に [+WH] に変更され，それゆえ whether 節と同様に ECP の規制を受けるためである。

　主語の位置では whether 節が語彙的主要部に適正統率されていないにもかかわらず生起可能であるのは，主語位置の節は実際にはより上の位置へ移動されており (Emonds (1970))，主語位置に残された痕跡が移動された whether 節の主要部（空の P）を適正統率しているためである。

(18) [Whether Mary had been seeing John]$_i$ e_i is not clear to me.

(Stuurman, 1991 : 38)

Stuurman (1991) の分析は ECP という一般性の高い原則によって whether 節, if 節の分布を説明しようとするものであるが，いくつかの問題点がある。if 節が適正統率されることを拒むのであれば，主語など適正統率されていない位置に生起できるはずであるが実際には生じることができない。また動詞の補部の位置で，if の持つ素性 [0 WH] が [+WH] に変更されるとしても，if が占めている位置は主要部の位置であり，if 節の中には ECP の対象となる空の主要部が生じていない。したがって ECP の規制対象とはならない。if 節は形容詞の補部にも生じるので (I am not sure if it will rain)，疑問を表す形容詞の補部でも素性の変更が行われると仮定しなければならないが，ではなぜ同じ補部の位置でも名詞の後

((17b)参照)では同様の素性の変更が行われないのか。また主語位置の節(文主語)はより上の位置へ移動されていると仮定しているが，whether 節の文主語は(that 節の文主語とは異なり)yes-no 疑問文などにおいて主語として振る舞う。

(19) Is [whether John wins or not] of any great importance?

(Kuno, 1973 : 370)

whether 節の分布が ECP に規制されるとするならば，ゼロ that 節の分布も ECP に規制されると考えられるので(第 22 章「that 節」【テーマ4】)，両者の分布は一致するはずであるが，実際には一致しない。具体例については次の項を参照。

◆whether 節と if 節の構成は異なる──── Nakajima (1996) "Complementizer Selection."

Nakajima (1996) は平叙文の that 節と疑問文の whether 節，ゼロ that 節と if 節の分布がそれぞれ平行関係になっているという事実を指摘する。

(20) V の補部

    a. I think {that/*e*} he's awake.

    b. I wonder {whether/if} he's awake.

(21) A の補部

    a. I am sure {that/*e*} he's awake.

    b. I am not sure {whether/if} he's awake.

(22) N の補部

    a. We must show the proof {that/**e*} this is correct.

    b. We must answer the question {whether/*if} this is correct.

(23) P の補部

    a. They are similar in {that/**e*} their fathers are dead.

    b. Our success depends upon {whether/*if} it will be fine.

(24) 主語の位置

    a. {That/**e*} he's awake is certain.

    b. {Whether/*If} he's awake is not certain.

(25) 話題化の位置

a. {That/*e} he's awake, I don't know.

   b. {Whether/*If} he's awake, I don't know.

(26) 外置化の位置

   a. I am sure, because I have been at home, {that/*e} he's awake.

   b. I am not sure, because I have not been at home, {whether/*if} he's awake. (以上 Nakajima, 1996 : 144)

同じ疑問節でも whether 節と if 節はさまざまな統語的振る舞いにおいて相違を示す。例えば間接疑問文の内容が反復されている時には節頭の疑問詞を残して反復部分を省略することができるが，こうした省略は残留する疑問詞が whether の場合には可能だが，if の場合には許されない。

(27) Incredible as it seems, John was willing to tell me WHY he called but not {WHEN/?WHETHER/*IF}. (*ibid.* : 147)

また whether 節では否定倒置（Negative Inversion）が適用できるが，if 節ではできない。

(28) Lee wonders {?whether/*if} at no time at all would Robin volunteer. (*ibid.* : 149)

上記(27)は，whether が生じている位置が他の疑問詞と同じ最大投射（すなわち CP）内であるが，if が生じているのは別の位置であることを示唆している。また(28)は，whether 節の中には否定倒置によって前置される否定句および助動詞が納まる場所（指定部および主部）があるが，if 節の中にはそうした場所がないことを示している。そこで Nakajima (1996) は CP と IP の間に，CP と似た性質を持つ最大投射（TopP）を設け，whether 節は CP から成り whether はその主要部を占めているのに対して，if 節は TopP から成り if はその主要部の位置を占めていると主張する。if 節ではすでに TopP の主要部が if で埋まっているので，否定倒置によって前置される要素を受け入れる場所が残っていない。一方 whether 節では whether が CP の主要部にあり，その下の TopP は指定部，主要部が共に空いており，前置される否定句および助動詞を受け入れる場所がある。

whether 節が CP からなる完全節（full clause）であるのに対して if 節はそれを欠いた TopP からなる縮小節（reduced clause）であるという点で，それぞれ that 節，ゼロ that 節と対応している（第 22 章「that 節」

【テーマ4】を参照)。そのために(20)～(26)で見た通り whether 節と that 節，if 節とゼロ that 節の分布がそれぞれ平行関係になるのである。縮小節（if 節とゼロ that 節）は，節の具現化の仕方として規範的（→【テーマ2】）ではないので，それを選択する主要部によって照合（checking）を受ける必要がある。主要部と縮小節の照合が成立するのは主要部・補部の関係にある場合に限られる。よって縮小節（if 節とゼロ that 節）は補部以外の位置に生じることができない（上記(24)～(26)）。縮小節を構成する TopP は動詞的性質（これを素性［＋V］で表す）を持っており，それを照合できるのは［＋V］の主要部（すなわちVとA）に限られる。そのために縮小節は補部位置の中でもVとAの補部位置にのみ生じることができる（上記(20)～(23)）。一方完全節（whether 節と that 節）は，節の具現化が規範的なので，それを選択する主要部によって照合（checking）を受ける必要がないために，あらゆる種類の主要部の補部としても，また補部以外の位置にも自由に生じることができる。

further readings　Omuro (1985) は，if 節は元来条件節であるのだが，条件節と補文の両用法を持つ whether 節との類似に基づいて補部としての用法を獲得するという観点から，if 節の分布を説明しようと試みる。

関連テーマ　(20)～(26)は whether 節と if 節の分布に関する相違である。両者の間には内部の構成に関しても相違が見られる。学習事典や文法書でそうした相違を調べ，それらを説明する上で，本節で紹介した Stuurman (1991) と Nakajima (1996) の扱い方のどちらの方が有望であるかを比較検討せよ。

24. 関係節 (relative clause)

　英語の関係節は wh 関係代名詞（who (whose, whom), which, what），wh 関係副詞（when, where, how, why）あるいは that で導かれる。関係節を導く that は次のように，関係副詞節の働きをすることがある。【テーマ1】
　(1) a. The place *that we had dinner last month* was the Marco's.
　　　b. I vividly remember the day *that we first met*.
　また，次の場合は関係節中の叙述名詞，つまり be 動詞の補語を関係節化した例であるが，この種の関係節はほかに見られない特徴を持つ。【テーマ2】
　(2) a. He is not the boy *that he used to be*.
　　　b. The kind of philosophy a man adopts depends on the kind of man *he is*.
　関係詞 what あるいは whatever などは先行詞を持たずに生じることができる。その意味で自由関係節（free relative clause）と呼ばれる。【テーマ3】
　(3) a. I'll buy *what you are selling*.
　　　b. John always wears *whatever he should wear*.

【テーマ1】副詞的 that 関係節
【概説】
伝統文法においても副詞的 that 関係節は広く注目されてきた。
　(4) a. I was getting ready to leave on the very day that *he came* (or on which he came). 　　　　　　　　(Curme, 1931 : 567)
　　　b. Every additional time *that we read the book* we find new meanings and beauties in it. 　　(Scheurweghs, 1959 : 281)
例えば(4a)は「彼がやって来た日に…」という意味の関係節を含んでい

るが，came は目的語を要求しない自動詞なので that を関係代名詞と呼ぶことはできない。この意味で，(4)における関係節を導く that は副詞的付加詞 (adverbial adjunct ; Scheurweghs (1959)) あるいは，関係詞 that の副詞的用法（荒木 (1954)）と呼ばれてきた。一方 Curme (1931 : 567) は that を関係代名詞とし，前置詞が省略されたものと捉える。このように伝統文法においては(4)の that は副詞とも関係代名詞とも扱われてきた。一方，Jespersen (1927 : §8.7) は，関係副詞を導く that は関係代名詞と同じ働きをする that (the man *that* you mentioned) あるいは補文節を導く that (I know *that* you mentioned the man) と同じく，小辞 (particle) あるいは接続詞 (connective) と呼ぶ方が妥当だと考える。Jespersen のこの考え方は Bresnan (1972) などに引き継がれて今日に至っている。

◆先行詞の特徴──Quirk *et al*. (1985) *A Comprehensive Grammar of the English Language.*

副詞的 that 関係節には，先行詞に厳しい制約があるようだ。先行詞となる名詞句は「時，様態を表す語句の後に」生じることが多い（荒木 (1954 : 41)）が，それ以外に場所，方向を表す語句の後にも生じることができる。しかし，用いられる語句としては，次の例が示すように，包括的な名詞 (generic noun) が先行してあれば可能であるのに対して，それ以外の名詞では認められない (Quirk *et al*. (1985 : 1253-1256), Larson (1985 : 615-616))。

(5) a. the month (day, year) *(that) you traveled to France*（時）
　　b. *the vacation (occasion) *(that) you traveled to France*
(6) a. the way *(that) you talk*（様態）
　　b. *the manner (fashion) *(that) you talk*
(7) a. the place *(that) you live*（場所）
　　b. *the location (street) *(that) you live*
(8) a. the way (direction) *(that) we are traveling*（方向）
　　b. *the course (path) *(that) we are traveling*　(Larson, 1985 : 616)

ちなみに，この例において前置詞を用いることも（例えば the direction (that) Max walked off *in*），関係詞 which を用いることも（例えば the place *near which* Peter is currently working) 可能である（以上 Larson (1985:615-616))。

◆先行詞の副詞的性質── Larson (1985) "Bare-NP Adverbs."
　Larson は, (5)〜(8)における先行詞となる名詞が副詞として働く点に着目している。例えば, (9)における斜体部の名詞は副詞の働きを持つが, Larson はこれを「裸の名詞句副詞」(bare-NP adverb) と呼ぶ。

(9) a. I saw John *that day (someplace you'd never guess)*.
　　b. John was headed *that way*.
　　c. Max pronounced my name *every way imaginable*. (*ibid.*:595)

Larson (1985:618) によると, 副詞的 that 関係詞が成立し得るのは先行詞が裸の名詞句副詞である時のみである。この働きを持つ名詞は「時, 場所, 方向, 様態」に属する名詞で, かつ語彙的に非常に制限されている。例えば, 時の名詞 day, time, moment, minute, hour, week, month, year, the previous April 12, Sunday, the Tuesday (that I saw Max), sometime, yesterday, tomorrow (*occasion, *vacation), 場所の名詞 place, someplace (*location, *address), 方向の名詞 way, direction (*path, *course), 様態の名詞 way (*manner, *fashion) などである。Larson の説を裏付けるものとして, 次の例を挙げることができるだろう。

(10) a. They have taken up mountains, *anywhere that a mule can find a road*.
　　　b. *Everywhere that Shakespeare turned in London*, he saw ...
　　　　　　　　　　　　　　　　　　　　　(Jespersen, 1927:§8.6₅)

一般的に anywhere, everywhere は副詞として分類されるが (You can find it *anywhere*.), これが関係節で修飾可能であるということは名詞的でもあるという証である。このような事実を見ると, 先行詞となり得る名詞とその副詞的働きの間には決して偶然とは言えない共通性があるように思われる。

◆前置詞の削除── Emonds (1976) *A Transformational Approach to English Syntax*.

しかし，ほかの事実を見てみると Larson の上記の一般化にはかなりの例外があることが分かる。例えば，次のように reason は副詞的 that 関係節の先行詞になるが，裸の名詞句副詞としての働きは持たない。

(11) a. Is this the reason *(that) they came*? (Quirk *et al.*, 1985 : 1256)
　　 b. He did not come *for/*∅ this reason*.

また Jespersen は，Larson (1985 : 616) で副詞的 that 関係節の先行詞になれないとされた名詞の例を挙げている。特に (12a)(12b)(12d) に注目のこと。

(12) a. Upon the next *occasion* that we meet, ...
　　 b. spelling the words in the very same *manner* that they are pronounced by the students
　　 c. He spoke with the same good-humored *ease* that he had ever done.
　　 d. We parted in the same cordial *fashion* that we met.
　　　　　　　　　　　　　　　　　　(Jespersen, 1927 : §§ 8.6$_1$-6$_2$)

Jespersen が挙げた例は Defoe，Wells，Kipling など現代英語とは言えない時代の作家から採取した例であるが，ネイティブ・スピーカーは特に古めかしい英語と感じないようだし，非文法的文とも判断しない。

Larson とは異なり，Emonds (1976)，Bresnan (1972) はこのような名詞句は前置詞の省略の結果生じたものと捉える。例えば Emonds (1976 : 78-79) は次の例を挙げて，前置詞が削除されると捉える根拠としている。

(13) a. John has been working on this table *(for) three hours*.
　　 b. The guests registered here *(on) October first*.
　　 c. I'll finish my dessert later **in/∅ this afternoon*.
　　 d. I'll finish my dessert later *in/*∅ the afternoon*.

Emonds も Bresnan もこの削除規則の詳細を述べていないが，(13c)(13d) の対比が示すように，その規則はかなり個別的な色彩の強いものであろう。彼らはまた，前置詞の省略可能性と副詞的 that 関係節とを結びつけて考えているわけではないが，前置詞削除を念頭に置くならば，もともとは関係節内に存在した前置詞が削除されたものと考えることができよう。

> further readings　時の名詞句に限定して副詞用法の多様性を調べたものに永井（1986）の実証的研究がある。関係節を導くthat節全般に関しては，Jespersen（1927：§§8.1-8.7），Bresnan（1972）で細かく論じられている。

> 関連テーマ　関係詞thatは関係代名詞who, whichと類似した働きを持つ（例えばthe man that I met/the book that I read）。ここで扱った副詞的関係節を導くthatはこれと同じと見るべきか，異なると見るべきだろうか。副詞的that関係詞では関係詞が省略されても成立するが，関係詞の省略はどのように扱うべきだろうか。また，whichなどには副詞用法がないのはなぜだろうか。

【テーマ2】叙述名詞を先行詞とする関係節
【概説】

英語には関係節内の叙述名詞（つまりbe動詞などの補語）が関係詞によって先行詞と関連づけられた次の用法もある。

(14) a. She is not the brilliant dancer *that she used to be*.
(Quirk et al., 1985 : 367)

　　　b. Mary will probably describe you as the character *that you were ten years ago*.　　(Emonds, 1985 : 271)

本来，be動詞などの補語として生じる叙述名詞は特定の対象物を指し得ない（Kuno (1970)）。例えば，He is a geniusという場合，a geniusは名詞句として働いているように見えるが，主語の特性を述べており，叙述形容詞（He is intelligentにおけるintelligent）と同等の働きを持つと言える。叙述名詞は主語の特性を記述し指示機能を持たないという働きは，次のように叙述名詞を代名詞で受ける場合，人称代名詞ではなくitで受けるという事実（(15)(16)参照），擬似分裂文・自由関係節においてはwhatが用いられるという事実（(17)参照）に反映されている。

(15) a. She is *a rich woman* and she looked *it*.

　　　b. If there could ever be such a thing as *a modest Roman*, Augustus was not *IT*. (*IT* = stressed)
(Quirk et al., 1985 : 349fn.)

(16) a. *John didn't want to become *a woman*, because *she* would

have been discriminated against.

  b. *Her mother was *a father* to Sue, and Sue was always grateful to *him*. (Emonds, 1985 : 271)

(17) a. *What he has always been* is a teacher. (*ibid*. : 269fn.)

  b. We were not *what we wrought to be*. (荒木, 1954 : 46)

また，叙述関係は be 動詞などの連結詞（copula）だけでなく前置詞 *as*, *into*, *like* などでも表すことができる。Emonds (1985) はこのような語を前置詞連結詞（prepositional copula）と呼ぶ。

(18) a. She stayed on *as a doctor*.

  b. Can Big Culture transform a suburb *into a city*?

              (Emonds, 1985 : 264)

  c. *Like a friend* he came to me and exchanged a few words with me. (Curme, 1931 : 34)

(18a) では主語と a doctor の間に，(18b) では a suburb と a city の間に，(18c) では主語と a friend の間に叙述関係が生じる。

　このような叙述名詞が関係節化された場合，それ自体が特定のものに言及しないのであるから，普通の関係節とはかなり異なった特徴を示すことが予想される。

◆関係詞の選択──Quirk *et al.* (1985) *A Comprehensive Grammar of the English Language*, Emonds (1985) *A Unified Theory of Syntactic Categories*.

　叙述名詞を関係節化する場合，最も一般的な関係詞は，制限的用法の場合は that あるいはゼロ形式であり，非制限的用法の場合は which である。また，先行詞が人に言及する場合であっても，who が用いられることは決してない（荒木（1954 : 35））。

(19) a. She is not the brilliant dancer *that (*who) she was*.

            (Quirk *et al*., 1985 : 367)

  b. Anna is a vegetarian, *which (*that, *who) no one else is in our family*. (*ibid*. : 1258)

制限的関係節において which を用いることができるかという点については，あまりはっきりしていない。Quirk *et al.* (1985) は (20) において

that は不可能であると述べている。

(20) a. She is the perfect accountant *which (*that) her predecessor was not.*

b. This is not the type of modern house *which (*that) my own is.*

(*ibid.* : 1248-1249)

Curme (1931 : 229) は，which/that いずれも可能だが，which の方が優勢になりつつあると述べている。一方，Emonds (1985 : 272) は which を用いた例は容認できないと言う。例えば，彼の判断では次の例における that を which に置き換えることはできない。

(21) a. John finally became the doctor *that we had wanted Sue to be.*

b. Mary will probably describe you as the character *(that) you were ten years ago.*

c. They thought I was the person *that she introduced you as.*

また Jespersen (1927 : §6.4₅) は，which の用例を列挙した後で，制限的関係節においては that の方が which より好まれると述べている。事実，ネイティブ・スピーカーは which よりも that あるいはゼロ形式の方を好む傾向があるようである。例えば，Jespersen (1927 : §6.4₄) や Curme (1931 : 229) に挙げられた(22)について，(22b)の方が(22a)よりもよいし，(22c)の方がさらによいという判断をするスピーカーもいる。

(22) a. He is not the man *which his father wants him to be.*

b. He is not the man *that his father wants him to be.*

c. He is not the man *his father wants him to be.*

which を受け入れない Emonds によれば，前置詞で導かれる叙述名詞を関係詞化する場合，前置詞を随伴（pied piping）した次の文は受け入れられないことになる。ここで that を用いることは許されないことに注意。

(23) a. *Bill is the man *as who(m) I want to be introduced.*

b. *John wants to stop being the manager, *as which they hired him a year ago.* (Emonds, 1985 : 278)

一方，前置詞を残留した次の文の文法性は不安定である。

(24) a. ʔBill is the man *who I want to be introduced as.*

b. ʔJohn wants to stop being a manager, *which they hired him as a year ago.* (*ibid.*)

これに対して Jespersen は次の例を挙げている。

(25) a. He admired the capable lady *into which Marjorie had developed*.

b. ... to become an outcast, *as which he would very soon succumb in the struggle for life.* (Jespersen, 1927 : §6.4₄)

事実，この文を受け入れるネイティブ・スピーカーもかなり多いようである。

このように，which の選択については個人差があるというのが実状であるように思われる。

◆**先行詞の制約**——Kuno (1970) "Some Properties of Non-referential Noun Phrases."

Emonds (1985) は，叙述名詞を関係詞化する場合，先行詞もまた叙述名詞でなければならないとして，次の例を挙げている。

(26) a. John finally *became (*saw)* the doctor that we had wanted Sue to be.

b. They thought I *was (*met)* the person that she introduced you as. (Emonds, 1985 : 271)

しかし，J. Hawkins (1978) は，次のように先行詞の名詞句が主節において動詞の目的語となっている例を挙げている。

(27) a. I *remembered* the pretty girl that Mary used to be.

b. I *remembered* the beautiful woman that Mary had been in her youth. (J. Hawkins, 1978 : 245)

このように，一見したところ相矛盾する事実はどのように説明できるのだろうか。

Kuno (1970 : 353) は，叙述名詞は指示対象を持たない非指示的 (non-referential) 名詞であるとし，関係詞化される場合は先行詞も非指示的定名詞句でなければならないとしている。もし，先行詞が非指示的であるとするならば，(27a)のように remember の目的語に生じた the pretty girl は特定の指示対象を表しているのではないことになる。このような非指示的解釈が可能な文脈は want, remember, imagine などのように現実世

界を離れた事柄を表し得る動詞や,未来表現,法助動詞を用いた文脈である。したがって,この文脈内で目的語として生じる次の文もまた可能である。

(28) a. He *wanted to* marry the woman that his mother used to be.
　　 b. He *should* have married the woman that his mother used to be.

これに対して動詞 see, meet などの場合は目的語の存在を前提とするので,(26)の非文が示す通り,叙述名詞を関係詞化した名詞を目的語に取ることはできない。

◆**先行詞の限定辞**── J. Hawkins (1978) *Definiteness and Indefiniteness*.
叙述名詞を関係詞化した場合,次の例が示すように,先行詞は不定名詞句であってはならない。

(29) a. *I remembered *a pretty girl* that Mary used to be.
　　 b. *I remembered *a beautiful woman* that Mary had been in her youth.　　　　　　　　(J. Hawkins, 1978 : 246-247)

J. Hawkins は,この事実を不定名詞句の意味に基づいて説明する。J. Hawkins によれば,不定名詞句が生じた場合,ほかにも同様の対象物があることが要求される。つまり,不定名詞句が用いられる場合一定の集合体の中から1つをピックアップし,常に排除されるべき対象物があることが前提となる。これに対して,この種の関係節の場合,主節の主語が表す人物と先行詞が示す名詞との間で数が一致していなければならない。すなわち,関係節の主語で表される数は先行詞で表される数と同じでなければならない。したがって,不定名詞句を先行詞とする(29a)において,言外に pretty girls that Mary used to be という複数表現が含意され,その中から1つがピックアップされたということになる。しかし Mary という人物は唯一的な個人(unique individual)なのであるから,これは明らかな矛盾である。これに対して,唯一的に限定する働きを持つ定名詞の場合は数の上での矛盾はない。ここに定名詞句が要求される原因がある。

以上のことから,先行詞が複数形である場合,

(30) I remembered *the pretty girls* that Mary, Sue, Jane and Angela used to be.　　　　　　　　　　　　　　(*ibid.* : 247)

pretty girls の集合は関係節中の主語の4名の集合と一致しなければなら

ないし，またこの場合も（例えば無冠詞の）不定名詞句は許容されない。同様に先行詞に some のような数量を表す語句も付くことができない。

(31) *I remembered *some pretty girls* that Mary and Sue used to be.
(*ibid.*)

これも上の場合と同様に，関係節中の主語の集合体と先行詞の集合体との数の上での不一致に理由がある。

ところが，関係節中の be 動詞の後に like が生じると先行詞は定名詞句・不定名詞句いずれでもよいという事実がある。

(32) I remembered *a (the) pretty girl* that Mary used to be *like*.
(*ibid.*: 246)

これは like が持つ意味から説明できる。すなわち，「Mary が昔そうだったのと似たような美しい女の子」であればほかに同様に数多く存在し得るわけである。したがって，数の上での一致は要求されない。

|further readings| ここで取り扱った関係節の別な側面を明らかにしたものに，Kajita (1977) がある。Kajita は先行詞に the type of... を含むものを主に取り扱い，この種の関係節と間接疑問との意味上の類似点を指摘している。

|関連テーマ| be 動詞の補語になる形容詞も非制限関係詞によって修飾することができる（例えば，He is quite weird, which you are not）。このほかにも叙述形容詞と叙述名詞の類似性が指摘されている。それでは，叙述名詞の統語的範疇は何だろうか。単純に名詞句としてよいのだろうか。

【テーマ3】自由関係節
【概説】

自由関係節 (free relative clause) には what で導かれるものと WH-ever 形で導かれるもの (whatever, whoever, whichever, whenever, wherever など) とがある。

(33) a. *What I want* is a cup of hot cocoa.
  b. They gladly accepted *what money people gave to them*.
(34) a. *Whoever did that* should admit it frankly.

b. They welcomed *whatever visitors came their way*.

(Quirk *et al.*, 1985 : 1057-1058)

自由関係節を導く what，WH-ever 形は(33a)(34a)のように単独で生じることもあるが，(33b)(34b)のように後続する名詞とともに生じることもある。

また，自由関係節は who，how，why，where 等で導かれることもある。

(35) a. That's *who you're looking for*.
　　b. That's *how she works*.
　　c. That's *why I don't go there anymore*.

しかし，この種の自由関係節は be 動詞の補語の位置にほぼ限られており，それ以外の環境ではあまり用いることはなく，例えば，*Who helped me* has gone という文が容認されることはない。

伝統文法における自由関係節の捉え方として先行詞省略説（Sonnenschein（1916））と機能融合説（Sweet（1891 : 81））がある。Jespersen (1927 : §3.1$_3$-1$_4$) はこれらはいずれも納得のいく説明ではないと退ける。省略説をとるならば，whoever wanted to go に対して想定される anyone whoever wanted to go のような形式自体が成立しないと述べ，(33b)の what money people gave to them において，what の前に設けるべき名詞がそもそも存在しないと言う。また，融合説を提唱した Sweet は，例えば自由関係節 *What you say* is quite true における what は say の目的語，is quite true に対する主語の働きがあり，2つの機能が what に融合したもの（condensation）と考える。これに対して Jespersen (1968[10] : 104 fn.) はこの例における is quite true の主語は what ではないと指摘し，自由関係節はそれ自体で名詞句として自立する一次節（primary）と分析する。この捉え方は今日でも広く受け入れられている。

◆**自由関係節と間接疑問節**── Bresnan & Grimshaw (1978) "The Syntax of Free Relatives in English," Quirk *et al.* (1985) *A Comprehensive Grammar of the English Language*.

自由関係節を導く関係詞は疑問詞としての働きも持つ。したがって，動詞の目的語などに生じた場合，間接疑問節と同一の形態になることにな

る。
  (36) a. I'll buy *what he is selling*.
      b. I'll inquire *what he is selling*.

(Bresnan & Grimshaw, 1978 : 334)

解釈から分かるように(36a)は自由関係節，(36b)は間接疑問節である。この区別は，主節の述語の意味内容によって決まる。動詞の中には間接疑問節を目的語に取るものと，取らないものがある。(36b)の inquire は前者のタイプの動詞であるのに対して，(36a)の buy は後者のタイプである。しかし，remember, ask の場合には曖昧性が生じる。

  (37) a. They asked me *what I knew*.
      b. Do you remember *when we got lost*?

(Quirk *et al*., 1985 : 1061)

(37a)において what I knew が間接疑問節であれば「彼らは私が何を知っているのかと尋ねた」の意味になり，自由関係節であれば「彼らは私が知っていることを尋ねた」の意味となる。(37b)でも同様である。

このように自由関係節と間接疑問節とは表面上区別できないことが多いが，次のような統語的な相違点がある。

[1] 主語に生じた場合の be 動詞の一致

  (38) a. What books she has *isn't (*aren't)* certain.
      b. Whatever books she has *are (*is)* marked up with her notes.

(Bresnan & Grimshaw, 1978 : 339)

(38a)の be not certain は主語に間接疑問節を取ることができるので，what books she has は間接疑問節である。この場合，be は関係詞に含まれる名詞の数とは無関係に単数形である。これに対して，(38b)の述部 be marked with ... は間接疑問節を主語に取ることができない。したがって，その主語である whatever books she has は「彼女が持っているどの本も」という自由関係節の解釈になる。この場合，主節の be は関係詞中の名詞 books の数と一致する。

[2] 主語・助動詞倒置

英語では主語と助動詞を倒置することによって疑問文を作る (*Will he come today?*)。自由関係節と間接疑問節とではこの規則の適用に関して差違が見られる。

(39) a. ?Can *whether you are right or not* matter?

　　b. Can *what you want* be on the table?　　　　　　　(*ibid.*)

(39a)における主語の whether 節は間接疑問節であるが，この単純疑問形には不自然さが残る。これに対して，(39b)における be on the table は主語として間接疑問を取ることができないので，ここでは what 節は自由関係節の解釈しかあり得ない。この例で示されるように，自由関係節は(39b)の疑問文の主語として全く自然である。

［3］　前置詞の随伴（pied piping）

　前置詞の目的語を疑問詞化した場合，前置詞を取り残す残留形と「前置詞＋wh 語句」を一固まりとして移動する随伴形とが可能である。したがって，次の間接疑問節はいずれも文法的である。

(40) a. I'd like to know *which paper John is working on.*

　　b. I'd like to know *on which paper John is working.* (*ibid.*: 342)

これに対して，自由関係節の場合，前置詞は決して随伴されない。

(41) a. I'll reread *whatever paper John has worked on.*

　　b. *I'll reread *on whatever paper John has worked.*　　(*ibid.*)

［4］　else の可能性

　疑問詞の what は else と共起し得るが，自由関係節を導く what は共起できない。

(42) a. Alice didn't know *what else* Albert bought.

　　b. *Alice didn't wash *what else* Albert bought.

(C. Baker, 1970b: 199)

else は一般に不定（indefinite）の語句に付加し，定（definite）の語句には付加できないという性質を持っている（someone else/*the girl else など）。(42)の事実は，疑問詞 what は不定であるのに対して，自由関係詞を導く関係詞 what は定的であることを示している。ちなみに Curme (1931: 210) は自由関係節の whoever を不定関係代名詞と分類するが，Jespersen (1927: §3.6$_1$) はこの見解に異議を唱えている。

◆**範疇一致の原則**──Bresnan & Grimshaw (1978) "The Syntax of Free Relatives in English."

　自由関係節を導く関係詞の範疇は次のようになる。

[1]　名詞句：what, whatever, whichever, which(ever)＋名詞
[2]　前置詞句：前置詞＋[1]の名詞句（in whichever town）
[3]　形容詞句：however＋形容詞（however rich）
[4]　副詞句：however, whenever, wherever, however＋副詞（however fast）

自由関係節は，上記の関係詞の範疇がそのまま関係節全体の範疇になるという特徴を持つ。例えば whichever town という NP が関係詞であれば，その自由関係節 whatever town he visited も NP となる。これを図示すれば次のようになるだろう。

(43) V [$_{XP}$ [WH- ...] [S ...]]
　　　　選択　一致

これを「一致効果」（matching effect）と言う。さらにこの範疇が動詞の選択に関与し，動詞が目的語の NP を選択するならば関係詞も NP でなければならないことになる。

(44) a. I'll buy *whatever you want to sell*.（名詞句）
　　 b. John will be *however tall his father was*.（形容詞句）
　　 c. I'll word my letter *however you word yours*.
　　　 John will leave *whenever Mary leaves*.（副詞句）
　　　　　　　　　　　　　　　　　　　（Bresnan & Grimshaw, 1978 : 335）
　　 b. I'll work on *whatever problems John assigns*.（前置詞句）
　　　　　　　　　　　　　　　　　　　　　　（*ibid.* : 344）

前節で自由関係節においては前置詞の随伴は許容されないと述べたが，この事実は一致効果がもたらす当然の結果である。(41)の例を検討してみると，reread は他動詞なので目的語 NP を選択する。したがって，自由関係節は名詞句でなければならず，それを導く関係詞も NP でなければならない。結果的に前置詞は残留することになる(41a)。一方，この文において前置詞を随伴すれば「前置詞＋関係詞」すなわち前置詞句 PP が関係節の範疇となり，動詞が要求する範疇と不一致が生じることになる(41b)。

◆**前置詞の有無**──Bresnan & Grimshaw (1978) "The Syntax of Free

Relatives in English."

自由関係節が主節の前置詞の目的語となっている場合，関係詞が自由関係節内の前置詞の目的語となることがあり得る（例えば，I'll work *on whatever problems* John works *on*)。この場合，関係節中の前置詞は省くことはできない。

(45) a. I'm interested in *whatever subjects I think I should be interested {in/*∅}*.
  b. I'll speak to *whatever group you're willing to speak {to/*∅}*.
  c. John will be arrested by *whoever Bill was arrested {by/*∅}*.

(*ibid.* : 370)

しかし，前置詞は必ずしも必要とされない場合がある。

(46) a. I'll throw my books at *whatever politician you throw yours (at)*.
  b. He usually arrives at *whatever hour his friend arrives (at)*.

(Groos & van Riemsdijk, 1987 : 200-201)

(45)と(46)の違いをもたらす要因が何であるかよく分かっていないが，Curme (1931) は次の例を挙げている。

(47) a. I wish you would only see things *in the light that we see them*. (=in which)
  b. They now find themselves *in the same predicament that we once found ourselves*. (=in which)   (Curme, 1931 : 567)

「先行詞を導く前置詞と関係節内の前置詞とが同じである場合，後者の前置詞は重要でないものとして削除されることがある」と述べている点にヒントがあるかもしれない（【テーマ1】参照）。

しかし，自由関係節が場所，時，方向を表す前置詞である場合，関係節中の前置詞の有無はかなりはっきりしている。

(48) a. I'll live in *whatever town you live (in)*.
  b. I'll put my books in *whatever cupboard you put yours (in)*. (場所)
(49) a. I'll move to *whatever town you move (to)*.
  b. I'll send my books to *whatever bookstore John sends his (to)*.
   (方向)   (Bresnan & Grimshaw, 1978 : 351, 356)
(50) a. Mr. Brown died in *whatever decade Mr. Smith died {*in/∅}*.

341

  b. I'll leave on *whatever date John leaves* {*on/∅}. (時)

(ibid.: 359)

つまり，場所を表す場合(48)と方向を表す場合(49)，関係節中の前置詞はあってもなくてもよい。また，時を表す前置詞句の目的語をwh疑問化や関係節化した場合，前置詞を残留することはできないという特徴がある(*I remember the time *which* I was young and happy *at*./I remember the time *at which* I was young and happy.（Jacobsen, 1986 : 209-210))ので，時を表す前置詞句を含む(50)では前置詞は省略されなければならない。(48)〜(50)における前置詞の省略について，Bresnan & Grimshawは場所・方向，時を表す名詞にはそれぞれthere, thenという代用形が存在することにその原因を求めている。すなわち，基底にこの種の代用形が存在し，それが省略されると関係節中に前置詞を伴わない形式が生じる。

 (50)のように時を表す前置詞の場合，前置詞は省略されなければならないが，前置詞の省略はWH-ever形に続く名詞の意味内容によって左右される。

 (51) a. The nurse was present at *whatever hours the doctor was present* {*at/∅}.

  b. The nurse was present at *whatever operations the doctor was present* {at/∅}. (ibid.: 362)

(51a)で前置詞atを残留することができないのは，atがhoursという時の名詞と関連するからである。これに対して，(51b)におけるoperations（手術）という語は本来的な時の名詞でないので，(51a)のような制限はなく，前置詞atを残留することも，省略することも可能である。

 上記の例では主節と関係節内の前置詞が同じ意味的な働きをするが，主節では方向の解釈が要求されるが関係節では場所の解釈が要求されるというように主節と関係節とで解釈が異なる場合も生じる。この場合，関係節中の前置詞は必ず存在しなければならない。

 (52) a. I'll move to *whatever town you live* {in/*∅}. （方向—場所）

(oibid.: 358)

  b. I'll live in *whatever town you move* {to/*∅}. （場所—方向）

(ibid.: 354)

一見すると，(52)では主節と自由関係節に属する前置詞が異なっているこ

とが前置詞省略の可能性と関係しているようにも見える。しかし，次のように同じ前置詞であっても解釈が異なると前置詞は省略できない。

(53) She moves closer and closer to *wherever she is talking* {*to*/*∅*}.
(*ibid.*: 353)

この場合，主節の to は方向を表すが，関係節内の to は talk とともに1つの固まりを成しており，それぞれ異なる働きをする。

なお，関係詞が wherever である場合，関係節内の前置詞も wherever の前の前置詞も省略できる可能性がある。

(54) a. I'll move *(to) wherever you live.*
　　　b. I'll move *(to) wherever you move (to).* (*ibid.*: 359)

つまり，wherever が名詞句であればその前に to が必要となり，副詞的であれば to は不必要である。しかし，Bresnan & Grimshaw によれば，アメリカ英語の話者の多くは wherever を名詞句と解釈する人が多く，to があっても容認可能とするようだ。このような話者には，somewhere についても同様で，She wants to move *to somewhere else.* という表現を容認する傾向がある。この点で，名詞句としてのみ可能な whatever town を用いた(52)との違いが生じる点に注意したい。

◆ -ever で導かれる他の節との比較——Culicover (1999) *Syntactic Nuts: Hard Cases, Syntactic Theory, and Language Acquisition.*

[1]　間接疑問節

WH-ever 形は自由関係節のほかに疑問節も導くことができる。WH-ever 形で導かれる自由関係節は，これまで見てきた例からも分かる通り，主語，動詞・前置詞の目的語，補語，副詞として用いることができる。

(55) a. Put the books *wherever you want.*（場所の副詞）
　　　b. Eat *whatever you want.*（目的語）　　(Culicover, 1999: 128)

これに対して，WH-ever 形が疑問詞を導く場合，主語の位置にしか生じることができず，目的語の位置では不可能である。

(56) a. *Whoever the mayor is* is unimportant.
　　　b. *However tall the student might be* goes on the record.
(*ibid.*: 127)

(57) a. I never found out {*who* /**whoever*} *the mayor is.*

b. She asked about {*what* /*whatever} *your name is.*(*ibid.* : 128)

(56)において，主語節は自由関係節と同一形式であるが，例えば(56a)は「市長が一体誰であるかは重要でない」という間接疑問節の解釈にしかならない。

一方，疑問節であっても，WH-ever 形で導かれた間接疑問節は it 外置構文（主語の位置に形式主語の it を置いて，意味上の主語を末尾に置いた構文）に書き換えることができない。

(58) a. *Whatever your name is* is unimportant (unknown).

→**It is unimportant (unknown) whatever your name is.*

b. *What your name is* is unimportant (unknown).

→ It is unimportant (unknown) *what your name is.*　　(*ibid.*)

WH-ever を含まない疑問詞によって導かれる間接疑問節(58b)とはこの点で違いがある。

[2] 副詞節

WH-ever 形で導かれた節は疑問の意味を持つ副詞節としても用いられる。したがって，同一形式で始まっている文であっても，後続する文構造によって間接疑問節であるか副詞節であるかが決まることになる。

(59) a. *Whoever the mayor is*, he can't use public funds for his own political purposes.

b. *Whoever the mayor is* is unimportant. (＝56a)　　(*ibid.* : 125)

(59a)は「市長が誰であろうとも（その人は…）」という譲歩を表す副詞節になるが，(56b)は主語の働きをする名詞節である。

WH-ever 形で導かれる副詞節の特徴は副詞節の be 動詞を省略することができることである。

(60) a. *Whatever the reason (is)*, I will not condone your behavior.

b. I always search out fresh fish, *wherever the restaurant (is).*

c. *Whenever the concert (is)*, we intend to be there on time to get a good seat.

d. I intend to stay in this town, *however expensive the hotel (is).*

(*ibid.*)

be 動詞の省略は間接疑問節では決して見られない現象である。

(61) a. *Whoever the mayor* {*is*/*∅} is unimportant.

b. *Whatever your name {is/*∅} is unimportant.*
c. *However tall the student {might be/*∅} goes on the record.*

(Culicover, 1999 : 127)

further readings　前置詞で導かれた自由関係節に関する Bresnan & Grimshaw (1978) の分析に対する反論として Larson (1987a) がある。また，there や then と自由関係節における前置詞の有無とを結びつける分析に対する反論，あるいは関係詞の導入の仕方に対する反論として Groos & van Riemsdijk (1987) がある。また，自由関係節では，*Whatever friends I once had* are gone（かつて私が持っていたわずかな友人はみないなくなった）のような「量的に少ない」ことを表す関係節がある。この関係節は Andrews (1975) で扱われている。

関連テーマ　WH-ever 形によって導かれる副詞節と対応する形式として「no matter＋疑問詞」で導かれる副詞節がある（*No matter who the mayor might be*, I don't want to take any chances）。この両者と自由関係節を導く WH-ever 形とはどう違うのだろうか。また，(60)で WH-ever 形の副詞節で be 動詞を省略することが可能であると述べたが，これは「no matter＋疑問詞」で導かれる副詞節でも見られる現象である。しかし，be 動詞の省略にはかなり厳しい制約がある。以上の点に関して細かく検討した Culicover (1999) を参照のこと。また，*What's more surprising*, he didn't inform his parents (Quirk *et al.*, 1985 : 1117) のように what で導かれる自由関係節が副詞節として働き，more surprisingly に対応することがある。ほかにどのような形容詞が可能であるか辞書で調べてみよう。

25. 比較構文 (comparative construction)

> 次のような文を，比較構文 (comparative construction) という。
> (1) a. John is more intelligent than Bill is ＿＿.
>   b. John has as many friends as Bill has ＿＿.
> 比較構文にはいくつかの特徴がある。
> 　形容詞 (intelligent など) や，数量詞 (quantifier ; many など) が，more, as などの要素を伴って生じ，それと呼応して than や as に導かれる語句が後ろに現れている。また，than や as に導かれる部分に，省略されている何らかの要素があると考えることができる。【テーマ1】
> 　(1)では動詞 (is, has) の補部全体が省略されているが，(2)のように，一見省略がない文も可能である。【テーマ2】
> (2) a. The desk is as high as it is wide.
>   （その机は高さと幅が同じである。）
>   b. John has more friends than Bill has enemies.
>   （ジョンのもつ友人の数は，ビルのもつ敵の数より多い。）
> 　than や as の後ろには節（の一部）ばかりではなく，単一の句 ((3)では名詞句 Bill) が現れることもある。【テーマ3】
> (3) a. John is more intelligent than Bill.
>   b. John has as many friends as Bill.

【テーマ1】比較構文の構造と派生
【概説】
　(1a)における more は，intelligent の程度を表す要素である。(1b)における as も，many の程度を表す要素と考えることができる。そこで，このような要素を，Jackendoff (1977:143) に従い，程度詞 (degree word) と呼ぶ (John was so sad that he started to cry のような文における so や，John bought too many books to carry home のような文におけ

るtooも程度詞である)。比較構文は，more, less, asのような程度詞が中核となって形成される。

これに対し，これと呼応して生じているthanやasは何であろうか。(1a)の文を見ると，thanの後にあるBillは，その後の動詞isの主語と考えられる。その後にくるべき動詞の補部 (complement) は何らかのメカニズムで省略されていると考えると，thanは主語・動詞等をもつ文 (sentence) または節 (clause) を導く要素ということになる。John thinks that Bill is honestにおけるthatのように，文または節を導いてより大きな文または節の中に組み込む働きをする要素を，補文標識 (complementizer) と呼ぶ (伝統文法の用語では，いわゆる従属接続詞にあたる。第22章「that節」参照)。Bresnan (1973, 1977) によれば，(1)においてそのような働きをしているthanやasも埋め込み文 (従属節) を導く補文標識の一種である。thanやasによって導かれる埋め込み文を比較節 (comparative clause) と呼ぶ。

上で示唆したように，比較節には，省略されている何らかの要素があると考えられる。このような「省略」がどのようにして起こるかについて，Chomsky (1977a) とBresnan (1977) とが異なる分析をして論争している。

◆**程度詞と比較節の相関関係**——Jackendoff (1977) $\bar{X}$ *Syntax : A Study of Phrase Structure.*

程度詞と比較節との間には，(1)に見るように相関関係がある。程度詞のmore (またはless) と呼応してthanに導かれる比較節が生じ，程度詞のasと呼応して補文標識のasに導かれる比較節が生じている。このような相関関係を保証するために，比較節は基底では程度詞の補部 (complement) として生じ，後に文末へ移動される，という考え方が可能である (Jackendoff (1977 : 201) 参照)。このように考えると，(1a)の派生は(4)のようになる ((1)において比較節内で省略されている要素については後述)。

(4) a. John is more [than Bill is (intelligent)] intelligent

b. John is more intelligent [than Bill is (intelligent)].

しかし，このような程度詞と比較節の一対一の対応関係が成り立たない場合もある（Andrews (1975) 参照）。

(5) They do crazier things at higher speeds on McGrath Highway than they do other places.

crazier, higher のような比較級は，それぞれ more+crazy, more+high から派生されると考えられる。すると，(5)において，程度詞の more が2つ存在するのに対し，than に導かれる比較節は1つしかない。このように一対一の対応関係が成り立たない場合にも，than 節が程度詞 more の補部の位置から移動されるという分析をするのは無理がある。そこで Jackendoff (1977 : 207) は，than などに導かれる比較節は，もともと文末に生成され，何らかの解釈規則によって程度詞（句）(degree (phrase)) と結びつけて解釈される，という代案を提案している。

◆比較削除か，wh 移動か？──Bresnan (1977) "Variables in the Theory of Transformations," Chomsky (1977a) "On *Wh*-Movement."

比較節中の要素の「省略」はどのようにして起こるのだろうか。Bresnan (1973, 1977) によれば，(1b)の文は基底構造では(6)のようになる。

(6) John has [$_{NP_1}$ as many friends] as Bill has [$_{NP_2}$ x many enemies].
$$\underbrace{\phantom{[_{NP_2}\ x\ many\ enemies]}}_{\phi}$$

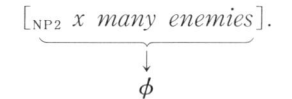

NP_1 内の many の前の as を程度詞とする Jackendoff (1977) の分析に従えば，x は同様に many を修飾する不特定の程度詞と考えることができる。Bresnan によれば，斜体部の名詞句（NP_2）が，先行する名詞句（NP_1）と差がない (nondistinct) という条件の下で削除される。Bresnan はこれを比較削除 (Comparative Deletion) と呼び，削除変形 (deletion transformation) の一種と考えた。

これに対し Chomsky は，(1)のような比較構文における「省略」は，Bresnan の主張するような削除によるものではなく，一種の wh 移動によるものであると議論した。このように考える1つの根拠として，(7)のような文を容認する話者が存在することが挙げられる。

(7) John is more intelligent than *what* Bill is.

斜体部の wh 要素は，このような比較構文に wh 移動が関わっていることを示す証拠とも考えられる。

さらに，Bresnan のいう「比較削除」は，(8)に見るように，島の制約 (island constraints)（→第 56 章「統語操作の制約」参照）に従う。

(8) a. *John is more intelligent than Mary believes the claim that Bill is ＿＿．（複合名詞句制約）
 b. *John is more intelligent than Mary knows a man who is ＿＿．（同上）
 c. *John is more intelligent than that Bill is ＿＿ is likely.（文主語制約）
 d. *John is more intelligent than Mary wonders whether Bill is ＿＿．（wh 島の制約）

削除変形の存在を認めない Chomsky (1977a) は，島の制約に従うのは移動変形の特徴であり，いわゆる「比較削除」も実は wh 移動の一種であると主張する。この分析によれば，目に見えない wh 要素が，(9)のように比較節内で移動する（この「目に見えない wh 要素」は，のちに「空演算子 (empty operator)」と呼ばれるようになるものであり，Op と略記）。

(9) John is more intelligent than (Op) Bill is ＿＿．

further readings　Bresnan (1973) は，比較主要部の内部構造に関して Jackendoff (1977) とは異なる分析をとっている。Bresnan によれば，more intelligent のような比較主要部は数量詞句 (Quantifier Phrase；more)＋形容詞 (intelligent) と分析され，as intelligent のような場合は *Much*-deletion という操作によって数量詞 (much) が削除される。Corver (1997) は，形容詞句内にも数量詞句が含まれるとする Bresnan の分析を支持し，*Much*-support という操作が必要に応じて適用され much が挿入される，という議論をしている。

関連テーマ　Bresnan (1973) と Jackendoff (1977) の比較構文の分析を比較検討してみよう。その長所・短所はどんな点にあるだろうか。

【テーマ2】部分比較構文と比較部分削除
【概説】

(2)のように,比較節内で省略されている要素が何もないように見える文がある。このような文を部分比較(subcomparative)構文と呼ぶ。

(2) a. The desk is as high as it is wide.
　　b. John has more friends than Bill has enemies.

先に【テーマ1】で比較構文をめぐるBresnan (1977)とChomsky (1977a)の論争を取り上げたが,(2)のような部分比較構文をどのように分析するかをめぐって,両者はさらに議論を戦わせている。また,H. Hasegawa (1987)は,普通の比較構文と部分比較構文の構造の違いについて興味深い指摘をしている。

◆**比較部分削除をめぐる論争**——Bresnan (1977) "Variables in the Theory of Transformations," Chomsky (1977a) "On *Wh*-Movement."

Bresnan (1977)は,(2)のように何の省略も起こっていないように見える文でも,実は何らかの要素が省略されていると主張している。(10)のような文は非文法的である。

(10) a. *The desk is as high as it is *so* wide.
　　 b. *John has more friends than Bill has *a dozen* enemies.

(10)に見るように,比較節内に有形の程度詞(句)または数量詞(句)が現れることはできない。(2)の文において省略されているのはこのような程度詞(句)または数量詞(句)であると考えることができる。

Bresnanは,比較部分削除(Comparative Subdeletion)という削除変形によって,数量詞句(Quantifier Phrase : QP)などが削除されて(11)のように部分比較構文が派生されると分析した。

(11) John has [$_{QP1}$ more] friends than B. has [$_{QP2}$ *x many*] enemies.
$$\underbrace{\phantom{[_{QP2} x\ many]}}_{\phi}$$

(11)において,比較節内の数量詞句QP_2が,先行するQP_1 (more)と差がないという条件の下で比較部分削除によって削除されると,(2b)の文が派生される(なお,(11)におけるmoreは,Jackendoff (1977 : 147)の分析に従い,程度詞more+数量詞manyがmoreとして実現すると考

える)。

　Bresnan によれば，比較部分削除は，比較削除と同一の削除変形として統一的に定式化することができる。さらに比較部分削除は，wh 移動とは異なる性質を持つ。

　wh 移動は，左方枝分かれ条件（Left Branch Condition；Ross (1967, 1986) 参照）に従うことが知られている。

(12) a. [_{NP} How many enemies] does Bill have ____ ?
　　　b. *[_{QP} How many] does Bill have ____ enemies?

(12b)のように，名詞（enemies）を後ろに残したまま，名詞句の左枝に位置する数量詞句（how many）だけを前に移動すると，左方枝分かれ条件に違反し非文となる。もし(2b)のような部分比較構文が Chomsky (1977a) の言うように wh 移動によって派生されるとすると，比較節内において移動されるのは，名詞（enemies）を除いた名詞句の左枝の QP の部分ということになり，左方枝分かれ条件の違反によって非文となることを予測してしまう。英語の wh 移動は左方枝分かれ条件に従うはずだから，(2b)が文法的な文である以上，このような部分比較構文の派生が wh 移動によるとは考えられない。比較部分削除と比較削除は単一の削除規則と考えられるので，(1)などにおける通常の比較削除も wh 移動とは考えられない，というのが Bresnan の議論である。Bresnan の主張によれば，（複合名詞句制約などの）島の制約は移動規則だけでなく比較（部分）削除のような削除規則も従う（(8)参照）のに対し，左方枝分かれ条件は移動規則のみに課せられる条件，ということになる。

　一方 Chomsky (1977a) は，比較削除は節の境界（clause boundary）を越えて適用でき，しかも島の制約に従うこともはっきりしているのに対し，比較部分削除が節の境界を越えて適用した場合には容認度が落ちるため，本当に島の制約に従うかどうかはっきりしないとして，比較削除と比較部分削除を単一の規則として扱う Bresnan の分析に疑問を投げかけている。

　これに対し Bresnan (1977:165) は，(13a)のように比較部分削除を節境界を越えて適用することは可能であり，島の制約（複合名詞句制約）に違反している(13b)と，違反していない(13a)とでは容認度に明らかな差があると主張している。

(13) a. They have produced as many job applicants as they claim to believe that there are jobs.
　　b. *They have produced as many job applicants as they believe the claim that there are jobs.

比較削除（(8)参照）も比較部分削除も同様に島の制約に従うのだから，比較削除と比較部分削除はやはり節境界を越えて適用される単一の削除規則として統一的に扱うべきであり，（左方枝分かれ条件にも従う）wh 移動のような移動規則とは区別すべきであると Bresnan は反論している。

◆比較構文と部分比較構文の構造の違い ── H. Hasegawa (1987) "Structural Properties of Comparative Constructions"

(1)や(14a)のような普通の比較構文と，(2)や(14b)のような部分比較構文とは，（下線部の）「省略」されている要素が異なるだけであり，基本的には同じ構造と考えられてきた。

(14) a. John invited more men than Bill invited ___.
　　b. John invited more men than Bill invited ___ women.

これに対し H. Hasegawa (1987) は，比較構文と部分比較構文とでは構成素構造が異なることを議論している。

(15) a. [More men than Bill invited] were invited by John.
　　b. *More men than Bill invited women were invited by John.

(14a)のような普通の比較構文では，more men（比較主要部と呼ぶ）と比較節（than 節）とは１つの構成素（まとまり）を成すため，(15a)のように受動化 (passivization)（→第１章「受動態」参照）によって主語の位置へ移動することができる。これに対し，(14b)のような部分比較構文に同じ操作を適用すると，(15b)のように非文となることから，(14b)において more men（部分比較主要部と呼ぶ）と than 節（部分比較節と呼ぶ）は構成素を成さないと考えることができる。(16)〜(18)のデータからも同じようなことが言える。

(16) a. [How many more men than Bill invited] did John invite?
　　b. *How many more men than Bill invited women did John invite?
(17) a. It was [more planes than Bill saw] that John saw.

b. *It was more planes than Bill saw tanks that John saw.
(18) a. What John saw was [more planes than Bill saw].
b. ?*What John saw was more planes than Bill saw tanks.

(16)では wh 移動，(17)では分裂文化 (clefting)（→第16章「強調構文・分裂文」参照），(18)では擬似分裂文化 (pseudoclefting)（→第17章「擬似分裂文」参照）が適用されている。いずれにおいても，(a)の文では比較主要部 (more men) と比較節がひとまとまりの構成素として規則の適用の対象になっている。これに対し，(b)の文では同じ規則を適用した結果非文が生じており，部分比較主要部 (more men) と部分比較節が構成素を成していないことがわかる。

また，(19)に見るように，部分比較主要部が主語位置にある場合，部分比較節はその直後にくることはできず，文末にしか生じ得ない。したがって部分比較主要部と部分比較節はやはり構成素を成さない。

(19) a. *More men than women came to the meeting came to the party.
b. [More men than came to the meeting] came to the party.
c. More men came to the party than women came to the meeting.

H. Hasegawa (1987) は，(部分)比較節の生ずる統語的位置と，比較の意味的な作用域 (scope) には相関関係があることを指摘している。そして，部分比較主要部と部分比較節が構成素を成さず，部分比較節が普通の比較節より構造的に高い（外側の）位置に生ずるのは，部分比較構文の比較の作用域 (scope of comparison; Pinkham (1982) 参照) が普通の比較構文より広いことと関連していると論じている。

further readings 部分比較構文をめぐる論争に関しては，のちに Grimshaw (1987) が，いわゆる部分比較構文において，Bresnan の言うような「削除」も，Chomsky の言うような wh 移動も起こっていない，という議論をしている。また，Ishii (1991) や Izvorski (1995) は，部分比較構文においては空の副詞的要素 (empty adverbial) のようなものが移動しており，したがって左方枝分かれ条件違反も回避される，と主張している。

関連テーマ 比較（部分）削除が島の制約に従うとすると，(8)，(13)

の他に，どのような文についてどのような文法性の予測が成り立つだろうか。

【テーマ3】句比較構文の分析
【概説】
　今まで見てきた比較構文では，than（またはas）が節の一部を導くと考えることができ，これを比較節（comparative clause）と呼んだ。

(1) a. John is more intelligent [than Bill is ＿＿＿].
　　b. John has as many friends [as Bill has ＿＿＿].

これに対し，(3)のようにthan（またはas）の後ろに単一の句（この場合は名詞句Bill）がくることがある。

(3) a. John is more intelligent than Bill.
　　b. John has as many friends as Bill.

(3)のように，than（またはas）の後ろに単一の句（phrase）がくる文を句比較（phrasal comparative）構文と呼び，(1)のように節の一部がくる節比較（clausal comparative）構文と区別する。

　(3)のような句比較構文は，(比較削除（Comparative Deletion）によって派生された）(1)のような節比較構文から，さらに何らかの要素の省略によって派生されるとする考え方があり，このような省略を比較省略（Comparative Ellipsis）と呼ぶ。

　しかし，句比較構文の中には，節比較構文から派生されたとは考えられないものもあり，むしろ節比較構文とは独立の構造であると考えたほうがよい。また，句比較構文に現れるthan（またはas）の中には，前置詞と考えられるものと，等位接続詞と考えられるものとがある。

◆**前置詞としてのthan** —— Hankamer (1973a) "Why There Are Two *Than's* in English."

　(3)のような句比較構文は，(1)のような節比較構文から，さらに何らかの要素（この場合は動詞is, has）が比較省略によって省略されて派生されると考えられてきた。しかし，Bresnan (1977)，H. Hasegawa (1984) 等によって明確に定式化されている比較削除（Comparative Deletion）とは対照的に，この比較省略がどのような条件のもとでどんな

要素を省略する操作であるかを明確にすることは困難であり（Nozawa (1978), Pinkham (1982) 参照），この比較省略という操作の存在そのものに疑問が持たれるようになった。

句比較構文の中には，対応する節比較構文が存在せず，したがって節比較構文から派生されたとは考えられないものもある。

(20) a. John is taller than no one.
　　 b. *John is taller than no one is.
(21) a. No man is stronger than himself.
　　 b. *No man is stronger than himself is.
(22) a. A taller man than Bill came to the party.
　　 b. *A taller man than Bill is came to the party.
(23) a. John ran faster than the world record.
　　 b. *John ran faster than the world record is/ran.
　　　　　　　　　　　　　　　　　(Pinkham (1982 : 112)参照)
(24) a. Mary eats faster than a tornado.　(Napoli (1983 : 686)参照)
　　 b. *Mary eats faster than a tornado is/eats.

また比較節は，島（→第56章「統語操作の制約」参照）を成すことが知られている。(25)に見るように，比較節（[ ] でくくった部分）内の要素を取り出すことはできない。

(25) a. John is taller [than Bill is].
　　 b. *_Who_ is John taller [than ＿＿＿ is] ?

これに対し，Hankamer (1973a) が指摘しているように，句比較構文では than（または as）の後ろの句を取り出すことは可能である。

(26) a. John is taller than Bill.
　　 b. ?_Who_ is John taller than ＿＿＿ ?

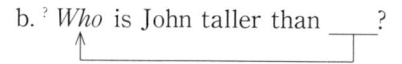

Hankamer は，このような句比較構文に現れる than は，節比較構文に現れる補文標識（complementizer）の than とは異なり，前置詞（preposition）であると主張している。このように考えると(26b)は，(27)と同様の前置詞残留（preposition stranding）により，(who の) 移動後も前置詞（than）が元の位置に取り残されたものと見ることができる。

355

(27) a. John is worried about Bill.
　　 b. **Who* is John worried about ___?

Hankamer によると，(28)のような文も容認可能である。

(28) ?He is the man *than whom* I would like to run faster ___.

(29) He is the man *with whom* I would like to go shopping ___.

(28)は(29)と同様の前置詞随伴（pied piping；Ross (1967, 1986) 参照）により，前置詞（than）が whom とともに移動した例と見ることができ，than が前置詞だと考える根拠となる。

(30a)のような節比較の場合と異なり，(30b)のような句比較の場合，than の後ろにくる代名詞は，大部分の英語話者にとって，目的格の形をとるのが普通である。

(30) a. She is taller than he/*him is.
　　 b. She is taller than him/??he.

これも(30b)の than が一種の前置詞と考えれば自然なことである。

さらに，Napoli (1983:683) は次のような例を挙げている。

(31) [Than John], certainly no one has done more.

than が前置詞であると考えると，(31)において文頭に出ている [ ] 内の要素は前置詞句（PP）ということになる。

(32) [$_{PP}$ With John], certainly no one has played golf.

これに対し，節比較の比較節ではこのようなことは不可能である。

(33) a. Certainly no one has done more than John has (done).
　　 b. *Than John has (done), certainly no one has done more.

◆句比較構文の構成素構造── H. Hasegawa (1987) "Structural Properties of Comparative Constructions"

H. Hasegawa (1987) によれば，同じ句比較構文でも，(34a)と(34b)とでは構成素構造が異なる。

(34) a. John constructed a better theory than GB theory.
　　 b. John constructed a better theory than Noam Chomsky.

(34)に対して受動化 (passivization), wh移動, 分裂文化 (clefting), 擬似分裂文化 (pseudoclefting) をそれぞれ適用すると, (35)(36)(37)(38)が派生する。

(35) a. [A better theory than GB theory] was constructed by John.
b. *A better theory than Noam Chomsky was constructed by John.

(36) a. [How much better a theory than GB theory] did John construct?
b. *How much better a theory than Noam Chomsky did John construct?

(37) a. It was [a better theory than GB theory] that John constructed.
b. *It was a better theory than Noam Chomsky that John constructed.

(38) a. What John constructed was [a better theory than GB theory].
b. *What John constructed was a better theory than Noam Chomsky.

以上のような例から, (34a)のような句比較構文では, 比較主要部 (a better theory) とthan句がひとまとまりの構成素を成すのに対し, (34b)では構成素を成さないとH. Hasegawaは論じている。

さらにH. Hasegawaは, (34b)のような句比較構文と, これに対応するとされる(39)のような節比較構文との間にも構成素構造の違いがあることを議論している (なお, (34a)には対応する節比較構文は存在しないことに注意。*John constructed a better theory than GB theory *is* は非文)。

(39) John constructed a better theory than Chomsky constructed.

句比較構文が節比較構文から比較省略によって派生されるとする考え方に立つと, (34b)のような句比較構文は, (39)のような節比較構文から比較省略によって (動詞 constructed が省略されて) 派生されることになる。しかし(34b)と(39)とでは, 以下に見るように構成素構造が異なる。

(40) a. [A better theory than Chomsky constructed] was constructed by John.
b. [How much better a theory than Chomsky constructed] did

357

　　　　John construct?
　　c. It was [a better theory than Chomsky constructed] that John constructed.
　　d. What John constructed was [a better theory than Chomsky constructed].

(40)から分かるように，(39)のような節比較構文では，比較主要部（a better theory）と than 節とはひとまとまりの構成素を成す。これに対し(35)～(38)で見たように，(34b)のような句比較構文では比較主要部と than 句とは構成素を成さない。もし(34b)のような句比較構文が(39)のような節比較構文から比較省略によって派生されるとするならば，このような構成素構造の違いは説明しにくい。したがって(34a)のように対応する節比較が存在しない場合はもとより，(34b)のように一見対応する節比較が存在する場合でも，句比較は節比較とは独立の構造と考えるべきである，と H. Hasegawa は論じている。

　なお，(35)～(38)の非文法性は，wh 移動などによる構造の変化によって比較省略が適用できなくなるためである，という反論が考えられる。しかし，このような反論は，「比較省略は wh 移動等の後で適用される」という前提に立っている。ところが，ひとたびこのような前提を立ててしまうと，今度は(26b)のような句比較構文の派生が問題になる。このような規則の順序付けのもとでは，(26b)は，節比較に wh 移動が適用されて生じた非文法的な(25b)に対して比較省略が適用されて派生されることになってしまい，(26b)の容認可能性が説明できなくなる。

◆**等位接続詞の than**── Napoli (1983) "Comparative Ellipsis : A Phrase Structure Analysis."
　句を従えて句比較構文に現れる than でも，前置詞ではなく，等位接続詞（coordinator）と考えられるものがある。
　(41) More men buy ties than suits.
(41)の文に現れている than も，句（名詞句）を従えているので，これも前置詞の一種かと思われるかもしれない。しかし，than が前置詞の場合（(26)参照）と異なり，このような文では than の後ろの要素を取り出すことはできない。

(42) *What do more men buy ties than ___?

それではこのような than は，前置詞でないとすれば何であろうか。Napoli (1983) は，前置詞の than の他に，等位接続詞 (coordinator) の than があると述べている。(41) における than が (ties と suits を並列接続する) 等位接続詞だとすれば，(42) のように than の後ろの要素を移動することができないことは，(43b) が不可能なことと同様，等位構造制約 (→第56章「統語操作の制約」参照) から導かれる。

(43) a. Many men buy ties and suits.
　　　b. *What do many men buy ties and ___?

等位接続詞の than によって句が並列接続された句比較構文を並列句比較 (parallel phrasal comparative) 構文と呼ぶ。前置詞の than の後ろにくるのは普通，名詞句であるのに対し，等位接続詞の than の後ろにくるのは名詞句だけに限られない。(44) では前置詞句 (PP) が現れている。

(44) John sent more flowers to Mary than [$_{PP}$ to Susan].

また (45) のように，比較主要部 (more + N) と並列する名詞句を than でつなげた句比較構文もある。

(45) John invited more men than women.

(45) は (46) のような節比較構文 (部分比較構文) から (斜体部の要素の比較省略によって) 導くことができそうに見える。

(46) John invited more men than *he invited* women.

しかしこのような句比較構文に対応する節比較が存在しない場合がある。

(47) a. More men than women came to the party.
　　　b. *More men than women came to the party came to the party.
　　　c. More men came to the party than women came to the party.

(47a) に対応すると考えられる節比較 (47b) は非文であり，(47a) は節比較から派生されるとは考えられない。したがってこのような句比較も，節比較とは独立の構文と考えられる。

このような句比較構文が一種の等位構造であると考える根拠として，J. McCawley (1988, 1998[2]) は (48) のような例を挙げている (Napoli (1983 : 683) も参照)。

(48) Which president has Edith published more books about ___ than articles on ___?

(49) Which president has Edith published books about ___ and articles on ___?

(48)のような文における than が等位接続詞であるとすれば，(48)は(49)と同様の全域的（across the board）な移動規則適用の例と見ることができる。このような例からも，等位接続詞と分析できる than が存在することが分かる。

|further readings|　Pinkham (1982) は，部分比較構文や句比較構文について，さまざまな例を挙げながら興味深い議論をしている。J. McCawley (1988, 1998²) にも，比較構文に関する興味深い記述がある。

|関連テーマ|　Pinkham (1982:150) は，次のような比較構文が，普通の比較構文とは異なる性質を持つことを指摘している。

(50) Mary was more angry than sad.
　　（メリーは悲しいというよりもむしろ腹立たしかった）

Pinkham (1982) がメタ比較（metacomparative）と呼んでいるこのような構文は，普通の比較構文とどのように異なるか，Pinkham 等を参考にしながら考えてみよう（J. McCawley (1988, 1998²) は「メタ言語学的 (metalinguistic) な解釈をもつ比較構文」と呼んでいる）。

26. 副詞節 (adverbial clause)

　副詞節の典型的なものは，(1)のように，従属接続詞 (subordinator) に導かれて主節を修飾し，かつ時制を持った節である。
　(1) John was singing *while he was dancing*.
副詞節は，従属接続詞の違いにより理由，譲歩，時，目的などさまざまな種類の意味を表すことができ，随意的な付加詞 (adjunct) の一種である。ただし性質は均一的ではなく，副詞節の種類によって，統語的に異なる位置を占めることが知られている。【テーマ1】
　副詞節は原則として上に述べた特徴を持つが，(2)のように，主語と時制を欠いた形（非定形）が許される場合がある。【テーマ2】
　(2) John was singing *while dancing*.
　また副詞節の一種である条件節は，照応関係（代名詞とその先行詞の関係）に関して興味深い特徴を持つ。次の2文を比較してみよう。
　(3) a. When Max owned *a donkey*, he hated *it*.
　　　b. If Max owns *a donkey*, he hates *it*. (Reinhart, 1986b : 103)
(3a)において，a donkey はある特定のロバを指しており，it も同じロバを指す。一方条件節を持つ(3b)の意味は，Max は自分が飼うロバのどれも嫌いであるとなり，it は特定のロバを指すのではなく Max の飼うロバのうちどのロバでもよい。便宜上この解釈を束縛変項解釈と呼ぶ。この解釈は，(3a)のように先行詞（a donkey）が副詞節にあり代名詞（it）が主節にある場合，原則として許されない。しかし，例外的に(3b)のような条件節は束縛変項解釈を許す。なぜだろうか。【テーマ3】

【テーマ1】副詞節の統語的特徴
【概説】
　副詞節は文構造のどの位置に付加されるのだろうか。その位置はある特定の1箇所ではなく，副詞節の種類によって異なるということが Naka-

jima (1982) によって示されている。Nakajima は Jackendoff (1977) の X-bar 理論に基づき，文は V の最大投射 V^4 であるという立場をとり，V の投射のどの階層に付加されるかという統語上の特徴に基づいて副詞節を以下のような 4 種類に分類する。

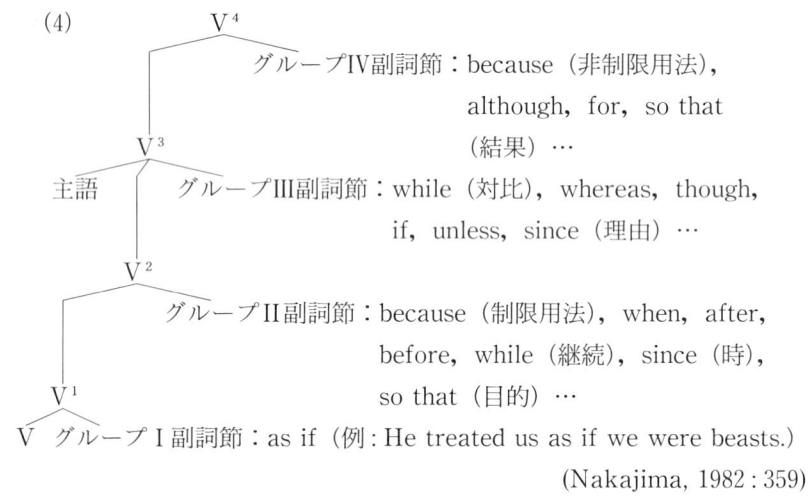

(4)　　　　　V^4
　　　　／＼
　　　　　　グループIV副詞節：because（非制限用法），
　　　　　　　　　　　　　　although, for, so that
V^3　　　　　　　　　　　（結果）…
／＼
主語　　グループIII副詞節：while（対比），whereas, though,
　　　　　　　　　　　　　if, unless, since（理由）…
V^2
／＼
　　　　グループII副詞節：because（制限用法），when, after,
　　　　　　　　　　　　　before, while（継続），since（時），
　　　　　　　　　　　　　so that（目的）…
V^1
／＼
V　グループI副詞節：as if（例：He treated us as if we were beasts.）

(Nakajima, 1982：359)

　各グループの特徴をごく簡単に述べると，グループIV副詞節は非制限的副詞節と呼ばれることがあり，主節からの独立性が高い。グループIII副詞節は等位接続節（and などの等位接続詞で結ばれる節）に類似している。グループII副詞節はいわゆる VP の意味を制限することから制限的副詞節と呼ばれる。グループI副詞節は動詞によって選択される義務的な要素である。

◆**構造上の位置**——Nakajima (1982) "The V^4 System and Bounding Category."

　Nakajima は (4) の分類を支持するために豊富な証拠を挙げている。まず第一に，動詞句代用表現 do so の使われ方の違いから，グループI とその他のグループの副詞との区別が必要であると指摘する。(5) の例を見よう。

(5) a. *John treated us as if we were beggars, but Mary did so as if we were aristocrats.　　（I）
　　b. John came here before I arrived, but Mary did so after I

arrived.　(II)
　　c. John will attend the class unless he is busy, but Mary will do so even if she is busy.　(III)
　　d. John was telling a lie, because his face turned red, and Mary was doing so, because her attitude was restless.　(IV)
　　　　　　　　　　　　　　　　　　　　　(Nakajima, 1982 : 360)

一般に do so はV^1（$=V'$）を置き換えると考えられている（Jackendoff (1977 : 65) 参照）。したがって(5a)は，did so がV^1内の as if we were aristocrats を含めずに treat us のみを置き換えることができず，非文となる。他のグループの副詞節は do so によって置き換えられるV^1の外にあるので，同様の問題は生じない。

ただし，do so に置き換わるのは常にV^1というわけではないことに注意しなければならない。下の(6a)～(6c)は，グループⅠ副詞節だけでなく，V^2に付加されるグループⅡ副詞節とV^3に付加されるグループⅢ副詞節も do so に含まれることがあり得ることを示す。つまり，(6b)ではV^2が，(6c)ではV^3が do so に置き換わっている。

(6)　a. John treated us as if we were animals, and Mary did so, too.
　　　(＝treated us as if we were animals)　(Ⅰ)
　　b. John left here before I arrived, and Mary did so, too.
　　　(＝left before I arrived)　(Ⅱ)
　　c. John will attend the class even if it snows, and Mary will do so, too. (?＝attend the class even if it snows)　(Ⅲ)
　　d. John was telling a lie, because his face turned red, and Mary was doing so, too. (＝telling a lie/*telling a lie, because his face turned red)　(Ⅳ)　　　　　　　　　　(*ibid.*)

一方(6d)は，V^4に付加されるグループⅣ副詞節は do so に含まれないことを示している。つまり，do so はV^4以外の V の投射のどれでも置き換え可能と考える必要がある。

(4)の分類を支持する第二の証拠として，分裂文（it is X that Y）の焦点の位置（X）にグループⅠ，Ⅱの副詞節は現れるが，グループⅢ，Ⅳの副詞節は現れないという事実がある。

(7)　グループⅠ，Ⅱ

  a. It was as if they were dead that they behaved.
  b. It was because it rained heavily that they stayed home all the day.
  c. It was so that they might arrive there before the sun set that they left early.　（目的）
  d. It was while the meeting was being held that the students began to make a riot.　（継続）
  e. It is since my son was born that we have been living here.　（時）　　　　　　　　　　　　　　（*ibid.* : 360-361)
 (8) グループⅢ, Ⅳ
  a. *It was unless it rains that we will go on a picnic.
  b. *It is since he often tells a lie that he is disliked by many persons.　（理由）
  c. *It is while she resembles her mother that her sister resembles her father.　（対比）
  d. *It was for he conceded his defeat on TV that his defeat was sure.
  e. *It is so that we are now here that we left early.　（結果）
               （*ibid.* : 361)

 したがって，グループⅠ，Ⅱ副詞節とグループⅢ，Ⅳ副詞節は区別されなければならない。

 第三に否定の作用域（scope）に関する事実がある。主節が否定された場合，グループⅠ，Ⅱの副詞節は否定の作用域の中に入る（つまり，否定の対象となる）が，グループⅢ，Ⅳの副詞節は作用域の外側に出る（すなわち，否定の対象にならない）。

 (9) a. They didn't treat us as if we were babies.　（Ⅰ ; not の作用域内）
  b. They have not been living here since their father died.
             （Ⅱ ; not の作用域内）
  c. She is not beautiful whereas her sister is beautiful.
             （Ⅲ ; not の作用域外）
  d. He can't speak Japanese well, because he lived in the U.S. for a long time.　　　　　　　　　　（Ⅳ ; not の作用域外）

26. 副詞節

(*ibid.*)

(9a)は,「[私たちが赤ん坊であるかのように扱う]ということはしなかった」という意味で,副詞節を含めたレベル(V^1)を否定している。一方(9c)は,彼女がきれいだということは否定しているが,彼女の妹はきれいだと言っている。副詞節が否定の作用域に含まれていないからである。

Nakajimaは,notはV^2に支配されていると仮定する。下図参照。

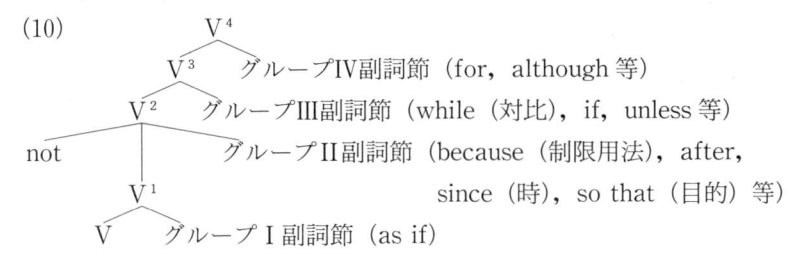

(10)
```
          V⁴
         ╱  ╲
        V³   グループIV副詞節（for, although 等）
       ╱ ╲
      V²   グループIII副詞節（while（対比）, if, unless 等）
     ╱ ╲
   not  グループII副詞節（because（制限用法）, after,
   ╱                    since（時）, so that（目的）等）
  V¹
 ╱ ╲
V   グループI副詞節（as if）
```

作用域は一般にc統御（c-command）に基づいて定義される。概略,ある要素Aは,統語構造上Aと同位の要素BかBに支配された要素をc統御すると言う。すると,(10)において,notはグループI,IIの副詞節をc統御するが,グループIII,IVの副詞節をc統御しない。したがって,notの作用域内にグループI,IIの副詞節は入るがグループIII,IVの副詞節は入らないことになり,(9)の示すコントラストが説明される。したがって否定の作用域に関する事実も,副詞節がグループI,IIとグループIII,IVの2組に分けられることを示している。

さらにNakajimaは,グループIVの副詞節をグループI,II,IIIの副詞節から分ける必要があることを示す証拠を3つ挙げている。第一に,グループI,II,IIIの副詞節の主語は省略可能だが,グループIVの副詞節の主語は省略できない(副詞節主語の省略は,主節の主語と同一指示であるなどの条件の下で可能である。【テーマ2】参照)。

(11) a. He behaved as if knowing everything about the matter. (I)
　　 b. I read your article while waiting for you. (II)
　　 c. I shall be home early tonight unless meeting with unexpected difficulties. (III)
　　 d. *He will fail the exam, for wasting time foolishly. (IV)

(*ibid.*: 362)

第二に，グループⅠ，Ⅱ，Ⅲの副詞節は文頭に置くことが原則として可能だが，グループⅣの副詞節はそれができない（ただし(12a)は(12d)ほど悪くはないが，容認可能性が低い。Nakajimaは，これを下位範疇化に関わる要素は一般的に前置されにくいという別の要因によるとする）。

(12) a. (*)As if he knows everything about it, he behaves.　　（Ⅰ）
　　 b. So that they could arrive there before the sun set, they started early in the morning.　　（Ⅱ, 目的）
　　 c. While I agree with you up to this point, I cannot agree to your plan as a whole.　　（Ⅲ）
　　 d. *So that they are now in Paris, they used an airplane.
　　　（Ⅳ, 結果）　　　　　　　　　　　　　　　　　　　(*ibid.*: 365)

　第三に，グループⅠ，Ⅱ，Ⅲの副詞節は疑問文に生じうるが，グループⅣの副詞節は生じない。

(13) a. Did they treat you as if you were a fool?　　（Ⅰ）
　　 b. Did he leave while the party lasted?　　（Ⅱ）
　　 c. Is he a Mexican though his wife is an American?　　（Ⅲ）
　　 d. *Don't they write to each other, although they are brothers?
　　　（Ⅳ）　　　　　　　　　　　　　　　　　　　　(*ibid.*: 366)

Nakajimaは，独立の証拠に基づき，疑問文はV^3であると主張する。それが正しいとすれば，V^4に付加されるグループⅣの副詞節は疑問文に生じないことになる。

　以上に述べたグループⅠからⅣの副詞節の統語的な振る舞いの違いは以下のようにまとめられる。

(14)

	Ⅰ	Ⅱ	Ⅲ	Ⅳ
do so による置換	ok	*	*	*
分裂文の焦点	ok	ok	*	*
否定の範囲内	ok	ok	*	*
主語省略	ok	ok	ok	*
文頭前置	ok	ok	ok	*
疑問文に生起	ok	ok	ok	*

(*ibid.*)

　これらを総合すると，副詞節はグループⅠからⅣの4種類に分ける必要があることがわかる。

この結論を，Nakajima はさらに次のような議論により裏付けている。まず独立の証拠に基づいて，独立平叙文はV^4，疑問節は（独立文でも間接疑問文でも）V^3，動名詞構文はV^2から成ることを示している（議論は同論文を参照）。すると，グループIV副詞節はV^4に付加されるので，平叙文の主節V^4には現れるが，疑問節V^3，動名詞構文V^2には現れないはずである。(15)の例は事実その通りであることを示している。

(15) a. He doesn't like me, because he tries to avoid me whenever he sees me. （独立平叙文V^4＋グループIV）
　　b. *She asked me whether he left early in the morning, so that he is now in Paris. （疑問節V^3＋グループIV）
　　c. *Their having started early so that they are now in Paris pleased their parents. （動名詞構文V^2＋グループIV）

(*ibid.* : 367)

(15a)において，because 節（グループIV）は独立平叙文に生じており問題ないが，(15b)(15c)では so that 節（グループIV）が疑問節，動名詞構文に生じ非文となっている。

グループIII副詞節はV^3に付加されるので，独立平叙文V^4，疑問節V^3には現れ，動名詞構文V^2には現れない。

(16) a. He voted for Reagan *whereas his wife voted for Carter*. （独立平叙文V^4＋グループIII）
　　b. I wonder why he voted for Reagan *whereas his wife voted for Carter*. （疑問節V^3＋グループIII）
　　c. *His voting for Reagan *whereas his wife voted for Carter* astonished me. （動名詞構文V^2＋グループIII）　　(*ibid.* : 368)

さらに，グループII副詞節はV^2に付加されるので，主節V^4，疑問節V^3，動名詞構文V^2の全てに生起可能である。

(17) a. He was arrested while he was strolling in the park. （独立平叙文V^4＋グループII）
　　b. I can't understand why he was arrested while he was strolling in the park. （疑問節V^3＋グループII）
　　c. His having been arrested while he was strolling in the park surprised us. （動名詞構文V^2＋グループII）　　(*ibid.* : 368-369)

以上，副詞節は4種類に分類され，それぞれVの異なる投射に付加されることを示すNakajima (1982) の議論を紹介した。

| further readings |　ここでは副詞節の付加される位置の違いに焦点を当てた。その際NakajimaのV⁴体系を前提としたが，文をいくつかの階層に分ける分析は他にもいくつかある。Kajita (1968), 梶田 (1976：第6章) は副詞などの分布に基づいてSが4つの階層（S_1-S_4）から成ることを提案し，動詞などの種類によって選択される階層が異なることを示している。中右 (1994), 澤田 (1993) は同種の階層化を意味の観点から行っている。

| 関連テーマ |　文・節にV⁴体系のような階層構造があるとすれば，従属接続詞によって選択される節はV⁴なのだろうか。また，従属接続詞ごとに選択される節が異なるということはあるのだろうか。

【テーマ2】副詞節における主語の省略
【概説】
(18) John fell asleep while PRO reading.

(PROは省略された主語を表す)
この例のように，whileなどの従属接続詞に導かれる副詞節がbe動詞を欠き，動詞の-ing形，-ed形，形容詞などから成り（すなわち非定形節であり），かつ，その副詞節の主語が省略される場合がある。伝統文法において（例えばQuirk et al. (1985：1121)），省略された主語は原則として主節の主語を先行詞とすることが指摘されている。

この省略現象を取り扱う生成文法研究は多くないが，Nakajima (1982) は，統御 (command) という概念（Langacker (1969)）に基づいた構造条件から上記の原則を導くことができると言う。また，いわゆる統率束縛理論 (government-binding theory) の枠組みでは，Reuland (1983) が-ing形の場合を取り上げ，-ingは時制と密接に結びついているので，whileなどの時を表す接続詞に認可されるという可能性を示唆している。

しかし，これらの分析では扱えない事実が山積している。Takami (1986) は，NakajimaとReulandの分析の問題点を指摘し，従属接続詞

ごとに主語省略の容認可能性を調べている。さらに，PROの先行詞が主節の主語であるというのはあくまでも原則で，例外は決して少なくない。これに関しては Quirk *et al.* (1985 : 1121-1122) が参考になる。

◆**主語省略と統御**—— Nakajima (1982) "The V⁴ System and Bounding Category," Takami (1986) "Missing Subjects in Adverbial Clauses."
　Nakajima (1982 : 362) によれば，主語の省略は，グループ I, II, III の副詞節内では可能だが，グループIVの副詞節内では許されない（【テーマ1】参照。また，同様のことは Takami (1986) でも主張されている）。

(19) a. He behaved as if knowing everything about the matter. (I)
　　b. I read your article while waiting for you. (II)
　　c. I shall be home early tonight unless meeting with unexpected difficulties. (III)
　　d. *He will fail the exam, for wasting time foolishly. (IV)
　　　　　　　　　　　　　　　　　　　　　(Nakajima, 1982 : 362)

(19) (=11) の例は -ing 形ばかりだが，他に -ed 形 (20) と動詞なしの例 (21) についても同様のことが成り立つ。

(20) a. John behaved as if threatened by someone. (I)
　　b. Ideas thrive when faced with opposition and counterattack. (II)
　　c. You should appear in court, if required. (III)
　　d. *John made a speech in Russian, for asked by his mother. (IV)

(21) a. He behaved as if unaware that I was present at the party. (I)
　　b. John wrote many letters to his wife while in prison. (II)
　　c. Though young, John worked hard to support his family. (III)
　　d. *John felt no fear, for a brave man. (IV)
　　　　　　　　　　　　　　　　　　　　　(Takami, 1986 : 215)

　Nakajima は，省略された主語はその先行詞に統御されなければならな

いという条件を示唆する。Langacker（1969:14）の統御の定義は以下の通りである。

(22) AもBもお互いに支配関係になくAを支配している一番下のSがBも支配しているなら，AはBを統御している。

NakajimaのV^{4}体系（【テーマ1】参照）においては，(22)のSを境界範疇（V^1～V^4）と読み替えればよい。(23)で考えてみよう。

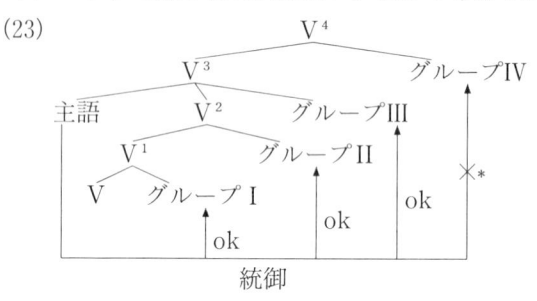

(23)

```
                    V⁴
                   ╱  ╲
                 V³    グループIV
                ╱ ╲      ↑
         主語  V²   グループIII
              ╱ ╲      ↑
            V¹   グループII
           ╱ ╲     ↑
          V  グループI  ok    ×*
              ↑    ok
              ok
              統御
```

主節の主語（V^{3}に直接支配される。詳細は Nakajima 参照）とグループ I，II，IIIの副詞節はお互いに支配関係になく，主語を支配している一番下の境界範疇V^{3}がそれらの副詞節も支配しているので，主語はグループ I，II，IIIの副詞節を統御している。したがって，それらの副詞節の主語は省略可能であるはずである。一方，主語を支配している一番下の境界範疇V^{3}はグループIV副詞節を支配していないので，グループIV副詞節は主語に統御されない。ゆえに，グループIV副詞節の主語は省略されないという予測となる。この予測が正しいことは，(19)～(21)で見た通りである。

◆**時の接続詞と-ing** ── Reuland (1983) "Governing-*ing*."

Reuland（1983）は，-ing の機能は環境によって同定（identify）されると主張する。その機能の1つである現在分詞に関しては，概略，NP か VP と結びついてはじめて修飾語の役割を果たすものであると規定している。さて，主語が省略された副詞節において-ing は分詞として機能するわけだが，接続詞があると，-ing が副詞節の外側の NP か VP と結びつくのが妨げられると Reuland は，仮定する。すると-ing の機能が同定されなくなってしまうので，副詞節主語省略は原則的に許されないということになる。Reuland は，主語が省略された節を導けない接続詞の例として，if と although を挙げている。

しかし，Reuland (*ibid.*: 129) は while, when, before, after などの時を表す接続詞だけはそれらの導く副詞節内で主語省略を許すと言う。その理由として，主語の省略された副詞節の -ing は，主節の NP, VP とは結びつけられないものの，時制と密接な関係にあり，同様に時制と関係のある while などの時を表す接続詞によって意味的に同定・認可されると述べている。

◆**問題点**── Takami (1986) "Missing Subjects in Adverbial Clauses."

Takami (1986) は，統御分析も Reuland (1983) の分析も問題があることを指摘する。まず，Reuland の指摘に反し，問題の主語省略は時の副詞節に限られない（今井・中島 (1978: 443)，Quirk *et al.* (1985: 1005) 参照）。

(24) a. Mary has never felt homesick, *although* PRO living by herself, far away from home.
b. He told his parents about his fiancée's career, *as if* PRO knowing everything about her.
c. *Though* PRO understanding no Spanish, she was able to communicate with the other students.
d. *Unless* PRO wearing his school uniform, John doesn't look as old as he actually is.
e. *While* PRO not actually encouraging it, the school allows students to park their cars up the main drive. （対比）

(Takami, 1986: 213-214)

さらに Takami は，if も主語省略を許す場合があるとしている（下の表 (27) を参照）。

統御分析に関しては，「◆主語省略と統御（前々節）」で見たように，副詞節が V^2 と V^3 に付加されれば，主節の主語から統御されるので，それらの副詞節の主語が省略可能であるはずである。

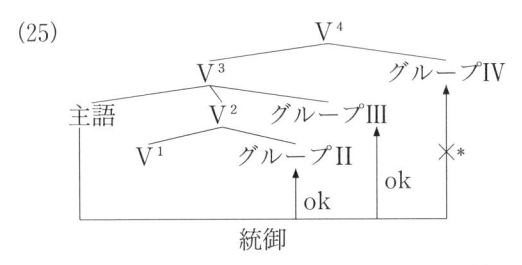

(25)
```
                         V⁴
                  V³          グループIV
        主語    V²   グループIII      ↑
             V¹   グループII    |
                   |    ok    ok    ×*
                              統御
```

しかし，Takami は，グループII，IIIの副詞節の中にも，主語省略を許さないものがあることを指摘する。

(26) a. *John passed the entrance exam *because* studying so hard.（II）

b. *John has been very happy *after* invited to the party.（II）

c. *John has been in poor health *since* young.（II）

d. **Because* a man of ingenuity, John invented a lot of wonderful things.（Nakajima (1982 : 369) は，前置された副詞句はV³に付加されると仮定。したがって，付加位置はグループIII副詞節と同じ）(*ibid.* : 215)

このような事実から，副詞節主語省略を正確に記述するためには，構造上の条件だけでは不十分で，個々の接続詞ごとに詳しく観察する必要があることが分かる。Takami は今井・中島 (1978)，Quirk *et al.* (1985) 等を参照しながら，副詞節主語省略が可能かどうかに関して接続詞は次のような5種類に下位分類されるとしている（○は可能，*は不可能）。

(27)

	接続詞	-ing	-ed	動詞なし
A	when(ever)	○	○	○
	(al)though	○	○	○
	as if (though)	○	○	○
	while (duration)	○	○	○
	while (concession)	○	○	○
	unless	○	○	○
	(even) if（グループIII）	○	○	○
	once	○	○	○
	as (reason)	○	○	○
	until (till)	○	○	○
	whether … or	○	○	○
	before	○	*	*

26. 副詞節

B	after	○	*	*
	since (duration)	○	*	*
	whereas	○	*	*
C	as soon as	*	○	○
	as (manner)	*	○	○
	where (ver)	*	○	○
D	as far as	*	○	*
	as long as	*	○	*
E	because（グループIV）	*	*	*
	since (reason)（グループIV）	*	*	*
	for	*	*	*
	so that (purpose)	*	*	*
	so that (result)	*	*	*

(*ibid.*: 216-217)

しかしながら，なぜこのような分布を示すのかに関しての包括的な分析は未だなされていないのが現状である（関連文献は多くないが，Nikkuni (1987) がいくつかの接続詞を取り上げ，分析を試みている）。

◆**先行詞が主語でない場合**── Quirk *et al.* (1985) *A Comprehensive Grammar of the English Language.*

以上で見てきたほぼすべての例において，省略された主語の先行詞は主節の主語である（(20c)のみ下記(28a)の場合に当たる）。これが標準的であることはおそらく間違いないが，Quirk *et al.* (1985 : 1121-1122) が指摘するように，先行詞が主節の主語以外の場合もあり得る。以下にその例をいくつか挙げておく。

(28) a. 主節全体が先行詞

　　　I'll help you, *if necessary*. 　　　(Quirk *et al.*, 1985 : 1122)

　　b. 目的語が先行詞

　　　Beat the mixture *until fluffy*.

　　　File the edges *until smooth*. 　　　　　　　　(*ibid.*: 1079)

　　c. I の省略

　　　Since coming here, life has been much more pleasant.

　　　　　　　　　　　　　　　　　　　　　　(*ibid.*: 1078)

　　d. 不定代名詞 one の省略

> *When dining in the restaurant*, a jacket and tie are required.
> (*ibid.*: 1122)

e. 科学論文などで著者を表すI，we，読者を表すyouの省略

> *When treating patients with language retardation and deviation of language development*, the therapy consists, in part, of discussions of the patient's problems with parents and teachers, with subsequent language teaching carried out by them.　　　　(*ibid.*: 1123)

【テーマ3】ロバの文
【概説】

　副詞節の一種である条件節は，照応関係（代名詞とその先行詞の関係）に関して興味深い特性を示す。照応関係には大きく分けて，語用論的同一指示（pragmatic coreference）と束縛変項照応（bound-variable anaphora）の2種類があると考えられる（Reinhart (1983, 1986a)）。語用論的同一指示はごく一般的な代名詞の用法で，(3a)に見られるように，先行詞が指し示す特定の物体と代名詞が指す物体が同一であることを言う。

　(3) a. When Max owned *a donkey*, he hated *it*.
　　　　　　　　　　　　　　(Reinhart, 1986b: 103)

(3a)において，a donkeyはある特定のロバを指しており，itも同じロバを指す。

　一方，先行詞が不定冠詞のaやeach，noなどの数量詞に導かれている場合には，ある特定のものを指さないことがある。例えば(29)において，eachは誰か特定のmanager 1人を指すわけではない。

　(29) *Each* of the managers exploits the secretary who works for *him*.
　　　　　　　　　　　　　　(Reinhart, 1983: 113)

このような場合，代名詞himも特定の誰かを指すのではなく，先行詞に依存してその値が決まることになる（それゆえ束縛変項と呼ばれる）。こうした照応関係は語用論的同一指示とは区別され，束縛変項照応と呼ばれる。

　語用論的同一指示と束縛変項照応には生じる環境に違いがある。一般に

束縛変項照応は，先行詞が代名詞を作用域（scope）に納める場合にのみ成り立つといわれる。作用域はc統御に基づいて決定される。一方，語用論的同一指示にはその制限がない。例えば(3a)のように先行詞（a donkey）が副詞節にありかつ代名詞（it）が主節にある場合は，語用論的同一指示は許されるが，先行詞が代名詞をc統御しないので束縛変項照応は原則的に許されない。上で述べたように，(3a)のa donkeyもitもある特定の同じロバを指しており，a donkeyの値が変わりうる束縛変項照応の読み（Maxの所有するロバのうちどれでもいいから1頭）はない。ところが，まさにこの束縛変項照応が，条件節を含んだ(3b)においては容認されるのである。

(3) b. If Max owns *a donkey*, he hates *it*.

(3b)はMaxが飼うロバはどれも彼に嫌われるという意味で，これは束縛変項照応の読みである。(3b)のような文は，その典型例がたまたまdonkeyを含んでいたことから'donkey'-sentenceと呼ばれることがある。ここでは便宜上「ロバの文」と呼ぶことにする。他にロバの文と呼ばれるものには関係節を伴う(30)のような文がある。

(30) Everyone who owns *a donkey* likes *it*.

(30)においてもa donkeyはitをc統御しないので束縛変項照応は原則的に許されないはずだが，実際はa donkeyが，所有されるロバのうちどれでもいいから1頭という束縛変項照応の読みを持つ。

　ロバの文の問題に対しては大きく分けて2種類のアプローチがある。Evans（1980）に代表されるE型代名詞分析とHeim（1982）に代表される演算子分析である。本書では詳細には立ち入らず，2つの分析の核となる考えを以下に紹介する。

◆E型代名詞——Evans (1980) "Pronouns," Haïk (1984) "Indirect Binding."

　Evans（1980）は，束縛変項照応は厳密にc統御の条件を守っている場合にのみ成り立つという立場をとる。例えば(31)において，theyは先行詞few congressmenにc統御されていないので束縛変項としては機能しない。

(31) Few congressmen admire Kennedy, and they are very similar.

(Evans, 1980 : 339)

(31)において，few congressmen は指示的ではない（特定の誰かを指していない）ものの，they は束縛変項ではなく指示的であると Evans は言う。ただし，この they は単に few congressmen と同一指示的なのではなく，数量詞を含む節（Few congressmen admire Kennedy）の意味を満たす few congressmen, すなわち few congressmen that admire Kennedy と同一指示的なのである。Evans はこのような解釈を生む代名詞を E 型代名詞（E-type pronoun）と呼び，その解釈を単純な同一指示や束縛変項照応とは区別する。

Evans 自身はロバの文についてははっきりと述べていないものの，Haïk (1984) は(30)（下に再記）のような関係節型ロバの文に対して E 型代名詞の考えに基づいた分析を提案している。

(30) Everyone who owns *a donkey* likes *it*.
この文で，it は a donkey に意味的に束縛された変項（a donkey の値が変わると it の値も変わる）であり，加えて，E 型代名詞と同様に文脈（先行詞を含んだ主語）から意味的な制限を受け，a donkey that x owns (x=everyone) と同値になる。Haïk は，間接束縛（indirect binding）という条件が成り立つ時のみこの束縛変項解釈が許されるとしている。(30)において，先行詞 a donkey を作用域に納める数量詞 everyone に導かれる名詞句全体（everyone who owns a donkey）が it を c 統御している。こういう条件が整った場合，everyone who owns a donkey が it を間接的に束縛しているという。

ここで，(3b)のような条件節について考えてみよう。

(3) b. If Max owns *a donkey*, he hates *it*.
(3b)に，(30)の everyone に相当する数量詞はないものの，接続詞 if が it の先行詞 a donkey を作用域に納め，さらに if に導かれる副詞節全体が it を作用域に納めるので，この if 節が(30)における everyone who owns a donkey に対応していると考えられる。そこで，間接束縛の考え方を次のように適用することができる。if は a donkey を作用域に納め（(32a)のように表す），if 節全体が代名詞 it を c 統御し，したがって間接的に束縛する(32b)。よって，it は any donkey that Max owns という束縛変項解釈を受けることができる（Haïk, 1984 : 脚注 7 及び 7 節参照）。

(32) a. If (Max owns *a donkey*)
　　 b. IF (he hates *it*). IF＝if Max owns a donkey
　　　　　　間接束縛

◆**条件節と空の演算子**── Heim (1982) *The Semantics of Definite and Indefinite Noun Phrases.*

間接束縛は everyone などの普遍数量詞（universal quantifier）と if 節の統語構造上の共通点を捉えるが，Heim (1982) は，if 節と普遍数量詞の意味的類似性を捉える分析を提案している。

不定冠詞は意味的に存在数量詞（existential quantifier）として扱われるのが一般的である。例えば，a man の a は，man の意味を満たす何かが 1 つ存在することを表す。これに対し Heim (1982) は，不定名詞句は，何らかの演算子（operator）に依存してその意味が決まる要素（演算子に束縛される変項）であると仮定する。この場合の演算子とは例えば，always, invariably, sometimes, often などである。次の例を見てみよう。

(33) a. Always/Invariably an old-fashioned critic hates an avant-garde piece.
　　 b. All old-fashioned critics hate all avant-garde pieces.
(34) a. Sometimes/Often an old-fashioned critic attacks an avant-garde piece.
　　 b. Some old-fashioned critics attack some avant-garde pieces.
(Reinhart, 1986b : 111)

(33a)は，不定名詞句 an old-fashioned critic の解釈が演算子 always/invariably に依存するために，(33b)とほぼ同じ意味になっている。(34)においても同様である。

ここで再び(3b)に戻ろう。

(3) b. If Max owns *a donkey*, he hates *it*.

この it の解釈は any donkey that Max owns とほぼ同義であり，(33)のパターンに似ている。これを扱うため Heim は，条件節は always, invariably, universally などと意味的に同じように機能する，音形を持た

ない演算子（□と表記する）を持つと主張する。(35b)に表すように，この演算子□が(36)の副詞演算子と同様に文全体をその作用域に納めるという。

(35) a. If a man$_i$ is happy, he$_i$ talks to his$_i$ dog.
b. □ (if a man$_i$ is happy, he$_i$ talks to his$_i$ dog)
(36) a. Often/Almost always if a man is happy, he talks to his dog.
b. OFTEN/ALMOST ALWAYS (if a man is happy, he talks to his dog) *(ibid.*: 111-112)

(35a)において，a man は演算子□に依存して any man とほぼ同義の解釈を受ける。さらに，代名詞 he/his も同時に演算子□に束縛され，any の解釈を受ける。

ただし，he/his は単に any man ではなく any man who is happy と解釈される。それは，条件節が主節の意味を限定する役割を果たすことから生じる。例えば(35a)の，a man と同一指標 i を与えられている he/his は，その意味範囲が条件節によって限定され，男性なら誰でもいいのではなく，someone who is happy となる。any の解釈の条件と合わせれば，he/his は概略 any man who is happy と等価となり，（特定の誰かを指すのではなく）束縛変項として解釈されることになる。

以上，ロバの文の特徴を述べ，E 型代名詞分析（Evans (1980), Haïk (1984)）と演算子分析（Heim (1982)）という 2 種類の代表的な考え方の要点を紹介した。具体的な分析は上で引用した文献を参照されたい。

> **further readings**　このトピックをさらに深めたい場合は Heim & Kratzer (1998) 第 11 章とそこ（特に脚注 8）に紹介されている文献を参照。
> **関連テーマ**　束縛，数量詞などを含めた意味論を概観するには，Larson & Segal (1995), Chierchia & McConnell-Ginet (2000²) などの入門書がある。

27. 譲歩節 (concessive clause)

譲歩節は副詞節の一種だが，他の副詞節にはない特殊な性質を示す。though に導かれる譲歩の副詞節(1a)は，(1b)に見られるように，述部が though の前に置かれる語順を許す場合がある。【テーマ1】

(1) a. Though the house is expensive, we have decided to buy it.
b. Expensive though the house is, we have decided to buy it.
(Culicover, 1982 : 1)

though 移動と類似した現象として，though の代わりに as/that が用いられる場合がある。【テーマ2】

(2) a. Intelligent as John is, he can't figure out how this works.
b. Good soldier that he was, Sam stood his ground.
(*ibid.* : 15)

【テーマ1】though 移動
【概説】

この現象を便宜上 though 移動と呼ぶことにしよう。though 移動に関連した統語論的研究には Ross (1967), Emonds (1976), Baltin (1982), Culicover (1982), Ichikawa (1983) などがあるが，特に Culicover (1982) は同現象を生成文法の枠組みで最初に包括的に取り上げた重要な研究であり，前置される要素に関するさまざまな制約とその理論的な説明の可能性について論じている。

◆前置される要素とXバー理論——Culicover (1982) Though-*Attraction*.
Culicover (1982) は though の前に形容詞(1b)，名詞(3b)は現れるが，前置詞句は容認度が落ち(4b)(5b)，動詞句は現れない(6b)(6c)と主張する。

(3) a. Though John is a genius, he can't tie his shoe laces.

    b. Genius though John is, he can't tie his shoe laces.

(Culicover, 1982 : 1)
(4) a. Though the book was on the table, I couldn't find it.
    b. ?On the table though the book was, I couldn't find it. (*ibid.* : 2)
(5) a. Though the concert was in June, we decided to buy the tickets now.
    b. *?In June though the concert was, we decided to buy the tickets now. (*ibid.*)
(6) a. Though John was running down the stairs, they made no attempt at silence.
    b. *Running down the stairs though John was, they made no attempt at silence.
    c. *Running though John was down the stairs, they made no attempt at silence. (*ibid.* : 3)

受身文においても動詞（過去分詞）は though の前には現れないが，過去分詞が形容詞として用いられた場合は，though の前に現れることが可能になる。(7)を見よう。

(7) a. Though Mary was surprised {at/by} John's remarks, she said nothing.
    b. Surprised {at/*by} John's remarks though Mary was, she said nothing.
    c. Surprised though Mary was {at/*by} John's remarks, she said nothing. (*ibid.*)

by 句が行為者を表す場合は普通の（動詞的）受身だが，at 句と共起すると過去分詞は形容詞と見なせる。(7b)(7c)が示すように，過去分詞 surprised は形容詞として機能している時のみ though の前に現れ得る。

Culicover は，形容詞・名詞に共通する特徴を Chomsky (1970), Jackendoff (1977) の X バー理論に求めることができると主張する。X バー理論は概略次の2つの主要な仮説から成る。(i)主要範疇（N, V, A, P）は素性に分解される。(ii)句構造は範疇ごとに差がなく，一様に主要部 X と補部が構成素 X′ を形成し，さらに X′ と別の要素が構成素 X″ を作る，というように階層を重ね最大投射（従来の句に相当）に至る（た

だし，Chomsky (1970) は X″が，Jackendoff (1977) は X‴が最大投射であるとして，意見が分かれている）。Chomsky (1970) によると，主要範疇は[±N]，[±V]という素性の組み合わせからできている。その組み合わせは次のように表すことができる。

(8)　　　　N　A　V　P
　　[N]　　＋　＋　－　－
　　[V]　　－　＋　＋　－

(ibid.)

(8)によれば，名詞 N と形容詞 A は[＋N]という素性を共有する。そこで Culicover は，though 移動は[＋N]に適用されると仮定し，though の前に形容詞・名詞は現れるが，前置詞句・動詞句は現れないことが扱えると主張する。さらに Culicover は Emonds (1976) に従い，carefully, soundly 等の動作の様態を表す副詞は対応する形容詞から派生するので，[＋N]を持つと仮定する。このことから，(9)の文法性が導かれる。

(9) a. Carefully though the elephant walked into the room, it broke a vase.

　b. Soundly though John was sleeping, the noise eventually woke him. *(ibid.*: 14)

Culicover によれば，X バー理論はさらに下記の(3b)と(10)の対比を説明可能にする。

(3) b. Genius though John is, he can't tie his shoe laces.

(10) *A genius though John is, he can't tie his shoe laces.

　　Cf. *Though John is genius, he can't tie his shoe laces.*(ibid.*: 2)

Culicover は Jackendoff (1977) の X バー理論の NP 構造を採用し，some, several, many などの数量詞は N′と結びついて N″を構成し，a, the, that, every などの決定詞は N″と結びついて N‴を構成すると仮定する。

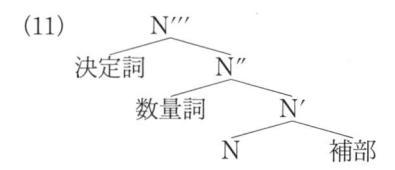

(11)　　　　N‴
　　　決定詞　　N″
　　　　　数量詞　　N′
　　　　　　　　N　　補部

この構造を踏まえて，though 移動は，句全体ではなく，決定詞と数量詞

381

を除いた N′ レベル（主要部＋補部）の移動であると仮定しよう。すると，(10) のように最大投射（N‴）である a genius は前置できないが，(3b) のように決定詞 a（と数量詞）を除いた N′ である genius は前置可能であることになる。この仮定から，さらに (12b) (13b) (14b) が非文であることも導かれる。

(12) a. Though my best friend is John, I wouldn't pick him over Bill.
  b. *John though my best friend is, I wouldn't pick him over Bill.
(ibid. : 8)

(13) a. Though my preference is that book over there, give me this one.
  b. *That book over there though my preference is, give me this one. (ibid.)

(14) a. Though the winners might be every American family, we'll take our chances.
  b. *Every American family though the winners might be, we'll take our chances. (ibid. : 9)

John, that book, every American family はどれも最大投射である。また，some, several, many さらに few, two なども N′ の外の要素なので though の前の名詞表現に含まれることはない。

以上のことから，though 移動は [＋N]′ の移動であると言えることになる。すると，名詞と同様に形容詞も A の最大投射（AP）ではなく A′ レベルで移動すると予測される。(15b) (16b) (16c) の例は，that/this や so-that 節は though の前に現れないということを示している。

(15) a. Though Fred is {that/this} tall, he cannot slam dunk.
  b. {*That/This} tall though he is, he cannot slam dunk.
(ibid. : 10)

(16) a. Though Fred is so tall that he can slam dunk, he rarely does it.
  b. *So tall though Fred is that he can slam dunk, he rarely does it.
  c. *So tall that he can slam dunk though Fred is, he rarely does it. (ibid.)

これらの要素がA'の外に生じると仮定すれば，(15)(16)の事実は，though移動はA'レベルに適用されるという仮説から導くことができる。同様に，A'の外にあると考えられるtooや比較のer-thanもthoughの前の形容詞とは共起しない。

X'レベルが移動するという仮説は，名詞がその補部と共に前置されるという事実(17)(18)からも支持される。

(17) a. Though this was a {picture of John/proof of God's existence/ story about Susan/attack on morality}, we ignored it.

b. {Picture of John/Proof of God's existence/Story about Susan/ Attack on morality} though this was, we ignored it.

(*ibid.* : 11)

(18) a. Though John is a king {of/from} England, we are not at all impressed.

b. King {of/*from} England though John is, we are not at all impressed. (*ibid.* : 12)

例えば(18b)において，of Englandは補部でありN'内にあるので前置可能だが，from Englandは付加詞でありN'の外側にあるので前置できない。

Culicoverは，thoughの前に現れる名詞にはもう1つ重要な制限があることを指摘している。それは，though移動適用可能な名詞は叙述名詞(predicate nominal)であるという制限である。叙述名詞とは，事物を指し示す役割をするのではなく，例えばHe is a foolのa foolのように，特徴などを表す形容詞的な名詞表現(a fool＝foolish)のことである。(19)～(21)の(b)で前置されているのは叙述名詞ではないので非文になっている。

(19) a. Though Susan is married to a genius, she is not intimidated.

b. *(A) genius though Susan is married to, she is not intimidated.

(*ibid.* : 7)

(20) a. Though Bill owns a dachshund, he didn't really want one.

b. *(A) dachshund though Bill owns, he didn't really want one.

(*ibid.*)

(21) a. Though Bill is {the tallest guy in the class/Mary's brother/the

president}, no one picks him.

 b. {*The tallest guy in the class/*Mary's brother/*The president} though Bill is, no one picks him.   (*ibid.* : 8)

さらに，though 移動適用可能な名詞は be の補部でなければならないと Culicover は言う。(22a)において，a genius は Mary の特性を表す叙述名詞だが be の補部ではないので，その N′レベル (genius) を前置しても結果は非文である。(23b)についても同様である。

(22) a. Though I {believe/consider/find} Mary a genius, they didn't call her.

 b. *(A) genius though I {believe/consider/find} Mary, they didn't call her.   (*ibid.* : 4)

(23) a. Though this problem seems a cinch, it is unsolvable.

 b. *(A) cinch though this problem seems, it is unsolvable.

  (*ibid.* : 5)

形容詞も同様に be の補部でなければ though 移動は適用されない。

(24) a. Though I {believe/consider/find} Mary intelligent, they didn't call her.

 b. *Intelligent though I {believe/consider/find} Mary, they didn't call her.   (*ibid.* : 4)

(25) a. Though this problem seems easy, it is unsolvable.

 b. *Easy though this problem seems, it is unsolvable. (*ibid.* : 5)

◆Culicover (1982) の問題点── Baltin (1982) "A Landing Site Theory of Movement Rules," Ichikawa (1983) "Concessive Clauses in English."

上に挙げた事実に関する Culicover の指摘は重要なものが多いが，問題点もあり，さらに包括的な研究が待たれる。第一の問題点として，Ichikawa (1983) は，[＋N]が be の補部でなくても though 移動が許される場合があることを指摘する。

(26) a. Rich though he seems, he is not happy.

 b. Sick though he got, he still enjoyed the trip.

  (Ichikawa, 1983 : 47)

第二に, Baltin (1982), Ichikawa (1983) の挙げる例が示すように, [+N]ではなく [+V] を持つ要素が though の前に現れることがある.

(27) Hate those who criticize Carter though he may, it doesn't matter. (Baltin, 1982 : 30)
(28) a. Love her though I may, that won't affect the grade.
b. Sleeping soundly though he was, the noise eventually woke him. (Ichikawa, 1983 : 48)
(29) a. Get sick though he did, he still enjoyed the trip.
b. Get me in trouble though you did, you are still my friend.
(*ibid.* : 122)

Ichikawa (1983) はさらに, 前置詞は[+N]を持たないにもかかわらず, though 移動を受ける前置詞句があることを指摘する.

(30) In trouble though he was, he still smiles bravely. (*ibid.* : 120)

また, 前述したように, Culicover は carefully, soundly 等の動作の様態を表す副詞は対応する形容詞から派生され[+N]を持つと仮定し, それらが though 移動を受けられることを導いたが, (31)に見られるように, fortunately 等の文全体を修飾する副詞, happily 等のように主語の状態を述べる副詞は, 対応する形容詞 (fortunate, happy) があっても, though 移動を受けないことに注意しなければならない.

(31) a. *Fortunately though John was saved, he didn't thank us.
b. *Happily though Alice cleaned the house, she expects to get paid.

further readings　その他の問題点については N. Koizumi (1985) を参照. また, Nakajima (1999) は, ミニマリストプログラム (Chomsky, 1995 他) に基づき, 譲歩節を導く however/whatever と同様の性質を持つ空の演算子が though 移動を引き起こすという興味深い提案を行い, さまざまな特徴を説明しようとしている.

【テーマ 2】as/that 移動
【概説】
　Culicover (1982) によれば, (2) (下に再記) に見られるような現象

(as/that 移動) は though 移動とやや異なる特徴を見せるが，関連研究はあまり多くない。

(2) a. Intelligent as John is, he can't figure out how this works.
 b. Good soldier that he was, Sam stood his ground.

市川 (1986) は，as 移動に関して段階性 (gradability) という意味的特徴が (不十分ながらも) 重要であることを指摘している。

◆前置される要素とXバー理論——Culicover (1982) Though-Attraction.
 Culicover は，as 移動は形容詞と副詞のみに，that 移動は名詞表現のみに適用されると指摘する。

(32) a. Intelligent as John is, he can't figure out how this works.
 b. Quickly as Mary runs, she couldn't beat Susan.
 c. *(A) genius as John is, he can't figure out how this works.
           (Culicover, 1982 : 15)

(33) a. Good soldier that he was, Sam stood his ground.
 b. Friend of Mary that she was, Susan kept silent.
 c. *Intelligent that John is, he can't figure out how this works.
 d. *Quickly that Mary runs, she couldn't beat Susan. (*ibid.*)

as/that 移動においても though 移動と同様に X′レベルの要素のみが移動できるので，さらに上のレベルが必要となる程度表現や固有名詞は前置されない。

(34) a. *So tall as Fred is that he can slam dunk, he rarely does it.
 b. *John that my best friend is, I wouldn't pick him over Bill.
             (*ibid.* : 16)

◆as 移動と段階性 [＋gradable]——市川 (1986)「AS 譲歩構文の特異性」.
 though 移動と類似した as 移動に関して，意味特性の重要性を示唆する研究に市川 (1986) がある。前述のように Culicover (1982 : 15) は as 移動は形容詞と副詞のみに適用されると言うが，市川は，全ての主要範疇が as 移動の適用を受ける可能性があることを指摘する。

(35) a. Rich as he is, he is not happy. (形容詞)

b. Beautiful swimmer as she is, she refuses to compete.（名詞）

 Cf. *A beautiful swimmer as she is, she refuses to compete.

c. Soundly as he was sleeping, the noise eventually woke him.

（副詞）

 Cf. *Fortunately as he was saved, he didn't thank us.

d. In trouble as he is, John still smiles bravely.（前置詞）

e. Sleeping soundly as he was, the noise eventually woke him.

（動詞）　　　　　　　　　　　　　　　（市川, 1986 : 66)

ただし，どんな場合でも前置できるわけではなく，次のような例は非文法的である。

(36) a. *Asleep as he was, the noise eventually woke him.

b. *John as my best friend is, I won't pick him over Bill.

c. *In June as the concert was, we decided to buy the ticket.

d. *In the park as they played baseball, I couldn't join them.

e. *Get sick as he did, John still enjoyed the trip.　　　(*ibid.*)

市川は，ここで重要なのは段階性（gradability）という意味的な概念であり，段階的な意味を表す要素だけが as の前に現れ得ると主張する（段階的な意味を持つ要素とは very などの程度の副詞と共起できるなどの特徴を持つ要素である）。(35)において形容詞 rich(35a)，副詞 soundly(35c)，前置詞句 in trouble(35d) は段階的な意味を表している。さらに(35b)(35e)は，beautiful swimmer の beautiful, sleeping soundly の soundly が段階的なので，その性質が句全体に引き継がれると考えればよい。一方，(36)において前置されている要素は段階的ではないので非文になっている。

ただし市川は，段階性は必要条件ではあるが，十分なものとは言えないとして，(35b)と(36e)を比較する（下に再記）。

(35) b. Beautiful swimmer as she is, she refuses to compete.

(36) e. *Get sick as he did, John still enjoyed the trip.

beautiful の持つ段階性が名詞句全体の特性となっているとすれば(35b)の文法性を捉えることは出来るが，すると，なぜ(36e)において sick の持つ段階性が同様に動詞句全体の特性とならないかを説明できない。このコントラストを扱うために，市川は as 移動はその適用条件として be を必要

とすると主張する（Culicover (1982) 参照）。次の例はそれを支持する。

(37) a. Rich as he seems to be, he is not happy.
　　 b. ⁽²⁾Rich as he seems, he is not happy.

(38) a. Charming as she was found to be, I didn't like her.
　　 b. *Charming as she was found, I didn't like her.

(市川, 1986:68)

(37b)(38b)の rich, charming は be の補部ではないので容認可能性が低くなると考えられる。同じ理由で(36e)も排除される。

|further readings|　as 譲歩構文については他に八木（1984）参照。
|関連テーマ|　市川（1986）は, Kajita（1977）の動的文法理論を採用すればより細かな事実の説明が可能であると論じている。また, (39)のような as…as 譲歩構文については Ichikawa（1983）, 八木（1984）を参照。

(39) As rich as he is, he is not happy.　　　（Ichikawa, 1983:88)

28. 挿入節 (parenthetical clause)

(1) It's past ten, *I think*.
上記のような文の斜体部を挿入節と言い，残りの部分を主文と言う。挿入節は，主文の内容が真であるかどうかについての蓋然性を表したり，その情報源を示したりする。挿入節にはさまざまな独自の統語的・意味的特徴がある。【テーマ1】
(1)の文は下記のような文と何らかの関係を持つと考えられる。
(2) I think that it's past ten.
(2)のような文に対応して挿入節を含む文が可能かどうかは，挿入節全体の意味が断定性を持つかどうかということと関連する（なお，以下，挿入節を含む文(1)に対応する(2)のような文を対応文と呼ぶことにする）。【テーマ2】
生成文法では挿入節をどのように生成するかということが問題となっている。これには，変形規則によって挿入節を派生するという考え方と，変形を用いず解釈規則で扱うという考え方の2つがある。【テーマ3】

【テーマ1】挿入節の意味的・統語的特徴
【概説】
まず，伝統文法における挿入節に関する記述を，(A)どのような要素が，(B)どこに（あるいは何に），(C)挿入されるのか，という視点から概観しておく。
(A)挿入節は形式上いくつかの種類に分けられる。すなわち，独立節(3)や等位接続詞に導かれた節(4)，従属節(5)，さらに，動詞の目的語が表面上欠けたような（「空所」を持った）節(1)や(6)，等がある。
(3) The two brothers—*they were twins*—were exactly alike.
(Sweet, 1891-1898：163)
(4) If you are in the wrong—*and I am sure you are in the wrong*—

you must apologize. 　　　　　　　　　　　　(*ibid.*)
(5) I hope, *if all goes well*, to finish it tomorrow. 　(*ibid.*: 162)
(6) This, *I say*, is the place. 　　　　　　　　　(*ibid.*: 163)

(B)一般的には，挿入される位置は，主文内あるいは従属節内である。例えば下記(7)では，最初の挿入節は主文内（の動詞の直後）に現れていて，2番目と3番目の挿入節は関係節内（の関係代名詞や動詞の直後）に現れている。

(7) I hold—*and I am glad to say that he agrees with me*—that it is better for Mr. Paradene to devote his money to the rearing and training of such a boy than to spend it on relatives who—*may I say*—have little future and from whom he can expect—*pardon me*—but small returns. 　　　　　　(Kruisinga, 1932: 485)

(C)「挿入」とは何を意味するのだろうか。概略，挿入される節が文末に現れた場合，それを追加節（appended clause）と呼び，それ以外の位置に現れるものを挿入節と呼んでいる。

　生成文法では，挿入される節が主文のどの位置に現れても等しく挿入節として扱い，特に(1)や(6)のような「空所」のある挿入節に関して，その統語的・意味的諸特徴がかなり明らかにされてきた。以下では，主に(1)や(6)のようなタイプの挿入節に限って話を進める。

◆挿入節の構造は多様——Ross (1973c) "Slifting."
　挿入節として現れる構造は，統語的には多様である。すなわち，単文・複文・重文といった種類の文として実現され，さらにこの分類に交差する形で平叙文・疑問文・命令文のようなさまざまな文のタイプに分けられる。

　例えば，次のように，単文の挿入節は平叙文，疑問文，命令文，祈願文として現れ得る。

(8) a. Max is a Martian, *I feel*. 　　　　　(Ross, 1973c: 133)
　　b. Max is a Martian, *don't you think*. 　　　(*ibid.*)
　　c. Max is a Martian, *remember*. 　　　　　(*ibid.*)
　　d. That, *be it* {*remembered/noticed*}, is what she herself did many years ago. 　　　　　　　　　　　(岡田, 1985: 172)

下記は複文と重文が平叙文として現れたものである。
- (9) a. Frogs have souls, *I realize that Osbert feels*. (Ross, 1973c : 135)
   b. Max is a Martian, *it seems to have been believed*. (*ibid.* : 133)
- (10) Peace, *I think and I am very glad to think*, is returning to this area. (岡田, 1985 : 175)

このように挿入節は統語的には多様であるが，これらを含む主文も，平叙文・疑問文・命令文といった多様なタイプであり得る。下記は，主文が疑問文と命令文の例である。

- (11) Do extraterrestrials exist, *do you think*? (Ross, 1973c : 149)
- (12) Drink milk, *I beg of you*. (Okada, 1977 : 158)

◆**挿入節の意味と機能**——Quirk *et al.* (1985) *A Comprehensive Grammar of the English Language*, Reinhart (1975) "Whose Main Clause?"

挿入節の意味・機能は主文の命題内容が真であることについての蓋然性を表したり (I believe, it seems)，主文の内容の情報源を表したりして (John said, it is reported)，主文に付加的な情報を付け加えることにある (さらに細かな分類は Quirk *et al.* (1985 : 1114-1115) を参照)。挿入節のこのような意味・機能は文副詞 (→第51章「副詞」参照) と類似するところがある。なお注意すべきことは，一般に，主文の命題内容は「話者」により断定・主張されるという点である。すなわち，次の文の主文は話者により断定・主張されているのであり，挿入節の主語である John によるものではない (C. Baker (1975 : 188))。

- (13) Peter is fat, *John believes*. (Aijmer, 1972 : 47)

上の文の挿入節は，話者による主文の断定・主張が挿入節の主語である John の信条とも合う，ということを付け加えている。

ただし Reinhart (1975) によると，挿入節は話者指向 (speaker oriented) のものと挿入節主語指向 (parenthetical-subject oriented) のものに分けられ，前者の挿入節においてのみ主文の断定・主張は話者のものとなり，後者の挿入節では主文の断定・主張は挿入節の主語のものとなるという。したがって下記(14)では，挿入節を話者指向と解釈した場合，主文は話者により断定・主張されるので，「オートカットがスパイであり，かつスパイでない」という矛盾を話者は表明していることになる。一方，

(14)の挿入節を挿入節主語指向と解釈した場合は，主文は挿入節の主語により断定・主張されているので，「ラルフはオートカットがスパイであると思っているが，（実は）そうではない」ということになる。

　(14) Ortcutt is a spy, *Ralph believes*, but he isn't.
(Reinhart, 1975 : 146)

　さらに，これら2つの挿入節は統語的にもさまざまな違いが認められるとする。その1つに代名詞化の方向がある。話者指向の挿入節を含んだ文の場合は，順行代名詞化であるが，挿入節主語指向の挿入節を含んだ文の場合は，逆行代名詞化でなければならない。したがって，次の(15a)は話者指向の挿入節で，(15b)は挿入節主語指向の挿入節である。

　(15) a. John would be late, he said.　　　(Reinhart, 1975 : 136)
　　　 b. He would be late, John said.　　　　　　　　　(*ibid.*)

(16a)(16b)はどちらの文も主文が矛盾した内容を表しているが，その矛盾が誰により断定・主張されているのかは異なる。

　(16) a. John$_i$ is taller than he$_i$ is, he$_i$ claims.　　(Reinhart, 1975 : 144)
　　　 b. He$_i$ is taller than he$_i$ is, John$_i$ claims.　　　　　　(*ibid.*)

すでに明らかなように，代名詞化の方向から，(16a)は話者指向の挿入節で，(16b)は挿入節主語指向の挿入節である。したがって，(16a)の矛盾は話者によるものであり，(16b)のそれは挿入節の主語によるものということになる。

◆**主文と挿入節の共起制限**――Knowles (1980) "The Tag as a Parenthetical."

　主文と挿入節は，次に見られるように，意味・機能上一定の共起制限があるようである。

　(17) a. *Did you win, *is it true*?　　　　　(Knowles, 1980 : 386)
　　　 b. *Go home, *don't you think*?　　　　　　　(*ibid.* : 401)

Knowles (1980) によると，疑問文の挿入節の機能は主文命題が真であるかどうかを確認するものであるから，(17a)のように主文自体が疑問文の場合にはその挿入節は容認されない。また，主文が命令文である場合，同じく疑問文の挿入節でも，その機能は主文で表される命令に従うかどうかを確かめることにあるため，(17b)は不自然となる。

28. 挿入節

> **further readings**　接続詞 and に導かれた文が挿入された構造については，Kobayashi (1972)，武田 (1978) がある。従属節が挿入された構造については，Emonds (1976) で触れられている。大室 (1984) では，本文で取り上げなかったような種類の挿入節（the fact is など）を分析している。Jackendoff (1972) では，挿入節とある種の副詞や前置詞句等との意味・機能の類似性が論じられている。中右 (1994) では階層意味論に従い，挿入節の意味・機能が分析されている。

> **関連テーマ**　挿入節と文副詞との類似性が指摘されているが，挿入節独自の統語的・意味的特徴にはどのようなものが認められるであろうか。英語の挿入節に対応するような構文が，他言語にも存在するだろうか。

【テーマ2】挿入節の断定性
【概説】
　挿入節は多様な統語形式で実現されるが，そこに現れる動詞や形容詞といった述語には共通した意味上の特徴は認められないだろうか。これについては，Hooper & Thompson (1973) や J. Hooper (1975) 以来，挿入節に現れ得る述語は対応文においてその補文を断定する解釈を許すような述語である，と言われている。ただし，その補文を断定しないような述語であっても，それが挿入節の中に現れる際，挿入節全体として補文を断定するように解釈できればよい。述語の断定性ということから，挿入節および主文の分布がかなりの部分説明される。

◆挿入節で用いられる述語は？── Hooper & Thompson (1973) "On the Applicability of Root Transformations," 他.
　下記の2つの文は意味的・統語的に何らかの関連があると考えられる。
(18) a. I think that syntax and semantics are related.
　　　　　　　　　　　　　　(Hooper & Thompson, 1973 : 468)
　　 b. Syntax and semantics are related, *I think*.　　　(*ibid*.)
Hooper & Thompson (1973) や J. Hooper (1975) によると，(18a)が対応文となり(18b)に見られるような挿入節が可能となるのは，(18a)におけるように主文の述語（think）がその補文を断定している場合である。すなわち，(18a)の対応文においては，問題の述語を含んだ主文ではな

く，補文が主要な断定・主張（主断定）である。J. Hooper (1975) は，このような，その補文を（間接的にせよ）断定する解釈を許す述語を断定的述語（assertive predicate）と呼び，断定的でない述語を非断定的述語（nonassertive predicate）と呼ぶ。断定的述語は，その補文命題の真理値が真であるという肯定性を示す。

何らかの述語が断定的述語か非断定的述語かという分類と，Kiparsky & Kiparsky (1970) による叙実的述語（factive predicate）か非叙実的述語（nonfactive predicate）かという分類は交差する。詳しくは第22章「that 節」を参照。

	nonfactive（非叙実的）	factive（叙実的）
assertive（断定的）	think, seem, believe, say, assert, be afraid	know, discover, realize, learn, notice, find out
nonassertive（非断定的）	be likely, be possible, be unlikely, deny	regret, forget, be odd, be strange

下記の例のように，断定的述語は（叙実的述語にしても非叙実的述語にしても）挿入節として用いられるのに対し，非断定的述語は（叙実的述語でも非叙実的述語でも）挿入節としては用いられない。

(19) Many of the applicants are women, *it seems*.

(J. Hooper, 1975 : 94)

(20) He wants to hire a woman, *he says*. (*ibid*.)

(21) It was difficult to make ends meet, *they discovered*. (*ibid*. : 116)

(22) *Many of the applicants are women, *it's likely*. (*ibid*. : 94)

(23) *It was difficult to make ends meet, *they regretted*. (*ibid*. : 116)

先に「その補文が主たる断定・主張である場合」に，対応する挿入節が可能であるとしたが，このことは次の比較からも明らかである。

(24) a. I believe right now that Peter is here. (岡田, 1984 : 101)
 b. *Peter is here, *I believe right now*. (*ibid*.)

(24b) の挿入節が許されないのは，(24a) では主たる断定・主張がなされているのは補文ではなく，主文だからである。

同じように，不定詞や -ing 分詞を含んだ非定形節の補文や，demand, propose 等の命令・要求・提案を表す動詞の補文は，主たる断定・主張がなされてはいないので，対応する挿入節は許されない。

(25) a. I believe John to be honest. (岡田, 1984 : 101)
　　 b. *John to be honest, *I believe*. (*ibid.*)
(26) a. I imagine John's being honest. (*ibid.*)
　　 b. *John's being honest, *I imagine*. (*ibid.*)
(27) a. He proposed that the meeting be postponed. (岡田, 1984 : 100)
　　 b. *The meeting, *he proposed*, be postponed. (*ibid.*)

◆**挿入節全体の断定性が問題となる**——岡田（1985）『副詞と挿入文』, 他.
　可能な挿入節であるかどうかは，実は，動詞や形容詞といった個々の述語自体の断定性に必ずしも還元できるわけではない。すなわち，断定的述語であるということは，十分条件でも必要条件でもなく，可能な挿入節であるためには，（対応文において）それ全体で補文を断定するかどうかによる（太田（1980 : 542），岡田（1984, 1985））。次の例を考えてみよう。
(28) *Many of the applicants are women, *it doesn't seem*.
(J. Hooper, 1975 : 95)
(29) *He wants to hire a woman, *he doesn't say*. (*ibid.*)
(30) Many of the applicants, *I don't deny*, are women.
(岡田, 1985 : 194)
(31) He failed, *I regret to say*, in the examination. (*ibid.* : 192)
(28)と(29)が断定的述語を含んだ挿入節であるのに良くないのは，対応文において，補文の命題の真理値が真であるという肯定性を示していないからである。一方，(30)と(31)は挿入節が（その主動詞として）断定的述語を含んでいないにもかかわらず容認可能であるのは，対応文においては，それが全体として補文命題が真であるという断定性・肯定性を示しているからである。このように，挿入節が可能であるかどうかは，挿入節（に対応する節）全体の断定性による。
　なお，以下の点には注意を要する。すでに明らかなように，(32)の挿入節が許されないのは挿入節全体が断定性を持たないからであるが，これと表面上同じような挿入節が(33)では許されている。
(32) *The door is closed, *I don't think*. (J. Hooper, 1975 : 107)
(33) The door isn't closed, *I don't think*. (*ibid.*)
(33)で挿入節が容認されるのは，(33)全体の解釈が否定辞 not を取り除い

たものと実質的に等しいからであり，その解釈においては対応文の補文命題が真であることは断定されていると考えられるからである。

ただし，(33)のような挿入節を含むには制限が見られる。すなわち，主文は否定文でなければならず，用いられる動詞は否定辞繰り上げ (negative raising) を許すものでなければならない (Ross (1973c : 155-159), J. Hooper (1975 : 107), 岡田 (1985 : 195-198))。否定辞繰り上げを許さない動詞は，次例のように，容認されない。

(34) *The earth isn't flat, *I don't conclude*.　　(J. Hooper, 1975 : 107)

|further readings|　中村 (1976) では挿入節の断定性や本文(33)のような種類の挿入節が論じられている。否定辞繰り上げと挿入節については，Pollack (1976) がある。

|関連テーマ|　補文に主断定がある場合，補文が主文のような役割・特徴を持つと考えられるが，具体的にはどのようなものが考えられるだろうか (例えば，補文内での主語・述語の倒置，動詞句前置などの統語的現象。Hooper & Thompson (1973) 等参照)。挿入節を許す述語と否定辞繰り上げを許す述語の類は，同じであろうか，違うであろうか。

【テーマ3】挿入節の派生
【概説】

生成文法では挿入節の派生に関し，2つに大別される提案がなされている。1つは，Kajita (1968) や Ross (1973c) 等の変形規則で挿入節を派生する分析で，もう1つは，Jackendoff (1972) や Okada (1977) 等による変形規則を用いない分析である。

これら2種類の分析の問題点を克服するため，Kajita (1977), 岡田 (1984, 1985) では，動的文法理論からの提案がなされている。

◆**変形規則による派生**——Kajita (1968) *A Generative-Transformational Study of Semi-Auxiliaries in Present-Day American English*, 他。

Kajita (1968) では，格下げ (downgrading) と呼ばれる変形規則を用い，概略，(35a)のような構造を(35b)の構造に変換する。

(35) a. [$_S$ We must remind ourselves that [$_S$ it is a world to which we

belong] again and again]. (Kajita, 1968 : 153)

 b. [$_{SAdv}$ We must remind ourselves again and again] [$_S$ it is a world to which we belong]. (*ibid.*: 154)

格下げ変形は，(対応文の) 基底構造における主語を格下げして挿入節を派生し，同時に元の補文を主文に格上げしている。この際，挿入節に文副詞 (SAdv) という統語範疇を与えているが，これにより挿入節と文副詞の意味・機能上の類似が捉えられる。

 Ross (1973c) は補文繰り上げ (s(entence) lifting) と呼ばれる変形規則により，概略，(36a)のような構造を(36b)のような構造に変換する。

(36) a. [$_S$ I feel [$_S$ that Max is a Martian]]. (Ross, 1973c : 134)
 b. [$_S$ [$_S$ Max is a Martian] [$_S$ I feel]]. (*ibid.*)

補文繰り上げ変形は，基底構造の補文を基底構造の主節にチョムスキー付加して，挿入節を派生している。この規則はそれ自身の出力にも適用可能である。下記(37a)のいずれかの補文にこの規則を適用すると，(37b)か(37c)が派生され，さらにこれらの派生構造に規則を適用すると，(37d)が派生される（2度目の規則適用後の終端連鎖は同じになると考える）。

(37) a. I realize that Osbert feels that frogs have souls.
              (Ross, 1973c : 135)
 b. Osbert feels that frogs have souls, *I realize*. (*ibid.*)
 c. Frogs have souls, *I realize that Osbert feels*. (*ibid.*)
 b. Frogs have souls, *Osbert feels, I realize*. (*ibid.* : 136)

補文繰り上げを支持する1つの事実は，この規則が移動変形一般に課せられる制約に従うことである。例えば，補文を繰り上げて移動する際に，複合名詞句制約や等位構造制約に違反するようであれば，その文は容認されない。

(38) a. Max has a tuba, I believe (*your claim) that Pete pointed out.
              (Ross, 1973c : 151)
 b. *Max has a tuba, Ted is reading a book and will find out.
              (*ibid.*)

◆**変形規則を用いない派生**——Jackendoff (1972) *Semantic Interpretation in Generative Grammar*, 他.

Jackendoff (1972) や Okada (1977) では，挿入節を派生するために特定の変形規則を仮定せず，句構造規則により挿入節（を含む文）を直接生成する。Okada (1977) は，下記のように，一番上の節点 S の直接構成素として文副詞（SAdv）を導入し，さらにこの文副詞はその直接構成素として挿入節（S）を導入する。

(39) [$_S$ Max is a Martian [$_{SAdv}$ [$_S$ I think [$_S$ △]]]]

(Okada, 1977 : 160)

挿入節の動詞の補文の位置には S である空節点（empty node）△を生成する。

　このようにして句構造規則により直接生成された挿入節は，空節点に主文の読みをはめ込む意味解釈規則により，挿入節としての解釈が与えられる。

　句構造規則により挿入節を派生する分析を支持する事実には，例えば，以下のようなものがある。(40a)や(41a)のような挿入節を含んだ文は存在するにもかかわらず，(40b)や(41b)のようなその対応文と考えられる文が存在しない場合があることである。すなわち，変形により挿入節を派生する際の根底にあるはずの構造が存在しないと考えられる場合である。

(40) a. Damn it, *John thought*, the son of a bitch had done it again.

(Okada, 1977 : 155)

　　 b. *John thought that damn it, the son of a bitch had done it again. (*ibid.*)

(41) a. Down with Theodocius, *I insist*. (*ibid.* : 157)

　　 b. *I insist that down with Theodocius. (*ibid.*)

◆**動的文法理論による提案**——岡田（1985）『副詞と挿入文』, 他.

　挿入節の派生に関し，変形規則を用いる分析と用いない分析を見たが，いずれにもまだ問題が残る。例えば，変形を用いる分析のもう１つの問題点に，挿入節全体の断定性ということがある。すなわち，補文を断定しないような文(42a)に，なぜ問題の変形規則を適用してはいけないのか，ということである（この問題はすでに Kajita (1968) で指摘されている）。

(42) a. I do not think that the United States is interfering in Cuba.

(Kajita, 1968 : 149)

b. *The United States, *I do not think*, is interfering in Cuba.

(*ibid.*)

　さらに，想定されている変形操作があまりに複雑で，最近の文法理論の観点からは到底認められないという問題がある。

　変形を用いない分析にとって（また変形を用いる分析にとっても）問題となることの1つは，通常補文を取らない動詞が挿入節に現れ得るということがある。すなわち，基底構造においてSである空節点を従える動詞として語彙挿入できないということである。

(43) a. He would do it, *he chuckled*.　　　(Bolinger, 1972b : 62)
　　 b. *He chuckled that he would do it.　(Okada, 1977 : 155)
(44) a. Leander was the man, *he accused*.　(Bolinger, 1972b : 62)
　　 b. *He accused that Leander was the man.　(Okada, 1977 : 155)

　このような問題点に対し，Kajita (1977) や岡田 (1984, 1985) らは動的文法理論の枠組みからの分析を試みている。Chomsky の理論では大人の文法（言語習得の最終産物）における「可能な文法」を規定するのに対して，この動的文法理論は，言語習得の過程で何が起こり得るかという点から「可能な文法」を規定する。動的文法理論は習得の過程という時間軸を理論に取り入れているので，習得の順に対応する形で，「基本的」，「派生的」という概念を理論に導入することができる。これは挿入節の分析にも反映されている。

　(45)の文は曖昧で，主節に主断定がある解釈と補文に主断定がある解釈が可能である。

(45) I believe the world is flat.　　　(Kimball, 1970 : 95)

補文に主断定がある読みでは，統語上の主要部である主節が（文副詞的な）周辺的意味を持っており，統語上の非主要部である補文が意味的には主要な内容を表している。このような場合を「主要部・非主要部衝突」という。

　言語習得のある段階でこのような条件を満たし，かつ問題の表現と統語上・意味上ある一定の類似性を持つモデルが存在する場合，言語習得の次の段階で，派生的な規則が導入され得る。(45)には統語・意味の両面で類似したモデル，すなわち(46a)が存在していると考えられ，これに基づき言語習得の次の段階で，挿入節（を含む文），すなわち(46b)が可能にな

ると考えられる。
 (46) a. [_Adv Probably] [_S the world is flat]. (岡田, 1985 : 207)
  b. [_Adv I believe] [_S the world is flat].   (*ibid.*)
(46b)の挿入節が（文）副詞という統語範疇を持ち，意味・機能上も（文）副詞に類似しているのは，モデルの(46a)の性質を受け継いだからである。

 注目すべきは，この分析では，先に挙げた挿入節（全体）の断定性の問題に解答が与えられていることである。すなわち，補文に主断定がある時は主要部・非主要部衝突という条件を満たし挿入節が導入されるが，そうでない場合は，この条件を満たさないため挿入節は生成され得ないということである。

 (43a)や(44a)に見られる，補文を取らない動詞が挿入節に現れるという問題は，次のように分析される。すなわち，(47)のような，一旦導入された挿入節自体をモデルとし，さらに派生的な挿入節として，(43a)や(44a)が導入されると考えるのである。

 (47) He would do it, he said (chuckling). (岡田, 1985 : 221)
(47)がモデルとなるのは，chuckle も accuse も，その基本の意味に say を含んでいるからである。

---

further readings B. Downing (1973) は挿入節を変形で派生する立場である。Cattell (1973), Emonds (1976) は，概略，補文を削除して挿入節を生成する方法を論じている。Okada (1975) は挿入節がもともと主節であったと考えられる意味上の根拠を論じている。

 動的文法理論による内田 (1985) では，主文命題の蓋然性に対する挿入節と主文の情報源を示す挿入節との機能の違いに応じて挿入節の派生が異なることが示されている。

関連テーマ 挿入節を含む文と，直接引用文や間接引用文を含む文とは，どのような関係にあるのだろうか。統語上の主要部・非主要部の関係は，意味上の主要部・非主要部と対応しない場合が多いが，一般的な特徴は認められるだろうか。

29. 仮定法 (subjunctive mood)

　文の種類をその発話内容に対する話し手の心的態度の違いに応じて，次の3つに区別することがある。すなわち，話し手がその発話内容を事実の表現として捉えているか，それとも，仮定的な想像上の話として捉えているか，あるいは相手に何か命令や依頼をするために発話しようとしているかといった違いにより，それぞれ，直説法（文），仮定法（文）および命令法（文）の3つに分類することができる。これら話し手の心的態度の違いは，典型的には，動詞の形態上の違いとして表現され，それぞれ，直説法動詞，仮定法動詞，および命令法動詞と呼ぶ。

　仮定法の文をさらに次のような2つの種類に大きく分けることができる。1つは，条件あるいは仮定を表す従属節＋主節（あるいは，その逆の順序）の形で表される仮定法過去および仮定法過去完了の文である。【テーマ1】

　仮定法過去の構文には「仮定法の伝播」という興味ある現象が見られる。すなわち，主節および従属節を修飾するさらに内部の従属節の動詞も，仮定法の影響を受けて過去形となる。【テーマ2】

　2つめの仮定法の種類は，that節を従属節とする複文の形を取る仮定法現在（あるいは仮定法原形）と呼ばれる仮定法の文であり，学校文法ではあまり深く掘り下げて取り扱われることがない。【テーマ3】

　仮定法に関してはこうしたテーマを系統的に扱った論文はほとんど見られない。本章では論文・著作の解題という形を取らずに，これらのテーマについて研究の現状を解説し，その中で随時これまでの研究に触れていく。

【テーマ1】仮定法の基本的特徴
【概説】

　学校文法では，上で述べた2つの仮定法の種類のうち最初の種類，すなわち，仮定法過去と仮定法過去完了だけを取り上げることが多い。仮定法過去は，意味的には，主として現在の事実に反する仮定，あるいは現在および未来の事柄に対する仮定を表す。文の構造としては，条件節に動詞の過去形を用い，主節の動詞は「法助動詞（would/should/...）＋動詞」の形を取る。一方，仮定法過去完了は，主として過去の事実に反する仮定を表し，条件節に動詞の過去完了形を用い，主節の動詞は「法助動詞（would/should/...）＋have＋過去分詞」の形を取る。

　(1) a. If it *rained*, the match *would be* canceled.
　　　　　　　　　　　　　　　　　　　　　　(Dancygier, 1998 : 25)
　　　b. If it *had rained*, the match *would have been* canceled.　(*ibid.*)

　仮定法過去の場合，条件節に be 動詞を用いる時は，次の例文のように，主語の違いにかかわらず常に過去形 were を用いるのが普通であるが，口語体の文では was を用いることもある。

　(2) a. If my grandfather *were* here now, he would be angry.
　　　　　　　　　　　　　(Celce-Murcia & Larsen-Freeman, 1999² : 551)
　　　b. If I *were* the President, I would make some changes.　(*ibid.*)

　仮定法過去の条件節の動詞が「should（あるいは should happen to）＋動詞」の形で表現されていると，条件節の表す非現実性の程度が一般的に薄れ，主節の表す事柄の起こりうる可能性もそれだけ高くなる（(3a)参照）。したがって，現在の事実に反する事柄を表す条件節の中にこの表現を用いると，(3b)のような不自然な文が生じることとなる。

　(3) a. If Joe {*should/should happen to*} have the time, he would go to Mexico.　　(Celce-Murcia & Larsen-Freeman, 1999² : 551)
　　　b. ?If my grandfather {*should/should happen to*} be alive today, he would experience a very different world.　　　　　　(*ibid.*)

◆仮定法によく似た直説法の文

　直説法の文でありながら，仮定法過去の文によく似た文が存在する。すなわち，条件節の部分は仮定法過去の場合と同じ形をしているが，主節の

動詞の部分には，仮定法過去の場合と異なり法助動詞を用いず，代わりに直説法動詞の過去形を用いる次のような文が存在する。

(4) If John *went* to that party, (then) he *was* trying to infuriate.

(Dancygier, 1998 : 7)

このような文は，過去に起こった出来事や事柄を事実と認めたうえで，「それならば（それが事実ならば），かくかくしかじかのことが起こった（あった）に違いない」という推測の気持ちを表すのに用いられる。次のような対話の中で用いられるのが，その典型的な用法である。

(5) A: Joyce went there last night.
    B: Well, if Joyce *went* there, *she* saw what happened.

(Celce-Murcia & Larsen-Freeman, 1999² : 558)

◆仮定法の中の隠された条件

仮定法が用いられる時は，仮定や条件を表す部分は，条件節の形で明示的に表されていることが多い。しかし，仮定や条件を表す部分は，常にこのような条件節の形で示されているわけではない。条件節に相当する意味が他の表現の中に隠されていることもある。

(6) a. Four-legged patients are treated for conditions that *just a few years ago* would have meant putting them to death.

(*Time*, January 11, 1988, p. 39)

b. As *exposure to the sun's rays* would surely cause him to perish, he [=Dracula] stays protected in the satin-lined chamber bearing his family name in silver. (Sam Sebesta (ed.), *Ride the Silver Seas*, p. 283; Harcourt Brace Jovanovich, 1982)

c. *A book which went into considerable detail about the ages of samples of children* might (or might not) be fun to write, but it is not this book. (Atkinson, 1992 : 7)

上の文の斜体部は，それぞれ，「つい2，3年前だったら」「もし太陽光線に身をさらすようなことがあると」「見本として挙げられている子供達の年齢について詳細に論じたような本だったら」のように解釈され，いずれも，条件節に相当する働きをしている。

further readings　仮定法の一般的特徴を記述した文法書として，Jespersen (1931), Curme (1931), 細江 (1982³), Quirk *et al.* (1985), James (1986), Declerck (1991), Dancygier (1998) などがある。

関連テーマ　次の(7a)のような文に続けて(7b)のようにいうと自然な発話文となるが，(7c)のように続けると不自然な発話文となる (Portner (1999：3))。どうしてだろうか。

(7) a. John might have left a note at home.
b. It might explain where he is.
c. ?It explains where he is.
Cf. d. If John left a note at home, it might explain where he is.

【テーマ2】仮定法の「伝播」
【概説】

学校文法では普通扱わないが，興味ある現象として「仮定法の伝播」と呼べるような現象がある。仮定法過去の構文において，主節または従属節の一部として埋め込まれた従属節の動詞を，たとえ意味の上では現在（あるいは未来）のことを表しているような場合でも，過去形で表すような現象である（次例参照）。

(8) If Japanese students were supposed to study English [so that they *developed* competence in English], then such study should begin much earlier than it does.

(Thomas Mader, "Language Learning and Culture Learning," p. 3; Unpublished paper, Tsuda College, 1995)

[　]の部分は，ifで始まる条件節の中に現れた従属節である。その中の動詞 developed は過去形になっているが，意味の上では過去のことを表すわけではなく，「英語の能力が<u>上達する</u>ように」という意味である。

主節の中に現れる従属節についても，同じことがいえる。

(9) If we measured adult sentences with a ruler, we would find in most cases [that the length before the verb *was* short and the length after the verb *was* long]. (Crystal, 1986：117)

これらの事実は，「時制の一致」(sequence of tenses) の現象が仮定法の構文の場合にも見られるということを示す（【テーマ1】で取り上げた

例文(6c)にも仮定法の伝播の現象が含まれていることに注意)。

　学校文法では，仮定法の場合は普通，時制の一致が起こらないというような説明をすることが多い。ただし，そのような説明は，直接話法の文を間接話法の文に書き換える（あるいは言い換える）場合，例えば，下の(10a)を(10b)のように，主節 I said の後ろに続く従属節として書き換えるような場合について言えることである。

(10) a. If we went by car we'd get there in time.

(Declerck, 1991 : 525)

　　 b. I said that if we went by car we'd get there in time.　*ibid*.

　　 c. I said that if we'd gone by car, we'd have got there in time.

ibid.

このような場合，もし時制の一致に従って(10a)を(10c)のように書き換えると，仮定法の表す意味がもとのものとは異なってくることになる。すなわち，もとの文(10a)においては，仮定されている事柄に関する現実可能性が否定されていないのに対して，(10c)においては，それが否定されていて，むしろ実際には起こらなかったことに対する仮定（およびその帰結）を表している。

　このような「話法の転換」の場合に限らず，下記(11)のような例の場合についても，文法書の中には「仮定法過去は現在時制を表すので，仮定法過去のあとでは時制の一致は起こらない」(Curme, 1931 : 355) と説明するものもあるが，実際には，上で取り上げた例文(8)(9)および Jespersen (1931 : 157) が挙げている下記(12)からも分かるように，仮定法過去の構文の中に時制の一致の現象が見られることも多いのである。

(11) *I should say* that this book *meets* your requirements.

(12) a. Does it lead to anything? I should say it *did*.

　　 b. Why did you look at me like that—as if you thought it *was* useless to go on writing to him?

　　 c. If we went, people would think we *were* mad.

　さらに，仮定法過去の構文に見られる時制の一致の現象は，関係節や同格節の中にも及ぶのが普通である（(13)参照)。

(13) a. On the basis of this set of data, a grammar [that *included* a rule such as (59)] would seem a reasonable choice.

(C. Baker, 1978 : 429)

b. ... one of the main theoretical issues is precisely whether or not grammatical relations are relevant, so the acceptance of [OBJ] in GPSG would be tantamount to an admission [that they *were*]. (*Lingua* 79 (1989), p. 21)

これらの例に見られる時制の一致の現象は，仮定法の力が仮定法動詞の内部にとどまらず，それらの動詞と統語的・意味的に密接な関係を持つ従属節の中に伝播（あるいは浸透）していく結果生ずるものと考えられる。このような仮定法の伝播の現象は，問題の従属節のさらに下に埋め込まれた従属節にも及んでいくことが，次のような例文からも分かる。

(14) a. I wish snow was dry, [so that you *didn't* get all cold and wet [when you *played* in it]].

(*The Daily Yomiuri*, March 18, 1999, p. 17)

b. If they had had a more profound comprehension of language, they would have understood [that linguistic phenomena *were* complex events [which *could* be scrutinized from two equally valid points of view, [neither of which *was* adequate by itself]]]. (*CLS* 7 (1971), p. 522)

このような現象は，話し手が，そこに現れたそれぞれの従属節の持つ時制を何にするのがよいかということにいちいち拘泥せずに，全体の主要な意味内容を担う動詞の持つ時制（この場合は過去時制）をそのまま継続して用いて話し続ける心理的作用の現れであるとみなすことができるが，このような心理的作用のことを Jespersen (1931 : 152) は「心的惰性」(mental inertia) と呼んでいる。

関連テーマ　仮定法過去の構文に見られる時制の一致の現象を，上で説明したように「仮定法の力」そのものが伝播されるとみなしてよいであろうか。それとも，動詞の持つ「過去時制」が伝播されると考えるべきだろうか。もし前者だとしたら，問題の従属節の中に伝播されて現れる過去形動詞は，she *would/should have*/it *were*〜などのように仮定法であることが明らかなような動詞の形態が選ばれてもよいはずであるが，実際はどうであろうか。

【テーマ3】仮定法現在
【概説】

学校文法では取り上げられることが少ないが，重要な仮定法の構文の1つに，仮定法現在（あるいは仮定法原形）の構文がある。仮定法現在は，文語的用法としては，(15a)～(15c)のような祈願文や，例文(16a)～(16c)のような副詞節（特に，条件・譲歩・目的などを表す副詞節）の中にも用いられることがあるが，多くの場合は，ある特定の動詞，名詞，形容詞に支配された that 節の中に現れる（例文(17a)～(17c)参照）。

(15) a. The Lord *be* praised.
 b. God *save* the Queen.
 c. But this is not, *be* it noted, a limitation on quantitative patterns as such.   (Halliday, 1973 : 117)

(16) a. But *if* that *be* the case, then how could these highly abstract principles possibly be learned inductively?
        (Newmeyer, 1980 : 42)
 b. No-*ly* adverbials *whether* they *be* analyzed as manner, frequency, or some other kind ... may occur any place in the sentence. (Jacobs & Rosenbaum, 1970 : 90)
 c. Notice, also, that the rules must be realized in some form *in order that* the game *be* playable. (Searle, 1969 : 39)

(17) a. The employees have *demanded* [that the manager *resign*].
        (Quirk *et al.*, 1985 : 157)
 b. It is *essential* [that each of the girls *be* in jeopardy at least once during every episode]. (*Time*, June 8, 1981, p. 73)
 c. The *regulation* is [that no candidate *take* a book into the examination room].   (Onions, 1971 : 109)

◆仮定法節を取る主要部

仮定法現在の現れる that 節のことを便宜上「仮定法節」と呼ぶことにしよう。仮定法節を要求する（あるいは許す）動詞，名詞，形容詞の意味的特徴として「願望，意志，要求，忠告，決定，非現実性」などを挙げることができるが，すべての関連する語彙項目に共通する中核的意味特徴を

的確に指摘することは難しい。伝統文法および生成文法の中で提案されている中核的意味特徴としては,「意志」(will) (Onions (1971)参照),「非叙実性」(non-factivity) (J. Lyons (1977)参照),「非断定性」(non-assertiveness) (J. Hooper (1975)参照),「非現実的事象」(irrealis event) (Pesetsky (1982), Givón (1994)参照) などがある。

仮定法節を取る語彙項目のうち代表的なものの例を示すと以下のようになる (さらに詳しいリストについては, Chiba (1987) を参照)。

(18) 仮定法節を取る動詞の例

advise, allow, argue, ask, beg, caution, command, decide, demand, emphasize, ensure, forbid, grant, hint, insist, intend, matter, motion, order, propose, recommend, request, stipulate, suggest, urge, warn, etc.

(19) 仮定法節を取る名詞の例

advice, assumption, claim, conclusion, condition, decision, demand, expectation, hope, hypothesis, importance, instruction, law, necessity, principle, proposal, request, rule, solution, specification, wish, etc.

(20) 仮定法節を取る形容詞の例

advisable, anxious, appropriate, best, compulsory, crucial, desirable, eager, essential, ideal, imperative, important, indispensable, inevitable, keen, mandatory, necessary, obligatory, preferable, urgent, vital, wise, etc.

仮定法節は補文の一種である。したがって,仮定法節の研究は生成文法においては,動詞,名詞,形容詞がそれぞれどのような補文(例えば,that節,動名詞(補文),不定詞(補文),間接疑問文など)を選択するかという補文構造の研究の1つとして位置づけることができる。補文構造の研究の中で,興味深い研究テーマの1つとして,補文構造に関する一般的制約の問題を挙げることができる。例えば,動詞,名詞,形容詞が,それぞれの文法的・意味的特徴に応じてある特定の従属節を支配するとき,その従属節は,それらの動詞,名詞,形容詞に支配される従属節のうち最上位の位置を占めるものでなければならないという,補文構造の「深さ制限」(depth constraint) に関する制約がある (Chomsky (1965), Kajita

(1968)参照)。例えば，次の文において，仮定法節になりうるのは，S_1の部分のみであり，従属節 S_2 の中にも仮定法動詞を選んだ場合は，この制約により非文となるのが普通である。

(21) a. We recommend [that [$_{S_1}$ the reader *try* doing these problems] [$_{S_2}$ before he proceeds/*proceed* further]]. (Chiba, 1987 : 38)

b. At Pereford, Jeremy was waiting, expecting to find her in good spirits; he had asked [that [$_{S_1}$ dinner *be* held] [$_{S_2}$ until she arrived/*arrive*]]. (*ibid.*)

ただし，次のような文は，仮定法節を選択できる動詞が2つ（すなわち require と guarantee）現れていて，それぞれ，その1つ下の節が仮定法節になっている（したがって，この制約を守っている）ので文法的文となる。

(22) We do not *require* of theoretical work on intuitions [that it *guarantee* [that the grammar of any one individual *be* explicit or even consistent]]. (Reuland & Abraham, 1993 : 75)

（言語によっては，仮定法節を選択する力が2つ目以下の従属節にまで及ぶことのできるものがある。例えば，アイスランド語，イタリア語，カタロニア語などがそうである（K. Johnson (1985), Portner (1999)参照）。英語についても，そのような構文を文法的文であると判断するような母語話者がいることを Chiba（1987 : 43）は指摘している。）

◆仮定法節と局地化

補文構造に関する制約には，他に「文脈素性（contextural feature）の局地化（localization）」の仮説（Chomsky (1965), Kajita (1968), Chiba (1987)）と呼ばれるものがある。動詞，名詞，形容詞がそれぞれどのような補文を取りうるかという情報は，[+——that S]（that 節の場合），[+——whether S]（whether 節の場合），[+——S [+Subj]]（仮定法節の場合）などの文脈素性を用いて表すことができるが，文脈素性の局地化の仮説というのは，これらの文脈素性がすべて個々の語彙項目の持つ特徴に帰することができるとする考え方である。この仮説に従うと，例えば動詞句の主要部以外の部分（例えば，その動詞を修飾する副詞句や前置詞句，あるいは主語の名詞句など）が動詞と一緒になって，取りうる補文の種類

を決定するということは許されないことになる。ただし，実際には，そのような文脈素性の局地化の制約に合わない言語事実が存在することが梶田(1976)，太田・梶田(1974)などによって指摘されている。Chiba (1987, 1991) は，仮定法節の選択についても，同じような事実があることを，次のようなデータを示しながら指摘している。

(23) a. ?*John says* that the one who wears the ring *be* offered as a sacrifice.
   b. *The law of the religion says* that the one who wears the ring *be* offered as a sacrifice.
(24) a. ?The widow *wrote* that Ball *be* given part of her property.
   b. Ball is arrested for the murder of a rich widow. The widow *wrote in her will* that Ball *be* given part of her property.
(25) a. *Bill *brought/will bring it about* that Harry *go* or *be* allowed to go.
   b. *I am asking/ordered Bill to bring it about* that Harry *go* or *be* allowed to go.

すなわち(23)は，適当な主語が選ばれると，動詞 say が（現代英語においても）仮定法節を取ることができるという事実を示し，(24)は，動詞 write が適当な修飾語句とともに用いられると，仮定法節を従えることが可能となることを示し，(25)は，ask や order などの適当な動詞にはめこまれると，動詞 bring it about が仮定法節を支配することができるようになるということを示している。いずれも，仮定法節を取るかどうかに関する動詞の下位区分が，句の主要部を成す動詞（名詞，形容詞）だけでは決定できず，局地化できないということを表している。

仮定法現在は，以上見たように，条件・譲歩・目的などある特定の意味を表す接続詞によって導かれる副詞節に現れる（(16a)〜(16c)参照）ほか，ある特定の動詞・名詞・形容詞によって支配される補文の中にも現れる。すなわち，これらの接続詞および動詞・名詞・形容詞には，仮定法を認可する働きがあると考えることができる。言語によっては，このように，ある特定の語彙項目が仮定法を認可する働きを持つだけでなく，さらに，否定文や疑問文として現れる従属節やある種の関係節などが仮定法を認可する働きを持つような言語が存在する（例えば，イタリア語，カタロ

ニア語，フランス語）(Barbaud (1991), Portner (1999) 参照）。

◆should 消去

　伝統文法および生成文法において，仮定法現在形動詞のもとの形（あるいは深層構造における形態）は should＋動詞であり，仮定法動詞は should を消去することにより得られるとする分析が提案されることがある (Visser (1966 : 788-789, 844), Traugott (1972 : 180), Kiparsky & Kiparsky (1970 : 171))。確かに，仮定法節内の仮定法現在形動詞は，特にイギリス英語においては，一般的に should＋動詞の形に置き換えることができるが，アメリカ英語の場合には，動詞（名詞，形容詞）によっては，このような置き換えが許されず，仮定法節だけを用いることがあるので注意を要する。例えば，(26) のような文は，*Longman Dictionary of Contemporary English*, 1st ed. においては，should のあるなしにかかわらず文法的文であると判定されているが，アメリカ英語においては，should のある方の文を非文ないし不自然な文であると判断する母語話者が少なくない（このような事実の指摘については，Hojo (1971 : 103-104), Matsui (1981 : 46-47), Chiba (1987 : 146-149) を参照）。

(26) a. I *asked* that I (should) be allowed to see her.
　　　b. I *insist* that he (should) go.
　　　c. The officer *ordered* that the men (should) fire the guns.

◆仮定法節内の法助動詞

　上で見たように，特にイギリス英語において，仮定法動詞の代わりに should＋動詞の形が用いられることがあるが，should 以外の法助動詞については，仮定法節の中に用いることができない（例文(27)参照）との指摘が従来行われてきた (Emonds (1970 : 196), Culicover (1971 : 34), Pullum & Postal (1979 : 703), Safir (1982 : 454-455), Roberts (1985 : 40), Potsdam (1998 : 64) 参照）。

(27) *It is imperative that you will/can/must/would/could/might/...
　　　leave on time.　　　　　　　　　　　　　(Culicover, 1971 : 42)

　このような観察をもとに，例えば Culicover (1971 : 34) は，助動詞 AUX（または屈折辞 INFL）に関する(28)のような句構造規則において，

411

仮定法を表す文法的要素 SUBJ を選ぶことにより，仮定法現在が生成されるとする分析を提案している。

(28) AUX → { TENSE (M) / for-to / poss-ing / SUBJ } (have+en) (be+ing)

また Chomsky (1973 : 236, 1977 : 87) は，仮定法と TENSE が共起できるとする立場をとるという点において，このような分析とは部分的に異なるが，法助動詞 M（＝Modal）が表面的に具現化した 1 つの場合が SUBJ となるとの考えをとっている。(同じような分析の 1 つとして，仮定法を表す文法的要素を「空の法助動詞」(null modal) あるいは「不特定法助動詞」(unspecified modal) であるとする分析（Roberts (1985), Haegeman (1986), Rizzi (1990) 参照）を挙げることができる。）いずれの場合も，上で述べたように，仮定法現在と法助動詞とが共起しないということを前提として，これを AUX を書き換える句構造規則を用いて説明しようとする試みであるという点で共通している。

ただし，仮定法現在と法助動詞（ただし should あるいは shall を除く）が共起しないとする主張は，必ずしも英語の事実を正しく反映したものではないとの立場から，Chiba (1987, 1994) は，いくつか具体例を挙げながら，仮定法現在と法助動詞とが一般的に共起できないとする議論に反論を加えている。*Oxford Advanced Learner's Dictionary of Current English*, 5th ed. にある以下の例文を参照。

(29) a. She begged that her husband (*might*) be released.
　　 b. The tribunal has commanded that all copies of the book (*must*) be destroyed.
　　 c. The regulations specify that calculators *may* not be used in the examination.

◆仮定法節内の not の位置

仮定法現在の特徴の 1 つに，否定文になった場合の not の位置についての特殊性を挙げることができる。すなわち，仮定法節が否定文になった場合，直説法動詞の場合と異なり，本動詞，be 動詞，have 動詞いずれの場

合も，一般的に not＋動詞の形をとり，また本動詞の場合においても do 動詞を用いることがない。

(30) a. I insist that John *not come* so often.　　　(Chiba, 1987 : 49)

　　b. It is necessary only that the glottis *not be* wide open.

(*ibid*. : 50)

　　c. I demand that he *not have* left before I return.

(Chiba, 1994 : 327)

　　d. *John demands that Peter *does/do go*.

(Progovac, 1994 : 154, note 7)

　生成文法では，この言語事実は普通次のように説明される。まず，直説法動詞の場合，have 動詞と be 動詞は Have-Be 引き上げ規則（*Have-Be raising*）（または動詞引き上げ（verb raising））の適用により，もとの位置（すなわち，INFL＋*not*＋*have/be* の語順に見られる位置）から INFL の前の位置に移動する。本動詞は Have-Be 引き上げの対象とならず，もとの位置（すなわち，INFL＋*not*＋動詞の語順に見られる位置）を移動することはない。ただし，本動詞の場合は，do 挿入規則（*do-support*）により do 動詞が INFL の前の位置に挿入される。一方，仮定法動詞の場合は，Have-Be 引き上げ，do 挿入いずれの規則も適用されることがなく，本動詞，have 動詞，be 動詞いずれの場合も，動詞は not の後ろの位置に留まったままとなる。

　直説法動詞と仮定法動詞に見られるこのような違いの原因は，INFL を構成する素性の違いにあると考えられる。すなわち，INFL は，時制を表す素性 [±Tense] と一致要素（agreement）を表す素性 [±AGR] のさまざまな組み合わせ（すなわち，[＋Tense, ＋AGR], [＋Tense, －AGR], [－Tense, ＋AGR], [－Tense, －AGR]）として表すことができるが，直説法動詞と仮定法動詞の INFL は，それぞれ，1番目および2番目（または3番目）の組み合わせからできていると考えられる（4番目は不定詞および動名詞の場合の INFL を表す）。一方，Have-Be 引き上げおよび do 挿入が適用されるための条件として，素性 [＋Tense, ＋AGR] からなる INFL の存在が要求される。したがって，この条件を満たさない仮定法動詞（および不定詞と動名詞）の場合には，Have-Be 引き上げも do 挿入も適用されないことになる。

仮定法動詞が Tense を持つかどうか，あるいは，仮定法動詞の INFL の中身がどのようなものであると考えるかということについては，これまで生成文法の中で他の提案もなされている（Culicover (1971), Chomsky (1973, 1977b, 1981), Roberts (1985), Rizzi (1990), Haegeman (1986), Chiba (1987, 1991) 参照）。なお，仮定法節は独自の Tense を持たず，常に上位の節の Tense を受け継ぐか，時制に関し上位の節の Tense あるいは動詞に依存しているとする考え方については，Pesetsky (1982), Picallo (1984), K. Johnson (1985), Jakubowicz (1985), Haegeman (1986), Manzini & Wexler (1987), Hegarty (1992), Progovac (1992) を参照。

　仮定法動詞の持つ Tense あるいは INFL がどのような性質のものであるかを考察する場合，手がかりとなる重要な言語事実として，Have-Be 引き上げ，do 挿入に関するデータのほか，下記(31a)(31b)のように，仮定法節の主語の位置に相互代名詞 each other および再帰代名詞を用いることができないということを示すデータ，および(32)のように，仮定法節の主語の位置から名詞句移動によって要素を外に取り出すことができないということを示すデータを挙げることができる。

(31) a. *They demanded that *each other* be released.
　　　　　　　　　　　　　　　　　　　　　　(Haegeman, 1986 : 72)
　　　b. *I suggested that *myself* be invited.　　　　　(*ibid.*)

(32) *John is demanded (that) leave immediately. (Chiba, 1994 : 327)
すなわち，この点に関し，仮定法動詞は不定詞ではなく，むしろ直説法動詞の場合と同じ振る舞いをすることになる（次の例文を参照）。

(33) a. They wanted *each other* to be happy.　(Haegeman, 1986 : 72)
　　　b. He wanted *himself* to be invited first of all.　　(*ibid.*)

(34) a. *The candidates expected that *each other* would win.
　　　　　　　　　　　　　　　　　　　　　　(Chomsky, 1973 : 238)
　　　b. *The dog is believed is hungry (by me).　(*ibid.* : 237)

（例文(31)～(34)に見るような言語事実は，普通「束縛理論」(binding theory) などの一般的原理で説明される。）

　例文(30a)～(30d)について上で述べたように，仮定法節においては Have-Be 引き上げが適用されず，したがって否定文は not＋have/be の

語順を持つというのは確かに一般的な事実ではある。ただし，have/be＋not の語順を持つ仮定法節を文法的であると判断するような方言も存在することが指摘されている（Fiengo（1980：80），Quirk et al.（1985：1031），Chiba（1987：49-57），Beukema & Coopmans（1989：429-430），Potsdam（1997：536-537））。（ただし Beukema & Coopmans（1989）および Potsdam（1997）によると，be 動詞の場合は，たとえ be＋not の語順を取ることがあるとしても，その場合の not は文否定の働きをする not ではなく，動詞句否定（あるいは構成素否定（constituent negation））の働きをする not であるということになる。）

仮定法節内において，否定語 not が語順に関し(30a)～(30c)の例文に見るような特徴を示すのと同じような現象が，not の代わりに actually, always などの副詞および all, each などの数量詞を用いた場合にも見られる（特に be 動詞の場合）ということを Chiba（1987：84-97）は，次のようなデータを示しながら指摘している。

(35) a. John required that they *actually be/*be actually* accepted.
　　 b. I demand that filthy hippies *always be/*be always* shot.
　　 c. John required that they *all be/*be all* accepted.
　　 d. John demanded that the boys *each be/*be each* given five dollars.

（副詞 definitely についての同じような事実指摘，および normally, absolutely, certainly などの副詞についての同じような事実指摘が，それぞれ，Radford（1988：457）および Potsdam（1997：536-537, 1998：66, 140-141）によってなされている。）

|関連テーマ|　仮定法節を導く接続詞 that は省略できないといわれることがあるが（Chomsky & Lasnik（1977：485-86）），このような制約は，幅広く一般的に守られているだろうか。動詞による違い，あるいは方言差や個人差がかなりの程度見られるということはないであろうか（Chiba（1987：169, note 14），千葉（1995：25-27）参照）。

　1つ下の従属節だけが仮定法節となることができるという現象は，【テーマ2】で取り上げた仮定法の伝播の現象と一見矛盾するように見えるところがあるのではないだろうか。この2つの現象の共通点および相違点に

ついて各自調べてみよう。

　例文(23b)(24b)(25b)がどういうメカニズムにより文法的文となるかについて考えてみよう。統語的な説明あるいは意味的な説明としてどのようなものが考えられるであろうか。(Chiba (1991)に提示されている「素性転移」(feature transfer) に基づく説明を検討してみよう。それに代わるべき，より説得力のある説明は他にないだろうか。)

　「should 消去」の分析は，すでに述べたように，アメリカ英語については当てはまらないことがある。この規則の適用を仮にイギリス英語（に見られるような方言）だけに限ったとしても，さらに注意しなければならないことがある。たとえば，I think he should go のような文から*I think he go のような非文を導くことがないようにこの規則を定式化しなければならない。厳密に定式化するとしたら，どのような規則になるか考えてみよう。

　仮定法節の中に（should 以外の）法助動詞が現れることがないかどうか，具体的データを観察してみよう。もしそのような例が見つかった場合，(27)のような非文とどこがどのように異なるのか考えてみよう。

　Beukema & Coopmans (1989) および Potsdam (1997) の説に従って，be+not の語順を取る否定文の仮定法節内の not が構成素否定の not であることを論証するためには，どのような言語データを証拠として用いたらよいだろうか。

　例文(31a)(31b)が非文となるという事実を束縛理論を用いて説明してみよう。

(31) a. *They demanded that *each other* be released.

(Haegeman, 1986 : 72)

　　b. *I suggested that *myself* be invited.　　(*ibid.*)

(32) *John is demanded (that) *t* leave immediately.

(Chiba, 1994 : 327)

(31a)(31b)に現れる相互代名詞 each other および再帰代名詞，それに(32)のように名詞句移動によって生じた空範疇（*t*）を加えて，この3種類の名詞句を生成文法ではまとめて照応形（anaphor）と呼ぶ。照応形は，文法の一般的原理の1つに数えられる「束縛理論」(binding theory) の中の原理 A，すなわち，「照応形は統率範疇内において束縛され

ていなければならない」(Chomsky, 1981 : 188) を満たすものでなければならない（統率範疇および束縛の概念については，第52章「代名詞・再帰代名詞」【テーマ1】を参照）。

　したがって，もしSが統率範疇になるかならないかが，そのINFLが（Tenseではなく）一致要素AGRを持つか持たないかによって決まるとするならば（Chomsky (1981 : 209 ff.) 参照），仮定法節のINFLがAGRを持つか持たないか，そのいずれであると考えるかによって，仮定法節が統率範疇の1つに数えられたり，数えられなかったりすることになる。一方，上の例文(31)(32)で見たように，仮定法節の主語の位置に照応形が現れると一般的に非文となるという事実がある。そこで，この事実を束縛理論の原理Aによって説明するためには，これらの照応形は統率範疇，すなわち仮定法節の内部で束縛されていないとみなさなければならない。一方，仮定法節が統率範疇であるとするためには，仮定法節のINFLにはAGRが含まれているとみなすことになる。

30. 等位構造 (coordinate structure)

　次のように語句，文が等位接続詞によって結ばれている構造を等位構造と呼ぶ。
　(1) John and Mary
　(2) A man came into the room and sat down.
等位構造はどのような統語構造をしているのだろうか。　特に等位構造は，Xバー理論（→第55章「句・節の構造」参照）に基づく構造をしていないように見えるが，Xバー理論に合致した構造をしているのであろうか。また一般に等位構造は同じ統語範疇のものを結ぶものと考えられているが，違う統語範疇の等位構造は許されるであろうか，また許されるとすればどのような場合に許されるのであろうか。【テーマ1】
　等位構造には，接続されている範疇（等位項）が，名詞句，動詞句文の場合がある。また統語的には等位構造であっても，意味的には従位構造と考えられる場合もある。【テーマ2】
　等位構造からのwh移動による取り出しには制限（等位構造制約）があることが知られている。等位構造制約はどのような性質を持つものであろうか。また，等位構造の中から1つの要素だけを取り出すことはできないが，等位構造の全ての等位項に平行的に適用された場合（全域的適用）は文法的になる。全域的適用と寄生空所構文の類似性が指摘され，両者を関係づける試みがなされてきた。【テーマ3】

【テーマ1】等位構造の統語構造と文法範疇
【概説】
　等位構造は一見，Xバー理論に基づく構造をしていないように見える。しかし，Munn (1993) は，等位構造はブール演算子を主要部とするXバー理論に基づく統語構造をしていると主張する。Kayne (1994) も同じような提案をしている。また，一般に等位構造は同じ統語範疇のものを結ん

だものと考えられているが，Munn (1993) は2つの等位項の統語範疇は同じである必要はないと主張する。さらに，Johannessen (1998) は，2つの等位項が異なる場合，英語においては2つの等位項のうち，1番目の等位項が予測通りの形（その位置で許される形）で，2番目が予測通りでない形（その位置では許されないはずの形）であると主張する。

◆**等位構造の統語構造**── Munn (1993) *Topics in the Syntax and Semantics of Coordinate Structures*, 他.

　学校文法では等位構造の統語構造についてあまり述べられることはない。生成文法においても近年になるまで，等位構造について議論されることは多くはなかった。Munn (1993) は，それまで等位構造の統語構造について生成文法で想定されているものを句構造に表してみると，(3)のようになると述べている。

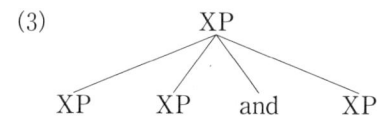

(3)
```
         XP
      /  |  \
    XP  XP  and  XP
```

　この構造をXバー理論（範疇ごとに句や語の構造の基本型を定式化しようとする理論）の観点から見てみると，主要部がないとも考えられるし，あるいはいくつかの主要部があるとも考えられ，その点で主要部は1つとするXバー理論に合致した句構造ではない。また，Xバー理論では主要部Xが最大投射XPに投射すると考えられているが，(3)ではそのようになっていない。さらに，Xバー理論ではすべての構造は二項枝分かれ（binary branching）であると考えられているが，(3)は二項枝分かれになっていない。したがって，等位構造が(3)のような構造をしていると主張することは，等位構造はXバー理論の外にあると主張することになる。Munnは等位構造に対して，Xバー理論に合致した構造を提案している。Munnによると，等位構造はブール演算子（Boolean operator）を主要部とするブール句（Boolean phrase）である（これはMunn (1987)の主張をさらに発展させたものである）。等位構造の構造として，(4a)と(4b)の2つの可能性が考えられるが，(4b)が正しいとMunnは主張する。

(4) a. 　　　BP　　　　　　b. 　　　NP
　　　　NP　　B′　　　　　　NP　　BP
　　　　　　B　　NP　　　　　　　B　　NP

Bはand, orなどのブール演算子である。(4a)ではBが主要部, 後ろのNPが補部であり, はじめのNPは指定部になっている。BとNPのまとまりはB′である。(4b)では, Bを主要部とするBPがはじめのNPにチョムスキー付加(Chomsky adjunction)している。全体の統語範疇ははじめの等位項の統語範疇となる。また, BとNPのまとまりは最大投射であるBPである。

(5)の言語事実(Ross (1967:163))は, andと2番目の等位項が構成素を成していることを示している。

(5) a. John left, and he didn't even say good-bye.
　　b. John left. And he didn't even say good-bye.
　　c. *John left and. He didn't even say good-bye.

(4b)が正しいことは, andと2番目の等位項が外置を受けられることからもうかがえる。

(6) a. John bought a book yesterday, and a newspaper.
　　b. *John bought a newspaper yesterday a book and.
　　c. *John bought a book and yesterday, a newspaper.

外置されるのは最大投射のみであると考えられるので, (6a)が文法的であるという事実は, andと2番目の等位項のまとまりが最大投射であるということを示す。andと2番目の等位項のまとまりが(4a)ではB′であるのに対して, (4b)ではBPという最大投射を成している。

さらに, 等位構造では等位項が3つ以上になることも可能である。

(7) Tom, Dick, Harry and Fred

付加は何度も繰り返すことができるので, NPがBPに付加すれば(8)のような構造が得られる。後ろから2番目のNPのHarryがBPにチョムスキー付加し, そして後ろから3番目のNPのDickができたBPにチョムスキー付加し, その結果できたBPが1番前のNPにチョムスキー付加している。

30. 等位構造

(8)
```
           NP
        /      \
      NP        BP
     Tom      /    \
            NP      BP
           Dick   /    \
                NP      BP
               Harry  /    \
                     B      NP
                    and    Fred
```

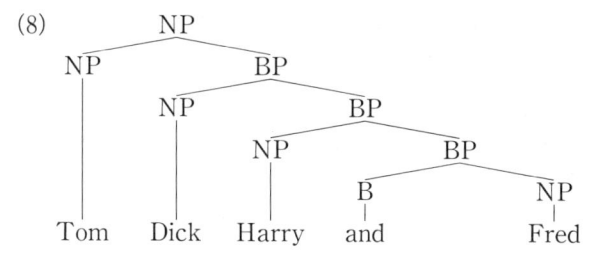

　Kayne（1994:58）は，Bill and Sam のように等位項が2つである等位構造は，and を主要部とする(9a)の構造をしており，John, Bill and Sam のように等位項が3つである等位構造は，もう1つ別の主要部を持つ(9b)のような構造をしていると主張する。英語では X⁰ は音形を持たない。

(9) a. [Bill [and Sam]]
　　b. [John [X⁰ [Bill [and Sam]]]]
　　c. *John and Bill, Sam
　　d. [John [and [Bill [X⁰ Sam]]]]

Kayne は，and は隠在的統語部門（LF）で上昇するという Munn (1993) の考えを取り入れ，音形のない X⁰ は上昇してきた and によって認可されると考える。このように考えると2つの主要部が逆になっている(9c)が非文法的であることが説明できる。(9c)は(9d)の構造を持ち，X⁰ は and により認可されないので(9c)は非文法的である。

　Kayne は and に相当する語がそれぞれの等位項に現れる言語をもとに等位構造の構造を考察している。フランス語においても日本語においても and に相当する語がそれぞれの等位項に現れるが，フランス語では等位項の前にあり，日本語では後ろにある。

(10) a. Jean connaît *et* Paul *et* Michel.
　　　　(Jean knows and Paul and Michel)
　　　b. ジョンとメアリーとが結婚した。

フランス語のような言語は次のような構造をしていると Kayne は主張する。

(11) [et [Paul [et Michel]]]

はじめの et が [Paul [et Michel]] を補部として取り，[Paul [et Michel]] では et が主要部である。なお Kayne は別案として，[et Paul] が2番目の et の指定部となっている案を提示している。これは英語の both

421

John and Mary のような等位構造では，[both John] が and の指定部であると分析できるので，それと平行的に扱うことが可能である。

　Kayne はすべての言語が基底構造として指定部-主要部-補部の順であると主張するので，日本語も基底構造としてフランス語と同じ語順の(12a)の構造を持ち，[ジョンと₂メアリー] が「と₁」の指定部の位置に移動すると考える。ただし，[ジョンと₂メアリー] の中では，「と₂」の補部である「メアリー」が「と₂」の指定部に移動せずに「と₂」の後に留まると考えなければならない。

(12) a. [と₁[ジョンと₂メアリー]]
　　　b. [[ジョンと₂メアリー]ᵢ と₁ tᵢ]

◆**等位項は同じ文法範疇でなければならないか**──Johannessen (1998) *Coordination*. 他

　等位構文では普通 John and Mary のように，等位項として同じ統語範疇のものが結ばれている。多くの統語論の入門書では and で結ばれるものは同じ統語範疇のものでなければならないと述べられている。しかし，Munn (1993) は，各等位項は同じ統語範疇である必要はないと主張する。容認不可能なものは意味的理由で排除される。Munn (1993) が主張する (4b) の構造では，2番目の等位項を補部とする BP が1番目の等位項にチョムスキー付加している。このように考えると，1番目の等位項と2番目の等位項とが同じ統語範疇でなければならないと規定することはできない。そして Munn は(13)のように1番目の等位項と2番目の等位項の統語範疇が異なっていても文法的な文があると述べている。

(13) a. We talked about [_NP Mr. Colson] and [_CP that he had worked at the White House].
　　　b. John expects [_IP Perot to run] and [_CP that he'll vote for him].
(13a)では NP と CP が and で結ばれており，(13b)では IP と CP が and で結ばれている。

　しかし，異なる統語範疇のものが自由に and で結び付けられるわけではない。特に，範疇が異なる2つの等位項の順序が大きな意味を持つことがある。(13a)において NP と CP の順序を入れ換えると非文法的になる。

(14) a. *We talked about [$_{CP}$ that he had worked at the White House] and [$_{NP}$ Mr. Colson].

　　b. *We talked about [$_{CP}$ that he had worked at the White House].

(14b)のように前置詞の後にはCPが来ることができないので，全体の統語範疇は1番目の等位項の統語範疇であるとする(4b)を採用するならば，(14a)を正しく排除することができる．次に，IPとCPの等位について述べると，(13b)の2つの等位項の順序を入れ換えた(15a)だけでなく，(15b)のような場合でも非文法的になる．

(15) a. *John expects that Perot will run and Bill to vote for him.

　　b. *Perot expects to run and his wife to vote for him.

Munnは(15a)(15b)が非文法的なのは，異なる文法範疇のものがandで結び付けられたためではなく，この環境では2番目の等位項であるIPの中の主語に格が例外的に付与されないからであるとする．(16)のように2つのIPがandで結び付けられている場合は文法的であり，2番目のIPの主語に格が付与される必要がある．このため(17)において，もし α (例えば主文動詞) がXPに格を付与するならば，BもYPに格を付与することができるとMunnは主張する．(16)ではexpectが1番目のIPの主語のPerotに例外的に格を付与するので，andは2番目のIPの主語のhis wifeにも例外的に格を付与できる．

(16) John expects Perot to run and his wife to vote for him.

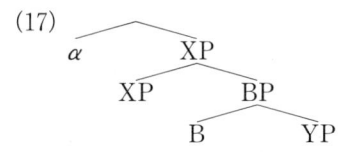

(17)
```
        α        XP
             ┌────┴────┐
            XP        BP
                   ┌──┴──┐
                   B     YP
```

1番目の等位項と2番目の等位項の統語範疇が異なっている(18)のような文について，Sag *et al.* (1985) は，これらの等位項は全て [+PRD] (predicative) という統語素性を持つと主張する．

(18) a. John is either [$_{AP}$ stupid] or [$_{NP}$ a liar].

　　b. John is [$_{NP}$ a Republican] and [$_{AP}$ proud of it].

　　c. John is [$_{AP}$ sick] and [$_{PP}$ in a foul mood].

しかし，Munnは [+PRD] が統語的な素性であるのなら，[+PRD] と

いう素性を持つものはすべて他の所でも同じような統語的振る舞いをしてもよさそうである。だが，turn into などの後ろでは，同じ［＋PRD］を持っていても NP は生じるが(19a)，AP は生じることができない（19a)。

 (19) a. John turned into a fine doctor.
   b. *John turned into happy.

また，もし(18)の sick と in a foul mood が［＋PRD］という点で同じであるなら，全ての叙述形が［＋PRD］となるはずであり，and で結ばれてもよさそうである。だが，(20b)のように必ずしも全ての叙述形が and で結ばれるわけではない（なお(20c)は文法的)。

 (20) a. John is happy. John is in the park.
   b. *John is sick and in the park.
   c. John is sick and is in the park.

以上のことから Munn は［＋PRD］という統語素性は存在せず，したがって(18)の各文の２つの等位項は統語範疇が異なっている文の例であると主張する。

 Johannessen (1998) は，(21a)のように，主語位置に等位構造の名詞句が現れた場合に，１つの等位項が主格を示し，もう１つの等位項が目的格を示すような，２つの等位項のうち１つが予測通りの形（その位置で許される形）でもう１つが予測通りではない形（その位置では許されないはずの形）をしている等位構造が多くの言語で見られるということを指摘している。また Johannessen は，多くの言語で予測通りの形の等位項と予測通りではない等位項の順序が決まっており，英語の場合は１番目の等位項が予測通りの形をしていると述べる。(21a)で１番目の等位項が主格であり，２番目の等位項が目的格である。同様に，(21b)では等位構造が目的語の位置にあるが，２番目の等位項が予測通りではない主格となっている。

 (21) a. Can someone help [my wife and I] find housing in Texas?
             (Johannessen, 1998：15)
   b. [She and him] will drive to the movies.   (*ibid.*)

また，(22a)のように前置詞の目的語が等位構造の場合，that 節は２番目の等位項である場合には容認可能である。

(22) a. Pat was annoyed by the children's noise and that their parents did nothing to stop it.
　　b. *Pat was annoyed by that their parents did nothing to stop it.
　　　　(Sag *et al*., 1985:165 で指摘された文)

further readings　Goodall (1987) は等位構造はお互いに先行も支配もしない2つの平行的な構造をしていると主張する。他に van Oirsouw (1987) も等位構造の統語構造について論じている。Borsley (1994) は，Munn とは反対に，等位構造は他の句とは全く異なるそれ独自の構造をしていると主張する。

関連テーマ　Kayne (1994) は主要部の等位接続はないと主張する。フランス語の接語は and で結ばれない。また，(ⅰ)のような文は主要部(動詞)の等位接続ではなく，(ⅱ)のように右方節点繰り上げで生成された文であると主張する。

　(ⅰ) John criticized and insulted his boss.
　(ⅱ) John criticized [*e*]ᵢ ... [his boss]ᵢ

Kayne は証拠として，(ⅰ)は(ⅲ)のように目的語が重い (heavy) 場合より，ほんの少し不自然であることを挙げている。

　(ⅲ) John criticized and insulted the very person who had helped him.

(ⅳ)は一見主要部の等位接続のように見える。

　(ⅳ) my friend and colleague John Smith

しかし(ⅴ)のように主要部の等位接続でないものも可能であり，(ⅳ)の場合も N ではなく NP の等位接続と考えられると Kayne は主張する。

　(ⅴ) my friend from high school and beloved colleague John Smith

【テーマ2】等位構造と意味
【概説】

　等位構造で何と何が結ばれているかを考察するには，その等位構造の意味を考えなくてはならない。Lakoff & Ross (1970) は，2つの名詞句が等位接続詞で結ばれた等位構造を含む文には，2つの名詞句が接続された句接続の場合と，2つの文から等位構造縮約変形で導かれた文接続の場合とがあると主張する。また，Godard (1989) は，2つの述語が等位接続

詞で結び付けられた場合は I′ の等位接続であると主張する。しかし，Burton & Crimshaw (1992) は，1つの主語を共有する述部の等位構造で，1つの等位項が能動で，もう1つの等位項が受動である場合は，I′ の等位接続とは考えることはできず，VP の等位接続であると主張する。そして主語が全域適用規則で2つの VP の指定部から IP の指定部に移動すると主張する。また Culicover & Jackendoff (1997) は，統語構造としては等位であっても，概念構造では一方が従位になっている場合があると主張する。

◆**名詞句の等位と文の等位**──Lakoff & Ross (1970) "Two Kinds of *And*," 他.

(23a)は(24a)のように書き換えられるが，(23b)は(24b)のようには書き換えられない。また，(24c)は容認不可能であるが，(24d)は容認可能である。こうした事実を根拠にして，Lakoff & Ross (1970) は，(23a)と(23b)とでは構造が違うと主張する。(23a)は(24a)のような構造から等位構造縮約変形で導かれる。(24c)が容認不可能であるのは，(24e)が容認不可能であるからである。これに対し，(23b)のような文は(24b)のような文接続から等位構造縮約変形で導くことができないので，(23b)の構造は(24f)のようにはじめから2つの名詞句が接続された句接続である。

(23) a. Ann and John are erudite.
　　 b. Ann and John are similar.
(24) a. Ann is erudite and John is erudite.
　　 b. *Ann is similar and John is similar.
　　 c. *Who and who are erudite?
　　 d. Who and who are similar?
　　 e. *Who is erudite and who is erudite?
　　 f. [Ann and John] are similar.

等位構造縮約変形は，その後そのままの形では受け継がれていないが，句接続と文接続の問題は避けて通れない問題である。similar, meet など(23b)のような場合を除いて，句接続は文接続の意味を持つからである。

(25) a. John and Bill left.
　　 b. John left and Bill left.

この問題について，Munn は(25a)が(25b)の意味を持つからと言って，(25a)を(25b)から導くべきであるという結論にはならないと述べる。元の構造が必ずしも意味を決めるわけではないからである。逆に(26a)(26b)のように文接続の意味を持てない文もある。(26a)(26b)はそれぞれ(27a)(27b)の意味を持つことはない。

(26) a. A man came into the room and sat down.

b. No student got an F and passed the course.

(27) a. A man came into the room and a man sat down.

b. No student got an F and no student passed the course.

◆**動詞句あるいは文に関わる等位**── Burton & Grimshaw (1992) "Coordination and VP-Internal Subjects," 他。

van Valin (1986) によると，(28)のように and の前後でテンスが同一の場合は，1つの I (Infl) を持ち，VP が and で結び付けられていると考えることができる。

(28) John talked to Mary and asked her for a date.

これに対し(29a)のように，and の前後でテンスが異なる場合には，Infl を共有できないので，VP の等位接続とは考えられない。van Valin は(29a)のような場合は(29b)のように文の等位接続と考え，2番目のSは主語位置に空範疇の主語を持つと考える。

(29) a. John talked to Mary today and will ask her for a date tomorrow.

b. [$_S$[$_S$ John$_i$ [$_{Infl}$ Agr] [talk to Mary today]] and [$_S$ e_i [$_{Infl}$ Agr will] [ask her for a date tomorrow]]]

しかしこのような考えに対し，Godard (1989) は，(30a)(30b)のように英語は空範疇の主語を許さないので，等位構造の時だけ空範疇の主語を許すことは一般化に反すると主張する。その後のXバー理論の展開を基礎に，(30c)のように Infl′ の等位接続と考えることができると主張する。

(30) a. *e left.

b. *John said that e stole the car.

c. [$_{IP}$ John [$_{I'}$ [$_{I'}$ Tns+Agr [$_{VP}$ talk to Mary today]] and [$_{I'}$ Mod+Agr [$_{VP}$ ask her for a date tomorrow]]]].

さらにGodardは数量名詞句を先行詞とする束縛代名詞の等位構造での生起可能性をもとに議論を進めている。(31a)と(31b)の対比に見られるように，数量名詞句を先行詞とする束縛代名詞はS構造で数量名詞句によってc統御されていなければならない。(31b)ではheはevery studentにc統御されていないので，非文法的である。

(31) a. Every student$_i$ must be in his$_i$ (or her$_i$) respective home.
　　 b. *Every student$_i$ left early, and he$_i$ went home.

次の(32a)では，andの前後のテンスが異なるので動詞句が接続されているとは考えられない。もしvan Valinが主張するように，(32a)が2番目の等位項が空範疇の主語を含む文接続であるならば，(32b)のような構造になるはずである。(32b)の空範疇の主語のeはevery studentにc統御されていないので，(32a)が容認可能であることが説明できないとGodardは主張する。一方，(32c)のように(32a)がInfl'の等位接続であると考えると，(32a)が文法的であることが説明できるとGodardは述べる。

(32) a. Every student$_i$ left early this evening and must be in his$_i$ (or her$_i$) respective home by now.
　　 b. [$_S$ [$_S$ Every student$_i$ left early this evening] and [$_S$ e$_i$ must be in his$_i$ (or her$_i$) respective home by now]]
　　 c. [$_{IP}$ Every student$_i$ [$_{I'}$ [$_{I'}$ left early this evening] and [$_{I'}$ must be in his$_i$ (or her$_i$) respective home by now]]]

しかし(33a)のように能動文と受動文が等位接続されている場合，受動化が名詞句移動であるという考えを捨てない限り，Infl'の等位接続の考えでは説明できない。(33a)の構造がInfl'の等位接続であると考えると，(33b)のようになる。しかし，(33b)のthe robberはIPの指定部の位置にあり，arrestの目的語の位置から移動していないのは明らかである。

(33) a. The robber just ran out of the bank and will be arrested by the police.
　　 b. [$_{IP}$ The robber [$_{I'}$ [$_{I'}$ just ran out of the bank] and [$_{I'}$ will be arrested ＿ by the police]]].

Burton & Grimshaw (1992)は動詞句内主語仮説に基づいてこの問題の解決策を試みている。動詞句内主語仮説を採用すると(34a)は(34b)の構造を持つ。(△は空の指定部を示す)。(34b)のVP$_1$に受動化が起こり，

the criminal が動詞の目的語位置から VP_1 の指定部に移動すると(34c)になる。(34c)では VP_1 の指定部にも VP_2 の指定部にも the criminal が入っている。2つの the criminal が全域的適用形式（ATB）の規則で IP の指定部に移動すれば(39d)となり，(39a)を派生することができ，従来の問題はなくなる。同時に，このことは動詞句内主語仮説の正しさを示している。

(34) a. The criminal will be arrested and confess to the crime.
b. [$_{IP}$ △ [$_{I'}$ will [$_{VP_1}$ [$_{V'}$ be arrested the criminal] △] and [$_{VP_2}$ [$_{V'}$ confess to the crime] the criminal]]]
c. [$_{IP}$ △ [$_{I'}$ will [$_{VP_1}$ [$_{V'}$ be arrested t_i] the criminal$_i$] and [$_{VP_2}$ [$_{V'}$ confess to the crime] the criminal]]]
d. [$_{IP}$ the criminal$_i$ [$_{I'}$ will [$_{VP_1}$ [$_{V'}$ be arrested t_i] t_i] and [$_{VP_2}$ [$_{V'}$ confess to the crime] t_i]]]

◆等位と従位── Culicover & Jackendoff (1997) "Semantic Subordination Despite Syntactic Coordination," 他。

等位接続詞 and の前後に生じる接続項が非対称的に使われている場合がある（Ross (1967), Schmerling (1975a) など）。例えば，A and B が「A の後に B が起こる」あるいは「B は A の結果である」というような内容を表す場合である。このような時，and は従位の意味を持つとされてきた。また Goldsmith (1985) は，(35)は等位構造制約に違反しているように見えるが，文法的であることを指摘している。

(35) [How many courses] can we expect our graduate students to teach t and (still) finish a dissertation on time?

Goldsmith は(35)のような文は等位構造ではなく，2番目の節が and nonetheless の意味を持っているので，従位節として再分析されると主張する。

このような場合には，and は統語的にも意味的にも従位であると考えられる。ところが Culicover & Jackendoff (1997) は統語構造としては等位で，概念構造（conceptual structure）としては従位であるような事例を指摘している。Culicover & Jackendoff は(36a)～(36c)のような文について論じている。

(36) a. One more can of beer and I'm leaving.

(Culicover, 1970 : 366, 1972 : 208)

b. You drink another can of beer and I'm leaving.

(Culicover & Jackendoff 1997 : 197)

c. Big Louise sees you with the loot and he puts out a contract on you. (*ibid.* : 198)

(36a)〜(36c)はそれぞれ(37a)〜(37c)のようにパラフレーズできる。

(37) a. If you have one more can of beer, I'm leaving.

b. If you drink another can of beer, I'm leaving.

c. If Big Louise sees you with the loot, he'll put out a contract on you.

この構文は完了形になると不可能になる。

(38) You've drunk another can of beer and I've left. (≠If you've drunk another can of beer, I've left.)

(36b)(36c)について見てみると、(37b)(37c)との関係から、(39a)のような統語構造を持つと考えられるかもしれない。しかし Culicover & Jackendoff によると、英語においては従属節を導く接続詞は従属節の前に来るので、and が S_1 の後ろに来ているのはおかしい。さらに従属節は主節の後に来ることができるが、(39b)のように従属節の S_1 が S_2 の後に来ることはない。

(39) a. [S_1 and] S_2

b. *[Big Louise puts out a contract on you, [[Big Louise sees you with the loot] and]].

このことからこの and は従位の接続詞ではないことが分かる。

しかし、束縛理論に関する事実は、S_1 が従属節のような働きをしていることを示す。(40a)で himself が John を先行詞として取る解釈が可能であり、この点で、(40b)のような if を含む文と平行的である。これに対し、S_1 が従属節のような働きをしていない(40c)では himself は John を先行詞とすることはできない。

(40) a. Another picture of himself$_i$ appears in the newspaper and Susan thinks John$_i$ will definitely go out and get a lawyer.

b. If another picture of himself$_i$ appears in the newspaper, Susan thinks John$_i$ will definitely go out and get a lawyer.

c. *Another picuture of himself$_i$ has appeared in the newspaper, and Susan thinks John$_i$ will definitely go out and get a lawyer.

また S$_1$ が従属節のような働きをしている (41a) では，if 節を含む (41b) と同様に anyone が可能である。

(41) a. You give anyone$_i$ too much money and he$_i$ will go crazy.

b. If you give anyone$_i$ too much money, he$_i$ will go crazy.

c. *You gave anyone$_i$ too much money and he$_i$ went crazy.

以上のことから Culicover & Jackendoff は，(36b)(36c) の and は統語構造では等位であり，一方概念構造では従位であるという非対応仮説（Mismatch Hypothesis）を提案している。この Culicover & Jackendoff の論考は（自立的統語論は意味論とは独立しているという仮説）の妥当性に関わっており，重要な意味を持つ。さらに束縛理論は統語部門ではなく意味（概念構造）に関わることになり，束縛理論にとっても重要な意味合いを持つ。

なお学校文法でよく取り上げられる，命令文に見られる and についても同じことが言えるように思われる。

(42) Speak one word, and you are a dead man.

further readings McNally (1992) も動詞句内主語仮説と等位構文を議論している。

関連テーマ Munn (1993) は Burton & Grimshaw (1992) が議論した (33) のような文について議論している。Munn (1991) は PRO は統率された位置でも可能である (governed PRO) と主張している。そして Munn (1993) は (38) のような文を VP の等位と考え，2 番目の VP の指定部に PRO を置く提案をしている。さらに Munn (1992) は A 移動の場合には全域的一律適用の移動はないと主張している。

【テーマ 3】等位からの取り出し
【概説】
Ross (1967) は，等位構造からの wh 句の取り出しには制限があるこ

とを説明するために，(ⅰ)等位項は移動することはできない，(ⅱ)等位項に含まれる要素をその等位項の外に移動することはできない，の2つの条項から成る等位構造制約を提案した。それに対し，Pesetsky (1982) は等位構造制約のうち，(ⅰ)は上位範疇優先の原則で扱うことができると主張する。また，Goodall (1987) は(ⅱ)は空虚量化の事例として説明できると主張する。また，wh 移動が等位構造のすべての項に全域的適用する場合は文法的であるが，Munn (1993) はこの wh 句の全域的適用の現象と寄生空所構文を関係づけることができると主張する。そして，全域的適用の現象は寄生空所構文から導かれるべきであると主張する。

◆等位構造制約──── Ross (1967) *Constraints on Variables in Syntax*, 他.
　Ross (1967) は(43a)(43b)のように and で結ばれている2つの等位項の1つを取り出すことはできないという言語事実，あるいは(44a)のように等位構造に含まれる要素のその1つを取り出すことはできないという言語事実を説明するために，等位構造制約を提唱した。(43a)は(43c)の some sofa を wh 疑問にしたものであり，(43b)は(43c)の some table を wh 疑問にしたものである。(44a)は(44b)の the lute を関係詞化したものである。

(43) a. *What sofa$_i$ will he put the chair between some table and t_i?
　　　b. *What table$_i$ will he put the chair between t_i and some sofa?
　　　c. [$_{NP}$ [$_{NP}$ some table] and [$_{NP}$ some sofa]]
(44) a. *The lute which Henry plays and sings madrigals is warped.
　　　b. [$_{VP}$ [$_{VP}$ plays the lute] and [$_{VP}$ sings madrigals]]

(43a)(43b)では全体の統語範疇は等位項と同じ統語範疇である NP であり，ある変形規則がある種類の句に適用可能な場合，それは最大の句に適用されるという上位範疇優先の原則（A-over-A principle）により説明できる。しかし，(44a)の場合は移動されるものが NP であり，等位構造の統語範疇は VP である。したがって(44a)の事実は上位範疇優先の原則では説明できない。Ross は(43a)(43b)の事実と(44a)の事実の両方を説明するために(45)の等位構造制約を提唱している。

(45) 等位構造において，(ⅰ)等位項を移動することはできない，また，(ⅱ)等位項に含まれる要素をその等位項の外に移動することはで

きない。
(45)の(ⅰ)により(43a)(43b)が説明でき，(ⅱ)により(44a)が説明できる。

◆**等位構造制約を他の原則から導く**──Goodall (1987) *Parallel Structures in Syntax : Coordination, Causative, and Restructuring*. 他

　Rossは等位構造制約を独立した原則として提唱したが，等位構造制約を他の原則から導く試みがなされてきている。Rossは等位構造制約として(45)の(ⅰ)と(ⅱ)の両方を含めているが，Grosu (1973a) はこの2つは異質のものであると主張している。また Pesetsky (1982) は，Rossの(45)は上位範疇優先の原則で扱える(ⅰ)と上位範疇優先の原則で扱えない(ⅱ)を併記しているに過ぎないと批判する。(45)の(ⅰ)が扱う言語事実を上位範疇優先の原則で扱い，(45)の(ⅱ)だけ残しても同じである。Goodall (1987) は(45)の(ⅱ)を空虚量化（vacuous quantification）から導こうとする。

　Goodall は，等位構造は2つの平行的な構造をしていると仮定しているので，(46a)のような文の基底には(46b)と(46c)の2つの文があると考える。

　　(46) a. *What$_i$ did Mary cook the pie and Jane eat t_i?
　　　　b. What did Mary cook the pie?
　　　　c. What did Jane eat t?

(46c)では文頭にwh句があり，動詞の後ろにその痕跡がある。ところが，(46b)では文頭のwh句に対応する痕跡はない。(46b)では演算子（wh句）が束縛すべき変項（痕跡）が存在しておらず，空虚量化の事例となる。そのために(46a)は非文法的になると Goodall は主張する。

◆**全域的適用と寄生空所構文**──Munn (1993) *Topics in the Syntax and Semantics of Coordinate Structures*, その他

　等位構造制約は等位構造の1つのものの移動を禁止するが，等位構造の全ての等位項に平行的に適用された場合は文法的になる。

　　(47) the man who Bill saw t and John hit t

Rossはこのような場合を全域適用と呼ぶ。Munn (1993) は，全域的適

用によって派生された文は(48)のような寄生空所（parasitic gap）文と類似していると述べている。(48a)(48b)の対比に見られるように，寄生空所は島の中には生起できないが，(48c)(48d)のように全域的適用で派生された文についても同じことがいえる。

(48) a. Which man did John interview t before expecting us to fire e?
b. *Which man did John interview t before reading the book you gave to e?
c. Which man did John interview t and expect us to hire e?
d. *Which man did John interview t and read the book you gave to e?

また，寄生空所は名詞句に限られるが(49a)，同じように全域的適用も名詞句の移動に限られる(49b)。さらに，寄生空所は非指示的名詞句の場合は不可能であるが(49c)，同様のことが全域的適用にも当てはまる(49d)。

(49) a. *How tired can one be t without feeling e?
b. *How tired can one be t but not feel e?
c. *How many kilos does he say that he weighs t without believing that he weighs e?
d. *How many kilos does he say he weighs t but not believe that he weighs e?

Munn は寄生空所構文と全域的適用の間に類似性があるので，両者は関係づけられるべきであると主張する。そして，全域的適用の文は寄生空所構文から導かれるべきであると主張する。特に寄生空所構文について空演算子の移動を仮定する Chomsky (1986a) の分析は，全域的適用の文にも適用されるべきであると主張する。Munn は全域的適用を受けた文の第二等位項の空所も，空演算子の移動の性質を持つと述べる。(50a)のような tough 構文は空演算子の移動を含むと考えられるが，(50b)のように非指示的名詞句は空演算子の先行詞になることができない。空演算子の移動を含むと考えられている tough 構文と全域的適用の文とが同じ性質を共有するので，全域的適用の文についても空演算子の移動が含まれていると考えるべきである。

(50) a. John is easy to please t.

b. *One hundred kilos is difficult for everyone to weigh *t*.

さらに，(51a)のように二重目的語構文の直接目的語をwh疑問化することは可能である．しかし，tough構文では(51b)のように，二重目的語構文の直接目的語に対応する空演算子の移動は不可能である．この二重目的語構文の間接目的語についての制限が(51c)(51d)のように寄生空所構文および全域的適用構文についても見られる．

(51) a. Which book did you send the man *t*?
　　 b. *?Books are hard to send the library *t*?
　　 c. *?Which book did you send Paul *t* without giving Mary *e*?
　　 d. *Which book did you send Paul *t* and give Mary *e*?

以上のことから空演算子の移動を含むと考えられている寄生空所構文から全域的構文を導くべきであるとMunnは主張する．このように考えると，全域的適用という操作を破棄することが可能になる．

| further readings |　Williams (1990) はMunnとは逆に，全ての寄生空所構文は全域的適用方式の1つであると主張する．

| 関連テーマ |　上記のCulicover & Jackendoff (1997) が議論している文の場合，普通の等位構造とは逆に，等位構造制約に違反しても容認可能性はあまり低くならなくて，全域的適用の移動の場合は容認可能性がかなり低くなる．

　(i) a. ?This is the loot that you just identify *t* and we arrest the thief on the spot.
　　 b. ??This is the thief that you just point out *t* and we arrest *e* on the spot.

31. 外置構文 (extraposition from NP)

> (1) All is not gold that glitters.
>
> この諺には関係代名詞 that で導かれる節（関係節）が含まれている。次のような別形があることからも明らかな通り，この関係節が修飾しているのは主語の all であって直前の gold ではない。
>
> (2) All that glitters is not gold.
>
> つまり(1)の関係節は，それが修飾する名詞句（先行詞）から切り離されて文末に置かれているのである。このように関係節やその他の名詞修飾句が先行詞から分離されて文の末尾へ配置される現象を「名詞句からの外置（extraposition from NP）」と呼ぶ。
>
> 　名詞句からの外置構文は，先行詞とそこから分離された関係節（修飾句）の間に成り立つ修飾関係を含むものであるから，文法はこの不連続な依存関係（discontinuous dependency）を記述するための何らかの装置を備えていなければならない。【テーマ1】
>
> 　外置による不連続依存関係にはさまざまな制限が課せられている。【テーマ2】
>
> 　外置という現象（あるいはそれを引き起こす文法的メカニズム）がそもそもなぜ存在するのか，修飾要素が先行詞から分離されることにはどのような意義があるのか，ということを考えてみた場合，そこにはある種の機能（function）との密接な関連があるものと思われる。【テーマ3】

【テーマ1】外置構文の構造とその文法的記述

【概説】

外置構文は不連続依存関係の一例であり，Quirk *et al.* (1985) は不連続名詞句（discontinuous noun phrase）と呼んでいる。"Extraposition" とはある種の同格的な語句が文中の本来の位置から「外れた位置」に生じることを表わすために Jespersen が用いた用語であるが，ここでの「（名

詞句からの）外置」という意味でこの用語をはじめて用いたのは Ross (1967) である（なお Rosenbaum (1967) も参照）。つまり「名詞句からの外置」は主として変形生成文法理論の枠組みの中で積極的に研究され始めたものであり，英文法の現象としては比較的新しいものと言ってよい。

　名詞句からの外置を文法的にどのような形で記述するかということに関しては，変形文法論者の間でさまざまな意見が出されてきている。Ross (1967) をはじめとする多くの学者が考えるように，外置要素は右方向への移動変形を受けているとするのが最も一般的な見方と言えるが，移動変形を全く使わずに外置要素を「基底生成」する Culicover & Rochemont (1990) らの立場もある。また，J. McCawley (1982, 1987) のように句構造標識における「枝の交差」によって外置を処理しようとするものもある。

◆**外置は右方移動変形**── Ross (1967) *Constraints on Variables in Syntax*. [＝Ross (1986) *Infinite Syntax!*]

　変形生成文法の枠組みにおける名詞句からの外置に対する最も自然で直観的にも妥当と思われる見方は，それが右方向への移動操作によるとするものである。Ross は (3b) のような名詞句からの外置構文を (3a) から (4) のような右方付加変形規則によって派生するとの立場をとる。

(3) a. A gun which I had cleaned went off.
　　 b. A gun went off which I had cleaned.　　　　　(Ross, 1986 : 2)

(4) 構造記述：$\underbrace{\text{X-}[_{NP}\text{NP-S}]\text{-Y}}$
　　　　　　　　1　　2　3　⇒（随意的）
　　構造変化：　1　　0　3+2　　　　　　　(Ross, 1986 : 4 参照)

ここでの構造記述とは変形規則の適用対象となる構造が備えるべき特徴を述べたものであり，構造変化とは加えられる変形操作を表す。したがってこの変形規則は，関係節などの文を含む名詞句からその関係節を分離して任意の記号列を飛び越して文末に（同位）付加することができるということを表している。つまり，もともと深層構造（意味解釈を決定する抽象的言語表示レベル）で成り立っていた連続的な修飾関係がこの変形規則により表層構造（音韻解釈に関与する表示レベル）では不連続な形になって現れるというわけである。変形規則による分析は，抽象的な 2 つの言語表示

レベルの設定とそれらの関連付けに基づいて依存関係の連続性と不連続性の両方に対処するものと言える。

　外置変形規則の適用は特定の文法関係を持つ名詞句に限定されてはいないので，(3)のような主語名詞句だけでなく，動詞や前置詞の目的語名詞句からも外置が行われうる。

(5) I gave a gun to my brother which I had cleaned. (Ross, 1986 : 3)

(6) I saw it in a magazine yesterday which was lying on the table.
(Baltin, 1978 : 115)

主語と目的語の両方から同時に関係節が外置されることもある。

(7) No one puts things in the sink that would block it who wants to go on being a friend of mine.　　　(J.D. Fodor, 1978 : 452)

また，名詞句に支配されるSには関係節だけでなく同格のthat節（名詞補部節）も含まれるので，次のような外置が生じることもある（この種の外置の適用には厳しい制限がある。Emonds (1976 : 147-150)，Joseph (1977) 等を参照）。

(8) a. The claim that the rain was causing the accident was made by John.

b. The claim was made by John that the rain was causing the accident.　　　　　　　　　　　　(Emonds, 1976 : 147-148)

なお(9)のような前置詞句の外置も，ほぼ同様の右方移動規則により派生される（Ross, 1986 : §5.1.2.2.参照）。

(9) a. A review of this article came out yesterday.

b. A review came out yesterday of this article. (Ross, 1986 : 176)

（Rossは前置詞句の外置と関係節・補部節の外置を単一の規則とはしていないが，両者はほぼ同一の現象と見なして差し支えない。）

　規則(4)は，XおよびYという変項（variable）（空記号列をも含む任意の記号列を表す）を含む非常に一般的な形のものであるから，このままでは外置が全く無制限に行われてしまう。そこでこの規則の適用に対しては一定の制限を付けねばならない。Rossは概略，外置は単一の節の内部でのみ起こるとする制限（右方移動の「上方制限」）を提案している（【テーマ2】参照）。

◆外置要素は「基底生成」──── Culicover & Rochemont (1990) "Extraposition and the Complement Principle."

Culicover & Rochemont (1990) は，外置が移動であるとすると，摘出制限や境界制限に関し他の移動操作（wh 移動や話題化）とは異なるため，何か特別の扱い（例えば Baltin (1981, 1983, 1987) 参照）が必要になるので理論的に好ましくないとの理由から，外置要素を表層構造で現れる位置に「基底生成」するという立場をとる。つまり連続的依存関係を何らかの抽象的表示（深層構造）において設定しておいてそれを何らかの操作により不連続依存性へと結びつけるというのではなく，はじめから不連続な形を作っておいてそれを連続的なものとして解釈する方法をとるのである。

外置句が構造上どのような位置に生じているかを確認するデータとしては，VP 削除，VP 前置，擬似分裂文化，代名詞の指示関係などさまざまなものがある。以下に VP 前置の例を挙げる。(10) では目的語から外置された要素（(who was) from Philadelphia）が前置 VP の内部に含まれている。

(10) John said he would meet a man at the party (who was) from Philadelphia, and meet a man at the party (who was) from Philadelphia he did.　　　(Culicover & Rochemont, 1990 : 28)

しかし (11b) に示される通り，主語から外置された関係節は前置された動詞句には含まれ得ない。

(11) a. They said that a man would come in who had lived in Boston, and come in a man did who had lived in Boston.
　　 b. *They said that a man would come in who had lived in Boston, and come in who had lived in Boston a man did.　　(*ibid.* : 36)

したがって，目的語から外置された要素は動詞句内にあるが，主語から外置された要素は動詞句の内部にはあり得ず，その外にあると考えられる。この違いは次の解釈上の原理により説明される。

(12) 補部原理 (Complement Principle)：α と β（共に X^{max}）が統率関係にある場合にのみ，β は α の潜在的な補部となる。

外置された要素が名詞句の補部として解釈されるためには，両者の間に統率 (government) の関係（ある種の局所的な構造関係）が成り立ってい

なければならない。前置された動詞句内部にある外置関係節は同じく動詞句内部の目的語とは統率関係を持ち得るが，動詞句外の主語とは統率関係を持ち得ない。ゆえに主語からの外置要素は，(12)に従って主語の補部として適切に解釈されるためには，(11a)のように動詞句の外になければならない。

なお「基底生成」によるアプローチはもともと Andrews (1975) で提案されたものであるが，その根拠の1つとして Andrews は次のような分離した先行詞 (split antecedents) を含む文の存在を挙げている。

(13) A man entered the room and a woman went out who were quite similar.　　　　　　　　　(Perlmutter & Ross, 1970 : 350)

外置関係節が移動により後置されるものであるならばこの種の文は派生され得ないはずである，というのも，関係節の元の位置が考えられないからである（a man who were similar などという名詞句はあり得ない）。ところが Guéron (1980 : 648) は次の例を挙げ，外置要素が分離した先行詞を許さないとしている。

(14) *A man met a woman yesterday who were similar.

したがって分離先行詞の現象についてはさらに検討が必要と思われる (Rochemont & Culicover (1990 : 38-39) 参照)。

◆**外置は構造を変えない変形**── J. McCawley (1982) "Parentheticals and Discontinuous Constituent Structure."

上で見た2説は移動の有無について違いはあるものの，外置構文と非外置構文とに異なる構成素構造（節点間の支配関係）を与えるという点では共通している。J. McCawley (1982) は外置が変形操作であるとしながら，それは語順だけを変更する変形 (order-changing transformation) であって，構成素構造には何の変化も及ぼさないとする。したがって次の関係節は外置された後も依然として主語名詞句に支配され続けていることになる。

(15) A man entered who was wearing a black suit.

つまり外置構文において不連続なのは語順だけであって，構造上は常に連続性が保たれている，すなわち，先行詞と外置要素は同一の節点に支配されたままであると見なすのである。Ross (1967＝1986) による定式化か

らも明らかであるが，変形生成文法において外置規則は一般に「名詞句の支配下から要素を移動する規則」(Baltin (1978:21)) と定義されるものであるから，J. McCawley の説はこれに真っ向から対立する。

　外置が構成素構造を変えないと考える理由として，疑問化や関係節化などの操作によって外置関係節から要素を取り出すことはできないという事実がある（これについては後出 Huck & Na (1990) も参照）。

(16) *What kind of clothing did a man enter who was wearing?

(J. McCawley, 1982:98)

(17) *The coat which a girl came in who had worn was torn.

(Ross, 1986:173)

外置されていない関係節からの摘出もやはり非文を生むのであるが，これは複合名詞句制約 (complex NP constraint)，つまり名詞句に支配された文の内部からの要素の摘出を禁じる制約によって阻止することができる。だがもし外置が関係節を名詞句の支配下から動かして構造を変えてしまうとすると(16)(17)のような摘出はもはやこの制約によっては阻止できなくなる。したがってこのような例を排除するために何か特別な制約（例えば Ross (1986:173)) の「凍結構造制約」）を設定することが必要となるのであるが，J. McCawley は外置が構成素構造を変えないとすればこれは依然として複合名詞句制約によって説明できると言う。

　上の例では確かに J. McCawley の言う通り，外置しようとしまいと摘出が等しく禁じられるのであるが，場合によっては外置の有無が摘出の良し悪しを左右することがある。次の(18)は前置詞句外置の例であるが，(18a)の摘出は複合名詞句制約に抵触しないので許されるが，(18b)のように前置詞句が外置された場合は摘出不可能となる。

(18) a. Who did you show a picture of to Martha?
　　　b. *Who did you show a picture to Martha of?

(Baltin, 1984:160)

もし外置が構造を変えないとするとこの対比は説明し難いであろう。

　J. McCawley によれば，語順だけを変更する変形規則は，句構造標識における「枝の交差」を認めるような句構造の理論によって簡単に述べることができる。なお語順だけを変更する変形には他に挿入句配置，かき混ぜ，重名詞句転移，右節点上昇などがある。

> **further readings**　Emonds（1976:145-150）も名詞句からの外置を右方向への移動変形とするが，動詞句内の補文位置への置換（構造保持的なS移動）とする点でRossとは異なる。補文外置についてはJoseph（1977），Fukuchi（1978）も参照。前置詞句外置についての詳細な議論はGuéron（1980）にある。Gazdar（1981）は一般化句構造文法（GPSG）の枠組みで，外置構文（を含む右方依存全般）を直接生成する句構造規則式型を提案している。外置構文を先行詞の左方移動に伴う関係節の残留として分析する試みとその理論的意義についてはKayne（1994）を参照。交差枝に基づき外置を語順変更変形とする見方を支持するさらなる議論はJ. McCawley（1987）にある。その批判はBaltin（1984）を見よ。なお枝の交差についてはOjeda（1987）も参照。平板構造と線形先行原理によるDowty（1996）の分析や認知文法によるLangacker（1997）の分析は，「句構造標識」の概念を再検討する試みとしても注目に値する。

> **関連テーマ**　不連続な依存関係を含む構文には他にどのようなものがあるだろうか（例えば，不連続な形容詞句や動詞句など）。それらと名詞句からの外置構文との間にはどのような類似点・相違点が見られるだろうか。

【テーマ2】外置に課せられる制約

【概説】

　名詞句からの外置構文がいかなる文法的機構によって記述されるにせよ，それが不連続依存関係を成すものであることに変わりはない。そして先行詞と関係節（あるいは名詞補文，前置詞句等）が示すこの不連続な関係は決して無制限なものではなく，さまざまな形で制限されている。

　Baltin（1978）は先行詞と外置要素の順序関係（左右関係）に対する制限を提案した。Akmajian（1975）はRoss（1967＝1986）の先行研究に基づき先行詞と外置句との「距離」についての有界制限（局所性）を論じている。Guéron & May（1984）は論理表示の制限から外置の局所性や定制限を導こうとする。Huck & Na（1990）は焦点の理論に基づき外置に対する定制限と摘出制限を説明している。

◆**外置は常に右向き**——Baltin（1978）*Toward a Theory of Movement*

Rules.

　変形文法の立場において外置とは概略,「名詞句の支配下から要素を移動する規則」(Baltin (1978:21)) と見なせるのであるが,この移動は必ず右方向へ向かうものである。つまり外置された関係節や前置詞句は常に文末位置へ現れるのであって,文頭位置へ現れることは決してない。

(19) *Who was from Philadelphia a man came in.
(20) *Of Chomsky's latest book a review has just appeared.
(21) *That Fred killed his father the claim has never been proved.
(Baltin, 1978:22)

　このような左向きの外置規則の欠如を説明するため,Baltin (1978:24) は意味解釈規則 (rules of construal) の1つとして「修飾句・主要部解釈の普遍的式型 (universal schema for modifier-head construal)」を提案した。この式型 NP-X-Modifier によれば,意味解釈が行われる段階において,主要部名詞句は常に(不連続な)修飾句の左になければならない。もし修飾句の方が主要部の左にあると解釈を受けられず,「意味的内容を持った要素はすべて解釈を受けねばならない」という規約 (uninterpreted element convention) に違反し,結局は文が排除されてしまう。もし仮に外置が左方向へ向かって行われたとすると,関係節などの修飾句が主要部名詞句の左に現れるような配列形 Modifier-X-NP が生まれ,明らかにこの普遍式型に違反し解釈が与えられない。したがってこの解釈式型が正しいものであるならば,外置は必ず右方向へ向かうことになる。

　ちなみに Emonds (1985:285) はこの式型を「主要部・修飾部の制約 (Head-Modifier Constraint)」として一般化し,次のような比較節や結果節の前置の悪さもこの式型で説明できると言う。

(22) **Than John gives of his (time) to charity, Mary contributes more of her time to campaigns.　(Emonds, 1985:285)
(23) **That rent control started to seem like a complicated issue, so many corporations gave money to the campaign.　(*ibid.*:284)

　移動規則を「任意の範疇を任意の位置へ移動せよ」という極めて一般的な形に還元する理論 (Chomsky (1981)) においては,少なくとも原理上,移動が方向性や距離にかかわりなく自由に行われ得る。よってもし名

詞句からの外置がこの移動規則の適用の一例であるならば，左向きの外置を禁じるために解釈式型のような一種の「フィルター」が必要となろう（Guéron（1980：639）も参照）。なお Baltin は上記解釈式型を（ある種の例外を除き）普遍的なものと見なしているが，日本語のような主要部末尾型（head-final）語順を持つ言語においては明らかに当てはまらない。

◆**循環節点の条件**——Akmajian (1975) "More Evidence for an NP Cycle."

　Akmajian（1975）は外置による不連続依存関係が一定の境界制限を受けることを論じている。外置変形（を含む右方移動変形全般）に対する境界条件ははじめ Ross（1986：179）により次のような形で述べられた。「…A Y という形の構造指標を持ち，かつ A が Y の右に付加されることを指定した構造変化を持つ規則は，どれも上方に制限されている（upward bounded）」つまり A は，それを含む最初の文の境界を越えられないということである。この制約は一般に「右屋根の制約（Right Roof Constraint）」として知られており（Grosu（1973）），次のような文の生成を禁じる。

　(24) *That a gun went off surprised no one which I had cleaned.
　　　　　　　　　　　　　　　　　　　　　　　　　　(Ross, 1986：4)
　(25) *That a review came out yesterday is catastrophic of this article.　　　　　　　　　　　　　　　　　　(*ibid.*：179)

(24)で外置される which I had cleaned を含む最初の文境界は主語の that 節であるから，それを越えて主節の末尾にまで動くことは許されないのである。(25)の前置詞句外置の場合も同様である。

　Akmajian（1975）は次のような例に基づき，外置に対する条件として「右屋根の制約」が不備であることを指摘する。

　(26) a. A review of a new book about French cooking came out yesterday.
　　　 b. A review came out yesterday of a new book about French cooking.
　　　 c. *A review of a new book came out yesterday about French cooking.　　　　　　　　　　　　　　(Akmajian, 1975：118)

前置詞句 about French cooking の外置は文境界を1つも越えていないか

ら右屋根の制約には違反していないはずであるが，(26c)は非文となる。この文が悪いのはむしろ名詞句境界を2つ越えているためと考えられる。Akmajian (1975:119) はここから「いかなる要素もそれを含む循環節点より2つ以上上の循環節点へ外置されてはならない」という条件を提案した。つまり，外置は1つ上の（隣接する）循環節点までしか許されないというのである（この条件は Chomsky (1973:271) の「下接の条件 (Subjacency Condition)」の特殊版と見なせる）。なお「循環節点 (cyclic node)」というのは各種変形規則が一通り適用される対象領域となる節点のことで，英語ではSとNPの2つが該当すると考えられている。この条件によれば，従来「右屋根の制約」が排除するとされてきた(24)や(25)のような例は NP と S という2つの循環節点を越えるために非文になると説明できる。

次の(27a)は前置詞句 by three authors が review と book のどちらを修飾するのかという点で解釈が2通りに曖昧であるが，(27b)のように外置が適用するとこの曖昧性がなくなる。

(27) a. A review of a book by three authors appeared last year.
　　 b. A review of a book appeared last year by three authors.
(Akmajian, 1975:122)

上記の条件によれば，外置された前置詞句は book ではなく review を修飾する位置から外置されたとしか考えられないからである。

NPが循環節点として1つの領域を成すことから，外置がS節点にまで及ばず名詞句の内部だけで適用することがある。

(28) a. Ira's hopes for a victory over Melvin last year were quite in vain.
　　 b. Ira's hopes for a victory last year over Melvin were quite in vain. (*ibid.*:123)

上例で over Melvin が外置される時，hopes を主要部とする名詞句が2つ上の循環節点となるので，それより上の文のレベルにまでは達しない。

ちなみに Ross が右屋根の制約の根拠として挙げている例はほぼ全て「文主語制約 (Sentential Subject Constraint)」（主語節内からの要素の取り出しを禁じる制約）によっても排除される。文主語制約の影響のない例を見てみると完全に非文法的と言えるかどうか判断の微妙な場合もあ

る。
- (29) ?*You promised that a person would come on the telephone who would fix the refrigerator.　　　　　　(Andrews, 1975 : 75)
- (30) ?*The professor announced that he had stolen a vase in class from the most closely guarded temple in India.　　(*ibid*.)
- (31) *John believes that a man was here despite the evidence to the contrary who comes from Philadelphia.　(Chomsky, 1973 : 271)

また次例では名詞句に埋め込まれた名詞句の内部から外置が起こっている。
- (32) The construction of a bridge was proposed which would span the Delaware River.
- (33) The tip of the leg was repaired of the dining room table.
　　　　　　　　　　　　　　　　　　(Guéron, 1980 : 647 ; fn. 11)

このような例の存在は文と名詞句を循環節点（境界節点）とする分析（したがって下接の条件）にとっては問題となるだろう。

◆**論理形式の特性**──Guéron & May (1984) "Extraposition and Logical Form."

　Guéron & May (1984) は外置に対するさまざまな制限が論理形式（Logical Form : LF）と呼ばれる統語レベル（主に量化の範囲や指示関係等を明確に表すレベル）の性質から得られると主張する。彼らは名詞句からの外置と結果節（result clause）の外置の2つを対比させる。

- (34) a. Many books have been published recently which I've enjoyed reading.
  - b. So many books have been published recently that I haven't been able to read them all.　　　(Guéron & May, 1984 : 1)

この2種の外置はともに一般的な移動規則（Move α）の適用によるものとされるのであるが、両者の間には同一指示関係や統語的な島の内部からの適用、分離先行詞の可能性などに関して違いがある。Guéron & May (1984) はこれらの違いが、LFレベルにおける量化主要部（quantified head）の移動の違い及び主要部・補部関係に対する条件から導き出せると言う。名詞句からの外置はSへの付加移動であり、一方結果節の外置

はS'への付加とされる。LF で外置関係節の主要部である名詞句は量化子上昇規則（Quantifier Raising：QR）によりSへ付加されるのであるが，外置結果節の場合は名詞句ではなく so という指定部のみが主要部としてS'へ上昇する（両者の移動の違いは主題項構造の特性の差異に還元される）。この結果，名詞句からの外置はSのレベルで，結果節外置はS'のレベルで，「補部関係は統率関係下においてのみ成立し得る」という条件を満たすので，表層では不連続であった主要部・補部の関係が LF で「再構築」される。（前出 Culicover & Rochemont (1990) の「補部原理」(12) 参照。）

次のような名詞句内部の名詞句からの外置の対比を考えてみよう。

(35) Plots by so many conspirators have been hatched that the government has jailed them.

(36) *Plots by many conspirators have been hatched who the government has jailed. (Guéron & May, 1984 : 2)

詳細は省略するが，(35)では LF において so が QR により移動され外置結果節と統率の関係に入るため上記条件を満たすが，(36)では many conspirators が外置関係節を統率しうる位置まで移動されないために非文となる。要点はつまり，名詞句その他を境界節点と定めることにより外置を阻止するというのではなく，論理形式における量化子移動と統率関係の有無により文法性が決まるということである。

主要部・補部関係の条件は量化子の上昇により満足されるものであるから，もし主要部が量化されていない場合は上昇が起こらないのでこの条件を満たせないことになる。Guéron & May は次のような対比を挙げる。

(37) a. I read a book during the vacation which was written by Chomsky.
　　b. *I read that book during the vacation which was written by Chomsky. (*ibid.* : 6)

指示詞を持つ名詞句（及びある種の定名詞句）は QR の適用を受けないので，(37b)では that book と外置節との間に主要部・補部関係が成立せず非文となる。これは定制限（definiteness restriction）と呼ばれることがある。

Guéron & May は要するに LF における量化子上昇の有無に基づいて

定制限を説明するわけであるが，次のような例は問題となるかもしれない。

(38) That man came into the room that I was telling you about.
(Rochemont & Culicover, 1990 : 60)

(39) That book was finally published about the latest trends in linguistics in the U.K. (Wittenburg, 1987 : 439)

また J. D. Fodor (1984 : 120) は間接目的語からの外置について次のような対比があることを観察している。

(40) *John gave a man an apple who was from Philadelphia.

(41) John gave everyone an apple who asked for one.

一般に間接目的語からの外置は容認度が極めて低いのであるが，everyone のような量化名詞句である間接目的語からの外置であるならば，完全に容認可能となるというのである。Guéron & May の理論によれば(41)の everyone はもちろん，(40)の a man も量化主要部として LF で上昇されるはずであるから，(40)も(41)も等しく文法的になると予測してしまう。このような例は量化子上昇に基づく定制限の説明の妥当性を疑わせる。

◆焦点の制約——Huck & Na (1990) "Extraposition and Focus."

Huck & Na (1990) は，「文の容認性は文脈ごとに変動しうる」との立場から，外置に対する定制限と摘出制限を談話語用論的な焦点の理論 (theory of focus) により説明する。

外置関係節の先行詞となる名詞句の定性 (definiteness) が外置の容認性に影響を及ぼすことは Ziv & Cole (1974) により指摘されている。彼らは外置の起こる名詞句が定 (definite) の場合，容認度が落ちることを観察した。

(42) a. A guy just came in that I met at Treno's yesterday.
   b. ??The guy just came in that I met at Treno's yesterday.
(Ziv & Cole, 1974 : 772)

Ziv & Cole によれば確定記述（定の名詞句）は固有名詞と同様にそれ自身が完全な指示表現であるため制限関係節（これは通常指示物の同定機能を果たす）による修飾を許さない。ゆえに(42b)には適切な解釈が与えら

れない。

　この指摘に対し Huck & Na (1990) は，定名詞句からの外置であってもあらゆる談話文脈で常に非文となるわけではなく，外置要素が対比強勢を受ける場合には完全に容認可能だと言う。次の例を(42b)と比較してみよう。

　(43) The guy just came in that I met at TRENO'S yesterday.
(Huck & Na, 1990 : 54)

今ある話者が，これから部屋に入ってくることが予期される２人の男についてに話をしているものとする。そのうちの１人には Treno で，もう１人には Andrea で会っている。こういう状況でその２人の男のうちのどちらか一方が部屋に入ってきた場合ならば，(43)のような文を発することは全く適切である（Rochemont (1978 : 11) も参照）。定名詞句というのは一般に前方照応的であるため旧情報である。定名詞句に付く制限関係節は前提とされるので旧情報であるが，一旦外置されると，焦点として新情報を表すようになる。ゆえに(42b)の文には情報の新旧の食い違いが生じるのでおかしい。一方(43)のように強勢を受けた外置関係節は対比焦点 (contrastive focus) であり旧情報を表わし得る。よって定名詞句との間に矛盾が生じない。

　外置要素からの摘出（既出 J. McCawley 参照）も文脈により容認可能になる。

　(44) a. *Whom did you see a picture yesterday of?
　　　 b. Okay, you saw a picture yesterday, but just whom did you see a picture yesterday OF?　　　　　　　　　(*ibid*. : 64, 66)

文末に残留された前置詞が対照的な談話文脈で強勢を受ければかなり容認度が高くなる。(44b)の後ろの文の picture は（「x は y の絵である」という）二項述語扱いで，前の文の一項述語とされる picture（「x は絵である」）とは対照的である。この対比のおかげで前置詞が（対比）焦点と解釈される（強勢を受ける）ので容認可能なのである。(44a)の文では前置詞が外置されているにもかかわらず焦点とは解釈できないため容認されない（外置構成素は焦点でなければならない）。類例は Stucky (1987 : 399-400) 参照。

449

| further readings | 外置の方向性に関する説明はKayne（1994：119-120）にも見られる。またFukui（1993）も参照。「右屋根の制約」についてはGrosu（1973），Kaufman（1974），Kohrt（1975），Gazdar（1981），Baltin（1981）を，「下接の条件」についてはChomsky（1973，1981），Baltin（1981，1983）等を参照。Nakajima（1989，1991a）は外置要素の移動先を境界制限によらず束縛理論によって決定する方法を提案している。Culicover & Wexler（1977）及びCulicover（1984）は下接の条件（とほぼ等価な原理）と文法の習得可能性との関わりを論じている。J. D. Fodor（1984）は後者に対する反論である。定制限に対する統語的な説明はKayne（1994：118-119）にもある。Rochemont & Culicover（1990），Wittenburg（1987）も参照。Jackendoff & Culicover（1971：405-407）は「知覚の方略」に関わる曖昧性回避の制約を論じている。豊富なデータに基づいて外置要素の種類，順序，解釈などのさまざまな特質を論じたものとしてStucky（1987）がある。

| 関連テーマ | 名詞句のさまざまな修飾要素のうち何が外置され得，何が外置され得ないだろうか。また，複数の要素が外置される時どのような順序で配列されるであろうか。

　日本語や中国語のように関係節が名詞に先行するような言語においては関係節の外置が許されない（J. McCawley（1988：521））。なぜだろうか。

【テーマ3】外置の談話語用論的機能
【概説】
　外置という現象を記述する文法的メカニズムがどのようなものかが確かめられたとして，次に問題となるのはなぜそのようなメカニズムが存在しかつ用いられるのかということである。これまでのさまざまな研究から，名詞句からの外置はある特定の意味・談話語用論的機能と結びついた現象であるということが分かってきた。Ziv（1975）は外置が関係節命題を前景化する機能を果たすものと見なす（Ziv & Cole（1974）も参照）。Guéron（1980）は外置文が主語を談話世界に導入する提示文としての働きを持つとする。

◆関係節命題の前景化——Ziv（1975）"On the Relevance of Content to

the Form-Function Correlation: An Examination of Extraposed Relative Clauses."

文が複数の命題から成り立っている場合，それらは情報伝達（コミュニケーション）上の資格に関して互いに異なり得る。そしてこのように情報的に異なる資格を持つ要素はある特定の順序で提示される傾向があることが分かっている。すなわち，「背景的な情報を担う要素は文の先頭に，焦点となる新情報を担う要素は文の末尾に現れる」という傾向である（Bolinger 1952 [1965]）。Ziv (1975) によれば，名詞句からの外置という操作はこの語順原則に従って関係節命題を文末に置き，主節命題に対して前景化 (foregrounding) するという機能を持つものと見なせる。

外置関係節は通常卓立した (prominent)，題述性 (rhematicity；コミュニケーションの進展に寄与する度合い) の高い命題を表わし，文の主断定 (main assertion) として働く。このことは次のような例により明らかとなる。

(45) a. A man who was wearing very funny clothes just came in, {didn't he/*wasn't he}, Mary?
b. A man just came in who was wearing very funny clothes, {wasn't he/?didn't he}, Mary? (Ziv, 1975: 569)

付加疑問は文の断定部分の真理の確証を求めるという働きを持つ。(45b) のように関係節が外置された場合に限ってそれについての付加疑問が可能になるということは，すなわち外置節が文の主断定を成しているという事である。

題述性の低い命題内容を持つ関係節が外置されると容認度が落ちる。

(46) a. A man just came in who was wearing very funny clothes.
b. ?A man was wearing very funny clothes who just came in.
(47) a. A girl is studying with me who has an IQ of 200.
b. ?A girl has an IQ of 200 who is studying with me.
(48) a. A letter just got to my office which practically cancels the deal.
b. ?A letter practically cancels the deal which just got to my office. (*ibid.*: 571)

奇抜な服装をしていることや知能指数が 200 もあること，取引が破棄され

ることなどに比べ，部屋に入ってくることや一緒に勉強していること，事務所に到着することなどは題述性が低い（とりわけ，come inのような「場面への登場（appearance on the scene）」を表す述語は題述性が低く背景に退きやすい）。そのためこうした命題は外置によって前景化されにくく，したがってbの例文は容認度が低くなるのである。

◆提示文──Guéron (1980) "On the Syntax and Semantics of PP Extraposition."

Guéron (1980) は（前置詞句に限ってはいるが）外置を含む文が一種の「提示文（presentation S）」として解釈されるものであると主張する。提示文とは主語が焦点（focus）であるような文のことを言い，主語が主題的（thematic）で動詞句または動詞句内の項が焦点となる叙述文（predication）に対する。外置要素は提示文の焦点に連結されて解釈される。

叙述文および提示文はそれぞれ異なる意味・語用論的解釈を受ける。叙述文に対しては，談話世界（the world of the discourse）における存在がすでに前提となっている主語の指示物について動詞句がその特性を記述するものという解釈が与えられる。一方提示文に対しては，動詞句が談話世界における主語の出現を表わすものとの解釈が与えられる。

外置文が主語を談話世界へ新たに導入するという機能と結びついた構文であると考えるならば，それが通常「出現」の意味を持つ動詞（verbs of appearance）を含む文に限られるという事実が容易に理解される。

(49) a. A book appeared by Chomsky.
    b. *A book fell by Chomsky.   (Guéron, 1980 : 662)

ただし「談話世界への出現」という意味は語彙的なものに限られるわけではない。語彙的に出現の意味を表さない動詞を含む文は単独では外置を許しにくいが，談話文脈において出現の意味を持つものと解釈される場合には外置が認められる。次の(50)(51)における各aとbの対比を参照。

(50) a. (*)Some books were burned by Pablo.
    b. First the Chilean military burned the books of all political figures sympathetic to the Allende government. And then some books were burned by Pablo Neruda.

(51) a. (*)A man died from India.
　　 b. Several visitors from foreign countries died in the terrible accident. A woman died from Peru and a man died from India.
(*ibid.*: 653)

また，(52)に見るように通常他動詞文の主語からは前置詞句の外置が起こりにくいが，(53)のように動詞と目的語が一体の意味単位として「出現」の意味を表わすような場合には外置可能となる。

(52) a. A book by Chomsky delighted Mary.
　　 b. *A book delighted Mary by Chomsky.
(53) a. A book by Chomsky is making the rounds.
　　 b. A book is making the rounds by Chomsky. 　　(*ibid.*: 662)

Guéron によればある種の there 構文も提示文としての機能を持つ。

| further readings |　名詞句からの外置と情報構造・談話特性との関わりについては Kirkwood (1977)，Fukuchi (1978)，Rochemmont (1978)，Koster (1978:560-563)，Quirk *et al.* (1985)，Takami (1990) 等を参照。また右方移動と左方移動の機能的相違については Langacker (1974) も参照。

| 関連テーマ |　Guéron の言うように外置文が一種の提示文であり文頭の主語名詞句が焦点となるとすると，Ziv の依拠する文末焦点の語順原則とは一見相容れないことになる。Guéron 説と Ziv 説にはどのようにして折り合いがつけられるだろうか。

　主語に付く（長くて複雑な）関係節や補部節が右方へ外置されることには，文の知覚・解釈という観点から見てどのような効果があるだろうか。

32. 重名詞句転移 (heavy NP shift)

　学校文法のいわゆる「5文型」の扱いにも示されている通り，英語の他動詞構文における基本的な語順はS＋V＋O＋…であり，目的語は動詞の直後に置かれ補語や副詞的修飾要素などに先行する。しかしこの基本語順が破られ，S＋V＋…＋Oのように目的語の名詞句が文の末尾に生じる場合がある。

(1) a. John sent [money] to his mother.
　　b. *John sent to his mother [money].
　　c. John sent to his mother [the money you had wanted him to give to us].　　(J. McCawley, 1988：511 参照)

この転移現象は主に長くて「重い」目的語名詞句について見られるので，重名詞句転移（Heavy NP Shift）と呼ばれる。

　名詞句の転移は有標（marked）の（つまり特殊な）語順を生むものであり，英文法はどのようにしてそれが生じるのかを記述しなければならない。【テーマ1】

　重名詞句の転移はいつでも自由に行えるわけではなく，統語的あるいは意味的に制限されている部分がある。【テーマ2】

　重名詞句転移は名詞句を配置換えするものであるが，「軽い」名詞句を動かすことはないし，また「重い」名詞句であっても「文頭」や「文中」へ移動されるわけではない。「重い」名詞句が「文末」へ移されるのには何らかの理由がある。【テーマ3】

【テーマ1】重名詞句転移文の構造と派生
【概説】

　相対的に大きく重い要素がより小さい要素に後続するという傾向は，古くはドイツのゲルマン語学者 Otto Behaghel により「漸増構成素の法則」(Gesetz der wachsenden Glieder) として記述されており，伝統英文法の学者の中にもこれを受けて重い要素が文末に置かれやすいことに触れてい

る者もある（例えば Jespersen (1949 : Ch.2.§2.1₅), Poutsma (1928² : Ch.Ⅷ) も参照）。しかし「語順の研究は伝統文法で最もなおざりにされた部分」(『新英語学辞典』s.v. "word order" : p.1312) であると見なす向きもあるように，伝統的な英文法においては語順の変異，とりわけ重名詞句転移を含む後置現象についての組織的・体系的な扱いが示されていない。より最近の英文法（例えば Leech & Svartvik (1975 : 175-185), Greenbaum & Quirk (1990 : Ch.18) 等）では，重名詞句の転移も含め，広範な語順現象が記述されている。

変形生成文法における重名詞句転移の扱いには Ross (1967) 以来さまざまなものがあり，互いに相違も見受けられるのであるが，何らかの移動変形によるという点ではほぼ一致が見られる。Ross (1967) は重名詞句の転移現象を「複合名詞句転移」と呼ばれる右方向への移動変形規則として定式化し，以後の研究における基盤を作った。一方 Kayne (1994) は句構造と語順の制限的理論に基づき(1c)のような語順が前置詞句の左方移動によるものとする見方を提案している。

◆**複合名詞句転移変形**── Ross (1967) *Constraints on Variables in Syntax*. [＝Ross (1986) *Infinite Syntax!*]

Ross (1967＝1986) は名詞句の「複雑さ」という概念を構造的に明確化し，それに基づいて目的語後置の現象を記述する。名詞句の複雑さというのは例えば call up NP と call NP up 等の交替にも関与するもので，名詞句が複雑な場合は call NP up のように不変化詞 up を後置した形が許されないと言われる。しかし次例からも分かる通り，ここで言う「複雑さ」は単なる「長さ」とは違う。

(2) a. I called almost all of the men from Boston up.
　　b. *I called the man you met up.　　　　　(Ross, 1986 : 32)

Ross によれば上例および目的語名詞句の転移現象に関わる名詞句の「重さ，複雑さ」は，それが S 節点を支配するか否かによって決定される。つまり「複雑な名詞句」とは，内部に文を含む名詞句であると構造的に定義される。この意味で複雑ではない名詞句は後置されない。

(3) a. He threw the letter into the wastebasket.
　　b. *He threw into the wastebasket the letter.

c. He threw into the wastebasket the letter which he had not decoded. (*ibid.*: 34)

Ross はこの現象を「複合名詞句転移 (Complex NP Shift)」と呼び，次のような変形規則として定式化している。

(4) X—NP—Y
　　1　2　　3 ⇒ 随意的
　　1　0　　3+2　　　　　　　　　(*ibid.*: 37 ; 付帯条件は省略)

この変形は内部に節を含む名詞句（「複合名詞句」）に適用してそれを文末へ移動するものとされる。

複合名詞句は動詞を越えて転移されてはならないとされる。次の(5a)では be 動詞を越えて転移が行われているので容認されない。be 動詞のない(5b)と比較されたい。

(5) a. ?*I found to be delicious some fruit which I picked up on the way home.
　　b. I found delicious some fruit which I picked up on the way home.
(*ibid.*: 36)

ただし飛び越される動詞が名詞句によって支配されている場合は，転移が阻止されない。

(6) He threw into the wastebasket which stood by his desk the letter which he had not decoded. (*ibid.*: 35)

(6)の動詞 stood は the wastebasket … desk という名詞句に支配されているので複合名詞句の転移を阻まない（ちなみに Hankamer (1973b: 55) はある種の動詞に続く場合は，複合名詞句が動詞を飛び越しても容認可能だと言う。Postal (1974: 404-412) も参照）。

$S+V+O_1+O_2$ における O_2 や，that/whether 節などの名詞節を越える転移も許されない。

(7) *I loaned my binoculars a man who was watching the race.
(8) *She asked whether it looked like rain a man who was near the window. (Ross, 1986: 40)

重名詞句の転移現象に対する文法性判断にはかなり微妙なところがある。Ross も述べるとおり，重名詞句転移文の判断には方言差や個人差もあると思われる。また上述の Hankamer や Postal が指摘するとおり，文

に含まれる特定の語彙項目（動詞）の性質に依存する部分もあると考えられる。これは名詞句の「重さ，複雑さ」という概念が，厳密に形式的な観点からだけでは処理できないかもしれないということを示す。

　Ross は複合名詞句転移変形の出力が，文体的に好ましい語順を指定した静的な出力条件（output condition; Ross（1986: 43-44））に従うと言う。英語の「好ましい語順」とは概略，代名詞等の短くて軽い要素が左に，長く複雑な要素が右（文末近く）に置かれたものとされる（後出 J. Hawkins 参照）。変形規則(4)の（文法的な）出力はこの条件に従う程度に応じてその容認性を段階づけられる。

◆かき混ぜ──Kayne (1994) *The Antisymmetry of Syntax.*
　重名詞句転移を右方への移動と見なす場合，移動先は通常動詞句の右側に付加した位置であると考えられる。だが，Kayne（1994:§7.2）は，右方付加構造を許さない句構造理論に基づき，重名詞句転移を「かき混ぜ（scrambling）」の一種として扱う。つまり V-PP-NP や V-Adv-NP のような目的語名詞句が「転移」された語順は，重名詞句が右方へ移動・付加されてできるものではなく，もともと名詞句の右側（下）にあった前置詞句や副詞がそれを飛び越えて左側（上）へとかき混ぜられた結果生じたものと分析するのである（すなわち，V-[NP]-PP ⇒ V-[ ]-PP-[NP] ではなく V-NP-[PP] ⇒ V-[PP]-NP-[ ] ということ）。したがって重名詞句の方は元の位置に留まっているのであって実際には全く「転移」されてはいない。同じ移動を仮定していながら，Ross による分析とは向きが正反対になっている。

　次の(9)は，(10a)のような構造から前置詞句のかき混ぜを経て(10b)のように派生される。
(9) John gave to Bill all his old linguistics books.
(10) a. John gave [$_{XP}$ [ ] [X⁰ [$_{YP}$ [all...books] [Y⁰ [to Bill] ...
　　 b. John gave [$_{XP}$ [to Bill]$_i$ [X⁰ [$_{YP}$ [all...books] [Y⁰ [e]$_i$ ...
(Kayne, 1994: 72 参照)
動詞 gave の補部位置には何らかの範疇 X を主要部とする句があり，その X の補部位置には別の範疇 Y を主要部とする句がある。all...books はもともと YP の指定部位置にあり，to Bill は Y の補部位置にある（なおこ

のYPは一種の小節と考えられる）。to Bill が XP の空の指定部位置へとかき混ぜられれば,「重名詞句転移」文ができる。

　この分析の利点として,「転移」の有界性や摘出に関する事実などさまざまな現象がうまく説明できるということが挙げられる。例えば摘出について。上の派生によればかき混ぜられて（移動されて）いるのは前置詞句の方であって，重名詞句の方は全く転移されておらず元の位置に留まっている。一般に，かき混ぜられた前置詞句の内部から前置詞を残して要素を取り出すことは許されない。実際次の(11)は容認度が極めて低い。

(11) *the person who(m) John gave to all his old linguistics books.
(*ibid.* : 74)

一方，文末の重名詞句から摘出の起こっている次の例は容認可能だという。

(12) the problem which I explained to John only part of.　　(*ibid.*)

もし名詞句 only part of ...が右方へ移動されたものであるならば，このような摘出は不可能なはずである。さらに次のような例もある。

(13) Who did you show to Alf a cute colored photograph of?
(J. D. Fodor, 1978 : 453)

(12)や(13)からすると，重名詞句が「転移」されてはいないという主張は支持されることになるのかもしれない。しかし転移された重名詞句からの要素の取り出しを容認不可能とする学者も多い。

(14) *What did you sell to Fred a beautiful and expensive painting of?
(Culicover & Wexler, 1997 : 21)

(15) *Who did you tell to the members of the club strange stories about?　　(*ibid.*)

(16) *How many of the children did Fred send to the School Board accurate reports on?　　(*ibid.*)

(17) *Which book did John notice yesterday an article in?
(Rochemont, 1978 : 35)

(18) *It was Bill that John sold to Mary a picture of.
(Rochemont, 1992 : 382)

このように摘出の事実には明瞭でないところがあるので，重名詞句の移動の有無を決定する証拠とする際には注意が必要である。

32. 重名詞句転移

further readings　Rossとは異なる複合名詞句転移変形の定式化がCulicover & Wexler (1977: 18), Rochemont (1978: 38) 等で与えられている。Fiengo (1977: 48-49) も参照。複合名詞句転移を構造保持的な変形として処理しようとする試みがEmonds (1976: 111-113) に見られる。左方移動による分析とその理論的意味合いについてはLarson (1988, 1990) の「軽述語上昇 (Light Predicate Raising)」分析も参照。この分析はKuno & Takami (1993b: Ch.4) で批判されている。移動変形に依存しない分析としてはGazdar (1981), Sag (1987) 等がある。

関連テーマ　節を内部に含む重名詞句（複合名詞句）目的語と補部節（目的語名詞節）とは分布上どのような類似性・相違点を示すだろうか。

【テーマ2】重名詞句転移に対する制約
【概説】

複雑で長い名詞句であればいつでも転移できるかというとそうではない。どのような名詞句がどのように転移し得るかについては統語・意味の両面から厳しい制約があると考えられる。Rochemont (1992) は重名詞句転移が極めて局所的な領域内においてのみ適用するという事実を説明するために統語的な境界制約を提案している。Fukuchi (1977) は転移される名詞句がその主題役割の点から意味的に限定されると主張する。

◆**局所性の条件**——Rochemont (1992) "Bounding Rightward A′-Dependencies."

Rochemontは重名詞句転移を単に名詞句転移（NP Shift）と呼ぶ。名詞句転移は一般的な移動規則（Move α）の右方向への適用によるものであり、転移名詞句は元の目的語位置にある痕跡（変項）を束縛しているという。その証拠としては寄生空所の認可や摘出領域条件効果などがあるが、ここでは一例としてwanna縮約のデータを見てみよう。

(19) a. I want everybody who is in the front row to come early.
　　b. ?I want to come early everybody who is in the front row.
　　c. *I wanna come early everybody who is in the front row.
　　　　　　　　　　　　　　　　　　　(Rochemont, 1992: 382)

(19c) でwantとtoがwannaに縮約され得ないのはその間に重名詞句の

残した痕跡が介在しているからだという (Whitney (1982 : 310) も参照)。もしこれが事実であるならば重名詞句転移を右方移動と見なす強力な証拠になるかもしれないが、しかし、(19b)のような形をそもそも容認しない話者も多いということに注意せねばならない。

重名詞句転移は極めて局所的な現象である。重名詞句は節はおろか動詞句をも越えられず、必ず動詞句の内部に留まる。

(20) *It was believed that Mary bought for her mother by everyone an ornate Fourteenth Century gold ring.

(Rochemont, 1992 : 386)

(21) Everyone said that John would give to Mary all of the money that he won at the track, and give to Mary all of the money that he won at the track he did. (*ibid.* : 387)

さらに、前置詞の目的語には適用しない（前置詞句から外に出られない）。

(22) *Mary put the money on yesterday a table that was sitting at the entrance to the hall. (*ibid.*)

以上をまとめて Rochemont (1992 : 388) は「いかなる右方移動も、句をそれがもともと含まれていた句の外部へ取り出してはならない」との一般化を立てる。これは「右方移動制約」(Rightward Movement Constraint) として定式化されている (Baltin (1981, 1983) の「一般化下接条件」(Generalized Subjacency) も参照)。この制約により重名詞句転移は単一の句の内部という極めて狭い領域内に限定される。右方移動制約は文法の他の境界制限（下接の条件、（名詞句からの外置を規制する）「補部原理」、空範疇原理など）とは独立に必要になる（ちなみに Nakajima (1989, 1991a) は右方移動に対する境界制限をこのような独立の制約によってではなく、照応形束縛の理論によって説明している)。

ところで Rochemont & Culicover (1990) によれば、前置詞の目的語の重名詞句転移は一様に容認度が低いわけではなく、ある種の例については比較的容認度が高いという。彼らは次の例を挙げている。

(23) ?We slept in when we were in Connecticut a marvelous bed that had belonged to George Washington.

(24) ?We looked at last night a wonderful film about New York that had been made during the Depression.

(Rochemont & Culicover, 1990 : 191, n.34)

一見，前置詞の目的語重名詞句が前置詞句の外に移動しているように見えるが，こうした前置詞は動詞の下に再構造化されており前置詞句から重名詞句転移が起こっているのではないので容認度が高いのだという。

また，次のような例においても，前置詞句の外への移動により右方移動制約が破られているように見える。

(25) John listened to without recognizing immediately his favorite Beethoven sonata. (Kayne, 1994 : 74)

(26) John listened to without looking at for a moment his favorite Brazilian bassoonist. (Phillips, 1996 : 98)

もしこのような「右節点上昇（Right Node Raising）」が重名詞句転移の全域的適用（across-the-board application）により派生されるものであるならば右方移動制約にとっては問題であろう（最初の前置詞の目的語が削除を受けていると仮定するならば，問題は回避できるかもしれない）。

なお右方移動制約は所有格重名詞句の転移を阻止することができない。

(27) a. I saw one in the old lady who I like talking to on the way to school's handbag.

　　b. *I saw one in handbag the old lady who I like talking to on the way to school's. (Rochemont, 1992 : 395, n.18)

（Ross（1967）は「左方枝分かれ条件」によって(27b)のような例を排除している。）

◆**主題役割の制約**——Fukuchi (1977) "A Thematic Constraint on Complex NP Shift and Functional Implications."

Fukuchi (1977) は supply NP with ～や load NP with ～，rob NP of ～などで，構造的には対格を持つが主題的（意味的）には着点（Goal）や起点（Source）として機能するような直接目的語 NP（これは擬似与格（quasi-dative）と呼ばれる）が重名詞句転移を受けないことを観察している。

(28) ??The villagers supplied with provisions the parties that were going to climb the mountains in that district.

(29) ?He loaded with bricks the huge truck which he had rented from

a construction company.

(30) ?*The gangsters robbed of jewels a Japanese girl who had come here to study linguistics.　　　　　　　　　　(Fukuchi, 1977:7)

重名詞句が主題（Theme）の役割を持っている場合は完全に容認可能である。

(31) The villagers supplied to them plenty of provisions which were necessary for mountain climbing.
(32) John loaded onto the truck a lot of bricks which must be carried away before the new house is built.
(33) The gangsters took from her many precious jewels which she had inherited from her mother.　　　　　　　　　(*ibid.*:8)

このような事実に基づき Fukuchi (1977:8) は「主題の役割を持つ名詞句は重名詞句転移され得るが，着点や起点の役割を持つ名詞句は転移されない」との制約を提案した。

上記(7)のような間接目的語の重名詞句転移が許容されないこともこの制約に帰せられる。間接目的語は着点の役割を持つと考えられるからである。また次の対比も，persuade の目的語は主題，promise の目的語は着点であると仮定すれば，この制約によって説明できると思われる。

(34) I persuaded to do the dishes the three kids that were hanging around the house.
(35) ?I promised to do the dishes the three kids that were hanging around the house.　　　　　　　　　　　　　　(Bach, 1979:523)

further readings　Ross (1986) は複合名詞句転移が「左方枝分かれ条件」および「等位構造制約」に従うことを指摘している (pp.129, 238)。また前置詞の目的語が転移されないことを，随伴に対する普遍的な条件により説明している (p.139)。Stowell (1981:Ch.7) も参照。複合名詞句転移に対するその他さまざまな制約が Postal (1974) で論じられている。Whitney (1982) は重名詞句転移を wh 移動と同類の現象と見なす。転移文からの摘出制限に関するデータと分析は Culicover & Wexler (1977) にある。右方移動の局所性については Rochemont & Culicover (1990), Baltin (1981, 1983), Nakajima (1989, 1991a) 等参照。

32. 重名詞句転移

関連テーマ　重名詞句転移は，同じく右方移動とされる名詞句からの外置（extraposition from NP）と全く同じように制限されているだろうか。違いがあるとすればそれはどういう点においてだろうか。

　移動に対する主題役割の制約は重名詞句転移だけに適用するのだろうか。例えば一般に間接目的語は左方向への wh 移動も受けないが，主題役割の制約はこのような移動についても一般化できるだろうか。

【テーマ3】重名詞句転移の機能
【概説】

　重名詞句の転移は有標語順を生み出す。無標の基本語順の他になぜこのような特殊な語順が存在しかつ用いられるのかという問いに答えるには，それがどのような働きを持ったものであるのかを考えねばならない。語順変異の機能について伝統文法では強調（emphasis），卓立（prominence），つながり（connection/cohesion），不安定さ（suspense）等といった多様な（概して曖昧な）概念に基づく記述が見られる（例えば Curme (1931 : Ch. XⅦ), Poutsma (1928² : Ch.Ⅷ), Jespersen (1949 : Ch.Ⅱ) 等参照）のであるが，重名詞句転移に関して言えばその機能は大きく次の2つに絞られると思われる。1つは転移名詞句の内容（情報伝達上の地位）に関わるものであり，もう1つはその形式（統語的重量）に関わるものである。

　Rochemont (1978) は重名詞句転移によって文末へ移動される名詞句は内容的に文の焦点（focus）であるとする（Rochemont & Culicover (1990) も参照）。Hawkins (1994) は形式上重い名詞句の転移は統語解析の効率性を高めるものであると主張する。

◆**焦点名詞句転移**──Rochemont (1978) *A Theory of Stylistic Rules in English.*

　Rochemont (1978) は重名詞句転移構文が後置要素に焦点（focus）を与えるために用いられるとする。転移による語順変更はしたがって名詞句の焦点化という談話語用論的機能と結びついた文体的なものと見なされる。

　転移される名詞句はその内部に文を含んでいなければならないという

463

Ross (1967) の統語的な条件は正しくない。「重く」ない名詞句であっても強勢が与えられれば転移され得る。

(36) The American people recently elected to the presidency a man named Jimmy Carter.

(37) Mary chose to represent her a lawyer from Kansas.

(38) John wants to give to Mary a gift of inestimable value.

(39) The preacher sent off to war his only son.

(40) Hitler persuaded to join forces with him, Mussolini.

(Rochemont, 1978 : 33)

また，Stowell (1981) によれば，不定の名詞句であれば「重さ」にかかわりなく転移され得る。

(41) Kevin gave to his mother a new book.

(42) Brian brought back to America a priceless treasure.

(Stowell, 1981 : 107)

代名詞は通常強勢を受けない（そして不定でもない）ので転移されない。

(43) *The American people recently elected to the presidency him.

(44) *John wants to give to Mary it.　　(Rochemont, 1978 : 33)

強勢を受けた要素は通常文の焦点として機能することから，Rochemont は重名詞句転移を「焦点名詞句転移 (Focus NP Shift)」と呼ぶ。

転移名詞句が焦点としての働きを持つことは，名詞句転移文が転移名詞句を分裂文の焦点の位置に置いた文とパラフレーズの関係にあることから分かる。例えば(38)は次の(45)と同義である。

(45) It's a gift of inestimable value that John wants to give to Mary.

(*ibid.*)

さらに，次のような例を見てみよう。

(46) a. [Paul's having retrieved the cereal box-top from the trash can] surprised me.

b. *[Paul's having retrieved _ from the trash can the cereal box-top] surprised me.

(47) a. [Neil's donating ten dollars to the fund] was a nice gesture.

b. *[Neil's donating _ to the fund ten dollars] was a nice gesture.

(Stowell, 1981 : 108)

動名詞節の表す命題内容は通常事実として前提とされる。前提節内では目的語が転移されたとしても焦点として解釈され得ないので非文となる。

Rochemont (1978) は次のような文の派生において，主語名詞句の転移という形で焦点名詞句転移が関与していると言う。

(48) There walked into the room a woman no one had ever seen.

(49) There arose in last night's assembly the question of illegal abortions.　　　　　　　　　　　　　(Rochemont, 1978:34)

ただしこのように転移される焦点名詞句が主語の場合は，焦点目的語転移とは異なり，元の位置に義務的に there が挿入される。

Rochemont (1978:20, 106) の仮定する文法モデルにおいて，表層構造は一方では意味解釈規則を経て論理形式へ至り，また一方では焦点付与 (FOCUS Assignments) や文体的規則 (stylistic rule) の適用を経て派生表層構造へ至る。そしてこの論理形式と派生表層構造から最終的に語用論的表示が得られる。焦点名詞句転移は文体的規則の1つとして位置付けられるものであり，真理条件に関わる意味解釈には影響しない。

◆**言語処理（統語解析）の効率性**——J. Hawkins (1994) *A Performance Theory of Order and Constituency*.

J. Hawkins (1994) は重名詞句転移現象が「焦点」のような意味・語用論特性に関連したものであるとの見方を排し，あくまでも統語的重量 (syntactic weight) という形式上の特性に基づいて説明されるべきものとする（特に pp.182-187 参照）。この考えは統語解析の理論によって支持される。

J. Hawkins によれば文中の語句は，統語的なまとまりおよびその直接構成素 (immediate constituents) の認識（および産出）ができる限り速くかつ効率良く行われるような形で配列されると考えられる。重名詞句転移はこの観点から見ると，動詞句およびその直接構成素の認識を効率良く達成するための語順を与えるものと見なせる。次の例を見てみよう。

(50) a. I ᵥₚ[gave ₙₚ[the valuable book that was extremely difficult to find] ₚₚ[to Mary]]
　　　　　1　　　2　　　3　　　4　　5　　6　　7　　　8
　　　　　9　10　　11

b. I $_{VP}$[gave $_{PP}$[to Mary] $_{NP}$[the valuable book that was extremely difficult to find]]

　　　　1　　　2　　3　　　4

(J. Hawkins, 1994 : 57)

重名詞句転移が起こらない(50a)の場合，動詞句 VP の3つの直接構成素 V，NP，PP を確認するためには左から右へと合計11の単語を見なければならない。一方(50b)のように重名詞句転移が起これば同じ3つの直接構成素の認識は gave, to, Mary, the の4語だけで可能となる（句の存在はその主要部によって認識できるものとする。したがって前置詞句の場合は前置詞，名詞句の場合は冠詞（あるいは名詞）を見るだけで認識ができる）。

句の直接構成素数とその認識に必要な語数の比率を「直接構成素数/語数」で表わすことにすれば，(50a)では 3/11=27.3％，(50b)では 3/4=75％ となる。この比率が大きければ大きいほど，つまり直接構成素の認識に必要な語数が少なければ少ないほど，解析の効率性は高い。人間が文を統語的に処理する際に用いる抽象的心的機構である解析器（parser）はこの比率が最大になるような語順を好む――これを「早期直接構成素の原則（the principle of Early Immediate Constituents）」と呼ぶ――と仮定すれば，重名詞句転移の本質は明瞭となる。すなわち「重名詞句転移」とは，文法化された（基本）語順が処理のしやすい形へと言語運用時に再配列される現象（performance rearrangement）であって，それ自体は文法的な規則ではない。

早期直接構成素の原則は重名詞句転移以外にもさまざまな語順再配列現象を説明する。実際のテクストに生じる変異語順の分布をも正しく予測する。

further readings Leech & Svartvik (1975), Greenbaum & Quirk (1990) は重名詞句転移を含む後置現象を「文末焦点の原則（the principle of end-focus）」および「文末重心の原則（the principle of end-weight）」という（それぞれ内容と形式に関わる）2つの原則により説明している。Kuno (1979) および Kuno & Takami (1993) も参照。言語処理過程についてより詳しくは Bever (1970), Kimball (1973a), J.

Hawkins (1990, 1998) 等も参照。なお統語構造認識の過程を重視する J. Hawkins に対し，Wasow (1997) は話者の発話産出計画の観点から重名詞句転移を説明しようとする。Zubizarreta (1998:148-149) では重名詞句転移と韻律特性との関連が指摘されている。

| 関連テーマ |　右方移動とされる現象（外置，名詞句からの外置，擬似分裂文化，文体的倒置等）はすべて名詞句を焦点化するという機能を持つと言えるだろうか。あるいは，統語解析の効率性を高めるような語順を与えるものと言えるだろうか。

33. 二次述語 (secondary predicate)

(1) John [painted the house *red*].
(2) John [ate the meat *raw*].
(3) John [drove the car *drunk*].

上記の文ではすべて主語（主部）が John であり，[ ] でくくった部分がその述語（述部；predicate）に当たる。主語と述語との間には主述関係（predication）が成り立っている。(1)〜(3) の文ではさらに，別の二次的な主述関係（secondary predication）が成り立っている。例えば(1)では，the house と red との間に主述関係が成り立っていると言える。斜体部の red などの要素を二次述語（secondary predicate）と呼ぶ。

(1)の red は，John が家にペンキを塗った結果，家が赤い色になった，という意味である。結果の意味を表すものを，結果の二次述語（resultative secondary predicate）と呼ぶ。一方(2)の raw と(3)の drunk は，それぞれ（the meat と John の）状態を表す。このようなものを，叙述の二次述語（depictive secondary predicate）と呼ぶ。(2)のように目的語の状態を表すものは目的語指向（object-oriented）の二次述語，(3)のように主語の状態を表すものは主語指向（subject-oriented）の二次述語と呼ぶ。

これらの文は第 21 章「小節（small clause）」で扱ったいわゆる SVOC の構文に一見似ているが，異なる性質をもつ。【テーマ 1】

例えば(3)のような文では，John という名詞句は，文全体の主語と，drunk という二次述語の主語とを兼ねているが，このような事実をどうとらえるかという問題がある。【テーマ 2】

(1)〜(3)の二次述語は，意味的に異なるだけでなく，統語的にもそれぞれ異なる性質・振る舞いを示す。この問題は，二次述語が認可（license）される条件と深く関わっている。【テーマ 3】

33. 二次述語

【テーマ1】SVOC（小節）構文との類似点と相違点
【概説】

(1)のような文は，第21章「小節（small clause）」で扱った John considers Mary a genius のような SVOC の構文と，一見似通っている。Mary と a genius との間で主従関係が成り立っているのと同様に，the house と red との間で主述関係が成り立っている。その一方で，異なると思われる点もある。1つの違いは，小節では述語 a genius を省略すると，John considers Mary という全く意味が違う別の構文（SVO）になってしまう（「ジョンはメアリーを（選ぶ可能性を）考慮する」というような意味になる）のに対し，(1)のような文では，二次述語（red）を省略しても，あまり意味が変わらずにそのまま文が成り立つように見えることである。

しかし T. Hoekstra (1988) は，結果述語を含む文と含まない文とでは，実は意味に差があることを示し，結果構文は小節として分析できると議論している。

これに対し(2)の raw のような叙述の二次述語は SVOC 構文における C とは異なり，構文上は付加詞（付加部；adjunct）として扱われることが多い（【テーマ3】参照）。

◆結果構文の小節分析——T. Hoekstra (1988) "Small Clause Results."

結果の二次述語には，(1)のようなものの他に(4)のようなものもある。

(4) a. The joggers ran the pavement *thin*.　(T. Hoekstra, 1988 : 115)
   　　（人々がジョギングで走った結果，舗道が擦り減って薄くなった）
   b. He laughed himself *sick*.　　　　　　　　　　　　　(*ibid.*)
   　　（彼は笑った結果（笑い過ぎて）気分が悪くなった）

これらの文における動詞は，普通は目的語を取らない自動詞である。それゆえ，(4)において結果の二次述語（thin/sick）を省略すると非文となる。

(4′) a. *The joggers ran the pavement.
   b. *John laughed himself.

(4)のような場合，結果の二次述語は随意的とは言えないので，随意性という点で二次述語を SVOC の C と区別することはできなくなる。

469

T. Hoekstra は，(4)の thin/thick のような結果の二次述語は，その前の名詞句と小節（SC）を成していると分析する。

(4′a) John ran [$_{sc}$ the pavement thin].

この分析によれば，the pavement という名詞句は run という動詞の目的語ではなく，run という動詞に続く小節の主語ということになる。

T. Hoekstra は(1)のような普通の結果構文も同様に小節として分析する。

(1′) John painted [$_{sc}$ the house red].

先に述べたように，一般に小節構文と分析される SVOC 構文では，C は義務的な要素であり，もし省略すると全く異なる意味をもつ別の構文（SVO）になる。これに対し(1)のような結果構文では，(1″)のように二次述語（red）を省略することが一見可能である。

(1″) John painted the house.

しかし T. Hoekstra の指摘によれば，(1)には「家にペンキを塗る」という意味しかないのに対し，(1″)は「絵の具で家の絵を描く」という意味にもなり得る。したがって(1)と(1″)は別の構文であると T. Hoekstra は考える。

このような（結果の二次述語がある場合とない場合との）意味の差は，次のような文でよりはっきりする。

(5) a. He washed the soap *out of his eyes*.
　　 b. He washed the soap.

前置詞句 out of his eyes は結果の二次述語と考えられる。(5a)は「（石鹸が目に入ったので）目から石鹸を洗い流した」，言いかえれば，「（目を）洗って(その結果)石鹸を目から出した」という意味になる。これに対し，(5b)は「（石鹸が汚れたので）石鹸を洗った」というような意味になる。

further readings　Winkler (1997) が，T. Hoekstra (1988) の議論を批判している。Sato (1987) は結果の二次述語をさらに細かく5つのタイプに分類して議論している。Carrier & Randall (1992) は結果の二次述語のさまざまな分析を比較検討している。Ishihara (1995) は Carrier & Randall の言う「混成（hybrid）分析」，すなわち(4)のような文については T. Hoekstra のような小節構造を考え，(1)のような文について

は目的語と結果述語を独立させる分析をとり，これを支持する議論をしている。

関連テーマ　T. Hoekstra (1988) のような小節分析の利点と問題点は何か，結果の二次述語は動詞の取る姉妹 (sister) であるとする Rothstein (1985) の分析 (【テーマ3】参照) と比較しながら考えてみよう。(1)や(4)のような結果の二次述語だけでなく，(2)のような目的語指向の叙述の二次述語にもこの小節分析は応用可能だろうか。

【テーマ2】二次述語とその主語との関係
【概説】

一般に名詞句は，述語（動詞）と何らかの意味関係をもっている。例えば

(6) John threw the ball.
　　　　θ　　θ

という文において，throw という動詞は John という名詞句に，(「投げる」という動作を行う)「動作主 (agent)」という意味役割を与え，the ball という名詞句には，(「投げる」という動作によって移動する対象となる)「主題 (theme)」という意味役割を与える。このような述語（動詞）と名詞句との対応関係は，Chomsky (1981) などでは，θ 基準 (theta-criterion) によって保証されている。

(7) θ 基準：それぞれの項 (argument) は，θ 役割 (theta-role) を1つだけ担い，また，それぞれの θ 役割は，1つの項にのみ与えられる。

項とは，述語（動詞）と何らかの意味関係をもつ名詞句のことである。また，述語（動詞）が項に与える意味役割を θ 役割という。

ところが，例えば(3)の文において John という名詞句は，drove という動詞と，drunk という二次述語との両方と意味関係を持つ。もし John が2つの θ 役割を担うとすると，そのままでは(7)の θ 基準の違反となってしまう。

Chomsky (1981) と Chomsky (1986b) とでは，二次述語を含む(3)のような構文について，異なる θ 基準にもとづいて異なる分析がなされて

いる。見方を変えれば，二次述語を含む(3)のような構文を考慮に入れて Chomsky (1986b) では θ 基準が改定されたと考えられる。

◆**二次述語の主語は PRO か**──Chomsky (1981) *Lectures on Government and Binding*, Chomsky (1986b) *Knowledge of Language*.

(3)のような文が(5)の θ 基準の反例となるのを避けるため，Chomsky (1981) は，(3′)のような分析をしている。

(3′) John$_i$ drove the car [$_{sc}$ PRO$_i$ drunk].
　　　↑　　　　　　　　　↑
　　　θ　　　　　　　　　θ

二次述語 drunk の主語は目に見えない PRO であり，PRO は John を指す代名詞的照応形 (pronominal anaphor) である。PRO と drunk とは小節 (small clause : SC) を構成している。このように考えれば，John と PRO はそれぞれ 1 つずつ θ 役割を担っており，(7)に違反していないことになる。

しかし，このような PRO を仮定すると別の問題を生ずる。Chomsky (1981) などでは，PRO は動詞などに統率 (govern) されない位置 (たとえばある種の to 不定詞の主語位置など) に生ずる，という PRO の定理 (PRO theorem) によって PRO の分布が説明される (「統率 (government)」の定義については Chomsky (1981) 等を参照)。(3)において [ ] でくくった小節が主節の述語動詞句内にあるとすると，PRO は主節動詞 drove によって統率されることになってしまうため，Chomsky (1981) はこの小節は主節の述語動詞句の外にあり，主節の S に直接支配されると主張する。しかし実際には，(3)における drunk は主節の述語動詞句内にあると考える根拠があり (【テーマ 3】参照)，PRO の定理と矛盾する。

このようなことから Chomsky (1986b) では，(7)の θ 基準が緩和され，1 つの項 (名詞句) が複数の θ 役割を担うことを許している。このため，(3)のような文において，名詞句 John は主節動詞 drove と二次述語 drunk との両方から θ 役割を受けることが可能になり，二次述語の主語として PRO の存在を仮定する必然性もなくなることになる。

33. 二次述語

further readings　Williams (1980) の主述理論 (predication theory) でも，述語とその主語にあたる名詞句とが必ずしも一対一に対応するとは限らない。したがって(3)のような文で二次述語の主語として PRO を立てる必要もなくなる。Schein (1995) も Chomsky (1986b) と同様の (θ 理論を緩めることで，PRO を立てる必要がなくなるという) 主張をしている。H. Hoshi (1992) は，(1)(2)のような文では PRO がないが，(3)のような場合のみ PRO があると議論している。結果構文については PRO をたてない (V [$_{sc}$ NP XP] のように分析する) T. Hoekstra (1988) も，(3)のような文については PRO があるとしている。

関連テーマ　近年，Chomsky & Lasnik (1993) などが，「PRO は統率されない位置に生ずる」という従来の PRO の定理に代えて，PRO は空の格 (null case) を受ける位置 (不定詞の to の主語位置など) に生ずる，という主張をしている。このような考え方をとると，二次述語の主語として PRO を立てるためにはどのような仮定が必要になるだろうか。

【テーマ3】二次述語間に見られる統語上の差と二次述語の認可条件
【概説】

(1)〜(3)のような3種類の二次述語の間には，統語上の性質，振る舞いにさまざまな差が見られる。

　まず，結果の二次述語の主語の働きをするのは目的語であるのに対し，叙述の二次述語には目的語指向と主語指向のものがある。したがって，次の文は2通りに曖昧である。

(8) John met Mary *drunk.*

(8)は，Mary が酔っ払っていたという (目的語指向の) 解釈と，John が酔っ払っていたという (主語指向の) 解釈の両方が可能である。これに対し，主語指向の結果二次述語は許されない。(9)は，「ジョンが走って，その結果 (ジョンが) 疲れた」という意味の文にはならない。

(9) *John ran *tired.*

　だが，次のような結果の二次述語は可能である。

(10) a. The river froze *solid.*
　　　b. The vase broke *into pieces.*

これらの文では結果の二次述語の主語の働きをしているのはそれぞれ the

473

river と the vase であるが，これらの名詞句は，基底では目的語の位置に生成され，主語の位置へ移動したと考えることができる。実際，(11) のような文では同じ名詞句が目的語の位置に生じている。

(11) a. The cold wind froze the river (solid).
b. John broke the vase (into pieces).

(10) のような文における freeze, break のような動詞は非対格動詞 (unaccusative verb) と呼ばれ，(10′) のような名詞句の移動を引き起こすと考えられている（詳しくは第 40 章「非対格動詞」参照）。

(10′) ___ break [*the vase*] (into pieces)

したがって，(10) において結果の二次述語の主語の働きをしている名詞句 (the river/the vase) は，基底構造では目的語ということになる。

また，これらの二次述語が 1 つの文中に共起する場合，一定の順序で生ずる。

(12) a. John hammered the metal *flat hot*.
（「ジョンは金属を熱いうちにたたいて平たくした」；
flat は結果の，hot は目的語指向の叙述の二次述語）
b. *John hammered the metal *hot flat*.

(13) a. John ate the meat *raw drunk*.
（「ジョンは酔って肉を生で食べた」；
raw は目的語指向の，drunk は主語指向の叙述の二次述語）
b. *John ate the meat *drunk raw*.

また，叙述の二次述語は，1 つの文中に複数生ずることが可能な場合がある。

(14) They eat meat *raw tender*.　　　　　　(Rothstein, 1985 : 18)
（raw と tender はいずれも目的語 meat の状態を表す叙述の二次述語）

(15) John sketched the model *naked drunk as a skunk*.
(Carrier & Randall, 1992 : 221)

(15) は，2 つの二次述語がいずれも目的語指向 (the model が主語) の解釈，いずれも主語指向 (John が主語) の解釈，naked が目的語指向で drunk 以降が主語指向の解釈，の 3 通りが可能である。

これに対し，結果の二次述語は，(16)に見るように，いくつも重なって生ずることはない。

(16) *John washed the clothes *clean white*.　　(Rothstein, 1985 : 18)
　　　(clean と white がいずれも結果の二次述語という解釈で，この文は不可)

このような事実をどう説明するかは，二次述語がどのような条件のもとで認可 (license) されるかという問題に帰着する。Rothstein (1985)，Roberts (1988)，H. Hasegawa (1991)，H. Hasegawa (1996) 等が，二次述語とその主語との関係について，「c 統御 (c-command)」という構造上の概念を用いながら，異なる提案をしている。

◆3種類の二次述語に構造上の位置の差，相互 c 統御の条件あり──
Rothstein (1985) *Syntactic Forms of Predication*

Rothstein (1985) によれば，結果の二次述語は動詞が随意的に選択 (select) する要素であり，構造上は動詞の姉妹 (sister) の位置を占める。動詞に選択される要素なので，(16)に見るようにいくつも重ねることはできない。これに対し，叙述の二次述語は副詞的要素などと同じ付加詞 (adjunct) なので，(14)(15)のように複数重なって生ずることが可能である。

さらに Rothstein は，二次述語と，その主語の働きをする名詞句との間に，相互 c 統御 (mutual c-command) の関係が成り立たなければならないと考える。「A が B を c 統御する」とは，単純化して言えば，「A が B に対して構造上対等か，またはより高い位置を占める」ということである。「A と B が相互に c 統御する」とは，おおまかに言って「A と B が構造上近い位置にあり，対等の関係にある」ということであり，典型的には A と B が姉妹 (sister) の関係にあるということである (c-command の厳密な定義については，Reinhart (1983 : 18) 等参照)。

結果の二次述語は，動詞の選択する要素なので，動詞が取る目的語とは姉妹の関係になり，相互 c 統御の条件を満たす。(10)のような文では，表層の主語 (the river/the vase) は基底では目的語の位置にあるため，相互 c 統御の条件を満たしている。(9)では結果の二次述語 tired と主語 John とが相互 c 統御の関係になっていない (John の方が構造上より高い

475

位置にある）ため，(9)は非文となる。

　目的語指向の二次述語は動詞句（VP）内にあると考えられ，やはり動詞句内にある目的語と相互 c 統御の関係になる（ただし，叙述の二次述語が付加詞（adjunct）の位置を占めるとすると，c 統御の厳密な定義が問題になる。H. Hasegawa (1991) 参照）。これに対し，主語指向の二次述語は，主語との相互 c 統御の関係を保証するため，構造上主語と同じ S (sentence；「文」または「節」) につく（つまり，動詞句の外にある），と Rothstein は主張する。

　このように 3 種類の二次述語が構造上占める位置が異なると仮定すると，(12)(13)で見たように一定の順序で共起することも自然に説明される。結果の二次述語は動詞の姉妹なので一番動詞に近い位置に生じ，目的語指向の叙述の二次述語は，動詞句内の付加詞の位置を占めるので，その後ろ（外側）にくる。主語指向の二次述語は S につくので，そのさらに後ろ（外側）になる。Rothstein に従えば，John hammered the metal flat hot drunk（ジョンは酔って金属を熱い状態でたたいて平たくした）という文の構造は(17)のようになる。

　(17) [$_S$ John [$_{VP}$ [$_{V'}$ hammered the metal *flat*] *hot*] *drunk*].

◆**主語指向の二次述語は動詞句内にあり，動詞句内主語仮説によって相互 c 統御の条件を保持**——Andrews (1982) "A Note on the Constituent Structure of Adverbials and Auxiliaries," Roberts (1988) "Predicative APs."

　Andrews (1982) は，Rothstein が S につく（したがって主語と相互 c 統御の関係にある）と考えた主語指向の叙述の二次述語が，実は動詞句内にあることを次のような例によって示した。

　　(18) a. They said John would wreck the car drunk, and [$_{VP}$ wreck the car *drunk*] he did.
　　　　b. [$_{VP}$ Wreck the car *drunk*] though John did, he was not disappointed.
　　　　c. What John did was [$_{VP}$ wreck the car *drunk*].

　(18)では，主語指向の叙述の二次述語（drunk）が，動詞句とひとまとまりをなして移動されたり，擬似分裂文（→第 17 章参照）の焦点の位置

に生じたりしており，主語指向の二次述語が動詞句内にある証拠となる。とするとこのままでは，主語指向の二次述語とその主語との間に相互 c 統御の関係は成り立たなくなる（主語の方が二次述語より構造上高い位置を占めることになる）。

　Roberts (1988) は，二次述語とその主語との間に相互 c 統御が成り立つという条件を保持しつつ，主語指向の二次述語が動詞句内にあるという事実が，矛盾なく説明できることを論じている。Roberts は Fukui (1986, 1995) 等によって提案された動詞句内主語仮説 (VP-internal subject hypothesis) を採用する。この仮説によれば，主語はもともとは動詞句内に生成され，表層の位置へ移動される。(19)に示すように主語 (John) の元の位置は動詞句内なので，動詞句内にある主語指向の二次述語 (drunk) と相互 c 統御の関係にある，と考えることができる。

　(19)　__　[$_{VP}$ *John* wreck(ed) the car *drunk*].

◆**叙述の二次述語間の順序の問題**——Rochemont & Culicover (1990) *English Focus Constructions and the Theory of Grammar*, H. Hasegawa (1991) "Secondary Predicates, VP-internal Subjects, and Mutual C-command," H. Hasegawa (1996) "Adjoin vs. Merge, and the Concept of C-command."

　(13)でみたように，目的語指向の叙述の二次述語と，主語指向の叙述の二次述語が 1 つの文中に共起するとき，目的語指向のもの (raw) が先に，主語指向のもの (drunk) が後にくる。したがって(15)では，naked が目的語指向（the model が naked）で drunk… が主語指向（John が drunk…）という解釈は可能だが，その逆の（John が naked で，the model が drunk… という）解釈はない。

　このような事実を説明するため，同じ叙述の二次述語でも，目的語指向のものと主語指向のものとでは，動詞句内で占める位置（高さ）が異なる，とする McNulty (1988) のような考え方もある。しかし，そのような仮定をしなくても，目的語指向—主語指向という順序が，別の要因によって導き出される可能性がある。

　Rochemont & Culicover (1990) は「入れ子の条件 (nesting requirement)」という一般性のある制約によって，叙述の二次述語の順序も自動的に決まると考える。1つの文中にある種の依存関係が複数存在し，それらが重なり合うとき，それらの依存関係は「交わる（crossing）」関係ではなく「入れ子（nesting）」の関係になっていなければならない，ということは，J. D. Fodor (1979) などによって指摘されてきた。(20b), (21b)はそれぞれ，(20a), (21a)にwh移動が適用されて派生される。

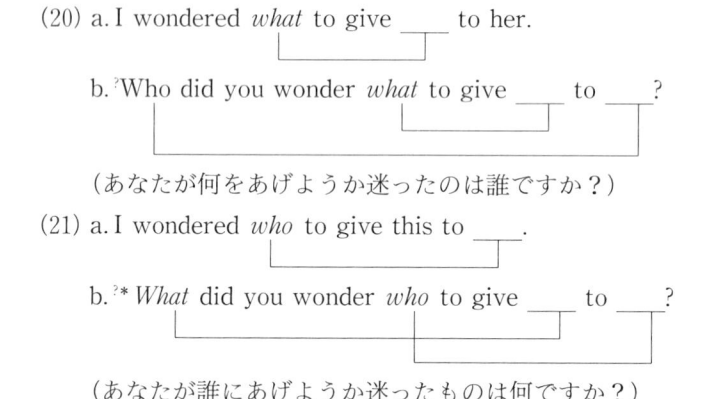

(20) a. I wondered *what* to give ___ to her.

b. ?Who did you wonder *what* to give ___ to ___?

（あなたが何をあげようか迷ったのは誰ですか？）

(21) a. I wondered *who* to give this to ___.

b. ?*What did you wonder *who* to give ___ to ___?

（あなたが誰にあげようか迷ったものは何ですか？）

(20b)では2つの依存関係が「入れ子」の関係になっており容認可能であるのに対し，(21b)では「交わる」関係になっているため非文となる。

(13)のような事実に関しても同様の説明が可能である。

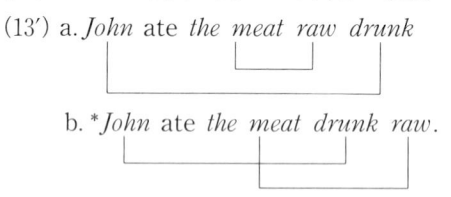

(13′) a. *John* ate *the meat raw drunk*

b. *John ate *the meat drunk raw*.

(13′a)では2つの主述関係が「入れ子」の関係になっているため，容認可能であるのに対し，(13′b)では「交わる」関係になっているため，非文となる。

H. Hasegawa (1991) では，このような「入れ子の条件」に頼らなくても，Reinhart (1983) の厳密なc統御の定義を採用することで，(13)のようなデータが説明できる可能性が示されている。c統御の厳密な定義についてはここでは立ち入らないが，(13a)でそれぞれの要素が占める構造上の位置を考えると，高い位置にあるものから低いものへ，John＞

drunk＞raw＞the meat の順になる。Reinhart の定義によればこの構造でraw は John をc 統御せず，the meat は drunk をc 統御しないことになる。したがって相互c 統御の条件を満たすためには，必然的に drunk の主語は John，raw の主語は the meat となる。

H. Hasegawa (1996) では，「下から上へ」('bottom-up'に) 構造が派生される極小主義 (minimalism) の考え方にもとづき，それぞれの要素が構造に組み込まれて行く順序を考える。このような派生的 (derivational) な考え方のもとでは，二次述語とその主語の相互c 統御条件は，それらの要素が「同時に」構造に組み込まれなければならない，という自然な条件として捉え直すことができる。述語というのはその性質上主語の働きをする名詞句を必要とする。例えば drunk はその主語である John と，raw はその主語である the meat と，同時に構造に組み込まれる必要がある。そのように考えると(13)に見られるような二次述語とその主語との相互関係もより自然な形で説明できる，と H. Hasegawa (1996) は論じている。

◆二次述語と束縛関係——Roberts (1988) "Predicative APs," H. Hasegawa (1996) "Adjoin vs. Merge, and the Concept of C-command."

Roberts (1988) は，目的語指向の叙述の二次述語と主語指向のものとでは，再帰代名詞や代名詞の束縛に関して，次のような差が見られることを指摘している。

(22) John met Mary *angry*.
(23) a. John met Mary$_i$ [angry at herself$_i$].
　　 b. John$_i$ met Mary [angry at himself$_i$].
(24) a. John met Mary$_i$ [angry at her$_i$].
　　 b. John$_i$ met Mary [angry at him$_i$].

先に(8)でも見たように，(22)における二次述語 angry は，目的語指向 (Mary が腹を立てていた) の解釈と，主語指向 (John が腹を立てていた) の解釈の2通りが可能である。(23a)では，再帰代名詞 herself は Mary を指し (Mary と herself に同じ指標 (index) が付いているのは herself が Mary を指すことを表す)，目的語指向の解釈 (Mary が自分 (＝Mary 自身) に腹を立てていた) のみが可能であり，主語指向の解釈

(JohnがMaryに対して腹を立てていた）は不可能である。(23b)では，再帰代名詞himselfはJohnを指し，主語指向の解釈（Johnが自分（＝John自身）に腹を立てていた）のみが可能で，目的語指向の解釈（MaryがJohnに対して腹を立てていた）は不可能である。これに対し，(24)では，ちょうど逆のことが言える。代名詞her, himがそれぞれMary, Johnを指す場合，(24a)では主語指向の解釈（JohnがMaryに腹を立てていた）のみが，(24b)では目的語指向の解釈（MaryがJohnに腹を立てていた）のみが可能である。

このような事実を説明するために，【テーマ2】で見たように，二次述語の主語として（Chomsky (1981)のように）目に見えない主語PROを立てる可能性が考えられる。すると，(23)(24)は(23′)(24′)のようになる。(PROと目的語Maryに同じ指標が付けられている場合，その二次述語は目的語指向である。PROと主語Johnに同じ指標が付けられている場合，その二次述語は主語指向である。)

(23′) a. John met Mary$_i$ [PRO$_i$ angry at herself$_i$].
　　　b. John$_i$ met Mary [PRO$_i$ angry at himself$_i$].
(24′) a. John$_j$ met Mary$_i$ [PRO$_j$ angry at her$_i$].
　　　b. John$_i$ met Mary$_j$ [PRO$_j$ angry at him$_i$].

束縛理論（binding theory ; Chomsky (1981, 1986b) など参照）によれば，再帰代名詞はある特定の領域（domain；この場合は [　] でくくられた要素）内にこれを束縛（bind）する先行詞（この場合はPRO）が存在しなければならない。なお，「AがBを束縛する」とは，「AがBをc統御し（つまり，AがBより構造上高い位置にあり）」，かつ「AとBが同じ指標をもつ（つまり，同じ人・物を指す）」ということである。したがって(23′)では [　] でくくられた要素内に再帰代名詞herself/himselfを束縛する先行詞（PRO）が存在しなければならず，(23′a)は目的語指向の解釈，(23′b)は主語指向の解釈になる。代名詞はこれとは逆に特定の領域内にこれを束縛する先行詞が存在してはならないので，(24′a)は主語指向の解釈，(24′b)は目的語指向の解釈になる。

しかし，【テーマ2】で見たように，二次述語の主語としてPROを立てるのは問題があり，Chomsky (1986b)ではPROを仮定する分析を破棄している。もしPROを立てないとすると，(23)(24)に見られるような

束縛関係をどう説明するか，という問題が生ずる。

1つの可能性として，主語指向の叙述の二次述語は目的語指向の叙述の二次述語より構造上高い位置に生ずる，という仮定をする可能性が考えられる。すなわち，目的語指向の二次述語は目的語によってc統御される（つまり構造上目的語より高くない）位置に生ずるのに対し，主語指向の二次述語は目的語によってc統御されない（つまり目的語より高い）位置に生ずる，と仮定するのである。例えば(23a)において二次述語が主語指向だとすると，目的語によってc統御されない位置を占めるため，二次述語内の再帰代名詞も目的語によってc統御されない（したがって束縛されない）ことになり，束縛理論の違反を生ずる。よって(23a)は目的語指向の解釈のみが可能となる。

H. Hasegawa (1996) では，目的語指向の二次述語と主語指向のものとが構造上異なる位置を占めると仮定しなくても，派生的 (derivational) なc統御の概念を応用すれば，(23)(24)のような二次述語における束縛関係は自然に説明できると論じている。Epstein *et al.* (1998) によれば，2つの要素を結びつける「融合 (merge)」という操作によって構造が作られていく派生 (derivation) の過程で，c統御の関係も確立されていく。もし二次述語とその主語の働きをする名詞句とが，先に述べたように同時に構造に組み込まれる必要があるとすれば，例えば目的語と目的語指向の二次述語とは同時に構造に組み込まれることになり，したがって目的語は目的語指向の二次述語およびその中の（再帰）代名詞をc統御することになる。これに対し主語指向の二次述語は主語と同時に（つまり目的語より後になって）構造に組み込まれるので，目的語によってc統御されない。このように考えると，2種類の二次述語の占める構造上の位置が異なるという仮定に頼らなくても，(23)(24)のような事実は自然に説明される。

further readings　Williams (1980) も Rothstein (1985) と同様，主語指向の二次述語はS（文または節）につく（述語動詞句の外にある）と考えた。Nakajima (1990) も，そのように考える証拠を挙げている。McNulty (1988) は主語指向の二次述語が動詞句の最大投射 (maximal projection) に付加 (adjoin) される（つまり，動詞句の一番外側につ

く）と考え，相互 c 統御より緩い相互 m 統御（m 統御の定義については Chomsky（1981）等参照）の条件を立てて主語指向の二次述語とその主語との関係を保証しようとした。Aarts（1992），Winkler（1997）がそれまでの議論の整理・検討を行っている。

|関連テーマ|　動詞句における動詞のような，句の中心となる要素を主要部（head）と呼ぶ。また，動詞句における目的語のように，主要部が要求し構造上主要部の姉妹（sister）の位置（主要部と対等の位置）を占める要素を補部（complement）という。これに対し，主要部に要求されない副詞的要素などを付加詞（または付加部 ; adjunct）と呼ぶが，従来付加詞は構造上補部よりもやや高い（外側の）位置を占めると考えられてきた。(1)の red のような結果の二次述語が動詞やその補部と対等の，動詞の姉妹の位置を占めるのに対し，(2)の raw や(3)の drunk のような叙述の二次述語はそれよりやや高い（外側の）付加詞の位置を占めると思われる。そのように分析する根拠としては，（ここで挙げたものの他に）どのようなものが考えられるだろうか。

34. 寄生空所 (parasitic gap)

> (1) Which report did you file __ without reading __?
>
> 上記の文では file の目的語と reading の目的語の 2 ヵ所が空所になっている。このうち file の目的語の空所は wh 句の which report の移動による空所であり，reading の目的語の空所は，主節で wh 移動が起きるときに限って生じることができる空所と考えられている。このような空所は，いわば，主節の wh 移動に寄生した形で生じる点から寄生空所（parasitic gap）と呼ばれている。寄生空所は，どのような特徴を持っているのであろうか。【テーマ 1】
>
> そして，寄生空所の特徴はどのように説明されるのであろうか。【テーマ 2】
>
> 寄生空所構文と同様に，1 つの移動要素に対応して 2 つの空所があるように見える構文がある。
>
> (2) a. [Which book] did Lulu purchase __ at the airport and Nora read __ on the plane?
>   b. I argued for __ and Frank argued against __ [the idea Shirley suggested].
>
> このような構文と寄生空所構文にはどのような相違点があるだろうか。【テーマ 3】

【テーマ 1】寄生空所構文の特徴
【概説】

　伝統文法はこの構文に該当する例を提示はしていたが，その特徴についての説明はほとんどなかった。生成文法においては，Ross (1967：§4.2.4.4) が(2)の構文との対比で最初にこの構文を取り上げた。その後，Taraldsen (1981), Engdahl (1983), Kayne (1984), Chomsky (1982, 1986a), Postal (1994) らの研究により，この構文の基本特徴が明らかにされてきた。

◆**寄生空所が生起する基本条件**──Chomsky (1982) *Some Concepts and Consequences of the Theory of Government and Binding.*

　Chomsky (1982) は，Engdahl (1983) らの研究に基づいて，寄生空所構文の特徴をまとめている。まず，(1)の2つの空所 e_1 と e_2 のうち，file の目的語の空所 e_1 は which report の移動によってできた空所であるが，without 句の reading の目的語の空所 e_2 は，wh 句の移動によってできた空所ではない。without 句のような副詞的機能を持つ付加詞 (adjunct) から移動を行うことは付加詞条件 (adjunct condition) と呼ばれる条件によって阻止されるからである（下記(3b)）。

(1) Which report did you file [e_1] without reading [e_2]?

(3) a. Which report did you file ＿ without reading it?
　　b. ?*Which book did you file the report without reading ＿?
　　　　　　　　　　　　　　　　　　(Lasnik & Uriagereka, 1987 : 72)

移動した wh 句に再帰代名詞が含まれている例からも，wh 句は付加詞からではなく主節から移動していることが分かる。

(4) a. Which books about himself$_i$ did John$_i$ file ＿ [before Mary read ＿]?
　　b. *Which books about herself$_j$ did John file ＿ [before Mary$_j$ read ＿]?　　　　　(Chomsky, 1986a : 60)

wh 句に再帰代名詞が含まれている場合，wh 句の痕跡の位置（元の位置）で再帰代名詞の先行詞が決定される。(4)では wh 句が file の目的語の位置から移動したので，(4a)のように John を先行詞とする himself は生起できるが，(4b)のように Mary を先行詞とする herself は生起できない。

　(1)の e_2 の空所は，(3b)から明らかなように，単独では生起できない。主節で移動が起き，e_1 のような（真の空所 (real gap) と呼ばれる）別の空所が生起したときに限って生起できる。他の空所に寄生して生じるので，寄生空所と呼ばれる。

　真の空所と寄生空所の構造関係を見ると，真の空所が寄生空所を c 統御 (c-command) してはならない。この条件は反 c 統御条件 (anti-c-command condition) と呼ばれる。

(5) a. I wonder which article John [$_{VP}$ filed t] [without reading e]
　　b. *I wonder who [$_{IP}$ t filed the article [without reading e]

(Chomsky, 1982:70)

ある要素AをB直接支配する節点がBをも支配するとき，AはBをc統御するという。(5a)では真の空所 t を直接支配する節点はVPであり，そのVPは e を支配していないので，真の空所が寄生空所をc統御していない。したがって(5a)は反c統御条件を守っており適格である。一方，(5b)では真の空所は主節の主語であり，それを直接支配している節点IPは without 句も支配しているので，真の空所が寄生空所をc統御している。したがって(5b)は反c統御条件に違反し，不適格な構造になっている。

寄生空所は(1)のような wh 疑問文ばかりでなく，(6)の関係節構文，話題化構文，tough 構文での移動でも生起する。しかし(7)に示される通り，受動文などのNP移動では生起できない。

(6) a. The report which$_i$ I filed t_i [without reading e]

(Lasnik & Uriagereka, 1988:76)

b. John$_i$, I insulted t_i [by not recognizing e]

(Browning, 1987:79)

c. This article$_i$ is hard [Op$_i$ to read t_i [without laughing at e]]

(Lasnik & Uriagereka, 1988:77)

(7) *The books$_i$ can be sold t_i without reading e

(Chomsky, 1982:64)

wh 移動(6a)，話題化の移動(6b)，tough 構文などでの空演算子（empty operator）の移動(6c)は，要素を主語や目的語などの項が現れない位置（非項位置 (non-argument position)）への移動――A′移動――である。他方，受動文形成におけるNP移動は主語の位置への移動――A移動――である。(6)と(7)の対比から，寄生空所はA′移動では生起するが，A移動では生起しないことが分かる。

さらに，A′移動であっても，顕在的統語部門（overt syntax）で起きる移動でなければ寄生空所は認可されない。

(8) *I forgot who [t filed which article$_i$ without reading e_i].

(Chomsky, 1982:44)

(8)では，which article は顕在的には移動していないが，操作の反映が音声的に現れない隠在的統語部門（covert syntax）においてA′移動を受け

485

ると考えられている。(8)が非文であることから，寄生空所は隠在的統語部門でのA′移動によっては認可されないことが分かる。

これまで見てきた寄生空所は付加詞に含まれたものであったが，主語の内部に生起する寄生空所もある。

(9) a. Which boy$_i$ did [Mary's talking to e_i] bother t_i most?

(Engdahl, 1983 : 5)

b. a person$_i$ that [people that talk to e_i] usually end up fascinated with t_i (Kayne, 1984 : 169)

◆寄生空所と島の条件──Kayne (1984) *Connectedness, and Binary Branching*, Chomsky (1986a) *Barriers*.

Chomsky (1986a) は，寄生空所の生起が複合名詞句制約 (complex NP constraint) などの島の制約に規制されていることを指摘した。

(10) This is the man I interviewed t

a. before telling you to give the job to e

b. *?before reading [$_{NP}$ the book you gave to e]

（複合名詞句制約）

c. *?before asking you [which job to give to e]　（wh島の制約）

(Chomsky, 1986a : 55)

Kayne (1984) は，寄生空所が副詞節の主語NPの中に生起すると容認可能性が落ちることを指摘したが，これも，主語が島を形成している点で(10)と同種の現象である。

(11) a. ?the person that John described t without examining [any pictures of e]

b. *the person that John described t without [any pictures of e] being on file.　(Kayne, 1984 : 166)

◆その他の特徴──Postal (1994) "Parasitic and Pseudoparasitic Gaps."

Postal (1994) は，寄生空所構文と類似した他の構文と区別する目的で，寄生空所構文に関わっている条件を詳細に検討している。まず，寄生空所とそれを認可するwh移動した要素は共にNPでなければならない。下記(12)のwh句とeはAP（形容詞句）であり，(13b)ではPP（前置詞

句) である。したがって，この条件に反している。

(12) a. *[How sick]$_i$ did John say he felt t_i before getting e_i?
　　b. *[How long]$_i$ does John drink t_i before lecturing e_i?
(13) a. This is a topic$_i$ you should think about t_i before talking about e_i.
　　b. This is a topic [about which]$_i$ you should think t_i before talking e_i. (Postal, 1994:64)

　さらに NP ではあっても述部名詞句 (predicate nominal) である場合は，その位置に寄生空所が生起することも，真の空所が生起することもできない。下記(14a)の turned into に後続する derelicts は指示対象を持たない述部名詞句である。述部名詞句は，(14b)のように wh 移動できるが，(14c)のように寄生空所になったり，(14d)のように真の空所になることはできない。

(14) a. They turned into derelicts.
　　b. [What kind of derelicts] did they turn into t?
　　c. *[What kind of derelicts] did they analyze t after their children turned into e?
　　d. *[What kind of derelicts] did they turn into t after their children analyzed e? (Postal, 1994:84)

| further readings |　反 c 統御条件については，束縛条件の観点から問題点を指摘した論文に Contreras (1984) がある。(12)〜(13)に示される制約については，Cinque (1990), Emonds (1985), Koster (1987), Frampton (1990) なども指摘している。

| 関連テーマ |　(1)のような寄生空所構文と，空所の位置に代名詞が生じた Which report did you file without reading it? のような文にはどのような相違があるのだろうか。

【テーマ2】寄生空所構文の分析
【概説】
Chomsky (1982) は，寄生空所を基底構造から空範疇 (empty category) として導入し，その性質が構造上の配置関係から導き出されると

する分析を提示した。これに対して Chomsky (1986a) は，空演算子の移動の痕跡であるとし，空所構文を認可するための特別な条件を提案した。現在では，空演算子移動の痕跡とする分析が標準的ではあるが，その認可方法について，この構文にのみに設定されるような特殊な仕組みを用いない方法が探られている。そのような分析の1つに Nissenbaum (1998) の分析がある。

◆**寄生空所はD構造から空範疇となっている**——Chomsky (1982) *Some Concepts and Consequences of the Theory of Government and Binding.*

音形を持たない範疇である空範疇には，wh 痕跡（すなわち変項），NP 痕跡，（不定詞・動名詞の主語に生じる）PRO などがあるが，Chomsky (1982) は，これらの空範疇は最初からそれぞれの種類に決定されているのではなく，もともとは1種の空範疇であり，構造上の関係からいずれかの種類に決定されると考えた。その仕組みにより，寄生空所は wh 移動による痕跡ではないにもかかわらず，wh 痕跡のような性質を示すことが導き出されると言う。具体的には，次のような手順で空範疇の種類が決定される。

(15) a. A′位置の要素に局所的に束縛 (locally bind) された空範疇は変項である。そうでない空範疇は照応形である。
　　　b. 変項でない空範疇は，A 位置の要素に束縛されていないか，独立した θ 役割を持つ A 位置の要素に束縛されているなら，代名詞類でもある。

この仕組みを踏まえて次の寄生空所構文を見てみよう。

(16) Which article$_i$ did John [$_{VP}$ [file t_i] [without reading e_i]]

この構造の空範疇の e に注目すると，これは A′位置にある which article に局所的に束縛されている（それと同一の指標を持ち，c 統御されており，より近い位置に束縛する要素がない）。したがって，(15a) により寄生空所の e は which article に束縛された変項であると正しく決定される。これに対して，反 c 統御条件に違反した次の例を考えてみよう。

(17) *Who$_i$ [$_{IP}$ t_i filed the article [without reading e_i]]

e は who よりも近い位置にある who の痕跡 t によって束縛されている。

したがって，whoに局所的束縛されていることにはならず，(15a)により照応形と規定される。一方，eは，独立したθ役割を持つtによってA束縛されているので，(15b)により代名詞類とも規定される。代名詞的照応形とはPROのことであり，(17)のeはPROと認定される。ところがPROは束縛条件（binding conditions）により，不定詞や動名詞の主語の位置など，統率（government）を受けない位置にしか生起できない。(17)はeが動詞のreadingに統率されているので，束縛条件に違反し非文となる。

◆**空演算子移動による分析**──Chomsky (1986a) *Barriers*.

Chomsky (1982)の分析では，寄生空所が島の条件に従うという事実(10)〜(11)が捉えられない。また空範疇の種類を構造から決定する(15)の方法についても，理論的な問題点が指摘された。それを受けてChomsky (1986a)は，空演算子（empty operator）の移動を仮定する分析を提示した。これによると(16)は概略次のような構造をしている。

(18) Which article$_i$ did John [$_{VP}$ [$_{V'}$ file t_i] [$_{PP}$ Op$_j$ [$_{PP}$ without reading e_j]]]

寄生空所はwh移動と同じ性質を持つ空演算子の移動による痕跡であり，寄生空所がwh痕跡と似た性質を持つことと，島の条件に従うことが自動的に導き出される。

(18)の構造のままでは寄生空所がwh句に束縛される解釈を表すことができない。そこで，下記(19)の連鎖合成（または合成連鎖；chain composition）という操作が適用される。

(19) $C = (\alpha_1, \cdots, \alpha_n)$が真の空所の連鎖で，$C' = (\beta_1, \cdots, \beta_m)$が寄生空所の連鎖の場合，$(C, C') = (\alpha_1, \cdots, \alpha_n, \beta_1, \cdots, \beta_m)$という合成された連鎖ができ，それによって寄生空所の解釈を得る。

ここで，適切に連鎖合成が行われるためにはα_nとβ_1の間には障壁（barrier）があってはならないものとする。さらに，この連鎖合成の認可はS構造で行われるものとする。

(19)の働きを(18)の例で説明しよう。この例ではwh移動によるC＝(which article, t)という連鎖とOp移動によるC′＝(Op, e)の連鎖があるので，(C, C′)＝(which article, t, Op, e)という連鎖合成ができる。

ここで t と Op の間には V′ と PP が介在しているが，V′ は最大投射ではないので障壁にはならず，PP も付加構造の一部なので障壁とはならない。したがって，この連鎖合成は適格であり，寄生空所は適正な解釈を受ける。

次に反 c 統御条件に違反した例を見ることにしよう。

(20) *Who$_i$ [$_{IP}$ t_i [$_{VP}$ filed the article [Op$_j$ without reading e_j]]]
この例の連鎖合成 (C, C′) = (who, t, Op, e) の t と Op の間には障壁となる VP が介在している。したがって，この連鎖合成は不適格とされ，(20)は寄生空所が適切な解釈を与えられないため排除される。

連鎖合成の認可は S 構造で行われるので，上記(8)のような隠在的統語部門での移動によっては寄生空所が認可されないことも説明できる。

◆構文特有の仕組みを用いない分析の試み —— Nissenbaum (1998) "Movement and Derived Predicate."

Chomsky (1986a) の連鎖合成を用いる認可方法は，(19)が寄生空所構文だけを対象としている場当り的な操作であることや，その認可が S 構造で行われると指定しなければならないことなど，問題を抱えたものであった。寄生空所の特徴を，特別な仕組みを仮定せずに説明できるような分析が求められる。

Nissenbaum (1998) は，Chomsky (1995) の極小主義の枠組みのもとで，Heim & Krazer (1998) の形式意味論 (formal semantics) の仕組みを用いて寄生空所構文の分析を与えている。

形式意味論では，言語表現が表す基本の意味タイプとして実体 (entity) を表す 〈e〉 と真偽値 (truth value) を表す 〈t〉 の 2 つを認め，その 2 つの組み合わせによって文の意味の計算を合成的に行う。例えば個体の John の意味タイプは 〈e〉 であり，文 John swam の意味タイプは 〈t〉 である。一項述語 (one-place predicate) である自動詞 swim は 〈e〉 タイプの個体を項にとって 〈t〉 タイプの文を作る表現であるので 〈e, t〉 タイプであると表記される。動詞句内主語仮説 (VP-internal subject hypothesis) に従うと [$_{VP}$ they [$_{V′}$ read the book]] などの VP では，V′ は 〈e, t〉 タイプであり，VP 全体は 〈t〉 タイプになる（イベント項の E や時制などの詳細は省略）。

Heim & Kratzer (1998) は，ある句に wh 移動が行われると，その句の内部に移動した wh 句を項に取る一項述語が形成されると提案する。例えば，What did John read t? のような文では what は文頭の CP 指定部に移動する前に VP に付加し，次のような VP の構造を作る。

(21) [$_{VP}$ what$_x$ [$_{VP1}$ λx [$_{VP2}$ John read t_x]]]

ここで λ とは，移動に伴って導入される述語形成の機能を持つ演算子である。VP$_2$ の意味タイプは $\langle t \rangle$ であるが，VP$_1$ は $\langle e, t \rangle$ タイプの一項述語になる。what（正確には，それが移動した後の wh 痕跡）は $\langle e \rangle$ タイプであり，これが VP$_1$ と合成し VP 全体は $\langle t \rangle$ タイプになる。

空演算子 Op が移動した場合にも同様の述語形成が行われる。例えば上記(18)の付加詞部分については次のような構造ができる。

(22) [$_{PP}$ Op$_x$ [$_{PP1}$ λx [$_{PP2}$ without PRO reading t_x]]]

PP$_2$ は $\langle t \rangle$ であり，PP$_1$ は $\langle e, t \rangle$ になる。wh 句とは異なり Op は述語を充足する意味内容を持たず意味タイプはない。したがって，PP 全体の意味タイプは一項述語の $\langle e, t \rangle$ のままになる。

付加詞による修飾は，同一タイプの表現を適用対象にする述部修飾 (predicate modification) と呼ばれる意味合成規則によって意味の計算が行われ，概略，等位接続構造に似た意味が与えられる。

以上の形式意味論の概略を踏まえて，Nissenbaum (1998) による寄生空所構文の分析を見てみよう。

(23) a. John [$_{VP}$ [$_{VP\langle t \rangle}$ filed the article] [$_{PP\langle t \rangle}$ without reading it]]

　　 b. *John [$_{VP}$ [$_{VP\langle t \rangle}$ filed the article] [$_{PP\langle e,t \rangle}$ Op$_i$ without reading t_i]]

(23b)に示されるように，主節で移動が起きていない場合には寄生空所は認可されない。これは $\langle t \rangle$ タイプの VP と $\langle e, t \rangle$ タイプの PP は意味タイプが異なるので述部修飾の適用を受けず解釈不可能になるからである。(23a)のように VP と PP が同一タイプの場合には適切に解釈が行われる。

主節で wh 移動が起きている場合には，次に示されるように上記(21)のような $\langle e, t \rangle$ タイプの VP が形成されている。

(24) which article$_x$ did John [$_{VP\langle t \rangle}$ t_x [$_{VP1\langle e,t \rangle}$ λx [$_{VP2\langle t \rangle}$ filed t_x]] [$_{PP\langle e,t \rangle}$ Op$_y$ without reading t_y]]]

VP$_1$ と PP は共に $\langle e, t \rangle$ タイプであり，述部修飾を受け，適切な解釈が

与えられる。

次の(25)の例は，反c統御条件に違反した例であり，(26)はA移動が起きている例である。いずれの例でも寄生空所は認可されない。

(25) *Who$_i$ [$_{IP}$ t_i [$_{VP\langle t\rangle}$ t_i filed the article] [$_{PP\langle e,t\rangle}$ Op$_j$ without reading e_j]]

(26) *The books$_i$ can [$_{VP\langle t\rangle}$ be sold t_i] [$_{PP\langle e,t\rangle}$ Op without reading e]

どちらの例でもVPとPPがタイプの不一致を起こしているので，述部修飾ができず，適切な解釈を与えられない。

極小主義では，句構造は下から上へと積み上げる形で構築される。付加詞の場合，それが構造に組み込まれる時点で，意味のタイプについて整合するタイプの要素にしか結びつけられないと仮定しよう。すると，次のような例でも，without句が導入された時点ではタイプの不一致が起きていることになり，寄生空所は認可されない。

(27) *Who [t [$_{VP\langle t\rangle}$ filed which article$_i$] [$_{PP\langle e,t\rangle}$ without reading e_i]]

この例からも分かるように，この分析では顕在的移動がある場合に限り寄生空所が認可されることを自動的に導き出す。

> further readings Kayne (1984) は，真の空所とwh要素をつなぐ樹状図の節点の集合を経路（path）と呼び，その経路と寄生空所を統率する要素の経路が連結する場合に限り寄生空所が認可されるという分析を提案した。同種の分析にはPesetsky (1982)，Longobardi (1985) などがある。また，この流れを汲む分析にNakajima (1985-1986)，Richards (1998) がある。空演算子移動が関わっている他の現象との異同については Browning (1987) を参照。極小主義の枠組みでの研究では，Nissenbaum (1998) の他，Tanaka (1996) がある。

> 関連テーマ 寄生空所を含む文は，空所の代わりに代名詞を入れた文に比べて容認可能性がいくぶん落ちるという観察がある（Chomsky (1982)）。その理由としてどのようなことが考えられるであろうか。

主語に寄生空所が含まれている場合，その主語は総称的（generic）な解釈を受けたり，数量詞表現であるのが好まれるとする観察がある（Nissenbaum (1998: 269)）。これはどのように説明できるだろうか。

(28) a. Mary's the kind of woman that [a person who talks to __]

always goes to bat for __. (総称的解釈)

　b. ??Mary's the woman that [a person who talked to __ (yesterday)] went to bat for __. (非総称的解釈)

(29) a. Nadar's someone that we should invite __ because [many of the people who voted for __] are likely to come to see __. (数量詞表現)

　b. ??Nadar's someone that we should invite __ because [the fifty people who voted for __] are likely to come to see __. (特定的解釈)

【テーマ3】類似構文との相違
【概説】

　寄生空所構文と同様に，1つの移動要素に対して空所が2つ（以上）生じる構造は，等位接続構造でも見られる。上記(2a)は2つの等位項から同じwh句が移動した例で，全域的移動適用（Across-the-board：ATB）を受けた例と呼ばれる。(2b)は空所の右に要素があり，右方節点上昇（Right Node Raising：RNR）という操作により，やはり全域的に同一要素が移動された構文であると考えられている。これらの構文が寄生空所構文と類似しているため，寄生空所構文をATB構文の一例として分析する提案がある。また寄生空所と考えられている例をRNRの例とする分析もある。

◆**寄生空所構文のATB分析**——Williams (1990) "The ATB Theory of Parasitic Gaps."

　Williams (1990) は，寄生空所構文とATB構文が平行的な性質を示すことを指摘し，例えば(30a)の寄生空所構文の従属接続詞beforeを等位接続詞と再分析（reanalysis）することにより，ATB構文(30b)を派生するのと同じ仕組みで(30a)を派生する分析を提案した。

(30) a. Which paper did John file *t* before Mary read *e*?

　　 b. Which paper did John file *t* and Mary read *e*?

　両構文の平行性として，例えば，寄生空所構文と同様ATB構文でも島の制約の効果が見られること(31)や，反c統御条件の効果と同じ現象が現

れること(32)などが挙げられる。

(31) a. ?*Which man did John interview *t* without expecting us to ask which job to give to __? (寄生空所構文)

b. ?*Which man did John interview *t* and expect us to ask which job to give to *t*? (ATB 構文)

(32) a. *Who *t* read the paper before John talked to *e*?
(寄生空所構文)

b. *Who *t* read the paper but John didn't reply to *t*?
(ATB 構文)

Engdahl (1983) や Chomsky (1982) は，(33)の例を，右方向への移動である重名詞句移動（Heavy NP Shift）が寄生空所を認可したものだと分析していたが，これに対しても Williams は，RNR 構文(2b)を派生するのと同じ仕組みによって形成されていると論じている。

(33) John offended t_i by not recognizing e_i [his favorite uncle from Cleveland]$_i$ (Engdahl, 1983 : 12)

◆ATB 構文との相違点と RNR 構文との類似点──Postal (1993) "Parasitic Gaps and the Across-the-Board Phenomenon," Postal (1994) "Parasitic and Pseudoparasitic Gaps."

Williams の分析に対して，Postal (1993) は寄生空所構文と ATB 構文の相違点を列挙し，両者が似てはいるが別種の構文であることを論じた。相違点の第1は，上記(12)(13)で示した範疇に関する制約である。寄生空所構文(34a)では NP 以外の空所は許されないが，ATB 構文(34b)では可能である。

(34) a. *How sick did John look *t* without actually feeling *e*?

b. How sick did John look *t* and (Betty) say he actually felt *t*?
(Postal, 1993 : 736)

第2に，寄生空所構文では空所が時制文主語に生じることがないという条件が課されているが，ATB 構文ではそのような条件が見られない。

(35) a. *the militant$_i$ who$_i$ he arrested t_i after learning e_i was carrying a gun. (寄生空所)

b. It was that militant$_i$ that we thought t_i was carrying a gun but they believed t_i was never armed. (ATB 構文) (*ibid.*: 737)

さらに，上記(14)で，述部名詞句が寄生空所になることはないと述べたが，ATB 構文の場合にはそのような条件がない。

(36) a. *What$_i$ he became t_i without wanting to become e_i was a traitor.
　　b. What$_i$ Ted was t_i and Greg intended to become t_i was a doctor.
(*ibid.*: 746)

Postal (1993) はこの他にもいくつかの相違点を挙げ，寄生空所構文を ATB 構文として分析すると，その場しのぎの条件を立てなければならなくなることを示した。

それでは RNR 構文との類似性についてはどうなのであろうか。Postal (1994) は，(33)の *e* のような空範疇を擬似寄生空所 (pseudoparasitic gap) と呼び，これは RNR を派生するのと同じ仕組みによって派生されたものであって，真の寄生空所ではないと論じる。その証拠として，wh 移動などの左方移動によって生起する寄生空所とは異なり，(ⅰ)擬似寄生空所では範疇に関する制約がなく，NP 以外の範疇でも許容され ((37))，(ⅱ)島の条件にも従わず(38)，(ⅲ)述部名詞句になっていてもよい(39)。そして，このような性質は RNR の構文でも見られる(40)。

(37) Helga mentioned the first problem t_i without mentioning the second problem e_i ― [to the professor who taught Greek]$_i$.
(Postal, 1994: 101)

(38) John offended t_i by not recognizing the people who were supporting e_i at that time ― [his favorite uncle from Cleveland]$_i$.
(*ibid.*: 88)

(39) They only determined to analyze t_i right after their$_i$ children turned into e_i ― [the sort of derelicts who cause such problems in our cities]$_i$. (*ibid.*)

(40) a. They tried to speak t_i in person but ended up only writing t_i ― [to the official in charge of Frankfurters]$_i$. (*ibid.*: 101)
　　b. It's interesting to compare the people who like t_i and the people who dislike t_i ― [the power of the big unions]$_i$.
　　c. Melvin may have become t_i and Jerome certainly did become

t_i — [a highly competent linguist]$_i$ (*ibid.*: 103)

<u>further readings</u>　Williams（1990）と同じく寄生空所構文を ATB 構文の1例として扱う分析として Huybregts & Van Riemsdjik（1985）がある。これとは逆に，Munn（1992）は ATB 構文を寄生空所構文の一例として分析している。

<u>関連テーマ</u>　Postal が述べている，寄生空所構文に課せられる範疇に関する制限や述部名詞句を禁止する条件はどのように説明されるのであろうか。

35. 省略文 (ellipsis)

英語には，次に見るような省略現象がある。(ϕ は省略が起きている場所を表し，[ ] の中に省略された要素を記す）。

(1) John loves Mary, and Peter does ϕ, too. [ϕ = love Mary]
(2) He is writing something, but you can't imagine what ϕ. [ϕ = he is writing]
(3) Although John's friends were late to the rally, Mary's ϕ arrived on time. [ϕ = friends]
(4) Mary wants to buy a skateboard and Sam ϕ a bicycle. [ϕ = wants to buy]

(1)では動詞句（verb phrase : VP）が省略されており，動詞句削除（VP deletion）という。(2)では，間接疑問文の疑問詞だけが残されており，疑問節が省略されている。間接疑問文縮約（sluicing）と呼ばれる。(3)では，名詞句（noun phrase : NP）の中心名詞が省略されており，N'削除（N' deletion）の現象と呼ばれている。(4)では，等位接続された文の2番目の等位文において，主語と目的語を残すような形で，まるで文に穴を空けるように動詞部分が省略されているので空所化（gapping）と呼ばれている。このようなさまざまな省略現象は均質的な類を形成しているわけではなく，(1)～(3)のタイプの省略と(4)のタイプの省略に大きく二分される。動詞句削除は，助動詞要素のどの部分を残す形で動詞句が削除されるのだろうか。また，同一タイプの省略と見なされる動詞句削除，間接疑問文縮約，N'削除を統一的に取り扱う方法としてどのような分析が考えられるだろうか。【テーマ1】

このような省略現象は，基本的に，省略された要素と同一の要素が文脈上の他の場所に存在し，省略された要素が復元できる場合に限って起きる。その場合の「同一」とはどのような概念であろうか。特に数量詞表現の作用域や，代名詞など照応表現の指示の問題が関係して

いる。【テーマ2】

　動詞句削除の中でも，次例では，関係節内部の動詞句が主節の動詞句との同一性に基づいて削除されている。

　(5) Dulles [$_{VP}$ suspected [everyone [Angleton did [$_{VP}$ ϕ]]]]

ϕ の所に，機械的に先行詞の VP で復元しようとすると，未復元の ϕ が現れてしまう。このような省略は先行詞内包型削除（Antecedent-Contained Deletion：ACD）と呼ばれている。【テーマ3】

【テーマ1】省略現象の種類とその統語的分析
【概説】

　伝統文法や学校文法では，省略現象についての詳しい記述は見られない。それとは対照的に生成文法では盛んに研究が行われている。特に，動詞句削除と空所化についてはかなり集中的に研究が行われている。この2つについては Sag (1976) と Williams (1977) が詳しい。Ross (1969 b) は間接疑問文縮約の現象について，その基本的な特徴を明らかにしている。Jackendoff (1971) は NP にも動詞句削除や空所化と平行的な現象があることを指摘している。動詞句削除，間接疑問文縮約，N′削除に比べて空所化には厳しい制約が課されている。Lobeck (1995) は動詞句削除，間接疑問文縮約，N′削除を統一的に扱う分析を提案している。

◆**動詞句削除の特徴**── Sag (1976) *Deletion and Logical Form*.

　動詞句削除は，文中，あるいは談話中にある別の動詞句との同一性に基づいて，重複する動詞句を削除する。その場合，時制を担う要素である助動詞部分および否定辞は必ず残されなければならない。

　(6) a. John loves Mary, and Peter does ~~love Mary~~, too.

　　　b. Gwendolyn made the team but Betsy didn't ~~make the team~~.

不定詞節が削除される場合には，to が必ず残る。

　(7) Betsy wanted to go home, but Peter didn't want to ~~go home~~.

　従属節の中でも削除が可能である。特に複合名詞句や文主語など島 (island) の中では，通例移動は阻止されるものの，削除は許される。た

だし，(8c)のように等位接続構造において，等位項を削除することは許されない。

(8) a. John didn't hit a home run, but I know a woman who did ~~hit a home run~~.
   b. That Betsy won the batting crown is not surprising, but [that Peter didn't know she did ~~win the batting crown~~] is indeed surprising.
   c. *I couldn't lift this rock, but I know a boy who can ~~lift this rock~~ and bend a crowbar, too.　　　　(Sag, 1976 : 14)

削除が先行詞となる動詞句より前にある動詞句に適用されることも可能である。ただし，その場合は削除される動詞句は先行詞となる動詞句よりも，より深く埋め込まれた位置になければならない。この制約は後方照応制約（Backward Anaphora Constraint : BAC）と呼ばれる。

(9) a. After Bill did ~~try LSD~~, John tried LSD.
   b. *John did ~~try LSD~~, after Bill tried LSD.　　　(*ibid.* : 342)

削除の先行詞となる動詞句は，談話内の別の文に含まれていてもよい。

なお，次例のように動詞句の一部が削除されずに残るような例がある。これは擬似空所化（pseudo-gapping）と呼ばれる。

(10) Bill ate more peaches than Harry did ~~eat~~ grapes.
　　　　　　　　　　　　　　　　　　　　(Jackendoff, 1971 : 22)

◆**間接疑問文縮約と N′削除**── Ross (1969b) "Guess Who?"

Ross (1969b) は，間接疑問文において wh 句に後続する部分が，先行文脈と重複するときに削除される現象を指摘し，これを間接疑問文縮約（sluicing）と呼ぶ。

(11) a. He is writing something, but you can't imagine ~~what he is writing~~.　　　　　　　　　　(Ross, 1969b : 252)
   b. He's going to give us some old problems for the test, but which problem ~~he is going to give us~~ isn't clear.　　(*ibid.* : 256)

間接疑問文が whether で導かれる場合はこの省略は許されない。

(12) *Ralph knows that I went, but his wife doesn't know whether ~~I went~~.　　　　　　　　　　　　　　　(*ibid.* : 272)

間接疑問文縮約でも，後方照応制約 BAC が働いている（Sag (1976: 342))。

(13) a. Although I don't know why ~~John takes LSD~~, John takes LSD.
　　 b. *I don't know why ~~John takes LSD~~, although John takes LSD.

Jackendoff (1971) は動詞句削除に平行的な削除が NP の中でも起きることを指摘した。

(14) I like Bill's yellow shirt, but not Max's ~~yellow shirt~~.

(Jackendoff, 1971: 28)

◆**空所化の特徴**──Ross (1970) "Gapping and the Order of Constituents," Jackendoff (1971) "Gapping and Related Rules," Sag (1976) *Deletion and Logical Form*.

空所化では，動詞句削除と異なり，時制を担う助動詞要素は必ず削除されなければならない。(15a)は空所化の例である。上記(10)で触れたように，助動詞要素が残っている(15b)の例は，擬似空所化（pseudo-gapping）と呼ばれ，空所化とは別の現象とされる。

(15) a. Max ate the apple and Sally ~~ate~~ the hamburgers.

(Jackendoff, 1971: 21)

　　 b. Bill ate more peaches than Harry did ~~eat~~ grapes.　(*ibid.*: 22)

空所化が起きるのは，基本的に and, or, nor が接続詞となった等位構造に限られる。

(16) a. Either Sam plays the sousaphone or Jekyll ~~plays~~ the heckephone.　(*ibid*.)
　　 b. *Sam played tuba whenever Max ~~played~~ sax.　(*ibid*.)

空所化によって残る要素は一般的に2つに限られる。空所は2ヶ所以上存在していてもよい。

(17) John took Harry to the movies, and Bill ~~took~~ Mike ~~to the movies~~.　(Sag, 1976: 218)

空所化が生じる等位項は，等位接続詞に直接支配された IP に限られる。次の(18a)では一方の等位節の従属節で空所化が起き，(18b)では等位接続された節は補文標識を伴った CP となっているので不適格になっている。

(18) a. *[Alan went to New York] and [it seems (that) Betsy ~~went~~ to Boston]　　　　　　　　　　　　　　　　　(*ibid*.: 190)

　　b. *Betsy said [that Alan went to the ballgame], and [that Sandy ~~went~~ to the movies]　　　　　　(*ibid*.: 276)

後に生じる動詞を先行詞として，先に生じた動詞を削除することはできない。

(19) *Pete ~~played~~ first base, and Alan played left field.　(*ibid*.: 191)

なお次の例は NP 内部での空所化の例である。

(20) Bill's story about Sue and Max's ~~story~~ about Kathy both amazed me.　　　　　　　　　　　　　　　　　　　(Jackendoff, 1971: 29)

◆**語用論的コントロールの有無**──Hankamer & Sag (1976) "Deep and Surface Anaphora," Chao (1987) *On Ellipsis*.

Hankamer & Sag (1976) は，照応表現を，その先行詞が言語表現に限られるものと，談話の状況でも構わないものとに区別している。後者の場合，その照応表現は語用論的コントロールを受けている (pragmatically controlled) という。動詞句削除，間接疑問文縮約，空所化は語用論的コントロールを受けない。

(21) 動詞句削除（Hankamer & Sag, 1976: 392）

　　［Hankamer が 9 インチのボールを 6 インチの輪に押し込もうとしている］

　　# It's not clear that you'll be able to __.

(22) 間接疑問文縮約（*ibid*.: 408）

　　［Hankamer が銃を取り出し舞台裏をめがけて発砲する。そして悲鳴が聞こえる］

　　# Jesus, I wonder who __.

(23) 空所化（*ibid*.: 410）

　　［Hankamer がオレンジを取り出し，皮を剥き始める。Ivan がリンゴを取り出すと，それを見て Hankamer が言う］

　　# And Ivan __ an apple.

これに対して Chao (1987) は，空所化は Hankamer & Sag の言う通り語用論的コントロールを受けないが，動詞句削除と間接疑問文縮約は語

用論的コントロールを受けると言う。まず，動詞句削除に関しては，上記(22)にあるような談話の状況で，(24)のように続けて言うことが可能であると言う。

(24) a. Jorge, you shouldn't have [e].
　　 b. Well, I guess you had to [e].　　　　　(Chao, 1987 : 91)

間接疑問文縮約に関しては，次のような例を挙げている。

(25) [John が中古車売場にいる。セールスマンが売り込みをしようと近づいてくる]
　　 Salesman: Look at this beautiful Mustang...
　　 John: Ok, but first tell me how much [e].

なお N′削除は語用論的コントロールを受けるが，NP 内部での空所化ではそれが許されない（今西・浅野, 1990 : 217）。

(26) N′削除
　　 [John が自分のためには紅茶を Mary にはコーヒーをいれてきて]
　　 Do you want sugar in yours [e]?　([e]=cup of coffee)

(27) NP 内空所化
　　 [庭を走っている犬を見て]
　　 *I'd like to see yours [e] with three legs.　([e]=dog)

◆**動詞句削除，間接疑問文縮約，N′削除の統一的説明**——Lobeck (1990) "Functional Heads as Proper Governors."

これまで見てきたように，動詞句削除・間接疑問文縮約・N′削除は，(a) 適用が等位接続構造に限られない，(b) 談話中の別の発話にある要素を先行詞とすることができる，(c) 語用論的コントロールを受ける，(d) 後方照応制約に従うなどの点で共通性があり，空所化と著しい対比を見せる。Lobeck (1990) は，一致（agreement）を起こしている主要部による認可（identification）という観点から，これら3つの削除現象を統一的に扱う分析を提示した。

Lobeck (1990 : 360) によると，削除による空所は，指定部と一致を起こす機能範疇（functional category）の補部にのみ生じることが許される。

機能範疇としては，補文標識の C，屈折の I，決定辞の D がある。これ

らは、それぞれ、次に図示するように、指定部に生じる wh 句、主語名詞句、属格名詞句と一致を起こす（従来の名詞句については、Abney (1987) の DP 分析にしたがう）。

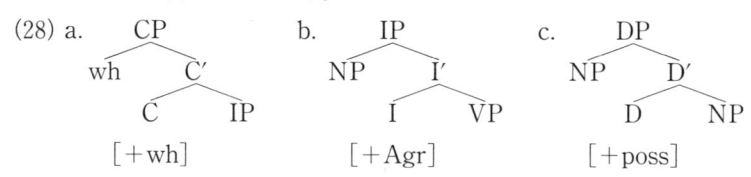

(28) a.
```
      CP
     /  \
   wh    C'
        /  \
       C    IP
      [+wh]
```
b.
```
      IP
     /  \
   NP    I'
        /  \
       I    VP
      [+Agr]
```
c.
```
      DP
     /  \
   NP    D'
        /  \
       D    NP
      [+poss]
```

Lobeck の条件によれば、(28) に示された構造でのみ、(削除による) 空所が認可される。実際、(28a) の IP が空になるのが間接疑問文縮約であり、(28b) の VP が空になるのが動詞句削除であり、(28c) の NP が空になるのが N′ 削除である。

(28a) のように wh 移動が適用し C にある [+wh] 素性と一致を示す構造とは異なり、補文標識が that や whether/if の場合には指定部と一致を起こさない。したがって、そのような補文標識がある場合は、IP の削除が許されない。

(29) a. *Even though she hoped [$_{CP}$ that [$_{IP}$ e]], Mary doubted that the bus would be on time. (Lobeck, 1990 : 355)
b. *We thought Sue wanted to be invited, but we weren't sure [$_{CP}$ whether/if [$_{IP}$ e]]. (*ibid.*)

(28c) についても、属格名詞句が DP の指定部にある場合は D は一致を起こしているが、the などの冠詞の場合は一致を起こさない。したがって、その場合は N′ 削除が許されない。

(30) *A single protester attended the rally because [$_{DP}$ the [$_{NP}$ e]] apparently felt it was important. (*ibid.* : 351)

(28b) のような形状でかつ I が一致を起こしていない構造として、いわゆる例外的格標示（Exceptional Case-Marking : ECM）構文がある。この構文の不定詞 to は主語と一致を起こしていない。したがって、この場合も動詞句削除が許されない。

(31) *John believed Mary to know French but Peter believed Jane [$_{I'}$ to [$_{VP}$ e]]. (Bošković, 1997b : 12)

further readings　動詞句削除と助動詞部の構造については膨大な文献

があるが，特に Sag（1976）と Akmajian, Steel & Wasow（1979）を参照。空所化については，詳しくは触れなかったが，Hankamer（1973b）と Kuno（1976）が参考になる。擬似空所化については N. Levin（1978, 1979）と Ishii（1983）が詳しい。Lasnik（1999a）も参照のこと。Lobeck（1990）のその後の展開については，Lobeck（1995, 1999）を参照。Lobeck 同様に削除の空所を認可の観点から捉え，英語とロマンス語の相違をとらえようとする分析に，Zagona（1988a）がある。削除現象一般については今西・浅野（1990）が詳しい。

|関連テーマ|　省略現象は，削除によるものと考えるべきか，それとも空の照応表現があり解釈規則により適切な先行詞と結びつけられると考えるべきであろうか。動詞句削除や空所化によって残される要素にはどのような条件が課されているだろうか。

【テーマ 2】同一性
【概説】

省略においては，省略された要素が復元できるように「同一の」要素が文脈に存在しなければならない。この効果を持つ条件は復元可能性の条件（recoverability condition）と呼ばれる。どのような条件を満たしている場合に要素が「同一である」と言えるのかについては，生成文法の最初期から議論されてきた。Sag（1976）と Williams（1977）は，LF（＝Logical Form）のレベルでの同一性が重要であるとし，この問題に対する出発点となる分析を提示した。Sag/Williams の分析は，ゆるやかな同一性（sloppy identity）と呼ばれる現象に一定の解決をもたらし，同時に LF における数量詞（quantifier）表現の振る舞いについて洞察を与えるものであったが，その両者に関して，その後，問題点が指摘された。Fiengo & May（1994）はゆるやかな同一性に関して代案を提示している。Fox（2000）は，数量詞の作用域に関して Sag/Williams の問題点を指摘し経済性（economy）に基づく説明を試みている。

◆**ゆるやかな同一性**──Ross（1969b）"Guess Who?"

Ross（1969b：268）は次の(32)は二義的で(33a)(33b)の解釈を持つと指摘した。

(32) Harold scratched his arm and so did I.

(33) a. Harold$_i$ scratched his$_i$ arm and I$_j$ scratched his$_i$ arm.

　　 b. Harold$_i$ scratched his$_i$ arm and I$_j$ scratched my$_j$ arm.

(32)の動詞句削除が厳密に先行詞と同一でなければならないとすると，(33a)の解釈だけが許され，(33b)の解釈は阻止されるはずである。すなわち，一定の条件の下で，(33b)のように代名詞の指示に関してだけ異なる場合は「同一」であるとみなされる。(33a)のような解釈は「厳密な (rigid) 同一性」と呼び，(33b)のような解釈は「ゆるやかな同一性」と呼ぶ。

◆**LF における同一性**──Sag (1976) *Deletion and Logical Form*, Williams (1977) "Discourse and Logical Form."

　Sag (1976) および Williams (1977) は，同一性は LF のレベルで捉えられるべきであると主張し，上記のゆるやかな同一性を含む同一性にまつわるさまざまな問題の解決を試みている。Sag/Williams によると，LF はラムダ演算子（λoperator）を用いた論理式の形式をしている（その点で，現在の LF とは異なる点に注意）。ラムダ演算子による表記では，主語と動詞句を区別され，例えば(34a)は(34b)のような表示を与えられる。

(34) a. Betsy loves Peter.

　　 b. Betsy, λx (x loves Peter)

(34b)の λ に導かれた部分をラムダ表現という。2 つのラムダ表現は，変項（(34b)の x の部分）だけが異なる場合，文字異形（alphabetic variant）とみなされる。例えば，λx (x loves Peter) と λy (y loves Peter) や，λx ((∀y) [x likes y]) と λz ((∀w) [z likes w])は文字異形であるが，λx ((∀y) [x likes y]) と λz ((∃w) [z likes w]) は文字異形ではない。数量詞が異なるからである。

　Sag は LF で文字異形になるときに限って「同一」とみなされ，削除が許されるとした。例えば，次の(35a)は(35b)の LF を持ち，ここで 2 つのラムダ表現（下線部）は文字異形であるので，削除が許される。

(35) a. John hit a home run and Peter did ~~hit a home run~~, too.

　　 b. John, λx (x hit a home run) and Peter, λy (y hit a home run)

複数の数量詞が含まれている Someone hit everyone という文は，どちらの数量詞がより広い作用域を取るかに応じて，両義的である。これは次のように LF で表示される (Sag (1976:107))。

(36) a. (∃x) [x, λy [(∀z) [y hit z]]] (some＞every)
b. (∀z) (∃x) [x, λy [y hit z]] (every＞some)

この文に動詞句削除が適用して(37)のようになると，(36b)に表されるeveryone が広い作用域を持つ解釈がなくなる (Sag (1976:107))。

(37) Someone hit everyone, and (then) Bill did ~~hit everyone~~, too.

これは，(37)の後続文が次の LF を持ち，この LF のλ表現と文字異形になるのは(36a)の表示だけだからである。

(38) ... Bill, λw [(∀u) [w hit u]]

Sag (1976:127) は，ゆるやかな同一性を説明するため，主語と同一指示となっている代名詞をラムダ演算子に束縛された変項に変える規則を提案している。

(39) PRO → Bound Pronoun
    NP$_i$, λx (... pronoun$_i$ ...) → NP$_i$, λx (... x ...)

上記(32)(33)の例を使うと，(33a)(33b)の例はそれぞれ(40a)(40b)の LF になる。

(40) a. Harold$_i$, <u>λx (x scratched his$_i$ arms)</u> and I$_j$, <u>λy (y scratched his$_i$ arms)</u>
b. Harold$_i$, λx (x scratched his$_i$ arms) and I$_j$, λy (y scratched my$_j$ arms)

この2つの表示のうち，(40a)のラムダ表現は文字異形である。したがって，(40a)に基づいて削除が適用し，(32)の「厳密な同一性」の解釈が出てくる。一方(40b)の2つの等位項は共に(39)の構造に符合している。(39)の適用の結果，次の表示が生まれる。

(41) Harold$_i$, <u>λx (x scratched x arms)</u> and I$_j$, <u>λy (y scratched y arms)</u>

(41)の2つのラムダ表現は文字異形であるので，削除が可能である。これが(32)の「ゆるやかな同一性」の解釈になる。

◆Dahl の問題──Fiengo & May (1994) *Indices and Identity*.
Fiengo & May (1994:130-134) は，Dahl (1974) が最初に指摘した

次のような例が，Sag/Williams によるゆるやかな同一性の取り扱いに対して問題になることを指摘している。

(42) Max_i said he_i saw his_i mother, and $Oscar_j$ did, too.

この文では主語（Max）に束縛されている代名詞が2つある。(39)による変項への変換は随意的であるので，(42)に対応して次の4つのLF表示が考えられる。

(43) a. Max_i λx (x said he_i saw his_i mother) and $Oscar_j$ λy (y said he_i saw his_i mother)　　[strict -strict]

b. Max_i λx (x said x saw x's mother) and $Oscar_j$ λy (y said y saw y's mother)　　[sloppy -sloppy]

c. Max_i λx (x said x saw his_i mother) and $Oscar_j$ λy (y said y saw his_i mother)　　[sloppy -strict]

d. *Max_i λx (x said he_i saw x's mother) and $Oscar_j$ λy (y said he_i saw y's mother)　　[strict -sloppy]

いずれの例においても2つのラムダ表現は文字異形である。したがって，Sag/Williams の分析によれば，これら4つの解釈のすべてが可能であるはずであるが，事実は(43d)の解釈は容認されない。Fiengo & May (1994:147-151) は独特の指標理論によってこの事実の説明を試みている。

◆束縛関係の局所性── Fox (2000) *Economy and Semantic Interpretation.*

(42)の事実に対して，Fox (2000) は，代名詞の解釈に関する局所性の条件を用いる説明を与えている。その条件は(44)である（Fox, 2000: 115)。

(44) 代名詞 α が先行詞 β によって束縛できるのは，α を束縛可能で，かつ，α を束縛することにより，β が α を束縛した場合と同じ意味を与える先行詞 γ が β より近い位置にない場合に限る。

この条件により，例えば(45a)の束縛関係は許されるが，(45b)のような束縛は阻止される。

(45) a. John said that he likes his mother.

b. *John said that he likes his mother.

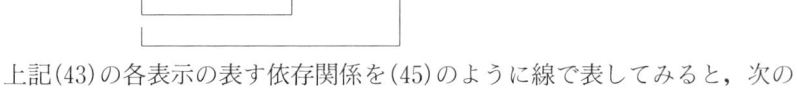

上記(43)の各表示の表す依存関係を(45)のように線で表してみると，次のような束縛関係になっていることが分かる．

(46) a. Max_i said he_i saw his_i mother and Oscar said he_i saw his_i mother.
b. Max said x saw x's mother and Oscar said y saw y's mother.
c. Max_i said x saw his_i mother and Oscar_j said y saw his_j mother.
d. *Max said he_i saw x's mother and Oscar_j said he_j saw y's mother.

(46a)〜(46c)では，and の前後の節の束縛関係が平行的になっている．したがって，両者は同一と考えてよい．(46d)では，前半の節の束縛関係が後半の節の束縛関係と平行になるためには，介在する he を越えて Max と変項が束縛関係を結ばなければならない．しかし，Max と he, he と変項が連結して束縛関係を結んでも，その節の表す意味は変わらないので，上記(44)の条件に違反した束縛関係になることになる．したがって(46d)は許されず，結果として上記(42)には(44d)に示されるような解釈がないことが示される．

◆**数量詞の作用域と動詞句削除**——Fox (2000) *Economy and Semantic Interpretation*.

上記(37)の説明からも分かるように Sag/Williams の分析によると，複数の数量詞が含まれる文では，動詞句削除の文が後続すると，目的語の数量詞が主語の数量詞より広い作用域を持つ解釈がなくなると予測される．確かに(37)や次の(47)の例ではその予測通りになるが，(48)では予測に反して，依然として多義性が見られる（Fox (2000: 30)）．

(47) A boy admires every teacher. Mary does, too.

$$(\text{a}>\text{every, *every}>\text{a})$$

(48) A boy admires every teacher. A girl does, too.

$$(\text{a}>\text{every, every}>\text{a})$$

Fox はこの事実を，LF での数量詞移動に課せられる経済性の条件によって捉える（Fox (2000:3)）。

(49) Scope Economy

作用域を変更する操作は，意味的な効果をもたらさなければならない。(47)と(48)の文で省略された部分を復元すると，それぞれ(49a)(49b)となる。

(49) a. Mary admires every teacher.
　　 b. A girl admires every teacher.

(49b)では数量詞移動の有無によって，every>a と a>every の意味の相違が生じるが，(49a)では every teacher に数量詞移動を適用しても，真理条件的意味は変わらない。したがって，Scope Economy により(49a)では作用域を変えるような数量詞移動は適用されない。(49a)に対応する(47)の LF は次のようになり，a>every の解釈しか出ない（厳密には目的語の数量詞句も，別の理由により VP に付加移動するが，ここでは省略する）。

(50) [$_{IP}$ a boy ... [$_{VP}$ admires every teacher]].
　　 [$_{IP}$ Mary ... [$_{VP}$ admires every teacher]].

他方(49b)に対応する(48)では，数量詞移動が先行詞の文と削除の文の両方で適用され，次の2つが平行的構造を持つ表示として出てくる。

(51) a. [$_{IP}$ a boy ... [$_{VP}$ admires every teacher]].
　　　　 [$_{IP}$ a girl ... [$_{VP}$ admires every teacher]]. (a>every)
　　 b. [$_{IP}$ every teacher$_i$ [$_{IP}$ a boy ... [$_{VP}$ admires t_i]]].
　　　　 [$_{IP}$ every teacher$_i$ [$_{IP}$ a girl ... [$_{VP}$ admires t_i]]]. (every>a)

further readings　同一性の問題は，統語論と意味論の接点に関係する重要な問題であるので，LF を対象にした研究の大半はこのテーマに直接・間接に関わっている。Reinhart (1983) は，ゆるやかな同一性は削除に特有の現象ではなく，より広範囲に束縛代名詞が生起することに随伴して起きる現象であることを示している。

|関連テーマ| do so, do it など有形の代用表現とその先行詞の関係は，省略の場合と同じであろうか。

次の(ⅰ)(ⅱ)のような構文での斜体字の部分はどのように意味関係が決められるのだろうか。

(ⅰ) Max gave flowers to Lucy, *and chocolates too*.

(ⅱ) No student arrived *except John*.

【テーマ3】先行詞内包型削除
【概説】

先行詞内包型削除（Antecedent-Contained Deletion：ACD）は Bouton (1970) が最初に指摘した構文であり，次のような例を指す。

(52) Bill [$_{VP}$ hit the man who asked him to [ϕ]]

この例の ϕ を先行詞の VP で復元すると，復元後も ϕ が現れ，いつまでも復元しきれない結果になる。このような問題は regress problem と呼ばれる。May (1985) は数量詞繰り上げ（Quantifier Raising：QR）によって regress problem から回避する方法を示している。これに対して Baltin (1987) は，削除された VP を含む構成素は S 構造までの段階で，先行詞の VP から外に移動していると分析し，ACD という現象は存在しないと主張した。また Hornstein (1994) は，ACD を含む構成素は，格照合のための A 移動により先行詞の VP から外に出ているとする分析をしている。Baltin に対しては Larson & May (1990), Hornstein に対しては Kennedy (1997) の反論がある。

◆QR 分析──May (1985) *Logical Form*.

May (1985：11-12) は，QR が随伴（pied-pipe）する性質を持つと仮定する。(53)の ACD 構文は，QR によって(54)に変換される。主節の VP (suspected e_2) が QP の did に転写されると，(55)の構造が派生する。

(53) Dulles suspected [everyone who Angelton did]

(54) [$_{QP}$ everyone who Angelton did]$_2$ [Dulles suspected e_2]

(55) [$_{QP}$ everyone who Angelton suspected e_2]$_2$ [Dulles suspected e_2]]

ACD による空所を含む要素は，QR により(54)の段階で先行詞の VP か

ら外に出るので，regress の問題が生じない。

◆**外置分析**——Baltin (1987) "Do Antecedent-Contained Deletions Exist?"
　Baltin (1987) は，ACD を含む要素が先行詞の VP の外に出るのは，QR によるのではなく，S 構造において右方に外置されるためであると主張している。
　May の分析の問題点として，Baltin は次のような例を指摘する。
　(56) *John will find [everyone that Bill does ＿] easy to work with.
　　　　　　　　　　　　　　　　　　　　　　　　(Baltin, 1987 : 584)
May の分析に従えば，(56) は QR の適用を受けて(57)になり，主節の VP を転写されて(58)になる。(58)の構造では何ら問題はないので，(56)が非文法的である事実が説明できない。
　(57) [everyone that Bill does ＿]$_2$ [John will find e_2 easy to work with]
　(58) [[everyone that Bill find e_2 easy to work with]$_2$ [John will find e_2 to work with]]
一方 Baltin の外置分析によれば，(56)の関係節 [that Bill does ＿] は文の右端に生じていないことからして，外置を受けていないものと考えられる。そのため，(56)の空所の VP を主節の VP である [$_{VP}$ find [everyone that Bill does ＿] easy to work with] によって補充すると，次の(59)のようになり，いくら空所の補充を繰り返しても空所が残ってしまう regress の状態になる。そのため適切な解釈が得られず非文になっていると説明できる。
　(59) John will [find [everyone that Bill [$_{VP}$ finds [~~everyone that Bill does ＿] easy to work with~~] easy to work with].
これに対して，関係節を文の右端においた(60)は，空所を含む部分が主節 VP の外に出ているので，(61)に示されるように regress 状態から回避される（VP のコピーの転写に関しては，外置の痕跡 e は無視されるものと仮定する）。
　(60) John will [$_{VP}$ find [everyone e] easy to work with] [that Bill does ＿]
　　　　　　　　　　　　　　　　　　　　　　　　(Baltin, 1987 : 586)
　(61) John will [$_{VP}$ find [everyone] easy to work with] [that Bill ~~finds~~

~~everyone easy to work with]~~

◆Baltin への反論——Larson & May (1990) "Antecedent Containment or Vacuous Movement: Reply to Baltin."

Larson & May (1990) は，QR 分析擁護の立場から Baltin の分析に反論をしている。問題点として例えば，外置された関係節では，(62)の例が示すように，空の補文標識は許されないのが通例であるが，仮に，ACD を含む関係節が Baltin の主張のように外置されているとすると，(63)のように空の補文標識が生起可能である事実が説明できない (Larson & May (1990:105-106))。

(62) I visited a man recently [{who/that/$^{?*}\phi$} John mentioned]
(63) I visited everyone [{who/that/ϕ} you did e]

さらに，(56)に類している(64)のような文では，文中に ACD の空所を含んでいるにもかかわらず，文法的である (Larson & May (1990: 107))。

(64) a. I gave everyone that you did ＿ two dollars.
　　 b. Tommy put everything he could ＿ in his mouth.
　　 c. Max considers everyone that you do ＿ smart.

◆A 移動分析——Hornstein (1994) "An Argument for Minimalism: The Case of Antecedent-Contained Deletion."

Hornstein (1994) は，ACD を含む要素は，LF において格照合のために AgrP の指定部に移動することにより，先行詞である VP の外に出て，regress の問題を回避することになると分析している。例えば，(65)の目的語は LF において AgrO の指定部に移動し，(66)のようになる。

(65) John bought everything that you did [e].
(66) John$_j$ [T [$_{AgrO'}$ [everything that you did [e]]$_i$ [$_{Agro}$ [$_{VP}$ t_j [$_{VP}$ buy t_i]]]]]

この構造で VP の [$_{VP}$ buy t_i] が [e] に転写される。

この分析を支持する根拠の１つとして，時制文主語に ACD が含まれた例が非文法的となることを自動的に説明できることが挙げられる。

(67) a. *I expect (that) [$_{NP}$ everyone you do ＿] will visit Mary.

b. ?I expect [NP everyone you do ＿] to visit Mary.

(67a)のNPはすでに格を照合されているのでLFで主節にA移動することはない。したがってregress状態になり非文になる。他方(67b)のようなECM構文の補文主語は，LFにおいて主節のAgrPの指定部に移動するので(65)(66)と同様にして，適切な解釈を得られる。

◆NPに含まれたACD —— Kennedy (1997) "Antecedent-Contained Deletion and the Syntax of Quantification."

Kennedyは(68)のような例を挙げて，これがHornsteinのA移動分析では説明できないことを指摘している (Kennedy (1997:680))。

(68) a. Beck read a report on every suspect Kollberg did.

b. Melander requested copies of most of the tapes Larsson did.

Hornsteinの分析によれば，例えば(68a)では，[a report …]がLF移動して，(69)のようになる。そして(69)の[e]に主節のVPを転写すると(70)になってしまう。

(69) Beck [$_{AgrP}$ [$_{DP}$ a report on every suspect Kollberg did [e]]$_i$ [$_{VP}$ read t_i]]

(70) Beck [$_{AgrP}$ [a report on every suspect Kollberg [read e_i]]$_i$ [$_{VP}$ read t_i]]

(70)では，「Kollbergが読んだすべての容疑者」という解釈になってしまい，「Kollbergがレポートを読んだすべての容疑者についてのレポートをBeckは読んだ」という(68a)の正しい意味が出ない。

これに対してQR分析では，(68a)はQRにより(71)になり，主節のVPを転写して(72)のような正しい解釈に対応する構造が得られる。

(71) [$_{IP}$ [$_{DP}$ every suspect Kollberg did e]$_i$ [$_{IP}$ Beck [$_{VP}$ read [$_{DP}$ a report on e_i]]]]

(72) [$_{IP}$ [$_{DP}$ every suspect Kollberg [read a report on e_i]]$_i$ [$_{IP}$ Beck [$_{VP}$ read [$_{DP}$ a report on e_i]]]]

further readings　ACDを許容する関係節の先行詞につく限定辞の種類についてはDiesing (1992)を参照。ACDと束縛理論についてはFiengo & May (1994)が詳しい。Takami (1996)は機能主義の立場から

ACDについて分析している。擬似空所化とACDの関係についてはLasnik (1999a) を参照。

関連テーマ 上記(62)のような文中にACDの空所が生じる例と他の例のように文末に空所が生じる例には違いがないのであろうか。ACDは動詞句削除にだけ見られる現象であろうか。

36. 不定詞節 (infinitival clause)

(1) a. I believe [John to have convinced Bill].

(Rosenbaum, 1967 : 59)

b. I want [John to study harder].

上記の文はどちらも学校文法でSVO不定詞と分析されて，Oと不定詞の関係は主語と述語の関係，すなわちJespersenの言うネクサス関係になっている。それは(1a)を(2)のようにパラフレーズできることからも確認される。

(2) I believe that John has convinced Bill.　　(*ibid.* : 58)

伝統文法では(1a)(1b)の [ ] の部分を不定詞付き対格 (accusative with infinitive) と呼び，(1a)と(1b)を同様に扱っている。だが，(1a)は受動構文を許すのに対し(1b)は受動構文を許さないなど，両者の間に重要な相違がある。【テーマ1】

主語を持たない不定詞について，主語として生成文法では（音形を持たない代名詞的要素）PROを仮定する。したがって不定詞節の主語の問題はPRO先行詞の問題に還元される。【テーマ2】

【テーマ1】不定詞節の特性と文法範疇
【概説】

不定詞にはto＋動詞の原形と，toを伴わずに動詞の原形だけから成るものと2種類があり，それぞれto不定詞 (to-infinitive)，原形不定詞 (bare infinitive) と呼ばれる (Jespersen (1940))。現代英語では，原形不定詞が生起する文脈は制限されており，法助動詞のあと（例：I can swim），知覚動詞の補部の中（例：I saw John swim），makeやletなどの使役動詞やhelpの補部の中（例：I made/let/helped John swim）などに限られる。

学校文法では不定詞が文中でどのような役割を果たすかによって不定詞の名詞用法（主語，目的語，述語として機能する），形容詞用法（名詞を

修飾する），副詞用法（動詞を修飾する）などに分類される。不定詞は動詞の原形を含むことからも分かる通り，動詞性も持っているが，文中で主語，目的語，述語として機能しうるなどという点では名詞性も持っていると言える。

初期の生成文法では，不定詞節は文（S）に補文標識配置（Complementizer Placement）を適用して補文標識 for-to が付与されて for 付き不定詞節が派生され，補文標識削除（Complementizer Deletion）で for が随意的に削除されて for のない不定詞節が派生されると考えられた（Rosenbaum (1967)）。また名詞句（NP）に直接支配される不定詞節と，動詞句（VP）に直接支配される不定詞節が区別されていた（Rosenbaum (1967)）。しかし研究が進むにつれて不定詞節は名詞句ではなく文（S）であるという議論が広く受け入れられるようになった（Emonds (1970, 1976)）。さらに補文標識削除適用前に，すべての不定詞節が for を持っていると仮定するのは不自然であると考えられるようになり（Kiparsky & Kiparsky (1971)），補文標識 for は意味内容のある要素なので，「変形は意味を変えない」という変形規則の性質にそぐわないため，基底生成されるべきであると考えられるようになった（Bresnan (1972)）。

◆**不定詞節は名詞句ではない**──Emonds (1970) *Root and Structure-Preserving Transformations*.

上述のように不定詞節は，文中で主語，目的語，述語として機能しうる点で名詞句と分布を一部共有しているが，Emonds (1970) は不定詞節と名詞句とは異なる分布を持っていることを明らかにしている。まず第一に，不定詞節は名詞句と違って動詞とその項（例えば前置詞句）の間に現れることができない。

(3) *I take [to fix the lamp] upon myself.　　(Emonds, 1970 : 75)
　　Cf. I take it upon myself to fix the lamp.　　(*ibid.*)

第二に不定詞節は名詞句と違って前置詞の補部となり得ない。

(4) *He blamed it on [for Bill to be too strict].　　(ibid. : 76)
　　Cf. He blamed it on Bill's strictness.　　(*ibid.*)

第三に不定詞は非定形節の主語の位置に現れない。

(5) *For [to pay that tax] to be necessary would be an inconven-

ience.　　　　　　　　　　　(adapted from Emonds, 1970 : 80)
　Cf. For paying that tax to be necessary would be an inconvenience.　　　　　　　　　　　　　　　　　　　(*ibid*. : 80)

第四に不定詞節は助動詞などの要素が先行する場合，主語の位置に生起できない。

(6) *Never will [for us to be comfortable] be possible in this climate.
　　　　　　　　　　　　　　　　　　　　　　　(*ibid*. : 82)
　Cf. Never will it be possible for us to be comfortable in this climate.　　　　　　　　　　　　　　　　　　　　(*ibid*.)

第五に不定詞は分裂文（cleft sentence）の焦点の位置に現れない。

(7) *It's [for her to be late] that upsets me.　　　　(*ibid*. : 87)
　Cf. It's her being late that upsets me.　　　　　　(*ibid*.)

こうした分布の相違からして，不定詞節は名詞句ではなく文であると考えることができる。

◆**不定詞節の範疇は S か S' か**——Chomsky (1981) *Lectures on Government and Binding*.

　上述のように初期の生成文法では不定詞節は文（S）であると考えられたが，このことに異議を唱える学者が現れた。例えば tough 構文の John is tough *to please* の不定詞（斜体部）は，文（S）ではなく動詞句（VP）であるという考え方と，この不定詞はやはり文（S）であるという考え方の両方が主張され（Bresnan (1971), Berman & Szamosi (1972))，その対立がさらに try 型動詞の不定詞補部にも波及していった（Brame (1975, 1978))。この動詞句仮説の利点は tough 構文の不定詞補部や try 型動詞の不定詞補部に主語が現れないと言う事実を自動的に説明できることである。
　これに対し，すべての不定詞節は主語として（音形を持つ）名詞句または（音形を持たない代名詞的要素）PRO を持つ文（S）であり，try 型動詞，believe 型動詞，want 型動詞の不定詞補部における特性の相違はいくつかの一般原理によって説明されるべきであるという考え方が，今日では生成文法の主流を成している（Chomsky (1973, 1977a, 1980, 1981, 1986b))。try 型動詞，believe 型動詞，want 型動詞の不定詞補部におけ

る特性の相違として，例えば次のような相違が挙げられる。try は主語のない不定詞節を取るが，主語付き不定詞節を取らない(8a)～(8c)。believe は主語のない不定詞節を取らないが主語付き不定詞節を取り，不定詞節の主語が受動形主節の主語になりうる(9a)～(9c)。また want は，主語のない不定詞節も主語付き不定詞節も取り，不定詞節の主語が受動形主節の主語になることができない(8a)～(8c)。

(8) a. John tried [to win].　　　　　　　(Chomsky, 1981 : 66)
　　b. *John tried [Bill to win]. (adapted from Bošković, 1996 : 276)
　　c. *John$_i$ was tried [t_i to win].
　　　　　　　　　　　　　(adapted from Bošković, 1996 : 276
(9) a. *John believed [PRO to be incompetent].
　　　　　　　　　　　　　(adapted from Bošković, 1996 : 271)
　　b. John believed [Bill to be incompetent].
　　　　　　　　　　　　　(adapted from Bošković, 1996 : 271)
　　c. John$_i$ was believed [t_i to be incompetent].(Chomsky, 1981 : 67)
(10) a. John wanted [to win].　(adapted from Chomsky, 1981 : 180)
　　b. John wanted [Bill to win].　　　(Chomsky, 1981, 69)
　　c. *John$_i$ was wanted [t_i to win].　　　　　　(*ibid*.)

Chomsky (1981) によると，(8)の try は S′ から成る不定詞を取り，(8a)～(8c)は次のような構造を持っていると考えられる。

(11) a. John tried [$_{S'}$ [$_S$ PRO to win]]　　　　　(*ibid*. : 66)
　　b. John tried [$_{S'}$ [$_S$ Bill to win]]
　　c. John$_i$ was tried [$_{S'}$ [$_S$ t_i to win]]

Chomsky (1981) は S は「統率」を阻止しないが，S′は「統率」を阻止すると仮定している。この仮定により，(11a)では tried と PRO の間に介在する S′のため tried が PRO を統率しないので，「PRO は統率されない」という PRO の公理 (PRO theorem) に合致しており，(11a)(=(8a))が文法的と予測される。一方(11b)では tried と Bill の間に介在する S′のため，tried が Bill を統率しない。したがって Bill に格が付与されないため，「音声内容を持つ名詞句は格を持たねばならない」という格フィルター (Case filter) に違反しており，(11b)(=(8b))は非文法的と予測される。(11c)は t_i の位置に生成された John が主語の位置に移動されて派

生されるが，痕跡 t_i は空範疇であり，「空範疇は適正に統率される」という空範疇原理（Empty Category Principle：ECP）の適用を受ける。(11c)では，介在するS'のため，triedが t_i を統率できないから，ECPにより(11c)（＝(8c)）は非文法的と予測される。

次に，(9)のbelieveは補文としてS'不定詞節を取るが，S'削除（S'-deletion）という規則の適用を受けて，(9a)〜(9c)は(12a)〜(12c)のような構造から派生される。

(12) a. *John believed [$_S$ PRO to be incompetent]
　　　b. John believed [$_S$ Bill to be incompetent]
　　　c. John$_i$ was believed [$_S$ t_i to be incompetent]　　　(*ibid.*: 67)

SはS'と違って統率を阻止しないと仮定されるので，(12a)ではPROがbelievedから統率されてPROの定理に違反しており，(12a)（＝(9a)）は非文法的と予測される。一方(12b)ではBillがbelievedに統率され，格を付与されるので格フィルターに合致しており，(12b)（＝(9b)）は文法的と予測される。believeがS越しにBillに格付与することを，例外的格標示（Exceptional Case Marking：ECM）と呼ぶ。例外的格標示によって派生される(12b)（＝(9b)）のような不定詞構文を，ECM構文（ECM construction）と呼ぶ。(12c)では痕跡 t_i がbelievedに統率されており，ECPに合致しているので，(12c)（＝(9c)）は文法的と予測される。

want型動詞に関する(10a)〜(10c)についてはこれまでさまざまな分析が提案されているが，いずれも広く受け入れられるには到っていない。

◆try型動詞の不定詞補部はCP（＝S'）かIP（＝S）か——Bošković (1996) "Selection and the Categorial Status of Infinitival Complements."

Bošković (1996) は(8a)〜(8c)のtry型不定詞補文に関して，極小主義の枠組みで新しい分析を提案している。もしtry型不定詞補文がCPであり，その主要部Cの所に空の補文標識 *e* があるとすると，try型不定詞補文の構造はbelieveなどに続くthat無し補文の構造と同じになる。Stowell (1981) によるとthat無し補文は空の補文標識 *e* を持つCPと分析され，空の補文標識 *e* は空範疇が適正統率されていることを求めたECP（空範疇原理）の規制を受ける。同様にtry型不定詞補文内の空補文

標識 e も ECP の規制を受けるはずである。したがって, (13c)(13d)において e が ECP に違反していると同様に, (13a)(13b)においても e が ECP に違反しており非文になるはずであるが, 実際には文法的な文である。

(13) a. I tried two days ago [$_{CP}$[$_c$ e][$_{IP}$PRO to leave]].
(Bošković, 1996 : 281)
b. [$_{CP}$[$_c$ e][$_{IP}$PRO to buy a car]] was desirable at that time].
(*ibid.*)
c. *It was believed at that time [$_{CP}$[$_c$e][$_{IP}$John would fail Mary]]. (*ibid.*)
d. *[$_{CP}$[$_c$e][$_{IP}$John would fail Mary]] was believed t. (*ibid.*)

同様のことが次の(14a)(14b)と(14c)(14d)の文法性の相違にも当てはまる。

(14) a. What the terrorists tried was [$_α$ PRO to hijack an airplane].
(*ibid.* : 282)
b. They demanded and we tried [$_α$ PRO to visit St. John's hospital]. (*ibid.*)
c. *What I believe is [$_α$ they will hijack an airplane]. (*ibid.*)
d. *John believed and we claimed [$_α$ they would visit St. John's hospital]. (*ibid.*)

Bošković は(13a)(13b)と(13c)(13d)の相違, (14a)(14b)と(14c)(14d)の相違を説明するために(13a)(13b),の不定詞節が IP であると考える。たとえば(13a)ではなく(15)のような構造になる。

(15) I tried two days ago [$_{IP}$ PRO to leave]

(15)ではもはや空の補文標識が含まれていないので, ECP の適用を受けない。そのため, 動詞と補文の間に副詞句が介在していても非文とならない。同様に(13b), (14a)(14b)の不定詞節が IP であると考えれば, これらの文の文法性が説明できる。

以上の議論に基づいて Bošković は try 型動詞が IP 不定詞節を取り, (8a)〜(8c)は(16a)〜(16c)のような構造から派生されると考える。

(16) a. John tried [$_{IP}$ PRO to win]
b. John tried [$_{IP}$ Bill to win]

c. John_i was tried [_IP t_i to win]

「PRO は空格（null　Case）を持っている」という仮定（Chomsky & Lasnik (1993)) と，「try 不定詞補部の主要部 I は空格を照合する素性を持っている」という仮定（Martin (1992)）に基づいて，Bošković は(16a)では PRO の空格が照合されるから文法的であると主張する。一方(16b)では PRO がないから，不定詞節主要部 I の空格を照合する素性が未照合のまま残ってしまい，非文法的と予測される。同様のことが(16c)にも当てはまる。

　この分析は try 型動詞が動名詞節を取る場合にも適用可能である。

(17) a. John tried [PRO crossing the river].
　　　b. *John tried [Bill crossing the river].
　　　c. *Bill_i was tried [t_i crossing the river].

try 型動詞の取る動名詞節が PRO の格を照合する素性を持っていると仮定すれば，(17a)の動名詞節では PRO の格が照合されて文法的な文になるが，(17b)(17c)の動名詞節では PRO がないため，PRO の格を照合する素性が未照合のまま残って非文になると考えることができる。

> Further readings　不定詞節を取る want 型動詞の分析については Chomsky (1981), Bouchard (1984), Bošković (1996, 1997b) などを参照。また believe 型動詞の不定詞補部が φ 補文標識を含む S′（=CP）であるという分析については Kayne (1981) を参照。

　for 付き不定詞節 for John to leave の主語 John の格照合については Watanabe (1996) を参照。

> 関連テーマ　Bošković (1996, 1997b) では(10b)は John wants [_CP e [_IP Bill to win]] のような構造を付与され，Bill が [_CP for [_IP Bill to win]] の Bill と同じように格を付与される。この分析では*It is wanted [_CP e [_IP Bill to win]], のような文の非文性が問題になるが，Bošković (1997b : 181 note 16) は空の補文標識が名詞格素性と動詞格素性を持っていると仮定すれば，このような文の非文性を説明できると主張している。今後の検討を要する問題である。

【テーマ2】不定詞節の主語
【概説】
　不定詞節が主語を持たない場合，意味上の主語が誰を指すかということが問題になる。Jespersen は次のような例を挙げて，不定詞の意味上の主語は一般的な人(18a)か，主節主語と同じである(18b)か，文脈から明らかであるか(18c)のいずれかであると言う。

(18) a. It always pays to tell the truth.　　　(Jespersen, 1933 : 339)
　　 b. He is old enough to know better.　　　(*ibid.*)
　　 c. It is your obvious duty to protect your old mother.　　(*ibid.*)

生成文法では「節は主語を持つ」という拡大投射原理（Extended Projection Principle : EPP）によって，表面的に主語を持たない不定詞節は（音形を持たない代名詞的要素の）PRO を主語位置に持っていると考える。したがって，主語を持たない不定詞節の主語が誰を指すかという問題は不定詞節の PRO 主語の先行詞は誰かを決定する問題に還元される。

◆**主語のない不定詞節はない**──Haegeman (1994²) *Introduction to Government and Binding Theory*.

　生成文法では，(19a)の主語を持たない不定詞節は(19b)に示すように主語の位置に PRO を持っていると考える。

(19) a. They want [to visit Paris].
　　 b. They want [PRO to visit Paris].　　(Chomsky, 1981 : 180)

その理由の第一は不定詞節が PRO を持っていると仮定することによって，主語を持たない不定詞節も EPP に違反しないですむ。すなわち EPP によって把握される一般化を例外なしに維持することができるという利点がある。

　次に「目的などを表す副詞用法の不定詞の意味上の主語はその不定詞が修飾する動詞の主語と同一指示である」という一般化があるが，副詞用法の不定詞が主語のない不定詞節の中に現れたとき，PRO 主語を仮定することによってこの一般化が維持できる。

(19) a. Poirot abandoned the investigation [in order to save money].
　　　　　　　　　　　　　　　　　　　(Haegeman, 1994² : 259)
　　 b. [For Poirot to abandon the investigation [in order to save

money]] would be regrettable. (*ibid.*)

 c. [To abandon the investigation [in order to save money]] would be regrettable. (*ibid.*)

 d. [PRO to abandon the investigation [in order to save money]] would be regrettable. (*ibid.*)

すなわち(19a)(19b)の副詞用法の不定詞の意味上の主語は Poirot であるが, (19c)においては副詞用法の不定詞の意味上の主語と同一指示であるべき主語が欠落している。だが, (19d)のように PRO 主語を設定することによって, 副詞用法の不定詞の意味上の主語が(19a)(19b)同様, 動詞 abandon の主語であるという一般化を維持することができる。

 together には「複数名詞句と関連づけられねばならない」という特性があり, (20a)では together は the boys に関連づけられる。だが, (20b)では together が関連づけられる名詞句がない。

(20) a. [For the boys to leave together] would be stupid. (*ibid.*: 261)

 b. [To leave together] would be stupid. (*ibid.*)

 c. [PRO to leave together] would be stupid. (*ibid.*)

ここでも(20c)のように PRO 主語を設定することによって, together が PRO に関連づけられ, together に関する一般化を維持することができる。

 主語を叙述する述語 exhausted が不定詞節内に現れた(21a)において, exhausted は不定詞節の主語について叙述している。(21b)では exhausted が叙述する主語がないが, この場合も(21c)のように PRO を仮定することによって, exhausted が叙述するのは主語であるという一般化を維持できる。

(21) a. [For one's guests to arrive exhausted at a party] is terrible. (*ibid.*: 261)

 b. [To arrive exhausted at a party] is terrible. (*ibid.*)

 c. [PRO to arrive exhausted at a party] is terrible. (*ibid.*)

最後に再帰代名詞を含む(22a)(22b)を見てみよう。束縛理論によれば oneself は先行詞に束縛されなければならない照応形 (anaphor) であるが, (22a)には oneself を束縛する先行詞がない。この場合も(22b)のように PRO を設定することによって PRO が oneself を束縛する先行詞とな

り，(22a)が束縛理論に合致する文法的な文であることが説明できる。

(22) a. [To identify oneself here] would be wrong. (*ibid.*)
　　b. [PRO to identify oneself here] would be wrong.

このように「主語を持たない不定詞節が（音形を持たない）PRO を主語に持っている」という仮定は十分正当化されると言ってよい。

◆PROの先行詞――Larson (1991) "*Promise* and the Theory of Control."

PRO の先行詞を決定する理論をコントロール理論と呼ぶ。コントローラーが主語の場合を主語コントロール（subject control），目的語の場合を目的語コントロール（object control），コントローラーが文中に明示されない場合を恣意的コントロール（arbitrary control）という（Chomsky (1981))。

PRO の先行詞を決定する時の基本的原理は「PRO に最も近い主節の名詞句がその先行詞である」という最短距離原理（Minimal Distance Principle : MDP）である（Rosenbaum (1970))。ただしこの原理には(23a)(23b)のような少数の反例がある。

(23) a. John promised Mary [PRO to return home by 5:00 p.m.].

(Larson, 1991 : 112)

　　b. John asked (Bill) [what PRO to do *t*]. (Chomsky, 1980 : 32)

(23a)において John より Mary の方が PRO に近いのに，MDP に反して PRO の先行詞は Bill ではなくて John である。同様のことが(23b)にも当てはまる。

このような例外的主語コントロールの例文を説明するために Larson (1991) は，(23a)を(24)のような構造から派生することを提案している。

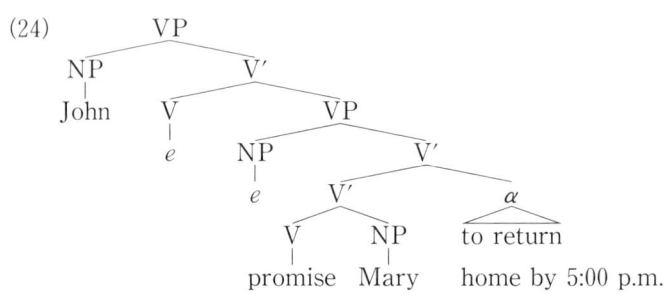

(24)　　　　VP
　　　NP　　　V'
　　　｜　　／　＼
　　　John　V　　VP
　　　　　　｜　／　＼
　　　　　　e　NP　　V'
　　　　　　　｜　／　＼
　　　　　　　e　V'　　α
　　　　　　　／＼　　｜
　　　　　　V　NP　to return
　　　　　　｜　｜
　　　promise Mary　home by 5:00 p.m.

(Larson, 1991 : 113)

名詞句 Mary が VP 指定部の位置に移動し，動詞 promise が繰り上がって，(25)が派生される。

(25) 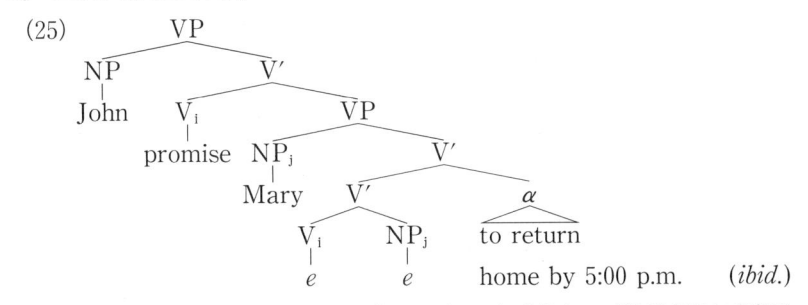
```
         VP
        /  \
       NP   V'
       |   / \
      John V_i  VP
           |   / \
        promise NP_j  V'
                |    / \
               Mary V'   α
                   / \   ⌃
                  V_i NP_j to return
                  |   |
                  e   e    home by 5:00 p.m.    (ibid.)
```

Larson は Rosenbaum の MDP を次のように定式化し，(移動規則が適用される前の構造) D 構造に適用されると仮定する。

(26) 述語 P の不定詞補部はそのコントローラーとして P の機能複合の中の一番近い c 統御する名詞句を選ぶ。   (ibid.: 115)

MDP(26)は D 構造に適用されるから，(25)ではなく(24)に適用されることになる。構造(24)において，Mary は不定詞節を c 統御していないので，MDP(26)により，コントローラーになれない。そこで John がコントローラーとして選ばれる。

Larson は目的語コントロール構文の(27a)に対しては，(27b)の D 構造を提案している。

(27) a. John persuaded Mary to return home by 5:00 p.m. (ibid.: 111)

b. 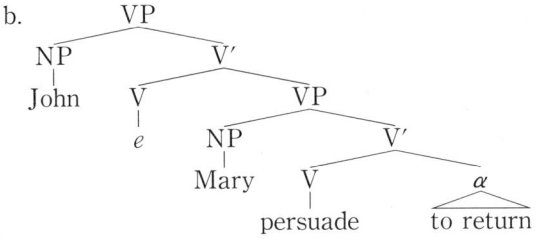
```
        VP
       /  \
      NP   V'
      |   / \
     John V   VP
          |  / \
          e NP   V'
            |   / \
           Mary V   α
                |   ⌃
             persuade to return
                       home by 5:00 p.m.    (ibid.)
```

この場合，不定詞節を c 統御する一番近い名詞句は Mary であり，MDP(26)により Mary がコントローラーとして選ばれる。

Larson はこの分析を使えば他の事実も説明できることを示している。例えば「目的語コントロール構文は受動化が可能であるが(28a)，主語コントロール構文は受動化できない(28b)」という Visser の一般化（Visser's generalization）が説明できると言う。

(28) a. John was persuaded to leave.　　　　　　(*ibid.*: 116)
　　 b. *John was promised to leave.　　　　　　(*ibid.*)

(28a)(28b)には(29a)(29b)のような構造が付与される。

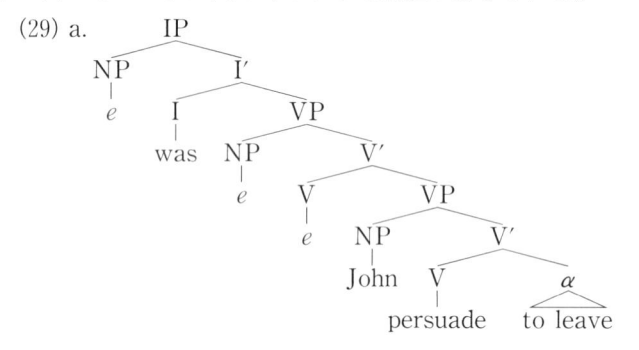

(29) a.
```
         IP
        /  \
       NP   I'
       |   /  \
       e  I    VP
          |   /  \
         was NP   V'
             |   /  \
             e  V    VP
                |   /  \
                e  NP   V'
                   |   / \
                  John V   α
                       |  /\
                   persuade to leave
```
　　　　　　　　　　　　　　　　　　　　(*ibid.*: 117)

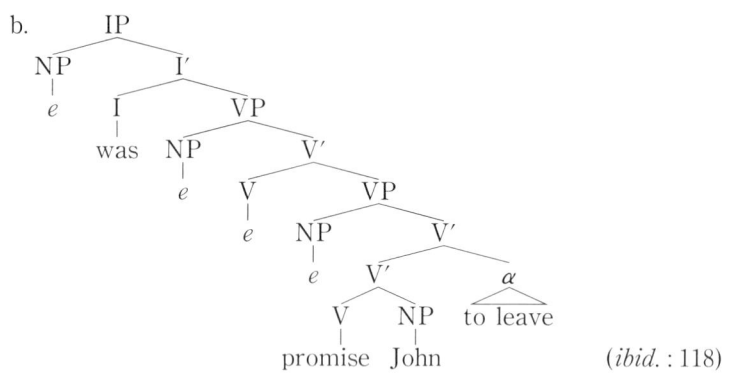

b.
```
         IP
        /  \
       NP   I'
       |   /  \
       e  I    VP
          |   /  \
         was NP   V'
             |   /  \
             e  V    VP
                |   /  \
                e  NP   V'
                   |   / \
                   e  V'   α
                     / \  /\
                    V  NP to leave
                    |   |
                promise John
```
　　　　　　　　　　　　　　　　　　　　(*ibid.*: 118)

MDP(26)により，(29a)では John がコントローラーとして選ばれ，適格な構造であるが，(29b)にはコントローラーになりうる名詞句がないことから不適格な構造となり，それによって(28a)と(28b)の文法性の相違が説明されることになる。

　further readings　主語コントロール，目的語コントロール，随意的コントロールのほかに主節文そのものがコントローラーと考えられる例があると論じているのが Williams (1985) である。

　PRO は照応的代名詞（anaphoric pronoun）で PRO の定理により統率されないという標準的考え方に対し，Koster (1984) は義務的コントロ

ールの PRO は統率された照応形であり，先行詞によって束縛されなければならないと主張している。同様に，Bouchard (1984) は局所的にコントロールされた PRO は束縛された照応形で長距離コントロールされた PRO や恣意的 PRO は代名詞類であると主張している。

関連テーマ　PRO は θ 標示されねばならないが，統率されない位置に現れて格を付与されないため，「θ 標示は格標示に依存する」という可視性条件（Visibility Condition）に合わない。この問題の解決法の 1 つとして PRO も格を持っていると仮定することができる（Chomsky (1986b), Chomsky & Lasnik (1993) 参照）。この仮定は Bošković (1996) の try 型動詞不定詞節の新しい分析を支えている仮定の 1 つである。

37. 動名詞節 (gerundive clause)

> (1) a. We defended [John's kissing Mary]. (G. Horn, 1974 : 122)
> b. We didn't like [John wearing the same clothes].
>
> 学校文法では(1a)はSVOの文型として分類されるが，(1b)は対応する対格付き不定詞構文（→第36章参照）との比較からSVOV*ing*と分析される。しかしながら，(1a)(1b)のどちらにおいても，Johnとそれに続く部分が主語と述語の関係，すなわちネクサス関係になっている。動名詞節は名詞性と動詞性を併せ持っているが，(1a)(1b)の動名詞節の範疇は何なのであろうか。【テーマ1】
>
> (1a)の動名詞節の主語は所有格，(1b)の動名詞節の主語は対格になっている。動名詞節の主語はどのようにして格を付与されるのだろうか。さらに，主語のない動名詞節の意味上の主語は何かが問題になる。【テーマ2】
>
> 前置詞には対格主語動名詞節を取れるものと取れないものがあり，前置詞＋動名詞節構文の動名詞節の範疇は何かという問題が生ずる。【テーマ3】

【テーマ1】動名詞節の特性と範疇
【概説】

動名詞は動詞に-ingを付けることによって形成されるが，名詞性と動詞性の2面を持っている。伝統文法では動名詞が文中で主語，目的語，述語，そして（不定詞と違って）前置詞の目的語となりうることからその名詞性が指摘されている（Jespersen (1933 : 320, 1940 : 89参照)）。もう一方で完了形，受動形を持ち，副詞やofなしの目的語を取りうるという動詞性があることも知られている。ただ同じV+ingの形をした分詞とは区別されることはあっても，動名詞がそれ以上に下位分類されることはなかった。生成文法でも当初，動名詞は一括して扱われていたが，研究が進むにつれて動名詞はPOSS-ing ((1a)のように主語が所有格となる動名詞)，

ACC-ing ((1b)のように主語が対格となる動名詞), ing-of (目的語の手前に of が生じる動名詞) の3つに分けられるようになった (Abney (1987))。

◆ACC-ing は名詞句ではない——— G. Horn (1974) *The Noun Phrase Constraint*.
POSS-ing の POSS が随意的に ACC に変わると ACC-ing になると考えられていたが, Emonds (1970), G. Horn (1974, 1975)) などでは POSS-ing は名詞句 (NP) であるのに対して, ACC-ing は (名詞句ではなく) 文 (S) であると考えられるようになる。

まず第一に POSS-ing は助動詞などの要素が先行しても主語位置に生起できるのに, ACC-ing は (that 節, 不定詞節同様) 生起できない。

(2) *Did [John killing Mary] annoy you?　　(G. Horn, 1974 : 113)
　　Cf. Did [John's killing Mary] surprise you?　　　　(*ibid.*)

第二に POSS-ing は分裂文 (cleft sentence) の焦点の位置に現れるが, ACC-ing は現れない。

(3) *It was [John kissing Mary] that upset everyone.
　　　　　　　　　　　　　　　　　　　(G. Horn, 1975 : 378)
　　Cf. It was [John's drinking beer] that we defended.
　　　　　　　　　　　　　　　　　　　(G. Horn, 1974 : 132)

第三に POSS-ing が and などで結合された主語は複数動詞を取るが, ACC-ing は (that 節, 不定詞節同様) 単数動詞を取る。

(4) [John playing the piano] and [Fred singing a song] *were/was terrifying.　　　　　　　　　　　　　　　　(*ibid.* : 115)
　　Cf. [John's playing the piano] and [Fred's singing a song] were/*was terrifying.　　　　　　　　　　　　　　(*ibid.*)

第四に POSS-ing と違って, ACC-ing は要素の取り出しを許す。

(5) Who$_i$ did we imagine [John kissing t_i]?　　(*ibid.* : 118)
　　Cf. *Who$_i$ did we defend [John's kissing t_i]?　　(*ibid.*)

さらに POSS-ing は移動できるのに, ACC-ing は移動できない。

(6) *[John kissing a gorilla]$_i$ we imagined t_i.　　(*ibid.*)
　　Cf. [John's kissing Mary]$_i$ we defended t_i.　　(*ibid.*)

このことに関連して，POSS-ing の POSS が wh 語の場合，POSS-ing 全体が随伴（pied-pipe）するのに対して，ACC-ing の場合は随伴しない。

(7) *[Who drinking beer] did you imagine? (*ibid.*: 110)
Cf. [Whose drinking beer] did you admire? (*ibid.*: 109)

さらに there 挿入は POSS-ing には適用されないのに，ACC-ing には適用される。

(8) We imagined [there being 5 men in the small room]. (*ibid.*: 118)
Cf. *We imagined [there's being 5 men in the small room].
(*ibid.*)

以上の事実は，ACC-ing が POSS-ing と違って名詞句でないことを示している。さらに，POSS-ing は admire, defend などの動詞と共起するのに，ACC-ing は共起しないという相違がある。

(9) a. *We defended/admired [John kissing Mary]. (*ibid.*: 122)
b. We defended/admired [John's kissing Mary]. (*ibid.*)

一方，POSS-ing が生起できない文脈に ACC-ing が現れる例として次のようなものがある。

(10) a. We took a picture of [John playing the piano]. (*ibid.*: 123)
b. *We took a picture of [John's playing the piano]. (*ibid.*)
c. [John killing Mary] was a horrible sight. (*ibid.*)
d. *[John's killing Mary] was a horrible sight. (*ibid.*)
e. That noise you hear is [John kissing Mary]. (*ibid.*)
f. *That noise you hear is [John's kissing Mary]. (*ibid.*)

◆ **3 種類の動名詞：POSS-ing, ACC-ing, ing-of** —— Abney (1987) *The English Noun Phrase in Its Sentential Aspect*.

Abney は 3 種類の動名詞 POSS-ing, ACC-ing, ing-of に対し次のような構造を提案した。

(11) a. [DP John's [D' [D -ing] [NP [VP [V sing] [DP the Marseillaise]]]]]　　(Abney, 1987 : 223)

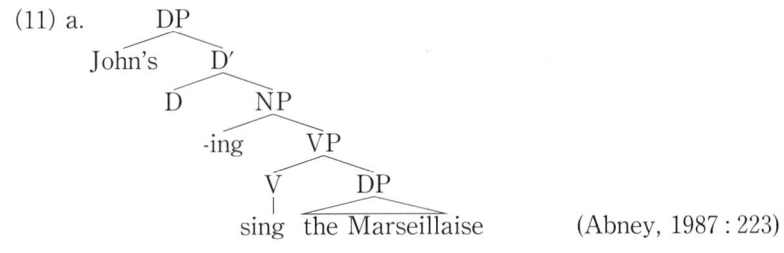

"John's singing the Marseillaise"

b. [DP -ing [IP John [I' I [VP [V sing] [DP the Marseillaise]]]]]　　(*ibid.*)

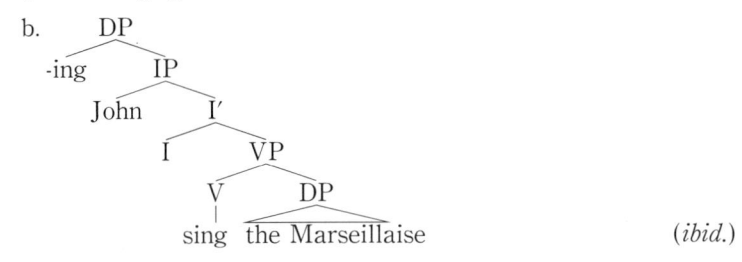

"John's singing the Marseillaise"

c. [DP John's [D' D [NP [N -ing [V sing]] [PP(KP?) of the Marseillaise]]]]　　(*ibid.*)

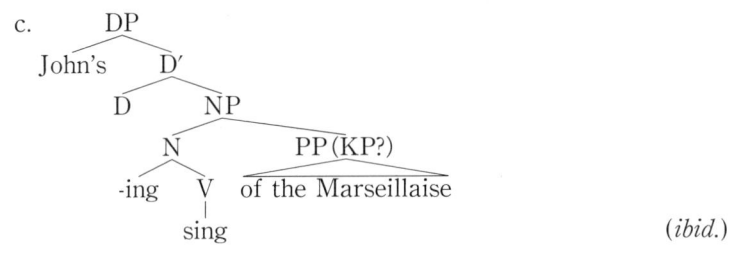

"John's singing the Marseillaise"

POSS-ing は φ 素性 (人称, 数, 性に関する素性) を含む D を持っているので, POSS-ing が and などで結合された主語は複数一致を引き起こすが, ACC-ing には D がないのでそうならない。これによって(4)の事実を説明できる。

　ACC-ing は φ 素性を持たないので, AGR と同一指標付与ができない。そのために(12)で動名詞節を含む IP が統率範疇を構成し, その内部にある相互代名詞が束縛原理 A (相互代名詞など照応形は統率範疇内で束縛されなければならない) に違反する (Abney (1987 : 226-227)。

(12) *They thought that [IP [each other giving up the ship] was forgivable].　　(Abney, 1987 : 226)

　　(vs. They thought that [each other's desertion] was forgivable.)

(*ibid.*)

主語は AGR を含む機能主要部に認可されると仮定すると，ACC-ing では機能範疇 I (nfl) によって認可される。だが，I は動詞的範疇なので，主語の wh 素性が動名詞全体に浸透 (percolation) することがない。そのために ACC-ing 句の随伴は許されない (13a)。一方，POSS-ing では機能範疇 D によって認可され，D は名詞的範疇なので，主語の wh 素性が動名詞全体に浸透して随伴が許される (13b) (Abney (1987:230)。

(13) a. *the man [who flirting with your wife] you took such exception to (*ibid.*: 230)
b. the man [whose flirting with your wife] you took such exception to (*ibid.*)

「特定的な名詞句から要素を取り出せない」という特定性効果 (specificity effects) については，この効果の源が D 節点にあると考えれば，POSS-ing は D 節点を含んでいるので特定性効果を示すのに対して，ACC-ing は D 節点を含んでいないので特定性効果を示さない (*ibid.*)。

(14) a. the city that we remember him describing t (*ibid.*: 178)
b. *the city that we remember his describing t (*ibid.*)

POSS-ing が NP/DP であることは今日でも広く認められているが，ACC-ing については，Abney の DP 分析とは異なり，IP であるという分析の方が広く受け入れられている (例: Munn (1991), Bošković, (1997b))。

◆ing-of の特性──M. Baker (1985) "Syntactic Affixation and English Gerunds."

POSS-ing, ACC-ing とは別に，第三の動名詞として ing-of がある。ing-of は決定詞を取ること (The killing of his dog upset John (Wasow & Roeper (1972:45)))，形容詞を取ること (The first careful singing of the aria in public ... (M. Baker (1985:8)))，前置詞なしの目的語を取らないこと，項が随意的であること，などの点で POSS-ing より一層名詞性が強いと言える (M. Baker (1985))。さらに ing-of には「動詞―目的語」イディオムが現れない。

(15) a. Jerry's (carefully) keeping tabs on Sherry (annoys me).

(M. Baker, 1985:5)
  b. *Jerry's (careful) keeping of tabs on Sherry... (*ibid.*)
  c. Your (consistently) paying attention to his lies... (*ibid.*)
  d. *Your (consistent) paying of attention to his lies... (*ibid.*)

ing-of には "Act" の読みと "Fact" の読みがあり，"Act" の読みの時には名詞句削除が可能である。

(16) a. John's fixing of the sink was skillful, but Bill's [e] was more so. (Abney, 1987:245)
  b. *John's fixing of the sink was surprising, and Bill's [e] was even moreso. (*ibid.*)

それに対し，POSS-ing には "Act" の読みがないため(17a)(17b)，名詞句削除ができない(18)。

(17) a. *John's fixing the sink was skillful. (*ibid.*)
  b. John's fixing the sink was surprising. (*ibid.*)
(18) *John's fixing the sink was surprising, and Bill's [e] was even more so. (*ibid.*: 244)

ちなみに ACC-ing は VP を含んでいるにもかかわらず，VP削除が許されないのは(19a)，VP削除が DP の支配下にない IP の中でしか適用されないからであると言う。

(19) *John fixing the sink was surprising, and Bill [e] was more so. (*ibid.*: 245)

    Cf. That John fixed the sink was surprising, but that Bill did [e] was more so. (*ibid.*: 246)

このような ing-of の特性を説明するために，M. Baker は (POSS-ing は統語部門で-ing が V に付加して N に変えるのに対し)，ing-of はレキシコン (lexicon) で-ing が V に付加して N に変えてしまうと考え，ing-of に次のような構造を提案している。

(20)
```
            NP
           /  \
         NP    N'
         |    /  \
       John  N    PP
             |   /  \
         singing P   NP
                 |    |
                 of  the aria
```
(M. Baker, 1985:9)

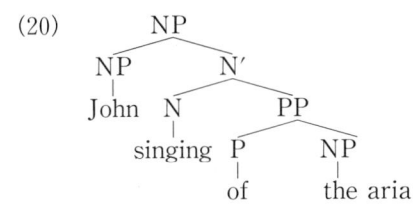

533

| further readings | 動名詞節と派生名詞（derived nominal）の相違について論じたものにChomsky (1970) がある。POSS-ingとACC-ingの相違，動名詞節と不定詞節の相違などを豊富なデータで示したものにRoss (1973b) がある。Reuland (1983) はACC-ingは空の補文標識を持つCPであると主張している。動名詞の-ingは名詞素性を持つ接辞でVに付加されるとその名詞素性がVをNに変え，動名詞全体をNPに変えてしまうと主張しているのがM. Baker (1985) で，この考え方によると動名詞節はD構造ではSであり（D構造：[$_S$ John [$_I$-ing] [$_{VP}$ [$_V$ sing] the aria]]]（M. Baker (1985:3)），S構造ではNPになる（S構造：[$_{NP}$ John [$_N$ sing-ing] the aria]（ibid.))。

| 関連するテーマ | Abneyのように ACC-ing も POSS-ing 同様 DP であると仮定すると，(POSS-ingと違って) ACC-ingは助動詞などの要素が先行する場合，主語位置に生起できない(2)，分裂文の焦点の位置に生起できない(3)，移動できない(6)などの事実をどのように説明するのであろうか。

一方 ACC-ing が NP/DP ではなく IP (=S) であるとすると，なぜ前置詞の補部の位置に生起できるのだろうか（John bragged about [Bill kissing a gorilla]（Horn (1974:126))。これに関してwh節も前置詞の補部の位置に生起できることを考慮に入れれば，この位置に生起できることと名詞性とは直接関係がないのかもしれない。

【テーマ2】動名詞節の主語
【概説】

動名詞節の主語がどのように格を付与されるかが問題になるが，この問題を動名詞節そのものの格付与の問題と関連づけて見ていく。また主語を持たない動名詞の意味上の主語は何かが問題になるが，生成文法では主語を持たない動名詞節は（音形を持たない）PROを主語に持っていると考える。そして，PRO主語動名詞は名詞的動名詞（nominal gerund）と動詞的動名詞（verbal gerund）に分けられる。

◆動名詞節の主語の格はどこから？── Battistella (1983) "Gerunds and Subject Case Marking."

動名詞節（POSS-ing, ACC-ing, PRO-ing）全体が格を付与されなければならないことは，(21a)(21c)(21e)のように格が付与される位置には生起できるが，(21b)(21d)(21f)のように格が付与されない位置には生起できないことから確認される。

(21) a. John was afraid of [his being hurt].　　(Battistella, 1983 : 2)
　　 b. *John was afraid [his being hurt].　　　　　　　(*ibid.*)
　　 c. John was afraid of [him being hurt].　　　　　(*ibid.*)
　　 d. *John was afraid [him being hurt].　　　　　　(*ibid.*)
　　 e. John was afraid of [PRO being bitten by a rat].　(*ibid.*)
　　 f. *John was afraid [PRO being bitten by a rat].　(*ibid.*)

しかし PRO-ing は，POSS-ing や ACC-ing と違って格が付与されない位置にも生起できる。

(22) a. *It was nice [my seeing you].　　　　　　　(*ibid.* : 3)
　　 b. *It was nice [me seeing you].　　　　　　　(*ibid.*)
　　 c. It was nice [PRO seeing you].　　　　　　　(*ibid.*)

動名詞節の主語に関しては，Battistella は(23)を提案している。

(23) 範疇の主語はそれを含む範疇から浸透又は滴下（dropping）によって格を受ける。　　　　　　　　　　　　　　(*ibid.* : 1)

Battistella は，(21a)の POSS-ing が目的格を付与され，それが(23)によって POSS-ing の主語に浸透し，その浸透した格の中和から所有格が生じると考えている。(22a)では，POSS-ing が名詞句であるのに，格が付与されていない。したがって，格フィルター（名詞句には格が付与されなければならない）に違反して，(22a)は非文ということになる。

Battistella は，ACC-ing は S であると考え，S に関して(24)を提案している。

(24) S は語彙統率によって目的格を受けることができる。　(*ibid.* : 5)

(21c)では ACC-ing が of に語彙統率されて，(24)によって，目的格を付与され，(23)によって主語の him に格が付与されることになる。それに対して(21b)では外置位置の ACC-ing が語彙統率されていないから格を付与されない。したがって ACC-ing の主語の me が格を付与されないために格フィルターに違反して非文ということになる。

この提案は ACC-ing が主語位置に生起できないという事実も説明でき

る。
　　(25) *[Him leaving] was unexpected.　　　　　(*ibid.* : 3)
主語位置の ACC-ing は語彙統率されていないから格を付与されず，したがって ACC-ing の主語名詞句の him が格を付与されないために格フィルターに違反して非文となる。
　次に滴下が義務的かどうかという問題が起こる。滴下が義務的であるとすると，PRO-ing の格が PRO に付与されて(26)を非文と予測してしまうので，(26)を生成するためには滴下が随意的であると仮定しなければならない。
　　(26) I was afraid of [PRO losing].　　　　　　(*ibid.* : 5)
しかしながら滴下が随意的であるとすると，(27)の生成を許してしまうことになる。
　　(27) *[$_{NP}$ PRO book]　　　　　　　　　　　(*ibid.*)
そこで Battistella は下記(28)が当てはまる場合に限り，滴下が義務的であると仮定する。
　　(28) 格が最大投射から主要部に滴下する。　　　　(*ibid.*)
(27)では book が最大投射 NP から格を付与されなければならないので，(28)が当てはまる。したがって滴下が義務的になり PRO に格が付与されてしまい，排除されることになる。
　これに対し，(29a)(29b)では [ ] 内の節の主要部が格を受ける必要がないから，(28)が当てはまらない。したがって滴下が随意的であり，滴下が起こらない場合，(29a)(29b)が生成される。
　　(29) a. I prefer [PRO to win].　　　　　　　　(*ibid.* : 6)
　　　　 b. I preferred [PRO winning].　　　　　　(*ibid.*)

◆**名詞的動名詞と動詞的動名詞**── Wasow & Roeper (1972) "On the Subject of Gerunds."
　PRO 主語動名詞は名詞的動名詞（nominal gerund）(30a)と動詞的動名詞（verbal gerund）(30b)に分けられる。
　　(30) a. I abhor singing.　　　　　(Wasow & Roeper, 1972 : 44)
　　　　 b. I abhor singing operas.　　　　　　　　(*ibid*)
(30a)の singing の主語は誰でもよいが，(30b)の singing の主語は主文主

37. 動名詞節

語のIである。PRO主語動名詞に関して次のような一般化が提案されている。

(31) 義務的コントロールのない動名詞は名詞句の内部構造を持つ動名詞である。　　　　　　　　　　　　　　　　　　(*ibid.*: 46)

(30a)では動名詞が名詞句の内部構造を持つので義務的コントロールを持たずに，(30b)では動名詞が名詞句の内部構造を持たない（例えば動名詞の後に前置詞を介さずに目的語が連続している）ので義務的コントロールを持つことになる。ただしこの一般化には(32a)(32b)のような少数の反例が存在する（Thompson (1973)）。

(32) a. Kathy suggested [going to the beach]. (Thompson, 1973: 380)
　　 b. Fred disapproves of [opening up trade with Albania]. (*ibid.*)

Thompsonは(32a)(32b)の動名詞がどちらも名詞句の内部構造を持つ動名詞ではないにもかかわらず，動名詞の主語が主節の主語を指す読みを得ることは難しいと指摘している。

further readings　Battistella (1983)に関連する論文としてMilsark (1988)がある。動名詞がPRO主語を取ることは一般に認められているが，名詞句がPRO主語を取りうるかどうかは論の分かれるところである。名詞句にPRO主語を認めない立場に立てば，名詞句にPRO主語が許されないのは主要部の名詞がPROを統率してしまうからであると言うことができる (M. Baker (1985))。一方名詞句にPRO主語を認める立場に立てば，It's the constant bickering at each other that bothers me most (Abney (1987: 186))のようなeach otherの生起を自然に説明できる。

Chomsky (1986b: 167)はThey$_i$ *told/heard [$_{NP}$ stories about them$_i$] を説明するのに [PRO stories about them] のように名詞句にPRO主語を提案している。

関連するテーマ　PRO主語動名詞節は格が付与される位置にも格が付与されない位置にも現れるが，このこととwh節が格が付与される位置にも格が付与されない位置にも現れる（They talked about [what PRO to do *t*], It is unclear [what PRO to do *t*] (Chomsky (1980: 33))ことと関係づけられるであろうか。

(ⅰ) [Angry with each other], I don't think that we can succeed.

(Baltin, 1995 : 235)

(ⅰ)のように each other が生起することから，形容詞句が PRO 主語を持つということになるであろうか。

【テーマ3】前置詞＋動名詞節構文
【概説】

学校文法や伝統文法では時制文を取る接続詞の before と名詞句を取る前置詞の before を区別しているが，Emonds (1970 : 138) は before he erred の before も before his error の before もどちらも前置詞であると考えている。(それは before he erred も before his error も分裂文の焦点の位置に生起できること，どちらの before も right によって修飾できることなどによって確認される。(Emonds (1970 : 138)) それに伴い before に続く補部の範疇に関してさまざまな議論がなされてきた。before の補部が CP であるという考え方 (Larson (1987b))，時を表す前置詞は CP を取り，それ以外の前置詞は IP 又は CP を取るという考え方 (K. Johnson (1988))，時を表す before などは（名詞句を取る時は前置詞であるが）節を取る時は前置詞ではなく補文標識であり，したがってその補部は IP であるという考え方 (Dubinsky & Williams (1995)) などがある。

◆前置詞＋動名詞節構文の動名詞節は CP か IP か ── K. Johnson (1988) "Clausal Gerunds, the ECP, and Government."

前置詞＋動名詞節構文に1つの興味深い事実がある。(33a)～(33d) が示すように before, after, since など時を表す前置詞は PRO 主語動名詞節を取るが対格主語動名詞節を取らないのに対し，without, despite, about, besides などの前置詞は PRO 主語動名詞節も対格主語動名詞節も取ることができる。

(33) a. *Liz left before him telling a story.　(K. Johnson, 1988 : 589)
　　 b. Liz left before PRO telling a story.　(*ibid.* : 588)
　　 c. Liz left without John telling a story.　(*ibid.* : 589)
　　 d. Liz left without PRO telling a story.　(*ibid.* : 588)

(33a)～(33d)の事実を説明するために，before など時を表す前置詞は CP を取り，without などの前置詞は CP のほかに IP を取りうると考えると，(33a)～(33d)は次のような構造が付与される（K. Johnson (1988 : 588-591））。

(34) a. Liz left before [$_{CP}$ Op_i [$_{IP}$ him telling a story t_i]]
  b. Liz left before [$_{CP}$ Op_i [$_{IP}$ PRO telling a story t_i]]
  c. Liz left without [$_{IP}$ John telling a story]
  d. Liz left without [$_{CP}$ [$_{IP}$ PRO telling a story]]

(34a)～(34d)の構造は before などが CP を取るという Larson (1987b) の分析に依っていて，before に対応する（音韻的に空の when (K. Johnson (1988 : 586)) 空演算子 Op が before の直後に移動している。(34a) では，CP が障壁となって before が him に格を付与できないから非文であり，(34b)では CP が障壁となって PRO が統率されないから文法的であり，また(34c)では without が IP 越しに Mary に格を付与するので文法的であり，さらに(34d)では CP が障壁となって PRO が統率されないから文法的である。Larson も K. Johnson も気づいているように，この分析には１つの問題点がある。それは，もし before が CP を取るとすると，なぜ CP である that 節を取ることができないのかを説明できないことである。

 (35) *Gary left before/after/since/while [$_{S'}$ that Mary did].
           (K. Johnson, 1988 : 587)

◆before＋動名詞構文の動名詞は IP か──Dubinsky & Williams (1995) "Recategorization of Prepositions as Complementizers: The Case of Temporal Prepositions in English."
「before の補部が CP を取るならなぜ CP である that 節を取ることができないのか」という問いに答えるため，Dubinsky & Williams (1995) は before などは節を取る場合には補文標識であると考え，(33a)(33b)(35) がそれぞれ(36a)(36b)(36c)のような構造を持っていると提案している。

 (36) a. Liz left [$_{CP}$ Op_i [$_C$ before] [$_{IP}$ him telling a story t_i]]
   b. Liz left [$_{CP}$ Op_i [$_C$ before] [$_{IP}$ PRO telling a story t_i]]
   c. Gary left [$_{CP}$ Op_i [$_C$ before/after/since/while that] [$_{IP}$ Mary

did]]

(36c)が非文なのはCにbefore (after/since/while) とthatという2つの補文標識が生起しているためであると説明する。beforeなどが補文標識であるという考えには問題がなくはないが，ここで注目すべきことは(36a)(36b)で動名詞節がIPと分析されていることである。

before, after, sinceなどがPRO主語動名詞節を取るが対格主語動名詞節を取らないのに対して，without, despite, about, besidesなどはPRO主語動名詞節も対格主語動名詞節も取る。この事実は，try型動詞がPRO主語動名詞節を取るが，対格主語動名詞節を取らないのに対して，like型動詞がPRO主語動名詞節も対格主語動名詞節も取るという事実と比較することができる。名詞句を取るbeforeは前置詞であるのに，動名詞節を取るbeforeが補文標識であると考えるのは無理があるので，これまで通りbeforeは常に前置詞であると考え（Emonds (1970 : 138)），beforeの取る動名詞節はIPであると仮定すると，(33a)(33b)は次のような構造を持っていることになる。

(37) a. Liz left before [$_{IP}$ him telling a story]
　　 b. Liz left before [$_{IP}$ PRO telling a story]

ここで不定詞節を含む(38a)(38b)と動名詞節を含む (39a)(39b) と比べてみよう。

(38) a. *John tried [Bill to cross the river].
　　　　　　　　　　　　　　(adapted from Bošković, 1996 : 276)
　　 b. John tried [PRO to cross the river].
(39) a. *John tried [Bill to crossing the river].
　　 b. John tried [PRO to crossing the river].

Bošković (1996) は不定詞節を取るtry型動詞(38)に関して「PROは格を持っている」という仮定（Chomsky & Lasnik (1993)）と「PRO主語不定詞節はPROの格を照合する素性を持っている」(Martin (1992)) という仮定に基づいて，新しい分析を提案した。それによると，(38b)ではPROの格が照合されるから文法的な文になるが，(38a)ではPROがないため，PROの格を照合する素性が未照合のまま残り非文になる。(38a)(38b)の不定詞節は従来CPと考えられてきたが，Boškovićは(38a)(38b)の不定詞節がIPであると主張している（詳しくは不定詞節の項を参

照)。この分析を(39a)(39b)に適用して(37a)(37b)の動名詞節がPROの格を照合する素性を持っていると仮定する。(39b)ではPROの格が照合されるから文法的であるが、(39a)ではPROの格を照合する素性が未照合のまま残るから非文になると考えることができる。同様に、(37a)(37b)の動名詞節がPROの格を照合する素性を持っていると仮定すれば、(37a)は(39a)と同じ理由で非文であり、(37b)は(39b)と同じ理由で文法的な文ということになる。そうすればbeforeなどの取る動名詞節がIPであると考えても差し支えないことになる。同様に(33d)のwithoutの取る動名詞節を(PROの格を照合する素性を持った)IPと考えることができる。もし(33c)の動名詞節がJohnsonの言うようにIPであると仮定すると、(33a)～(33b)の動名詞節はすべてIPであると考えることができる (e.g., Munn (1991), Bošković (1997 : 189 note 48 参照)。

| further readings | 上述のようにK. Johnsonの(32a)(32b)の説明はbeforeなどの前置詞がCPを取ると主張するLarson (1987b)の分析に依存している。それに対しbeforeなどはIPを取り、CPはPPに包含されると主張しているのがEmonds (1985)である。

| 関連するテーマ | K. Johnsonは上記の(33c)で動名詞節の主語がIP越しにwithoutから格を付与されると考えているが、これと[cp for [IP John to tell a story]]のJohnがIP越しにforから格を付与されるという考え方を比較してみよう。withoutとforの相違はwithoutは(33d)のようにPRO主語動名詞節を取るのに対し、forはPRO主語不定詞節を取らないことである (*[cp for [IP PRO to tell a story]])。

38. 分詞構文 (participial construction)

> (1) *Walking home*, he found a dollar.
> (2) *His father being a sailor*, John knows all about boats.
>
> 上記(1)(2)の文の斜体部は，分詞が中心となった副詞的機能を持つ従属節で，学校文法では分詞構文と呼ばれている。分詞構文には，(1)のように分詞の主語に当たる部分が明示されていない場合と，(2)のように明示される場合がある。後者は独立分詞構文 (absolute participial construction) とも呼ばれる。分詞構文の構造はどのようになっているのであろうか。【テーマ1】
>
> 独立分詞構文と分布的にも意味解釈の点でも類似した構文として，(3)のような with 構文 (*with*-construction) と呼ばれる構文がある。
>
> (3) *With father having no money*, we could not go to Brighton.
>
> この構文の構造は，どのようになっているのであろうか。【テーマ2】
>
> 分詞構文は主節の表す意味内容に対して，付帯状況・時・条件・理由などさまざまな意味関係を持ちうる。そのような意味関係はどのようにして得られるのであろうか。【テーマ3】

【テーマ1】分詞構文の構造
【概説】

伝統文法では，分詞構文の形式および意味用法について，豊富な用例をもとに分類・記述が行われている。それに対して，生成文法での研究は比較的少ない。分詞構文を導く分詞は，現在分詞ばかりでなく過去分詞もある。さらに，述部 (predicate) 用法の形容詞句，名詞句，前置詞句が単独で現れ，分詞構文と同じ働きをしている例もある。Kruisinga (1932) は，そのような例も含めて，この構文を遊離付加詞 (free adjunct) と呼んだ。遊離付加詞のうち，特に(2)のように，主語に当たるものが明示されており，主部＋述部のネクサス関係が見て取れる構文を独立付加詞

(absolute adjunct) と呼ぶ。生成文法では，Williams (1975) が分詞構文を副詞的修飾の機能を持った小節 (small clause) の一例として分析している。Reuland (1983) は独立付加詞の構造に関して，現在分詞の-ing が主部に格を付与するとする分析を行っている。

◆**分詞構文の種類**──Curme (1931) *Syntax*, Kruisinga (1932) *A Handbook of Present-Day English*, Jespersen (1940) *A Modern English Grammar on Historical Principles*.

上記(1)のような現在分詞が導く分詞構文と似た修飾関係は，次の例のように，過去分詞が導く句(4a)，形容詞句(4b)，名詞句(4c)，前置詞句(4d)によっても表される。

(4) a. *Published here in 1972*, Thomas Keneally's novel is no longer in print.　　　　　　　　　　　　　　　(Stump, 1985 : 4)
  b. *Unable to meet his eyes*, Kate looks down at her hands. (*ibid*.)
  c. *A sailor and an artist*, he had little sense of money.　(*ibid*.)
  d. The Second World War began, and, *still scarcely in his teens*, he was drafted into the coal mines of Fife and Kent.　(*ibid*.)

上記(2)のような独立分詞構文に関しても，現在分詞の句以外の句が述部となっている例がある。

(5) a. My task (being) completed, I went to bed. (Curme, 1931 : 152)
  b. He entered upon the new enterprise cautiously, (with) his eyes wide-open.　　　　　　　　　　　　　　(*ibid*. : 156)

ただし，(5a)のような例に関してはbeingを補う方が自然である (Jespersen (1940 : 55), Curme (1931 : 152))，また，(5b)にしてもwithを伴う方が普通である (Curme (1931 : 156))。

Kruisinga (1932) は，分詞を伴わない(4)のような例も(1)と同様に遊離付加詞 (free adjunct) と呼び，一方主語が現われている(2)(5)のような例を独立付加詞 (absolute adjunct) と呼ぶ。Curme (1931) は，独立付加詞の主部に当たる部分が主格になることから，主格独立構文 (absolute nominative) と呼ぶ。Jespersen (1940) は，独立分詞構文が「主部＋述部」のネクサス構造が副詞的に用いられたものとして分析している。外国の文献では，分詞構文という名称より，これら free adjunct, absolute adjunct という名称が一般的に用いられる。なお Quirk *et al.* (1985:1123) は補助節（supplementative clause）という名称を用いている。

◆**分詞構文の-ing と進行形の-ing の相違**──Stump (1985) *The Semantic Variability of Absolute Constructions.*

分詞構文に現れる現在分詞は，進行形の現在分詞とは異なる。この事実は伝統文法でも指摘されていたことであるが，Stump (1985:253-254) に手際よく論拠がまとめられている。

第一に，進行形では be や weigh などの状態動詞（stative verb）が進行形になることは許されないが，分詞構文では，それらが現在分詞となることが許される。

(6) a. *John is being a sailor.
　　b. Being a sailor, John smokes a pipe.
(7) a. *Our truck was weighing five tons.
　　b. Weighing five tons, our truck made the bridge shake.

第二に，完了の have は進行形にすることができないが，分詞構文にすることができる。

(8) a. *John is having finished his work.
　　b. Having finished his work, John went to bed.

第三に，現在分詞が導く分詞構文の中に進行形の現在分詞が含まれることもある。

(9) Having been reading the book, John knew all the answers.

同一節に二重に進行形を表すことはできないので，この例の having は進行形ではあり得ない。

さらに次例のように，分詞構文中の現在分詞が進行の意味を表さない例がある。

(10) John drove from Indianapolis to Lexington, stopping for a break in Louiseville.

◆**小節分析**──Williams (1975) "Small Clauses in English."

Williams (1975:252) は，副詞的分詞（adverbial participle）という

名称で分詞構文を取り扱い，the man *driving the bus* のような例における名詞修飾の現在分詞と同列に，小節（small clause）（→第21章参照）の一例として分析している。その後 Stowell (1981) 以来，小節という用語は，John considers [*Mary mad at Tom*] の斜体字要素のような，時制要素を欠いた主部＋述部の構造を持つ構成素を指すのが一般的となった。Williams の分析に従うと，上記(1)(4b)のような分詞構文は，(11)のように主語の位置に PRO を伴った小節であり，(2)(5a)のような独立分詞構文は，(12)のように PRO の代わりに音声内容を持つ名詞句が現れた小節と分析することができる（SC は小節の範疇を表す）。

(11) a. [sc PRO walking home], he found a dollar.
　　 b. [sc PRO unable to meet his eyes], Kate looks down at her hands.
(12) a. [sc his father being a sailor], John knows all about boats.
　　 b. [sc my task completed], I went to bed.

分詞構文を小節として扱う分析については，今井他（1989：113）を参照のこと。

　これに対して，Williams (1994：84-85) は，(1)のような主語が明示されていない例に関しては，構造上も PRO が存在せず，walking home それ自体が裸のままの述部となっていると示唆している。それによると，この分詞とその「意味上の主語」である主節の he との関係は，(13b)のような二次述部（secondary predicate）での主述関係と同じく，叙述規則（predication rule）によって捉えることになる。

(13) a. *Walking home*, he found a dollar.
　　 b. John ate the meat *raw*.

◆ -ing の範疇と独立分詞構文の分析──Reuland(1983) "Governing *-ing*."
　Reuland (1983) は，分詞構文の -ing は時制要素などが生起する Infl（＝Inflection）の要素の１つであると仮定することにより，独立分詞構文の性質を導き出そうとしている。独立分詞構文は，主格独立構文（absolute nominative）という別名が示す通り，その主部に当たる名詞句が主格になることがある。

(14) Elaine's winking at Roddy was fruitless, *he* being a confirmed

bachelor.   (Reuland, 1983 : 101)

Reuland は，ここでの主格名詞句の現れ方が，定形節における主格名詞句の現れ方と平行的であると考え，定形節において主語が定形の Infl によって付与されるのと同じように，独立分詞構文でも，-ing が主部に当たる名詞句に主格を付与していると分析している。分詞構文のような付加詞は語彙的に統率されない（ungoverned）位置に生起する。それを踏まえて，次のような規定が仮定されている。

(15) -ing は統率されない位置にある場合，主格を付与することができる。   (*ibid*. : 128)

(14)の分詞構文は，Infl である -ing を主要部とする IP であり，次のような構造を持つ。

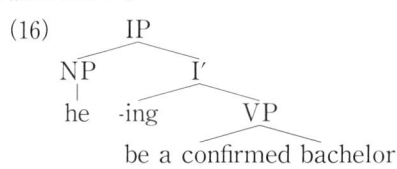

```
(16)           IP
           /        \
         NP          I′
         |         /    \
         he     -ing     VP
                     be a confirmed bachelor
```

(16)の IP は統率されない位置にあるので，(15)の規定により -ing は主格を付与する能力を持つ。定形節において，定形の Infl が IP の指定部にある名詞句に主格を付与するのと同じように，(16)において -ing が he に主格を付与する。

◆分詞構文の意味上の主語──Quirk *et al.* (1985) *A Comprehensive Grammar of English Language*.

分詞構文の意味上の主語には，主節の主語が該当するのが通例である。

(17) a. PRO$_i$ driving to Chicago that night, I$_i$ was struck by a sudden thought.
　　 b. PRO$_i$ walking down the boardwalk, I$_i$ saw a tall building.

PRO は，通例，それを c 統御する名詞句によってコントロールされる（同一のものを指示すると解釈される）。分詞構文は IP に付加された要素であり，それを c 統御する要素は，主節の主語名詞句である。したがって，(17)のように主節主語が意味上の主語になるのは説明が付く（Williams (1975) 参照）。

しかしながら，次の例のように，主節主語以外の名詞句が意味上の主語

に解釈される場合がある。

(18) a. ?PRO_i driving to Chicago that night, a sudden thought struck me_i.
   b. ?PRO walking down the boardwalk, a tall building came into view.

Quirk et al. (1985:1121) は，(18)のような例は(17)に比べて適切とは言えないが，意味上の主語が主節の意味内容から推測できるので，容認可能になっているという。次の例のように，意味上の主語が決定できないような場合には，容認不可能になる (Quirk et al. (1985:1121))。

(19) a. *Reading the evening paper, a dog started barking.
   b. *Using these techniques, a wheel fell off.

ただし，次のような分詞構文では，主節主語を意味上の主語と解釈する規則が働かない。(1)分詞構文が主節の内容に対する話者の態度を表すような表現である場合(20)，(2)主節全体を意味上の主語とするような場合(21)，(3)分詞構文の主語が総称的な one や，時間・天候を表すような it である場合(22) (用例は Quirk et al. (1985:1122) による)。

(20) Putting it mildly, you have caused us some inconvenience.
(21) The siren sounded, indicating that the air raid was over.
   ['... which indicated that ...']
(22) a. When dining in the restaurant, a jacket and tie are required.
   ['When one dines ...']
   b. Being Christmas, the government offices were closed. ['Since it was ...']

Further readings Beukema (1980) は，Infl に -ing を挿入して現在分詞が主要部となっている分詞構文を派生し，現在分詞以外の分詞構文を being の削除によって派生している。

関連テーマ 次の(ⅰ)のような分詞構文は(ⅱ)のような構文とどのような違いがあるのだろうか（大文字は強勢の位置を表す）。

(ⅰ) The manager apPROACHED us, SMILing.

(Quirk et al., 1985:1126)

(ⅱ) The manager approached us SMILing.

547

また，次の例の young は記述用法（depictive）の二次述部（secondary predicate）とされるが，これは上記(4b)のような遊離付加詞とはどのような違いがあるのだろうか。

(iii) He married young.

【テーマ 2】with 構文
【概説】
Van Riemsdijk (1978) は，with＋NP＋XP の with 構文は三つ又分かれの構造をしており，NP＋XP の部分は構成素を成していないと分析している。これに対して，Sakakibara (1982)，J. MaCawley (1983)，R. Ishihara (1982) は，NP＋XP は構成素を成し，それが節（clause）としての性質を持っていると論じている。さらに Sakakibara (1982) と J. McCawley (1983) は，with 構文に複数の種類があること示唆している。

◆with 構文の構成素構造──Van Riemsdijk (1978) *A Case Study in Syntactic Markedness*, Sakakibara (1982) "*With*-Constructions in English," J. McCawley (1983) "What's with *With*."

伝統文法では，例えば Jespersen (1940 : 38-42) が次のような文では前置詞の with が [them dirty] というネクサス構造を従えているとし，with に後続する部分が構成素を成していることを示唆している。

(23) Why should I wash my hands if I am quite comfortable *with them dirty*?

with の否定形である without もこのような構造を取ることが可能である。

(24) She will relapse into the gutter *without me at her elbow*.

これに対して Van Riemsdijk (1978 : 65-66) は，オランダ語の類似構文の分析をもとに，with 構文は，(25a)のような構造をしているとし，with に後続する部分が構成素を成しているとする(25b)のような分析を退けている。

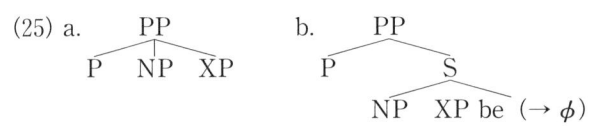

(25) a.　　PP　　　　b.　　　PP
　　　／｜＼　　　　　　　／＼
　　　P　NP　XP　　　　P　　S
　　　　　　　　　　　　　／＼
　　　　　　　　　　　NP　XP be (→ φ)

一方，J. McCawley (1983) は多様な証拠に基づいて，問題の NP＋

XPが1つの構成素を成しており、さらにそれが節の性質を持つ構成素であることを示している。NP+XPが単一構成素を成しているとする論拠として、問題の部分が(26)のように関係代名詞whichの先行詞になること、(27)のようにNP+XPの部分のみを右方節点上昇 (right node raising) によって移動できること、(28)のように等位接続されることがある。

(26) With everyone planning on attending, which I hadn't expected, we'll be short of space. (J. McCawley, 1983 : 272)

(27) I wouldn't want to live in Sicily with, or for that matter, even without, Mt. Etna erupting. (*ibid*.)

(28) With mother in the hospital and father on a drunken binge, the family is in bad shape. (*ibid*.)

さらに、NP+XPが成す構成素が節である証拠としては、第一に、節を対象に適用されるのが通例であるthere挿入、it外置、繰り上げなどがwith構文にも適用される。

(29) With there being no possibility of advancement in her present job, Linda is determined to find a new job. [there 挿入]

(*ibid*. : 273)

(30) With it obvious that the money is lost, we don't know what to do. [it 外置] (*ibid*.)

(31) With Gonzalez appearing to know everything about economics, we could hardly put up a better candidate. [繰り上げ] (*ibid*.)

さらに文副詞も、with構文のNP+XPの部分に生起する。

(32) a. With lawyers *currently* subjected to frequent attacks in the press, you should consider changing to a different profession.

(*ibid*. : 275)

b. With the FBI *probably* on his track, Tom is lying low. (*ibid*.)

Sakakibara (1982 : 86) も同様の証拠に基づき、上記のようなwith構文のNP+XP部分はSという構成素を成しており、ing挿入、being削除という規則の適用により派生されると提案している。

(33) a. ... with [$_S$ its blue light be flashing] → (ing 挿入)

b. ... with [$_S$ its blue light being flashing] → (being 削除)

c. ... with [$_S$ its blue light flashing]

◆with 構文の多様性──Sakakibara (1982) "*With*-Constructions in English," J. McCawley (1983) "What's with *With*."

これまで見てきた with 構文では NP＋XP の部分が主部＋述部の関係になっており，be 動詞を補えば節となるような性質を持っていた。

(34) We repeated the exercise *with arms kept rigid*. (＝arms being kept rigid)

これに対して(35)のような例では，(36a)が示すように be 動詞による言い換えが許されない。むしろ(36b)のような have 動詞による言い換えの方が適切である。

(35) John stood firm on the desk *with a gaping wound across his chest*.

(36) a. *A gaping wound was across his chest.
　　 b. John had a gaping wound across his chest.
(Sakakibara, 1982 : 84-85)

Sakakibara (1982 : 84) は，(35)のような with 構文は「所有」の意味を表し，同じく「所有」を表す have と似た補部構造を持つとし，上記(25a)のような構造をしていると主張している。

J. McCawley (1983 : 279) も，have を動詞として持つ文と with 構文の類似性を指摘しており，次の(37)のような文は(38)のような形式から have を削除することにより派生されたと主張している。

(37) With a girl in every port, Harry feels contented.
(J. McCawley, 1983 : 279)

(38) ... with [$_s$ ~~having~~ [a girl in every port]] ...

さらに，J. McCawley (1983 : 280) は，次のような with＋NP＋as NP の形式の with 構文の存在も指摘し，これは be 動詞を as に変換する規則によって派生されたと主張している。

(39) With Reagan as President, we're in grave danger of war.
　　(← with Reagan be President ...)

この be を as に変換する規則は，be 動詞が一定の述部名詞句を導く時に限られる。したがって，述部が名詞句でない場合は as の形式にはならない。

(40) a. With Reagan (*as) eating jellybeans ...

b. With pounds of jellybeans (*as) on the President's desk, ...

(J. McCawley, 1983 : 281)

<u>further readings</u>　Napoli (1989 : 125) も Van Riemsdijk (1978) と同様に三つ又分かれの構造を主張，主部述部の関係は叙述規則 (predication rule) によって捉えようとしている。with NP＋XP の NP への格付与，および，束縛現象については R. Ishihara (1982) と Reuland (1983) が詳しい。R. Ishihara (1982) は，他の研究とは異なり，with は前置詞ではなく補文標識 (complementizer) であると主張し，不定詞を導く for 補文標識と比較している。R. Ishihara や Reuland の批判的検討と代案については，Mihara (1985)，Stump (1985)，有村 (1993) を参照。

<u>関連テーマ</u>　「所有」や「道具」を表す前置詞の with と with 構文の with は，全く別個の語彙なのであろうか。関係があるとすると，どのような関係があるのだろうか。

【テーマ 3】分詞構文の意味解釈
【概説】

分詞構文は，主節との関係で，「付帯状況」，「時」，「原因・理由」，「条件・譲歩」などさまざまな意味関係を持つ。伝統文法では，それぞれの用法の例が分類・列挙されているが，そのような意味がどのようにして生じるのかについては説明がなされていなかった。Stump (1985) は，Carlson (1977) による段階的レベル述語 (stage-level predicate) と個体的レベル述語 (individual-level predicate) の区別に基づいて，主節要素との相互関係から一定の意味関係が生じてくることを明らかにしている。

◆分詞構文の意味的分類

伝統文法による意味分類では，概ね次の 4 種が認められている。

(41)「時」

My task having been finished, I went to bed. (Curme, 1931 : 154)

(42)「付帯状況」

He remained in town, his idea being that he wanted everything settled before his departure.　　　(Jespersen, 1940 : 64)

(43)「理由・原因」

The rain having ruined my hat, I had to get a new one.

(Curme, 1931:155)

(44)「条件・譲歩」

Conciliation failing, force remains; but force failing, no furhter reconciliation is left. (Jespersen, 1940:62)

◆**分詞構文内部の述部と，主節要素との相互関係**——Stump (1985) *The Semantic Variability of Absolute Constructions*.

Stump (1985) は，分詞構文に現れる述語の種類に応じて，主節の要素との関係の仕方が変わり，その結果，「理由」，「条件」，「時」などの解釈が生じることを明らかにした。

その分析の基本となる述語分類として，Carlson (1977) による段階的レベル述語 (stage-level predicate) と個体的レベル述語 (individual-level predicate) の区別が仮定されている。段階的レベル述語とは，(45)のような一時的な行為・状態を表す述語のことを指し，一方個体的レベル述語とは，(46)のような恒常的な性質・属性を表す述語のことを指す。

(45) 段階的レベル述語:drunk, alone, sick in bed, walk to the store, on a stage, be arrested.

(46) 個体的レベル述語:be a sailor, have long arms, be intelligent, be tall.

まず，主節に法助動詞 (modal) がある場合を見てみよう。分詞構文の述部が(47)では段階的レベル述語であり，(48)では個体的レベル述語である。(47)は「条件」を表すが，(48)は「理由・原因」を表している（例はStump (1985:42-44)）。

(47) a. Wearing that new outfit, Bill would fool everyone.

  (=If he wore that new outfit, …)

 b. Standing on a chair, John can touch the ceiling.

  (=If he stands on a chair, …)

 c. Taken in the prescribed dosage, it must be very effective.

  (=If it is taken in the prescribed dosage, …)

(48) a. Being a master of disguise, Bill would fool everyone.

　　　　（=Since he is a master of disguise, ...）

　　b. Having unusually long arms, John can touch the ceiling.

　　　　（=Because he has unusually long arms, ...）

　　c. Weighing only a few tons, the truck might reach the top of the hill. (=Because it weighs only a few tons, ...)

　次に，主節に sometimes や often などの頻度を表す副詞がある場合を見てみよう。分詞構文の述部が段階的レベル述語である(49)は「時」や「付帯状況」を表すが，個体的レベル述語である(50)は「理由」を表す（例は Stump (1985:98)）。(49a)は「ジョンはビーチに寝そべりながら時々パイプを吸う」という「付帯状況」の意味を表しているが，(50a)は「ジョンは船乗りなので，時々パイプを吸う」という「理由」の解釈を持つ。

(49) a. Lying on the beach, John sometimes smokes a pipe.

　　b. Carrying a load of over 1500 lbs., our truck often makes the bridge shake.

(50) a. Being a sailor, John sometimes smokes a pipe.

　　b. Weighing four tons, our truck often makes the bridge shake.

　主節が総称的（generic）な状況を表す文でも，解釈の相違が出る。(51)は，分詞構文の述部が段階的レベル述語の例であり，(52)は個体レベル述語の例である（例は Stump (1985:99)）。

(51) a. Wearing her new outfit, Mary looks fat.

　　b. Lying on the beach, John smokes cigars.

(52) a. Weighing over 200 lbs., Mary looks fat.

　　b. Being a businessman, John smokes cigars.

(51a)は「メアリーはその新しい服を着ると，（常に）太って見える」という，主節が表す総称的な命題が成立する条件を規定する解釈になり，(52a)は「メアリーは 200 パウンド以上あるので，太って見える」という理由の解釈になる。

　Stump は，形式意味論（formal semantics）の枠組みに基づき，(47)(48)の法助動詞，(49)(50)の頻度副詞，および(51)(52)の総称文の意味表示に現れる G（=generic）という演算子が，分詞構文で表される副詞節に依存した解釈を持つか否かによって，上記の相違を捉えようとした。段

階的レベル述語は,これらの要素を限定する働きを持つが,個体的レベル述語は限定しない。

例えば,上記(47a)を考えてみよう。(53)として再録する。

(53) Wearing that new outfit, Bill would fool everyone.

この例の法助動詞 would は,「ビルがみんなをバカにする」ということについて推量をしている。分詞構文の wearing that new outfit は段階的レベル述語であるので,would が及ぶ状況を限定することになる。その結果,「ビルがあの新しい衣装を身にまとう」という限定された状況のもとで,would が表す推量が成り立つ論理関係になり,伝統文法の言う「条件」の意味が出てくる。これに対して,(48a (=54)) では,分詞構文の述部が個体的レベル述語であるので,would を限定することがない。いわば,「ビルが変装の名人である」という分詞構文の表す命題部分は主節から独立することになり,主節の命題に依存せずに常に真 (true) であるとされる (この解釈が「理由」の解釈になるのは語用論的な推論によるとされる (Stump (1985:342))。

(54) Being a master of disguise, Bill would fool everyone.

頻度の副詞や総称文の G についても同様で,分詞構文の述部が段階的レベル述語である場合は,頻度の副詞や G の及ぶ状況を限定する解釈が生じ,「時」,「付帯状況」,「条件」などの解釈になるが,個体的レベル述語である場合は,頻度副詞や G を限定することはなく,「理由」の解釈になる。

Stump (1985) は,述部の種類と主節要素との相互作用による純粋に意味論的な意味の区別に加えて,次の(A)-(D)に列挙するような要因によっても分詞構文の解釈が左右されると指摘している。

(A) 主節動詞と分詞構文の動詞の時間的な性質 (Stump (1985:319))。主節動詞と分詞構文の動詞が共に瞬時的な行為・出来事を表す場合,その文は,同時に起きた2つの出来事か,順次的に起きた出来事の描出となる。

(55) Noticing the smoke, John realized Bill's house was on fire.

これは,煙に気づくことと火事であると分かることが同時であるか,煙に気づいてから火事であると分かったかのどちらかを意味する。

これに対して,主節動詞と分詞構文の動詞が共に継続的な行為・出来事

を表すときには，いわゆる「付帯状況」の解釈になる。

(56) Walking beside the river, John sang.

(B)語順(Stump (1985:321))。分詞構文が主節の前に現れると，主節で表されている出来事より前に起きた出来事を表していると解釈され，主節の後に現れると，主節で表されている出来事の後に生じた出来事を表していると解釈される傾向がある。

(57) a. Counting the number of echoes, Hilary shouted his name.
　　　b. Hilary shouted his name, counting the number of echoes.

(57a)では，こだまの回数を数えた後に名前を呼んだと解釈され，(57b)では，その逆の順になっていると解釈される傾向がある。

(C)現実世界に関する知識(Stump (1985:322))。世界に関する知識として，シェイエン（ワイオミング州の州都）とソルトレイクシティ（ユタ州の州都）の間にロッキー山脈があることを知っているので，次の文は付帯状況の意味に解釈される。the Rockies の替わりにユタ州の先にある the Nevada border を入れると，順次的な解釈になる。

(58) Bill drove from Cheyenne to Salt Lake City, crossing the Rockies while it was still light.

(D) then, subsequently, thereby, also, still, nevertheless などの副詞が現れることにより，時間的な関係や譲歩の意味がより鮮明にされることがある(Stump (1985:323-324))。

(59) Being very uncomfortable, he *still* fell asleep.

(59)では still が現れていることにより，「譲歩・逆説」の意味が明示化されている。

関連テーマ　【テーマ２】で見た with 構文の解釈についてはどのようになっているであろうか。

yesterday などのような過去を指す副詞は現在完了の have と共起することができないが，分詞構文ではそれが可能である。これはどのような理由によるのであろうか。

(a) *John has been on the train yesterday.　　(Stump, 1985 : 220)

(b) Having been on the train yesterday, John knows exactly why it derailed.

39. 属格化 (genitivization)

　現代英語では主格や対格などの格の屈折は一部を除いて消失したにもかかわらず，属格（genitive）だけが(1)の斜字体部分のように名詞の屈折（'s'属格）として残っており，文中のさまざまな位置に生起する。
　(1) a. *John's* friend
　　　b. *his* friend
属格の名詞と後続の主要部名詞の間に認められる意味関係は，所有，起源，主語や目的語の働きなどといった具合に多様である。【テーマ1】
　このようなさまざまな意味は，'s'属格以外に，(2)の斜字体部分のような'of'属格によっても表される場合がある。
　(2) a. the friend *of John*
　　　b. the friend *of him*
名詞（句）が's'属格と'of'属格のいずれの形式を取るかは，属格の名詞と主要部名詞の意味的・統語的要因を考慮する必要がある。【テーマ2】
　生成文法では文と名詞句の統語的・意味的平行性を捉えようとしてきた。名詞句内で文の主語や目的語に対応する属格名詞は，その派生という点から特に注目を集め，さまざまな提案がなされており，また，属格の名詞に課せられるいくつかの制約が提案されている。【テーマ3】
　認知文法では，属格の名詞を含む名詞句は参照点構文の一種とされ，従来統語上の制約と捉えられてきた特徴が，同構文の意味・機能から説明される。【テーマ4】

【テーマ1】's'属格の意味と機能
【概説】

　属格は，(1)の場合のように，名詞に形態素-s が付加された形や所有代名詞として表され，このような場合は名詞の屈折と捉えられる。ただし注意すべきは，属格はすべて名詞の屈折であるとは言えず，下記のように，名詞句（全体）の右端に形態素-s が付加されることもある。

　(3) *the teacher of music's* room　　　　　　(Quirk *et al.*, 1985 : 328)
このような属格は群属格（group genitive）と呼ばれる。

　以上のような's'属格の名詞（句）は，文中のさまざまな位置に生起し，異なった意味や機能を担う。なお，以下，属格の名詞（句）を「属格名詞」，属格名詞を含む名詞句全体を「属格表現」と呼ぶ。属格名詞は属格表現の中でさまざまな意味的役割を持ち，例えば，下記(4a)では，属格名詞は，主要部名詞の左に現れ（定）決定詞の機能を持つ。(4b)は記述の属格（descriptive genitive）と呼ばれ，属格名詞は属格表現内で形容詞の生起する位置に現れ，形容詞的な働きをする。(4c)では，文脈上同定できる主要部名詞が（表面上）現れず，属格名詞だけで名詞句相当の機能を果たしている。(4d)でも主要部名詞が（表面上）現れていないが，この場合は主要部名詞の同定は文脈に依存することはなく，通常，住居や店などの場所を表す。(4e)は後置属格（post-genitive）とか二重属格（double genitive）と呼ばれ，属格表現全体が不定（indefinite）である点，(4a)と対照を成す。

　(4) a. both of *the girl's* parents
　　　b. He wants to become a *ship's* doctor when he grows up.
　　　　　　　　　　　　　　　　　　　　　　　　(*ibid.* : 327)
　　　c. My car is faster than *John's*.　　　　　　(*ibid.*)
　　　d. We'll meet at *Bill's*.　　　　　　　　(*ibid.* : 329)
　　　e. some friends of *Jim's*　　　　　　　　(*ibid.* : 330)

以下，本項目では's'属格の中で(4a)（および(4e)）に例示されるタイプを中心に話を進める。

　(4a)の属格名詞と（後続する）主要部名詞の意味関係は多様であり，所有，起源，主語や目的語といった文法関係等を表す。伝統文法では，このような意味関係が細かく分類されている。Kay & Zimmer (1990) は，

このような多様な意味関係は言語表現自体の意味ではなく，文脈により与えられるとする。一方，Nikiforidou (1991) はこれらの意味関係の中にはプロトタイプ的な意味と周辺的な意味が認められることから，問題の意味関係はメタファーによるネットワークを成すとしている。

◆**属格名詞と主要部名詞の意味関係**——Quirk *et al.* (1985) *A Comprehensive Grammar of the English Language*, 他.

Sweet (1891-1898), Poutsma (1914-1916), Curme (1931), Kruisinga (1909-1932), Jespersen (1909-1949) 等の伝統文法家たちの記述，および，最近では Quirk *et al.* (1985) の記述では，属格名詞と主要部名詞との間に認められるさまざまな意味関係が細かく分類されている。ここでは Quirk *et al.* (1985) に従い，一般にどのような意味関係が認められるか観察しよう。

(5) a. 所有属格 (possessive genitive)
   Mrs Johnson's passport　　　　　　(Quirk *et al.*, 1985 : 321)
　b. 主語の属格 (subjective genitive)
   the boy's application　　　　　　　　　　　　　　(*ibid.*)
　c. 目的語の属格 (objective genitive)
   the boy's release　　　　　　　　　　　　　(*ibid.* : 322)
　d. 起源の属格 (genitive of origin)
   the girl's story　　　　　　　　　　　　　　　(*ibid.*)
　e. 度量の属格 (genitive of measure)
   ten days' absence　　　　　　　　　　　　　　(*ibid.*)
　f. 属性の属格 (genitive of attribute)
   the victim's courage　　　　　　　　　　　　　(*ibid.*)
　g. 部分属格 (partitive genitive)
   the baby's eyes　　　　　　　　　　　　　　　(*ibid.*)
　h. 同格の属格 (genitive of apposition)
   Dublin's fair city　　　　　　　　　　　　　　(*ibid.*)

この他に，親族関係を表す属格（例：*my* son）も認められている（Quirk *et al.* (1985 : 289)）。

このように，属格名詞と主要部名詞の間には多様な意味関係が認められ

るが，意味関係の分類に関し諸家の説は必ずしも一致せず，個々の例の弁別は困難である場合が多い。Quirk et al. (1985:322) も述べているように，このような分類は多分に恣意的であることには注意を要する。

◆**属格の意味は抽象的**——Kay & Zimmer (1990) "On the Semantics of Compounds and Genitive in English."

Kay & Zimmer (1990) によると，上述のような意味関係は，属格表現自体が言語表現として持つのではなく，むしろ文脈・場面から（語用論的に）決まるものである。属格名詞と主要部名詞の意味関係は，その間に何らかの関係があるというごく抽象的・一般的なものであり，その具体的関係は文脈・場面に依存して与えられる。

例えば，下記(6)の属格表現は(a)～(d)に例示されるような意味に限られるのではなく，文脈・場面により無限に解釈が可能である。

(6) *President's* table
 a. 'table the President owns'
 b. 'table at which the President dines'
 c. 'table about which the President has recurring nightmares'
 d. 'table the President is constructing in the basement of the White House because he believes everyone should know a trade'   (Kay & Zimmer, 1990:240)

◆**メタファーによる多義**——Nikiforidou (1991) "The Meanings of the Genitive: A Case Study in Semantic Structure and Semantic Change."

Nikiforidou (1991) は，属格表現の意味については，伝統文法家たちのように単に分類するのも不十分であるし，Kay & Zimmer のように「何らかの関係」として抽象的に指定するのも不十分であるとする。その理由はおよそ次のようである。英語の属格表現で表され得るような一群の意味関係は，多くの言語で特定の形式で同じように表される。また，文脈・場面が与えられない状況では，属格表現は所有の意味を通常第一に表すことからも分かるように，多様な意味関係の中にも中心的なものと周辺的なものがある。

ここから，Nikiforidou は，属格表現が「構造化された多義（structured polysemy）」表現であると考える。すなわち，属格表現の意味関係は，所有の意味をプロトタイプとする多義の構造を成し，所有以外のさまざまな意味は（属格表現とは）独立に存在するいくつかのメタファーを介し，直接的あるいは間接的にプロトタイプと関連を持つとする。

例えば，全体-部分という意味関係は，「部分は所有物である」というメタファー的写像（metaphoric mapping）により動機付けられており，プロトタイプとしての所有の意味関係（所有者-所有物）からの拡張と考えられる。また，起源-出てきた要素という意味関係は「全体は起源である」というメタファーに基づいた，プロトタイプからのさらなる拡張の例である。起源の意味関係は所有の意味関係に間接的に動機づけられている（なお，プロトタイプという言葉は用いないものの，類似の考え方は伝統文法にも見られる。例えば，Jespersen（1949）を参照）。

further readings Ike-uchi（1991）では記述の属格に関する詳しい分析がなされている。C. Lyons（1986）は(4a)のタイプの属格表現と(4e)のタイプの属格表現がほぼ相補的分布を成すことに注目している。

Williams（1982）と Higginbotham（1983）は属格名詞と主要部名詞の間の意味関係を一般的・抽象的なものとする立場である。Hayase（1993）は属格表現のプロトタイプ的な意味を論じている。Barker（1995）は属格表現のさまざまな意味をモデル理論的に記述している。

関連テーマ (4)のようなさまざまな属格表現は，全体としてお互いにどのように関連しているのだろうか。属格表現の多様な意味については，言語習得や史的変化という点からどのようなことが言えるだろうか。

【テーマ2】's'属格と'of'属格の交替
【概説】
's'属格で表される意味は，前置詞 of に導かれる名詞句（'of'属格）によって表される場合がある。両者はいつでも交替可能であるのか，あるいは一方が選ばれやすい場合があるのかという問題は，伝統文法以来盛んに論じられてきた。例えば，Poutsma（1914）では，どのような場合に一方が選ばれやすいのかということが，意味的・統語的観点から多くの具体例

とともに論じられており，人を表す名詞は's'属格で表現されやすい（p. 42）とか，名詞に形容詞や分詞のような修飾要素が後続すると'of'属格でしか表現できない（p.73）等の記述が見られる。

R. Hawkins (1981) は，上記の交替関係に対するさまざまな条件にある程度の見通しをつけ，それらはある意味上の階層に連動して決定されるとする。Deane (1987) は，属格表現の談話上の機能に着目して上記の交替関係を説明する。

Woisetschlaeger (1983) によると，属格表現は全体として定名詞句となる。つまり，John's brother は the brother of John に対応する。

◆**意味階層による説明**── R. Hawkins (1981) "Towards an Account of the Possessive Constructions: *NP's N* and the *N of NP*."

下記(7)(8)には，特定の名詞の組に対して，'s'属格と'of'属格のどちらがより適切な構造であるかが示されている。

(7) a. *Helen's* legs are giving her trouble again.

(R. Hawkins, 1981: 260)

b. ?The legs *of Helen* are giving her trouble again. (*ibid.*)

(8) a. *the cat's* basket (*ibid.*)

b. ?the basket *of the cat* (*ibid.*)

J. Hawkins はこれらの容認度の差は下記の意味階層の反映であるとする。

(9) [HUMAN]＜[HUMAN ATTRIBUTE]＜[NON-HUMAN ANIMATE]＜[NON-HUMAN INANIMATE] (*ibid.*)

すなわち，この意味階層に従って線形順序が決定されるというもので，階層のより左に位置する意味要素が統語的にもより左に現れ，階層のより右に位置する意味要素が統語的にもより右に現れる。例えば，(7b)では，人間の属性を表す要素（legs）が人間を表す要素（Helen）に先行するため容認度が落ちている。

なお，上記の意味階層と統語関係が連動するのは，非派生名詞の場合であり，派生名詞の場合は下記のように意味階層の反映は認められない。

(10) a. *John's* refusal of the offer (R. Hawkins, 1981: 263)

b. *the offer's* refusal (by John) (*ibid.*)

◆談話の機能による説明——Deane (1987) "English Possessives, Topicality, and the Silverstein Hierarchy."

Deane (1987) は属格表現には談話上の特定の機能があるとする。すなわち, 's'属格を含む属格表現では, 's'属格の名詞が話題 (topic) を表し, 主要部名詞が焦点 (focus) を担う。一方, 'of'属格を含む属格表現では, 主要部名詞が話題を表し, 'of'属格の名詞が焦点を担う。

どのような意味要素がより話題となりやすいかということには, 一定の階層が認められるとし, このことは通言語的にも一言語内のさまざまな現象にも観察される。この階層(11)は英語の属格表現にも反映される。

(11) first person pronoun＞second person pronoun＞third person anaphor＞third person demonstrative＞proper noun＞kin-term＞human and animate NP＞concrete object＞container＞location＞perceivable＞abstract (Deane, 1987 : 67)

下記は, Deane (1987 : 68) に一部手を加えた具体例である。

(12) my foot
　　 his foot
　　 Bill's foot
　　 my uncle's foot
　　 the man's foot
　　 the dog's foot
　　 the house's roof
　　 his honor's nature

(13) the foot of me
　　 the foot of him
　　 the foot of Bill
　　 the foot of my uncle
　　 the foot of the man
　　 the foot of the dog
　　 the roof of the house
　　 the nature of his honor

(12)(13)は, 矢印の方向に従って容認度が下がることが示されている。すなわち, 属格名詞を成す表現が(11)の階層のより上位にあれば, 's'属格の属格表現では全体の容認度が上がり, 'of'属格の属格表現では全体の容認度が下がる。また逆に, 属格名詞が(11)の階層のより下位にあれば, 'of'属格の属格表現では全体の容認度が上がり, 's'属格の属格表現では全体の容認度が下がる。

◆定性 (definiteness) について——Woisetschlaeger (1983) "On the Question of Definiteness in 'an Old Man's Book.'"

属格表現は, その属格名詞 (句) が定 (definite) であっても(14), 不

定 (indefinite) であっても (15)，全体としては定名詞句に対応する。

(14) *John's* brother = *the* brother of John
the youngest children's toys = *the* toys of the youngest children

(15) *an old man's* book = *the* book that an old man has
somebody's fault = *the* fault of somebody

属格名詞(句) が不定の場合について少し見てみよう。similar という形容詞は，下記の例が示す通り，不定冠詞と共起可能であり，定冠詞は許されない。

(16) {A/*The} similar investigation by a government agency uncovered no new evidence.

属格表現の中の属格名詞(句) が不定であっても similar と共起しない。

(17) **A government agency's* similar investigation uncovered no new evidence. (Woisetschlaeger, 1983 : 148)

このことは，属格名詞（句）が定であることを示唆している。なお，(32) を参照。

|further readings| Anschutz (1997) は 's'属格と 'of'属格の交替を扱ったもので，Deane (1987) の立場に近い。定性については，Taylor (1996) に詳細な事実・反例の提示と認知的視点からの説明がある。また，異なる視点からの類型論的調査を交えた Haspelmath (1999) がある。's'属格/'of'属格交替についての史的資料に Altenberg (1982) がある。

|関連テーマ| 's'属格と 'of'属格の交替について統語論はどこまで立ち入ることができるだろうか (Chomsky (1970) および【テーマ3】を参照)。どちらも等しく可能であるような場合はあり得るだろうか (John's picture vs. the picture of John)。その時それぞれの表現の「意味」は同じであろうか。あるいは異なっているであろうか。真理条件的な意味だけを考えるか，あるいは，より広い意味をも考慮に入れるかで，結論は違ってくるはずである。

【テーマ3】属格表現の統語論
【概説】
生成文法では，文（節）と名詞句の統語的・意味的平行性に着目し，両

者の派生関係に関しさまざまな議論がなされてきた。初期には，Lees (1960) のように，名詞句をすべて文から変形規則により派生する立場がとられていたが，Chomsky (1970) に至り，名詞句の一部を基底生成すべきという考え方に変わった。この考え方は 1980 年代の GB 理論に至っても基本的には受け継がれている。Abney (1987) は従来の名詞句は決定詞句 (Determiner Phrase) であるとする。そのため，属格表現の統語的分析は再解釈を促される。

可能な's'属格名詞の分布に関して，Anderson (1979) は被影響性の制約 (Affectedness Constraint) が観察されることを指摘した。これに対し，Fellbuam (1987) は主要部名詞が達成 (accomplishment) の意味を持つかどうかが問題であるとしている。

◆属格表現の派生——Chomsky (1970) "Remarks on Nominalization."
　Chomsky (1970) は次の属格表現の表す意味が 3 通りに曖昧であると言う。

　(18) *John's* picture　　　　　　　　　　　　　(Chomsky, 1970 : 202)
すなわち，(ⅰ)ジョンが所有する絵，(ⅱ)ジョンを描いた絵，(ⅲ)ジョンが描いた絵，という 3 つの意味である。Chomsky は，これら 3 つの意味の違いに応じて派生の仕方も異なるとし，概略，次のような派生を仮定した。

　(ⅰ)の意味の場合。この場合の意味は「所有」であるので，その根底にある構造はおよそ下記(19)と考えられる。

　(19) the picture that John has
この構造に(18)のような構造に写像する変形規則が適用され，問題の属格表現が派生される。

　(ⅱ)の意味の場合。この場合は根底にある構造が下記(20)のようで，この構造に名詞句前置 (NP-preposing) という変形規則が適用されて(18)が派生される。

　(20) the picture of John
　(ⅲ)の意味の場合。この場合は特定の変形規則は仮定されず，本質的には表層の構造と根底にある構造は同じとする。(ⅲ)のような意味は「内在的関係 (intrinsic connection)」と呼ばれ (Chomksy (1970 : 206))，こ

のような場合に基底生成されるとするのは，文における主語と述部の関係を意識してのことと思われる。

また，二重属格を含む属格表現（(4e)参照）について次のような事実群が指摘されている（Chomsky (1970)，太田 & 梶田 (1974)）。

(21) a. a book of *John's*
b. that book of *John's*
c. *the book of *John's*
d. the book of *John's* that I borrowed

二重属格表現は，その決定詞が the の時は必ず関係節を必要とするというものである。これについては，まず(21a)(21b)(21d)は属格後置変形（genitive postposing）により派生されると仮定し，その適用条件に基づいて説明することが試みられている。(22)に見るように，決定詞の位置では属格名詞は a や that と共起できない。

(22) a. *[a John's] book
b. *[that John's] book

すなわち，このような場合には属格後置変形は義務的であると考える。さらに，the の場合にはその関係節が決定詞の位置に同時に基底生成された時のみ属格後置変形が適用可能であると想定すると，(21d)は生成されるが，(21c)は属格後置変形が適用されず John's book となるはずである，ということである。

(22) c. *[the that I borrowed John's] book

下記(23)のような'of'属格を伴う派生名詞化形（derived nominal）では，基底構造には of は現れず，「N_NP」という構造に適用される（変形）規則により前置詞 of が導入されるとする（Chomsky (1970:204)）。

(23) *the enemy's* destruction of the city

◆属格と GB 理論── Chomsky (1981) *Lectures on Government and Binding*, Chomsky (1986b) *Knowledge of Language: Its Nature, Origin and Use*, 他．

Chomsky (1981) は，格付与（Case assignment）という統語上の操作を仮定する。対格や斜格等の格は，動詞・前置詞といった格付与子（Case assigner）が統率（government）という統語上の関係に基づき，

名詞句に付与する。これに対し属格（'s'属格）の場合は，下記(24)に指定される環境に現れる名詞句に付与される。

(24) NP is genitive in [_NP__ X]　　　　　(Chomsky, 1981 : 170)

属格が(24)のような形で付与される理由は，(主要部)名詞は属格名詞句を統率するものの，格付与子ではないと仮定されるからである。

'of'属格の場合は，下記(25)のような「of 挿入（*of*-insertion)」という規則を認め，前置詞 of が派生の途中で導入されるとする。

(25) NP → [_P of] NP in env.: [+N] __　　　　　(*ibid*. : 50)

挿入される前置詞 of は意味的に空ではあるが，前置詞なので格付与子として働く。そのため，後続する名詞句には of により斜格が付与される。

Chomsky (1986b) は，名詞も動詞などと同じく格付与子であるとする。ただし，動詞などが付与する主格や対格といった構造格（structural Case）とは異なり，名詞が与える属格は内在格（inherent Case）である。構造格は S 構造で付与されるが，内在格は D 構造で付与され，S 構造で実現（realize）される。さらに，名詞はそれが θ 標示する要素に対してのみ内在格を付与すると想定する（これを一様性の条件（Uniformity Condition）という）。例えば，(26a)のような D 構造において，主要部名詞 destruction はその補部の the city を θ 標示するのでそれに属格を与える。その属格はその位置で'of'属格として実現されたり(26b)，主語の位置で's'属格として実現されるというわけである。

(26) a. the [destruction [the city]]

　　b. the [destruction [of the city]]

　　c. [the city's] destruction　　　　　(Chomsky, 1986b : 194)

Chomsky (1981) では，'s'属格と'of'属格は，格付与のされ方と付与される格の種類に関して別々に扱われていた。一方，Chomsky (1986b) では，どちらの場合も同じ属格が付与されるが，その実現が異なるとされる。すなわち，'s'属格の名詞句も'of'属格の名詞句も，主要部名詞により D 構造で属格が付与されるが，S 構造での形態的実現が異なり，'s'属格の名詞句には -s が付加され，'of'属格の名詞句には of が付加されるということになる。

◆**'s'属格と DP 分析**——Abney (1987) *The English Noun Phrase in Its*

Sentential Aspect.

　Abney (1987) は従来の名詞句は決定詞 (Determiner) を主要部とする決定詞句であるという分析を提案している。この DP 分析のもとでの 's' 属格は次のような位置を占める。

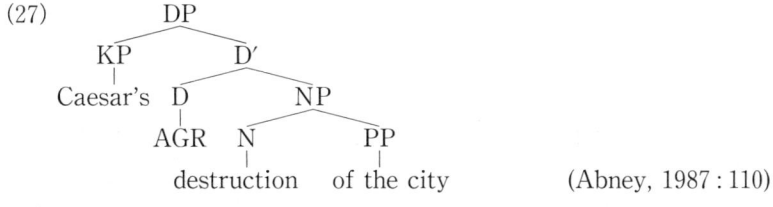

(27)
```
          DP
         /  \
        KP   D'
        |   /  \
     Caesar's D   NP
           |    /  \
          AGR  N    PP
           |
        destruction  of the city        (Abney, 1987 : 110)
```

属格は，主要部 D の位置を占める AGR により付与されるとし，'s' は格標示子 (Case-marker) であると考える (Abney (1987 : 78-85))。

　Chomsky の分析との大きな違いは，(i) 's' 属格と 'of' 属格を全く別扱いにしている点と，(ii) 問題の 's' 属格を構造格としている点である。

◆**受動名詞化形の被影響性をめぐって**—— M. Anderson (1979) *Noun Phrase Structure*, 他.

　下記のような受動態の文に対応する属格表現を受動名詞化形 (passive nominal) と呼ぶ。

(28) *the city's* destruction by the enemy　　(Chomsky, 1970 : 204)

Chomsky (1970) 等では，受動名詞化形は名詞句内で適用される変形規則（名詞句前置）により派生されるとされている。すなわち，基底構造で（派生）名詞の補部であった名詞句が名詞句前置変形により主要部名詞の左に前置される。

　M. Anderson (1979) によると，下記(29)に例示されるように，名詞句前置変形の適用を受けない名詞句がある。

(29) a. **Bill's* avoidance by John　　(M. Anderson, 1979 : 43)
　　 b. **Mary's* discussion by John　　　　　　　(*ibid.*)

(29) の派生名詞は(28)と同じく行為の意味を持つことに注意されたい。また，下記(30)のように，行為を表していない派生名詞の中にも名詞句前置変形の適用を受けないものがある。

(30) a. **the dinner's* enjoyment by John　　(*ibid.* : 35)
　　 b. **the predicament's* realization by John　　(*ibid.*)

これらの例を比較すると，名詞句前置変形が適用可能である場合は，補部名詞句が主要部名詞の表す行為から何らかの意味で影響を受けている (affected) と考えられることから (M. Anderson (1979:44-45))，受動名詞化形の属格名詞には被影響性の制約が課されるとされている (Jaeglli (1986) 参照)。

　これに対して，Fellbaum (1987) は，名詞句前置変形に対する制約は被影響性とは関係がないとする。このことは，下記(31)の属格名詞がいずれも影響を受けているとは考えられないのに適格であることに示されているという。

(31) a. *the sermon's* delivery　　　　　　　　　　(Fellaum, 1987:79)
　　 b. *the sonata's* interpretation　　　　　　　　　　　　(*ibid.*)

Fellbaum は，前置された名詞句（属格名詞）の容認度は，主要部の派生名詞が達成 (accomplishment) の意味を持つかどうかに依存するとし，次のような例を挙げている。

(32) a. *the error's* acknowledgment (by the engineers)
　　　　　　　　　　　　　　　　　　　　　　(Fellaum, 1987:82)
　　 b. **errors'* acknowledgment by the senators　　　(*ibid.*)
　　 c. **cities'* destruction (by the barbarians)　　　(*ibid.*)

(32a)(32b)の属格名詞は名詞句の定性が異なり，これに応じて派生名詞が達成の意味を持つかどうかが異なる。すなわち，(32a)では1つの特定の過ちを認めるということで達成の意味を持つが，(32b)では不定でかつ複数の過ちを認めるということになり達成の意味を持たない。(32c)も同様である（(28)と比較のこと）。

further readings　Emonds (1976), Fiengo (1980), M. Anderson (1984) も属格表現の派生を扱っている。Grimshaw (1990) も参照。Comrie (1976) は属格表現の類型論的研究である。二重属格の問題は Taylor (1996) でも取り上げられており，また，Barker (1998) がある。その他派生名詞化形の派生については Valois (1990) がある。山崎 (1993) は，DP分析に基づき，時を表す名詞句が's'属格として現れる現象を取り上げている。

　Hamamatsu (1995) は被影響性の制約を統語上の制約としている。

Rozwadowska (1988) は属格の名詞が担う主題役割から被影響性の制約が説明されると言う。John's love, John's fear のような場合の属格名詞が被動者の読みしか持ち得ないことに関して、Lebeaux (1986), Safir (1987), Giorgi & Longobardi (1991) は統語的な分析を試みている。さらに、Rozwadowska (1988) と Taylor (1996) を参照のこと。Doron & Rappaport Hovav (1991) は、被影響性の精緻化とともに、この問題にも触れている。

|関連テーマ|　典型的に所有を表す John's friend/the friend of John の類と派生名詞化形の Rome's destruction/the destruction of Rome の類を統語的に区別する必要はないだろうか。また、純粋に統語的な制約はどこまで残るであろうか。例えば、被影響性の制約は LF に課される制約と解釈することは可能であろうか (Hamamatsu (1995))。

【テーマ4】属格表現の認知的分析
【概説】

Langacker による認知文法では、属格表現は参照点モデル (reference-point model) に基づき捉えることができる。Langacker (1995) では、属格表現は参照点機能を持つとされ、属格名詞は参照点 (reference point) で、主要部名詞は目標物 (target) であるとされる。

Taylor (1996) は、属格に関わるさまざまな現象を取り扱ったもので、その一部として、生成文法で議論されてきた問題を属格表現の参照点機能から説明している。

◆参照点モデル── Langacker (1995) "Possession and Possessive Constructions."

's'属格の名詞と主要部名詞の配列には、下記(33a)と(33b)に観察されるような非対称性がある。

(33) a. *the man's* watch, *the dog's* tail, *Kennedy's* assassination
　　 b. **the watch's* man, **the tail's* dog, **the assassination's* Kennedy　　　　　　　　(Langacker, 1995 : 57)

この対比は、属格表現においてどのような属格名詞がどのような主要部名詞に対して機能しやすいのか（あるいは逆に、どのような主要部名詞がど

のような属格名詞に対して機能しやすいのか），という問題として捉えられる（これは，'s'属格と'of'属格の交替の問題とは独立していることに注意しよう）。このような問題は，伝統文法・生成文法では明確に意識されてはいなかったようで興味深い。Langackerによると，上記のような対比は，属格表現を参照点モデルに基づき分析することで自然な説明が得られるという。

　参照点モデルは認知モデルの1つである。その認知的操作能力としては，ある事物との心的接触（mental contact）を確立するために他の存在物の概念を喚起するという参照点化能力（reference-point ability）が提案されている。すなわち，概念者（conceptualizer）は参照点と心的接触を取り，参照点の支配域（dominion）にある目標物と心的接触を確立する。

　属格表現はこのような意味・機能を持つ構文とされ，概念者は，参照点である属格名詞に基づく心的経路（mental path）により，目標物である主要部名詞との心的接触を確立する。具体的には，例えば，個体の一部分は個体全体との関連なしには通常意識されない。このため，個体全体はその部分に対し自然な参照点であり，これに基づき目標物（部分）との心的接触が行われ得る。このことの反映は，例えば上例の対比 the dog's tail—*the tail's dog に現れている。なお，*the tail's dog は容認され得る場合もある。例えば，切り落とされた尻尾を見て，この尻尾の持ち主である犬を喚起するような状況では，tail を参照点として目標物である dog と心的接触を持つことができる。

　's'属格だけでなく'of'属格を含む属格表現も，参照点モデルに基づき特徴付けられている。Langacker は，前置詞 of は投射体（trajector）と標点（landmark）における内在的関係を顕在化する（profile）という意味を持つとしている。ここから，何らかのものがあるものによって特徴付けられるような内在的関係を持つなら，特徴付けをする後者の方のものが前者への心的接触の際の参照点と考えることができる。したがって，'of'属格の名詞句は主要部名詞（目標物）の参照点と言える。

　's'属格と'of'属格の意味の違いは，'s'属格は参照点と目標物の関係自体を顕在化するのに対して，'of'属格は内在性という関係を顕在化するという点にある。

◆**参照点構文による認知的還元**── Taylor (1996) *Possessives in English.*

　Taylor (1996) は，'s'属格を含む属格表現を，Langacker と同様に，参照点構文（reference point construction）であるとする。すなわち，'s'属格の名詞句は参照点であり，参照点は主要部名詞で表される目標物が同定されやすいように（同構文に）導入される。この機能から，参照点としての's'属格の名詞句は，目標物である主要部名詞より，認知上の接近可能性（cognitive accessibility）が高くなければならないとする。参照点の方が認知的接近可能性が低い場合，認知的接近可能性の低いものによってより認知的接近可能性が高い主要部名詞を同定することになり，それは不自然である。

　では，認知的に接近可能な概念とはどのようなものであろうか。認知的に接近可能である概念には，2つの場合がある。1つは，ある概念が談話にすでに導入されていれば，それは認知的に接近可能であるという場合で，これは「談話に基づく話題性（discourse-conditioned topicality）」と呼ばれる。もう1つは，何らかの概念が，それ自体の性質により他の概念より認知的に接近可能であるという場合で，これは「内在的話題性（inherent topicality）」と呼ばれる。

　注目されるのは，参照点がより認知的に接近可能である，すなわち（少なくともいずれかの意味で）より高い話題性を持つという機能から，統語上の制約が説明されることである。例えば，下記(34)の対比は被影響性の制約で説明されてきたものだが，これらは参照点としての属格名詞の話題性で説明される。

(34) a. *Amy's* fear of the scarecrow　　　　　(Taylor, 1996 : 222)
　　 b. **the scarecrow's* fear by Amy　　　　　　　　　(*ibid.*)

すなわち，内在的に話題性がより高い経験者（Amy）は参照点として機能するが，内在的に話題性がより低い（非生物で抽象的な）刺激（Stimulus）（scarecrow）は参照点として機能しないということである。

　さらに，被影響性の制約では説明されないような例も話題性で捉えることが可能である。例えば，被影響性の制約は the conviction's expression を容認不可能と予測するが，実際には下記(35)のような例が可能である。

(35) This conviction of the superhuman ... found *its visible expression*
　　　in offerings, sacrifices to the spirits or deities.　　(*ibid.* : 225)

上例では，属格名詞は，代名詞化されていることからも分かるように，すでに談話に導入されており，認知的接近可能性が高い。

すでに触れたように，Fellbaum (1987) は，主要部名詞の達成という読みに依存して属格名詞の文法性を説明したが，これも話題性により説明可能である。そればかりでなく，そもそも達成の読みとは関係のない例も同じように説明される。下記(36)を参照。

(36) a. *the city's* destruction/*the girl's* mother
　　b. (?) *the cities'* destruction/(?) *the girls'* mother
　　c. ?*the two cities'* destruction/?*the three girls'* mother
　　d. ??*both cities'* destruction/**three girls'* mother
　　e. **cities'* destruction/***girls'* mother　　(Taylor, 1996 : 233)

上記のような容認度の段階性は，複数名詞句（特に総称用法の複数名詞句）は参照点としては機能しづらいということに起因する。

further readings　Hayase (1996) は認知文法の枠組みから属格表現と名詞化形について論じている。Langacker (1993) は属格表現以外のさまざまな言語現象に参照点モデルが関連することを示している。

関連テーマ　極小主義に基づく生成文法では言語外からの要請という問題に取り組んでいるが，本文で見た認知的な代案はその点からは示唆的である。これらは極小主義にどのように取り入れられるであろうか。

40. 能格動詞・非対格動詞・非能格動詞
(ergative verb/unaccusative verb/unergative verb)

　伝統的に，動詞は直接目的語を取るかどうかによって自動詞と他動詞に分類されるが，同じ自動詞であっても，例えば occur は there 存在文（There occurred an accident）に生じるのに対して，play は存在文（*There played three boys）で使えないなどといった違いがみられる。SV や SVO といった文型を離れて，動詞の意味や統語的用法を深く考察すると，自動詞は少なくとも2つの種類—play, cry のように人間の活動を表す「非能格動詞」と，break, happen のように自然発生的な出来事を表す「非対格動詞」—に区別される。【テーマ1】 この2つの動詞グループは，統語的にも異なる性質を持っている。【テーマ2】
　さらに，自然発生的な出来事を表す自動詞のうち，「能格動詞」と呼ばれる break や freeze は同じ形で自動詞にも他動詞にも使えるという点で特異である。これらは自動詞が基本だろうか，他動詞が基本だろうか。【テーマ3】

【テーマ1】2種類の自動詞：非能格動詞と非対格動詞
【概説】
　学校文法では，動詞は自動詞と他動詞に区分されるが，その基準は直接目的語を取るかどうかである。例えば，destroy という動詞は必ず SVO 構文で用いられるから他動詞であり，他方，(1a)(1b) の arrive と smile は SV 構文を取るから，どちらも自動詞と見なされる。

(1) a. Fagan arrived.
　　b. Dorothea smiled.

しかしながら，SV という表面的な語順を超えて，動詞の意味・用法を深く考察すると，同じ自動詞であっても，smile と arrive では違いがあることに気づく。例えば，arrive は there 存在文に適合するが，smile は適合

しない。
　(2) a. There arrived three girls.
　　 b. *There smiled three girls.
逆に，"dream a strange dream" のような同族目的語構文（cognate object construction）では，smile は使えるが arrive は不可能である。
　(3) a. *Fagan arrived a frightening arrive/arrival.
　　　　　　　　　　　　　　　　　　　　　　(Massam, 1990 : 175)
　　 b. Dorothea smiled a wicked smile.　　　(*ibid.* : 161)
このような事例を幅広く考察すると，従来は「自動詞」として一括されてきたものが，少なくとも2つの種類—smile などの非能格動詞（unergative verb）と arrive などの非対格動詞（unaccusative verb）—に分かれることが判明する。

◆**非対格動詞とは？**——Perlmutter (1978) "Impersonal Passives and the Unaccusative Hypothesis," Burzio (1986) *Italian Syntax : A Government Binding Approach.*
　はじめに，非能格動詞と非対格動詞の代表的な例を Perlmutter & Postal (1984 : 98) から挙げてみよう。
(4) 非能格動詞の例
　　a. 意図的ないし意志的な行為（work, play, speak, talk, smile, think, meditate, skate, ski, swim, walk, quarrel, fight, knock, hammer, weep, cry, kneel, bow, cheat, study, laugh, dance, crawl, shout, mumble, bark）
　　b. 非意図的な生理現象（cough, sneeze, hiccough, vomit, sleep, breathe）
(5) 非対格動詞の例
　　a. 形容詞ないしそれに相当する状態動詞
　　b. いわゆる Patient を主語に取る変化動詞（burn, fall, drop, sink, float, slide, drip, tremble, flourish, roll, boil, melt, freeze, dim, darken, rot, wilt, increase, decrease, grow, evaporate, collapse, die, open, close, break, explode）

c. 存在, 出現, 消滅 (exist, happen, occur, take place, arrive, arise, ensue, result, show up, turn up, vanish, disappear)
d. 音, 光, 臭いなどの発生 (shine, sparkle, glitter, glisten, jingle, clink, crackle, smell, stink)
e. アスペクト動詞 (begin, start, stop, cease, continue, end)

非対格と非能格の違いはおおむね意味の性質に依拠している。大まかな指針としては, 非能格動詞は, play, talk, smile のように意図的な行為を表す動詞, または cough, sneeze のように人間の生理的な活動を表す動詞であり, 一方, 非対格動詞は, The ship sank/The lake froze/An accident occurred のように人間の意志では制御できない自然発生的な出来事を表す動詞と考えてよい。

このように, 非対格動詞と非能格動詞はそれぞれの意味で区別されるのであるが, この区別が意味だけに留まらず, 統語構造に反映されているというのが, 非対格仮説 (Unaccusative Hypothesis) である。

〈非対格仮説〉

自動詞には非能格と非対格の2種類がある。非能格動詞の主語は普通の他動詞の主語と同じく基底構造でもともと主語として生成されるが, 非対格動詞の主語はもともとは直接目的語として基底生成され, 統語的に主語に格上げされる。

この仮説は, 最初に関係文法の Perlmutter (1978) が提唱し, その後, Burzio (1986) によって GB 理論 (1980年代の生成文法理論) にも取り入れられた。その主旨を一言でいえば, 同じ自動詞であっても, 非能格動詞の主語と非対格動詞の主語とでは統語的な資格が異なり, 非対格動詞の主語は「目的語」としての性質を備えているということである。ここでは Perlmutter が用いた関係文法の専門用語を避けて, より一般的に英語学文献で使われる外項 (external argument)・内項 (internal argument) という用語 (Burzio (1986)) で説明してみよう。

(6)

	外項	内項
他動詞	○(主語に当たる)	○(目的語に当たる)
非能格動詞(smile 類)	○(主語に当たる)	×
非対格動詞(arrive 類)	×	○(主語に当たる)

外項というのは他動詞の主語に当たる表現で，動作主や経験者を表し，内項というのは他動詞の目的語に当たる表現で，行為を被るものを表す。すると smile, play, work など非能格動詞の主語は外項であるのに対して，arrive, happen, sink など非対格動詞の主語は外項ではなく内項に当たる。つまり，She arrived という非対格動詞文では，主語（she）が深層構造で目的語に相当するわけである。このように外項を持たず，内項（主語）だけを持つ動詞を非対格動詞と言う。

　非対格動詞の主語が統語的に「内項」すなわち目的語相当として機能することを，Perlmutter と Burzio は，それぞれオランダ語の自動詞受身文とイタリア語の完了助動詞について詳しく論証している。また，世界諸言語の中で能格型（ergative type）と呼ばれる言語の一部においては，非対格動詞の主語が目的語と同じ格標示で示されることがある。このような言語においては非対格動詞の存在が統語構造で実証されるのであるが，はたして英語についてはどのように証明されるのだろうか（→【テーマ2】）。

| Further Readings | 非対格動詞の意味的な性質については，主語の意図性の他，完了性や状態性といった語彙的アスペクトが関わることが明らかになっている。これについては，Perlmutter & Postal (1984), Rosen (1984), Van Valin (1990), McClure (1990), Zaenen (1993), Levin & Rappaport Hovav (1995), 影山 (1993, 1996) など多くの文献がある。また能格型言語については，角田 (1991) が日本語で分かりやすく解説している。

| 関連テーマ | 非対格性は英語よりむしろ他の諸言語の方が見分けやすい（上記 Further Readings を参照）。最もよく取り上げられるのは，イタリア語やドイツ語で過去を表すときの"be"と"have"の選択で，非対格動詞は"be＋過去分詞"，非能格動詞は"have＋過去分詞"の形を取るとされる。英語でも古い時代には，これと似た区別があった。古英語ないし中英語における非対格性はどのような状況だったのか，そして，それが現代英語でどのように変化してきたのかという歴史的な過程については，全く解明されていない。現代英語でも複合語や派生語など語彙の現象（Horn (1980), 影山 (1996), 影山・由本 (1997) など）に非対格性が現

れやすいのはなぜだろうか。

【テーマ2】非対格動詞の特徴
【概説】
　動詞の種類にかかわりなく常に主語を動詞の前に置く現代英語において，非対格動詞の主語が深層構造において目的語に相当することを論証するのは容易ではない。これまで提出されてきた統語的証拠の主なものを整理してみよう。

◆**名詞化における主語の標示**—— D. Johnson & Postal (1980) *Arc Pair Grammar*.
　D. Johnson & Postal は動詞が名詞化された表現に着目し，非対格と非能格で主語の格標示が異なることを指摘した。

(7) a. 他動詞：the destruction *of* the ancient city *by* the Vandals
　　b. 非能格：swimming *by* individuals with heart trouble/meditation *by* experienced monks/smiling *by* movie stars
　　　　　　　　　　　　　　　　　　(D. Johnson & Postal, 1980 : 379)
　　c. 非対格：sinking {*of*/*by} the ship/the existence {*of*/*by} demons/rise {*of*/*by} the price of steak (以上, *ibid.*)/the arrival {*of*/*by} John　　(Williams, 1987 : 369)

他動詞の主語と非能格動詞の主語が共に by で表されるのに比べ，非対格動詞の主語は他動詞の目的語と同じく of で標示される。つまり，非対格動詞の主語は他動詞の目的語と同じ扱いを受けているわけである。

◆**擬似受身**—— Perlmutter & Postal (1984) "The 1-Advancement Exclusiveness Law."
　英語の受身は他動詞に適用するのが基本であるが，自動詞でも次に前置詞を伴って受身化できる場合がある。Perlmutter & Postal (1984 : 100-105) は，この擬似受身 (pseudo-passive) が非能格動詞については可能であるが，非対格動詞には適用しないと論じている。

(8) 非能格動詞＋前置詞
　　The bed was slept in by the shah.

This hall has been played in by some of the finest orchestras in Europe.

The bridge was skied under by the contestants.

(9) 非対格動詞＋前置詞

*The package was accumulated on by dust.

*The bridge was existed under by trolls.

*The bed was fallen on by dust. 　　((8)と(9)は P & P : 100-101)

この違いを Perlmutter & Postal は関係文法の特別な法則で説明しているが，外項・内項という用語を使うと，非能格動詞が外項を持つのに対して，非対格動詞は外項（つまり by 〜に当たる名詞句）をもともと欠いているために受身化できない，と説明することができる。

◆形容詞的受身——Levin & Rappaport Hovav (以下 L & R) (1986) "The Formation of Adjectival Passives."

形容詞的受身というのは，(10)の surprised のような表現を指す。

(10) a. She was very *surprised*.

　　　b. She turned around with a *surprised* look.

通常の受身が自動詞に当てはまらないように，形容詞的受身も(11)のような自動詞には適用しない。

(11) *a run man（走った男），*a coughed patient（咳をした患者），*a cried child, *a swum contestant, *a yawned student, *a laughed clown 　　　　　　　　　　　(L & R, 1986 : 654)

(11)はいずれも人間の行為や活動を表すから，非能格動詞である。しかしながら，自動詞でも対象物の状態変化を表す非対格動詞は形容詞的受身として使われる。

(12) wilted lettuce, a fallen leaf, an escaped convict, a collapsed tent, burst pipes, rotted railings, vanished civilizations (*ibid*.)

通常の受身が他動詞に適用するのに対して，形容詞的受身は対象物（内項）が変化した後の結果状態を表すから，内項を持つ動詞に適用する。(12)が適格であるということは，wilt, fall など非対格動詞の主語が外項ではなく内項であるということを示している。

40. 能格動詞・非対格動詞・非能格動詞

◆**結果構文**——Simpson (1983) "Resultatives."

　Simpson は，結果述語（resultative predicate）の修飾関係に着目し，非対格動詞の主語が他動詞の目的語と同じように振る舞うことを観察した。まず，他動詞では，能動文であろうと受動文であろうと，結果述語は意味上の目的語（つまり内項）を修飾する。

(13) a. *I froze the icecream solid*.　　　　　(Simpson, 1983 : 143)
　　 b. *The icecream* was frozen *solid*.　　　　　(*ibid.* : 144)

(13a)は「アイスクリーム」が固まったのであって，「私」が固まったのではない。言い換えると，結果述語は外項を修飾することができない。そのため，非能格動詞に結果述語を付けた(14)のような文は成り立たない。

(14) *I danced/laughed/walked/worked *tired*.　　　(*ibid.* : 145)
　　 （この文は，tired を「疲れた状態で」という描写述語（depictive）に解釈すれば文法的）

しかし興味深いことに，非能格動詞は自動詞であっても，見かけ上の目的語を補うことができ，その後に結果述語を付けると正文になる。

(15) I laughed *myself sick*./I danced *myself tired*./I shouted *myself hoarse*.

(15)の結果述語は，主語（I）を直接に修飾するのではなく，目的語（内項）である再帰代名詞（myself）を修飾している。

　さて，問題は非対格動詞である。先の(14)が不適格であったのに対して，次の(16)は，結果述語が「主語」を修飾しているのに文法的である。

(16) a. *The icecream* froze *solid*.　　　　　(*ibid.* : 143)
　　 b. *The vase* broke *into pieces*.　　　　　(*ibid.*)

「結果述語は深層構造の内項を修飾する」という一般規則を維持するためには，(16)の主語がもともとは目的語の位置に生成され，統語的な移動変形によって文頭の主語位置に移ったと考えればよい（主語の移動という考え方は GB 理論によるものであり，ここで紹介している Simpson (1983) の語彙機能文法（Lexical-Functional Grammar）では別の説明になる）。

(17) 非対格動詞における主語の移動

　　　[　] froze *the icecream* solid
　　　 ↑＿＿＿＿＿＿＿＿＿｜ 名詞句移動

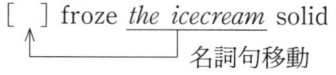

この考え方に立てば，非対格動詞には myself のような再帰目的語が付か

ないことも自動的に説明できる。

(18) *The icecream froze itself solid./*The vase broke itself into pieces.

なお，結果述語が付くのは，対象物の状態変化を意味する動詞であり，位置の変化（移動）を表す動詞には用いられない。

(19) He emerged *bedraggled*. (Simpson, 1983 : 147)

(19)の bedraggled は「彼が現れた結果，取り乱した姿になった」という意味には解釈できず，「取り乱した姿で現れた」という描写述語の読みになる。

◆**非対格自動詞は新たな目的語を取ることができない**。——Levin & Rappaport Hovav (1995) *Unaccusativity*.

(15)と(18)で，非能格動詞は再帰目的語を取れるが非対格動詞は取れないことを見た。Levin & Rappaport Hovav（以下 L & R）(1995) はこの違いを広範な事例で裏付けている。

(20) 意味的に選択されない目的語の追加

 非能格動詞：Sylvester cried his eyes out./Sleep your wrinkles away. (L & R, 1995 : 36)

 非対格動詞：*During the spring thaw, the boulders rolled the hillside bare./*The snow melted the road slushy.

(*ibid.* : 39)

(21) 同族目的語の追加

 非能格動詞：Louisa slept a restful sleep./Malinda smiled her most enigmatic smile. (*ibid.* : 40)

 非対格動詞：*The mirror broke a jagged break. (*ibid.* : 147)/ *She arrived a glamorous arrival. (*ibid.* : 148)

(22) one's way 構文

 非能格動詞：We had smiled our way out of our new friends' sight. (*ibid.* : 137)/I was about to cough my way out the door, … (*ibid.* : 138)

 非対格動詞：*The oil rose its way to the top./*The apple fell their way into the crates. (*ibid.* : 148)

これらの構文では，本来は動詞そのものと関係のない目的語が導入されている。定義上，非能格動詞は外項だけを持ち，目的語（内項）の位置は空になっているから，(20)～(22)の構文においてはその空所をさまざまな目的語で埋めることができ，その結果，非能格動詞は自動詞でありながら，他動詞の様相を呈することができる。他方，非対格動詞の主語はもともと内項として目的語の位置を占めているから，新たな目的語を補充することはできない。このことを項構造（述語ごとに，一緒に現れる項の数や種類を定めた構造）で簡略に示すと次のようになる。

(23) a. 非能格動詞

(外項, [　　])
　　　↑
　　　└ この空所に見かけ上の目的語を補うことができる

b. 非対格動詞

([　　], 内項)
　↑
　└ 内項が埋まっているため，新たな目的語が補えない

非対格・非能格に関するL&Rの統語的な診断法は，(4)(5)に挙げた英語の動詞についてもほとんどきれいに成り立つ。ただし，Perlmutterが非対格とした「光や音の発生を意味する動詞」(5d)については，L&Rの統語的テストでは異なる結果が得られる。

(24) a. The phone rang me out of a dreamless oblivion at seven-fifteen. (L & R, 1995 : 138)
b. The skunk stank us out of house and home. (*ibid.* : 139)

(24)の統語的事実を重視するなら，ringやstinkは非意図的でありながら，非能格動詞であるということになり，ここで，非対格性の見極めが主語の意図性ないし動作主性だけではうまくいかないことが明らかになる。

◆VS 語順── Burzio (1986) *Italian Syntax.*

(23)に示した非対格動詞と非能格動詞の項構造は，there 存在文の適否を説明することができる。よく知られているように，there 存在文には，arise, emerge, develop, ensue, begin, exist, occur, arrive といった発生・存在を表す動詞が適合する（→第6章参照）。これら非対格動詞

の項構造を(23b)とすれば，外項（つまり主語）の位置が空いているから，そこに there を補ったものが there 存在文であると説明できる。

(25) There followed a rainstorm. There began a riot.

(Burzio, 1986 : 160)

There erupted three volcanoes. (Keyser & Roeper, 1984 : 410)

これに対して，非能格動詞(23a)では，外項位置はもともと主語名詞で埋められているから，there を挿入することができない。

(26) *There sang a man. *There slept a man. *There rose a problem.
*There squeaked a door. (*ibid.* : 399)

◎非対格性を判断するときの注意

非対格動詞かどうかは，おおむね意味から推測することができるが，正確には統語的な使われ方によって判定しなければならない。場合によっては，意味が似ている動詞であっても統語的用法によって非対格性が異なることもある。「死ぬ」という意味の die と perish を例にとると，die は擬似受身(27)や同族目的語構文(28)に適合するのに，perish は適合しない。

(27) a. The country that has been *died in* and lived in by so many

(Zaenen, 1993 : 158, n. 8)

b. *The ring was *perished in* by the overage fighter.

(Perlmutter & Postal, 1984 : 101)

(28) a. Opera stars don't *die* normal *deaths*. (Macfarland, 1995 : 198)

b. *Opera stars don't *perish* normal *perishes*. (*ibid.*)

このことから，die は非能格，perish は非対格と判別できる（Macfarland (1995)）。

非対格性を診断するときには1つの動詞の多義性にも注意が必要である。同じ動詞でも複数の意味・用法がある場合，それによって非対格か非能格かが異なることがある。例えば，stand は主語の意図が介入しない静止状態を表す場合には場所表現が不可欠であるが(29a)，意図的である場合には場所表現を省略することができる(29b)。

(29) a. The statue stood *(in the corner).

(in the corner が必要) (L & R, 1995 : 127)

b. Yvonne stood alone (in the hallway).

(in the hallway は省略可能) (*ibid.*)

このうち，there 存在文に当てはまるのは非意図的な(29a)の用法だけである（There stood a statue in the corner）。もちろん人間でも，There stood three girls in the hallway のように there 存在文に使えるが，その場合，主語（three girls）の意志は読み取れない（L & R (1995 : 152)）。このような違いから，非意図的な stand(29a)は非対格，意図的な stand (29b)は非能格と見なすことができる。

　最後に，これまで述べてきたような「統語的テスト」は，当然のことながら，本来的に非対格性を判別するために作られたものではなく，それぞれが独自の意味的あるいは語用論的な制限を持っていることに注意しておきたい。つまり，これらの「統語的テスト」は機械的に当てはめるべきではなく，それぞれに伴う意味的性質に配慮することが必要である。現代英語は，世界諸言語の中でも，非対格性の統語的な現れが希薄であると言われている。上で紹介した種々の「テスト」も決して完璧ではない。

further readings　名詞化における of と by については Williams (1987) も同じような観察を示している。擬似受身に関わる語用論的制限については，高見（1995）などを参照。形容詞的受身については，影山 (1996 : 107) が，非対格動詞の中でも exist, remain のような状態動詞および happen, occur のような発生動詞は対象物の変化を伴わないから形容詞的受身から除外されることを指摘している。結果述語が移動動詞と共起しないことについては，Goldberg (1991) や影山 (1996) などを参照。there 存在文と似ているが異なる構文として場所格倒置構文（Locative Inversion）がある。この構文が非対格動詞だけに限られるかどうかの議論が Coopmans (1989) と L & R (1995) に見られる。

関連テーマ　非対格仮説は統語論の仮説であるが，動詞の意味と関係することは確かであり，動詞の意味は人間の外界認識の仕方と関わってくる。Langacker (1991 : 381) の言うように，能格性を格の形式としてではなく，世の中の出来事を認識する仕方と捉えるなら，世界中のどの言語も，程度の差こそあれ，能格性を備えていると考えられる。外界認識と非対格性の関係，およびそれを表現する動詞の意味構造はどのようになっているのだろうか（DeLancey (1990)，影山 (1996)，Croft (1998)，Rappaport Hovav & Levin (1998) などを参照）。さらに，外界認識とい

う問題は言語の普遍性と緊密に関係してくる。幼児が母語を獲得したり，成人が外国語を習得したりする際に，非対格性はどのような意義を有するだろうか。第一および第二言語習得の研究においては，非対格仮説が英語や日本語の習得に有効であることが論じられてきている（Déprez & Pierce (1993), Rutherford (1989), Oshita (1997) など）。

【テーマ3】能格動詞の基本は自動詞か他動詞か
【概説】

　非対格動詞という用語は関係文法に由来し，生成文法（Burzio (1986)）では能格動詞（ergative verb）という用語が使われる。そのためにほとんどの研究では，「能格動詞」「非対格動詞」という呼称は理論の枠組みによる違いとして受け取られてきた。しかしながら，happen のように自動詞専用の動詞と，break のように自他両用の動詞とは区別する必要がある（影山（1996））。

(30) 非対格動詞 ─ happen, exist, arrive などの純粋な非対格動詞
　　　　　　　└ break, freeze, sink などの能格動詞

　ここで問題になるのは，break, freeze などの能格動詞がなぜ自動詞にも他動詞にも用いられるのかという点である。以下では，能格動詞の自他交替に関する諸説を2つのグループに整理して説明する。

①自動詞用法を基本として，そこから他動詞用法が派生される。
②他動詞用法を基本として，そこから自動詞用法が派生される。

◆**能格動詞は自動詞が基本**——Guerssel *et al.* (1985) "A Cross-Linguistic Study of Transitivity Alternations," Davidse (1992) "Transitivity/Ergativity," 丸田 (1998)『使役動詞のアナトミー』．

　能格動詞は，(31)のような自他交替を示す。

(31) a. She broke the vase./He opened the door.
　　　b. The vase broke./The door opened.

これは使役・起動交替（causative-inchoative alternation）とも呼ばれるように，自動詞用法は「対象物が何らかの変化を被る」という自立的な出来事を表し，他動詞用法は「動作主が対象物に作用して何らかの変化をもたらす」という使役行為を表すと捉えるのが一般的である。つまり，自動

詞に使役主を付け加えたものが他動詞であるという考え方である。これを公式化すると，自動詞から他動詞を派生する使役化分析（causative analysis）になる。使役化分析は，G. Lakoff (1970) 以来，Guerssel *et al.* (1985), Pinker (1989), Davidse (1992), 丸田 (1998) など多くの研究者に引き継がれてきた。Guerssel *et al.* (1985) は自動詞から他動詞への派生を(32)のような概念構造で示している。

(32) 自動詞 *break* : y come to be BROKEN →

他動詞 *break* : x cause (y come to be BROKEN)

(Guerssel *et al.*, 1985 : 54-55)

使役化という発想は直感的に理解しやすいが，それを支持する実証的な根拠を示した研究者はあまりいない。その中で例外的なのは Davidse (1992) である（ただしこの論文は Halliday の機能文法理論に基づいて書かれているので，用語が本書とは大幅に異なる）。

Davidse (1992) は，能格型言語と対格型言語を対照しながら，英語の能格動詞の基本的な姿は対象物のみが関与する変化（つまり自動詞）であると考える。自動詞の場合，変化を引き起こす誘因（instigator）は不定（vague）であり，対象物の内在的な性質であっても外的な使役力であってもよい。いずれに解釈されるかは文脈による。

(33) a. The electricity will switch off immediately in the event of a short circuit. (Davidse, 1992 : 109)

b. Look! The door is opening! — Yes, Lizzy's opening it! (*ibid.*)

(33a)では電気が自動的に切れるという意味だから，電気自体の内的な性質によるが，(33b)では，後半の Lizzy's opening it.によって Lizzy という動作主の存在が明示されているから，ドアが内的誘因として解釈される可能性は排除される。Davidse によれば，自動詞において「不定」とされる変化誘因（instigator）を明確に補ったものが他動詞用法である。

(34) 変化誘因 (instigator) ⟵ 対象物の変化 (*ibid.* : 110)

同じように自動詞から他動詞を派生するアプローチでも，丸田 (1998) は Guerssel *et al.*や Davidse より複雑な意味構造を想定している。すなわち自動詞用法を「対象物の内的誘因によって変化がもたらされる」と考え，(35)のような語彙概念構造が提案されている。

(35) 自動詞 : The snow melted.

　　　　[y MELT] CAUSE [BECOME [y *LIQUID*]]　　（丸田, 1998：112)
(35)において，MELT は「対象物（snow）自体の性質によって生じる自立的な融解過程」を表し，CAUSE はその融解過程が「雪が液体状態になるまで続く」ということを表している。つまり一般的な用法とは異なり，丸田 (1998) の言う CAUSE は「変化の最初から最後まで随伴して働く使役作用」を表し，自動詞の中に対象物内部での使役作用を想定していることになる。

　この自動詞用法の語彙概念構造を元にして，外的な使役 (INITIATE) を付け加えることによって他動詞用法の語彙概念構造が派生される。

(36) 他動詞：The sun melted the snow.
　　　[[x ACT ON y] INITIATE [y MELT]] CAUSE [BECOME [y *LIQUID*]]　　　　　　　　　　　　　　　　　　　　(*ibid.*)
INITIATE は変化のきっかけを与えるだけの誘因を表し，その結果(36)全体は「太陽 (x) が雪 (y) に作用 (ACT ON) することが雪の融解のきっかけとなり，そのことがさらに雪が液状になる時点まで随伴する」ということになる（ただし能格自動詞を(35)の使役構造とすると，非対格の統語構造に導くために特別の手だてが必要になる）。

◆**能格動詞は他動詞が基本**── Langacker (1991) *Foundations of Cognitive Grammar, II*, Levin & Rappaport Hovav (1995) *Unaccusativity*, 影山 (1996)『動詞意味論』.

　自動詞から他動詞を派生するという古くからの考え方とは逆に，最近，他動詞から自動詞が派生されるという見方が提出されている。Langacker (1991：335) は，4 つの例文を比較し，それぞれの意味構造を示している。

(37) a. He opened the door.　　　　b. The door opened very easily.
　　 c. The door suddenly opened.　d. The door was opened.

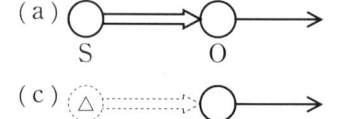

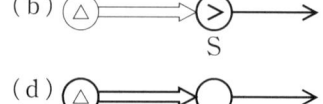

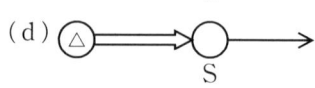

(a)は他動詞文，(d)がそれに対応する受身文である。問題は(b)と(c)で，(b)は過去時制ではあるが中間構文と考えられる。ここで取り立てられているのは対象物だけであるが，動作主から対象への働きかけ（細い実線）が含意されている。他方(c)の能格動詞については，動作主および動作主から対象への働きかけは破線になっていて，意味的には存在するが統語的には表出されないことが示されている。

Levin & Rappaport Hovav（以下 L & R）(1995) は，語彙的な使役を内的使役 (internal causation) と外的使役 (external causation) に分け，対象物の内在的な性質から事態が発生すると認識される場合を内的使役，外部からの作用がなければ事態の発生が起こらない場合を外的使役としている (L & R (1995 : 90-92))。内的使役は，多くの場合，play, work といった主語自身の意図的な活動であるが，音・光・臭いなどの発散動詞（前掲(5d)の jingle, stink, glitter など）も主語の内的性質によって生じる出来事であるから，内的使役と見なす。非対格性という観点からすると，主語が内的使役の属性を備えている自動詞は非能格であり，外的使役の自動詞は非対格である。内的使役は対象物自体の性質によって発生するから，外部からの使役を加えて他動詞にすることは通常できない。

(38) a. Mary shuddered.
　　　b. *The green monster shuddered Mary.　　(L & R, 1995 : 90)

他方，The door opened や The vase broke といった事象が発生するためには，何らかの外的な作用が必要であると考えられるから，能格動詞は外的使役に分類される。

L & R はさらに，能格交替に関わる自動詞と他動詞では他動詞が基本的であり，他動詞から自動詞が派生されると提唱する。その大きな理由は，選択制限である。能格交替では，他動詞用法の目的語が自動詞用法の主語に対応するわけであるが，両者は完全に対等ではない。一般的に言うと，他動詞用法の目的語より自動詞用法の主語の方が意味的な制限が課される。

(39) a. The farmer pasteurized the milk.
　　　b. *The milk pasteurized.　　　　　　　　(*ibid.* : 104)
(40) a. The wind cleared the sky. The sky cleared.
　　　b. The waiter cleared the table. *The table cleared.　　(*ibid.*)

制限のない他動詞用法を基本として，そこから自動詞を作る際に何らかの制限を課すことによって，(39b)(40b)の非文を排除することができる。もし自動詞から他動詞を派生するとするのであれば，非文から正文を作ることになってしまい，合理的でない。

そこで，L & R は他動詞から自動詞を導く語彙規則として，語彙的束縛（lexical binding）というものを提案する。

(41) 反他動化

[[x DO-SOMETHING] CAUSE [y BECOME *BROKEN*]]
　↓
　φ　　　　　　　　　　　　　　　　　　　(L & R, 1995 : 108)

φ 記号は「削除」ではなく，存在量子（someone）という意味である。つまり，The vase broke というのは，誰かが何かをしたために花瓶が壊れるという事態が発生したという意味であり，その「誰か」を伏せて表現しないために自動詞になるということである。即座に分かるように，これは，Langacker の(37c)で，動作主が破線になって際立ちを失うのと同じことである。

ところが L & R は，反他動化の公式を上記のように設定しておきながら，地の文ではそれと裏腹と思える説明を行っている。例えば，上記(39b)が非文法的なのは，pasteurize（低温滅菌）という行為が動作主の介在なしに行うことができないからである (p.104) と説明している。この説明そのものは正しいと思われるが，(41)の公式とは整合しない。(41)では動作主（someone）が存在するのだから，むしろ pasteurize の自動詞が成立してもよいことになってしまう。

影山 (1996) は，L & R の欠陥を修復し，さらに能格動詞と純粋な非対格動詞（出現，発生，存在）の違いも明らかにしている。Langacker と L & R が，能格動詞の自動詞用法にも意味的な動作主を仮定したのに対して，影山は能格自動詞では，対象物そのものが動作主ないし使役主として働くという分析を示している。これは，Jespersen (1927 : 336) が，The stone rolled という例文で「あたかも石が自らの動きを引き起こしているように想定されている」と述べ，Siewierska (1984 : 78) が The stone moved, The door closed について「現実に石やドアが自らの意志で動いたり閉まったりするわけではないが，あたかもそのように表現され

ている」と述べているのに呼応する考え方である。
　(42) 反使役化
　　　[x CONTROL [y BECOME [y BE AT-z]]]
　　　→ [x＝y CONTROL [y BECOME [y BE AT-z]]]
(影山, 1996：145)

CONTROL は使役の一種で,「x が事態の発生に直接的な責任を担う」ということを表す。(42)の分析では,能格動詞の自動詞と他動詞は同じ意味構造を持ち,使役主 (x) と使役対象 (y) が何を指すかによって自他が分かれる。x と y が別物と見なされると他動詞として具現され (She broke the vase),両者が同一物と認識されると自動詞になる (The vase broke)。反使役化によって x＝y となった「外項」は語彙的に抑制されて統語構造には現れず,したがって,能格自動詞は非対格ということになる。この分析は,他動詞を基本と考える点でL＆Rと共通するが,自動詞における使役主の扱いが異なる。

　反使役化の考え方によれば,(40a) The sky cleared では,空 (つまり雲も含めた大気) がそれ自体の性質で"clear"したことを述べるから適格であるが,(40b)＊The table cleared ではテーブルという物体そのものの性質によって"clear"になるということは考えられないために不適格となる。このように,反使役化は対象物の自発性 (spontaneity) を公式化したものと見なせる。

　影山 (1996) は,さらに,日本語にはあるが英語には存在しない規則として,「脱使役化」を提示している。

　(43) a. 公園にはさまざまな種類の木が植わっていた。　　(*ibid.*：184)
　　　 b. ＊Cherry trees planted in the park.　　(*ibid.*：188)

木が勝手に植わることは考えられないから,自動詞の「植わる」は,元の他動詞「植える」が持つ動作主を強く含意している。このような場合に,動作主を不定に残したまま自動詞化するのが脱使役化であり,その働きはL＆Rの反他動化(41)と同じである。「植える」に対応する英語の"plant"は能格自動詞としての用法を持たないから,英語には脱使役化が存在しないということになる。さらに日本語では,「事故が起きる」→「事故を起こす」のように非対格自動詞を他動詞に変える使役化があるが,これに対応する規則も英語に欠けている。rise—raise, fall—fell, lie—

lay，自 grow―他 grow のようなペアが少しあるのは，古い時代の名残と見なせる。

|further readings| 本文では，能格交替を自→他または他→自という方向で派生する考え方を紹介したが，別の考え方として，能格交替は単一の動詞の異なる用法にすぎないとする分析もある。具体的には，Fillmore (1968), Marantz (1984), Jackendoff (1990b) などを参照。

|関連テーマ| 本文では，自動詞と他動詞が同じ形で交替するものを能格動詞と呼んだが，英語に見られるすべての自他交替がこの範疇に収まるとは考えにくい。例えば，The soldiers marched to the tents と The general marched the soldiers to the tents, The baby burped と The nurse burped the baby, They worked hard と The boss worked them hard, Hot lava gushed from the volcano と The volcano gushed hot lava など，同形態の自他対応は状態変化動詞以外にもたくさんある。これらがどのような性質を持つのか，さらに大きく言えば，英語において可能な自他交替とはどのようなものかという問題を英語の動詞体系全体の中で検討する必要がある（L & R (1995), 丸田 (1998), 影山 (2000) などを参照）。

41. 知覚動詞 (perceptual verb)

> 視覚・聴覚による知覚を表す動詞は複数存在する。see, hear は日本語の「見える」「聞こえる」のように受動的な知覚を表し, watch, look, listen は「見る」「聴く」のように能動的な知覚を表すと言われる。【テーマ1】
>
> see や hear は(1)の V+NP+Ving, (2)の V+NP+V の両方の構文に現れる。この2つの構文では意味に相違があり, また補部（主節動詞の後ろの要素）に出られる動詞句のタイプが異なることが指摘されている。【テーマ2】
>
> (1) John saw Mary crossing the street.
> (2) John saw Mary cross the street.
>
> (1)(2)のような構文において, 動詞の後ろに現れる NP+Ving, NP+V の部分は, 統語的に構成素を成すと考えられるだろうか, それとも NP だけが動詞の直接目的語となる構文であると分析するべきだろうか。【テーマ3】

【テーマ1】see/hear と look/listen

【概説】

see/hear と look/listen の違いは, 伝統文法では Hornby (1976²:193) や Quirk et al. (1985:204) などが意図性の有無に言及して説明しているように, 受動的な知覚と能動的な知覚の対比と考えられている。Gruber (1967) は, see と look はともに「視線の移動」を表す動詞であり, その相違は(ⅰ)see が着点を取るのに対し, look は着点ではなく方向を表す前置詞句を取る, (ⅱ)see が主語に動作主性がないのに対し, look では動作主性がある, という2点に帰着すると論じる。

◆知覚動詞は移動動詞；see と look の差異は, 共起する前置詞句の意味（着点対方向）および動作主性の有無——Gruber (1967) "*Look* and

See."

Gruber (1967) は, see が fly 等の一般の移動動詞同様, 着点を示す前置詞句を取ることを指摘し, 視線の移動を表す動詞であると論じている.

(3) a. Bill thought he could see *into the room*. (Gruber, 1967 : 937)
　　b. It is easy to see *through this glass*. (*ibid.*)
　　c. The baby bird saw *over the rim of the nest*. (*ibid.*)
　　d. Using X-ray vision, Superman saw *behind the tree*. (*ibid.*)

(4a)に示すように着点を表す基本的な前置詞 to は see と共起しないが, これは see が to を編入 (incorporate) しているからであり, (4b)の他動詞用法が fly to に相当する see の用法であると Gruber は主張する.

(4) a. *The bird saw to the nest. (*ibid.*)
　　b. The bird saw the nest. (*ibid.*)

また, see は一般の移動動詞と異なり, 方向を示す前置詞と共起しないが, look はこれらの前置詞と共起する.

(5) a. John *saw/looked *toward the tree*. (*ibid.* : 942-3)
　　b. The bird *saw/was looking *at the screen*. (*ibid.*)
　　c. The bird *saw/is looking *for the fish*. (*ibid.*)

Gruber は, 視点の移動を表す動詞のうち着点を伴う意味を see が, 方向を伴う意味を look が分担していると考える. この分析は, look が to などの着点を表す前置詞と共起しない (*look to the tree) ことも説明できる.

さらに, 以下のような例から, see の主語には動作主性がないのに対し, look の主語は動作主性を持つと考えられる.

(6) a. John *saw/looked through the glass *carefully*. (*ibid.* : 943)
　　b. *What John did* was to *see/look at Bill. (*ibid.*)
　　c. John *saw/looked into the room *in order to learn who was there*. (*ibid.*)

(7a)に示すように see が進行形を取りにくいことは伝統文法でも指摘されてきたことであるが, Gruber によれば, これは非動作主主語で着点を取る移動動詞が進行形を許さないという事実(7b)と平行的な現象である.

(7) a. *John is seeing the tree. (*ibid.* : 945)
　　b. *The rock is sliding to the wall. (*ibid.*)

Gruber はこのほか until 句との共起等にも言及しているが，着点の有無に着目した議論は，Vendler (1967) に代表される完結性 (telicity) に関わる語彙的アスペクトによる動詞分類に通じる分析であるといってよいだろう。

|further readings| Gruber (1967) に対する批判が VanDevelde (1977) に，それに対する Gruber 擁護論が Goldsmith (1979) にある。

|関連テーマ| Gruber の議論は，hear と listen にもあてはめることができるだろうか。他の知覚を表す動詞には see 対 look のような対立はないが，そのような動詞，例えば feel, smell, taste はどのように分析できるだろうか。また，Let's see the movie tonight といった例の see は，Gruber の分析にどのような問題を提起するだろうか。

【テーマ2】補部のタイプと意味
【概説】

学校文法では，知覚動詞については主に(1)の ing 構文と(2)の原形不定詞構文を扱い，前者は進行形と関係し「…しているのを見た」という意味，後者は「…するのを見た」という意味であると教えるのが普通であろう。伝統文法では Hornby (1976^2: 64) などが，ing 構文は「未完了の行為」の知覚，原形不定詞構文は「完了した行為」の知覚であると捉えている。これに対し，Kirsner & Thompson (1976) は，完了・未完了による説明は不正確であり，時間的な有界性 (boundedness) という観点から両構文の意味の差を説明すべきであると論じている。Declerck (1981) は原形不定詞構文の補部が進行相の場合に be 削除によって ing 構文が生成されると考え，両構文の意味の違いは進行相と非進行相の違いから生じると論じる。

◆ing 構文と原形不定詞構文の意味の違いは有界性——Kirsner & Thompson (以下 K & T) (1976) "The Role of Pragmatic Inference in Semantics: A Study of Sensory Verb Complements in English."

伝統文法では，原形不定詞構文と ing 構文の意味上の違いは，知覚の対象が前者では完了した事象，後者では未完了の事象であるという点にある

と考えられてきた。次のような例がその論拠として挙げられる。

(8) I saw her *drown/drowning, but I rescued her.

(K & T, 1976 : 215)

(8)の原形不定詞構文は「彼女がおぼれた」という完了したできごとを表すため，救助したという後半が前半の意味と矛盾を起こすために不適格となる。一方，ing 構文ではそのような矛盾が生じず，適格となる。この考え方は，原形不定詞構文が補部に状態性（stative）述語を取りにくいという事実もうまく説明できるように思われる。

(9) a. *I saw him *resemble his father*.　　(Mittwoch, 1990 : 105)
　　b. *We saw John *look pretty sick*.　　(Akmajian, 1977 : 440)

(9)が不適格なのは，状態性述語（resemble his father/look pretty sick）が完了した事象を表すとは考えにくく，原形不定詞構文にそぐわないからであると説明できる。

しかし，K & T (1976) によれば，原形不定詞構文と ing 構文との意味上の重要な差異は，知覚される事象が前者では時間上有界（bounded）であり，後者では非有界（unbounded）である，という点にある。有界の解釈として完了した行為が，非有界の解釈として未完了の行為が，それぞれ意味される場合が多いが，必ずしも完了・未完了の区別では扱えず，有界・非有界の区別によって説明可能になる例があると K & T は論じる。

(10)では，原形不定詞構文が一回のまばたきが行われたという有界の解釈になるのに対し，ing 構文では，まばたきにかかる時間についての知識からの推論により，非有界の解釈として「繰り返し」の意味が生じる。

(10) We saw Joan blink/blinking.　　(K & T, 1976 : 218)

同じ文でも文脈によっては意味が変わる。

(11) In this photograph you can see Joan *blink/blinking.　　(*ibid.*)

一回のまばたきには短くても時間の幅があるので，その全体という有界の解釈は写真という「静止した時間」では許されず，原形不定詞構文は不適格となる。一方 ing 構文は一回のまばたきの途中という，非有界の解釈が得られる。

また，原形不定詞構文では「変化」の意味が好まれる。

(12) a. I saw Bill *lean/leaning* against the side of the house.

(*ibid.* : 220)

b. I saw the ladder *lean/leaning against the side of the house.

(*ibid.*)

状態の解釈は，非有界のing構文では(12a)(12b)とも可能だが，有界の解釈の原形不定詞構文では許されない（(9)参照）。(12a)の原形不定詞構文は，姿勢の変化という有界の解釈が推論によって得られるが，(12b)は梯子が姿勢の変化を起こすことは常識的に考えられないため，原形不定詞構文は妥当な解釈が得られない。

次の例も状態述語を含むが，ここではing構文は，ただ何もせずにすわっている，という解釈になるのに対し，原形不定詞構文は「すわっている以外のことをすることを拒否している」という解釈が優位であるという。

(13) We saw her just sit/sitting there. (*ibid.*)

この事実を，K & T は次のように説明する。just sit there という表現自体，活動のなさを意味する。非有界の解釈のing構文は静的な無活動の解釈となる。一方，原形不定詞構文では有界の「変化」に通じる解釈として，「彼女」の側に何らかの行為があるとの解釈が誘発される。すわっているだけでできる行為とは何か，語用論的な推論により上記のような解釈が生じる。

Mittwoch (1990:105) は，活動 (activity) 動詞も原形不定詞構文には普通の意味では起こりにくく，始動の意味であれば解釈可能であると指摘している。たとえば(14)は風車が回り始めるのを見た，という意味で適格となる。

(14) I saw the arms of the windmill turn. (Mittwoch, 1990:105)

K & T の分析をとれば，この例も，原形不定詞構文の有界の解釈に合う意味として「変化」を伴う始動の解釈が推論によって得られると考えられる。

(10)〜(14)のような例は完了・未完了という区別では説明できない。K & T によれば，原形不定詞構文とing構文の意味上の相違は有界・非有界の違いのみであり，(8)を含め，多くの例で観察される完了・未完了の違いは，(10)〜(14)の場合同様，そこから語用論的な推論によって生じるものである。

◆ing構文は進行相，原形不定詞構文は非進行相——Declerck (1981)

"On the Role of Progressive Aspect in Nonfinite Perception Verb Complements."

Declerck (1981) は，ing 構文は進行相の原形不定詞構文の be が義務的に削除されて生成されるという分析を提案する。その積極的な根拠として，現代英語について以下の5点を挙げている。

①原形不定詞構文には進行相が現れない。義務的に be が削除されて ing 構文になると考えれば，説明ができる。

 (15) *I saw John be sleeping.   (Declerck, 1981 : 91)

②(16a)の例では ing/原形不定詞両構文ともに，until midnight という修飾句によってテレビを見る行為の終わりが指定されており，時間的に有界であることが明らかな文脈で用いられている。一方(16b)の例では towards the beach という修飾句によって歩く行為が終わっていないことが明示され，非有界の解釈となるが，ここでも両構文とも許容される。このような例は，K & T の分析では説明できない。

 (16) a. I saw him watch/watching television *until midnight.*

               (*ibid.* : 95)

   b. I saw John walk/walking *towards the beach.* (*ibid.*)

どちらの例にも構文によって意味上（どのように記述するにせよ）何らかの差が認められるが，同様の差が知覚動詞とは無関係に進行相・非進行相の文にも観察される。

 (17) a. John watched/was watching television until midnight. (*ibid.*)

   b. John walked/was walking towards the beach. (*ibid.*)

Declerck の ing 構文の進行相分析によれば，(16a)と(16b)の意味の差は(17a)と(17b)の差から自動的に導かれることになる。K & T が有界性で扱った例(8)〜(14)も，同様の意味上の差が知覚動詞とは独立に進行相と非進行相の文に観察され，(16)の場合同様，進行相と非進行相の区別からその差が導かれると Declerck は論じる。

③(18a)に示すように，「一回の訪問」といった終結した事象の解釈を要求する動詞句は進行形を取ることができない。同様の制限が ing 構文にも観察されるが(18b)，これも ing 構文の進行相分析によって説明できる。

 (18) a. *I have been *paying him only one visit* so far. (*ibid.* : 102)

   b. She has seen me *pay/*paying him only one visit* so far.

(*ibid.*)

④徐々に進行する事象を表すのに進行相が好まれるが，知覚構文では ing 構文が好まれる。この点でも進行相と ing 構文とは共通している。

(19) a. The plane ?flew/was flying *lower and lower* all the time.

(*ibid.*)

b. I saw the plane ?fly/flying *lower and lower* all the time.

(*ibid.*)

⑤擬似分裂文において what 節が進行相であれば焦点位置の動詞は -ing 形に，非進行相であれば原形になるが，同じ現象が知覚構文にも見られる。

(20) a. What John was doing was digging/*dig the garden.　　(*ibid.*)

b. What John did was dig/*digging the garden.　　(*ibid.*)

(21) a. What I saw John doing was digging/*dig the garden.

(*ibid.*: 103)

b. What I saw John do was dig/*digging the garden.　　(*ibid.*)

　Declerck は他に他言語の例や通時的観察を挙げ，ing 構文は進行相の原形不定詞構文から be 削除によって生成されるという分析を主張している。

further readings　原形不定詞構文の意味については Barwise (1981), Does (1991), Higginbotham (1983b, 1999) 等，形式意味論の研究が多い。Higginbotham (1995) はそのようなアプローチへの読みやすい導入となっている。

関連テーマ　ing 構文と原形不定詞構文の違いを見てきたが，この 2 構文がいずれも直接的な知覚を表すのに対して，to 不定詞や that 節を取る知覚動詞構文は間接的な知覚を表すと言われる。具体的にどのような違いがあるだろうか。(Declerck (1981), K & T (1976), Bolinger (1974a), Borkin (1974) 等を参照のこと。) また，(1) のような原形不定詞構文を受身にすると to 不定詞が現れる (Mary was seen to cross the street) と伝統文法では考えられている。to 不定詞構文が原形不定詞構文と意味が異なるとすれば，そのような受身に関する分析は妥当であると言えるだろうか。そもそも，原形不定詞構文はなぜそのままの形で受身になれない (*Mary was seen cross the road) のだろうか。(Mittwoch

(1990), Bennis & Hoekstra (1989), Higginbotham (1983b, 1999) 等を参照。)

【テーマ3】補部の統語構造
【概説】
　(1)(2)のような構文は，伝統文法ではSVOCの構文とみなすのが普通であるが（Quirk *et al.* (1985:1202) 参照），O+Cの部分が統語的に構成素（節）を成すかどうかが問題となる。この点に関連して(22)のような例に注意する必要がある。

(22) a. I have seen *faith* accomplish miracles.　　(K & T, 1976:210)
　　　　Cf. *I have seen *faith*.
　　b. We heard *it* thundering.　　　　　　　　　　　(*ibid.*)
　　　　Cf. *We heard *it*.
　　c. I wouldn't like to see *there* be so many mistakes.
　　　　　　　　　　　　　　　　　　(Higginbotham, 1983b:103)
　　　　Cf. *I wouldn't like to see *there*.

faith, it, there 等は知覚可能な「もの」を指さないので，これらの例はOにあたる名詞句（以下便宜的に「目的語」と呼ぶ）の指示物が知覚されているとは限らないことを示す。したがって，知覚されているのはOの表す「もの」ではなくO+C全体が表す「事象」であるという点についてはほぼ議論の余地がない。統語分析の面からは，その「事象」を表す部分が統語的に構成素を成していると考える立場と，統語的に構成素でなくても意味的にひとまとまりの「事象」を表しうるとする立場とに分かれることになる。

　Akmajian (1977) は，ing 構文と原形不定詞構文とでは構成素構造が異なると主張する。ing 構文では補部全体が構成素を成し，それは「目的語」のNPを主要部とするNPであると分析される。一方，原形不定詞構文では補部は構成素を成さず，NPとVPとが並列でVの姉妹となる構造を提案している。

　これに対して，Stowell (1981), Hayashi (1991), Arimoto (1991) らは(1)(2)の知覚構文の補部は小節（small clause）（→第21章参照）を成すと分析する。これらは，知覚動詞を含む構文だけでなく，他の小節も

構成素として認める立場である。

Napoli (1988) は主述理論 (predication theory) を用いる立場に立ち，Stowell (1981) らが小節とみなす構文の中に，統語的に構成素を成すものと成さないものとがあり，(1)(2)のような知覚構文は後者に属すと主張している。

◆ing 構文の補部は NP，原形不定詞構文では補部は構成素を成さず──
Akmajian (1977) "The Complement Structure of Perception Verbs in an Autonomous Syntax Framework."

Akmajian (1977) は，自律統語論の立場から意味論的考察を排した統語分析の優位性を示そうとし，その論考の中で知覚構文の分析を試みている。

Akmajian はまず，擬似分裂文 (pseudo-cleft) (23a)，コロンによる区切り (23b)，右節点繰り上げ (right-node-raising) (23c) 等を用いて，ing 構文の補部が構成素を成すことを示している。さらに分裂文 (cleft sentence) (24a)，目的語消去 (object deletion) (24b)，受け身文 (24c) 等のテストでその構成素が NP であると論じる（例はすべて Akmajian (1977：430)）。

(23) a. What we saw was [the moon rising over the mountain].
b. We saw what we had all hoped to see : [the moon rising over the mountain].
c. You can see, but you certainly can't hear, [the moon rising over the mountain].

(24) a. It was [the moon rising over the mountain] that we saw.
b. [The moon rising over the mountain] was a breathtaking sight to see.
c. [The moon rising over the mountain] has been witnessed by many a lover here on Lover's Lane.

その NP の内部構造として，(i) [[NP　VP]$_s$]$_{NP}$，(ii) [NP [VP]]$_{NP}$ の 2 つの可能性が考えられる。(i) は節 (上例では the moon rising over the mountain) が NP に支配されるとの分析，(ii) は「目的語」(上例では the moon) を主要部とする NP である。「事象」が知覚さ

れるという意味解釈の面からは(i)の分析の方が自然に思われるかもしれないが，Akmajianは(25)のような統語的な証拠に基づいて(ii)の分析が正しいと論じる。

(25) The moons of Jupiter rotating in their orbits are/*is beautiful to watch. (Akmajian, 1977)

また，(26b)のようなVPの外置も(ii)の分析の証拠となる。(27b)に示すように，節の一部は外置できないことに注意されたい。

(26) a. The moon rising over the mountain looks spectacular.

(ibid.: 433)

b. The moon looks spectacular [rising over the mountain].

(ibid.)

(27) a. For the moon to rise over the mountain wouldn't be surprising.

(ibid.: 434)

b. *For the moon wouldn't be surprising [to rise over the mountain]. *(ibid.)*

Akmajianは，他に照応形の解釈などもthat節と振る舞いが異なることを挙げ，ing構文の補部は節を支配するNPではなく，「目的語」を主要部とするNPであると結論づけている。

ただし，ing構文の補部は，構成素でない振る舞いも示す。(23)(24)の統語テストで，「目的語」のNPのみを構成素とする文も容認される。

(28) a. What we saw rising over the mountain was the moon.

(ibid.: 438)

b. It was the moon that we saw rising over the mountain.

(ibid.)

c. The moon was seen rising over the mountain. *(ibid.)*

d. The moon is beautiful to watch rising over the mountain.

(ibid.)

この事実を，Akmajianは外置によって(29a)(=(ii))から(29b)のような構造が導かれるためであると考える。

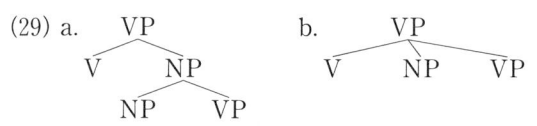

(29) a.
```
      VP
     /  \
    V    NP
        /  \
       NP   VP
```
b.
```
       VP
     / | \
    V  NP VP
```

600

一方，原形不定詞構文は同じ統語テストに関して，補部全体が構成素の特徴を示すことがないので，常に(29b)の構造を持つと考えられる。

(30) a. *What we saw was Raquel Welch take a bath.　(*ibid.*: 439)
　　 b. *It was Raquel Welch take a bath that we saw.　(*ibid.*)
　　 c. *?We could hear, but we couldn't see, Raquel Welch take a bath.　(*ibid.*)
　　 d. *Raquel Welch take a bath is a breathtaking sight to see.　(*ibid.*)
　　 e. *Raquel Welch take a bath has been witnessed by many a moviegoer.　(*ibid.*)

このように，Akmajian はもっぱら統語的な証拠から，ing 構文と原形不定詞構文とが統語的に異なる構造を持つと論じている。(29b)の構造の原形不定詞構文が，「事象」の知覚の解釈を持つという事実は，語彙余剰規則でその説明をしようとしている。「事象」の解釈を，統語的に構成素（節）を成すことから切り離して考えている点で，Williams (1983a)，Napoli (1989) ら「反小節派」の主述理論につながる流れとみなしてよいだろう。

◆**知覚動詞構文の補部は構成素を成さず**── Napoli (1988) "Subjects and External Arguments: Clauses and Non-clauses."

Akmajian (1977) の用いた構成素構造テストは「文法的であれば構成素である」と言えるが，「非文であれば構成素でない」とは言えない。実際，右節点繰り上げ以外は，補文標識を伴わない「裸」の節が非文になるものであり，(30)の証拠だけで原形不定詞構文の補部が構成素を成さないと結論できるかどうか疑問が残る。また，ing 構文について，(25)(26)の例は ing 部分が NP を修飾する関係節構造で，(1)とは異なる構造を持つという可能性もある (Declerck (1982) 参照)。その意味で，全く異なる統語テストを用いて構成素構造を決定しようとする Napoli (1988) は検討の価値がある。

Napoli (1988) は，「事象」としての解釈を統語的な構成素と関連づけない述語理論の立場に立ち，項構造に規定される「外項」と統語的に規定される「（節の）主語」とを峻別することによって，ing 構文でも原形不

定詞構文でも補部が構成素を成さないことを示そうとしている。

Napoliによれば，統語的な主語は主題役割を持たないことがあるが，意味的に述語と結びつけられる外項は主題役割を持たなければならない。非主題的（athematic（＝non-thematic））なNPは統語的に節の主語であることによってのみ認可されるため，そのようなNPとVPとは必ず構成素（節）を成す。一方，節の主語位置には非主題的NPの出現が予測されるため，非主題的なNPを許さない外項位置があれば，それは統語的な主語位置ではなく，NPとVPとが統語的に構成素を成していないことを示すと考えられる。

Napoliが非主題的なNPとして扱うのは，seem等の繰り上げ（raising）述語の主語のit（(31)の例），there構文のthere（(32)の例），The jig is up.（万事休す）のような分析不能なイディオムの「主語」（(33)の例）である。原形不定詞構文でも（以下（a）の例）ing構文でも（（b）の例），これらの非主題的NPはVの直後の位置に現れることができず，これらの構文の補部が構成素を成していないことを示している（ただし(22c)のような例も指摘されていることに注意されたい）。

(31) a. *I could actually see it appear that he was sad.

(Napoli, 1988：337)

　　b. *I couldn't see it appearing that he was sad. (*ibid.*)

(32) a. *I could see there glow two eyes in the shadows. (*ibid.*)

　　b. *I couldn't see there looming in him the possibility of financial disaster. (*ibid.*)

(33) a. *I could just see the jig be up before we had a chance to extricate ourselves. (*ibid.*)

　　b. [??]I couldn't see the jig being up before we had a chance to extricate ourselves. (*ibid.*)

Napoliはこのような論拠から，知覚動詞の補部は，ing構文でも原形不定詞構文でも，統語的構成素を成さないと結論づけている。

further readings Akmajian (1977) のさまざまな論点についてのコメントとしてGee (1977) がある。また，Napoli (1988) の統語テストに対する反例・反論がHayashi (1991) にある。知覚動詞構文の小節分

析については，第21章「小節」及びそこで紹介されている諸文献を参照のこと。また，ing 構文が，3種類の異なる統語構造に分類できるという議論が Declerck（1982）にある。

関連テーマ　ing 構文と原形不定詞構文について，統語構造が同じであるとする立場（Napoli, 小節分析）と，異なると考える立場（Akmajian）があることを見た。ここで紹介した考察以外に，どのような共通点や相違点があるだろうか。また，知覚動詞はこれ以外に，「目的語」の後ろに受動分詞や形容詞を取る構文にも現れる（Mary saw John examined, Mary saw John nude）。これらはどのような統語構造を持つと考えられるだろうか。

42. 使役動詞 (causative verb)

> (1) He caused Mary to die.
> (2) He killed Mary.
>
> (1)のように使役動詞（cause, make 等）を用い，結果として生じる事象を to 不定詞や原形不定詞で表現する文は，迂言的な (periphrastic) 使役と呼ばれる。これに対し，結果状態まで一語の動詞に取り込んだ(2)のような文を語彙的な (lexical) 使役と呼ぶ。(1)と(2)は一見同義であるように思われるが，意味的・統語的に異なる性質を持っている。【テーマ 1】
>
> 迂言的使役構文に現れる動詞（cause, make, have, get）はどのように意味が異なるだろうか。また，そのような意味の違いは主語や目的語の動作主性 (agentivity) や，補部（＝主節動詞の後ろの要素）に出られる動詞句のタイプとどのように関連するだろうか。【テーマ 2】
>
> 迂言的使役構文はどのような統語構造を持つと考えられるだろうか。その構造は，主動詞によって異なるだろうか。【テーマ 3】

【テーマ 1】迂言的使役と語彙的使役
【概説】

(1)と(2)の違いは，伝統文法ではあまり議論されていない。たとえば Curme (1931: 442 f) は現代英語では sink, burn 等が同形で自動詞にも使役他動詞にも用いられるが，多くの場合，使役の意味は助動詞的 (auxiliary) な make や have, let を用いて表されると述べるにとどまり，両者の違いには触れていない。J. A. Fodor (1970) は，(1)と(2)の意味的・統語的な相違を 3 点挙げ，(1)から(2)を変形で派生する生成意味論 (generative semantics) の分析に反対している。

◆kill を cause to die から派生するのは誤り —— J. A. Fodor (1970)

"Three Reasons for Not Deriving 'Kill' from 'Cause to Die'".

J. A. Fodor (1970) は，(2)を(1)から変形規則によって派生すると考える G. Lakoff (1965) の生成意味論の立場に反対する根拠として以下の3点を挙げている。

まず，迂言的使役の場合には代用形 do so が補部の動詞句 ((3a)では to die) を指すことができるが，語彙的使役ではそのような代用表現は許されない。

(3) a. John caused Mary *to die* and it surprised me that she *did so*.
(J. A. Fodor, 1970, 431)

b. *John killed Mary and it surprised me that she did so. (*ibid.*)

第二に，迂言的使役では(4a)に示すように原因となる事象(「原因事象 (causing event)」)と結果として生じる事象(「結果事象 (caused event)」)とが異なる時間に成立することを別個の修飾要素によって明示することができる。これに対し，語彙的使役ではそのような文は非文となる(4b)。

(4) a. John caused Bill to die *on Sunday* by stabbing him *on Saturday*.
(*ibid.*: 433)

b. *John killed Bill *on Sunday* by stabbing him *on Saturday*.
(*ibid.*)

これに関連して，Shibatani (1976) は，時間や回数，場所を示す修飾要素が，(5a)(6a)(7a)の迂言的使役では cause にかかる解釈と埋め込まれた動詞 (die, go) にかかる解釈とが可能であるのに対し，(5b)(6b)(7b)の語彙的使役ではそのような曖昧性が生じないことを指摘している。

(5) a. John caused Bill to die *on Sunday*. (Shibatani, 1976:15)
b. John killed Bill *on Sunday*. (*ibid.*)
(6) a. John caused Bill to go upstairs *three times*. (ibid)
b. John sent Bill upstairs *three times*. (*ibid.*)
(7) a. John caused Bill to die *in his room*. (*ibid.*)
b. John killed Bill *in his room*. (*ibid.*)

このような事実は，迂言的使役構文においては原因事象と結果事象とが異なる事象であると認識され得るのに対し，語彙的使役では同一の事象であると捉えられているという違いに帰着させることができる。

第三に，手段を示す by+ing 句の意味上の主語について，(8a)の迂言的使役では John と同一指示の解釈のほか，Bill と同一指示の解釈も許される。一方，(8b)の語彙的使役では John と同一指示の解釈しか得られない。

(8) a. John caused Bill to die *by swallowing his tongue.*

   (J. A. Fodor, 1970, 435)

   b. John killed Bill *by swallowing his tongue.*   (*ibid.*: 436)

これら3点の論拠はいずれも，動詞を2つ含む埋め込み構文と1つしか動詞のない単文との違いに帰着させることができよう。

further readings　J. A. Fodor (1970) の議論は，G. Lakoff (1965), J. McCawley (1968) らの生成意味論への反論の引き金となったものであり，生成文法理論史上重要な意味を持つ。この時期の kill の派生をめぐる議論としては他に Morgan (1969)，Katz (1970)，Kac (1972a, 1972b)，Shibatani (1972)，J. McCawley (1972)，Wierzbicka (1975) などがあり，Shibatani (1976) は読みやすいまとめとなっている。

(4)のような例について，原因事象と結果事象とが実際に同時であるか否かという指示的 (referential) な同一性ではなく，話者が同一の事象として認識しているか否かという認知レベルにおける同一性を問題にすべきであるとの，認知意味論的視点からの提言が Lemmens (1998:Ch 2) にある。

【テーマ2】迂言的使役構文に現れる動詞の意味
【概説】

迂言的使役構文の主節動詞としては，cause, make, get, have 等が現れる。伝統文法では，主動詞による意味の相違や，主動詞の意味と補部に現れる動詞句のタイプとの関連等についてはあまり議論されていない。例えば Quirk *et al.* (1985) は，不定詞の形によって，to 不定詞を取る cause, get と原形不定詞を取る make, have を区別し，意味としては前者は「結果状態を示す使役 (causative) 動詞」(p.1204)，後者は「強制的 (coercive) な意味を持つ動詞」(p.1205) であると述べているが，その相違は特に論じていない。Givón (1975) は，意図的コントロールを主

文の主語が持つか，目的語（＝不定詞の意味上の主語）が持つかという観点から，cause, make, have の3動詞の意味の相違や補部に現れる動詞句のタイプを説明しようとしている。また Ritter & Rosen (1993) は，have は固有の意味を持たずに不定詞内の動詞と複合述語（complex predicate）を形成し，そのために補部に現れる動詞句にアスペクト的な制約がかかるのに対し，make は語彙的に使役の意味を持ち，複合述語は形成しないため，そのような制約がかからないと論じている。

◆**コントロール（control）の概念で cause, make, have の3者の相違が説明される**── Givón (1975) "Cause and Control: On the Semantics of Interpersonal Manipulation."

Givón (1975) は，原因事象を表す命題（causing proposition : Pc）と結果事象を表す命題（effect proposition : Pe）とから成る使役連鎖（causal chain）に対して，1つの動作主的名詞句（agentive nominal）のみが意図的コントロールを持ち，どの名詞句がコントロールを持つかは，主節主語＞目的語（＝Pe の主語）という階層によって決定されると考える。これらの「コントロール原則」と，個々の動詞の意味とから，それぞれの使役構文の振る舞いが説明できることになる。

Givón によれば，cause は (9a) のように，Pc の主語にコントロールのない偶発的な使役を表すのに対し，make, have はコントロールのある使役を表す。make は (9b) のように，コントロールを持つ Pc の主語が Pe の主語を直接操作することによって成立する使役を表すのに対し，have は (9c) のように，Pc の主語のコントロールが第三者を介在させて結果事象をもたらす使役を表す。

(9) a. I caused/*made/*had her (to) lose her balance by losing my balance and tripping her. (Givón, 1975 : 65-66)
 b. I *caused/made/*had her (to) lose her balance by deliberately rushing over and tripping her. (*ibid.*)
 c. I *caused/*made/had her (to) lose her balance by sending John over to trip her. (*ibid.*)

cause は (10a) の例が示すように，主語の意図性を要求しない非コントロール動詞であり，したがって無生物主語も許される (10b)。

(10) a. John accidentally caused Mary to drop her books. (*ibid.* : 61)
　　 b. The confusion caused me to change my mind. (*ibid.* : 73)

また cause は後述の make と異なり，目的語に選択制限を課さないため，無生物の目的語を取ることもできる。

(11) Joe caused the confusion. (*ibid.*)

cause の補部には，状態動詞やいわゆる非対格動詞など，主語に動作主性を要求しない動詞が現れ得るが(12a)(12b)，受動態は許されない(12c)。

(12) a. I caused her to regret her erratic behavior. (*ibid.* : 68)
　　 b. I caused the vase to break into pieces by accidentally knocking it down. (*ibid.* : 71)
　　 c. *I caused her to be seen by John. (*ibid.* : 70)

cause は非コントロール動詞で主語がコントロールを持たないため，コントロール原則により，次に階層の高い名詞句である目的語がコントロールを持つことが要求される。ところが(12c)では，Pe の動作主である John がコントロールを持つため目的語（her）はコントロールを持つことができず，コントロール原則の違反となって容認されないと Givón は論じる（「非コントロール動詞」である cause 使役になぜコントロール原則がこのような形で働くのか，また(12a)(12b)においてどのようにコントロール原則が満たされていると考えるのかは，Givón の論からは必ずしも明らかではない。また Mair (1990 : 121) は，cause の取る不定詞句は容易に受動化が可能だと述べ，Somebody causes something to be done (p.101) という例を挙げており，事実の面でも Givón の考察には疑問が残る）。

make は，Pc の主語が Pe の主語を直接的に操作するコントロール動詞であるが，Givón によればそのコントロールは随意的である。したがって，主文の主語は無生物であっても構わない(13a)。一方，make は目的語に動作主性を持つ名詞句でなければならないという選択制限を課すため，無生物目的語は許されない(13b)（ただし，(29b)(30b)のような例の存在も指摘されていることに留意）。

(13) a. The confusion made me change my mind. (Givón, 1975 : 73)
　　 b. *Joe made the confusion. (*ibid.*)

また，Givón は次のような興味深い対比も，コントロール原則で説明でき

ると論じている。

(14) a. The confusion made me deliberately change my mind.
   (*ibid.*: 74)
   b. *Joe made me deliberately change my mind.　(*ibid.*)

(14a)では主語が無生物でコントロールがないため、階層で2番目に高い目的語（me）がコントロールを持ち、補部の行為が意図的である解釈が得られる。一方(14b)では主語（Joe）がコントロールを持つため、意図的コントロールを me に与える解釈は許されない。

make の補部には状態動詞は許されるが、受動態や非対格動詞は現れない（ただし(19)(26a)のように受身・非対格動詞が可能という判断もあることに留意されたい）。

(15) a. I made Mary regret her erratic behavior.　(*ibid.*: 69)
   b. *I made her (to) be seen by John.　(*ibid.*: 70)
   c. *I made the vase break into pieces by accidentally/deliberately knocking it down.　(*ibid.*: 71)

(15b)では Pe は受動態であるため、her は動作主 John のコントロール下にあり、Pc の主語 I のコントロールを受けることができない。このため、Pc の主語が Pe の主語に直接的操作によるコントロールを課すという make の意味と齟齬をきたし、(15b)は非文となる。一方(15c)は、目的語が無生物であるため、選択制限によって非文となると Givón は論じている。

have は主語のコントロールが義務的であるため、無生物主語は許されない。

(16) *The confusion had Mary leave in a hurry.　(*ibid.*: 75)

have の補部は、受動態が可能であるが、状態動詞や非対格動詞は容認されにくい。

(17) a. ?I had Mary regret her erratic behavior.　(*ibid.*: 69)
   b. I sent the Mafia to torture her, and this way I had her regret her behavior.　(*ibid.*: 71)
   c. I had her seen by John.　(*ibid.*: 70)
   d. *I had the vase break into pieces by sending my buddy to do it.　(*ibid.*: 71)

haveは第三者の介在によって結果事象が引き起こされることを表す。(17a)では介在するものが明示されないために，容認度が下がる。(17b)のように介在するものを明示することによって状態述語の容認度が上がることからもこの説明の妥当性が示される。(17c)の受動態はPeの動作主Johnが介在者と解釈され，容認可能となる。一方(17d)の非対格構文は，the vaseが他者の力ではなく自ずから壊れることを意味するため，Peの実現に介在できるものがないため容認されないとGivónは説明している。

このように，Givón（1975）は，他の論文と相違するデータ判断に基づく部分があり（Goldsmith（1984）にその点の指摘がある），また説明に細部で不明確な点も残るが，どの名詞句が「意図的コントロール」を持つかという面からの，迂言的使役構文に現れる動詞の興味深い意味分類の試みである。

◆**使役のhaveの補部はアスペクト的に制限される**──Ritter & Rosen（以下R & R）(1993) "Deriving Causation."

haveは使役以外に経験の意味も持つ。例えば(18)は，「Johnが生徒を教室から出て行かせた」という使役の意味のほかに，「生徒に教室から出て行かれた」という，日本語で言えば「迷惑受身」に相当するような，Johnを経験者とする解釈がある。

(18) John had half the students walk out of his lecture.

(R & R, 1993 : 525)

R & R（1993）によれば，haveは固有の意味を持たず，補部の意味によって使役の解釈になったり経験の解釈になったりする。haveは補部に現れる動詞と複合述語を作り，動詞が本来持っている項に，項を1つ付け加えるが，その項がどのような意味役割を担うかについては指定しない。haveと結びつくことによって，本来動詞が意味している事象が時間軸上，前あるいは後ろに延長され，その延長線上にhaveが付け加えた項が含まれる，とR & Rは論じる。例えば上記(18)の例では，補部のwalk out of his lectureは学生が歩いて出ていく事象を表している。haveとwalk outが結びつくことにより，その事象が(18b)(18c)のように2通りの延長が可能になるという。

(18) John had half the students walk out of his lecture. (*ibid.*)

```
     a. walk out                    ├--Walk out of class--┤
     b. have & walk out ├-Cause-┤--Walk out of class--┤
     c. have & walk out             ├--Walk out of class--┼-Exp.→
```
(18b)では have によって付け加えられた John が，walk out の表す事象を引き起こす原因事象の使役主となり，(18)の使役の解釈が生じる。一方，(18c)では同じ John が，walk out の表す事象の結果（の影響）を経験する経験者となり，(18)の経験の解釈が得られる。このような事象のアスペクト的な面から，使役および経験の have が共起できる補部のタイプが自ずと決まる，と R & R は論じる。これに対し，make は語彙的に使役の意味を持つ動詞であり，特に補部に対する制限はない。

　まず，使役の have は非対格動詞を補部に許さないが，make にはそのような制限はない。

(19) a. Ralph made Sheila fall down.　　　　　　(*ibid.*: 526)
　　 b. The warm sunshine made the plants grow.　(*ibid.*)
(20) a. *Ralph had Sheila fall down.　　　　　　(*ibid.*)
　　 b. *Ralph had the plants grow.　　　　　　(*ibid.*)

これに対して，経験の解釈の have では非対格動詞が現れる。

(21) a. Ralph had Sheila die on him.　　　　　　(*ibid.*: 527)
　　 b. Ralph had the ivy grow all the way up the side of the house.
　　　　　　　　　　　　　　　　　　　　　　　　(*ibid.*)

これは，非対格動詞が状態変化の起こる時点（事象の終点）のみを指定する動詞―Vendler (1967) のいう到達 (achievement) 動詞―であり，事象の始点が指定されていないことに起因する。本来始点が指定されていない事象を，(18b)のように始点以前に延長することはできないからである。終点は指定されているので，それを(18c)のように延長することは可能であり，そこから(21)のような経験の解釈が生まれる。本来的に始点を指定しない中間態 (middle) や起動態 (inchoative) の動詞も使役の have の補部には現れないが，これも同様に説明される。

(22) a. *The general has his boats sink easily. (middle)
　　　　　　　　　　　　　　　　　　　　　　(R & R, 1993: 528)
　　 b. *The general had the boat sink. (inchoative)　(*ibid.*)
　　 c. The general had the boat sunk. (passive)　　(*ibid.*)

一方(22c)の受動態の補部は可能であるが，これは受動文に暗黙の動作主が存在し，事象の始点が指定されているからだとR & Rは述べている。

逆に，経験のhaveは終点が指定されていない補部とは共起できない。

(23) a. *Pat had Terry drive his car.
　　　b. Pat had Terry drive his car into the wall.

(23a)は経験の解釈では容認されないのに対し(23b)は文法的である。周知のように，driveのような活動（activity）動詞は，着点のPP（(23b)のinto the wall）と共起することによって事象の終点が明示され，アスペクトが達成（accomplishment）へと変化する。(23a)では事象の終点が指定されないため，それを(18c)のように終点後まで延長することはできないが，(23b)では終点が指定されるためそのような延長が可能になり，経験の解釈が許される。

このようにR & Rはhaveが意味指定のない項を加えることで「事象の延長」を意味すると仮定することで，haveの使役・経験の解釈と補部に現れる動詞句のタイプとの関係を説明しようとしている。なお，(18)のような「事象の延長」の分析では，haveと補部の動詞からなる複合述語が「1つの事象」を表すことになる。この点で，原因事象と結果事象とが異なる事象であると認識されうるmakeの場合とは異なる，とR & Rは論じる。

(24) a. Pat didn't make Terry cheat on the test, but she did it anyway.
　　　　　　　　　　　　　　　　　　　　　　　(R & R, 1993 : 529)
　　　b. *Pat didn't have Terry cheat on the test, but she did it anyway.
　　　　　　　　　　　　　　　　　　　　　　　　　　　(*ibid.*)

(24a)の前半は原因事象が起こらなかったことを述べているが，それは後半の結果事象が生じたことと矛盾しない。makeの場合は原因事象と結果事象とを異なる事象と捉えているため一方だけを否定することができる。これに対し，haveは補部のcheatと複合述語を形成し，結果事象まで含めて1つの事象を表すため，(24b)では結果事象が否定される前半と肯定される後半とで矛盾が生じる。【テーマ1】で見たように，1つの事象を表すか否かは語彙的使役と迂言的使役との大きな相違点と考えられているが，このR & Rの議論が正しければ，一見迂言的使役の構造を持つhave使役が，複合述語を作ることで語彙的使役と同じ性質を持つことになる。

> **further readings**　迂言的使役構文に現れる動詞について，意図性や状態性といった概念を軸にさまざまな用法を考察した論文として他に Baron (1974) がある。また，Goldsmith (1984) は，使役主と被使役主との「意志」という概念を軸に，プロトタイプの概念を取り入れて make, get, have という 3 つの使役動詞について意味の相違を説明している。Mair (1990) にはコーパスから収集されたデータに基づく使役動詞の考察がある。have だけでなく迂言的使役構文一般について，主動詞と不定詞の動詞句部分とが複合述語を成すという議論が Kac (1976) にある。

> **関連テーマ**　Givón (1975) の説明と R & R (1993) の説明とでは，異なる予測をする場合がある。たとえば，John made the books fall, John made the man fall down というペアの文について，Givón と R & R はそれぞれどのような容認性判断を予測するだろうか。あるいは，John had the log roll down the hill という文についてはどうだろうか。他にもこのような予測の異なる例を探し，事実がどちらの説明を支持するか，検討してみよう。

【テーマ 3】迂言的使役構文の統語構造
【概説】

　学校文法では，(1)のような使役構文は SVOC と分析されるのが普通であろう。Quirk *et al.* (1985 : 1171) でも，迂言的使役構文は to 不定詞を取るものも原形不定詞を取るものも，ともに SVOC と分析されている。生成文法では，迂言的使役構文を考察の主対象とする統語分析は多くない。原形不定詞を取る迂言的使役構文は，小節分析の妥当性や知覚動詞構文の統語分析に関わる論考の中で議論されているが，そこでは O と C がひとまとまりの構成素を成すかどうかが議論の中心となっている。R & R (1993) は，O と C が構成素を成すことを前提とし，その統語範疇が make と have とで異なると論じている。

◆ have の補部は VP，make の補部は IP ── Ritter & Rosen (R & R) (1993) "Deriving Causation."
　R & R (1993) は，経験および使役を表す have が補部の動詞と複合述

語を形成するとの論考の中で，使役の have と make とでは補部の統語範疇が異なると論じている。

　ここでは，R & R は Kratzer (1989) らに従って，一時的な事象を表す段階的レベル（stage level）述語の主語は VP 内に生成されるのに対し，恒常的な事象を表す個体的レベル（individual level）述語の主語は VP の外に生成されるとする立場をとる。以下に紹介する 3 つの議論のうち，第 2 点はこの仮定に依存しているが，第 1 点および第 3 点は VP 内主語仮説の立場をとれば，特にこの仮定をとらなくても成立する議論である。

　第 1 に，make は助動詞的な要素であると考えられる進行や受動の助動詞 be と共起するが，have は共起しない。

(25) a. John makes Bill be shelving books whenever the boss walks in. 　　　　　　　　　　　　　　　　　　　(R & R, 1993 : 536)
　　 b. ??John has Bill be shelving books whenever the boss walks in.
　　　　　　　　　　　　　　　　　　　　　　　　　　　　(*ibid.*)

(26) a. John made Bill be arrested.　　　　　　　　(*ibid.* : 537)
　　 b. ??John had Bill be arrested.　　　　　　　　(*ibid.* : 536)

時制等の屈折（inflection）に関わる要素およびいわゆる助動詞的な要素 Infl が IP（Infl Phrase, 従来の S にあたる）の主要部となり，VP を補部として取るとする GB 理論の一般的な句構造の考えに従えば，この事実は，have が IP ではなく VP を補部として選択するのに対し，make は IP を選択する，と仮定することで説明できる。同様に，Infl の要素と考えられる文否定の否定辞も，make とは共起するが，have とは共起できない。

(27) a. Bill made Ralph not marry Sheila.　　　　　(*ibid.* : 538)
　　 b. ?Bill had Ralph not marry Sheila.　　　　　　(*ibid.*)

否定には，not に強勢をおくことのできる副詞的否定と，強勢をおけない文否定とがある。(27a)は文否定の解釈が可能であるが，(27b)は副詞的否定の解釈のみが許され，文否定の解釈はないと，R & R は論じている。これも，副詞的否定の not が VP 内，文否定の not が VP 外に生成されると考えれば，have が VP を，make が IP を取るとする仮定から説明できる。

第2に，have は個体的レベルの述語を補部に取ることができないが，make にはそのような制約はない。

(28) a. *John had Bill like French cooking.　　　(*ibid.*: 540)
　　 b. John made Bill like French cooking.　　　(*ibid.*)
　　 c. The mayor has more firemen available during this summer.
　　　　　　　　　　　　　　　　　　　　　　　　(*ibid.*: 541)

(28c)に示したように have は段階的レベルであれば状態述語と共起できるので，(28a)の非文法性は状態述語との共起によるものではない。上述のように，個体的レベルの述語は主語が VP の外に生成されるとの仮説により，VP を取る have とは共起できないと説明される。

第3に，R & R によれば have は make と異なり，虚辞（expletive）を主語とする補部を許さない。

(29) a. *John had it seem likely that Bill had lied.　　(*ibid.*)
　　 b. John made it seem likely that Bill had lied.　　(*ibid.*)
(30) a. *John had there be computers available for all the students.
　　　　　　　　　　　　　　　　　　　　　　　　(*ibid.*)
　　 b. John made there be computers available for all the students.
　　　　　　　　　　　　　　　　　　　　　　　　(*ibid.*)

（ただし，Gee (1975: 349) は I'll have there be someone at each gate, so you'll be quite safe という例を挙げている。）虚辞の it や there は非 θ 位置にのみ生起する。VP の指定辞（主語）位置は θ 位置であるのに対し，IP の指定辞位置は非 θ 位置であるとの仮定に立てば，このような対比も，have が VP を取るのに対し，make は IP を取るという，補部の統語範疇の違いから説明することができる。

| further readings |　(29b)(30b)のような虚辞の出現の可能性を補部が構成素を成している証拠とみなし，主に知覚動詞構文の統語構造を考察した論文に Napoli (1988) がある（→第41章「知覚動詞」）。Napoli は(29b)(30b)のようなデータを指摘し，使役の make は知覚動詞と異なり，補部が構成素（節）を成していると述べている。他に，原形不定詞を取る使役動詞構文について O と C とが構成素を成すか否かについての議論は，第21章「小節」とそこに挙げられた文献を参照。

615

関連テーマ　make の迂言的使役構文は，to 不定詞の形で受動態が可能であるが，have では受動態は to の有無に関わらず容認されない。

 (ⅰ) a. I was made to eat my spinach.　　　　　(Baron, 1974 : 321)
　　 b. *I was had (to) eat my spinach.　　　　　　　　　(*ibid.*)

この対比は，make と have の統語的な相違から説明できるだろうか，それとも意味的な相違から説明されるだろうか。また，(ⅱ)のように単独の NP を目的語とする基本的な用法でも make は受動態にできるが，have は受動態にならないことと関連づけた説明が可能だろうか。

 (ⅱ) a. These dolls were made in a factory.
　　 b. *These dolls were had by young girls.

また，使役動詞としての make の補部が IP であるとすれば，その主要部の Infl 要素はどのような性質を持つものであると考えられるだろうか。使役動詞 get が取る to 不定詞の to と，どのように異なるだろうか。この Infl 要素は，上述のように make の迂言的使役構文の受動態に to が現れることと，関連づけて考えることができるだろうか。

43. 叙実動詞 (factive verb)

> regret と suppose という2つの動詞は，見かけは同じ that 補文を取るものの，意味の解釈では大きな違いがある。
>
> (1) I {regret/suppose} that it is raining.
>
> suppose は，いま雨が降っているだろうという推測を述べるだけであるが，regret は，雨が降っているということを間違いのない事実とした上で，それは残念だというコメントを加えている。このように，regret は事実について叙述する動詞であるから，叙実動詞（factive verb）と呼ばれる。叙実動詞は，suppose のような非叙実動詞と比べると，統語的な性質も特異である。たとえば，suppose の後の補文標識 that は省略できるが，regret の場合はできない。
>
> (2) a. Sue supposes Bob failed in the exam.
> 　　b. *Sue regrets Bob failed in the exam.
>
> 叙実動詞は，非叙実動詞と比べて，他にどのような特徴があるのだろうか。【テーマ1】　それらの特徴は，叙実補文の意味機能【テーマ2】，および統語構造【テーマ3】とどのように関係しているのだろうか。

【テーマ1】叙実動詞の特徴
【概説】

言語による情報伝達は，話者と聴者がすでに知っていることを背景として，新しい事柄を加えていくという流れで進行する。冒頭例(1)の suppose は，いきなり新しい事柄を that 節で伝えるが，regret はすでに前提となっている内容に対して「遺憾だ」という感情を付け加える。前提（presupposition）というのは元来，哲学で論じられてきたテーマであるが，言語学の中で，一群の動詞の意味と構文に関して考察したのは Kiparsky & Kiparsky（以下 K & K）(1970) が最初である。

◆**事実について評言する述語**——Kiparsky & Kiparsky (1970) "Fact."

Kiparsky & Kiparsky（以下 K & K）(1970) は，述語（動詞，形容詞）を叙実的（factive）と非叙実的（non-factive）に分け，両者の統語的な違いを指摘した。代表的な例を挙げてみよう。

(3) a. 主語補文
　　　叙実：be significant, be odd, be tragic, be exciting, matter
　　　非叙実：be likely, be sure, be possible, happen, seem

(K & K, 1970 : 143)

　　b. 目的語補文
　　　叙実：regret, be aware (of), comprehend, deplore, forget (about)
　　　非叙実：suppose, assert, assume, believe, conclude

(*ibid.* : 145)

叙実と非叙実の違いは，文全体を否定文にすると明瞭になる。

(4) a. 叙実：John {regrets/doesn't regret} that the door was closed.

(*ibid.* : 150)

　　　　It {is/isn't} odd that the door was closed.　　(*ibid.*)
　　b. 非叙実：John {thinks/doesn't think} that the door was closed.
　　　　It {is/isn't} likely that the door is closed.

非叙実述語(4b)では，主節を否定にすると，補文の内容までが否定されてしまう。ところが，叙実述語(4a)の場合は，主節が肯定文であっても否定文であっても，補文の内容が事実であることを保持している。It {is/isn't} odd that the door was closed を例にとると，肯定形の is odd でも否定形の isn't odd でも，補文で述べられている「ドアが閉まっていた」ことは事実と理解できる。同じことは，疑問文でも成り立つ。上例を疑問文にして，Does John regret that …? と Does John think that …? とを比較してみれば，regret の方は補文が前提となっていることが分かるだろう。

K & K は，このような意味解釈の違いが叙実述語と非叙実述語の補文構造の違いに起因すると主張した。すなわち，叙実述語の補文（以下，「叙実補文」という）は，たとえ見かけ上は that 節だけであっても，深層構造において the fact という主要部名詞を持っていると仮定する。

(5) a. 叙実述語の補文　　b. 非叙実述語の補文

```
      NP              NP
     /  \             |
 the fact  S          S
```
　　　　　　　　　　　　　　　　　　　　　　(*ibid.*: 157)

実際，叙実述語は the fact that ... という目的語を取ることができるが，非叙実述語は the fact that ... が取れない。

(6) a. 叙実：The fact that he has been found guilty is significant.
　　　　　　　　　　　　　　　　　　　　　　(*ibid.*: 144)

　　　b. 非叙実：*The fact that he has been found guilty is likely.

そこで K & K は，叙実動詞が表面的に取る補文の形はすべて the fact that ... という基底構造から変形によって派生されるという分析を示した。

(7) I regret the fact that John is ill. (*ibid.*: 158)　→

　　a. I regret that John is ill. (*ibid.*: 159)—the fact の削除

　　b. I regret the fact of John's being ill. (*ibid.*: 158)—that 節の動名詞化

　　c. I regret John's being ill. (*ibid.*: 159)—the fact の削除と that 節の動名詞化

　　d. I regret it that John is ill.—the fact を it に代名詞化

(7d) の it that ... という一見，奇妙な補文形式も，the fact を代名詞化したものが it であると分析すれば，辻褄が合う (K & K, 1970: 165)。非叙実動詞はもともと that 節補文しか持たないから，it that ... 補文と動名詞とは相容れない。

(8) a. *Bill claims it that people are always comparing him to Mozart.　　　　　　　　　　　　　　(*ibid.*: 165)

　　b. *Everyone supposed Joan's being completely drunk.(*ibid.*: 146)

さて，(5a) の構造は「複合名詞句」の形を取るから，Ross (1967) の複合名詞句制約 (Complex NP Constraint) に適合するはずである。この制約は，NP+S という構造の S 内部から要素を摘出することを禁止するものであり，実際，叙実補文の中にある要素を外部に移動することはできない。

(9) a. 主語繰り上げ：*He is relevant to accomplish even more.
　　　　　　　　　　　　　　　　　　　　　(K & K, 1970: 145)

b. 否定辞繰り上げ：I regret that he can't help doing things like that. → *I don't regret that he can help doing things like that. (*ibid.* : 162)

このように K & K は，叙実述語が深層構造では the fact that ... という複合名詞句を取ると仮定することによって，種々の統語的および意味的な特徴を統一的に説明しようとした。しかしながら，この分析はいくつかの問題をはらんでいる。

まず，the fact の削除や it への代名詞化，あるいは that 節の動名詞化といった「変形」は現在の統語理論では認められない。構造的にも，it that ... と the fact that ... では違いがある。

(10) a. *John regrets the fact *terribly* that he offended Mary.
　　b. John regrets it *terribly* that he offended Mary.

(Melvold, 1991 : 109)

Melvold (1991) が指摘するように，(10a) では the fact that ... 全体が regret の目的語で，that 節は fact を修飾する同格節あるが，(10b) では，it だけが regret の目的語であり，that 節は it とひとまとまり（構成素）になっていない。また，非叙実述語でも，They doubt it (very much) that you will go のように it that 節を取ることがある (Rosenbaum (1967))。

より大きな問題は，叙実補文に対する統語的な規制を複合名詞句制約に還元することである。GB 理論以降の研究で，叙実補文は純然たる複合名詞句とは異なる性質を持つことが明らかになった。すなわち，移動する要素を補文の項と付加詞に分けた場合，項も付加詞も摘出できない場合を強い島 (strong island)，付加詞の摘出はできないが項は摘出できる場合を弱い島 (weak island) と呼ぶが，この区別によれば，関係詞節を含む複合名詞句 (11) は強い島を形成する。

(11) 強い島（関係詞節を含む複合名詞句）
　　a. *To whom have you found someone who would speak *t*?
　　b. *How have you found someone who would fix it *t*?

(Cinque, 1990 : 1)

一方，(12) に示されるように，叙実補文は付加詞の摘出は拒むものの，項なら概ね摘出を許すから，弱い島であると見なされる。

(12) 弱い島（叙実動詞＋that 節）
　　a. To whom do you regret that you could not speak *t*?
　　b. *How do you regret that you behaved *t*?　　　　　(*ibid.*: 2)

(12a)のような例は，K & K では非文（*）とされていたが，最近の研究では，話者による差はあるものの（Melvold (1991)），文法的あるいはせいぜい"?"程度とされる。

問題は，叙実補文に the fact という主要部名詞が付いた場合である。一般に，the claim that …のような同格節(13)からの摘出は，(11)の関係詞節の場合ほどではないものの，かなり困難であるとされる。

(13) a. ?*What do you believe the claim that John bought *t*?
　　　　　　　　　　　　　　　　　(Lasnik & Saito, 1984 : 267)
　　b. */?? Who does John regret the fact that he offended *t*?
　　　　　　　　　　　　　　　　　(Melvold, 1991 : 107)

したがって，叙実述語に続く that 節を単純に the fact that …から派生するという K & K の分析は不適切であるということになる。

|further readings| 叙実述語は，動詞だけでなく形容詞もある。叙実形容詞の特性については Norrick (1978) が詳しい。

【テーマ2】叙実補文の意味と伝達機能
【概説】
　K & K が設定した叙実動詞と非叙実動詞の区別は，意味の観点からさらに細分化される。Karttunen は，叙実述語の中にも，前提の度合いが強いものと弱いものがあることを指摘し，それを受けて，Hooper は非叙実述語の中を断定性という性質で精緻化し，意味の違いが統語規則の適否と呼応することを発見した。

◆叙実と準叙実——Karttunen (1971b) "Some Observations on Factivity."
　K & K が最初に指摘したように，叙実述語と非叙実述語の違いは，主節を否定文にしたときに見られるが，Karttunen は，If …という仮想環境においては，regret や forget と realize や discover とで違いがあることを指摘した。

(14) If I {regret/realize} later that I have not told the truth, I will confess it to everyone. (Karttunen, 1971b : 64)

regret は，条件節に置かれても，補文の内容を前提として保持している。(14)で regret を使うと，「もし自分が嘘を言ったことを後になって後悔することがあれば，そのこと（嘘を言ったこと）を皆に告白しよう」ということで，話者が嘘を言ったことは事実である。ところが，If I realize ...（もし後になって気が付いたら）とすると，今のところは「嘘を言った」ということが前提になっていない。このことから，Karttunen は純粋な叙実動詞と別に準叙実動詞（semi-factive）というグループを設定した。

(15) a. 叙実動詞：regret, forget, resent, etc.
    b. 準叙実動詞：discover, realize, find out, see, notice, etc.

◆断定の度合い——J. Hooper (1975) "On Assertive Predicates."

J. Hooper は，K & K の叙実・非叙実の区別に「断定（assertive）」対「非断定（nonassertive）」という基準を加味して，非叙実断定，非叙実非断定，叙実断定，叙実非断定の4つのグループを設け，さらに非叙実断定を「強断定」と「弱断定」に分けている。

(16) 非叙実 — 断定 — (A) 弱断定：think, believe, expect, seem
              — (B) 強断定：admit, insist, be certain, maintain, predict, point out, suggest, hope, say
        — (C) 非断定：be likely, be possible, be unlikely, doubt
     叙実 — (D) 断定：find out, discover, know, realize
          — (E) 非断定：regret, resent, forget, be relevant

断定述語は補文命題が真であることを何らかの程度で断定するものであり，他方，非断定述語はそのような断定を含意しない。この区別によって，Karttunen の準叙実述語は叙実断定(D)，純粋な叙実述語は叙実非断定(E)として分析される。J. Hooper は，この意味の違いがさまざまな統語的な環境に現れることを論じているが，ここでは1例だけ挙げる。

(17) 補文前置
    a. 非叙実断定：Many of the applicants are women, it seems.
                                              (J. Hooper, 1975 : 94)

叙実断定：It was difficult to make ends meet, they discovered.
(ibid. : 116)

　　b. 非叙実非断定：*Many of the applicants are women, it is likely.
(ibid. : 94)

　　叙実非断定：*It was difficult to make ends meet, they regretted.
(ibid. : 116)

さらに J. Hooper は，準叙実動詞と純粋な叙実動詞で，the fact と動名詞補文を取れるかどうかに違いがあることも指摘している。

(18) a. 叙実：I regret the fact that the President did not grant them an interview.
(ibid. : 119)

　　b. 準叙実：*I realized the fact that the President did not grant them an interview.
(ibid.)

(19) a. 叙実：Everyone resented Joan's being completely drunk.
(ibid. : 120)

　　b. 準叙実：*Everyone discovered Joan's being completely drunk.
(ibid.)

◆**断定性と変形規則**——J. Hooper & Thompson (1973) "On the Applicability of Root Transformations."

　J. Hooper & Thompson は，断定性が補文内での根変形（Emonds の言う root transformations）の適用・不適用と呼応することを明らかにした。根変形というのは，話題化や倒置構文など，もっぱら主節に起こる現象であり，強調などの談話における伝達機能を司っている。したがって，断定的な動詞だけがその補文内に根変形の適用を許すことになる。

(20) a. 強断定・非叙実：I exclaimed that never in my life had I seen such a crowd.
(J. Hooper & Thompson, 1973 : 474)

　　b. 弱断定・非叙実：It seems that on the opposite corner stood a large Victorian mansion.
(ibid. : 478)

　　c. 非断定・非叙実：*It is likely that seldom did he drive that car.

　　d. 叙実・非断定：*He was surprised that never in my life had I seen a hippopotamus.
(ibid. : 479)

e. 叙実・断定：The scout discovered that beyond the next hill stood a large fortress. 　　　(*ibid.*: 480)

further readings 　情報伝達という観点から叙実補文の「島」を説明する試みは，Erteschik-Shir (1973) にも見られる。また，叙実性・含意・前提の関係については，Gazdar (1979) や Oh & Dinneen, eds. (1979) などが基本的な文献である。

関連テーマ 　叙実補文の性質は前提という大きなテーマに関わってくる。前提とは，叙実動詞などの語彙に固有の性質として特定できるのだろうか，それとも，もっと漠然とした語用論的な性質のものだろうか。近年の意味論および語用論の研究では，叙実補文の前提が論理的意味論の含意として公式化できるか，それとも，Grice の「会話の公理」などに依拠する語用論的な現象なのかが議論されている。例えば，K & K が叙実補文は否定文でも保持されるとしたのに対して，Levinson (1983: 201) は，John doesn't regret having failed, because in fact he passed のように叙実補文の前提が取り消し可能であることを指摘し，前提は語用論の問題であると述べている（K & K (1970: 151) も参照）。さらに，一般には前提は「話者と聴者の共通の知識」と考えられているが，Green (1989) は Sandy doesn't realize that Tennyson wrote the King James Bible という例を挙げ，前提とは，命題が真であるという話者の仮定に過ぎないと述べている。叙実動詞という語彙そのものの性質と，それを用いる話者の主観や文脈といった語用論的要素との区別を見直すことが必要だろう。

【テーマ3】叙実補文の統語構造
【概説】
　Kiparsky & Kiparsky は叙実補文が「島」であることを指摘したが，1980年代から90年代の障壁理論において，叙実動詞の that 節補文は「弱い島」に当たることが判明した（上述(12)）。叙実補文はどのような統語構造を持つのだろうか。

◆叙実補文の繰り返し CP 構造——Melvold (1991) "Factivity and Definiteness," Watanabe (1993a) "Larsonian CP Recursion, Factive Complements, and Selection."

Melvold は，叙実補文が定名詞句と意味的に同じであることに着目し，叙実補文の CP に定性（definiteness）を表す ι 演算子（iota operator）を導入する。

(21) a. Fred confessed [$_{CP}$ ι [that he fired Mary]].

(Melvold, 1991 : 105)

b. ʔWho did Fred confess that he fired? (*ibid.* : 102)

c. *Why did Fred confess that he fired Mary? (why が he fired Mary に掛かる)

すると，(21a) から，補文の目的語を who として疑問化することは可能だが，補文を修飾する付加詞を文頭に移動することはできないという，項と付加詞の対比が，間接疑問文の島（wh-island）と並行的に説明できるようになる。

(22) a. ʔʔWhich problem do you wonder [$_{CP}$ how [John could solve]]?

b. *How do you wonder [$_{CP}$ which problem [John could solve]]?

つまり，(21a) の ι 演算子が (22) の補文 CP の how, which problem と同じ働きをするわけである。

Watanabe は，Melvold の分析を発展させ，叙実補文が二階建ての CP 構造を成す「繰り返し CP 構造」を仮定する。

(23) John regrets [$_{CP1}$ that [$_{CP2}$ Op [$_{C'}$ [$_{IP}$ he fired Mary yesterday]]]].

(Watanabe, 1993a : 529)

Op＝叙実演算子（factive operator）

繰り返し CP 構造というのは，Authier (1992) が (24a) のような例を説明するために提示した考え方であるが，Authier は，(24b) のような例が不適格であることから，叙実補文には CP の繰り返しがないと想定している。

(24) a. John said that Sue, Bill doesn't like. (Authier, 1992 : 329)

b. *John regretted that *Gone with the Wind*, we went to see.

(*ibid.* : 334)

これに対して，Watanabe (1993a) は，叙実補文にも上記 (24) の繰り

返し CP 構造を仮定する。(23)では，CP₂ に想定された叙実演算子（Op）が，補文内部からの摘出をくい止めるだけでなく，J. Hooper & Thompson (1973) が指摘した叙実補文内での根変形の不適用も自動的に説明することができる。

(25) a. *John regretted that *Gone with the Wind*, we went to see.
(Watanabe, 1993a : 525)
　　 b. *John regretted that never had he seen *Gone with the Wind*.
(*ibid.*)

(25a)の補文内で話題化された *Gone with the Wind* と，(25b)で補文の先頭に移動された never はそれぞれ(23)の CP₂ 指定部に移動するはずであるが，その位置はすでに Op で埋まっているために，移動が成立しない。

further readings　叙実補文の島の性質を説明するもう1つの考え方として，Cinque (1990) は，叙実補文が動詞の姉妹ではなく，構造的に動詞より上位に位置づけられるという分析を示している。また，Hegarty (1991) は同格節からの摘出も含めて，詳しく考察している。

関連テーマ　Kiparsky & Kiparsky は，叙実補文を the fact that ... という同格節と関係づけたわけであるが，そもそも同格節はどのような統語構造を持つのだろうか。上例(13)のように，同格節からの摘出は項と付加詞で微妙な差があるから，同格節は強い島とは同定できない。しかし，項の摘出も完全には適格でないから，弱い島というわけでもない。

44. 心理動詞 (psych-verb)

(1) a. Thunder frightens them.
　　b. They fear thunder.

(1a)のfrightenと(1b)のfearは，共に心的状態の意味を含むので心理動詞と呼ばれている。だが，(1a)(1b)で両者の意味的，統語的性質は大きく異なる。例えば(1a)では，心的経験の主体（以下経験者 (Experiencer)）は，直接目的語位置に置かれているが，(1b)では主語位置にある。さらに(1a)の動詞は(1b)と異なり，(2)のようにパラフレーズできる。

(2) Thunder causes them to be frightened.

心理動詞は，frightenタイプとfearタイプに大きく二分できる。【テーマ1】

またfrighten類には(3)のように，目的語位置からの照応形束縛 (anaphor binding) が可能である。【テーマ2】

(3) [_NP The picture of *himself*] frightened *Bill*.

さらにfrighten類の心理動詞は，名詞化形が不可能である。【テーマ3】

(4) *the books' amusement of John

frighten類とfear類は相 (aspect) の点でも相違しており，(5)のように進行相の可能性が異なる。【テーマ4】

(5) a. The storm was frightening us.
　　b. *We are fearing the storm. 　　(Grimshaw, 1990 : 23)

frighten類の動詞についてはさらに，Pesetsky (1995) がT/SM制限 (T/SM Restriction) と呼ぶ特異な性質が見られる。この制限は，(6b)のように，心的経験の対象がPPとして明示的に実現されることを禁止するものである。【テーマ5】

(6) a. The distant rumbling frightened Mary.
　　b. *The distant rumbling frightened Mary *of another tor-*

> *nado.*

【テーマ 1】frighten 類と fear 類
【概説】

　心理動詞は，経験者が文中のどの位置に生起するかで，大きく 2 つに分けることができる．1 つは，経験者が直接目的語となる frighten 類の動詞である．

　(7) frighten 類

　　amaze, amuse, anger, annoy, bore, bother, confuse, delight, disgust, encourage, enrage, excite, frighten, horrify, irritate, please, puzzle, surprise, terrify, threaten, worry, …　　　　(詳しいリストは B. Levin (1993 : 189))

もう 1 つは fear のように，経験者が主語になるものである．(8a)が他動詞，(9b)が自動詞である．

　(8) fear 類

　　a. like, love, dislike, trust, worship, dread, envy, fear, hate, loathe, regret, …

　　b. bother (about), cry (for), delight (in), despair (of), grieve (at), marvel (at), suffer (from), thrill (to), …

　　　　　　　　(詳しいリストは B. Levin (1993 : 91ff.))

(7)(8)の心理動詞は，経験者の位置は異なっているものの，いずれも経験者のある対象への心的経験を表していることから，例えば fear と frighten, like と please 等のペアは基本的な語彙意味は同じであるとする立場がある (Jackendoff (1972), Belletti & Rizzi (1988), Zubizarreta (1992) など)．他方(7)と(8)の動詞間には，前者には特に「使役」の意味が含まれるという点で，根本的な意味の違いがあるとする考え方がある (Grimshaw (1990), Pesetsky (1995) など)．

◆リンキングの問題——Pesetsky (1995) *Zero Syntax: Experiencers and Cascades.*

　動詞が持つ意味役割と，それらが結びつけられる（リンクされる）基底

の統語構造上の位置との間には規則的関係があることが知られている。これをリンキング規則（linking rule）という。例えば，動作主（Agent）と，主題（Theme：移動物を指す），場所（Locative）の3項を取る動詞 put については通例，動作主が主語位置と，主題が直接目的語位置と，そして場所は PP とリンクされる（John put a book on the shelf）。このように，個々の動詞の意味役割のセットが与えられれば，それらを統語構造に結びつける決まった方式があるとする立場がある。さらにより厳しい「絶対的な」リンキングの考え方もある（M. Baker (1988: 46)）。すなわち，それぞれの意味役割は常にある決まった統語構造上の位置と結びつけられるというものである。しかし，いずれの場合も，心理動詞で困った問題が生ずる。frighten 類も fear 類も，どちらも経験者とその経験対象（これも以下「主題」と呼ぶ）を取る二項動詞としてみよう。これらの項のリンキングを見ると，frighten 類では，経験者は直接目的語位置と，主題は主語位置と結びつけられる。他方 fear 類のリンキングはその逆となる (16)。このように，意味役割と統語位置との関係が2つの動詞類で矛盾していることをリンキングの逆説という。Pesetsky (1995: Ch.2) は，この解決案として，精密統語論（fine-grained syntax）と精密意味論（fine-grained semantics）の2つの考え方を示す。精密統語論は，(1a) における項の配列はあくまで表面的なもので，必ずしも基底の配置とは一致していないとする。すなわち，適切な基底構造が提示されれば，［経験者，主題］のセットについて，fear にも frighten にも共通の一定のリンキング規則が成立するという立場である。一方精密意味論は，frighten 類の意味役割のセットと fear 類の意味役割のセットは異なるとする。この場合には，2つの動詞には同じ意味役割は関わっていないので，原理的にリンキングに関する矛盾は起こらない。精密統語論の代表的立場に，Belletti & Rizzi (1988) があり（【テーマ2】参照），精密意味論の代表的な考え方には Grimshaw (1990)，Pesetsky (1995) などがある。

　Grimshaw の分析については以下で見ることにし，ここでは Pesetsky のリンキング規則をみて見よう。彼は，fear 類に［経験者，対象（Target)］，一方 frighten 類は使役動詞と見なして，［原因，経験者，対象］という相異なる意味役割のセットを仮定する。Pesetsky は，原因＞…＞経験者＞…＞対象という意味役割の階層，主語位置＞目的語位置という位

置の階層を設け，これに基づく相対的なリンキング規則を提案する。この規則によれば，[経験者，対象]を持つ fear 類では，経験者が階層上最上位なので主語位置と，次位の対象は目的語位置とリンクされる(16)。一方[原因，経験者，対象]のセットを持つ frighten 類では，原因が最上位なので主語位置と，次位の経験者が目的語位置と結びつけられることになる((1a)；ここで「対象」が統語的に実現されない点については【テーマ5】参照)。

◆frighten 類の意味論——Grimshaw (1990) *Argument Structure*.

　Grimshaw (1990：§2.3) も，frighten 類には，fear 類と異なり，使役の意味が含まれているとする。すなわち(1a)の thunder は単に心的経験の対象，すなわち主題としての資格をもつ他に，その心的経験を引き起こした原因でもあると言う。実際，(7)の動詞の中には，en-, -en, -ify など，明らかに使役の接辞を持つものが含まれている。そうすると，fear 類の項に与えられる意味役割と，frighten 類の項に与えられる意味役割は厳密には異なることになり，リンキングの矛盾が生ずることはない。Grimshaw は，動詞の項構造 (argument structure) に，主題役割次元 (Thematic Dimension) に加えて，動詞の相特性を表す相次元 (Aspectual Dimension) のレベルも認める。さらに，fear と frighten は，主題役割次元では同じ情報[経験者，主題]を持つが，相次元では互いに異なっていると論ずる。frighten は，使役動詞で「達成 (accomplishment)」型の出来事を表すので，その相構造は原因と結果状態よりなっている。Grimshaw によれば，相構造上の原因項は優先的に主語位置とリンクされ，それによって下記のような fear と frighten 間の異なる項配置になると言う (Grimshaw (1990：25))。

　(9) a. They (経験者) feared thunder (主題).
　　　b. Thunder (主題/原因) frightened them (経験者).

　事実，frighten 類が使役動詞であるとする明らかな統語的証拠がある。使役動詞は結果句 (resultative) と共起でき，中間動詞 (middle verb) に転用可能であることが知られているが，frighten 類にもこれがあてはまる。

　(10) a. The noise nearly frightened us *out of our senses*.

(小西（編），1980：609)

　　b. The news surprised him *into tears*.　　　(*ibid*.：1551)
　　c. That movie bored me *silly/to tears*.　　(B. Levin, 1993：190)
(11) a. Elephants terrify John./John *terrifies* easily.
　　b. John fears elephants./*Elephants *fear* easily.

(O'Grady, 1980：65)

|further readings|　Pesetsky (1995) では，frighten 類の動詞には使役のゼロ形態素（*ibid*.：§3.4）が付加しているとし，それによって使役の意味が出てくると分析されている。

　Pesetsky や Grimshaw とは対照的に，Zubizarreta (1992) は，心理動詞には，少なくとも語彙的には，使役の意味は含まれていないという立場をとる。彼女は，frighten 類の他動詞文に見られる使役の意味は，むしろ動詞意味論外の広い意味現象（語用論）からもたらされるという(Grimshaw (1990：23 f.) にこれに対する反論がある)。

|関連テーマ|　frighten 類は，必ずしも一様なクラスを構成するものでない。例えば，使役交替 (causative alternation) が可能であるか，そうでないかによってさらに下位分類される。
　使役交替とは，以下のように，一定の使役動詞について同形の自動詞用法が可能となることを言う。
　（ⅰ）a. John broke the glass. → The glass broke.
　　　　b. John opened the door. → The door opened.
frighten 類も使役動詞とされるが，その大部分は使役交替を受けない（B. Levin (1993：190)）。
　（ⅱ）a. The movie frightened John. → *John frightened (of the moive).
　　　　b. The clown amused the children. → *The children amused (at the clown).
しかしながら，この中で，worry, grieve, delight, puzzle, rejoice など一部の動詞には使役交替が見られる (Pesetsky (1995：96) 参照)。
　（ⅲ）The picture worried John. → John worried about the picture.
(7)の心理的使役動詞の大部分が，なぜ使役交替を受けないのか，また，

その中で特に worry などの動詞にはなぜ交替がみられるのか，さらに詳密な語彙意味的分析が必要である。この問題を考える上で，Levin & Rappaport Hovav（1995：Ch.3）が参考になる。

【テーマ2】照応形束縛
【概説】
　再帰代名詞や each other などの束縛照応形（bound anaphor）は，通例，局所的に（同じ節内，同一の NP 内で）先行詞によって束縛（bind），すなわち c 統御されなければならない。しかし，frighten 類の心理動詞文には，この点で変則的な束縛関係が見られる。(12)の各文で，先行詞（目的語）は主語に含まれている照応形を c 統御（したがって束縛）できないにもかかわらず照応関係が成立している。一方，非心理動詞文ではこのような照応関係は不可能である(13)。

(12) a. [$_{NP}$Pictures of *himself*] worries *John*.
　　 b. [$_{NP}$Pictures of *each other*] depress *the politicians*.
　　 c. [$_{NP}$*Each other*'s pictures] depress *the politicians*.

(13) a. *[$_{NP}$Pictures of *himself*] hit *John*.
　　 b. *[$_{NP}$A picture of *himself*] fell on *Harry*.

(12)における照応形の出現には，純粋に構造的な説明，意味役割（の階層）を用いた説明，視点（point of view）や発話主体指向性（logophoricity）を用いた説明などいくつかの説明方法がある。以下では，Belletti & Rizzi（1988）の構造的分析を略述することにする。

◆**心理動詞の非対格分析**（unaccusativity analysis）——Belletti & Rizzi (1988) "Psych-Verbs and θ-Theory."

　非対格動詞（unaccusative verb）とは，通例，arrive, fall, erupt など「主題（移動物や変化対象）」を主語とする自動詞をいう。これらの動詞では，その表面主語（＝主題）が直接目的語的な振る舞いをすることから，主題→直接目的語位置というリンキング規則に従って，D 構造で表面主題（＝主題）を直接目的語位置に導入し，主語位置は空とするよう仮定されてきた（Burzio (1986)，Belletti (1988) 他）。

(14) D 構造：[＿＿ [$_{VP}$ arrived a man]]→（NP 移動）→

S構造: A man arrived.

Belletti & Rizzi (1988) は, (8)の心理動詞も一種の非対格動詞であるとし, 以下のようなD構造を仮定する。

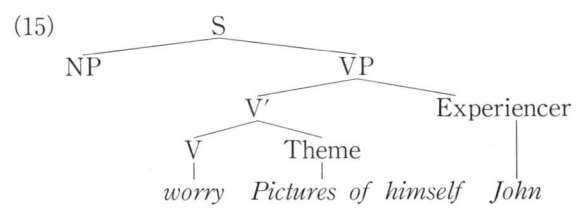

(15)
```
           S
         /   \
       NP    VP
            /  \
           V'   Experiencer
          / \      |
         V  Theme  |
         |    |    |
       worry Pictures of himself John
```

すなわち, 表面主語の主題 (Theme) 項は, そもそも基底構造では, 直接目的語位置に生起し, 主語位置は初めは空になっていたと仮定される。

(15)の構造によると, 心理動詞 worry は, 主語位置に意味役割を付与しないので,「Burzio の一般化 (Burzio's generalization: Burzio (1986))」により, その直接目的語に格 (Case) を与えることができない。よって主題項は, 主語位置に移動し, 格フィルター (Case Filter) の違反を避けなければならない。一方経験者 (Experiencer) 項については, 内在格 (inherent Case) が与えられるので, 格フィルターに抵触せずにこの位置に留まることになる。

さて(12)の束縛照応形に戻ると, Belletti & Rizzi は, 照応形の束縛はD構造・S構造のどちらかで成立していればよいと仮定する。(15)のD構造では, 経験者項は主題項をc統御する位置にあるので, John は適正に himself を束縛することができる。

では, (7)の心理動詞に対して非対格分析を支持する証拠はあるのだろうか。Belletti & Rizzi はいくつか証拠を挙げるが, ここではイタリア語の再帰的接辞 (reflexive clitic) si の束縛を見てみよう。彼らは, si はD構造で適正に束縛されなければならず, S構造で(16)のパターンを取っても排除されるとする。(17b)は受動文であるが, (16)の束縛パターンを持ち, 予測通り排除される。

(16) *NP_i... si_i... e_i

(17) a. $Gianni_i$ si_i è fotografato.
    Gianni himself photographed
  b. *$Gianni_i$ si_i è stato affidato e_i.
    Gianni to himself was entrusted

イタリア語で frighten 類に (15) の D 構造を仮定すると，(18a) はちょうど (16) の束縛パターンを取り，(17b) と同じ理由で排除される。

(18) a. *Gianni_i si_i preoccupa e_i.

Gianni himself worries 'Gianni のことが自分を心配させる'

b. Gianni si teme.

Gianni himself fears

一方，fear 類の (18b) は普通の他動詞文であるので，(17a) と同様，適格な文となっている。

束縛照応形の扱いの他にこの分析で特記すべきは，精密統語論の立場から，【テーマ1】のリンキングの問題を回避することができることである。Belletti & Rizzi は，心理動詞一般について，経験者は主題よりは上位の位置に配置されるとするリンキングの規則を提案する。(15)で主題は直接目的語位置，経験者はこれより上位の位置にある。一方，fear 文（They fear thunder）でも，経験者（＝they）は主題（＝thunder）よりは上位の位置にあり，両動詞の項配置は同一のリンキング規則で捉えられる。

◆**心理動詞に非対格分析は成立するか**──Campbell & Martin (1989) "Sensation Predicates and the Syntax of Stativity", Pesetsky (1995) *Zero Syntax: Experiencers and Cascades.*

心理動詞文に見られる特異な照応関係は，(15)の非対格分析に基づけば，標準的な c 統御によって説明できる利点があるが，問題がないわけではない。まず Belletti & Rizzi 自身も挙げる助動詞選択の問題がある。一般にイタリア語では完了を表す助動詞に，非対格動詞では essere 'be' が，その他の動詞には avere 'have' が用いられる。心理動詞は非対格動詞であるとすると essere が生起すると予測されるが，実際には avere が選ばれる。さらに彼らにとって困った点は，(16)の束縛現象が必ずしも frighten 類の非対格分析の証拠にならないということである。以下のように，この種の束縛は心理動詞に限られたものではない。

(19) a. Stories about *himself* always make *John* worry.

b. Pictures of *himself* give *Bill* a headache.

c. Pictures of *himself* make *John*'s head hurt.

(Campbell & Martin, 1989)

(20) a. These rumors about *himself* caught *John*'s attention.
　　b. The jokes about *herself* got *Mary*'s goat.
　　c. The photos of *himself* made *John*'s face turn red.
(Pesetsky, 1995 : 44)

(19)(20)の文の主動詞（make, give, catch, get）は，そもそも心理動詞ではないので，これらの文は(15)のようには分析されない。特に(19c)，(20)では，先行詞は所有格形としてNP内に含まれているので，非対格分析のいかんにかかわらず，どのみち再帰代名詞を束縛することはできない。これは非対格分析にとって大きな問題であると思われる。

　この他，心理動詞の非対格分析についての技術的な問題点についてはPesetsky (1995 : Ch.2), Iwata (1995) に詳しいので，そちらを参照されたい。

further readings　一般に(12)のような変則的な照応形は，例えば picture, portrait, statement, story など，事物の「表現形」を表す，いわゆる絵画名詞（picture noun）を主要部とする複合名詞句内に生起する。絵画名詞の詳細については，Warshawsky (1965), Ross (1967), Postal (1971) などを参照されたい。

　絵画名詞句内の照応形の出没については，視点（Kuno (1987)）や発話主体指向性による説明（Sells (1987), Zribi-Hertz (1989), Bouchard (1995 : 295 ff.) など），意味役割（の階層）に言及する説明（Giorgi (1984), Campbell & Martin (1989), Grimshaw (1990), Zubizarreta (1992) など），構造的な説明（Pesetsky (1987a, 1995), Belletti & Rizzi (1988) など）がある。

　絵画名詞句内に生起する再帰代名詞については，これらが代名詞と共通の特徴を示すことが Bouchard (1982 : 79) で指摘されている。Bouchard は，これらを，偽照応形（false anaphor）と呼び，局所的な束縛を必要とする標準的な束縛照応形と区別している。

関連テーマ　Belletti & Rizzi (1988) の分析では，D構造で経験者項が主題項に対して構造的に優位とされる。Kitagawa (1994), Pesetsky (1995), Takano (1998) で，二重目的語構文の着点（Goal）項と主題（Theme）項との間にも似たような階層構造（非主題＞主題）が提案さ

れ，束縛照応形の分布が説明されている。
(i) a. *I {gave/showed} *each other*'s mothers *the babies*.
  b. ?I {gave/showed} *each other*'s babies to *the mothers*.

(Takano, 1998 : 823)

一方，Larson (1988) では，これとは逆の階層構造が主張されており，意見が分かれている。

frighten 類に動詞的受動形（verbal passive）が可能かどうかについて対立する意見がある。Belletti & Rizzi (1988) は，この類の動詞は，外項（external argument）——基底構造で主語位置に実現される項——を欠くので，外項の抑圧（suppression）を伴う動詞的受動形は必然的に不可能であるとする。実際イタリア語には，対応する動詞的受動形はないと言う。また，Grimshaw (1990 : 113 ff.) も英語について同じことが言えるとし，Mary was frightened by the situation の frightened は，実は形容詞的受動形（adjectival passive）であると言う。これに対し Pesetsky (1995 : 32)，Bouchard (1995 : §4.4.3) は，英語では frighten 類のうちの一定のものについて，形容詞的受動形の他に，動詞的受動形も確かに存在すると主張し対立している（【テーマ4】も参照）。

【テーマ3】心理動詞の派生名詞について
【概説】

frighten 類は，以下のような文に生起する（ただし，(21c)では形容詞的受動形）。

(21) a. The movie amused the children.
  b. The clown deliberately amused the children.
  c. The children were much amused at the movie.

(21a)で，the movie は原因で，the children は心的経験の主体，すなわち経験者である。一方，(21b)の clown は，deliberately の意味から，意図的な働きかけをする主体，すなわち動作主で，the children はその働きかけの対象（主題）と把握される。(21c)では，受動形は形容詞で，心的状態を表している。これらの文のうち，(21b)(21c)についてのみ対応する派生名詞形（derived nominal）が可能である。

(22) a. *the movie's amusement of the children

  b. the clown's deliberate amusement of the children
  c. the children's amusement at the clown

また(23a)のような所有格要素を欠く形もあるが,この場合の派生名詞形は,(22b)に相当する意図的「過程」を表す解釈と,(22c)に相当する「状態」の解釈を持つ。(23a)には,of NP が所有格形として現れた(23b)の形も可能であるが,この場合は,amusement は「過程」の解釈は持たず,「状態」の解釈に限られる(Grimshaw (1990 : 119))。

 (23) a. the amusement of the children
  b. the children's amusement

これに対して fear 類は,文に相当する派生名詞構文を取ることができる。

 (24) a. Children fear the devil. → children's fear of the devil
  b. People hate the enemy. → people's hatred of the enemy
  c. John loves Mary.   → John's love of Mary

            (Rozwadowska, 1988)

◆「過程」を表す名詞と「状態」を表す名詞──Grimshaw (1990) *Argument Structure*.

 心理動詞の派生名詞構文は,上で見たとおり複雑な様相を呈する。これを解きほぐすために,Grimshaw にならい,まず,派生名詞を意味的に「結果(=状態)」的なものと「過程」的なものの2つに分類してみよう。例えば amusement には,「楽しさ」という人によって享受される状態と,「人^{1}が人^{2}を楽しませること」という動詞的意味を含む「過程」的読みがある。後者には未指定の参与者,すなわち項は含まれているが,前者は独立した抽象的概念を表しており,項が含まれていないと考えられる。したがって,(23b)の the children そして(23a)で amusement が「状態」を表す場合の the children は,amuse の項に相当するものではなく,amusement(=「楽しさ」)を指定する修飾要素(その状態の享受者を表す)と理解される。

 この点を踏まえて(22a)の不適格性を考えてみよう。まず Grimshaw は2つの仮定を行う。1つは,一般に「過程」的な派生名詞では外項が抑圧(suppress)されるとする。抑圧された外項は,派生名詞句において,以下のように所有格形あるいは by 句(これらを Grimshaw は項的付加詞

(argument adjunct) と言う) として，随意的に生起する．

(25) the (enemy's) destruction of the city/the destruction of the city (by the enemy)

もう1つの仮定は，frighten 類の心理動詞（動作主主語の場合は除く）には外項が欠如しているというものである．(22a)で，amuse にはそもそも抑圧される外項がないので，(21a)に相当する「過程」を表す派生名詞形は，the movie の存在いかんにかかわらず不可能となる．したがって，(23a)の amusement にも，(21a)の amuse に相当する「過程」の意味は含まれないことになる．一方，(21b)の amuse のように原因項ではなく動作主項を取る場合には，この限りでなく，(22b)のように派生名詞形は可能となる．上で項的付加詞の生起は随意的と述べた．(23a)の意図的な「過程」の解釈は，この抑圧項が実現されなかったものである．

◆**意味役割に言及する説明**── Rappaport Hovav (1983) "On the Nature of Derived Nominals," Rozwadowska (1988) "Thematic Restrictions on Derived Nominals."

Rappaport Hovav (1983) は，(22a)の非文法性を，一定の文法関係は意味的な制限を受けるという立場から説明する．すなわち，所有格 (POSS) という文法機能をもつ要素は，主題役は担えないとする．この制限は，(26b)のように fear 類の経験対象にもあてはまる．(26b)は，「恐怖」の対象，すなわち主題が，派生名詞句で所有格として現れているため排除される．

(26) a. Scarecrows were feared by Amy.
　　　b. *scarecrows' fear by Amy

一方 Rozwadowska (1988) も，Rappaport Hovav 同様意味役割に言及するが，(22b)(22c)をも考慮に入れ，意味役割の指定をより精密にする．Rozwadowska は，変化対象でもなく有情的（sentient）主体でもない実体を特に中立者（Neutral）と呼び，この役割に基づき，派生名詞句の所有格要素は中立者であってはならないと仮定する．(22a)の the movie は中立者役を担う要素であるが，(22b)(22c)のそれは，それぞれ動作主（有情主体），経験者（有情主体，変化対象）であるので，中立者ではない．そのために，これらの形式は所有格を取ることができる（なお

関連して Amritavalli（1980）も参照のこと）。

　しかしこれらの説明は，違反の元となる所有格要素のない(23a)にどうして(21a)に相当する動詞的意味が含まれていないかを説明することができない。上でみた Grimshaw（1990）の説明は，この点では優れていると言える。

◆**主題に伴われる前置詞**——Chomsky (1986b) *Knowledge of Language: Its Nature, Origin and Use,* Rappaport Hovav (1983) "On the Nature of Derived Nominals."

　(27a)は，Rozwadowska（1988）に従えば，所有格要素が，有情な実体（経験者）なので許されるが，では，主題（経験対象）に of を用いた(27b)はどうして排除されるのであろうか。

　(27) a. The children's amusement at the clown
　　　 b. *The children's amusement of the clown

(24)で見たように，fear 類の心理動詞については，主題に of が選択される。これに対して，frighten 類では同じ意味役割にもかかわらず of が選択されない。動詞のいかんにかかわらず，同じ意味役割は一様の統語的実現を受けるとする仮説があるが（主題役実現の不変性仮説（Thematic Constancy Hypothesis：Rappaport Hovav (1983))，規範的構造具現（Canonical Structural Realization：Chomsky (1986b)))，心理動詞の主題に関する前置詞選択の相違は，これらの仮説にとって問題となる。

　Wasow（1977）は，(27a)の amusement を，(21c)の形容詞的受動形から派生すると主張する。こうすると，前置詞に関する形容詞的受動形の性質が派生名詞にも受け継がれ，at が選択されることが説明される（この分析の問題点については，Amritavalli（1980）参照）。他方，Zubizarreta（1987：28）は，frighten 類の語彙情報の中に，主題項が形容詞的受動文や名詞句内に実現されるときに at が選ばれるようあらかじめ指定がなされているとする。しかしこの説明は記述的で，なぜ frighten 類にのみこのような指定が必要で，一方 fear 類の主題項にはデフォルトの of が選ばれるのか明らかでない。

　この前置詞選択上の違いには，問題の名詞が項を取る要素かどうかが関わっていると思われる。fear 類の派生名詞は項を取る（argument-taking）性質を有し，一方 frighten 類の派生名詞は，「意図的な過程」の解釈以外は，「状態」を表す結果（抽象）名詞と解釈され，項はとらないとしてみよう。後者については，派生名詞と主題との語彙的な直接の繋がりはないので，デフォルトの of ではなく，その意味を明示する特別の前置詞が必要とされると考えられる。ただし，このような説明方法にも，どうして frighten 類の派生名詞には「過程」的読みが不可能なのか，という点は問題として残されている。

further readings 派生名詞について重要な文献に Chomsky (1970) がある。派生名詞句を，対応する文から変形によって導くのではなく，まず主要部の派生名詞を語彙部門で形態論的に定義し，その項特性から名詞句全体が組み立てられるとする，いわゆる語彙論的仮説（lexicalist hypothesis）を確立した画期的な論文である。なお，Marantz (1996) では，極小理論（minimalist program）の枠組み内で，Chomsky (1970) の再解釈がなされている。

関連テーマ frighten 類の動詞の大部分から，-ing を付加して形容詞を導くことができる（例えば frightening, surprising, annoying, boring, confusing, interesting など）。これらの形容詞は基本的には基体の動詞の項構造を受け継ぐ。ただし，動詞と異なり形容詞は格付与能力を欠くので，経験者は前置詞句として表される。

(i) The movie was very frightening *to me*.

どうして frighten 類の動詞にこのような形容詞が一般に可能なのだろうか。参考になる論文としては，Randall (1982), Fabb (1984), Keyser & Roeper (1984), Nakajima (1993) などがある。

【テーマ4】心理動詞の相特性
【概説】

fear 類と frighten 類は，以下のように，前者では進行相が不可能，後者では可能なことから，明らかに相の性質が異なると思われる。fear は状態的（stative）であり，frighten は非状態的（non-stative）であると言える。

(28) a. *We are fearing the storm.

b. The storm was frightening us.　　　(Grimshaw, 1990 : 23)

　frighten 類が非状態的であることは，その使役の意味構造から導き出される。使役動詞は，意味構造上，原因出来事と結果出来事の 2 つの出来事を含み，前者が後者を引き起こすという動的な過程を表すので非状態的である。しかし一方で，frighten 類が表す「非状態性」と，build, cut などの非心理的な使役動詞が表す「非状態性」は，精密に比較すると異なっていると指摘されている (van Voorst (1992))。また，depress, please などの動詞は frighten 類であるにもかかわらず，相的観点からは状態的動詞類に分類される (Pesetsky (1995), Grimshaw (1990))。

◆「達成」か「到達」か——van Voorst (1992) "The Aspectual Semantics of Psychological Verbs."
　frighten 類の心理動詞は使役の意味を含むので，使役動詞一般の意味構造の鋳型に従うものと考えられる。使役動詞は，2 つの出来事間の因果関係を表すもので，[[原因出来事]CAUSE [結果出来事]] という意味構造を取ると考えられる (Dowty (1979), B. Levin & Rappaport Hovav (1995) 他)。まず frighten 類の原因出来事については，ある対象がその経験者に及ぼす影響 (affecting) であるとしてみよう (N. McCawley (1976))。一方，結果出来事は，BECOME で特徴づけられる起動的な (inchoative) ものと，BE で把握される状態的なものの，およそ 2 つに分けることができる。前者の場合は，完了を表す時間表現 in...を取ることができ，後者の場合は継続期間を表す for...を取ることができる。次例を見てみよう。

　(29) a. John built his house in/*for three months.
　　　 b. The sheriff of Nottingham jailed Robin Hood for/*in three years.

時間表現の相違から，build に含まれる結果出来事は起動的であり，一方，jail に含まれるものは状態的となる。それぞれのおよその意味構造を下記のように表してみる。

　(30) a. 原因出来事 CAUSE [*BECOME* [y IN-EXISTENCE]]——達成
　　　 b. 原因出来事 CAUSE [*BE* [y IN-JAIL]]——到達

(30a)(30b)は相的に，それぞれ，「達成(accomplishment)」と「到達(achievement)」というように区分される。

van Voorst (1992) は，frighten 類が，期間を表す時間表現を取ることから，「到達」を表すと論ずる。

(31) That television program amused me for an hour/*in an hour.

さらに almost の解釈を見てみよう。「達成」動詞の場合，原因出来事がまだ始まっていないという読みと，結果出来事がまだ完了していないという2つの読みで多義となる。(32a)には，家の建設がまだ始まっていないということと，建設は始まったが家の完成がまだであるということの2つの解釈がある。

(32) a. He almost built a house.
　　　b. The sheriff of Nottingham almost jailed Robin Hood.
　　　c. These events almost amused me.

一方「到達」動詞については，前者の解釈のみが可能で，結果出来事の完了に言及する解釈は不可能である。よって(32b)は，収監がまだ起こっていないという解釈のみを持つ。(32c)の amuse 文も，(32b)と同じく，結果出来事の「未発」の解釈のみを持つ。

◆frighten 類全ての動詞が進行形を許すわけではない —— Pesetsky (1995) *Zero Syntax: Experiencers and Cascades*, Grimshaw (1990) *Argument Structure*.

使役動詞は，原因出来事から結果出来事への推移（transition）を含むので非状態的と分析され，進行形が可能である（John is building a house）。frighten 類も使役動詞であるとすると，当然非状態的で，進行形が可能であると予測される。(28b)や下記の(32a)はこの予測を裏付ける。しかし，(33b)の depress のように進行形を許さない frighten 類動詞もある。

(33) a. Odd noises are continually scaring Sue.
　　　b.[29] Odd noises are continually depressing Sue.

(Pesetsky, 1995 : 29-30)

また please, concern も，主題項が主語位置に，経験者項が直接目的語位置に生起するので，frighten 類に含まれるように思われるが，進行形は許

されない。

(34) a. The weather pleased us./*The weather was pleasing us.
b. The news concerned us./*The news was concerning us.

(Grimshaw, 1990 : 29)

このようなことから，frighten 類が意味的に一様なクラスを構成するものでないことがうかがえる。実際，Pesetsky (1995 : §2.3.4) は，frighten 類をさらに，状態的なものと非状態的なものに下位分類している（非状態的下位類には動詞的受動形も可能と言う）。

他方，fear 類に常に進行形が許されないわけではない。

(35) a. Harry is clearly fearing an outbreak of the flu.
b. I think Bill is really liking this performance.
c. Sue is truly hating the sea-urchin sushi. (Pesetsky, 1995 : 30)

Pesetsky は，状態的な出来事であっても，それが外部から判断を受けていて，まだその判断が中途の暫定的なものである場合には進行形が可能であると言う。例えば(35b)は，話者 I が，「Bill はこの演奏が好きだ」と判断する方向に傾きつつあることを表している。

| further readings | 「到達」，「達成」とは，Vendler (1967) による，相的観点からの出来事の分類である。この他に活動（activity），状態（state）という範疇がある。これら4区分は動詞の語彙意味・統語的性質を論ずる場合に極めて有用なものである。

【テーマ5】T/SM 制限
【概説】

心理動詞は，心的状態を含むので，経験者と主題（経験対象）の2項をとる。さらに，frighten 類は使役の意味も含むので，原因項を持つ。例えば(36a)では，Mary が経験者，the distant rumbling が原因で（同時に主題でも）ある。さてこの3つの役割が別々の項に担われ同時に生起することはないのだろうか。例えば原因を the distant rumbling, 経験者を Mary, 主題を another tornado としてみよう。「遠雷に Mary はまた竜巻が来るかと恐れた」という意味自体には特に問題はない。しかし(36b)が示すように，これは不可能である。

(36) a. The distant rumbling frightened Mary.
　　b. *The distant rumbling frightened Mary of another tornado.
　　　(Mary was frightened of another tornado.と比較対象)
　　　　　　　　　　　　　　　　　　　　　　(Pesetsky, 1995 : 60)

さらに(37)を見てみよう。(37b)では，原因に加えて主題（＝the veracity of Bill's alibi）が独立して表現されている。これは，意味的にはつじつまが合う（「そのテレビは，John をして，Bill のアリバイの信憑性について困惑させた」）にもかかわらず，非文になる。

(37) a. The television set worried John.
　　b. *The television set worried John about the veracity of Bill's alibi.
　　　(John (was) worried about the veracity of Bill's alibi.と比較対象)　　　　　　　　　　　　　　　　　　　　　　(*ibid.*)

Pesetsky (1995) では，(36b)(37b)の非文法性が論点として取り上げられ，独自の理論に基づき詳細に分析されている。

◆**原因項と項的 PP は本当に共起できないのか**── Pesetsky (1995) *Zero Syntax: Experiencers and Cascades.*

Pesetsky (1995) は，心理動詞の主題をさらに精密に，感情の「対象（Target）」と感情の「題材（Subject Matter）」に分ける。(36b)の another tornado は対象，(37b)の the veracity of Bill's alibi は題材である。Pesetsky は，これらの役割を担う項と原因とが共起できないことを T/SM 制限と呼んだ（T は対象（Target），SM は題材（Subject Matter）を表す）。彼は，独自の形態論と統語構造を仮定してこの T/SM 制限を説明するが，その最終的結論だけを述べると，一般に項を実現する PP は，統語的一般原理から原因項とは共起できないというものである。

しかし，実際には，T/SM 制限には重大な反例が散見される。

(38) a. *The movie frightened Mary of the ghost.
　　　　　　　　　　　　　　　　　　　(Grimshaw, 1990 : 21)
　　b. *John frightened Mary of the ghost.　　(*ibid.* : 176)

(38a)の the movie は原因，the ghost は対象である。したがって，この文の非文法性は Pesetsky の T/SM 制限で説明できる。一方，(38b)で

は，Johnは原因でなく動作主であるので，T/SM 制限によれば，PP（of the ghost）と共起できるはずであり，(38b)は適格と予測される。しかし，これは正しくない。

Pesetsky 自身も自説に反例があることを認め，例えば人を「鼓舞し（inspire）」たり「消沈させ（discourage）」る意の使役動詞については，一般に原因項と PP の共起が可能であるとする。

(39) a. Sue's remarks aroused us to action.
　　 b. The rain discouraged us from our tasks.
　　 c. These remarks inclined us toward the more difficult course.
(Pesetsky, 1995 : 215)

また frighten 類の1つである interest については，対象が生起しても必ずしも非文にはならない（この他，T/SM 制限に反するデータについては丸田（1998 : Ch.2）に詳しい）。

(40) a.? *The Loom of Language* interested many people in linguistics.
　　 b.? Mary's lecture interested me in mathematics.　　(*ibid.* : 322)

Pesetsky の T/SM 制限の説明は，独自の統語構造と frighten 類に仮定されたゼロ接辞の統語的性質によっているのだが，語彙意味の観点からこの問題を見てみると，(36b)(37b)の非文法性が自然に説明される可能性がある。次にそのような考え方の1つを見てみたい。

◆frighten 類の項構造── Bouchard (1995) *The Semantics of Syntax : A Minimalist Approach to Grammar*.

Pesetsky (1995) は，独自の精密意味論に基づき，心理動詞に［原因，経験者，T/SM］の3項を認める。さらに独自の文法理論から，T/SM 項については，語彙的には存在するが統語的に実現されると非文を生むことになる，とする。しかし，この T/SM 項の存在については一般に意見が一致しているわけではない。例えば，Bouchard (1995 : Ch.4) はそもそも frighten 類に T/SM 項は認めない。よって彼の理論では，T/SM 制限は起こりようがないのである。ただ Bouchard でも，frighten 類に，語彙意味的には3項を認めるが，その内の1項は「驚き（surprise）」や「恐怖（fright）」「怒り（anger）」などの感情（これを Bouchard は心的実体（psy-chose）と呼ぶ）であるとする。Bouchard は，心的経験を，

物理的空間で起こる事態になぞらえて,いわば心理的空間での出来事と捉える。この中で,「驚き」や「恐怖」などの心的実体は一種の移動物(=主題)として,「怒り」は場所(Locative)として働く。例えばfrightenは,'give 人 a FRIGHT'と,angerは'put 人 in ANGER'と分析される。心的実体のFRIGHT ANGER は定項なので統語的実現を受けず,結局残った2項が主語位置,直接目的語位置に生起する。2項のみが統語的に実現されるので,3項が現る(36b)(37b)(38)はそもそも形成されることはない。したがってBouchardでは,frighten類の動詞文に生起するPPは,項ではなく,修飾的な付加詞としての解釈しか許されないことになる。例えば,(41a)のPPは適切な付加詞の解釈がないので排除されるが,一方動作主を主語にすると,動作主の意図的企てを実現する「手段」という付加詞の解釈を受けるので適切となる。

(41) a. *The Chinese dinner satisfied Bill with his trip to Beijing.
　　 b. Mary satisfied Bill with her trip to Beijing.

(Bouchard, 1995 : 333)

ただし,このように考えると,(39)(40)の動詞は,frighten類一般と異なり,どうして項の資格を持つPPを認可できるのか,という新たな問題が起こってくる。

このように,T/SM制限は,なお議論の余地があるものの,frighten類,さらには(39)(40)の動詞の語彙意味を解析する上で重要なきっかけを与えてくれる。

further readings 　 Zubizarreta (1992) は frighten 類に使役分析は適用せず,その項構造を単純に[主題,経験者]とする。この立場では,T/SM制限は,主題項が統語レベルで主語位置にもPPとしても二重に実現された,θ基準(θ-criterion)の違反として説明される。

45. 場所格交替動詞 (locative alternation verb)

　場所（Locative）要素を項（argument）として取る動詞が，(1a)(1b)のように2つの異なった語順で生起することを場所格交替（Locative Alternation）という。
　(1) a. Linda sprayed water on the plants.　〈場所構文〉
　　　b. Linda sprayed the plants with water.　〈with 構文〉
　　　　　　　　　　　　　(Rappaport Hovav & Levin (1988))
統語的に場所項は，(1a)では PP として，(1b)では直接目的語として実現されている。一方主題（Theme；＝移動物）は，(1a)では直接目的語として，(1b)では PP として現れる。この交替にはいくつもの込み入った問題が関わっている。例えば，(1a)と(1b)は本当に同義であるのかという問題がある。さらに，(1b)でどうして主題の water に with という特定の前置詞が用いられ，そして with でどのような意味が表されているのかという問題もある。また，pour や put などの移動動詞は，spray 同様場所項を取るにもかかわらず，どうして with 構文へと交替できないのかという点も重要な論点である。
　(2) pour tea into a cup, *pour a cup with tea
　以下ではまず，場所項が関与する語順交替に，3つの種類を区別し，それぞれの意味的・統語的特徴を挙げることにする。【テーマ1】
　次いで，場所格交替を詳しく分析する。具体的には，これらの交替に参与する動詞類の意味的特徴を明らかにし，2つの文型を導く語彙規則を提示する。【テーマ2】
　最後に with 構文の with 句について，場所格交替にとらわれずにより広い視点から，その意味的・統語的性質を概観する。【テーマ3】

【テーマ1】 3種類の場所格交替
【概説】

　場所格交替には，sprayやloadなどの動詞に典型的にみられるspray/load交替の他に，swarm類の自動詞に見られるswarm交替(3)，そしてclear類の動詞に見られるclear交替(4)がある。

(3) a. Bees are swarming in the garden.
　　b. The garden was swarming with bees.
(4) a. Henry cleared dishes from the table.
　　b. Henry cleared the table of dishes.

いずれの交替においても，場所項の2通りの統語的実現方式が，2つの異なる構文を導く。また，場所項がPPとしてではなく直接目的語ないし主語位置に生起した場合には，全体的（holistic）な解釈，すなわち場所全体にわたって物が行き渡っているという読みが見られる。なお，clear交替では，on, in/withではなく，from/ofの前置詞のペアが用いられる。

◆spray/load動詞，swarm動詞，clear動詞── B. Levin (1993) *English Verb Classes and Alternations: A Preliminary Investigation.*

　B. Levin (1993) に従い，spray/load交替を示す動詞類を挙げると以下のようになる。

(5) spray/load動詞
　　brush, cram, crowd, cultivate, dab, daub, drape, drizzle, dust, hang, heap, inject, jam, load, mound, pack, pile, plant, plaster, ?prick, pump, rub, scatter, seed, settle, sew, shower, slather, smear, smudge, sow, spatter, splash, splatter, spray, spread, sprinkle, spritz, squirt, stack, stick, stock, strew, string, stuff, swab, ?vest, ?wash, wrap, …　　　　　　　(B. Levin, 1993 : 50)

これらはいずれも，「物を何かの入れ物に入れ」たり，「物体の表面に何かを施し」たりする意味を持っている。交替ペアの(1a)と(1b)はほぼ同義とされているが，with構文(1b)には，特別に，「植物全体に水が散布された」という「全体的解釈」が見られる。

次に自動詞文相互のswarm交替であるが，下記のような，「ある場所での大量の物の分布・群集」を表す動詞に典型的にみられる。この場合には，(3b)のように，場所項が主語位置に現れると，その要素に全体的解釈が見られる (*ibid.*:54)。

(6) swarm動詞
　　　abound, bustle, crawl, creep, hop, run, swarm, swim,
　　　teem, throng　　　　　　　　　　　　(B. Levin, 1993:54)

この交替は，この他，bubbleやoozeなど放出動詞 (verbs of emission) にも生産的に見られる。詳細な動詞のリストについてはB. Levin (1993:53 f.) を参照。

splay/load交替やswarm交替を受ける動詞に比べると，clear交替に参与する動詞は極めて少ない。B. Levinの分類では，わずかに4つ挙げられているにすぎない。

(7) clear動詞
　　　clear, clean, drain, empty　　　　　(B. Levin, 1993:52)

これらは共通に，「ある表面・入れ物から物を取り除く」という意味を表す。B. Levin (1993:52) によれば，(4b)の場所表現the tableも「全体的」な解釈を受けると言う。すなわち，(4b)では，the table全体について，「その上から皿が片づけられた」という事態が捉えられていると言う (Levin & Rappaport Hovav (1991:fn. 19))。

なお(7)の動詞のうち，clear, clean, emptyは形容詞から転成したものであるが，基になっている形容詞もofを取ることができる。

(8) clear of snow, clean of bugs, empty of water
　　　　　　　　　　　　　　　(Levin & Rappaport Hovav, 1991)

◆clear交替──Levin & Rappaport Hovav (1991) "Wiping the Slate Clean: A Lexical Sema,tic Exploration."

spray/load交替については，【テーマ2】で詳述することになるので，ここではclear交替，swarm交替について概説することにする。まずclear交替から見てみよう。

Levin & Rappaport Hovav (1991) は，(7)の動詞を，ある実体の状態変化を表す使役動詞と捉える。使役出来事は，原因出来事と結果状態の2

つの下位出来事より成るが，clear 類には，「ある実体から何かを取り除く（remove）」こと（原因出来事）と，それによってその実体に典型的にもたらされる「何かが欠けた状態（結果状態）」が含まれる。

例えば，clear the table は，'make the table clear' のようにパラフレーズされるが，ここで，clear な状態（＝結果）は，the table から何かを取り除くことによりもたらされる状態である。この除去されるものは，(4b) の of dishes のように of を用いて表される。なおこの of は，clear 類に限らず，(9) の「分離・剥奪」を表す deprive 動詞に典型的に伴われる前置詞である。

(9) deprive 動詞

bilk, cheat, defraud, denude, deprive, dispossess, fleece, rid, rob, … 　　(Levin & Rappaport Hovav, 1991：142)

(10) a. rid the house of rats

b. A mugger robbed me of all my money.（『英和活用大辞典』：2130)

clear 動詞にも，(8) の形容詞にも同じ意味が含まれており，これが of の出現を説明する。

では clear 類に見られるもう1つの構文，from 構文(4a) はどのように説明されるのだろうか。Levin & Rappaport Hovav は，この構文での clear は状態変化動詞ではなく，以下のような物の移動を表す remove 動詞類に含まれるとする。

(11) remove 動詞

dislodge, draw, evict, extract, pry, remove, steal, uproot, withdraw, wrench,…

これらの動詞については移動物の出所が from 句で表されるが，clear 動詞に見られる from 句もこれと同じものと Levin & Rappaport Hovav は論ずる。すなわち，clear 交替は，clear 類が持つ2つの意味——すなわち「状態変化（分離・剥奪状態を含む）」と「移動」——から説明される。前者の意味をもつ clear からは(4b) の of 構文が，後者の意味からは(4a) の from 構文が導かれる。さらに Levin & Rappaport Hovav によれば，「移動」を表す clear は，前者の clear から意味拡張によってもたらされるものだと言う。clear 類の動詞に含まれる結果状態は，何かを移動す

ことよってもたらされる。この「何かの移動」という観点から事態が捉え直され，これを語彙の中心的な意味として拡張すると，「移動」の clear になると言う。

上でみた clear 交替は，他動詞間のものであったが，B. Levin (1993: 55) によれば，下記のように自動詞間でも交替が可能である。

(12) a. Clouds cleared from the sky.
　　 b. The sky cleared (?of clouds).

この場合も，(12b)の場所の the sky には「空全体にわたって」という全体的な解釈がみられる。注意すべきは，(12)のような自動詞間の交替は clean には不可能なことである。この問題を考えるには，Levin & Rappaport Hovav (1991: fn.8) が参考になる。

◆swarm 交替──Salkoff (1983) "Bees Are Swarming in the Garden: A Systematic Synchronic Study of Productivity."

この論文は，swarm 交替について収集した多種多様なデータの提示を主たる目的としており，事実の説明には深くは立ち入っていない。しかし示されているデータには興味深いものが多く含まれており，以下ではそのような例を1つ紹介する。

swarm 交替は，(6)のように「ある場所に大量のものが群がる」ことを表す自動詞に典型的にみられる。しかし，このような意味を含む動詞であれば常に交替を示すわけではない。例えば congregate は「大勢集まる」という意味をもっており，一見 swarm 交替が可能かと思われるが，実際には不可能である。

(13) a. The deer congregated in the glade.
　　 b. *The glade congregated with the deer.　　(Salkoff, 1983: 289)

他方，動作動詞 dance については，「群集」の意味を含まないので(14)のように交替がない。一方で，(15)のように比喩的に用いられると，交替が可能になる。

(14) a. Couples danced over the floor.
　　 b. *The floor danced with couples.　　　　　　　　　(*ibid.*)
(15) a. Enthusiasm danced in his eye.
　　 b. His eyes danced with enthusiasm.　　　　　　　　(*ibid.*)

このような dance の比喩的意味の獲得と with 句の生起は，類推により，類義語の polka, waltz などの動詞にも及び，swam 交替動詞を開放類 (open class) にする。

　swarm 交替の with 構文で興味深い点は，多くの動詞が接頭辞 a- による形容詞化を受けるということである。下記のように，dance についてもこの過程が可能とされる。

(16) a. A vision of success danced in his head.
　　　b. His head danced/was adance with visions of success.　(*ibid.*)

(14 b)のように，比喩化を受けていない文字どおりの活動を表す dance は with 句を許さないのに対し，形容詞 adance となると with 句と共起できるようになる。

(17) a. Fireflies danced over the flowers.
　　　b. The flowers were adance with fireflies.

このように動作動詞 dance に関して with 構文の可能性が，比喩化，接頭辞 a-の付加による形容詞化によっていることをみたが，この点については Salkoff では特に説明されていない。これらの過程は，動作動詞の意味を「状態的」なものへ変える。そこで，swarm 交替の with 構文は，「状態的」な意味としか整合しえないかと仮定してみよう。(13)の congregate に with 構文が不可能なのは，この動詞の相特性，非状態性によっていると考えられる。

further readings　clear 交替動詞として B. Levin (1993) は(6)の 4 動詞を挙げるのみだが，Fraser (1971), Hook (1983) では，このクラスはもっと大きいものとされている。ただし，Levin & Rappaport Hovav (1991) は，Fraser (1973), Hook (1983) が挙げる動詞の一部（例えば strip など）を clear 類に含めることには慎重である。

【テーマ 2】spray/load 交替
【概説】
　Rappaport & Levin (1988) は，(1a)と(1b)の場所格交替を説明する理論について，以下の 3 点を自然に説明できるものでなければならないとする。

(18) 1. 2つの構文間の近似的なパラフレーズ関係
　　 2. spray/load 類の意味役割と統語構造とのリンキング
　　 3. with 構文における場所項（直接目的語）にみられる被動的
　　　 (affected) 解釈

以下ではまず，標準的な場所格交替理論を紹介し，上記3点を検討する。次に，この交替に参与する動詞の精密な語彙意味を明らかにし，最後に，場所要素の被動的（および全体的）解釈について概説する。

◆**語彙規則**──Rappaport Hovav & Levin (1988) "What to Do with θ-Roles."

Rappaport Hovav & Levin (1988) では，動詞の意味から文の形が決まるという立場から，spray/load 交替は一般に，同一動詞の持つ2つの異なる意味から導き出された交替であるという。つまり，(19a) の load は「物の移動」を表し，(19b) の load は「場所が被った変化」を表すという。

(19) a. Henry loaded hay onto the wagon.
　　 b. Henry loaded the wagon with hay.

彼女らは，後者の意味は前者の意味から意味拡張によって派生したものと論ずる。まず「移動」の load の意味は，下記のような語彙概念構造 (Lexical Conceptual Structure: LCS) で表示される。

(20) [x cause [y to come to be at z]]

この表示で x は Henry, y は hay, z は the wagon と結びつけられる。では，この表示から，どのようにして (19b) の「場所が被った変化」を表す load の意味構造が導かれるのであろうか。

Levin & Rapoport (1988) は，動詞の規則的な多義性 (regular polysemy) を説明するのに語彙的従属化 (lexical subordination) という過程を提案する。これは，元の基本の語彙意味を，新しく導入された「結果」を表す意味構造の下に，その達成の手段として組み込む仕組みである。(21b) の squeeze は，(21a) の squeeze からこの過程により派生した拡張用法である。

(21) a. Carla squeezed the lemon.（基本用法）
　　 b. Carla squeezed the juice out of the lemon.（語彙的従属化によ

る派生用法：＝Carla extracted the juice by squeezing the lemon.)　　　　　　　　　　　(Levin & Rapoport, 1988 : 276)

Rappaport Hovav & Levin は，(21)で働いているのと同じ語彙的従属化が，(20)のLCSから(22)のLCSを導くとする。こうして導かれた(23)では，状態変化の惹起を表す新しいLCSの下に(21)が「手段」を表す修飾要素として従属的に組み込まれた形になっている。

(22) [x cause [z to come to be in STATE]] BY MEANS OF [x cause [y to come to be at z]]

したがって(19b)は，hay を the wagon の所に動かすことによって，the wagon が状態変化を受け満載状態になった，という出来事を表すと把握される。

このようにして，load は(20)と(22)の2つの異なる意味を持つことになる。Rappaport Hovav & Levin (1988) は，これらの意味構造に次のリンキング規則を適用する。すなわち，動作主 x は主語位置に，主題(位置変化，状態変化を被るもの：それぞれ(20)の y，(23)の z) は直接目的語位置に，そして(20)の z 項（場所）は into/onto 句に，(22)の BY MEANS OF 節中の y 項は with 句と結びつけられるとする。こうすると，(20)(22)の意味構造から，それぞれ(19a)(19b)の文が導かれることになり，(18)の2を説明したことになる。with 句は BY MEANS OF 節と関係するもので，手段的に解され，広い意味で道具を表す(23a)の with 句と同じ働きを持つ。事実，道具（＝a hammer）も(23)のように，すなわち(22)の BY MEANS OF 節と同じ解釈を受ける。

(23) She cracked the egg with a hammer.
　　（＝She cracked the egg by moving a hammer to it.)

さらに，(20)，(22)の2つのLCSを比べて気づく点は，両者に [x cause [y to come to be at z]] が共有されていることである。ここから，交替ペアの近似的なパラフレーズ関係が説明され，(18)の1の答えとなる。

最後に，この理論では，with 構文は場所要素 z の状態変化を表す(22)に由来するが，z の状態変化体としての性質からその「全体的な解釈」が得られ，(18)の3に対する解答となる（詳細は以下で述べる）。

このように，Rappaport Hovav & Levin の語彙規則は，交替理論が説

明すべき上記(18)の3点全てを説明することができる。

◆**交替に参与できる動詞類，できない動詞類**── Pinker (1989) *Learnability and Cognition: The Acquisition of Argument Structure.*

spray/load 動詞は，場所構文と with 構文とに交替することができたが，ではこれらの動詞の何が交替を可能にしているのだろうか。上で，これらは共通に，「何かをある表面や入れ物に移動する」動詞と特徴づけたが，では同じような意味を持つと思われる以下の動詞にはどうして with 構文は不可能なのだろうか。

(24) a. install, lay, lean, mount, perch, place, position, put, rest, set
　　 b. drip, pour, slop, slosh, spew, spill, spurt

(B. Levin, 1993 : 51)

(25) a. Tamara poured water into the bowl.
　　 b. *Tamara poured the bowl with water.　　　(*ibid.*)

Pinker (1989 : 79) によれば，spray/load 交替は，1つの出来事が，物の移動とも，また別角度から状態変化とも捉えられることに起因するという。このように，認知的に出来事が二様に捉えられることをゲシュタルト推移（gestalt shift）という。この説が正しいとすると，交替に参加する動詞は，このように2通りに捉えられる出来事を表すものに限られることになる。つまり，ある動詞が交替を示すには，それがまず物体の移動を表すものであることと，その移動の結果，ある表面や入れ物がどのような影響を受けるのかが具体的に予測されるものでなければならないことになる。例えば動詞 spray を見てみよう。基本的にこの動詞は，液体の霧状の移動を表し場所構文をもたらす。この出来事はまた，結果的に，移動先に，その液体に均一に被われるという状態変化を引き起こすとも理解される。spray は，それが表す出来事の二面的把握に対応して，予測通り spray/load 交替を示す。これに対して(24)の動詞は，それぞれ一定の移動を表すので場所構文に具現されるが，他方，この移動の結果，移動先にどのような変化が生ずるのか，動詞の意味からははっきりとは予測ができない。この「予測不可能」という点で，これらの動詞はゲシュタルト推移を許さず，with 構文には現れない。一方，Pinker は，逆方向からのゲシ

ュタルト推移も可能であるという。例えばpackは，基本的には，ある容器に限度以上物が詰め込まれるという，場所の状態変化を表す動詞であるが，同時にその際に，どのようにその物が移動を受けたかが具体的に推測できる。この場合は，sprayとは逆のゲシュタルト推移が起こる。

(26) a. They packed the crack with oakum.
　　　 b. They packed oakum into the crack.　　(Pinker, 1989 : 126)

一方，with構文でも，with句が移動を受ける対象を表していない場合には，場所構文は不可能となる。(27a)のwaterは，移動物としての解釈は不可能であり，予測通り場所構文には交替しない。

(27) a. She soaked the sponge with water.
　　　 b. *She soaked water into the sponge.

またたとえ移動が予測できても，具体的にどのように移動がなされるのかが明確でない場合も，ゲシュタルト推移は起こらない。

(28) a. They inundated the field with water.
　　　 b. *They inundated water onto the field.　　(Pinker, 1989 : 127)

したがって，以下の，具体的な移動様態がイメージできない状態変化動詞については，with構文のみしか許されないことになる。

(29) bandage, coat, cover, fill, inlay, pave, adorn, dirty, festoon, garnish, imbue, litter, stain, ripple, vein, drench, impregnate, saturate, soak, choke, clog, dam, plug, …
　　　　　　　　　　　　　　　　　　　　　　　　　　(*ibid.* : 127)

◆ **全体的解釈/被動性** —— Carter (1984) "Compositionality and Polysemy."

既述のように，交替ペアは，厳密には同義ではない。特にwith構文の場所項（直接目的語）には「全体的解釈」が認められる。例えば(19b)で，the wagonは，その全体に干し草が積み込まれていると解釈される。一方，(19a)のthe wagonは，部分的な積載状態であってもよく，必ずしも「全体的」には理解されない。

この効果の由来については2つの説明がある。1つは，Tenny (1987)によるもので，直接目的語が「全体的」解釈を受ける位置であるとする分析である。例えば，eat the appleとeat at the appleで，前者の直接目的

語 the apple には全部食べられたという「完全な消費」の意味がみられることがこれにより説明できる。しかし，この説では，swarm 交替，自動詞間の clear 交替の説明が問題となる。ここでは，場所項が主語位置に生起しているのに，やはりこの効果が認められるからである。

　もう1つは，この効果を，(22)のように，語彙意味レベルで場所項を状態変化体と把握することから導くものである (Rappaport Hovav & Levin (1988))。(19b)で，the wagon ((22)の z) という実体が状態変化を受けたということは，その全体が変化の対象になった（積載状態になった），ということになるのである。

　「全体性」で注意すべきは，with 句が表す「材料」が，いつも場所全体に物理的に及ぶわけではない，という点である。(30)を見てみよう。

　(30) The vandal sprayed the statue with paint.

Rappaport Hovav & Levin (1985) は，たとえ少量のペンキしか像にスプレーされなかったとしても(30)のようにいえるという。さらに Carter (1984) では，(31)について，状況によっては，必ずしもそれぞれのワゴン車に管が満載されなくともよいとされている。

　(31) John loaded the vans with tubes.　　　　(Carter, 1984 : 183)

例えば，放射能を帯びた小さな管があって，危険なため一度に2本以上一緒にすることができない場合，たとえ1台のワゴン車に1本しか積み込まれず荷台ががら空き状態だったとしても，(31)のようには言える。これに対して，fill は，語彙的に「ある容器を何かの材料で物理的に満たす」と指定されているので，(32)は(31)と同じ意味を表すことはできない。この場合には，ワゴン車の荷台いっぱいに管が積み込まれていなければならない。

　(32) John filled the vans with tubes.　　　　　　　　　(*ibid.*)

このようなことから Carter は，with 構文の場所項には，「全体性」というよりもむしろ「被動性（affectedness）」という意味的性質が関わっているとする。例えば(30)で，たとえ少量のペンキでも，像は汚されたことになり，「影響を受けた（affected）」と解釈される。また(31)で，たとえ1本の管でも，ワゴン車には，積載限度に達したという被影響性が生ずる。

　同様に，swarm 交替，clear 交替で，主語位置の場所項に全体的効果が

見られるのも，これが，何らかの「影響を受けた実体」，すなわち状態変化体と把握されることにより説明される（【テーマ3】を参照）。注意すべきは，「全体性」は語彙意味の問題に限らないことである。例えば，名詞句の定性（definiteness）が全体性をもたらすことがある。

(33) a. Bill loaded the hay onto the truck.
　　 b. Bill loaded the truck with the hay.
　　　　　　　　　　　　　　　(Rappaport Hovav & Levin, 1988 : fn. 16)

(33a)(33b)いずれでも，積み込まれる要素 the hay は，一定量の材料というよりは，明確にまとまった1つの「全体」として把握されている。この場合の全体性は，spray/load 交替とは無関係に，定名詞句によりもたらされるもので，状態変化の LCS からもたらされる全体性とは区別することが必要である。

further readings　with 構文にのみ生起する(29)類の動詞に，butter, carpet, paper, powder などの名詞派生の動詞がある。このような動詞類については Clark & Clark (1979) が詳しい。

変化体（Theme）と全体的解釈の一般的連関についての説明は Pinker (1989 : 78 f.) を参照。spray/load 交替に相当する構文交替を持つ他言語でも，場所項の文法関係によって全体的効果が見られることが観察されている。ベルベル語（Berber）については Guerssel (1986)，フランス語については Boons (1973)，ハンガリー語については Moravcsik (1978)，日本語については Fukui et al. (1985)，カナラ語（Kannanda）については Bhat (1977)，ロシア語については Veyrenc (1976) を参照。

swarm 交替で，(3b)（= The garden was swarming with bees）の the garden にも，庭全体に蜂が分布しているという全体的効果が見られる（Chomsky (1972), Fillmore (1968, 1977), Jackendoff (1990 b : 178)）。しかしこの場合の全体効果にもいろいろな要因が絡んでいる。Salkoff (1983) によれば，例えば，the garden の代わりに，境界のない the night air にすると，どちらの構文でも，この句に全体的解釈が生じるという。

(35) a. Midges swarmed in the night air.
　　 b. The night air swarmed with midges.　(Salkoff, 1983 : fn. 15)

詳しくは Salkoff (1983) を参照。

【テーマ3】with 句について
【概説】

　with 構文の with 句は，場所項の直接目的語位置への実現に伴い配置換えされた主題項のように見受けられるが，実際には，その意味的・統語的性質から，単純に主題項とは見なすことはできない。まず with 句は，場所構文の PP と異なり統語的に随意的であることから，その統語的資格は付加詞 (adjunct) と考えられる。

　(35) a. ⁇ Sam loaded the hay.
　　　 b. Sam loaded the truck. (Goldberg, 1995 : 178)

　また，with 句が常に主題を表すわけではなく，その生起も必ずしも spray/load 動詞に限られない。より性格には，この with 句は「材料 (material)・構成成分 (ingredient)」を表す (Quirk et al. (1985 : 710)) もので，spray/load 動詞以外にも，fill 動詞，butter などの「材料」塗布動詞にも生起することができる。

◆with 句の随意性——付加詞 (adjunct) 分析—— Jackendoff (1990b) *Semantic Structures*.

　with 構文の with 句は，場所句と異なり，統語的には通例随意的に生起できる。

　(36) a. He crammed toothpicks *(into the jar).
　　　 b. He crammed the jar (with toothpicks).
　(37) a. She stuffed another book *(into the bookcase).
　　　 b. She stuffed the bookcase (with another book).
　　　　　　　　　　　　　　　　　(Fraser, 1971 : 606-607)

　Jackendoff (1990 b) は，場所構文の with 句を VP 内に生起した (補部とは異なる) 一種の付加詞とみなす。彼は，(19b) の load の意味構造を以下のように表示する。

　(38) [CAUSE ([　]$_i$, [INCH (BE ([　], [IN$_d$/ON$_d$ [　]$_j$])])])]
　　　　　　　　　　　　　　　　　(Jackendoff, 1990b : 173)

　　　(前置詞 IN, ON に付けられた下付の d は，[　]$_j$ 全体にある物が

分布すること，いわゆる全体効果を表す。）

ここでインデックスを付与されている変項，[ ]$_i$は，主語位置と，[ ]$_j$は直接目的語位置と結びつけられる。一方移動物に当たる変項 [ ] にはインデックスが与えられていないので，これは特定の統語枠と義務的に関連づけられる必要はないとされる。したがって，この変項の統語的実現は随意的となる。一方で Jackendoff は *With*-Theme 付加詞規則という解釈規則を立てる。例えば，(19b)のように，文中に with 句があれば，この規則はこの句を，意味構造中のインデックスを付与されていない主題項に当たると解釈し，両者を意味的に融合（fusion）させる。もし John loaded the truck のように，文中に with 句がなければ，意味構造中の主題項は未指定になり，John は the truck 全体に「何か」を積み込んだ，と解釈される。

ただし，with 句の随意性は，動詞ごとに異なり（例えば Pinker (1989：126 f.) では，slather, smear, brush, spread などの塗布動詞について with 句は義務的とされている），単にインデックスの有無というテクニカルな扱いを越えた複雑な意味的問題が絡んでいると考えられる。

◆**with 句の統一的説明**——Jackendoff (1990b) *Semantic Structures*.
　既述のように，材料・構成成分の with 句は，単に spray/load 動詞にのみ見られるものでなく，fill 動詞（ある入れ物・場所を物で完全に満たす動詞），butter, powder などの名詞派生の動詞，swarm 類の自動詞，heavy などの形容詞にも見られる。

(39) a. John covered the baby with a blanket.　　(B. Levin, 1993：51)
　　 b. Kelly buttered the bread with unsalted butter.　　(*ibid.*：92)
　　 c. The garden is swarming with bees.
　　 d. The trees were heavy with fruit.

Jackendoff (1990 b) は，これらの with 句を共通に取り扱う。例えば，butter の概念構造は以下のように表示される。

(40) [CAUSE ([ ]$_i$, [INCH [BE ([BUTTER], [ON$_d$ [ ]$_j$])]])]

この表示で主題項には，定項の BUTTER（＝Theme）が編入されているが，この項にはインデックスが付与されていないので，*With*-Theme 付加詞規則が適用する。文中の with 句内の NP と定項との間で意味的な

融合が起こるのであるが，この場合の融合は，一方がすでに BUTTER という指定を受けているので厳しく制限される．

(41) We buttered the bread with cheap margarine/?butter/?something/*pineapple juice.

融合の結果，有意味な解釈が得られる場合には容認可能であるが，余剰的な (?butter)，無意味な (?something)，あるいは矛盾した (*pineapple juice) 融合は不自然な解釈をもたらす．

また (42a) の自動詞の fill に付随する with 句については，(42b) の概念構造によって説明する．

(42) a. The tank filled (with water). (Jackendoff, 1990b : 160)
 b. [INCH [BE ([ ], [IN$_d$ [ ]$_i$])]]

この構造は，(38)(40) の一部として含まれる意味成分と共通で，With-Theme 付加詞規則は，特にこの構造を対象に適用されると仮定すると，これまでの with 句と共通の仕組みで，この場合の with 句も扱えることになる．

さらに Jackendoff (1990 b : 178) は，swarm にも (42b) を仮定する．基本的には (42a) と同様に with 句は解釈されるのだが，swarm の場合は *The garden swarmed のように with 句が義務的である．これを説明するために，彼は，swarm の厳密下位範疇化枠として，[___ [$_{PP}$ with NP]] という語彙指定を行う．この仕組みを拡張して，(39d) の heavy のような形容詞についても，swarm と同じ方式で with 句の出没を説明することができるかもしれない．

| further readings | with 句，場所の PP の随意性，義務性については，Rappaport Hovav & Levin (1985) の付録に包括的なリストが挙げられている．

46. 句動詞 (phrasal verb)

(1) Martha *looked up* Bill's address in the directory.

斜体部 look up (「調べる」) のようにひとまとまりの意味を表す「動詞＋前置詞」から成る連続を，「句動詞」と呼ぶ。

句動詞に含まれる前置詞は不変化詞 (particle) と呼ばれ，(2) のように目的語の後に現れることができる点で，(3) のような普通の前置詞を含む構文と異なっている。【テーマ 1】

(2) Martha *looked* Bill's address *up*.
(3) a. Harry ran *up* the stairs.
　　b. *Harry ran the stairs *up*.

不変化詞と目的語の語順が，移動変形によって説明される場合，その基本語順をどうするかが問題になる。【テーマ 2】

句動詞を含む動詞句 (VP) の構造については，句動詞がひとまとまりの動詞 (complex predicate) を形成するという主張と，目的語と不変化詞が小節 (small clause) を成し不変化詞がその主要部であるとする分析がある。【テーマ 3】

英語の句動詞の多くは，不変化詞が動詞の記述する動作の完了や結果位置を表すというアスペクト特性を持つという点で，結果構文と共通するものがある。その意味特徴に対応する表現形態は言語によって異なり，対照言語学的観点からも興味深い。【テーマ 4】

なお「句動詞」は動詞を含む 2 つ以上の語から成る表現全般のことを指すことがある。(1)(2) の「動詞＋不変化詞」型句動詞以外に，(3) の ran up のような前置詞動詞 (prepositional verb) と呼ばれるもの，さらに put up with, look down on, のような句動詞と前置詞動詞の合体したもの (phrasal-prepositional verb) などが含まれる。その中で「動詞＋不変化詞」型の句動詞は，統語論的にも形態論的にも興味深い問題を提示するので，ここでは，これらを「句動詞」と呼ぶことにする。

【テーマ1】句動詞の構成要素と意味的・統語的特徴
【概説】

句動詞は意味的に1つの述語として働くだけでなく，(1)で見たように不変化詞が目的語の後ろにも現れることができる点で，(3)の「動詞＋前置詞」の連鎖とは異なっている。句動詞は，語彙的性質，意味特性，語彙化の度合いなどの点から，いくつかの特徴を整理することができる。

◆**句動詞の構成要素の特徴**——Fraser (1976) *The Verb-Particle Combinations in English.*

句動詞を構成する動詞には，いくつかの語彙的制限が見られる (Fraser (1976 : 11-16))。まず，know, want, see など状態性動詞は句動詞を作らない。音韻的には単音節の動詞が圧倒的に多く，2音節の場合は最初の音節に強勢 (cover up, hammer out, scribble down など) がある。また不変化詞はおおよそ次のようなものに限られるが，これらは前置詞や副詞としても使われるものであり，その区別は後でも述べるように簡単ではない。

(4) about, across, along, around, aside, away, back, by, down, forth, in, off, on, out, over, up

句動詞の「意味的なまとまりを持つ」という特徴は，(3)のような「動詞＋前置詞」の連鎖にも当てはまる (call on 'visit' など) が，不変化詞と前置詞にはさまざまな統語的な違いがある (Fraser (1976 : 1-5), Bolinger (1971 : 6-17))。まず第一に，(2)と(3b)で見たように不変化詞は目的語の後に現れることができるが，前置詞はできない。特に目的語が強勢を持たない代名詞の場合は，不変化詞は目的語の後ろにのみ現れることができ (5a)，前にのみ現れる前置詞とはっきりと区別できる (5b)。

(5) a. I didn't say to call up HER/*her.　　　(Fraser, 1976 : 17)
　　b. They called on him.

次に，不変化詞(6a)は前置詞(6b)と違い，動詞との間に副詞を挿入できない。

(6) a. *The mine caved quickly in.　　　　　　　(*ibid.* : 4)
　　b. All the dogs ran quickly in.　　　　　　　(*ibid.*)

また不変化詞構文では，前置詞を含む構文とは違って，「空所化 (gap-

ping)」（重複している動詞等を省略する操作）が不可能である。
　　(7) a. *He sped up the process, and she, up the distribution.(*ibid.* : 2)
　　　　b. He sped up the street, and she, up the alleyway.　　　　(*ibid.*)

◆**不変化詞の意味特性**——Bolinger (1971) *The Phrasal Verb in English*.
　不変化詞は場所に関わる移動（motion-through-location）と，終結（terminus）や結果（result）という2重の意味特性を構文に付与すると考えられる（下記の【テーマ4】も参照）。このため upward などのように，結果を含意しない副詞は，不変化詞として機能できない。
　　(8) a. *He tossed upward the ball.　　　　(Bolinger, 1971 : 85)
　　　　b. He tossed up the ball/tossed the ball up.
　この不変化詞の2重の意味特性は，動詞を修飾する副詞的働きと，名詞を修飾する前置詞的働きの2重性とも捉えられ（*ibid.* : 23），後で見る句動詞を含む VP の2種類の分析（【テーマ3】）も，このどちらを主と考えるかに起因していると言える。

◆**句動詞の意味構成の透明性**——Quirk *et al*. (1985) *A Comprehensive Grammar of the English Language*.
　句動詞は Curme などによる伝統文法の記述においても，2語が複合語のように意味的にまとまった述語として働くという点が指摘されている。例えば put off ('postpone'), leave out ('omit') などは，1語の動詞で置き換えることができる（Bolinger (1971 : 6)）。しかしその意味構成の透明度は一様ではなく，次の3種類に分類することができる（Quirk *et al*. (1985 : 1162-1163)）。
Ⅰ．動詞も不変化詞も元の意味を保持しているもの
　　例：look over, set up, take in/out, turn on/off
Ⅱ．動詞のみが意味を保持し，不変化詞は修飾的要素（省略可）
　　例：find out , sweep (up), spread (out)
Ⅲ．特殊な意味を持つイディオムになっている
　　例：bring up 'educate', come by 'obtain', turn up 'appear', put off 'postpone', give in 'concede'

> **further readings** Bolinger (1971) については，上で内容の一部を紹介したが，具体例，意味特徴，音韻的特徴などに関して詳細な記述がある。Fraser (1976) は巻末に代表的な句動詞リストと例文を載せている。また島田 (1985) は不変化詞ごとに意味を整理して例文と日本語訳を提示，Lipka (1972) には英語とドイツ語の詳しい記述と意味に関する詳細な考察がある。

> **関連テーマ** 句動詞にはイディオム性が高いものとそうではないものがあるが，成句（idiom）の統語的，意味的特徴はどのようなものだろうか。またその特徴は成句のすべてに当てはまるだろうか（→第 47 章「成句」参照）。
> 　2 語以上から成る動詞には「動詞＋不変化詞」の連鎖以外にどんな形のものがあるだろうか。それらの共通した振る舞いは何だろうか。

【テーマ 2】不変化詞と目的語の基本語順
【概説】

　語順変化を中心とする統語現象の説明をさまざまな変形規則を用いて説明していた初期の生成文法において，(1)(2)で見たように不変化詞が目的語の前と後ろのどちらにでも現れうる事実は，与格移動（Dative Movement）と並んで，語順の変化をもたらす移動規則の典型的な例とされた。不変化詞のどちらの位置が基本語順となるかについて，Ross (1967) は不変化詞の目的語の前の位置から後ろへ移動すると考え，この移動規則の特徴として，随意的であることと，名詞の「複雑さ」や代名詞であるかどうかによって文法性が異なることに注目した。これとは逆に，不変化詞は目的語の後ろに起こるのが基本語順であるとしたのは Emonds (1972) で，その理由として不変化詞は目的語を取らない前置詞だとする根拠を挙げて，不変化詞という特別なカテゴリーは不要であると主張した。

◆**不変化詞の後方移動は文体規則**——Ross (1967) *Constraints on Variables in Syntax*. (Published as *Infinite Syntax!*, 1986. 出典ページ番号はこれによる。)

　初期の生成文法では，不変化詞と目的語の語順の変化は，不変化詞が目的語の後ろに移動する不変化詞移動規則（Particle Movement）によって

(9a)から(9b)が派生するとされた（Chomsky, 1962a : 228）。
  (9) a. The shock touched off the explosion.　　　(Ross, 1986 : 32)
     b. The shock touched the explosion off.
この移動は(5)で見たように代名詞の場合は義務的となる（*call up him）が，目的語が従属文を含む複合名詞句（complex NP）の場合は容認度の低い文(10a)となる。さらに(10b)から，容認度の違いは単に名詞句（NP）の長さのせいでないことが示唆される。
  (10) a. *I called the man you met up.　　　　　　(*ibid*.)
     b. I called almost all the men from Boston up.　　(*ibid*.)
これらの条件は，不変化詞移動規則（Particle Movement）の適用条件とされていた（Chomsky (1962a : 228)）が，Ross (1967) はこのNPの「複雑さ」に文法性が左右されるという現象が，句動詞を含む構文に限らず二重目的語構文（*I sent him it.）や次のようなNPが後置される構文にも見られることを指摘した。
  (11) a. *We elected president my father.　　　　(Ross, 1986 : 34)
     b. We elected president my father, who had just turned 60.
　　　　　　　　　　　　　　　　　　　　　　　　　　　　(*ibid*.)
これらを包括的に捉えるために，Ross (1967) は動詞の右側に現れるさまざまな要素の語順を規定する出力条件（output condition）を提唱した。それによると不変化詞は代名詞より後ろに，複合名詞句よりは前に位置する（*ibid*. : 43-44）。

Ross (1967) はこのような表層の語順を規定する出力条件（output condition）が，絶対的な文法性を決定する規則とはその役割において本質的に異なるものだと考え，より好ましい表現を規定する文体部門（stylistic component）に属するとしている。そして，不変化詞と目的語の語順が，多くの場合には自由であるにもかかわらず，さまざまな要因によって微妙な容認度の違いが見られたり，個人差があったりすることを文体の問題として説明できると述べている。

◆**不変化詞の基本位置は目的語の後ろ**——Emonds (1972) "Evidence that Indirect Object Movement is a Structure-Preserving Rule."
Emonds (1972) は，動詞が目的語を取るか否かで他動詞と自動詞に区

別されるのと同じように，前置詞にも目的語を取るものと取らないものがあるとし，不変化詞は目的語を取らない前置詞だと主張する．すると不変化詞構文は，(12a)のような基本語順を持っていることになり，不変化詞移動規則（Particle Movement）はChomsky (1964)やRoss (1967)が述べているのとは逆に，不変化詞を前方へ移動する規則(12)ということになる（Emonds (1972 : 548)）．

(12) a. NP V NP [PP P]
　　 b. → NP V [PP P] NP

(12a)を基本語順とすると問題となるのは，語彙挿入（lexical insertion）の仕組みである．句動詞の中でも特にturn down, take inなどイディオム化したものは，「動詞＋不変化詞」の連鎖がひとまとまりでレキシコンに入っていると考えるのが自然であるが，(12a)のような統語構造では動詞と不変化詞が不連続な語彙として挿入されることになり，一般的な語彙挿入の形からはずれることになる．しかしEmonds (1972)は不連続な語彙の存在を否定する根拠はないと述べている．

一方で，不変化詞を目的語を含まない前置詞句だと考える利点は複数ある．まず，put, sneakのような動詞は方向を表す場所副詞を意味的に要求し，その場所副詞は統語的には前置詞句（PP）もしくは不変化詞で表される．

(13) a. *John put some toys.　　　　　　(Emonds, 1972 : 550)
　　 b. John put some toys {in the garage / away / down / back / out}.
　　　　　　　　　　　　　　　　　　　　　　　　　　　　(*ibid*.)

もし不変化詞がPPであるとすれば，これらの動詞は"+＿＿ PP[directional]"という下位範疇化（subcategorization）を持つことになる．

同様に，(14)のようなwithを伴う強意構文や(15)のような倒置構文では，方向を表すPPと不変化詞が前置されるので，これらを同じものとすることで規則が簡略化される．

(14) a. Into the dungeon with that traitor !
　　 b. Down with the leadership !
(15) a. Out the window jumped the cat !
　　 b. Out jumped the cat !

もう1つの根拠は，場所や時間の表現を強調する副詞rightの分布であ

る。right は副詞や形容詞と共には現れない：*right often, *right attractive (Emonds (1972:551))。そして(16)のように PP と不変化詞のみを修飾することができる。

(16) a. right at home, right up the street, right before dinner
(*Emonds*, 1972:551)
　　b. came right in, put the toys right back, look it right up
(*ibid.*:552)

さらに興味深いことに，right は目的語の前にある不変化詞を修飾できない。

(17) a. *He put right back the toys. (*ibid.*)
　　b. *They looked right up the number. (*ibid.*)

したがって，もし不変化詞移動が後方への移動だとすると，right が修飾している場合にのみその適用が義務的なものだという不自然な結果になってしまうが，前方への移動だとすれば，そのような問題は起こらない。

このように，不変化詞を特別なカテゴリーではなく PP の一種とすることで，それらの振る舞いの共通性が捉えられる。また不変化詞移動を前方移動とすることで，right の分布も説明できるわけである。この論文ではさらに，この不変化詞移動の分析を前提にして，間接目的語移動との関係が詳細に考察されている。

further readings　句動詞の（一見）不連続な語彙の統語構造への挿入をどう扱うかについては，J. McCawley (1982) に独自の提案があり，範疇文法（Categorial Grammar）を使った Jacobson (1987)，自律語彙的統語論（Autolexical Syntax）を使った Sadock (1987) なども句動詞に言及している。

関連テーマ　不変化詞と目的語の語順に見られる名詞の複雑さに関する制限は，他の多くの構文にも共通して観察されるが，それはどういった構文だろうか。それらの構文の共通点と違いは何だろうか。

Emonds (1972) の分析に従って不変化詞を PP の一種とすると，その目的語はもともとないのだろうか。あるいは省略されたと考えられるだろうか。

【テーマ3】句動詞を含む動詞句（VP）の構造
【概説】

　近年の生成文法（特に原理とパラメタ―理論）の枠組みでは，構文に特有な規則や条件ではなく，一般的な原理によって統語現象を説明しようとする。句動詞構文においては，上述した語順，語彙挿入（lexical insertion），そして目的語位置に現れる構成要素への制限以外に，格（Case）やθ付与（θ-role assignment）の仕組みが特に説明を要することになるが，句動詞を含むVPの構造について2つの代表的な分析が提唱されている。その1つは目的語NPと不変化詞が小節（small clause）を成すというKayne (1985)などの考え方で，この場合はV-[NP-Particle]という語順が基本となる。もう1つは動詞と不変化詞が複雑動詞（complex verb）を形成しているという分析（K. Johnson (1991)など）で，基本語順が[V-Prt]-NPとなる。[ここでは，'complex verb'と'compound verb'に共に「複合動詞」という日本語の名称を用いるが，複数の要素から成るcomplex verbの中でも，特に「動詞＋動詞」(stir-fry, 飛び跳ねる)「名詞＋動詞」(babysit, 手渡す)のように2語が複合して形態的にひとつの動詞になっているものを'compound verb'と呼ぶことが多い。]

◆**目的語と不変化詞は小節（Small Clause）を成す**——Kayne (1985) "Principles of Particle Constructions."

　Kayne (1985)は，look the information upのようなVPが次のような構造を持つと主張する。

　(18) V [NP Prt]

これ以外の可能性として，[V NP Prt]という平坦な構造と[[V NP] Prt]という構造が考えられるが，前者は句構造がすべて二項枝分かれ構造（binary branching structure）を持つというKayne (1984)の大原則に違反し，また後者は不変化詞がθ役割を与えられないという理由で排除される (Kayne (1985 : 101-102))。これに対して，(18)の構造では「NP＋不変化詞」は小節（small clause）を成し，NPが主語，不変化詞が述語の役割を担っている。

　このように句動詞を含むVPが小節を含んでいると考える根拠には，次の3種類がある。まず，句動詞構文（VPC）と小節構文（SC：下の例で

[　]の部分）には共通した統語的振る舞いが見られる。

(19) 名詞化（nominalization）ができない

  a. VPC *The looking of the information up took a long time.

              (Fraser, 1970 : 92)

     *The taking of privileges away is a dangerous enterprise.   (*ibid.*)

  b. SC John considered [Bill honest].

    →*John's consideration of Bill honest

              (Kayne, 1985 : 102)

(20) NPの一部を取り出してwh疑問文を作れない

  a. VPC The cold weather has worn John's sister out.

              (*ibid.* : 103)

    →*Who has the cold weather worn the sister of out?

              (*ibid.*)

  b. SC The cold weather has gotten [John's sister quite depressed].   (*ibid.*)

    →*Who has the cold weather gotten the sister of quite depressed?   (*ibid.*)

次に，目的語NPの代わりに次の斜体部のような他の種類の構成要素を置くことができないという事実は，小節内の主語としてθ役割(21a)(21b)または格(Case)(21c)を与えられないことに起因すると説明できる。

(21) a. PP *John teamed *with Bill* up.

   (Cf. John teamed up with Bill.)   (*ibid.* : 105)

  b. 動詞を修飾する副詞 *John gave *immediately* up.

   (Cf. John gave up immediately.)   (*ibid.*)

  c. 時制文 'that S' *They're trying to make *that he's a drunkard* out.   (*ibid.* : 106)

さらに「NP＋不変化詞」が小節を成すと考えることは，意味の面からも自然である。例えば次の(22)の不変化詞は，(23)の典型的な小節内の述語と同様に，NPの結果状態を表す述語と解釈できる。

(22) a. John turned the radio off.（off：切れた状態） (*ibid.* : 121)

b. John stared Bill down. (down: 負かされた状態) (*ibid.*)

(23) John made Bill unhappy. (*ibid.*)

Kayne (1985) では, (24)のような NP 右方移動によって(25)の V Prt NP という語順が派生されるとしている。

(24) ... V [[e$_i$] Prt] NP$_i$ (*ibid.*: 125)

(25) a. John turned off the radio.

b. John stared down Bill. (*ibid.*: 124)

このような分析は, 不変化詞が独立した意味を持っている(22)(25)のような例については説得力がある。しかし, (26)の look up のように成句的な意味を持ち不変化詞がはっきりした意味を持っていると考えにくい例については, 動詞と不変化詞が分離した形(26a)が D 構造であり, NP 右方移動の結果(26b)のように動詞と不変化詞が隣接するようになるという分析は, 直感に合わないように思われる。

(26) a. John looked the information up. (*ibid.*: 125)

b. John looked up the information. (*ibid.*)

Kayne (1985) は, look up のような連鎖を複合動詞 (complex verb) とすることは, 屈折語尾 (inflection) がその全体には付かないこと(27a), 代名詞を目的語として取れないこと(27b), 与格構文を作れないこと(27c), 小節を取れないこと(27d)などの理由から, 認められないと述べている。

(27) a. *John look-up-ed the information. (Kayne, 1985: 126)

b. *John looked up it.

(Cf. up が前置詞で「見上げる」なら文法的) (*ibid.*)

c. *?They handed down John the tools. (*ibid.*)

d. *?They're trying to make out John a liar. (*ibid.*)

しかしその一方で,「動詞＋不変化詞」の連鎖がひとまとまりの動詞のように振る舞うことは, この語順で名詞化が可能なこと (28a; (19a) 参照) によっても示され, 典型的な小節構文 (28b) とは異なっている。

(28) a. John called up Bill.→ John's calling up of Bill (*ibid.*: 128)

b. John called Bill dumb.→*John's calling dumb of Bill (*ibid.*)

このように「動詞＋不変化詞」という連鎖は 1 つの動詞のように振る舞う側面とそうでない側面を持っている。この点について Kayne (1985)

は，GB 理論の立場から興味深い説明をしている。(28a)では不変化詞から動詞句への θ 役割の受け継ぎ（θ-percolation）が可能であるために，「動詞＋不変化詞」全体で目的語 NP に対して θ 役割が付与され，その点において「動詞＋不変化詞」の連鎖が 1 つの動詞であるかのように機能することができる。しかし格（Case）の付与に関してはそのような受け継ぎが無いために，「動詞＋不変化詞」がまとまって格を付与することはない。θ 役割は，成句などにおいても 1 つの語が与えるとは限らない場合があり，より厳密に構造に依存する格付与とは異なる面があるので，このような考え方が可能になっているというのである。

◆**動詞と不変化詞は複合動詞を成す**──K. Johnson (1991) "Object Positions."

「動詞＋不変化詞」の連鎖がレキシコン内で 1 つの動詞を形成している根拠として，すでに(28)で見た-ing による名詞化に加えて，-ed による形容詞化(29)と中間動詞の派生(30)がある。

(29) a. The relationship seemed broken up.　(K. Johnson, 1991 : 591)
　　　b. a looked up number　　　　　　　　　　　　　　　　(*ibid.*)
(30) Bridges blow up easily.　　　　　　　　　　　　　　　　(*ibid.*)

さらに不変化詞が付くことによって動詞の選択制限（例えば whether 節が続くかどうか）が変わる点も，「動詞＋不変化詞」が 1 つの語彙項目であることを示す。

(31) a. We can't make out whether he is lying or not.
　　　　　(cf. *make whether ...)　　　　　　　　　　　　　(*ibid.*)
　　　b. Fill in whether you are married or not.
　　　　　(cf. *fill whether you ...)　　　　　　　　　　　　(*ibid.*)

また句動詞の一部は空所化ができないが(7a)，「動詞＋不変化詞」の連鎖はできる。

(32) Gary looked up Sam's number, and Mittie, my number.　(*ibid*)

これらの事実に基づいて K. Johnson (1991) は次のような VP 構造を提唱する。

(33) [V Prt] NP
　　　Mikey [$_{VP}$ [$_V$look up] the reference].

動詞 look up もしくは look のみが VP の外側に移動し，さらに目的語の NP が格付与を受けるために VP の指定部（Specifier）の位置に移動することで，目的語と不変化詞の語順が説明される（詳細な構造は Johnson (1991) を参照のこと）。

(34) a. [look up$_i$ [$_{VP}$ the reference$_j$ [$_{V'}$ [$_V$ t_i] [t_j]]]]
     b. [look$_i$ [$_{VP}$ the reference$_j$ [$_{V'}$ [$_V$ t_i up] [t_j]]]]

この格付与のための NP 移動は，北欧の言語に見られる目的語転移（object shift）と同じものと考えられる。この移動の特徴として，NP に限られるということと，代名詞の場合には義務的であるという点が挙げられるが，これらは，すでに見てきた句動詞構文の特徴とも一致している((5a)(21)参照)。

K. Johnson (1991) は動詞の補語のうちで NP が他の範疇（PP, S など）より動詞に近い位置に現れるという一般化（NP First）を，Stowell (1991) らが主張した格付与のための隣接条件（Adjacency Condition）から導くのではなく，動詞と NP の移動によって説明しようとしている。そして句動詞構文に(33)のような D 構造を設定することで，語彙挿入に不連続な語彙を想定する必要がなくなるだけでなく，句動詞構文特有のように見える制約をより一般的な目的語 NP 移動に関わるものとして説明できると主張している。

further readings　「動詞＋不変化詞」が 1 つの動詞を形成するという分析は Pesetsky (1995 : 7.2.7.) でも展開されている。これに対して，Guéron (1987), Dikken (1995) は Kayne (1985) と同様，不変化詞が動詞の一部ではなく主要部であるという主張をしている。特に Dikken (1995) は句動詞と二次述語（secondary predicate）を含む make John out a liar, put the book down on the shelf のような構文を詳しく分析している。

関連テーマ　Kayne (1985) が示唆している θ 役割付与と格付与の違いは他にどのような現象において現れるだろうか。

「動詞＋不変化詞」の連鎖を複合動詞（complex verb）としてレキシコンに記載することの問題点はどのようなものだろうか。一般に，1 語以上から成る語がレキシコンに記載されるための条件にはどんなものがあるだ

ろうか。

【テーマ4】句動詞のアスペクト特性と他の言語における現れ方
【概説】

　句動詞は完了の意味を持つという点で結果構文と類似しているが，この類似性は，両者の意味構造に事象の完了を示すアスペクト役割が含まれると仮定することにより捉えられる（Tenny（1994））。また日本語においては，両者の意味特徴に対応する表現は，共に複合動詞の形態を取ることが多い（影山（1993））。

◆**不変化詞は［MEASURE］というアスペクト役割を担う**── Tenny (1994) *Aspectual Roles and the Syntax-Semantics Interface.*

　句動詞構文において不変化詞が終結の意味を担うことはBolinger (1971)も指摘しているが，Tenny (1994)は不変化詞のアスペクト特性をさらに詳しく考察している。次の対比から分かるように，「動詞＋不変化詞」を含む構文は事象が完了することを表す時間表現とのみ共起する(35)(36)のに対して，動詞と前置詞句を含む文では逆に事象が一定期間継続することを表す時間表現とのみ共起することができる (37)(38)。

(35) a. think through a problem in an hour/*for an hour

(Tenny, 1994：149)

　　 b. think a problem through in an hour/*for an hour

(36) a. look up a name in the phonebook in an hour/*for an hour

(*ibid.*)

　　 b. look a name up in the phone book in an hour/*for an hour

(37) look at a photograph *in an hour/for an hour　　(*ibid.*)

(38) think about a problem *in an hour/for an hour　　(*ibid.*)

上記(35)(36)の文は表す事象がはっきりと完結しており，動作の対象がある変化を被る（名前が見つかる，問題が解ける，など）という意味を持つ。(37)(38)の文ではそのような意味特徴は見られず，対象も「look at（見る）」「think about（考える）」といった動作によって変化を被らない。

　結果構文にも句動詞構文と同じ完了というアスペクト特徴が見られる。

(39) William pounded the cookie dough flat in five minutes.

(*ibid.*: 109)

この完了性が結果述語によるものであることは，(39)を結果述語のない次の文と比べてみるとよくわかる。

(40) William pounded the cookie dough for five minutes.　　(*ibid.*)

このような不変化詞と結果副詞の共通のアスペクト特性は，両者に同じ[MEASURE]というアスペクト役割を担わせることで説明される。動詞がそれ自体で完了の意味を持たない場合(40)は，不変化詞や結果述語と共起することで，事象の完了という特性が加えられるのである(39)。

◆**英語の句動詞に対応する表現は，日本語では動詞の複合の形態を取るものが多い**——影山（1993）『文法と語形成』

Tenny (1994) が述べている完了というアスペクト特性は，日本語の動詞の場合どのように表されるのだろうか。次の複合動詞の例を見よう。

(41) a. 押し込む，持ち込む，蹴り込む，駆け込む（影山, 1993 : 126-127)
　　 b. 捨て去る，持ち去る，連れ去る，飛び去る　　　　(*ibid.* : 134)
　　 c. 追い出す，引き出す，取り出す，流れ出す　　　　(*ibid.* : 137)

これらの「込む」等の動詞は，「押す」「捨てる」などに付いてそのアスペクト特性を継続相から完了相に変化させると考えられる。例えば，「押し込む」は「押して何かの中に入れる」という意味となるわけで，英語の句動詞 push (something) in に対応することになる。影山（1993）では「込む」は'IN'，「去る」は'AWAY'，「出す」は'OUT'という意味表示が与えられているので，(41)の複合動詞は kick in, throw away, take out など英語の「動詞＋不変化詞」の連鎖とよく似た意味構成を持つことになる。

さらに日本語の複合動詞は(40)のような場所概念だけでなく，結果状態を表す述語が含まれることも多い。例えば次のような例である。

(42) 蹴り開ける，拭き清める，なぐり殺す

これらは英語では動詞＋形容詞（結果述語）という形を取る：kick (it) open, wipe (it) clean, strike (him) dead　上記のように Tenny (1994) は不変化詞と結果述語が同じアスペクト特性を持つと分析しているが，日本語ではこれらは共に複合動詞の第2要素として表現されるわけである。

Further readings　英語の句動詞や結果述語と日本語の複合動詞の比較対照は，影山（1999：11章）にも論じられている。また，オランダ語の句動詞および結果構文の複合動詞的な特徴とその分析は，Neeleman & Weerman（1993）にある。

関連テーマ　句動詞の例を多く集めて，そのアスペクト特性を上記のようなテストで調べてみよう。完了のアスペクトをはっきり持たないものにはどのような特徴があるだろうか。

　日本語の複合動詞では動詞（「込む」「出す」など）が英語の不変化詞の意味を担うことが多いが，動詞と前置詞という品詞に共通する点は何だろうか。これとは逆に，第2要素の品詞の違いに由来する，複合動詞と句動詞の相違点は何だろうか。

　さまざまな言語の複合述語（2つ以上の形態素から成る動詞）の現れ方と，その言語の基本語順の間にはどのような関係があるだろうか。

47. 成句 (idiom)

by the way（ところで），come across（〜に偶然出会う），give up（〜をやめる），look forward to（〜を楽しみに待つ），break the ice（話の口火を切る）などは，一般に「成句」，「慣用句」，「熟語」，「イディオム」などの名称で呼ばれているが，学校文法でもこれらの扱いは一様ではない。

「成句」とはどういうものを指すのであろうか。by bus や wait for は成句と言えるのであろうか。【テーマ1】

また，下の(1)〜(5)の斜体部は成句と考えることができるのであろうか。もしそうであれば，同一種類の成句であろうか，それとも違う種類の成句であろうか。【テーマ2】

(1) I want to eat *a hot dog* now. (＝a heated frankfurter in a bun)
(2) We *pulled* Tom's *leg*. (＝teased (Tom))
(3) It's raining *cats and dogs*. (＝very heavily)
(4) *By and large*, I agree with you. (＝in general)
(5) *How do you do?*

下記(6)では，kick the bucket のみが「死ぬ」という成句の意味を持ち得る。

(6) The old lady *kicked {a bucket/the bucket/the buckets}*.

さらに，(7)では成句の意味が保持されるが，(8)の受身形や(9)の名詞的動名詞 (nominal gerund) では成句の意味が失われる。

(7) Did the old lady *kick the bucket*?
(8) *The bucket was kicked* by the old lady.
(9) The old lady's *kicking of the bucket* surprised us.

成句には，文字通りの意味とは違った統語的および意味的な特徴がある。これらの特徴はどういうものであろうか。【テーマ3】

【テーマ1】成句の概念と定義
【概説】
　成句は，*The New Oxford Dictionary of English* (1998) の 'idiom' の定義に見られるように，概ね「その構成要素からは全体の意味が予測できない表現」ということができる。

(10) "a group of words established by usage as having a meaning not deducible from those of the individual words"（個々の語の意味からは推測することのできない意味が慣習によって確立した語群）

　伝統文法で成句について言及しているものと言えば，Sweet (1891: 156, 1899: 139), Jespersen (1924: 18-19), Nida (1958: 286) などが代表的なものである。これらはいずれも，(10)とほぼ似たような扱いをしている。ただし Jespersen (1924) は，'idiom' ではなくて 'formula'（固定した表現）という用語を用いている。また，Nida (1958: 286) は，全体の意味が部分の意味の総和であるような表現を「内心的」(endocentric), 成句のようなそうではない表現を「外心的」(exocentric) と呼んでいる。Hockett (1958: 171-173) も 'idiom' について詳しく論じてはいるが，'idiom' という用語を sing, book, go のような単一の形態素 (morpheme) (dog, buy, long のような単語の他にも un-, -ness のような接辞や時制を示す -ed のような要素などを含む意味を持つ最小の単位) から成る語に用いており，一般的な使い方とは異なっている。

　比較的最近では，Katz ＆ Postal (1963: 275), Chafe (1968: 111), Healey (1968: 71), Weinreich (1969: 42), Fraser (1970: 22), Newmeyer (1972: 294, 1974: 327), Culicover (1976: 167), Quirk *et al.* (1985: 1162), Ruhl (1989: 154) などに 'idiom' の定義についての言及が見られる。このうち，Chafe (1968), Newmeyer (1972, 1974), Culicover (1976), Quirk *et al.* (1985) および生成文法の枠組で論じた Katz ＆ Postal (1963), Fraser (1970) などは，上の(10)の定義と比較的似たような定義を与えている。一方，Weinreich (1969) や Ruhl (1989) は，上の(10)の定義とは本質的に異なった定義を挙げている。成句の意味は構成要素の意味から得られるものであるとする立場をとっている。

◆成句の意味は構成要素の意味によっては決定されない──Sweet (1899) *The Practical Study of Languages*, Katz & Postal (1963) "Semantic Interpretation of Idioms and Sentences Containing Them."

現代の辞書の定義(10)に最も近いものとして, Sweet (1899:139) の定義が挙げられる。

(11) "the meaning of each idiom is an isolated fact which cannot be inferred from the meaning of the words of which the idiom is made up"（それぞれの成句の意味は，その成句を構成している語の意味からは推測することができない分離されたものである）

本来 Sweet は，成句を How do you do のような文レベルで捉えているが，(11)の定義はもちろん上で見た by the way や kick the bucket などの句の場合にも当てはまる。

(11)の定義は成句の構成要素を語に限定しているが，語ではなく語よりも小さな単位である形態素あるいは形式素（formative）（統語上の最小の単位で, boy や come のような語彙形式素と過去時制を示す Past や所有格の Poss のような文法形式素から成る）に基づく定義が，下の Katz & Postal (1963:275) の定義(12)である。同様の定義が Healey (1968:71), Fraser (1970:22), Newmeyer (1974:327) などにも見られる。

(12) "an idiom [is] (…) any concatenation of two or more morphemes whose compound meaning is not compositionally derived from the meaning of the concatenated morphemes"（成句は，その複合的な意味が，結合された形態素の意味からは合成的に派生されない2つ以上の形態素が結合されたもの）

(12)の定義では，(11)の定義では対象外とされる blackmail（ゆすり）, bookcase（書棚）, horsefeathers（ばかなこと）, ladybird（てんとう虫）, merry-go-round（回転木馬）, jack-in-the-box（びっくり箱）のような形態素が結合して全体として1語となる複合語や broke（無一文の）(break と過去時制の結合) のような語も成句として扱われることになる。

ところで(11)や(12)の定義は，成句の意味は構成要素の意味の総和ではないという主張に他ならないが，これはとりも直さず，それぞれの構成要素は基本的には独自の意味を持たないということを意味している。つまり，例えば hot potato を例に取ると，この成句は全体として「難局」と

いう意味を持つのであって，構成要素である hot と potato が独自の意味を持つわけではないのである。

しかしながら，このような考え方には問題がないわけではない。Chafe (1968 : 124) によると，very hot potato のように hot に very を付け加えても成句としての解釈は可能であるが，この場合もし hot が何も意味を持っていないとすれば，very による修飾を説明することが非常に困難となる。

◆**成句の意味は構成要素の意味によって決定される**──── Weinreich (1969) "Problems in the Analysis of Idioms."

成句の意味はそれを構成している要素の意味から得られるという立場から成句を狭く定義しようとしたものに Weinreich (1969 : 42) がある。

(13) "A phraseological unit that involves at least two polysemous constituents, and in which there is a reciprocal contextual selection of subsenses, will be called an *idiom*."（少なくとも 2 つの多義の構成要素を含み，それらがそれぞれの（細区分された）意味の選択に関して相互に文脈的に依存しているような語法上の単位が成句と呼ばれることになる）

ここで，「語法上の単位」(phraseological unit) とは，構成要素のうち少なくとも 1 つが多義 (polysemous)（異なった複数の意味を持っていること）で，その意味の選択が文脈に依存しているような複数の構成要素から成る表現のことをいう。例えば，2 つの構成要素から成る blind alley（袋小路）という表現では，alley の意味は blind の存在に関係なく決まるが，blind の方は「目の見えない」，「無計画な」，「行き止まりの」などいくつかの（細区分された）意味のうち「行き止まりの」という意味の選択は alley の存在に依存しているため，blind alley は語法上の単位ということになる。

(13)の定義からすると，語法上の単位の中で意味の選択が相互に依存し合う多義語を 2 つ以上含む場合に成句となるが，上の blind alley は，相互にではなくて片方のみが依存する形なので，成句ではないことになる。同様に，white lie（罪のない嘘）や swallow one's pride（恥を忍ぶ）なども成句から除外されることになる。hot potato（難局）のように，hot

(=difficult) と potato (=situation) という 2 つの多義語のそれぞれの意味が相互に依存し合って決定されるものが成句とされる。

　さて，(13)の定義では，すでに見た ladybird のような全体が 1 語の複合語の場合も成句に含まれるかどうかは明らかではないが，2 語以上から成る複合語についても Makkai (1972 : 48-49) や Hudson (1975a : 76) も指摘しているように，問題がないわけではない。例えば，上で見た hot potato (難局) の場合に hot と potato にそれぞれ 'difficult', 'situation' という意味を配分することには無理がある。さらに hot dog (フランクフルトソーセージ) のような場合には，そのような意味の配分が全く不可能である。同様に，shoot the breeze (だべる) の場合には，Weinreich (1969 : 56) の言うように shoot と breeze にそれぞれ 'chat', 'idly' という意味を配分することは可能かもしれないが，kick the bucket (=die) のような場合には，kick と bucket に die の意味を分割して配分することは不可能である。このように(13)の定義では，(11)や(12)の定義で成句として扱われるものの多くがその対象から除外されることになる。

| further readings |　その他の定義と用語，およびそれらについての解説は，Makkai (1972 : 26-58)，Akimoto (1983 : 2-19) が詳しい。

| 関連テーマ |　成句との関連で「連語」(collocation) はどのように扱われているのであろうか。これについては Fernando (1996) が参考になる。

【テーマ 2】成句の種類
【概説】

　伝統文法では，Sweet (1891 : 156) が成句のことを別名「特殊文」(special sentence) と呼んでいることからも分かるように，成句の対象は主として How do you do, I cannot help it のような文に限定されている。Nida (1958 : 286) は，文の他に dead tired (くたくたに疲れた)，drunk with power (権力に酔った) のような句の例も挙げているが，成句の種類についての言及はない。

　成句の分類に統語的な基準を用いたのが Katz & Postal (1963 : 275-276) である。彼らは，生成文法の立場から統語構造に基づいて成句を 2

つに分類している。

　一方，意味的な基準に基づいて成句を分類しているものに Newmeyer (1974 : 327-328)，Nunberg (1978 : 117-135)，Gibbs (1993 : 61-66)，Fernando (1996 : 30-37) などがある。彼らは基本的には，それぞれの構成要素が成句全体の意味にどのように関与するかによって成句を分類している。

　別の視点に立って成句を分類しているのが Makkai (1972) である。Makkai (1972 : 24-25, 56-57) は，成句を話し手側の視点に立つものと聞き手側の視点に立つものに大別している。Makkai (1972 : 120-179) は，さらに聞き手側の視点に立つ成句を成層文法 (stratificational grammar) (とりわけ Lamb (1966) によって提唱された言語理論で，言語はいくつかの層 (stratum) から成るが層の数は言語によって異なり英語の場合は6つの層から成るとするもの) の枠組みで3つに分類している。

◆**統語的な基準による分類**——Katz & Postal (1963) "Semantic Interpretation of Idioms and Sentences Containing Them."

　Katz & Postal (1963 : 275-276) は，統語的な基準で成句を語彙成句 (lexical idiom) と句成句 (phrase idiom) の2つに分類している。語彙成句とは，名詞，動詞，形容詞のような最小レベルの統語範疇 (syntactic category) に属す成句を指す。例えば，すでに見た blackmail や ladybird，あるいは telephone や baritone などは名詞という統語範疇に属すため語彙成句に含まれることになる。一方，句成句とは，名詞や動詞のレベルよりもっと大きなレベルの統語範疇に属す成句のことで，例えばすでに見た pull one's leg や kick the bucket のような動詞句，hot potato や red herring (人の注意を他にそらすもの) のような名詞句，あるいは in the doghouse (面目を失って) のような前置詞句などがこの成句に含まれる。

　Katz & Postal (1963) のこのような成句の分類は，生成文法の枠組みで意味解釈の問題を扱う場合に必要となるからである。つまり，意味解釈に関しては，語彙成句の場合は普通の語と同様に扱えばよいが，句成句の場合には単に句を構成している語の意味を融合すれば得られるというものではなく，何らかの方法で成句としての意味を特定しておく必要があるか

らである。

◆**意味的な基準による分類**——Newmeyer (1974) "The Regularity of Idiom Behavior," Nunberg (1978) *The Pragmatics of Reference.*

Newmeyer (1974:327-328) は，成句の構成要素が成句全体の意味にどのように関与しているのかによって成句を完全成句 (full idiom) と半成句 (semi-idiom) の2つに分類している。完全成句は，kick the bucket のように成句を構成する形式素の意味が成句の意味解釈に寄与しないような成句で，他には次のような例が挙げられている。

(14) toe the line（命令に従う）/ red herring（人の注意を他にそらすもの）/ butter up（おべっかを言う）

一方，半成句は，white lie のように成句を構成する形式素のうち少なくとも1つが成句の意味解釈に寄与するような成句で，他には次のような例が挙げられている。

(15) swallow one's pride / stir up trouble（紛争を扇動する）/ float a loan（貸付けを取り決める）

Nunberg (1978:117-135) は，成句の構成要素が成句全体の意味に寄与するかしないかで，成句を「分解可能な」(decomposable) 成句と「分解不可能な」(nondecomposable) 成句に大別している。分解可能な成句は，それぞれの構成要素に，文字通りであっても比喩的であっても意味を与えることができるような成句である。分解可能な成句は，さらに，構成要素の意味が成句の意味に結びつき易いかどうかで2つに分類されている。より結びつき易いものは「普通に分解可能な」(normally decomposable) 成句と呼ばれ，一方，成句の意味への結びつきが弱いものは「例外的に分解可能な」(abnormally decomposable) 成句と呼ばれている。前者の例としては(16)が，また後者の例としては(17)がそれぞれ挙げられている。

(16) pop the question（求婚する）/ pass the buck（責任を転嫁する）/ foot the bill（勘定を払う）/ stretch a point（融通をきかせる）/ draw the line（区別する）/ break the ice（話の口火を切る）

(17) line one's pockets（私腹を肥やす）/ ring a bell（ピンとくる）/ hit the ceiling（かんかんに怒る）/ throw in the sponge（降参する）/

push the panic button（慌てふためく）/ carry the torch（運動を起こす）/ take the fifth（回答を拒む）

これに対して，分解不可能な成句は，それぞれの構成要素に成句全体の意味に寄与する意味を与えることができないような成句のことを指し，次のような例が挙げられている。

(18) kick the bucket / shoot the breeze / take a powder（ずらかる）/ chew the fat（おしゃべりする）/ give a damn（気にする）/ hit the spot（申し分ない）/ play hooky（学校・仕事をサボる）

ところで，このような分類は，構成要素が成句の意味にどの程度寄与するかに大きく関わるため，実際にはGibbs ＆ Nayak（1989：127）やGibbs（1993：63）などで指摘されているように，例えばpop the question よりも分解可能性が低いとされる fall off the wagon（やめていた酒にまた手をつける）や play with fire（軽々しく危険なことに手を出す）のように，成句によっては分解可能な成句と分解不可能な成句の中間に位置するようなものも出てくる可能性もある。

◆**成層文法の立場からの分類**——Makkai（1972）*Idiom Structure in English.*

Makkai（1972：24-25, 56-57）は，成句を話し手側の視点に立つ記号化（encoding）に関係する成句と，聞き手側の視点に立つ記号解読（decoding）に関係する成句に大別している。前者は，語法上の成句（phraseological idiom）と呼ばれ，誤解の恐れや曖昧性を含まない成句を指す。一方，後者は意味成句（semantic idiom）と呼ばれ，文字通りの解釈も可能な，それゆえ誤解の恐れや曖昧性を含む成句を指す。

意味成句は，さらに辞成句（lexemic idiom），意義成句（sememic idiom），超意義成句（hypersememic idiom）の3つに分類されている。(Makkai（1972：120-179, 298-340））

辞成句は，簡単に言えば，2つ以上の形態素から成る統語的なまとまり（正確には多義辞子辞素（polylexonic lexeme））で，それぞれの形態素（正確には辞子（lexon））が別の環境でも起こり得るもので，全体として成句としての意味の他に文字通りの意味を持つもの（Makkai（1972：122））とされている。辞成句は，さらに，下の(19a)のような句動詞成句

(phrasal verb idiom)，(19b)のような3語以上から成る言い回し成句 (tournure idiom)，(19c)のような*forth and back のように入れ換えのできない不可逆的二項成句（irreversible binomial idiom）など6種類に下位区分されている。

(19) a. come by（手に入れる）/ go for（好む）/ turn up（現れる）
 b. bite the dust（死ぬ）/ do a guy（姿をくらます）/ build castles in the air（空想にふける）/ be completely at sea（途方にくれて）
 c. back and forth（行ったり来たり）/ by and large（概して）/ far and away（はるかに）

ところで，これら6種類の辞成句の中で特に問題となるのは，cranberry（ツルコケモモ），chit-chat（雑談），to and fro（あちこち）のような擬似成句（pseudo-idiom）と呼ばれるものである。そもそも擬似成句は，chit-chat の chit のような単独では用いられない要素を含む成句であるとされているが，これは「別の環境でも起こり得る」という辞成句の定義そのものに違反することになる。さらに，文字通りの意味を持たない by and large や beat around [about] the bush（遠回しに言う）が辞成句として分類されている点や同様に文字通りの意味を持たない by accident（偶然に），in the know（内情に通じた），trip the light fantastic（ダンスをする）などをどのように分類するかなど，いくつかの問題点が残されている。

意義成句は，簡単に言えば，それを構成する語（正確には辞素）の文字通りの意味の総和が全体として1つのまとまった意味（意義素 (sememe)）を成すものとされている（Makkai (1972 : 128)）。意義成句は，次の(20a)のように，例えば野球のような文化的なものと関係した成句，(20b)のようなことわざ，(20c)のような引用など，9種類に分類されているが，辞成句との違いについては不明な点が多い。

(20) a. have two strikes against one（不利な立場にある）
 b. Too many cooks spoil the broth.（船頭多くして船山に登る）
 c. Brevity is the soul of wit.（簡潔こそ機知の神髄；*Hamlet*, II. ii. 90)

超意義成句は，例えば「中に入りましょう」とか「（私の）コートをとってください」というような意味で用いられる It's getting chilly, isn't it

のような表現と考えられているが，実際には，この語用論的な成句についてはその可能性を示唆するに留めている。

further readings 成句を語彙形式 (lexis)，文法 (grammar)，修辞 (rhetoric) という3つの基準点から成るモデルで捉えようとしたものに Meier (1975) がある。odds and ends や heads or tails のような二項表現 (binomial) については Malkiel (1959) が詳しい。また，Nunberg (1978) の分類に基づいて，心理言語学の立場から句成句に関するさまざまな興味深い実験を行っているものに Cacciari & Tabossi (1988)，Gibbs & Nayak (1989)，Gibbs, Nayak & Cutting (1989)，Gibbs et al. (1989)，Gibbs & Nayak (1991)，Keysar & Bly (1995) などがある。成句を談話 (discourse) における語彙の選択という観点から捉えようとしたものに Fernando (1996) がある。

関連テーマ the foot of the hill, quick as a flash, stubborn as a mule のような比喩表現も成句として扱うことができるのであろうか。

Hockett (1958:317-318) が成句として挙げている誇張法 (hyperbole)，緩叙法 (litotes)，撞着語法 (oxymoron) のような修辞法に関係した表現も成句として扱うことができるのであろうか。

【テーマ3】成句の特徴
【概説】

一般に，全体で1つの独立した意味を表すというのが成句の意味的な特徴とされている。これに対して，Healey (1968:72-73, 77-78) や Ruhl (1989:154) などは成句に対してさらに，成句を構成する要素のうち少なくとも1つは成句の場合でしか見られないような意味を持つ，という意味的な特徴を課している。

一方，統語的な特徴としては，Healey (1968:76-77)，Chafe (1968:111)，Weinreich (1969:56)，Makkai (1972:148-150)，Gibbs et al. (1989:60-62) など多くの文献に見られるように，成句の一部を他の要素と入れ換えたり，単数形の名詞と複数形の名詞を交換したり，形容詞や副詞などを付け加えたり，あるいは名詞化や受動化のように形を変形させたりすることができないというような点が挙げられる。

しかし，このような特徴はすべての成句に当てはまるというわけではなく，成句によって違いがあることも Fraser (1970), Newmeyer (1972 : 299, 1974 : 329-330), Nunberg (1978 : 117-135), Gibbs & Nayak (1989) などによって指摘されている。

◆構成要素の意味が成句以外では用いられない──Healey (1968) "English Idioms."
　Healey (1968 : 72-73, 77-78) は，成句の意味的な特徴として，構成要素の中に成句でしか現れない意味を持つものが少なくとも１つはあるという点を挙げている。例えば，think up（考案する）と eat up（残さずに食べる）の場合を例にとると，eat up の up の「完全に」という意味は，burn up（焼き尽くす），tear up（ずたずたに引き裂く）などに見られるが，think up の up の意味はこの表現以外では見られないので，think up は成句ということになる。
　また，go out（消える）については，一般に成句と考えられているが，go は go mad や go red の go と同じ「なる」という意味で，また out は put out や be out の out と同じ「消えている」という意味で用いられているため，go out は成句ではないというように説明されている。

◆構成要素が語彙的に凍結している──Weinreich (1969) "Problems in the Analysis of Idioms," Healey (1968) "English Idioms."
　Weinreich (1969 : 56) によると，成句の構成要素は，たとえ意味が同じでも別の要素によって置き換えることができない。例えば，shoot the breeze において，shoot の代わりに同義の fire at を，また breeze の代わりに同義の wind を用いても，*fire at the breeze, *shoot the wind に見るように成句本来の意味は失われてしまう。
　これに関連して，Gibbs *et al*. (1989 : 60-62) は，成句でも kick the bucket のような分解不可能な成句の場合は，kick や bucket をそれぞれ punt や pail に置き換えると成句の意味は失われるが，pop the question のような分解可能な成句の場合は，pop や question をそれぞれ burst や request に置き換えても成句の意味は依然として保持されることを指摘している。これについては，さらに，Fellbaum (1993 : 276) による反論が

ある。

　また，Healey（1968：76-77）は，成句の構成要素に形容詞や副詞が付加されると成句の意味が失われることを指摘している。例えば，kick the bucket に kick the *big* bucket のように形容詞 big が付加されると成句とはならない。しかし，これとは反対に，Chafe（1968：124）は a *very* hot potato や Sam kicked the *old/proverbial* bucket のような例を挙げて，これらが very や old/proverbial の付加にもかかわらず成句の意味を保持すると述べている。

　一方，Nunberg（1978：129-130）は，形容詞による修飾は成句の種類によると主張している。Nunberg によると，分解可能な成句の場合は，下の(21)に見るように pull strings（陰で糸を引く）のような「普通に分解可能な」ものは比較的自由に，また(22)に見るように ring a bell のような「例外的に分解可能な」ものはかなり制限されるという違いはあるが，いずれにしても形容詞による修飾は可能であるが，kick the bucket のような「分解不可能な」成句の場合は，修飾されるとしても形容詞は ol'（=old）と proverbial だけに限られる。

　(21) pull (some) *powerful/hidden/uniquely available* strings
　(22) ring a *familiar/loud* bell

　さらに，Makkai（1972：148-155）は，下の(23a)(24a)をそれぞれ(23b)(24b)のように構成要素の冠詞を別の冠詞に置き換えたり，単数形の名詞と複数形の名詞を交換したりすると成句の意味が失われることを指摘している。

　(23) a. kick the bucket
　　　 b. kick *a* bucket / kick the *buckets*
　(24) a. hit the books（猛烈に勉強する）
　　　 b. hit *a book* / hit the *book*

◆**構成要素が統語的に凍結している**——Fraser（1970）"Idioms within a Transformational Grammar."

　Katz & Postal（1963：279）は，下の(25)は成句としての解釈が可能であるが，(26)のように受身文になると成句としての解釈は不可能になることを指摘している。

(25) John kicked the bucket.
(26) The bucket was kicked by John.

Chafe (1968:122) は，さらに，下の(27)のように名詞化されると成句としての解釈は不可能になることを指摘している。

(27) Sam's kicking of the bucket

これらの事実は，いずれも成句が統語的に凍結しており，構造的な変化は許されないことを示していると考えられるが，実際には，このような特徴はすべての成句に当てはまるわけではないことも観察されている。例えば，Newmeyer (1972:299, 1974:329-330) によると，下の(28)の成句は受身文になっても成句の解釈は可能であるが，(29)の成句は受身文になると成句の解釈は不可能となる。

(28) pull one's leg / bury the hatchet（和睦する）/ spill the beans（うっかり秘密をもらす）/ pop the question

(29) kick the bucket / sit on pins and needles（びくびくする）/ shoot the bull（だべる）/ blow one's top（かんかんに怒る）

Newmeyer (1972, 1974) は，このような受身文をめぐる(28)と(29)の違いを説明する方法を提案しているが，それについては Nunberg (1978:120-121) がいくつか問題点を指摘している。

Fraser (1970:39) は，成句の統語的な凍結の度合いは，ある種の構造的な変形を許すかどうかで決定できるとし，下の(30)のような凍結度階層 (frozenness hierarchy) を提案している。

(30) レベル6 ―制限なし (unrestricted)
　　　　該当する成句なし
　　レベル5 ―再編成 (reconstitution)
　　　　cast pearls before swine / keep one's word / lay down the law / pop the question / pull some strings / spill the beans / toe the line / throw in the sponge など。
　　レベル4 ―取り出し (extraction)
　　　　ask for / belong to / break the ice / draw a blank / hit the nail on the head / lose sight of / make use of / pay attention to / rely on など。
　　レベル3 ―置換 (permutation)

bring down the house / keep up one's end / put down one's foot / put on some weight / turn back the clock / let one's hair down など。

レベル2―挿入 (insertion)

bear witness to / do a good turn to / drop a line to / give chase to / lend a hand to / pay homage to / depend on / run into など。

レベル1―付加 (adjunction)

kick the bucket / stand for / catch fire / give ear to / keep up heart / put pen to paper / shoot the bull / turn over a new leaf など。

レベルϕ―完全凍結 (completely frozen)

bite off one's tongue / build castles in the air / dip into one's pocket / sit on pins and needles / trip the light fantastic / turn a deaf ear to など。

レベル1からレベル5までの各レベルを決定する基準となる具体的な規則としては，それぞれ，下の(31)を派生する動名詞的名詞化変形 (gerundive nominalization) [レベル1]，(32)を派生する間接目的語移動変形 (indirect object movement) [レベル2]，(33)を派生する不変化詞移動変形 (particle movement) [レベル3]，(34)を派生する受身変形 (passive transformation) [レベル4]，(35)を派生する行為名詞化変形 (action nominalization) [レベル5] などが挙げられている。

(31) John's hitting the ball (← John hit the ball.)
(32) John read the class the riot act. (← John read the riot act to the class.)
(33) John has put some weight on. (← John has put on some weight.)
(34) The law was laid down by John. (← John laid down the law.)
(35) His laying down of the law to his daughter (← He laid down the law to his daughter.)

Fraser (1970:39-40) によれば，あるレベルに属する成句は，自動的にそのレベルより下のすべてのレベルに属すことになる。例えば，lay down the law (独断的な言い方をする) は，(35)に見るように行為名詞

化変形の適用を許すのでレベル5に属すと分析されるが，同時に，自動的に5より下のすべてのレベルに属すことになる。この Fraser (1970) の提案については，Dong (1971)，Newmeyer (1974 : 328 fn.3)，Akimoto (1983 : 17) などによる反論がある。

　成句の凍結性について，意味的な観点から捉えようとする提案もある。例えば，Nunberg (1978 : 124-129) は，pop the question のような「普通に分解可能な」成句は，構成要素の指示対象が特定できるため，目的語を焦点 (focus) にする受身文が可能であるが，構成要素の指示対象の特定が非常に困難な hit the ceiling のような「例外的に分解可能な」成句，および指示対象の特定が不可能な kick the bucket のような「分解不可能な」成句は，目的語を焦点にすることが非常に難しいか不可能であるため受身文にすることができないと説明している。

　また，Gibbs & Nayak (1989)，Gibbs, Nayak & Cutting (1989)，Gibbs et al. (1989)，Gibbs & Nayak (1991) などは，心理言語学の立場から「成句分解の仮説」(idiom decomposition hypothesis) と呼ばれる仮説に基づいて成句に関するさまざまな実験を行い成果をあげている。Gibbs & Nayak (1989 : 104) によると，成句分解の仮説とは，成句は部分的に構成要素に分解可能で，それらの構成要素の意味が成句全体の意味にどの程度寄与するかについての話し手の前提によって成句の統語的な振る舞いが決まるというものである。この仮説によると，受身文や行為名詞化（および形容詞による修飾や構成要素の入れ換えなど）が可能なのは分解可能性の高い pop the question や spill the beans などの成句に限られ，kick the bucket や shoot the breeze のような分解不可能な成句については，統語的（および語彙的）凍結度が高いためそのような構造的な変形は許されないと説明されることになる。

further readings　go crazy, take a walk, make a mistake のような go, take, make などを含む成句は意味的にある程度分類可能だとするものに Rose (1978) がある。また，Akimoto (1983 : 45 ff.) は，(ⅰ) break the ice のような「動詞＋名詞」型および(ⅱ) take advantage of のような「動詞＋名詞＋前置詞」型の成句について，定・不定冠詞の付加，形容詞の付加，名詞化の可能性，受身化の可能性など，(ⅰ)では8項目，

(ⅱ)では10項目について詳しく調査している。hand in のような句動詞 (phrasal verb) と look at のような前置詞動詞 (prepositional verb) についての議論は Quirk *et al.* (1985:1150-1168) に見られる。

関連テーマ　成句を意味の観点から，例えば kick-the-bucket のように1つの複合語として分析することも可能かもしれないが，この分析では，*kick the bucket-*ed* や *kick the bucket-*ing* に見られるような語形変化に関する問題が生じる。では，成句が複合語でないとすれば，成句の意味はどのような形で表示できるのであろうか。これについては，Weinreich (1969:57-59, 73-74) で提案されている成句表 (idiom list) と成句比較規則 (idiom comparison rule) による方法，あるいはこの方法をさらに拡大した複合辞書 (complex dictionary) と合致規則 (matching rule) による方法などが参考になる。

48. 助動詞・法助動詞 (auxiliary/modal)

> 助動詞（auxiliary）とは，次のような文の斜線部の語を指す。
> (1) Tom *might* not *have been* swimming.
> 助動詞と本動詞はどう違うのだろうか。動詞の中で，なぜ，完了の have と be 動詞だけが助動詞的に振る舞うことができるのだろうか。助動詞の構造を考えることは英語の文の構造を考えることにつながる重要な問題である。【テーマ1】
> 　法助動詞（modal auxiliary）は「根源的」と「認識的」とに曖昧である。その区分の基準を明確にすることによって，法助動詞の意味体系全体が明らかになる。【テーマ2】
> 　論理的・意味的にほとんど同値であると思われる法助動詞でも，文脈を考慮に入れると微妙な意味の違いが浮き彫りにされてくる。法助動詞の意味は文脈とどう関係しているのだろうか。【テーマ3】

【テーマ1】助動詞の統語論
【概説】
次の文を考えてみよう。
(2) Tom *must have been being* examined by the doctor, and Mary might (have (been (*being))), too.

ここには，法助動詞，完了の have，進行の be，受け身の be と4個の助動詞が連続して現れている。いかなる助動詞の理論であれ，次のような点を説明できなければならない。すなわち，(ⅰ)英語の文法において，「動詞」以外に「助動詞」という範疇は必要なのか，(ⅱ)完了の have や進行/受け身の be が基本的には動詞であるとしたら，なぜそれらだけが助動詞的に振る舞うのか，(ⅲ)なぜ英語の助動詞は，法助動詞＞完了の have＞進行の be＞受け身の be というように順序づけられているのか。

Chomsky が最初に AUX という範疇を設けて以来，AUX の構造をめぐってさまざまな議論がなされてきた。Ross (1969a) をはじめとする

「本動詞」分析では，助動詞はすべて本動詞であるとされる。一方，範疇AUXを認めた上で，そこにはTenseとModalだけを置き，完了のhaveや進行のbeはVPの要素とするのがJackendoff（1972）である。Akmajian, Steele & Wasow（以下ASW）（1979）は，VP（動詞句）内で完了のhaveや進行のbeを階層化し，3層のVPを提案した。Pollock（1989）は，英語の動詞のうち，なぜhaveとbeだけが助動詞的に振る舞うことができるのかを普遍文法の観点から説明しようとした。

◆**本動詞（MV）分析**──Ross (1969a) "AUXiliaries as Main Verbs."

初期の生成文法においては，AUXはさまざまな要素の寄せ集めであった。Chomsky（1957, 1965）では，AUXはTense, Modal, Perfect, Progressiveなどの要素から成り立っている。

(3) AUX → Tense (Modal) (Have-en) (Be-ing)

文の構造全体からAUXを表示するならば，次のようになる。

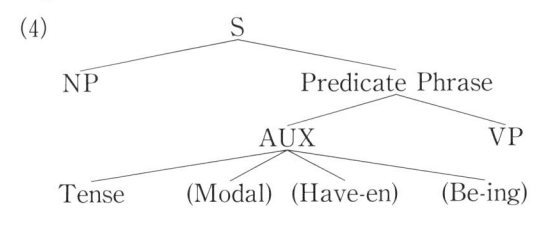

(4)
```
              S
         ／       ＼
       NP      Predicate Phrase
                ／        ＼
              AUX          VP
          ／  ｜  ＼
      Tense (Modal) (Have-en) (Be-ing)
```

Chomsky（1957, 1965）のモデルの分析の特徴は，(ⅰ)AUXの中の義務的な要素はTenseだけであり，他の要素，すなわち，法助動詞，完了のhave，進行のbeなどは随意的な要素である，(ⅱ)Modal＞have＞be＞Vという助動詞間の順序は句構造規則によって直接指定されている，ということである。

これに対して，Ross（1969a）は，助動詞はすべて本動詞であると主張する（MV分析）。Ross（1969a）によれば，文(5)の構成素構造は(6)である。

(5) Tom might have been singing.

(6)

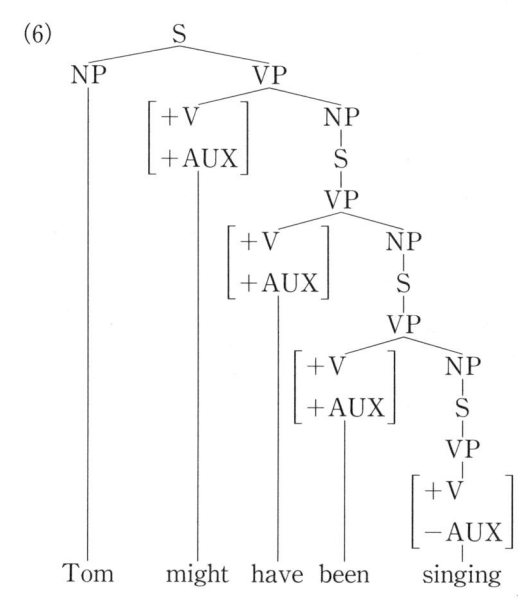

```
                S
         ┌──────┴──────┐
        NP            VP
              ┌────────┴────────┐
           ⎡+V  ⎤              NP
           ⎣+AUX⎦               │
                                S
                                │
                                VP
                        ┌───────┴────────┐
                     ⎡+V  ⎤             NP
                     ⎣+AUX⎦              │
                                         S
                                         │
                                         VP
                                 ┌───────┴────────┐
                              ⎡+V  ⎤             NP
                              ⎣+AUX⎦              │
                                                  S
                                                  │
                                                  VP
                                                  │
                                               ⎡+V  ⎤
                                               ⎣−AUX⎦
        Tom   might     have    been      singing
```

(6)では，S/VP が積み重ねられ，範疇 AUX は存在しない。might, have, been, singing はみな本動詞である。

　Ross (1969a) はこのような「階層的」な分析を支持する証拠を数多く挙げているが，その1つは，次のような代用形 so/which の文である。

(7) They said that Tom might have been singing and so he
$$\left\{\begin{array}{l}\text{might} \\ \text{might have} \\ \text{might have been}\end{array}\right\}.$$
　　　　　　　　　　　　　　　　　　　(Ross, 1969a : 82)

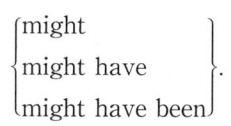

(8) They said that Tom might have been sleeping, which he
$$\left\{\begin{array}{l}\text{might} \\ \text{might have} \\ \text{might have been}\end{array}\right\}.$$
　　　　　　　　　　　　　　　　　　　(*ibid.* : 84)

Ross によると，代用形 so の指すものは S であり，代用形 which の指すものは NP である。(7)(8)の so/which を説明するためには，法助動詞 might, 完了の have, 進行の been がいずれも，補部として名詞節を取るとみなさなければならない。代用形 so/which の指すものがまとまりを成していると仮定すれば，(7)(8)で，[have been singing], [been singing], [singing] はそれぞれまとまりを成していることになる。このような事実

は上の(2)の構造では説明できない。

　MV分析の特徴は(ⅰ)統語範疇AUXを設定しないこと，(ⅱ)各助動詞はすべてその補部としてSあるいはVPを取ること，(ⅲ)各助動詞間の順序は動詞とその補文動詞との間に成立する共起制限によって捉えられること，などである。Rossの分析はそれ以後の助動詞分析に大きな影響を与えた。

◆**句構造（PS）分析**——Jackendoff (1972) *Semantic Interpretation in Generative Grammar*.

　Jackendoff (1972)は次のような句構造規則を提案した（PS分析）。

(9) a. S → NP AUX VP
　　b. AUX → Tense (Modal)
　　c. VP → (have-en) (be-ing) V (NP)　　　(Jackendoff, 1972 : 77)

(9)を樹形図で表示すると(10)のようになる。

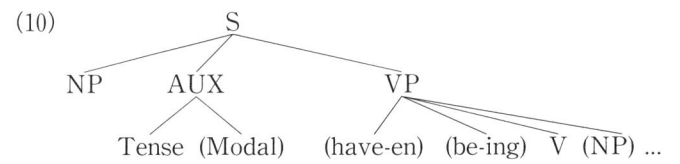

(10)
```
              S
      ┌───────┼───────┐
     NP     AUX       VP
         ┌───┴──┐  ┌──┬──┬──┐
      Tense (Modal) (have-en) (be-ing) V (NP) ...
```

　ここで重要なことは，法助動詞だけでなく，haveやbeも助動詞的に振る舞えるということである。JackendoffはこのことをHave-Be Raisingという規則によって説明しようとした（*ibid.* : 77）。

(11) *Have-Be* Raising:

$$\text{X Tense} \begin{Bmatrix} \text{have} \\ \text{be} \end{Bmatrix} \text{Y}$$

1　2　　3　　4

⇒ 1−2+3−4 (Obligatory)

(11)で，haveやbeはAUXにModalが存在しない場合に移動し，AUXにModalが存在していた場合には移動しない。また否定文の場合，否定辞のnotはVPの前に存在しているとされる。

　Have-Be Raisingを支持するデータとして，Jackendoffは，（否定）不定詞構文を挙げる。

(12) For John {not to have/?*to have not} left disturbs me.

(Jackendoff, 1972 : 78)

not は，不定詞節においては have や be に先行するが，定 (finite) 節ではそれに後続する。不定詞節には Tense が存在しないと仮定するならば，不定詞節では，have や be は，VP から AUX へと移動することはない。*Have-Be* Raising の構造記述が満たされないからである。

　PS 分析の特徴は，(ⅰ) 範疇 AUX を認める，(ⅱ) AUX の要素は本来 Tense と Modal だけである，(ⅲ) AUX に Tense だけしか存在しない場合，VP 内の have や be が AUX に繰り上がる，(ⅳ) 各助動詞間の順序は直接句構造規則によって指定される，といった点である。

◆3 層構造の VP —— Akmajian, Steele & Wasow (1979) "The Category AUX in Universal Grammar."

　Akmajian, Steele & Wasow (以下 ASW) (1979) は，Ross (1969a) などの分析と Jackendoff (1972)，Emonds (1976)，Culicover (1976) などの分析を統合したものである。次の句構造規則に見られるように，ASW (1979 : 21) も，範疇 AUX を認めている。

(13) S → NP AUX V^3

$$AUX \rightarrow \begin{Bmatrix} \text{Tense } do \\ \text{Modal} \end{Bmatrix}$$

$$V^n \rightarrow \left(\begin{Bmatrix} +V \\ +AUX \end{Bmatrix} \right) V^{n-1}$$

この句構造規則は次のような 3 層の VP を生成する。そこでは，VP は，上から完了の have，進行の be，そして受け身の be＋本動詞 (V) の順に階層化されている。

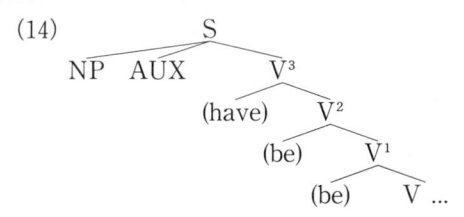

(14)
```
          S
     ／  ｜  ＼
    NP  AUX   V³
           ／  ＼
       (have)   V²
             ／  ＼
          (be)    V¹
               ／  ＼
            (be)    V ...
```

(14) において，完了の have は必ず V^2 を，進行の be は必ず V^1 を必要とする。そして受け身の be はすぐ後に本動詞が来なければならない。この分析によれば，完了の have や進行/受け身の be は [＋V] という素性を

持っている。それゆえ，(15)のような動詞句削除の例では，V^3が削除される場合，V^2が削除される場合，V^1が削除される場合と，3通りの削除が適用されたことになる。

(15) John couldn't have been studying Spanish, but Bill could (have (been (studying Spanish))). (ASW, 1979：15)

ASWは動詞句の削除を次のように定式化する。

(16) V^n Deletion

Delete V^n, n≧1. Optional

では，3層のVPを仮定する証拠にはどのようなものがあるだろうか。ASWには多くの証拠が挙がっているが，ここでは，動詞句前置だけに留めたい。

(17) They swore that John might have been taking heroin, and

a. ... taking heroin he might have been ＿＿＿!

b. *... been taking heroin he might have ＿＿＿!

c. *... have been taking heroin he might ＿＿＿! (ASW, 1979：22)

最も小さなVP，すなわち(14)におけるV^1だけを前置した場合には適格であるが(17a)，V^2やV^3を前置した場合には不適格となっている(17b)(17c)。VPの階層を区別しなければ，どの助動詞を含む部分が前置でき，どの助動詞を含む部分が前置できないのかについて予測できない。一方，(10)におけるように，完了のhaveも進行のbeも本動詞の姉妹成分と分析する限り，(17a)のtaking heroin（=V^1）はまとまりを成すことができないので，誤って前置不可能と予測されてしまう。

さらに，次の例を考えてみよう。

(18) They all said that John was being followed, and

a. being followed he was ＿＿＿!

b. *followed he was being ＿＿＿! (*ibid.*：28)

受け身のbeが前置され，進行のbeが残留することは可能であるが(18a)，進行のbeと受け身のbeが両方とも残留することはできない(18b)。これらの例で適用されている規則がV^1前置であるとすれば，(18a)のbeing followedの受け身動詞beはV^1の要素であることになる。

次の例では，進行のbeは存在せず，受け身のbeが存在するだけである。このような場合には，受け身のbeは前置されない。(19)では，受け

身の be は V¹ の要素ではないからである。

(19) They all said that John was watched by the FBI, and watched by the FBI he was ＿＿＿!

受け身の be に関するこうした不思議な例を説明するために ASW が提案したのが，*Be* Shift である。この規則は，V² に進行の be が存在しない場合に限り，受け身やコピュラの be を V¹ から V² に組み替える (restructure) ものである。

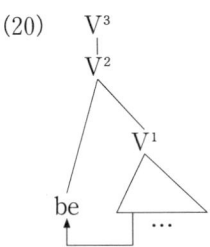

(20) V³
       |
       V²
      / \
         V¹
      /
     be   ...

その結果，V¹ の be は V² へと移動する。こうした構造組み替えは VP を3層に階層化しているからこそ可能となるものである。

◆**動詞のうち，なぜ have と be だけが助動詞的に振る舞うことができるのか**——Pollock (1989) "Verb Movement, Universal Grammar, and the Structure of IP."

Chomsky (1986a) において，Chomsky はそれまで S とされてきた範疇を IP とし，IP の主要部は Infl であるとした。Infl はそれまで AUX とされてきた範疇に相当するが，Tense や Modal だけでなく Agr (eement) も含んでいる。以下，英語とフランス語の例を比較してみよう。

(21) a. *John kisses not Mary.
　　　b. Jean (n') aime pas Marie.
(22) a. *Likes he Mary?
　　　b. Aime-t-il Marie?
(23) a. *John kisses often Mary.
　　　b. Jean embrasse souvent Marie.
　　　c. John often kisses Mary.　　　　　　(Pollock, 1989 : 367)

英語ではフランス語と違って，本動詞が Infl の位置に移動することはでき

ない。(21a)では，本動詞 kisses が not の前に移動して非文となっている。(22a)では，kisses がいわゆる主語・助動詞倒置を受けて非文となっている。また，(23a)では，kisses は頻度の副詞 often の前に生起して非文となっている。

次の例を見てみよう。

(24) a. He hasn't understood./Has he understood?
　　 b. Il (n')a pas compris./A-t-il compris?
　　 c. He is seldom satisfied.
　　 d. Il est rarement satisfait. 　　　　　　　　(*ibid.* : 370)

これらの文から分かるように，英語においても，have と be だけは Infl の位置に移動できる。なぜ，have と be だけが移動できるのであろうか。Pollock が解答しようとした問題の1つは次のようなものであった。

(25) 現代英語において INFL への動詞移動（Verb Movement）が限られた語だけにしか可能でないのはなぜか。

こうした問題に原理的に答えるために，Pollock は下の図に示されるような構造を仮定した。(ⅰ) Infl は [±Tense, ±Agr] という2組の素性を有する単一の構成素ではなく，それぞれ，Tense P (TP), Agreement P (AgrP) という最大投射の主要部である。(ⅱ) 英語にもフランス語にも最大投射 NegP が存在する。(ⅲ) Modal は Tense の下に基底生成される。

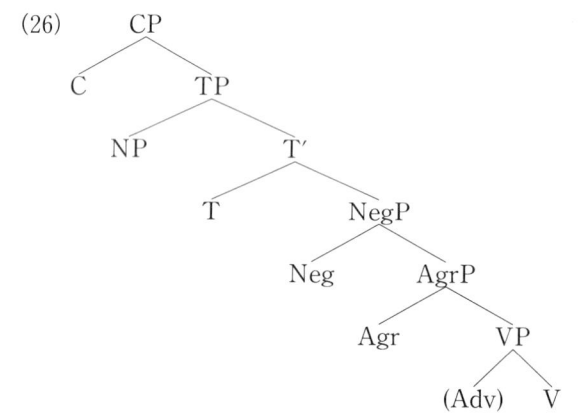

(26)
```
        CP
       /  \
      C    TP
          /  \
         NP   T'
             /  \
            T    NegP
                /   \
              Neg   AgrP
                   /    \
                 Agr     VP
                        /  \
                     (Adv)  V
```

こうした分析法によれば，(27)の基底構造は(28)のようなものである。

(27) John has driven the car.

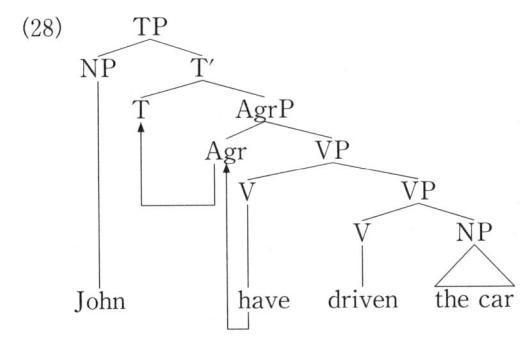

(28)
```
            TP
          /    \
        NP      T'
               /  \
              T   AgrP
              ↑    /  \
              |  Agr   VP
              |  / \    |
              | V  ... VP
              |↑       /  \
              ||      V    NP
              ||      |    △
        John  have  driven the car
```

(28)では，本動詞である have は一足飛びに T の位置に移動するのではなく，まず Agr に移動し，次に Agr から T へと，2段階で移動する。

　なぜ have と be だけが Agr へ，ついで T へと移動できるのであろうか。Pollock は，その答えを主題役割付与に求めている。すなわち，本動詞は，通例その項に主題役割を付与するが，完了の have や be は主題役割を付与する必要がない。フランス語の Agr と異なって，英語の Agr は動詞の主題役割を伝送できるほどの形態的「豊かさ」を持ってはいない。すなわち，英語の Agr は主題役割付与に対して「不透明」なのである。このため，V から Agr に移動できる動詞は，主題役割を付与する必要のない動詞，すなわち have と be に限られる。もし本動詞が Agr に移動すると，その項に主題役割を付与できなくなってしまう。

　Pollock の分析法は，英語においてはなぜ have と be だけが V から (Agr を経て) T に移動できるのかについての原理的な説明を目指したものである。しかし，Iatridou (1990) などによって論じられているように，AgrP という範疇が不要であるとなれば，違った説明が必要となってくる。

|further readings| AUX という範疇を保持しつつ，MV 分析を取り入れているものに，Emonds (1976) がある。また，一般句構造文法 (GPSG) の枠組みで MV 分析を試みているものに Gazdar, Pullum & Sag (1982) がある（この論文では ASW (1979) が批判的に言及されている）。*Have-Be* Raising と同じ機能を *Do* Replacement によって行うものに，Emonds (1976)，Culicover (1976) などがある。助動詞を本動詞でなく，本動詞の指定部として扱うものに，Lobeck (1986) がある。

have や be を本動詞ではなく，指定部動詞と分析するものに，Sawada (1995) がある。VP とは独立的に，AspP（相句）を認める分析に Ouhalla (1990) がある。歴史的な観点からの助動詞分析として，Warner (1993) が，「文法化」という観点からの助動詞分析として，Heine (1993) がある。

|関連テーマ|　助動詞と動詞を分ける統語的基準にはどのようなものがあるだろうか。法助動詞は一般に裸不定詞を従えるが，ought は to 不定詞を従える。ought はどのような統語構造を持つだろうか。VP の階層化をしないとすると，ASW の言う *Be* Shift に相当する現象はどのように説明されるのだろうか。完了の have や進行の be は本動詞とは異なる範疇に属するという立場に立つとしたら，どのような証拠があるだろうか。

【テーマ 2】法助動詞の意味体系
【概説】

　法助動詞の意味論の中心となるテーマは，「根源的」と「認識的」という区別である。ほとんどすべての法助動詞がこの 2 つの意味を持っている。初期の研究として，Hofmann (1966), Jenkins (1972), Jackendoff (1972)，などがあり，最近でも，Coates (1983), Sweetser (1990), Brennan (1993), 澤田 (1993) などがある。様相論理学の伝統に基づいて (von Wright (1951), Kratzer (1977))，法助動詞を「義務的」(deontic)，「認識的」(epistemic)，「動的」(dynamic) と 3 分類することもある (F. Palmer (1990³))。ただし，Coates (1983) が指摘しているように，根源的意味と認識的意味は漸次的な推移性を形成していると捉えなければならない。さらに，根源的，認識的という意味体系を統一的に捉える方法はあるだろうか。Sweetser (1990) は認知言語学の観点から，認識的意味は根源的意味のメタファー的拡張であるとしている。

◆ **根源的（root）意味と認識的（epistemic）意味** ── Jenkins (1972) *Modality in English Syntax.*

　法助動詞の体系が追求されるようになったのは，Hofmann (1966) が「根源的」(root) と「認識的」(epistemic) という分類を導入して以来のことである。「認識的」とは，概略，ある命題内容が生起する可能性に関

する話し手の判断を表すものであり,「根源的」というのは,義務,許可,能力などの意味を一括したものである(「非認識的」とも称される)。このような分類基準に従うと,英語の法助動詞のほとんどが根源的/認識的という両義性を有している。次の分類は Jenkins (1972 : 25) による。

(29) 根源的 (R)　　　　　認識的 (E)
　　 may (許可)　　　　　may (可能性)
　　 must (必要)　　　　 must (論理的含意)
　　 will (意志)　　　　 will (未来の予測)
　　 can　(能力)　　　　 can (可能性)

下の例を見てみよう。

(30) John *may* go home.　　　　　　　　　(Jenkins, 1972 : 25)
　　 (i) 許可 (＝is allowed to)
　　 (ii) 可能性 (＝it may be the case that)
(31) John *must* sleep in the car.　　　　　　　　　　　(*ibid.*)
　　 (i) 必要 (＝has to)
　　 (ii) 論理的含意 (＝it must be the case that)
(32) John *won't* eat his supper.　　　　　　　　　　　(*ibid.*)
　　 (i) 意志 (＝refuses to)
　　 (ii) 未来の予測 (＝it is not the case that John will …)

根源的/認識的という分類に関する Jenkins の基準は次の3つである。第一の基準は次のようなものである。

(33) 基準 A (ボイス中立性の基準):
　　 認識的法助動詞文の場合,受け身に転換されても意味解釈は変わらないが,根源的法助動詞文の場合,受け身に転換されると意味解釈が変わってくる(非文になることもある)。

次の例で,(34a)(35a)は能動文,(34b)(35b)は受動文であるが,意味は同じではない。

(34) a. John *won't* confess to the crime. (意志 (R)/未来の予測 (E))
　　 b. The crime *won't* be confessed to. (*意志 (R)/未来の予測 (E))　　　　　　　　　　　　　　　　　　　　　　　　(*ibid.* : 26)
(35) a. John　*may*　kill　you. (許可 (R) (ジョンに許可する)/可能性 (E))

b. You *may* be killed by John.（許可（R）（あなたに許可する）/可能性（E））　　　　　　　　　　　　　　　　　　　　(*ibid.*)

第二の基準は次のようなものである。

(36) 基準B（進行形/完了形の基準）:
一般に，根源的法助動詞の後には進行形や完了形は現れないが，認識的法助動詞の後には自由に現れる。

この基準によれば，次の例は基本的に，根源的な解釈は受けない。

(37) You *may* be singing now.（*R/E）

(38) He *must* have gone.（*R/E）

第三の基準は次のようなものである。

(39) 基準C（if 節の基準）:
認識的法助動詞は if 条件節の中に現れることができない。

この基準によれば，次の例は根源的な解釈（＝意志）しかできない。

(40) If you *will* eat your spinach, I'll give you a dessert.（R/*E）
(*ibid.*: 96)

また，次の例は，認識的解釈しかできないので，不適格となる。

(41) *If it *will* rain, we'll stay home.（E）　　　　(*ibid.*)

(42) *If there *will* be a fight, we'll stay home.（E）　　(*ibid.*)

意味分類はともすれば主観的になりがちであるが，Jenkins の基準は高い明示性を備えている。

◆**意味の漸次的推移性**──Coates (1983) *The Semantics of the Modal Auxiliaries*.

Coates (1983) は，現代イギリス英語の資料における法助動詞の意味を解明したものである。

Coates のアプローチは，根源的意味と認識的意味の不連続性・漸次的推移性に基づいている。さらに，彼女は意味における主観性と客観性を認め，根源的意味における「強さ」と「弱さ」を問題にした。

漸次的推移性を例証するために，can について「能力」という中心から「可能性」という周辺に広がる意味の連続性を考えてみよう。Coates (1983: 14) によれば，「能力」は次のような特徴を持っている。

(43) A : 主語は有生で動作的な機能を持つ。

         B：主動詞は物理的な行為/動作を示す。
         C：行為の可能性はその主語の固有の特質によって決定される。
次の例を考えてみよう。
  (44) It is now getting quite difficult to find choirboys old enough to behave in church who *can* still sing treble.
  (45) Every believer *can* be a faithful distributor of the gospel.
  (46) All we *can* do is rake up somebody like Piers Plowman who was a literary oddity.
  (47) You can't see him because he's having lunch with a publisher.
                                                              (Coates, 1983：92)
(44)における「歌う能力」は人間の固有の特質である。(45)は能力であるかどうかはっきりしない。動詞が状態的であるからである。(46)における行為の可能性は主語の特質と外的な要因の組み合わせから成っている。(47)は能力と解釈することはできない。ここでは，そのことを不可能にする外的な状況が言及されているからである。
　以上のデータは，「固有性の漸次的推移性」という尺度によって，「能力」と「可能性」を結びつけている。
  (48)   (44)   (45)   (46)   (47)
         能力 ←――――――――――――→ 可能性

Coates (1983) は，法助動詞の意味の多義性を認めつつも，各意義の境界は不鮮明であることを認め，各意義を漸次的推移性によって関連づけている。

◆**法助動詞の意味の3領域**——Sweetser (1990) *From Etymology to Pragmatics*.
　Sweetser (1990) は，語の意味が用いられる領域を3つに区別している。すなわち，「社会物理（現実）領域」，「認識領域」，「言語行為領域」である。法助動詞の意味もこれら3領域に多義的である。多くの場合，意味は「社会物理（現実）領域」から「認識領域」あるいは「言語行為領域」へと変化していくが，法助動詞の場合も，認識的用法や言語行為的用法は根源的用法からメタファー的構造化によって発達したものである。
　次の例を考えてみよう。

(49) John *must* be home by ten; Mother won't let him stay out any longer.

(50) John *must* be home already; I see his coat. (Sweetser, 1990 : 49)

これらの例はそれぞれ「根源的」,「認識的」意味を表している。では，両者はどのようにして関連づけられるのであろうか。Sweetser によれば，「義務」と「必然」の根底にあるのは「力のダイナミックス」である。すなわち，must「義務」を「力のダイナミックス」から見るならば，そこには，人に何かをさせようとする物理的・社会的な力がある。一方，must「認識」を「力のダイナミックス」から見るならば，そこには，人にある結論を導かせようとする証拠の力があることになる。

Sweetser は，次のような例は「根源的」でもなく「認識的」でもなく，「言語行為的」であるとする。

(51) He *may* be a university professor, *but* he sure is dumb.

(52) There *may* be a six-pack in the fridge, *but* we have work to do.

(*ibid.* : 70)

これらの例における may を「力のダイナミックス」から見るならば，may は，人があることを確言したり，申し出たりすることを妨げるものがないことを表している。Sweetser (1990) は，法助動詞の意味を認知言語学的観点から体系づけた最初のものと言えよう。

| further readings |　法助動詞に関する基本文献として，F. Palmer (1990[3]) がある。アメリカ英語における法助動詞に関しては，Ehrman (1966) がある。must と have to に関するすぐれた分析として，Tregidgo (1983) がある。因果関係という観点から認識的な should と must の違いを分析したものに，Rivière (1981) がある。will と be going to に関する初期の重要な文献として，Binnick (1971, 1972) がある。未来表現一般に関しては Wekker (1976) が，否定と法助動詞の関係に関しては，De Haan (1997) がある。法助動詞と副詞の関係に関しては，Hoye (1997) がある。法助動詞の意味の主観性と客観性に関しては，澤田 (1993)，中野 (1995) がある。

| 関連テーマ |　法助動詞の意味論は個々バラバラになりやすい。法助動詞の体系的な意味分類とはどのようなものだろうか。法助動詞の意味と否

定の関係はどのように分析できるだろうか。法助動詞と副詞はどのような共通性を持っているのであろうか。仮定法と法助動詞とはどのような関係にあるのだろうか。

【テーマ3】法助動詞の意味と文脈
【概説】

　近年，法助動詞と文脈との関係が注目を浴びている。「canとmayは文脈から見てどう違うのか」，「willとbe going toは語用論的にどう区別できるか」といった問題に関して先鞭をつけたのはR. Lakoff (1972) であった。1980年代の終わり頃から1990年代にかけて，文脈を考慮に入れて法助動詞の意味を分析しようとする傾向が一段と強まってきた。その代表が，「関連性理論」(Relevance Theory) に基づいた研究であるHaegeman (1989) やNicolle (1997) である。

◆**法助動詞と文脈の関係**──R. Lakoff (1972) "The Pragmatics of Modality."

　R. Lakoff (1972) は，法助動詞の意味と文脈に関する初期の重要な文献の1つである。論理的・意味的に同値の関係にある法助動詞が，文脈を考慮に入れることにより，その違いが明らかになることを論じている。

　例えば，次の例を比較してみよう。

(53) a. John *must* be easy to talk to.

　　 b. John *should* be easy to talk to.　　　(R. Lakoff, 1972 : 233)

この例に関してR. Lakoffが挙げているのは，次のような文脈である。話し手Aと聞き手Bがジョンの研究室の外に立っている。Bはジョンと会う約束を取りつけているが，初対面のジョンがどんな人物か分からず不安である。Aはジョンを安心させようとして(53)にあるような発話をする。Aの言葉を聞いてもBはやはり不安であり，「どうしてそうわかるんだ」と反論する。Aが入手している証拠とは次のようなものである。

(54) Aはジョンの研究室でジョンが誰かと気楽に会話しているのを聞いていた（しかし，Bは聞いていない）。

(55) Aは，ジョンが学生時代，教師からひどい扱いを受けたので，自分は学生を大事に扱うと心に決めているということを知っている。

(54)と(55)では証拠の性質が異なる。R. Lakoff によれば，must が用いられるのは(54)におけるような証拠であり，should が用いられるのは(55)におけるような証拠である。前者は現時点で証明可能な証拠に基づく推測であり，後者は未来の期待に基づく蓋然性である。

R. Lakoff によれば，次のような文は奇妙に響くという。

(56) ?John *should* be hard to talk to. (*ibid.*: 234)

(53b)と違って，(56)は好ましくない状況である。こうした場合，(56)は奇妙だが，話しにくいことが好ましいと捉えられればこの文は適格となる。

◆**文脈に基づく will と be going to の分析**——Haegeman (1989) "*Be Going To* and *Will:* A Pragmatic Account."

Haegeman (1989) は will と be going to の意味の差を関連性理論の立場から論じた。Haegeman によれば，will が示しているのは，その命題を解釈するのに未来の命題を背景にしなければならないということであり，be going to が示しているのはある現在の命題を背景にしなければならないということである。それゆえ，両者の違いは文文法のレベルではなく，その発話の文脈化（contextualization）のレベルにあるという。

次の文を考えてみよう。

(57) a. ?You're going to be fired if you ever go near his computer.
　　 b. You'll be fired if you ever go near his computer.
　　 c. You're going to be fired if you go on like this.

(Haegeman, 1989: 307)

(57a)の副詞 ever は未来を指示している。それゆえ，話し手が提示している文脈は be going to が背景とする文脈，すなわち現在指向の文脈とは相容れない。しかし，(57b)では will が用いられているので，副詞 ever の未来指示とは矛盾しない。(57c)も適格である。というのは，like this という副詞的語句は現在指向であるからである（これとよく似た指摘は Binnick (1971)，Leech (1987[2]) の中にもある）。

◆**命題内容の一部としての be going to**——Nicolle (1997) "A Relevance-Theoretic Account of *Be Going To*."

一方 Nicolle (1997) は，be going to は命題内容の一部，すなわち「概念

情報」(conceptual information) を記号化したものであると主張する。

次の例を考えてみよう。

(58) Can somebody visit John tomorrow?
　　a. I'm going to visit him.
　　b. I'll visit him. 　　　　　　　　　　　(Nicolle, 1997 : 355)

(58a)ではその要請に先だってジョンを訪問する意図があったことが示されており，(58b)ではジョンを訪問する意図はその要請を受けて表明されたということが示されている。すなわち，(58b)の話し手はそれまでジョンを訪問する意図はなかったのである。

Nicolleによれば，(58b)においてはジョンを訪問することの潜在的可能性はその発話がなされた後であるが，(58a)においてはジョンを訪問することの潜在的可能性は現在すでに存在している。すなわち，(58a)は現在の状況を表しているのであって，命題内容の一部を構成している。willは命題内容ではなく時制演算子である。この点で両者はレベルを異にしている。

further readings　Haegeman (1989)，Klinge (1993)，Nicolle (1997) は be going to と will の違いについて関連性理論の枠組みで分析している。Papafragou (1998) は「メタ表示」という概念を用いて法助動詞，特に認識的法助動詞の解釈を説明している。法助動詞とポライトネスに関しては，Perkins (1983) がある。

関連テーマ　各法助動詞の意味は文脈とどう関係しているのだろうか（例えば，can は「能力」，「許可」，「可能性」の3つの意味を持つが，(ⅰ)のような例で，「可能」の意味はどのようにして文脈から引き出せるだろうか）。

　(ⅰ) A : Who is doing what?
　　　B : The painters *can* paint the doors.　　(Groefsema, 1995 : 63)
法助動詞はポライトネスとどう関係しているだろうか。

49. 準助動詞 (semi-auxiliary)

　伝統文法や学校文法では，「準助動詞」は，意味的に「法助動詞」に対応している。will と be going to, can と be able to, must と have (got) to の意味は互いに対応している。
　(1) a. John *will* resemble his father.
　　　b. John *is going to* resemble his father.
　(2) a. John *can* speak English.
　　　b. John *is able to* speak English.
　(3) a. John *must* go.
　　　b. John *has (got) to* go.
しかし，準助動詞とされる語句の特徴は一様ではない。例えば，be able to は不定詞の形で現れ得るが，be to や be going to は不定詞の形では現れない。準助動詞の文法的特性とはどのようなものであろうか。【テーマ1】
　(4) *The President seems to *be to* visit Nigeria next month.
　(5) *John seems to *be going to* resemble his father.
　準助動詞は法助動詞と意味的に対応するが，両者が交換不可能な文脈もある。準助動詞のうち，have (got) to と must ではどのような意味の違いがあるのだろうか。【テーマ2】
　(6) In my job I *have to*/?*must* travel a lot.
　(7) I usually *have to*/*have got to* get to work at eight.
　準助動詞 have got to と have to の意味は酷似しているが統語論的には両者の have は全く異なった振る舞いをする。have (got) to の統語論とはどのようなものであろうか。【テーマ3】
　(8) a. *I'*ve to* go.
　　　b. I'*ve got to* go.
　(9) a. I'm *having to* work very hard at the moment.
　　　b. *I'm *having got to* work very hard at the moment.

【テーマ１】準助動詞の文法的特性とは何か
【概説】

　Chapin (1973) は，準助動詞（彼は「擬似法助動詞」と称する）は，本動詞（＝語彙動詞）ではなく，助動詞の一種であると結論する。Quirk, et al. (1985) は，準助動詞が法助動詞と共通する点として２点，語彙動詞と共通する点として２点挙げる。しかし，彼らは，準助動詞がどちらの範疇に属するのかについては断定していない。Westney (1995) は，５個のテストを適用することによって，準助動詞に属する語彙項目として９個挙げた。いずれにせよ，準助動詞は中間的なカテゴリーであり，より法助動詞に近いもの（例えば，be going to）と本動詞に近いもの（例えば，have to）とがあると言えよう。

◆否定から見た準助動詞の特性——Chapin (1973) "Quasi-Modals."

　Chapin (1973) は，否定という観点から「擬似法助動詞」に関する興味深い特性を明らかにした。Chapin の言う擬似法助動詞に属するものは，基本的に，次の７個である。

　(10) have to, need to, be able to, be about to, be going to, be supposed to, be to

次の例を考えてみよう。

　(11) Joe *isn't going to have to be able to* pay a red cent.

　　　　　　　　　　　　　　　　　　　　　　　　(Chapin, 1973 : 3)

(11)では，擬似法助動詞が３個用いられている。pay a red cent は，「一文も払わない」という否定の意味でしか用いられない。すると，この文の否定辞 not の作用域は，擬似法助動詞である be going to, have to, be able to を飛び越えて，文末の本動詞 pay に及んでいることになる。

　では，(11)と次の例(12)とを比較してみよう。

　(12) *Joe *isn't* [*prepared to* [*try to* [budge]]].　　　　　(*ibid.*)

(12)の budge も「微動だにしない」という否定の意味でしか用いられない。しかし，(10)と異なって，(12)は非文である。(12)の非文法性に関して，Chapin は以下のように説明する。すなわち，(12)では，not と budge の間に，prepared, try と本動詞が２個介在し，not の作用域はそれらに遮られて，文末の budge まで及ばない。それゆえ，budge は否定

の意味で用いることはできなくなり、その文は非文になってしまう。

　Chapinの分析によれば、(12)ではnotは節境界（clause boundary）を2つ越さなければならないが、(11)では一つも越していない。すなわち、(11)は単文とみなすことが可能である。(11)と(12)の決定的な違いは、(11)では擬似法助動詞が、(12)では一般動詞が連結されているという点にある。

　Chapinは、5点の論拠を挙げて、擬似法助動詞は本動詞（＝語彙的動詞）ではなく、助動詞の一種であると主張する。彼の論拠のうちの主要なものを2点だけ挙げてみよう。

　第1に、2つの一般動詞が連続する場合と違って、擬似法助動詞と擬似法助動詞が連続する場合には連結順序制約が存在する。こうした制約は意味論的なものではなく文法的なものである。

(13) a. Joe *has to be able to* think.
　　　b. *Joe *is able to have to* think.　　　　　　　　　(*ibid.*: 4)

　第2に、擬似法助動詞は補文主語を従えない。なぜなら、擬似法助動詞を含む文は単文であるからである。

(14) *Marvin *is* {*able/about/going*} [for Hilda to leave].　(*ibid.*)

　Chapin (1973) は擬似法助動詞の特性を否定という側面から浮き彫りにしたが、英語の文法において、擬似法助動詞という文法範疇がどのように特徴づけられるのか、という問題は依然として残されている。

◆助動詞と語彙的動詞の中間的カテゴリーとしての準助動詞——Quirk *et al.* (1985) *A Comprehensive Grammar of the English Language*.

　Chapin (1973) の「擬似法助動詞」は7個であるが、Quirk *et al.* (1985: 143) の「準助動詞」は次の12個である。

(15) be able to　　be bound to　　be likely to　　be supposed to
　　 be about to　 be due to　　　be meant to　　be willing to
　　 be apt to　　 be going to　　be obliged to　have to

Quirk *et al.* (1985) は、準助動詞が、法助動詞とも語彙動詞とも共通する特性を持つことを論じた。

　第1に、準助動詞は主語として「存在の」thereを取ることができる。この点は、法助動詞と共通するが、語彙動詞とは違っている。

第2に，準助動詞は能動／受動の転換が許される。この点も，法助動詞とは共通するが，語彙動詞とは違っている。

第3に，準助動詞は1つの文に複数回現れることができる。

(16) Someone *is going to have to* complain. (Quirk *et al.*, 1985 : 144)

こうした例に関して，Chapin と Quirk *et al.* とでは，見方が異なっている。Chapin は，否定の作用域という点から見て，be going to, have to は一種の助動詞であるとするが，Quirk *et al.* は，繰り返し可能性という点から見て，それらは本動詞に近いとする。

第4に，いわゆる「補充節」(supplementive clause) の節頭に生起できるかどうかという点がある。法助動詞はもちろん生起することはできない。準助動詞の場合，準助動詞の be を除いた部分（例えば，be able to の able to）が生起すると文法性は低下する(17a)。一方，一般の形容詞や過去分詞の場合，be を除いた部分は補充節の節頭に生起することができる(17b)。

(17) a. ?*Bound to* take stern measures, the administration lost popularity. (*ibid.*)

b. *Compelled to* take stern measures, the administration lost popularity.

こうしたデータは，準助動詞が法助動詞よりも語彙動詞に近い性質を持つことを示している。

◆**準助動詞のテスト**── Westney (1995) *Modals and Periphrastics in English*.

Westney (1995) は，準助動詞に関して，5つのテストを挙げている。第1のテストは，Quirk *et al.* (1985) が用いた補充節のテストであり，第2のテストは，句末の to を削除できるかどうかである。be able to の場合には，able と to を切り離すことが可能であるが，be about to の場合には，aboutとtoを切り離すことは不可能である（すなわち，be about to の場合には慣用句性が高い）。

(18) a. He's keen to leave, but *isn't able*.

b. *He's keen to leave, but *isn't about*. (Westney, 1995 : 20)

第3のテストは，very, most, quite などの程度副詞によって修飾可能

かどうかである。willing はその程度を規定できるが，able はその程度を規定できない。

  (19) a. He's *very* willing to organize people.
      b. *He's *very* able to organize people.   (*ibid*.)

第4のテストは，「by 動作主」が挿入できるかどうかである（ただし，このテストが適用可能な準助動詞は be bound to, be meant to, be obliged to, be supposed to に限られる）。be oblized to には受動性があるが，be bound to, be meant to, be supposed to には受動性はない。

  (20) He was obliged *by his employers* to settle for early retirement.
  (21) *He's bound *by his knowledge* to give the right answer.
  (22) *He's meant *by his friends* to arrive at six.
  (23) *You're supposed *by the authorities* to register any change of address.   (*ibid*.: 21)

第5のテストは，Quirk *et al*. (1985) が用いた，「存在の」there が主語に来るかどうかというテストである。

以上の5つのテストに基づいて，Westney は，準助動詞に属する語彙項目は次の9個であるとする。この数は，Chapin (1973) よりも2個多く，Quirk *et al*. (1985) よりも3個少ない。

  (24) have to, be able to, be about to, be apt to, be bound to,
     be due to, be going to, be meant to, be supposed to

これまで，Chapin, Quirk *et al*., Westney の分析を挙げたが，準助動詞とは何か，どの語を準助動詞に含めるか，という問題に関してはいまだ意見の一致をみていない。

| further readings | 伝統文法における擬似法助動詞の分析に関しては Joos (1968²) がある。繰り返し可能性という観点に基づいて，準助動詞を統語論的に分析したものとして Hakutani & Hargis (1972) がある。「文法化」という観点からは Hooper & Traugott (1993) などがある。

| 関連テーマ | ought to の ought は明らかに法助動詞に属するが，後に to 不定詞を従えるという点で標準的な法助動詞とは異なる。これはどのように説明すべきであろうか。be about to や be going to は1語であると考えることはできない。すると，このような準助動詞を純粋に統語論的に

分析した場合，その内部構造はどのようなものであろうか。

【テーマ2】have (got) to と must の意味の比較
【概説】

Larkin (1976) によれば，must は，話し手がその義務を課す側と「一体化」している場合に用いられ，have (got) to は，一体化に関しては中立であるとする。この分析は，must＝話し手からの義務，have (got) to＝外部からの義務（例えば，規制，取り決め，他人の命令など）という，一般的な分析と軌を一にしている。

have to と have got to の意味の違いについて，Westney (1995) は，have to の場合，話し手とは独立的に存在する義務を表しており，have got to の場合，そうした意味に「緊急性」/「重要性」という意味が加わっているとしている。have got to が，以前から存在している習慣的な義務については述べることができないという事実も，この「緊急性」という意味特徴と無関係ではないであろう。

◆義務を課す側との「一体化」の有無────Larkin (1976) "Some Notes on English Modals."

次の例を考えてみよう。

(25) a. My girl *must* be home by ten.
　　 b. My girl *has to* be home by ten.　　　　(Larkin, 1976 : 392)

Larkinによれば，(25a)は，話し手が自分の恋人の門限が10時であることに「同調している」ことを含意するが，(25b)は，この点で中立である。それゆえ，ダブルデートをしているような場合に，男性が(25b)でなく(25a)を用いると，その男性は仲間からからかいの的になるという。

さらに，次の例を見られたい。

(26) a. The garage *must* be cleaned up before we can use it.
　　 b. The garage *has to* be cleaned up before we can use it. (*ibid.*)

(26a)は，話し手自身がそのガレージは汚くて掃除しないと使えないと思っている場合に用いられる。しかし，「ガレージは掃除してから使用すべし」という家主の条件があって，話し手がその条件を第3者に報告する（＝「ガレージは掃除してからでないと使えないことになっているよ」）状

況では，(26a)でなく(26b)が適格である。ただし，話し手が家主の条件に「同調」していることを示そうとする場合には，(26a)は適格となる。

次の例の have (got) to は生理的必要を表している。ここで must を用いると生理的必要という意味が不明確になってしまう。

(27) a. I've got to vomit.

　　 b. I have to yawn/scratch.　　　　　　　　　　(ibid.: 393)

次の例を比較されたい。

(28) a. I must blow my nose.

　　 b. I have to blow my nose.

(29) a. Adam must go to the john.

　　 b. Adam has to go to the john.　　　　　　　　　(ibid.)

(28b)は鼻をかみたいという生理的必要を叙述しているが，(28a)は必ずしもそうではなく，礼儀作法上，そうしなければならないというニュアンスを持っている。また(29b)は，アダムがおしっこをしたいという生理的必要に迫られていることを叙述しているが，(29a)では親がアダムにおしっこに行くことを強制している。Larkin によれば，生理的必要を表すのに，must でなく have (got) to が用いられやすいのは，話し手は，自己を生理的必要には「一体化」させないからであると言う。

◆have to と have got to の意味の違い── Westney (1995) *Modals and Periphrastics in English.*

Westney (1995) は，主語の生理的必要を表す場合には，must ではなく have (got) to が用いられるという Larkin (1976) の分析に反論を加えている。Westney (1995) によれば，次のような文は，必ずしも生理的必要を表すだけでなく，子供に対する指示を表すこともあれば，その指示を報告する場合にも用いられるとする。

(30) Adam has to go to the john.　　　　(Westney, 1995: 124)

さらに Larkin は，次の例で示されるように，must を用いて主語の生理的必要を表すことも可能であると言う。

(31) Charles felt that he *must* certainly vomit within the next ninety seconds.　　　　　　　　　　　　　　　　　　　　(ibid.)

Westney は，must, have to, have got to の一般的な意味の違いを次

のようにまとめている．

(32) must は「必要性」に関する最も中立的な叙述である．

(33) have to の焦点は，「義務必要」を許し手とは独立して存在するものとしてとらえることにある．

(34) have got to は have to に緊急性・重要性が加わったものである

(*ibid.* : 98)

ここで，have to と have got to の違いを「緊急性・重要性」という点から特徴づけていることは極めて興味深いことと言えよう．

must, have to, have got to の意味論を構築するには，義務的モダリティが生じる時間を考慮に入れる必要がある．次の例を考えてみよう．

(35) a. I *must/have to/'ve got to* buy a new car by the end of May.

b. I'*ll have to* buy a new car by the end of May.　　(*ibid.* : 129)

ある人が，書類を見て，自分が今乗っている車の車検証が5月末に切れるのを知り，新車を買わなければならないと自覚したとしよう（状況A）．こうした場合，(35a)(35b)すべての文が適格である．一方，ある人が自分の車が古くなったと感じ，まもなく新車を買わなければならなくなると思ったとしよう（状況B）．こうした場合には，(36b)は自然だが，(36a)は不自然となる．

(36) a. ?I *must/have to/'ve got to* buy a new car pretty soon.

b. I'*ll have to* buy a new car pretty soon.　　(*ibid.*)

(35)と(36)の適格性の違いは，その義務・必要がどの時点で生じるかである．状況Aでは，その義務・必要は，発話時に生じているか（(35a)の場合），未来のある時期（5月末）に生じるか（(35b)の場合）である．一方状況Bでは，その義務・必要は現段階でまだ生じておらず，近い将来にしか生じない（それゆえ，(36b)は自然だが，(36a)は不自然となる）．

have (got) to と must の意味を分析する上で重要なことは，義務を課す側は何かということである（話し手，神，法律など）．さらに，文脈を考慮に入れることによって，義務の動機づけを明らかにする必要もある．

further readings　must と have to に関する意味論的・語用論的な分析としては R. Lakoff (1972), Coates (1983), Leech (1987²) などが重要である．must と may が発語内的な力を表すという分析に関しては，

Tregidgo (1983) がある。must と have to に関する認知意味論からのアプローチに関しては Sweetser (1990) が，関連性理論からのアプローチに関しては，Klinge (1993)，Papafragou (1998) などがある。

関連テーマ　意味論的・語用論的に見て，未来を表す will と be going to はどのように異なるのであろうか。能力・可能を表す can と be able to はどのように異なるのであろうか。さらに，必要を表す need（＝法助動詞）と need to はどのように使い分けられているのであろうか（なぜ，法助動詞としての need は否定・疑問の文脈でしか用いられないのか）。

【テーマ3】have (got) to の統語論
【概説】

have to と have got to の have はどういう関係にあるのかに関しては，さまざまな分析が提出されてきた。それについての先駆的な研究は LeSourd (1976) である。LeSourd は，have got の have は，基底レベルでは本動詞であった have が *Have*-Raising という変形規則によって，V の位置から AUX の位置へと繰り上がったものであり，got は have が元あった V の位置に語彙挿入されたものであると主張する。これに対して，Fodor & Smith (1978) は，基底のレベルで，本動詞の have と同じ意味の本動詞 got があり，have got の have は *Have*-Support という規則によって AUX の位置に語彙挿入されたものであるとする。

◆**Have**-Raising —— LeSourd (1976) "*Got* Insertion."

次の例を比較してみよう。

(37) Archibald *has got* a blue Mercedes.

(38) Archibald *has* a blue Mercedes.

(39) Archibald *has gotten* a blue Mercedes.　　(LeSourd, 1976: 509)

LeSourd (1976) によれば，(37)と(38)は本質的に同義だが，(39)は全く意味が異なる。(39)は「手に入れた」という意味の現在完了形である。

have got の have は，本動詞の have と異なって，(ⅰ)過去時制では用いられず(40)，(ⅱ)不定詞の形になることもない(41)。

(40) a. Dr. Kohler *had* a problem.

　　b. *Dr. Kohler *had got* a problem.

(41) a. Dr. Kohler seems to *have* a problem.

    b. *Dr. Kohler seems to *have got* a problem.   (*ibid.*)

have got は準助動詞としても用いられる。

(42) a. Jeff *has to* be back at school by 8 P.M.

    b. Jeff *has got to* be back at school by 8 P.M.

では，have got の have は本動詞の have とどのような関係にあるのだろうか。LeSourd (1976) は，have got の have は，基底レベルでは本動詞であった have が *Have*-Raising という変形規則によって，V から AUX の位置に繰り上げられたものであると主張する。*Have*-Raising は，本動詞の have を AUX に繰り上げ，空になった V の位置に got を挿入する。*Have*-Raising が変形規則であるという証拠として，LeSourd (1976) は動詞句削除と付加疑問形成に関するデータを挙げる。

(43) Bill believes that Archibald *has got* a Mercedes, and he *does*/?**has*.

(44) Archibald *has got* a Mercedes, *doesn't*/?**hasn't* he?   (*ibid.*: 514)

動詞句削除や付加疑問形成が作動する際には，まだ have got の have は AUX に繰り上がっていないので，助動詞として has ではなく does が生じている。

以上の分析に対して，Fodor & Smith (1978) は，LeSourd はアメリカ英語（の一部）しか扱っていないとし，イギリス英語とアメリカ英語のデータを区別して have got を論じた。彼らは，アメリカ英語の have got に関する限り，次の分析が成立すると主張する。すなわち，本動詞の have と同じ意味の本動詞 got があり，have got の have は *Have*-Support という規則によって AUX の位置に挿入されたものであるとする。彼らの言う本動詞の got は次のようなものである。

(45) Tommy *gots* one.   (Fodor & Smith, 1978: 57)

さらに，Battistella (1987) は，LeSourd の *Have*-Raising と Fodor & Smith の *Have*-Support を比較し，前者の方が単純であり，幼児の言語習得という点から前者の方が優れていると論じた。Battistella も，英語の文法体系の中に範疇 AUX が存在し，have got to の have は AUX の構成素として振る舞うことを指摘している。

(46) a. *I*'ve to* go.

b. I've got to go.
(47) a. John will have to go.
　　　b. *John will have got to go.　　　　(Battistella, 1987 : 213)

Battistella は，have got to 文においては，付加疑問文や動詞句削除文を形成する際に Do-Support がなされることを指摘する。

(48) a. John has got to go, doesn't he?
　　　b. John has got to go, and Mary does too.　　(ibid. : 214)

これらの文においては，Tense だけしか存在しない AUX に付加疑問形成や動詞句削除が適用されるので，Do-Support が必要となったものである。

一方では，Battistella は，次のような例も挙げる。

(49) a. John has got to go, hasn't he?
　　　b. John has got to go, and Mary has too.　　(ibid.)

これらの例においては，Tense と have を含む AUX に付加疑問形成や動詞句削除が適用されるので，Do-Support は不要である。(39) と (40) が示しているように，Have-Raising と付加疑問形成・動詞句削除との間には規則の順序づけは存在しない。

　以上挙げたデータからも分かるように，イギリス英語とアメリカ英語で have got の文法が異なっている点に注意しなければならない。Have-Raising を採用した場合，本動詞の have を AUX の位置に繰り上げることになるが，英語の文法には，完了の have や be 動詞を除いて，本動詞を AUX の位置に繰り上げる規則は存在しない。この点で，have got の have の繰り上げは例外的であると見なさざるを得なくなろう。

> further readings　　範疇 AUX の存在に関しては，Akmajian, Steele & Wasow (1979)，Akmajian & Wasow (1975) がある。have got の have に関するデータに関しては Swan (1995[2]) がある。

> 関連テーマ　　have got to の have が範疇 AUX の構成素であるとしても，なぜ，have got to は習慣的な義務を表すことはできないのであろうか。歴史的に見て，have got to は，どのようにして成立したのであろうか（この問題は「文法化」と関わっている）。

50. 相 (aspect)

> (1) I've cut my finger.
> (2) I'm reading Hamlet.
>
> (1)(2)はそれぞれ完了の have と進行の be を含む文である。学校文法では助動詞として扱われてきたが，生成文法では完了の have と進行の be の統語範疇について，また(1)と(2)がどのような統語構造をしているかについて多くの提案がなされてきた。【テーマ1】
>
> 　一般動詞の場合とは違って，完了の have および進行の be を含む文の否定形，疑問形には do が生じない。このことを説明するのに，相の助動詞が I という構造上の位置へ移動すると考えられている。そしてなぜ助動詞が移動して，一般動詞は移動しないのかについて多くの考察がなされている。【テーマ2】
>
> 　相の助動詞を含む文に動詞句削除をした場合，一般動詞のみの場合の動詞句削除とは異なる統語的特性を示す。動詞句削除の場合の助動詞の振る舞いの定式化について多くの提案がなされてきた。【テーマ3】

【テーマ1】相の統語構造と文法範疇
【概説】

　完了の have と進行の be とも，動詞句削除によって VP が削除される場合を除いて，動詞なしにそれ単独で使われることはない。内容語（content word）である動詞に機能的な意味を付け加える範疇である。また，have と be そして本動詞の語順が決まっている。必ず have, be, 本動詞の語順であり，逆になることはない。また，動詞句削除についての事実から助動詞の部分は階層的な構造をしているとされている。そして Akmajian, Steele & Wasow (1979)は助動詞間の順序と助動詞部分の階層的な構造の両方を捉える句構造規則を提案している。さらに，相は Infl の要素であるとする研究者が多い中で，Tenny (1987) は，相は Infl とは別

の Aspect という統語範疇であると主張している。そして，Akmajian, Steele & Wasow (1979)は，have, be を含む部分をその補部に取ることができる動詞（make）があると主張している。

◆相の統語構造──Akmajian, Steele & Wasow (1979) "The Category AUX in Universal Grammar," 他.

完了の have と進行の be に関し，生成文法の初めから理論の変遷とともに新しい分析が提案されてきた。Chomsky (1957) は(3)のような句構造規則を提案した。

(3) VP → Verb＋NP
　　Verb → Aux＋V
　　Aux → C（M）（have＋en）（be＋ing）

Chomsky (1957) の分析の特徴は，助動詞部分が並列的で階層がないことである。しかし，その後の動詞句削除についての言語事実が指摘されるにつれて，助動詞の部分は並列的ではなく，階層的であることが明らかになった。Akmajian, Steele & Wasow（以下 ASW）(1979) は(4)の後半の studying Spanish を削除した場合も，been studying Spanish を削除した場合も，have been studying Spansh を削除した場合も全て可能であると述べている。

(4) John couldn't have been studying Spanish, but Bill could (have (been (studying Spanish))).　　　　　(ASW, 1979 : 15)

削除される要素は１つの構成素であると考えられているので，studying Spanish の部分だけではなく，been studying Spanish の部分も have been studying Spanish の部分もそれぞれ１つの構成素を成すことになる。それゆえ助動詞部分が並列的ではないと ASW は主張する。

助動詞部分が階層的であることを具体化するのに幾つかの考えが提案された。J. McCawley (1971) らの生成意味論を提唱する人たちは助動詞をそれぞれ主動詞と考え，(5a)の文は(5b)のような構造を持つと提案している。

(5) a. John had been smoking pot.
　　b. $[_s [_s [_s [_s$ John smoke pot$][_v$ Prog$]][_v$ Past$]][_v$ Past$]]$

この考えの特色は，文がいくつか埋め込まれ，各助動詞が別の文に属して

いるということである。(5b)に主語上昇変形が3度適用されると(5a)が導かれる（なお J. McCawley は have は基底では Past であると主張する）。この J. McCawley の考えでは Prog, Past とも S を補部に取る主動詞であり，Prog と Past の間の語順は自由なはずである。しかし，助動詞の語順は決まっていて，have been とはなるが，is having とはならない。このことを説明するのに，J. McCawley (1971) は have は状態動詞であり，状態動詞は進行形にならないから，is having は不可能であると主張する。すなわち，(6a)が非文法的なのは，(6b)が非文法的であるのと同じ理由であると主張する。しかし ASW は，状態動詞も進行形で使える場合があることを指摘している。(6c)のように程度がだんだん増えていく場合は状態動詞でも進行形は可能である。

(6) a. *John is having slept long.
　　b. *Our samples are containing protein.
　　c. Our samples are containing more protein every day.

これに対し完了の have はいかなる時でも進行形になることはない。contain が(6c)のようなもの以外に進行にならないのは，意味的なものであり，そして完了の have が is having にならないのは統語的なものであり，両者は区別されなければならないと ASW は主張する（J. McCawley (1998², 227) は状態動詞が進行形にならないのは意味的なものであるとした上で，完了の have が進行形にならないことを意味的に説明しようとするが，充分説得力があるとは言えない）。すなわち，相の助動詞を本動詞とする考えは，階層性を捉えることはできるが，Chomsky (1957) が捉えていた助動詞間の語順の問題を捉えることはできないと ASW は主張する。

ASW は助動詞の階層性を表すのに次のような句構造規則を提案している。

(7) S → NP AUX V³

$$\text{AUX} \rightarrow \begin{bmatrix} \text{Tense } do \\ \text{modal} \end{bmatrix}$$

$$V^n \rightarrow \left(\begin{bmatrix} +V \\ +AUX \end{bmatrix}\right) V^{n-1}...$$

[+V, +AUX] は have あるいは be として実現される。ASW の枠組み

では完了の have は補部に V^2 を取ると規定されており，同様に進行の be は V^1 を補部に取ると規定されている。さらに受け身の be も動詞の直前に来ると規定されている。そうすると(8)のような構造が生成され，助動詞に関し(8)以外の語順は不可能であり，助動詞間の語順は正しく保障される。

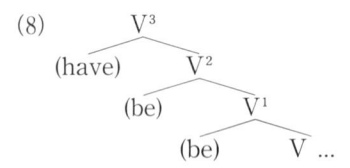

(8)
```
         V³
  (have)    V²
       (be)    V¹
            (be)   V ...
```

X バー理論が充分発達する前の研究であるので，その後の X バー理論の一般的な考えに合わせて解釈し直す必要があるが，ASW のこの考えは，その後の have/be の統語構造の研究の基本的な考えとなったものである。

◆**相の文法範疇**──Tenny (1987) *Grammaticalizing Aspect and Affectedness*, 他.

完了の have と進行の be の統語範疇が何であるかについては，多くの考えがある。ASW は上述のように，have, be とも [+V, +AUX] という素性を持つと考える。これは have/be は助動詞的性質を持つ動詞であるという考えである。Steele *et al.* (1981) は AUX という範疇を設定したが，AUX をさらに分けることはしなかったので，この方法では相は時制，法性と同じ分類にされている。また，生成文法で文は infl を主要部とする IP とされているが，Tenny (1987) は相は infl に含まれるべきではなく，infl とは別の範疇の Aspect という統語範疇であると主張している（有元 (1988) も同様の主張をしている）。Tenny は，時制は出来事を時の中のある一点に定める働きをし，法性は，文の内容の真実性についての話者の判断などを表す。相は動詞との関連で，その行為などの限界性に関わる。例えば，「りんごを食べる」という動作は，りんごが食べ終えられたら終了するように，限界のある行為であるが，be+ing が加わると，限界のない出来事を描写する。

(9) a. Harry ate the apple.
    b. Harry was eating an apple.

また，時制，法性は語彙的主語（あるいはその痕跡）とともに一緒に生起

しなくてはならず，PRO とともには生起できない。これに対し be や have にはそのような制限はない。このことも時制/法性と相は別の統語範疇であることを示すと Tenny は主張する。

(10) a. *Steve wants PRO goes/went to Vermont.
b. *Steve wants PRO will go to Vermont.
c. Steve wants PRO to be going to Vermont.

さらに，語順は，必ず，時制/法性→相→動詞の順である。もし，時制/法性と相が同じ統語範疇であれば，例えば，have →時制→ be →動詞あるいは have → be →時制→動詞などの順も可能なはずであるが，そのようなことはない。相はいつも動詞に近い位置にあり，時制/法性は動詞から離れた位置にある。以上のことから，Tenny は have と be は Aspect という独立した統語範疇に属すると主張する。そして Tenny は Aspect が VP の指定部にある可能性と，Aspect が VP を補部に取る主要部である可能性の両方の可能性を述べている。後で述べるように，Pollock (1989) は，have と be は I の位置に移動すると主張している。主要部へ移動するのは主要部だけであるという主要部移動の原則を踏まえれば，have/be は主要部ということになろう。

◆相の埋め込み可能性——Akmajian, Steele & Wasow (1979) "The Category Aux in Universal Grammar," 他。

ASW は，(8) の V^1 のみを取ることができる動詞，V^2 を取ることができる動詞，V^3 を取ることができる動詞があり，動詞の種類で，その補部に取ることができるものが異なっていると主張する。begin 類の動詞は (11b) のように相の助動詞を含む V^2 と V^3 を補部に取ることができず，相の動詞は (8) の V^1 を補部に取ると言える。知覚動詞も (11c) のように相の助動詞を含む V^2 と V^3 を補部に取ることができない。知覚動詞も (8) の V^1 を補部に取ると言える。

(11) a. I began [running down the road]. He began [being obnoxious]. They began [being watched by the FBI].
b. *He began [being running down the road]. *He began [to have finished the work].
c. *I saw him [be/being running down the road]. *I saw him

[having finished his work].
ASW は使役動詞は，(12a)(12b)のように進行の be を含む V^2 を補部に取ることができるが，完了の have を含む V^3 を補部に取ることができないと述べ，使役動詞は(8)の V^2 を埋め込むと主張する。しかし，Williams (1984 : 141) は(12c)を容認可能としており，使役動詞が通常，完了の have を含む V^3 を補部に取れないのは意味的なものであるかもしれない。

(12) a. We'll try to make him be singing "Coming through the Rye" when Mary walks in the room.
b. *We let him have eaten supper by 4 o'clock.
c. If I could rewrite Russian history, I would let the revolution have already taken place by the time Lenin was born.

もしそうであるのなら，使役動詞は，本質的には(8)の V^3 を補部に取るといえる。なお，知覚動詞は(12)と類似の(13)が不可能なように，いかなる場合でも相の助動詞を含む V^2, V^3 を補部に取ることができない。

(13) *We saw the revolution have already taken place by the time Lenin was born.

further readings　Sawada (1995) は have/be は指定部であると主張している。他に Zagona (1982, 1988b) も have と be の統語構造を扱っている。

関連テーマ　there 構文が許される所と相の助動詞が生起可能な所は関係があるように思われる。上述のように使役動詞の補部には相の助動詞は生起可能で，知覚動詞の補部には相の助動詞は不可能であるが，there も使役動詞の補部には可能で，知覚動詞の補部には不可能である。

(i) a. I made there be a ten minutes' recess. (Newmeyer, 1975 : 85)
b. *I saw there be a ten minutes' recess.

相の助動詞が可能な所では there が生起でき，相の助動詞が不可能な所では there 構文が不可能である。相の助動詞を含む構造と there の生起可能性を関連づけて研究すると興味深い結果が出よう。

【テーマ2】相と移動
【概説】

　相の助動詞を持つ文の否定文，疑問文において do は挿入されることはなく，否定文においては相の助動詞の後に not を挿入し，疑問文においては相の助動詞が主語の前に置かれる。これは一般の動詞においては否定文，疑問文では do が挿入されるのと較べ，大きな対比を成す。伝統文法においては，このことは事実として述べられるだけであり，なぜ両者にそのような違いがあるかについて考察されることはなかった。Pollock (1989) は，英語とフランス語の比較研究をとに，相の助動詞はIの位置に移動するので，疑問文，否定文で do は挿入されないと主張する。そして Roberts (1998) は，相の助動詞は文法項構造を持たない欠陥動詞であり，形式素性（formal feature）だけを持つと主張し，そのことと相の助動詞のIへの移動とを関係づけている。

◆Iの位置への移動——Pollock (1989) "Verb Movement, Universal Grammar, and the Structure of IP," 他.

　生成文法においては Chomsky (1957) 以来多くの分析が提案され，Pollock (1989) の分析がこの点での基本的文献となっている。Chomsky (1957) は(1)の句構造規則と共に(3)のC（テンス），en, ing を右に移動させる接辞移動の変形を提案した。そして，Pollock は(14)に見られる英語とフランス語の対比を基に，英語の一般動詞はVPの中に留まるのに対し，フランス語の動詞はVPの中からIの位置（主語とVPの間にあり，時制などの活用 inflection を担う要素が生じる位置）へ移動すると主張する。(14)で，英語の動詞は目的語のすぐ左にあるが，フランス語の動詞は，副詞 souvent（英語の often に相当する）や pas（英語の not に相当）の左に来ている。そして英語では否定文では時制を実現するため do が挿入されるが，フランス語では英語の do に相当するものはない。

(14) a. *John kisses often Mary./John often kisses Mary.
　　 b. Jean embrasse souvent Marie./*Jean souvent embrasse Marie.
　　 c. *John eats not chocolate./John does not eat chocolate.
　　 d. Jean (ne) mange pas de chocolat./*Jean (ne) pas mange de chocolat.

英語の動詞は，(15a)では Chomsky (1957) の接辞移動が適用されて(15b)になり，(15c)のように否定辞 not が存在する時は，do が挿入される。これに対し，フランス語では動詞が I の位置に移動するので，souvent や pas の前に来るし，否定文でも英語の do に相当するものが挿入されることはないと Pollock は主張する。

(15) a. [IP John [I' I [often [VP kiss Mary]]]]
　　 b. [IP John [I' t_i [often [VP kiss+I$_i$ Mary]]]]
　　 c. [IP John [I' do+I [not [VP kiss Mary]]]]
　　 d. [IP Jean [I' I [souvent [VP embrasse Marie]]]]
　　 e. [IP Jean [I' embrasse$_i$+I [souvent [VP t_i Marie]]]]
　　 f. [IP Jean [I' I [pas [VP embrasse Marie]]]]
　　 g. [IP Jean [I' embrasse$_i$+I [pas [VP t_i Marie]]]]

Pollock の扱いが Chomsky の扱いと異なるのは，have と be についてである。Pollock は Chomsky とは反対に，英語の be (進行の be 以外にも連結詞の be, 受け身の be も含む) と完了の have (イギリス英語における所有の have を含む) はフランス語の動詞と同じように I の位置へ移動すると主張している。これは英語の have と be がフランス語の動詞と同じ振る舞いをするからである。(16a)のように be は副詞 seldom の前に来るし，(16b)～(16d)のように be, have は否定辞 not の前に出て，do が挿入されることはない。Pollock は，have と be は英語の本動詞の場合とは違って，フランス語の動詞のように，副詞や not の前に移動すると主張する。

(16) a. He is seldom satisfied.
　　 b. John is not happy./*John does not be happy.
　　 c. He hasn't understood.
　　 d. John hasn't a car. (イギリス英語)
　　 e. [IP he [I' I [seldom [VP be satisfied]]]]
　　 f. [IP he [I' be$_i$+I [seldom [VP t_i satisfied]]]]
　　 g. [IP John [I' I [not [VP be happy]]]]
　　 h. [IP John [I' be$_i$+I [not [VP t_i happy]]]]

◆なぜ助動詞は移動するのか—— Roberts (1998) "*Have/Be* Raising,

Move F, and Procrastinate," 他.

なぜ，have, be は移動するのに対して本動詞は移動しないのか（なお相助動詞の have, be 以外に，連結詞の be とイギリス英語における所有の have も同じ振る舞いをする。）Chomsky（1995 : 198）は，助動詞は意味的に空虚であり，意味素性を持っていないと述べる。そして，意味に関わる部門である隠在的統語部門（LF）の規則は意味素性を持たないこのような要素を見ることができないので，このような要素は隠在的統語部門で移動できない。したがって，顕在的統語部門（overt syntax）で移動しておかなければならないと主張する。これに対し，Lasnik（1999b）は(17)のような文における be には「存在」の意味があるが，この場合も移動すると述べる。したがって Lasnik は，助動詞は意味的に空虚であるから顕在的統語部門で移動しなければならないという Chomsky の主張は成立しないと論じている。

(17) a. There is a solution.
　　 b. Is there a solution?
　　 c. There is not a solution.

イギリス英語では所有の have も移動するので，この Lasnik の Chomsky に対する批判はイギリス英語における have についてもそのままあてはまろう。

Lasnik（1999b : 105）は一般動詞は，語彙部門では原形であり，原形のまま挿入された後，I の位置にある Infl の接辞と融合することにより統語的に語形変化するが，助動詞は語彙部門で語形変化された形で挿入されると主張する。そして Infl は接辞の場合と素性の場合とがあり，英語の定型の Infl の素性は強い素性であると主張する。Infl が接辞の場合，隣接性の条件に従って音声形式部門（PF）で動詞と融合する。それに対し，Infl が素性の場合は，強い素性であるので，照合されなければならないので，助動詞が顕在的に Infl まで繰り上がり，Infl の強い素性を照合する。このように Lasnik は，一般動詞と助動詞の移動の違いを語彙部門で原形か語形変化を受けているかの違いで説明する。

この考えに対し，Roberts（1998 : 118）は，Lasnik の説明では，助動詞が語彙部門で語形変化を受けているということと，助動詞が文法項構造を欠くということを結び付けることができないと主張する。文法項構造を

持つかどうかが助動詞を一般動詞から区別する基準であるとするのがRobertsの考えである。Robertsは，この考えに基づき，haveとbeは文法項構造を持たず，形式素性（formal feature）のみを持つ欠陥動詞（defective verb）であると分析する。そして素性移動（Move F）の際，Fのすべての形式素性（formal feature）が便乗者（free rider）としてFと一緒に運ばれるというChomsky (1995)の主張に基づき，Vの素性が移動する時，haveとbeの形式素性（formal feature）が一緒に運ばれると考える。形式素性（formal feature）は転写（copy）されるのではなく，剥奪（strip away）されるので，移動元の位置には何の素性も残らない。したがって，排出（Spell Out）は音韻行列（phonological matrix）を移動された位置の助動詞に結び付ける。したがって，TのV-素性が弱素性であっても，haveとbeは顕在的に移動できるというのがRobertsの考えである。このLasnikとRobertsの主張については動詞句削除の項でもう一度述べる。

Chomsky (1998)では素性移動（Move F）は廃止されており，助動詞と一般動詞の移動についての違いの説明は，理論の進展とともに新しい枠組みで説明されていくであろう。(17)のbeが意味的に空虚ではないという主張と，移動するものは文法項構造を持たないというRobertsの考えがどのように折り合いがつくのか。所有のhaveについてイギリス英語とアメリカ英語の間に移動可能性の違いが見られるが，イギリス英語とアメリカ英語の間で，所有のhaveが意味的に異なるとか文法項構造が異なるとは考えにくいので，移動するかしないかを完全に意味の問題あるいは文法項構造の有無に還元しない方がよいかもしれない。

further readings 史的観点から英語の本動詞，助動詞を取り扱ったものに，Roberts (1993)がある。

関連テーマ Akmajian & Wasow (1975)はBE Shiftという移動操作を提案している。これはAuxに進行のbeがない時，beをVPの中からAuxへ移動させる操作である。ASWではBE ShiftはV^2にbeがない時にV^1の中のbe（連結詞のbeと受け身のbe）をV^2に移動せよという形で述べている。これは下記の動詞句前置の事実を説明する。

(i) a. They all said that John was being obnoxious before I arrived,

and being obnoxious he was. (ASW, 1979 : 28)
b. *They all said that John was being obnoxious before I arrived, and obnoxious he was being. (*ibid.*)
c. John said he was going to be obnoxious, and obnoxious he will be. (Roberts, 1998 : 117)
d. *John said he was going to be obnoxious, and be obnoxious he will. (*ibid.*)

この場合、Iに法助動詞が存在する時にもbeが移動する。この場合Tenseの素性の照合のためという理由はない。しかし言語事実を見る限り、この移動は存在すると考えられるので、この場合移動の理由は何であろうか。なぜ、進行のbeがない時に連結詞のbeと受け身のbeが進行のbeの位置に移動するのであろうか。

【テーマ3】相と削除
【概説】

　相の助動詞を含む文に動詞句削除をした場合、一般動詞のみの場合の動詞句削除とは異なる統語的特性を示す。相の助動詞を含む部分を動詞句削除する場合、削除される相の助動詞と先行する相の助動詞とは語形が同一でなくてはならない。このことをLasnik (1999 b) は、一般動詞は原形のまま挿入されるのに対し、相の助動詞は語形変化をした形で挿入されると主張して説明する。一方、Roberts (1998) は、相の助動詞がVPの中からIへ移動するという観点から説明する。さらに、動詞句削除でbeingを残すことはできないことを、Akmajian, Steele & Wasow (1979) はBE Shiftという規則を設定して説明する。

◆語形が同一でなければならない——Roberts (1998) "*Have/Be* Raising, Move F, and Procrastinate," 他.

　一般動詞に関わる動詞句削除と相の助動詞に関わる動詞句削除との違いは、一般動詞の動詞句削除においては削除される動詞と先行する動詞の語形が同一でなくても許されるのに対し、haveとbeの場合は、削除されるhave/beと先行するhave/beの語形が同一でなければならないことである。なお、括弧はその中のものが削除されたことを示す。

(18) a. John slept, and Mary will (sleep) too.
　　b. *John was here, and Mary will (be here) too.
　　c. *John has left, but Mary shouldn't (have left).

Lasnik (1999b) は，上述のように一般動詞は原形のまま挿入され，Infl の接辞と融合した後で語形変化するのに対し，have/be は語形変化した形で挿入されると主張する。そして Lasnik は動詞句削除においては，削除される動詞/助動詞と先行する動詞/助動詞は語形が同一でなければならないと主張する。(18a)では，この段階では先行する動詞も後ろの動詞も原形であり，両者は動詞の語形が同一である。これに対し，(18b)(18c)では have/be は語形変化されて挿入されるので両者の語形は同一ではない。従って，(18a)では動詞句削除が可能であるが，(18b)(18c)では動詞句削除が不可能であるというのが Lasnik の説明である。

　一方，Roberts (1998) は，動詞の痕跡を持つ VP は動詞句削除の先行詞になれないと主張してこの事実を説明しようとする。have と be は VP から移動するので，(19a)(19b)の前半の VP は動詞の痕跡を持ち，動詞句削除の先行詞となることはできない。

(19) a. John be$_i$+I [$_{VP}$ t_i here], and Mary will [$_{VP}$ be here] too.
　　b. John have$_i$+I [$_{VP}$ t_i left], but Mary shouldn't [$_{VP}$ have left].

すなわち，Roberts は先行する VP の主要部と削除される VP の主要部が同一でなければならないとする。

　Lasnik はこのような考えに対し，(20)のように be が移動していない場合でも，2 つの be が語形が異なると動詞句削除が不可能であるので，この考えは成立しないと主張する。

(20) a. ?*The children have been very good here. I wish they would (be good) at home.
　　b. *John was being obnoxious, and Mary will (be obnoxious) too.

Roberts はこの場合，be は上で述べた Akmajian & Wasow (1975) が主張する BE Shift で移動していると主張する。(20)では be が移動されており，先行する VP は動詞句削除の先行詞にはならない。このように Roberts の主張は，have/be と一般動詞の動詞句削除の語形変化が同一かそうでないかの違いを，語形変化が同一かどうかという観点からではなく，VP の主要部が痕跡を含むかどうかという観点から説明しようとして

いる。なお(21a)は文法的であり，Robertsの考えは，VPがVの痕跡を含んでいる場合には動詞句削除の先行詞になれないという説明より，2つのVPの主要部が同一であるべきという説明の方が正しい一般化のように思われる。この場合削除されるVPも先行するVPも両方とも主要部はbeの痕跡である。

(21) a. Mary was honest, and John was (honest), too.

b. Mary be_i+I [_VP t_i honest], and John be_i+I [_VP t_i honest] too.

◆**助動詞を含む場合の動詞句削除の適用**——Akamajian, Steele & Wasow (1979) "The Category AUX in Universal Grammar," 他.

助動詞を含まない場合の動詞句削除は，単にVP部分を削除すればよいが，助動詞を含む場合はいろいろな適用の仕方があり，多くの研究がされている。ASWは動詞句削除として(22)を提案している。

(22) (8)のV^3, V^2, V^1を任意に削除せよ。

この規則は，(23a)(23b)(23c)のV^1, V^2, V^3に適用して，V^1, V^2, V^3を削除する。

(23) a. ... and Bill could have been [_V1 studying Spanish], too.

b. ... and Bill could have [_V2 been studying Spanish], too.

c. ... and Bill could [_V3 have been studying Spanish], too.

さらにASWは(24c)のようにbeingは後に残せないことを説明するため，Akmajian & Wasow (1975)で提案されたBE Shiftを，上述のように「V^1のbeをV^2にbeがない時にV^2に移動せよ」という形で採用する。

(24) a. John would be a good doctor, and Bill would be (a good doctor), too.

b. John is being noisy, and Bill is (being noisy), too.

c. *John is being noisy, and Bill is being (noisy), too.

(24a)ではbeがV^1からV^2まで移動している。(24b)(24c)ではbeがあるのでbeingはV^1に留まり，動詞句削除はbeing noisyを削除する。

◆**be, being, haveが削除されない場合**——Saito & Murasugi (1990) "N' Deletion in Japanese : A Preliminary Study," 他.

不定詞補文で動詞句削除をする際，主文の動詞がコントロール動詞であ

る want か,例外的格付与 (ECM) 動詞あるいは繰り上げ動詞である believe, seem かによって,be を含む補部を削除した場合の容認性が異なる。want の場合は,be を残しても残さなくてもよいが,believe, seem の場合,be は必ず残さなければならない(浅川・鎌田 (1986) に詳しい記述がある)。

(25) a. John tried to be patient because Mary wanted him to (be patient). (浅川・鎌田, 1986 : 33-34)
b. John tried to be patient because Mary wanted him to be (patient). (*ibid.*)
c. I believe John to be a genius, but Mary doesn't believe him to be (a genius). (Shumaker & Kuno 1980 : 358)
d. *I believe John to be a genius, but Mary doesn't believe him to (be a genius). (*ibid.*)
e. I can't gurantee that Jack is working right this moment, but he seems to be (working). (C. Baker, 1978 : 300)
f. *I can't gurantee that Jack is working right this moment, but he seems to (be working). (*ibid.*)

Saito & Murasugi (1990) はこの違いを 2 つの to の違いに還元して説明する (Stowell (1982) はこの 2 つの to の違いについて説得力のある議論をしている)。Saito & Murasugi (1990) は,その指定部と一致 (agree) する主要部は空範疇を認可できると主張する。そして want とともに起こる to は PRO を取るので,PRO は to と一致すると考えれば,この to は指定部と一致する主要部であり空範疇を認可できると主張する (want の類の動詞が取る to と PRO については Martin (1996) が詳しい)。この考えを believe, seem にあてはめると,例外的格付与 (ECM) 動詞,繰り上げ動詞の補部の to は PRO を許さず,また主語の格を照合しないので,この to は指定部と一致する主要部である。したがって,この to は空範疇を認可しないと考えることができる。

浅川・鎌田 (1986 : 32-33) は法助動詞の意味により動詞句削除の際の be の削除可能性に違いがあることを指摘している。

(26) a. John must be tall and Mary must be (tall), too.
b. *John must be tall and Mary must (be tall), too.

c. Peter must be polite to his parents, and you must be (polite to his parents), too.

　　d. Peter must be polite to his parents, and you must (be polite to his parents), too.

(26a)(26b)は「背が高くなければならない」という意味はなく，「背が高いに違いない」という意味しかない。このmustは認識的法助動詞である。この場合，(26b)のようにmustの直後に空範疇が来ると非文法的になる。これに対し，(26c)でmustは「違いない」と「なければならない」の両方の意味を持ち得る（「なければならない」の意味のmustは根源的法助動詞と呼ばれる）。しかし(26d)のようにbeを残さなかった場合は，mustは「しなければならない」の意味しか持たない。別な言葉で言えば，mustが「違いない」の意味である時には空範疇を認可できないが，「しなければならない」の時は空範疇を認可できる。根源的法助動詞は主語について述べるものであり，主語の照合をしていると考えることができる。したがって，根源的法助動詞は指定部と一致する主要部であると考えられるので，空範疇を認可できると考えられる。これに対し，認識的法助動詞は，主語について述べるのではなく，文全体について述べる。したがって，認識的法助動詞は主語と一致をしないので，空範疇を認可できないと考えられる。

|further readings| 動詞句削除については他にZagona (1982, 1988b)，Lobeck (1995) などがある。また，Shumaker & Kuno (1980) はbeを含む場合の動詞句削除について詳しく議論している。

|関連テーマ| ASWは上記の(24c)のように動詞句削除をした場合，beingは後に残せないと述べている。しかし，多くの研究者がbeingを残した例を挙げている。(i-c)はAkmajian & Wasow (1975) が容認不可能としている文であるが，Huddleston (1978) は，この文はwasにストレスを置くとイギリス英語話者にとって容認可能であると述べている。

　(i) a. When is the building going to be demolished? It already is being (demolished).　　　　　　(Huddleston, 1978 : 46)

　　b. Is John unkind then? Not usually, but he is being (unkind) at the moment.　　　　　　　　　　　　　　　　(*ibid.*)

c. Sam was being examined by a psychiatrist at the moment and Bill was Being (examined) too.

(Akmajian & Wasow, 1975 : 222, Huddleston, 1978 : 46)

容認不可能とされる(24c)と容認可能とされる (i-a) (i-b) を比べると，容認不可能な場合，先行する部分と後ろの部分の両方に being があり，前の being と後ろの being は対立していない。ところが容認可能な場合は，先行する部分に being はなく，後ろの部分の being は，being がない先行する部分と対比されている。(i-c) についてのアメリカ英語とイギリス英語の容認可能性の違いはどのように考えられるべきであろうか。このような点を考慮に入れつつ，定式化する必要があろう。

ASW は(23c)のように法助動詞の後に have を削除したものを挙げているが，Lobeck (1986) をはじめ，多くの研究者が法助動詞の後に have を削除したものを容認不可能としている。(ii) は Lobeck (1986) の判断。

　(ii) a. Mary could have worked hard and Bill might have (worked hard) too. 　　　　　　　　　　　　　　(Lobeck, 1986 : 111)
　　 b. *Mary could have worked hard and Bill might (have worked) too). 　　　　　　　　　　　　　　　　　　　(*ibid.*)

そして Lobeck はこの言語事実を説明するため，助動詞の構造は(iii)であると主張する。

　(iii) NP [$_{Infl}$ could have] VP

しかし，浅川・鎌田は法助動詞の後に have を削除したものの実例を挙げている。

　(iv) And I think she might have said something to you one day ……
　　　 or he might (have said something to you one day).

(浅川・鎌田, 1986 : 27)

(iv)では「彼女ではなく，彼かもしれない」という意味で，対立がある。このことを考慮して定式化する必要があろう。

51. 副詞 (adverb)

　副詞には completely のように文の中核部との「結びつき」が強いものや probably のように弱いものがある。結びつきの相違を明確に見分けるためにはどのような基準を立てればよいだろうか。【テーマ1】

(1) *Probably* Thomas read the book *completely*.

　副詞の多くは複数の位置に生起可能であるものの，副詞によって生起位置が異なる((2)vs.(3))。この種の分布制限の相違にどのような説明が可能であろうか。【テーマ2】

(2) a. {*Evidently* / *Probably*} John has lost his mind.
　　b. John {*evidently* / *probably*} has lost his mind.
　　c. John has {*evidently* / *probably*} lost his mind.
　　d. *John will have {*evidently* / *probably*} lost his mind.
　　e. *John will have lost his mind {*evidently* / *probably*}.
　　f. John will have lost his mind, {*evidently* / *probably*}.

(3) a. *{*Completely* / *Easily*} John has read the book.
　　b. *John {*completely* / *easily*} has read the book.
　　c. John has {*completely* / *easily*} read the book.
　　d. John will have {*completely* / *easily*} read the book.
　　e. John will have read the book {*completely* / *easily*}.
　　f. *John will have read the book, {*completely* / *easily*}.

　副詞の研究で最も関心が向けられていることは，生起順序の制約である。例えば fortunately のような副詞は probably のような副詞よりも左側に生起できるが(4a)，逆の順序は許されない(4b)。この種の制約にいかに首尾一貫した説明が与えられるかが現代言語学の主要な課題となっている。【テーマ3】

(4) a. *Fortunately*, John has *probably* examined the specimen.
　　b. **Probably*, John has *fortunately* examined the specimen.

【テーマ1】副詞の分類
【概説】

伝統文法家 Curme (1935) は副詞をそれが文中で果たす「機能」の観点から，very や quite のような語を修飾する単純副詞 (simple adverb)，節全体を修飾する文副詞 (sentence-adverb)，however や therefore のような文と文とを連結する接続副詞 (conjunctive adverb)，why や how のような疑問を表す疑問副詞 (interrogative adverb) の4タイプに分類している。しかし Curme の分類はそれを裏付ける明確な基準を提示していない。Greenbaum (1969) は副詞を分類するための明確な基準を提示してある。Jackendoff (1972) は，様態副詞の中に特異な振る舞いを示す類があることを指摘し，それを様態の副詞からも文副詞からも区別することを提案している。また Bellert (1977) は文副詞に相当する類を4タイプに細分化している。

◆副詞の機能的分類──Greenbaum (1969) *Studies in English Adverbial Usage*.

Greenbaum (1969) は副詞を，(1)の probably や completely のように節の中で独立した構成素であるものと {*very* / *quite*} beautiful における very や quite のように語ないし句の中に組み込まれたものとに大別する。前者を「副詞類 (adverbial)」と言い，後者を「修飾語 (modifier) としての副詞」と言う。副詞類は複数の位置に生起可能であるが，修飾語としての副詞はその生起位置が1ヶ所に固定されている。副詞類はさらに「接合詞 (conjunct)」，「離接詞 (disjunct)」，「付加詞 (adjunct)」の3タイプに下位分類される。それぞれの代表例が次に示される。

(5) a. 接合詞
　　accordingly, correspondingly, equally, likewise, similarly, therefore, thus, furthermore, etc.
　b. 離接詞
　　fortunately, luckily, happily, surprisingly, regrettably, unfortunately, probably, possibly, certainly, surely, evidently, honestly, seriously, strictly, truthfully, etc.
　c. 付加詞

carefully, carelessly, completely, deliberately, intentionally, loudly, perfectly, poorly, quickly, recklessly, slowly, etc.

接合詞と離接詞は伝統的に接続副詞と文副詞と呼ばれていた類にそれぞれ相当し，付加詞は時・場所・様態を表す副詞を一括して呼んだものである。

付加詞と接合詞あるいは離接詞は明確な統語的基準で区別される。次の基準のうち少なくとも1つを満たす副詞類は付加詞である。いずれをも満たさないものは接合詞あるいは離接詞である。

(6) a. 否定文のコンマで区切られた文頭の位置に現れない。
　　b. 選択疑問文（alternative question）で対照される。
　　c. not ... but 否定文で対照される。

下記の carefully は(6)の基準をすべて満たしているので付加詞である。

(7) a. *Carefully*, he did not touch it.
　　b. Did he touch it *carefully* or did he touch it *carelessly*?
　　c. He did not touch it *carefully*, but he did touch it *carelessly*.

一方 probably や therefore は(6)の基準のいずれをも満たしていないので付加詞ではなく接合詞か離接詞である。

(8) a. {*Probably / Therefore*}, he did not touch it.
　　b. *Did he touch it {*probably* or *certainly* / *therefore* or *nevertheless*}?
　　c. *He didn't touch it {*probably* but *certainly* / *therefore* but *nevertheless*}.

離接詞と接合詞は(6)の条件を満たさない点で共通しているが，接合詞は主として前文の内容とのつながりを示すのに対して，離接詞が命題内容に対する話者の心的態度，評価，コメントを表している点で異なる。離接詞と接合詞は，前者が単独で疑問文の答えとなることができるが(9)，後者が出来ないという観点から区別される(10)。

(9) A: Will he be there tomorrow?
　　B: Yes, *probably*.

(10) A: Will he be there tomorrow?
　　 B: *Yes, *therefore*.

文副詞に相当する離接詞は，命題内容に対する話者の述べ方・話し方を

規定するものと，命題内容に対する話者の評価・判断を表しているものとに下位分類される。前者を文体離接詞（style disjunct）と言い，後者を態度離接詞（attitudinal disjunct）と言う。

(11) a. 文体離接詞

honestly, seriously, strictly, truthfully, candidly, confidentially, briefly, ... etc.

b. 態度離接詞

fortunately, luckily, happily, surprisingly, regrettably, unfortunately, probably, possibly, certainly, surely, evidently, ... etc.

文体離接詞と態度離接詞は次の観点から区別される。前者は疑問文や命令文の文頭に生起できるのに対して後者はできない。

(12) a. {*Seriously / Candidly*}, do you intend to resign?

b. *{*Probably / Certainly*}, do you intend to resign?

(13) a. {*Seriously / Candidly*}, resign from your position.

b. *{*Probably / Certainly*}, resign from your position.

これまでの分類基準から，副詞類は文の中核部分との結びつきの強弱によって分けられていることが分かる。接合詞と文体離接詞は文の中核部分との結ぶつきが希薄で文の最も周辺的な位置を占める。態度離接詞は文の中核部分との結びつきが接合詞や文体離接詞よりは強く，文の中核部分に比較的近いところを占められる。付加詞は文の中核部分との結びつきが最も強く文の中核部分を占める。

◆**主語指向副詞の特性**── Jackendoff (1972) *Semantic Interpretation in Generative Grammar*.

Jackendoff (1972:49) によると，cleverly 等の様態副詞が(14a)のように文頭の位置を占めると，主語の行為に関する主語の属性を叙述する働きをする。(14a)の文は，「ジョンは，賢明にもコーヒーの入ったカップを落とした」という意味となり，それとほぼ同じ意味は(14b)のように「It is 形容詞 of NP to 不定詞」によって表現することができる。

(14) a. {*Cleverly / Clumsily*}(,) John dropped his cup of coffee.

b. It was {clever / clumsy} of John to drop his cup of coffee.

Jackendoff はこれらの副詞を主語指向副詞（subject-oriented adverb）

と呼び，(15a)のような文末に生じる様態の副詞とは別の類であると考える。様態副詞は(15b)のようにパラフレーズできる。主語指向副詞には上記以外に carefully, carelessly, happily, truthfully, specifically, frankly 等がある。

(15) a. John dropped his cup of coffee {*cleverly / clumsily*}.

b. The manner in which John dropped his cup of coffee was {clever / clumsy}.

様態副詞と主語指向副詞は，前者が how 疑問文の答えとして用いられるのに対して，後者が用いられないという相違から区別される。

(16) A : How did he answer their questions?

B : a. He answered their questions *foolishly*.

b. *Foolishly, he answered their questions.

また主語指向副詞は有性の主語を要求する点や，コンマ・ポーズで区切られても文末に生起できないなどの点からも，probably 等の離接詞とは異なる。

(17) a. *Deliberately, the rain fell.

b. *Resentfully, the water is boiling.

(18) ?*John has avoided work, *carefully*.　　　(Jackendoff, 1972 : 49)

このように主語指向副詞は文副詞とも様態副詞とも異なる性質を備えており，それがどの類に属するのかについては論争がある。Quirk *et al.* (1972) は主語指向副詞に相当する副詞を主語付加詞 (subject adjunct) と呼び，付加詞の類に含めている（ただし，主語指向副詞のうち価値判断を表す副詞は主語離接詞 (subject disjunct) と呼び，離接詞の類に含めている）。一方 Jackendoff (1972) や Bellert (1977) は，主語指向副詞を文副詞からも様態副詞からも独立した類であると想定している。

中右 (1980) は主語指向副詞には主語の属性に関する価値判断を表すものと，様態副詞の特殊な例であるものの2タイプがあることを論じている。

(19) a. 価値判断の主語指向副詞

correctly, incorrectly, falsely, erroneously, rightly, wrongly, wisely, unwisely, cleverly, intelligently, foolishly, stupidly, reasonably

b. 様態の主語指向副詞
　　　　deliberately, intentionally, reluctantly, sadly, proudly, bitterly, resentfully, on purpose

価値判断の主語指向副詞は，命題内容とその主語の両方に対して評価が下される。例えば，*Wisely*, John resigned.という文には，話者がジョンの辞職行為を賢明と見なすと同時に，意図的にその辞職を行ったことで，ジョンを賢明と見なす意味合いが含まれる。一方，様態の主語指向副詞は命題内容に対する言及はなく主語の属性について叙述する。

両類は否定作用域の外に生じ得るかどうかの点で区別される。価値判断の主語指向副詞は否定作用域の外に生じ得るが，様態の主語指向副詞は生じ得ない（中右（1980 : 189））。

(20) a. *Wisely*, he didn't accept the offer.
　　 b. *Rightly*, he didn't leave the proposals vague.
(21) a. *Proudly, he didn't accept the award.
　　 b. *Sadly, he didn't roam the street.

◆**文副詞の下位分類**──Bellert (1977) "On Semantic and Distributional Properties of Sentential Adverbs."

Jackendoff (1972) は Greenbaum の文体離接詞と態度離接詞に相当する副詞を一括して話者指向副詞 (speaker-oriented adverb) と呼び，両者を区別していない。Bellert (1977) は Jackendoff の話者指向副詞を「評価の副詞 (evaluative adverb)」，「法的副詞 (modal adverb)」，「領域の副詞 (domain adverb)」，「語用論的副詞 (pragmatic adverb)」の4つに下位分類している。Greenbaum の分類では(22d)の語用論的副詞が文体離接詞に相当し，(22a)～(22c)が一括して態度離接詞に含まれる。

(22) a. 評価の副詞
　　　　(un)fortunately, luckily, happily, significantly, surprisingly, regrettably, unbelievably, etc.
　　 b. 法的副詞
　　　　apparently, certainly, clearly, evidently, obviously, possibly, probably, surely, etc.
　　 c. 領域の副詞

technically, theoretically, basically, fundamentally, nominally, officially, superficially, etc.

d. 語用論的副詞

briefly, frankly, honestly, seriously, strictly, truthfully, candidly, confidentially, etc.

評価の副詞と法的副詞は，疑問文の中に生じることができない点で共通しているが，双方は意味的に異なる。

(23) a. *Has John *surprisingly* arrived?　　　(Bellert, 1977 : 343)
　　 b. *{Has / Will} John {*probably / certainly / evidently*} come?
　　　　　　　　　　　　　　　　　　　　　　　　　　(*ibid.* : 344)

評価の副詞は命題内容に対する話者の価値判断や心的態度を表している。話者が命題内容に対して価値判断を下す時それが真であること前提とするため，*Unfortunately* John was ill のような文は John was ill という命題内容が真であることを前提とする。一方，法的副詞は命題内容の真理値に対する話者の判断を表しているため，命題内容が真であることを前提としない。

上記の区別は，評価の副詞が仮定法節に生起できないのに対して，法的副詞は生起可能であることから支持される。

(24) If John were sane, he would {*probably / certainly / evidently / *fortunately /*surprisingly /*luckily*} accept the offer.

(*ibid.* : 345)

通常，仮定法節は反事実的（counterfactual）もしくは推定的な（hypothetical）命題を表している。そのため命題内容が真であることを前提とするような評価の副詞は，仮定法節を修飾することができない。一方，法的副詞は命題内容が真であることを前提としないので，命題が反事実的であろうと推定的であろうと仮定法節を修飾することができる。また評価の副詞と法的副詞は，命題内容から独立して否定されるかどうかの点でも異なる。

(25) a. *{*Improbably / Impossibly / Uncertainly / Not evidently / Not probably*}, John has come.
　　 b. {*Unfortunately / Unluckily / Not surprisingly*}, John has come.

(*ibid.* : 343)

領域副詞はある命題内容が特定の領域内で真であることを前提とするが，他の領域において命題内容が真であるかどうかについては言及しない。

(26) a. *Linguistically* this example is interesting, but *logically* it is not.
　　 b. *Logically* John is right, but *morally* he is not.　　(*ibid*.: 348)

この副詞はそれに対応する否定形の副詞を欠いている点で法的副詞と共通しているが(27), (28)のように疑問文に生起できる点で法的副詞ばかりでなく評価の副詞とも区別される。

(27) a. *John is *immorally* right.
　　 b. *John is {*illogically* / *morally*} wrong.　　(*ibid*.)
(28) a. Is this book *linguistically* interesting?
　　 b. Is John {*logically* / *morally*} wrong?　　(*ibid*.)

further readings　中右 (1980) では文副詞とモダリティー (modality) の関係について興味深い記述と説明がなされている。Nakajima (1982) は評価の副詞と法的副詞を区別するさらなる証拠を挙げている。Quirk *et al.* (1985) は，「接合詞」，「離接詞」，「付接詞」の他に「下接詞 (subjuct)」という新しい類を導入し，主語指向副詞をその類に含めている。

関連テーマ　様態の主語指向副詞は意味的観点から deliberately のような意図性を表す類とそれ以外のものとに分けられる。前者は後者とは対照的に否定作用域の外に生じやすい (Quirk *et al.* (1972 : 467))。

(i) a. *Intentionally*, he didn't write to them about it.
　　 b. *Deliberately*, they didn't send him the money.
(ii) a. ?*Proudly*, he didn't write to them about it.
　　 b. ?*Resentfully*, they didn't send him the money.

この相違は中右 (1980) の価値判断の主語指向副詞と様態の主語指向副詞の分類基準にとって問題となるであろうか。また，意図性を表す主語指向副詞とそれ以外の類を区別する基準は他にあるだろうか。

Jackendoff (1972) によると，様態副詞の中の quickly や slowly 等は文末以外の位置でも文末と同じ解釈を持つが，Thomason & Stalnaker (1973) や McConnell-Ginet (1982) によると，これらの副詞は文末に生

じた場合とそれ以外の位置では解釈が異なる。例えば，(iii-a)のように動詞の前にある slowly は，誰かが去り始めてから残りの人すべてが去り終るまでの「出来事（event）」全体を修飾している。行為者それぞれの「去る」行為自体は quick であっても(iii-a)の文は真である。他方(iii-b)のような文末にある slowly は「出来事」全体ではなく「出来事」の一部である過程（process）を修飾している。(iii-b)の文が真であるためには行為者それぞれの「去る」行為が slow でなくてはならない。

(iii) a. Slowly, everyone left.
　　 b. Everyone left slowly.　　　　(McConnell-Ginet, 1982 : 175)

(iii-a)の slowly と(iii-b)の slowly は別々の語彙項目であると想定したらどのような問題が生じるだろうか。また(iii-a)の slowly は，文頭に生じることができる点で文副詞や主語指向副詞と共通するが，相違する点はあるのだろうか。

【テーマ 2】副詞の生起位置に伴う諸問題
【概説】

　副詞類の多くは複数の位置を占められるものの(2)，その分布は副詞によって異なる(3)。この種の分布制限に対して初めて理論的な説明を与えたのは Keyser (1968) である。Keyser は副詞の分布は句構造上の諸概念によって説明されると考える。Travis (1988) は，副詞の分布制限を副詞自体が主要部の素性によって認可（license）されると仮定することから導けると提案する。

◆**副詞の転送可能性**──Keyser (1968) "Review of Sven Jacobson, Adverbial Positions in English."

　Keyser (1968) は，副詞の分布制限を説明するため，転送可能性規約（transportability convention）を提案している。この規約は，ある特定の位置に基底生成された副詞は，その位置と姉妹関係にある構造的位置にのみ移動されるということを規定したものである。例えば，ある副詞が樹形図(29)において B の位置に基底生成されるならば，その副詞は B の位置と姉妹関係にある A，C，D のいずれの位置にも移動されるが，A と姉妹関係にない E や G の位置には移動されない。

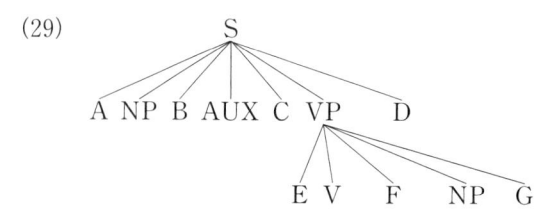

(29)
```
              S
   ┌────┬──┬───┬──┬────┐
   A   NP  B  AUX C  VP   D
                  ┌──┬─┬──┬─┐
                  E  V  F  NP  G
```

　事実 probably は B の位置に基底生成されるので(2b)，それと姉妹関係にある A，C，D の 3 つの位置に現れることが可能である（(2a)(2c)(2f)）。しかし B と姉妹関係にない E や G の位置には現れることは出来ない（(2d)(2e)）。

　一方 completely 等の様態副詞は，(3e)のように G の位置に基底生成されるから，それと姉妹関係にある E の位置に現れることは出来るが（(3c)(3d)），姉妹関係にない A,B,D の位置には現れることは出来ない（(3a)(3b)(3f)）。

　ところで転送可能性規約によると，F の位置は G の位置と姉妹関係にあるので，G の位置に生成される completely は，F の位置に現れてもいいはずであるが，事実はそうでない。

(30) *John lost {completely / easily} his mind.

一見(30)は上記の規約の妥当性を弱めるように思えるがそうではない。というのは，(30)の非文法性は英語の目的語が動詞と隣接しなくてはならないという隣接性条件（adjacency condition）によるものであるからである (stowell (1981))。

　Keyser の規約は副詞の分布を「節点」や「姉妹関係」という句構造上の諸概念によって説明している点で画期的なものであるが，以下のような問題を提示する。Jackendoff (1972:68) は転送可能性規約の適用を S に直接支配される副詞だけに限ることを示唆している。というのは，転送可能性規約は動詞に義務的に要求される副詞が自由に移動することを許してしまうからである。

(31) a. John worded the letter *carefully*.

　　 b. *John *carefully* worded the letter.

(32) a. The job paid us *handsomely*.

　　 b. *The job *handsomely* paid us.

また，転送可能性規約は文末にしか生起できない様態副詞が動詞の前に

(33) a. John learned French *perfectly*.

　　b. *John *perfectly* learned French.

(34) a. John recited his lines *poorly*.

　　b. *John *poorly* recited his lines.　　　　(Bowers, 1993 : 606)

　Keyserの規約は，副詞が複数の位置に現れるのは，副詞自体が「移動」した結果であると見なしているが，この前提にも問題がある。なぜならcleverly等の様態副詞は(14a)のような文頭の位置では主語指向の解釈を持ち，(15a)のような文末の位置では様態の解釈を持つというように，生起する位置によって解釈が異なるからである。

◆**副詞の認可**——Travis (1988) "The Syntax of Adverbs."

　Travis (1988) は，副詞が複数の位置に現れるのは，副詞自体の移動によるわけではなく，副詞自体がある主要部の最大投射内で認可されるためであると考える。Travisは「認可」に厳密な定義を与えていないが，どの副詞がどの主要部で認可されるのかは少なくとも語彙的に指定されていると考える。例えば，completelyのような様態副詞はVがもつ「Manner」という素性によって，probablyのような文副詞はIがもつ「Event」という素性によって認可されることが指定されていると想定する。また，Travisは主要部の素性が浸透（percolate）していく最大投射の内部ならばどの位置でも副詞は付加できると仮定する。文副詞probablyはIの「Event」で認可されるので，IPでもI'でも付加される。

(35) [$_{IP}$ probably [$_{IP}$ NP [$_{I'}$ probably [$_{I'}$ I [$_{VP}$ completely [$_{VP}$ [$_{V'}$ completely [$_{V'}$ V NP]]]]]

一方completelyは，Vの「Manner」によって認可されるのでVPでもV'でも付加される。したがって(2)と(3)のように文副詞probablyと様態副詞completelyが相補分布を成すのは，それぞれの副詞が認可される主要部の素性が異なるためであると分析される。

　また，(14)(15)で見たようにcleverly等が生起位置によって解釈が異なるのは，それぞれの位置で認可される主要部の素性が異なるためである。(14a)のような主語指向の解釈の場合，cleverly等はIの「Agree」という素性で認可されるのに対して，(15a)のような様態の解釈の場合,

cleverly 等は V の「Manner」で認可される。

このように Travis の分析は，副詞の分布制限をそれぞれの類を認可する主要部が異なるためであると考える。もしこの分析の路線が正しいならば，主語と動詞の間しか現れることができない merely や simply 等の副詞は，I や V とは異なる主要部の素性によって認可されると考えなければならない。

(36) a. *{*Merely* / *Simply*} Albert is being a fool.
　　 b. Albert is {*merely* / *simply*} being a fool.
　　 c. *Albert is being a fool {*merely* / *simply*}.

(Jakendoff, 1972 : 51)

また(33)(34)で見た文末にしか生起できない様態副詞は，completely のような文末にも動詞の前にも現れる様態副詞とは異なる主要部の素性によって認可されると想定する必要がある。

further readings　副詞の転送可能性を扱った研究は数少ないが，Nakajima (1991a) は副詞の転送可能性を一般化束縛理論 (Generalized Binding Theory) の観点から説明している。また J. McCawley (1988 : Ch. 20) では副詞の転送可能性に関する興味深い記述がなされている。

関連テーマ　副詞的前置詞句 (adverbial PP) は，-ly 副詞よりも厳しい分布制限が課される。

(i) a. Bill dropped the bananas {quickly / with a crash}.
　　　 b. Bill {quickly /*with a crash} dropped the bananas.

(Travis, 1988 : 3)

なぜ副詞的前置詞句と -ly 副詞は同じ意味的役割を果たしているのにもかかわらず，外的分布が異なるのであろうか。

-ly 副詞の多くは分裂文の焦点位置を占めることができないが (ii -a)，それらが強調詞を伴った場合や否定や疑問の焦点である場合には分裂文の焦点位置を占めることが可能となる。

(ii) a. *It was carefully that John cut the cake.
　　　 b. It was {very / quite} carefully that John cut the cake.
　　　 c. Was it carefully that John cut the cake?
　　　 d. It was not carefully that John cut the cake.

(ⅱ-a)と(ⅱ-b)(ⅱ-c)(ⅱ-d)の相違は統語論的な要因であろうか，それとも意味論的な要因であろうか。

【テーマ3】副詞の生起順序に対する制約
【概説】

【テーマ1】で文副詞には，少なくとも語用論的副詞，評価の副詞，法的副詞の3タイプがあることを見た（領域の副詞を文副詞に含めるかどうかは論争がある）。また，様態副詞の特殊な例として主語指向副詞があることを見た。これらの副詞はある一定の順序で配列される。語用論的副詞は評価の副詞よりも，評価の副詞は法的副詞よりも，法的副詞は主語指向副詞よりも，左側に位置しなければならない(37)〜(39)。付加詞はいずれの副詞よりも右側に位置しなければならない(40)。

(37) a. *Frankly*, John *happily* was climbing the walls of the garden.
   b. *Happily, John *frankly* was climbing the walls of the garden.
(38) a. *Happily*, John *evidently* was climbing the walls of the garden.
   b. *Evidently, John *unfortunately* was climbing the walls of the garden.
(39) a. *Evidently*, John *cleverly* was climbing the walls of the garden.
   b. *Cleverly, John *evidently* was climbing the walls of the garden.
                                      (Jackendoff, 1972 : 89)
(40) a. {*Frankly / Happily / Evidently / Cleverly*}, John was *slowly* climbing the walls of the garden.
   b. *Slowly, John {*frankly / happily / evidently / cleverly*} was climbing the walls of the garden.

以上の事実から，副詞は(41)のような一定の順序で並ばなければならないことが分かる。

(41) 語用論的副詞＞評価の副詞＞法的副詞＞主語指向副詞＞付加詞

この生起順序に対する説明は大きく統語論的なものと意味論的なものに分かれる。前者の代表的な分析 Cinque (1999) は，副詞は指定部・主要部の関係から認可されるという仮定のもとに，(41)のような生起順序は普遍文法で決められた機能主要部（functional head）の順序から派生されると考える。一方，後者の分析を代表する Ernst (1998) は，副詞はどのよ

うな「概念範疇 (conceptual category)」を項に要求するかが語彙的に指定されると仮定することで，副詞の生起順序は概念範疇の階層性から導かれると考える。

◆**副詞の生起順序の統語論的分析**――Cinque (1999) *Adverbs and Functional Heads*.

　Cinque(1999)の分析の際立った特徴は，副詞が機能範疇の主要部・指定部関係で認可されると考えることである。副詞を認可する機能主要部として，(42)に例示したようなものがあり，これらの順列は，言語間の変異がなく一定したものである。機能主要部の普遍的な順序の結果として，機能主要部が認可する副詞の順序も一定したものとなる。

　(42) [*frankly* $Mood_{SP-ACT}$ [*fortunately* $Mood_{Eval}$ [*clearly* $Mood_{Evid}$ [*probably* $Mood_{Epist}$ [*then* T ... [*usually* ASP_{Hab} [*quickly* $ASP_{eleratie}$ [*completely* $ASP_{sp-completiv}$ [Voice ...]]]]]]]]]

この分析の利点は，どの副詞の類がどの機能主要部によって認可されるのかを指定するだけで，副詞の生起順序が機能主要部の順序から自動的に導かれるというところにある。またこの分析は，副詞が主要部と指定部という極めて厳密な局所的関係で認可されることを仮定しているため，副詞の解釈と構造的位置には一対一の対応関係があるということを主張する。このことは，例えば fortunately という副詞が主要部 $Mood_{Eval}$ の指定部を占める場合のみ「評価」の解釈を担うのであり，もし fortunately が $Mood_{Eval}$ の指定部の外にあるならば，「評価」以外の解釈を生むということを意味する。

　Cinque の分析は極めて自然であるが，いくつかの問題を抱えている。第一の問題は，副詞が複数の位置に現れることが自然に捉えられないことである。例えば，Cinque の分析に従うと probably 等の副詞は Mod_{Eval} の指定部でのみ認可されることになるが，実際には上記(2)のように複数の位置に現れる。彼の分析では(2a)～(2c)の語順は，副詞以外の要素が移動した結果派生したものであると考えられるかもしれない。例えば，(2b)の語順は(2a)の主語 John が Mod_{Eval} よりも上位の機能範疇の指定部に移動した結果であり，また(2c)の語順は(2b)の助動詞 has が Mod_{Eval} よりも上位の機能主要部に移動した結果であると想定されるかもしれな

い。しかし助動詞の移動は認めたとしても，主語の移動には一体どのような動機付けがあるのだろうか。例えば，probably 等の法的副詞が必ず否定の作用域の外になければならない事実を考えてみよう。

  (43) *No one *possibly* can leave early.   (中右, 1980 : 196)
   (Cf. *Possibly* no one can leave early.)

もし(2b)の語順が主語の移動で派生するならば，なぜ(43)のように主語が no one である場合だけに主語は Mod$_{Eval}$ の指定部に留まっていなくてはならないのであろうか。また Cinque の分析は副詞がコンマ・ポーズによって文末に置かれる(2f)の語順も捉えることが出来ない。

◆副詞の生起順序に対する意味論的分析——Ernst (1998) "The Scopal Basis of Adverb Licensing."

 Ernst (1998) は，副詞がどのような概念範疇を意味選択するかが語彙的に指定されていると仮定し，副詞の生起順序は概念範疇の普遍的な階層性(44)から予測されると考える。副詞が選択する概念範疇として(44)に例示したようなものがあり，それらは(44)に示したような階層順序を成す (Ernst (1998 : 130) は(44)の「概念範疇」を特に FACT ／ EVENT Objects と呼んでいる)。

  (44) SPEECH ACT＞FACT＞PROPOSITION＞EVENT＞SPECI-
    FIED EVENTS

cleverly のような主語指向副詞は EVENT を，probably のような法的副詞は PROPOSITION を，fortunately のような価値判断の副詞は FACT を，frankly のような語用論的副詞は SPEECH ACT を選択する。SPEECH ACT は(44)の階層で最も高い位置にあるので，SPEECH ACT を選択する語用論的副詞は，他のすべての副詞よりも左側に現れることが説明される。FACT は，(44)の階層で PROPOSITION よりも高い位置にあるので FACT を選択する価値判断の副詞が PROPOSITION を選択する法的副詞よりも先行することが導かれる。そして PROPOSITION は，(44)の階層で EVENT より高い位置にあるため，PROPOSITION を選択する法的副詞が EVENT を選択する主語指向副詞よりも左側にあることが捉えられる。

 Ernst の分析は，副詞の位置を機能主要部の指定部のような一定の位置

に限定しない点でCinqueとは異なる。Ernstは，副詞は個々の副詞によって要求される概念範疇に対応する構成素を直接にc統御しなくてはならないという条件を提案する。例えばprobablyは，PROPOSITIONを要求するのでPROPOSITIONを表す構成素を直接にc統御しなければならない。(2a)〜(2c)におけるprobablyは，PROPOSITIONを直接にc統御する位置にある。しかし(2d)では非定型のhaveがEVENTを要求するので，probablyがhaveよりも右側に生じると，probablyはPROPOSITIONではなくEVENTを直接にc統御することになる。同じように(2e)のprobablyもEVENTを直接にc統御するので，(2e)は上記の条件に違反することになる。

| further readings |　Cinque (1999) 以外に，副詞の生起順序を統語的な概念によって説明する試みにBowers (1993) がある。Cinqueの分析を批判的に検討しているものとしてErnst (1998) 以外にShaer (1998) がある。またFoley & Van Valin (1984) の役割指示文法 (Role and Reference Grammar) の枠組やRochette (1990) などでも副詞の生起順序を意味論的な概念で捉える分析が行われている。

| 関連テーマ |　-ly副詞の基体である形容詞にも生起順序に制約がある。例えば，probablyの基体であるprobableは，quicklyの基体であるquickよりも左側になければならない。

(i) a. the probable quick passing of the bill
　　b. *the quick probable passing of the bill　　(Shaer, 1998: 398)

このような形容詞の生起順序の制約をCinque (1999) の分析は適切に説明できるであろうか。またこのような順序制約は形容詞や副詞以外の品詞にも観察されるものであろうか。

Nakajima (1982) は，when John was outのような副詞節従属節 (adverbial subordinate clause) にも副詞と類似する生起順序の制約があることを観察している。このような事実はCinque (1999) の分析にとってどのような問題を提起するであろうか。また，なぜ副詞と副詞節従属節は統語的範疇が違うにもかかわらず同じような制限を示すのであろうか。

52. 代名詞・再帰代名詞 (pronoun/reflexive)

> (1) a. *John* thinks that Bill saved some cake for *him*.
> 　　b. John thinks that *Bill* saved some cake for *himself*.
>
> (1a)の代名詞 him は主節の主語 John を指していると解釈されるのに対し，(1b)の再帰代名詞 himself は従属節の主語 Bill を指していると解釈される。なぜ，(1a)の him が Bill を指したり，(1b)の himself が主節の主語 John を指したりすることができないのだろうか。代名詞や再帰代名詞とそれが指し示す名詞句との間にはどのような構造上の条件があるのだろうか。【テーマ1】
>
> さらに，構造上の条件だけではなく，意味や機能上の条件も必要なのだろうか。【テーマ2】
>
> 代名詞は(1a)のように John のような特定の人物を指す場合と，次に示すように everyone のような不特定の人物を指す場合がある。
>
> (2) *Everyone* loves *his (their)* mother.
>
> (2)は「みんな自分の母親を愛している」という意味であり，his (their) が誰を指すかは，everyone の解釈に依存している。このような代名詞を束縛代名詞（bound pronoun）と呼ぶが，このような代名詞はどのような条件のもとで許されるのだろうか。【テーマ3】

【テーマ1】代名詞・再帰代名詞の認可条件
【概説】

代名詞が，それが指し示す名詞句（＝先行詞）より先に現れる場合があるということは，以前からよく知られていたが，伝統文法においては，代名詞とその先行詞の間にどのような構造上の関係があれば照応関係が許されるかに関する考察は十分になされなかった。しかしこの問題は生成文法の当初から盛んに議論され，さまざまな構造上の制約が提案された。その中でも顕著なものに，Langacker (1969) の precede-command（先行・統御）制約，Lasnik (1976) の precede-kommand 制約，Reinhart

(1976, 1981a, 1983)のc統御制約，さらにChomsky (1981)の束縛原理A，B，Cがある。

◆precede-command/kommand（先行・統御）制約——Langacker (1969) "On Pronominalization and the Chain of Command," Lasnik (1976) "Remarks on Coreference."

次の(3a)～(3c)では，heがJohn Adamsを指していると解釈できるが，(3d)ではheはJohn Adamsを指し得ず，他の人物しか指し得ない（同一指示の名詞句（NP）を斜字体で表し，その解釈が成立しない場合は*で示す）。

(3) a. After *John Adams* woke up, *he* was hungry. (Ross, 1969c : 187)
 b. After *he* woke up, *John Adams* was hungry. (*ibid.*)
 c. *John Adams* was hungry after *he* woke up. (*ibid.* : 188)
 d. *He was hungry after *John Adams* woke up. (*ibid.*)

1960年代の生成文法では，代名詞は深層構造（deep structure）（基底構造）でJohnのような完全な形の名詞句（full NP）をしており，それが表層構造（surface structure）で代名詞化（代名詞に変形）されると考えられていた。Langacker (1969) は，(3a)～(3d)のような照応関係を捉えるために，次のような制約を提案した（Ross (1969c) も同主旨の提案をしている）。

(4) full NPが代名詞化されるのは，次の場合以外である。
 （ⅰ）代名詞がfull NPに先行し，かつ
 （ⅱ）代名詞がfull NPを統御（command）するか，あるいは代名詞とfull NPが等位構造の別々の要素である。

(4)は，最後の等位構造の場合（例えば，*He went home and *John* took a nap のような and 等で結ばれた2つの節）を除けば，「代名詞がfull NPより先に現れ，かつfull NPを統御する場合は，代名詞化が起こらず，それ以外なら代名詞化が起こる」ということであり，この制約はprecede-command（先行・統御）制約と呼ばれる。したがって(3a)(3c)では，代名詞がfull NPより後に現れているため，統御に関係なく，これらの文は適格となる。

さて，統御（command）は次のように定義される。

(5) A を支配する (dominate) 最初の S 節点が B をも支配すれば，A は B を統御する。

(5)を念頭に置いて，次の(3b)(3d)の構造を見てみよう。

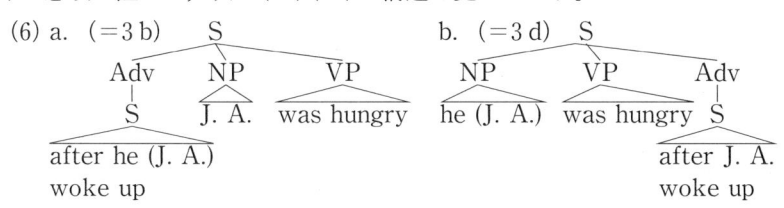

(6) a. (=3 b)
```
        S
   /    |    \
  Adv   NP    VP
   |    |     |
   S  J. A. was hungry
  after he (J. A.)
  woke up
```
b. (=3 d)
```
        S
   /    |    \
  NP    VP   Adv
   |    |    |
he (J. A.) was hungry S
            after J. A.
            woke up
```

(6a)では，he を支配する最初の S 節点が副詞節（Adv）の中の S である。この S 節点は John Adams を支配しないので，he は John Adams を統御しない。よって(3b)は(4)の制約に違反せず，適格となる。一方(6b)では，he を支配する最初の S 節点が主節の S である。この S は副詞節内の John Adams を支配するため，he は John Adams を統御する。さらに he は John Adams より先に現れているため，(3d)は(4)の制約に違反して不適格となる。

Lasnik (1976) は，次のような文では his が John を指し得ると解釈されるにもかかわらず，his は John に先行し，かつ John を統御していることから，(4)の制約が不十分であることを指摘している。

(7) [$_S$ [$_{NP}$ *His* mother] loves *John*].　　　　(Lasnik, 1976 : 14)

そして，統御（command）という概念を(8)のように若干修正し，それを command ではなく kommand と呼んで，(4)の制約を(9)のように修正することを提案した（なお，1970 年代以降は，代名詞は基底構造の段階から代名詞のままであると考えられている）。

(8) A を支配する最初の S 節点か NP 節点が B をも支配すれば，A は B を kommand する。

(9) NP_1 が NP_2 に先行し，かつ NP_2 を kommand して，NP_2 が代名詞でなければ，NP_1 と NP_2 は同一指示ではない。

(9)は要するに，代名詞が full NP に先行し，かつ full NP を kommand すると，その文は不適格になるということであり，precede-kommand 制約と呼べる。(7)では，his を支配する最初の NP 節点（= [$_{NP}$ his mother]）が John を支配しないため，his は John を kommand しない。よって(7)は(9)の制約に違反せず，適格となる。また(9)の制約は，(3a)

～(3d)も正しく説明することができる。

◆**c-command（c 統御）制約**—— Reinhart (1976) *The Syntactic Domain of Anaphora*. (Reinhart (1981a, 1983)も参照)

Reinhart (1976, 1981a, 1983) は，代名詞とそれが指し示す名詞句（先行詞）の関係を捉えるには，先行条件は不要であり，c 統御という次の概念のみで十分であると主張した。

(10) Aを支配する最初の枝分かれ節点 α_1 が（ⅰ）Bをも支配するか，あるいは（ⅱ）α_1 がBを支配する節点 α_2 に直接支配され，α_2 は α_1 と同一の範疇タイプであるなら，AはBをc統御する。

(10)のc統御の概念を理解するために，次の構造を見てみよう。

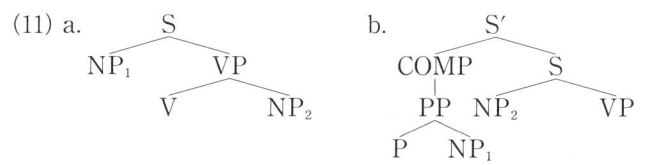

(11) a. 　　　S　　　　　　　b.　　　　　S′
　　　NP₁　　　VP　　　　　　　COMP　　　　S
　　　　　　V　　NP₂　　　　　　　PP　NP₂　　VP
　　　　　　　　　　　　　　　　　P　　NP₁

(11a)では，NP₁はNP₂をc統御する。なぜなら，NP₁を支配する最初の枝分かれ節点はSであり，このSはNP₂を支配するためである。次に(11b)では，NP₁はNP₂をc統御しない。なぜなら，NP₁を支配する最初の枝分かれ節点はPPであり，このPPはNP₂を支配しないためである。一方，NP₂はNP₁をc統御する。なぜなら，NP₂を支配する最初の枝分かれ節点はSであるが，Sが，NP₁を支配するS′に直接支配され，S′とSは同一の範疇タイプであるためである。

Reinhartは(10)のc統御という概念を用いて，(4)(9)とは異なる次の制約を提案した。

(12) NP₁がNP₂をc統御し，NP₂が代名詞でなければ，NP₁とNP₂は同一指示ではない。

(12)は要するに，代名詞がfull NPをc統御したり，full NPがfull NPをc統御すると，照応関係が成立しないということである。

(12)の仮説をもとに，次の文を見てみよう。

(13) a. Near *him*, *Dan* saw a snake.　　　　(Reinhart, 1983 : 34)
　　 b. *Near *Dan*, *he* saw a snake.　　　　　(*ibid.* : 35)
　　 c. *Near *Dan*, *Dan* saw a snake.　　　　(*ibid.* : 44)

これらの例は，いずれも上記(11b)の構造をしている。したがって，主語名詞句は文頭のPPに含まれる名詞句をc統御するが，逆に，PP内の名詞句は主語名詞句をc統御しない。(13a)では，代名詞のhimがDanをc統御しないので，(12)により同一指示関係が禁止されることにはならない。他方，(13b)(13c)では，主語のhe及びDanが前置要素内のDanをc統御するため，同一指示が許されない。

◆束縛原理── Chomsky (1981) *Lectures on Government and Binding*.
　Chomsky (1981) は，指示の特徴に基づいて名詞句を，照応形（anaphor）（＝再帰代名詞やeach otherなどの相互代名詞），代名詞類（pronominal）（＝人称代名詞など），及び指示表現（R(eferential)-expression）（＝John, the deskなどのそれ自体で指示物を持つ名詞句）の3種類に分類し，それぞれに対して，束縛原理（binding principle）A, B, Cと呼ばれる次の3つの原理を提案している。

　(14) 束縛原理
　　　（A）　照応形は，統率範疇内において束縛（bind）される。
　　　（B）　代名詞類は，統率範疇内において自由（free）である。
　　　（C）　指示表現は，自由である。　　　(Chomsky, 1981 : 188)

「束縛される」とは，照応形（または代名詞類）とそれが指し示す名詞句の指示表現が同一のものを指すことを示すために，同一指標（co-index）が付され，かつ前者が後者にc統御されることであり，「自由である」とは，これら2つの条件のどちらか一方でも欠けている場合を言う。また，ある名詞句の統率範疇（governing category）とは，その名詞句と文の主語（または名詞句内の属格名詞句）を含む最小のIP（＝S）かNPである（厳密な定義はChomsky (1981 : 211-212) を参照）。

　以上の点をもとに，まず再帰代名詞を含む次の文を見てみよう。
　(15) a. [$_{IP}$ *John* killed *himself*].
　　　b. Mary looked at [$_{NP}$ *John*'s portrait of *himself*].
　　　c. *John looked at [$_{NP}$ Mary's picture of *himself*].

(15a) のhimselfの統率範疇はIPであり，この中でhimselfはJohnにc統御され，同一指標が付されるので，himselfはJohnに束縛されている。よって(15a)は束縛原理Aを満たし，適格となる。(15b)(15c)では，himselfの統率範疇がNPであり，その中で(15b)のhimselfはJohnにc統御されているが，(15c)のhimselfはJohnが統率範疇NPの外にあるため，その中ではc統御されていない．そのため(15b)は適格で，(15c)は不適格となる．

次に，代名詞を含む次の文を見てみよう．

(16) a. *[_{IP} *John* saw *him*].　　　　　　　　(Chomsky, 1981: 190)
　　 b. *I saw [_{NP} *John*'s picture of *him*].　　　(*ibid.*: 209)
　　 c. [_{IP} *John*'s brother killed *him*].

(16a)では，himの統率範疇はIPであり，この中でhimはJohnにc統御されているため，自由ではない．よって(16a)は束縛原理Bに違反し，不適格となる．(16b)では，himの統率範疇がNPであり，この中でhimはJohnにc統御されているため，自由ではないので，この文も不適格となる．(16c)では，himの統率範疇はIPであり，この中でhimはJohnにc統御されていない（Johnのc統御領域は，John's brotherのNPで途切れる）．よってhimは自由であり，(16c)は束縛原理Cを満たし，適格となる（なお(16c)では，Johnもhimにc統御されておらず，自由なので，束縛原理Cに違反していない）．

最後に，指示表現を含む次の文を見てみよう．

(17) a. *John*'s mother adores *John*.
　　 b. *His* mother loves *John*. (=7)

(17a)の2つのJohnは，どちらも互いにc統御しておらず自由であるため，この文は束縛原理Cを満たして適格である．また(17b)のJohnもhisにc統御されず，自由であるため，この文も適格となる（(17b)ではhisもJohnにc統御されていないため，束縛原理Bを満たしている）．

> **further readings**　照応関係の文献は極めて多いが，生成文法による分析の流れを概観し，その不備を指摘して束縛原理を修正したものにKuno (1987: Ch. 2) がある．また，束縛原理を検討して代案を提示し，統語的原則と機能的原則を分離する立場として，Pollard & Sag (1992), Reinhart & Reuland (1993) がある．さらに，VP-shell構造を提案して，「先行条件」は不要であり，c統御のみによって束縛原理が処理できることを提案したものにLarson (1988) (Pesetsky (1995) も参照) があり，こ

の反論に Jackendoff (1990a), Kuno & Takami (1993b：Ch.4) がある。代名詞照応を生成文法の立場からではなく，機能論的，語用論的立場から分析したものに Bolinger (1979), Bosch (1983), Westergaard (1986) などがあり，認知文法の立場から分析したものに Van Hoek (1995, 1997) がある。また，照応形の認知文法的分析に関しては Takagi (1996) がある。

関連テーマ1 束縛原理のAとBは，再帰代名詞が現れるところには代名詞が現れず，代名詞が現れるところには再帰代名詞が現れないという，相補分布 (complementary distribution) の関係を予測するが，この予測は本当に正しいのだろうか。

関連テーマ2 生成文法では，Reinhart (1976) 以来，代名詞や再帰代名詞の照応関係を捉えるのに先行条件は不要であると考えられているが，本当に先行条件は不要なのだろうか。

関連テーマ3 前置詞の目的語は，(i)のように，再帰代名詞になる場合と代名詞になる場合があるが，これは上で解説した分析で説明できるだろうか。もし説明できないなら，どのように説明すべきだろうか。

(i) a. John talked to *Mary* about *herself* / *her.
　　b. *John* found a snake near *himself / *him*.

【テーマ2】束縛原理にとって問題となる例の扱い
【概説】

【テーマ1】で考察したような代名詞，再帰代名詞の分布は，生成文法では，束縛原理のような統語的条件により説明されるものと考えられてきたのに対し，これまでの研究でこのような統語的条件だけでは処理しきれない例も数多くあることが指摘されてきた。そしてそのような例を統語的条件を若干修正して説明しようとする立場や，そのような例を機能的な概念や制約によって説明しようとする立場がある。

以下ではこのような点を念頭に置き，束縛原理にとって問題となる例がいかに扱われてきたかを次の4つの場合に分けて概観する。(i)心理動詞を含む文中の絵画名詞 (picture noun) 内の再帰代名詞の扱い。(ii)再構成 (reconstruction) を用いて処理されてきた現象。(iii) logophoricity (意識主体照応性) が照応現象に及ぼす影響。(iv)話し手の視点が関与す

る照応現象。

◆VP 内主語 vs.意識（awareness）──── Belletti & Rizzi (1988) "Psych-Verbs and θ-Theory", Kuno (1987) *Functional Syntax*.

次の(18a)(18b)では，himself がその統率範疇内（=IP）で John に c 統御されないので，束縛原理Aに違反し，ともに不適格であると予測される。しかし，この予測は(18a)では正しいが，(18b)では妥当ではない。

(18) a. *[IP Pictures of *himself* don't [VP portray *John* well]].
　　 b. [IP Pictures of *himself* don't [VP bother *John*]].

この問題を解決するために，Belletti & Rizzi (1988) は，(18b)の動詞 bother（及び worry, please, surprise, annoy 等）は，主語に主題（Theme）を取り，目的語に経験者（Experiencer）を取る心理動詞（psychological verb）であり，このような文のD構造（基底構造）は次のようになっていると主張する。

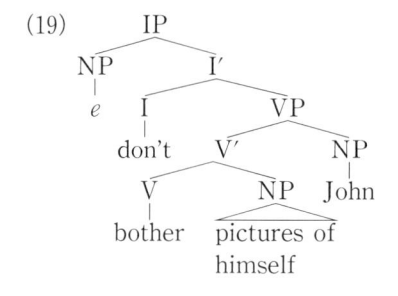

(19)
```
           IP
         /    \
        NP     I'
        |     /  \
        e    I    VP
            don't / \
                 V'  NP
                /\   |
               V  NP John
            bother pictures of
                   himself
```

(19)では，主語の pictures of himself が V' の娘（daughter）として生じ，S構造（表層構造）に至る段階でIPの指定部（e の位置）へ移動する。(19)のD構造では，himself が John に c 統御され，束縛原理Aを満たしている。よって Belletti & Rizzi は，(18b)が適格なのは，(19)のD構造において束縛原理Aが満たされているからであると主張する。一方(18a)は心理動詞を含まないため，(19)のような構造を持たないので不適格となる。束縛原理Aは，(18b)のS構造ではもちろん満たされていないが，Belletti & Rizzi は，束縛原理Aはどのレベルで満たされてもよい "anywhere" principle であると主張している。

これに対し Kuno (1987: 166) は，(19)のような構造に基づく分析とは異なり，(18a)(18b)の適格性の違いは，ジョンが問題となる絵のことを

知っていたり，意識しているかどうかであると主張する．例えば(18a)で,「ジョンの絵がジョンをうまく描いていない」と言っても，そのような客観的描写からは，ジョンがその絵のことを知っているかどうかわからない．それに対し(18b)で,「ジョンは自分の絵のことを悩んでいない」と言えば，その前提として当然，ジョンは自分のその絵を知っており，意識している．このような違いから，Kuno は次の機能的仮説を提出する．

(20) 絵画名詞（picture noun）内における再帰代名詞の使用条件：絵画名詞内の再帰代名詞は，その再帰代名詞の指示対象が，絵画などが自分を描いていることを意識している場合に用いられる．

◆**再構成（reconstruction）** ── Chomsky (1977a) "On *Wh*-Movement," Barss (1986) *Chains and Anaphoric Dependence*, 他．

次の文では，himself が John を指していると解釈されるが，John は himself を c 統御しないため，束縛原理 A を満たしていない．

(21) [$_{CP}$ Which pictures of *himself* [$_{C'}$ does [$_{IP}$ *John* like]]]?

(Barss, 1986 : 17)

この点を解決するために，生成文法では Chomsky (1977a) 以来，移動した疑問詞などの演算子（operator）を含む句のうち，LF（意味解釈を行う論理形式部門（Logical Form））において，演算子以外の要素を元の位置に戻し，移動が行われる前の構造を復元する再構成（reconstruction）と呼ばれる方法が一般にとられている（移動した要素全体を元に戻す場合もある）．(21)に再構成が適用されると，次の LF 表示が得られる．

(22) [$_{CP}$ which$_i$ [$_{IP}$ *John* likes [t_i pictures of *himself*]]]?

(22)では，himself が John に c 統御され，束縛原理 A を満たしている．よって束縛原理が LF においても適用されると考えれば，(21)の適格性は束縛原理の反例とはならない．

これに対し Barss (1986) は，再構成ではなく連鎖束縛（chain binding）という考え方を提案している．これは，束縛原理 A を拡張し，(21)の先行詞 John が照応形の himself ではなく，照応形の痕跡又は照応形を含む句の痕跡を c 統御していれば，照応関係が成立するというものである．つまり，(21)の S 構造では，John が which pictures of himself の痕

跡をc統御しているため,適格となる。

　Lebeaux (1991) は,次の(23)と(24)のような対比を示し,再構成が適用されると,LFでheがJohnをc統御してしまい,(23)と(24)のすべての文が束縛原理Cに違反してしまうと指摘している。また一方,束縛原理CがS構造(＝(23)(24)の文)で適用されると,Johnはheにc統御されず,これらの文がすべて適格と予測されてしまう(またheはJohnにc統御されていないため,束縛原理Bも満たすことになる)。

　(23) a. ?*Which pictures of *John* does *he* like *t*? (Lebeaux, 1991 : 211)
　　　 b. Which pictures that *John* took does *he* like *t*?　　　(*ibid.*)
　(24) a. *Whose claim that *John* likes Mary did *he* deny *t*?　(*ibid.*)
　　　 b. Which claim that *John* made did *he* later deny *t*?　(*ibid.*)

Lebeaux (1991) は,(23)(24)の適格性の違いは,文や句の必須要素である補部(complement)と文や句の任意要素である付加部(adjunct)の違いであると主張する。つまり,(23a)のof Johnはpicturesに対する補部であり,(24a)のthat John likes Maryもclaimに対する補部(同格節)であるが,(23b)のthat John tookはpicturesに対する付加部(関係節)であり,(24b)のthat John madeもclaimに対する付加部(関係節)である。そしてLebeauxは,束縛原理Cが適用される段階で補部は再構成されるが,付加部は,like, denyの目的語位置にもともとあったのではなく,wh句のwhich pictures, which claimが文頭に移動した後で,これらのwh句に初めて付加されると考え,付加部は再構成されないとした。その結果,(23a)(24a)は束縛原理Cに違反して不適格になり,(23b)(24b)は束縛原理Cを満たして適格になる。

◆logophoricity(意識主体照応性)────Kuno (1987) *Functional Syntax*.
　次の文では,John/Aliとhimが互いをc統御しないので,束縛原理はこれらの文をともに適格であると予測してしまう。

　(25) a. Those who trusted *John* were betrayed by *him* repeatedly.
　　　　　　　　　　　　　　　　　　　　　　　　　(Kuno, 1987 : 105)
　　　 b. ??That *Ali* was the best boxer in the world was claimed by *him* repeatedly.　　　　　　　　　　　　　　　　　　(*ibid.*)

Kuno (1987 : Ch. 3) は,両者の違いは,(25b)の従属節Ali was the best

boxer in the world が，(25a)とは異なり，主節動詞 claim から分かるように，Ali 自身が言ったことであるためであると主張している。つまり，この従属節の部分はもともと次の(26)のような直接話法で述べられているため，これを間接話法にすると，I は he としかなり得ず，Ali とはならない。そのため(25b)が不適格になると Kuno は説明している。

(26) Ali claimed, "I am the best boxer in the world."
　　　　　　　　↓
　　　　　　　　he

Kuno は，話し手・聞き手の発話，思考，感情，意識などを表す動詞（例えば，say, tell, ask, complain, scream, realize, feel, know, expect や心理動詞の worry, bother, disturb, please, amuse など）を logophoric verb（意識主体照応動詞）と呼び，補文（従属節）の full NP（例えば(25b)の Ali）は主節の意識主体照応動詞が取る NP（例えば(25b)の him）と同一指示にはなれないと主張している。

◆視点──Cantrall (1974) *Viewpoint, Reflexives, and the Nature of Noun Phrases*, Kuno (1987) *Functional Syntax*.

次の文では，代名詞 them と再帰代名詞 themselves がともに可能であり，この点は両者が相補分布（complementary distribution）となることを予測する束縛原理にとって問題となる。

(27) *The adults* in the picture are facing away from us, with the children placed behind *them/themselves*.　　(Cantrall, 1974 : 146)

Cantrall (1974) は，(27)で them を用いた場合と themselves を用いた場合で，子供達（the children）のいる位置が異なることを指摘している。(27)の意味は，「写真の中の大人達は向こうを向いており，子供達を大人達（彼ら/自分達）の後ろに並ばせている」であるが，「大人達の後ろ」（behind them/themselves）は誰から見て「後ろ」かに関して，2通りに解釈することができる。1つは，写真を見ている話し手から見て「後ろ」という解釈で（日本語訳では「彼ら」となる），この場合は，写真の中の大人から言えば，子供達は「前」にいることになり，そのため話し手に取っては，子供達は大人達に隠れてよく見えないことになる。もう1つの解釈は，大人達から見て「後ろ」という解釈で（日本語訳では「自分達」と

なる)，この場合は，写真を見ている話し手から言えば，子供達は大人達の「前」にいて，よく見えることになる。themを用いた場合はこれら2通りの解釈が可能であるのに対し，themselvesを用いると，後者の解釈しかない。つまり，代名詞が可能な文脈で再帰代名詞が用いられると，話し手は再帰代名詞の先行詞に自分の視点を移し，その観点から状況を描写していることになる。

Kuno (1987 : Chs. 4, 5) は，上記の視点という概念を共感度 (empathy) という概念でさらに発展させ，次の(28b)(29b)が不適格なのは，話し手が名前も知らない不特定人物 (someone, a passerby) の視点を取ることができない (言い換えれば，話し手がそのような人物に共感度を置くことができない) ためであると説明している。

(28) a. *John* talked to Mary about *himself*. (Kuno, 1987 : 154)
　　b. (?)?*Someone* talked to Mary about *himself*. (*ibid.* : 157)
(29) a. ?Mary talked to *John* about *himself*. (*ibid.* : 158)
　　b. ??Mary talked to *a passerby* about *himself*. (*ibid.*)

further readings　(18a)(18b)のような文をBelletti & Rizzi (1988)と同様に構造に基づいて説明しようとする分析にPesetsky (1995), Fujita (1993, 1994) がある。Kuno (1987) の機能的分析(20)は，Cantrall (1974), Kuroda (1971), Kuno (1972) に基づいている (Kuno & Takami (1993b : Ch. 5), 高見 (1995a) も参照)。(21)のような例 (及び【テーマ3】で扱う数量詞束縛 (quantifier binding)) を再構成とは異なる分析で説明しようとしているものに，Higginbotham (1980), Van Riemsdijk & Williams (1981), Lebeaux (1995), Freidin (1994, 1997), Kuno (1997) がある。logophoricityに関しては，さらにSells (1987) を参照。照応現象に視点が関与することを述べた文献として，さらにZribi-Hertz (1989), Pollard & Sag (1992) があり，Van Hoek (1997 : Ch. 8) はこの点を認知文法の観点から説明している。

関連テーマ1　(18a)(18b)の対比だけを見ると，動詞が心理動詞かどうかが両者の適格性を決定しているように見えるが，心理動詞以外でもこのタイプの例が適格となる場合がないか調べてみよう。

関連テーマ2　(23)(24)のタイプの例文では，次に示すように，先行

詞が名詞句の中に深く埋め込まれるほど適格性が高くなるが，これはなぜだろうか。

(ⅰ) a. *Which pictures of *John* did *he* like?

(Chomsky, 1981 : 144, fn. 79)

b. Which pictures of the woman *John* married did *he* like?

(*ibid.*)

(ⅱ) a. *Which advisor to *the President* does *he* trust most?

(Kuno, 1997 : 2)

b. ok/?/??Which advisor to *the President*'s wife does *he* trust most? (*ibid.*)

関連テーマ３ logophoricity（意識主体照応性）という概念は，(25a)(25b)のような対比だけでなく，(18a)(18b)のような心理動詞が関与する例や先行詞が文中に存在しない次の(ⅰ)のような例，さらに照応形の先行詞がその統率範疇の外にある，長距離束縛（long-distance binding）と呼ばれる(ⅱ)のような例を説明する上でも有効であると考えられるが，どのような統一的説明が可能だろうか。

(ⅰ) As for *myself*, *I* won't go to France.

(ⅱ) *They* thought that pictures of *each other* were on sale.

関連テーマ４ 話し手の視点という概念は，英語の代名詞，再帰代名詞の使用だけでなく，日本語の「彼/彼女」と「自分」の違いを説明する上でも有効であると考えられるが，どのような条件のもとで両者は使い分けられるのだろうか。

【テーマ３】束縛代名詞（bound pronoun）の認可条件
【概説】

Who hates *his* brother?や *Everyone* loves *his* homeのような文では，hisが指す人が，whoやeveryoneが指す人に応じて変化する解釈，つまり，「誰が自分の兄（弟）を憎んでいるか」，「みんな自分の家庭を愛している」という解釈が可能である。つまり，hisが誰を指すかは，whoやeveryoneの解釈に依存しており，このような代名詞は束縛代名詞（bound pronoun）と呼ばれる。

束縛代名詞の解釈はどのような場合にも許されるわけではなく，一定の

構造上の条件に従う。これまで生成文法ではいくつかの条件が提案され，それらの条件は，who や everyone（又はその痕跡）と代名詞の先行順序を問題にしたもの（例えば Chomsky (1976)，Kuno (1988)）と，who や everyone が代名詞を（局所的に (locally)）c 統御するかどうかを問題にしたもの（例えば Koopman & Sportiche (1982/3)，Haïk (1984)，Reinhart (1983)）に大別される。また，これらの条件が派生のどのレベル（S 構造や LF）で適用されるかに関しても分けることができる。以下ではこのような観点から，束縛代名詞の認可条件に関してこれまで提案された分析を概観する。

◆**先行（precedence）条件に基づく説明**—— Postal (1971) *Crossover Phenomena*, Chomsky (1976) "Conditions on Rules of Grammar," Kuno (1988) "Crossover Phenomena and Raising in LF."
　まず，次の文を見てみよう。
(30) a. *Who* loves *his* mother?
　　 b. *Who does *his* mother love?
(31) a. *Everyone* loves *his* mother.
　　 b. *His mother loves *everyone*.

(30a)は，his の指示が who の指示に依存する解釈（つまり，「自分の母親を愛しているのは誰ですか」という解釈）が可能である（もちろん，両者が別の人物を指し，「彼の母親を愛しているのは誰ですか」という解釈もある）。それに対し(30b)では，his の指示が who の指示に依存する束縛代名詞の解釈が許されない。同様に，(31a)では his が everyone の束縛代名詞となる解釈（つまり，「みんな自分の母親を愛している」という解釈）が可能であるが，(31b)の his には，そのような解釈がない（なお，話し言葉やくだけた書き言葉では，(31a)のような文で，his ではなく their を用いる方が一般的になってきているが，この点は以下の議論に関与しないので，単数形の his 等を用いる）。

　さて，(30a)の LF（意味解釈を行う論理形式部門）表示は，for which x, x a person, x loves his mother のようになるが，同一指標と痕跡を用いると，(30a)(30b)の LF 表示は，概略，次のように示すこともできる。

(32) a. [$_{S'}$ who$_i$ [$_S$ t_i loves his$_i$ mother]]

b. *[$_{S'}$ who$_i$ [$_S$ his$_i$ mother loves t_i]]

(32a)(32b)では，his が who に束縛（つまり，who と同一指標が付され，who に c 統御）されている。who は A′位置（主語，目的語などの項（argument）が生じる A 位置とは異なり，COMP（又は CP の指定部）などの位置）にある。このような A′位置にある要素に束縛された代名詞を束縛代名詞（bound pronoun）と呼ぶ。(32b)では，who が次に示すように，(32a)と異なり，his を飛び越えて移動しており，このような場合は，his が束縛代名詞としては解釈されない。Postal (1971) はこのような現象を交差（crossover）と呼んだ。

(33) *wh 句$_i$ ....代名詞$_i$ .... t_i

交差現象は，一般に 2 つに分けられ，(32b)のように，his が who の痕跡 t_i を c 統御しない場合を弱い交差（weak crossover）と呼び，次の例のように，代名詞が who の痕跡 t_i を c 統御する場合を強い交差（strong crossover）と呼ぶ。そして後者の方が前者より適格性が著しく低い。

(34) *Who$_i$ did he$_i$ say that Mary married t_i?

さて，数量詞は，LF で数量詞繰り上げ（Quantifier Raising）という規則によって S に付加すると考えられている（May (1977, 1985)）。これを(31)に適用すると，その LF が次に示すように，ほぼ(32a)(32b)と同じになる。したがって，(31a)(31b)の適格性の相違が(30a)(30b)の適格性の相違と同様に説明される。

(35) a. [$_S$ everyone$_i$ [$_S$ t_i loves his$_i$ mother]]

b. *[$_S$ everyone$_i$ [$_S$ his$_i$ mother loves t_i]]

Chomsky (1976) は，(30a)(30b)の適格性の違いを説明するために，「変項（variable）（つまり，(32)や(35)の who や everyone に A′束縛されている痕跡 t_i）はその左側の代名詞の先行詞とはなり得ない」という条件を提案した。これは左方向条件（leftness condition）と呼ばれる。この条件では，A′移動を受けた wh 句（や数量詞）の痕跡と代名詞の先行順

序が問題になっており，(32a)や(35a)のように代名詞が痕跡の右側にあれば，その代名詞は束縛代名詞として解釈されるが，(32b)や(35b)のように代名詞が痕跡の左側にあれば，その代名詞は束縛代名詞として解釈されないというものである。

これに対し Kuno (1988) は，wh句や数量詞と代名詞のD構造（基底構造）とS構造（表層構造）での先行順序を問題にし，代名詞がwh句や数量詞より先に現れると，その代名詞は束縛代名詞としては解釈されないという，照応的名詞句制約 (Anaphoric NP Constraint) を提案している。この制約によれば，(30a)や(31a)ではD/S構造でhisがwho/everyoneより後に現れているので，これらの文は適格となる。一方(30b)では，S構造ではhisはwhoより後に現れているが，D構造でhisの方がwhoより先に現れているため，この文は不適格となる。また(31b)でも（S構造で）hisがeveryoneより先に現れているため，不適格となる。

◆c 統御に基づく説明──Koopman & Sportiche (1982/3) "Variables and the Bijection Principle," Haïk (1984) "Indirect Binding."

Koopman & Sportiche (1982/3) は，(30)や(31)のような例を説明するために，「変項とA′位置との間には一対一の対応がなければならない」という，一対一対応の原理 (Bijection Principle) を提案している。この原理は，言い換えると，変項は唯1つのA′位置の要素に局所的に (locally) 束縛され，A′位置の要素は唯1つの変項を局所的に束縛しなければならないというものである。この場合の変項とは，A位置にあり，A′位置の要素に局所的に束縛されているものと定義づけられている。

以上の点をもとに(30a)のLF表示(32a)を見ると，hisはA′位置のwhoに束縛されているものの，局所的には束縛されていない。なぜなら，hisはA位置のt_iに局所的に束縛されているためである。よってhisは変項ではない。そのため，変項はt_iのみとなり，このt_iはwhoにA′束縛され，一対一対応の原理を満たしている。一方(30b)のLF表示(32b)を見ると，hisはwhoに局所的にA′束縛されているため，変項である。またwhoの痕跡t_iも，hisにはc統御されず束縛されないため，whoに局所的にA′束縛されているので，変項である。そうすると，2つの変項hisとt_iが1つのA′位置の要素whoに局所的に束縛されていることになり，一対

一対応の原理に違反する。よって(30b)は不適格となる。また(31a)(31b)も、これらの LF 表示(35a)(35b)が(32a)(32b)と共通していることから分かるように、同様に説明される。

一方 Haïk (1984) は、(30)(31)の適格性の相違は、Ṡ構造で wh 句の痕跡や数量詞が代名詞を c 統御するかどうかに依存していると主張する。(30a)では、S 構造で主語位置にある who の痕跡((32a)の t_i)が his を c 統御し、また(31a)でも、S 構造で everyone が his を c 統御するので、これらの文は適格となるが、(30b)では、S 構造で目的語位置にある who の痕跡((32b)の t_i)が his を c 統御せず、また(31b)でも、S 構造で everyone が his を c 統御しないので、これらの文は不適格になると言う。

次の文は、「ロバを飼っている人は誰でも、自分が飼っているそのロバを殴る」という意味であるから、it の指示は a donkey の指示に依存しており、it は a donkey の束縛代名詞として解釈される。

(36) Everyone who owns *a donkey* beats *it*.

このような文はロバの文 (donkey sentence) と呼ばれている (Geach (1962))。この例では、興味深いことに、これまでの例とは異なり、代名詞 it は a donkey に c 統御されていない。Haïk (1984) はこの問題を解決するために間接束縛 (indirect binding) という概念を提案している。これは、(36)で不定名詞句 a donkey が everyone の作用域 (scope) 内にあり (つまり、a donkey がどのロバを指すかは everyone の解釈に依存している)、a donkey を含む名詞句 everyone who owns a donkey が it を c 統御するので、it は a donkey に、それを作用域に収める everyone を経由して、いわば間接的に束縛され、束縛代名詞の解釈が可能になるというものである。つまり、a donkey は it を S 構造で c 統御しないものの、it は a donkey をその作用域内に取る everyone who owns a donkey に S 構造で c 統御されているので、束縛代名詞として解釈されるというわけである。

束縛代名詞に関するこれまでの議論をまとめると、次のようになる。

(37) 先行条件
　　a. Chomsky (1976): L̇Ḟ での wh 句 (や数量詞) の痕跡と代名詞の先行順序
　　b. Kuno (1988): D/S 構造での wh 句や数量詞と代名詞の先行順序

(38) c 統御
 a. Koopman & Sportiche (1982/3)：LF での A′位置にある要素が変項を局所的に c 統御するかどうか
 b. Haïk (1984)：S 構造での wh 句の痕跡や数量詞が代名詞を c 統御するかどうか

<u>further readings</u> Lasnik & Stowell (1991) は，強い交差と弱い交差に加え，最も弱い交差（weakest crossover）と呼ぶ現象を指摘している。Hornstein (1995) は，弱い交差に関する条件で優位条件（superiority condition）の効果や数量詞の作用域についての条件も導き出せる分析を提示している。束縛代名詞を先行条件（と reindexing rule と呼ばれるような他の原則）を用いて説明しようとする分析に，Higginbotham (1980) がある。Chomsky (1976) の左方向条件を拡張しようとする試みに Williams (1994) がある。Kuno (1988) の照応的名詞句制約に関しては，さらに Kuno (1989)，Kuno & Takami (1993b : Ch. 4) を参照。Haïk (1984) のように，S 構造で wh 句の痕跡や数量詞が代名詞を c 統御するかどうかが束縛代名詞の適格性を左右すると考える立場に，Reinhart (1983) がある。ロバの文に見られるように，不定名詞句と同一指示になるものの，その不定名詞句の作用域内にはない代名詞に関しては，さらに Evans (1980) を参照。

<u>関連テーマ 1</u> 束縛代名詞に関するこれまでの分析を概観したが，これらの文献を読んで，そこで提示されている例文を取り上げ，どのような例文がどの分析にとって問題となるか調べ，どの分析が最も多くの例を説明できるか考えてみよう。

<u>関連テーマ 2</u> 日本語では，束縛代名詞として「自分」という表現が用いられるが，次に示すように，どのような場合でも適格となるわけではない。

（i）a. *自分の写真が誰もを喜ばせた。
  b. 自分の幼い頃の思い出は，どの人にも郷愁の思いを起こさせるものだ。

どのような条件のもとで，「自分」は束縛代名詞として解釈されるのだろうか。

53. 数量詞の作用域 (quantifier scope)

> (1) All the women built a garage. (Ioup, 1975 : 45)
> (2) Some professor admires every student. (May, 1985 : 59)
>
> 　数量詞句を含む文は解釈が多義的になることがある。(1)には，全員が協力して1つのガレージを造ったという読みと，各人がガレージを1つずつ造り，結果的に人数と同数のガレージができあがったという読みとが可能である。また(2)では，1人の特定の教授がすべての学生を賞賛しているという読みと，すべての学生に関してその学生を賞賛している教授が（少なくとも）1人いる（したがって，個々の学生を賞賛している教授はそれぞれ異なる）という読みがあるとされる。
> 　(1)の多義性は，伝統文法以来，all に見られる集合 (collective) 読みと個別 (individual) 読みの間の曖昧性として捉えられてきた。【テーマ1】
> 　一方，(2)の多義性は，2つの数量詞（ここでは some と every）間の相対作用域 (relative scope) の問題として扱われる。some が every よりも広い作用域を取る場合に上記の「特定の教授」の読みになり，逆に every が some よりも広い作用域を取る場合は「異なる教授」の読みになると考えられる。しかし，その2つの読みは同程度に許されるわけではなく，(2)の場合には，前者の「特定の教授」の解釈が優位な読み (preferred reading) となる。このような読みの優位性はどのような要因に基づいて決まるのであろうか。【テーマ2】

【テーマ1】集合読みと個別読み
【概説】
　(1)に見るように，数量詞 all は集合読みと個別読みの両方を許す。次の「3角形」の例文もこの性質を端的に表している。

(3) All the angles of a triangle are 180°. (Jespersen, 1913 : 131)

(4) All the angles of a triangle are less than 180°.　　　　　(*ibid.*)

これに対して，同じ普遍数量詞でも every と each は個別読みだけを許す。したがって，「3角形」の例文では，(4)に対応する文だけが容認される。

  (5) *{Every one/Each} of the angles of a triangle is 180°.

  (6) {Every one/Each} of the angles of a triangle is less than 180°

また，集合物を要求する surround などの動詞の主語に，all は現れることができるが，every や each は無理である。

  (7) {All of the men/*every worker/*each worker} in the plant surrounded the boss.　　　　　(Kroch, 1974 : 59)

しかし，これに反して，一見したところ every が集合読みを許容している(8)のような文が存在する。

  (8) Every man left the room in a group.　　　　　(*ibid.* : 246)

この文では，全員が一団となって部屋を出る状況が記述されている。そうすると，every も集合読みを許す（場合がある）と考える必要があるのであろうか。この問題は，集合読みと個別読みの区別とは別に，イベントの生起に関して同時・非同時の対立を認めることにより解決される。この同時・非同時の区別は every と each を分ける特性にもなる。

◆集合・個別読みと数量詞の作用域──Kaga (1987) "Quantifier Scope and Event."

Kaga (1987) は，(1)などに見られる all の集合読みと個別読みは数量詞の作用域の違いとして捉えられると主張する。すなわち，all の全称化の力がそれを含む名詞句（(1)では all the women）に留まる場合に集合読みになり，一方，その全称化の作用が名詞句内だけではなく，それを超えて文で表されている行為や事態にも及ぶ場合に個別読みが得られるとする（池内 (1985 : 165) も参照）。このような観点に立つと，every と each は常に名詞句を超える広い作用域を持つ数量詞であると特徴付けられる。したがって，上記の(5)は，「角度の総和」の読みができないため不適格となり，また(9)では，数量詞 every/each の全称化作用が woman だけではなく，build a garage という行為にも及ぶため，全員がそれぞれその行為にたずさわることになり，その結果，人数と同数のガレージがで

きあがるという個別読みだけが許されることになる。

(9) {Every/Each} woman built a garage. (Kaga, 1992 : 22)

Nakamura (1983) などでも指摘されているように，数量詞が遊離 (float) すると，その解釈は個別読みだけが可能である。

(10) The women each built a garage.
(11) The women all built a garage. (Kaga, 1987 : 275)
(12) The angles of a triangle are all {*180°/less than 180°}.

(ibid. : 285)

(10)の each はもともと個別読みだけを許す数量詞であるから，集合読みができないのは当然としても，all が遊離している(11)においても，(1)と異なり，全員が協力してガレージを1つ造るという集合読みは許されず，個別読みだけが可能である。また，(12)は数量詞が遊離すると「角度の総和」の読みが失われることを示している。

Kaga (1987) は，遊離数量詞がこのように読みの限定を受けるのは，集合・個別読みを数量詞の作用域の違いとして捉える上記の考え方を受け入れると理解しやすいと述べる。すなわち，(1)や(3)のように，all が名詞句の中にある時に集合読みを持ち得るのは，その作用域が名詞句内に留まれるからである。一方，数量詞が遊離して名詞句の外にでる時に占める位置はいわゆる「助動詞の位置」であり，その位置は，典型的に文副詞や頻度副詞が生ずることからも分かるように，文（あるいは，節）全体を作用域とする位置である。したがって，その位置に生起する遊離数量詞はその作用域を名詞句内に留めることはできず，常に作用域を文レベルに取るために，個別読みだけが可能になるのである。

◆**数量詞の作用域と同時性**──加賀 (1992)「集合・個別読みと（非）同時性」

一見したところ，(13)の every を含む文も，集合読みと個別読みとに曖昧であるように思われる。それは(14)のように一定の副詞要素を加えることにより一層はっきりさせることができる。

(13) Every man left the room.
(14) Every man left the room {in a group/separately}.

(Kroch, 1974 : 246)

in a group は全員が揃って部屋を出るという読みが可能であることを示し，separately は逆に1人1人が別々に部屋を出るという読みも可能であることを示している。しかし，そのように考えるとすぐに問題が生ずることになる。つまり，(5)の3角形の例や(9)のガレージ造りの例では，every には個別読みだけが許されたのに対し，なぜ(14)では集合読みも許されることになるのかという問題である。

　この問いに加賀（1992）は次のように答える。「ガレージ造り」の文と「部屋を出る」文が表す状況を比較してみると，前者の集合読みと後者のそれとでは内容がずいぶん違うことに気がつく。前者では，全員が協力してガレージ造りという1つの行為の達成にあたったことが述べられている。したがって，ガレージを造ったと言えるのは集合としての全員であり，個人ではない。一方，後者では，全員が部屋を出たということは，必然的に個々の1人1人も部屋を出ていなければならない。その個々の部屋を出る行為が同時集合的に発生したのが(14)の in a group を含む場合の解釈である。そこで，加賀は，数量詞の作用域の違いを反映するものとしての集合・個別読みとは別に，イベントの生起に関する弁別的素性として同時・非同時の対立を導入することを提案する。この提案の下では，(14)の every は，個々の1人1人がそれぞれ部屋を出る状況を記述しているという意味で，広い作用域を取り個別読みを持つ数量詞であるが，一方，その個々の部屋を出る行為が同時に（in a group）起こったか，あるいは，別々に（separately）に起こったかに関しては中立であると説明される。この提案に従えば，(5)や(9)の例に基づいて得られた every は常に広い作用域を取るという一般化を保つことができるようになる。

　また，分析に同時・非同時の対立を導入すると，共に個別読みだけを許す every と each の間の相違を捉えることもできる。上で見たように every は同時性に関して中立であるが，each は非同時的解釈だけを許す。この特性は(15)や(16)における容認性の差に見ることができる。

(15) Each of the men left the room {*in a group/separately}.
　　　　　　　　　　　　　　　　　　　　　　　　(Kroch, 1974 : 247)

(16) Each deputy rose {as his name was called./[??]as the king entered the House.}　　　　　　　(Vendler, 1967 : 78)

(16)は each が名前を呼ばれた人が1人ずつ立ち上がるという場面では適

切に用いられるが,王が議会に入ってきて全員が一斉に立ち上がるという場面には適さないことを示している。

further readings 池内 (1985) は,集合読みと個別読みの可能性の問題を含め,数量詞のさまざまな特性を論じている。

関連テーマ 数量詞（特に all）が集合読みと個別読みの解釈をもつ場合に,否定要素との間の作用域関係や（関係）代名詞の決定に関してどのような振る舞いの違いが見られるであろうか。

【テーマ2】数量詞の相対作用域と読みの優位性
【概説】

すでに述べたように(2)の文は,「1人の特定の教授がすべての学生を賞賛している」という some が every よりも広い作用域の読みと,「すべての学生に関してその学生を賞賛している教授が1人ずついる」という every が some よりも広い作用域の読みとで曖昧であるとされる。しかし,この2つの読みのうち,優先的に得られる解釈は前者の「特定の教授」の読みであり,それに比べると後者の読みは得にくいという事情がある。この優位性の問題に関しては,実は数量詞文は曖昧ではなく,表面語順で先行する数量詞の方が必ず広い作用域の解釈になるとする G. Lakoff (1971) の立場から,数量詞を複数個含む文は基本的に常に曖昧であるとする立場をとりそれを理論化した May (1977) まで,さまざまな見方が存在する。また,数量詞文が仮に曖昧であるとした時に,そこに見られる優位性をどのように説明するかという点に関しても,多様な提案がある。

◆数量詞文はあいまいにならない── G. Lakoff (1971) "On Generative Semantics."

G. Lakoff (1971) は,生成意味論の枠組みで文の意味解釈を論ずる中で,2つ（以上）の数量詞が異なる節に含まれている時は,常に最上位の節にある数量詞が最も広い作用域の解釈を受け,同一節に含まれている時は,表面語順で左にある（先行する）数量詞が常に広い作用域を取ると主張する。彼は,例えば能動文・受動文のペアを成す次のような例を出し,それぞれの文は曖昧ではなく,(17)は many>few の解釈だけが,(18)は

few＞many の解釈だけが許されると述べる。

(17) Many men read few books. (G. Lakoff, 1971 : 238)
(18) Few books are read by many men. (*ibid.*)

◆**相対作用域は数量詞の内在的特性と文法関係による**——Ioup (1975) "Some Universals for Quantifier Scope."

Ioup (1975) は，数量詞の作用域は常に一義的に決まるとするG. Lakoff (1971) 達の見解を批判し，自然言語の数量詞文は解釈が多義的になる場合があり，そこで観察される読みの優位性に関しては，主に，数量詞が個々に持っている内在的特性とその数量詞がどのような文法関係を担っているかという2つの要因によって決まるという考え方を提出した。

Ioup は，相対的にどの程度広い作用域を取るかに関して，個々の数量詞はそれぞれ異なった特性を示すことを指摘した。彼女は，試案と断りながらも，広い作用域を取る傾向が強いものから順に数量詞を並べるとおおよそ(19)のような階層になるとし，それを証拠立てる一例として(20)のような一群の文を挙げている。

(19) each＞every＞all＞most＞many＞several＞some（＋NP$_{pl}$）＞a few
(20) John gave a few handouts to {a. every pedestrian/b. all the pedestrians/c. many pedestrians/d. several pedestrians/e. some pedestrians}. (Ioup, 1975 : 42, *ibid.* : 43)

every や all は広い作用域を取る傾向が強い。したがって，(20a)(20b)では，語順の点で直接目的語のa few handouts よりも右側に現れているにもかかわらず，every や all が広い作用域を取る（すなわち，全員がハンドアウトを数枚ずつ受け取ったという）解釈の方が優勢である。一方，some は広い作用域をとる傾向が相対的に強くないので，(20e)はa few の方が広い（ハンドアウトは全部で数枚しかなく，それを1枚ずつ数人に分けたという）解釈を受けやすい。また，(20c)(20d)の many と several はその中間的特性を示すという結果が得られる。

Ioup は，数量詞の相対作用域の解釈に影響を与えるもう1つの要因として，文法関係を挙げる。彼女は，広い作用域を取り易い順に(21)のような文法関係の階層を仮定し，それに基づくと(22)～(25)のような例が説明

できるとしている。

(21) deep and surface subject＞deep subject/surface subject＞indirect object＞preposition object＞direct object

(22) A girl took every chemistry course.　　　　(Ioup, 1975 : 46)

(23) A chemistry course was taken by every girl.　　　(*ibid.*)

(24) I told a child every story.　　　　(Ioup, 1975 : 47)

(25) I told a story to every child.　　　　(*ibid.*)

(22)の能動文では，深層構造でも表層構造でも a girl が主語の文法関係を持つので，(21)に従って，その主語が広い作用域を取る a＞every の解釈が優勢となる。一方，(23)の受動文では，表面主語の a chemistry course と深層主語の every girl が文法関係の階層で同ランクにあるので，上で述べた a と every の内在的特性により，むしろ every＞a の方が優先的解釈になる。また，間接目的語は他の目的語よりも高い階層にあるので，(24)では a＞every の読みが優勢になり，一方，直接目的語は階層で一番低く位置付けられるので，(25)では every＞a の読みが優勢になる。もし，数量詞の相対作用域が単に表面語順だけで決まるとすれば，(22)〜(25)の例では一様に a＞every の解釈になるはずであるが，実状はそうではない。数量詞の内在的特性と文において担う文法関係とを組み合わせて考えることが必要であると Ioup は主張する。

◆**数量詞の作用域は LF で決まる**——May (1977) *The Grammar of Quantification.*

　May (1977) は，数量詞の作用域は表面構造ではなく，LF (logical form：論理形式) における c 統御関係に基づいて決定されるという立場をとる。彼は，表面構造から LF の構造が導き出される段階で「数量詞繰り上げ (Quantifier Raising：QR)」という操作が数量詞表現に適用されると仮定する。例えば上記(2)の文を例に取ると，この文には数量詞表現が 2 個含まれているため QR は 2 回適用されることになる。そして，どちらの数量詞に先に QR が適用するかによって，(26)と(27)の 2 通りの LF 表示が得られる。

(26) $[_{S'}[_S$ some professor$_2$ $[_S$ every student$_3$ $[_S$ e_2 admires e_3]]]]

(27) $[_{S'}[_S$ every student$_3$ $[_S$ some professor$_2$ $[_S$ e_2 admires e_3]]]]

some professor が every student を c 統御している(26)からは，some＞every の解釈が得られ，その c 統御関係が逆転している(27)からは，every＞some の解釈が得られる。結局，(2)の文は，(26)と(27)の2つのLF 表示と結びつくために，作用域の解釈が曖昧になると説明される。

　この枠組みの下では，一定の表面構造に QR が適用することによって得られる一群の LF 表示が形式的に適格である限りにおいて，その表面構造は，得られる LF 表示の数だけ多義的であると見なされる。したがって，(2)のように2個の数量詞を含む文は2通りに曖昧であると特徴付けられることになるが，その2つの読みのうちどちらが優先される読みであるかなどの読みの優位性に関する問題はいっさい考察の視野に入ってこない。May は，読みの優位性の現象は，数量詞の語彙的特性や文の音調，さらには，語用論的情報などさまざまな要因に左右される性質のもので，文の構造的な側面を扱う文法理論の範囲を超えた問題であるという見解を示している。

　QR を用いる May (1977) の枠組みは，数量詞が名詞句内に埋め込まれた場合の作用域関係をうまく説明することができる。(28)では数量詞が主語句内に2つ生じているが，解釈上広い作用域を取るのは前置詞句内に埋め込まれた some の方である。この場合，その逆の every＞some の解釈は不可能である。

(28) Everybody in some Italian city met John.　　(May, 1977 : 30)
この事実は次のように説明される。主語句全体にまず QR を適用し，その後に前置詞句内の数量詞句に QR を適用することによって得られる(29)のLF 表示は適格である。したがって，some＞every の解釈は可能である。

(29) [$_S$ [some Italian city]$_2$ [$_S$ [everybody in e_2]$_3$ [$_S$ e_3 met John]]]
これに対して，その逆の順序で QR を適用して得られる(30)は，適正に束縛されない痕跡を含むために，不適格である。したがって，every＞some の解釈は不可能である。

(30) *[$_S$ [everybody in e_2]$_3$ [$_S$ [some Italian city]$_2$ [$_S$ e_3 met John]]]

◆**相対作用域の機能論的説明**——Kuno (1991) "Remarks on Quantifier Scope."
　Kuno (1991) は，数量詞の作用域の解釈には，さまざまな要因（統語

的, 意味的, 談話的, 語用論的, 語彙特異的要因などを含む) が関わっており, そして, それらが相互に影響し合うため, 作用域に関する母語話者の判断は, 決して絶対的なものではなく, あくまでも相対的な判断としてのみ得られる, という考え方をとる。彼は作用域解釈に関わる要因として次のようなものを挙げている (Qは数量詞表現を表わす)。

(31) a. Lefthand Q＞Righthand Q
　　 b. Subject Q＞Nonsubject Q
　　 c. More discourse-linked Q＞Less discourse-linked Q
　　 d. More human Q＞Less human Q
　　 e. Logophoric Q＞Nonlogophoric Q
　　 f. Topicalized Q＞Nontopicalized Q
　　 g. Quantifier hierarchy (each＞some (+Nsg)＞every＞all＞most＞many＞several＞some (+Npl)＞a few)

例えば(31c)の要因により, (32)と(33)の文を比べると, (33)の方がsome＞many の解釈が得られ易いという事実が説明されると言う。

(32) Many psychologists distrust some linguists.　　(Kuno, 1991 : 271)
(33) Many psychologists distrust some of these linguists.　　(*ibid.*)

(33)の目的語数量詞句は指示詞 these を含んでおり, 既定的あるいは談話連結的性質が強い。そして, そのような数量詞句は単なる不定の数量詞句よりは広い作用域を取る傾向にある。ただし, (32)と(33)の実際の解釈に関しては, (31a)および(31b)が many＞some の作用域を好む要因として働くので, (32)では many＞some が優先的な読みになり, (33)では many＞some の読みと some＞many の読みがほぼ同程度に得られ易いという解釈になると考えられる。

また, wh 疑問詞と数量詞句を含む(34)と(35)では, (34)が who＞every の解釈になるのに対して, (35)は what と every の作用域が曖昧になり得ると観察されている (May (1985) による) が, このような事実も上に挙げた複数の要因を考慮に入れれば正しく説明できると, Kuno は主張する。

(34) Who bought everything for Max?　　(May, 1985 : 39)
(35) What did everyone buy for Max?　　(*ibid.*)

(34)に関しては, 要因 (31a) (31b) (31d) がいずれも who＞every の作用

域解釈を支持し，その逆の解釈を支持する要因は存在しないので，曖昧性は生まれない。一方，(35)では，要因(31a)が what＞every の解釈を支持するのに対して，要因(31b)(31d)は逆に every＞what の解釈を支持するため，解釈が曖昧になると考えられる。

◆**連鎖に基づく数量詞作用域の説明**—— Aoun & Li (1991) "The Interaction of Operators."

Aoun & Li (1991) は，May (1977, 1985) の QR に基づく説明を大枠で認めつつ，理論的な面に関してその修正を提案している。彼らが仮定する主な理論的道具立ては次の3つである。(ⅰ) 主語は VP の指定部の位置に基底生成され，後に IP の指定部の位置に移動する（動詞句内主語仮説）。(ⅱ) 変項 (variable) はもっとも近い A′束縛子によって束縛されなければならない（最小束縛条件）。(ⅲ) 数量詞 A が数量詞 B に対して広い作用域を持つのは，A が B を含む連鎖の成員 (a member of the chain) を c 統御している場合である（作用域原理）。

Someone loves everyone という文を例に取り，Aoun & Li (1991) の説明を見ることにしよう。まず，(ⅰ) の仮定により，その S 構造は(36)のような形になる。

(36) $[_{CP} [_{IP} \text{someone}_1 [_{VP} t_1 \text{ loves everyone}]]]$

この構造に QR が適用され，(37)の LF の構造が得られる。この場合，everyone が someone あるいはその痕跡 (t'_1) を飛び越す位置に繰り上がってしまうと，(ⅱ) の条件が満足されなくなるので，everyone は VP 付加の位置に留まっている必要がある。

(37) $[_{IP} \text{someone}_1 [_{IP} t'_1 [_{VP} \text{everyone}_2 [_{VP} t_1 \text{ loves } t_2]]]]$

この LF の構造において，someone は everyone およびその痕跡 (t_2) を c 統御しているので，(ⅲ) の作用域原理により，someone は everyone よりも広い作用域を取ることができる。一方，everyone は，someone を直接的に c 統御はしないものの，VP の指定部の位置にある someone の痕跡 (t_1)，すなわち，someone が移動する際に形成された連鎖の成員の1つを c 統御しているために，やはり (ⅲ) の作用域原理により，everyone は someone よりも広い作用域を取ることができる。このようにして，Someone loves everyone という文が持つ作用域解釈の曖昧性が説明され

る。ここでは，QR の適用を受ける 2 つの数量詞間の直接の c 統御関係だけでなく，移動により形成される連鎖の成員との c 統御関係が作用域解釈の決定に関わるとしている点が重要なポイントになっている。

◆**QR は必要なし**── Pica & Snyder (1995) "Weak Crossover, Scope, & Agreement in a Minimalist Framework."

Pica & Snyder (1995) は，極小主義 (minimalist program) の仮定の下では，May (1977) が提案して以来，数量詞の分析で標準的に用いられてきた QR の操作に頼らなくても，数量詞文の曖昧性の説明が可能になることを指摘した (Kitahara (1996) も参照)。極小主義では，名詞句は格の照合を受けるために一致要素 (AGR) の指定部の位置に移動すると仮定する。動詞句内主語仮説を受け入れた上で，主語は AGRs の指定部の位置に，目的語は AGRo の指定部の位置に移動すると考えてみよう。そうすると，例えば Someone likes everyone という文の主語と目的語が移動した後の構造は(38)のようなものになる。

　　(38) [someone$_1$ AGR$_s$ [everyone$_2$ AGRo [$_{VP}$ t_1 likes t_2]]]

この構造は，Aoun & Li (1991) において QR を適用することによって得られた(37)とほぼ同様の形をしている。したがって，Aoun & Li の作用域原理(iii)，あるいは，それに相当する原理を仮定すれば，この文の作用域に関する曖昧性は説明できることになる。

　しかし，Pica & Snyder (1995) は，単に Aoun & Li 流の作用域原理を仮定するのではなく，さらに一歩踏み込んで，読みの優位性の問題を視野に入れた提案を行った。彼らの提案は，概略，次のとおりである。(i) 名詞句 (数量詞句を含む) の解釈はその格が照合される位置で優先的に行われる。(ii) 名詞句の解釈は意味役割の与えられる位置 (θ-position) でも行うことができるが，それは非優先的選択肢である。この提案によると，(38)において優先的に得られる読みは，someone と everyone が共に格照合を受ける位置，すなわち，それぞれが AGRs の指定辞と AGRo の指定辞の位置において解釈される場合の読みである。その場合に someone は everyone を c 統御しているので，Someone likes everyone における優先的読みは，someone が everyone よりも広い作用域を取る解釈であることになる。また，可能性としては，everyone を AGRs の指定部の位

置で解釈し，someone を VP の指定部の位置で解釈する場合も考えられる（Aoun & Li (1991) の連鎖に基づく解釈を参照）。この場合は，everyone が someone よりも広い作用域を取る解釈になるが，someone が解釈される VP の指定部の位置は意味役割の与えられる位置であるので，その解釈は一応可能ではあるものの，上記の(ⅱ)によって，格照合の位置における解釈の場合に比べて得ることが難しい非優先的読みと特徴付けられることになる。このように，Pica & Snyder (1995) の分析では，単に数量詞文が作用域に関して曖昧になるというだけではなく，どういう場合に優先的読みが得られ，どういう場合にそうでない読みが得られるかが理論的に予測できる仕組みになっている。

　上で見たように，数量詞文の多義の理論的可能性に焦点をしぼって分析を行った May (1977) では，読みの優位性に関することは，文の構造的な側面を扱う文法理論においては特別に取り上げる必要がない問題である。すなわち，語彙的あるいは語用論的な分野に属する問題であるとして片づけられていた。これに対して，Pica & Snyder (1995) は，数量詞文の解釈において優先的な読みとそうでない読みが存在するという事実を積極的に文法理論内の問題として捉え，文の構造的特性を考察する中でその問題の解決を図ろうとしている。その具体的な提案の是非はおくにしても，読みの優位性の問題に新たな角度から光を当てた研究として意義があるように思われる。

further readings　否定も含めてさまざまな数量詞に関する相対作用域の問題を論じたものに Kroch (1974) がある。極小主義の枠組みの中で数量詞の作用域の問題を扱っている最近の論考には，Hornstein (1995), Stroik (1996), Kitahara (1996), Fox (1999) などがある。また，Martin & Uriagereka (1998) は，Pica & Snyder (1995) を承けて，読みの優位性の問題を取り上げ，独自の観点からの解決を試みている。Kuno, Takami & Wu (1999) は，Kuno (1991) の機能的説明をさらに発展させた研究である。

関連テーマ　数量詞の作用域解釈に関して，動詞句削除規則（VP Deletion）の適用可能性の問題がしばしば論じられてきた。Sag (1976) および Williams (1977) は，主語の数量詞句が狭い作用域の解釈を受け

る時，動詞句削除ができないという事実に注目し，その分析を提示した。その後，Hirschbüler (1982) が新たな事実を示して問題提起を行い，最近では Fox (1999) が極小主義の枠組みの中でその問題を論じている。

54. 数量詞遊離 (quantifier floating)

(1) All the students have finished the assignment.

(Bobaljik, 1998 : 3)

(2) The students have all finished the assignment. (*ibid.*)

(1)と(2)の文はどのように関係付けられるであろうか。両文は同じ単語を含み，意味もほぼ同じであるが，数量詞 all の位置が異なっている。そこで初期の変形生成文法理論では，このような2つの文を変形操作によって結び付ける趣旨の提案がなされた。すなわち，(1)の基底にある構造に数量詞を右に移動させる数量詞遊離変形を適用することにより(2)の文を導き出すという提案である。そのため，(2)の all のように，修飾する（あるいは，限定する）名詞句から離れた位置に生ずる数量詞は，通例，遊離数量詞と呼ばれている。

数量詞の遊離にはさまざまな制限が観察される。すべての数量詞に関して遊離が可能なわけではなく，また遊離を許容するホスト名詞句 (host NP) の種類や生起位置，あるいは，遊離数量詞が占める位置などにも制限がある。また，遊離数量詞は遊離していない数量詞に比べ，意味解釈に関して制限を受ける場合がある。【テーマ1】

初期の生成文法では，遊離数量詞の現象を移動変形規則によって説明する方法が提案されたが，その後，数量詞を遊離数量詞の位置に直接句構造規則によって生成し，その遊離数量詞とホスト名詞句の関係は意味規則で捉えようとする立場も提案された。さらに，1980年代後半になると，主語名詞句は動詞句内に基底生成されるという仮定（動詞句内主語仮説）に立ち，遊離数量詞を，主語名詞句と一緒に移動せず基底生成の位置に残された数量詞であると特徴付ける説明方法が提案された。【テーマ2】

【テーマ1】遊離数量詞の特性
【概説】

　数量詞遊離現象にはさまざまな制限が観察される。まず，遊離する数量詞は普遍数量詞でなければならない。数量詞の遊離を許す名詞句（ホスト名詞句）は，主に主語であるが，目的語と分析すべき名詞句からも一定の条件の下では遊離が可能になる。また，ホスト名詞句は，通例，定名詞句でなければならない。遊離数量詞が現れる文中の位置は，いわゆる助動詞の位置，あるいは，動詞句の先頭の位置であり，それ以上深い（ないし離れた）位置には生ずることができない。さらに，意味解釈に関して，遊離数量詞は個別読み（individual reading）だけを持つことができ，この点で，個別読みに加え集合読み（collective reading）も持つことのできる遊離していない数量詞（すなわち，(1)のように名詞句内に生じている数量詞）に比べて制限を受ける。

◆遊離数量詞の様々な特性——Nakamura (1983) "A Nontransformational Approach to Quantifier-Floating Phenomena."

　Nakamura (1983) は，遊離数量詞に関わるさまざまな特性を指摘している。

　まず，遊離することができるのは，普遍数量詞の all, both, each, every などである（both は集合が2個のメンバーから成る時に用いられ，その全体を表すという意味でやはり普遍的である）。ただし，every は単独では遊離数量詞になることができず，every one の形を必要とする。また，any は，普遍数量詞であるかどうかの認定に議論が残る数量詞であるが，many や some などの不定数量詞と共に，遊離は許されない。

(3) The men have {all/both/each/every one} picked up a glass.

(Nakamura, 1983 : 1)

(4) *The men have {every/any/many/some} picked up a glass.

(*ibid.*)

遊離数量詞は部分構造（partitive construction）の形を取る場合もある。この形の場合は否定数量詞も現れることが可能になる。

(5) The boys will {all/both/each} of them come to the party. (*ibid.*)

(6) *The boys will {some/many} of them come to the party. (*ibid.*)

(7) The boys will {none/neither} of them come to the party. (*ibid.*)

遊離数量詞の修飾（あるいは，限定）を受けるホスト名詞句は，通例，定名詞句でなければならない。数量詞が遊離していない(8)と(10)では，定冠詞 the の省略が可能であるが，遊離した場合の(9)と(11)では the が義務的となる。

(8) All (the) three boys left early. (Nakamura, 1983 : 8)
(9) *(The) three boys all left early. (*ibid.*)
(10) Both (the) men are here. (*ibid.*)
(11) *(The) men both are here. (*ibid.*)

ただし，both が用いられホスト名詞句が両数を表すことが明らかな時は，定冠詞が必ずしも必要とされないようである。

(12) Two rules both deviate from core. (*ibid.*)

また，(13)(14)のような環境においてもホスト名詞句が定冠詞を伴わずに現れている。しかし，(15)(16)の遊離しない形が非文法的であるという事実を見ると，(13)(14)における there 構文の主語が遊離数量詞の直接のホスト名詞句と見なせるかどうかは問題が残るように思われる。

(13) There are two boys each helping the other. (*ibid.*)
(14) There are two squirrels both eating peanuts. (*ibid.*)
(15) *There is each of (the) two boys helping the other. (*ibid.*)
(16) *There are both of (the) two squirrels eating peanuts. (*ibid.*)

Nakamura (1983) は，遊離数量詞の意味解釈に関して(17)のような一般化を提案している（Kaga (1987) の議論も参照）。

(17) 遊離数量詞は個別読みを持つ

この一般化を支持する証拠として，次のような事実を挙げることができる。数量詞 all は，遊離していない時には，四角形の角の総和を表す(18)の集合読みと，個々の角を問題にする(19)の個別読みの両方を許す。これに対して，遊離した場合に許されるのは，(21)の個別読みの方だけである。

(18) All the angles of a square are 360°. (Nakamura, 1983 : 9)
(19) All the angles of a square are 90°. (*ibid.*)
(20) *The angles of a square are all 360°. (*ibid.*)
(21) The angles of a square are all 90°. (*ibid.*)

同様に，集合読みを要求する副詞 together を含んでいる次のような文では，数量詞を遊離することはできない。

(22) All these books together are worthy of fifty dollars.　　(*ibid.*)
(23) *These books together are all worthy of fifty dollars.　　(*ibid.*)

◆**遊離数量詞は助動詞の位置に生起**——Sag (1976) "Deletion and Logical Form."

Sag（1976：Ch.1）は，動詞句削除規則の定式化に関する議論を行う中で，遊離数量詞の生起位置について論じている。まず Sag は，遊離数量詞は動詞句の先頭の位置（VP initial position）に生ずると述べる（Postal (1974)，Baltin (1982)も参照）。これは，例えば，主語と動詞句の間に挿入句が現れる時，遊離数量詞がその右側に生ずることはできるが，左側には生ずることができないという事実によって支持される。

(24) The men, I think, {each/all/both} left at dawn.

(Postal, 1974：117)

(25) *The men {each/all/both}, I think, left at dawn.　　(*ibid.*)

Sag はさらに，助動詞要素が現れている時の遊離数量詞の生起位置について次のような観察を示している。助動詞が1個現れている時，遊離数量詞はその前後に生ずることができる（生起可能な位置を (Q) で示す）。

(26) My brothers (all) have (all) finished.　　(Sag, 1976：20)
(27) My sisters (all) must (all) leave.　　(*ibid.*)

（ただし，Postal（1974：113）が The soldiers {are all/?*all are} happy という例を提示して指摘しているように，助動詞が be である時には，前の位置は許されないようである。）また，助動詞が複数個現れている時には，次のような分布になる。

(28) They (all) may (all) have (all) arrived.　　(Sag, 1976：21)
(29) They (all) have (all) been (*all) happy.　　(*ibid.*)
(30) They (all) should (all) be (*all) talking.　　(*ibid.*)
(31) They (all) have (all) been (*all) being (*all) very careful.

(*ibid.*：22)

(32) They (all) must (all) have (all) been (*all) being (*all) hassled by the police.　　(*ibid.*)

遊離数量詞は，非定形の be 動詞より後の位置には生じないことが分かる（ただし，遊離数量詞の生起位置に関する判断には母語話者の間で揺れが観察され，Baltin (1982:6) は The men (all) would (all) have (all) been (all) working のような例に基づき，been の後の位置にも遊離数量詞が生起できるという判断を示している）。

◆ **目的語からも数量詞遊離が可能** —— Maling (1976) "Notes on Quantifier-Postposing."

Maling (1976) は，主語だけでなく，一定の条件が満たされれば目的語からも数量詞遊離が可能であることを指摘した。一定の条件とは，ホスト名詞句に対して（叙述関係などの）然るべき意味関係を有している要素が遊離数量詞の右側に生じていることである。したがって，(34)〜(41)の各文は適格であるが，遊離数量詞が文末にある(33)および遊離数量詞の右側に生じている要素がホスト名詞句に対して然るべき意味関係を持っていない(42)〜(44)は非文となる。

(33) *I called the men all. (Maling, 1976:714)
(34) I gave the kids all some candy to keep them quiet. (*ibid.*:715)
(35) The tooth fairy promised the kids each a quarter. (*ibid.*)
(36) Mom found the boys all so dirty when she got home. (*ibid.*)
(37) We consider the Joneses both unbearably pompous. (*ibid.*)
(38) Aunt Mary made the boys all (into) good little housekeepers.
(*ibid.*:717)
(39) He looked the twins both in the eye. (*ibid.*:715)
(40) She called the men both bastards. (*ibid.*)
(41) Hang your coats all up on hangers. (*ibid.*)
(42) *I saw the men all yesterday. (*ibid.*:716)
(43) *She found the missing books both quickly. (*ibid.*)
(44) *He argued with the men each about politics. (*ibid.*)

また，次の(45)〜(48)では，然るべき意味関係を担うことのできる要素が遊離数量詞の右側に生じてはいるが，主動詞の特性により，意味関係を結ぶのは，目的語のホスト名詞句ではなく主語であるので，やはり不適格な文となる。

(45) *He impresses his friends all as pompous.　　(*ibid.*: 717)
(46) *Aunt Mary made the boys all as a good mother.　　(*ibid.*)
(47) *The vision struck the men all as a beautiful revelation. (*ibid.*)
(48) *Frank promised the men all to leave.　　(*ibid.*)

|further readings|　遊離数量詞の意味的特性を論じた研究として Dowty & Brodie (1984)，Doetjes (1997) などがある。

|関連テーマ|　遊離できるのは all，both，each などの普遍数量詞だけである。many，some，most などは遊離できない。これはなぜであろうか。この問題に答えるには，遊離数量詞の意味的側面をさらに掘り下げて研究する必要があるように思われる。

【テーマ２】遊離数量詞の派生
【概説】

　初期の生成文法では，上記(1)のような形を基底形として，数量詞を右方向に移動させることによって(2)のような遊離数量詞文を派生するという提案が行われた。例えば，Postal (1974: Sec 4.5)，Maling (1976)，Fiengo & Lasnik (1976)，Baltin (1982) などにそのような移動変形規則を仮定した議論が見られる。しかし，その後，移動規則に基づく説明には問題点があることが指摘され，数量詞を移動させるのではなく，表層で現れている位置に基底生成させる方法が提案された。この基底生成の立場をとる研究には，例えば，Sag (1976)，Nakamura (1983)，Dowty & Brodie (1984) などがある。さらにその後，主語は動詞句の投射内に基底生成され，その位置から表層の主語位置に移動するという仮定（動詞句内主語仮説）が一般的に認められてくると，その仮定を利用して，遊離数量詞は主語名詞句と一緒に移動せず，基底生成の位置に残された数量詞であると特徴付ける説明方法が Sportiche (1988) によって提案された。

◆**右方向移動規則で派生**──Postal (1974) *On Raising*.
　Postal (1974) は，例えば(49)の遊離数量詞文は次のような２段階の規則の適用を経て派生されると考えている。１つは，(50)の基底形から数量詞を名詞句の外に出し，(51)の構造を作る規則である。Postal は，この

右方向への移動を「数量詞後置（quantifier postposing）」と呼ぶ。もう1つの規則は，数量詞を動詞句内に挿入する操作を行うもので，この規則が(51)の構造に適用すると，(52)の表層構造が得られることになる。

(49) The men all love Sylvia.　　　　　　　　(Postal, 1974：111)

(50) [NP all of the men] love Sylvia

(51) [NP the men] all [VP love Sylvia]

(52) The men [VP all love Sylvia]

Postalがこのように派生を2段階に分ける理由は，完全名詞句（full NP）と代名詞が数量詞遊離に関して異なる振る舞いを見せる事実を説明しようとするためである。完全名詞句の場合，(53)(54)で見るように，主語からの遊離で数量詞が挿入句の左側に生起することはできず（上記(24)(25)を参照），また，目的語からの遊離は許されない。これに対して，代名詞の場合は，(55)(56)で見るように，その両方が可能である。

(53) ?*Your brothers all, it seems to me, have the same outlook on politics.　　　　　　　　　　　　　　　　　(Postal, 1974：112)

(54) *Mary hates the marines both.　　　　　　　　(*ibid*.：110)

(55) They all, it seems to me, have the same outlook on politics.
　　　　　　　　　　　　　　　　　　　　　　　(*ibid*.：112)

(56) I called them both.　　　　　　　　　　　　(*ibid*.：110)

Postalは，ホスト名詞句が完全名詞句の場合でも代名詞の場合でも，上の2つの操作を経て遊離数量詞を派生することは同様に可能であるが，その2つとは異なる第3の操作があり，それは代名詞の場合にのみ適用されると仮定する。その操作とは，数量詞後置が適用された後の(57)のような構造に適用し，数量詞を直前の代名詞に付加する規則（数量詞・代名詞付加規則（Q-Pro Attachment））である。この規則が適用することにより，(57)から(58)の表層構造が派生される。

(57) [NP they] all [VP left]

(58) [NP they all] [VP left]

このように，ホスト名詞句が代名詞である場合には，数量詞が名詞句内に含まれ代名詞と構成素を成す可能性があるので，(55)や(56)のように動詞句が後続していない環境でも数量詞遊離が許されるとPostalは説明する。一方，ホスト名詞句が完全名詞句である場合には，数量詞・代名詞付加規

則が適用できないので，数量詞が動詞句内に入ることができない構造を持つ(53)や(54)は許されない文になる。

数量詞・代名詞付加規則は，all や both には適用する（(55)(56)を参照）けれども，each には適用できないという特徴が見られる。(59)(60)はホスト名詞句が代名詞であるが，認められない文である。

(59) *They each, I think, left separately.　　　　　(*ibid.* : 118)

(60) *Malcolm proved them each.　　　　　　　　(*ibid.* : 115)

◆代名詞からの遊離は数量詞・代名詞交替── Maling (1976) "Notes on Quantifier-Postposing."

Maling (1976) は，Postal (1974) の数量詞・代名詞付加規則に基づく分析の問題点を指摘し，代案を提出している。

Postal (1974) は，(55)や(56)における代名詞からの数量詞遊離を，数量詞後置規則の後に数量詞・代名詞付加規則が適用して派生される事例と分析した。Maling (1976) は，この分析に対して次の2つの問題点を挙げている。(ⅰ)Postal は，数量詞・代名詞付加を接語化規則（cliticization rule）と見なしているが，接語化がなぜ代名詞に可能で，完全名詞句には不可能なのかが説明されていない。(ⅱ)遊離した数量詞の方が強勢を担うという(61)のイントネーションの型を見ると，遊離数量詞が接語化要素であるとは考えにくい。

(61) I like thĕm ăll. (Cf. *I like thĕm ăll.)　　　(Maling, 1976 : 711)

Maling は，次のような代案を提出した。数量詞を含む名詞句内で適用する小変形規則（minor transformation : 一部の限られた語彙項目に適用される例外的規則で，一般性の高い主要変形規則と対比される）に of 削除規則（*of*-Deletion）がある。この規則は，(62)で見るように，数量詞が all や both の場合には適用できるが，each の場合には適用できない。

(62) all of the men　　→　　all the men
　　 both of the men　　→　　both the men
　　 each of the men　　→　　*each the men

また，この規則が完全名詞句ではなく代名詞に適用された場合は，all や both であっても不適格な連鎖が生み出されてしまう。

(63) all of them　　　　→　　*all them

both of them	→	*both them	
each of them	→	*each them	

Maling は，この不適格な*all them や*both them の連鎖を救うための小変形規則があると仮定した。すなわち，数量詞遊離（あるいは，後置）規則とは独立に，of 削除規則の適用後に数量詞と代名詞の語順を義務的に交替させる小規則である「数量詞・代名詞交替（Q-Pro Flip）」を提案した。この規則により，適格な they/them all や they/them both の連鎖が生み出されることになる。表層語順を替える働きを持つこの規則は，その適用範囲が名詞句という構成素内に限られた小規則であり，数量詞を名詞句の外に動かす数量詞遊離規則とははっきり区別される。Postal (1974) が指摘した上記(53)(54)と(55)(56)の文法性の違いは，この区別により的確に捉えることができる。

また，each の場合は，(62)で見るように，of 削除規則が適用されないので，数量詞・代名詞交替規則が適用すべき(63)の構造自体が生じないと考えられる。したがって，each に関しては名詞句内での代名詞との語順交替は起こり得ず，(59)(60)のような名詞句外への遊離が許されない環境では文が不適格になることが説明される。

◆**遊離数量詞は基底生成**―― Nakamura (1983) "A Nontransformational Approach to Quantifier-Floating Phenomena."

Nakamura (1983) では，遊離数量詞を右方向への移動変形規則により派生する統語論的アプローチの問題点が指摘され，それに代わる意味論的アプローチが提案された。

まず，変形規則に基づく説明では，(64)(65)のような遊離数量詞文が扱い難いデータとなる。つまり，その基底構造となるべき(66)(67)が容認できない文であるため，基底構造が仮定できないか，あるいは，(66)(67)のような環境では数量詞遊離変形規則が義務的に適用すると規定しておく必要が生ずる。いずれにしても，望ましくない事態を招くことになる。

(64) I found John and Mary and Sue all sitting on a park bench.

(Nakamura, 1983 : 5)

(65) The lion, the bear, and the monkey are all mammals.　(*ibid.*)

(66) *I found all (of) John and Mary and Sue sitting on a park bench.

(*ibid.*)

(67) *All the lion, the bear, and the monkey are mammals. (*ibid.*)

次に，(68)(69)のような文は，一見したところ，(70)(71)の文に相当する基底構造から右移動規則で派生されるように思われるが，そのように考えることはできない。(70)(71)と関係付けるべき遊離数量詞文は，それぞれ，(72)と(73)であり，(68)(69)と(70)(71)は意味的にもはっきり異なるからである。そうすると，(68)-(69)の基底構造をどこに求めたらよいかが分からなくなってしまう。

(68) The men promised the women to all come to the party. (*ibid.*)

(69) They tried to all come home. (*ibid.*)

(70) All the men promised the women to come to the party. (*ibid.*)

(71) All of them tried to come home. (*ibid.*)

(72) The men all promised the women to come to the party.

(73) They all tried to come home.

また，変形規則を採用するアプローチでは，(74)のような文が(75)ではなく，(76)に相当する解釈を受けるという事実を下接の条件 (Subjacency Condition) により説明するが，そのような条件の下では，(77)のような場合の遊離数量詞の生起を説明することが難しくなる。基底構造と考えられる(78)から(77)を導く派生が下接の条件の違反となるからである。

(74) The walls of the passages were both painted too.

(Nakamura, 1983 : 2)

(75) [NP the walls of [NP both the passages]] were painted too.

(76) [NP both the walls of the passages] were painted too.

(77) the tendency of those senators to all vote in the same way

(*ibid.* : 5)

(78) [NP the tendency of [NP all of those senators]] [S PRO to vote ...]

Nakamura (1983) は，統語論的アプローチの代案として次のような意味論的アプローチを提示した。彼は，遊離数量詞は句構造規則により表層で現れる位置に直接基底生成されると仮定する。生成された遊離数量詞は，(79)の解釈規則によってホスト名詞句と関係付けられ，しかるべき意味解釈を受ける。

(79) 遊離数量詞解釈規則 (Floating-Q Interpretation Rule)

名詞句が数量詞（句）を直接的にc統御（immediately c-command）している次の構造において，名詞句の指標を数量詞（句）に付与せよ．

... NP ... Q(P) ...　　　　　　　　　　　　(*ibid.*: 4)

この意味論的アプローチでは，(64)(65)のような文を生成する時に，非文法的な(66)(67)に相当する構造を基底に仮定する必要がない．したがって，統語論的アプローチでは扱いが難しい(64)(65)のような数量詞文も特に問題とならない．さらに，(68)(69)や(77)に関しては，数量詞を遊離した位置に基底生成し，不定詞の主語であるPROをホスト名詞句として(79)の解釈規則を適用することにより，正しい意味解釈を与えることができるので，意味論的アプローチではこれも問題にならない．

また，(80)〜(82)がすべて非文法的であるという事実は，それらの文を派生的に関係付ける統語論的アプローチにとって利点になると一般的に考えられている．

(80) *Each (of) all (of) the kids was given some candy. (*ibid.*: 3)
(81) *All (of) the kids were each given some candy. (*ibid.*)
(82) *The kids all were each given some candy. (*ibid.*)

しかし，(83)のような普遍的原則が解釈レベルで働くと考えれば，2つ（以上）の数量詞を1つの名詞句に関係付けて解釈することは禁止されるので，変形規則を仮定しなくても自然な説明は与えられるとNakamura (1983 : 6) は主張する．

(83) 唯一的束縛原理（Unique Binding Principle）
　　　変項は2つ以上の演算子によって束縛されてはならない．

◆遊離数量詞は主語名詞句移動の残留要素——Sportiche (1988) "A Theory of Floating Quantifiers and its Corollaries for Constituent Structure."

1980年代中頃から，文の主語は動詞句内で基底生成され，表層構造でIP (Inflectional Phrase) の指定部の位置に移動するという，いわゆる動詞句内主語仮説が提唱されるようになった（Koopman & Sportiche (1985), Kuroda (1988), Fukui & Speas (1986), Kitagawa (1986) などを参照）．Sportiche (1988) は，この仮説に基づいて，遊離数量詞は主

語名詞句が動詞句内からIPの指定部に移動する時，それに伴わずVP内に残留したものであるという分析を示した．すなわち，数量名詞句全体が移動した場合は(84)のような非遊離形が得られるのに対して，その一部の名詞句の部分だけが移動した場合は(85)の遊離数量詞文が得られるという分析である．

(84) [All the children]$_i$ have t_i seen this movie.

(Sportiche, 1988 : 426)

(85) [The children]$_i$ have [all t_i] seen this movie. (*ibid*.)

Sporticheのこの分析では，Postal (1974) などで採用された初期の移動分析と同様に，数量詞がホスト名詞句に隣接する基底構造を仮定するので，上記(79)のような遊離数量詞のための解釈規則を独立に規定する必要はない．また一方で，初期の移動分析が数量詞の右方向への移動を仮定していたのに対して，Sporticheの分析に含まれるのは名詞句の左方向への移動であるため，右方向（すなわち，下方）への移動は変形操作に課せられる一般条件に違反するという，従来あった移動分析への批判を受けないという利点がある．さらに，遊離数量詞の生ずる位置が（生起位置がかなり自由な副詞要素などとは異なり）主に動詞句の左端（left periphery）に限られるという事実も，遊離数量詞は基底構造で主語が生成された位置に残留したものであるという分析から得られる1つの自然な帰結であると考えることができる．

このように，Sporticheの分析は理論的に優れた面を持つが，解決すべき問題点もいくつか残されている．まず，彼女自身も述べているように，IP指定部への名詞句移動を含むと分析される非対格構文(86)や受動構文(87)においては，名詞句の元の位置に数量詞が残留することは許されないが，それはなぜかという問題がある．

(86) [The students]$_i$ have arrived (*all) t_i. (Bobaljik, 1998 : 5)

(87) [The students]$_i$ were seen (*all) t_i. (*ibid*.)

また，(88)のような繰り上げ構文に現れる遊離数量詞や，(89)のof句を含んだ遊離数量詞形をどのように生成するか，という点も問題となる．

(88) [The lions]$_i$ might all seem [$_{IP}$ t_i to have large teeth]. (*ibid*.)

(89) We have all three of us completed the assignment on time.

(*ibid*. : 6)

further readings　遊離数量詞を副詞と分析する研究として Akiyama (1994), Bobaljik (1995 : Ch. 4) などがある。また, Bobaljik (1998) は遊離数量詞に関する従来の研究を手際よくまとめており, 参考になる。

関連テーマ　普遍数量詞の遊離だけを許す英語と, 存在数量詞や数詞の遊離も許容する日本語との比較も興味深い。日本語の遊離数量詞の分析に関しては, Miyagawa (1989), 高見 (1998), 三原 (1998), Ishii (1998) などを参照されたい。

55. 句・節の構造 (structure of phrase/clause)

(1) tall men and women

(1)は全体で名詞句（Noun Phrase）を成しているが，tall が men だけを修飾して [[tall men] and [women]] のようになっているのか，men and women 全体を修飾して [tall [men and women]] のようになっているのか，二義的である。両者の解釈を大まかに図示すると，それぞれ次のようになる。

(2) a.　　　　　　　　　　　b.

　　tall　men　and women　　tall　men　and women

この点から分かることは，いくつかの単語が集まり1つの句を構成する場合，それぞれの単語が全く同じ資格で結びついているのではなく，ある単語が別の単語と1つのまとまり（構成素）を成し，その構成素がさらに別の単語と結びついてより大きな構成素を成しているという点である。つまり，句は階層構造を成している。

名詞句は，(1)のような形容詞＋名詞だけでなく，a review of Chomsky's book のように前置詞句（of Chomsky's book）を伴うもの，a review that I read yesterday のように関係節（that I read yesterday）を伴うものなどいろいろあるが，これらの名詞句はどのような内部構造を持つのだろうか。【テーマ1】

句には，動詞句，形容詞句，前置詞句などもあるが，これらはどのような内部構造を持つのだろうか。【テーマ2】

The men ate oranges のような文（＝節）は，名詞句の the men と動詞句の ate oranges がまとまりを成して文を構成していると考えられるが，それでは，助動詞を含む The men will eat oranges も同じように扱えるのだろうか。文（＝節）はどのような内部構造を持つのだろうか。【テーマ3】

【テーマ1】名詞句の構造
【概説】

アメリカ構造主義言語学においては，Wells (1947) らが直接構成素分析 (Immediate Constituent Analysis) の手法を用いて，名詞句等の内部構造を明らかにした。生成文法においては，句がどのような構造を持つかに関して，さらに飛躍的に研究が進められた。そのような研究では，名詞句 (NP) は名詞 (N) の投射 (projection) として分析される。Chomsky (1970) は，X バー理論の観点から，N と NP の間に N̄ という中間投射を設定した。他方，Jackendoff (1977) は，統一的3レベル仮説を提唱し，N は N′, N″, N‴ (=NP) のように投射すると考えた。さらに Brame (1981, 1982), Abney (1987) 等は，名詞句を冠詞などの決定詞 (D(eterminer)) の投射として捉える DP 仮説を提案した。

◆ **N（名詞）の投射としての名詞句（NP）** —— Chomsky (1970) "Remarks on Nominalization", Jackendoff (1977) $\bar{X}$ *Syntax*, Radford (1988) *Transformational Grammar*.

king や student というような単語の品詞，すなわち統語範疇 (syntactic category) が名詞 (N) であり，これらにさまざまな要素が伴った次のような表現の統語範疇が名詞句 (Noun Phrase: NP) であるという点に関しては問題がないと思われる。

(3) a. [NP the king of England]
 b. [NP a student of physics with long hair]

さて，(3a)(3b) の内部構造はどのようになっているのだろうか。(3a) では，the king と of England が一緒になって NP を構成しているのだろうか。あるいは king of England に the がついているのだろうか。(3b) ではどの要素同士が一緒になって全体の NP が成り立っているのだろうか。

Wells (1947) は，(3a) の名詞句 the king of England が the king と of England から成るのではなく，the と king of England から成り，さらに king of England は king と of England から成ると主張した。言い換えると，the king of England の直接構成素 (immediate constituent) は，the と king of England であり，さらに後者の直接構成素は king と of England であると主張した。この点を図示すると，次のようになる（Det は

55. 句・節の構造

冠詞等の決定詞（Determiner）を，PPは前置詞句（Prepositional Phrase）を表す）。

(4)
```
         NP
       /    \
     Det     ?
      |     / \
     the   N   PP
           |    |
          king of England
```

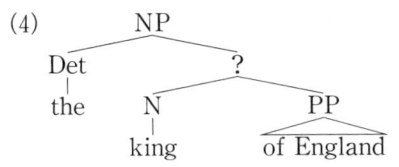

(4)の？で示した部分の統語範疇は何だろうか。(4)の構造は，名詞(N) king を中心とした名詞句(NP)であり，N が NP へ投射（project）している。Chomsky (1970) は，？が N から NP へ投射する中間投射であるため，これを N̄（エヌ・バー）とし，NP を N̿（エヌ・ダブルバー）として次の(5)のように表記した（同様に PP は P̿ となる）（Jackendoff (1977) 等は，バーの代りにプライム表記を用い，N′，N″のように表記し，Harris (1951) は，数字を用いて，N^1，N^2 のように表記するが，いずれも同じ主旨である）。

(5)
```
         N̿(NP)
       /      \
     Det       N̄
      |       / \
     the     N   P̿(PP)
             |    |
            king of England
```

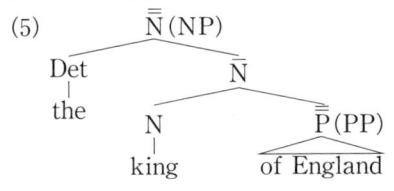

Chomsky (1970) は，(5)のような構造が N を主要部（head）とする（つまり N が中心となる）NP だけでなく，V を主要部とする VP，A を主要部とする AP，さらに P を主要部とする PP にもあてはまり，このような構造が各範疇にわたって（cross-categorial）成立すると主張した。したがって，主要部を X とすると，XP の構造は次の(6)のようになる。この構造において，X″ に直接支配される Y″ を指定部（specifier），主要部 X の姉妹の Z″ を補部（complement）と呼ぶ（以下，バー表記ではなく，プライム表記を用いる）。

(6)
```
              X″(=XP)
            /        \
        Y″(=YP)       X′
       (指定部)      /    \
                   X     Z″(=ZP)
                （主要部）（補部）
```

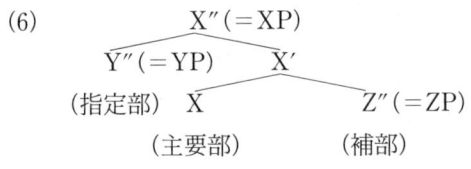

ここで，指定部 Y″ と補部 Z″ は共に最大投射である。

N′のような中間投射レベルの範疇を設ける根拠はあるのだろうか。まず，等位接続構造と右節点上昇変形（Right Node Raising）の構造からの証拠が挙げられる。等位接続される2つの要素は，それぞれが同種の構成素であり，また右節点上昇変形を受ける要素は構成素を成しているものであると考えられている。Radford (1981, 1988) は，次の文が適格であることから，king of England が単一構成素を成すと議論している。

(7) Who would have dared defy the [*king of England*] and [*ruler of the Empire*]? (Radford, 1988 : 174)

(8) He was the last (and some people say the best) [*king of England*]. (*ibid.*)

また Baker (1978), Radford (1981, 1988) は，次のような対比から，代名詞 one は N′という構成素の代わりをするものであり，N の代わりをするものではないと議論している。

(9) a. The present [$_{N'}$ king of England] is more popular than the last *one*. (Radford, 1988 : 175)
　　b. *The [$_N$ king] of England defeated the *one* of Spain. (*ibid.*)

　次に，(3b)の名詞句（＝a student of physics with long hair）はどのような内部構造を持っているのだろうか。C. Baker (1978), Hornstein & Lightfoot (1981), Radford (1981, 1988) は，この名詞句の構造が次のようになると主張する。

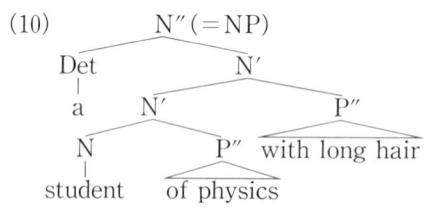

(10)
```
            N″(=NP)
           /      \
         Det       N′
          |       /  \
          a     N′    P″
               / \    |
              N   P″  with long hair
              |   |
          student of physics
```

(10)の of physics は，主要部 student が「何の学生」であるのかを指定しているという点で，student の属性を表している。これは，(3a)の of England が king の属性を表しているのと同様である。このような属性を表す句は，次の(11b)のようにパラフレーズされるため，主要部名詞の補部（complement）と呼ばれ，N の姉妹になる (Chomsky (1970))。

(11) a. He is [a student of physics].
　　 b. He is [studying physics].

一方，(10) の with long hair は，主要部名詞 student について補足的に修飾しているだけで，次に示すように，(11) のようなパラフレーズが成立しない。このような句は付加部（adjunct）と呼ばれる（Baker (1978), Hornstein & Lightfoot (1981) 参照）。

(12) a. He is [a student with long hair].
　　 b. ≠He is [studying long hair].

そのため，with long hair は，of physics より上の階層にあり（つまり，主要部 student からより離れて位置し），N′ の姉妹になっている。

(10) の構造を立てる証拠として，2つの前置詞句の順序が入れ替えられない（(13)参照），同種類のもののみ等位接続され得る（(14)参照），N′ 要素のみ代名詞 one で置き換えられる（(15)参照）の3つが挙げられる（Jackendoff (1977), Hornstein & Lightfoot (1981), Radford (1981, 1988)）。

(13) a. the student of physics with long hair
　　 b. *the student with long hair of physics
　　　　　　　　　　　　　(Hornstein & Lightfoot, 1981 : 22)
(14) a. a student of physics and of chemistry
　　 b. a student with long hair and with short arms
　　 c. *a student of physics and with long hair
　　 d. *a student with long hair and of physics　(Radford, 1981 : 99)
(15) a. Which [student of physics]? That *one*?　(Radford, 1988 : 187)
　　 b. I like this student with short hair better than that *one* with short hair.　(Radford, 1981 : 98)
　　 c. *I like this student of chemistry better than that *one* of physics.　(*ibid.*)

Jackendoff (1977) は，「統一的3レベル仮説」(Uniform Three-Level Hypothesis) を提唱し，N は N′, N″, N‴ (=NP) のように投射し，この3段階の投射がどの範疇にも適用すると主張した。例えば，(10)は次のように表記される（Art は冠詞（Article）を表わす）。

(16)
```
           N‴
         /    \
      Art‴     N″
       |      /   \
       a    N′     P‴
           /  \    |
          N    P‴  with long hair
          |    |
       student of physics
```

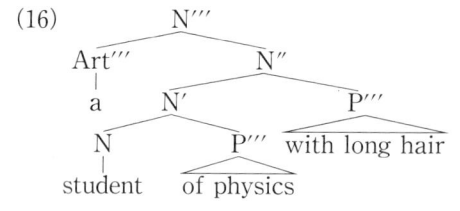

バー（またはプライム）の数がいくつまであるかに関しては，当時，さまざまな議論があった。この点に関しては，Jackendoff (1977：35) を参照。

次に，(17)のように，主要部名詞句に前置修飾句が伴う名詞句の構造を考えてみよう。

(17) a tall dark handsome stranger　　　　　(Radford, 1988：209)

Radford (1988) は，(17)で，tall, dark, handsome がいずれも stranger の追加的，補足的説明であり，付加部（N′の姉妹）であることから，(17)に対して次の構造を立てている。

(18)（＝17）
```
              N″
            /    \
          Det     N′
           |    /    \
           a  AP      N′
              |     /    \
             tall  AP     N′
                   |    /    \
                  dark AP     N′
                       |      |
                   handsome   N
                              |
                           stranger
```

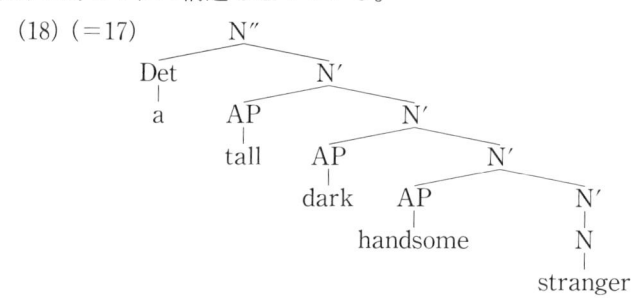

(18)では，主要部 N の修飾語句が階層的に配列されており，N′が積み重ねられた (stacked) 構造を成している。このような構造は次の one 代用によるテストから支持される。

(19) a. Which [stranger]? The tall dark handsome *one*?
　　　b. Which [handsome stranger]? The tall dark *one*?
　　　c. Which [dark handsome stranger]? The tall *one*?
　　　d. Which [tall dark handsome stranger]? This *one*?

　　　　　　　　　　　　　　　　　　　　(Radford, 1988：211)

次に，名詞句が同格節や関係節を伴う名詞句の構造を考えてみよう。

(20) a. Frank's claim that Sim was the culprit
　　　b. the man that brought the strawberries, who was dangerous

(Jackendoff, 1977 : 63, 69)

Jackendoff (1977) は，(20a)の同格節 that Sim was the culprit は Frank's claim の内容を表し，Frank claimed that Sim was the culprit という文の目的語節（補部）に当たるため，主要部名詞 claim の姉妹になると主張している。一方(20b)の制限的関係節 that brought the strawberries と非制限的関係節 who was dangerous は，共に man の補部ではない。しかし，制限的関係節が主節の否定の焦点になるのに対し，非制限的関係節はならないという相違がある。

(21) a. I didn't see the man who brought the strawberries.
b. *I didn't see the man, who brought the strawberries.

(*ibid*. : 62)

また，非制限的関係節は，先行詞との間にコンマ（話し言葉ではコンマイントネーション）を伴うのが通例である。さらに両者は順序を入れ替えることができない（*the man, who was dangerous, that brought the strawberries)。このような事実から，Jackendoff (1977) は，(20a)(20b)が次の構造を持つと主張している。

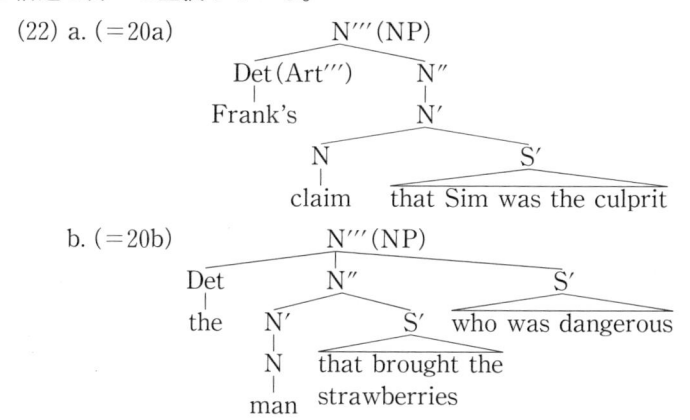

(22) a. (=20a)

```
            N'''(NP)
           /        \
      Det(Art''')    N''
         |           |
      Frank's        N'
                    /  \
                   N    S'
                   |    |
                claim  that Sim was the culprit
```

b. (=20b)

```
              N'''(NP)
             /    |    \
           Det   N''    S'
            |   /   \    \
           the N'   S'   who was dangerous
               |    |
               N   that brought the
               |   strawberries
              man
```

(22a)では，同格節の that Sim was the culprit が主要部 N の姉妹であるのに対し，(22b)では，制限的関係節 that brought the strawberries と非制限的関係節 who was dangerous がともに付加部であるものの，前者は N' の姉妹であり，後者は N'' の姉妹になっている。X'' の姉妹となる付加詞は，その文の話者の付加的コメント等を表す働きを持ち，否定辞の作用域には含まれない。

◆**DP 分析**──Abney (1987) *The English Noun Phrase in Its Sentential Aspect.*

(5)(10)(16)等の構造では，NP の指定部に the や a の冠詞が現れており，X バー理論では，指定部の位置は最大投射が占めると考えられている。そのため冠詞も最大投射範疇として暗黙のうちに了解されてきた。しかし，a や the の冠詞は明らかに単語であり，最大投射範疇と考えるのは不自然である。むしろ X バー理論の観点からは，冠詞などの決定詞 (Determiner：D) もそれ自身の範疇を投射すると考えるのが自然である。このような考えのもとに，Brame (1981, 1982)，Abney (1987)，Fukui (1986) 等は，従来，NP の指定部の位置にあると考えられてきた決定詞を主要部と見なし，その決定詞が投射して最大投射 DP を構成する構造を提案している。なお，N，V，A，P として表されるような単語は数が多く，語彙範疇（lexical category）と呼ばれるのに対し，決定詞 D は数が限られており，機能範疇（functional category）と呼ばれ区別されている。機能範疇には，他に，that, if, whether などのような補文標識（Complementizer：C）や屈折要素（Inflection：I）が含まれる。

Abney (1987) では，a, the の冠詞，this, that の指示詞，every, some などの数量詞，属格を付与する（Agreement：AGR）が DP の主要部であると考えられている。したがって，次の (23a)(23b) の名詞句はそれぞれ (24a)(24b) の構造を持つことになる。

(23) a. the king of England （＝3a）
　　　b. Caesar's destruction of the city　　　　　(Abney, 1987：110)
(24) a. (＝23a)　　　　　　b. (＝23b)

```
        DP                      DP
        |                      /  \
        D'                    DP   D'
       /  \                   |   /  \
      D    NP               Caesar D  NP
      |    |                      |   |
     the   N'                     's  N'
         /  \                        /  \
        N    PP                     N    PP
        |   /  \                    |   /  \
       king of England          destruction of the city
```

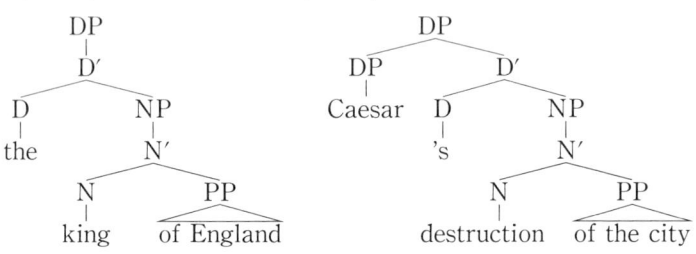

(24b) の構造で，属格を表す所有格接尾辞 's は，決定詞句（DP）の主要部（D）にある。ただし，接尾辞と言っても，[the king of England] 's hat のように，'s が受ける要素は語（名詞）ではなく，名詞句である。そ

のため，'s は，句を受ける接尾辞，つまり句範疇に付く接尾辞と見なされる。

(24b)のような DP 分析は，(23b)のような名詞句（決定詞句）と次の文との並行性が捉えることができ，その点でも支持されている（「【テーマ3】節の構造」を参照）。

(25) a. Caesar's destruction of the city (=23b)
　　 b. Caesar destroyed the city.

また Abney (1987 : Ch.3) は，DP 分析が，X バー理論上問題であった動名詞，特に所有格＋V-ing (POSS-ing) 構文（例えば John's building a spaceship）を的確に扱うことができると主張している。

| further readings | one が N′ の代用をするという C. Baker (1978)，Radford (1981, 1988) 等の分析と関連して，N′省略（または NP 省略）に関する研究としては，Jackendoff (1971)，Saito & Murasugi (1990) を参照。DP 仮説 (DP hypothesis) に基づいて，英語と日本語の名詞句の構造を分析した研究に，Fukui (1986, 1995)，Saito & Murasugi (1990)，竹沢 & Whitman (1998) 等がある。

| 関連テーマ1 | the English king は，the king who is English（イギリス人の王）と the king of England（イギリスの王）の 2 つの意味がある。また，an English teacher も a person who teaches English（英語の先生）と a person who teaches, and who is English（イギリス人の先生）の 2 つの意味がある。さらに，a student of high moral principles も a person who studies high moral principles と a student who has high moral principles の 2 つの意味があり，二義的である。このような二義性は，それぞれの名詞句が 2 つの構造を持つことにより説明されるが，それぞれどのような構造を持つかを考えてみよう。さらに，二義性を持つ他の名詞句も考えてみよう。

| 関連テーマ2 | DP 分析を用いて，(3b)(17)(20a)(20b)のような名詞句がどのような構造として表示されるか考えてみよう。

| 関連テーマ3 | (ⅰ)an advocate of the abolition of indirect taxation, (ⅱ)a woman with an umbrella with a red handle, (ⅲ)her dislike of men with big egos, (ⅳ)a girl with a dislike of young men など，複雑

な構造をもつ名詞句の構造はどのようになっているか考えてみよう。

【テーマ2】他の句の構造
【概説】
【テーマ1】で，名詞句の内部構造がXバー理論に基づいて的確に捉えられることを観察した。ここでは，さらに動詞句，形容詞句，前置詞句の内部構造もXバー理論に基づいて捉えられることを明らかにする。つまり，これらの句も，それぞれ，動詞（V），形容詞（A），前置詞（P）を主要部とする最大投射であり，義務的要素の補部と任意要素の指定部，付加部を取る。

◆Xバー理論によるVP，AP，PPの内部構造の表示——Jackendoff (1977), $\bar{X}$ *Syntax*, Radford (1988) *Transformational Grammar*.

【テーマ1】で，名詞句の構造をXバー理論（Xバー規約）に基づいて表示したが，名詞句だけでなく，動詞句（VP），形容詞句（AP），前置詞句（PP）等もXバー理論に基づいて表示できる。次例の括弧の部分を考えてみよう。

(26) a. John may [$_{VP}$ have read the book].
   b. Mary is [$_{AP}$ very proud of her son].
   c. Sue put it [$_{PP}$ right on the top shelf].

(26a)〜(26c)の[　]の部分は，それぞれ，動詞（V）readを主要部とする動詞句（VP），形容詞（A）proudを主要部とする形容詞句（AP），前置詞（P）onを主要部とする前置詞句（PP）である。それでは，これらの句の内部構造はどのようになっているのだろうか。

Jackendoff (1977)は，(26a)の完了を表すhave（および進行を表すbe）がVP（V″）の指定部にあると主張している。さらにRadford (1988)等，多くの研究で示されているように，(26b)のveryはAPの指定部，(26c)のrightはPPの指定部を占めている。また，(26a)のthe bookはV（read）の補部，(26b)のof her sonはA（proud）の補部，(26c)のthe top shelfはP（on）の補部である。これらの点を考えると，(26a)〜(26c)の[　]の部分の構造は次のようになる。

(27) a. (=(26a)のVP)　b. (=(26b)のAP)　c. (=(26c)のPP)

```
      VP(V″)             AP(A″)              PP(P″)
    /      \            /      \             /      \
 have       V′       Adv        A′        Adv        P′
           / \       |         / \         |        / \
          V   NP    very      A   PP      right    P   NP
          |   /\          |   /\           |   /\
         read the book  proud of her son   on the top shelf
```

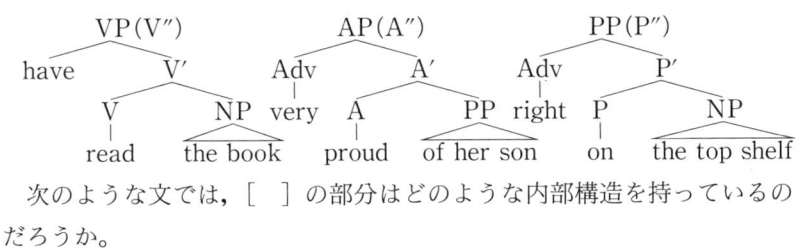

次のような文では，[　]の部分はどのような内部構造を持っているのだろうか。

(28) a. John may [VP have read the book in the park].
　　 b. John is [AP very fond of Mary in some ways].

(Radford, 1988 : 244)

　　 c. He is [PP so out of touch in some ways].　　(*ibid.* : 250)

(28a)〜(28c)の文末の in the park, in some ways は，義務的要素ではない。これらの表現は，主要部に対して補部ではなく，付加部となっている。そのため，例えば(28b)の構造は次のように示される((28a)(28c)の構造も同様となる)。

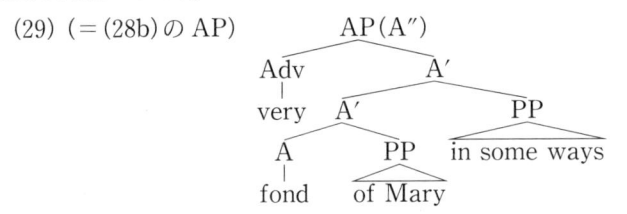

(29) (=(28b)のAP)

```
              AP(A″)
             /      \
          Adv        A′
           |        /  \
          very    A′    PP
                 /  \    \
                A    PP   in some ways
                |    /\
               fond of Mary
```

(29)のような構造を立てる根拠は何だろうか。まず，very fond of Mary in some ways が単一の構成素（AP）を成しているという点は，(29)の構造全体が次の例のように前置され得るという点から明らかである。

(30) [Very fond of Mary in some ways] though he is, he doesn't really love her.　　(Radford, 1988 : 244)

(29)で PP の of Mary が補部であり，PP の in some ways が付加部であるという点は，前者が省略できないのに対し，後者が省略できる点，さらに次に示すように，これらの語順が入れ替えられない点から明らかである。

(31) a. fond [of Mary] [in some ways]
　　 b. ?? fond [in some ways] [of Mary]　　(*ibid.*)

さらに，fond of Mary が A′ を構成し，また fond of Mary in some ways も A′ を構成しているという点は，one が N′ の代わりをするのと同様に，次の例で so が A′ の代わりをしていることから明らかとなる。

(32) a. John is very [_A′_ [_A′_ *fond of Mary*] in some ways], but is less *so* in other ways.

b. John is very [_A′_ [_A′_ *fond of Mary*] *in some ways*], but is less *so* than he used to be. (*ibid.*)

further readings　(26a)〜(26c)がそれぞれ(27a)〜(27c)のような構造を持つということに関して，さまざまな証拠がこれまで提出されてきた。この点に関しては，例えば Jackendoff (1972, 1977)，Akmajian, Steele & Wasow (1979)，Culicover & Wilkins (1984)，Van Riemsdijk (1978)，Radford (1988) 等を参照。動詞句の構造に関して，Larson (1988, 1990) は Larsonian shell と呼ばれる，VP が重なり合う構造を提案している（この提案に対する反論として，Jackendoff (1990a) を参照）。助動詞，完了の have，進行の be が構造上，どのような位置を占めるかに関して，これまでさまざまな研究がなされてきた（第 50 章）。それらの研究はあまりに多いため，ここでは言及を控えるが，澤田 (1993)，Sawada (1995) は，これらの多くの研究の主張や流れを簡潔にまとめ，さらに新しい提案を行っている。

関連テーマ　次の動詞句内の斜体部の要素は，どのような構造上の位置を占めているのだろうか。そしてどのような証拠から，そのような構造が妥当であると言えるか。

(i) a. John [_VP_ hit Mary *on the head on the platform*.]

b. The gang [_VP_ opened the safe *with a drill after sunset*.]

形容詞句，前置詞句についても，付加部が 2 つ（以上）あるような場合を考慮し，その構造がどのようになっているか考えてみよう。

【テーマ 3】節の構造
【概説】

生成文法では 1980 年代半ばまで，文（Sentence）は，NP，VP などがそれぞれ N，V の最大投射であるのとは異なり，S という独立した単一

範疇，すなわち，主要部を持たない範疇として捉えられてきた。しかし，Chomsky (1986a) は，S を I(nflection) の投射として，I-I'-IP (=S) のように分析し，Pollock (1989) は，S を T(ense) の投射として，T-T'-TP (=IP/S) のように分析した。また，S より上位の範疇についても，1980年代半ばまで S' という単一範疇として捉えられていたのに対し，Chomsky (1986a) は，S' は C(omplementizer) の投射として，C-C'-CP (=S') のように分析した。

さらに，S や S' の内部構造に関しても，時制要素，法助動詞，屈折要素，一致要素 (agreement)，否定辞，軽動詞 (light verb) などを考察対象に入れて，さまざまな提案がなされてきた。以下ではこれらに関しても概説する。

◆節 (S/IP) の内部構造——Chomsky (1981), *Lectures on Government and Binding*, Chomsky (1986a) *Barriers*, Chomsky (1995) *The Minimalist Program*.

Chomsky (1957, 1965, 1970) では，文 (Sentence：S) は，主語 NP と動詞句 VP (または Predicate Phrase) から構成される範疇として分析された。

(33) S → NP(N″)-VP(V″)

ここでは，法助動詞や完了の have，進行の be などは，VP 内の要素として分析される。これに対して，Jackendoff (1972), Emonds (1976), Akmajian, Steele & Wasow (1979) 等は，時制を表す要素 Tense と法助動詞を AUX として，S に直接支配される構造を提案し，S を次のように分析した。

(34) S → NP AUX VP

さらに Jackendoff (1977) は，S を V の投射として捉えた。それによると，【テーマ 1】で見たように統一的3レベル仮説に基づき，(34)は次のように表示される（なお，M は時制と法助動詞を表す）。

(35) V‴ → N‴-M‴-V″

他方，Chomsky (1981) は，AUX ではなく屈折要素 (Inflection：INFL) を設ける。

(36) S → NP INFL VP

INFLは，その文が定形節（finite clause）か不定形節（non-finite clause）のどちらであるかを示している。定形節の場合には，人称（person），数（number），性（gender）に関する素性を含み，これはAgreement（AGR）と呼ばれた。INFLには法助動詞も含まれるため，INFLは次のような形から構成される（Chomsky（1981：140））。

(37) INFL → $\begin{Bmatrix} +\text{Tense [AGR] (Modal)} \\ \text{to} \end{Bmatrix}$

(34)や(36)の句構造規則では，Sは主要部を持たない構造になり，Xバー理論（Xバー規約）に合致していない。言い換えれば，NP, VP, AP, PPなどは，それぞれN, V, A, Pを主要部とする最大投射であり，内心的（endocentric）構造を成しているのに対し，Sはそうではないことになってしまう。この問題を受けて，Chomsky（1986a）は，SをI（NFL）の最大投射I″（＝IP）として捉え，Xバー理論に合致するものと見なした。したがって，例えば(38a)は(38b)のような構造を持つ。

(38) a. The man will sing a song in the hall.
　　b.
```
            IP(=S)
           /      \
         NP        I'
        /  \      /  \
      the man    I    VP
                |    /  \
               will V'   PP
                   /  \   \
                  V   NP  in the hall
                  |   /\
                sing a song
```

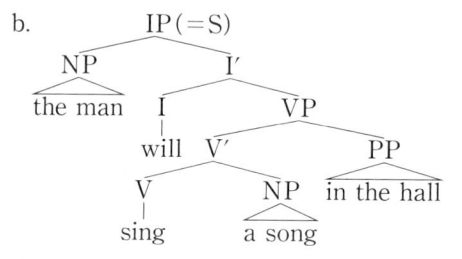

(38b)の構造では，I（＝will）がVPを補部としてI′を構成し，I′が主語NPを指定部としてIPを構成していることに注意されたい。

Pollock（1989）は，上記(38)のような分析でI(NFL)に時制要素（Tense：T）と一致要素（Agreement：Agr）の両方が含まれているのに対し，これらをそれぞれ別の主要部と見なす分離IP分析（split-IP analysis）を提案した。この提案では，英語のIP（＝TP）（Tense Phrase）の構造は次のようになる（中間投射を部分的に割愛する。また，否定辞句（NegP）がTPとAgrPの間に設けられている）。

(39) 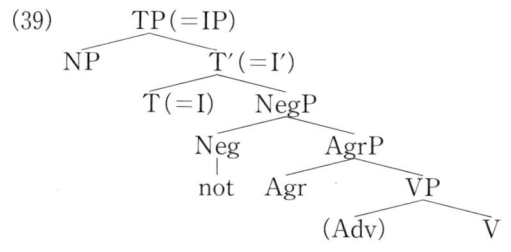
```
        TP(=IP)
       /       \
     NP         T'(=I')
               /      \
           T(=I)      NegP
                    /      \
                  Neg      AgrP
                   |      /    \
                  not   Agr    VP
                       (Adv)    \
                                 V
```

次の(40)(41)の例に見られるように，英語では，I(=T)への動詞移動がbe動詞(や完了のhave)に限られ，一般動詞はIへ移動しないのに対し，フランス語では，すべての動詞がIへ移動する．

(40) a. He *is* seldom satisfied.

　　b. Il *est* rarement satisfait.

(41) a. *John *kisses* often Mary.

　　b. Jean *embrasse* souvent Marie.

Pollockはこの相違を取り上げ，英語ではAgrが豊かでない (not rich) のに対し，フランス語ではAgrが豊かであることに基づいて説明している(派生の詳細に関しては，Pollock (1989) を参照)．

Chomsky (1991) は，Pollock (1989) で主張された分離IP仮説をさらに発展させ，主語 (subject) との一致を表すAgr_sと目的語 (object) との一致を表すAgr_oとに分けて，次のような構造を仮定した．

(42) [$_{AgrsP}$ [$_{Agrs'}$ Agrs [$_{TP}$ [$_{T'}$ T [$_{AgroP}$ [$_{Agro'}$ Agro [$_{VP}$ ...]]]]]]]

しかし，Chomsky (1995) ではAgrが廃止され，軽動詞 (light verb) の投射 ($v-v'-v$P) が導入されて，(43a)のような文は(43b)のような構造を持つと提案されている．

(43) a. We build airplanes.　　　　　　　　(Chomsky, 1995 : 277)

```
    b.      TP
           /  \
          T    vP
              /  \
             we   v'
                 /  \
                v    VP
                    /   \
                build  airplanes
```

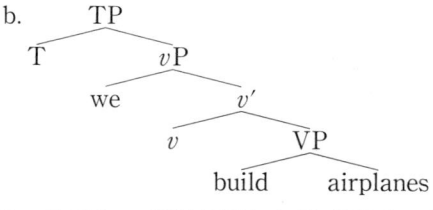

Chomsky (1995) の研究は極小主義 (Minimalist Program) と呼ばれ，移動は，それぞれの語が持つ形式素性 (formal feature) を照合するために起こると考えられている．例えば(43b)のweは，TPの指定部へ，we

が持っている素性（D 素性（Determiner（Noun）を表わす範疇素性），(φ 素性（性，数，人称に関する素性），格素性）とともに移動し，これらの素性が，T が持っている主格の格素性や D 素性と照合されることになる。また，動詞 build は v へ移動し，その後 build が持っている形式素性（V 素性，φ 素性，対格（[+Accusative]）の格素性）のみが T に付加する。そしてこれらの素性が，T に付加される目的語（airplanes）の形式素性（φ 素性や [+Accusative] の対格素性など）と照合することになる。したがって，このような派生構造を示すと次のようになる（なお，FF は形式素性（formal feature）を表す）。

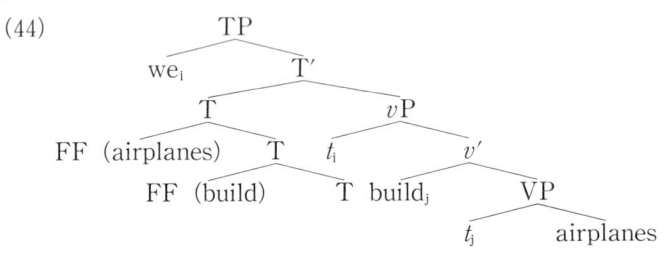

(44)
```
              TP
           /      \
        we_i       T'
                 /    \
                T      vP
              /   \   /  \
    FF (airplanes) T t_i  v'
              FF (build) T build_j   \
                                    VP
                                   /   \
                                  t_j   airplanes
```

極小主義の研究は，Chomsky (1995) 以降も活発に進められ，その途上で幾多の修正や変更が加えられている。例えば Chomsky (1998) では，素性が移動するという考えは破棄され，移動を求める要素（probe）が持つ素性と，移動が起こる要素（goal）が持つ素性との一致（feature identity）に基づき，解釈されない素性（uninterpretable feature）が削除されるという考え方が導入されている。

◆S′ および CP 分析——Bresnan (1970) "On Complementizers", Chomsky (1986a) *Barriers*.

上では，単文（S/IP/TP）の内部構造を考察したが，接続詞（補文標識）の that, if, whether, for を含む，次のような補文の構造はどのようになっているのだろうか。

(45) a. John knows [*that* Mary will read the book].
　　　b. I don't know [*if/whether* Mary will attend the party].
　　　c. I prefer [*for* Mary to visit England].

Emonds (1976:142), Perlmutter & Soams (1979:63) では，これらの補文標識（C(omplementizer)）が S 内で主語 NP の姉妹として現れると

考えられ、次のような句構造が提案されている（M は Modal を表わす）。

(46) S → C NP M VP

しかし Bresnan (1970) は、C と S が一緒になって S より大きな単一構成素を形成するとし、その構成素を S′（エスバー）と呼んだ。したがって、例えば(45a)の補文は、次のような構造を持つことになる。

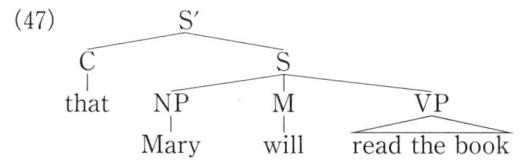

(47)
```
          S′
        /    \
       C      S
       |    / | \
     that  NP M  VP
          |  |   |
         Mary will read the book
```

(46)のような、NP, M, VP だけでは単一構成素を成さない構造分析より、(47)のような S′ 分析の方が正しいことは、次のような右節点上昇変形（Right Node Raising）が適用された文を考えてみると明らかである。

(48) I've been wondering *whether* (but am not entirely sure *that*)
　　　　[ₛ the president will approve the project]. (Radford, 1988 : 293)

右節点上昇変形が適用される要素は単一構成素を成している。したがって、(48)の [　] の部分は単一構成素（＝S）を成していなければならない。よって(46)ではなく、(47)の S′ 分析の方が妥当であることが分かる（S′ 分析の妥当性に関しては、さらに Radford (1988 : Ch.6) を参照）。

(47)のような S′ 分析では、補文だけでなく、次のような単文の yes-no 疑問文での主語・助動詞倒置（Subject-Aux Inversion）の構造も適切に捉えられる。

(49) Will Mary read the book?

S′ 分析のもとでは、S 内にあった法助動詞 will が C の位置へ移動して(49)が派生されると考えられる。

(50) [ₛ′ Will [ₛ Mary ＿＿ read the book]]?

さて、それでは次のような wh 疑問文の構造はどのようになるのだろうか。

(51) What will Mary read?

Bresnan (1970 : 317) では、what が節頭の C 位置へ移動すると考えられたり、Chomsky (1980 : 5, 1981 : 53) では、will が占めている C 位置に what が付加すると考えられたりした。しかし、Chomsky (1986a) は、

Xバー理論の観点から，CがS'の主要部であり（Stowell (1981) も参照），Cとその姉妹のSがC'を構成し，C'が随意的な指定部とともに最大投射CP (C") を構成すると考えた．したがって，Xバー理論に合致した次のような構造が提案された．

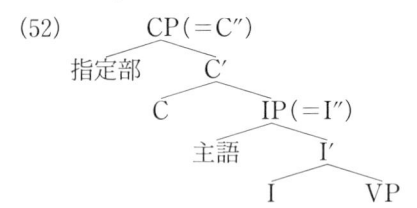

(52)
```
        CP(=C")
       /   \
    指定部   C'
           /  \
          C   IP(=I")
              /   \
            主語    I'
                  /  \
                 I    VP
```

この構造のもとでは，(51)は次のような派生を経て生成される．

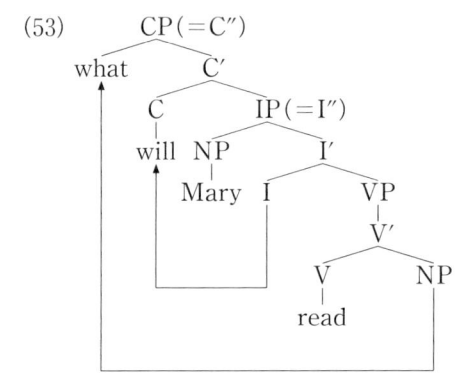

(53)
```
         CP(=C")
        /     \
     what     C'
             /  \
            C    IP(=I")
           will  /   \
                NP    I'
                |    /  \
              Mary  I    VP
                        |
                        V'
                       /  \
                      V    NP
                      |
                     read
```

Xバー理論に合致した(52)(53)のような構造は広く受け入れられているが，Culicover (1991b) は，CPをCPとPolP (Polarity Phrase) に分ける分離CP分析を提案している．この分析は，次の例に見られるように，主語・助動詞倒置とともに否定辞倒置 (Negative Inversion) が起こるような文の構造を捉えようとするものである．

(54) a. Lee said *that at no time would* she agree to visit Robin.
  b. It is apparent *that only on Friday will* the traffic be too heavy to get there in time.

Culicover (1991b) の分離CP分析では，例えば(54a)の構造は(55)のようになる．

Culicoverは，PolPという範疇の設定が，さらにwhyとhow comeの相違，文頭に移動した要素が主題 (topic) として機能するか，あるいは焦点 (focus) として機能するかの違いなども説明できると主張している．

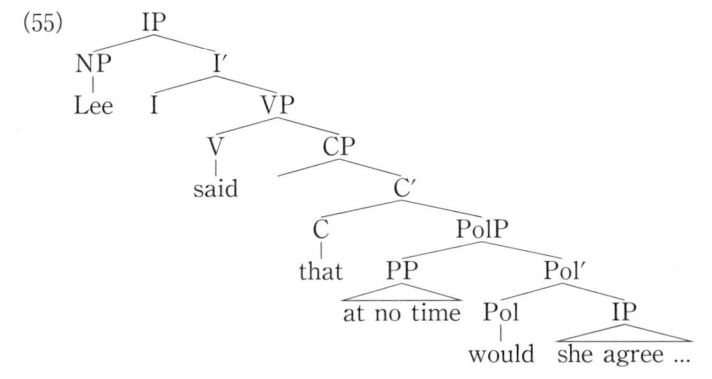

(55)
```
         IP
        / \
       NP   I'
       |   / \
      Lee I   VP
             / \
            V   CP
            |   / \
          said    C'
                 / \
                C   PolP
                |   / \
               that PP  Pol'
                   /\   / \
               at no time Pol  IP
                          |   / \
                        would she agree ...
```

また Nakajima (1996) は，補文標識の whether と if の交替現象を，補文標識の that と，that が現れない場合 (null-that) と関連づけて，PolP と同様の範疇 (TopP) を設定することにより分析している。

further readings　主語が D 構造のレベルで VP の指定部に現れ，S 構造で格を付与されるために，IP の指定部へ移動すると考える動詞句内主語仮説 (VP-internal Subject Hypothesis) に関しては，Kitagawa (1986), Fukui (1986), Koopman & Sportiche (1991), Kuroda (1988), Larson (1988), Hale & Keyser (1993) 等を参照。肯定/否定の極性に関する範疇を文の構造の中に導入する分析としては，Laka (1990) を参照。surprise, annoy, please のような心理動詞を含む文の構造は，通例の文の構造とは異なるという主張に関しては，Belletti & Rizzi (1988) を参照。さらに心理動詞や使役動詞の句構造に関しては，Pesetsky (1995), Fujita (1994) 等も参照。主題化 (topicalization) された要素が，どのような構造上の位置を占めるかに関しては，Chomsky (1977a), Banfield (1973), Reinhart (1976, 1983), Müller & Sternefeld (1993) を参照。分離 CP 分析に関しては，さらに Laka (1990), Rizzi & Roberts (1989), Authier (1992), Watanabe (1993b), E. Hoekstra (1993), Müller & Sternefeld (1993), Nakajima (1996) 等を参照。Nakajima (1982) では，V の投射を 4 段階 (V^1, V^2, V^3 (=S), V^4) にする V^4 システムが提案され，さまざまな副詞や副詞節が多くの証拠をもとに 4 つのタイプに分けられ，その所属する位置の違いとして捉えられている。副詞節の階層関係に関しては，さらに Williams (1975) も参照。

Takami (1988) は，if 節にも 4 つの異なるタイプがあることを示し，X バー理論に基づく V^4 システムの観点から，それらの統語構造を分析している。

関連テーマ　文中のある要素が移動して派生したり，あるいは基底で生じる次のような文の構造はどのようになっているか考えてみよう。

(ⅰ) a. Bill, I really like.（主題化）
　　 b. Bill, I really like him.（左方転位）
　　 c. John bought for his wife [an emerald necklace].（重名詞句移動）
　　 d. A review appeared [of Chomsky's new book].（名詞句からの外置）
　　 e. At the foot of the mountain stands a beautiful white house.（場所句倒置）
　　 f. They are all very kind, [those young nurses].（右方転位）

56. 統語操作の制約 (constraints on syntactic operations)

　文を構成する要素が，元の位置とは異なる位置に生じる現象があり，これは移動規則によって説明される。ある要素がZPの位置からXPの位置へ移動すると，それは次のように図示される。
　　(1) XP　…　YP　…　ZP

この移動に関して問題とすべきことが3点ある。1つは，ZPからXPへの「経路」に問題はないかどうか。例えば，(2)と(3)を比較すると，移動の経路上にthat節があっても移動は許されるが，同格節は移動の妨げになっている。【テーマ1】
　　(2) Who₁ do you believe that John loves t₁?
　　(3) *Who₁ do you believe the claim that John loves t₁?
　もう1つは，要素の「移動先」が適切な位置であるかどうか。英語には，(4)に示すように，Johnをitの位置に移動する規則があるが，(5b)に示すように，間に介在するitを飛び越えてJohnを主節のitの位置に移動すると，その結果は正しくない文になる。これはJohnの移動先が適切なitの位置に行われなかったためである。【テーマ2】
　　(4) a. It appears that John is intelligent.
　　　　b. John appears to be intelligent.
　　(5) a. It seems that it appears that John is intelligent.
　　　　b. *John seems that it appears to be intelligent.
　最後の問題は，移動の「元位置」はそもそも移動が可能な位置であるのかどうか。例えば，(6)の対比から明らかなように，所有格の疑問詞を文頭に移動することはできない。所有格を含む全体が移動しなければならない。
　　(6) a. *Whose₁ did you read [NP t₁ book]?
　　　　b. Whose book₁ did you read t₁?
この事実は，所有格の位置のように移動がそもそも許されないような一定の位置があるのではないかと推測させる。【テーマ3】

【テーマ 1】移動の経路に課せられる制約
【概説】

移動が長距離に行われる場合,経路上に障害物があるとその移動は阻止されるという現象がある。移動が長距離に行われるためには,変項（variable）の概念が必要である。そこで,まず変項とは何かを見ることにしよう。

英語の wh 疑問文では,疑問詞は常に文頭の位置に移動される。

(7) a. What$_i$ did John buy t_i?
 b. What$_i$ did you force John to buy t_i?
 c. What$_i$ did you believe that she forced John to buy t_i?
 d. What$_i$ is it likely that Harry said that she had forced John to buy t_i?

このように,疑問詞は無限に深く埋め込まれた位置からさまざまな要素を越えて文頭に移動することができる。こうした事実を記述するためには,変項 X を用いて wh 移動規則を次のように規定しなければならない。変項とは,移動規則を定式化する上で個々の例ごとに列挙できない要素を言う。

(8) wh 移動
 COMP―X―wh-―Y
 　1　　2　　3　　4　→
 　3　　2　　φ　　4

この規則は,疑問詞を文頭にある COMP の位置に移動する規則である。変項 X で示される要素は,(7a)では did John buy であり,(7b)では did you force John to buy であるというように,個々の例ごとに列挙できない要素の連鎖である。変項の使用により,疑問詞の移動が無限に深く埋め込まれた位置から文頭へ行われることが説明できる。しかし変項を用いた規則(8)は,次のような正しくない文も生成してしまう。

(9) a. *Who$_i$ did you believe the claim that John loves t_i?
 b. *Who$_i$ did you see Mary and t_i at Kanda?

規則(8)に従い,疑問詞が文頭に移動されているが,その結果は正しくない。そこで規則(8)の X の部分,すなわち,変項に何らかの制限を加えなければならないと考えられる。

◆上位範疇優先の原理——Chomsky (1962b) "Explanatory Models in Linguistics."

　生成文法研究の中心的研究課題の1つが，変形規則に課せられる制約の研究であり，その始まりは上位範疇優先の原理（A-over-A principle）(Chomsky（1962b：931））であったと言ってよいであろう。Chomsky は疑問文について，次のような観察を行っている。(10)の文は，(11)の文の the boy の代わりに疑問詞 who を用いて作られた疑問文であるが，(11)は多義であるのに対して，(10)は多義ではない。

　(10) Who$_i$ did Mary see t_i walking toward the railroad station?
　(11) Mary saw the boy walking toward the railroad station.

(11)には少なくとも2通りの解釈がある。1つは，「少年が駅に向かって歩いて行くのを見た」という解釈で，この場合，the boy walking toward the railroad station は文を構成している。もう1つは，「駅に向かって歩いている少年を見た」という解釈で，この場合，the boy walking toward the railroad station は縮約された関係節である。すなわち，これらの解釈は，それぞれ次の構造に対応している。

　(12) a. NP—V—[$_S$NP—VP]
　　　 b. NP—V—[$_{NP}$NP—S]

ところが，(10)にはこのような多義性がなく，(12a)に対応する解釈しか持たない。

　このような事実を説明するために，Chomsky は次のような一般原理を言語理論に組み入れることを提案した。

　(13) 上位範疇優先の原理

　　　　範疇 A に属する句 X が同じ範疇 A に属するより大きな句 ZXW に埋め込まれている時，範疇 A に適用される規則は X にではなく，ZXW に適用される。

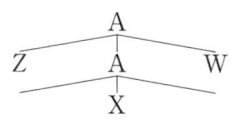

```
        A
      ／│＼
    Z   A   W
        │
        X
```

すなわち，上記のような構造があるとすると，A という範疇に作用する規則は一番上位にある A に適用される。

　このような一般原理により，(10)の多義性の消失が説明される。まず，

(11)の the boy/who walking toward the railway station の構造は，次のようになる．

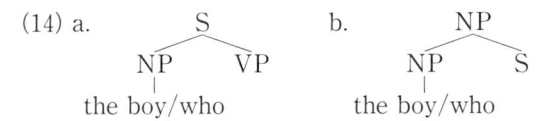

(14) a.　　　S　　　　　b.　　　　NP
　　　　NP　　VP　　　　　　NP　　S
　　the boy/who　　　　　　the boy/who

(14a)で NP である (the boy に対応する) 疑問詞の who を移動する場合，より上位に同じ範疇 NP がないのでこの NP が移動される．これに対して，(14b)では NP である疑問詞の who の上位に NP があるので，who を文頭へ移動することはできない．このことから，(10)で文頭に移動されている who は(14b)の who ではあり得ず，(14a)の who でなければならない．したがって，(11)は多義的であるにもかかわらず，それから派生された(10)は一義的にしか解釈できないことが説明できる．

◆**変項に課せられる制約**──Ross (1967) *Constraints on Variables in Syntax*, Ross (1986) *Infinite Syntax!*

Ross (1967=1986) は Chomsky の上位範疇優先の原理が，ある点では弱すぎ，ある点では強すぎる条件であることを指摘し，この原理に代わるものとして島の制約を提案した．この制約は変項に課せられる条件で，次に述べる複合名詞句制約，等位構造制約，左方枝分かれ条件，文主語条件の4つの独立した制約から成っている．

◎　複合名詞句制約

複合名詞句制約 (Complex NP Constraint) は，「(15)のような構造を持つ名詞句 (NP) に支配された文 (S) の中の要素は，変形によってその NP の外に移動してはならない」というものである．

(15)　　　NP
　　　　NP　　S
　　[+N, +Lex]

[+N, +Lex] とは，it のような非語彙要素ではない普通の名詞句を意味している．この制約により，次の対比が説明できる．

(16) a. *The hat which$_i$ I believed *the claim that Otto was wearing t$_i$ is red*.

　　 b. The hat which$_i$ I believed that Otto was wearing t$_i$ is red.

(Ross, 1986 : 75)

(16a)では斜体部が複合名詞句を成しており，その中から関係節形成のためのwh移動が行われているので，制約(15)に違反し非文となる。この例は名詞句のwh句の移動であるので，上位範疇優先の原理でも説明できる。NPであるwh句の上に複合名詞句のNPがあるので，より上位にある複合名詞句に適用されなければならないからである。しかしながら，上位範疇優先の原理は，複合名詞句の中からNP以外の要素を取り出すことができないという事実を説明できない（*How$_1$ did you believe the claim that he fixed the car t_1?）ので，この原理は弱すぎる。

◎ 等位構造制約

等位構造制約（Coordinate Structure Constraint）は，「等位接続構造においては，どの等位項（conjunct）も，そしてそれに含まれるどの要素も，等位構造の外へ取り出すことができない」というものである。次の例は2つの文を等位接続したものである。

(17) [$_S$ *The nurse polished her trombone*] and [$_S$ *the plumber computed my tax*].

等位項である斜体部内にあるher tromboneを疑問化してみよう。これらの名詞の上位にはこの名詞句を含むより大きな名詞句はないので，上位範疇優先の原理によれば，このような移動は許されるはずである。しかしその結果は非文であり，同原理が弱すぎることを示している。

(18) *Which trombone$_1$ did [the nurse polish t_1] and [the plumber computed my tax]? (Ross, 1986 : 98)

◎ 左方枝分かれ条件

次の文(19)のいずれのNPも移動が可能であり，例えば，NP$_4$が関係節化されると(20)の構造が得られる。

(19) The government prescribes [$_{NP_1}$ the height of [$_{NP_2}$ the lettering on [$_{NP_3}$ the covers of [$_{NP_4}$ the reports]]]] (*ibid.* : 11)

(20) The reports which$_1$ the government precribes [$_{NP_1}$ the height of [$_{NP_2}$ the lettering on [$_{NP_3}$ the covers of [$_{NP_4}$ t_1]]]] are invariably boring. (*ibid.* : 12)

上位範疇優先の原理では，NP$_1$より下にあるNP$_2$，NP$_3$，NP$_4$が移動される可能性はないので，(20)は派生されないことになる。そこで，Ross

は概略「ある特定のNPを移動する効果を持つ変形は，そのNPばかりでなく，それを支配しているどのNPに対しても適用できる」という主旨の随伴規約（pied piping convention）を提案している。この規約により，(19)のNP$_4$に適用する規則はそれを支配しているいずれのNPにも適用可能となり，実際(19)のどのNPを移動しても正しい結果が得られる。

随伴規約は随意的に適用されるのが原則である。ところが，移動の対象となるNPがより大きなNPの中で左端の位置を占めている場合には，移動が許されない。そこで，「より大きなNPの左端にあるNPは，そのNPの中から取り出すことはできない」という主旨の条件を随伴規約に課する必要がある。この規約を左方枝分かれ条件（Left Branch Condition）と呼ぶ。この条件により，NP内の左端にあるNPは，単独では移動できず，必ず他の要素を随伴しなければならない。例えば，(21)において the boy はNPの左端にあるのでそれを関係節化する時，関係節の文頭に移動されるのは the boy's guardian's employer 全体でなければならない。

(21) We elected [$_{NP}$ [$_{NP}$ [$_{NP}$ the boy's] guardian's] employer] president.

(22) a. *The boy whose guardian's employer*$_i$ we elected t_i president ratted on us.

b. **The boy *whose guardian's*$_i$ we elected [t_i *employer*] president ratted on us. (*ibid*.: 128)

◎ 文主語条件

この条件は「主語である文（文主語）に支配されている要素は，その文から取り出すことができない」という条件である。(23)の例の teacher を関係節化すると，それぞれ(24a)(24b)の文が得られるが，文主語である斜体部内が関係節化された(24a)は非文である。

(23) a. *That the principal would fire some teachers* was expected by the reporters.

b. It was expected by the reporters that the principal would fire some teachers. (*ibid*.: 147)

(24) a. *The teacher who$_i$ [*that the principal would fire* t_i] was expected by the reporters is a crusty old fizzlebotch.

b. The teacher who$_i$ it was expected by the reporters [that the principal would fire t_i] is a crusty old fizzlebotch. (*ibid.*: 148)

◎ 上方制限

変形規則の中には，NPからの外置（→第31章），重名詞句移動（→第32章）などのように，要素を右方に移動する右方移動規則がある。これらの規則は，「要素をその要素を直接支配しているSの外へ移動することはできない」という上方制限（upward boundedness）に従う。例えば，(25a)から(25b)を派生するNPからの外置（extraposition from NP）を例に取ると，この規則は(26a)を派生することはできるが，(26b)を派生することはできない。(26b)では，PP（of this article）がそれを直接支配しているSの外に移動されているので，上方制限に違反する。

(25) a. A review of this article came out yesterday.

　　 b. A review came out yesterday of this article. (*ibid.*: 176)

(26) a. [$_S$ That a review came out yesterday [of this article]] is catastrophic.

　　 b. *[$_S$ That a review came out yesterday] is catastrophic [of this article]. (*ibid.*: 179)

◎ 島の概念

これまで述べてきた制約に従う規則は，移動された要素とその元位置の間に，移動された要素がその元位置を統御（command）していなければならないという共通の特徴を持っている。A，Bという2つの節点があり，Aを直接支配するSがBをも支配していれば，「AはBを統御する」と言う。次の図を見よう。

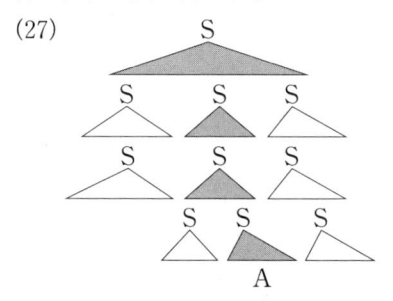

(27)

Aが黒塗の部分内で移動されると，移動された要素はその元の位置を統御する。これに対して，Aがそれ以外の位置へ移動されると，Aは元の

位置を統御できないので,そのような移動は許されない。

上図の黒塗の部分内をAの最大領域の主枝 (main branch) と呼ぶとすると (Ross, 1967 : 478),主枝が複合名詞句,等位構造節点,より大きなNPの左端のNP,主語位置のSのいずれかを含む場合,その主枝はその節点において切断される。Aの最大領域のうち,Aから上のその切断点までの部分をAの島 (island) と呼ぶ。移動などの変形規則の適用は島の内部に限られる。

以上がRossの提案した変形規則に課せられる条件である。以下では,上で述べた以外の島について簡単に見ておくことにしよう。

◎ wh島の制約 (Chomsky (1977a : 80))

この条件はwh句をwh補文標識を越えて移動すること,すなわち,間接疑問文から取り出すことを禁じる制約である。

(28) a. *What$_i$ do you wonder who saw t_i?　　(Chomsky, 1977a : 80)
　　 b. *What$_i$ did Bill wonder when John ate t_i?

◎ 指定主語条件 (Chomsky (1973))

指定主語条件 (Specified Subject Condition) は,概略,次の構造において Z が主語であるとき,規則適用において X と Y を関与させてはならないというものである。

(29) ... X ... [$_α$ ... Z ... WYV ...] ... X ...
　　 (ここで,α は指定主語を含む循環節点 (NP と S') である。)

この条件により次の2つの文の相違が説明できる。(30a)では Bill's がNP内の主語である。

(30) a. *Who$_i$ did you see [$_{NP}$ Bill's picture of t_i]?
　　 b. Who$_i$ did you see [$_{NP}$ a picture of t_i]?　(Chomsky, 1973 : 248)

この条件は,上記のような移動規則を制限するばかりでなく,次のような each other の解釈規則にも適用される。

(31) a. *The men$_i$ saw [$_{NP}$ John's picture of each other$_i$].
　　 b. The men$_i$ saw [$_{NP}$ pictures of each other$_i$].　　(*ibid.* : 239)

◎ 主語条件 (Chomsky (1973))

この条件は,主語の一部である要素をその外へ取り出すことを禁じる制約である。

(32) a. *Who$_i$ did [$_{NP}$ stories about t_i] terrify John?　(*ibid.* : 275)

b. *Who_i did you expect [_NP stories about t_i] to terrify John?

[　]の部分が主語であり，その中からの取り出しは主語条件に違反する。先に述べた Ross の文主語条件もこの条件に含まれる。ただし，(25b) が容認可能であることから，この条件は右方移動規則には適用されない。

◎ 付加詞条件

付加詞条件（Adjunct Condition）は，付加詞からの要素の取り出しを禁止する条件である。

(33) a. *Which book_i did you go to college without reading t_i?

(Huang, 1982 : 505)

b. *Who_i did they leave without speaking to t_i?

付加詞である without 句からの取り出しが行われており，非文となっている。

◆**下接の条件：一般化への試み（Ⅰ）**——Chomsky (1973) "Conditions on Transformations."

これまでいくつかの変形規則の適用に課せられる条件・制約を見てきたが，これらのほとんどは単に事実を記述しているに過ぎない。例えば，複合名詞句制約は複合名詞句から要素の取り出しを行うと非文となるという事実を記述しているに過ぎない。これらの制約をもっと一般化した形式で述べる必要がある。Chomsky (1973) は，すべての移動規則は原則として要素を一定の限られた範囲内でしか移動できないとする一般原則，すなわち下接の条件を提案した。

(34) 下接の条件（Subjacency Condition）

次の構造において，いかなる移動規則も，Y の位置から X の位置へ句を移動することはできない。

... X ... [_α... [_β... Y ...] ...] ... X ...

ただし，α と β は循環節点（NP と S）である。

(Chomsky, 1977a : 73)

下接の条件は，上で見た複合名詞句制約，（文）主語条件，付加詞条件，指定主語条件に関わる事実を説明できる。

複合名詞句制約の例：

(35) a. [_S′ COMP [_S you believe [_NP the claim [_S′ that [_S John saw

    who]]]]]
　　b. [s′ who_i [s you believe [NP the claim [s′ that [s John saw t_i]]]]]

主語条件の例：
(36) a. [s′ COMP [s [NP your interest in what] surprised John]]
　　b. [s′ what_i did [s [NP your interest in t_i] surprise John]]

付加詞条件の例：
(37) a. [s′ COMP [s you left the room [s′ after [s you talked with who]]]]
　　b. [s′ who_i did [s you leave the room [s′ after [s you talked with t_i]]]]

指定主語条件：
(38) a. [s′ COMP [s you see [NP John's picture of what]]]
　　b. [s′ what_i did [s you see [NP John's picture of t_i]]]

◯の付いた範疇が循環範疇である。いずれの例においても，wh 句が循環節点 NP または S を 2 つ（以上）越えており，下接の条件に違反している。

Chomsky (1973) の下接の条件の定義では，境界を成す循環範疇が NP と S′ であるが，Chomsky (1977：111-114) では，(S′ に加えてあるいはそれに代えて) S を循環範疇とすると述べている。その理由は，wh 島の条件を下接の条件に組み入れたかったからである。

wh 島の条件：
(39) a. [s′ COMP [(S) you wonder [s′ when [(S) John ate what]]]]
　　b. [s′ what_i do [s you wonder [s′ when [s John ate t_i]]]]

もし S′ を循環節点とすると，(39) では S′ を 1 つ越えた移動になるので下接の条件に違反しないことになり，wh 島の現象を説明できない。一方 S を循環節点とすると，この例は下接の条件違反として排除される。以下では，循環範疇を NP と S であると仮定する（Chomsky が，可能性の 1 つとして指摘しているように S に加えて S′ も循環節点とすると，普通の that 節からの抜き出しも不可能となってしまうので，問題である。wh 島の条件については後で立ち戻る）。

下接の条件は，これらの制約・条件に加えて上方制限の事実も扱える。

(40) *John believes [$_{S'}$ that [$_S$ [$_{NP}$ a man ____] was here]] despite the evidence to the contrary [*who comes from Philadelphia*].

斜体部の関係節が下線部から右方へ移動する際にNPとSを越えるので，下接の条件に違反している。下接の条件はさらに，これまでの条件では扱えなかった次のような文も扱える。

(41) *Who did you hear [$_{NP}$ stories about [$_{NP}$ a picture of t]]

移動が2つのNPを越えており，下接の条件に違反している。なお次の例では，who が補文中の位置から直接文頭へ移動されるとすると，2つのSを越えており下接の条件違反が生じる。

(42) a. [$_{S'}$ who$_i$ do [$_S$ you think [$_{S'}$ that [$_S$ Bill saw t_i]]]]
 b. [$_{S'}$ COMP$_1$ [$_S$ you think [$_{S'}$ COMP$_2$ [$_S$ Bill saw who]]]]

しかし who の移動は COMP$_1$ へ直接行われるのではなく，COMP$_2$ を経由して行われると仮定される。COMP$_2$ への移動も，COMP$_2$ から COMP$_1$ への移動もSを1つ越えるだけであり，下接の条件に違反しない。(35a)で that 節のSが循環節点として考慮されていないのも同じ理由による。(37)において，(42)のような文で途中の COMP を経由できないのは，(42b)の COMP$_2$ に相当する部分が，after でふさがっているからである。

このように下接の条件はさまざまの制約や条件を統合するという利点があるが，いくつかの問題点が残されている。第一の問題点は，境界を成す範疇が（VPなどではなくて）SとNPという範疇に限られるのはなぜかという問いに原理づけられた説明がなされていない点である（Kayne (1981), Huang (1982) などを参照）。第二に，下接の条件では，次のような付加詞からの取り出しが不可能であることを説明できない。このような例を下接の条件で説明しようとすると，何らかの理由でPPが境界を成す範疇であると指定しなければならない。

(43) *Which class$_i$ did [$_{(S)}$ you fall asleep [$_{PP}$ during t_i]]

(Huang, 1982 : 487)

第三に，下接の条件は主語・目的語の非対称性を重要なものとは認めない立場をとる。次の例を比較しよう。

(44) *Who$_i$ did [$_{NP}$ a picture of t_i] please you?
(45) Who$_i$ did you see [$_{NP}$ a picture of t_i]?　　(Diesing, 1992 : 100)
(46) *Who$_i$ did you destroy [$_{NP}$ a picture of t_i]?　　(*ibid*.)

この3つの事実に対して，2つの見方がある。1つは(44)と(45)の対比が重要であり，主語・目的語の非対称性に注目する考え方，もう1つは(44)と(46)の類似性に注目し，NPからの取り出しが不可能である点が重要であるとする考え方である。Chomskyの下接の条件は，後者の立場で，NPからの抜き出しが不可能である点を重要と見なし，主語・目的語の非対称性は重要視しない立場である。このような立場では，(45)の文法性が特殊なことであり，特別の説明を要する事実であると見なされる。これに対して，主語・目的語の非対称性を重要視する前者の立場では，(46)の非文法性が特殊なことであり特別の説明を要する事実であると見なす。この後者の立場に立った研究がKayne (1981)やHuang (1982)である。(46)を(規則の適用に課せられる条件の観点からではなく)意味的な観点から説明したものにCattell (1976)がある。

◆**取り出し領域条件**──Huang (1982) *Logical Relations in Chinese and the Theory of Grammar*.

下接の条件の問題点を克服するために，Chomsky (1986a)は障壁理論を提案するが，それを見る前にHuang (1982:505)の「取り出し領域条件（Condition on Extraction Domain：CED)」を見ておかなければならない。CEDは次のように定義される。

(47) 取り出し領域条件（CED）

ある句Aは，領域Bが適正に統率されている場合に限って，Bから取り出すことができる。（ここで，Bが適正に統率されている場合とは，BがN, V, A, (P)の補部である場合である。）

CEDは，目的語に代表される補部とそれ以外の要素を区別する条件である。したがって，CEDは主語・目的語の非対称性を認め，さらに，主語は付加詞と同様の性質を持つと主張していることになる。次の構造を見よう。

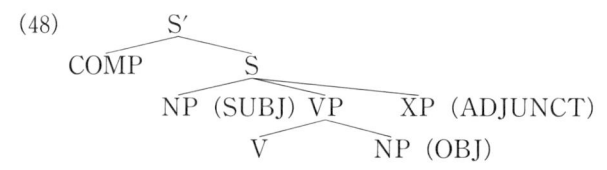

(48)
```
            S′
          ／  ＼
       COMP    S
             ／｜＼
      NP (SUBJ) VP  XP (ADJUNCT)
              ／＼
             V   NP (OBJ)
```

目的語（OBJ）はVの補部であるので適正に統率されているのに対して，

主語（SUBJ）や付加詞（XP）は（Vにより）適正に統率されない位置にあるので，その領域からの取り出しはCEDにより阻止される。

CEDによって扱われる事実として，（文）主語条件，付加詞条件，関係節からの取り出しの禁止（関係節はNPの付加詞である）がある。一方，この条件で扱えないものとして，wh島の条件，（同格節がNの補部であるとして）同格節からの取り出しの禁止，(41)のような移動間にNPが2つ介在する例がある。また，右方移動で主語から要素が取り出される場合，上方制限を守っているかどうかに関わりなく移動が不可能であると予測する。

CEDで注意しておくべきことは，この条件は主語・目的語の非対称性が言語の一般的性質であると見なしている点である。問題点の1つとして，Sは非語彙範疇であるCOMPの補部であるので，CEDにおいて取り出し不可能領域を形成するはずであるが，Sにはそのような性質はない点が挙げられる。Huang (1982) は，この問題には言及していない。

◆**障壁理論**──Chomsky (1986a) *Barriers*.
　この理論の説明に入る前に，節の構造について述べておこう。これまで節の構造を [s′ COMP [s ...]] と仮定してきたが，Chomsky (1986a) ではXバー理論の「原型」がすべての範疇に適用され，節の構造は次のように仮定されている。

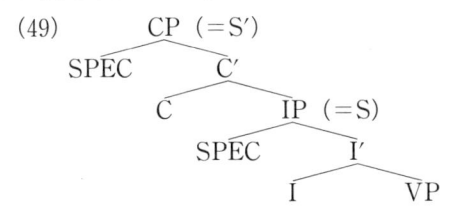

(49)　　　　　CP (=S′)
　　　　SPEC　　　C′
　　　　　　　C　　　　IP (=S)
　　　　　　　　　SPEC　　　I′
　　　　　　　　　　　　I　　　　VP

従来のCOMPはCであり，I（=Inflection）は時制などの屈折要素である。この構造によると，wh移動の着地点はCOMPではなく，CPの指定部（Specifier：SPEC）の位置である。補文標識thatはCの位置にある。IPのSPECは主語が生じる位置である。

　従来の下接の条件は，「移動が長距離に及んではいけない」という考え方であり，その距離をNPとSの2つの範疇で計っていたと言ってよいであろう。そして下接の条件の問題点の1つが，なぜこれらの範疇が距離

測定の単位になるのかということであった。これに対して，CEDはある特定の文法関係にある節点が境界を形成し，その境界の外への移動を禁ずる条件であった。そしてCEDは主語・目的語の非対称性を言語の一般的特徴として認めるのであった。したがって，もしNPとSによって計算されていた移動の距離の問題が，CEDの取り出し領域に還元できるとすると，下接の条件の問題点の中で，(ⅰ)なぜ境界を形成するのがNPとSかという問題と，(ⅱ)主語・目的語の非対称性の問題の2つは同時に解決される。このような展望のもとに提案されたのが，障壁理論である。障壁理論は，伝統的な下接の条件を捨てて，CEDに一本化し，それを精緻化したものであると見なしてよい。

統率に関して，ある種の範疇が介在すると常に統率が阻止されるという統率理論における局所性があり，また，一方には一度に2つの境界範疇を越える移動は阻止されるという移動理論における局所性がある。この2つを統合しようとする試みが障壁理論である。ここではその基本的考え方を中心に述べる（詳しい紹介については中村・金子・菊地(1989:3.14)を参照されたい）。

障壁理論の基本的な考え方は，次のように述べられる。

(50) a. 障壁の概念はSとかNPなどの特定の範疇に帰されるものではなく，それが生じる環境によって決定される。その環境の決定はL標示によって決定される。
  b. すべての最大投射範疇が障壁になり得る。

この考え方によると，すべての最大投射範疇が境界節点になり得る可能性があるので，下接の条件の問題点であった境界節点がNPとSに限定されるのはなぜかという問題は出てこない。また，L標示の概念は補部とそれ以外の要素を区別する概念であるので，主語・目的語の非対称性を正しく捉えることができる。したがって，上で述べた下接の条件に関わる問題点を克服できる。

障壁の概念は2段階で定義される。

(51) a. 最大投射範疇 γ が，L標示されておらず，β を支配する時，γ は β に対する阻止範疇（Blocking Category: BC）である。
  b. 最大投射範疇 γ は，次の(ⅰ)または(ⅱ)のいずれかを満たす時，β に対する障壁である。

(i) γ が，β に対する BC を直接支配している。(継承障壁)
(ii) γ が，β に対する BC である。ただし，$\gamma \neq$ IP (固有障壁)

L標示の概念は次のように定義される。

(52) β が α の補部であり，かつ α が語彙範疇（N, V, A, (P)）である時，α は β を L 標示 (L-mark) する。

まず，(51a) が述べていることは，語彙範疇の補部以外の要素は BC になるということである。例えば，次の構造を見よう。

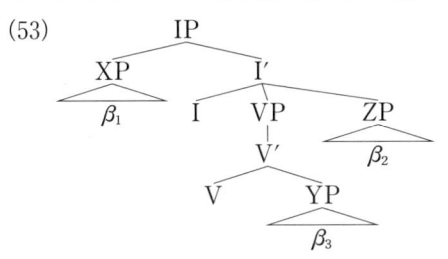

(53)
```
         IP
        /  \
      XP    I'
      |    /  \
     β₁   I   VP
              / \
             V'  ZP
             |   |
             V   β₂
            / \
           V  YP
              |
              β₃
```

この構造で，YPはVの補部であるのでVによりL標示される。したがって，これはBCとはならず，障壁にもならない。これに対して，主語のXPと付加詞のZPはL標示されないので，それぞれ β_1，β_2 に対するBCとなる。(51b-ii) により，これらは（固有）障壁になる。一般に，語彙範疇の補部以外の要素は（IPでなければ）固有障壁になる。

次に，継承障壁について見よう。

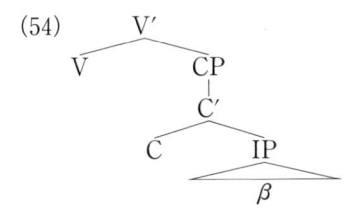

(54)
```
      V'
     /  \
    V    CP
    |    |
         C'
        /  \
       C    IP
            |
            β
```

IPは，Cが語彙範疇ではないのでL標示されず，β に対するBCとなる。しかし，(51b-ii) の中の例外規定により，このIPは障壁にはなれない。一方，CPはVによってL標示されているので，それ自体はBCではなく，（固有）障壁にはならない。しかし，このCPは，β に対するBCであるIPを直接支配しているので，(51b-i) により（継承）障壁と見なされる。

このように定義された障壁に基づいて，移動に課せられる条件は次のよ

うに述べられる。

 (55) 移動は一般に障壁を越えるたびに困難となり，2つ以上の障壁を越えると非文法性が生じる。

つまり，移動において一度に越えられる障壁の数は1つが限度であって，2つ以上の障壁を越えることはできない。(55)は従来の下接の条件に似ているように見えるが，(55)は障壁を越えない場合と1つ越える場合に相違があると見なし，障壁を累積的に計算する点で従来の下接の条件とは異なっている。

 障壁理論の具体例として，下接の条件で説明できなかった(43)の例，主語・目的語の非対称性の例，および wh 島の例を見よう。

 (43)は CED では説明できるが，下接の条件では説明できない例であった。

 (43) *[$_{CP}$ Which class$_i$ did [$_{IP}$ you fall asleep [$_{PP}$ during t_i]]]

ここで PP は IP に直接支配されていると仮定する。PP は L 標示されないので BC となり，障壁にもなる。さらに，IP は BC である PP を直接支配しているので，(51b-ⅰ)により（継承）障壁になる。したがって，wh 移動は2つの障壁（PP と IP）を越えることになり，(55)により非文法的とされる。

 次に，主語・目的語の非対称性の問題を見よう。目的語節からの抜き出しは可能であるのに対して，主語節からの抜き出しは不可能である。

 (56) a. [$_{CP}$ wh [$_{IP}$ NP V [$_{CP}$ t_1 that [$_{IP}$ ... t_2 ...]]]]
   b. [$_{CP}$ wh [$_{(IP)}$ [$_{(CP)}$ t_1 that [$_{IP}$ ... t_2 ...]] ...]]

目的語節の例(56a)では，wh は t_2 の位置から t_1 の位置を経由して文頭へ移動している。t_2 の位置から t_1 の位置への移動は IP を越えるが，IP は(51b-ⅱ)の例外規定により障壁とはならない。また，CP は V により L 標示されるのでやはり障壁とはならない。したがって，(56a)の移動は障壁を越えることはない。これに対して，文主語の例(56b)では，CP が L 標示されないので BC となり，固有障壁となる。さらに，これを直接支配する IP が CP からの継承により障壁となる。したがって，t_1 の位置から文頭への移動は2つの障壁を越えることになり，(55)により非文法的と判断される。

 最後に，CED では扱えなかった wh 島の問題を見よう。

(57) [$_{CP}$ What$_1$ did [$_{IP}$ he wonder [$_{CP}$ where$_2$ [$_{IP}$ John put t_1 t_2]]]]

CEDによると，CPはwonderの補部であるので抜き出し不可能領域ではなく，whatを移動することは可能であると予測される（CEDの定義によるとIPも取り出し不可能領域となってしまうが，この問題については後述）。障壁理論によると，埋め込みのIPはL標示されないのでBCとなり，継承によりそれを直接支配している埋め込みのCPはBCとなり，障壁となる。主節のIPはBCであるが，例外条項により障壁とはならない。したがって，t_1の位置から文頭への移動は障壁を1つしか越えないことになるので，(55)の非文法性が説明できない。そこでChomskyは，最も深く埋め込まれている時制付きのwh補文は障壁となる，というその場しのぎの規定を提案している。このように，wh島の制約は障壁理論でもうまく取り扱えていない。

これまで見てきたように，障壁理論はそれまでの諸制約の持つ問題点のいくつかを処理できる利点があったが，問題点もある。IPは例外的扱いを受けていて，固有障壁にはならないが，継承障壁にはなるとされている。また，継承障壁と固有障壁の2種類の障壁があるのはなぜか，BCと障壁を分けて考える必然性があるのか等々の問題点もある。

【テーマ2】移動先に課せられる制限
【概説】

移動要素はどのような位置へでも移動できるのではない。Emonds (1970, 1976) は，移動要素が移動できるのは，その要素と同じ範疇の空節点に限られるという仮説（「構造保持仮説」）を提案している。Rizzi (1990) は，移動のタイプを3つ（A移動，A′移動，主要部移動）に分類し，それぞれのタイプの移動は，その移動にとって最も近い移動可能な位置へ行われなければならないとしている。これは移動のタイプごとに相対化された最小性（移動の距離の最小性）を求めた原理なので，「相対的最小性の原理」という。Chomsky (1995) は移動のタイプの相対化を用いない最小性の原理を追求している。

◆**構造保持の仮説**──Emonds (1970) *Root and Structure-Preserving Transformations*, 他．

移動先に課せられる条件の研究は，Emonds (1970, 1976) の構造保持仮説 (Structure-Preserving Hypothesis) の提案に始まる。この仮説は変形規則の記述力を制限する目的で提案されたもので，概略，「要素の移動は，それと同じ範疇が句構造規則によって生成される位置に限られる」というものである。例えば，目的語が主語位置へ移動可能であるのは，主語位置が目的語位置と同様に名詞句の生成される位置であるからである。同様のことが，主語繰り上げについても当てはまる。これに対して，例えば，目的語が主語と動詞の間の位置へ移動することはなく，また，副詞句が主語位置へ移動することもない。この制約は移動する要素の可能な移動先を句構造規則との関係で規定したものであり，その後の研究に重要な貢献を果たした。

◆**相対的最小性**── Rizzi (1990) *Relativized Minimality*.

構造保持の制約によると，句構造規則によって同一の範疇が生成される位置ならどこでも移動先として認められる。しかし，さまざまの事実を見ると，移動には「移動を最小限にせよ」という最小移動の原則が働いていることが分かる。wh 句を例に取ると，wh 句は CP の指定部に移動されるが，最小移動の原則によると，wh 移動は最も近い CP の指定部へ行われる。

(58) a. How$_1$ did you think [$_{CP}$ t_1 that [$_{IP}$ John solved the problem t_1]]
   b. *How$_1$ do you wonder [which problem$_2$ [PRO to solve t_2 t_1]]

(Rizzi, 1990 : 8)

(58a)において，how に最も近い CP 指定部として補文の指定部があるので，how はまずこの位置へ移動する。しかしこの節は疑問を表す節ではないので，how の持つ疑問詞としての性質が満足されない。そこで，how は次に最も近い CP 指定部，つまり文頭の CP 指定部へ移動して(58a)が派生する。これに対して，(58b)では，まず which problem が最も近い CP 指定部へ移動する。次に how が移動しようとすると，埋め込みの CP 指定部はすでに wh 句によって占められている。したがって，この位置へ how が移動することはできない。もし(58b)のように t_1 の位置から文頭へ直接移動すると，最小限の移動先である補文の CP 指定部を越えて移動することになり，最小限の移動の原則を破る。したがって，(58b)は非

文である。

　この説明は，移動した要素と元位置の間に同じタイプの要素（ここでは wh 句）が介在していると非文となるという観察に基づいている。同様の現象が他の移動現象においても見られる。

(59) a. John$_i$ seems [$_{IP}$ t_i to be likely [$_{IP}$ t_i to win]]
　　 b. *John$_i$ seems that [$_{IP}$ it is likely [$_{IP}$ t_i to win]]　　(*ibid.*: 10)
(60) a. Could$_i$ they [t_i [have left]]?
　　 b. *Have$_i$ they [could [t_i left]]?　　(*ibid.*: 11)

(59a)では，John が元の位置から最も近い IP 指定部を経由して主節の IP 指定部の位置へ移動している。これに対して，(59b)では John が移動すべきもっとも近い IP 指定部は it によって占められている。したがって，John はそこには移動できず，it を飛び越して直接主節 IP の指定部へ移動される。この移動は最小移動の原則を破っている。

　(60a)では，主要部である could が文頭（の C の位置）へ移動しており，その移動の間に他の主要部は介在していない。これに対して，(60b)では移動した have と元位置の間に別の主要部 could が介在している。したがって，この移動は最小限の移動ではなく，(60b)は非文法的である。

　(58)〜(60)の事実は，移動する要素はそれと「同じタイプ」の要素を飛び越えて移動することはできないことを示している。この観察に基づいて，Rizzi (1990) は相対的最小性の条件を提案している。ここで，(58)の wh 移動が行われる CP 指定部のような位置を A′位置，(59)の NP 移動が行われる IP 指定部の位置を A 位置，(60)の主要部が移動していく位置を主要部位置と呼ぶ。

(61) 相対的最小性（Relativized Minimality）　　(Rizzi, 1990: 7)
　　 次の構造で，α は γ を c 統御し，γ は β を c 統御している。この場合，α は β の先行詞となることができない。
　　　[... α ... γ ... β ...]
　　 a. α が A′位置にある場合，γ は A′位置の指定部にある。
　　 b. α が A 位置にある場合，γ は A 位置の指定部にある。
　　 c. α が主要部である場合，γ も主要部である。

(61)に従って(58)〜(60)の事実を見ると，(58b)では how が A′位置にあり，how とその元位置の間に，A′位置である CP 指定部の which problem が介在しているので，how は元位置にある痕跡の先行詞となることができずに非文となる。(59b)では，John は A 位置にあり，John とその痕跡の間には A 位置の指定部にある it が介在している。したがって，John はその痕跡の先行詞になれない。(60b)では，have とその痕跡の間に主要部 could が介在しているので，have はその痕跡の先行詞になれない。

◆**最短連結条件**── Chomsky (1995) *The Minimalist Program*.
　相対的最小性の原理(61)は(58)～(59)の事実を説明できるが，Chomsky (1995 : 296) では，A′位置，A 位置，主要部の位置等の区別をなくし，「最小限の移動」の概念を次のように述べている。
　(62) 最短連結条件（Minimize Chain Link : MCL）
　　　要素 α を移動の標的（target）K に移動できるのは，K に移動可能な，α よりも K に近い位置にある β が存在しないときである。
この「近い位置」を厳密に定義する必要があるが，ここでは単に距離的近さと考えておこう。
　MCL(62)によって，wh 移動，NP 移動，主要部移動の局所性（移動の最小性）がどのように説明されるか見てみよう。
　(63) a. ___ do you wonder [$_{CP}$ why [John fixed the car how]]
　　　b. *How$_i$ do you wonder [$_{CP}$ why [John fixed the car t_i]]
　　　c. *Why$_i$ do you wonder [$_{CP}$ t_i [John fixed the car how]]
　(64) a. ___ seems that [$_{IP}$ it is likely [$_{IP}$ John to win]]
　　　b. *John$_i$ seems that [$_{IP}$ it is likely [$_{IP}$ t_i to win]]
　　　c. *It$_i$ seems [$_{IP}$ t_i to be likely [$_{IP}$ John to win]]
　(65) a. ___ they could have left
　　　b. *Have$_i$ they [could [t_i left]]?
　　　c. Could$_i$ they [t_i [have left]]?
(63a)で文頭の位置に wh 句を移動する場合を考えてみる。この場合，移動可能な wh 句は 2 つある。もし，(63b)のように how を文頭に移動すると，文頭により近い位置にある why を越えて移動することになり，MCL に違反する。一方，MCL に従って文頭により近い why を移動すると(63c)が得られる。しかしこの例は疑問節である補文の指定部に wh 句がない

ために解釈上不適格であるとして排除される。このようにして，従来のwh島の制約が説明される。

　同様の説明が(64)にも当てはまる。(64a)で文頭の主語の位置へ移動可能な要素は，itとJohnである。文頭により近い位置にあるのはitなので，Johnを移動した(64b)はMCLに違反する。一方，(64c)ではMCLに従った移動が行われている。しかしこの文ではJohnの持つ主格の格素性が適切に認可されず，非文とされる。

　(65)についても同様の説明ができる。(65)で助動詞の移動先は，CPの主要部Cの位置である。このCにより近い位置にあるのはcouldであり，これが移動されている(65c)は，MCLに従っている。これに対して，(65b)ではcouldより遠い位置にあるhaveが移動されているので，その移動はMCLに違反する。

　(63b)で見たように，下接の条件，CED，障壁理論のいずれによっても適切な説明が得られなかったwh島の現象は，MCLによって一応の説明が与えられたことになる。MCLはさらに次のような現象にも適用される。

　(66) a. Who$_i$ t_i bought what?
　　　 b. *What$_i$ did who buy t_i?

(66a)は主語のwh句が文頭へ移動されている場合で，(66b)は目的語のwh句が文頭へ移動されている場合である。この文法性の相違は，従来，優位条件（Superiority Condition）（Chomsky (1973)）によって説明されていた。優位条件とは，概略，文中に複数のwh句がある時，構造的に上位にあるwh句が優先的に文頭へ移動されるという規定である。この条件により，目的語のwh句が，構造上上位にある主語のwh句に優先して文頭に移動されている(66b)の非文法性が説明される。この相違はMCLによっても説明可能である。主語のwh句が目的語のwh句よりも文頭のCP指定部の位置に近い位置にあるので，目的語のwh句を文頭へ移動した結果はMCLに違反する。

　このMCLによる説明は，wh移動が移動先（ここではCP指定部）の要請で行われるという仮説に立っている。すなわち，移動先の要請に基づきwh句が牽引されており，その際文頭の位置から見てできるだけ近い位置にあるwh句を文頭の位置へ移動せよというものである。しかし，この

MCLによる優位条件の説明には問題がある。次の例を見よう。
(67) a. Who wonders [what$_i$ [who bought t_i]]
(Lasnik & Saito, 1992 : 118)
b. John wonders [what$_i$ [who bought t_i where]]
(Chomsky, 1981 : 238)

「近い」という概念を移動先の側から見ることによって，MCLで優位効果を説明しようとすると，(67)の文はいずれも生成できない。というのは，いずれの例においても，補文内でwh移動が適用される時点ではwhoの方がwhatより補文のCP指定部に近い位置にあり，whatを移動した(67)の文はいずれも非文であると予測される。この問題は，正しい文を派生できないという意味で，MCLの重大な欠陥であると考えられる（優位条件を束縛原理の帰結として説明しようとした試みに，中村（1991a, 1996），Hornstein（1995）がある）。

【テーマ3】移動の元位置に課せられる制約
【概説】

移動の経路と移動先に課せられる制限をすべて守っているにもかかわらず，移動の結果が非文となる場合がある。このような場合には，移動の元位置に問題があり，そもそもその位置から要素を移動することはできないと考えられる。このような現象を扱う条件として，左方枝分かれ条件（Left Branch Condition），等位制約（Coordinate Structure Constraint），that痕跡条件（That-Trace Condition）などがあるが，もっと一般的な制約としては空範疇原理（Empty Category Principle : ECP）がある。

◆**左方枝分かれの条件および等位構造制約**——Ross (1967) *Constraints on Variables in Syntax.*

すでに【テーマ1】で見たように，Ross (1967) は，「より大きなNPの左端の構成素であるNPは，そのNPから取り出してはならない」という主旨の左方枝分かれ条件を提案している。

(68)　　[$_{NP}$ NP ... X]

(69) a. [NP whose [guardian's [employer]]]
　　b. The boy whose guardian's employer$_i$ we elected t_i president ratted on us.
　　c. *The boy whose guardian's$_i$ we elected [t_i employer] president ratted on us.
　　d. *The boy whose$_i$ we elected [t_i guardian's employer] president ratted on us.　　　　　　　　　　(Ross, 1986 : 128)

(69a)の構造で，NP の左端にある whose あるいは whose guardian を関係節化すると，その結果は(69c)(69d)に示すように非文法的である。左方枝分かれ条件は，NP 構造に対してのみ適用されるのではなく，AP や AdvP に対しても適用される。

(70) a. How sane is Peter?
　　b. *How$_i$ is Peter [AP t_i sane]?
(71) a. How carefully have you picked up TNT?
　　b. *How$_i$ have you picked up TNT [ADVP t_i carefully]?

Ross (1967) はさらに「等位構造において，その等位項及び等位項の中の要素を外に移動してはいけない」という等位構造制約を提案している。

(72) a. *The lute which Henry [VP [plays ＿＿] and [sings madrigals]] is warped.
　　b. *We interviewed the actress who John kicked [NP [the writer] and [＿＿]].

(72a)では VP が等位接続され，(72b)では NP が等位接続されている。そして，(72a)では等位項の一部が，(72b)では等位項そのものが移動され非文となっている。

これら 2 つの制約は，元位置からの移動がいっさい許されないという意味で，元位置に課せられる条件である。

◆**空範疇原理（ECP）**——Chomsky (1981) *Lectures on Government and Binding*, Lasnik & Saito (1984) "On the Nature of Proper Government," Aoun, Hornstein, Lightfoot, & Weinberg (1987) "Two Types of Locality," Kayne (1984) *Connectedness and Binary Branch-*

ing, 他.

ECPの基本的考え方は，移動により残された空範疇（痕跡）の存在は周りの環境から分かるようになっていなければならないというものである。この原理は次の2つの部分から成り立っている。

(73) a. 空範疇は語彙的主要部（N, V, A, (P)）によって統率されなければならない。（語彙統率）
b. 空範疇はそれを統率する先行詞によって束縛されていなければならない。（先行詞統率）

ここで「α と β が同一の最大投射範疇内にある時，α は β を統率する」という。また，「α が β を c 統御し，両者が同一の指標を持つ時，α は β を束縛する」と言う。

(73a)と(73b)の相違は，補部とそれ以外の要素の区別に基づいている。すなわち，補部が移動した場合，その元位置は主要部の存在により容易に分かるのに対して，補部以外の要素が移動した場合，その元位置は先行詞によって確認できなければならない。この条件が満たされた時，空範疇は適正統率された（properly governed）と言う。この条件は統語部門の移動ばかりでなく，LF部門の移動にも適用される。いくつかの例を見よう。

(74)で見るように that 節の中から目的語を wh 移動によって取り出すことには問題がない。これに対して，(75)の対比から明らかなように，that 節の主語を取り出す場合には，that の有無が文法性に重要な影響を与える。このような現象を that 痕跡効果（that-Trace Effect）と呼ぶ。

(74) Who$_i$ did you think (that) Bill saw t_i?
(75) a. *Who$_i$ do you think that t_i saw John?
b. Who$_i$ do you think t_i saw John?

(74)の空範疇 t_i は補部の位置にあるので，動詞によって適正に統率されている。(75)は主語の移動であるので，先行詞統率が問題となる。(75a)(75b)の相違は，ECPによって次のように説明される。

(76) a. Who$_i$ do you think [$_{CP}$ t_i that [$_{IP}$ t_i saw John]]?
b. Who$_i$ do you think [$_{CP}$ t_i e_i [$_{IP}$ t_i saw John]]?

いま wh 句が CP 指定部に移動されると，補文標識 C が空要素 e である時にはその補文標識に wh 句と同じ指標が与えられるものとしよう。そうす

ると(76b)の構造が得られる。この構造では，e_iが主語位置の空範疇 t_i を先行詞統率するので適正統率の条件を満たす。これに対して，(76a)では that の前にある痕跡と主語位置にある痕跡の間に that が介在していて，それが先行詞統率を阻止し，適正統率の条件に違反し，非文となっている。この現象には不明の点が多く，例えば，that と主語痕跡の間に別の要素が介在すると容認性が高まることが Culicover (1991a, 1993)，Sobin (1987) などで指摘されている。

(77) a. Robin met the man who$_i$ Leslie said that for all intents and purposes t_i was the mayor of the city. (Culicover, 1991a : 51)
b. Who$_i$ do you think that actually t_i saw Tom?

(Sobin, 1987 : 58)

that 痕跡現象に対する説明はいくつか提案されているが，今のところ自然な説明は得られていない。

次に NP 移動の例を見よう。

(78) a. Bill$_i$ was believed [$_{IP}$ t_i to be in Rome]].
b. *Bill$_i$ was wanted [$_{CP}$ (for) [$_{IP}$ t_i to be in Rome]].

例外的格付与動詞である believe の補文は IP である。そして IP は（例外的に）統率の妨げになることはなく，主動詞による語彙統率を受ける。したがって，(78a)の空範疇 t_i は believed によって語彙統率されるので，適正統率の条件を満たす。これに対して，(78b)では先行詞と空範疇の間に CP が介在するので，空範疇は適正に統率されない。したがって，(78b)は非文である。

次に LF 移動の例を見よう。フランス語の ne-personne 構文では，LF において解釈のために personne が作用域を示す ne の位置へ移動する。このようにして得られる LF の構造が(80)である。

(79) a. Je n'ai exigé qu'ils arrêtent personne.
'I demanded that they arrest nobody.'
b. *Je n'ai exigé que personne soit arrêté.
'I demanded that nobody be arrested.' (Kayne, 1984 : 24)

(80) a. For no x_i [I demanded [$_{CP}$ that they arrest t_i]]
b. For no x_i [I demanded [$_{CP}$ that t_i be arrested]]

(80a)では空範疇は補部の位置にあるので語彙統率されている。一方，

(80b)では空範疇は主語の位置にあり，語彙統率されないし，また先行詞との間に CP が介在するので先行詞統率もされない。したがって，適正統率の条件が満たされず，主語位置の否定辞の作用域が主節にまで及ぶことがないことが説明される。

しかしながら，ECP による説明には問題点も多い。例えば，次の例では ECP の予測に反して補文の主語が広い作用域を持つ解釈が可能であると言われている。

(81) a. Melvin showed that none of the formulas were theorems.
(Postal, 1974 : 222)
b. Some student thought that each professor was incompetent.
(Van Riemsdijk & Williams, 1981 : 199)

また次の例では，いずれの空範疇も語彙統率されているにもかかわらず非文となっていて，ECP による説明が成り立たない。

(82) a. *What$_i$ topic$_i$ did you tell who about t_i? (Pesetsky, 1982 : 603)
b. [[who$_j$, what topic$_i$] [did you tell t_j about t_i]]

(82a)のような多重疑問文では，元位置にある wh 句が CP に移動された wh 句の位置へ移動されると仮定されている。この仮定に従うと，(82a)は(82b)の LF 構造を持つ。この構造の空範疇はいずれも動詞によって語彙統率されているので，ECP はこの構造を誤って文法的と予測してしまう。

ECP は広範囲の現象を説明する統率理論の中心的原理の１つであったが，さまざまな問題点を含んでいる原理であり，現在ではその役目は終わっていると考えてよい。だが，ECP の研究から派生的に多くの興味深い研究が出てきたのも事実である。例えば，すでに見た相対化最小性の原理はその１つである。また，補部とそれ以外の要素の区別（主語と目的語の非対称性），すなわち CED 効果の源流も ECP にあると見てよいであろう。Kayne (1984) は，空範疇の分布の問題ばかりでなく，要素間の言語的に有意味な関係を捉えるために節点の経路 (a path of nodes) の概念により ECP の拡大を試みている。Nakajima (1991a) はこの経路の概念を用いて，移動の経路，移動先，元位置に課せられる条件の統一を試みている。

56. 統語操作の制約

further readings これまで変形規則の適用に課せられる条件を見てきたが，極小理論では，「規則は文法文を産出するようにのみ適用される」という基本的考え方がある。この考え方に基づくと，変形規則の適用条件という考え方は根本的に見直されなければならない。例えば，複合名詞句制約を例に取ろう。複合名詞句の中に wh 語があるとすると（the boy who gave the book to who），その文はその段階で非文になることを運命づけられている。それにもかかわらず，派生がさらに進んで wh 移動規則が適用され，複合名詞句制約違反が生じた段階でやっとその文は排除される。しかしこの考え方は，文法文のみを生成するとする極小理論の考え方に反しているし，非文に至ることがわかっている文の派生を最後まで継続し，複合名詞句違反を生じてからはじめて非文として排除する方法は，派生の無駄をすることになり，経済性の理念に反している。

このような考え方によると，従来「島」と見なされている要素は，ある段階で言語計算から見えなくなり，したがって，規則の誤った適用は生じないと考えなければならない。例えば，主語条件は，主語から要素抜き出せないという条件であるが，主語が一致現象を満たすと言語計算から見えなくなり，したがって，結果として，主語から要素は抜き出せないような現象が生じると考えるのである。このような思考法に基づく研究として，Uriagereka (1998, 1999 a, 1999 b), Nakamura (2000) などがある。また，島条件違反の文に対する文法性の判断に関しては，知覚処理（perceptual strategy）からの検討が必要であり，そのような研究として，Grosu (1981), 長谷川 (1993-1994), Kluender (1998) などがある。

関連テーマ 英語と異なり，日本語では wh 島，付加詞制約，同格節などの島現象が見られない。これはどのような理由に基づくのであろうか。

(ⅰ) あの本を$_i$ジョンは [メアリーが t_i 買ったかどうか] 知りたがっている（こと）
(ⅱ) その本を$_i$ジョンが [t_i 読んだ後で] 夕食を食べた（こと）
(ⅲ) その本を$_i$ジョンが [メアリーが t_i 買ったという噂] を聞いた（こと）

参考文献

Aarts, Bas (1992) *Small Clauses in English*, Mouton de Gruyter, Berlin.
Abney, Steven Paul (1987) *The English Noun Phrase in Its Sentential Aspect*, Doctoral dissertation, MIT.
Ackema, Peter and Maaike Schoorlemmer (1994) "The Middle Construction and the Syntax-Semantics Interface," *Lingua* 93, 59-90.
Ackema, Peter and Maaike Schoorlemmer (1995) "Middles and Nonmovement," *Linguistic Inquiry* 26, 173-197.
Aijmer, Karin (1972) *Some Aspects of Psychological Predicates in English*, Almqvist & Wiksell, Stockholm.
Aissen, Judith (1975) "Presentational-*There* Insertion: A Cyclic Root Transformation," *CLS* 11, 1-14.
Akimoto, Minoji (1983) *Idiomaticity*, Shinozaki Shorin, Tokyo.
Akiyama, Masahiro (1994) "On Quantifier Floating," *English Linguistics* 11, 100-122.
Akmajian, Adrian (1970a) "On Deriving Cleft Sentences from Pseudo-Cleft Sentences," *Linguistic Inquiry* 1, 149-168.
Akmajian, Adrian (1970b) *Aspects of the Grammar of Focus in English*, Doctoral dissertation, MIT. [Published by Garland, New York, 1979.]
Akmajian, Adrian (1975) "More Evidence for an NP Cycle," *Linguistic Inquiry* 6, 115-129.
Akmajian, Adrian (1977) "The Complement Structure of Perception Verbs in an Autonomous Syntax Framework," *Formal Syntax*, ed. by Peter W. Culicover, Thomas Wasow and Adrian Akmajian, 427-460, Academic Press, New York.
Akmajian, Adrian (1984) "Sentence Types and the Form-Function Fit," *Natural Language and Linguistic Theory* 2, 1-23.
Akmajian, Adrian and Frank Heny (1975) *An Introduction to the Principles of Transformational Syntax*, MIT Press, Cambridge, Mass.
Akmajian, Adrian and Thomas Wasow (1975) "The Constituent Structure of VP and AUX and the Position of the Verb BE," *Linguistic Analysis* 1, 205-245.
Akmajian, Adrian, Susan M. Steele and Thomas Wasow (1979) "The Category AUX in Universal Grammar," *Linguistic Inquiry* 10, 1-64.
Allen, Cynthia (1977) *Topics in Diachronic Syntax*, Doctoral dissertation, University of Massachusetts, Amherst.

Allen, Margaret (1978) *Morphological Investigations*, Doctoral dissertation, University of Connecticut.

Altenberg, Bengt (1982) *The Genitive vs. the of-Construction: A Study of Syntactic Variation in the 17th Century English*, CWK Gleerup, Lund.

Amano, Masachiyo (1976) (天野政千代)「分裂文の焦点の位置における副詞」『英語学』14, 66-80.

Amano, Masachiyo (1995) "The Sisterhood Condition on Case-Marking in English," *Linguistics and Philology* 15, 1-22, 名古屋大学.

Amano, Masachiyo (1998) (天野政千代)『英語二重目的語構文の統語構造に関する生成理論的研究』英潮社, 東京.

Amritavalli, R. (1980) "Expressing Cross-Categorial Selectional Correspondences: An Alternative to the X-Bar-Syntax Approach," *Linguistic Analysis* 6, 305-343.

Anagnostopoulou, Elena, Henk van Riemsdijk and Frans Zwarts, ed. (1997) *Materials on Left Dislocation*, John Benjamins, Amsterdam.

Anderson, James M. (1971) *The Grammar of Case: Towards a Localistic Theory*, Cambridge University Press, Cambridge.

Anderson, Mona (1979) *Noun Phrase Structure*, Doctoral dissertation, University of Connecticut.

Anderson, Mona (1984) "Prenominal Genitive NPs," *The Linguistic Review* 3, 1-24.

Andrews, Avery D. (1975) *Studies in the Syntax of Relative and Comparative Clauses*, Doctoral dissertation, MIT. [Published by Garland, New York, 1985.]

Andrews, Avery D. (1982) "A Note on the Constituent Structure of Adverbials and Auxiliaries," *Linguistic Inquiry* 13, 313-317.

Anschulz, Arlea (1997) "How to Choose a Possessive Noun Phrase Construction in Four Easy Steps," *Studies in Language* 21, 1-35.

Aoun, Joseph (1986) *Generalized Binding*, MIT Press, Cambridge, Mass.

Aoun, Joseph and Dominique Sportiche (1982-3) "On the Formal Theory of Government," *The Linguistic Review* 2, 211-236.

Aoun, Joseph and Yen-hui Audrey Li (1989) "Scope and Constituency," *Linguistic Inquiry* 20, 141-172.

Aoun, Joseph and Yen-hui Audrey Li (1991) "The Interaction of Operators," *Principles and Parameters in Comparative Grammar*, ed. by Robert Freidin, 163-181, MIT Press, Cambridge, Mass.

Aoun, Joseph and Yen-hui Audrey Li (1993) "*Wh*-Elements in Situ: Syntax or LF?," *Linguistic Inquiry* 24, 199-238.

Aoun, Joseph, Norbert Hornstein, David Lightfoot and Amy Weinberg (1987)

"Two Types of Locality," *Linguistic Inquiry* 18, 537-577.
Araki, Kazuo (1954)（荒木一雄）『関係詞』（英文法シリーズ第5巻）研究社, 東京.
Arbini, Ronald (1969) "Tag-Questions and Tag-Imperatives in English," *Journal of Linguistics* 5, 205-214.
Arimoto Masatake (1988)（有元將剛）「英語助動詞の構造」『英文学研究』（日本英文学会）64, 245-263.
Arimoto, Masatake (1989)（有元將剛）「冗語要素の分布と補文構造」『英文学研究』（日本英文学会）66, 65-80.
Arimoto, Masatake (1991) "*There* Insertion and the Structure of Sentences/Small Clauses," *Topics in Small Clauses: Proceedings of Tokyo Small Clause Festival*, ed. by Heizo Nakajima and Shigeo Tonoike, 107-146, Kurosio, Tokyo.
Arimura, Kaneaki (1983)（有村兼彬）『英語統語論』, 研究社, 東京.
Asakawa, Teruo and Seizaburou Kamata (1986)（浅川照夫・鎌田精三郎）『助動詞』（新英文法選書第4巻）, 大修館書店, 東京.
Atkinson, Martin (1992) *Children's Syntax*, Blackwell, Oxford.
Authier, Jean-Marc (1991) "V-Governed Expletives, Case Theory, and Projection Principle," *Linguistic Inquiry* 22, 721-740.
Authier, Jean-Marc (1992) "Iterated CPs and Embedded Topicalization," *Linguistic Inquiry* 23, 329-336.
Bach, Emmon W. (1979) "Control in Montague Grammar," *Linguistic Inquiry* 10, 515-531.
Bach, Emmon W. (1980) "In Defense of Passive," *Linguistics and Philosophy* 3, 297-341.
Baker, Carl Leroy (1968) *Indirect Questions in English*, Doctoral dissertation, MIT.
Baker, Carl Leroy (1970a) "Double Negatives," *Linguistic Inquiry* 1, 169-186.
Baker, Carl Leroy (1970b) "Notes on the Description of English Questions: The Role of an Abstract Question Morpheme," *Foundations of Language* 6, 197-219.
Baker, Carl Leroy (1975) "Review of Karin Aijmer (1972) *Some Aspects of Psychological Predicates in English*, Almqvist & Wiksell, Stockholm," *Language* 51, 185-188.
Baker, Carl Leroy (1978) *Introduction to Generative-Transformational Syntax*, Prentice-Hall, Englewood Cliffs, New Jersey.
Baker, Carl Leroy (1989, 1995²) *English Syntax*, MIT Press, Cambridge, Mass.
Baker, Mark C. (1985) "Syntactic Affixation and English Gerunds," *WCCFL* 4, 1-11.

Baker, Mark C. (1988) *Incorporation: A Theory of Grammatical Function Changing*, University of Chicago Press, Chicago.

Baker, Mark C. (1996) *The Polysynthesis Parameter*, Oxford University Press, Oxford.

Baker, Mark C. (1997) "Thematic Roles and Syntactic Structure," *Elements of Grammar: Handbook of Generative Syntax*, ed. by Liliane Haegeman, 73-138, Kluwer, Dordrecht.

Baker, Mark C., Kyle Johnson and Ian Roberts (1989) "Passive Arguments Raised," *Linguistic Inquiry* 20, 219-251.

Baltin, Mark R. (1978) *Toward a Theory of Movement Rules*, Doctoral dissertation, MIT. [Published by Garland, New York, 1985.]

Baltin, Mark R. (1981) "Strict Bounding," *The Logical Problem of Language Acquisition*, ed. by Carl Leroy Baker and John J. McCarthy, 257-295, MIT Press, Cambridge, Mass.

Baltin, Mark R. (1982) "A Landing Site Theory of Movement Rules," *Linguistic Inquiry* 13, 1-38.

Baltin, Mark R. (1983) "Extraposition: Bounding versus Government-Binding," *Linguistic Inquiry* 14, 155-162.

Baltin, Mark R. (1984) "Extraposition Rules and Discontinuous Constituents," *Linguistic Inquiry* 15, 157-163.

Baltin, Mark R. (1987) "Do Antecedent-Contained Deletions Exist?" *Linguistic Inquiry* 18, 579-595.

Baltin, Mark R. (1995) "Floating Quantifiers, PRO, and Predication," *Linguistic Inquiry* 26, 199-248.

Baltin, Mark R. and Paul M. Postal (1996) "More on Reanalysis Hypothesis," *Linguistic Inquiry* 27, 127-145.

Banchero, Lawrence (1978) *An Analysis of English Activo-Passive Sentences*, Doctoral dissertation, University of Wisconsin.

Banfield, Ann (1973) "Grammar of Quotation, Free Indirect Style, and Implications for a Theory of Narrative," *Foundations of Language* 10, 1-39.

Barbaud, Philippe (1991) "Subjunctive and ECP," *New Analyses in Romance Linguistics*, ed. by Dieter Wanner and Douglas Kibbee, 125-141, John Benjamins, Amsterdam.

Barker, Chris (1995) *Possessive Descriptions*, CSLI Publications, Stanford.

Barker, Chris (1998) "Partitives, Double Genitives and Anti-Uniqueness," *Natural Language and Linguistic Theory* 16, 679-717.

Baron, Naomi S. (1974) "The Structure of English Causatives," *Lingua* 33, 299-342.

Barss, Andrew (1986) *Chains and Anaphoric Dependence*, Doctoral dissertation, MIT.

Barss, Andrew and Howard Lasnik (1986) "A Note on Anaphora and Double Objects," *Linguistic Inquiry* 17, 347-354.

Barwise, Jon (1981) "Scenes and Other Situations," *The Journal of Philosophy* 78, 369-397. [Reprinted (with an appendix "Reply to Lakoff (1988)") in Jon Barwise (1989) *The Situation in Logic*, 5-36, CSLI Publications, Stanford.]

Barwise, Jon and Robin Cooper (1981) "Generalized Quantifiers and Natural Language," *Linguistics and Philosophy* 4, 159-219.

Battistella, Edwin (1983) "Gerunds and Subject Case Marking," *WCCFL* 2, 1-10.

Battistella, Edwin (1987) "Some Remarks on Have-Raising vs. *Have*-Support," *Lingua* 72, 211-224.

Bellert, Irena (1977) "On Semantic and Distributional Properties of Sentential Adverbs," *Linguistic Inquiry* 8, 337-351.

Belletti, Adriana (1988) "The Case of Unaccusatives," *Linguistic Inquiry* 19, 1-34.

Belletti, Adriana and Luigi Rizzi (1988) "Psych-Verbs and θ-Theory," *Natural Language and Linguistic Theory* 6, 291-352.

Bennis, Hans and Teun Hoekstra (1989) "Why Kaatje Was Not Heard Sing a Song," *Sentential Complementation and the Lexicon: Studies in Honor of Wim de Geest*, ed. by Dany Jaspers, Wim Klooster, Yvan Putseys and Pieter Seuren, 23-40, Foris, Dordrecht.

Berman, Arlene (1973) "A Constraint on *Tough*-Movement," *CLS* 9, 34-43.

Berman, Arlene (1974) *Adjectives and Adjective Complement Constructions in English*, Doctoral dissertation, Harvard University.

Berman, Arlene and Michael Szamosi (1972) "Observations on Sentential Stress," *Language* 48, 304-325.

Beukema, Frits H. and Peter Coopmans (1989) "A Government-Binding Perspective on the Imperative in English," *Journal of Linguistics* 25, 417-436.

Beukema, Frits H. (1978) "On the Internal Structure of Free Adjuncts," *Linguistics in the Netherlands 1982*, 71-82.

Bever, Thomas G. (1970) "The Cognitive Basis for Linguistic Structures," *Cognition and the Development of Language*, ed. by John R. Hayes, 279-362, John Wiley & Sons, New York.

Bhat, D. N. Shankara (1977) "Multiple Case Roles," *Lingua* 42, 365-377.

Binnick, Robert I. (1971) "*Will* and *Be Going To*," *CLS* 7, 40-51.

Binnick, Robert I. (1972) "*Will* and *Be Going To* II," *CLS* 8, 3-9.

Birner, Betty J. (1992) *The Discourse Function of Inversion in English*,

Doctoral dissertation, Northwestern University.

Birner, Betty J. (1994) "Information Status and Word Order: An Analysis of English Inversion," *Language* 70, 233-259.

Birner, Betty J. and Gregory L. Ward (1992) "On the Interpretation of VP Inversion in American English," *Journal of Linguistics* 28, 1-12.

Blakemore, Diane (1987) *Semantic Constraints on Relevance*, Blackwell, Oxford.

Bobaljik, Jonathan David (1995) *Morphosyntax: The Syntax of Verbal Inflection*, Doctoral dissertation, MIT.

Bobaljik, Jonathan David (1998) "Floating Quantifiers: Handle with Care," *Glot International* 3(6), 3-10.

Bobaljik, Jonathan David, and Dianne Jonas (1996) "Subject Positions and the Roles of TP," *Linguistic Inquiry* 27, 195-236.

Bolinger, Dwight L. (1952) "Linear Modification," *Publications for the Modern Language Association* 67, 1117-1144. [Reprinted in *Forms of English: Accent, Morpheme, Order*, ed. by Isamu Abe and Tetsuya Kanekiyo, 1965, 279-307, Hokuou Publishing Company, Tokyo.]

Bolinger, Dwight L. (1971) *The Phrasal Verb in English*, Harvard University Press, Cambridge, Mass.

Bolinger, Dwight L. (1972a) "A Look at Equations and Cleft Sentences," *Studies for Einar Haugen*, ed. by Evelyn Scherabon Firchow, 96-114, Mouton, The Hague.

Bolinger, Dwight L. (1972b) *That's That*, Mouton, The Hague.

Bolinger, Dwight L. (1974a) "Concept and Percept: Two Infinitive Constructions and their Vicissitudes," *World Papers in Phonetics: Festschirft for Dr. Onishi's Kiju*, 65-91. Sankosha Shuppan, Tokyo.

Bolinger, Dwight L. (1974b) "*Do* Imperatives," *Journal of English Linguistics* 8, 1-5.

Bolinger, Dwight L. (1975) "On the Passive in English," *The First LACUS Forum*, ed. by Adam Makkai and Valerie Makkai, 57-80, Hornbeam Press, Columbia.

Bolinger, Dwight L. (1977) *Meaning and Form*, Longman, London.

Bolinger, Dwight L. (1979) "Pronouns in Discourse," *Syntax and Semantics 12: Syntax and Discourse*, ed. by Talmy Givón, 289-309, Academic Press, New York.

Boons, Jean-Paul (1973) "Acceptability, Interpretation and Knowledge of the World: Remarks on the Verb PLANTER (to plant)," *Cognition* 2, 183-211.

Borkin, Ann (1974) *Problems in Form and Function*, Doctoral dissertation, University of Michigan. [Published by Ablex, Norwood, New Jersey, 1984.]

Borsley, Robert D. (1994) "In Defense of Coordinate Structures," *Linguistic Analysis* 24, 218-246.

Bosch, Peter (1983) *Agreement and Anaphora*, Academic Press, New York.

Bošković, Željko (1996) "Selection and the Categorial Status of Infinitival Complements," *Natural Language and Linguistic Theory* 14, 269-304.

Bošković, Željko (1997a) "Pseudoclefts," *Studia Linguistica* 51, 235-277.

Bošković, Željko (1997b) *The Syntax of Nonfinite Complementation: An Economy Approach*, MIT Press, Cambridge, Mass.

Bošković, Željko and Daiko Takahashi (1998) "Scrambling and Last Resort," *Linguistic Inquiry* 29, 347-366.

Bouchard, Denis (1982) *On the Content of Empty Categories*, Doctoral dissertation, MIT.

Bouchard, Denis (1984) *On the Content of Empty Categories*, Foris, Dordrecht.

Bouchard, Denis (1995) *The Semantics of Syntax: A Minimalist Approach to Grammar*, University of Chicago Press, Chicago.

Bouton, Lawrence (1970) "Antecedent-Contained Pro-Forms," *CLS* 6, 154-165.

Bowers, John (1976) "On the Surface Structure Grammatical Relations and the Structure-Preserving Hypothesis," *Linguistic Analysis* 2, 225-242.

Bowers, John (1993) "The Syntax of Predication," *Linguistic Inquiry* 24, 591-656.

Brame, Michael K. (1975) "On the Abstractness of Syntactic Structure: The VP-Controversy," *Linguistic Analysis* 1, 191-203.

Brame, Michael K. (1978) "The Base Hypothesis and the Spelling Prohibition," *Linguistic Analysis* 4, 1-30.

Brame, Michael K. (1981) "The General Theory of Binding and Fusion," *Linguistic Analysis* 7, 277-325.

Brame, Michael K. (1982) "The Head-Selector Theory of Lexical Specifications and the Nonexistence of Coarse Categories," *Linguistic Analysis* 10, 321-325.

Breivik, Leiv Egil (1983) *Existential There*, University of Bergen, Bergen.

Brennan, Virginia M. (1993) *Root and Epistemic Modal Auxiliary Verbs*, Doctoral dissertation, University of Massachusetts, Amherst.

Bresnan, Joan W. (1970) "On Complementizer: Toward a Syntactic Theory of Complement Type," *Foundations of Language* 6, 297-321.

Bresnan, Joan W. (1971) "Sentence Stress and Syntactic Transformations," *Language* 47, 257-281.

Bresnan, Joan W. (1972) *Theory of Complementation in English Syntax*, Doctoral dissertation, MIT. [Published by Garland, New York, 1979.]

Bresnan, Joan W. (1973) "Syntax of the Comparative Clause Construction in

English," *Linguistic Inquiry* 4, 275–343.

Bresnan, Joan W. (1976a) "Evidence for a Theory of Unbounded Transformations," *Linguistic Analysis* 2, 353–393.

Bresnan, Joan W. (1976b) "On the Form and Functioning of Transformations," *Linguistic Inquiry* 7, 3–40.

Bresnan, Joan W. (1976c) "Nonarguments for Raising," *Linguistic Inquiry* 7, 485–501.

Bresnan, Joan W. (1977) "Variables in the Theory of Transformations," *Formal Syntax*, ed. by Peter W. Culicover, Thomas Wasow and Adrian Akmajian, 157–196, Academic Press, New York.

Bresnan, Joan W. (1982) "The Passive in Lexical Theory," *The Mental Representation of Grammatical Relations*, ed. by Joan W. Bresnan, 3–86, MIT Press, Cambridge, Mass.

Bresnan, Joan W. (1994) "Locative Inversion and the Architecture of Universal Grammar," *Language* 70, 72–137.

Bresnan, Joan W. and Jane Grimshaw (1978) "The Syntax of Free Relatives in English," *Linguistic Inquiry* 9, 331–391.

Brody, Michael (1993) "θ-theory and Arguments," *Linguistic Inquiry* 24, 1–23.

Brody, Michael (1995) *Lexico-Logical Form: A Radically Minimalist Theory*, MIT Press, Cambridge, Mass.

Browning, Marguerite A. (1987) *Null Operator Constructions*, Doctoral dissertation, MIT.

Burton, Strang and Jane Grimshaw (1992) "Coordination and VP-Internal Subjects," *Linguistic Inquiry* 23, 305–313.

Burzio, Luigi (1986) *Italian Syntax: A Government-Binding Approach*, Reidel, Dordrecht.

Cacciari, Cristina and Patrizia Tabossi (1988) "The Comprehension of Idioms," *Journal of Memory and Language* 27, 668–683.

Campbell, Richard and Jack Martin (1989) "Sensation Predicates and the Syntax of Stativity," *WCCFL* 8, 44–55.

Cantrall, William R. (1974) *Viewpoint, Reflexives, and the Nature of Noun Phrases*, Mouton, The Hague.

Cardinaletti, Anna and Maria Teresa Guasti (1995) "Small Clauses: Some Controversies and Issues of Acquisition," *Syntax and Semantics 28: Small Clauses*, ed. by Anna Cardinaletti and Maria Teresa Guasti, 1–26, Academic Press, San Diego.

Cardinaletti, Anna and Maria Teresa Guasti, ed. (1995) *Syntax and Semantics 28: Small Clauses*, Academic Press, San Diego.

Carlson, Greg (1977) *Reference to Kinds in English*, Doctoral dissertation,

University of Massachusetts, Amherst.

Carrier, Jill and Janet Randall (1992) "The Argument Structure and Syntactic Structure of Resultatives," *Linguistic Inquiry* 23, 173-234.

Carter, Richard J. (1984) "Compositionality and Polysemy," ms., MIT. [Reprinted in *On Linking: Papers by Richard Carter*, ed. by Beth Levin and Carol Tenny, 1988, 167-204, Lexicon Project Working Papers 25, Center for Cognitive Science, MIT.]

Cattell, Ray (1973) "Negative Transportation and Tag Questions," *Language* 49, 612-639.

Cattell, Ray (1976) "Constraints on Movement Rules," *Language* 52, 18-50.

Cecchetto, Calro (1999) "A Comparative Analysis of Left and Right Dislocation in Romance," *Studia Linguistica* 53, 40-67.

Celce-Murcia, Marianne and Diane Larsen-Freeman (1983) *The English Grammar*, Newbury House, London.

Celce-Murcia, Marianne and Diane Larsen-Freeman (1999²) *The Grammar Book: An ESL/EFL Teacher's Course*, Heinle & Heinle, Boston.

Chafe, Wallace L. (1968) "Idiomaticity as an Anomaly in the Chomskyan Paradigm," *Foundations of Language* 4, 107-127.

Chafe, Wallace L. (1976) "Givenness, Contrastiveness, Definiteness, Subjects, Topics and Point of View," *Subject and Topic*, ed. by Charles Li, 25-55, Academic Press, New York.

Chao, Wayne (1987) *On Ellipsis*, Doctoral dissertation, University of Massachusetts, Amherst.

Chapin, Paul G. (1973) "Quasi-Modals," *Journal of Linguistics* 9, 1-9.

Chappell, Hilary (1980) "Is the *Get*-Passive Adversative?" *Papers in Linguistics* 13, 411-452.

Chiba, Shuji (1977) "On Some Aspects of Multiple *Wh* Questions," *Studies in English Linguistics* 5, 295-303.

Chiba, Shuji (1987) *Present Subjunctives in Present-Day English*, Shinozaki Shorin, Tokyo.

Chiba, Shuji (1991) "Non-Localizable Contextual Features: Present Subjunctives in English," *Current English Linguistics in Japan*, ed. by Heizo Nakajima, 19-43, Mouton de Gruyter, Berlin.

Chiba, Shuji (1994) "Tensed or Not Tensed: INFL in Present Subjunctives," *Synchronic and Diachronic Approaches to Language: A Festschrift for Toshio Nakao on the Occasion of His Sixtieth Birthday*, ed. by Shuji Chiba, Yasuaki Fujiwara, Masayuki Ike-uchi, Tsuguyo Kohno, Osamu Koma, Yukio Nagahara, Takayasu Namiki, Yukio Otsu, Masanori Suiko, Kazuhiro Ushie and Norio Yamada, 327-343, Liber Press, Tokyo.

Chiba, Shuji (1995) (千葉修司)「補文標識 that の消去―That 消去の現象の記述を中心に―」『津田塾大学紀要』27, 1-44.

Chierchia, Gennaro and Sally McCnnell-Ginet (2000²) *Meaning and Grammar: An Introduction to Semantics*, MIT Press, Cambridge, Mass.

Chomsky, Noam (1955) "The Logical Structure of Linguistic Theory," ms., MIT Press, Cambridge, Mass. [Published by Plenum Press, New York, 1975.]

Chomsky, Noam (1957) *Syntactic Structures*, Mouton, The Hague.

Chomsky, Noam (1962a) "A Transformational Approach to Syntax," *The Structure of Language*, ed. by Jerry A. Fodor and Jerrold Katz, 211-245, Prentice-Hall, Englewood Cliffs, New Jersey.

Chomsky, Noam (1962b) "Explanatory Models in Linguistics," *Logic Methodology and Philosophy of Science*, ed. by Earnest Nagel, Patrick Suppes and Alfred Tarski, Stanford University Press, Stanford.

Chomsky, Noam (1964) *Current Issues in Linguistic Theory*, Mouton, The Hague.

Chomsky, Noam (1965) *Aspects of the Theory of Syntax*, MIT Press, Cambridge, Mass.

Chomsky, Noam (1970) "Remarks on Nominalization," *Readings in English Transformational Grammar*, ed. by Roderick A. Jacobs and Peter S. Rosenbaum, 184-221, Ginn and Company, Waltham.

Chomsky, Noam (1972) *Studies on Semantics in Generative Grammar*, Mouton, The Hague.

Chomsky, Noam (1973) "Conditions on Transformations," *A Festschrift for Morris Halle*, ed. by Stephen R. Anderson and Paul Kiparsky, 232-286, Holt, Rinehart and Winston, New York. (Also in Chomsky 1977b, 81-160.)

Chomsky, Noam (1976) "Conditions on Rules of Grammar," *Linguistic Analysis* 2, 303-351.

Chomsky, Noam (1977a) "On *Wh*-Movement," *Formal Syntax*, ed. by Peter W. Culicover, Thomas Wasow and Adrian Akmajian, 71-132, Academic Press, New York.

Chomsky, Noam (1977b) *Essays on Form and Interpretation*, Elsevier North-Holland, New York.

Chomsky, Noam (1980) "On Binding," *Linguistic Inquiry* 11, 1-46.

Chomsky, Noam (1981) *Lectures on Government and Binding*, Foris, Dordrecht.

Chomsky, Noam (1982) *Some Concepts and Consequences of the Theory of Government and Binding*, MIT Press, Cambridge, Mass.

Chomsky, Noam (1986a) *Barriers*, MIT Press, Cambridge, Mass.

Chomsky, Noam (1986b) *Knowledge of Language: Its Nature, Origin, and Use*, Praeger, New York.

Chomsky, Noam (1989) "Some Notes on Economy of Derivation and Representation," *MIT Working Papers in Linguistics* 10, 43-74, MIT. [Also in Freiden, ed. (1991) *Principles and Parameters in Comparative Grammar*, 417-454.]

Chomsky, Noam (1992) "A Minimalist Appoach for Linguistic Theory," *MIT Occasional Papers in Linguistics* 1, MIT.

Chomsky, Noam (1994) "Bare Phrase Structure," *MIT Occasional Papers in Linguistics* 5, MIT.

Chomsky, Noam (1995) *The Minimalist Program*, MIT Press, Cambridge, Mass.

Chomsky, Noam (1998) "Minimalist Inquiries: The Framework," *MIT Occasional Papers in Linguistics* 15.

Chomsky, Noam and Howard Lasnik (1977) "Filters and Control," *Linguistic Inquiry* 8, 425-504.

Chomsky, Noam and Howard Lasnik (1993) "The Theory of Principles and Parameters," *Syntax: An International Handbook of Comtemporary Research*, ed. by Joachim Jacobs, Arnim von Stechow, Wolfgang Sternefeld and Theo Vennemann, 509-569, Mouton de Gruyter, Berlin. [Also in Chomsky (1995) *The Minimalist Program*, 13-127.]

Chung, Sandra and James McCloskey (1987) "Government, Barriers, and Small Clauses in Modern Irish," *Linguistic Inquiry* 18, 173-237.

Cinque, Guglielmo (1990) *Types of A'-Dependencies*, MIT Press, Cambridge, Mass.

Cinque, Guglielmo (1993) "A Null Theory of Phrase and Compound Stress," *Linguistic Inquiry* 24, 239-297.

Cinque, Guglielmo (1999) *Adverbs and Functional Heads: A Cross-Linguistic Perspective*, Oxford University Press, Oxford.

Clark, Robin (1990) *Thematic Theory in Syntax and Interpretation*, Routledge, London.

Clark, Eve V. and Herbert H. Clark (1979) "When Nouns Surface as Verbs," *Language* 55, 767-811.

Coates, Jennifer (1983) *The Semantics of the Modal Auxiliaries*, Croom Helm, London.

Collins, Chris (1997) *Local Economy*, MIT Press, Cambridge, Mass.

Collins, Chris and Höskuldur Thráinsson (1996) "VP-Internal Structure and Object Shift in Icelandic," *Linguistic Inquiry* 27, 391-444.

Collins, Chris and Phil Branigan (1997) "Quotative Inversion," *Natural Lan-*

guage and Linguistic Theory 15, 1-41.

Collins, Peter C. (1991) *Cleft and Pseudo-Cleft Constructions in English*, Routledge, London.

Comrie, Bernard (1976) "The Syntax of Action Nominals: A Cross-Language Study," *Lingua* 40, 177-201.

Comrie, Bernard (1977) "In Defense of Spontaneous Demotion: The Impersonal Passive," *Syntax and Semantics 8: Grammatical Relations*, ed. by Peter Cole and Jerrold Sadock, 47-58, Academic Press, New York.

Contreras, Helles (1984) "A Note on Parasitic Gaps," *Linguistic Inquiry* 15, 698-701.

Contreras, Helles (1993) "On Null Operator Structures," *Natural Language and Linguistic Theory* 11, 1-30.

Contreras, Helles (1995) "Small Clauses and Complex Predicates," *Syntax and Semantics 28: Small Clauses*, ed. by Anna Cardinaletti and Maria Teresa Guasti, 135-152, Academic Press, San Diego.

Coopmans, Peter (1989) "Where Stylistic and Syntactic Processes Meet: Locative Inversions in English," *Language* 65, 728-751.

Coopmans, Peter and Suzanne Stevenson (1991) "*How* Extraction from Finite and Infinitival Complements: A Surprising Asymmetry," *Linguistic Inquiry* 22, 359-367.

Corver, Norbert (1997) "*Much*-support as a Last Resort," *Linguistic Inquiry* 28, 119-164.

Couper-Kuhlen, Elizabeth (1979) *The Prepositional Passive in English*, Max Niemeyer, Tübingen.

Cowper, Elizabeth A. (1992) *A Concise Introduction to Syntactic Theory: The Government-Binding Approach*, University of Chicago Press, Chicago.

Croft, William (1998) "Event Structure in Argument Linking," *The Projection of Arguments*, ed. by Miriam Butt and Wilhelm Geuder, 21-63, CSLI Publications, Stanford.

Crystal, David (1986) *Listen to Your Child: A Parent's Guide to Children's Language*, Penguin Books, Harmondsworth, Middlesex.

Culicover, Peter W. (1970) "One More Beer of Can," *Linguistic Inquiry* 1, 366-369.

Culicover, Peter W. (1971) *Syntactic and Semantic Investigations*, Doctoral dissertation, MIT.

Culicover, Peter W. (1972) "OM-sentences," *Foundations of Language* 8, 199-236.

Culicover, Peter W. (1976) *Syntax*, Academic Press, New York.

Culicover, Peter W. (1977) "Some Observations Concerning Pseudo-Clefts,"

Linguistic Analysis 4, 347-375.

Culicover, Peter W. (1981) *Negative Curiosities*, Indiana University Linguistics Club, Indiana.

Culicover, Peter W. (1982) *Though-Attraction*, Indiana University Linguistics Club, Indiana.

Culicover, Peter W. (1984) "Learnability Explanations and Processing Explanations," *Natural Language and Linguistic Theory* 2, 77-104.

Culicover, Peter W. (1991a) "Polarity, Inversion, and Focus in English," *ESCOL* 91, 46-68.

Culicover, Peter W. (1991b) "Topicalization, Inversion, and Complementizers in English," *Fifth Symposium on Comparative, OTS Working Papers: Going Romance and Beyond*, ed. by Dennis Delfitto, Martin Everaert, Arnold Evers and Frits Stuurman, 2-43, University of Utrecht, Utrecht.

Culicover, Peter W. (1993) "The Adverb Effect: Evidence against ECP Accounts of the *That*-t Effect," *NELS* 23, 93-111.

Culicover, Peter W. (1997) *Principles and Parameters: An Introduction to Syntactic Theory*, Oxford University Press, Oxford.

Culicover, Peter W. (1999) *Syntactic Nuts; Hard Cases, Syntactic Theory, and Language Acquisition*, Oxford University Press, Oxford.

Culicover, Peter W. and Kenneth Wexler (1977) "Some Syntactic Implications of a Theory of Language Learnability," *Formal Syntax*, ed. by Peter W. Culicover, Thomas Wasow and Adrian Akmajian, 7-60, Academic Press, New York.

Culicover, Peter W. and Michael S. Rochemont (1990) "Extraposition and the Complement Principle," *Linguistic Inquiry* 21, 23-47.

Culicover, Peter W. and Ray Jackendoff (1997) "Semantic Subordination Despite Syntactic Coordination," *Linguistic Inquiry* 28, 195-217.

Culicover, Peter W. and Wendy Wilkins (1984) *Locality in Linguistic Theory*, Academic Press, New York.

Culicover, Peter W., Thomas Wasow and Adrian Akmajian, ed. (1977) *Formal Syntax*, Academic Press, New York.

Curme, George Oliver (1931) *Syntax*, D.C. Heath and Company, Boston. [Reprinted by Maruzen, Tokyo, 1960.]

Curme, George Oliver (1935) *A Grammar of the English Language II, Parts of Speech and Accidence*, D.C. Heath and Company, Boston.

Dancygier, Barbara (1998) *Conditionals and Prediction: Time, Knowledge and Causation in Conditional Constructions*, Cambridge University Press, Cambridge.

Davidse, Kristin (1992) "Transitivity/Ergativity: The Janus-Headed Grammar of Actions and Events," *Advances in Systemic Linguistics*, ed. by Martin Davies and Louise Ravelli, 105–135, Pinter Publishers, London.

Davidson, Donald (1967) "The Logical Form of Action Sentences," *The Logic of Decision and Action*, ed. by Nicholas Rescher, University of Pittsburgh Press, Pittsburgh, Pennsylvania.

Davies, Eirlys (1986) *The English Imperative*, Croom Helm, London.

Davison, Alice (1980) "Peculiar Passives," *Language* 56, 42–66.

Davison, Alice (1984) "Syntactic Markedness and the Definition of Sentence Topic," *Language* 60, 797–846.

De Haan, Ferdinand (1997) *The Interaction of Modality and Negation: A Typological Study*, Garland, New York.

Deane, Paul (1987) "English Posessives, Topicality, and the Silverstein Hierarchy," *BLS* 13, 65–76.

Declerck, Renaat (1981) "On the Role of Progressive Aspect in Nonfinite Perception Verb Complements," *Glossa* 15, 83–114.

Declerck, Renaat (1982) "The Triple Origin of Participial Perception Verb Complements," *Linguistic Analysis* 10, 1–26.

Declerck, Renaat (1984a) "Some Restrictions on Clefts that Highlight Predicate Nominals," *Journal of Linguistics* 20, 131–154.

Declerck, Renaat (1984b) "The Pragmatics of *It*-Clefts and *Wh*-Clefts," *Lingua* 64, 251–289.

Declerck, Renaat (1988) *Studies on Copula Sentences, Clefts and Pseudo-Clefts*, Leuven University Press, Leuven.

Declerck, Renaat (1991) *A Comprehensive Descriptive Grammar of English*, Kaitakusha, Tokyo.

Declerck, Renaat (1994) "The Taxonomy and Interpretation of Clefts and Pseudo-Clefts," (Review Article: *Cleft and Pseudo-Cleft Constructions in English*, by Peter C. Collins, Routledge, London, 1991) *Lingua* 93, 183–220.

DeLancey, Scott (1990) "Ergativity and the Cognitive Model of Event Structure in Lhasa Tibetan," *Cognitive Linguistics* 1, 289–321.

Déprez, Viviane and Amy Pierce (1993) "Negation and Functional Projections in Early Grammar," *Linguistic Inquiry* 24, 25–67.

Diesing, Molly (1992) *Indefinites*, MIT Press, Cambridge, Mass.

Dikken, Marcel den (1995) *Particles: On the Syntax of Verb-Particle, Triadic, and Causative Constructions*, Oxford University Press, Oxford.

Dixon, Robert M. W. (1991) *A New Approach to English Grammar, on Semantic Principles*, Clarendon Press, Oxford.

Does, Jaap van der (1991) "A Generalized Quantifier Logic for Naked Infinitives," *Linguistics and Philosophy* 14, 241–294.

Doetjes, Jenny (1997) *Quantifiers and Selection: On the Distribution of Quantifying Expressions in French, Dutch and English*, Holland Institute of Generative Linguistics, Leiden.

Doherty, Cathal (1997) "Clauses without Complementizer: Finite IP-Complementation in English," *The Linguistic Review* 14, 197-220.

Dong, Quang P. (1971) "The Applicability of Transformations to Idioms," *CLS* 7, 200-205.

Dorgeloh, Heidrun (1997) *Inversion in Modern English*, John Benjamins, Amsterdam.

Doron, Edit and Malka Rappaport Hovav (1991) "Affectedness and Externalization," *NELS* 21, 81-94.

Downing, Bruce T. (1973) "Parenthesization Roles and Obligatory Phrasing," *Papers in Linguistics* 6, 108-128.

Downing, Pamela (1969) "Vocatives and Third Person Imperatives in English," *Papers in Linguistics* 1, 570-591.

Dowty, David R. (1979) *Word Meaning and Montague Grammar*, Reidel, Dordrecht.

Dowty, David R. (1991) "Thematic Proto-Roles and Argument Selection," *Language* 67, 547-619.

Dowty, David R. (1996) "Toward a Minimalist Theory of Syntactic Structure," *Discontinuous Constituency*, ed. by Harry Bunt and Arhur van Horck, 11-62, Mouton de Gruyter, Berlin.

Dowty, David R. and Belinda Brodie (1984) "The Semantics of "Floated" Quantifiers in a Transformationless Grammar," *WCCFL* 3, 75-90.

Drubig, Hans Bernhard (1988) "On the Discourse Function of Subject Verb Inversion," *Essays on the English Language and Applied Linguistics on the Occasion of Gerhand Nickel's 60th Birthday*, ed. by Joseph Klegraf and Dietrich Nehls, 83-95, Julius Groos Verlag, Heidelberg.

Dryer, Matthew (1987) "On Primary Objects, Secondary Objects, and Antidative," *Language* 62, 808-845.

Dubinsky, Stanley and Kemp Williams (1995) "Recategorization of Prepositions as Complementizers: The Case of Temporal Prepositions in English," *Linguistic Inquiry* 26, 125-137.

Egashira, Hiroki (1997) "Topicalization and Relativization in Minimalist Syntax," *English Linguistics* 14, 28-51.

Ehrman, Madeline E. (1966) *The Meaning of Modals in Present-day American English*, Mouton, The Hague.

Elliot, Dale E. (1971) *The Grammar of Emotive and Exclamatory Sentences in English*, Doctoral dissertation, Ohio State University.

Elliott, Dale E. (1974) "Toward a Grammar of Exclamations," *Foundations of Language* 11, 231–246.

Emonds, Joseph E. (1970) *Root and Structure-Preserving Transformations*, Doctoral dissertation, MIT. [Reproduced by Indiana University Linguistics Club, 1970.]

Emonds, Joseph E. (1972) "Evidence that Indirect Object Movement is a Structure-Preserving Rule," *Foundations of Language* 8, 546–561.

Emonds, Joseph E. (1976) *A Transformational Approach to English Syntax: Root, Structure-Preserving, and Local Transformations*, Academic Press, New York.

Emonds, Joseph E. (1985) *A Unified Theory of Syntactic Categories*, Foris, Dordrecht.

Endo, Yoshio (1991) "The Syntax and Semantics of Small Clauses," *Topics in Small Clauses*, ed. by Heizo Nakajima and Shigeo Tonoike, 59–74, Kurosio, Tokyo.

Engdahl, Elisabet (1983) "Parasitic Gaps," *Linguistics and Philosophy* 6, 5–34.

Epstein, Samuel, Eric Groat, Ruriko Kawashima and Hisatsugu Kitahara (1998) *A Derivational Approach to Syntactic Relations*, Oxford University Press, Oxford.

Ernst, Thomas (1998) "The Scopal Basis of Adverb Licensing," *NELS* 28, 127–142.

Erteschik-Shir, Nomi (1973) *On the Nature of Island Constraints*, Doctoral dissertation, MIT. [Reproduced by Indiana University Linguistics Club, 1977.]

Evans, Gareth (1980) "Pronouns," *Linguistic Inquiry* 11, 337–362.

Fabb, Nigel (1984) *Syntactic Affixation*, Doctoral dissertation, MIT.

Fagan, Sarah (1988) "The English Middle," *Linguistic Inquiry* 19, 181–203.

Fagan, Sarah (1992) *The Syntax and Semantics of Middle Constructions*, Cambridge University Press, Cambridge.

Fellbaum, Christiane (1986) *On the Middle Construction in English*, Indiana University Linguistics Club, Indiana.

Fellbaum, Christiane (1987) "On Nominals with Preposed Themes," *CLS* 23, 79–92.

Fellbaum, Christiane (1993) "The Determiner in English Idioms," *Idioms: Processing, Structure, and Interpretation*, ed. by Cristina Cacciari and Patrizia Tabossi, 271–295, Lawrence Erlbaum Associates, New Jersey.

Fellbaum, Christiane and Anne Zribi-Hertz (1989) *The Middle Construction in French and English: A Comparative Study of its Syntax and Semantics*, Indiana University Linguistics Club, Indiana.

Fernando, Chitra (1996) *Idioms and Idiomaticity*, Oxford University Press, Oxford.

Fiengo, Robert (1977) "On Trace Theory," *Linguistic Inquiry* 8, 35-61.

Fiengo, Robert (1980) *Surface Structure: The Interface of Autonomous Components*, Harvard University Press, Cambridge, Mass.

Fiengo, Robert and Howard Lasnik (1976) "Some Issues in the Theory of Transformations," *Linguistic Inquiry* 7, 182-191.

Fiengo, Robert, C.-T. James Huang, Howard Lasnik and Tanya Reinhart (1988) "The Syntax of *Wh*-in-Situ," *WCCFL*, 7, 81-98.

Fiengo, Robert and James Higginbotham (1981) "Opacity in NP," *Linguistic Analysis* 7, 395-421.

Fiengo, Robert and Robert May (1994) *Indices and Identity*, MIT Press, Cambridge, Mass.

Fillmore, Charles F. (1965) *Indirect Object Constructions in English and the Ordering of Transformations*, Mouton, The Hague.

Fillmore, Charles F. (1968) "The Case for Case," *Universals in Linguistic Theory*, ed. by Emmon Bach and Robert Harms, 1-88, Holt, Rinehart & Winston, New York.

Fillmore, Charles F. (1977) "The Case for Case Reopened," *Syntax and Semantics 8: Grammatical Relations*, ed. by Peter Cole and Jerrold M. Sadock, 59-81, Academic Press, New York.

Fodor, Janet Dean (1978) "Parsing Strategies and Constraints on Transformations," *Linguistic Inquiry* 9, 427-473.

Fodor, Janet Dean (1984) "Learnability and Parsability: A Reply to Culicover," *Natural Language and Linguistic Theory* 2, 105-150.

Fodor, Janet Dean and Mary R. Smith (1978) "What Kind of Exception is *Have Got*?," *Linguistic Inquiry* 9, 45-66.

Fodor, Jerry A. (1970) "Three Reasons for Not Deriving 'Kill' from 'Cause to Die'," *Linguistic Inquiry* 1, 429-438.

Fodor, Jerry A. and Jerrold J. Katz, ed. (1964) *The Structure of Language: Readings in the Philosophy of Language*, Prentice-Hall, Englewood Cliffs, New Jersey.

Foley, William A and D. Van Valin (1984) *Functional Syntax and Universal Grammar*, Cambridge University Press, Cambridge.

Fox, Danny (1999) "Economy and Scope," *Natural Language Semantics* 23, 283-341.

Fox, Danny (2000) *Economy and Semantic Interpretations*, MIT Press, Cambridge, Mass.

Frampton, John (1990) "Parasitic Gaps and the Theory of *Wh*-Chains,"

Linguistic Inquiry 21, 49-77.

Fraser, Bruce (1970) "Idioms within a Transformational Grammar," *Foundations of Language* 6, 22-42.

Fraser, Bruce (1971) "A Note on the Spray Paint Cases," *Linguistic Inquiry* 2, 604-607.

Fraser, Bruce (1976) *The Verb-Particle Combinations in English*, Academic Press, New York.

Freidin, Robert (1975) "The Analysis of Passives," *Language* 51, 384-405.

Freidin, Robert (1994) "Generative Grammar: Principles and Parameters Framework," *The Encyclopedia of Language and Linguistics*, Vol. 3, ed. by R. E. Asher, 1370-1385, Pergamon Press, London.

Freidin, Robert (1997) "Binding Theory on Minimalist Assumptions," *Proceedings of the Fourth Seoul International Conference on Linguistics*, 133-142.

Freidin, Robert, ed. (1991) *Principles and Parameters in Comparative Grammar*, MIT Press, Cambridge, Mass.

Fujita, Koji (1993) "Object Movement and Binding at LF," *Linguistic Inquiry* 24, 381-388.

Fujita, Koji (1994) "Case Checking and a Theory of LF Binding," *Eibungaku Kenkyu* 70, 149-170.

Fujita, Koji (1996) "Double Objects, Causatives, and Derivational Economy," *Linguistic Inquiry* 27, 146-173.

Fukuchi, Hajime (1977) "A Thematic Constraint on Complex NP Shift and Functional Implications," *Studies in English Linguistics* 5, 1-14.

Fukuchi, Hajime (1978) "The Applicability of Complement Extraposition and Functional Implications," *Studies in English Linguistics* 6, 32-50.

Fukui, Naoki (1986) *A Theory of Category Projection and its Applications*, Doctoral dissertation, MIT.

Fukui, Naoki (1988) "LF Extraction of *Naze* 'Why': Some Theoretical Implications," *Natural Language and Linguistic Theory* 6, 503-526.

Fukui, Naoki (1993) "Parameters and Optionality," *Linguistic Inquiry* 24, 399-420.

Fukui, Naoki (1995) *Theory of Projection in Syntax*, CSLI Publications and Kurosio Publishers, Stanford and Tokyo.

Fukui, Naoki and Mamoru Saito (1998) "Order in Phrase Structure and Movement," *Linguistic Inquiry* 29, 439-474.

Fukui, Naoki and Margaret Speas (1986) "Specifiers and Projections," *MIT Working Papers* 8, 128-172.

Fukui, Naoki, Shigeru Miyagawa and Carol Tenny (1985) "Verb Classes in English and Japanese: A Case Study in the Interaction of Syntax, Morphology and Semantics," *Lexicon Project Working Papers* 3, Center for Cognitive Science, MIT.

Gazdar, Gerald (1979) *Pragmatics: Implicature, Presupposition, and Logical Form*, Academic Press, New York.

Gazdar, Gerald (1981) "Unbounded Dependencies and Coordinate Structure," *Linguistic Inquiry* 12, 155-184.

Gazdar, Gerald, Geoffrey K. Pullum and Ivan Sag (1982) "Auxiliaries and Related Phenomena in a Restrictive Theory of Grammar," *Language* 58, 591-638.

Geach, Paul (1962) *Reference and Generality*, Cornell University Press, Ithaca, New York.

Gee, James Paul (1975) *Perception, Intentionality and Naked Infinitives: A Study in Linguistics and Philosophy*, Doctoral dissertation, Stanford University.

Gee, James Paul (1977) "Comments on the Paper by Akmajian," *Formal Syntax*, ed. by Peter W. Culicover, Thomas Wasow and Adrian Akmajian, 461-481, Academic Press, New York.

Geluykens, Ronald (1987) "Tails (Right-Dislocation) as a Repair Mechanism in English Conversation," *Getting One's Words into Line On Word Order and Functional Grammar*, ed. by Jan Nuyts and Georges de Schutter, 119-129, Foris, Dordrecht.

Geluykens, Ronald (1992) *From Discourse Process to Grammatical Construction on Left-Dislocation in English*, John Benjamins, Amsterdam.

Gibbs, Raymond W., Jr. (1993) "Why Idioms Are Not Dead Metaphors," *Idioms: Processing, Structure, and Interpretation*, ed. by Cristina Cacciari and Patrizia Tabossi, 57-77, Lawrence Erlbaum Associates, New Jersey.

Gibbs, Raymond W., Jr. and Nandini P. Nayak (1989) "Psycholinguistic Studies on the Syntactic Behavior of Idioms," *Cognitive Psychology* 21, 100-138.

Gibbs, Raymond W., Jr. and Nandini P. Nayak (1991) "Why Idioms Mean What They Do," *Journal of Experimental Psychology: General* 120, 93-95.

Gibbs, Raymond W., Jr., Nandini P. Nayak and Cooper Cutting (1989) "How to Kick the Bucket and Not Decompose: Analyzability and Idiom Processing," *Journal of Memory and Language* 28, 576-593.

Gibbs, Raymond W., Jr., Nandini P. Nayak, John L. Bolton and Melissa E. Keppel (1989) "Speaker's Assumptions about the Lexical Flexibility of Idioms," *Memory & Cognition* 17, 58-68.

Giorgi, Alessandra (1983/1984) "Toward a Theory of Long Distance Anaphors: A GB Approach," *The Linguistic Review* 3, 307-361.

Giorgi, Alessandra and Giuseppe Longobardi (1991) *The Syntax of Noun Phrase: Configuration, Parameters and Empty Categories*, Cambridge University Press, Cambridge.
Givón, Talmy (1975) "Cause and Control: On the Semantics of Interpersonal Manipulation," *Syntax and Semantics* 4, ed. by John Price Kimball, 59–89, Academic Press, New York.
Givón, Talmy (1978) "Negation in Language: Pragmatics, Function, Ontology," *Syntax and Semantics* 9, ed. by Peter Cole, 69–112, Academic Press, New York.
Givón, Talmy (1993) *English Grammar: A Function-Based Introduction*, John Benjamins, Amsterdam.
Givón, Talmy (1994) "Irrealis and the Subjunctive," *Studies in Language* 18, 265–337.
Givón, Talmy and Lynne Yang (1994) "The Rise of the English GET-Passive," *Voice: Form and Function*, ed. by Barbara Fox and Paul Hopper, 119–149, John Benjamins, Amsterdam.
Godard, Danièle (1989) "Empty Categories as Subjects of Tensed Ss in English or French?," *Linguistic Inquiry* 20, 497–506.
Goldberg, Adele (1991) "It Can't Go Down the Chimney Up: Paths and the English Resultative," *BLS* 17, 368–378.
Goldberg, Adele (1995) *Constructions: A Construction Grammar Approach to Argument Structure*, University of Chicago Press, Chicago.
Goldsmith, John (1979) "On the Thematic Nature of *See*," *Linguistic Inquiry* 10, 347–352.
Goldsmith, John (1981) "Complementizers and Root Sentences," *Linguistic Inquiry* 12, 541–576.
Goldsmith, John (1984) "Causative Verbs in English," *CLS 20, Part 2, The Papers from the Parasession on Lexical Semantics*, 117–130.
Goldsmith, John (1985) "A Principled Exception to the Coordinate Structure Constraint," *CLS 21, Part 1, The General Session*, 133–143.
Goodall, Grant (1987) *Parallel Structures in Syntax: Coordination, Causative, and Restructuring*, Cambridge University Press, Cambridge.
Green, Georgia M. (1974) *Semantics and Syntactic Regularity*, Indiana University Press, Indiana.
Green, Georgia M. (1989) *Pragmatics and Natural Language Understanding*, Lawerence Erlbaum Associates, Hillsdale, New Jersey.
Greenbaum, Sydney (1969) *Studies in English Adverbial Usage*, Longman, London.
Greenbaum, Sydney and Randolph Quirk (1990) *A Student's Grammar of the*

English Language, Longman, London.

Grimshaw, Jane (1979) "Complement Selection and the Lexicon," *Linguistic Inquiry* 10, 279-326.

Grimshaw, Jane (1981) "Form, Function, and Language Acquisition Device," *The Logical Problem in Language Acquisition*, ed. by Carl Leroy Baker and John J. McCarthy, 165-182, MIT Press, Cambridge, Mass.

Grimshaw, Jane (1987) "Subdeletion," *Linguistic Inquiry* 18, 659-669.

Grimshaw, Jane (1990) *Argument Structure*, MIT Press, Cambridge, Mass.

Grimshaw, Jane (1997) "Projection, Heads, and Optimality," *Linguistic Inquiry* 28, 373-422.

Groefsema, Marjolein (1995) "*Can, May, Must* and *Should*: A Relevance Theoretic Account," *Journal of Linguistics* 31, 53-79.

Groos, Anneke and Henk van Riemsdijk (1987) "Matching Effect in Free Relatives: A Parameter of Core Grammar," *Theory of Markedness in Generative Grammar*, ed. by Adriana Belletti, Luciana Brandi and Luigi Rizzi, 171-216, Scuola Normale Superiore di Pisa, Pisa.

Gropen, Jess, Steven Pinker, Michelle Hollander, Richard Goldberg and Ronald Wilson (1989) "The Learnability and Acquisition of the Dative Alternation in English" *Language* 65, 203-257.

Grosu, Alexander (1973a) "On the Nonunitary Nature of the Coordinate Structure Constraint," *Linguistic Inquiry* 4, 88-94.

Grosu, Alexander (1973b) "On the Status of the So-Called Right Roof Constraint," *Language* 49, 294-311.

Grosu, Alexander (1981) *Approaches to Island Phenomena*, North Holland, Amsterdam.

Gruber, Jeffrey S. (1967) "*Look* and *See*," *Language* 43, 937-947.

Guéron, Jacqueline (1980) "On the Syntax and Semantics of PP Extraposition," *Linguistic Inquiry* 11, 637-678.

Guéron, Jacqueline (1987) "Clause Union and the Verb-Particle Construction," Paper presented at NELS 17.

Guéron, Jacqueline and Robert May (1984) "Extraposition and Logical Form," *Linguistic Inquiry* 15, 1-31.

Guerssel, Mohamed (1986) "On Berber Verbs of Change: A Study of Transitivity Alternations," *Lexicon Project Working Papers* 9, Center for Cognitive Science, MIT.

Guerssel, Mohamed, Kenneth Hale, Mary Laughren, Beth Levin and Josie W. Eagle (1985) "A Cross-Linguistic Study of Transitivity Alternations," *Papers from the Parasession on Causatives and Agentivity, CLS* 21, Part 2, 48-63.

Gundel, Jeanette K. (1974) *Role of Topic and Comment in Linguistic Theory*, Doctoral dissertation, University of Texas at Austin. [Reproduced by Indiana University Linguistics Club, 1977.]

Gundel, Jeanette K. (1977) "Where Do Cleft Sentences Come from?" *Language* 53, 543-559.

Gundel, Jeanette K. (1985) " 'Shared Knowledge' and Topicality," *Journal of Pragmatics* 9, 83-107.

Haegeman, Liliane (1985) "The *Get*-Passive and Burzio's Generalization," *Lingua* 66, 53-77.

Haegeman, Liliane (1986) "The Present Subjunctive in Contemporary British English," *Studia Anglica Posnaniensia* 19, 61-74.

Haegeman, Liliane (1989) "*Be Going To* and *Will*: A Pragmatic Account," *Journal of Linguistics* 25, 291-317.

Haegeman, Liliane (1991, 1994²) *Introduction to Government and Binding Theory*, Blackwell, Oxford.

Haïk, Isabelle (1984) "Indirect Binding," *Linguistic Inquiry* 15, 185-223.

Hakutani, Yoshinobu and Charles H. Hargis (1972) "The Syntax of Modal Constructions," *Lingua* 30, 301-332.

Hale, Kenneth and Samuel Jay Keyser (1987a) "A View from the Middle," *Lexicon Project Working Papers* 10, Center for Cognitive Science, MIT.

Hale, Kenneth and Samuel Jay Keyser (1987b) "Explaining and Constraining the English Middle," ms., MIT.

Hale, Kenneth and Samuel Jay Keyser (1991) "On the Syntax of Argument Structure," *Lexicon Project Working Papers* 34, 1-69, Center for Cognitive Science, MIT.

Hale, Kenneth and Samuel Jay Keyser (1993) "On Argument Structure and the Lexical Expression of Syntactic Relations," *The View from Building 20: Essays in Linguistics in Honor of Sylvain Bromberger*, ed. by Kenneth Hale and Samuel Jay Keyser, 53-109, MIT Press, Cambridge, Mass.

Halliday, Michael A. K. (1967) "Notes on Transitivity and Theme in English: Part 2," *Journal of Linguistics* 3, 177-274.

Halliday, Michael A. K. (1973) *Explanations in the Functions of Language*, Edward Arnold, London.

Hamamatsu, Junji (1995) "On Passive Nominals," *English Linguistics* 12, 1-22.

Hankamer, Jorge (1973a) "Why There Are Two *Than*'s in English," *CLS* 9, 179-191.

Hankamer, Jorge (1973b) "Unacceptable Ambiguity," *Linguistic Inquiry* 4, 17-68.

Hankamer, Jorge (1974) "On the Non-Cyclic Nature of *Wh*-Clefting," *CLS* 10,

221-233.

Hankamer, Jorge and Ivan Sag (1976) "Deep and Surface Anaphora," *Linguistic Inquiry* 7, 391-426.

Harris, Zelling S. (1951) *Methods in Structural Linguistics*, University of Chicago Press, Chicago.

Hasegawa, Hiroshi (1984) "On the Formulation of Comparative Deletion," *Linguistic Research* 2 (Tokyo University English Linguistics Association), 1-18.

Hasegawa, Hiroshi (1987) "Structural Properties of Comparative Constructions," *English Linguistics* 4, 126-143.

Hasegawa, Hiroshi (1991) "Secondary Predicates, VP-internal Subjects, and Mutual C-command," *English Linguistics* 8, 1-15.

Hasegawa, Hiroshi (1996) "Adjoin vs. Merge, and the Concept of C-command," *English Linguistics* 13, 15-39.

Hasegawa, Kinsuke (1968) "The Passive Construction in English," *Language* 44, 230-243.

Hasegawa, Kinsuke (1993-1994) (長谷川欣佑)「*That*-trace 現象と移動(1)〜(5)」『英語青年』139.8-139.12.

Hasegawa, Nobuko (1988) "Passives, Verb Raising, and the Affectedness Condition," *WCCFL* 7, 99-113.

Hasegawa, Nobuko (1991) "Affirmative Polarity and Negation in Japanese," *Interdisciplinary Approaches to Language: Essays in Honor of S.-Y. Kuroda*, ed. by Carol Georgopoulos and Roberta Ishihara, 271-285, Kluwer, Dordrecht.

Haspelmath, Martin (1999) "Explaining Article-Possessor Complementarity: Economic Motivation in Noun Phrase Syntax," *Language* 75, 227-243.

Hatcher, Anna (1949) "To Get/Be Invited," *Modern Language Notes* 64, 433-446.

Hawkins, John A. (1978) *Definiteness and Indefiniteness: A Study in Reference and Grammaticality Prediction*, Croom Helm, London.

Hawkins, John A. (1990) "A Parsing Theory of Word Order Universals," *Linguistic Inquiry* 21, 223-261.

Hawkins, John A. (1994) *A Performance Theory of Order and Constituency*, Cambridge University Press, Cambridge.

Hawkins, John A. (1998) "Some Issues in a Performance Theory of Word Order," *Constituent Order in the Languages of Europe*, ed. by Anna Siewierska, 729-782, Mouton de Gruyter, Berlin.

Hawkins, Roger (1981) "Towards an Account of the Possessive Constructions: NP's N and the N of NP," *Journal of Linguistics* 17, 247-269.

Hayase, Naoko (1993) "Prototypical Meaning vs. Semantic Constraints in the Analysis of English Possessive Genitives," *English Linguistics* 10, 133-159.

Hayase, Naoko (1996) "On the Interaction of Possessive Constructions with Two Types of Abstract Nominalization: A Cognitive Viewpoint," *English Linguistics* 13, 248-276.

Hayashi, Ryujiro (1991) "On the Constituency of Small Clauses," *Topics in Small Clauses*, ed. by Heizo Nakajima and Shigeo Tonoike, 11-25, Kurosio, Tokyo.

Healey, Alan (1968) "English Idioms," *Kivung* (Journal of the Linguistic Society of the University of Papua New Guinea) 1, 71-108.

Hegarty, Michael (1992) *Adjunct Extraction and Chain Configurations*, Doctoral dissertation, MIT.

Heggie, Lorie (1993) "The Range of Null Operators: Evidence from Clefting," *Natural Language and Linguistic Theory* 11, 45-84.

Heim, Irene R. (1982) *The Semantics of Definite and Indefinite Noun Phrases*, Doctoral dissertation, University of Massachusetts, Amherst.

Heim, Irene R. (1984) "A Note on Negative Polarity and Downward Entailingness," *NELS* 14, 98-107.

Heim, Irene R. and Angelika Kratzer (1998) *Semantics in Generative Grammar*, Blackwell, Oxford.

Heine, Bernd (1993) *Auxiliaries: Cognitive Forces and Grammaticalization*, Oxford University Press, Oxford.

Higashimori, Isao (1986) "*Ever* and Pragmatics," *English Literature Review* 32, 89-120, Kyoto Women's University, Kyoto.

Higginbotham, James (1980) "Pronouns and Bound Variables," *Linguistic Inquiry* 11, 679-708.

Higginbotham, James (1983a) "Logical Form, Binding, and Nominals," *Linguistic Inquiry* 14, 395-420.

Higginbotham, James (1983b) "The Logic of Perceptual Reports: An Extensional Alternative to Situation Semantics," *The Journal of Philosophy* 80, 100-127.

Higginbotham, James (1987) "Indefiniteness and Predication," *The Representation of (In)definiteness*, ed. by Eric Reuland and Alice ter Meulen, 43-70, MIT Press, Cambridge, Mass.

Higginbotham, James (1989) "Elucidations of Meaning," *Linguistics and Philosophy* 12, 465-517.

Higginbotham, James (1995) "Some Philosophy of Language," *An Invitation to Cognitive Science, Vol. 1: Language*, 2nd ed., ed. by Lila R. Gleitman and Mark Liberman, 399-427, MIT Press, Cambridge, Mass.

Higginbotham, James (1999) "Perceptual Reports Revisited," *Philosophy and Linguistics*, ed. by Kumiko Murasugi and Robert Stainton, 11-33, Westview Press, Boulder, Colorado.

Higginbotham, James and Robert May (1981) "Questions, Quantifiers, Crossing," *The Linguistic Review* 1, 41-80.

Higgins, Francis Roger (1973a) "On J. Emonds' Analysis of Extraposition," *Syntax and Semantics* 2, ed. by John Price Kimball, 149-195, Seminar Press, New York. [Also Published by Taishukan, 1973.]

Higgins, Francis Roger (1973b) *The Pseudo-Cleft Construction in English*, Doctoral dissertation, MIT. [Published by Garland, New York, 1979.]

Hirschbüler, Paul (1982) "VP-Deletion and Across-the-Board Quantifier Scope," *NELS* 12, 132-139.

Hockett, Charles F. (1958) *A Course in Modern Linguistics*, Macmillan, New York.

Hoeksema, Jack (1983) "Negative Polarity and the Comparative," *Natural Language and Linguistic Theory* 1, 403-434.

Hoekstra, Eric (1993) "On the Parametrisation of Functional Projection in CP," *NELS* 23, 191-204.

Hoekstra, Teun (1984) *Transitivity*, Foris, Dordrecht.

Hoekstra, Teun (1988) "Small Clause Results," *Lingua* 74, 101-139.

Hoekstra, Teun and Ian Roberts (1993) "Middle Construction in Dutch and English," *Knowledge and Language 2: Lexical and Conceptual Structure*, ed. by Eric Reuland and Werner Abraham, 183-220, Kluwer, Dordrecht.

Hoekstra, Teun and René Mulder (1990) "Unergatives as Copula Verbs: Locational and Existential Predication," *The Linguistic Review* 7, 1-79.

Hofmann, T. R. (1966) "Past Tense Replacement and the Modal System," *Harvard Computation Laboratory Report* NSF-17, VII, 1-21. [Reprinted in *Syntax and Semantics 7: Notes from the Linguistic Underground*, ed. by James D. McCawley, Academic Press, New York.]

Hojo, Kazuaki (1971) "The Present Subjunctive in English NP Complements," *Kenkyu-Ronshu* (The Review of Inquiry and Research) 17, 93-112, Kansai University of Foreign Studies, Osaka.

Hook, Peter E. (1983) "The English Abstrument and Rocking Case Relations," *CLS* 19, 183-194.

Hooper, Joan B. (1975) "On Assertive Predicates," *Syntax and Semantics* 4, ed. by John Price Kimball, 91-124, Academic Press, New York.

Hooper, Joan B. and Sandra A. Thompson (1973) "On the Applicability of Root Transformations," *Linguistic Inquiry* 4, 465-497.

Hooper, Paul J. and Elizabeth C. Traugott (1993) *Grammaticalization*, Cambridge University Press, Cambridge.

Horn, George M. (1974) *The Noun Phrase Constraint*, Doctoral dissertation, University of Massachusetts, Amherst.

Horn, George M. (1975) "On the Nonsentential Nature of the POSS-ING Construction," *Linguistic Analysis* 1, 333-387.

Horn, Laurence (1980) "Affixation and the Unaccusative Hypothesis," *CLS* 16, 134-146.

Hornby, A. S. (1976²) *Guide to Patterns and Usage in English*, Oxford University Press, Oxford.

Hornstein, Norbert (1994) "An Argument for Minimalism: The Case of Antecedent-Contained Deletion," *Linguistic Inquiry* 25, 455-480.

Hornstein, Norbert (1995) *Logical Form: From GB to Minimalism*, Blackwell, Oxford.

Hornstein, Norbert and Amy Weinberg (1981) "Case Theory and Preposition Stranding," *Linguistic Inquiry* 12, 55-92.

Hornstein, Norbert and Amy Weinberg (1987) "Superiority and Generalized Binding," *NELS* 17, 311-324.

Hornstein, Norbert and David Lightfoot (1981) "Introduction," *Explanation in Linguistics: The Logical Problem of Language Acquisition*, ed. by Norbert Hornstein and David Lightfoot, 9-31, Longman, London.

Hornstein, Norbert and David Lightfoot (1987) "Predication and PRO," *Language* 63, 23-52.

Hoshi, Hidehito (1992) "Circumstantial Predicates, PRO and D-Structure Adjunction," *English Linguistics* 9, 1-20.

Hoshi, Hiroto (1994) "Theta-role Assignment, Passivization, and Excorporation," *Journal of East Asian Linguistics* 3, 147-178.

Hosoe, Ituki（1982³）（細江逸記）『動詞叙法の研究』篠崎書林, 東京.

Hoye, Leo (1997) *Adverbs and Modality*, Longman, London.

Huang, C.-T., James (1982) *Logical Relations in Chinese and the Theory of Grammar*, Doctoral dissertation, MIT.

Huck, Geoffrey J. and Younghee Na (1990) "Extraposition and Focus," *Language* 66, 51-77.

Huddleston, Rodney D. (1970) "Two Approaches to the Analysis of Tags," *Journal of Linguistics* 6, 215-222.

Huddleston, Rodney D. (1971) *The Sentence in Written English: A Syntactic Study Based on an Analysis of Scientific Texts*, Cambridge University Press, Cambridge.

Huddleston, Rodney D. (1978) "On the Constituent Structure of VP and AUX," *Linguistic Analysis*, 4, 31-59.

Huddleston, Rodney D. (1984) *Introduction to the Grammar of English*, Cambridge University Press, Cambridge.

Huddleston, Rodney D. (1993a) "On Exclamatory-Inversion Sentences in English," *Lingua* 90, 259-269.

Huddleston, Rodney D. (1993b) "Remarks on the Construction *You won't believe who Ed has married*," *Lingua* 91, 175-184.

Hudson, Richard A. (1975a) "Review of Makkai, Adam (1972) *Idiom Structure in English*, Mouton, The Hague," *Journal of Linguistics* 11, 73-80.

Hudson, Richard A. (1975b) "The Meaning of Questions," *Language* 51, 1-31.

Huntley, Martin (1984) "The Semantics of English Imperatives," *Linguistics and Philosophy* 7, 103-133.

Huybregts, Riny and Henk van Riemsdijk (1985) "Parasitic Gaps and ATB," *NELS* 15, 168-187.

Iatridou, Sabine (1990) "About Agr(P)," *Linguistic Inquiry* 21, 551-577.

Ichikawa, Yasuhiro (1983) "Concessive Clauses in English," M.A. thesis, Tokyo Gakugei University.

Ichikawa, Yasuhiro (1986) (市川泰弘)「AS譲歩構文の特異性」『英語教育』35.9, 66-68.

Ikegami, Yoshihiko (1981) (池上嘉彦)『「する」と「なる」の言語学』大修館書店, 東京.

Ike-uchi, Masayuki (1985) (池内正幸)『名詞句の限定表現』(新英文法選書6) 研究社, 東京.

Ike-uchi, Masayuki (1991) "An Analysis of English Descriptive Genitives in the Dynamic Theory of Syntax," *Current English Linguistics in Japan*, ed. by Heizo Nakajima, 95-138, Mouton de Gruyter, Berlin.

Ikeya, Akira, ed. (1996) *Tough Constructions in English and Japanese: Approaches from Current Linguistic Theories*, Kurosio, Tokyo.

Imai, Kunihiko and Heizo Nakajima (1978) (今井邦彦・中島平三)『文II』(現代の英文法5) 研究社, 東京.

Imai, Kunihiko, Heizo Nakajima, Shigeo Tonoike, Hajime Fukuchi and Kimiya Adachi (1989) (今井邦彦, 中島平三, 外池滋生, 福地肇, 足立公也)『一歩進んだ英文法』大修館書店, 東京.

Imanishi, Noriko and Ichiro Asano (1990) (今西典子・浅野一郎)『照応と削除』(新英文法選書第11巻) 大修館書店, 東京.

Inaki, Akiko (1990) (稲木昭子)「極性一致の付加疑問文」『言語』97, 73-94.

Ioup, Goergette (1975) "Some Universals for Quantifier Scope," *Syntax and Semantics* 4, ed. by John Price Kimball, 37-58, Academic Press, New York.

Ishihara, Roberta (1982) *A Study of Absolute Phrases in English within the Government and Binding Framework*, Doctoral dissertation, University of

California, San Diego.

Ishihara, Yuki (1995) "Some Notes on Resultatives," *Essays in Linguistics and Philology Presented to Professor Kinsuke Hasegawa on the Occasion of His Sixtieth Birthday* (『長谷川欣佑教授還暦記念論文集』), 79-92, Kenkyusha, Tokyo.

Ishii, Yasuo (1983) "Pseudogapping as a Syntactic Blend," *Studies in English Linguistics* 11, 40-58.

Ishii, Yasuo (1991) *Operators and Empty Categories in Japanese*, Doctoral dissertation, University of Connecticut.

Ishii, Yasuo (1998) "Floating Quantifiers in Japanese: NP Quantifiers, VP Quantifiers, or Both?" *Researching and Verifying an Advanced Theory of Human Language: COE Research Report* 2, 149-171.

Ito, Takane (1991) "C-Selection and S-Selection in Inheritance Phenomena," *English Linguistics* 8, 52-67.

Iwakura, Kunihiro (1976)（岩倉国浩）「同族目的語と様態の副詞と否定」『英語教育』25.3, 60-63.

Iwata, Seiji (1995) "On Backward Anaphora of Psych-Verbs," *Tsukuba English Studies* 14, 41-74.

Izvorski, Roumiyana (1995) "A Solution to the Subcomparative Paradox," *WCCFL* 14, 203-219.

Jackendoff, Ray S. (1971) "Gapping and Related Rules," *Linguistic Inquiry* 2, 21-36.

Jackendoff, Ray S. (1972) *Semantic Interpretation in Generative Grammar*, MIT Press, Cambridge, Mass.

Jackendoff, Ray S. (1975) "*Tough* and the Trace Theory of Movement Rules," *Linguistic Inquiry* 6, 437-447.

Jackendoff, Ray S. (1977) *$\bar{X}$ Syntax: A Study of Phrase Structure*, MIT Press, Cambridge, Mass.

Jackendoff, Ray S. (1990a) "On Larson's Treatment of the Double Object Construction," *Linguistic Inquiry* 21, 427-456.

Jackendoff, Ray S. (1990b) *Semantic Structures*, MIT Press, Cambridge, Mass.

Jackendoff, Ray S. and Peter Culicover (1971) "A Reconsideration of Dative Movements," *Foundations of Language* 7, 397-412.

Jacobs, Roderick A. and Peter S. Rosenbaum, ed. (1970) *Readings in English Transformational Grammar*, Ginn and Co, Waltham, Mass.

Jacobs, Roderick A., Peter S. Rosenbaum and Paul M. Postal (1968) *English Transformational Grammar*, Blaisdell, Waltham, Mass.

Jacobsen, Bent (1986) *Modern Transformational Grammar*. Elsevier, New York.

Jacobson, Pauline (1987) "Phrase Structure, Grammatical Relations, and Discontinuous Constituents," *Discontinuous Constituency*, ed. by Geoffrey Huck and Almerindo Ojeda, 27–69, Academic Press, New York.

Jacobson, Pauline (1992) "The Lexical Entailment Theory of Control and the *Tough* Construction," *Lexical Matters*, ed. by Ivan A. Sag and Anna Szabolcsi, 268–299, CSLI Publications, Stanford.

Jaeggli, Osvaldo (1982) *Topics in Romance Syntax*, Foris, Dordrecht.

Jaeggli, Osvaldo (1986) "Passive," *Linguistic Inquiry* 17, 587–622.

Jakubowicz, Celia (1985) "Do Binding Principles Apply to INFL?," *NELS* 15, 188–206.

James, Francis (1986) *Semantics of the English Subjunctive*, University of British Columbia Press, Vancouver.

Jenkins, Lyle (1972) *Modality in English Syntax*, Doctoral dissertation, MIT. [Reproduced by Indiana University Linguistics Club, 1972.]

Jespersen, Otto (1909-1949) *A Modern English Grammar on Historical Principles*, 7 vols, George Allen & Unwin, London: Ejnar Munksgaard, Copenhagen: Carl Winters Universitätsbuchhandlung, Heidelberg. [Reprinted by Meicho-Fukyu-Kai, Tokyo.] (Part I, 1909; Part II, 1913; Part III, 1927; Part IV, 1931; Part V, 1940; Part VI, 1942; Part VII, 1949)

Jespersen, Otto (1917) *Negation in English and Other Languages*, Host, Copenhagen.

Jespersen, Otto (1924, 1968[10]) *The Philosophy of Grammar*, George Allen & Unwin, London. [Reprinted by Norton, New York.]

Jespersen, Otto (1933) *Essentials of English Grammar*, George Allen & Unwin, London.

Jespersen, Otto (1937) *Analytic Syntax*, George Allen & Unwin, London.

Johannessen, Janne Bondi (1998) *Coordination*, Oxford University Press, Oxford.

Johnson, David and Paul M. Postal (1980) *Arc Pair Grammar*, Princeton University Press, Princeton.

Johnson, Kyle (1985) "Some Notes on Subjunctive Clauses and Binding in Icelandic," *MIT Working Papers in Linguistics* 6, 102–134.

Johnson, Kyle (1988) "Clausal Gerunds, the ECP, and Government," *Linguistic Inquiry* 19, 583–609.

Johnson, Kyle (1991) "Object Positions," *Natural Language and Linguistic Theory* 9, 577–636.

Jones, Charles (1991) *Purpose Clauses: Syntax, Thematics, and Semantics of English Purpose Constructions*, Kluwer, Dordrecht.

Jones, Michael Allen (1988) "Cognate Objects and the Case-Filter," *Journal of*

Linguistics 24, 89-110.

Joos, Martin (1968²) *The English Verb*, University of Wisconsin Press, Madison, Milwaukee.

Joseph, Brian (1977) "On the Cyclicity of Extraposition-from-the-claim," *Linguistic Inquiry* 8, 169-173.

Kac, Michael B. (1972a) "Action and Result: Two Aspects of Predication in English," *Syntax and Semantics* 1, ed. by John Price Kimball, 117-124, Seminar Press, New York.

Kac, Michael B. (1972b) "Reply to MaCawley," *Syntax and Semantics* 1, ed. by John Price Kimball, 151-156, Seminar Press, New York.

Kac, Michael B. (1976) "On Composite Predication in English," *Syntax and Semantics 6: The Grammar of Causative Constructions*, ed. by Masayoshi Shibatani, 229-258, Academic Press, New York.

Kadmon, Nirit and Fred Landman (1993) "*Any*," *Linguistics and Philosophy* 16, 353-422.

Kaga, Nobuhiro (1987) "Quantifier Scope and Event," *English Linguistics* 4, 273-293.

Kaga, Nobuhiro (1992) (加賀信広)「集合・個別読みと（非）同時性」『英語青年』138.1, 22.

Kageyama, Taro (1993) (影山太郎)『文法と語形成』ひつじ書房, 東京.

Kageyama, Taro (1996) (影山太郎)『動詞意味論』くろしお出版, 東京.

Kageyama, Taro (1999) (影山太郎)『形態論と意味』くろしお出版, 東京.

Kageyama, Taro (2000) (影山太郎)「自他交替の意味的メカニズム」丸田忠雄・須賀一好（編）『日英語の自他の交替』33-70, ひつじ書房, 東京.

Kageyama, Taro and Yoko Yumoto (1997) (影山太郎・由本陽子)『語形成と概念構造』(日英語比較選書第4巻) 研究社, 東京.

Kaisse, Ellen M. (1983) "The Syntax of Auxiliary Reduction in English," *Language* 59, 93-122.

Kajita, Masaru (1968) *A Generative-Transformational Study of Semi-Auxiliaries in Present-Day American English*, Sanseido, Tokyo.

Kajita, Masaru (1976) (梶田優)『変形文法理論の軌跡』大修館書店, 東京.

Kajita, Masaru (1977) "Towards a Dynamic Model of Syntax," *Studies in English Linguistics* 5, 44-76.

Kaneko, Yoshiaki (1984) (金子義明)「空仮説による付加疑問文の派生」『英語学』27, 23-39.

Kaneko, Yoshiaki (1994) "Some Topics in *Tough* Constructions," *Current Topics in English and Japanese*, ed. by Masaru Nakamura, 27-51, Hituzi Syobo, Tokyo.

Kaneko, Yoshiaki (1996) "On *Tough* Constructions: A GB Approach," Tough

Constructions in English and Japanese, ed. by Akira Ikeya, 9-41, Kurosio, Tokyo.

Karttunen, Lauri (1971a) "Implicative Verbs," *Language* 47, 340-358.

Karttunen, Lauri (1971b) "Some Observations on Factivity," *Papers in Linguistics* 4, 55-69.

Karttunen, Lauri (1977) "Syntax and Semantics of Questions," *Linguistics and Philosophy* 1, 3-44.

Kato, Masahiro (1998) "A Relevance-theoretic Approach to WH-Clefts in Discourse," *Papers from the Fifteenth National Conference of the English Linguistic Society of Japan*, 91-100.

Kato, Natsuko and Yasuhiko Kato (1997) "Negative Polarity: A Comparative Syntax of English, Japanese, and Spanish," *Proceedings of the 16th International Congress of Linguists*, Pergamon, Oxford.

Kato, Yasuhiko (1991) "Negative Polarity in Japanese and the Levels of Representation," *The Tsuda Review* 36, 151-179.

Katz, Jerrold J. (1970) "Interpretive Semantics vs. Generative Semantics," *Foundations of Language* 6, 220-259.

Katz, Jerrold J. and Paul M. Postal (1963) "Semantic Interpretation of Idioms and Sentences Containing Them," *Quarterly Progress Report*, 70, MIT Research Laboratory of Electronics, 275-282, Cambridge, Mass.

Katz, Jerrold J. and Paul M. Postal (1964) *An Integrated Theory of Linguistic Descriptions*, MIT Press, Cambridge, Mass.

Kaufman, Ellen S. (1974) "Navajo Spatial Enclitics: A Case for Unbounded Rightward Movement," *Linguistic Inquiry* 5, 507-533.

Kawasaki, Noriko (1999) "Two Types of Semantic Roles and Movement into a Theta-Position," ms., Tokyo Woman's Christian University.

Kay, Paul and Karl Zimmer (1990) "On the Semantics of Compounds and Genitives in English," *Meaning and Prototypes: Studies in Linguistic Categorization*, ed. by Savas Tsohatzides, 239-246, Routledge, London.

Kayne, Richard S. (1981) "On Certain Differences between French and English," *Linguistic Inquiry* 12, 349-371. [Reprinted in *Connectedness and Binary Branching*, ed. by Richard Kayne, 1984, 103-123, Foris, Dordrecht.]

Kayne, Richard S. (1983) "Connectedness," *Linguistic Inquiry* 14, 223-249. [Reprinted in *Connectedness and Binary Branching*, by Richard Kayne, 1984, 165-192, Foris, Dordrecht.]

Kayne, Richard S. (1984) *Connectedness and Binary Branching*, Foris, Dordrecht.

Kayne, Richard S. (1985) "Principles of Particle Constructions," *Grammatical Representation*, ed. by Jacqueline Guéron, Hans-George Obenauer and Jean-

Yves Pollock, 101–140, Foris, Dordrecht.

Kayne, Richard S. (1994) *The Antisymmetry of Syntax*, MIT Press, Cambridge, Mass.

Kearns, Kate (1988) "Light Verbs in English," ms., MIT.

Kemmer, Suzanne (1993) *The Middle Voice*, John Benjamins, Amsterdam.

Kennedy, Christopher (1997) "Antecedent-Contained Deletion and the Syntax of Quantification," *Linguistic Inquiry* 28, 662–688.

Keysar, Boaz and Bridget Bly (1995) "Intuitions of the Transparency of Idioms: Can One Keep a Secret by Spilling the Beans?" *Journal of Memory and Language* 34, 89–109.

Keyser, Samuel Jay (1968) "Review of Sven Jacobson (1964) *Adverbial Positions in English*, University of Stockholm, Stockholm." *Language* 44, 357–374.

Keyser, Samuel Jay and Thomas Roeper (1984) "On the Middle and Ergative Constructions in English," *Linguistic Inquiry* 15, 381–416.

Keyser, Samuel Jay and Thomas Roeper (1992) "Re: The Abstract Clitic Hypothesis," *Linguistic Inquiry* 23, 89–125.

Kimball, John Price (1970) *Categories of Meaning*, Doctoral dissertation, MIT.

Kimball, John Price (1973a) "Seven Principles of Surface Structure Parsing in Natural Language," *Cognition* 2, 15–47.

Kimball, John Price (1973b) "The Grammar of Existence," *CLS* 9, 262–270.

Kiparsky, Paul (1987) "Morphology and Grammatical Relations," ms., Stanford University.

Kiparsky, Paul and Carol Kiparsky (1970=1971) "Fact," *Progress in Linguistics: A Collection of Papers*, ed. by Manfred Bierwisch and Karl Erich Heidolph, 143–173, Mouton, The Hague, 1970. *Semantics: An Interdisciplinary Reader in Philosophy, Linguistics, and Psychology*, ed. by Danny D. Steinberg and Leon A. Jakobovits, 334–369, Cambridge University Press, Cambridge, 1971.

Kirkwood, Henry W. (1977) "Discontinuous Noun Phrases in Existential Sentences in English and German," *Journal of Linguistics* 13, 53–66.

Kirsner, Robert S. and Sandra A. Thompson (1976) "The Role of Pragmatic Inference in Semantics: A Study of Sensory Verb Complements in English," *Glossa* 10, 200–240.

Kitagawa, Yoshihisa (1985) "Small but Clausal," *CLS* 21, 210–220.

Kitagawa, Yoshihisa (1986) *Subject in Japanese and English*, Doctoral dissertation, University of Massachusetts, Amherst.

Kitagawa, Yoshihisa (1991) "Copying Identity," *Natural Language and Linguistic Theory* 9, 497–536.

Kitagawa, Yoshihisa (1994) "Shells, Yolks, and Scrambled e.g.s.," *NELS* 24, 221-239.

Kitahara, Hisatsugu (1996) "Raising Quantifiers without Quantifier Raising," *Minimal Ideas*, ed. by Werner Abraham, Samuel Epstein, Höskuldur Thráinsson, and Jan-Wouter Zwart, 189-198, John Benjamins, Amsterdam.

Klaiman, M. H. (1991) *Grammatical Voice*, Cambridge University Press, Cambridge.

Klima, Edward S. (1964) "Negation in English," *The Structure of Language*, ed. by Jerry A. Fodor and Jerrold J. Katz, 246-323, Prentice-Hall, Englewood Cliffs, New Jersey.

Klinge, Alex (1993) "The English Modal Auxiliaries: From Lexical Semantics to Utterance Interpretation," *Journal of Linguistics* 29, 315-357.

Kluender, Robert (1998) "On the Distinction Between Strong and Weak Islands: A Processing Perspective," *Syntax and Semantics 29: The Limits of Syntax*, ed. by Peter Culicover and Louise McNally, 241-279, Academic Press, New York.

Knowles, John (1980) "The Tag as a Parenthetical," *Studies in Language* 4, 379-409.

Kobayashi, Reiko (1972) "Problems in Generating Coordinate Sentences with Parenthetical Elements," *Studies in English Linguistics* 1, 71-80.

Kohrt, Manfred (1975) "A Note on Bounding," *Linguistic Inquiry* 6, 167-171.

Koizumi, Masatoshi (1993) "Object Agreement Phrases and the Split VP Hypothesis," *MIT Working Papers in Linguistics* 18, 99-148.

Koizumi, Masatoshi (1995) *Phrase Structure in Minimalist Syntax*, Doctoral dissertation, MIT.

Koizumi, Naoshi (1985) "Certain Peculiarities of *Though*-attraction," *English Linguistics Today*, 271-291, Kaitakusha, Tokyo.

Konishi, Tomoshichi, ed. (1980)（小西友七）(編)『英語基本動詞辞典』研究社, 東京.

Kono, Tsuguyo (1985) "Infinitival Indirect Questions: A 'Derivative' Complement Structure," *English Linguistics* 2, 144-164.

Koopman, Hilda and Dominique Sportiche (1982-1983) "Variables and the Bijection Principle," *The Linguistic Review* 2, 139-160.

Koopman, Hilda and Dominique Sportiche (1985) "Theta Theory and Extraction," *GLOW Newsletter* 14, 57-58.

Koopman, Hilda and Dominique Sportiche (1991) "The Position of Subjects," *Lingua* 85, 211-258.

Koster, Jan (1978) "Conditions, Empty Nodes, and Markedness," *Linguistic Inquiry* 9, 551-593.

Koster, Jan (1984) "On Binding and Control," *Linguistic Inquiry* 15, 417-459.

Koster, Jan (1987) *Domains and Dynasties*, Foris, Dordrecht.

Kratzer, Angelika (1977) "What 'Must' and 'Can' Must and Can Mean," *Linguistics and Philosophy* 1, 337-355.

Kratzer, Angelika (1989) "Stage-Level and Individual-Level Predicates," ms., University of Massachusetts. [Reprinted in *The Generic Book*, ed. by Gregory N. Carlson and Francis Jeffry Pelletier, 1995, 125-175, University of Chicago Press, Chicago.]

Kroch, Anthony (1974) *The Semantics of Scope in English*, Doctoral dissertation, MIT.

Kruisinga, Etsko (1909-1932) *A Handbook of Present-Day English*, 4 vols., Noordhoff, Groningen. (Part I, 1909; Part II-1, 1911; Part II-2, 1932; Part II-3, 1932)

Kuno, Susumu (1970) "Some Properties of Non-referential Noun Phrases," *Studies in General and Oriental Linguistics Presented to Shiro Hattori on the Occasion of His Sixtieth Birthday*, ed. by Roman Jacobson and Shigeo Kawamoto, 348-373, TEC Company, Tokyo.

Kuno, Susumu (1972) "Pronominalization, Reflexivization, and Direct Discourse," *Linguistic Inquiry* 3, 161-195.

Kuno, Susumu (1973) "Constraints on Internal Clauses and Sentential Subjects," *Linguistic Inquiry* 5, 117-136.

Kuno, Susumu (1976) "Gapping: A Functional Analysis," *Linguistic Inquiry* 7, 300-318.

Kuno, Susumu (1977) "*Wh*-Cleft and *It*-Cleft Sentences," *Studies in English Linguistics*, 5, 88-117.

Kuno, Susumu (1978) （久野暲）『談話の文法』大修館書店, 東京.

Kuno, Susumu (1979) "On the Interaction between Syntactic Rules and Discourse Principles," *Explorations in Linguistics: Papers in Honor of Kazuko Inoue*, ed. by George Bedell, Eichi Kobayashi and Masatake Muraki, 279-304, Kenkyusha, Tokyo.

Kuno, Susumu (1987) *Functional Syntax: Anaphora, Discourse and Empathy*, University of Chicago Press, Chicago.

Kuno, Susumu (1988) "Crossover Phenomena and Raising in LF," *CLS* 24, 233-258.

Kuno, Susumu (1989) "Anaphora and Crossover Phenomena," ms., Harvard University.

Kuno, Susumu (1991) "Remarks on Quantifier Scope," *Current English Linguistics in Japan*, ed. by Heizo Nakajima, 261-287, Mouton de Gruyter, Berlin.

Kuno, Susumu (1997) "Binding Theory in the Minimalist Program," ms., Harvard University.

Kuno, Susumu and Ken-ichi Takami (1993a) "Negation and Extraction," *CLS* 28, 297-317.

Kuno, Susumu and Ken-ichi Takami (1993b) *Grammar and Discourse Principles: Functional Syntax and GB Theory*, University of Chicago Press, Chicago.

Kuno, Susumu, Ken-ichi Takami and Yuru Wu (1999) "Quantifier Scope in English, Chinese, and Japanese," *Language* 75, 63-111.

Kuroda, Shige-Yuki (1971) "Where Epistemology, Style, and Grammar Meet: A Case Study from Japanese," *A Festschrift for Morris Halle*, ed. by Stephen R. Anderson and Paul Kiparsky, 377-399, Holt, Rinehart & Winston, New York.

Kuroda, Shige-Yuki (1988) "Whether We Agree or Not: A Comparative Syntax of English and Japanese," *Linguisticae Investigationes* 12, 1-47.

Kuwabara, Kazuki (1990) "An Argument for Two Different Positions of a Topic Constituent," *English Linguistics* 7, 147-164.

Kuwabara, Kazuki (1994) *The Syntax of A'-Adjunction and Conditions on Chain-Formation*, Doctoral dissertation, Dokkyo University.

Ladusaw, William A. (1979) *Polarity Sensitivity as Inherent Scope Relations*, Doctoral dissertation, University of Texas. [Reproduced by Indiana University Linguistics Club, 1980.]

Ladusaw, William A. (1980) "On the Notion Affective in the Analysis of Negative-Polarity Items," *Journal of Linguistic Research* 1, 1-16.

Laka, Itziar (1990) *Negation in Syntax: On the Nature of Functional Categories and Projections*, Doctoral dissertation, MIT.

Laka, Itziar (1994) *On the Syntax of Negation*, Garland, New York.

Lakoff, George P. (1965) *On the Nature of Syntactic Irregularity*, Doctoral dissertation, Indiana University.

Lakoff, George P. (1966) "Stative Adjectives and Verbs in English," *Mathematical Linguistics and Automatic Translation, Report to the National Science Foundation* 17, 1-16, The Computation Laboratory of Harvard University, Cambridge, Mass.

Lakoff, George P. (1970) *Irregularity in Syntax*, Holt, Rinehart & Winston, New York.

Lakoff, George P. (1971) "On Generative Semantics," *Semantics: An Interdisciplinary Reader in Philosophy, Linguistics, Anthropology and Psychology*, ed. by Danny D. Steinberg and Leon A. Jakobovits, 232-296, Cambridge University Press, Cambridge.

Lakoff, George P. (1987) *Women, Fire, and Dangerous Things: What Categories Reveal about the Mind*, University of Chicago Press, Chicago.

Lakoff, George P. and John Robert Ross (1970) "Two Kinds of *And*," *Linguistic Inquiry* 1, 271-272.

Lakoff, Robin (1969) "A Syntactic Argument for Negative Transportation," *CLS* 5, 140-147.

Lakoff, Robin (1971) "Passive Resistance," *CLS* 7, 149-162.

Lakoff, Robin (1972) "The Pragmatics of Modality," *CLS* 8, 229-246.

Lamb, Sydney M. (1966) *Outline of Stratificational Grammar*, Georgetown University Press, Washington, D.C.

Lambrecht, Knud (1994) *Information Structure and Sentence Form*, Cambridge University Press, Cambridge.

Langacker, Ronald W. (1969) "On Pronominalization and the Chain of Command," *Modern Studies in English: Readings in Transformational Grammar*, ed. by David A. Reibel and Sanford A. Schane, 160-186, Prentice Hall, Englewood Cliffs, New Jersey.

Langacker, Ronald W. (1974) "Movement Rules in Functional Perspective," *Language* 50, 630-664.

Langacker, Ronald W. (1991) *Foundations of Cognitive Grammar*, Vol. 2: *Descriptive Application*, Stanford University Press, Stanford.

Langacker, Ronald W. (1993) "Reference-Point Construction," *Cognitive Linguistics* 4, 1-38.

Langacker, Ronald W. (1995) "Possession and Possessive Constructions," *Language and the Cognitive Constraint of the World*, ed. by John R. Taylor and Robert E. MacLaury, 51-79, Mouton de Gruyter, Berlin.

Langacker, Ronald W. (1997) "Constituency, Dependency, and Conceptual Grouping," *Cognitive Linguistics* 8, 1-32.

Lappin, Shalom (1996) "The Interpretation of Ellipsis," *The Handbook of Contemporary Semantic Theory*, ed. by Shalom Lappin, 145-175, Blackwell, Oxford.

Lappin, Shalom and Elabbas Benmamoun, ed. (1999) *Fragments: Studies in Ellipsis and Gapping*, Oxford University Press, Oxford.

Larkin, Don (1976) "Some Notes on English Modals," *Syntax and Semantics 7: Notes from the Linguistic Underground*, ed. by James D. McCawley, 387-398, Academic Press, New York.

Larson, Richard K. (1985) "Bare-NP Adverbs," *Linguistic Inquiry* 16, 595-621.

Larson, Richard K. (1987a) "'Missing Prepositions' and the Analysis of English Free Relative Clauses," *Linguistic Inquiry* 18, 236-266.

Larson, Richard K. (1987b) "Extraction and Multiple Selection in PP," *MIT*

Working Papers in Linguistics 9, 119-135.

Larson, Richard K. (1988) "On the Double Object Construction," *Linguistic Inquiry* 19, 335-391.

Larson, Richard K. (1990) "Double Objects Revisited: Reply to Jackendoff," *Linguistic Inquiry* 21, 589-632.

Larson, Richard K. (1991) "*Promise* and the Theory of Control," *Linguistic Inquiry* 22, 103-139.

Larson, Richard K. and Gabriel Segal (1995) *Knowledge of Meaning: An Introduction to Semantic Theory*, MIT Press, Cambridge, Mass.

Larson, Richard K. and Robert May (1990) "Antecedent Containment or Vacuous Movement: Reply to Baltin," *Linguistic Inquiry* 21, 103-122.

Lasnik, Howard (1976) "Remarks on Coreference," *Linguistic Analysis* 2, 1-22.

Lasnik, Howard (1995) "Verbal Morphology: *Syntactic Structures* Meets the Minimalist Program," *Evolution and Revolution in Linguistic Theory*, ed. by Hector Campos and Paula Kempchinsky, 251-275, Georgetown University Press, Washington, D.C. [Reprinted in *Minimalist Analysis*, ed. by Howard Lasnik, 1999, 97-119, Blackwell, Oxford.]

Lasnik, Howard (1999a) "Pseudogapping Puzzles," *Fragments: Studies in Ellipsis and Gapping*, ed. by Shalom Lappin and Elabbas Benmamoun, 141-174, Oxford University Press, Oxford.

Lasnik, Howard and Juan Uriagereka (1988) *A Course in GB Syntax*, MIT Press, Cambridge, Mass.

Lasnik, Howard and Mamoru Saito (1984) "On the Nature of Proper Government," *Linguistic Inquiry* 15, 235-289.

Lasnik, Howard and Mamoru Saito (1991) "On the Subject of Infinitives," *CLS* 27, 324-343.

Lasnik, Howard and Mamoru Saito (1992) *Move α: Conditions on Its Application and Output*, MIT Press, Cambridge, Mass.

Lasnik, Howard and Robert Fiengo (1974) "Complement Object Deletion," *Linguistic Inquiry* 5, 535-571.

Lasnik, Howard and Timothy Stowell (1991) "Weakest Crossover," *Linguistic Inquiry* 22, 687-720.

Lebeaux, David (1986) "The Interpretation of Derived Nominals," *CLS* 22, 231-247.

Lebeaux, David (1991) "Relative Clauses, Licencing, and the Nature of the Derivation," *Syntax and Semantics 25: Perspectives on Phrase Structure*, ed. by Susan Rothstein and Margaret Speas, 209-239, Academic Press, New York.

Lebeaux, David (1995) "Where Does the Binding Theory Apply?," *University* of *Maryland Working Papers in Linguistics* 3, 63-88.

Lee, David A. (1973) "Stative and Case Grammar," *Foundations of Language* 10, 545-568.

Leech, Geoffrey N. (1987²) *Meaning and the English Verb*, Longman, London.

Leech, Geoffrey N. and Jan Svartvik (1975) *A Communicative Grammar of English*, Longman, London.

Lees, Robert B. (1960) *The Grammar of English Nominalization*, Mouton, The Hague.

Lees, Robert B. (1964) "On Passives and Imperatives in English," *Gengo Kenkyu* 46, 28-41.

Lemmens, Maarten (1998) *Lexical Perspectives on Transitivity and Ergativity: Causative Constructions in English*, John Benjamins, Amsterdam.

LeSourd, Philip (1976) "*Got* Insertion," *Linguistic Inquiry* 7, 509-516.

Levin, Beth (1993) *English Verb Classes and Alternations: A Preliminary Investigation*, University of Chicago Press, Chicago.

Levin, Beth and Malka Rappaport Hovav (1986) "The Formation of Adjectival Passives," *Linguistic Inquiry* 17, 623-661.

Levin, Beth and Malka Rappaport Hovav (1988) "What to Do with θ-Roles," *Sytax and Semantics 21: Thematic Relations*, ed. by Wendy Wilkins, 7-36, Academic Press, San Diego.

Levin, Beth and Malka Rappaport Hovav (1991) "Wiping the Slate Clean: A Lexical Semantic Exploration," *Lexical and Conceptual Semantics*, ed. by Beth Levin and Steven Pinker, 123-151, Blackwell, Oxford.

Levin, Beth and Malka Rappaport Hovav (1995) *Unaccusativity: At the Syntax-Lexical Semantics Interface*, MIT Press, Cambridge, Mass.

Levin, Beth and Steven Pinker, ed. (1991) *Lexical and Conceptual Semantics*, Blackwell, Oxford.

Levin, Beth and Tova Rapoport (1988) "Lexical Subordination," *CLS* 24, 275-289.

Levin, Nancy (1978) "Some Identity-of-Sense Deletions Puzzle me. Do they you?" *CLS* 14, 229-240.

Levin, Nancy (1979) *Main Verb Ellipsis in Spoken English*, Doctoral dissertation, Ohio State University. [Published by Garland, New York, 1986.]

Levine, Robert D. (1984a) "A Note on Right Node Raising, *Tough* Constructions and Reanalysis Rules," *Linguistic Analysis* 13, 159-172.

Levine, Robert D. (1984b) "Against Reanalysis Rules," *Linguistic Analysis* 14, 3-29.

Levine, Robert D. (1989) "On the Focus Inversion: Syntactic Valence and the Role of SUBCAT List," *Linguistics* 27, 1013-1055.

Levinson, Stephen C. (1983) *Pragmatics*, Cambridge University Press, Cambridge.

Liberman, Mark (1975) "On Conditioning the Rule of Subj-Aux Inversion," *NELS* 5, 77-91.

Lieber, Rochelle (1979) "The English Passive: An Argument for Historical Rule Stability," *Linguistic Inquiry* 10, 667-688.

Lightfoot, David (1979) "Rule Classes and Syntactic Change," *Linguistic Inquiry* 10, 83-108.

Linebarger, Marcia C. (1980) *The Grammar of Negative Polarity*, Doctoral dissertation, MIT. [Reproduced by Indiana University Linguistics Club, 1980.]

Linebarger, Marcia C. (1987) "Negative Polarity and Grammatical Representation," *Linguistics and Philosophy* 10, 325-387.

Lipka, Leonard (1972) *Semantic Structure and Word-Formation: Verb-Particle Constructions in Contemporary English*, Wilhelm Fink Verlag, München.

Ljung, Magnus (1975) "State Control," *Lingua* 37, 129-150.

Lobeck, Anne C. (1986) *Syntactic Constraints on VP Ellipsis*, Doctoral dissertation, University of Washington. [Reproduced by Indiana University Linguistics Club, 1987.]

Lobeck, Anne C. (1990) "Functional Heads as Proper Governors," *NELS* 20, 348-362.

Lobeck, Anne C. (1995) *Ellipsis: Functional Heads, Licensing, and Identification*, Oxford University Press, Oxford.

Lobeck, Anne C. (1999) "VP Ellipsis and the Minimalist Program," *Fragments: Studies in Ellipsis and Gapping*, ed. by Shalom Lappin and Elabbas Benmamoun, 98-140, Oxford University Press, Oxford.

Longobardi, Giuseppe (1985) "Connectedness, Scope, and C-Command," *Linguistic Inquiry* 16, 163-192.

Lumsden, Michael (1988) *Existential Sentences*, Croom Helm, London.

Lyle, James and Michael Gamon (1997) "Multiple Subject Constructions in English," *WCCFL* 16, 271-285.

Lyons, Christopher (1986) "The Syntax of English Genitive Constructions," *Journal of Linguistics* 22, 123-143.

Lyons, John (1977) *Semantics*, vol. 2, Cambridge University Press, Cambridge.

Macfarland, Talke (1995) *Cognate Objects and the Argument/Adjunct Distinction in English*, Doctoral dissertation, Northwestern University.

Mahajan, Anoop Kumar (1990) "LF Conditions on Negative Polarity Licensing," *Lingua* 80, 333-348.

Mair, Christian (1990) *Infinitival Complement Clauses in English: A Study of*

Syntax in Discourse, Cambridge University Press, Cambridge.
Makkai, Adam (1972) *Idiom Structure in English*, Mouton, The Hague.
Maling, Joan (1976) "Notes on Quantifier-Postposing," *Linguistic Inquiry* 7, 708-718.
Malkiel, Yakov (1959) "Studies in Irreversible Binomials," *Lingua* 8, 113-160.
Manzini, Rita and Kenneth Wexler (1987) "Binding Theory, Parameters and Learnability," *Linguistic Inquiry* 18, 413-444.
Marantz, Alec P. (1984) *On the Nature of Grammatical Relations*, MIT Press, Cambridge, Mass.
Marantz, Alec P. (1996) " 'Cat' as a Phrasal Idiom: Consequences of Late Insertion in Distributed Morphology," ms., MIT.
Martin, Roger (1992) "On the Distribution and Case Features of PRO," ms., University of Connecticut.
Martin, Roger (1996) *A Minimalist Theory of PRO and Control*, Doctoral dissertation, University of Connecticut.
Martin, Roger and Juan Uriagereka (1998) "Towards an Account of Preferences," *Report of the Special Research Project for the Typological Investigation of Languages and Cultures of the East and West* II, 563-582, University of Tsukuba.
Maruta, Tadao (1998) (丸田忠雄)『使役動詞のアナトミー』松柏社, 東京.
Massam, Diane (1990) "Cognate Objects as Thematic Objects," *Canadian Journal of Linguistics* 35, 161-190.
Massam, Diane (1992) "Null Objects and Non-Thematic Subjects," *Journal of Linguistics* 28, 115-137.
Masuoka, Takashi (1979) (益岡隆志)「日本語の経験的間接関与構文と英語の have 構文について」『英語と日本語と：林栄一教授還暦記念論文集』くろしお出版, 東京.
Matsui, Chie (1981) "The Present Subjunctive in Embedded *That* Clauses," *Insight* 13, 45-59, Notre Dame Women's College of Kyoto.
May, Robert (1977) *The Grammar of Quantification*, Doctoral dissertation, MIT.
May, Robert (1985) *Logical Form: Its Structure and Derivation*, MIT Press, Cambridge, Mass.
McCawley, James D. (1968) "Lexical Insertion in a Transformational Grammar without Deep Structure," *CLS* 4, 71-80.
McCawley, James D. (1971) "Tense and Time Reference in English," *Studies in Linguistic Semantics*, ed. by Charles Fillmore and D. Terence Langendoen, 96-113, Holt, Rinehart & Winston, New York.
McCawley, James D. (1972) "Kac and Shibatani on the Grammar of Killing,"

Syntax and Semantics 1, ed. by John Price Kimball, 139-149, Seminar Press, New York.

McCawley, James D. (1982) "Parentheticals and Discontinuous Constituent Structure," *Linguistic Inquiry* 13, 91-106.

McCawley, James D. (1983) "What's with *With?*" *Language* 59, 271-287.

McCawley, James D. (1987) "Some Additional Evidence for Discontinuity," *Syntax and Semantics 20: Discontinuous Constituency*, ed. by Geoffrey J. Huck and Almerindo E. Ojeda, 185-200, Academic Press, New York.

McCawley, James D. (1988, 1998²) *The Syntactic Phenomena of English*, 2 vols., University of Chicago Press, Chicago.

McCawley, James D., ed. (1976) *Syntax and Semantics 7: Notes from the Linguistic Underground*, Academic Press, New York.

McCawley, Noriko A. (1973) "Boy! Is Syntax Easy," *CLS* 9, 369-377.

McCawley, Noriko A. (1976) "On Experiencer Causatives," *Syntax and Semantics 6: The Grammar of Causative Constructions*, ed. by Masayoshi Shibatani, 181-203, Academic Press, New York.

McCloskey, James (1991) "*There, It*, and Agreement," *Linguistic Inquiry* 22, 563-567.

McClure, William (1990) "A Lexical Semantic Explanation for Unaccusative Mismatches," *Grammatical Relations*, ed. by Katarzyna Dziwirek, Patrick Farrell and Errapel Mejías-Bikandi, 305-318, CSLI Publications, Stanford.

McConnell-Ginet, Sally (1982) "Adverbs and Logical Form: A Linguistically Realistic Theory," *Language* 58, 144-184.

McNally, Louise (1992) "VP Coordination and the VP-Internal Subject Hypothesis," *Linguistic Inquiry* 23, 336-341.

McNulty, Elaine (1988) *The Syntax of Adjunct Predicates*, Doctoral dissertation, University of Connecticut.

Meier, Hans H. (1975) "On Placing English Idioms in Lexis and Grammar," *English Studies* 56, 231-244.

Melvold, Janis (1991) "Factivity and Definiteness," *MIT Working Papers in Linguistics* 15, 97-117.

Michaelis, Laura A. and Knud Lambrecht (1996) "Toward a Construction-Based Theory of Language Function: The Case of Nominal Extraposition," *Language* 72, 215-247.

Mihara, Ken-ichi (1985) "*With* Constructions and Parasitic Gaps," *English Linguistics* 2, 202-219.

Mihara, Ken-ichi (1998)（三原健一）「数量詞連結構文と「結果」の含意」『言語』Vol.27, No.6-8,（上）86-95,（中）94-102,（下）104-113.

Milsark, Gary L. (1974) *Existential Sentences in English*, Doctoral dissertation,

MIT.

Milsark, Gary L. (1988) "Singl-*ing*," *Linguistic Inquiry* 19, 611-634.

Mittwoch, Anita (1990) "On the Distribution of Bare Infinitive Complements in English," *Journal of Linguistics* 26, 103-131.

Mittwoch, Anita (1993) "Hebrew Cognate Objects," ms., Hebrew University of Jerusalem.

Mittwoch, Anita (1998) "Cognate Objects as Reflections of Davidsonian Event Arguments," *Events and Grammar*, ed. by Susan Rothstein, 309-322, Kluwer, Dordrecht.

Miyagawa, Shigeru (1989) *Syntax and Semantics 22: Structure and Case Marking in Japanese*, Academic Press, New York.

Miyagawa, Shigeru (1997) "Against Optional Scrambling," *Linguistic Inquiry* 28, 1-25.

Moltmann, Friederike (1989) "Nominal and Clausal Event Predicates," *CLS* 25, 300-314.

Moravcsik, Edith A. (1978) "On the Case Marking of Objects," *Universals of Human Language: Syntax*, vol. 4, ed. by Joseph H. Greenberg, Charles A. Ferguson and Edith A. Moravcsik, 249-289, Stanford University Press, Stanford.

Morgan, Jerry L. (1969) "On Arguing about Semantics," *Papers in Linguistics* 1, 49-70.

Mosse, Fernand (1959²) *Manuel de l'anglais du Moyen Age, des Origines au XIVème Siecle*, Aubier, Paris.

Müller, Gereon and Wolfgang Sternefeld (1993) "Improper Movement and Unambiguous Binding," *Linguistic Inquiry* 24, 461-507.

Munn, Alan (1987) "Coordinate Structures and X-Bar Theory," *McGill Working Papers in Linguistics* 4, 121-140.

Munn, Alan (1991) "Binding in Gerunds and the Leftness Condition," *MIT Working Papers in Linguistics* 14, 163-178.

Munn, Alan (1992) "A Null Operator Analysis of ATB Gaps," *The Linguistic Review* 9, 1-26.

Munn, Alan (1993) *Topics in the Syntax and Semantics of Coordinate Structures*, Doctoral dissertation, University of Maryland.

Nagai, Tomoki (1986-1987) (永井智貴)「時を表す副詞的名詞句」『英語教育』35.11, 67-70; 35.12, 64-66.

Nakajima, Heizo (1982) "The V⁴ System and Bounding Category," *Linguistic Analysis* 9, 341-378.

Nakajima, Heizo (1985-1986) "Three Empty Category Principles as Licensing Conditions on Binding Paths," *The Linguistic Review* 5, 223-245.

Nakajima, Heizo (1989) "Bounding of Rightward Movements," *Linguistic Inquiry* 20, 328-334.
Nakajima, Heizo (1990) "Secondary Predication," *The Linguistic Review* 7, 275-309.
Nakajima, Heizo (1991a) "Binding Path and Dependent Categories," *Current English Linguistics in Japan*, ed. by Heizo Nakajima, 289-344, Mouton de Gruyter, Berlin.
Nakajima, Heizo (1991b) "Introduction," *Topics in Small Clauses*, ed. by Heizo Nakajima and Shigeo Tonoike, 3-10, Kurosio, Tokyo.
Nakajima, Heizo (1991c) "Reduced Clauses and Argumenthood of AgrP," *Topics in Small Clauses*, ed. by Heizo Nakajima and Shigeo Tonoike, 39-57, Kurosio, Tokyo.
Nakajima, Heizo (1991d) "Transportability, Scope Ambiguity of Adverbials and the Generalized Binding Theory," *Journal of Linguistics* 27, 337-374.
Nakajima, Heizo (1992) "Syntactic Differences between Main and Embedded Clauses and the Split-Comp Hypothesis," *Metropolitan Linguistics* 12, 18-38, Tokyo Metropolitan University, Tokyo.
Nakajima, Heizo (1993) "Linking and Suppress-α," *Argument Structure: Its Syntax and Acquisition*, ed. by Heizo Nakajima and Yukio Otsu, 103-121, Kaitakusha, Tokyo.
Nakajima, Heizo (1996) "Complementizer Selection," *The Linguistic Review* 13, 143-164.
Nakajima, Heizo (1997) "A Generativist View of the Cognitive Analysis of Raising," ed. by Masatomo Ukaji, Toshio Nakao, Masaru Kajita, and Shuji Chiba, *Studies in English Linguistics*, 474-491, Taishukan, Tokyo.
Nakajima, Heizo (1999) "Irregular Though *Though*-Attraction Seems To Be," *Linguistics: In Search of the Human Mind*, ed. by Masatake Muraki and Enoch Iwamoto, 520-539, Kaitakusha, Tokyo.
Nakajima, Heizo and Shigeo Tonoike, ed. (1991) *Topics in Small Clauses: Proceedings of Tokyo Small Clause Festival*, Kurosio, Tokyo.
Nakajima, Heizo, ed. (1991) *Current English Linguistics in Japan*, Mouton de Gruyter, Berlin.
Nakamura, Masaru (1976) (中村捷)「英語挿入節の統語的, 意味的特性」『英語学』15, 21-43.
Nakamura, Masaru (1983) "A Nontransformational Approach to Quantifier-Floating Phenomena," *Studies in English Linguistics* 11, 1-10.
Nakamura, Masaru (1991a) (中村捷)「優位条件と束縛原理(C)」『英語青年』5月号, 66-72.
Nakamura, Masaru (1991b) "On 'Null Operator' Constructions," *Current*

English Linguistics in Japan, ed. by Heizo Nakajima, 345-379, Mouton de Gruyter, Berlin.

Nakamura, Masaru (1996)（中村捷）『束縛関係―代用表現と移動―』ひつじ書房, 東京.

Nakamura, Masaru (1997) "The Middle Construction and Semantic Passivization," *Verb Semantics and Syntactic Structure*, ed. by Taro Kageyama, 115-147, Kurosio, Tokyo.

Nakamura, Masaru (2000) "A Strong Thesis of the Computational Component," *Explorations in English Linguistics*, 1-46, Department of English Linguistics, Tohoku University.

Nakamura, Masaru, Yoshiaki Kaneko and Akira Kikuchi (1989)（中村捷・金子義明・菊地朗）『生成文法の基礎』研究社, 東京.

Nakano, Hirozo (1995)（中野弘三）『英語法助動詞の意味論』英潮社, 東京.

Nakau, Minoru (1980)（中右実）「文副詞の比較」国廣哲彌（編）『文法』（日英語比較講座第2巻）157-219, 大修館書店, 東京.

Nakau, Minoru (1994)（中右実）『認知意味論の原理』大修館書店, 東京.

Nanni, Deborah (1978) *The Easy Class of Adjectives in English*, Doctoral dissertation, University of Massachusetts, Amherst.

Napoli, Donna Jo (1983) "Comparative Ellipsis: A Phrase Structure Analysis," *Linguistic Inquiry* 14, 675-694.

Napoli, Donna Jo (1988) "Subjects and External Arguments: Clauses and Non-Clauses," *Linguistics and Philosophy* 11, 323-354.

Napoli, Donna Jo (1989) *Predication Theory: A Case Study for Indexing Theory*, Cambridge University Press, Cambridge.

Napoli, Donna Jo (1993) *Syntax: Theory and Problems*, Oxford University Press, Oxford.

Neeleman, Ad and Fred Weerman (1993) "The Balance between Syntax and Morphology: Dutch Particles and Resultatives," *Natural Language and Linguistic Theory* 11, 433-475.

Newmeyer, Frederick J. (1972) "The Insertion of Idioms," *CLS* 8, 294-302.

Newmeyer, Frederick J. (1974) "The Regularity of Idiom Behavior," *Lingua* 34, 327-342.

Newmeyer, Frederick J. (1975) *English Aspectual Verbs*, Mouton, The Hague.

Newmeyer, Frederick J. (1980) *Linguistic Theory in America; The First Quarter-Century of Transformational Generative Grammar*, Academic Press, New York.

Newmeyer, Frederick J. (1987) "Presentational *There*-Insertion and the Notions 'Root Transformation' and 'Stylistic Rule'," *CLS* 23, 295-308.

Nicolle, Steve (1997) "A Relevance-Theoretic Account of *Be Going To*"

Journal of Linguistics 33, 355-377.

Nida, Eugene A. (1958) "Analysis of Meaning and Dictionary Making," *International Journal of American Linguistics* 24, 279-292.

Nikiforidou, Kiki (1991) "The Meanings of the Genitive: A Case Study in Semantic Structure and Semantic Change," *Cognitive Linguistics* 2, 149-205.

Nikkuni, Osamu (1987) "Abbreviated Adverbial Clauses," Unpublished senior thesis, Tokyo Gakugei University.

Nishioka, Nobuaki (1999) "On Sentential Negation and the Licensing of Negative Polarity Items in English and Japanese: A Minimalist Approach," *English Linguistics* 16, 25-54.

Nissenbaum, Jon (1998) "Movement and Derived Predicates: Evidence from Parasitic Gaps," *MIT Working Papers in Linguistics* 25, 247-295.

Norrick, Neal R. (1978) *Factive Adjectives and the Theory of Factivity*, Max Niemeyer, Tübingen.

Nozawa, Hidemi (1978) "On Comparative Ellipsis," *Eibungaku Kenkyu*, 54, 319-337.

Nunberg, Geoffrey D. (1978) *The Pragmatics of Reference*, Indiana University Linguistics Club, Indiana.

Nässlin, Siv (1984) *The English Tag Question: A Study of Sentences Containing Tags of the Type* Isn't it?, Is it?, Almqvist & Wiksell International, Stockholm.

O'Grady, William D. (1980) "The Derived Intransitive Construction in English," *Lingua* 52, 57-72.

Oba, Yukio (1984) "On Preposition Stranding in Noun Phrases," *English Linguistics* 4, 45-66.

Oba, Yukio (1989) "The Empty Category Principle and Multiple *Wh*-Questions," *English Linguistics* 4, 52-71.

Oba, Yukio (1993) "On the Double Object Construction," *English Linguistics* 10, 95-118.

Oba, Yukio (1998)（大庭幸男）『英語構文研究―素性とその照合を中心に―』英宝社, 東京.

Oehrle, Richard T. (1976) *The Grammatical Status of the English Dative Alternation*, Doctoral dissertation, MIT.

Oehrle, Richard T. (1979) "A Theoretical Consequence of Constituent Structure in *Tough* Movement," *Linguistic Inquiry* 10, 583-593.

Oehrle, Richard T. and Hiroko Nishio (1981) "Adversity," *Working Papers in Linguistics from A→Z 2*, ed. by Ann Farmer and Chisato Kitagawa, 163-185, University of Arizona, Tucson.

Oh, Choon-Kyu and David S. Dinneen, ed. (1979) *Syntax and Semantics 11:*

Presupposition, Academic Press, New York.

Ohlander, Sölve (1986) "Question-Orientation versus Answer-Orientation in English Interrogative Clauses," *Linguistics across Historical and Geographical Boundaries*, vol. 2, ed. by Dieter Kastovsky and Aleksander Szwedek, 963-982, Mouton de Gruyter, Berlin.

Ojeda, Almerindo E. (1987) "Discontinuity, Multidominance, and Unbounded Dependency in Generalized Phrase Structure Grammar: Some Preliminaries," *Syntax and Semantics 20: Discontinuous Constituency*, ed. by Geoffrey J. Huck and Almerindo E. Ojeda, 257-282, Academic Press, New York.

Okada, Nobuo (1975) "Notes on Interpretive Semantics," *Studies in English Linguistics* 3, 182-208.

Okada, Nobuo (1977) "On Parenthetical Clauses," *Studies in English Linguistics* 5, 154-162.

Okada, Nobuo (1984)（岡田伸夫）「挿入文の場合」『言語』13, 99-104.

Okada, Nobuo (1985)（岡田伸夫）『副詞と挿入文』（新英文法選書第9巻）大修館書店, 東京.

Okuno, Tadanori (1995) "VP Ellipsis in English," *English Linguistics* 16, 152-183.

Olsen, Mari Jean Broman (1994) *A Semantic and Pragmatic Model of Lexical and Grammatical Aspect*, Doctoral dissertation, Northwestern University.

Omuro, Takeshi (1984)（大室剛志）「挿入節について―the fact is の場合―」『英語学』27, 92-117.

Omuro, Takeshi (1985) " 'Nominal' *If*-Clauses in English," *English Linguistics* 5, 120-143.

Onions, Charles Talbut (1904) *An Advanced English Syntax*, Kegan Paul, London.

Onions, Charles Talbut (1971) *Modern English Syntax*, New edition of *An Advanced English Syntax*, prepared from the author's materials by B. D. H. Miller, Routledge and Kegan Paul, London.

Oshita, Hiroyuki (1997) *"The Unaccusative Trap": L2 Acquisition of English Intransitive Verbs*, Doctoral dissertation, University of Southern California.

Ota, Akira (1980)（太田朗）『否定の意味』大修館書店, 東京.

Ota, Akira and Masaru Kajita (1974)（太田朗・梶田優）『文法論II』（英語学大系第4巻）大修館書店, 東京.

Ouhalla, Jamal (1990) "Sentential Negation, Relativized Minimality and the Aspectual Status of Auxiliaries," *The Linguistic Review* 7, 183-231.

Oya, Toshiaki (1997)（大矢俊明）「ドイツ語における使役交替と非対格性」『ヴォイスに関する比較言語学的研究』三修社, 東京.

Palmer, Frank R. (1990³) *Modality and the English Modals*, Longman, London.
Palmer, Harold E. (1939²) *A Grammar of Spoken English*, W. Heffer & Sons, Cambridge. [Reprinted by Kaitakusha, Tokyo, 1942.]
Papafragou, Anna (1998) "Inference and Word Meaning: The Case of Modal Auxiliaries," *Lingua* 105, 1-47.
Pereltsvaig, Asya (1998) "Two Classes of Cognate Objects," *WCCFL* 17, 537-551.
Perkins, Michael R. (1983) *Modal Expressions in English*, ABLEX Publishing Corporation, Norwood, New Jersey.
Perlmutter, David M. (1978) "Impersonal Passives and the Unaccusative Hypothesis," *BLS* 4, 157-189.
Perlmutter, David M. and Carol Rosen, ed. (1984) *Studies in Relational Grammar* 2, University of Chicago Press, Chicago.
Perlmutter, David M. and John R. Ross (1970) "Relative Clauses with Split Antecedents," *Linguistic Inquiry* 1, 350.
Perlmutter, David M. and Paul Postal (1984) "The 1-Advancement Exclusiveness Law," *Studies in Relational Grammar* 2, ed. by David M. Perlmutter and Carol Rosen, 81-125, Universtiy of Chicago Press, Chicago.
Perlmutter, David M. and Scott Soames (1979) *Syntactic Argumentation and the Structure of English*, University of California Press, Berkeley.
Perlmutter, David M., ed. (1983) *Studies in Relational Grammar* 1, University of Chicago Press, Chicago.
Pesetsky, David Michael (1982) *Paths and Categories*, Doctoral dissertation, MIT.
Pesetsky, David Michael (1987a) "Binding Problems with Experiencer Verbs," *Linguistic Inquiry* 18, 126-140.
Pesetsky, David Michael (1987b) "*Wh*-in-Situ: Movement and Unselective Binding," *The Representation of (In)definiteness*, ed. by Eric Reuland and Alice G. B. ter Meulen, 98-129, MIT Press, Cambridge, Mass.
Pesetsky, David Michael (1991) "Zero Syntax," ms., MIT.
Pesetsky, David Michael (1995) *Zero Syntax: Experiencers and Cascades*, MIT Press, Cambridge, Mass.
Pesetsky, David Michael (1998) "Some Optimality Principles of Sentence Pronunciation," *Is the Best Good Enough?*, ed. by Pilar Barbosa, Danny Fox, Paul Hagstrom, Martha McGinnis and David Michael Pesetsky, 337-384, MIT Press, Cambridge, Mass.
Phillips, Colin (1996) *Order and Structure*, Doctoral dissertation, MIT.
Pica, Pier and William Snyder (1995) "Weak Crossover, Scope, and Agreement in a Minimalist Framework," *WCCFL* 13, 334-349.

Picallo, M. Carme (1984) "The Infl Node and the Null Subject Parameter," *Linguistic Inquiry* 15, 75-102.

Pinker, Steven (1989) *Learnability and Cognition: The Acquisition of Argument Structure*, MIT Press, Cambridge, Mass.

Pinkham, Jessie (1982) *The Formation of Comparative Clauses in French and English*, Indiana University Linguistics Club, Indiana.

Pinkham, Jessie and Jorge Hankamer (1975) "Deep and Shallow Clefts," *CLS* 11, 429-450.

Pollack, Jay M (1976) "A Re-Analysis of NEG-RAISING in English," *Working Papers in Linguistics* 21, 189-239, Ohio State University, Ohio.

Pollard, Carl and Ivan A. Sag (1992) "Anaphors in English and the Scope of Binding Theory," *Linguistic Inquiry* 23, 261-303.

Pollock, Jean-Yves (1989) "Verb Movement, Universal Grammar, and the Structure of IP," *Linguistic Inquiry* 20, 365-424.

Portner, Paul (1999) "The Semantics of Mood," *Glot International* 4, 3-9.

Postal, Paul M. (1971) *Cross-over Phenomena*, Holt, Rinehart & Winston, New York.

Postal, Paul M. (1972) "On Some Rules that Are Not Succesive Cyclic," *Linguistic Inquiry* 3, 211-222.

Postal, Paul M. (1974) *On Raising: One Rule of English Grammar and Its Theoretical Implications*, MIT Press, Cambridge, Mass.

Postal, Paul M. (1986) *Studies of Passive Clauses*, State University of New York Press, New York.

Postal, Paul M. (1993) "Parasitic Gaps and the Across-the-Board Phenomenon," *Linguistic Inquiry* 24, 734-754.

Postal, Paul M. (1994) "Parasitic and Pseudoparasitic Gaps," *Linguistic Inquiry* 25, 63-117.

Postal, Paul M. (1998) *Three Investigations of Extraction*, MIT Press, Cambridge, Mass.

Postal, Paul M. and Geoffrey K. Pullum (1988) "Expletive Noun Phrases in Subcategorized Positions" *Linguistic Inquiry* 19, 635-670.

Potsdam, Eric (1997) "NegP and Subjunctive Complements in English," *Linguistic Inquiry* 28, 533-541.

Potsdam, Eric (1998) *Syntactic Issues in the English Imperative*, Garland, New York.

Poutsma, Hendrik (1914-1916) *A Grammar of Late Modern English, for the Use of Continental, Especially Dutch Students*, Noordhoff, Groningen.

Poutsma, Hendrik (1904-1926) *A Grammar of Late Modern English*, 5vols., Noordhoff, Groningen. [Reprinted by Senjo, Tokyo.] (Part I, 1st half,

1928²; Part Ⅰ, 2nd half, 1929²; Part Ⅱ, Sec. Ⅰ-A, 1914; Part Ⅱ, Sec. Ⅰ-B, 1916; Part Ⅱ, Sec. Ⅱ, 1926)

Prince, Ellen F. (1978) "A Comparison of WH-Clefts and IT-Clefts in Discourse," *Language* 54, 883-906.

Prince, Ellen F. (1981) "Topicalization, Focus-Movement, and Yiddish-Movement: A Pragmatic Differentiation," *BLS* 7, 249-264.

Prince, Ellen F. (1998) "On the Limits of Syntax, with Reference to Left-Dislocation and Topicalization," *Syntax and Semantics 29: The Limits of Syntax*, ed. by Peter Culicover and Louise McNally, 281-302, Academic Press, New York.

Progovac, Ljiljana (1988) *A Binding Approach to Polarity Sensitivity*, Doctoral dissertation, University of Southern California.

Progovac, Ljiljana (1992) "Relativized SUBJECT: Long-Distance Reflexives Without Movement," *Linguistic Inquiry* 23, 671-680.

Progovac, Ljiljana (1994) *Negative and Positive Polarity: A Binding Approach*, Cambridge University Press, Cambridge.

Pullum, Geoffrey and Paul Postal (1979) "On an Inadequate Defense of 'Trace Theory'," *Linguistic Inquiry* 10, 689-706.

Quirk, Randolph and Sidney Greenbaum (1973) *A University Grammar of English*, Longman, London.

Quirk, Randolph, Sidney Greenbaum, Geoffrey Leech and Jan Svartvik (1972) *A Grammar of Contemporary English*, Longman, London.

Quirk, Randolph, Sidney Greenbaum, Geoffrey Leech and Jan Svartvik (1985) *A Comprehensive Grammar of the English Language*, Longman, London.

Radford, Andrew (1981) *Transformational Syntax: A Student's Guide to Chomsky's Extended Standard Theory*, Cambridge University Press, Cambridge.

Radford, Andrew (1988) *Transformational Grammar: A First Course*, Cambridge University Press, Cambridge.

Radford, Andrew (1997a) *Syntactic Theory and the Structure of English: A Minimalist Approach*, Cambridge University Press, Cambridge.

Radford, Andrew (1997b) *Syntax: A Minimalist Introduction*, Cambridge University Press, Cambridge.

Randall, Janet H. (1982) *Morphological Structure and Language Acquisition*, Doctoral dissertation, University of Massachusetts, Amherst. [Published by Garland, New York, 1985.]

Rando, Emily and Donna Jo Napoli (1978) "Definites in *There*-Sentences," *Language* 54, 300-313.

Ransom, Evelyn N. (1986) *Complementation: Its Meanings and Forms*, John

Benjamins, Amsterdam.

Rapoport, Tova R. (1995) "Specificity, Objects, and Nominal Small," *Syntax and Semantics 28: Small Clauses*, ed. by Anna Cardinaletti and Maria Teresa Guasti, 153–178, Academic Press, New York.

Rappaport Hovav, Malka (1983) "On the Nature of Derived Nominals," *Papers in Lexical-Functional Grammar*, ed. by Lori Levin, Malka Levin and Annie Zaenen, 113–142, Indiana University Linguistic Club, Indiana.

Rappaport Hovav, Malka and Beth Levin (1985) "The Locative Alternation: A Case Study in Lexical Analysis," ms., Center for Cognitive Science, MIT.

Rappaport Hovav, Malka and Beth Levin (1988) "What to Do with θ-Roles", *Syntax and Semantics 21: Thematic Relations*, ed. by Wendy Wilkins, 7–36, Academic Press, New York.

Rappaport Hovav, Malka and Beth Levin (1998) "Building Verb Meanings," *The Projection of Arguments*, ed. by Miriam Butt and Wilhelm Geuder, 97–134, CSLI Publications, Stanford.

Reinhart, Tanya (1975) "Whose Main Clause?" *Harvard Studies in Syntax and Semantics* 1, 127–171.

Reinhart, Tanya (1976) *The Syntactic Domain of Anaphora*, Doctoral dissertation, MIT.

Reinhart, Tanya (1981a) "Definite NP Anaphora and C-command Domains," *Linguistic Inquiry* 12, 606–636.

Reinhart, Tanya (1981b) "Pragmatics and Linguistics: An Analysis of Sentence Topics," *Philosophica* 27, 53–94.

Reinhart, Tanya (1983) *Anaphora and Semantic Interpretaion*, Croom Helm, London. [Reprinted by University of Chicago Press, 1983.]

Reinhart, Tanya (1986a) "Center and Periphery in the Grammar of Anaphora," *Studies in the Acquisition of Anaphora, Volume I: Defining the Constraints*, ed. by Barbara Lust, 123–150, Reidel, Dordrecht.

Reinhart, Tanya (1986b) "On the Interpretation of 'Donkey'-Sentences," *On Conditionals*, ed. by Elizabeth Closs Traugott, Alice Ter Meulen, Judy Snitzer Reilly, and Charles A. Ferguson, 103–122, Cambridge University Press, Cambridge.

Reinhart, Tanya and Eric J. Reuland (1993) "Reflexivity," *Linguistic Inquiry* 24, 657–720.

Reuland, Eric J. (1983) "Governing *-ing*," *Linguistic Inquiry* 14, 101–136.

Reuland, Eric J. and Werner Abraham, ed. (1993) *Knowledge and Language*, Vol. 1, Kluwer, Dordrecht.

Rice, Sally (1988) "Unlikely Lexical Entries," *BLS* 14, 202–212.

Richards, Norvin (1998) "The Principle of Minimal Compliance," *Linguistic*

Inquiry 29, 599-629.

Ritter, Elizabeth and Sara Thomas Rosen (1993) "Deriving Causation," *Natural Language and Linguistic Theory* 11, 519-555.

Rivière, Claude (1981) "Is *Should* a Weaker *Must?*," *Journal of Linguistics* 17, 179-195.

Rizzi, Luigi (1990) *Relativized Minimality*, MIT Press, Cambridge, Mass.

Rizzi, Luigi (1991) "On the Status of Referential Indices," *The Chomskyan Turn*, ed. by Asa Kasher, 273-299, Blackwell, Oxford.

Rizzi, Luigi (1996) "Residual Verb Second and the *Wh*-Criterion," *Parameters and Functional Heads*, ed. by Adriana Belletti and Luigi Rizzi, 63-90, Oxford University Press, Oxford.

Rizzi, Luigi (1998) "The Fine Structure of the Left Periphery," *Elements of Grammar*, ed. by Liliane Haegeman, 281-337, Kluwer, Dordrecht.

Rizzi, Luigi and Ian Roberts (1989) "Complex Inversion in French," *Probus* 1, 1-30.

Roberts, Ian (1985) "Agreement Parameters and the Development of English Modal Auxiliaries," *Natural Language and Linguistic Theory* 3, 21-58.

Roberts, Ian (1987) *The Representation of Implicit and Dethematized Subjects*, Foris, Dordrecht.

Roberts, Ian (1988) "Predicative APs," *Linguistic Inquiry* 19, 703-710.

Roberts, Ian (1993) *Verbs and Diachronic Syntax*, Kluwer, Dordrecht.

Roberts, Ian (1998) "*Have/Be* Raising, Move F, and Procrastinate," *Linguistic Inquiry* 29 113-125.

Rochemont, Michael S. (1978) *A Theory of Stylistic Rules in English*, Doctoral dissertation, University of Massachusetts, Amherst. [Published by Garland, New York, 1985.]

Rochemont, Michael S. (1992) "Bounding Rightward A'-Dependencies," *Island Constraints*, ed. by Helen Goodluck and Michael Rochemont, 373-397, Kluwer, Dordrecht.

Rochemont, Michael S. and Peter W. Culicover (1990) *English Focus Constructions and the Theory of Grammar*, Cambridge University Press, Cambridge.

Rochette, Anne (1990) "The Selectional Properties of Adverbs," *CLS* 26, 379-391.

Rodman, Robert (1974) "On Left Dislocation," *Papers in Linguistics* 7, 437-466. [Reprinted in *Materials on Left Dislocation*, ed. by Elena Anagnostopoulou, Henk van Riemsdijk and Frans Zwarts, 1997, 31-54, John Benjamins, Amsterdam.]

Rose, James H. (1978) "Types of Idioms," *Linguistics* 203, 55-62.

Rosen, Carol (1984) "The Interface Between Semantic Roles and Initial Grammatical Relations," *Studies in Relational Grammar* 2, ed. by David Perlmutter and Carol Rosen, 38–77, University of Chicago Press, Chicago.

Rosenbaum, Peter S. (1967) *The Grammar of English Predicate Complement Constructions*, MIT Press, Cambridge, Mass.

Rosenbaum, Peter S. (1970) "A Principle Governing Deletion in English Sentential Complementation," *Readings in English Transformational Grammar*, ed. by Roderick A. Jacobs and Peter S. Rosenbaum, 20–29, Ginn and Company, Waltham, Mass.

Ross, John Robert (1967) *Constraints on Variables in Syntax*, Doctoral dissertation, MIT. [Reproduced by Indiana University Linguistics Club, 1968.: Published as *Infinite Syntax!*, by Ablex, Norwood, New Jersey, 1986.]

Ross, John Robert (1969a) "Auxiliaries as Main Verbs," *Studies in Philosophical Linguistics* 1, ed. by William Todd, 77–102, Great Expectations, Evanston, Illinois.

Ross, John Robert (1969b) "Guess Who?" *CLS* 5, 252–286.

Ross, John Robert (1969c) "On the Cyclic Nature of English Pronominalization," *Modern Studies in English: Readings in Transformational Grammar*, ed. by David A. Reibel and Sanford A. Schane, 187–200, Prentice-Hall, New Jersey.

Ross, John Robert (1970) "Gapping and the Order of Constituents," *Progress in Linguistics*, ed. by Manfred Bierwish and Karl Erich Heidolph, 249–259, Mouton, The Hague.

Ross, John Robert (1973a) "A Fake NP Squish," *New Ways of Analyzing Variation in English*, ed. by Charles-James N. Bailey and Roger W. Shuy, 96–140, Georgetown University Press, Washington D.C.

Ross, John Robert (1973b) "Nouniness," *Three Dimensions of Linguistic Theory*, ed. by Osamu Fujimura, 137–257, TEC Company, Tokyo.

Ross, John Robert (1973c) "Slifting," *The Formal Analysis of Natural Languages*, ed. by Maurice Gross, Morris Halle, and Marcel-Paul Thschutzenberger, 133–169, Mouton, The Hague.

Ross, John Robert (1974) "There, There, (There, (There, (There, ...)))," *CLS* 10, 569–587.

Ross, John Robert (1986) *Infinite Syntax!*, Ablex Publishing Incorporation, New Jersey.

Rothstein, Susan (1983) *Syntactic Forms of Predication*, Doctoral dissertation, MIT. [Reproduced by Indiana University Linguistics Club, 1985.]

Rothstein, Susan (1995) "Small Clauses and Copula Constructions," *Syntax and Semantics 28: Small Clauses*, ed. by Anna Cardinaletti and Maria

Teresa Guasti, 27-48, Academic Press, New York.

Rozwadowska, Bo ena (1988) "Thematic Restrictions on Derived Nominals," *Syntax and Semantics 21: Thematic Relations*, ed. by Wendy Wilkins, 147-165, Academic Press, New York.

Ruhl, Charles (1989) *On Monosemy: A Study in Linguistic Semantics*, State University of New York Press, New York.

Russom, J. H. (1982) "An Examination of the Evidence for OE Indirect Passives," *Linguistic Inquiry* 13, 677-680.

Rutherford, William (1989) "Interlanguage and Pragmatic Word Order," *Linguistic Perspectives on Second Language Acquisition*, ed. by Susan M. Gass and Jacquelyn Schachter, 163-182, Cambridge University Press, Cambridge.

Sadock, Jerrold (1987) "Discontinuity in Autolexical Syntax and Autosemantic Syntax," *Discontinuous Constituency*, ed. by Geoffrey Huck and Almerindo Ojeda, 283-301, Academic Press, New York.

Safir, Kenneth J. (1982) "Inflection-Government and Inversion," *The Linguistic Review* 1, 417-467.

Safir, Kenneth J. (1983) "On Small Clauses as Constituents," *Linguistic Inquiry* 14, 730-735.

Safir, Kenneth J. (1985) *Syntactic Chains*, Cambridge University Press, Cambridge.

Safir, Kenneth J. (1987) "The Syntactic Projection of Lexical Thematic Structure," *Natural Language and Linguistic Theory* 5, 561-610.

Safir, Kenneth J. (1991) "Evaluative Predicates and the Representation of Implicit Arguments," *Principles and Parameters in Comparative Grammar*, ed. by Robert Freidin, 99-131, MIT Press, Cambridge, Mass.

Sag, Ivan A. (1976) *Deletion and Logical Form*, Doctoral dissertation, MIT.

Sag, Ivan A. (1983) "On Parasitic Gaps," *Linguistics and Philosophy* 6, 35-45.

Sag, Ivan A. (1987) "Grammatical Hierarchy and Linear Precedence," *Syntax and Semantics 20: Discontinuous Constituency*, ed. by Geoffrey J. Huck and Almerindo E. Ojeda, 303-340, Academic Press, New York.

Sag, Ivan A., Gerald Gazdar, Thomas Wasow and Steven Weisler (1985) "Coordination and How to Distinguish Categories," *Natural Language and Linguistic Theory* 3, 117-171.

Saito, Mamoru and Keiko Murasugi (1990) "N'-Deletion in Japanese: A Preliminary Study," *Japanese/Korean Linguistics* 1, 285-301.

Sakakibara, Hiroaki (1982) "*With*-Constructions in English," *Studies in English Literature, 1982 English Number*, 79-95.

Salkoff, Morris (1983) "Bees Are Swarming in the Garden: A Systematic

Synchronic Study of Productivity," *Language* 59, 288-346.

Sato, Hiroaki (1987) "Resultative Attributes and GB Principles," *English Linguistics* 4, 91-106.

Sawada, Harumi (1983)(澤田治美)「英語命令文の構造的特性:特に範疇 AUX と COMP の不在を中心として」『言語研究』83, 15-40.

Sawada, Harumi (1993)(澤田治美)『視点と主観性―日英語助動詞の分析―』ひつじ書房, 東京.

Sawada, Harumi (1995) *Studies in English and Japanese Auxiliaries: A Multi-Stratal Approach*, Hituzi, Tokyo.

Schein, Barry (1995) "Small Clauses and Predication," *Syntax and Semantics 28: Small Clauses*, ed. by Anna Cardinaletti and Maria Teresa Guasti, 49-76, Academic Press, New York.

Scheurweghs, Gustave (1959) *Present-Day English Syntax: A Survey of Sentence Patterns*, Longman, London.

Schmerling, Susan F. (1975a) "Asymmetric Conjunction and Rules of Conversation," *Syntax and Semantics 3: Speech Acts*, ed. by Peter Cole and Jerry L. Morgan, 211-231, Academic Press, New York.

Schmerling, Susan F. (1975b) "Imperative Subject Deletion and Some Related Matters," *Linguistic Inquiry* 6, 501-511.

Searle, John (1969) *Speech Acts*, Cambridge University Press, Cambridge.

Sebesta, Sam, ed. (1982) *Ride the Silver Seas*, Harcourt Brace Jovanovich, New York.

Sells, Peter (1987) "Aspects of Logophoricity," *Linguistic Inquiry* 18, 445-479.

Shaer, Benjamin (1998) "Adverbials, Functional Structure, and Restrictiveness," *NELS* 28, 391-407.

Shibatani, Masayoshi (1972) "Three Reasons for Not Deriving 'Kill' from 'Cause to Die' in Japanese," *Syntax and Semantics* 1, ed. by John Price Kimball, 125-137, Seminar Press, New York.

Shibatani, Masayoshi (1976) "The Grammar of Causative Constructions: A Conspectus," *Syntax and Semantics 6: The Grammar of Causative Constructions*, ed by Masayoshi Shibatani, 1-40, Academic Press, New York.

Shimada, Hiroshi (1985)(嶋田裕司)『句動詞』(新英文法選書5)大修館書店, 東京.

Shumaker, Linda and Susumu Kuno (1980) "VP Deletion in Verb Phrases Headed by *Be*," *Harvard Studies in Syntax and Semantics* 3, 317-367.

Siewierska, Anna (1984) *The Passive: A Comparative Linguistic Analysis*, Croom Helm, London.

Simpson, Jane (1983) "Resultatives," *Papers in Lexical-Functional Grammar*, ed. by Lori Levin, Malka Rappaport Hovav and Annie Zaenen, 143-157,

Indiana University Linguistics Club, Indiana.

Snyder, William and Larom Stormswold (1997) "The Structure and Acquisition of English Dative Constructions," *Linguistic Inquiry* 28, 281-317.

Sobin, Nicholas (1987) "The Variable Status of Comp-Trace Phenomena," *Natural Language and Linguistic Theory* 5, 33-60.

Sonnenschein, Edward Adolf (1916) *A New English Grammar*, Oxford University Press, Oxford.

Speas, Margaret (1990) *Phrase Structure in Natural Language*, Kluwer, Dordrecht.

Sperber, Dan and Deirdre Wilson (1986) *Relevance: Communication and Cognition*, Blackwell, Oxford.

Sportiche, Dominique (1988) "A Theory of Floating Quantifiers and its Corollaries for Constituent Structure," *Linguistic Inquiry* 19, 425-449.

Starke, Michael (1995) "On the Format for Small Clauses," *Syntax and Semantics 28: Small Clauses*, ed. by Anna Cardinaletti and Maria Teresa Guasti, 237-270, Academic Press, New York.

Steele, Susan M., Adrian Akmajian, Richard Dewers, Eloise Jelinek, Chisato Kitagawa, Richard Oehrle and Thomas Wasow (1981) *An Encyclopedia of AUX: A Study of Cross-Linguistic Equivalence*, MIT Press, Cambridge, Mass.

Stockwell, Robert P., Paul Schachter and Barbara Hall Partee (1973) *The Major Syntactic Structures of English*, Holt, Rinehart & Winston, New York.

Stowell, Timothy A. (1981) *Origins of Phrase Structure*, Doctoral dissertation, MIT.

Stowell, Timothy A. (1982) "The Tense of Infinitives," *Linguistic Inquiry* 13, 561-570.

Stowell, Timothy A. (1983) "Subjects Across Categories," *The Linguistic Review* 2, 285-312.

Stowell, Timothy A. (1991) "The Alignment of Arguments in Adjective Phrases," *Syntax and Semantics 25: Perspectives on Phrase Structure: Heads and Licensing*, ed. by Susan D. Rothstein, 105-135, Academic Press, New York.

Stroik, Thomas (1992a) "Middles and Movement," *Linguistic Inquiry* 23, 127-137.

Stroik, Thomas (1992b) "English *Wh-in-situ* Constructions," *Linguistic Analysis* 22, 133-153.

Stroik, Thomas (1995a) "On Middle Formation: A Reply to Zribi-Hertz," *Linguistic Inquiry* 26, 165-171.

Stroik, Thomas (1995b) "Some Remarks on Superiority Effects," *Lingua* 95, 239-258.

Stroik, Thomas (1996) *Minimalism, Scope, and VP Structure*, SAGE Publications, London.

Stucky, Susan U. (1987) "Configurational Variation in English: A Study of Extraposition and Related Matters," *Syntax and Semantics 20: Discontinuous Constituency*, ed. by Geoffrey J. Huck and Almerindo E. Ojeda, 377-404, Academic Press, New York.

Stump, Gregory T. (1985) *The Semantic Variability of Absolute Constructions*, Reidel, Dordrecht.

Stuurman, Frits (1990) *Two Grammatical Models of Modern English: The Old and the New from A to Z*, Routledge, London.

Stuurman, Frits (1991) "*If* and *Whether*: Questions and Conditions," *Lingua* 83, 1-41.

Sundby, Bertil (1970) *Front-Shifted 'ing' and 'ed' Groups in Present Day English*, CWK Gleerup, Lund.

Suzuki, Hidekazu (1977) (鈴木英一)「存在文の意味上の主語と定性・不定性」『山形大学紀要（人文科学）』8.4, 81-106.

Suzuki, Yubun (1991) "Small Clauses as AgrP," *Topics in Small Clauses*, ed. by Heizo Nakajima and Shigeo Tonoike, 27-37, Kurosio, Tokyo.

Swan, Michael (1995^2) *Practical English Usage*, Oxford University Press, Oxford.

Swart, Henriette de (1998) *Introduction to Natural Language Semantics*, CSLI Publications, Stanford.

Sweet, Henry (1891-1898) *A New English Grammar*, 2 vols., Oxford University Press, London. (Vol. 1, 1891; Vol. 2, 1898)

Sweet, Henry (1899) *The Practical Study of Languages: A Guide for Teachers and Learners*, J. M. Dent & Sons, London. [Reprinted by Oxford University Press, London, 1964.]

Sweetser, Eve (1990) *From Etymology to Pragmatics*, Cambridge University Press, Cambridge.

Takagi, Hiroyuki (1996) "Constraints on the Distribution of Anaphors," *Osaka University Papers in English Linguistics* 3, 39-75.

Takahashi, Daiko (1990) "Negative Polarity, Phrase Structure, and the ECP," *English Linguistics* 7, 129-146.

Takahashi, Hidemitsu (1992) (高橋英光)"Negative Imperatives,"『北海道大学文学部紀要』73, 149-167.

Takami, Ken-ichi (1986) "Missing Subjects in Adverbial Clauses," *English Linguistics* 3, 213-217.

Takami, Ken-ichi (1988) "The Syntax of *If*-Clauses: Three Types of *If*-Clauses and X-Bar Theory," *Lingua* 74, 263-281.

Takami, Ken-ichi (1990) "Remarks on Extraposition from NP," *Linguistic Analysis* 20, 192-219.

Takami, Ken-ichi (1992) *Preposition Stranding: From Syntactic to Functional Analyses*, Mouton de Gruyter, Berlin.

Takami, Ken-ichi (1995a) (高見健一) "Backward Binding and Empathy,"『上智大学言語学会会報』10, 299-335.

Takami, Ken-ichi（1995b）（高見健一）『機能的構文論による日英語比較』くろしお出版, 東京.

Takami, Ken-ichi (1996) "Antecedent-Contained Deletion and Focus," *English Linguistics* 13, 140-168.

Takami, Ken-ichi（1997）（高見健一）『機能的統語論』くろしお出版, 東京.

Takami, Ken-ichi（1998）（高見健一）「日本語の数量詞遊離について―機能論的分析」『言語』Vol.27, No.1-3,（上）86-95,（中）86-95,（下）98-107.

Takano, Yuji (1998) "Object Shift and Scrambling," *Natural Language and Linguistic Theory* 16, 817-889.

Takeda, Shuichi（1978）（武田修一）「接続詞 and の直後に生ずる挿入節について」『英語学』18, 2-21.

Takezawa, Koichi (1984) "Perfective *Have* and the Bar Notation," *Linguistic Inquiry* 15, 675-687.

Takezawa, Koichi（竹沢幸一）and John Whitman（1998）『格と語順と統語構造』（日英語比較選書第9巻）研究社, 東京.

Takizawa, Naohiro (1987) "A Functional Analysis of Topicalized Sentences in English," *English Linguistics* 4, 221-237.

Tanaka, Hidekazu (1992) "Raising to Object in English, French, and Japanese," *English Linguistics* 9, 39-60.

Tanaka, Hidekazu (1997) "Invisible Movement in *Sika-Nai* and the Linear Crossing Constraint," *Journal of East Asian Linguistics* 6, 143-188.

Tanaka, Hiroyuki (1996) "On the Derivation of Parasitic Gap Constructions," *English Linguistics* 13, 40-62.

Tanaka, Shichiro (1988) "Some Notes on English Clauses," *Linguitic Analysis* 18, 156-181.

Tancredi, Christopher (1990) "Not Only *Even*, But Even *Only*," ms., MIT.

Taraldsen, Knut Tarald (1981) "The Theoretical Interpretation of a Class of Marked Extractions," *Theory of Markedness in Generative Grammar*, ed. by Adriana Belletti, Luciana Brandi and Luigi Rizzi, 475-516, Scuola Normale Superiore di Pisa, Pisa.

Taylor, John R. (1996) *Possessives in English: An Exploration in Cognitive*

Grammar, Oxford University Press, Oxford.

Tenny, Carol Lee (1987) *Grammaticalizing Aspect and Affectedness*, Doctoral dissertation, MIT.

Tenny, Carol Lee (1992) "The Aspectual Interface Hypothesis," *Lexical Matters*, ed. by Ivan A. Sag and Anna Szabolcsi, 1-27, CSLI Publications, Stanford.

Tenny, Carol Lee (1994) *Aspectual Roles and the Syntax-Semantics Interface*, Kluwer, Dordrecht.

Terada, Michiko (1990) *Incorporation and Argument Structure in Japanese*, Doctoral dissertation, University of Massachusetts, Amherst.

Thomason, Richmond H and Robert C. Stalnaker (1973) "A Semantic Theory of Adverbs," *Linguistic Inquiry* 4, 195-220.

Thompson, Sandra A. (1973) "On Subjectless Gerunds in English," *Foundations of Language* 9, 374-383.

Thorne, James Peter (1966) "English Imperative Sentences," *Journal of Linguistics* 2, 69-78.

Tobin, Yishai (1993) *Aspect in the English Verb: Process and Result in Language*, Longman, London.

Tonoike, Shigeo (1997) "On Scrambling: Scrambling as a Base-Generated Scopal Construction," *Scrambling*, ed. by Shigeo Tonoike, 125-159, Kurosio, Tokyo.

Traugott, Elizabeth (1972) *A History of English Syntax: A Transformational Approach to the History of English Sentence Structure*, Holt, Rinehart & Winston, New York.

Travis, Lisa (1988) "The Syntax of Adverbs," *McGill Working Papers in Linguistics: Special Issue on Comparative Germanic Syntax* 20, 280-310.

Tregidgo, Philip S. (1982) "*Must* and *May*: Demand and Permission," *Lingua* 56, 75-92.

Tsunoda, Tasaku (1991) (角田太作)『世界の言語と日本語』くろしお出版, 東京.

Uchida, Megumi (1985) (内田恵)「挿入節の派生について」『英語学論考』4, 36-50, 東北大学.

Ueyama, Ayumi (1994) "Against the A/A'-Movement Dichotomy," *Studies on Scrambling*, ed, by Norbert Corver and Henk van Riemsdijk, 459-486, Mouton de Gruyter, Berlin.

Ukaji, Masatomo (1978) *Imperative Sentences in Early Modern English*, Kaitakusha, Tokyo.

Uriagereka, Juan (1998) *Rhyme and Reason: An Introduction to Minimalism Syntax*, MIT Press, Cambridge, Mass.

Uriagereka, Juan (1999a) "Minimal Restrictions on Basque Movements," *Natural Language and Linguistic Theory* 17, 403-444.

Uriagereka, Juan (1999b) "Multiple Spell-Out," *Working Minimalism*, ed. by Samuel D. Epstein and Norbert Hornstein, 251-282, MIT Press, Cambridge, Mass.

Uribe-Echevarria, Mría (1994) *Interface Licensing Conditions on Negative Polarity Items: A Theory of Polarity and Tense Interactions*, Doctoral dissertation, University of Connecticut.

Valois, Daniel (1991) *The Internal Syntax of DP*, Doctoral dissertation, UCLA.

van Hoek, Karen (1995) "Conceptual Reference Points: A Cognitive Grammar Account of Pronominal Anaphora Constraints," *Language* 71, 310-340.

van Hoek, Karen (1997) *Anaphora and Conceptual Structure*, University of Chicago Press, Chicago.

van Oirsouw, Robert R. (1987) *The Syntax of Coordination*, Croom Helm, London.

van Oosten, Jeanne (1986) *The Nature of Subjects, Topics and Agents: A Cognitive Explanation*, Indiana University Linguistics Club, Indiana.

van Riemsdijk, Henk (1978) *A Case Study in Syntactic Markedness: The Binding Nature of Prepositional Phrases*, Foris, Dordrecht.

van Riemsdijk, Henk and Edwin Williams (1981) "NP-Structure," *The Linguistic Review* 1, 171-217.

van Riemsdijk, Henk and Edwin Williams (1986) *Introduction to the Theory of Grammr*, MIT Press, Cambridge, Mass.

van Valin, Robert D. Jr. (1986) "An Empty Category as the Subject of a Tensed S in English," *Linguistic Inquiry* 17, 581-586.

van Valin, Robert D. Jr. (1990) "Semantic Parameters of Split Intransitivity," *Language* 66, 221-260.

van Voorst, Jan (1992) "The Aspectual Semantics of Psychological Verbs," *Linguistics and Philosophy* 15, 65-92.

VanDevelde, Robert (1977) "Mistaken Views of *See*," *Linguistic Inquiry* 8, 767-772.

Vendler, Zeno (1967) *Linguistics in Philosophy*, Cornell University Press, Ithaca, N.Y.

Veyrenc, Jacques (1976) "Sur la Double Diathése d'Object des Enoncés Translocatifs," *Bulletin de la Société de Linguistique de Paris* 72, 241-273.

Visser, Frederik Theodoor (1963-1973) *A Historical Syntax of the English Language*, 4 vols., E.J. Brill, Leiden. (Vol. I, 1963: Vol. II, 1966; Vol. III, first half, 1969; Vol. III, second half, 1973) von Wright, George H. (1951) *An Essay in Modal Logic*, North Holland, Amsterdam.

Ward, Gregory L. (1986) *The Semantics and Pragmatics of Preposing*, Doctoral dissertation, University of Pennsylvania. [Published by Garland, New York, 1988.]

Ward, Gregory L. and Betty J. Birner (1992) "VP Inversion and Aspect in Written Texts," *Cooperating with Written Texts: The Pragmatics and Comprehension of Written Texts*, ed. by Dieter Stein, 575-588, Mouton de Gruyter, Berlin.

Ward, Gregory L. and Ellen F. Prince (1991) "On the Topicalization of Indefinite NPs," *Journal of Pragmatics* 15, 167-178.

Warner, A. R. (1993) *English Auxiliaries*, Cambridge University Press, Cambridge.

Warshawsky, Florence (1965) "Reflexivization," ms., MIT. [Reprinted in *Syntax and Semantics 7: Notes from the Linguistic Underground*, ed. by James D. McCawley, 1976, 63-83.]

Washio, Ryuichi (1985) "Passive and Subcategorization," *Gengo Kenkyu* 87, 123-143.

Washio, Ryuichi (1989-1990) "The Japanese Passive," *The Linguistic Review* 6, 227-263.

Washio, Ryuichi (1993) "When Causatives Mean Passive: A Cross-Linguistic Perspective," *Journal of East Asian Linguistics* 2, 45-90.

Washio, Ryuichi (1995) *Interpreting Voice: A Case Study in Lexical Semantics*, Kaitakusha, Tokyo.

Washio, Ryuichi and Ken-ichi Mihara (1997)（鷲尾龍一・三原健一）『ヴォイスとアスペクト』（日英語比較選書第7巻）研究社, 東京.

Wasow, Thomas (1977) "Transformations and the Lexicon," *Formal Syntax*, ed. by Peter W. Culicover, Thomas Wasow and Adrian Akmajian, 327-360, Academic Press, New York.

Wasow, Thomas (1997) "End-Weight from the Speaker's Perspective," *Journal of Psycholinguistic Research* 26, 347-361.

Wasow, Thomas and Thomas Roeper (1972) "On the Subject of Gerunds," *Foundations of Language* 8, 44-61.

Watanabe, Akira (1992) "*Wh*-In-Situ, Subjacency, and Chain Formation", *MIT Occasional Papers in Linguistics* 2.

Watanabe, Akira (1993a) "Larsonian CP Recursion, Factive Complements, and Selection," *NELS* 23, 523-537.

Watanabe, Akira (1993b) *Agr-Based Case Theory and Its Interaction with the A-Bar System*, Doctoral dissertation, MIT.

Watanabe, Akira (1996) *Case Absorption and WH-Agreement*, Kluwer, Dordrecht.

Weinreich, Uriel (1969) "Problems in the Analysis of Idioms," *Substance and Structure of Language*, ed. by Jaan Puhvel, 23-81, University of California Press, Berkeley.

Wekker, Herman C. (1976) *The Expression of Future Time in Contemporary British English*, North Holland, Amsterdam.

Wells, Rulon (1947) "Immediate Constituents," *Language* 23, 81-117.

Westergaard, Marit R. (1986) *Definite NP Anaphora: A Pragmatic Approach*, Norwegian University Press, Norway.

Westney, Paul (1995) *Modals and Periphrastics in English*, Max Niemeyer Verlag, Tübingen.

Wexler, Kenneth and Peter W. Culicover (1980) *Formal Principles of Language Acquisition*, MIT Press, Cambridge, Mass.

Whitney, Rosemarie (1982) "The Syntactic Unity of *Wh*-Movement and Complex NP Shift," *Linguistic Analysis* 10, 299-319.

Wierzbicka, Anna (1975) "Why 'Kill' Does Not Mean 'Cause to Die': The Semantics of Action Sentences," *Foundations of Language* 13, 491-528. [Revised version published as Chapter 5 of Anna Wierzbicka (1980) *Lingua Mentalis: The Semantics of Natural Language*, Academic Press, Sydney.]

Wierzbicka, Anna (1988) *The Semantics of Grammar*, John Benjamins, Amsterdam.

Williams, Edwin S. (1975) "Small Clauses in English," *Syntax and Semantics* 4, ed. by John Price Kimball, 249-273, Academic Press, New York.

Williams, Edwin S. (1977) "Discourse and Logical Form," *Linguistic Inquiry* 8, 101-139.

Williams, Edwin S. (1978) "Across-the-Board Rule Application," *Linguistic Inquiry* 9, 31-43.

Williams, Edwin S. (1980) "Predication," *Linguistic Inquiry* 11, 203-238.

Williams, Edwin S. (1982) "The NP Cycle," *Linguistic Inquiry* 13, 277-295.

Williams, Edwin S. (1983a) "Against Small Clauses," *Linguistic Inquiry* 14, 287-308.

Williams, Edwin S. (1983b) "Semantic vs. Syntactic Categories," *Linguistics and Philosophy* 6, 423-446.

Williams, Edwin S. (1984) "*There* Insertion," *Linguistic Inquiry* 15, 131-153.

Williams, Edwin S. (1985) "PRO and Subject of NP," *Natural Language and Linguistic Theory* 3, 297-315.

Williams, Edwin S. (1987) "English as an Ergative Language," *CLS* 23, Part One, 366-375.

Williams, Edwin S. (1990) "The ATB Theory of Parasitic Gaps," *The Linguistic Review* 6, 265-279.

Williams, Edwin S. (1994) *The Thematic Structure in Syntax*, MIT Press, Cambridge, Mass.

Winkler, Susanne (1997) *Focus and Secondary Predication*, Mouton de Gruyter, Berlin.

Wittenburg, Kent (1987) "Extraposition from NP as Anaphora," *Syntax and Semantics 20: Discontinuous Constituency*, ed. by Geoffrey J. Huck and Almerindo E. Ojeda, 427-445, Academic Press, New York.

Woisetschlaeger, Erich (1983) "On the Question of Definiteness in 'an Old Man's Book'," *Linguistic Inquiry* 14, 137-154.

Wouden, Ton van der (1997) *Negative Contexts: Collocation, Polarity and Multiple Negation*, Routledge, London.

Yagi, Katsumasa (1984) (八木克正)「接続詞 as の用法—「理由」と「譲歩」」『英語学』27, 59-76.

Yamada, Hiroshi (1997) (山田博志)「中間構文について—フランス語を中心に—」『ヴォイスに関する比較言語学的研究』三修社, 東京.

Yamazaki, Kazuo (1993) (山崎和夫)「名詞句内における副詞的名詞句について」『言語学からの眺望』福岡言語学研究会 (編), 145-160, 九州大学出版会, 福岡.

Yasui, Minoru (1978) (安井稔)『新しい聞き手の文法』大修館書店, 東京.

Yasui, Minoru, ed. (1987) (安井稔編)『現代英文法事典』大修館書店, 東京.

Yoshimoto, Yasushi (1998) "The Strong [Neg] Feature of Neg and NPI Licensing in Japanese," *Japanese/Korean Linguistics* 8, 529-541.

Yoshimura, Akiko (1992) "The Cognitive Structure of Negation as an NPI-Licensing Condition," *English Linguistics* 9, 244-264.

Yoshimura, Akiko (1994) "A Cognitive Constraint on Negative Polarity Phenomena," *BLS* 20, 599-610.

Yoshimura, Akiko (1999) (吉村あき子)『否定極性現象』英宝社, 東京.

Zaenen, Annie (1993) "Unaccusativity in Dutch: Integrating Syntax and Lexical Semantics," *Semantics and the Lexicon*, ed. by James Pustejovsky, 129-161, Kluwer, Dordrecht.

Zagona, Karen (1982) *Government and Proper Government of Verbal Projections*, Doctoral dissertation, University of Washington.

Zagona, Karen (1988a) "Proper Government of Antecedentless VP in English and Spanish," *Natural Language and Linguistic Theory* 6, 95-128.

Zagona, Karen (1988b) *Verb Phrase Syntax: A Parametric Study of English and Spanish*, Kluwer, Dordrecht.

Zandvoort, Reinard Willem (1957, 1966[4]) *A Handbook of English Grammar*,

Longman, London.

Zeitlin, Jacob (1908) *The Accusative with Infinitive and Some Kindred Constructions in English*, Columbia University Press, New York.

Zhang, Shi (1990) *The Status of Imperatives in Theories of Grammar*, Doctoral dissertation, University of Arizona.

Ziv, Yael (1975) "On the Relevance of Content to the Form-Function Correlation: An Examination of Extraposed Relative Clauses," *Papers from the Parasession on Functionalism*, 568-579, Chicago Linguistic Society, Chicago.

Ziv, Yael and Peter Cole (1974) "Relative Extraposition and the Scope of Definite Descriptions in Hebrew and English," *CLS* 10, 772-786.

Zribi-Hertz, Anne (1989) "Anaphor Binding and Narrative Point of View: English Reflexive Pronouns in Sentence and Discourse," *Language* 65, 695-727.

Zribi-Hertz, Anne (1993) "On Stroik's Analysis of English Middle Constructions," *Linguistic Inquiry* 24, 583-589.

Zubizarreta, Maria-Luisa (1987) *Levels of Representation in the Lexicon and in the Syntax*, Foris, Dordrecht.

Zubizarreta, Maria-Luisa (1992) "The Lexical Encoding of Scope Relations among Arguments," *Syntax and Semantics 26: Syntax and the Lexicon*, ed. by Timothy Stowell and Eric Wehrli, 211-258, Academic Press, New York.

Zubizarreta, Maria-Luisa (1998) *Prosody, Focus, and Word Order*, MIT Press, Cambridge, Mass.

Zwart, Jan-Wouter (1998) "Where is Syntax? Syntactic Aspects of Left Dislocation in Ducth and English," *Syntax and Semantics 29: The Limits of Syntax*, ed. by Peter Culicover and Louise McNally, 365-393, Academic Press, New York.

Zwarts, Frans (1996) "A Hierarchy of Negative Expressions," *Negation: A Notion in Focus*, ed. by Heinrich Wansing, 169-196, Mouton de Gruyter, Berlin.

索引

【あ】

アスペクト動詞　575
アスペクト役割　675
後延ばし同定（postponed identification）　264

【い】

言い回し成句（tournure idiom）　685
意義成句（sememic idiom）　684
意義素（sememe）　685
意志（will）　408
意識（awareness）　760
意識主体照応性（logophoricity）　762, 764, 765
意識主体照応動詞（logophoric verb）　762, 763
一項述語（one-place predicate）　236, 490
一対一対応の原理（bijection principle）　768
一様性の条件（uniformity condition）　566
一致（agreement）　248, 502
一致効果（matching effect）　340
一致素性　249, 250
一致要素（agreement：AGR）　413, 781
一般化下接条件（generalized subjacency）　460
一般化句構造文法（GPSG）　442
一般化束縛条件　175
イディオム　602
イディオム化　12
イディオムの受動化　15
移動（move）　160, 205
移動動詞　89, 592
意図的コントロール　607
意味解釈規則（rules of construal）　443
意味階層　561
意味構造　586, 641
意味成句（semantic idiom）　684
意味選択（s-selection）　285, 321
意味役割（semantic role）　7, 37, 471, 628, 630, 635
入れ子型依存条件（nested dependency condition）　176
入れ子の条件（nesting requirement）　477
隠在的統語部門（covert syntax）　249, 421, 485, 729
隠在的統語論（→隠在的統語部門）

【う】

受け身の be　693, 697, 698, 724, 728
受身文　586, 599, 688, 691
受身変形（passive transformation）　690
迂言的使役　604-606
迂言的使役構文　606-616
右節点繰り上げ（→右方節点上昇）
右節点上昇（→右方節点上昇）
右節点上昇変形（→右方節点上昇）
右方移動制約（rightward movement constraint）　460, 461

右方節点繰り上げ（→右方節点上昇）
右方節点上昇（right node raising：RNR）
　　425, 461, 493, 549, 599, 601, 800, 813
右方転位（right dislocation）
　　146, 264, 268
右方転位構文（right dislocation structure）　221, 266, 270
右方付加変形規則　　437

【え】

演算子（operator）　377, 761
演算子分離（operator disjoint）
　　173

【お】

音韻行列（phonological matrix）
　　730
音声形式部門（PF）　729
音調曲線（intonation contour）
　　146

【か】

外延　　196
絵画名詞（picture noun）635, 761
外項（external argument）
　　7, 243, 575, 578, 581, 589, 601, 636
外項化　　31
外項の抑圧（→外項の抑制）
外項の抑制（suppression）
　　7, 20, 28, 636
解析器（parser）　466
階層意味論　　393
階層構造　　635, 797
外置（extrapose）
　　41, 145, 420, 511, 512, 600

外置規則（extraposition）　312
外置構文（extraposition from NP）
　　264, 436-453, 463, 823
外置文（→外置構文）
外的使役（external causation）
　　587
外的な使役（initiate）　586
概念構造（conceptual structure）
　　429, 585, 660
概念者（conceptualizer）　570
概念情報（conceptual information）　709
概念範疇（conceptual category）
　　750, 751
下位範疇化（subcategorization）
　　366, 667
下位範疇化制限
　（subcategorization restriction）
　　280
開放類（open class）　652
会話の公理　　624
かき混ぜ（scrambling）253, 457
格（Case）　535, 633, 669, 670
格拒否原則（Case resistance principle）　304
格下げ（downgrading）　396
格照合　　512, 782
格素性　　250, 812
拡大投射原理（Extended Projection Principle：EPP）522
格の衝突　　74
格標示（Case-marking）
　　234, 244, 246, 247, 248, 577
格標示子（Case-marker）　567
格フィルター（Case filter）
　　8, 10, 14, 237, 518, 535, 633
格付与（Case assignment）
　　237, 565, 673
格付与子（Case assigner）　565

格枠（Case-frame） *243,247*
下降イントネーション
  （falling intonation） *188,149*
下降調（→下降イントネーション）
可視性条件（visibility condition）
  527
下接の条件（subjacency
  condition）
  101,165,179,256,267,445,
  446,460,793,825,830
価値判断の主語指向副詞 *742*
価値判断の副詞 *751*
合致規則（matching rule） *692*
活動動詞（activity verb）*595,612*
仮定法（subjunctive mood）
  401-417
仮定法過去 *402,404-406*
仮定法過去完了 *402*
仮定法現在 *407,410,412*
仮定法節 *407-417*
仮定法動詞 *401,409,413*
仮定法の伝播 *404*
空の格（→空格）
空の極性オペレータ（Op） *203*
空の前置詞（→空前置詞）
空の法助動詞（null modal） *412*
空の補文標識（→空補文標識）
仮主語構文 *312-315*
関係詞節（relative clause）
  145,216,217,327-345,436,
  443,485,802
関係詞節構文（→関係詞節）
関係節（→関係詞節）
関係節構文（→関係詞節）
関係代名詞 *228*
関係文法 *9,575*
完結性（telicity） *593*
緩叙法（litotes） *686*
完成動詞 *25,26*

間接感嘆文 *318*
間接疑問節（→間接疑問文）
間接疑問文（indirect question）
  159,218,309,316-326,337,
  343,499
間接疑問文縮約（sluicing）
  497,499,501,502
間接疑問文の島（→ wh 島）
間接受動 *10*
間接束縛（indirect binding）
  376,377,769
間接目的語 *52*
間接目的語移動変形（indirect
  object movement） *690*
間接目的語の受動化 *15*
完全解釈原理
  （full interpretation） *174*
完全機能複合（CFC） *278*
完全成句（full idiom） *683*
完全節（full clause）*284,310,325*
完全名詞句（full NP） *754,790*
感嘆文（exclamatory） *140-150*
間投詞（interjection） *149*
完了相 *675*
完了の have *693,694,697,698,*
  722,724,726,728
関連性理論（relevance theory）
  209,707,709

【き】

祈願文 *390,407*
記号化（encoding） *684*
記号解読（decoding） *684*
擬似受身（→擬似受動）
擬似寄生空所（pseudo-parasitic
  gap） *495*
擬似空所化（pseudo-gapping）
  499,500
擬似項 *74*

擬似受動（pseudo-passive）
　　　3, 10-17, 577, 582, 583
擬似成句（pseudo-idiom）　685
擬似分裂文（pseudo-cleft）
　　136, 219-221, 223-233, 476,
　　597, 599
擬似分裂文化（pseudo-clefting）
　　　　　　　　　　　　357
擬似法助動詞　　　　711, 712
記述の属格（descriptive genitive）
　　　　　　　　　　　　557
記述用法（depictive）　　548
偽照応形（false anaphor）　635
擬似与格（quasi-dative）　461
寄生空所（parasitic gap）
　　　　50, 434, 459, 483-496
寄生空所構文　　　　　　433
起点（source）　　　461, 462
起動態　　　　　　　　　611
機能的主要部（functional head）
　　　　　　　　　　　　248
機能的前置詞　　　　　　283
機能範疇（functional category）
　　　115, 248, 283, 502, 804
規範的構造具現化（canonical structural realization：CSR）
　　　　　　　310, 320, 639
義務的コントロール　　　537
義務的モダリティ　　　　717
疑問指向（question-orientation）
　　　　　　　　　　　　144
疑問節（→疑問文）
疑問副詞（interrogative adverb）
　　　　　　　　　　　　738
疑問文　　　151-167, 367, 390
逆行代名詞化　　　　262, 392
旧情報　　　　　　　　　449
強意詞（intensifier）　　149
境界条件　　　　　　　　444

境界節点　　　　258, 446, 447
境界範疇　　　　　　　　370
共感度（empathy）　　　764
強数量詞（strong quantifier）　86
強勢　　　　　　　　　　464
強断定（strong assertive）
　　　　　　　　　　294, 622
強断定的（→強断定）
強調構文・分裂文　　212-222
強調不変化詞（emphatic particle）
　　　　　　　　　　　　131
強名詞句　　　　　　　　 90
極小主義（minimalist program）
　　　　　205, 640, 781, 811
極小理論（→極小主義）
極性（polarity）　　　　194
極性疑問（polar question）143
虚辞（expletive）
　　　　　8, 38, 39, 48, 83, 615
虚辞主語構文　　　　　　314
虚辞的な it　　　　　236, 243
切り取り変形（chopping transformation）　　　　254

【く】

空演算子（empty/null operator：Op）
　　　44, 48, 255, 321, 349, 434,
　　　485, 488, 489, 539
空演算子移動　　　　　　 45
空格（null Case）　　473, 521
空虚移動（vacuous movement）
　　　　　　　　　　　　238
空虚量化（vacuous quantification）
　　　　　　　　　　　　433
空所化（gapping）
　　　　99, 497, 500, 501, 663, 672
空節点（empty node）　　398
空前置詞　　　　　　　　 64

索引

空動詞　　　　　　　　　　　63
空範疇（empty category）
　　　　　　　303, 487, 840
空範疇原理（Empty Category Principle : ECP）
　170, 175, 179, 182, 259, 303,
　322, 460, 519, 520, 839
空補文標識（null complementizer）
　　　　305, 306, 512, 519, 534
句構造規則　152, 254, 271, 274,
　412, 694, 696, 697, 722, 723
句構造分析　　　　　　696, 697
句成句（phrase idiom）　　682
屈折要素（Inflection : I）62, 804
句動詞（phrasal verb）662-676
句動詞構文（VPC）　　669, 674
句の構造（structure of phrase）
　　　　　　　　　　797-816
句比較構文（phrasal comparative construction）　　　　354-360
繰り上げ構文（raising construction）
　　　　　36, 42, 234-250, 795
繰り上げ述語（raising predicate）
　　　　　　37, 236, 237, 602
繰り上げ動詞　　　　　　　734
繰り返し CP 構造　　　　　625
繰り返しの away　　　　　　29
群属格（group genitive）　557

【け】

経験者（experiencer）
　　611, 627, 628, 633, 645, 760
繋合詞　　　　　　　　　　152
経済性（economy）　　　　504
形式意味論（formal semantics）
　　　　　　　　　　490, 553
形式主語構文　　　　　35-40
形式素（formative）　　　679
形式素性（formal feature）
　　　　　　　205, 730, 811
軽述語上昇（light predicate raising）　　　　　　　　　459
継承障壁　　　　　　　　　831
継続相　　　　　　　　　　675
形態素　　　　　　　　　　679
軽動詞（light verb）56, 63, 811
軽動詞構文　　　　　　　　78
形容詞的受身（→形容詞的受動形）
形容詞的受動形（adjectival passive）
　　　4, 6, 15, 578, 583, 636, 639
形容詞的受動文（→形容詞的受動形）
経路（path）　　　　175, 492
経路包含制約（path containment condition）　　　　　　172
ゲシュタルト推移（gestalt shift）
　　　　　　　　　　　　655
結果句（resultative）　　　630
結果構文　　　469, 578, 674
結果事象（caused event）
　　　　　　　605, 612, 641
結果事象を表す命題（effect propositon）　　　　　　607
結果述語（resultative predicate）
　　　　　　578-580, 583, 675
結果節（result clause）　　446
結果出来事（→結果事象）
結果の二次述語（resultative secondary predicate）
　　　　　468, 469, 473, 475, 476
結果目的語（effective object）79
欠陥動詞（defective verb）730
原因項　　　　　　　　644, 645
原因事象（causing event）
　　　　　　605, 611, 641, 649
原因事象を表す命題（causing

913

proposition) *607*
原因出来事（→原因事象）
原形不定詞（bare infinitive） *515*, *615*
原形不定詞構文 *593-599*
言語行為領域 *705*
顕在的統語部門（overt syntax） *249*, *485*, *729*
顕在的統語論（→顕在的統語部門）
現在分詞 *370*, *543*, *544*
現実領域 *705*
厳密下位範疇化 *661*
厳密循環条件（strict cyclicity） *164*, *165*
厳密な同一性（rigid identity） *505*, *506*

【こ】

語彙概念構造（Lexical Conceptual Structure：LCS） *59*, *72*, *77*, *585*, *653*
語彙規則 *5*, *30*
語彙機能文法（lexical-functional grammar） *579*
語彙形式（lexis） *686*
語彙成句（lexical idiom） *682*
語彙挿入（lexical insertion） *667*, *669*
語彙的アスペクト *576*
語彙的使役 *587*, *604-606*
語彙的使役動詞 *20*
語彙的従属化（lexical subordination） *653*
語彙的主要部 *322*
語彙的前置詞 *283*
語彙的束縛（lexical binding） *588*
語彙統率 *535*, *840*
語彙範疇（lexical category） *213*, *804*, *831*
語彙部門 *729*
語彙余剰規則 *601*
語彙論的仮説（lexicalist hypothesis） *640*
項（argument） *471*, *620*, *639*, *647*
行為動詞 *25*, *26*
行為名詞化 *691*
行為名詞化変形（action nominalization） *690*
項構造（argument structure） *236*, *581*, *601*, *630*, *640*, *645*
構成素統御（→ c 統御）
構成素否定（constituent negation） *111*, *415*
合成連鎖（→連鎖合成）
構造格（structural Case） *14*, *61*, *66*, *74*, *247*, *566*
構造記述 *437*
構造変化 *437*
構造保持仮説（structure-preserving hypothesis） *834*
後置属格（post-genitive） *557*
肯定極性項目（PPI） *200*, *203*
肯定－否定の極性 *187*, *815*
項的付加詞（argument adjunct） *637*
後方照応制約（Backward Anaphora Constraint：BAC） *499*, *500*, *502*
呼格（vocative） *126-129*
語順 *555*
個体的レベル（individual-level） *90*, *614*
個体的レベル述語（individual-level predicate） *552-554*
誇張法（hyperbole） *686*
個別読み（individual reading） *771-775*, *785*, *786*
固有障壁 *831*

索　引

語用論的コントロール　501, 502
語用論的同一指示（pragmatic coreference）　374
語用論的副詞（pragmatic adverb）　742, 751
根源的（root）　702, 706
根源的法助動詞　735
痕跡（trace）　236, 433
根節（root clause）　158
コントローラー　525
コントロール（control）　83, 546, 607-610
コントロール原則　607
コントロール動詞　733
コントロール理論　524
根変形（root transformation）　158, 159, 254, 270, 271, 294, 623, 625
コンマ音調話題化（comma intonation topicalization）　260

【さ】

再帰代名詞（reflexive）　34, 53, 84, 229, 277, 479, 480, 484, 523, 632, 753-770
再帰代名詞化（reflexivization）　239, 262
再帰的接辞（reflexive clitic）　633
再帰目的語　579, 580
再現可能性（recoverability）　227
再構成（reconstruction）　761
再構造規則　105
再述代名詞　267
最上級（superative）　150
最小束縛条件　780
最小連結条件（→最短連結条件）
最大投射　799
最短距離原理（Minimal Distance Principle：MDP）　524, 525
最短連結条件（Minimize Chain Link：MCL）　836
最短連鎖条件（Minimal Link Condition：MLC）　205, 256
再分析（reanalysis）　10, 11, 14, 45, 62, 493
先取り同定（anticipated identification）　264
削除変形（deletion transformation）　348
左端 be 条件（leftmost *be* condition）　86
左方枝分かれ条件（left branch condition）　254, 269, 351, 461, 462, 821, 838
左方転位（left dislocation）　251, 252, 259, 264, 268
左方転位構文　265, 269
作用域（scope）　195, 353, 364, 375, 711
作用域原理　780
三項枝分かれ構造（ternary branching construction）　244
参照点（reference point）　569
参照点化能力（reference-point ability）　570
参照点構文（reference point construction）　556, 571
参照点の支配域（dominion）　570
参照点モデル　569
3層構造のVP　697

【し】

恣意的コントロール（arbitrary control）　524
使役　630
使役化分析（causative analysis）　585

使役・起動交替（causative-inchoative alternation） *584*
使役交替（causative alternation） *631*
使役者（causer） *59, 64*
使役述語 CAUS *64, 65*
使役出来事 *649*
使役動詞（causative verb） *604-616, 630, 641, 642, 649, 726, 815*
使役の have *610-613*
使役連鎖（causal chain） *607*
思考動詞 *288*
自己付加（self attachment） *261*
辞子（lexon） *684*
指示表現（Referential-expression: R-expression） *757*
事象項（event argument） *70, 78, 80*
事象構造（event structure） *76*
時制演算子 *709*
辞成句（lexemic idiom） *684*
時制文条件（tensed-S condition） *235, 242*
事態（occurrence） *296*
実詞節（substantive clause） *292*
指定辞・主要部関係（spec-head relation） *246, 249*
指定主語条件（specified subject condition） *242, 824*
指定部（specifier） *165, 799*
指定部・主要部の一致（spec-head agreement） *256*
視点 *635, 763-765*
自動詞用法 *584*
指標付与規則 *171*
島（island） *498*
姉妹（sister） *475, 482*
島の概念 *823*

島の効果 *232*
島の条件（island condition） *181, 254, 268, 349, 351, 486, 489, 493, 495*
社会物理領域（→現実領域）
斜格 *566*
斜格の喪失 *14*
弱交差原理（weak cross-over principle） *178*
弱交差条件 *183*
弱数量詞（weak quantifier） *86*
弱断定（weak assertive） *294, 622*
弱断定的（→弱断定的）
尺度的意味（scalar meaning） *147*
弱名詞句 *90*
自由（free） *757*
自由関係節（free relative clause） *327, 336-344*
自由関係節構文 *227-233*
集合読み（collective reading） *771-775, 785, 786*
修辞疑問文 *192*
修辞法 *686*
修飾句・主要部解釈の普遍的式型（universal schema for modifier-head construal） *443*
修飾語（modifier） *738*
修正格フィルター *75*
従属接続詞（subordinator） *361*
従属陳述（subordinate statement） *292*
終端記号列（terminal string） *241*
重文 *192, 391*
重名詞句転移（heavy NP shift） *232, 454-467, 494, 823*
主格 *546*
主格独立構文（absolute nominative） *543, 545*
主観的 *287*

縮小節（reduced clause） *310, 325*
縮約（contraction） *134, 157*
主語からの外置（extraposition from subject） *282*
主語繰り上げ（subject raising） *95, 619*
主語コントロール（subject control） *524*
主語指向（subject-oriented） *468, 473-481*
主語指向の叙述の二次述語 *474, 476, 477, 481*
主語指向副詞（subject-oriented adverb） *741, 751*
主語条件 *181, 824*
主語上昇変形 *723*
主語省略 *369-373*
主語・助動詞倒置（Subject AUX Inversion : SAI） *113, 114, 116, 118, 158, 159, 161, 191, 338, 700, 813*
主語の一致（subject agreement） *248*
主語付加詞（subject adjunct） *741*
主語への繰り上げ *229*
主語・補語倒置（preposing around be） *119-124*
主語・目的語の非対称性 *828, 832*
主語離接詞（subject disjunct） *741*
主枝（main branch） *824*
主述関係（predication） *274, 468, 478*
主述理論（predication theory） *276, 473, 599, 601*
主題（theme） *60, 236, 462, 471, 629, 632, 647, 654, 760*
主題役実現の不変性仮説 (thematic constancy hypothesis)
 639
主題役割（thematic role） *37, 236, 461, 602, 701*
主題役割次元（thematic dimension） *630*
主題役割付与 *701*
主断定（main assertion） *399, 451*
出現動詞 *89, 452*
述語名詞（predicate nominal） *138, 215*
述部修飾（predicate modification） *491*
述部制約（predicate restriction） *89*
述部名詞句（predicate nominal） *487, 495*
出力条件（output condition） *457, 666*
受動化（passivization） *236, 238, 239, 265, 352, 357, 428*
受動形態素 *7, 10*
受動構文（→受動態）
受動態（passive voice） *3-21, 33, 515, 608, 777, 795*
受動的疑問指向（passive question-orientation） *144*
受動的動詞 *22*
受動文（→受動態）
受動名詞化形（passive nominal） *567*
主要部（head） *165, 482, 799*
主要部位置 *835*
主要部移動 *155, 305, 836*
主要部移動制約（Head Movement Constraint : HMC） *305, 311*
主要部・修飾部の制約（head-modifier constraint） *443*
主要部・非主要部衝突 *399, 400*

主要部末尾型 (head-final)　*444*
主要部名詞　*558, 559, 569*
授与動詞　*52, 67*
循環VP構造 (recursive VP structure)　*260*
循環移動 (successive cyclic movement)　*256*
循環節点 (cyclic node)
　　164, 445, 446, 824, 825
順行代名詞化　*392*
準叙実動詞 (semi-factive verb)
　　622
準助動詞 (semi-auxiliary)
　　710-720
上位範疇優先の原則 (A-over-A principle)　*432, 819*
照応形 (anaphor)
　　231, 277, 416, 523, 635, 757
照応形束縛 (anaphor binding)
　　627
照応的代名詞 (anaphoric pronoun)　*526*
照応的名詞句制約 (anaphoric NP constraint)　*768, 770*
小辞 (particle)　*328*
上昇イントネーション (rising intonation)　*149, 189*
上昇調 (→上昇イントネーション)
小節 (small clause : SC)
　　20, 54, 273-290, 470, 472, 543, 545, 598, 662, 669
状態 (state of affairs)　*285, 637*
状態述語 (stative predicate)
　　136, 594, 615
状態性述語 (→状態述語)
状態性動詞 (→状態動詞)
状態動詞 (stative verb)
　　25, 26, 296, 544, 574, 608, 663, 723

状態変化 (change of state)　*285*
状態変化動詞　*656*
焦点 (focus)　*212-215, 230-233, 260, 363, 449, 452, 463, 464, 476, 517, 529, 562, 691, 815*
焦点移動　*220*
焦点音調話題化 (focus intonation topicalization)　*259*
焦点強勢　*178*
焦点の制約　*448*
焦点の理論 (theory of focus)　*448*
焦点の話題化 (focus topicalization)　*252*
焦点付与 (focus assignments)　*465*
焦点名詞句転移 (focus NP shift)
　　463, 464, 465
障壁 (barrier)
　　102, 117, 121, 166, 259, 260, 489, 539, 830
障壁理論　*166, 829-833*
小変形規則 (minor transformation)　*791*
情報構造　*148, 224-227*
上方制限 (upward boundedness)
　　444, 823
上方制限付き規則 (upward bounded rule)　*254, 269*
情報モダリティ　*295-298*
譲歩節 (concessive clause)
　　379-388
省略文 (ellipsis)　*497-514*
叙実演算子 (factive operator)　*625*
叙実形容詞　*621*
叙実断定　*622*
叙実的述語 (factive predicate)
　　144, 260, 394
叙実動詞 (factive verb)
　　215, 292, 294, 301, 617-626
叙実非断定　*622*

叙実補文　　　618-621,624,625
叙述規則（predication rule）
　　　　　　　　　　　545,551
叙述の二次述語（depictive secondary predicate）
　　　　　　　　468,473,475
叙述名詞（predicate nominal）
　　　　　　　70,331-336,383
叙想法（subjunctive）　　106
助動詞（auxiliary）
　　412,517,693-709,729,787
所有格（POSS）　　　　　638
所有格接尾辞's　　　　　804
所有関係　　　　　　　55,62
自律語彙的統語論（autolexical syntax）　　　　　　　　668
自立的統語論　　　　　　431
真偽値（truth value）　　490
進行形　　544,592,642,723
進行相　　　　　　　　　595
進行のbe　693,694,697,698, 722,724,726,728
新情報　　　　　　225,449
深層構造（deep structure）
　　　　　　　437,754,777
心的経路（mental path）　570
心的実体（psy-chose）　　645
心的接触（mental contact）570
心的惰性（mental inertia）406
浸透（percolation）532,535,747
真の空所（real gap）　　484
真理値同義 (truth value synonymy)　239
心理動詞（psych-verb）
　　　67,627-646,760,815

【す】

図（figure）　　　　　　210
遂行動詞　　　　　　　186

随伴（pied piping）
　　　　　　333,510,530,532
随伴規約（pied piping convention）
　　　　　　　　　　　　822
数詞　　　　　　　　　　796
数量詞（quantifier）
　　　　　　　54,504,508,784
数量詞移動（→数量詞繰り上げ）
数量詞繰り上げ
（Quantifier Raising : QR）
　　282,447,509,510-513,767, 780
数量詞後置（quantifier postposing）　　　　　　790
数量詞束縛（quantifier binding）
　　　　　　　　　　　　764
数量詞・代名詞交替（Q-Pro flip）
　　　　　　　　　　　　792
数量詞・代名詞付加規則（Q-Pro attachment）　　　　　790
数量詞の作用域（quantifier scope）
　　240,506,508,509,769,771- 783
数量詞の相対作用域　　775-783
数量詞遊離（quantifier floating）
　　　　　　　　　　784-796
数量詞遊離変形　　　　　784

【せ】

制御可能（controllable）　296
制御可能な述部（controllable predicates）　　　　　　138
制御不能な述部（noncontrollable predicates）　　　　　　138
成句（idiom）　　665,677-692
成句比較規則（idiom comparison rule）　　　　　　　　692
成句表（idiom list）　　　692
成句分解の仮説（idiom

decomposition hypothesis) *691*
制限的関係節　　*332, 449, 803*
制限的副詞節　　　　　*362*
生成意味論　　　　*605, 775*
成層文法 (stratificational grammar)　　　*682, 684*
精密統語論 (fine-grained syntax)　　　　　*629, 634*
責任 (responsibility)　*18, 26*
節境界 (clause boundary)　　　　　*241, 242, 712*
接合詞 (conjunct)　　　*738*
接語化規則 (cliticization rule) *791*
接辞 (affix)　　　*152, 305*
接辞移動 (affix hopping)　　　　　*152-154, 727*
接辞化　　　　　　　　 *30*
接辞素性　　　　　　　 *65*
接続詞 (connective)　　*328*
接続副詞 (conjunctive adverb)　　　　　　　　　　*738*
節点の経路 (a path of nodes) *842*
節内部条件　　　　　　*242*
節仲間 (clause mate)　 *239*
節の境界 (clause boundary) *351*
節の構造 (structure of clause)　　　　　　　　*797-816*
節比較構文 (clausal comparative construction)　*354-360*
精密意味論 (fine-grained semantics)　　　　　　*629*
ゼロ that　　　　　　*308*
ゼロ形態素　　　　　　*631*
ゼロ接辞　　　　　　　*645*
全域的 (→全域的移動適用)
全域的移動適用
　(across-the-board : ATB)
　　　　360, 429, 433, 461, 493
全域的適用 (→全域的移動適用)

全域的適用形式 (→全域的移動適用)
前景化 (foregrounding)　*451*
先行詞統率　　　　　　*840*
先行詞内包型削除 (antecedent-contained deletion : ACD)
　　　　　　　498, 510-514
先行・統御制約 (precede-command constraint)　*754*
潜在感嘆文 (→潜伏感嘆)
全称数量詞 (universal quantifier)
　　　　　　　　　　　 86
全体的解釈 (holistic interpretation)　*656-658*
選択疑問文 (alternative question)
　　　　　　　154-157, 739
選択制限　　　　　*587, 672*
前置詞残留 (preposition stranding)　　*16, 29, 356*
前置詞随伴 (pied piping) *339, 356*
前置詞動詞 (prepositional verb)
　　　　　　　　　662, 692
前置詞＋動名詞構文　　*538*
前置詞編入　　　　　　 *62*
前置詞連結詞
　(prepositional copula)　*332*
前提 (presupposition)
　　　　87, 294, 464, 618, 622, 624
潜伏感嘆
　(concealed exclamation)
　　　　　　　　　145, 319
潜伏疑問 (concealed question)
　　　　　　　　　　　319
前方照応代名詞　　　　*108*

【そ】

層 (stratum)　　　　　*682*
相 (aspect)　　　*627, 721-736*
早期直接構成素の原則

(the principle of early immediate constituents) *466*
相互 c 統御 (mutual c-command) *475-479*
相互 m.統御 *482*
相構造 *630*
相互指示標示 (reciprocal marking) *239*
相互代名詞 *245, 246, 531*
相次元 (aspectual dimension) *630*
総称的 (generic) *31, 492, 553*
総称的解釈 (→総称的)
相対作用域 (relative scope) *771*
相対的最小性 *834*
挿入節 (parenthetical clause) *389-400*
挿入節主語指向 (parenthetical-subject oriented) *391*
相の助動詞 *725, 731*
相の統語構造 *722-724*
増補付加表現 (amplificatory tag) *265*
遡及不定詞 (retroactive infinitive) *41*
測定項 (measuring argument) *81*
束縛 (binding) *126, 632, 757, 840*
束縛経路 *177*
束縛原理 (binding principle) *757*
束縛原理 A *59, 66, 203, 531, 758, 760, 761*
束縛原理 B *203, 758*
束縛原理 C *758, 762*
束縛照応形 (bound anaphor) *632, 636*
束縛条件 (binding condition) *242, 489*
束縛代名詞 (bound pronoun) *428, 753, 765-767*
束縛変項 (bound variable) *71*
束縛変項解釈 *361*
束縛変項照応 (bound-variable anaphora) *374*
束縛理論 (binding theory) *417, 430, 431, 480, 523*
阻止範疇 (blocking category : BC) *830*
素性移動 (move F) *730*
素性牽引規則 (attract F) *174*
素性照合理論 (feature checking theory) *248*
素性転移 (feature transfer) *416*
属格 (genitive) *556*
属格化 (genitivization) *556-572*
属格後置変形 (genitive postposing) *565*
属格表現 *557, 559, 563-572*
属格名詞 *557-559, 562, 568, 572*
存在構文 (*there* construction) *82-93, 239*
存在数量詞 (existential quantifier) *86, 240, 377, 588, 796*
存在量子 (→存在数量詞)

【た】

第一姉妹の原理 (first sister principle) *29*
対格 (accusative) *61*
対格主語動名詞節 *538, 540*
対格の吸収 *7*
題材 (subject matter) *644*
題述性 (rhematicity) *451*
対象 (target) *629, 644*
態度離接詞 (attitudinal disjunct) *740*
代入 *160*
対比強勢 *449*
対比焦点 *449*

代名詞（pronoun） 479, 753-770, 790
代名詞化（pronominalization） 262, 619, 754
代名詞的照応形（pronominal anaphor） 472
代名詞の解釈に関する局所性の条件 507
代名詞類（pronominal） 757
代用形 do so 362, 605
代用形 so 695
代用形 which 695
代理代名詞（proxy pronoun） 265
大連鎖（CHAIN） 313
多義語 680
多義辞子辞素（polylexonic lexeme） 684
多重 wh 疑問文（multiple question） 168-184, 842
多重疑問文（→多重 wh 疑問文）
脱使役化 589
達成動詞（accomplishment verb） 25, 26, 79
他動詞用法 584
段階的レベル（stage-level） 90, 614
段階的レベル述語（stage-level predicate） 552-554
断定（assertion） 291, 293, 622
断定的述語（assertive predicate） 394
談話（discourse） 686
談話世界（the world of the discourse） 452
談話に結びついた wh 句（D-linked wh） 176
談話に基づく話題性（discourse-conditioned topicality） 571

【ち】

地（ground） 210
遅延主題（delayed theme） 265
知覚動詞（perceptual verb） 289, 591-603, 725
知覚動詞構文 615
知覚の方略 450
着点（goal） 236, 461, 462, 592, 812
中間構文 22, 586
中間態（middle voice） 22-34, 611
中間動詞（middle verb） 306, 630, 672
中間投射 798, 799
抽象的要素 IMP 130
超意義成句（hypersememic idiom） 684
長距離 wh 移動 73
長距離受動 15
長距離束縛（long-distance binding） 765
長距離話題化 255
超肯定極性項目（superpositive polarity item） 149
直示的（deictic） 122
直接構成素（immediate constituent） 465, 798
直接構成素分析（immediate constituent analysis） 798
直接作用域制約（Immediate Scope Constraint : ISC） 201
直接主語条件 229-233
直説法 401, 402
直説法動詞 401, 413
直接目的語 52
チョムスキー付加（Chomsky adjunction） 254, 268, 420, 422
陳述節（statement） 185-192

【つ】

追加節（appended clause） *390*
強い交差（strong cross-over）
　　　　　　　　263 , 767 , 770
強い島（strong island）　*620*

【て】

定（definite）　*562*
定形節（finite clause）　*697 , 810*
提示的 there 構文（presentational *there* construction）　*91 , 120*
提示的機能
　（presentative function）　*106*
提示文　*452*
定性（definiteness）　*562 , 625*
定制限（definiteness restriction）
　　　　　　　　86 , 447 , 448
定性効果（definiteness effect）　*86*
定性制約（→定制限）
程度詞（degree word）　*346-349*
滴下（dropping）　*535 , 536*
適正統率（proper government）
　　　　　　　　170 , 303 , 322
適正統率子　*171*
手続き的意味　*210*
転位構文（left and right dislocation）　*264-272*
転換主語（coverted subject）　*4*
転写変形（copying transformation）　*268*
転送可能性規約（transportability convention）　*745*

【と】

等位項（conjunct）
　　　420-424 , 432 , 499 , 500 , 821
等位構造（coordinate structure）
　　　　　　　418-435 , 500 , 754
等位構造縮約変形　*426*
等位構造制約（coordinate structure constraint）
　　　254 , 269 , 397 , 429 , 432-435 , 462 , 821 , 839
等位接続構造　*95 , 493 , 499 , 800*
等位接続詞（coordinator）
　　　　　　　　358 , 500
同一指標（co-index）　*757*
同一性　*504-509*
同一節内条件　*229-233*
統一的3レベル仮説（uniform three-level hypothesis）
　　　　　　　798 , 801 , 809
同格　*141 , 231*
同格語（appositive）　*150*
同格節
　　　218 , 299 , 303 , 621 , 626 , 802
同格表現（apposition）　*264*
同義性　*36*
統御（command）
　　　　　　368 , 370 , 754 , 823
凍結　*100 , 121 , 687-691*
凍結構造制約　*441*
凍結度階層
　（frozenness hierarchy）　*689*
統語操作の制約（constraints on syntactic operations）　*817-843*
動作主（agent）
　　　7 , 59 , 64 , 236 , 471 , 587-589 , 629 , 646 , 654
動作主性　*19 , 592*
動作主的名詞句
　（agentive nominal）　*607*
動詞移動（verb movement）　*700*
動詞外存在文（outside verbal existential sentence）　*92*
動詞句削除（VP ellipsis/deletion）
　　98 , 191 , 270 , 497 , 498 , 501 ,

502, 505, 506, 508, 533, 698, 719, 720, 722, 731-736
動詞句削除規則（VP deletion） 782, 787
動詞句削除文 720
動詞句前置 439, 698, 730
動詞句代用表現 do so（→代用形 do so）
動詞句内主語仮説（VP-internal subject hypothesis）
205, 428, 477, 490, 614, 780, 781, 784, 789, 794, 815
動詞性［±V］ 214
動詞的受動形（verbal passive）
6, 15, 636, 643
動詞的受動文 6
動詞的動名詞（verbal gerund）
534, 536
動詞内存在文（inside verbal existential sentence） 92
動詞引き上げ（→ have-be 引き上げ規則）
投射原理（projection principle）
237, 243, 275
投射体（trajector） 570
同族目的語（cognate object）
68-79, 580
同族目的語構文（cognate object construction） 574, 582
統率（government）
246, 439, 472, 489, 518, 565, 840
統率範疇（governing category）
531, 757
到達動詞（achievement verb） 611
倒置（inversion） 141, 153
倒置感嘆文（inverted exclamative） 149
倒置構文 623, 667

撞着語法（oxymoron） 686
動的文法理論 388, 398
動名詞 530, 619
動名詞構文 367
動名詞節（gerundive clause）
521, 528-541
動名詞的名詞化（gerundive nominalization） 690
時制の一致（sequence of tenses）
404
特殊文（special sentence） 681
特定性効果（specificity effects）
532
特定性の条件（specificity condition） 184
独立付加詞（absolute adjunct）
542, 543
独立分詞構文（absolute participial construction） 542, 543, 545
独立平叙文 367
取り出し領域条件（Condition on Extraction Domain : CED） 828

【な】

内項（internal argument）
7, 243, 245, 575, 578, 579, 581
内在格（inherent Case）
14, 61, 74, 566, 633
内在的関係（intrinsic connection）
564
内在的話題性（inherent topicality）
571
内心的構造（endocentric construction） 810
内置規則（intraposition） 312
内的使役（internal causation） 587
内容節（content-clause） 292

【に】

二項枝分かれ（binary branching）
　　　　　　　　　　　419, *669*
二項枝分かれ仮説（binary branching hypothesis）　*244*
二次述語（secondary predicate）
　　57, *471-482*, *545*, *548*, *673*
二重属格（double genitive）
　　　　　　　　　　　557, *565*
二重目的語構文（double object construction）
　　　　52-67, *435*, *635*, *666*
認識的（epistemic）　*702*, *706*
認識的法助動詞　　　　　*735*
認識領域　　　　　　　　*705*

【ね】

ネクサス関係（→主述関係）

【の】

能格型（ergative type）　*576*
能格型言語　　　　　　　*576*
能格交替　　　　　*587*, *590*
能格構文　　　　　　　*22*, *33*
能格動詞（ergative verb）
　　　　　89, *573*, *584-590*
能動受動　　　　　　　　*22*
能動態（→能動文）
能動文　　　　　*3*, *22*, *777*

【は】

排出（spell out）　　　　*730*
瀑布構造（cascade structure）　*64*
場所（locative）　*629*, *647*
場所格交替（locative alternation）
　　　　　　　　　　　　647
場所格交替動詞（locative alternation verb）　*647-661*
場所格倒置構文（locative inversion）　　　　　*583*
場所句倒置　　　　　*94-109*
橋渡し動詞（bridge verb）　*163*
派生名詞（→派生名詞化形）
派生名詞化形（derived nominal）
　　　　　　534, *565*, *636*, *639*
派生名詞句　　　　*638*, *640*
派生名詞形（→派生名詞化形）
派生名詞構文　　　　　　*637*
裸の名詞句副詞（bare-NP adverb）
　　　　　　　　　　　　329
発話主体指向性　　　　　*635*
発話動詞　　　　　*299*, *301*
発話の力（illocutionary force）
　　　　　　　　　　　　316
発話様態動詞　　　　*301*, *303*
反c統御条件（anti-c-command condition）
　　484, *485*, *487*, *488*, *490*, *492*, *493*
反使役化　　　　　　　　*588*
半叙実動詞（semi-factive verb）
　　　　　　　　　　　　294
半成句（semi-idiom）　　*683*
判断動詞　　　　　　　　*288*
範疇選択（c-selection）　*320*
範疇文法（categorial grammar）
　　　　　　　　　　　　668

【ひ】

被影響性の制約（affectedness constraint）
　　　12, *23*, *564*, *568*, *571*
比較級（comparative）　　*150*
比較構文（comparative construction）　*346-360*
比較削除（comparative deletion）
　　　　　　　　　　348, *354*

比較省略（comparative ellipsis）　354
比較節（comparative clause）　347
比較の作用域（scope of comparison）　353
比較部分削除（comparative subdeletion）　350-353
非現実的出来事（irrealis event）　408
非項（nonargument）　282
非項位置（non-argument position）（→A'位置）
非コントロール動詞　607
非指示的名詞（nonreferential noun）　334
非主題的（athematic）　602
非状態動詞（nonstative verb）　296
非焦点節　216-218, 224-233
非叙実性（non-factivity）　408
非叙実的述語（nonfactive predicate）　394
非叙実動詞　292, 617-626
非進行相　595
非制限的関係節　803
非制限的副詞節　362
非対応仮説（mismatch hypothesis）　431
非対格仮説（unaccusative hypothesis）　9, 28, 103, 575, 583
非対格構文　795
非対格動詞（unaccusative verb）　16, 20, 87, 89, 103-105, 474, 573-584, 608, 611, 632, 634
非対格分析（unaccusativity analysis）　632, 634
非対照的ストレス音調（noncontrastive stress-intonation）　240

左枝条件（→左方枝分かれ条件）
左枝分かれ条件（→左方枝分かれ条件）
左方向条件（leftness condition）　770, 767
非断定（non-assertive）　622
非断定性（non-assertiveness）　408
非断定的述語（non-assertive predicate）　394
否定含意理論（negative implicatum theory）　201
否定極性項目（negative polarity item : NPI）　111, 194, 195, 200, 245
否定極性要素（→否定極性項目）
否定辞（negative）　54, 195, 696, 711, 728
否定辞句（negative phrase）　131
否定辞繰り上げ（negative raising）　396, 619
否定辞倒置（→否定倒置）
否定数量詞　785
否定対極表現　54, 84
否定倒置（negative inversion）　110-118, 310, 325, 814
否定の含意（negative implicatum : NI）　207
否定の作用域　101
否定の認知構造　209-211
否定文　194-211, 727, 739
否定平叙文　192
否定命令文　132
被動者（patient）　7, 71, 77, 574
被動性（affectedness）　656-658
被動性条件（affectedness condition）（→被影響性の制約）
非人称受動（impersonal passive）　7, 9, 16, 34
非能格構文　31

926

非能格動詞 (unergative verb) 16, 77, 81, 573-584
非橋渡し動詞 (non-bridge verb) 166
非文法項束縛 (A′-binding) 173
非文法項範疇 (A′-category) 172
非有界 (unbounded) 594-596
評価の副詞 (evaluative adverb) 742
評価モダリティ 295-298
評言 (comment) 266
表層構造 (surface structure) 437, 754, 777
標的 (target) 836
標点 (landmark) 570
頻度の副詞 553, 554
非θ位置 8, 37, 43, 615

【ふ】

ブール演算子 (Boolean operator) 419
ブール句 (Boolean phrase) 419
ブール代数 198
付加 (adjunction) 160, 307
付加疑問 (→付加疑問文)
付加疑問形式 295, 719, 720
付加疑問形式規則 (tag formation) 191
付加疑問形成 (→付加疑問形式)
付加疑問文 (tag question) 83, 111, 126, 185-193, 451, 720
不可逆的二項成句 (irreversible binomial idiom) 685
深さ制限 (depth constraint) 409
付加詞 (adjunct) 69-70, 179, 245, 475, 482, 620, 646, 659, 738, 762, 801, 807

付加詞条件 (adjunct condition) 181, 484, 825
付加条件 307
付加節 (tag clause) 185-192
付加節形成規則 192
付加操作 (adjunction) 115, 254
復元可能性の条件 (recoverability condition) 504
複合形容詞 49
複合形容詞形成規則 49
複合形容詞構造 (complex adjective construction) 45
複合語 681
複合辞書 (complex dictionary) 692
複合述語 610, 612, 613
複合動詞 (complex verb) 11, 277, 287, 669, 671, 673, 675
複合名詞句 (complex NP) 666, 821
複合名詞句制約 (complex NP constraint) 44, 181, 254, 269, 302, 349, 397, 441, 486, 619, 620, 820
複合名詞句転移 (complex NP shift) 456, 459, 462
副詞 (adverb) 737-752
副詞節 (adverbial clause) 361-378, 407
副詞的前置詞句 (adverbial PP) 748
副詞的否定 614
副詞的分詞 (adverbial participle) 544
付帯状況 551, 553, 554
不定 (indefinite) 557, 563
不定形節 (non-finite clause) 810
不定詞節 (infinitival clause)

515-527, 697
不定詞付き対格（accusative with infinitive） 234, 515
不定詞付き対格構文（accusative with infinitive） 292, 299
不定詞付き対格補文 97
不定詞補文（infinitival complement） 234
不定数量詞 785
不定性効果（indefiniteness effect） 70
不定名詞（indefinite noun） 85
不特定法助動詞（unspecified modal） 412
部分構造（partitive construction） 785
部分比較構文 350-353
不変化詞（particle） 56, 662-676
不変化詞移動規則（particle movement） 665, 667, 690
不変化詞構文 663, 667
普遍数量詞（universal quantifier） 377, 772, 785
不連続依存関係（discontinuous dependency） 436, 444
不連続名詞句（discontinuous noun phrase） 436
プロトタイプ 560, 613
分詞構文（participial construction） 542-555
分詞前置構文 120
文主語構文（sentential subject construction） 38, 291, 312-315
文主語条件（→文主語制約）
文主語制約（sentential subject constraint） 254, 269, 302, 349, 445, 822
文体的規則（stylistic rule） 465
文体部門（stylistic component） 666
文体離接詞（style disjunct） 740
文否定（sentence negation） 111, 201, 614
文付加詞前置（sentential adjunct preposing : SAP） 115
文副詞（sentence-adverb） 282, 391, 397, 398, 549, 738
文法化 702, 714, 720
文法項構造 729
文末重心の原則（the principle of end-weight） 466
文末焦点の原則（the principle of end-focus） 466
文脈素性（contextual feature） 409
文脈素性の局地化の仮説 409
分離CP分析 814, 815
分離IP分析 810
分離した先行詞（split antecedents） 440
分離動詞句（split VP） 56, 65
分裂外置 219
分裂文（cleft sentence） 223-227, 363, 464, 517, 529, 599
分裂文化（clefting） 357

【ヘ】

併合（merge） 160, 173, 205, 481
並列句比較構文（parallel phrasal comparative construction） 359
変化動詞 574
変化誘因（instigator） 585
変項（variable） 438, 767, 768, 818
変項疑問（variable question） 143
編入（incorporate） 305, 592

【ほ】

包括的な名詞（generic noun） 328
抱合語 9
放出動詞（verbs of emission） 649
法助動詞（modal）
　152, 403, 411, 552, 693-709,
　710, 712, 734, 736
法性 724
法的副詞（modal adverb）
　　　　　　　　742, 751
補充節（supplementive clause）
　　　　　　　　544, 713
ホスト名詞句（host NP）
　　　　784, 786, 788, 790, 795
補足説明（after-thought） 265
補部（complement）
　　　　　　165, 482, 762, 799
補部原理（complement principle）
　　　　　　　　439, 460
補文（complement sentence） 291
補文繰り上げ（sentence lifting）
　　　　　　　　　　397
補文構造 408
補文前置 622
補文の選択 318-322
補文標識（complementizer : C）
　14, 16, 48, 159, 164, 291, 347,
　355, 500, 503, 516, 539, 551,
　804, 812
補文標識削除（complementizer
　deletion） 516
補文標識配置（complementizer
　placement） 516
ポライトネス 709
本動詞分析　　694, 696, 701

【み】

右屋根の制約（right roof
　constraint） 444, 445
ミニマリスト（→極小主義）
未来真実（future truth） 296

【む】

無補文標識条件（non-
　complementizer condition） 159

【め】

名詞化（nominalization）
　　　　577, 583, 670, 689
名詞句移動 42, 45, 428
名詞句からの外置（→外置構文）
名詞句削除 533
名詞句前置（NP-preposing）
　　　　　　　　564, 567
名詞句転移（NP shift） 459
名詞句の構造 798-806
名詞句の定性（definiteness） 448
名詞性［±N］ 214
名詞的動名詞（nominal gerund）
　　　　　　　534, 536, 677
名詞類外置
　（nominal exrtaposition） 146
命題（proposition） 275
命題内容（propositional content）
　　　　　　　　　　296
命題モダリティ（propositional
　modality） 296
命令文（imperative）
　　　　　　　125-139, 390
命令法 401
命令法動詞 401
メタ表示 709
メタファー 560
メタファー的写像（metaphoric
　mapping） 560

【も】

目的格 75
目的語欠如現象 40-43
目的語コントロール
　(object control) 524
目的語指向 (object-oriented)
　468, 473-481
目的語指向の叙述の二次述語
　474, 476, 477, 479, 481
目的語消去 (object deletion) 599
目的語転移 (object shift) 673
目的語の一致 (object agreement)
　248
目標物 (target) 569
文字異形 (alphabetic variant)
　505, 507
最も弱い交差
　(weakest cross-over) 770

【ゆ】

唯一的束縛原理 (unique binding
　principle) 794
優位効果 168
優位効果の消失 176
優位条件 (superiority condition)
　169, 172, 770, 837
優位性 169
誘因 (instigator) 585
有界 (bounded) 594-596
有生主語 (animate suject) 136
有標 (marked) 454
有標の主題 (marked theme)
　251, 265
遊離数量詞 773
遊離数量詞解釈規則 (floating-Q
　interpretation rule) 794
遊離付加詞 (free adjunct)
　542, 543, 548

ゆるやかな同一性 (sloppy
　identity) 504, 505, 506

【よ】

要素分解 (factorization) 241
様態の主語指向副詞 742
様態副詞 740, 746, 747
与格 (dative) 61
与格移動 (dative movement)
　57, 665
与格移動規則 57
与格構文 52, 57-60
与格接語 (dative clitic) 67
弱い交差 (weak cross-over)
　767, 770
弱い島 (weak island) 620

【ら】

ラムダ演算子 (λoperator) 505
ラムダ表現 505, 507

【り】

リスト文 (list sentence) 87
離接詞 (disjunct) 738
領域の副詞 (domain adverb) 742
量化子上昇規則 (→数量詞繰り上
　げ)
量化主要部 (quantified head) 446
リンキング規則 (linking rule)
　629, 632, 654
リンキングの逆説 629
隣接条件 (adjacency condition)
　244, 673, 729, 746

【る】

ルート変形 (→根変形)

【れ】

例外的格標示 (Exceptional Case-

索引

Marking：ECM）
    235, 247, 503, 519
例外的格付与動詞（ECM verb）
    734, 841
レキシコン（lexicon） 533
連結詞（copula） 332, 728
連結詞的動詞 5
連結詞の be（→連結詞）
連結順序制約 712
連鎖（chain） 313
連鎖合成（chain composition）489
連鎖束縛（chain binding） 761

【ろ】

ロバの文（donkey sentence）
    374, 769, 770
論理演算子 201
論理形式（Logical Form：LF）
    249, 446, 761, 777
論理形式部門（→論理形式）

【わ】

話者指向（speaker oriented） 391
話者指向副詞（speaker-oriented adverb） 742
話題（topic） 134, 252, 266, 562
話題化（topicalization）
  71, 97, 114, 117, 222, 251-263,
  307, 310, 623
話題化構文 485
話題の話題化
 （topic topicalization） 252
話法の転換 405

【A】

ACC-ing 529, 530, 535
Agr 699, 811
AGR(eement) 804, 810
Agreement P（AgrP）
    281, 283, 700
Agr_o（→Agr）
Agr_s（→Agr）
as for 縮約 269
aspect 724
AspP（相句） 702
as/that 移動 385-388
ATB（→全域的移動適用）
ATB 構文 493, 494
AUX 694, 696, 697, 699, 719,
  720, 724
A 位置 488, 767, 835
A′位置 488, 767, 768, 835
A 移動 485, 510, 512, 513
A′移動 485
A 受動（→形容詞的受動形）
A 受動文（→形容詞的受動形）

【B】

be 730
before＋動名詞構文 539
being 削除 549
be shift 699, 730, 732, 733
be 削除 597
be 受動 17-21
Burzio の一般化（Burzio's generalization） 633

【C】

clear 交替 649-651
clear 動詞 649
committed の動詞 318
CP 循環構造 261
c 統御（c-command）
  53, 71, 175, 200, 201, 246,
  262, 365, 375, 428, 485, 525,
  546, 632, 756, 769, 778, 781,
  794, 835
c 統御制約（c-command

constraint) *756*

【D】

deprive 動詞 *650*
D 構造（→深層構造）
do replacement（→ do 置換）
do-support（→ do 挿入規則）
DE *195, 198*
do 削除（*do* deletion） *153*
do 挿入規則（*do*-support）
　　　　　　156, 413, 720
do 置換（*do* replacement）
　　　　　　153, 701
DP 仮説（DP hypothesis）
　　　　　　798, 805
DP 分析 *566, 804*
D 素性 *812*

【E】

ECM 構文 *235, 244, 245, 247,*
　279, 281, 289, 513, 519
ECM 補文 *97*
ECP（→空範疇原理）
EPP（→拡大投射原理）
EPP 素性 *165*
E 型代名詞（E-type pronoun） *376*

【F】

fear 類 *628*
free-riding 素性 *205*
frighten 類 *628*
full NP（→完全名詞句）

【G】

GB 理論 *565, 575*
GET 受動 *17-21*

【H】

have *730*

have-be 引き上げ規則（*have-be*
　raising） *413, 696, 701*
have-raising *719, 720*
have-support *719*
HAVE 構文 *21*

【I】

INFL（→ Inflexion）
Inflexion（Infl） *699, 700, 810*
ing-of *530, 532*
ing 構文 *593-599*
ing 挿入 *549*
IP 付加構造 *255*
I-to-C 移動 *155, 160-162*
it that ... 補文 *619*
it 外置 *549*
it 置換（*it* replacement）
　　　　　　235, 238, 243

【K】

kommand *755*

【L】

Larsonian shell *808*
LF（Logical Form）（→論理形式）
LF 繰り上げ *204*
LF 表示 *507, 767, 778*
LF 部門の移動 *840*
logophoricity（→意識主体照応性）
logophoric verb（→意識主体照応
　動詞）
L 標示 *830, 831*

【M】

MDP（→最短距離原理）
MLC（→最短連鎖条件）
modal *699*
move α（→ α 移動）
MV 分析（→本動詞分析）

【N】

NegP	700
neg 素性	205, 206
ne-personne 構文	841
not（→否定辞）	696
NPI（→否定極性項目）	
NPI 認可の原則	205
NPI 認可表現	194, 195, 197, 200
NP 移動	5, 15, 30, 485, 836
NP 右方移動	671
NP からの外置（→外置構文）	
NP 痕跡	488
NP 省略	805
NP 内空所化	502
null-that	815
N'削除（N' deletion）	497, 502, 805
N'削除	502
N'省略（→ N'削除）	

【O】

of 削除規則（*of*-deletion）	791
of 挿入（*of*-insertion）	566
'of'属格	556, 560-563, 566, 567, 570
one's way 構文	580
order-changing transformation	440

【P】

PolP	259, 814
POSS-ing	529, 535
PP 外置変形（PP extraposition）	101
precede-command 制約	754
precede-kommand 制約	755
pretty 構文	43
PRO	368, 472, 480, 489, 515, 517, 522-524, 536, 540, 545, 546, 725, 734
PRO-ing	535
profile	570
PRO 主語	537
PRO 主語動名詞	534, 536
PRO 主語動名詞節	537, 538, 540
PRO のコントローラー	312
PRO の定理（PRO theorem）	472, 518
PS 分析（→句構造分析）	

【Q】

QR（→数量詞繰り上げ）	
Q 素性	156, 160

【R】

regress の問題	511
remove 動詞	650
RNR（→右方節点上昇）	
RNR 構文	494

【S】

should 消去	411, 416
S 構造（→表層構造）	
spell-out	156, 174
spray/load 交替	653, 655
spray/load 動詞	648
SUBJ	412
swarm 交替	651, 652
swarm 動詞	649
S'削除（S'-deletion）	519
S 節点削除	112
's'属格	556, 557, 560-563, 566, 567, 569, 570
S（=IP）付加	257
S'分析	813

【T】

tense　699
TP　700
that 痕跡効果（*that*-trace effect）　95, 840
that 節（*that*-clause）　291-315
there 構文　602, 726, 786
there 挿入　530, 549
there 存在文　573, 581
though 移動　379-384
TopP　309, 325
TOP 位置　255, 258, 271
tough 構文（*tough* construction）　35-61, 434, 485, 517
tough 述語　37-40, 46
to 不定詞（*to*-infinitive）　515
T/SM 制限（T/SM restriction）　627, 643-646

【U】

uncommitted の動詞　317

【V】

V^4 システム　816
Visser の一般化（Visser's generalization）　525
V^n deletion（→動詞句削除）
VP shell hypothesis　181
VP-shell 構造　758
VP 削除（→動詞句削除）
VP 前置（→動詞句前置）
VP 内主語　760
VP 内主語仮説（→動詞句内主語仮説）
VP 付加操作　166
V 受動（→動詞的受動形）
V 受動文（→動詞的受動文）
V 素性　812

【W】

wanna 縮約　459
WH-ever 形　343
wh-in-situ　173, 180, 183
wh 移動（*wh*-movement）　45, 181, 182, 217, 218, 255, 271, 276, 349, 351, 357, 485, 503, 836
wh 移動規則　818
wh 移動構文　44
wh 演算子　161
wh 基準（*wh*-criterion）　161
wh 疑問詞　779
wh 疑問文　156, 161, 232, 670, 813
wh 島（*wh*-island）　625, 832
wh 島の制約　181, 349, 486, 824
with-theme 付加詞規則　660
with 移動　44
with 構文（*with*-construction）　542, 548-551, 652, 654, 655, 658-661
with を伴う強意構文　667

【X】

X バー規約　806
X バー理論　164, 322, 379, 380, 419, 798, 804, 806, 814, 829
X′理論（→ X バー理論）

【Y】

yes-no 疑問文　83, 150-156, 158, 189, 192

【α】

α 移動（move α）　236, 446, 459

【θ】

θ位置　　　　　　　　8, 43, 615
θ基準（θ-criterion）
　　　　　　237, 471, 472, 646
θ標示　　　　　　　　245, 527
θ付与（θ-role assignment）　669
θ役割（θ-role）
　7, 8, 25, 60, 236, 237, 471,
　472, 670
θ役割の受け継ぎ（θ-percolation）
　　　　　　　　　　　　　672

【ι】

ι演算子（iota operator）　　625

【φ】

φ素性　　　　　　　　531, 812

[編者略歴]

中島平三(なかじま　へいぞう)
1946年東京生まれ。東京都立大学人文科学研究科大学院修士課程修了。
アリゾナ大学大学院言語学科博士課程修了（Ph.D.）。
現在，東京都立大学教授。
編著書に，『文Ⅱ』（共著，研究社），『英語の移動現象研究』（研究社），『英語変形文法』（共著，大修館書店），『一歩進んだ英文法』（共著，大修館書店），*Current English Linguistics in Japan*（編者，Mouton de Gruyter），『言語学への招待』（共編著，大修館書店），『〈ドルフィン・ブックス〉発見の興奮』（大修館書店），『生成文法』（共著，岩波書店），*Locality and Syntactic Structures*（開拓社），『ことばの仕組みを探る』（共著，研究社）などがある。

[最新]英語構文事典
Ⓒ中島平三 2001

初版発行────2001年5月10日

編者─────中島平三
発行者────鈴木一行
発行所────株式会社 大修館書店
　　　　　　〒101-8466 東京都千代田区神田錦町 3-24
　　　　　　電話 03-3295-6231（販売部）　03-3294-2357（編集部）
　　　　　　振替 00190-7-40504
　　　　　　[出版情報] http://www.taishukan.co.jp

装丁者────鳥居　満
印刷所────壮光舎印刷
製本所────難波製本

ISBN4-469-04157-2　　Printed in Japan
Ⓡ本書の全部または一部を無断で複写複製（コピー）することは，
著作権法上での例外を除き禁じられています。

語用論への招待

今井邦彦[著]

発話の「真の」意味を理解するために

場面やコミュニケーションの文脈に即して
ことばの意味を理解しようとする「語用論」。
本書は、最新の関連性理論を解説しつつ「語用論」の本質を
平易に説き明かす入門書である。日本語での例文を多く用い、
初級者にもわかりやすい記述がなされている。

A5判・240頁　**本体2200円**

第1章　語用論とは何か
1　「文」と「発話」
2　三つの「意味」
3　語用論の目標

第2章　関連性理論
1　発話・推論・コンテクスト
2　関連性の原理I
3　関連性の原理II
4　「伝達」とは何か?
5　明意と暗意

第3章　言語科学中での関連性理論
1　関連性理論と言語形式
2　関連性理論とレトリック
3　関連性理論と意味論
4　生成文法との関係

第4章　語用論の諸相
1　語用論略史
2　発話行為理論
3　グライスの語用論
4　「機能的」言語理論

第5章　語用論のこれから
1　関連性理論の課題
2　"産出"語用論の可能性

大修館書店　　書店にない場合やお急ぎの方は、直接ご注文ください。Tel.03-5999-5434

自然科学としての言語学
～生成文法とは何か～

福井直樹[著]

21世紀の言語学はどうあるべきか

言語学に多大なインパクトを与えてきた生成文法は、誕生から半世紀を経てどこへ向かおうとしているのか。生成文法の理念を問い直すとともに、言語学の発展のために、文系・理系の枠を超えた学際的研究の必要性を説く。

第1章　自然科学としての言語学
　　　── 生成文法理論と
　　　　それを取り巻く
　　　　知的状況について
第2章　生成文法の方法と目標
第3章　普遍文法と日本語統語論
第4章　極小モデルの展開
　　　── 言語の説明理論をめざして
第5章　言語の普遍性と多様性
第6章　ノーム・チョムスキー小論
第7章　日本の理論言語学
　　　── 教育と研究

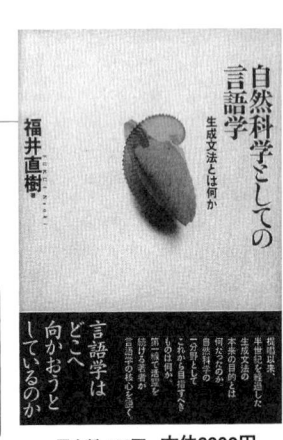

四六判・288頁　**本体2300円**

大修館書店　　書店にない場合やお急ぎの方は、直接ご注文ください。Tel.03-5999-5434